HISTORY OF THE ARABS

阿拉伯通史

[美] 菲利浦 · 希提（Philip K. Hitti）著　马坚 译

人民东方出版传媒
People's Oriental Publishing & Media
東方出版社
The Oriental Press

图书在版编目（CIP）数据

阿拉伯通史 /（美）菲利浦·希提著；马坚译. -- 北京：东方出版社，2024.4

书名原文：History of The Arabs

ISBN 978-7-5207-3826-2

Ⅰ. ①阿… Ⅱ. ①菲… ②马… Ⅲ. ①阿拉伯国家—历史 Ⅳ. ① K370.0

中国国家版本馆 CIP 数据核字（2023）第 254114 号

First published in English under the title
History of The Arabs
by Philip K.Hitti, edition:10

著作权合同登记号　图字：01-2023-5808

阿拉伯通史
（ALABO TONGSHI）

作　　者：[美] 菲利浦·希提
译　　者：马　坚
策　　划：文　钊　雷　格　太井玉
特约策划：肖　刚　钟振奋
责任编辑：辛春来
装帧设计：今亮後聲 HOPESOUND 2580590616@qq.com · 郭维维
出　　版：东方出版社
发　　行：人民东方出版传媒有限公司
地　　址：北京市东城区朝阳门内大街 166 号
邮　　编：100120
印　　刷：文畅阁印刷有限公司
版　　次：2024 年 4 月第 1 版
印　　次：2024 年 4 月第 1 次印刷
开　　本：787 毫米 ×1092 毫米　1/16
印　　张：49.5
字　　数：750 千字
书　　号：ISBN 978-7-5207-3826-2
定　　价：188.00 元
发行电话：（010）85924663　85924644　85924641

2002 年修订版前言

菲利浦·希提所写的这部《阿拉伯通史》，是一部具有里程碑意义的鸿篇巨著。此次第十版的再次问世，将受到作者的众多推崇者、阿拉伯和穆斯林世界的师生们的欢迎。

在进入 21 世纪的第二年里，对于欧洲和美国使用英语的大众来说，重新出版这部巨著，可谓正当其时。随着苏联的解体和冷战的结束，西方关注的焦点愈来愈集中到伊斯兰问题上，各种各样的"文明冲突"论大行其道。在许多欧洲国家和北美地区，穆斯林少数民族和阿拉伯后裔的人口数量在增长。在可以预见的将来，西方对阿拉伯和伊斯兰国家石油的依赖将继续下去。近年来，在穆斯林世界或阿拉伯国家所发生的一系列地区性冲突，招致了西方大规模的军事干预，其中包括黎巴嫩、波斯尼亚、索马里、伊拉克、科索沃和阿富汗。虽然以色列与约旦和埃及之间签订了和平协议，马德里中东和会在国际社会的帮助下也得以召开，但是巴勒斯坦人和以色列人在宗教圣地的暴力对抗却依然有增无减。

在纽约和华盛顿发生的"9·11"恐怖事件，促使美国放手发动一场全球性的反对恐怖主义的战争。不论看法是否正确，有很多人将这场战争视为完全针对穆斯林和阿拉伯文化的一种举动。同时，当前西方公众对阿拉伯及伊斯兰历史和文明普遍缺乏足够的了解，尚停留在一个很低的认识水准。事实表明，人们的偏见完全来自西方视觉传媒日复一日所造成的影响——而且这一切竟然来源于那些居于西方主流地位的专家学者以及一些政府高层官员，这些人常常信口开河，任意发表不负责任的反对伊斯兰和阿拉伯世界的言论。总之，在西方世界，尤其是它的领袖美国，此前从未有过如此之大的精神需求——渴求阅读一本介绍阿拉伯人和伊斯兰民族情况的权威性学术专著，且要求作者不带任何情绪或偏见，而只是如实地讲述阿拉伯和伊斯兰世界的历史。在我能够想到的那些自己所熟知的众多相关著作中，没有其他哪本书比希提所写的这部《阿拉伯通史》更堪当此任了，可以由其来完成这项对西方大众进行启蒙教化的紧迫任务。

最初是由丹尼尔·麦克米伦先生于1927年委托希提撰写这部历史专著的，后者笔耕十年之久，最终得以完成这项任务。1937年，《阿拉伯通史》初版一经问世，就获得学术界褒奖，这是作者在美国哥伦比亚大学、贝鲁特美国大学和普林斯顿大学多年从事教学与研究工作的成果。1937年以来，本书先后九次再版，最后的第十版是在1970年。在这期间，《阿拉伯通史》曾先后被译成阿拉伯语、西班牙语、乌尔都语（巴基斯坦国语）、意大利语、塞尔维亚-克罗地亚语和波兰语。

在每个新的版本中，作者都会搜集来自阿拉伯国家的权威专家们的数十篇相关评论文章，其中包括作者的同事和助手对内容提出的纠正、建议和批评意见。由于此书是作者在教学课程内容的基础上完成的，因此，作者历届学生在讨论课上的发言，帮助他进一步丰富、完善了通史的内容。与此同时，对新的各种语言的出版物，凡是涉及与《阿拉伯通史》有关的话题，以及最新出版的有关阿拉伯中世纪时期的历史教科书，他一向给予关注。此外，作者每年至少外出旅行一次，访问或重访通史所涉及的各个阿拉伯国家，与数不胜数的阿拉伯学者、教师和学生就书中的内容展开讨论。如此说来，《阿拉伯通史》实质上就是一部在几十年的时间里不时地更新、发展其内容的著作，它经历了一个不断地积累和收获的过程，是一部独具特色的讲述有关阿拉伯和伊斯兰的史实并对其进行深入探索的集思广益之作。

《阿拉伯通史》以其洋洋洒洒达700页之多的文字篇幅（这里指原书篇幅），完成了一个全面、扎实的基础性知识工程，这对了解阿拉伯世界其后的发展是不可或缺的。它以伊斯兰教产生之前的公元世纪之初为开端——起初的主要角色是异教徒和犹太基督徒（阿拉伯人在信仰伊斯兰教之前也曾经是基督教徒）——直到16世纪初奥斯曼土耳其人征服阿拉伯世界，在全书总共六个部分中，有五个部分是讲述这一时期的历史。全书最后的第六部分则是一种粗线条式的概括，从奥斯曼帝国征服阿拉伯世界时期政治、社会和文化的发展开始，至第十版问世的1970年收尾。作者用了50页的文字对这一历史时期的阿拉伯世界做了一番鸟瞰式的浏览，尽管作者将第六部分写得很精彩，颇有启迪之功效，但这部通史的精华还是在前五部分。

这部通史的主要内容结构中，包括了讲述阿拉伯人的祖先，阿拉伯人的先知穆罕默德的出现和伊斯兰教的兴起，以及早期的哈里发制度。然后，通史追溯了伊斯兰教势力在几十年的时间里迅速扩张的过程：他们穿过北非，进入伊比利亚半岛，跨越比利牛斯山脉，再北上至西部法兰西的普瓦蒂埃，北部到达拜占廷帝国的安纳托利亚（即小亚细亚半岛），向东则进入中国的西部地区。通史记录了伍麦叶王朝（公元 661—750 年）和阿拔斯王朝（公元 750—1258 年）这两个阿拉伯中央帝国的兴衰始末，二者曾分别定都于大马士革和巴格达，后者直到被蒙古的旭烈兀率领的铁骑攻陷后而遭到毁坏。通史讲述了阿拉伯文明全盛时期的故事，还有它对欧洲文艺复兴所做的巨大贡献。统一的阿拉伯帝国被割据势力搞得四分五裂，继之而来的就是分别在埃及、西班牙和其他地方出现的一些阿拉伯小王朝；非阿拉伯的穆斯林人物渗透到阿拉伯都市社会的精英阶层之中，他们当中有波斯人、突厥人、柏柏尔人和麦木鲁克人（现通译为“马穆鲁克人”），这种状况所造成的后果就是阿拉伯历史的支离破碎。

这部通史十分关注东西方之间那种绵延不断的文化交融过程，它表现在哲学、自然科学、贸易、艺术和建筑等各个领域。甚至在双方军事对抗时期，东西方之间的这种交流也没有中止过，比如在十字军战争时期（公元 1097—1291 年）和基督教争夺西班牙时期（公元 1085—1492 年）。作者同样也重视犹太人、阿拉伯基督徒和非阿拉伯穆斯林对阿拉伯穆斯林文明所做的杰出贡献。通史全书从不忌惮采用“秉笔直书”的史家笔法，作者以清醒的眼光看待伊斯兰教派的分裂现象，认真审视导致阿拉伯帝国衰落腐败的其他各种内在因素。全书始终保持大局观，注重把握历史的全景式画面；同时又以流畅的笔触，为我们提供了很多精彩纷呈的具体描述，并不时表现出诙谐、生动的语言风格。这些细节性的内容包括大量直接引用的原文——诗歌、游记、演讲和法令条文。作者在讲述阿拉伯人在政治、王朝和军事等方面的文治武功的同时，也没有让他们在社会、经济、行政管理和文化等方面的业绩黯然失色。全书总共 52 章，其中只有 20 个章节不涉及后一类的内容。

全书附有约 70 幅插图，其内容包括建筑、钱币、人物画像和手工艺品；还有 21 幅地图和 25 个历代王朝一览表。在正文的边缘附上相应的小标题，以便读者参考。书中提供了 2000 多个脚注，这些大都来源于中世纪时期重要的历史文献资料（这成为这部高水平专著的一个重要标志）；同时本书也有一些引自西方学术界在东方学领域中的最佳研究成果。此外，本书还有一项浩大的学术工程——长达 64 页的地名、人名索引及其对应的阿拉伯语名称，这就为读者探寻阿拉伯文化宝藏提供了一个难能可贵的向导。

希提生于 1886 年，为黎巴嫩基督教马龙派的后裔，其出生地是距离首都贝鲁特约 5 公里的一个叫谢穆兰的山村，从这里可以俯瞰贝鲁特。希提毕业于贝鲁特美国大学并取得学士学位，之后又在纽约哥伦比亚大学获得博士学位。1927 年，受丹尼尔·麦克米伦之托开始撰写这部《阿拉伯通史》，此时希提正在美国新泽西的普林斯顿大学担任讲授闪族文学的助理教授。后来，他升任闪族文学专业的教授和东方语言文学系主任，直到 1954 年退休。他还是巴西圣保罗大学和美国哈佛大学的客座教授。1940 年，作为一个出生在国外而对美国民主有“杰出贡献”的美籍公民，希提的名字被镌刻在纽约世界博览会大厦内。1966 年，他被普林斯顿大学授予文学博士学位。1978 年，在普林斯顿去世。

接受约请来写这篇前言，这对我来说是一件十分荣幸的事情。处在当前这个多事之秋，让我们对希提的这部《阿拉伯通史》得以重印有所企盼，期待此书能有助于搭建沟通西方与阿拉伯世界的桥梁，而这一宏愿曾经是这位来自阿拉伯世界的杰出历史学家和一流的美国学者毕生的追求。

瓦利德·卡里迪

于美国马萨诸塞州坎布里奇市

（注：作者为美国艺术与科学学会会员、哈佛大学中东研究中心原高级研究人员。

本书新收录的 2002 年修订版前言及第十版序言、第一版序言均为马志学先生所译。）

第十版序言

1970 年标志着《阿拉伯通史》出版 33 周年，这一年也见证了第十版的问世。最初写这部书的动机来自麦克米伦先生的建议。早在 1927 年，他就写信给我，建议出一部堪比阿米尔·阿里所写的《萨拉森简史》的著作（*Saracen*，萨拉森人，原指古代叙利亚一游牧民族，后特指抵抗十字军的伊斯兰阿拉伯人，现泛指伊斯兰教徒或阿拉伯人。——译者注），前者由麦克米伦出版公司于 1900 年首次出版。

凭着年轻人的一股激情，我在 1927 年与该公司签订了出版合同，约定三年后交稿（麦克米伦的一位代表当时正在阿拉伯世界游历，他建议这部书用阿拉伯文写作，而我则认为自己还要再过若干年才能如此）。1937 年，这部专著终于问世。纽约的出版商就进口此书的数量一事征求我的意见，而当我随口建议进口 100 本的时候，他当即回了我一句："有谁会打算买那么多这种书？"事实上，美国公众甚至其中也包括那些受过教育的阶层，目前对阿拉伯人和穆斯林几乎是一无所知的。开设为数不多的这类课程的学校，也仅限于少数提供研究生教育的大学学院，他们将其作为闪族研究方向的附属课程，而且偏重于文献学或者语言学方面。没有哪个学校把它作为一门独立的学科，或者作为进一步了解阿拉伯历史、伊斯兰和伊斯兰文化的入门钥匙。这就是第二次世界大战之前的现实情况。这种状况直到美国政府和民众醒悟后才有所改变，人们认识到，他们必须和数以百万计的穆斯林和成千上万的阿拉伯人打交道，他们对这些人应该有所了解。

第一版的问世产生了回应，有人提出申请翻译版权的要求，其中不仅涉及阿拉伯文译本的版权，而且包括亚洲和欧洲各种语言的版权申请。要想满足这种需求，无疑需要时间和能力。值得高兴的是，人们注意到，9 年前所出的第九版现在已经有意大利语、塞尔维亚－克罗地亚语和波兰语的译本了。

如同先前的那些版本一样，在这一版中，我尽力将新的研究成果吸收进来，采用最新的资料对正文和注释作补充修正，堵塞那些无休止的字面上的错误来源——换一个说法就是印刷上的错误。内容做过修改的书页大概有 60 页。

菲利浦·希提

于 1970 年 1 月

第一版序言

我之所以写作这部通史，目的就是要告诉大家有关阿拉伯半岛的土著居民和所有操阿拉伯语的那些民族的历史，通史讲述了阿拉伯人从早期文明时代开始到16世纪初被奥斯曼人征服为止这一历史时期的故事。这部著作代表了我多年来先后在哥伦比亚大学、贝鲁特美国大学和普林斯顿大学研究和教学的成果。除了满足学生的需要以外，这部书还可作为一般大众的启蒙读物。然而，由于阿拉伯历史所涉及的领域是如此广阔，作者不可能宣称自己对所有的方面都做过独立的研究，所以，作者只能适当地采用东西方学者已有的一些研究成果，对此，自己一直心怀感激之情。在每个章节的后面，我都附上了自己所挑选的阅读书目①。

在准备撰写本书一些章节的过程中，我接受了诸多学者的批评意见。其中做出显著贡献的有芝加哥大学的奥尔姆斯戴德教授、伊斯坦布尔的罗博特学院②院长沃尔特博士、黎巴嫩贝鲁特美国大学的祖拉亚博士，还有我的两个同事：英语系的萨瓦基教授和艾尔萨瑟教授。

这部文稿几年来曾经一直作为研究生课程的基本教材，教学过程中我的学生提出了一些批评建议，这使我受益匪浅。其中特别应该提到的学生有：现居住在波斯③的乔治·麦尔斯、埃及阿斯尤特学院的布特鲁斯·马立克、巴格达的爱德华·朱尔基、哈罗德·格里登、理查德·斯塔尔和耶路撒冷的纳比·法瑞斯。法瑞斯博士还帮助我绘制地图、校对文字和编写索引。

谨向上述所有这些可尊敬的先生致以衷心的谢意，同时也感谢我的妻子，她为我打印文稿，并提出了一些改进的建议。

菲利浦·希提

---

① 目前的版本已将阅读书目删去。——编者

② 现通译为“罗伯特学院”，后在此基础上成立海峡大学。——编者

③ 即今天的伊朗。——编者

目录

第一编　伊斯兰教以前的时代

第一章 作为闪族的阿拉伯人：闪族的摇篮阿拉比亚 - 3

·值得我们研究　·现代的考察　·闪族的人种关系
·闪族的摇篮阿拉比亚

第二章 阿拉伯半岛 - 12

·舞台的布景　·气候　·植物　·枣椰　·动物
·阿拉伯马　·骆驼

第三章 贝杜因人的生活 - 20

·游牧民族　·劫掠　·宗教　·氏族　·宗派主义　·舍赫

第四章 早期的国际关系 - 26

·南方的阿拉比亚人　·（1）与埃及的关系　·西奈半岛的铜　·乳香
·（2）与苏美尔人和巴比伦人的关系　·（3）亚述人的侵入
·（4）与新巴比伦人和波斯人的关系：太马
·（5）与希伯来人的接触　·见《圣经·旧约》所载
·（6）在古典文献里　·罗马人的远征　·香料的产地　·黄金

第五章 赛伯伊和南阿拉比亚其他的国家 - 43

·作为商人的南方阿拉比亚人　·南阿拉伯语的铭文
·（1）赛伯伊王国　·马里卜水坝　·（2）米奈王国
·（3）盖特班和哈达拉毛　·（4）第一个希木叶尔王国
·阿比西尼亚人起源于闪族　·雾木丹堡宫
·在海上贸易方面罗马人取代了阿拉比亚人
·（5）第二个希木叶尔王国　·也门的基督教和犹太教　·阿比西尼亚人统治的时期
·马里卜水坝的崩溃　·波斯人统治的时期

第六章 奈伯特王国和阿拉比亚北部、中部其他小王国 - 59

·（1）奈伯特人 ·字母表起源于西奈半岛 ·皮特拉城
·（2）巴尔米拉城 ·伍得奈斯和齐诺比雅 ·（3）加萨尼王朝
·叙利亚-阿拉伯王国的极盛时代 ·哈里斯的儿子孟迪尔
·加萨尼的灭亡 ·（4）莱赫米王朝 ·希拉城的极盛时代
·王室改信基督教 ·（5）肯德王朝

第七章 伊斯兰教兴起前夕的希贾兹 - 77

·查希里叶时代 ·阿拉比亚人的日子 ·白苏斯战役 ·达希斯-加卜拉战役
·北方的阿拉伯语作为语言的影响 ·英雄的时代 ·诗
·古典文学时代的长诗 ·悬诗 ·伊斯兰教以前的诗人
·在诗歌中表现出来的贝杜因人的性格 ·贝杜因人的拜物教
·太阳崇拜和月亮崇拜 ·精灵 ·真主的女儿 ·麦加的克而白
·安拉 ·希贾兹的三个城市：塔伊夫 ·麦加 ·麦地那
·希贾兹在文化上所受的影响：（1）赛伯伊的影响 ·（2）阿比西尼亚的影响
·（3）波斯的影响 ·（4）加萨尼地方的影响 ·（5）犹太人的影响

第二编　伊斯兰教的兴起和哈里发政府

第八章 先知穆罕默德 - 99

第九章 《古兰经》 - 110

第十章 伊斯兰教——服从真主的意志的宗教 - 115

·教义和信条 ·伊斯兰教的五大纲领：（1）信仰的表白 ·（2）礼拜
·（3）施舍 ·（4）斋戒 ·（5）朝觐 ·圣战

第十一章 征服、扩张和殖民的时期 - 125

·正统的哈里发时代：族长时代 ·阿拉比亚的征服
·向外扩张的经济原因

第十二章 叙利亚的征服 - 132

·哈立德冒险行军 ·决定性的雅穆克之战 ·新领土的管理

第十三章 伊拉克和波斯的征服 - 142

第十四章 埃及、的黎波里和伯尔克的征服 - 146

· 亚历山大港图书馆

第十五章 新领土的管理 - 154

· 欧麦尔的制度 · 军队 · 所谓的“阿拉伯文化”
· 正统派哈里发的性格和成就

第十六章 阿里和穆阿威叶争夺哈里发的职位 - 162

· 哈里发的选举 · 阿里担任哈里发的时期 · 哈里发大帝国的各个时期
· 哈里发的职务主要是一种政治职务

第三编 伍麦叶帝国和阿拔斯帝国

第十七章 伍麦叶哈里发帝国：穆阿威叶建立王朝 - 173

· 要求做哈里发者全被消灭 · 阿拉伯的模范君主穆阿威叶

第十八章 与拜占廷的敌对关系 - 181

· 马尔代帖人

第十九章 伍麦叶王朝势力的顶点 - 187

· 精力充沛的总督哈查只 · “河外地区”的征服 · 在印度的征服
· 反对拜占廷 · 在北非和西南欧的征服 · 国家机关民族化
· 财政和其他改革 · 建筑学上的纪念物

第二十章 伍麦叶王朝的行政和社会情况 - 206

· 军队的编制 · 宫廷生活 · 首都 · 社会 · 贵族保护下的平民
· 顺民 · 欧麦尔的契约 · 奴隶 · 麦地那和麦加

第二十一章 伍麦叶人时代的文化生活 - 219

· 巴士拉和库法 · 阿拉伯语法 · 圣训学和教律学 · 历史的编辑
· 大马士革的圣约翰 · 哈列哲派 · 穆尔只埃派 · 十叶派 · 演说
· 通信 · 诗 · 教育 · 科学 · 炼金术 · 建筑学
· 麦地那的清真寺 · 各省区早期的清真寺 · 磐石上的圆顶寺
· 艾格萨清真寺 · 伍麦叶清真寺 · 宫殿：阿木赖的小宫 · 绘画 · 音乐

第二十二章 伍麦叶王朝的倾覆 - 255

· 盖斯派和也门派 · 继承王位的问题 · 阿里的拥护者
· 要求哈里发职位的阿拔斯人 · 呼罗珊人 · 最后的打击

第二十三章 阿拔斯王朝的建立 - 262

· 真正的建国者曼苏尔 · 和平城 · 一个波斯的大臣世家

第二十四章 阿拔斯王朝的全盛时代 - 270

· 与法兰克人的关系 · 与拜占廷人的关系 · 巴格达的繁华
· 智力的觉醒 · 印度 · 波斯 · 希腊文化 · 翻译家
· 侯奈因 · 伊本 · 易司哈格 · 撒比特 · 伊本 · 古赖

第二十五章 阿拔斯政府 - 288

· 阿拔斯王朝的哈里发 · 大臣 · 税务局 · 其他政府机关
· 司法行政 · 军队的编制 · 地方长官

第二十六章 阿拔斯王朝的社会 - 301

· 家庭生活 · 澡堂 · 娱乐 · 奴隶 · 经济生活：商业 · 工业
· 农业 · 顺民：基督教徒 · 景教徒 · 犹太教徒 · 萨比教徒
· 祆教徒和其他的二神教徒 · 帝国的伊斯兰化 · 阿拉伯语的胜利

第二十七章 科学和文学的进步 - 328

· 医学 · 阿里 · 泰伯里 · 拉齐 · 阿里 · 麦朱西 · 伊本 · 西那
· 哲学 · 肯迪 · 法拉比 · 精诚同志社 · 天文学和数学
· 白塔尼 · 比鲁尼 · 欧麦尔 · 赫雅木 · 占星学 · 阿拉伯数字
· 花拉子密 · 炼金术 · 查希慈 · 宝石鉴赏 · 地理学 · 希腊先驱者

·“世界的屋顶” ·文学地理学家 ·雅古特 ·历史学
·早期正规的历史学家 ·泰伯里 ·麦斯欧迪 ·教义学
·哈迪斯学或圣训学 ·六部经典性的文献 ·教律学
·正统派的四大学派 ·伦理学 ·文学 ·纯文学 ·《天方夜谭》 ·诗

第二十八章 教育 - 370

·初等教育 ·高等教育机关 ·成人教育 ·图书馆 ·书店 ·纸
·一般的文化水平

第二十九章 美术的发展 - 378

·建筑学 ·绘画 ·工业艺术 ·书法 ·音乐 ·音乐理论家

第三十章 穆斯林的各教派 - 390

·理性论对正统派 ·穆斯林的宗教裁判 ·艾什耳里派体系的盛行 ·安萨里
·苏非主义 ·禁欲主义 ·神秘主义 ·神智教 ·泛神教 ·神秘的诗歌和哲学
·互助会 ·念珠 ·对于圣徒的崇敬 ·十叶派 ·易司马仪派 ·内学派
·盖尔麦兑派 ·阿萨辛派 ·努赛尔派 ·十叶派中其他的异端支派

第三十一章 哈里发帝国的分割：西方小国的出现 - 410

·（1）在西班牙 ·（2）易德里斯王朝 ·（3）艾格莱卜王朝 ·（4）突伦王朝
·公共工程 ·（5）伊赫什德王朝 ·一个黑太监 ·（6）哈木丹尼王朝
·文学的欣欣向荣 ·对罗马人的国家的袭击

第三十二章 各式各样的东方小王朝 - 420

·（1）塔希尔王朝 ·（2）萨法尔王朝 ·（3）萨曼王朝 ·（4）加兹尼王国
·加兹尼王朝的麦哈茂德 ·禁卫军 ·奴隶的战争 ·当权的大元帅
·（5）布韦希王朝 ·阿杜德·道莱 ·（6）塞尔柱克王朝 ·当权的突格里勒
·艾勒卜·艾尔斯兰 ·塞尔柱克王朝的极盛时代 ·一位优秀的大臣尼采木·木勒克
·塞尔柱克王国的崩溃 ·巴格达不关心十字军战役 ·花拉子模诸沙
·成吉思汗的登场

第三十三章 阿拔斯哈里发帝国的崩溃 - 441

·旭烈兀在巴格达 ·伊斯兰教最后的捍卫者

第四编 阿拉伯人在欧洲：西班牙和西西里岛

第三十四章 西班牙的征服 - 449

·哥特王国被摧毁 ·穆萨渡过海峡 ·凯旋的行列 ·穆萨失宠
·关于征服西班牙的解释 ·在比利牛斯山脉外 ·图尔战役 ·内战
·艾米尔的职位

第三十五章 伍麦叶王朝在西班牙的王国 - 460

·一次戏剧性的逃亡 ·攻克科尔多瓦
·穆斯林的西班牙变得巩固和太平 ·查理曼的对手
·一个独立的王国 ·对待基督教徒 ·改奉伊斯兰教的基督教徒拿起了武器

第三十六章 内乱 - 466

·城壕畔的屠杀 ·牺牲竞赛 ·芙罗拉和攸罗吉阿斯 ·各省的叛乱
·伊本·哈弗逊

第三十七章 科尔多瓦的伍麦叶哈里发王国 - 473

·哈里发阿卜杜勒·赖哈曼·纳绥尔 ·宰海拉宫

第三十八章 政治的、经济的、教育的制度 - 479

·科尔多瓦 ·政府的体制 ·工业 ·农业 ·商业
·哈里发在最得意的时候 ·教育活动 ·阿米尔族的独裁
·伍麦叶人势力的崩溃

第三十九章 小国的出现和格拉纳达的陷落 - 489

·塞维利亚的阿巴德人 ·穆耳台米德 ·穆拉比兑人 ·铸造货币
·迫害 ·冒充的阿拉伯人 ·我的首领 ·穆拉比兑人的崩溃
·穆瓦希德人 ·穆瓦希德王朝的奠基者 ·曼苏尔 ·奈斯尔人
·红宫 ·格拉纳达最后的岁月 ·摩利斯科人遭受迫害

第四十章 智力的贡献 - 507

·语言和文学 ·诗歌 ·双韵体诗 ·教育 ·书籍 ·纸

·编史工作 ·地理学 ·游记 ·对于西方的影响 ·天文学和数学
·植物学和医学 ·伊本·贝塔尔 ·医学 ·宰海拉威 ·伊本·左胡尔
·传入欧洲 ·哲学 ·本·盖比鲁勒 ·伊本·巴哲 ·伊本·鲁世德
·伊本·麦蒙 ·神秘派的伊本·阿拉比 ·翻译中心托莱多

第四十一章 艺术和建筑学 - 538

·工艺 ·陶器 ·织品 ·象牙雕刻物 ·建筑学 ·艾勒哈卜拉宫
·弓架结构 ·音乐 ·对欧洲的影响

第四十二章 在西西里岛 - 549

·征服 ·在意大利 ·跨过阿尔卑斯山 ·从意大利撤退
·西西里岛的小王国 ·诺曼人的征服 ·阿拉伯人和诺曼人的文化
·易德里西 ·弗雷德里克二世 ·西西里岛在传播思想方面的地位
·文化通过意大利而传播

第五编 中世纪时期最后的穆斯林国家

第四十三章 埃及的十叶派哈里发王朝：法帖梅王朝 - 563

·易司马仪派的宣传 ·谜似的人物赛仪德
·法帖梅王朝的第一个统治者 ·舰队 ·昭海尔将军
·法帖梅王朝的极盛时代 ·一个疯狂的哈里发 ·法帖梅王朝的衰落
·法帖梅王朝的覆灭

第四十四章 法帖梅王朝时代埃及的生活 - 570

·奢侈的生活 ·行政 ·科学的和文学的进步 ·科学馆
·天文学和光学 ·皇家图书馆 ·艺术和建筑学 ·装饰美术和工艺美术

第四十五章 东方和西方的军事接触：十字军战役 - 578

·叙利亚的塞尔柱克人 ·错综复杂的原因和动机 ·（1）征服时期
·拜占廷收复小亚细亚 ·第一个拉丁公国 ·安提俄克的陷落
·夺取耶路撒冷 ·意大利舰队征服各港口

·耶路撒冷国王包德温一世 ·第三个法兰克人公国的建立
·社会上的接触 ·（2）穆斯林的反攻：赞吉人和努尔人
·萨拉丁的登场 ·赫淀 ·围攻阿卡
·（3）零星的内战时期：艾优卜人 ·法兰克人的阵营
·埃及成为兴趣的中心 ·圣路易
·艾优卜王朝为麦木鲁克王朝所代替 ·最后的打击：拜伯尔斯
·盖拉温 ·阿卡

第四十六章 文化上的接触 - 602

·努尔王朝的贡献 ·艾优卜王朝的贡献 ·科学和哲学 ·文学
·军事艺术 ·火药 ·建筑学 ·农业和工业 ·筒车 ·商业
·指南针 ·种族的融合

第四十七章 麦木鲁克王朝——阿拉伯世界中世纪最后的王朝 - 613

·麦木鲁克王朝的建立 ·伯海里系和布尔吉系的麦木鲁克人
·击退艾优卜人和鞑靼人 ·拜伯尔斯 ·哈里发的插曲
·盖拉温和蒙古人 ·盖拉温的医院 ·艾什赖弗 ·击退蒙古人
·埃及文化的极盛时期 ·饥荒和瘟疫 ·伯海里系的灭亡

第四十八章 智力的和艺术的活动 - 624

·科学上的贡献 ·医学 ·犹太教医生 ·眼科疾病 ·医学史
·社会科学——传记 ·历史 ·伊斯兰教学科和语言学科 ·讲故事
·影子戏 ·建筑学 ·艺术 ·泥金彩画 ·奢侈的生活

第四十九章 麦木鲁克王朝的终局 - 634

·布尔吉系素丹的几个范例 ·不可救药的经济情况
·对印度贸易的丧失 ·不朽的作品 ·对外关系
·塞浦路斯的征服 ·帖木儿 ·帖木儿帝国 ·奥斯曼土耳其人 ·萨法威王朝
·达比格草原的决战 ·埃及的征服 ·奥斯曼哈里发帝国

第六编 奥斯曼帝国的统治和独立

第五十章 作为土耳其行省的阿拉伯国家 - 647

· 北非洲 · 海盗国家 · 君士坦丁堡真壮观 · 奥斯曼文化
· 帝国的建立 · 先天的弱点 · 北非地区的丧失

第五十一章 埃及和阿拉伯人的新月 - 658

· 麦木鲁克人仍占统治地位 · 阿里贝僭称素丹 · 拿破仑·波拿巴
· 现代埃及的建立者穆罕默德·阿里 · 叙利亚 · 省的行政 · 经济的衰落
· 黎巴嫩开明的君主法赫鲁丁 · 叙利亚的阿兹木家族 · 巴勒斯坦的独裁者
· 伯什尔·什哈比 · 国际公认的黎巴嫩民族自治 · 伊拉克 · 阿拉比亚
· 瓦哈比教派 · 伊本·素欧德 · 智力的活动

第五十二章 改变着的场面：西方的冲击 - 680

· 文化的渗透：埃及 · 叙利亚和黎巴嫩 · 政治的渗透 · 英国占领埃及
· 法国和英国的托管 · 一位埃及改革家 · 民族主义 · 联合的趋势

新版后记 - 691

索引 - 695

第一编

伊斯兰教以前的时代

第一章 作为闪族的阿拉伯人：闪族的摇篮阿拉比亚 3

值得我们研究

阿拉比亚地域辽阔，阿拉伯人在历史上具有极大的意义和重要性，但是现代的人却忽视阿拉比亚和阿拉伯人，很少加以研究。这种忽视，是与阿拉比亚同样广大的任何地方以及与阿拉伯人同等重要的任何民族所未遭遇过的。

阿拉比亚的面积，约等于欧洲的四分之一，美国的三分之一，但是，关于那个地方，我们所知道的却太少了，不知道的却太多了。比较起来，我们对于北极地区和南极地区的了解已经开始超过我们对于阿拉比亚大部分地区的了解了。

阿拉伯半岛，可能是闪族的摇篮，闪族在这个地方成长之后，迁移到肥沃的新月地区①，后来就成为历史上的巴比伦人、亚述人、腓尼基人和希伯来人。说阿拉伯半岛是纯粹的闪族文化的发源地，这是持之有故、言之成理的，所以犹太教和基督教的基本要素，以及后来发展成为闪族性格的各种特质，必须在这个半岛的沙土中寻求其根源。在中世纪时代，阿拉比亚产生了一个民族，那个民族曾征服当时大部分的文明世界；阿拉比亚还产生了一个宗教——伊斯兰教——这个宗教的信徒四亿五千万人，几乎遍布于全世界所有民族中和许多不同的地方。现在，全世界的人，每八个人，就有一个是穆罕默德的教徒，一天二十四小时的大部分时间内，都有穆斯林叫人去做礼拜的喊声，这喊声响彻世界大部分住人的地区。

在阿拉伯人中间出了许多征服世界的英雄豪杰，他们永远放射着光辉。这个民族兴起之后，在百年期间建立了一个大帝国，自大西洋东岸起，至中
国边境止，版图之大，胜过极盛时代的罗马帝国。在这个空前扩张的时期里， 4
他们“在教义上、语言上、血统上所同化了的异族人，比他们之前或之后的任何民族所同化的还要多些，希腊人、罗马人、盎格鲁-撒克逊人或俄罗斯

① 肥沃的新月地区，包括伊拉克、叙利亚、黎巴嫩、巴勒斯坦和约旦。——译者

人都赶不上他们”。①

阿拉伯人所建立的，不仅是一个帝国，而且是一种文化。他们继承了在幼发拉底河、底格里斯河流域、尼罗河流域、地中海东岸上盛极一时的古代文明，又吸收而且同化了希腊－罗马文化的主要特征。后来，他们把其中许多文化影响传到中世纪的欧洲，遂唤醒了西方世界，而使欧洲走上了近代文艺复兴的道路。在中世纪时代，任何民族对于人类进步的贡献，都比不上阿拉比亚人和说阿拉伯话的各族人民②。

阿拉比亚人的宗教，是继犹太教和基督教之后的第三种一神教，也是最后的一种一神教。从历史上来说，这种宗教是那两种宗教的支派，也是一切宗教中与那两种宗教最相近的。这三种宗教，是同一种精神生活——闪族生活——的产物。一个忠实的穆斯林，不需要很多踌躇，就能接受基督教大部分的信条。伊斯兰教一直是而且仍然是自摩洛哥至印度尼西亚的一种有生命的力量，同时又是几亿人的生活方式。

阿拉伯语现在是八千万人民日常应用的语言。中世纪时期，在好几百年期间，阿拉伯语曾是整个文明世界学术文化界和进步思想界所使用的语言。在九至十二世纪之间，用阿拉伯语写成的著作，包括哲学、医学、历史、宗教、天文、地理等方面的各种著作，比用其他任何语言写成的还要多些。西欧的语言中有许多借用词，可以说明阿拉伯语的影响。除拉丁字母外，阿拉伯字母是世界上应用最广的一套字母。使用这套字母的语言，有波斯语、阿富汗语、乌尔都语和一部分突厥语、柏柏尔语和马来语。

6 巴比伦人、迦勒底人、喜特人（现通译为“赫梯人”）、腓尼基人，已成为历史上的民族，现在已不存在了。阿拉比亚人和说阿拉伯话的人，历史上存在过，现在也还存在。过去和现在，他们都占了一个战略上最重要的地理位置，跨在世界商业最大动脉中的一条动脉上。他们的国际地位，在东西方冷战的竞争中，通常成为重要的中间力量。他们的土壤里，蕴藏着世界上最大的液体能量，即 1932 年初次发现的石油。③ 自第一次世界大战以来，这些国家的人民，掀起了民族运动，而且获得了完全独立。自伊斯兰教兴起以来，阿拉伯半岛的极大部分，初次统一在一个政权之下，成为沙特阿拉伯王国。

---

① 见 D. G. Hogarth，*The Penetration of Arabia*（New York，1904），p. 7。

② 本书所用术语“阿拉比亚人”和阿拉伯人（说阿拉伯话的人）二者的区别，可见本书第 43 页的注。（这里的页码是指原书的页码。下同。——译者）（原书的页码见本书正文边缘标记的数字。——编者）

③ 阿拉比亚地区 20 世纪首次发现石油是在 1906 年。——编者

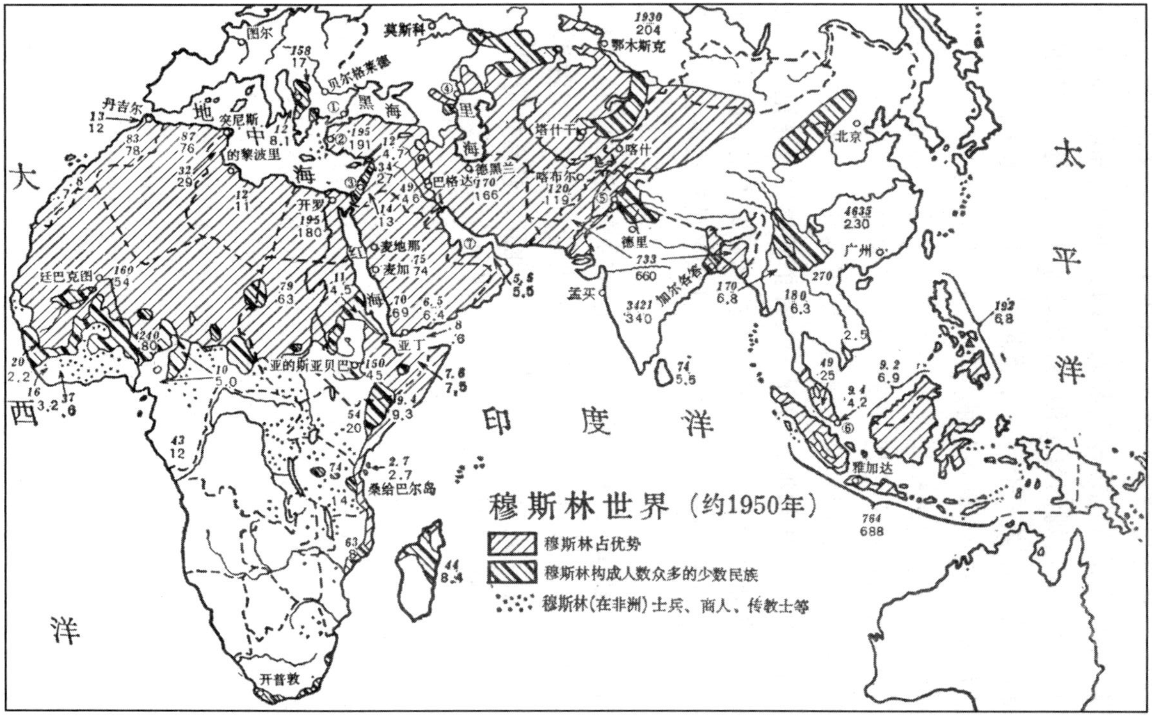

图中代号：①伊斯坦布尔，②伊兹密尔，③耶路撒冷，④阿斯特拉罕，⑤拉瓦尔品第，⑥新加坡，⑦波斯湾。图中斜体数字指每一地区的人口数（单位：十万人），正体数字指穆斯林数，如埃及当时人口为1950万，穆斯林为1800万。

在试行君主政体一个时期之后，埃及于1952年宣告成立共和国。[1] 埃及在这方面仿效了叙利亚（其首都大马士革曾经是辉煌的伍麦叶帝国的首都），在七年之前，叙利亚就已从法国托管之下解放了自己。自阿拔斯王朝灭亡后，历来没有国王的伊拉克，曾在巴格达拥戴了一位国王，后来又废除了君主政体宣布成立共和国。黎巴嫩是首先采取共和政体的。外约旦和巴勒斯坦的一部分，于1949年发展成为哈希姆约旦王国。[2] 在北非，摩洛哥、突尼斯、毛里塔尼亚、阿尔及利亚和利比亚，于（二十世纪）五十年代和六十年代，分别摆脱了法国和意大利的桎梏[3]。阿拉伯的凤凰，又重新翱翔于天空了。

现代的考察

古代的欧洲已经知道南部阿拉比亚，因为希罗多德和其他人都曾提及红海东岸的情形。希腊人和罗马人之所以感兴趣，主要是由于南方阿拉比亚人住在出产乳香和香料的地方，而且是欧洲同印度市场和索马里兰市场中间的桥梁。但在中世纪末期和现代初期，欧洲人大都把阿拉比亚忘记了。近世的欧洲人，才重新发现了这个地方。首先发现阿拉比亚的人是冒险家、基督教的传教士、商人、1811年和1836年历次参加远征埃及的英法军官、政治密使和科学考察团。

现代学者当中首先把阿拉比亚的情况加以记载的是尼布尔，他是1761年丹麦国王所派遣的科学考察团的团员。南部阿拉比亚的也门，即古代欧洲人最熟悉的地区，是首先被再发现的。阿拉伯半岛的北部，包括希贾兹（汉志）在内，在地理上是距欧洲较近的，却到最后才被发现。到今天为止，欧洲人
7 深入北部沙漠地带探险成功而且有记载的，不过十一二人。

1812年，瑞士人布克哈特为学术界发现了皮特拉，并化名为易卜拉欣，访问了麦加和麦地那。关于他访问过的地方，除了他的记载以外，直到现在，还没有什么新的记录。布克哈特的遗体按伊斯兰教的仪式葬在开罗的大墓地里，他的坟墓至今犹在。自1812年至1925年，一百一十三年期间，只有一个欧洲人获得研究麦加的正常生活的机会，这个人就是荷兰莱顿大学的教授哈尔格龙，他是1885年至1886年住在麦加的。1845年芬兰籍的瑞典青年学者瓦林曾到纳季德去考察语言。1861年拿破仑三世把自己的军队从黎巴嫩撤回去以后，打算在中部阿拉比亚寻找一个新的势力范围，因此，在两年之后就派一个英国人帕格赖弗去驻在黎巴嫩的采哈莱城。帕格赖弗属于犹太人的

---

① 埃及成立共和国是在1953年。——编者

② 1950年4月，外约旦改称约旦哈希姆王国。——编者

③ 1961年6月19日，英国被迫宣布废除1899年英科协定，承认科威特独立。1951年12月24日，利比亚联合王国宣告成立。1969年9月1日，建立了阿拉伯利比亚共和国。——译者

血统，又是耶稣会的会员。他自称游历过纳季德南面的许多地方，其实，他所游历过的地方有限得很。1853 年《天方夜谭》（又名《一千零一夜》）著名的翻译者伯顿，曾用哈只·阿卜杜拉的化名，以香客的身份游历了麦加和麦地那。布伦特夫人是深入北部阿拉比亚的两个欧洲妇女之一，她于 1879 年到达纳季德，负有若干奇特的使命，包括考察阿拉伯马在内。1875 年英国人道蒂以"奈斯拉尼"（Naṣrâny，基督教徒）和"英格里西"（Engleysy，英国人）的名义游历北部阿拉比亚。他所著的《阿拉比亚沙漠游记》已成为英国文学的古典作品。劳伦斯所著的《智慧的七根柱子》是关于第一次世界大战的文献中具有特别价值的著作，颇受一般读者的欢迎。最近的考察者，可以提及的有捷克斯洛伐克①人穆西尔，他专门考察了北部地区。最近的旅行家，有美国籍的黎巴嫩人艾敏·里哈尼，他曾与阿拉伯半岛上所有的国王会过面。还有拉特，他曾于 1925 年至 1926 年访问麦加和麦地那。值得特别提到的是英国的年轻东方学家托马斯的勇敢行为。他在 1931 年 1 月间首次越过阿拉比亚南部的鲁卜哈利（无人烟地区）沙漠，因而揭露了遗留在世界地图上最大的空白点之一。在托马斯探险之后，菲尔比又探险一次，1932 年 1 月 7 日，他用哈只·阿卜杜拉的化名，从波斯湾附近的胡富夫地方出发，九十天之内，自东至西，越过鲁卜哈利沙漠。

希木叶尔的各种铭文，先后被发现之后，我们才第一次有机会看到南阿 8
拉伯人关于自己的记载。法国籍的犹太人阿莱维（他曾化装成耶路撒冷的一个犹太乞丐），1869 年至 1870 年初次发现这些铭文；1882 年至 1894 年，奥地利籍犹太人、考古学家格勒泽尔，又发现了一部分（参阅本书第 51 页）。我们研究古代的阿拉比亚，主要的参考资料是用阿拉伯语写作的伊斯兰教的文献，那些文献内容很丰富，但年代不很古，也不大可靠；其次是散在各处的希腊语和拉丁语的记载；再其次是为数不多的用象形文字写作的埃及帝王史和用楔形文字写作的亚述、巴比伦帝王史。近年辨认出的希木叶尔铭文、现代游历家和探险家的报告，可以作为补充资料。

闪族的人种关系

现在还有两种生存着的民族，可以代表闪族，一种是阿拉比亚人，另一种是犹太人；在特殊的相貌和心理特征方面，阿拉比亚人所保存的闪族特征，比犹太人要丰富得多。阿拉比亚人的语言，就文献的观点来说，固然是闪族语系中最年轻的，但它所保存的母语——闪族语——的特征（包括语尾的变化），比希伯来语和同系的其他语言还多。因此，阿拉伯语是供给我们研究闪

---

① 1993 年 1 月 1 日，捷克、斯洛伐克分别成为独立主权国家。——编者

族语言最好的钥匙。初期的伊斯兰教，也是闪族宗教在逻辑上的完善形态。闪族这个名词，在欧美两洲，向来主要是指犹太人说的，那是犹太人散居于欧美两洲的缘故。所谓闪族的相貌，连凸出的鼻子在内，全然不是闪族的特征。这种相貌，恰恰是使犹太人的脸型与闪族的脸型有所不同的特征；这些特征，显然是喜特－胡列安人（Hittite-Hurrians）[1] 与希伯来人早期通婚的结果[2]。

阿拉比亚的阿拉伯人，特别是游牧的阿拉伯人，在生物学上、心理学上、社会学上和语言学上，最能代表闪族，一则由于他们在地理上与世界隔绝，再则由于他们过的是一种单调的、划一的沙漠生活。人种上的单纯，是中部阿拉比亚那样最乏味、最与外界隔绝的环境所给予的报酬。阿拉比亚人把自己所居住的地方叫做阿拉伯岛（Jazīrat al-'Arab），那个地方，真是一个岛，东
9 西南三面临海，北面是沙漠[3]。“阿拉伯岛”几乎是一个绝无仅有的关于居民与土地之间保持不变关系的例证。假若真有些民族曾经移入那个地方，因而不断发生移民之间互相驱逐或同化的现象——如印度、希腊、意大利、英国和美国等国的那种情形——那么，历史并没有给我们留下这方面的记载。我们并不知道有任何侵略者突破了阿拉比亚沙漠的壁垒，而在这个孤岛上获得一个永久的立足地。自有史以来，阿拉比亚的人民，差不多始终保持其原状[4]。

Semite（闪族）这个名词，是由 Shem 变来的，可见拉丁文的《圣经》译本(《创世记》10∶1)。据传统的解释，闪族是诺亚（Noah）的长子闪(Shem）的后裔，因此，闪族是同源的，但此说已不再为世人所公认了。那么，闪族究竟是怎样来的呢？

倘若我们参考一下西亚语言分布图，我们就能看出，目前居住于叙利亚、巴勒斯坦、阿拉比亚本部和伊拉克的人，都是说阿拉伯话的民族。倘若我们温习一下古代史，我们就会想起公元前 3500 年前后巴比伦人（最初叫阿卡德人，因首都阿卡德而得名）、亚述人、迦勒底人先后占据了底格里斯河与幼发拉底河流域；公元前 2500 年后，阿摩尔人和迦南人——包括腓尼基人——居住于叙利亚；公元前 1500 年前后，阿拉马人定居于叙利亚，希伯来人定居于巴勒斯坦。在十九世纪以前，中世纪的人固然不知道，连现代的人也不知道，

---

① 喜特人是古代居于小亚细亚的一个民族。胡列安人是古代居住于美索不达米亚北部和近东一带的一个民族。——译者（胡列安人，现通译为“胡里安人”。——编者）

② George A. Barton：*Semitic and Hamitic Origins*（Philadelphia，1934），pp. 85—87；Ignace J. Gelb：*Hurrians and Subarians*（Chicago，1944），pp. 69—70.

③ 我国称蒙古大沙漠为瀚海，这可以说阿拉伯半岛是四面临海的。——译者

④ 参阅 Bertram Thomas 文，载 *The Near East and India*（London，Nov. 1，1928），pp. 516—519；C. Rathjens 文，载 *Journal asiatique*，ccxv. No. 1（1929），pp. 141—155。

这些民族之间有密切的亲属关系。十九世纪中叶，人们认识了楔形文字的奥妙，后来又把亚述-巴比伦语、希伯来语、阿拉马语、阿拉伯语和埃塞俄比亚语加以比较研究，才知道这些语言有显著的类似之点，因此，是同源的语言。这些语言中的每一种语言，其动词的词干，都是三个辅音；论时态只有两个形式，一个过去式，一个现在式；动词的变化是依照同样的格式的。词汇的要素，包括人称代名词，表示血族的名词、数词和某些肢体的名称，几乎是相同的。只要把说这些语言的各民族的社会制度和宗教信仰考察一下，再把他们的相貌比较一下，就可以发现他们有极相似的地方。语言的同源， 10
只不过是他们在类型上具有显著的一般共同性的一种表现。这一类型的特征，是深厚的宗教本能、活泼的想象、显著的个性和异常的剽悍。由此可见，这些不同的民族——巴比伦人、亚述人、迦勒底人、阿摩尔人、阿拉马人、腓尼基人、希伯来人、阿拉比亚人和阿比西尼亚人[①]——他们的祖先，在演变成不同的民族前，在某个时期，必然居住在同一地方，构成一个民族。

闪族的摇篮阿拉比亚

这个民族原来的故乡究竟在哪里呢？一般学者对于这个问题，曾做出各种不同的假说。有些学者注意到闪族与含族（Hamites）之间人种上一般的关系，认为东非洲是这个民族原来的故乡；有些学者因受《旧约》中各种传说的影响，主张美索不达米亚是这个民族的发源地；但也有人认为阿拉伯半岛是这个民族的故乡，把后一假说的各种理由合在一起来看，这一假说似乎是更可信的。发源于美索不达米亚之说，是不能成立的，因为我们如果说他们先在一条河的两岸发展到农业时代，然后进到游牧时代，那就颠倒了历史各时期中社会发展的规律。发源于东非之说，也引起了许多不易解答的问题。

阿拉比亚的地面，多半是沙漠，周围有狭隘的边缘地带，适于居住。这些边缘地带都是被海水环绕着的。人口增加到土地不能容纳的时候，必须寻找活动的范围。这些多余的人口，不能向岛内扩张，因为内部全是沙漠，更不能向岛外发展，因为在那个时代海洋几乎是不能通过的障碍。过剩的人口，只能在半岛的西岸找出路，向北方发展，经西奈半岛的岔路而移入肥沃的尼罗河流域。公元前3500年前后，闪族的移居，就是沿着这条道路，或是取道于东非，向北迁移，然后与埃及原来的含族居民相混合，这次混合就产生了历史上的埃及人。我们的文明，有许多基本的要素，就是这些埃及人所发明的。首先以石料建筑房屋、发明太阳历法的，就是他们。大约在同一时期中，
发生了朝着同一方向的迁移，取道于半岛的东岸，向北发展，移入底格里斯 11

① 阿比西尼亚人，即埃塞俄比亚人。——译者

河与幼发拉底河流域。苏美尔人早已居住在那里，他们是一个具有高度文明的民族[1]。闪族人以野蛮人的身份移入这个流域，他们跟幼发拉底文明的创始者苏美尔人学习怎样建筑房屋，怎样灌溉田地，特别重要的是学习怎样写字。苏美尔人不是闪族。这两个民族在这里混合，便构成巴比伦人；巴比伦人和埃及人共同打下了我们的文化遗产的基础。巴比伦人遗留给我们许多东西，其中有拱门和拱顶（这两件东西，可能是苏美尔人发明的），有轮的车子和度量衡的制度。

公元前2500年前后，闪族的阿摩尔人移入肥沃的新月地区。阿摩尔人的组成部分，包括迦南人（即公元前2500年后占领叙利亚西部和巴勒斯坦的居民）和被希腊人称为腓尼基人的滨海居民。这些腓尼基人，首先把具有二十二个符号的拼音文字系统加以推广，这一发明，可以准确地称为人类最伟大的发明。（参阅本书第71页）

公元前1500年至公元前1200年之间，希伯来人移入南部叙利亚和巴勒斯坦，阿拉马人（即叙利亚人）移入北部叙利亚，特别是科艾勒－叙利亚（Coele-Syria）[2]。希伯来人先于任何其他民族，以清楚的一神观念昭示全世界的人，他们的一神论，是基督教徒和伊斯兰教徒信仰的渊源。

公元前500年前后，奈伯特人占据了西奈半岛的东北部。他们的首都皮特拉是由岩石凿成的。由那个首都的壮观的遗迹，可以推测他们的文明在罗马的影响之下究竟达到什么高度。

公元七世纪时，我们看见在伊斯兰的旗帜之下出现的一次新的而且是最后的迁移。在迁移的过程中，阿拉伯民族势如潮涌，不仅波斯湾北端与地中海东南角之间这一弧形的新月地区，甚至连埃及、北非、西班牙、波斯和中亚细亚的许多地方，都被那迁移的潮水淹没了[3]。

12 最后的这一次迁移，发生于有史可考的时代，故主张阿拉比亚为闪族故乡之说者，常常援引这次的迁移以为历史的证据；他们认为可以为此说之佐证者，还有两件事实：（1）阿拉比亚人所保持的闪族特性，尤为纯粹，那些特性在他们身上，比在同种的任何民族身上表现得尤为清楚；（2）他们的语言，与一般学者心目中的闪族语原来的形式，彼此之间有最密切的关系。

研究闪族文化的某些学者，把上面所引证的许多年代加以比较研究之后，

---

① 参阅 C. Leonard Woolley：*The Sumerians*（Oxford，1929），pp. 5—6。

② 这就是空叙利亚（Hollow Syria），或称洼地叙利亚，现在的贝卡（al-Biqa‘），介乎两个黎巴嫩之间。

③ 参阅 Hugo Winckler：*The History of Babylonia and Assyria*，tr. James A. Craig（New York，1907），pp. 18—22。

获得了这样一个观念：阿拉比亚的居民，每隔千年左右，周期性地向外迁移一次，他们认为阿拉比亚就像一个大蓄水池一样，池里的水太满的时候，难免要溢出池外的。这些学者提及此类迁移的时候，常用波涛这个名词。不过，闪族向外迁移，在初期，与欧洲人向新大陆迁移，情况是大致相同的：起初有少数人首先移动，另有些人跟着移动；随后，有更多的人仿效他们；最后，引起一般人向外迁移的兴趣。

一些民族集体地或成群结队地自一个畜牧地区迁移到一个农业地区，这是近东的一种普遍的现象，并且能供给一种重要的线索，使我们可以了解近东的漫长而且错综的历史。多少带有几分流动性的民族，侵入一个定居的民族中间之后，往往把先前早已存在的文明的主要内容，在某种程度上加以同化，在血统上也有许多混合。灭绝原来的居民，却是罕有的事。这就是在古代的近东曾经发生的事实。近东的历史，差不多可以说就是定居于新月地区的人民，与侵入的游牧民族阿拉比亚人之间的斗争史。因为，人们说得好，移民和殖民就是变相的侵略。

与这些迁移有关的一件事是，每次迁移之后，闪族的语言都还保存下来。这是值得注意的。因为，这是一个决定的因素。例如，在美索不达米亚，倘若苏美尔人的黏着性的语言还保存下来，我们要想把那个流域的人民归入闪族，就很困难。又如在古代埃及，倘若有一种闪含混合语还保存下来，我们也就难以将埃及人归入闪族了。因此，闪族这个名词，语言学上的含义多于人
种学上的含义，而所谓亚述－巴比伦语、阿拉马语、希伯来语、腓尼基语、南方 13
阿拉伯语、埃塞俄比亚语、阿拉伯语，必须当做若干方言，都是由一种共同的语言即原闪语（*Ursemitisch*）发展而成的。在罗曼斯语和拉丁语的关系中可以看出类似的情形。不过，拉丁语，至少在文学方面，还以某种形式生存到现在；至于闪族语的原型，它本来只是一种口头语言，因此，现在已经完全消灭了；那种原型一般的性质，可以从它的现存的各派生语言的共同点中推断出来。

阿拉比亚——纳季德或也门——固然是闪族的故乡，闪族各民族固然是从那里分布四方的，但在很早的时代，他们仍然有可能曾经与白种的另一个民族（含族）在东非的某一地方构成一个民族；后来，有一个支族从东非渡海（可能是从曼德海峡）① 到阿拉伯半岛，就成为后来的闪族。照这样说来，非洲可能是闪含族的故乡，而阿拉比亚是闪族的摇篮和发源地。肥沃的新月地区是闪族文明的舞台。

---

① George A. Barton：*Semitic and Hamitic Origins*（Philadelphia，1934），p. 27.

14 第二章　阿拉伯半岛

舞台的布景

阿拉比亚是亚洲西南的一个半岛，是世界地图上最大的半岛。这个半岛的面积为1027000平方英里①，人口约有1400万。沙特阿拉伯的面积（鲁卜哈利沙漠除外）为597000平方英里，人口据说有700万；也门的人口为500万，其余的人口属于科威特、卡塔尔、休战的各酋长国、阿曼和马斯喀特、亚丁和亚丁保护地②等。地质学家告诉我们，阿拉比亚原来是撒哈拉沙漠以及经波斯中部和戈壁沙漠③而横渡亚洲的沙土地带的天然的继续（现在有尼罗河河谷和红海的深罅，把阿拉比亚与撒哈拉沙漠分开了）。来自大西洋的西风，现在只能给叙利亚和巴勒斯坦的高地带来雨水，在较古的时代，必定能达到没有干涸的阿拉比亚。在冰河时期，冰层没有延长到小亚细亚的崇山峻岭以南，所以，阿拉比亚在那个时期的某一段时间，一定是非常适于居住的。阿拉比亚有许多干涸的河床（瓦迪，wadi），足证从这些干涸的河床中流过的雨水是具有强大的冲刷力的。阿拉比亚北边的境界，是不很清楚的，但我们可以承认有一条虚线，自红海的亚喀巴湾的正东，延长到幼发拉底河。从地质学上来说，整个叙利亚-美索不达米亚沙漠，实在是阿拉比亚的一部分。

阿拉伯半岛，从西向波斯湾和美索不达米亚低地倾斜。这个半岛的脊骨，是一条山脉，自北至南，与西海岸相平行，北端在米甸，海拔9000英尺，南端在也门，海拔14000英尺④。希贾兹的赛拉峰，海拔1万英尺。自这条脊骨向东的倾斜，是缓慢的，延伸了很长距离；向西面红海的倾斜，是陡峻的，
15 延伸的距离很短。这个半岛的南边，海水逐渐后退，海岸逐渐前进，速度每

① 1平方英里≈2.58平方公里。下文中，1英尺=0.3048米。——编者

② 1967年11月30日南也门人民共和国宣告成立，结束了英帝国主义在亚丁等地的长期殖民统治。1970年11月30日改名为也门民主人民共和国。——译者

③ 戈壁沙漠主要分布在蒙古人民共和国和中国内蒙古自治区北部。——译者（1990年5月22日，北、南也门宣布统一，成立也门共和国。——编者）

④ 最高峰参阅 Carl Rathjens 和 Hermann v. Wissmann，*Südarabiens-Reise*，vol，iii，*Landeskundliche Ergebnisse*（Hamburg，1934），p. 2。

年约 72 英尺。海滨有低地，成为这个半岛的边缘，阿拉伯语称低地为帖哈麦。北方的中心高原纳季德，平均海拔 2500 英尺，纳季德的沙马尔山上有一个红花岗岩的艾扎峰，海拔 5550 英尺。半岛的东、西、南三面，海滨低地的背后，都有高度不同的山脉。东海岸上的阿曼地方有一座山，名叫绿山，最高峰海拔 9900 英尺。半岛迤东，一般是向东倾斜，此峰独高耸天空，特别醒目。

除了刚才谈论过的山岳和高地外，这个半岛上主要的土地可以分为沙漠和草原。草原是各沙丘中间的圆形的平原（*dārah*），下面蕴藏着大量的水脉。叙利亚旷野和美索不达米亚旷野，大半是草原。叙利亚沙漠的南部，俗名哈马德。美索不达米亚的南部，通称为伊拉克旷野或称萨马瓦（al-Samāwah）露天地。

沙漠地区有三种不同的区域：

（1）大内夫得沙漠地区（*al-Nufūd*）。阿拉比亚的北部，常有白沙或者红沙，被大风吹动，堆积起来，成为丘陵，笼罩了大片土地。这种地区，古典的名称是旷野（*al-bādiyah*），有时称为红沙地区（*al-Dahnā'*）。这个地区，除稀罕的绿洲外，大半是干燥的，但冬季雨水充足的时候，地面上会蒙上一层青翠的牧草，这种地区就变成贝杜因人（现通译为“贝都因人”）的驼群和羊群的乐园。欧洲人横渡内夫得获得成功的有十二人，最早的三个是：法国阿尔萨斯人于贝尔（1878 年）、英国外交家兼诗人布伦特（1879 年）、斯特拉斯堡的东方学家欧汀（1883 年）。

（2）红沙地区（*al-Dahnā'*）。一片红沙，北自内夫得，南至鲁卜哈利沙漠，向东南方形成一个大弧形，迤逦 600 余英里。西部地区，通称为沙丘地区（al-Aḥqāf）。红沙地区，在较老的地图上通称为鲁卜哈利。红沙地区能获得季节性的雨水，生长丰富的牧草，每年能吸引贝杜因人（游牧人）和他们的牲畜到这个地区来放牧几个月，但这个地区，在夏季是人迹罕至的。托马
斯之前[1]，没有一个欧洲人到这个阿拉比亚的无人烟的地方鲁卜哈利沙漠来探 17
险过。阿拉伯－美国石油公司在他们的地图上标明这地区的面积为 25 万平方英里。托马斯自阿拉伯海出发，五十八日后，安抵波斯湾，途间遇见鸣沙的现象，并且发现一个咸水湖。这个湖后来证明是波斯湾在卡塔尔半岛南部的一个小湾。在托马斯探险之前，对于南部阿拉比亚这个可怕的、神秘的旷野，我们并不比十世纪的地理学家有更多的认识。

---

① *Arabia Felix*：*Across the Empty Quarter of Arabia*（New York，1932）.

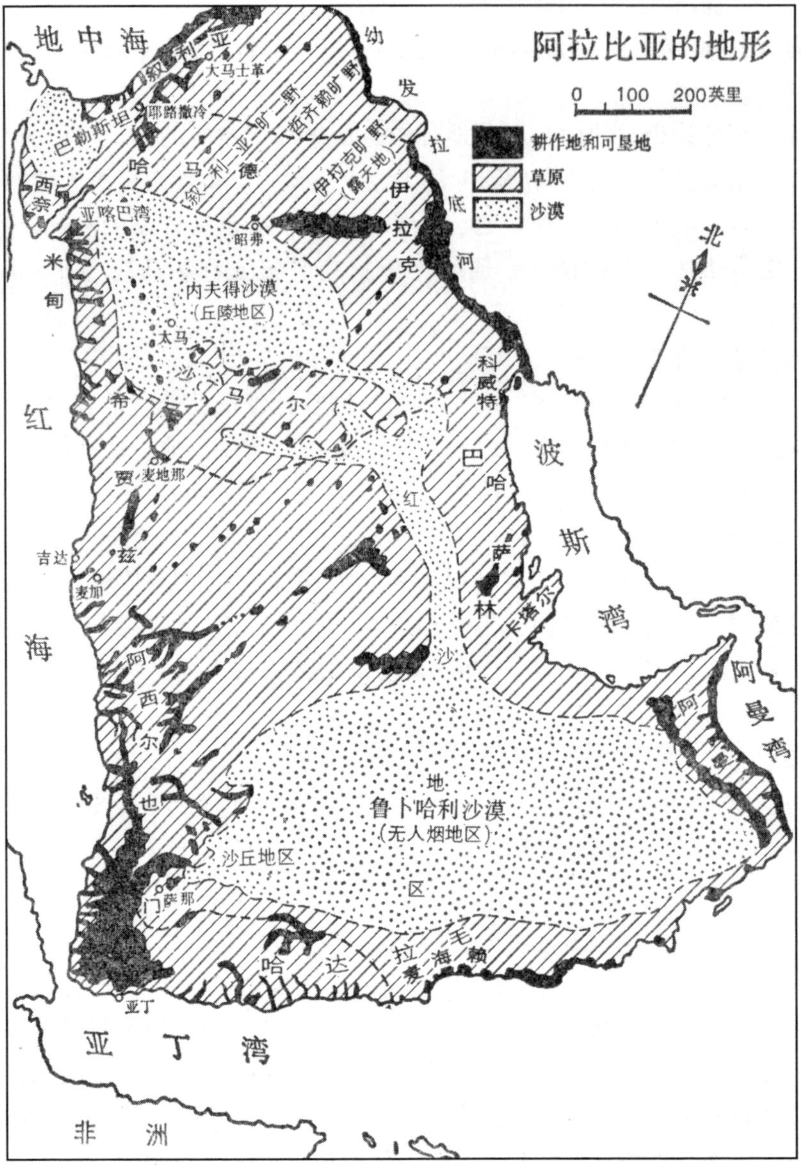

阿拉比亚的地形
0 100 200英里
耕作地和可垦地
草原
沙漠
北
地中海
叙利亚
大马士革
幼发拉底河
巴勒斯坦
耶路撒冷
叙利亚旷野
哲齐赖旷野
哈马德
伊拉克旷野
（露天地）
伊拉克
西奈
亚喀巴湾
昭弗
内夫得沙漠
（丘陵地区）
太马
米甸
沙马尔
希贾兹
红海
麦地那
吉达
麦加
科威特
红沙
波斯湾
卡塔尔
阿曼湾
阿曼
阿西尔
鲁卜哈利沙漠
（无人烟地区）
沙丘地区
萨那
哈达拉毛
麦海赖
亚丁
亚丁湾
非洲

（3）熔岩地区（*al-Ḥarrah*）。在这个区域里，到处是有皱纹形的、有裂口的熔岩，堆积在沙岩的上面。这种类型的火山地区，在阿拉伯半岛的西部和中部是很多的，北部延长到豪兰东部。雅古特所记载的熔岩区，不下三十处①。据一位阿拉伯历史学家的记载，最近一次的火山爆发，发生于1256年。

在沙漠和草原的包围中，有一个地势很高的核心地区，那就是纳季德，瓦哈比教派的故乡。在纳季德，很久以来，石灰石通常都暴露在地面上；狭长的沙地，到处都有。沙马尔山，有花岗岩和玄武岩的成分。

阿拉比亚是最干燥、最炎热的地方之一。这个地方，东西两面都临海，气候
但是那两个海都很狭窄，海水所发出的水蒸气，不足以影响亚非两洲常年无雨的大陆性气候。南面的印度洋，固然能将雨水送到这个地方来，但按时吹拂这个地方的热风，不能给内部地区带来多少雨量。令人心旷神怡的舒适的东风（*al-ṣaba*），往往以最宝贵的题材供给阿拉伯诗人。

在伊斯兰教的策源地希贾兹，旱季说不定会延长到三年多的时间。一阵阵的暴风雨，可能袭击麦加和麦地那，持续的时间虽然很短，但来势非常猛烈，有时还有摧毁克而白（Ka‘bah）② 的危险；白拉左里③专有一章，叙述麦加的山洪（*suyūl*）。下雨之后，耐旱的植物，就在沙漠中出现了。在北部希贾兹，有许多孤立的绿洲，最大的占面积10平方英里左右，土著的生活，全靠这些绿洲来维持。希贾兹的居民，有六分之五过着游牧生活。某些绿洲，如
伊斯兰教初期居于显要地位的斐得克（现今的哈伊兑，al-Ḥā’iṭ），现在已经无 18
关紧要了。在先知的时代，这些肥沃的地区，大半归犹太人耕种。在希贾兹的低地，每年的平均气温，是华氏80度到90度左右④。麦地那的平均气温，是华氏70度多一点，比较南方的姊妹城麦加，对于健康更为适宜。

只有也门和阿西尔，有充足的、定期的雨水，可以进行惯常的耕种。多年生的植物，在这两个地方，生长在距海岸约200英里以内的山谷中。也门现代的首都萨那，海拔7000英尺以上，因此，成为这个半岛上最适于健康的、最美丽的城市之一。海岸上还有些肥沃的地区，但不是连成一片的。哈达拉毛有许多深陷下去的幽谷，下层土内，含有丰富的水源。阿曼是极东的地区，每年有适量的雨水。特别炎热而且特别潮湿的地方是吉达、荷台达和

---

① *Mu'jam al-Buldān*, ed. F. Wüstenfeld（Leipzig, 1866—1873）, index.

② 克而白是天房的名称，参阅本书第108页。——译者（克而白，现通译为“克尔白”。——编者）

③ *Futūḥ al-Buldān*, ed. de Goeje（Leyden, 1866）, pp. 53—55; tr. Philip K. Hitti, *The Origins of the Islamic State*（New York, 1916, reprint Beirūt, 1966）, pp. 82—84.

④ 摄氏度＝（华氏度－32）÷1.8。——编者

马斯喀特。

阿拉比亚没有一条重要的河流是常年流入海里的。半岛上的溪水，没有可以航行的。这个半岛上没有河流网，却有许多瓦迪网，临时暴发的山洪，就由这些瓦迪排泄出去。瓦迪还有另一种用途，就是它能指示商队和朝觐天房者应走的道路。自伊斯兰教兴起以来，朝觐天房就成为阿拉比亚与外界沟通的主要桥梁。主要的陆上路线，是从美索不达米亚出发，取道纳季德的布赖达，顺着鲁麦瓦迪走；自叙利亚经锡尔汉瓦迪，沿红海岸走。半岛内部的路线，是取道海岸，绕行整个半岛，或自西南经中部绿洲而至东北，但须避开中间的无人烟地区。

十世纪的地理学家伊斯泰赫里①只提及希贾兹的一个地方，即塔伊夫附近的一座山，山上的水会冻结。哈木丹尼②说萨那的水凝结成冰。格勒泽尔③说也门的哈杜尔山几乎每年冬季都下雪。霜冻是更普遍的。

植物 气候干燥，土含盐质，都是植物不能生长茂盛的原因。希贾兹盛产椰枣。
19 小麦出产于也门和某些绿洲。大麦是种来喂马的。谷子（*dhurah*）出产于某些地区，稻子出产于阿曼和哈萨。在南部阿拉比亚早期的商业生活中，乳香是著名的商品，在与南海岸平行的山地上，特别是在麦海赖地方，乳香树仍然很茂盛。阿西尔的重要物产，是阿拉伯树胶。咖啡现在是也门著名的物产。咖啡原产于阿比西尼亚④，十四世纪时才传入南部阿拉比亚。关于这种“伊斯兰酒”的最古的记载，始见于十六世纪的著作中⑤。欧洲作家，首次提及咖啡的，最早是在 1585 年。

沙漠里有几种皂荚属的植物，如柽柳（*athl*）、可以制良质木炭的叙利亚柽柳（*ghaḍa*）和生产阿拉伯树胶的阿拉伯胶树（*ṭalḥ*）。沙漠里出产一种树，名叫赛木哈（*samḥ*），树籽可以磨粉煮粥，也出产珍贵的麦蕈（truffle）和番泻叶（*al-sana*）⑥。

园艺植物，以塔伊夫的葡萄为最有名，那是四世纪时从叙利亚传入的，

---

① *Masālik al-Mamālik*, ed. de Goeje（Leyden, 1870）p. 19, 11. 12—13.

② *Al-Iklīl*, Bk. Ⅷ, ed. Nabih A. Faris（Princeton, 1940）, p. 7；参阅 Nazīh M. al-‘Aẓm, *Riḥlah fi Bilād al-Arab al-Sa‘īdah*（Cairo, 1937?）, pt. 1, p. 118。

③ 见 A. Petermann, *Mitteilungen aus Justus Perthes geographischer Anstalt*, vol. 32（Gotha, 1886）, p. 43。

④ 咖啡因产于埃塞俄比亚的伽法省而得名。——译者（伽法省后归入阿姆哈拉州。——编者）

⑤ 参考 al-Jazīri in de Sacy, *Chrestomathic arabe*, 2nd ed.（Paris, 1826）, vol. i, pp. 138 以下，译文 pp. 412 以下。

⑥ 麦蕈亦称松露，是一种地下菌属，可供调味；番泻叶是一种缓泻药。——译者

葡萄可以制造含酒精的饮料——葡萄醴（*nabīdh al-zabīb*）[1]。但是，阿拉伯的诗人所歌颂的酒（*khamr*），却是从豪兰和黎巴嫩输入的白兰地。油橄榄是叙利亚的土产，希贾兹地方没有这种植物。阿拉比亚的绿洲所出产的水果，有石榴、苹果、杏子、巴旦杏、橘子、柠檬、甘蔗、西瓜、香蕉等。这些水果，大概是奈伯特人和犹太人从北方传入的。

阿拉比亚的特产植物，当以枣椰（*date-palm*）为第一。椰枣是最普通而 枣椰
且最有价值的水果，也极好吃。椰枣和奶是贝杜因人主要的食品，除驼肉外，椰枣是他们唯一的固体食品[2]。椰枣泡在水里，泡到发酵，就成为他们喜爱的饮料——枣醴（*nabīdh*）。枣核磨碎后，做成饼，可以喂骆驼。占有“二黑”（*al-aswadān*）——饮料水和椰枣——是每个贝杜因人梦寐以求的理想。相传，先知曾吩咐阿拉伯人说：“你们要尊敬你们的姑祖母——枣椰，因为枣椰和人祖阿丹（亚当），是用同一的泥土造成的。”[3] 阿拉伯的著作家曾统计麦地那 20
地方的各种椰枣，共计有一百种。

枣椰是阿拉比亚首屈一指的特区植物，也是由北方的美索不达米亚传入的。美索不达米亚的枣椰，是把古代的人吸引到那里去的主要原因。纳季德人和希贾兹人关于农业的词汇，例如 *ba'l*（只用雨水灌溉[4]）和 *akkār*（农夫），都是从北方的闪族人——尤其是阿拉马人——借来的。

主要的动物有猎豹（*namir*）、豹子（*fahd*）、土狼、豺狼、狐狸、蜥蜴 动物
等，鳄蜥（*al-ḍabb*）尤为特别。古代的阿拉比亚诗人常常引证的狮子现在已经绝种了。猿猴出产于也门。猛禽有鹰（*'uqāb*）、鸨（*ḥubāra*）、隼、鸢、枭。乌鸦是很多的。最普通的鸟是戴胜（*hudhud*）、云雀、夜莺、鸽子，以及阿拉伯文学中所赞美的一种沙鸡（*al-qaṭa*）[5]。

主要的家畜是：骆驼、驴子、狗、灵猩（*salūqi*）、猫、绵羊、山羊。骡子，据说是回历纪元后，穆罕默德从埃及输入的。

沙漠里出蝗虫，贝杜因人认为烤蝗虫是适口的食品，加点儿盐末，味道更好。据说，每七年必发生蝗灾一次。内夫得的爬虫，最有名的是角蝰。劳伦斯在锡尔汉瓦迪曾被蛇咬过，他提起这件事来，犹有余悸[6]。

---

① 阿拉伯人喜欢把椰枣、葡萄干等泡在凉水里，过一两天发酵后，有甜味和酒味，却不醉人。因此译成枣醴或葡萄醴。——译者

② 参阅 ibn-Qutaybah，*'Uyūn al-Akhbār*（Cairo，1930），vol. iii，pp. 209—213。

③ Al-Suyūṭi. *Ḥusn al-Muḥāḍarah*（Cairo，1321），vol. ii，p. 255.

④ 参阅本书第 97 页。

⑤ 参阅 R. Meinertzhagen，*The Birds of Arabia*（Edinburgh，1954）。

⑥ T. E. Lawrence，*Seven Pillars of Wisdom*（New York，1936），pp. 269—270.

阿拉伯马 在穆斯林文学中，马是很著名的，但马是在较晚的时代输入古代阿拉比亚的。纳季德的马是驰名的，但古代的闪族人不知道马是什么。上古时代，印度-欧罗巴的游牧人，在里海以东的地方养马；后来，克塞人和喜特人把马大量地输入他们的故乡；公元前2000年，马从那里传入西部亚细亚。一世纪初，马从叙利亚传入阿拉比亚，在那里获得了一个最好的机会，保持其血统的单纯。希克索斯人（现通译为“喜克索斯人”）把它从叙利亚输入埃及，
21 吕底亚人从小亚细亚输入希腊，大雕刻家菲迪阿斯使它在雅典的巴特农神殿（即帕特农神庙）中永垂不朽。在埃及、亚述-巴比伦和早期波斯的记载中，阿拉比亚人是以骑驼者的姿态出现的，不是以骑马者的姿态出现的。在亚述的征服者向被征服者“巫尔比”[①] 勒索的贡品中，骆驼的数字较马的数字还多。在克谢尔克谢斯准备进攻希腊的军队中，阿拉伯人是骑骆驼的[②]。斯特累波（现通译为“斯特雷波”）[③] 曾否认阿拉伯半岛上有马。他这样说大概是根据他的朋友罗马大将迦拉斯的见闻。迦拉斯在公元前24年曾经攻入阿拉比亚。

阿拉伯的良马（*kuḥaylān*）以健美、坚忍、伶俐、忠实等特征著名于世，西方人常以阿拉伯马为良马的典型。八世纪时，阿拉伯人经由西班牙，将马种传入欧洲，阿拉伯马的血统，就永远保存在柏柏尔马和安达卢西亚马的后裔中[④]。十字军战争期间，英国马因同阿拉伯马交配，而接受了新鲜的血统。

在阿拉比亚，马是一种奢侈的动物，马的饲养和管理，已成了沙漠中人的一个问题。有马的人，就是有资产的人。贝杜因人进行劫掠的时候，必须迅速地活动；马的主要价值，就在于它能满足这种需要。马还可用于野外运动：比武、竞走、狩猎等。现在，阿拉伯人的帐篷里，遇缺水的时候，尽管孩子们哭着要水喝，家长可以充耳不闻，却把最后一滴水倒在水桶里，拿去放在马的面前。

骆驼 马固然是阿拉伯人最珍贵的家畜，但就游牧人的观点来说，骆驼却是最有用的东西。假使没有骆驼，就不能设想沙漠是可以居住的地方。游牧人的营养、运输、贸易，无一样不依靠骆驼。新娘的财礼、凶手的赎罪金、赌博者的赌注、酋长的财富，都是以骆驼为计算单位的。骆驼是贝杜因人忠实的

---

① 参阅本书第39和41页。

② 见希罗多德《历史》，商务印书馆，1960年版，第665页，“他们（阿拉伯人）全都骑着速度决不比马差的骆驼。”——译者

③ *Geography*, Bk. XVI, ch. 4, §§ 2&26.

④ William R. Brown, *The Horse of the Desert* (New York, 1929), pp. 123以下。

朋友，是他的心腹，是他的养父和养母。驼乳可以解渴，驼肉可以充饥，驼皮可以做衣服，驼毛可以织帐篷，驼粪可以做燃料，驼尿可以当生发油，还可以做药。在游牧人看来，骆驼不仅是沙漠船，而且是真主的特赐（参阅《古兰经》16:5—8）。斯普林杰说得最好：贝杜因人是“骆驼的寄生虫”①。 22
现在的贝杜因人，喜欢自称为“驼民”（*ahl al-ba'īr*）。穆西尔说，鲁韦莱部族的成员，在某种困难的情况下，差不多人人都喝过驼胃里的水②。在危急的时候，他们就宰一只老驼，或者把一条棍子插入某只驼的喉咙里，使它把胃里的水吐出来。倘若骆驼喝水后不过一两天，它胃里的水是勉强可以做饮料的。骆驼在阿拉比亚人的经济生活中，起着重要的作用，因此，在阿拉伯语中，有一千多个名词，是关于骆驼的各个品种和生长阶段的，名目之多，只有宝剑的各种名称可以与之相比。阿拉比亚的骆驼，最能耐渴，饮水一次之后，在冬季能旅行二十五六天，在夏季能旅行五六天。骆驼是初期的穆斯林能征服四邻的一个因素，因为它能保证军队的机动性，使游牧民族对土著民族占优势。相传，哈里发欧麦尔说：“在骆驼繁殖的地方，阿拉伯人才能昌盛。”阿拉伯半岛，就骆驼饲养来说，依然是世界的主要中心。纳季德的马，哈萨的驴，阿曼的驼，都是世界著名的。在过去，阿曼和波斯湾的采珠业，某些地区的盐矿和骆驼饲养是主要收入来源。但自 1933 年开采石油以来，与石油业有关的各种广泛的活动已经成为最大的收入来源。哈萨（今沙特阿拉伯东部省）的油田在世界上是蕴藏量最丰富的油田。

公元前十一世纪时，米甸人进攻以色列人（《士师记》，6:5，参阅《创世记》24:64），才把骆驼（就像马原产于美洲那样）从阿拉比亚的西北部传入巴勒斯坦和叙利亚。文献中提及骆驼，这大概是第一次③。公元前七世纪时，亚述人进攻埃及，骆驼才传入埃及；公元七世纪时，穆斯林进攻北非洲时，又传入北非洲。

---

① 见 *Zeitschrift der deutschen morgenländischen Gesellschaft*，xlv（1891），p. 361，l. 13。

② *The Manners and Customs of the Rwala Bedouins*（New York，1928），p. 368. 参阅 Bertram Thomas 的文章，见 *The Near East and India*，Nov. 1，1928，p. 518。

③ 参阅 Carleton S. Coon，*Caravan*：*the Story of the Middle East*（New York，1951），p. 61。

23 第三章　贝杜因人的生活

游牧民族 阿拉比亚的居民，为适应土地的双重性，分为两个主要的集团：游牧的贝杜因人和定居的人民。流动的居民与定居的居民，二者之间，通常没有明确的界线。中间还有半游牧的人和半定居的人。一度是贝杜因的某些城居的人民，有时会现出他们的游牧人的原形；也还有一些贝杜因人正处在变为城居人民的过程中。定居人民的血液，常因游牧人民的血统而获得更新的机会。

贝杜因人并不是无目的的、为漂泊而漂泊的吉卜赛人①。贝杜因人的生活方式是人类生命适应沙漠环境的最好的方式。哪里有水草，他们就到哪里去放牧牲畜，逐水草而居。游牧制度是内夫得地区的一种科学的生活方式，正如工业制度是底特律和曼彻斯特的一种科学的生活方式一样。

城居的人民和游牧的人民，他们彼此间的作用和反作用，是自我利益和自我保存的迫切动机所促成的。城居人民，得天独厚；游牧人民，以坚决的态度，向他们索取自己所缺乏的生活资料，或以暴力掠夺，或以和平方法，彼此交易。他们或做强盗，或做商人，或身兼二职。沙漠里的强盗和海洋里的强盗，有许多特质是彼此相同的。

游牧人，作为一个类型来看，现在和过去完全一样，将来仍然是这样。他的文化模型，永远是一样的。变化、进步、发展，都不在他所愿意遵守的规律之列。他受不到外来的观念和风俗的影响，所以他的生活方式，仍然是他的祖先的生活方式——住在用羊毛或驼毛织成的“毛屋”里，用同样的方法，在同一牧地上放牧绵羊和山羊。养羊、养驼、养马、狩猎和劫掠，构成他主要的职业。照他的想法，这些事才是男子汉值得干的职业，农业和各种
24 工商业，是有损威严的。倘若脱离了那个环境，他就不是一个游牧人了。在肥沃的新月地区，有许多帝国灭亡了，又有许多帝国兴起来，荒凉的沙漠里

① 吉卜赛人也叫茨冈人。主要分布在西亚、北非、欧美各国，人口估计在80万至500万之间。原住印度北部，中世纪开始外移，过流浪生活，到处遭受种族主义者的歧视。——译者（译注提及的人口数量如无特别说明，均为二十世纪七十年代的统计数字。下同。——编者）

的贝杜因人，却依然如故①。

贝杜因人、骆驼和枣椰，是沙漠中一切生物的三位一体的统治者；再加上沙子，就构成沙漠里的四大主角。

对沙漠的居民来说，沙漠不仅是一个可居住的地方，而且是他的神圣的传统的守护者，是他的纯粹的语言和血统的保卫者，是防范外界侵略的第一条防线。沙漠缺水，天气炎热，道路不明，食物缺乏，这四件事，在承平时期，都是游牧人的劲敌；在战争时期，却是他们的忠实的盟友。游牧的阿拉比亚人，不大屈服于外来的束缚，是不足为奇的。

贝杜因人体格上和心理上的结构，忠实地反映出沙漠地方的连续性及其单调和干燥。在解剖学上，他是一捆神经、骨骼和肌肉。由他的体格，可以窥见沙漠的硗瘠和荒凉。他日常的食物，是椰枣和面粥或炒面（应译为“烤玉米”），再加凉水或奶。他的衣服是像食物一样缺乏的：一件长的衬衫（*thawb*），一条带子和一件宽舒而飘垂的上衣（*‘abā’*），这是我们在图画上看熟了的。头上蒙一块披巾（*kūfiyah*），用一条细绳（*‘iqāl*）给结稳了。裤子是不作兴穿的，鞋袜是稀罕的。坚忍和耐劳，似乎是他的无上美德；他有这种美德，故能在生物稀罕的环境里生存下去。消极是这种美德的坏处。他宁愿消极地忍受，不愿想法改变自己所处的景况，命运无论怎样恶劣，都是无关紧要的。个人主义，是他的另一种明显的特性，这种特性是根深蒂固的，因此，贝杜因人不能把自己提高到一个国际型的社会成员的地位，他只关心本部族的福利，要他关心各部族共同的福利，那是很困难的。纪律、秩序、权威，都不是沙漠生活中的崇拜对象。一个贝杜因人曾祈祷说：“主呀！求你怜悯我，怜悯穆罕默德，不要怜悯别的任何人。”② 自易司马仪（以实玛利）的时代起，游牧的阿拉比亚人，是反对一切人的，一切人也都是反对他的。 25

劫掠（*ghazw*）本来是一种盗贼的行径，但是，沙漠生活的经济情况和社会情况，却已经把劫掠提升到一种民族风俗的地位了。这种风俗，是以贝杜因人畜牧社会的经济结构为基础的。在沙漠地方，好战心理是一种牢不可破的心理状态；劫掠是有数的几种表现男子气概的职业之一。基督教的部族，如台格利卜人，也公开地干这种事。伍麦叶王朝早期的诗人顾托密曾以四句诗说明这种生活的指导原则，大意是说：

劫掠

我们以劫掠为职业，

---

① 伊本·素欧德在经济上和社会上的改革，主要的特点就是使游牧人定居在土地上。

② Abu-Dāwūd, *Sunan* (Cairo, 1280), vol. i, p. 89.

劫掠我们的敌人和邻居。
倘若无人可供我们劫掠，
我们就劫掠自己的兄弟。①

在沙特阿拉伯王国，劫掠现已成非法的行为了。

劫掠是一种民族游戏，除非在迫不得已的情况之下，照例是应该不流一滴血的。在一定的限度之内，对于减少需要养活的人口的数目，劫掠虽有帮助，但实际上不能增加可用的物资的总量。一个弱小的部落，或边境上的定居地，可以用现在所谓的礼物（*khū-wah*）向强大的部落换取保护。劫掠的观念和术语，已由阿拉比亚人运用到伊斯兰教徒的征伐上。

但款待的原则，多少可以减轻劫掠的罪恶。贝杜因人，作为敌人，虽然非常可怕，但在他的友谊的规则范围以内，他也是一个忠贞而大方的朋友。在伊斯兰教之前的诗人，即那个时代的新闻记者，他们对于歌颂款待（*ḍiyāfah*），是乐而忘倦的。招待、热忱（*ḥam-āsah*）和男子气概（*murū'ah*）②，被认为是这个民族的高贵的美德。争夺水草的剧烈竞争，是一切争端的主要起因的核心，这件事使沙漠里的人民分裂成许多互相残杀的部族；但他们对于自然界的顽固和凶恶，都感觉到束手无策，这种共同的感觉，使他们觉得需要一种神圣的义务，那就是对于客人的款待。在一个找不到客店或旅馆的
26 地方，对于一个客人拒绝招待，或接待以后加以损害，这不但有伤风化，玷污门楣，而且是违抗真主——真实的保护者——的罪行。

宗教 闪族宗教的雏形，是在绿洲里发展起来的，不是在沙漠里发展起来的。这种雏形宗教，以石头和源泉为中心，那是伊斯兰教的玄石和渗渗泉，以及《旧约》中的伯特利的先河③。贝杜因人对于宗教，确是漠不关心的。依《古兰经》的判断，“游牧的阿拉伯人，是更加不信的，是更加伪信的，是更不会认识真主所降示天使的法度的。”（9∶97）就在今天，他们对于先知，也不过口头上表示敬意而已④。

氏族 氏族组织是贝杜因人社会的基础。每个帐篷代表一个家庭；许多帐篷集结的地方，构成一个区域（*ḥayy*）；同区域的人员组成一个氏族（*qawm*）；几

---

① Abu-Tammām，*Ash'ār al-Ḥamāsah*，ed. Freytag（Bonn，1828），p. 171.

② 参阅 Ignaz Goldziher，*Muhammedanische Studien*，pt. 1（Halle，1889），p. 13。

③ “玄石”指安置在克而白天房上的一块黑色的陨石。“渗渗泉”指在天房旁边的一洞泉水。“伯特利”译为“神殿”。——译者

④ Ameen Rihani，*Ta'rīkh Najd*（Beirū 928），p. 233.

个有亲戚关系的氏族，结成一个部族（*qabīlah*）。同一氏族的成员，互相承认是同一血统的，他们只服从一个领袖的权威（他们的领袖，以族长为核心），他们使用同一的口号。他们是谁的子孙，就在谁的名字前面加“贝努”（*Banū*）① 的称号（贝努的意思是子孙，例如贝努艾赛德，就是艾赛德的子孙）。有些氏族的名称是阴性的，这是古代母系制的遗迹。血缘关系，不管是虚构的，还是真实的，总是维系部族组织的重要因素。

帐篷和简陋的家具，是私人的财产；源泉、牧场和可耕地，却是本氏族公共的财产。

某氏族的成员，若杀害了本氏族的人，任何人都不保护他。他在逃亡期间，变成不受法律保护的人（*ṭarīd*）。他若杀害了外族的人，两氏族之间就要发生近亲复仇，本氏族的成员不管是谁，都可能必须为这件罪行付出生命的代价。

依照沙漠里原始的法律，血债是要用血来偿的；除了报仇，无论什么惩罚也不生效。最亲的人，被认为应负重要责任。一件仇杀案，可能继续四十年之久，贝努伯克尔与贝努台格利卜之间的白苏斯战争，就是最好的例证。史学家着重地指出：在伊斯兰教之前，阿拉伯各部族间的战争（*ayyām al-‘Arab*），都是以报仇为宗旨的，但那些战争，有许多一定是经济的原因而产生的。有时，苦主愿意接受罚金（*diyah*）。

一个贝杜因人可能遭遇的祸患，再没有什么比丧失部族关系更严重的了。 27
在阿拉比亚地方，“外人”和“敌人”，是两个同义的名词，一个没有部族的人，就像封建时代在英国没有土地的人一样，实际上是无依无靠的。他的地位，相当于一个丧失公权者，是不受保护的人。

氏族关系，本来是一个出身的问题，但可以以个人的身份取得氏族关系；取得的方法，非常简单，只需与某氏族的人共餐，或者吮吸他的几滴血，就成为那个氏族的成员了。希罗多德叙述过古代立义子的仪式②。获得解放的奴隶，常认为与原主人的家族保持几分联系，对于自己是有利的，这样一来，他就变成同族兄弟（*mawla*）了。一个外人，可以寻求这样的一种亲戚关系，被称为受保护人（*dakhīl*）。依同样的方法，整个的比较弱的氏族，可以自愿地取得某个强大氏族或部族的保护，而终于被它吸收。泰伊、盖特方、台格利卜等部族，就是北方阿拉比亚各部族的联盟，在历史上有显著的地位。他们的后裔，仍然生存在说阿拉伯话的地方。

---

① 贝努（Banū）是主格的形式，宾格和属格的形式是贝尼（Banī）。——译者

② 见希罗多德《历史》，商务印书馆 1960 年版，第 361 页。——译者

在宗教上有一种类似的惯例，依此惯例，一个异乡人，可能变成某个寺庙的服务人员①，因而变成神灵的客人。现在朝觐麦加的人，还称为“真主的客人”（*ḍaif Allah*），在麦加圣寺或其他大礼拜寺内求学的人，通称为邻居（*mujāwir*），就是说他是真主的邻居。

宗派主义

宗派主义（*'aṣabīyah*）是氏族的精神。宗派主义包含着对于同族人无止境、无条件的忠贞，大体上相当于极端的狭隘的爱国主义②。一个弹唱诗人曾歌唱道：“你忠于你的部族吧！部族是有权力命令本部族的成员抛弃自己的妻子的。”③ 氏族里的这种根深蒂固的宗派主义，是由氏族成员的个人主义发展而成的。宗派主义认为本氏族或本部族自成一个单位，能独立生存，至高无上，同时把其他的一切氏族或部族当做自己的合法的牺牲品，可以任意地加以掠夺或杀害。伊斯兰教曾充分利用原有部族的体系，以达到其军事目的。伊斯兰教依部族的界线而划分军队的单位，移民到被征服的地区的时候，使他们聚族而居，归顺的人民，改奉伊斯兰教后，被当做保护下的平民。伊斯兰教兴起后，随着阿拉伯人性格的发展，个人主义和宗派主义这两个非社会
28 的特征，没有消灭，反而暴露出来，终于成为伊斯兰教各国分裂和灭亡的决定性因素之一。

舍赫

氏族的代表，是它的名誉领袖“舍赫”（*sheikh*，老者），“舍赫”不像现代好莱坞的同名人物那样④，他是本部族中年高德劭、智勇双全、仗义疏财的成员。必须是有资格的长者，才能当选。在法律上、军事上和其他公共事务上，“舍赫”并不是独断独裁的；他必须召集由本族各户户长组成的部族会议。他的任期的长短，由选民全体来决定。

一般的阿拉比亚人，特别是贝杜因人，生来就是民主主义者。他以平等的地位和他的“舍赫”见面。他所处的社会，使得人人都处于平等地位。“麦列克”（*malik*，国王或君主）这个称号，阿拉比亚人只用来称呼外国的统治者，以及有几分罗马化和波斯化的加萨尼王朝和希拉王朝⑤的国王。只有肯德人的国王是例外。但阿拉比亚人不仅是民主主义者，而且是贵族主义者。他认为自己是一切众生中十全十美的典型人物。在他看来，阿拉比亚民族是世界上最尊贵的民族（*afkhar al-umam*）。从贝杜因人自高自大的观点来看，文

---

① 参阅《旧约·以西结书》，44:7。

② 即盲目的爱国主义或沙文主义。——译者

③ Al-Mubarrad, *al-Kāmil*, ed. W. Wright (Leipzig, 1864), p. 229, l. 3.

④ 美国的风俗把专爱勾搭女人的小白脸叫做 sheikh。——译者

⑤ 这是阿拉伯的两个附庸国，参阅本书第 78 页和第 81 页。——译者

明人是不像他们那样幸福，不像他们那样优秀的。阿拉比亚人对于自己血统的纯洁，口齿的伶俐，诗歌的优美，宝剑的锋利，马种的优良，尤其是宗谱（*nasab*）的高贵，都感到无限的骄傲。他酷爱高贵的宗谱，往往把自己的宗谱追溯到人类的始祖阿丹（亚当）。除阿拉比亚人外，世界上是没有什么民族把宗谱学提高到科学的地位的。

贝杜因的妇女，不管在伊斯兰教时代，或在伊斯兰教以前的时代，都享有若干自由，那是城居的妇女比不上的。她生活在一个多妻的家庭里，丈夫是一家之主，但她有选择丈夫的自由；丈夫虐待她的时候，她还有离婚的自由。

沙漠里的人民只要遇到机会就能够汲取别人的文化，这是他们的显著的特征。潜伏了好几百年的才能，遇到适当的刺激的时候，似乎就突然觉醒，一鸣惊人。肥沃的新月地区，就是有着大好机会的地方。一个汉穆拉比（现
通译为“汉谟拉比”）出现于巴比伦，一个摩西（穆萨）出现于西奈半岛， 29
一个齐诺比雅（现通译为“泽诺比娅”）出现于巴尔米拉[1]，一个阿拉伯人菲利普出现于罗马[2]，或者一个哈伦·赖世德出现于巴格达。他们建立起许多纪念物，如皮特拉的古迹，至今尚能引起世人的赞叹。伊斯兰教初期惊人的、几乎无与伦比的繁荣，是与贝杜因人潜在的才能有不少关系的，哈里发欧麦尔说得好：“贝杜因人以原料供给伊斯兰教。”[3]

---

① 参阅本书第 75 页。——译者（巴尔米拉，又译为帕尔米拉，其版图在今叙利亚境内。女王泽诺比娅领导巴尔米拉对抗罗马帝国，争取自主权。——编者）

② 菲利普是罗马帝国第一位阿拉伯人出身的皇帝。——编者

③ Ibn-Sa‘d, *Kitāb al-Ṭabaqāt al-Kabīr*, ed. Eduard Sachau, vol. iii, pt. 1（Leyden, 1904）, p. 246, l. 3.

30 第四章　早期的国际关系

南方的阿拉比亚人

我们一直广泛地用“阿拉比亚人”这个名词去通称阿拉伯半岛上所有的居民，不问他们居住在哪一个地区。现在，我们必须把他们分为南方的阿拉比亚人和北方的阿拉比亚人。北方的阿拉比亚人，包括中部阿拉比亚的纳季德人。茫茫的沙漠，把阿拉比亚分为南北两部，居住在这块土地上的人民，也就分为南方人和北方人了。

北方的阿拉比亚人，大半是游牧民族，以“毛屋”为家，他们的故乡是希贾兹和纳季德；南方的阿拉比亚人，大半是定居的，他们的故乡是也门、哈达拉毛（现通译为“哈德拉毛”）和沿海一带。北方人所说的是《古兰经》的语言，即非常优美的阿拉伯语；南方人所使用的是一种自己所有的历史悠久的闪族语、赛伯伊语或希木叶尔语，与非洲的埃塞俄比亚语很类似。北方人和南方人，都是地中海长头种族的成员。但是南方人中间还有不少沿海人种的要素，他们的头是圆的，与亚美尼亚型（喜特人或希伯来人）类似。他们的特征是宽腮颊、鹰嘴鼻、平颧骨和丰富的毛发。他们可能是由东北从海道侵入南方的外来民族①。南方的阿拉比亚人，是首先著名于世的，他们曾发展了自己的文明。北方的阿拉比亚人，直到中世纪时代，伊斯兰教诞生以后，才走上了国际舞台。

① Carleton S. Coon, *The Races of Europe* (New York, 1939), pp. 403—404, 408.

赛伯伊人的脸型

采自 D. H. Müller,“*Südarabische Alterthmüer*” （Hölder-Pichler-Tempsky, Vienna）

阿拉比亚人始终记得并且意识到这种民族上的区别，这由他们自己的传统的谱系学可以看出。他们把自己先分作两大族：绝种的阿拉伯人（*bā'idah*）和现存的阿拉伯人（*bāqiyah*）。绝种的阿拉伯人，包括赛莫德人、阿德人——

都是在《古兰经》上有名的——泰斯木人和哲迪斯人。赛莫德人是一种历史上的人民，萨尔恭二世（现通译为“萨尔贡二世”）[1] 的楔形文编年史中曾提
32 到他们，一般古典作家称他们为特莫德人[2]。阿德人在古代的哈达拉毛大概是兴盛过的。谱系学家把现存的阿拉伯人再分为两个种族：道地的阿拉伯人（*'āribah*）和归化的阿拉伯人（*musta'ribah*）。在他们看来，道地的阿拉伯人，是指盖哈丹（现通译为“盖哈坦”，即《旧约》上的约坍）的子孙也门人而言的，他们构成本地的种族；归化的阿拉伯人，是指希贾兹人、纳季德人、奈伯特人、巴尔米拉人而言的，他们是以实玛利（即易司马仪）的后裔阿德南的子孙，他们是到阿拉伯地方来入籍的人。传说中的盖哈丹和阿德南，使人想起阿拉比亚人有南方人和北方人的区别。先知穆罕默德迁居麦地那后，那些奋勇地起来支持他的麦地那人，原籍是也门，穆罕默德的宗族——古莱氏人——却是北方的种族尼萨尔人。东部叙利亚的加萨尼人和伊拉克地方希拉城的莱赫米人，原籍都是南方。

这两个阿拉比亚种族之间的鸿沟，从未消除。这种由来已久的区分，即使在伊斯兰教把阿拉伯民族表面上统一起来之后，依然是很明显的。

(1) 与埃及的关系

阿拉伯半岛像一个很厚的楔子一样，插在最古的两大文化发源地——埃及和巴比伦——之间。印度的旁遮普或许是第三个文化中心，阿拉伯半岛位于旁遮普和西方之间。阿拉比亚虽未处于单河流域区或双河流域区的河滨文化的范围以内，却未能完全避免那些文化的影响。但是它的文化，基本上是本地的文化。这种文化是属于海滨文化的范畴。阿拉比亚东南隅的人民，可能是最古老的三大商业中心——埃及、美索不达米亚和旁遮普——的中间人，而使那个介于东西之间的大海（阿拉伯海）按照他们的名字而命名。

非洲与阿拉比亚的接触，有三条路线：在北方的，是西奈半岛上的陆路；在南方的，是曼德海峡的水路（相距只有15英里）；在中间的，是一条陆路，沿瓦迪哈麻麻特而行，在底比斯[3]附近，与尼罗河曲相对，在库赛尔地方与红海相接。最后的这条路线，是主要的中央路线。在埃及第十二王朝时代（约当公元前2000—公元前1788年），有一条运河，在比勒贝斯北面，把尼罗河

---

① D. D. Luckenbill：*Ancient Records of Assyria and Babylonia*，vol. ii（Chicago，1927），§§17，118.

② Pliny，*Natural History*，Bk. VI，ch. 32.

③ 底比斯（Thebes）是埃及的古都，在尼罗河岸上，现在还有卡纳克和卢克尔的古迹。——译者

与红海上端联系起来。托勒密人[①]曾修复这条运河，历代哈里发也重开过这条运河，而加以利用，直到 1497 年发现绕好望角而至印度的水路以后，这条运河才废置了。这条运河可以说是苏伊士运河的先河。 33

古代埃及人所描绘的阿拉比亚人
（前者约当公元前 2000 年，后者约当公元前 1500 年）
采自 G. Elliot Smith，"*The Ancient Egyptians and the Origin of Civilisation*"（Harper & Bros.）

西奈半岛的铜

埃及人对于西奈半岛感兴趣，是由于那里出产铜和蓝宝石，矿坑在半岛南部的瓦迪麦加赖中，临近现代的图尔城。远在王朝时代之前，西奈半岛的游牧人，早已把他们的宝贵物产向埃及输出了。第一王朝的法老们经营了半岛上的矿坑，但大量开采的时期，是从第三王朝的斯奈弗鲁时代（约当公元前 2720 年）才开始的。将埃及同叙利亚－巴勒斯坦、肥沃的新月地区中其他的地方和小亚细亚联系起来的一条大道，是人类初次使用的国际道路，它有一条支线延长到东南方去，通往西奈半岛的这些出产铜和蓝宝石的矿坑。艾比杜斯城有第一王朝的一座皇陵。1900 年，皮特里在那座皇陵里发现了一块象牙，上面画有一个典型的亚美尼亚闪族型的人像，题为亚洲人，那个人有长而尖的胡须，上唇是剃光了的，大概是一个南方阿拉比亚人的画像。属于同一王朝的一块更古的浮雕上雕出一个憔悴的贝杜因人的酋长，系着腰布，屈服地蜷缩在一个埃及掳掠者的面前，掳掠者正想用他的钉头槌打破那个贝杜因人的脑袋。阿拉比亚人的肖像，保存到现在的，要以这两幅像为最古了。用来称呼贝杜因人的名词（例如阿牧，'*amu*，游牧人、亚洲人），在古代埃及

---

① 希腊时代埃及的奴隶制国家，公元前 305 年亚历山大大帝部将托勒密一世所建。首都亚历山大城，是希腊化国家经济和文化的中心。公元前 30 年女王克利奥帕特拉七世在位时亡于罗马。——译者

第一王朝的第六位国王西麦尔克赫特在鞭打游牧人的酋长

采自 A. T. Olmstead，“*History of Palestine and Syria*”（Charles Scribner's Sons）

编年史中占有重要地位，有时显然是指埃及四周和阿拉比亚本部以外的游牧民族而言的。

乳香

34 自埃及同朋特和努比亚建立商业关系的时候起，南部阿拉比亚与埃及更加接近了。希罗多德曾提及塞索斯特列斯（或许是第十二王朝的西纽塞尔特一世，公元前 1980—公元前 1935 年），征服阿拉伯湾的各民族①，这大概是指红海西岸上的各民族而言。第十八王朝时，在红海有过一支舰队，但我们知道，远在第五王朝时，萨胡尔（公元前 2553—公元前 2541 年）已指挥第一支海上远征军，取道红海，去征服一个出产香料的地方，那个地方显然是非洲岸上的索马里兰。

南部阿拉比亚所以能引起埃及人的注意，主要的原因是乳香，因为乳香可供寺庙中焚香的需要，又是制香尸的必需品；南部阿拉比亚出产乳香特别丰富，埃及既珍视乳香，当然重视那个地方了。自努比亚隶属埃及的版图，而朋特（现今的索马里兰）列入埃及帝国的商业圈以后，埃及的远征军屡次奉派到那些地方去，其目的在于获取“没药、香胶、树脂、香木”。派到朋特去的这类远征军，有一支是由赫熙卜苏（约当公元前 1500 年）指挥的，她是历史上第一个有名的妇女。她的继任者屠特莫斯三世（现通译为“图特摩斯三世”）——古代埃及的拿破仑——曾派些特使到同一个地方去，把“象牙、紫檀、豹皮和奴隶”等载运到埃及（公元前 1479 年）。阿拉比亚西南部的也

① 见希罗多德《历史》，商务印书馆 1960 年版，第 318 页。——译者

门，也出产这些货物，所以埃及人所谓的朋特，可能是泛指曼德海峡两岸的地区而言。黄金可能也是从阿拉比亚来的。埃及与南部阿拉比亚的香料贸易，是取道瓦迪哈麻麻特的，这种贸易使那条中央路线变成与南部阿拉比亚联系起来的一条最重要的路线。

哈达拉毛[①]（在古代是包括麦海赖和席赫尔[②]等沿岸地区的）是乳香的著名产地。采法尔在从前是一个城市的名称，现在是一个区域的名称。那个地方，古时候是乳香集散的中心。现代的名称是佐法尔，名义上归阿曼国王统治。作为乳香贸易中心的这个采法尔城，是位于南海岸的；也门内地还有一个城，也叫采法尔，在古代是希木叶尔的首都[③]，这是应该分别清楚的。乳香树在哈达拉毛和南部阿拉比亚其他地方，仍然茂盛（乳香的名称，阿拉伯语是 *luban*〔鲁邦〕，灵香的名称 olibanum〔阿里邦奴〕就是由此得来的）。采法尔现在仍然是乳香贸易的中心。 36

对于阿拉比亚发生商业上的兴趣的人，并不限于古代的埃及人。在香料贸易和矿物贸易方面与埃及人竞争得最厉害的，是巴比伦人。

（2）与苏美尔人和巴比伦人的关系

东部阿拉比亚，是与美索不达米亚接壤的。美索不达米亚的古代居民——苏美尔人和阿卡底人，远在公元前4000年时，早已同他们的西方国度（Amurru）的邻居相亲密，并且能经由陆路和水路同他们交往。

铜是最初发现而被用于工业的金属物，苏美尔人所需要的铜，其供应来源，大概是在阿曼。

闪族历史上第一个伟人是萨尔恭（现通译为“萨尔贡”，即萨尔贡一世），他的孙子和继任人，是奈拉木仙（约当公元前2171年）。奈拉木仙的闪绿岩的雕像上记载着他征服麦干，并且打败其国王麦纽木的事迹[④]。拉迦石地方苏美尔人的教王居底亚（约当公元前2000年）告诉我们，他为获得麦干和麦鲁哈两地出产的石料和木料来建筑他的庙宇，而从事远征。苏美尔人所用的这两个地名，起初显然是用来称呼东部和中部阿拉比亚的某些地区的，后来，在亚述时代，却变更原来的用法，泛指西奈半岛和东非的若干更远的地方。就字源来说，麦干和阿拉伯语的马安并不是同一个词（马安是北部希贾兹的一片绿洲的名称，现在属于约旦），但可能是古代米奈人的殖民地，位于商队的道路上。在这些楔形文的铭文中，我们发现了历史上关于一个阿拉伯

---

① 哈达拉毛就是《创世记》第10章第26节的哈萨玛非（Ḥaṣarmāweth）。

② 席赫尔在近代和现代，是指乳香的整个产地而言，包括麦海赖和采法尔。

③ 参阅 Yāqūt，*Buldān*，vol. iii，pp. 576—577。

④ 参阅 F. Thureau-Dangin，*Les inscriptions de Sumer et d'Akkad*（Paris，1905），pp. 238，239。

乳香树和麦海赖的采香人

采自Bertram Thomas, "*Arabia Felix*" (Charles Scribner's Sons)

地名和一个阿拉伯民族的最初记载。

楔形文的铭文中所提及的“海地”，依近代的一个假说，是位于阿拉比亚本部的，包括波斯湾的西岸，远至巴林小岛（古代的迪勒孟），可能还包括内夫得沙漠地区，以西远至亚喀巴湾。奈卜博拉撒原来是“海地”的国王，后来才变成巴比伦的国王。 37

（3）亚述人的侵入

亚述的国王沙缦以色三世曾御驾亲征大马士革阿拉马人的国王及其盟友艾海卜和阿拉比亚人的族长均杜卜。这次战役，于公元前 853 年发生于哈马以北的盖尔格尔。在沙缦以色三世的一种铭文中，有关于阿拉比亚人的明白无误的第一件记载，铭文的译文如下：

> 他的京城克尔克尔，被我破坏了，蹂躏了，用火烧掉了。阿赖木（或许就是大马士革）的哈大底谢的一千二百部战车，一千二百名骑兵，二万名步兵；……阿拉比亚人金底卜的一千只骆驼。①

历史上第一个阿拉比亚人的名字，与骆驼放在一起，这似乎是很相宜的。

亚述帝国，版图辽阔。为了确保穿过本国向地中海集中的各条商业道路的安全，第二个亚述帝国的奠基者提革拉·比里色三世（现通译为“提格拉·特帕拉三世”，公元前 745—公元前 727 年在位）对叙利亚及其四邻发动了一系列的进攻。他登基的第三年，就强迫阿里比地方的女王宰比比向他称臣纳贡。第九年，他又征服了阿里比的另外一个女王赛木西（Samsi）。赛木西与舍木斯（Shams）或舍木西叶（Shamsīyah），是一音之转。据他的编年史的记载，公元前 728 年，帖麦（Temai）城的麦斯埃（Mas'ai）部族和赛伯埃人（Sab'ai）曾向他进贡黄金、骆驼和香料。帖麦是太马（Taymā'）的对音（即音译）；赛伯埃人是赛伯伊人（Sabaeans）的对音。这些部族，显然是西奈半岛和半岛东北的沙漠中的居民②。由此说来，第一个奴役阿拉比亚人的人就是提革拉·比里色三世。

据卡柴密石和撒玛利亚的征服者萨尔恭二世（公元前 722—公元前 705 年在位）的报告，他登基的第七年，征服了许多部族，其中有特莫德族（即《古兰经》里的赛莫德人）和伊巴迪德人。这些部族“居住在沙漠里，不知

---

① Luckenbill, vol. i, § 611.

② Ditlef Nielsen: *Handbuch der altarabischen Altertumskunde*, vol. i, *Die altarabische Kultur* (Copenhagen, 1927), p. 65.

道什么大官小吏”，他把他们击溃之后，把残余的人民输送到撒玛利亚去[①]。
38 同时，他接到阿拉比亚的女王赛木西、赛伯伊的酋长叶特仪·艾默拉、埃及和沙漠中的许多国王所进贡的“黄金、山珍、宝石、象牙、枫实、各种药草、马匹和骆驼”[②]。赛伯伊的叶特仪·艾默拉，显然是南部阿拉比亚铭文中所提及的有教皇（*mukarrib*）的官衔的许多叶特仪·艾默拉之一。他的继任者，赛伯伊的克里伯·伊勒——西拿基列曾自称接到他的贡物——也必然是西南部阿拉比亚的君主，与铭文中所提及的克列巴·易勒是同一个人[③]。倘若这是正确的，那么亚述人所谓的贡物，不过是南部阿拉比亚的君主自愿地馈赠亚述君主的礼物；南部阿拉比亚的君主，只是把他们当做平等的朋友，或当做对北部阿拉比亚野蛮的游牧人作斗争的盟友。

公元前 688 年前后，西拿基列攻克了“阿拉比亚的堡垒艾杜木”，并且把本地的神像和身兼祭司的女王掳到尼尼微。艾杜木是北部阿拉比亚的绿洲，后来以都麦特·占德勒的名义出现于伊斯兰教的战史中。女王特勒胡奴曾与叛变的巴比伦人联盟，反对亚述的宗主权，并且获得了基达（亚述的吉得里）部族的族长哈萨艾勒的援助，他的大本营设在巴尔米里纳。

公元前 676 年前后，伊撒哈顿（现通译为“以撒哈顿”）曾镇压了以郁埃特为首的一次叛变。郁埃特是哈萨艾勒的儿子和他的继任者，“他为保全性命，离营出走，独自逃到远方去了”[④]。贝杜因人对于亚述帝国，显然是一种常随不离的烦恼的根源，埃及和巴比伦都在煽动他们起来叛乱。公元前 670 年，这个可怕的亚述国王，曾发动了对埃及的著名的征伐，他在北部阿拉伯沙漠所遇到的可怕的困难，使他沮丧，他看见过两头蛇和其他鼓动两翼的可怕爬虫[⑤]。以赛亚在关于南方兽类的“重唱句”中，曾提及“蝮蛇和火焰的飞龙”（《以赛亚书》30∶6）。希罗多德告诉我们：“世界上到处都有蝮蛇，但除阿拉比亚外，无论在什么地方，也看不到有翼的大蛇，在阿拉比亚地方，这种大蛇是集体生活在一起的。”[⑥]

39 阿舒尔班尼博（公元前 668—公元前 626 年在位）第九次进攻阿拉比亚各部族时，经过一次激战之后，俘虏了郁埃特和他的部队。

亚述的编年史屡次提及阿拉比亚各族长在尼尼微国王的“脚上亲吻”，并

① Luckenbill vol. ii, § 17.
② Luckenbill vol. ii, § 18.
③ Nielsen, *Handbuch*, vol. i, pp. 75 以下。
④ Luckenbill, vol. ii, § 946.
⑤ Luckenbill, vol. ii, § 558.
⑥ 见希罗多德《历史》，商务印书馆 1960 年版，第 409 页。——译者

且进贡方物，其中有黄金、宝石、黛墨（*kohl*）、乳香、骆驼、驴子等。据历史上的记载，萨尔恭二世、西拿基列、伊撒哈顿、阿舒尔班尼博四人对不可战胜的贝杜因人的讨伐，不下九次，因为他们经常蹂躏亚述所辖的叙利亚各省区，阻碍商队往来的要道，接受亚述的敌国——埃及和巴比伦的援助和慰劳。这些战役中所提及的巫尔比，必定主要是贝杜因人，他们所居住的地方阿里比必定是叙利亚、美索不达米亚沙漠、西奈半岛和北部阿拉比亚。在西奈，归亚述人统治的是《旧约》里的米甸人，不是奈伯特人。阿拉比亚西南部的赛伯伊人的本部，从来没有归入尼尼微的版图。亚述人虽有古代罗马人的称号，但他们所能统治——即令是在名义上——的地方，仅限于北部阿拉比亚的若干绿洲和少数的部族而已。

（4）与新巴比伦人和波斯人的关系：太马

在这个时期中，北方的住人区，以太马（亚述－巴比伦记载中的特玛，Têmâ 和 Te-ma-a）的地位最为特殊，因为迦勒底人最后的国王奈布尼达（公元前556—公元前539 年在位）的行宫，就设在这里。迦勒底人变为亚述帝国的继承者；自提革拉·比里色三世时起，亚述帝国就包括叙利亚和北部阿拉比亚的一部分在内。据一种楔形文字的记载，奈布尼达在登基的第三年，“曾杀害特玛的国王，并在那块绿洲上自立为王”①。

楔形文字的文献中，有关这个阿拉伯绿洲的意味最深长的记载，是在一种关于巴比伦落在波斯人手中（公元前539 年）的编年史里面的。这本编年史叙述奈布尼达登基的第七年、第九年、第十年、第十一年是住在特玛的，他的儿子（伯沙撒）和军队是住在巴比伦的。

波斯帝国的奠基者的儿子和继任人冈比西斯，于公元前525 年去征伐埃及时，途经北部阿拉比亚，并且与阿拉比亚的人民缔结盟约。希罗多德提及 40
大流士时作了这样的评论：“阿拉比亚人从来没有被波斯征服过。”②

公元1883 年，于贝尔曾买到太马石刻，现在陈列于巴黎的卢浮宫艺术博物馆里，那块石头上所刻的闪族文字，是历来发现的一切铭文中最有价值的。这铭文的年代，远在公元前五世纪，是用阿拉马语写成的。内容是记载一个教士把一个新的神灵——海哲的赛勒木传入太马的经过，那个教士后来又捐款建立庙宇，并创立世袭的教士制度③。那个新的神灵打扮成一个亚述人的模样，创建那个庙宇的教士，就站在他的下面。

（5）与希伯来人的接触

犹太人，在地理上是阿拉比亚人的近邻，在种族上是他们的至亲。《旧

① R. P. Dougherty, *Nabonidus and Belshazzar* (New Haven, 1929), pp. 106—107.

② 见希罗多德《历史》，商务印书馆1960 年版，第401 页。——译者

③ G. A. Cooke: *A Text-Book of North-Semitic Inscriptions* (Oxford, 1903), pp. 195—196.

约》中有许多记载说明希伯来人原是沙漠民族①。希伯来语和阿拉伯语，是两种同源的闪族语言，前面已经说过了。希伯来语原本的《旧约》里面有些名字是阿拉伯语的名字，例如以扫（易司哈格）的后裔的名字，大半是阿拉伯语的（《创世记》36:10—14；《历代志》上1:35—37）。一个南方的阿拉比亚人要想了解希伯来语的《创世记》第1章第1节，是不会感受到什么大困难的②。据现代的研究，希伯来宗教中初步的教义，是发源于沙漠的。

公元前1225年前后，希伯来（拉结）各部族从埃及到巴勒斯坦去，在中途逗留于西奈半岛和内夫得沙漠地区四十年左右。在米甸地方，西奈半岛的南部同其东面的地方，缔结了神约。摩西娶了一个阿拉比亚妇女，一个米甸的祭司的女儿③。那个祭司是耶和华的崇拜者，他把这种新的崇拜传授给摩西。耶胡（耶和华）显然是米甸人或北方阿拉比亚人的部族的神灵。他是一个沙漠的神灵，朴素而且严肃。他的住所是帐篷，他的祭仪毫不复杂。他的祀典包括在沙漠里举行宴会、献祭、献牲畜为燔祭④。希伯来人是以游牧人的身份进入巴勒斯坦的；他们跟迦南人住在一起，而且变成有文化的人，但过了一个长时期以后，他们在沙漠里的祖先所遗留给他们的部族生活传统，仍然是很显著的。

41 希伯来王国的版图，在极盛时代，包括西奈半岛。所罗门的舰队，就停在亚喀巴湾。希兰和所罗门的海军从俄斐运回黄金、檀香木和宝石（《旧约·列王纪》上9:27—28；10:11；《旧约·历代志》下9:10）。俄斐大概是阿曼的采法尔。在约伯的时代（《旧约·约伯记》22:24），俄斐已成为一个出产黄金的地方的同义词了。所罗门后一百多年，约沙法（公元前873—公元前849年在位）仍然统治着以拉他（即以旬迦别，现今的亚喀巴）以及通往以拉他的商业要道，并且接受阿拉比亚人送给他的羊群（《历代志》下17:11）。公元前701年，西拿基列曾指挥他的军队向叙利亚-巴勒斯坦进行第三次讨伐，他宣布这次的战果说："希西家已为我的声威所压服，巫尔比（Urbi，即阿拉伯人）和他调来增加他的京城防卫耶路撒冷的雇佣军，早已遗弃了他。"⑤ 希西家（《历代志》上4:41）和在他之前的乌西雅（《历代志》下26:

---

① 参阅《何西阿书》9:10，《耶利米书》2:2，《申命记》32:10等。

② 参阅 B. Moritz in *Zeitschrift für die Alttestamentliche Wissenschaft*, n. ser. ,vol. iii（1926），pp. 81以下；D. S. Margoliouth, *The Relations between Arabs and Israelites*（London，1924），pp. 8，15。参阅 James A. Montgomery, *Arabia and the Bible*（Philadelphia，1934），pp. 149以下。

③ 参阅《旧约·出埃及记》3:1，18:10—12。

④ 参阅《旧约·出埃及记》3:18，5:1；《旧约·民数记》10:35—36。

⑤ Luckenbill，vol. ii，§ 240.

7）曾在麦因（即现今的马安）绿洲内及其四周攻击米奈人。公元前 792—公元前 740 年，乌西雅曾把以拉他归还犹大，并加以重建（《列王纪》下14：22）。《历代志》的作者说，南方的阿拉比亚人曾进攻犹大，结果把犹大王约兰（公元前 848—公元前 844 年在位）的妻室儿女和宫里所有的财货都掳掠去了(《历代志》下21：16、17)，但我们难以想象远方的赛伯伊人——靠近埃塞俄比亚人——怎样能进行这样的掳掠。在尼希米[1]的时代，即公元前五世纪中叶，犹太人已开始仇视他们的东南方的邻居了。

见《圣经·旧约》所载

就语源学来说，‘Arab 是一个闪族语的名词，译为沙漠，或沙漠的居民，并没有民族的含义。在《以赛亚书》（21：13，13：20）和《耶利米书》（3：2）里，希伯来名词 Ereb 也是作同样的解释。在《古兰经》（9：97）里，*a‘rāb*是指贝杜因人而言的。《麦克比记》[2] 下（12：10），简直把阿拉伯人和游牧人当做两个同义词。《圣经》上把这个词当做一个专有名词用的第一个实例，见《耶利米书》（25：24）：“阿拉比亚的诸王。”耶利米的先知生涯，约在公元前 626 年和公元前 586 年之间。所谓“阿拉比亚的诸王”，大概是指北部阿拉比亚和叙利亚沙漠里的舍赫而言的。公元前三世纪时，这个名词开始用做阿拉伯半岛上任何居民的称呼，因为《历代志》下（21：16）提及“靠近埃塞俄比亚人的阿拉比亚人”，在著者心目中，阿拉比亚人就是西南方的赛伯伊人，
这是毫无疑义的。古代阿拉比亚有四个最著名的王国：赛伯伊、麦因、哈达 42
拉毛和盖特班，前面的三个——也就是重要的三个——在《旧约》里都有记载。《以西结书》（公元前 572 年后）第 27 章是讲商务的，在这章里面，阿拉比亚和基达相提并论，商品目录里所提及的那些商品，恰好是阿拉比亚所能出产的东西。我们从这章的第 21 节可以知道，阿拉比亚人在公元前六世纪时和他们在现在一样，是从事畜牧业的，他们把自己的牲畜卖给附近的居民。从《耶利米书》（3：2）也可以看出来他们是以拦路抢夺著名于世的。《耶利米书》（25：23）（美国订正本）指出他们把自己周围的头发剃光了，只在头顶上留一撮发，这种习惯是与现代贝杜因人的习惯很相似的。

《旧约》中屡次提及的底但（阿拉伯语的德丹［Daydān］，见《以赛亚书》21：13，《耶利米书》25：23，《以西结书》25：13），就是现今的乌拉，是希贾兹北部的一块绿洲。在某个时期，底但是赛伯伊人在半岛北部的大本营。当赛伯伊人的商业势力正在强盛的时代，他们显然控制着经由希贾兹向北方直达地中海各港口的运输路线，而且沿途都有他们所开辟的殖民地。

---

① 《旧约·尼希米记》2：19，4：7。

② 现通译为“《玛加伯》”。——编者

《以西结书》[1] 里的基达（希伯来语的 Qēdār），亚述编年史[2]里的吉得里，古典文献里的基德雷（Cedrei）[3]，曾统治北部阿拉比亚。巴尔米里纳以及大马士革东南一带，就是他们的居留地。

书念的少女的美丽，因所罗门的《雅歌》（6：13，1：5，参阅《列王纪》上 1：3）而芳名永存。她或许是基达族的一个阿拉比亚女子。示巴的女王（阿拉巴语的 Bilqīs〔毕勒基斯〕）把南部阿拉比亚极稀罕的礼物送给以色列的贤明的国王（《列王纪》上 10：10，《历代志》下 9：9），倘若这是一件史实，那么，她的大本营一定不在也门，也不在埃塞俄比亚，却在赛伯伊人设于北方的商队公路上的一个屯兵所或要塞里。直到所罗门时代（约在公元前 1000 年）后的两百年，也门诸王的事迹，始见于铭文。

在《约伯书》中（6：19），示巴（阿拉伯语是赛伯伊）是与提玛（阿拉伯语是太马）一起提到的。《约伯书》是古代闪族世界所产生的最典雅的诗
43 篇，《约伯书》的著者，是一个阿拉伯人，却不是一个犹太人，这是可以从他的名字的形式（以约伯〔*Iyyōb*〕，阿拉伯语是艾优卜〔*Ayyūb*〕）和他所描写的北部阿拉比亚的景象看出来的[4]。《箴言》的补遗里，有些格言是雅基的儿子亚古珥的（《箴言》30：1），有些格言是利慕伊勒的（《箴言》31：1）[5]，他们俩是玛撒的国王，玛撒是以实玛利的一个支族（《创世记》25：14）。这两个人的名字，曾见于某些米奈语的铭文和别的古代的南方阿拉伯语的铭文中。在《巴录书》（3：23）里曾提及“阿甲人（Agarenes，即阿甲〔Agar〕的后裔，Agar 与 Hagar 乃一音之转，故阿甲人就是夏甲人，也就是以实玛利人，或者说北方的阿拉比亚人）在地面上寻求智慧”。

《旧约》里的 Qedem 和 Bene Qedem，在英语译本中（《创世记》29：1；《民数记》23：7；《以赛亚书》11：14；《士师记》6：33；《以西结书》25：4；《约伯记》1：3）译作东方、东方人，这两个词相当于阿拉伯语的 *sharq* 和 *sharqīyūn*（东方和东方人）。这两个名词，有时特指巴勒斯坦东边的地方和贝杜因人而言，有时泛指阿拉比亚和阿拉比亚人而言。萨拉森是从这个同一字根变出来的，是古英语中来源于阿拉伯语的六个词中的一个，远在九世纪时，

---

① 参阅《以赛亚书》21：16；《创世记》25：13。

② Luckenbill, vol ii. §§ 820, 869.

③ Pliny, Bk. V, ch. 12.

④ 我们由《约伯书》可以知道《圣经》上的希伯来诗，有某些技术手法，连对句（parallelism）在内，是与阿拉伯诗相似的：在两种诗中，每一行诗都是由上下联构成的，上下联的意义，不论是一致的，或是相反的，总是互相补充的。在中世纪时代，希伯来语法，是以阿拉伯语法为蓝本的。

⑤ 参阅《古兰经》31：11 所载鲁格曼的格言。

这个词已被应用了。在伊斯兰教兴起以前，这个词已经有了自己的历史，而且可以用做称呼阿拉比亚人和阿拉伯人以外的人民①。《约伯书》不但是一篇杰出的诗歌，而且是一篇杰出的格言，约伯是东方人的首领（《约伯书》1:3）。在智慧方面，只有所罗门超过了这个部族（《列王纪》上4:30）。因此，从“东方来的贤人”（《马太福音》2:1），跟着耶稣的星到耶路撒冷，可能是从北部阿拉比亚来的贝杜因人，而不是从波斯来的僧侣。

在犹太人被放逐于巴比伦之后的文献中，“阿拉伯”这个名词，通常是指奈伯特人的（《麦克比记》下5:8，《麦克比记》上5:39）。《麦克比记》上9:35就是这样提及奈伯特人的。在保罗的时代，奈伯特王国的版图，扩大到了大马士革。保罗退隐于阿拉比亚（《加拉太书》1:17），就是退隐于奈伯特版图内的沙漠地区，这是无疑的。《使徒行传》2:11里的阿拉比亚人，大概就是奈伯特人。

(6)在古典文献里 44

阿拉比亚和阿拉比亚人，是希腊人和罗马人所熟悉的。阿拉比亚横列在他们通往印度和中国的道路上，并且出产西方市场十分重视的许多商品。阿拉比亚人是南方海上的经纪人，正如他们的血族腓尼基人在较早的时代做地中海的经纪人一样。

古典文献的作家，把阿拉比亚分为三个区域：(1) 幸福的阿拉比亚；(2) 岩石的阿拉比亚；(3) 荒凉的阿拉比亚。公元一世纪时在政治上也把阿拉比亚分为上述的三个区域：第一个区域，是独立的；第二个区域，隶属于罗马；第三个区域，在名义上，一部分归安息（帕提亚）管辖。荒凉的阿拉比亚包括叙利亚-美索不达米亚旷野（Bādiyah）。岩石的阿拉比亚，以西奈半岛和奈伯特王国为中心，皮特拉就是这个王国的首都。幸福的阿拉比亚，包括阿拉伯半岛其余的地方，内部的情况在那个时代是不大了解的。也门地区，是欧洲人最熟悉的，中世纪时代的人，以为幸福的阿拉比亚专指这个地区而言，这是错误的。古典文献的作家或许企图以 Felix 翻译阿拉伯语的 *Yaman*，其实，*Yaman* 的本义是右手，也门地区在希贾兹的南方，故称为 *al-Yaman*（也门），正如叙利亚在希贾兹的北方，故称为 *al-Sha'm*（沙牧）一样。但 *Yaman*（右手）与 *Yumn*（幸福）这两个名词，用阿拉伯字母写出来都是

① 因此，本书中避免用如“萨拉森史”“萨拉森的艺术”“萨拉森的建筑”一类的词语。我们想以“阿拉比亚人”称呼阿拉伯半岛的居民，以“阿拉伯人”称呼说阿拉伯话的人，尤其是伊斯兰教徒。穆罕默德教徒这个名称，是一般伊斯兰教徒所反对的。（理由是佛教徒是崇拜佛的，基督教徒是崇拜基督的，穆斯林是崇拜真主的，不是崇拜穆罕默德的。——译者）

Ymn，故容易相混①。赫拉克利亚人马相（约在公元400年）用了萨拉森尼这个名词②。在马相之前，托勒密（公元二世纪前半期人）已提及萨拉森人③。安提俄克人阿米阿努斯·马塞里努斯在公元四世纪后半期著书的时候，已把萨拉森和住帐篷的阿拉伯人视为一体了④。

在希腊文献中首先提及阿拉比亚人的，是艾奇鲁斯（公元前525—公元前456年），他说克谢尔克谢斯的军队里有一个卓越的阿拉比亚军官⑤。希罗多德（约当公元前484—公元前425年）又提及克谢尔克谢斯的军队里有许多阿拉比亚人⑥，他们显然是从东部埃及来的。

45 古典文献的著作家，上自希腊的埃拉托色尼（约公元前196年卒）——斯特累波就是以他的话为根据的——下至罗马的普林尼（公元79年卒），都认为阿拉比亚是一个非常富足而且奢侈的地方；是乳香和其他香料的产地；阿拉比亚的人民，是爱好自由的，是享受自由的。诚然，更能引起西方著作家注意的，是最后提及的这种特性。阿拉比亚人的这种爱独立的特性，是自远古以至吉本时代的欧洲著作家所一致称赞的⑦。

阿拉比亚人是能体会到他们的自然环境所供给的优越的利益的，阿拉比亚的代表团，当拜占廷、印度和中国的代表团在场的时候，曾与波斯国王争
46 辩，他们以流畅而且有力的言辞，尽量地阐明本国的特点⑧。狄奥多拉斯（活跃于公元前一世纪后半期）断言阿拉比亚人“认为他们的自由权是十分珍贵的”⑨。斯特累波（公元24年卒）在他所著的《地理学》中告诉我们，只有阿拉比亚人没有派遣自己的使节去见亚历山大⑩，亚历山大有“定都于阿拉比亚”的计划，斯特累波是以更古的希腊记载为依据的⑪。

---

① 下面的这些名称，常见于希腊和罗马的史地书中，Sabaei（Sabaeans），Minaei（Minaeans），Homeritae（Himyarites），Scenitae（帐篷的居民，即贝杜因人），Nabataei（Nabataeans），Catabanei（Qatabānites），Chatramotitae（Ḥaḍramawt人），Omanitae（‘Umānites），Sachalitae（Sāḥil〔海岸〕的居民，这是指南方的海岸而言的，中世纪时代称为al-Shiḥr）。

② *Periplus of the Outer Sea*，tr. Wilfred H. Schoff（Philadelphia，1927）§17a.

③ *Geographia*，ed. Carolus F. A. Nobbe，vol. ii（Leipzig，1887），Bk. V，ch. 17，§3.

④ *Rerum gesiarum*，Bk. XXII，ch. 15，§2；Bk. XXIII，ch. 6，§13.

⑤ *Persians*，l. 320.

⑥ 见希罗多德《历史》，商务印书馆，1960年版，第661页。——译者

⑦ Edward Gibbon：*The Decline and Fall of the Roman Empire*，ed. J. B. Bury（London，1898）。vol. v，p. 319.

⑧ Ibn-‘Abd-Rabbihi，*al-‘Iqd al-Farīd*（Cairo，1302），vol. i，p. 125.

⑨ *Bibliotheca historica*，Bk. Ⅱ，ch. 1，§ 5.

⑩ Bk. XVI，ch. 1，§11.

⑪ Bk. XVI，ch. 4，§27.

罗马人的远征

罗马人虽号称世界的霸主，但也未能奴役阿拉比亚的人民。公元前24年，当恺撒在位的时候，他们曾自埃及派遣一支著名的远征军，兵员共计万名，由大将迦拉斯统率，在他们的盟友奈伯特人的支持之下，进攻阿拉比亚，结果大败而归。这次远征的目的，显然是夺取南方阿拉比亚人所独占的运输路线，并且开发也门的资源，以增加罗马的财富。他们向南方侵入，经过几个月的跋涉之后，人马死去十分之一，不得已而撤退到先前攻下的奈格拉那（即也门的纳季兰），从那里开拔到红海岸，然后，横渡红海，而至埃及。返回的时候，途中耽延了六十天的工夫。他们在阿拉比亚所到达的最远的地点，是麦里阿巴，这或许不是赛伯伊人的京城马里卜，却是在东南方的麦里阿麻。著名的希腊地理学家斯特累波，记载了此次远征事件，他是大将迦拉斯的朋友。他把这些灾害都归咎于远征军向导的无信义，这个向导是"奈伯特人的大臣素莱阿斯"[1]。欧洲的强国冒险深入阿拉比亚内地的重要进攻，这算是第一次，其实，也算是最后一次，因为，自这次进攻可耻地结束以后，欧洲的任何强国再不敢作此打算了。

香料的产地

据希罗多德的记载，"整个的阿拉比亚，都放出极佳美的芬芳"[2]，那个地方是"乳香、没药、肉桂、桂皮等唯一的产地。生乳香的树是飞蛇所守护的，那些蛇并不大，但有各种的斑纹，每棵树上都悬挂着很多的飞蛇"[3]。地理学家斯特累波，却比这位过分轻信传说的最古的历史学家稍稍明智些。在他看来，南部阿拉比亚固然是"芬芳的地方"[4]，但那里的"蛇不过五六寸
长，跳起来只能跳到人腰这样高"[5]。狄奥多拉斯反复申言同一的意见，他说 47
阿拉比亚是出产香料的地方，那里的土壤全是馨香的[6]。普林尼在他所著的《博物学》第6卷中总结了罗马人到公元70年为止关于东方各国的知识，他
也着重指出阿拉比亚的这种特点[7]；在讲别的问题的时候，他又说赛伯伊人 48
"是阿拉比亚各部族中最有名的，因为他们那里生产乳香"[8]。在那个时代，哈达拉毛显然是出产优良乳香的地方。希腊人和罗马人显然是把阿拉比亚人所贩卖的一切货物都认为是他们自己的土产，那些商人为了独占香料的买卖

---

① Bk. XVI, ch. 4, § 23。

② 见希罗多德《历史》，商务印书馆1960年版，第410页。——译者

③ 见希罗多德《历史》，商务印书馆1960年版，第408页。——译者

④ Bk. XVI, ch. 4, § 25.

⑤ Bk. XVI, ch. 4, § 19.

⑥ Bk. II, ch, 49, §§ 2—3.

⑦ Bk. XII, ch. 30.

⑧ Bk. VI, ch. 32.

而严守秘密，不让别人知道他们的货物有些是从阿比西尼亚和印度贩运来的。

这些古典文献的著作家，对于南部阿拉比亚人的财富，有一个深刻的印象。斯特累波说，有些城市是“用美丽的寺院和宫殿装饰着的”[①]。普林尼以迦拉斯的见闻为根据，同意斯特累波的说法[②]。

黄金

阿拉比亚的物产固然以乳香和各种香料为最著名，但那里的矿床，尤其是金矿，几乎获得同样的重视。这些矿床分布于西海岸一带，北自米甸，南至也门，并延伸至中部地区。狄奥多拉斯[③]断言阿拉比亚有金矿，金质极纯粹，简直无须乎冶炼。麦格迪西[④]和哈木丹尼[⑤]（公元十世纪人）各以一节专述阿拉比亚的矿产，对于金矿，叙述得尤为详明。

还有些宝贵的、残缺不全的报告，散见于希腊语和拉丁语的典籍里面。斯特累波告诉我们，在南部阿拉比亚盛行弟兄数人共娶一个妇女的一妻多夫制[⑥]，并保持长子继承制。他说他们的酒，大部分是用椰枣制造的，他们用芝麻油代替橄榄油[⑦]。

公元 150 年与 160 年之间，托勒密著《地理学》一书，书里的世界平面地图，曾确定了欧洲人和亚洲人在几百年期间的地理观念。他在那部书里，企图用科学的形式传达同时代的商人和旅行家的记录和个人的见闻。他所绘制的阿拉比亚地图，就是以此类报告为基础的第一张略图。

---

① Bk. XVI，ch. 4，§ 3.

② Bk. VI，ch. 32.

③ Bk. II，ch. 50，§ 1.

④ *Aḥsan al-Taqāsīm*，ed. de Goeje（Leyden，1877），pp. 101—102.

⑤ *Ṣifat Jazīrat al-ʻArab*，ed. D. H. Müller（Leyden，1884），pp. 153—154.

⑥ Bk. XVI，ch. 4，§ 25.

⑦ *Ibid.* § 26；Pliny，Bk. VI，ch. 32.

第五章　赛伯伊和南阿拉比亚其他的国家 49

作为商人的南方阿拉比亚人

赛伯伊人是首先开化的阿拉比亚人。晚期的楔形文的文献中有关于他们的描写。希腊文献中提及他们的，当以提奥夫拉斯塔（公元前288年卒）所著的《历史新枝》[①] 为最古。阿拉伯半岛的西南隅，是赛伯伊人早期的故乡。

阿拉伯半岛西南隅，得天独厚；每年有适量的雨水，土地肥沃，距海很近，扼印度交通的咽喉：这些都是与这个地方的发展有关的决定因素。这里出产乳香、没药等香料，有可供人民调味用的，有可供朝廷大典和教堂仪式中焚香之用的；制焚香的材料，最为重要，那是古代商业上最有价值的货物。那里有很稀罕的和很珍贵的产品，如从波斯湾来的珍珠，从印度来的香料、布匹和刀剑，从中国来的丝绸，从埃塞俄比亚来的奴隶、猿猴、象牙、黄金、驼鸟毛，都是从这里转运到西方的市场上去的。《红海周航记》[②] 一书的著者给我们遗留下一张鸟瞰图（公元50—60年），由此可以窥见莫扎（即现在的穆哈）市场的概况：

> 输入此地的货物，包括紫色布，粗的和细的都有；阿拉比亚式的、有两只袖子的衣服，有朴素的，有平常的，有绣花的，有织金的；番红花、骆驼草、薄棉布、斗篷、毯子（不多），有些是朴素的，有些是仿本地式样制造的；各色的腰带，芬芳的香油（分量是适中的），酒和小麦（不多）。

赛伯伊人是南海的腓尼基人。他们了解南海的路线、暗礁和港口，熟悉南海的难以捉摸的季风，因此，在公元前1250年间，他们能独占南海的贸易。亚历山大的海军大将尼查斯说，绕阿拉比亚航行在理论上是可能的，在阿拉比亚人却已成为现实了。据希腊－罗马的领港人看来，“乳香国”是“关

---

① Bk. IX，ch. 4，§ 2.

② Tr. W. H. Schoff（New York，1912），§ 24.

50 山险阻的”[①]。《红海周航记》说：“沿着整个的阿拉比亚海岸航行，是很危险的，因为那里没有海港，锚地又坏，而且有许多暗礁和岩石，故闭塞难入，每条航路，都是可怕的。”[②]

红海里的主要航线，是从曼德海峡航行到埃及中部海岸的瓦迪哈麻麻特。在红海里航行，特别是在红海北部航行，有种种无法克服的困难，故赛伯伊人发展了也门与叙利亚间陆路的交通，即沿半岛西岸向北行，经过麦加和皮特拉，在陆路的北端，分为三条支路：一条到埃及，一条到叙利亚，一条到美索不达米亚。到叙利亚去的支路，可以直达地中海的港口加宰（加沙）。哈达拉毛所产的乳香，特别丰富，贩运乳香的商队，从哈达拉毛到赛伯伊的首都马里卜，然后沿着主要的商路北上。有几个赛伯伊的殖民地，是建立在这条南北交通的要道上的。亚述和希伯来的文献中所描写的赛伯伊人，就是从这些殖民地来的。《创世记》（37:25）里给我们保存了一个历史的速写镜头：“有一伙米甸的以实玛利人[③]，从基利来，用骆驼驮着香料、乳香、没药，要带往下埃及去。”

南阿拉伯语的铭文

南方的阿拉比亚人所获得的成就，是商业上的。他们所建立的王国，并非军事的国家。欲知他们的历史梗概者，可以参看上面所述古代的闪族典籍和希腊-罗马的文献，也可以参阅保存在早期伊斯兰教徒文献里的那些半传奇的故事——特别是在瓦海卜·伊本·穆奈比（约公元728年卒于萨那）、哈木丹尼（公元945年卒）[④]、希木叶里（公元1177年卒）等人的著作里，而阿莱维和格勒泽尔在当地发现的铭文，却是最可靠的参考资料。但这些本地的南方阿拉伯文献，都是金石文字。用来记载商业事务、历史故事或严格的文学作品的一切易损的物质，都湮灭了。已被发现的最早的铭文，大半是右
51 行左行交互书写的，所记年代，在公元前八九世纪。赛伯伊人的记载，可以分为下列五种：

（1）还愿的，把还愿辞刻在青铜版上，安置在寺庙里，供献给易勒木盖（即艾勒麦盖）、阿斯台尔和舍木斯；

（2）建筑上的，在寺庙和其他公共的大建筑物的石壁上刊刻文字，以纪念建筑人或捐款人；

---

① *Erythraean Sea*，§29.

② *Ibid.* §20；D. H. Müller，*Die Burgen und Schlösser Südarabiens nach dem Iklîl des Hamdânî*，2 pts.（Vienna，1879—1881）.

③ 以实玛利人是易司马仪的子孙，就是北方的阿拉伯人。——译者

④ Bk. Ⅷ，ed. Nabih A. Faris（Princeton，1940）；*The Antiquities of South Arabia*（Princeton，1938）；Bk. Ⅹ，ed. Muḥibb-al-Dīn al-Khaṭīb（Cairo，1368）.

（3）历史的，报告战争的经过或宣布战争的胜利；

（4）警察的，把警察的规章刊刻在门口的石柱上；

（5）葬仪的，坟墓上树立的碑碣。

有少数法律文件，是有特别意味的，我们从这些文件中，可以窥见一个很长的宪政的发展。

尼布尔于公元1772年首先宣布南方阿拉伯语铭文的存在。自迦拉斯（公元前24年）以来，阿莱维是访问也门的纳季兰的第一个欧洲人（公元1869—1870年），他曾在三十七个不同的地方搜集到六百八十五件铭文。公元1882年和1894年，格勒泽尔曾四次到也门去作科学考察的工作，获得了两千多件铭文，有些是还没有发表的。总而言之，现在我们已有此类铭文大约四千件，论年代可以追溯到公元前七世纪。马里卜废墟的发现者阿诺于公元1843年冒着生命的危险，拓了六十多张铭文。英国的海军军官韦尔斯特德于公元1837年发表了奈盖卜·哈哲尔铭文中的一部分，欧洲人才有初次看到南方阿拉伯书法的机会。这些铭文的译解，是由哈雷人勒迪格尔和格泽纽斯于公元1837年和1841年分别完成的。

From "Journal of the Royal Geographical Society" (1837)

奈盖卜·哈哲尔的废墟和两行铭文，欧洲人从此初次看到南方阿拉伯书法

这些铭文告诉我们，南方的阿拉伯语（或称为米奈-赛伯伊语，也称为 52
希木叶尔语），有二十九个字母。这些字母，可能是西奈字母的一种早期的分支，而西奈字母原是腓尼基字母与其埃及祖母间的桥梁。这种字母（木斯奈德字母）是对称的，呈直线形的，说明它有长期的发展史①。这种字母，像其他的闪族字母一样，只有辅音字母。就名词的构造法、动词的活用法、人身代名词和词汇等方面来说，南方的阿拉伯语同阿卡德语（亚述-巴比伦语）和埃塞俄比亚语（阿比西尼亚语）之间有某些渊源。但这种语言有不规则的

---

① 参阅 *Corpus inscriptionum Semiticarum*，pars iv（Paris，1889 ff.）。

复数式，这是北方的阿拉伯语的特性。阿卡德语、南方的阿拉伯语和埃塞俄比亚语，在某些方面，是闪族语言较古的形式。自也门文化衰落以后，南方阿拉伯语，实际上已消灭了，北方阿拉伯语遂取而代之。北方的文学集会，如乌卡兹集市（*Sūq ʻUkāz*），多神教徒每年一次的克而白（Kaʻbah）朝觐，以及同麦加间商业的关系，这三件事曾加速了这个代替过程。

字母表（包括赖斯·舍木赖的楔形字母）

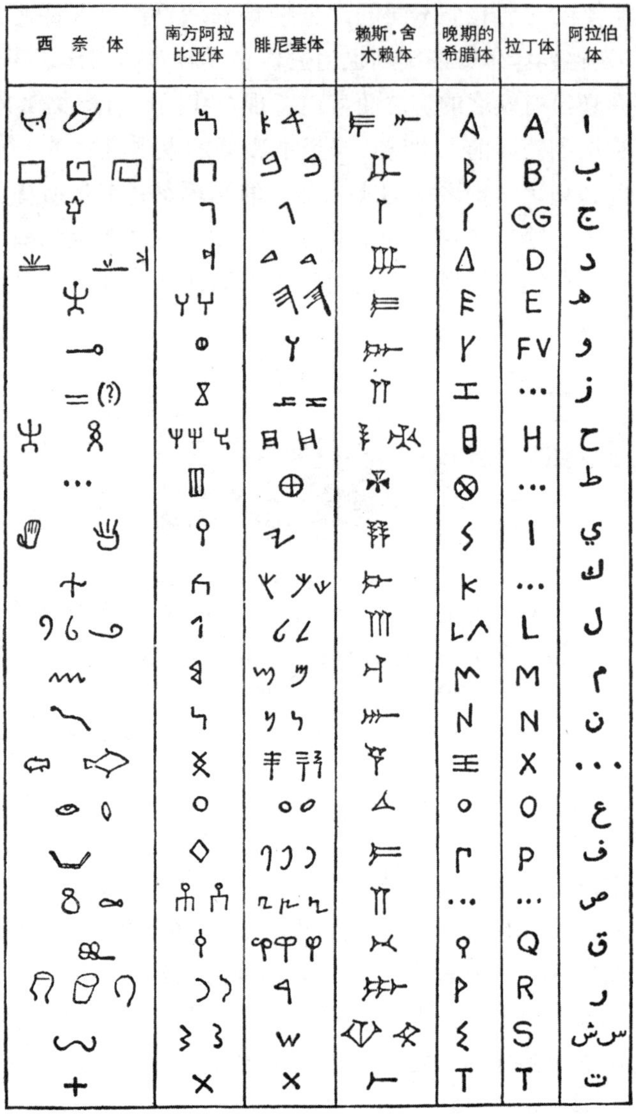

通过对于南阿拉比亚古文物的模糊的认识，可以辨认的最早较大的王国，是赛伯伊王国和米奈王国，这两个王国在相当长的一个历史时期里，是同时代的。这两个王国，起初都是神权政体，最后才变成了凡俗的亲戚关系。（1）赛伯伊王国

赛伯伊人是南阿拉比亚家族中最卓越的支派。他们最初的故乡赛伯伊（Saba'，《圣经》里的示巴〔Sheba〕），位于也门地区的纳季兰的南面。赛伯伊王朝的年代，据主张低（或短）年表的阿拉伯学家说，约自公元前750年继续到公元前115年，约当公元前610年时，王号曾发生过变更；米奈王朝的年代，约自公元前700年继续到公元前三世纪[①]。穆卡里卜（Mukarrib）[②]是作为国家元首的神王的尊号。两位早期的赛伯伊王朝的穆卡里卜的名字雅塔儿·艾麦尔和卡里巴·伊勒，曾出现于萨尔恭二世和西拿基列[③]的皇家亚述编年史中，这两位穆卡里卜，一定是在公元前八世纪晚期和公元前七世纪早 54 期在位的。赛伯伊王朝国王，在他们的全盛时代，把自己的霸权扩张到整个南阿拉比亚，把自己的邻国米奈王国，变成了附庸。西尔瓦哈位于马里卜西面，相距一日的路程，是赛伯伊的首都。首都的主要建筑，是月神艾勒麦盖[④]的庙宇。这座庙宇主要的遗址，现在叫做哈里卜（废墟），是能容纳一百人的村落。据一件铭文的记载，这个遗址的围墙，是一个早期的穆卡里卜雅达儿·伊勒建筑的。另一件铭文记载着克里伯·伊勒·瓦塔尔（约在公元前450年）几次胜利的战役，他是首先采用赛伯伊王（MLK）的尊号的。

在赛伯伊王朝的第二个时期里（约当公元前610—公元前115年），统治者的神职似乎被剥夺了。马里卜，在萨那东面，相距约60英里，这时已变成了首都。这座城市，海拔3900英尺，只有几个欧洲人去访问过，其中有阿诺、阿莱维、格勒泽尔。这座城市是一个交通枢纽，把乳香的产地和地中海的各港口，特别是加宰（加沙）联系起来。海木达尼在他所著的《花冠集》（*Iklīl*）[⑤] 里提到马里卜的三座卫城，但是，使这座城市特别著名的，却是那 马里卜水坝

① 参阅 Nielsen，*Handbuch*，vol. i，pp. 64 以下；F. V. Winnett in *Bulletin*，*American Schools of Oriental Research*，no. 73（1939），pp. 3—9；G. Ryckmans in *Bulletin*，*School of Oriental and African Studies*，vol. xiv（1952），pp. 1 以下；Jacques Ryckmans，*L'Institution monarchique en Arabie méridionale avant l'Islam*（Louvain，1951），pp. 257 以下。

② MKRB 这个尊号的发音是不确定的。

③ 参阅本书第 37—38 页。

④ Ahmed Fakhry，*An Archaeological Journey to Yemen*，vol. i（Cairo，1952），pp. 29—56；Wendell Phillips，*Qataban and Sheba*（New York，1955）；Richard L. Bowen and Frank P. Albright，*Archaelogical Discoveries in South Arabia*（Baltimore，1958）.

⑤ Faris，p. 45.

座大水坝——马里卜水坝①。这个惊人的工程和赛伯伊人其他的公共事业，使我们看到了一个爱好和平的社会，那个社会，不仅在商业方面，而且在技术方面，都是极其先进的。这座水坝较古的部分，是在公元前七世纪中期建成的。根据几件铭文的记载，这座水坝的主要建筑者是萨木胡阿勒·雅诺夫和他的儿子雅塔儿·艾麦尔·贝寅；这座水坝的修复，是在舍赖哈比·伊勒·雅耳夫尔（公元449—450年）和阿比西尼亚人艾卜赖哈（公元543年）的时代。但是，哈木丹尼和后来的麦斯欧迪②、伊斯法哈尼③、雅古特④等人，都认为神秘的人物鲁格曼·伊木·阿德是大水坝的建筑者。

(2) 米奈王国

米奈王国昌盛于也门的焦夫，在极盛时代，包括了南阿拉比亚的最大部分。原来的阿拉伯式名词Maʻān（《圣经》上的Māʻōn、Meʻūn、Meʻīn等地名），
55 后来读成Maʻīn（麦因），意思是源泉。残存至今叫马安（在皮特拉的东南），是北方商业道路上一个重要的殖民地。在乌拉⑤和塔布克附近出土的几件米奈铭文表明，这个地区曾有几个殖民地，用作栈房和驿站。米奈王国的首都盖尔诺（阿莱维曾于1870年访问过），是现今的麦因（在焦夫的南面，萨那的东北）。宗教的首府叶西勒（也在焦夫的南面），是现今的伯拉基什（在马里卜的西北）。米奈人和后来的赛伯伊人，使用同样的语言，不过方言上略有差别。所谓的米奈铭文，包括盖特班王室的铭文和少量的哈达拉毛铭文。焦夫的省会有哈兹木所描绘的庙宇的遗址，上面雕刻着悬挂的容器（大概是献酒用的），小羚羊和其他用作牺牲的动物，作为神的象征的蛇，在庙宇里服务的姑娘和饲养在神圣园里的驼鸟等。

(3) 盖特班和哈达拉毛

除米奈王国和赛伯伊王国外，在这个地区还兴起了另外的两个王国：盖特班王国和哈达拉毛王国。盖特班的地方，位于阿丹（亚丁）的东面，哈达拉毛大约就在现在的哈达拉毛的地方。盖特班王国定都于台木奈耳（现在的库哈兰），他们的国运⑥，约自公元前400年继续到公元前50年；哈达拉毛王国定都于沙卜瓦（古典文献里的赛波台），他们的国运，约自公元前五世纪中叶继续到公元一世纪末。这些王国，往往在赛伯伊王国和米奈王国的霸权之

① 关于废墟的描写可以参阅 al-Aẓm，pt. 2，pp. 50 以下。

② *Murūj al-Dhahab*，ed. and tr. de Meynard and de Courteille，vol. iii（Paris，1864），p. 366.

③ *Ta'rīkh Sini Mulūk al-Arḍ w-al-Anbiyā*，ed. Gottwaldt（Leipzig，1844），p. 126.

④ *Buldān*，vol. iv，p. 383.

⑤ 这是列哈彦人的首都，约在公元前500—公元前300年。参阅本书第42页。

⑥ 参阅 Phillips，p. 247。关于历代国王的名单，可以参阅 Müller，*Die Burgen*，pt. 2，pp. 60—67；G. Ryckmans，*Les noms propres sud-sémitiques*，vol. i（Louvain，1934），pp. 36 以下；H. St. J. B. Philby，*The Background of Islam*（Alexandria，1947），pp. 143—144。

下生活。这些王国的人民，组织过香料的贸易，建筑过惊人的公共工程，他们的铭文在北阿拉比亚和埃塞俄比亚出土，阿拉伯史学家对于他们的历史一无所知。

(4)第一个希木叶尔王国

自公元前115年以后，整个地区已归新的征服者统治了，他们是从西南高地来的希木叶尔人。因此，这个时期的文明，被称为希木叶尔文明，但是，王号仍然是“赛伯伊和赖伊丹之王”。赖伊丹的名称，后来改成盖特班。这标志着第一个希木叶尔王国的开始，这个王国的国运，继续到公元300年。Homeritae这个词，初次见于《红海周航记》（约在公元60年），再次出现于普林尼的著作中。希木叶尔人，是赛伯伊人的近亲，是同族中最年轻的一支， 56
他们变成了米奈－赛伯伊文化和商业的继承人。他们的语言实际上就是他们的先辈赛伯伊人和米奈人的语言。普林尼曾提及他们的农业，那是可以用铭文中屡次提及的水井、水坝和水窖等加以证实的。收集乳香被认为是一种宗教业务，乳香仍然是国家最大的财源。

希木叶尔的银币

正面是男人的头像和花押，反面是男人的头像和铭文

KRB'L WTR（Kariba-ilu Watar），约当公元50年

不列颠博物馆藏

采法尔（古典文献里的赛法尔〔Sapphar，Saphar〕和《创世记》〔10:30〕里的西发〔Sephar〕），一个内地的市镇，在穆哈东北面100英里左右，位于通往萨那的道路上，是希木叶尔朝的首都。采法尔曾取代过赛伯伊人的马里卜和米奈人的盖尔诺。采法尔的遗迹，依然存在，登上现代的亚里姆市镇附近的环形丘陵之巅，就可以凭吊那些古迹了。在著作《红海周航记》的时代，希木叶尔的国王是克里伯·伊勒·瓦塔尔，即《红海周航记》里的克里伯勒。

阿比西尼亚人起源于闪族

在希木叶尔朝的时代，倒霉的罗马纵队，在迦拉斯的指挥之下，孤军深入，到达麦里阿麻。斯特累波的著作中所提及的易莱撒拉斯，是那个时代的统治者，也就是铭文里的易里舍利哈·叶哈杜卜。

在这个时代中较早的时期里，发生过另一件值得注意的事情，就是从也门和哈达拉毛来的阿拉比亚殖民者定居于古实的地方[1]，他们在那里奠定了阿比西尼亚王国和阿比西尼亚文化的基础，终于发展了一种文化，那是本地的黑人或许从来没能达到过的。约当公元五世纪中叶时，南方的阿拉比亚部族向外迁移（据民间的传说，土著向外方迁移，与马里卜大坝的崩溃是有关系
57 的），有迁到叙利亚去的，有迁到伊拉克去的，大概也有迁到阿比西尼亚去的，所以南方的阿拉比亚人在阿比西尼亚的殖民地就扩大了。远在伊斯兰教徒侵入之前，东非洲沿岸一带，阿拉比亚的血液与本地人的血液已相混合了。阿克苏姆王国——近代阿比西尼亚的原来的中心——的肇造，是在公元一世纪。

雾木丹堡宫

也门有“堡宫国”之称，萨那的雾木丹堡宫，是最著名的。这个堡宫的建筑者是公元一世纪的另一个易里舍利哈（雅古特书中的里舍尔哈[2]）。城居的希木叶尔人，为防备贝杜因人的入寇而建筑了有堡垒的宫殿。哈木丹尼和雅古特曾先后详尽地描写了雾木丹堡宫，但雾木丹在他们的那个时代，已经只是一个庞大的古迹了。据这些地理学家的报告，这个堡宫有二十层，每层高 10 骨尺[3]，算是有史以来的第一座摩天楼。这个堡城的建筑材料，是花岗岩、斑岩和大理石。国王的宫殿，设在最高的一层上，顶上覆盖着极透明的薄石片[4]，在这一层上仰视天空，能看出鸦和鸢的区别。堡宫四周的墙壁，是用各色的石头砌成的。每个隅石上，站着一只黄铜的狮子，每当刮风的时候，狮子就大吼起来。海木达尼在一首诗里说雾木丹是以云彩为头巾，以大理石为腰带的。这个建筑物，保存到伊斯兰教的时代，后来毁于内战。

第一个希木叶尔时代的国王，显然是一个封建主，居住在堡宫里，领有土地，发行金质、银质和铜质的钱币。钱币正面有国王的像，反面有一只猫头鹰（雅典的象征）、一个牛头。有些比较古的钱币上面，有雅典娜（Athena）[5] 的头像，由此可见远在公元四世纪时，南部阿拉比亚已经仿效雅典了。除钱币之外，在也门还往往发掘出希腊的和萨珊王朝的青铜工艺品。本地的艺术中，没有什么年代很早的古物。闪族的天才，在这方面是毫无表现的。

58 赛伯伊－希木叶尔人的社会组织，从铭文看来，是一种古代部族体系、层层阶级封建的贵族政治和君主政治的奇异的混合物，这种混合物有许多现象，在别处或许也有，但合在一起却是举世无双的。

---

① 古实（Cush）本义是黑人，这是埃塞俄比亚人的祖先的名字，后来成为他们的名称。——译者

② *Buldān*, vol. iii, p. 811, l. 8.

③ 骨尺（cubit），是指从肘到中指尖的长度，约合 18 至 22 英寸。——译者

④ 这种薄石片是当地出产的质量极好的白云母片，可以当玻璃用，商业上叫做千层纸。——译者

⑤ 雅典娜在希腊神话里是司智慧、学术、技艺、战争的女神，是雅典的守护神。——译者

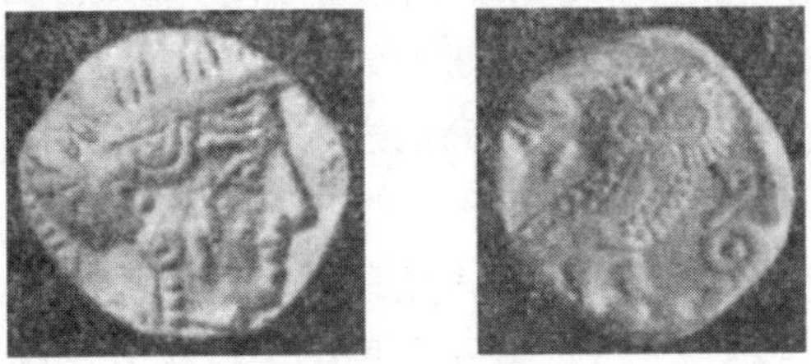

希木叶尔的银币

正面是雅典娜的头像，她的面颊上有赛伯伊的字母 nūn（嫩）；反面是猫头鹰，带油橄榄的小枝和新月。这个银币是公元前三世纪或二世纪时代的文物，是仿造公元前四世纪时代的古希腊货币的

不列颠博物馆藏

在海上贸易方面罗马人取代了阿拉比亚人

在第一个希木叶尔时代，南部阿拉比亚的势力，已不如极盛时代了。也门人独占红海的海上贸易一天，就昌盛一天，但现在他们已不能控制这种贸易了。《红海周航记》（公元50—60年）第一次记载了用一个西方强国的人民所建造和管理的船舶同东方人进行有组织的贸易的史实，这部航海记标志着商业局面的转折点。通过肥沃的新月地区，把欧洲和印度联系起来的巨大陆路，是安息国和罗马帝国之间无穷摩擦的主因，在这个时期之前，曾受亚历山大的威胁；但是通到印度的南方水路，几乎直到公元一世纪时，还在阿拉比亚人的手里。他们的工作，是搜集自己的土产以及东非和印度的土产，并且用骆驼把那些土产从马里卜，取道麦加，运到北方的叙利亚和埃及，以免遭遇红海的风险。但若海运较为有利，便由水路北上，一直运到与尼罗河上游相通的运河口，或者经红海南部，运到瓦迪哈麻麻特，然后，取道埃及沙漠，驮运到底比斯或者孟菲斯[①]。通过希贾兹的陆路，沿途都有希木叶尔人的驿站[②]。斯特累波说，商队自米奈至艾莱拿（亚喀巴），有七十日路程[③]。因 59
为西方人对于东方布匹、香水、香料的爱好逐渐增强，南方的阿拉比亚人提高了他们自己的土产、特别是乳香和没药的价格，而且增加了外国货的过境税。在这个期间，他们很小心地保护他们对于水路的控制权。他们著名的财富，即由此而来。皮特拉和巴尔米拉，先后成为这个商业体系的合伙者和链条中的环节，故得共享随之而来的繁荣。但现在整个的局面已开始发生变化了。

当埃及在托勒密人的统治下再变为一个世界强国的时候，他们就开始与

① 孟菲斯（Memphis），埃及古都，位于尼罗河左岸，在开罗南12英里处。——译者

② 参阅《古兰经》34:17—18。

③ Bk. XVI, ch. 4, §4.

南方的阿拉比亚人争夺海上的霸权。托勒密二世（公元前285—公元前246年在位）重新修复了由塞索斯特列斯于大约一千七百年前在尼罗河与红海之间所创凿的尼-红运河。托勒密人的商船进入红海，表示希木叶尔人的商业活动已开始结束了。罗马帝国在公元前一世纪中叶从托勒密人手中夺取埃及后，继续了托勒密人实行的与阿拉比亚人竞争海上霸权的政策，想使埃及在商业上不依靠也门。在普林尼时代，罗马市民已怨声载道，因为南方的阿拉比亚人高抬物价，而罗马又没有什么物产可以和他们交换，日用必需的货物，都要用现金购买[1]。阿比西尼亚人显然也不满意于他们东方的邻人所分给他们的利益，现在他们殷勤地向罗马要求联盟。

托勒密朝末年，有一个希腊人或者罗马人，或许在阿比西尼亚船上服务过，他奉命去探究危险重重、季风定期改向的海道的秘密。他胜利地返回亚历山大港时，带来了满船的货物，都是西方人所急需和十分重视的，包括印度出产的桂皮和胡椒，这些货物，西方人平素相信是阿拉比亚的土产。这个人名叫希帕拉斯，可以称为托勒密商业界的哥伦布，有许多人继他之后前去航海，他们对于最后打破阿拉比亚人的垄断，都有些贡献。但是，季风的周期性和直达印度的水路的重大发现，直到罗马帝国统治埃及后，才得到充分
60 利用。罗马商船进入印度洋，给南方的阿拉比亚繁荣敲了丧钟[2]。经济的衰退，接着带来了政治的崩溃，这是常有的事情。皮特拉、巴尔米拉和西北部美索不达米亚，一个跟一个地倒仆在罗马的豺狼爪子底下了。

(5) 第二个希木叶尔王国

约公元300年，南部阿拉比亚国王的称号，变成了“赛伊伯、左赖丹、哈达拉毛、叶麦拿特的国王”。这是表示哈达拉毛在这个时期已丧失了独立。这个称号上，不久又加入别的东西：“以及在山区和帖哈麦的他们的阿拉比亚”。在这个时代，国王称号中的叶麦拿特（或叶麻那），大概是南海岸一带的统称；帖哈麦是指萨那以西红海岸一带而言的。

阿比西尼亚曾一度侵入，并且统治了一个短时期（约当公元340—378年）。随后，本地的希木叶尔诸王又恢复了他们的很长的称号，并且保持他们的地位，直到公元525年。据四世纪中叶的阿克苏姆铭文的记载，阿比西尼亚国王自称他是“阿克苏姆、希木叶尔、赖丹、哈伯舍[3]、赛勒哈、帖哈麦的国王”。这不是阿比西尼亚初次或仅有的一次入侵阿拉比亚。以前还有一次，在公元二

---

① Pliny，Bk. XII，ch. 41.

② 参阅 George F. Hourani 文，载 *Journal of Near Eastern Studies*，vol. xi（1952），pp. 291—295。

③ 哈伯舍就是哈达拉毛。参阅 Nielsen，*Handbuch*，vol. i，p. 104。（哈达拉毛有一座山，叫做哈伯什叶山。——译者）

世纪和三世纪时，他们一定也在南部阿拉比亚的若干部分建立过暂时政权。

这个时期的希木叶尔国王，有九个人的名字，见于铭文。图伯儿是国王的称号，这个称号保存在伊斯兰教的文献里。这些国王当中，在较晚期的阿拉伯传奇里，最有名的是舍麦尔·叶尔阿什。相传他所征服的地方，远至撒马尔罕，据这些传奇说，撒马尔罕就是因他而得名的。另一个是艾卜·克里卜·艾斯耳德·卡米勒（艾比·克里伯·艾斯耳德，约当公元385—420年），据说他曾征服波斯，后来信奉犹太教。叙述冒险故事的阿拉伯歌谣里，现在还提到他的事迹。希木叶尔朝晚期的特征，是把基督教和犹太教传入也门。

也门的基督教和犹太教

南阿拉比亚的宗教，就本源来说，是一种拜星教，崇拜月神的仪式是普遍的。月亮有各种不同的名称，哈达拉毛人叫它“森”，米奈人叫它“瓦德”（爱、爱者、父亲），赛伯伊人叫它“艾勒麦盖”（赐予健康之神），盖特班人
称为“阿木”（伯父或叔父），在万神庙里是居于首席的。月亮被认为是一个 61
阳性的神，地位高于太阳，太阳是它的配偶[①]。“阿斯台尔”（金星，相当于巴比伦的女神“伊什台尔”，腓尼基的“阿什台尔”）是他们的儿子，是三神小组中的第三个成员。从这一对天体的配偶，生出其他许多的天体，都被认为是具有神性的。北方阿拉比亚人所崇拜的“拉特”（《古兰经》里提及的偶像[②]），可能是太阳女神的别名。

一性派的基督教[③]，在很早的时候，就从北方，特别是叙利亚开始流入。逃避迫害的叙利亚传教士，在我们所不知道的时代，大概已潜入也门，但据历史的记载，到南部阿拉比亚来的第一个基督教代表团，是东罗马皇帝君士坦丁于公元356年所派遣的代表团，团长西奥菲拉斯，是一个阿里乌斯派教徒。这个传道团的真实动机，在于国际政治活动，在于罗马和波斯两大帝国在南部阿拉比亚争夺势力范围的斗争。西奥菲拉斯曾在阿登（亚丁）建筑一所教堂，在希木叶尔国其他的地方建筑两所教堂。相传有一个名叫菲米雍的圣徒，把一神教会从叙利亚传入纳季兰，纳季兰的人民在公元500年前后就接受了这种新的宗教。伊木·希沙木[④]和泰伯里[⑤]都告诉我们这个隐士的逸事，他是被一个阿拉伯商队掳来的，他们把他带到了纳季兰。撒鲁支的叶耳孤卜（公元521年卒）曾用叙利亚语写信慰问纳季兰的基督教徒。第二位哈

① 在阿拉伯语里，月亮的名称是阳性的，太阳的名称是阴性。——译者
② 《古兰经》53:19。——译者
③ 一性教主张基督只有一性（即人性），他们反对基督兼有神性和人性之说。——译者
④ *Sīrah*, ed. Wüstenfeld (Göttingen, 1858), pp. 20—22.
⑤ *Ta'rīkh al-Rusul*, ed. de Goeje, vol. i (Leyden, 1881—1882), pp. 919—925.

里发欧麦尔，于公元635—636年，把他们中不愿意接受伊斯兰教的人放逐到伊拉克去①。迟至公元840年，我们还听到有一个名叫马尔·佩特勒斯的人，担任萨那和也门的主教。

在希木叶尔第二王朝时代，犹太教在也门也流传很广。犹太教必定早已传入北部阿拉比亚，这或许是由于公元70年泰特斯征服巴勒斯坦，而且毁灭耶路撒冷的结果。据保存下来的人名来判断，阿拉比亚的犹太教徒，大多数一定是犹太化的亚美尼亚人和阿拉比亚人，都不是亚伯拉罕（易卜拉欣）的子孙。在六世纪初期，这种希伯来的宗教在也门的势力很大，甚至希木叶尔
62 最后的国王左·努瓦斯（图伯儿·艾斯耳德·卡米勒的后裔）也是一个犹太教徒。事实上，也门所有的十万犹太人，1948年以后已被移送到以色列去了。

南部阿拉比亚人，对于新近传入的这两种一神教，有改宗这教的，有改宗那教的，互相竞争，遂引起激烈的仇恨。左·努瓦斯显然是代表爱国主义者的精神的，他因为痛恨信奉基督教的阿比西尼亚人对于也门的统治，连带着也痛恨本地的基督教徒。据说，公元523年10月在纳季兰屠杀基督教徒的，就是这个信奉犹太教的国王(《古兰经》85∶4)②。据阿拉伯的传说，道斯·左·特拉班（Daws dhu-Tha'labān 或 Thu'lubān）死里逃生，曾向拜占廷皇帝查士丁一世请求救援，因为当时他被认为是各处基督教徒的保护者。查士丁一世曾写信给阿比西尼亚的尼加斯（国王的称号，阿拉伯语叫奈查史〔*Najāshi*〕)（据铭文的记载，他的名字是克里卜·伊拉·艾斯比哈），因为他代表距离惨案发生处最近的基督教强国。据说尼加斯曾派遣艾尔雅兑统率大军七万人横渡红海到阿拉比亚。这次战役遂陷于当时的国际政治的罗网之中，因为拜占廷的政策是企图通过阿比西尼亚，而使阿拉比亚各部族受拜占廷的影响，并且利用他们去反对波斯③。阿比西尼亚人曾于公元523年和525年两次取得胜利。第二次战役的统帅是艾卜赖海（Abrahah，Abraham〔亚伯拉罕〕的变形），他原是艾尔雅兑手下的将官，但此次与长官不和，并接管了总司令部。据泰伯里说，左·努瓦斯策马而驰，“奔入海涛中，从此与人世永诀”④。希木叶尔朝的最后一个国王，至此告终，而也门独立的时代，也从此结束了。古代希木叶尔朝的光荣历史的遗迹，现在仅存的只是亚丁之东的一个不著名的部族的名字——希木叶尔。

① Balādhuri. *Futūḥ*, p. 66 = Hitti, *Origins*, pp. 101—102. 参阅本书第169页。

② 参阅 Axel Moberg, *The Book of the Himyarites*（Lund, 1924）。

③ Procopius, *History of the Wars*, ed. and tr. H. B. Dewing（London, 1904）, Bk. I, ch. 20, §§9—12.

④ Vol. i, pp. 927—928.

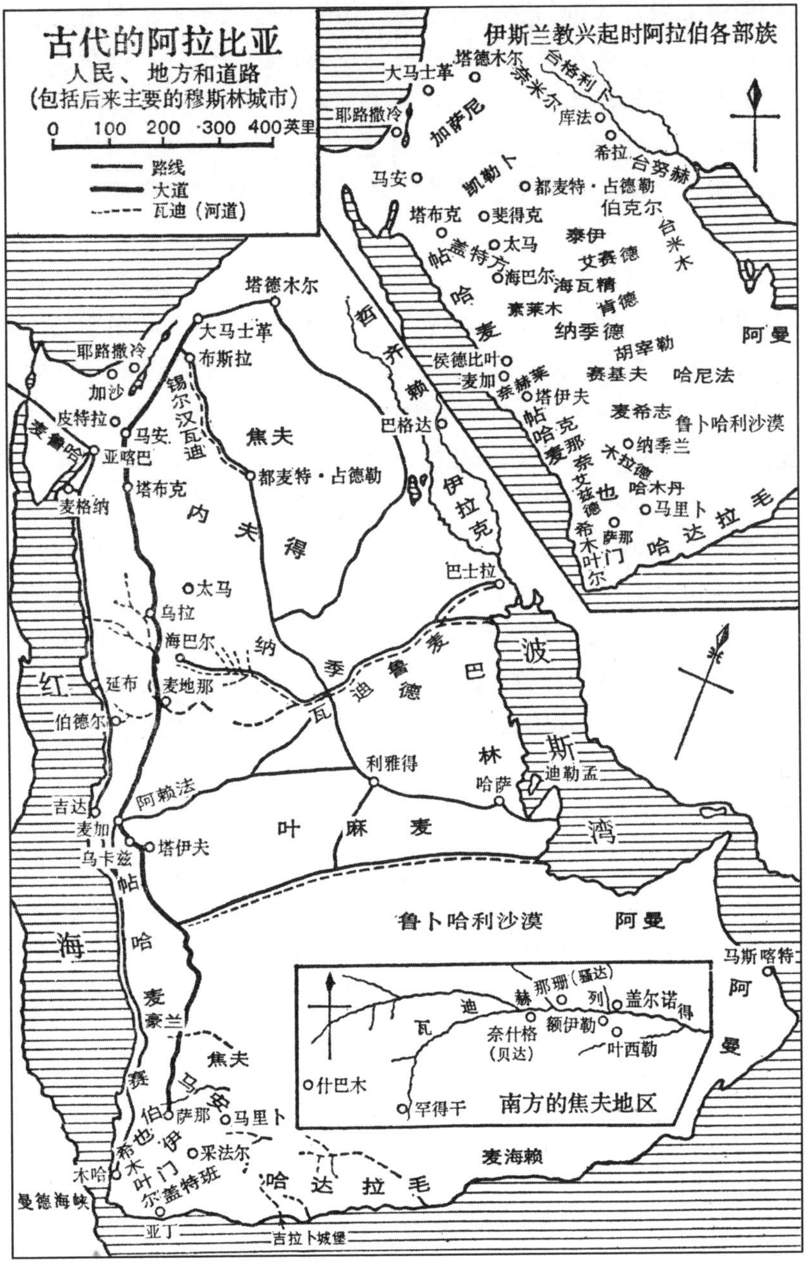
古代的阿拉比亚
人民、地方和道路
（包括后来主要的穆斯林城市）
0 100 200 300 400英里
路线
大道
瓦迪（河道）
伊斯兰教兴起时阿拉伯各部族
南方的焦夫地区
鲁卜哈利沙漠
阿曼
波斯湾
红海
内夫得
焦夫
叶麻麦
帖哈麦
哈达拉毛
麦海赖
也门
麦加
麦地那
利雅得
巴士拉
巴格达
大马士革
耶路撒冷
塔伊夫
萨那
亚丁
马斯喀特

阿比西尼亚人统治的时期

阿比西尼亚人，原是来援助阿拉比亚的基督教徒的，但他们像在通常情况下一样，作为征服者停留下来了。他们变成殖民者[1]，自公元 525 年至 575 年，他们停留下来管制那个地方的人民，他们的远祖原是从那里迁移到非洲海岸的。被公认为是阿克苏姆总督的艾卜赖海，在当时的首都萨那，建筑了一座当代最壮丽的主教大礼拜堂，阿拉伯的作家称为盖里斯（al-Qalīs，al-Qu-
64 lays，al-Qullays 都是希腊语 *ekklēsia* 一音之转，这个词的本义是教堂）。这个主教大礼拜堂，是用古时马里卜城的已坍塌的石料建筑起来的，现在只剩遗址了。

信奉基督教的阿比西尼亚人，显然一心想要使当地人变教，并且一心想与崇拜偶像的麦加抗衡，因为麦加是北方的朝觐的中心，而朝觐的人，会给圣地的居民和沿途的居民带来大宗的收入。阿比西尼亚的藩王显然顺利地建立起一个能吸引广大群众的南方的圣殿，来损伤希贾兹的圣寺（克而白）。这种半经济半宗教的竞争的史迹，在本地的传说中保存下来；相传属于弗盖木部族的两个阿拉比亚的多神教徒，恋恋不舍地崇拜克而白，在一个节日的前夕，他俩亵渎了萨那的主教大礼拜堂，艾卜赖海遂兴问罪之师，进攻麦加。这一事件据说是发生在先知诞生的那年（公元 570 年或者 571 年），那年被称为象年（*'ām al-fīl*）。艾卜赖海骑着一只大象到北方去，希贾兹的阿拉比亚人，见所未见，大为感动，故以象纪年。阿比西尼亚的军队，是因出天花而毁灭的，《古兰经》里的小圆石（*sijjīl*），就是指天花而言的[2]。

马里卜水坝的崩溃

这个时代，还发生了一个重大的事件，这件大事，在伊斯兰教的文献中是不可泯灭的，那就是马里卜的大水坝因山洪暴发而崩溃了[3]。伊斯法哈尼以所著编年史（公元 961 年脱稿）第 8 卷专门叙述希木叶尔王朝[4]，据他的考据，这个灾难的事件发生于伊斯兰教之前四百年，但雅古特的考据更接近真实，他认为这件事发生于阿比西尼亚人统治南部阿拉比亚期间[5]。这个大水坝的遗址，直到现在还可以供人凭吊。艾卜赖海曾树立一块碑，碑文是用阿拉伯语写的，内容是叙述大水坝某一次的破裂；碑文的年代，相当于公元 542—543 年；碑文已被格勒泽尔发现，而且发表了[6]。

---

① Procopius，Bk. I，ch. 20， §§ 2,6.

② （105: 1—3）。参阅 al-Ṭabari，*Tafsīr al-Qīr'ān*（Būlāq，1329），vol. xxx，p. 193；ibn-Hishām，*Sīrah*，p. 36。

③ 《古兰经》34: 15。

④ *Op. cit.* p. 126.

⑤ *Buldān*，vol. iv，p. 383.

⑥ In *Mitteilungen der vorderasiatischen Gesellschaft*（Berlin，1897），pp. 360—488.

艾卜赖海时代的这次破裂之前，还发生过一次破裂，那就是在公元450年山洪冲破了大水坝。但大水坝的工程后来又被修复了。《古兰经》（34:15）所讽示的最后的灾害，一定是发生于542年之后、570年之前的。在古代某次大水坝破裂之后，接着就有加萨尼人和莱赫木人两个部族的迁移，前者迁移 65
到叙利亚的豪兰地方，变成东罗马帝国（即拜占廷帝国）的藩属；后者迁移到伊拉克的希拉地方，南方阿拉伯语的铭文新近有许多在那个地方被发掘出来了。加萨尼人是以大水坝破裂之年为自己的纪元的①。除叙利亚和伊拉克的加萨尼人和台努赫人外，泰伊人和肯德人以及北部和中部阿拉比亚其他许多强大的部族，也都自称原籍是南部阿拉比亚。现在，叙利亚还有许多家族，把他们移入叙利亚的年代追溯到大水坝破裂的时候。

有些后期的阿拉伯学者利用山洪暴发、水坝崩溃的惊人事件，去说明南部阿拉比亚商业和农业逐渐衰落，以及经济繁荣情况和国民生活状况逐渐下降的长期过程②；其实，这种衰落，如上文所述，是罗马船舶进入红海，两种新宗教互相倾轧，以及后来受外国人统治的结果。我们把后来的编年史中所载的大水坝崩溃的故事加以分析之后，就可以知道，那不过是把促成南部阿拉比亚社会分崩离析和最后崩溃的长期的经济和社会原因加以集中的和戏剧性的渲染而已，不过是把长期腐败的许多结果都算在一件事情的账上而已。著述编年史者对于造成这件悲剧的真实原因的无形的性质，似乎只有一个模糊的认识，所以传说一只老鼠翻转了五十个男人所不能移动的一块大石头，整座大水坝因此而崩溃③。依据传说，当穆宰伊基雅在位期间，这只老鼠做了这件重大的划时代的工作。

波斯人统治的时期

依据传说，从阿比西尼亚人的统治下解放也门的爱国运动，在希木叶尔古王朝的后裔中找到了它的英雄——赛义夫。赛义夫的成功的斗争史，他的传奇，在阿拉伯史话中颇有地位。这种斗争史，十四世纪时在埃及又经过人们的修润，现在，阿拉伯的说书人，还在开罗、贝鲁特和巴格达的咖啡馆里 66
讲说这个故事。依据传说，赛义夫请求君士坦丁堡援助他抵抗阿比西尼亚，这种要求当然是不会被接受的，因为阿比西尼亚是一个基督教的国家，所以和拜占廷是亲善的。于是希拉城的阿拉伯国王介绍他到麦达因（塞琉西亚－

① Al-Mas'ūdi, *Kitāb al-Tanbīh*, ed. de Goeje (Leyden, 1893), p. 202.

② 有人说那是由于气候的干燥，这种说法，在历史各时代中，似乎没有充分的科学证据。Alois Musil, *Northern Neğd* (New York, 1928), pp. 304—319.

③ Mas'ūdi, *Murūj*, vol. iii, p. 383; Yāqūt, *Buldān*, vol. iv, p. 384; 参阅 Mas'ūdi, pp. 370—371。

泰西封）的萨珊朝廷去见波斯皇帝克斯拉·艾努舍尔旺[1]。当时，世界的命运，大半是在信奉基督教的拜占廷人和信奉祆教的波斯人的手里，阿克苏姆扮演着拜占廷非正式的代理人。信奉基督教的阿拉比亚人是亲拜占廷的，他们仰赖君士坦丁堡的保护和眷顾；犹太教徒和崇拜多神的阿拉比亚人是亲波斯人的，他们希望获得泰西封的援助。公元 575 年，波斯皇帝应赛义夫的恳求，派遣韦海赖兹统兵八百名，击溃阿比西尼亚驻防军，从可憎的非洲人统治之下解放了也门。起初，建立了一个联合政府，以赛义夫为有职无权的元首。赛义夫定居于古代的雾木丹堡宫，在阿比西尼亚人统治期间，雾木丹显然成了古迹。但不久，也门就变成了一个波斯州，南部阿拉比亚人发现自己仍然是亡国奴，不过换了一个新主子而已。

我们从这个传说可以很清楚地看出来，阿拉比亚的两边，各有一个强国——信奉祆教的波斯和信奉基督教的阿比西尼亚（以拜占廷为后盾）——这两个强国都想继承他们的邻国——新近灭亡的南方阿拉比亚王国，故彼此竞争。信奉基督教的阿拉比亚人同情于拜占廷，故招致了阿比西尼亚的干涉；犹太教徒和多神教徒倾向波斯，故予波斯以可乘之机。北方的叙利亚－阿拉比亚沙漠阻拦着世界强国，南方的阿拉比亚却变成那些强国进入这个半岛的通路。

公元 628 年（回历纪元 6 年），波斯驻也门的第五任州长巴赞信奉了伊斯兰教。自这个新宗教诞生以后，人们对这个半岛的兴趣，已移到北方去了。从此以后，阿拉比亚历史的水流，在北方的河床里流动，希贾兹取也门的地位而代之，也门不再为世人所重视了。

① 西方人叫他科斯洛埃兹·阿努希尔万（公元 531—579 年在位）。——译者

第六章　奈伯特王国和阿拉比亚 67
北部、中部其他小王国

(1)奈伯特人

在伊斯兰教以前的时代，半岛的北部和中部，还出现了几个小国，与南部阿拉比亚各国互相辉映。这些北方的阿拉比亚小国，像南方的那些小国一样，主要是靠商业强盛起来的，无论在其开创或者发展的过程中，都不是穷兵黩武的。这些小国中最早的是奈伯特王国。

我们在历史上没有看到关于亚述进攻奈伯特人的记载，因为奈伯特人当时不是居住在通往西方的主要路线上的。公元前六世纪初叶，奈伯特人（阿拉伯语的 al-Anbāṭ，古典语言的 Nabataei[1]）以游牧部族的身份，离开了现在所谓的约旦地方，占据了以东人（以扫的子孙）的地方，后来，又从他们的手里夺取了皮特拉。在以东人未来之前，在西珥山地区居住的人，是何利人[2]。奈伯特人从他们的首都皮特拉向外发展，占领了邻近的领土。Petra（皮特拉），是一个希腊名词，意思是岩石，是希伯来名词 Sela（西拉）的译名，Sela 散见于《以赛亚书》（16∶1；42∶11）和《列王纪》下（14∶7）[3]。al-Raqim（赖基木）[4] 是与此名词相当的阿拉伯词，现今的名称是瓦迪穆萨。这座古城的地址，在一个干燥的海拔 3000 英尺的高原上，现在看上去是通红的一片广大的墓地，那片墓地是由一块岩石（媪姆·比雅赖）凿成的，那块岩石的沙石层，表现出五光十色来。

自公元前四世纪末期起，在四百多年的时间里，皮特拉是商队往来于赛伯伊和地中海之间必经的通道。

我们所获得的关于奈伯特人早期历史的第一个详细报告，是狄奥多拉斯 68
（公元前 57 年后卒）传述下来的。公元前 312 年前后，他们是强大的。继承

① 希伯来语的 Nĕbāyōth，亚述语中的 Nabaitai，Nabaitu，显然都不是 Nabataeans。

② 《创世记》14∶6，36∶20。

③ 参阅《历代志》下 25∶12；《耶利米书》49∶16；《俄巴底亚书》3—4 节。

④ 参阅 Josephus，*Antiquities*，Bk. IV，ch. 4，§7，ch. 7，§1。

亚历山大作叙利亚王的安提哥那曾两次进攻他们，都被他们打退了。他们奏凯返回了“岩石城”[1]。当时他们是在托勒密人的势力范围之内的。后来，他们变成罗马的盟友，名义上曾参加公元前 24 年迦拉斯对阿拉比亚的著名的入侵。当哈里萨斯（阿拉伯语的哈立斯，al-Ḥārith）三世在位的时候（约当公元前 87—公元前 62 年），奈伯特人初次与罗马人发生密切的接触。皇家的钱币，就是在这个时期开始铸造的。公元前 47 年，恺撒拜访马里库一世，并以骑兵供给他，以便他能参加亚历山大的战役。他的继承者俄比德斯三世在位时（‘Obidath，‘Ubaydah，约当公元前 29—公元前 28 年），罗马人派遣远征军到阿拉比亚。岩石的阿拉比亚（以皮特拉为首府），当哈里萨斯四世在位时（公元前 9 年—公元 40 年），国势极盛。当耶稣基督的时代，奈伯特王国的版图，向北扩张到大马士革；大马士革和科艾勒 - 叙利亚[2]，都是哈里萨斯三世（约公元前 87 年）从塞琉西亚[3]人的手里夺过来的。在大马士革企图逮捕保罗的，就是哈里萨斯四世的提督[4]。在希贾兹北部的希志尔（麦达因·撒利哈），公元一世纪时也必隶属于奈伯特的版图，这是在当地出土的铭文所能证明的。奈伯特历代的国王，自哈里萨斯一世（公元前 169 年）至最后一个独立的君主赖比勒二世（公元 70—106 年在位）都是有史可考的[5]。公元 105 年，罗马皇帝图拉真终结了奈伯特的独立，从此以后，他们的领土变成了罗马正式的省份。

在狄奥多拉斯之后，约瑟福斯（公元 95 年前后卒）的著作，是关于奈伯特人历史的主要来源，但约瑟福斯是在他们和希伯来人打交道之后才对他们发生兴趣的。在他看来，“阿拉比亚”就是奈伯特国，这个国家的疆界很辽阔，东边到达幼发拉底河。约瑟福斯说马勒库斯（Malchus 或 Malichus，就是阿拉伯语的 Mālik）是希罗德和他父亲所援助的“阿拉比亚国王”[6]，马勒库斯（马勒库斯二世，公元 40—70 年在位）[7] 于公元 67 年曾派遣骑兵一千名、步兵五千名，去援助泰特斯进攻耶路撒冷，这两个国王都援助了奈伯特人。在《麦克比记》里（《麦克比记》上 5:25 和《麦克比记》下 5:8），奈伯特人被认为与
70 阿拉比亚人是同一民族。现代的侯韦塔特[8]的贝杜因人被认为是奈伯特人的后裔。

---

① Diodorus, Bk. XIX, §§ 94—97.

② 参阅本书第 12 页的注。——译者

③ 塞琉西亚古城位于底格里斯河岸，在巴格达东南方向 20 英里处。——译者

④ 《哥林多后书》11:32。

⑤ 参阅 Cooke 著 *North-Semitic Inscriptions*, p. 216 中的名单。

⑥ *Antiquities*, Bk. XIV, ch. 14, § 1; *The Jewish War*, Bk. I, ch. 14, § 1.

⑦ *Jewish War*, Bk. Ⅲ, ch. 4, § 2.

⑧ 侯韦塔特是阿拉伯部族的名称，他们居住在希贾兹北部和西奈半岛。——译者

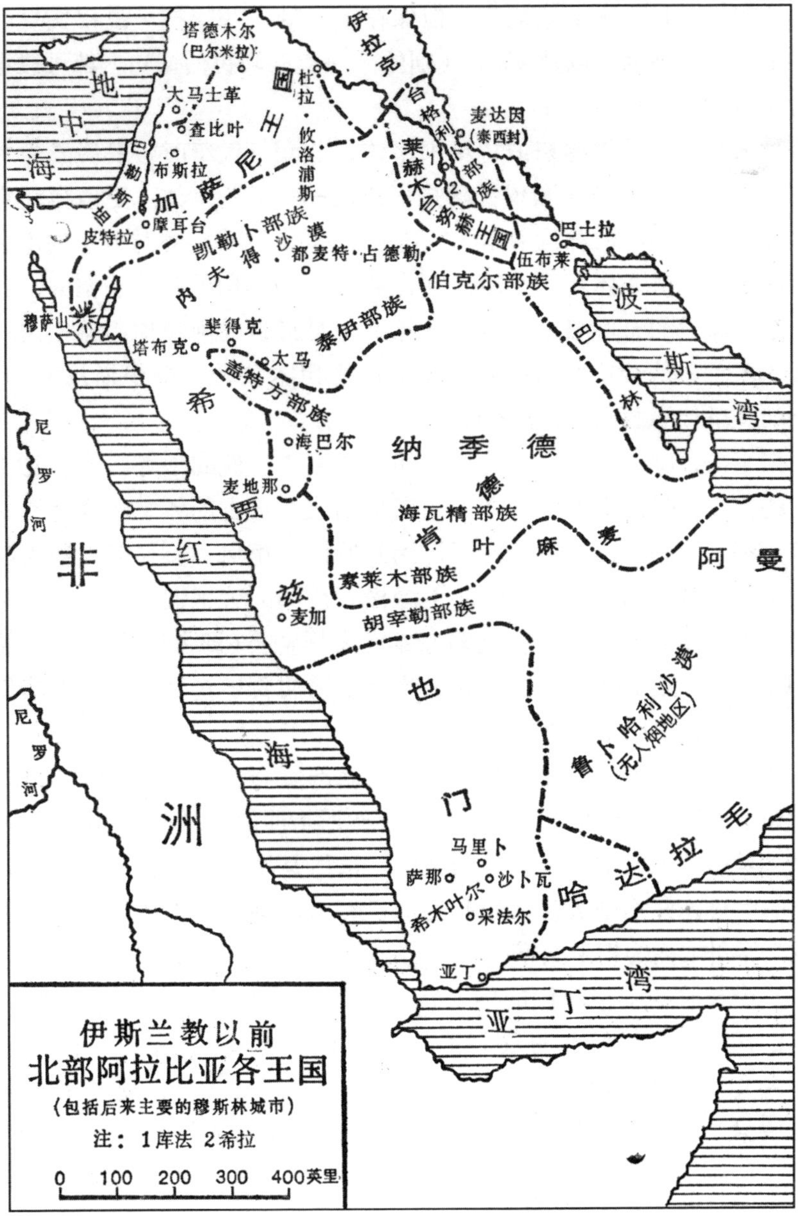

伊斯兰教以前
北部阿拉比亚各王国
（包括后来主要的穆斯林城市）
注：1库法　2希拉
0　100　200　300　400英里

奈伯特人虽用阿拉伯语作为日常生活的语言，但在那个很早的时期，缺乏一种阿拉伯书法字体，所以，他们采用北方邻人的阿拉马语字体拼写自己的语言。狄奥多拉斯[①]曾提到他们用叙利亚语字体写给安提哥那的一封信。他们把阿拉马语当做一种学术上的语言，但保存下来的那些阿拉马语铭文里的错误和阿拉伯的人名地名，以及 *ghayr*（别的）一类的阿拉伯词句，都可以透露出原作者是说的阿拉伯语。

这种采自阿拉马语的奈伯特草书字体，公元三世纪时，发展成为北方阿拉伯语的——《古兰经》和现代阿拉伯语的——书法字体。更值得注意的是这种字体演变为圆润的誊写字体（奈斯赫字体），这种字体与方正的库法字体是不相同的，库法字体几乎专用于《古兰经》和早期的公文、铭文、钱币等物。在东部豪兰的奈麻赖地方发现的铭文，是最古的阿拉伯语铭文之一，刻于公元328年，是希拉城莱赫米王朝的国王伊木鲁勒·盖伊斯坟上的碑文。奈伯特的文献传给我们的，只有铭文了。

字母表起源于西奈半岛

西奈半岛，临近奈伯特人的故乡和摩西宣告十诫的地方，最近几年在那里出土的铭文，是已出土各铭文中用字母刻成的最古的铭文。这些铭文新近在赛拉比特·哈底木出土后，已运送到开罗博物馆保存。很多人曾为翻译这些铭文努力。这些铭文是西奈半岛上绿松石矿场的劳工们所刻制的，刻制的年代，约当公元前1850年——比较蒙泰在朱拜勒[②]（即古代的 Gebal，希腊语的 Byblos，现名比布鲁斯）发现的艾希拉木铭文要早八百年，可以算作已发现的第二种最古的腓尼基语铭文。

在西奈字母产生之后，西奈字体传入北部叙利亚，在那里演变为楔形文字，犹如十五世纪末叶赖斯·舍木赖的字砖所指明的那样[③]。这种新发现的字
71 体，显然是拼音字母的，而且是闪族的。虽然是用铁笔写在胶泥版上，但这种字体的字母，并不是从较早的苏美尔－阿卡德字体借来的。在这种字体里面，西奈字母演变为楔形文字。

在一个长时期中，现代的学者承认首先完全使用一种字母体系的腓尼基人，起初一定是以埃及的象形文字为这个字母体系的基础，但在象形文字与拼音文字之间，似乎有一条很宽的鸿沟。西奈文字，现在来做那条鸿沟上的桥梁了。西奈的闪族人怎样创造他们的字母呢？可举例说明之：不管埃及人把牛头叫做什么，他们采用象形文字中表示牛头的符号，把这个

---

① Bk. XIX，ch. 96.

② 在黎巴嫩北部海岸上。——译者

③ F. A. Schaeffer in *Syria*，vol. x（1929），pp. 285—297；Charles Virolleaud *ibid.* pp. 304—310.

符号叫做*aleph*（艾利夫），因为在他们自己的语言中，牛头的名称是 *aleph*。然后，依照首母表音法的原理，用这个符号表 *a* 的音。又如采用表示房屋的符号，把这个符号叫做 *beth*（拜伊特），而用这个符号表示 *b* 的音，依此类推。

字母的西奈渊源说明字母一方面怎样传入南部阿拉比亚，在那里经过一种独立的发展，约在公元前1200 年，早已为米奈人所采用；另一方面怎样向北方传入腓尼基海岸。阿拉伯人贩运绿松石去卖给腓尼基人，字母就随着绿松石传到那里去；后来，腓尼基人与希腊人通商，又把字母传授给他们，就成为欧洲一切字母的来源。

在豪兰的赛法火山地区发现的铭文，年代在公元前 100 年前后①；在北部希贾兹的乌拉地方发现的底但人的和列哈彦人的铭文（这就是所谓原始的阿拉伯语），年代在公元前七世纪至公元前三世纪；在同一地区，特别是希志尔和太马两个地方发现的赛莫德人的铭文，年代在公元前五世纪到公元四世纪。这些铭文，都是南方阿拉伯语字母的别体②；但这些铭文的语言，都是北方的阿拉伯语，与著名的古典阿拉伯语差别很小。赛莫德人的粗刻，是列哈彦书法字体的一种发展；赛法的粗刻，是列哈彦书法字体的另一发展。赛法的铭文，是已出土的南部阿拉比亚极北地方的铭文。南方阿拉伯语的书法字体， 72
还残存在埃塞俄比亚文字里面。

使用相同的书法字体的这三个北方民族：赛法民族、列哈彦民族和赛莫德民族，彼此之间的历史关系，还没有完全确定。列哈彦民族——普林尼提及他们，称他们为莱勤尼人③——是一个古代的民族，或许是赛莫德民族中的一部分，他们的首都德丹曾一度成为运输也门和印度货物至地中海各港的商业大道上的一个米奈的殖民地。皮特拉于公元 105 年前后灭亡后，列哈彦人似乎也占据了奈伯特人重要的中心希志尔（现今的麦达因·撒利哈），那个城市曾经被赛莫德人占据过。米奈的文化和奈伯特的文化，对于列哈彦晚期的文化都有过重大的影响。乌拉的古迹，包括以高浮雕为装饰的坟墓，告诉我们在伊斯兰教之前，那里已有先进的文明了，但是，关于他们的文明，人们所知很少④。

---

① 参阅 F. V. Winnett，*A Study of the Lihyanite and Thamudic Inscriptions*（Toronto，1937），p. 53。

② René Dussaud，*Les Arabes en Syrie avant l'Islam*（Paris，1907），pp. 57—73；Dussaud and F. Macler，*Voyage archéologique au Ṣafa et dans le Djebel ed-Drûz*（Paris，1901），pp. 3—14.

③ Bk. VI，ch. 32.

④ 参阅 Eduard Glaser，*Skizze der Geschichte und Geographie Arabiens*（*Berlin*，1890），vol. ii，pp. 98—127；Jaussen and Savignac，*Mission archéologique en Arabie*（Paris，1909），pp. 250—291。

皮特拉的宫殿

采自 Alexander Kennedy，“*Petra*：*Its History and Monuments*”

（“Country Life”）

皮特拉的修道院

采自 Alexander Kennedy，“*Petra*：*Its History and Monuments*”

（“Country Life”）

皮特拉城

公元一世纪时，罗马人把皮特拉当做一个对付安息国（帕提亚）的缓冲国，而加以保护。在这期间，皮特拉富庶到了极点。皮特拉城的东西南三面，都是很险要的。皮特拉城是由坚硬的岩石凿成的，四周都有悬岩绝壁环绕着，只能从一条蜿蜒的狭路进去。在约旦河与中部阿拉比亚之间，只有这个城能供给丰富而且异常清洁的水。南方的阿拉比亚人的商队到北方去做买卖的时候，在这里可以获得替换的骆驼和驼夫。南部阿拉比亚是因商业发达而兴旺起来的，因此，奈伯特人构成了他们商业上一个重要的环节。皮特拉壮丽的古迹，至今仍然能吸引许多游览的人，而且构成约旦现代国家一种重要的财源。

皮特拉有一种克而白，供奉杜舍拉，这是一块置于众神殿顶上的长方形的黑石；阿拉特（希罗多德认为就是希腊的爱神阿芙洛狄忒·乌拉尼亚[1]）是主要的女神。杜舍拉（原为左·舍拉，即舍拉的主宰）后来与希腊时代传
入奈伯特地方的葡萄树相结合，作为酒神，模仿了希腊的酒神狄奥尼索斯－ 73
巴克斯的几种特性。

公元一世纪和二世纪时，由于通达印度的海道已逐渐为罗马的水手所熟
悉，由于从东方到西方的商队的道路已渐渐转向以巴尔米拉为中心的更向北 74
方的区域，由于从北方到南方的商务已采取一条更向东方的道路（那条道路相当于后来的朝觐道路和现在的希贾兹铁路），皮特拉就丧失了其优越的地位，而奈伯特王国也开始衰落。公元 106 年，皮特拉因图拉真的贪婪和短视而遭毁灭。从此以后，岩石的阿拉比亚并入罗马帝国，称为阿拉比亚省。皮特拉的历史，在好几百年中，不见于载籍[2]。

(2)巴尔米拉城

安息国征服美索不达米亚所造成的新局势，以及公元一世纪后开始大规模地使用的新商道，使叙利亚中部一块绿洲里的一座城市获得了显著的地位，变成了举世闻名的城市。这座城市就是巴尔米拉城，阿拉伯语叫做塔德木尔；这座名城的古迹，是许多极其壮丽的、极少有人研究的古迹之一。巴尔米拉介乎互争雄长的两大帝国之间，全靠这两个国家的均势和自己的中立而维持其安全[3]。巴尔米拉是东西南北交通的枢纽，而且能供给大量新鲜的矿泉，故成为商贾辐辏的地方。“商队的头目”和“市场的头目”，在早期的铭文中，

---

① 参阅希罗多德《历史》，商务印书馆 1960 年版，第 361 页。——译者

② 最近查明一个奈伯特人的遗址，RM，在亚喀巴之东 25 英里，即《古兰经》中所说的 Iram（89:7）。

③ Pliny，Bk. V，ch. 21.

作为首要的公民占有重要的地位[①]。当公元二世纪和三世纪时，这个沙漠里的都会，变成近东最富庶的城市之一。

塔德木尔（早期的闪族人对巴尔米拉的称呼）一定是一个很古的居留地，因为在提革拉－比里色一世（公元前1100年前后）的一种铭文里提及这个地方的时候，称它为西方的塔德木尔[②]。阿拉伯的说书人看到巴尔米拉古迹的壮丽，深受感动，以至于认为这座古城是精灵替所罗门王建筑的。

至于阿拉伯人究竟何时占有巴尔米拉，本地的传说似乎没有提到。关于这个城市的第一件可靠的记载，是说公元前42—公元前41年安东尼曾企图占
75 有其财富，但终归于失败。当地出土的最古的铭文，回溯至公元前9年，在那个时候，巴尔米拉仍然是罗马和安息之间进行贸易的重要中心。

这座城市在罗马帝国时代，必然早已进入罗马的政治范围，因为我们发现公元17年所颁布的法令中有关于这座城市关税的法令。在哈德良时代（公元117—138年），巴尔米拉及所属各城市，已变成罗马的属国。130年，哈德良游幸这个城市，遂命名为哈德良的巴尔米拉。塞弗拉斯（公元193—211年在位）曾将巴尔米拉及所属各城市改为帝国的省份。三世纪初叶，巴尔米拉有一个殖民地的地位，但就在那个时候，它必然还享受着行政上的独立权，不过在名义上承认罗马的宗主权。巴尔米拉人从那个时候起，开始在自己的名字上加一个罗马名字。罗马认识到这个城市在战略上的重要性，因为他们从大马士革到幼发拉底河的大路必须通过这座城市。

巴尔米拉在公元130年与270年之间，已达到了灿烂时代。巴尔米拉的铭文大半是属于这个时期的。巴尔米拉的国际贸易，向四方扩张，远至中国；巴尔米拉也是由商队贸易形成的城市，在这个时期已取代了皮特拉的地位。

伍得奈斯和齐诺比雅

公元260年，波斯国王沙普尔一世曾俘虏罗马皇帝瓦利利安（现通译为“瓦莱里安”），而且征服了叙利亚的大部分，巴尔米拉人的族长伍得奈斯（阿拉伯语的伍宰伊奈，Udhaynah）把沙普尔逐出叙利亚，从此以后，巴尔米拉人才以武力著名于世。伍得奈斯把沙普尔一直追赶到波斯国都泰西封（麦达因）的城脚下。公元226年萨珊王朝灭安息国，262年罗马人与萨珊人大战，巴尔米拉人的族长帮助罗马建立奇功，故被封为统治东方的副君（*dux Orientis*）。现在，罗马皇帝迦里那斯赏赐他大将的称号，并且承认他是东方罗

---

① Cooke, pp. 274, 279.

② Luckenbill, vol. i, §§287, 308.《历代志》下（8:4）的希伯来语原本和《列王纪》上（9:18）的希腊语译本，都把Tadmur（塔德木尔）和所罗门在以东地方所建筑的Tamar（台马尔）混为一谈。参阅《以西结书》47:19，48:28。

巴尔米拉的柱廊和凯旋门

马军区的长官。这就是小亚细亚和埃及的统治权，名义上是在他的掌握之中；而叙利亚、北部阿拉比亚，可能还有亚美尼亚，实际上都归他统治。巴尔米拉就这样称霸于西亚。四年之后（266—267 年），伍得奈斯及其长子，被暗杀于希姆斯（Ḥimṣ，即 Emesa），这可能是罗马人怀疑他有叛逆之意而唆使的。

76 伍得奈斯的美丽而且有大志的妻子齐诺比雅[①]（亚美尼亚人称她为巴斯·萨贝，阿拉伯人称她为宰巴伊，又称为宰奈卜）以实践证明她是一位毫无愧色的继任者。她代幼子韦海卜·拉特（意思是拉特之赐，希腊语的 Athenodorus）摄政，自封为“东方女王”，曾一度反抗罗马帝国。她是一个颇具雄才大略的人物，故能将本国的疆域向外推广，使整个埃及和小亚细亚大部分的地方都归入本国的版图。公元 270 年，她把小亚细亚的罗马驻军赶到安卡拉。她的军队，甚至企图占领拜占廷对面的卡尔西顿城。她的常胜军，于同年占领东罗马帝国的陪都亚历山大港；她的次子自称埃及王，自铸钱币，钱币上不铸奥里力安的头像。她之所以能打胜仗，主要是由于她的两位大将宰贝和宰达忠勇善战，他们俩都是巴尔米拉人。

最后，奥里力安励精图治。他在安提俄克和希姆斯接连两次打败宰达，272 年春攻入巴尔米拉。那位骄傲的阿拉伯女王，骑着一只单峰快驼，失望地逃入沙漠，但她终于被俘；奥里力安用金链子拴着她，使人牵着她在战胜者的战车前面走，来增加奏凯回到罗马的光辉。奥里力安在返回首都的途中，得知巴尔米拉发生暴动，立刻驰返巴尔米拉，把城墙完全摧毁，将全城夷为平地。灿烂的太阳庙上所有的装饰品，都被他运到罗马，用来点缀他为纪念自己显赫的胜利而建筑的东方太阳神庙。巴尔米拉城变成了废墟，留到现在，依然是当年毁灭时的情况。巴尔米拉昙花一现的光荣历史，就此告终了。

巴尔米拉的文化，是希腊的、叙利亚的、安息的（伊朗的）三种要素混合而成的一种有趣味的文化。这种文化是意味深长的，不但这种文化的自身如此，而且像我们已经研究过的奈伯特文化一样，它可以说明，在适当的物质条件之下，沙漠里的阿拉比亚人在文化上能达到什么高度。巴尔米拉人是属于阿拉比亚民族的，这可以从两方面加以证明，他们的人名是阿拉伯的人名，他们用阿拉马语写成的铭文里面有不少的阿拉伯词汇。他们日常应用的语言，是西方阿拉马语的一种方言，与奈伯特人和埃及人所说的阿拉马语，没有什么区别。他们的宗教，具有许多显著的崇拜太阳的特征，那是北方阿
78 拉比亚人的宗教所特有的色彩。起源于巴比伦的拜勒，在万神庙中是坐头把

① 1964 年叙利亚发掘出齐诺比雅女王的完整的石雕像。——译者

交椅的；伯阿勒·舍民（诸天之主），在许多还愿铭文中占有显著地位；在巴尔米拉语里，其他神灵的名称，不下二十个。

巴尔米拉短命的王国灭亡之后，陆路的贸易，找到了别的途径。豪兰的布斯拉和加萨尼人其他的城市，变成了巴尔米拉城的继承者，正如巴尔米拉继承了皮特拉一样。

(3) 加萨尼王朝

加萨尼人自称是一个古代的南部阿拉比亚部族的后裔，他们从前的族长是穆宰伊基雅，这个部族，大概是在公元三世纪末叶，因马里卜大水坝的崩溃，从也门逃到豪兰[①]和巴勒卡的。穆宰伊基雅的儿子哲弗奈，被认为是加萨尼王朝开基创业者。这个王朝共有几代，传说不一，据艾卜勒·斐达说[②]，共历三十一代；据伊斯法哈尼说[③]，共历三十二代；据麦斯欧迪[④]和伊本·古太白说[⑤]，只有十一代。由这些数字可以看出来，加萨尼王朝的历史，对于阿拉伯编年史家，是怎样的模糊。

这个也门的部族，把首先在叙利亚建立王国的阿拉比亚人——撒里哈人驱逐了。他们在大马士革东南的地区，在联系马里卜和大马士革的运输大道的末端建立了自己的政权。过了一个时期之后，加萨尼人信奉了基督教，而且为叙利亚人所同化，采用了叙利亚的阿拉马语，但未抛弃他们的国语——阿拉伯语。他们像居住在肥沃的新月地区的其他阿拉比亚部族一样，能说两种语言。五世纪末叶，他们进入了拜占廷的势力范围，被当做一个缓冲国，用来阻挡贝杜因部族的发展，他们的任务，与今天英国控制下的约旦的任务没有差别。加萨尼人面对着拜占廷帝国，接受了基督教的一个教派，这个教派虽然是本地的一性派（Monophysite），但与他们的政治利益仍然是一致的。他们的首都，起初是一个活动的帐篷；后来，大概固定在查比叶地方的昭兰（高兰尼提斯），有一个时期是在吉里格[⑥]。

叙利亚-阿拉伯王国的极盛时代

加萨尼王国，像在希拉地方的与它竞争而且有亲戚关系的莱赫米王国一样，在六世纪时取得了最重要的地位。加萨尼的哈里斯二世（约当 529—569 年在位）在六世纪时与希拉的孟迪尔三世（554 年卒）成为这个时期阿拉伯 79
历史上最重要的人物。这个哈里斯（阿拉伯编年史家给他取了一个诨名，叫

---

① 豪兰在亚述语中称为Ḫaurānu（参阅 Luckenbill，vol. i，§§672，821），在《圣经》中称为 Bashan，在古典文献中称为 Auranitis。

② *Ta'rīkh*（Constantinople，1286），vol. i，pp. 76—77.

③ Ḥamzah al-Iṣfahāni，*Op. cit.* pp. 115—122.

④ Al-Mas'ūdi，*Murūj*，vol，iii，pp. 217—221.

⑤ Ibn-Qutaybah，*Al-Ma'ārif*，ed. F. Wüstenfeld（Göttingen，1850），pp. 314—316.

⑥ 参阅 Leone Caetani，*Annali dell' Islām*（Milan，1910），vol. iii，p. 928。

al-A'raj，跛脚的意思）是第一个可信的名字，而且是加萨尼编年史上最伟大的人物。他的历史，可用希腊语的史料加以核对①。他曾打败了他的劲敌——莱赫米的国王孟迪尔三世。拜占廷皇帝查士丁尼为了奖赏他的功劳，于529年任命他为叙利亚各阿拉伯部族的首领，并且封他为patricius（贵族）和phylarch（族长），这是最高的品位，仅次于皇帝本人。在阿拉伯语里，这个头衔只简单地译成*malik*（国王）。

哈里斯在位的时期很长，但他大部分的时间，都消耗于战争，而那些战争，都是为拜占廷的利益服务的。544年前后，孟迪尔三世和他打仗，把他的儿子俘虏去，当做牺牲，供献欧扎（酷似希腊的爱神阿芙洛狄忒）②。但在十年之后，哈里斯就替儿子报了仇，在肯奈斯林地区的一次战役中杀死了他的仇人。这次战役，大概就是阿拉伯传说中的哈丽梅之役。哈丽梅是哈里斯的女儿，她亲手给加萨尼的百名敢死队员洒香水，并且给他们穿上铠甲，加上白麻布的寿衣③。

563年，哈里斯到君士坦丁堡去觐见查士丁尼一世④。这个贝杜因族长的仪表，在东罗马皇帝的近侍的心目中留下了一个深刻的印象。哈里斯在君士坦丁堡期间，获得查士丁尼的同意，任命一性派的主教埃德萨人雅各·伯拉德伊斯即叶儿孤卜·白尔德仪为叙利亚阿拉伯人的主教。雅各这个人对于宣传教义是这样热心，以至于叙利亚的一性派教会，在他之后被称为雅各派。

哈里斯的儿子孟迪尔　80

哈里斯的继任者是他的儿子孟迪尔，即拜占廷历史上的阿拉孟达洛斯。孟迪尔像他父亲一样是一性派的热心的保护者⑤，这件事暂时断送了拜占廷人的同情，并且引起加萨尼人的叛变。580年，他带着他的两个儿子去游君士坦丁堡，备受提庇里阿斯二世的热烈欢迎。提庇里阿斯二世把他头上宝贵的冠冕脱了，替他换上一顶更宝贵的王冠。同年，他袭击并焚毁他的莱赫米敌人的首都希拉城⑥，获得了重大的成功。但他的父亲曾有反叛皇室的嫌疑，他此次虽建立奇功，仍不足以消除皇室的猜疑。在大马士革和巴尔米拉之间，有侯瓦林城，城里有一座新建的教堂。当他正在那座教堂里举行奉献典礼的时

① Procopius, Bk. I, ch. 17, §§47—48; Joannes Malalas, *Chronographia*, ed. L. Dindorf (Bonn, 1831), pp. 435, 461以下。

② Procopius, Bk. II, ch. 28, §13.

③ Ibn-Qutaybah, pp. 314—315；参阅abu-al-Fidā', vol. i, p. 84。

④ Theophanes, *Chronographia*, ed. C. de Boor (Leipzig, 1883), p. 240.

⑤ John of Ephesus, *Ecclesiastical History*, ed. William Cureton (Oxford, 1853), pp. 251—252; tr. R. Payne Smith (Oxford, 1860), pp. 284—285.

⑥ John of Ephesus, p. 415（原文本）=p. 385（原译本）。

候，他被逮捕了，而且被押解到君士坦丁堡去，后来，被拘禁于西西里岛。他的儿子努尔曼继承他的王位，大胆地袭击了拜占廷的边疆并加以蹂躏，后来也被捕，押送到君士坦丁堡。

加萨尼的灭亡

在孟迪尔和努尔曼之后，加萨尼人陷于无政府状态之中。叙利亚沙漠里的各部族，各选择其族长。萨珊王朝的皇帝胡斯罗·伯尔威兹于613—614年夺取了耶路撒冷和大马士革，使哲弗奈王朝遭受最后的打击。希拉克略于629年收复叙利亚时，究竟恢复叙利亚阿拉伯人的族长职位与否，已不可考了。阿拉伯编年史家认为哲伯莱·伊本·艾伊海木是加萨尼王国最后的国王。在636年发生的著名的雅穆克战役中，这个国王是站在拜占廷的一边对阿拉比亚人作战的，但他后来信奉了伊斯兰教。相传，他第一次朝觐天房的时候，正当他巡礼天房之际，一个贝杜因人无意中踏了他的斗篷一下，这个退位的国王，一掌打在那个贝杜因人的脸上，把那个人的鼻子打落了。哈里发欧麦尔下令说，哲伯莱必须让那个贝杜因人打一个耳光，或交付一笔赎金。哲伯莱于是抛弃了伊斯兰教，偷偷地逃到君士坦丁堡[①]。

加萨尼人与拜占廷人为邻居，他们所达到的文明的高度，比他们在波斯边界上的劲敌莱赫米人所达到的还要高些，这是无疑的。在他们的统治下和在罗马统治的初期，仿佛有一种由阿拉伯的、叙利亚的和希腊的要素混合而成的特殊文化，沿叙利亚整个的东方边界发展起来。用玄武岩建筑起来的房屋、宫殿、凯旋门、公共澡堂、水道、剧院和礼拜堂，现在只有些荒废的古迹存在了。豪兰的东坡和南坡，本来保存了三百多个城市和乡村的遗址，但 81
存在到现在的，已经很少了。

在伊斯兰教以前，阿拉比亚的几位诗人，在加萨尼的族长中获得了慷慨的奖励。著名的《悬诗集》（*Mu'allaqāt*），是七位大诗人创作的，七人中莱比德为最年轻，在哈丽梅战役中，他曾在加萨尼人方面作战。纳比盖与莱赫米的国王不和的时候，曾在哈里斯诸子的宫廷中获得了一个避难所。麦地那的诗人哈萨尼·伊本·撒比特（约生于563年）自称与加萨尼族有瓜葛之亲。他在青年时代，在变成先知穆罕默德的桂冠诗人之前，曾访问过他们的宫廷，并且在诗集中屡次提及他们。他在一首诗里[②]曾以生气勃勃的文辞描写哲伯莱的宫廷是怎样的富丽堂皇，那个宫廷里有从麦加、巴比伦、希腊三个地方物色来的男女歌唱家和演奏家；在那个宫廷里，饮酒是漫无限制的。但这首诗

① Ibn-'Abd-Rabbihi, *'Iqd*, vol. i, pp. 140—141.

② Abu-al-Faraj al-Iṣbahāni, *al-Aghāni* (Būlāq, 1284—1285), vol. xvi, p. 15.

是不可靠的①。

(4)莱赫米王朝

自太古以来，流浪的阿拉比亚人，惯于从阿拉伯半岛东岸一带，渗入底格里斯河与幼发拉底河流域，而定居在那里。公元三世纪初叶，有几个像这样的部族，自称为台努赫人，并且说原籍是也门，在幼发拉底河右岸肥沃地区找到一个居住的地方。他们来到的时候，恰当安息王朝灭亡与萨珊王朝初兴（公元226年）之后、地方扰攘不安之际。

台努赫人起初住在帐篷里面。过了若干年之后，他们的临时帐篷，变成了永久的“希拉”（al-Ḥīrah这个名词是从叙利亚语的*ḥerta*转变来的，本义是帐篷）。希拉在库法之南，相隔约3英里，与巴比伦相隔不远。希拉后来变成了波斯所属阿拉比亚的首府。

本地人是基督教徒，属于叙利亚东方教会（后来的聂斯脱利教会）②，阿拉伯的作家称他们为“伊巴德”（‘*ibād*，崇拜者，因为他们是基督的崇拜者）③。后来，有些台努赫人信奉了基督教，并且定居于北部叙利亚。那些在以后迁入黎巴嫩南部而且信奉了秘密的德鲁兹教的台努赫人，自称为希拉城莱赫米朝的苗裔④。

82 相传，艾兹德部族的马立克⑤是在伊拉克的阿拉伯人居留地的第一个族长，他的儿子哲狄默是艾尔德什尔的奴仆。但莱赫米王国真正的创建者是哲狄默的外甥阿慕尔，他的父亲是哲狄默的仆人。阿慕尔在希拉建国，并定希拉为首府。

公元三世纪末叶，奈斯尔王朝或者说莱赫米王朝建国，我们从此才有了可靠的历史资料。莱赫米王朝历代国王的名字，见于文献的有二十人左右，但描写得清楚的第一个国王是伊木鲁勒·盖伊斯一世（公元328年卒），他的墓志铭，是已经发现的最古的头一件原始的阿拉伯铭文。那件铭文的书法，是一种奈伯特文字的变体，从这件铭文可以看出奈伯特字体转变成北方阿拉伯语字体的许多迹象，特别是在字母与字母相联系的方面⑥。

伊木鲁勒·盖伊斯有一个后代，叫做努尔曼一世，外号独眼龙（约400—418年在位），在诗歌和传说中，颇受颂扬。相传，他曾建筑了著名的堡宫赫维尔奈格，做伯海拉木的寓所；因为波斯皇帝叶兹德吉尔德一世（399—420

---

① 现在居住在黎巴嫩南部的基督教徒，还有些人自称是加萨尼人的后裔。

② 聂斯脱利教会曾于公元635年（唐太宗贞观九年）传入我国，教徒自称为景教。——译者

③ 参阅Ṭabari，vol. i，p. 770。

④ 参阅Hitti，*The Origins of the Druze People and Religion*（New York，1928），p. 21。

⑤ 艾兹德人与台努赫人在伊拉克合为一个部族。

⑥ Dussaud，*Les Arabes en Syrie*，pp. 34—35.

年在位）渴望他的儿子伯海拉木在沙漠中健康的空气里长大成人。赫维尔奈格被称为艺术上的奇迹，据后来的历史学家的记载，当年的建筑师是一个拜占廷人，堡宫落成后，被处死了，因为怕他替别的人建筑同样壮丽辉煌的堡宫。许多传说中的建筑师都遭遇同样的命运，由此可见，这是在此类故事中常用的说法。努尔曼终生是一个异教徒，有一个时期，他曾迫害他自己的信基督教的人民，不许阿拉伯人去访问圣西缅派的柱上苦修者，但晚年时对于基督教表示好感。西缅本人是阿拉伯人，他这派的苦修者，每人住在一根柱子的顶端，成为一种奇观，故沙漠里的群众，成批地来参观柱上苦修者。在诗歌中与赫维尔奈格齐名的赛迪尔堡宫，位于希拉城与叙利亚之间的沙漠中，相传也是努尔曼建筑的[①]。赛迪尔和莱赫米王朝其他的堡宫，到现在已经名存而实亡了。除赫维尔奈格外，任何堡宫都没有遗迹可供凭吊了。

希拉城的极盛时代

在努尔曼的儿子孟迪尔一世继承王位的时代（约公元418—462年），希拉城在政治舞台上是一个重要的角色。孟迪尔势力很大，波斯的僧侣，在他的压力之下，替他父亲所保护的伯海拉木加冕，使另外一个强有力的人不能获 83
得波斯的皇位。421 年，他曾帮助他的宗主国的皇帝对拜占廷作战。

六世纪的前半期，统治希拉城的国王是孟迪尔三世（约 505—554 年在位），阿拉伯人称他为伊本·马义·赛马（天水之子），“天水”是他母亲玛丽亚的外号。在莱赫米王朝的编年史上，他是一个杰出的统治者。他成为罗马统治下的叙利亚常随不离的烦恼。他随时蹂躏叙利亚地方，他的铁蹄踏到安提俄克城，直到加萨尼王朝的哈里斯比他强大的时候，他才不敢肆无忌惮[②]。孟迪尔三世是一个残酷的人，据《乐府诗集》的记载，他在宴乐中曾将两个酒友活活地埋掉了[③]。

他的儿子和继任者阿慕尔，外号伊本·杏德（554—569 年在位），他对于一般人民是暴虐无道的，但对于诗人们却是一个慷慨的保护者。当时，阿拉比亚第一流的大诗人，如泰赖法、哈里斯·伊本·希里宰、阿慕尔·伊本·库勒苏木（绝妙诗篇《悬诗集》的七位享有声誉的作者中的三位）等人，都集合在他的宫廷中。阿慕尔像莱赫米王朝和哲弗奈王朝其他的国王一样，认识到同时代的诗人们是舆论的领导者，可以做宣传员。因此，他们把大量的金钱赏赐给亲近他们的诗人，希望他们对于贝杜因人作普遍深入的宣传。阿慕尔曾侮辱伊本·库勒苏木的母亲，致遭杀身之祸。

---

① Yāqūt，vol. ii，p. 375.

② Procopius，Bk. I，ch. 17，§§ 45—48；Malalas，pp. 434—435，445，460 以下。

③ Vol. xix，pp. 86—88. 参阅 ibn-Qutaybah，p. 319；Iṣfahāni，*Ta'rīkh*，p. 111。

王室改信基督教

阿慕尔的母亲杏德，是加萨尼王朝的公主；一说是肯德王朝的公主，她是一个基督教徒，曾在首都建筑一所女修道院，回历二世纪时还没有坍塌①。雅古特曾替我们保全了杏德的奉献辞的铭文②。在奉献辞中，杏德自称“基督的婢女、基督的奴隶（阿慕尔）的母亲、基督的奴隶们的女儿”。铭文中屡次提及希拉城的主教们，可见平民中早有信奉叙利亚东方教义的人了，那些主教，有一个活到公元410年。

84 莱赫米王朝到努尔曼三世就结束了。他是孟迪尔四世的儿子，外号是艾卜·嘎布斯（约当580—602年在位）。他是著名的诗人纳比盖的保护者，后来，因为听信谗言，才把诗人逐出希拉城外。努尔曼生长在一个基督教的家庭中，故改宗基督教，而成为莱赫米王朝中空前绝后的基督教国王。以前的希拉国王没有改宗基督教，大概是因为基督教是拜占廷的宗教，改宗基督教可能引起波斯人的不满，他们为了自己的政治利益，认为与波斯国保持友谊是更合适的。给努尔曼施洗礼的是叙利亚东方教会（聂斯脱利派），那是波斯人不大反对的教会。

与波斯为邻的希拉城的阿拉伯文化，远不如受叙利亚和拜占廷影响的皮特拉、巴尔米拉、加萨尼地方的阿拉伯文化。希拉城的阿拉伯人，在日常生活中说阿拉伯话，读书写字的时候用叙利亚文，正如奈伯特人和巴尔米拉人说阿拉伯话、写阿拉马文一样。幼发拉底河下游的基督教徒，对半开化的阿拉伯人来说，是居于教师的地位的，他们把读书和写字的技术传授给他们，同时把基督教也传给他们。阿拉比亚本部受到了希拉的有益的影响。有些人认为纳季兰的基督教是希拉城的叙利亚教会传去的。据伊本·鲁斯泰所记载的传说③，古莱氏人从希拉城学得写字的技术和拜火教的信仰④。由此可见，波斯文化对于阿拉伯半岛的影响，是通过莱赫米王国来实现的。

泰伊部族的伊雅斯，在努尔曼之后继承了王位（602—611年在位），但他的旁边站着一个波斯总督，把一切政权都抓在自己的手中。波斯国王就这样鲁莽地废除了阿拉伯附庸制度，而任命波斯人为行政长官，阿拉伯的族长，成为他的部下。633年，伊斯兰教徒的大将哈立德·伊本·韦立德在希拉城受降的时候，希拉城仍然在这种制度之下⑤。

---

① Ṭabari，vol. ii，pp. 1882，1903.

② Vol. ii，p. 709.

③ *Al-A'lāq al-Nafīsah*，ed. de Goeje（Leyden，1892），p. 192，ll. 2—3；p. 217，ll. 9—10. 参阅 ibn-Qutaybah，pp. 273—274。

④ 阿拉伯语 *zandaqah* 是从波斯语 *zandīk*（拜火教徒、摩尼教徒，异端者）得来的。

⑤ 当年的希拉城故址，现在只有几个不高的丘陵了。

中部阿拉比亚的肯德王朝的国王与也门最后的几个图伯儿的关系，就像加萨尼人与拜占廷人的关系，莱赫米人与波斯人的关系一样。在阿拉伯半岛内部，他们是获得“麦列克”（国王）尊号的唯一的统治者，阿拉比亚人通常只用这个尊号去称呼外国的君主。 (5)肯德王朝 85

强大的肯德部族虽是南部阿拉比亚人的后裔，他们的时代虽紧接在伊斯兰教兴起之前，他们虽定居于哈达拉毛西边的地区，但南部阿拉比亚早期的铭文，并没有提及他们；历史上关于他们的初次记载，是在公元四世纪的时候。这个王朝的奠基者，是赫赫有名的胡志尔，他的外号是阿克勒·木拉尔[①]，相传他是希木叶尔王朝的国王哈萨尼的异母兄弟。公元480年，后者任命他为他父亲在中部阿拉比亚所征服的某些部族的统治者[②]。他的儿子阿慕尔承袭了他的这个职位。阿慕尔的儿子哈里斯，是肯德王朝最勇敢的国王。波斯皇帝库巴德去世不久，他就变成了希拉城的国王。到529年前后，他的王位才被莱赫米族的孟迪尔三世夺去。孟迪尔三世把他和王室的五十多个亲戚一道杀了，这是对肯德人的一个致命的打击。哈里斯的都城大概是安巴尔城，这座城位于幼发拉底河上，在巴格达城的西北，相距40英里左右。

哈里斯的几个儿子，各据一个部族，互相倾轧，招致了联盟的瓦解和这个短命王国的灭亡。肯德族残余的人口，不得不退回哈达拉毛的老家去。北部阿拉比亚人之间，为争夺最高的统治权，经常发生三角战争；这三个敌手，有两个是争夺希拉城的莱赫米人和肯德人，第三个是加萨尼人，肯德人撤退后，只剩下两个敌手了。阿拉伯语的七篇《悬诗》中最伟大的一篇，是著名的诗人伊木鲁勒·盖伊斯创作的[③]，他是肯德王朝的后裔，屡次企图恢复他的一部分遗产，都失败了。他的诗篇里充满着对莱赫米人的深仇大恨。为了请求援助，他不远千里跑到君士坦丁堡去，希望获得希拉城的敌人查士丁尼的同情。据说在还乡途中，他在安卡拉被查士丁尼的密使毒杀了（约在540年）[④]。

在伊斯兰教的初期，肯德部族中出了几个著名的人物。这些人物当中，首要的是哈达拉毛的族长艾史阿斯，他在征服叙利亚和伊拉克的战役中，屡 86

---

① 这个外号的意思是龇牙者。——译者

② Iṣfahāni *Ta'rīkh*, p. 140; ibn-Qutaybah, p. 308; Gunnar Olinder, *The Kings of Kinda* (Lund, 1927), pp. 38—39.

③ 参阅本书第94页。

④ Al-Ya'qūbi, *Ta'rīkh*, ed. M. Th. Houtsma (Leyden, 1883), vol. i, p. 251; Olinder, pp. 117—118.

建奇功，故哈里发委任他去做波斯某省的行政长官。其次是穆盖奈耳[①]，呼罗珊[②]的蒙面先知，他装扮成天神的化身，抗拒阿拔斯王朝的哈里发麦海迪的势力若干年。他可能不是肯德人，而是波斯人。艾史阿斯的后裔，在叙利亚的伍麦叶王朝各哈里发的统治下，占据了很重要的官职。

最早的阿拉伯血统的哲学家是肯迪[③]，1962 年人们曾在巴格达纪念他诞生一千年。

肯德部族的兴起是一件有趣味的事情，不但这件事本身是有趣味的，而且因为这是在阿拉比亚内部，把几个部族联合在一个共同的领袖的中央政权之下的初次企图。这种经验，为希贾兹和穆罕默德树立了一个先例。

奈伯特的青铜币

正面是图拉真的头像；反面是皮特拉的城隍娘娘，她正是女神阿拉特·麦那图

不列颠博物馆藏

① 他是 Thomas Moore 的 *Lalla Rookh* 里的一个英雄。

② 现代伊朗的霍腊散省，在伊朗的东北。——译者（霍腊散，现通译为“霍拉桑”。——编者）

③ 参阅本书第 370 页。

第七章　伊斯兰教兴起前夕的希贾兹 87

概括地说起来，阿拉比亚的历史，可以分成三个主要部分：

（1）赛伯伊－希木叶尔时代，至公元六世纪初告终；

（2）蒙昧时代（查希里叶时代），自人祖阿丹（亚当）诞生，至穆罕默德奉命为先知，这是广义的说法，但本书所用的是狭义的说法，即指伊斯兰教兴起之前的一百年而言；

（3）伊斯兰时代，自伊斯兰教兴起，以至于现在。

查希里叶时代

“查希里叶”（*jāhilīyah*）这个名词，通常译成“蒙昧时代”或“野蛮时代”，其实，这个名词的含义是指阿拉比亚没有天命（dispensation）、没有获得灵感的先知、没有天启的经典的那个时代而言的；因为像南部阿拉比亚人所发展的那种具有学术文化的社会，要称为蒙昧的社会、野蛮的社会，是有点儿困难的。这个名词，屡次见于《古兰经》中（3:154，5:50，33:33，48:26）。穆罕默德是宣传绝对的一神教的，他热望他的人民抛弃伊斯兰以前的一切宗教观念，特别是偶像崇拜的观念。因此，他宣布这个新宗教是要把过去的东西一笔勾销的。这个宣言，后来被解释成禁绝伊斯兰以前的一切观念和理想。但旧观念是很难破除的，绝不是任何人发一道命令就会生效的。

北方的阿拉比亚人——包括希贾兹人和纳季德人——他们大多数是过游牧生活的，这是与南方的阿拉比亚人不相同的。贝杜因人的历史，主要是一部游击战争史，那些战争叫做阿拉伯人的日子（*ayyām al-‘Arab*），在那些战争中有大量的袭击和劫掠，但很少有流血的事件。在希贾兹和纳季德两地的土著，没有自己的古代文化。就这一点来说，他们不像他们的邻人和亲戚奈
伯特人、巴尔米拉人、加萨尼人和莱赫米人。奈伯特人和巴尔米拉人都是部 88
分阿拉马化的，后者阿拉马化的程度更深一些；加萨尼人和莱赫米人，都是从南部阿拉比亚迁移到北方去的；加萨尼人的文化，是叙利亚文化和拜占廷文化的混合；莱赫米人的文化，是叙利亚文化和波斯文化的混合。因此，我们关于蒙昧时代的研究，只限于考察回历纪元前一世纪中北方贝杜因人之间

的那些战争，以及伊斯兰教兴起之前，外来文化对于希贾兹土著的影响。

可信的记载，只能使我们对蒙昧时代的情况有模糊的认识。在这个时期中，阿拉比亚人还没有他们自己的书法体系，因此，关于这个时期的资料，我们所能利用的，只限于传说、传奇、谚语和诗歌；诗歌是最重要的，但这些东西，没有一种不是在回历二世纪和三世纪才记载下来的，与诗人所歌颂的事情，已相距二百年到四百年了。这些资料虽是传说性的和传奇性的，但仍然是有价值的；因为一个民族所信仰的事物，虽是虚假的，但对于他们的生活仍有同真实的事物相等的影响。北方的阿拉比亚人，差不多到了穆罕默德的时代才有了自己的书法体系。伊斯兰教以前的铭文，只发现三件：一件是在阿勒颇东南的宰伯德地方发现的，年代是公元512年；一件是在拉查的哈兰地方发现的，年代是公元568年；一件是在温木·只马勒发现的，年代在同一世纪（在奈麻赖地方发现的伊木鲁勒·盖伊斯的碑文，是原始阿拉伯语铭文，年代是公元328年，这是要除外的）。

“阿拉比亚人”这个名词，就广义来说，是包括阿拉伯半岛上所有的居民的，前面已经解释过了。这个名词，就狭义来说，只限于北方的阿拉比亚人，在伊斯兰教兴起以前，他们没有参加过国际事务。“阿拉伯语”这个名词也有广狭两义，广义的阿拉伯语，兼指希木叶尔－赛伯伊语和希贾兹的方言，但自希贾兹的方言变成伊斯兰教经典的语言，并取代了也门方言以后，它就变成优美的标准的阿拉伯语了。因此，以后我们提及阿拉比亚人和阿拉伯语，我们心目中就只有北方的阿拉比亚人和《古兰经》的语言了。

阿拉比亚人的日子

在阿拉比亚人的日子里，各部族通常为争夺牲畜、牧场和源泉而发生敌对行为。这些战争提供了充分的机会，让强悍的部族任意袭击和劫掠，让相争的部族中的斗士表现他们的个人英雄主义，让双方部族的代言人和诗人用
89 毒辣的文辞互相辱骂。贝杜因人虽然随时准备作战，但他们不一定是热望敌人杀死自己的。他们的敌对，并不像他们所吹嘘的那样残忍，不了解实际情况的人才相信他们所叙述的是真情实况。沙漠里缺乏生活资料，居民常在半饥荒的情况中过生活，好战的心理，是一种常在的意识形态，他们的人口不至于过剩，大概是由于这些战争。两族间因世仇而引起的械斗，已成为贝杜因生活中最强固的一种半宗教半社会的制度了。

这些战争中每一次进展的过程，据我们所获得的报告来看，差不多是一样的。最初是几个人为边界的争端和私人的侮辱而互相殴打。于是，几个人的争斗，变成了全部族的事务。最后，由某个中立的方面出来调解，达到和平。死人比较少的部族，交出一笔赎金来补偿对方多死了的人口。参加此类

战争的英雄，死后几百年，还有群众追念他们。

布阿斯战争[1]就是一个很好的例证，那是在麦地那发生的，参战的奥斯人和赫兹赖只人是两个同宗的部族。这次战役发生后不几年，穆罕默德和他的弟子们就迁移到麦地那了。还有犯罪的战役（*Harb al-Fijār*）。阿拉伯人规定某几个月（太阴历七月、十一月、十二月、一月）不许打仗，称为禁月（*Ashhur al-Ḥurum*），这次战役发生于禁月之中，故称为犯罪的战役。参加这次战役的，一方面是穆罕默德的宗族古莱氏人和他们的盟友克那奈人，另一方面是海瓦精人。那时穆罕默德还是一个青年，据说他曾参加四次格斗中的一次格斗[2]。

白苏斯战役

贝杜因人的战役，当以白苏斯战役为最早，而且最驰名，这次战役持续到公元五世纪之末，参加的人，一方面是伯克尔人[3]，一方面是他们的同族人台格利卜人，他们都是阿拉比亚东北部的居民。这两个部族都是信奉基督教的，都认为自己是瓦伊勒的子孙。这次冲突的起因是一只母驼，它是伯克尔族的一个名叫白苏斯的老太婆的财产，台格利卜族的族长杀伤了那只母驼，就闯下了滔天大祸[4]。根据战役有关的稗史，这次战役持续了四十年。在这个期间，双方互相袭击，互相掠夺，诗人们尽量地煽旺战争的火焰。这种互相 90
残杀的斗争，持续到525年前后，才告结束，虽是由于希拉的国王孟迪尔三世的调解，但那是在双方精疲力竭之后才实现的停战。台格利卜族的领袖是库莱卜·伊本·赖比阿和他的弟弟——英雄诗人穆海勒希勒（约在公元531年卒），伯克尔族的领袖是哲萨斯，这几个人的名字，在所有说阿拉伯话的地方，仍然是很熟识的名字。穆海勒希勒变成了仍然流行的传奇故事《冶游郎的故事》（*Qiṣṣat al-Zīr*）中的冶游郎。

达希斯－加卜拉战役

达希斯－加卜拉战役，是异教时代最著名的大事，差不多与白苏斯战役同样驰名。这次战役发生于中部阿拉比亚，交战的是阿卜斯人和他们的兄弟部族左卜彦人。相传盖特方是这两个部族共同的祖先。这次战役，是左卜彦人不公正的行为所引起的。阿卜斯人的族长有一匹公马，叫做达希斯，左卜彦人的族长有一匹母马，叫做加卜拉；两匹马赛跑，结果达希斯该得锦标，左卜彦人却不承认，以致引起争端。这次战役，爆发于六世纪后半期，在白苏斯战役和平解决之后不久，断断续续地打了几十年，一直打到伊斯兰教的

---

① *Aghāni*, vol. ii, p. 162.

② Ibn-Hishām, pp. 117—119; quoted by Yāqūt, vol. iii, p. 579.

③ 底雅尔·伯克尔城（即迪亚巴克尔）至今仍保留这个部族的名称。

④ *Aghāni*, vol. iv, pp. 140—152; abu-Tammām, *Ḥamāsah*, pp. 420—423; *'Iqd*, vol. iii, p. 95.

时代①。安泰来（公元525—615年前后）就是在这次战役中以诗人和战士著名的，他在阿拉伯的英雄时代的地位，仿佛荷马史诗中的阿基利（现通译为“阿喀琉斯”）。

北方的阿拉伯语作为语言的影响

世界上大概没有任何民族像阿拉伯民族这样能热情地赞扬文艺，而且为口头的或者书面的文艺所感动。任何一种语言对于本民族的精神所能发生的无法抗拒的影响，好像都没有阿拉伯语这样强烈。现在，巴格达、大马士革、开罗等大城市里的诗歌朗诵和古典语的演说，一般听众虽不能十分了解，但常常为之激动到极点。节奏律、韵脚、音调等，对于他们都会起很大的作用，故被称为“合法的妖术”（*siḥr ḥalāl*）。

典型的闪族人——阿拉比亚人——没有创造或者发展他们自己的什么伟大的艺术。他们的艺术家的天性，只能凭语言而发挥出来。倘若希腊人夸耀自己的雕像和建筑，那么，阿拉比亚人在自己的长诗（*qaṣīdah*）里，希伯来人在自己的诗篇里，已发现了自我表现的更巧妙的方式。阿拉伯的谚语说：“人的优美，在他的口才之中。”有时代较晚的阿拉伯谚语说：“智慧寓于三件
91 事物之中：法兰克人的头，中国人的手，阿拉伯人的舌头。”② 在蒙昧时代，必须能以散文和诗歌来有效地、文雅地表情达意，而且会射箭和骑马，这样才配称为“全才”（*al-kāmil*）。阿拉伯语具有特殊的结构，故对于简洁的、锐利的、警语式的文体，是很适用的。伊斯兰教曾充分利用了阿拉伯语的这种特征，和阿拉伯民族的这种心理特点。《古兰经》的文体和结构，都具有一种绝妙性（*i'jāz*），穆斯林们曾以此点证明自己的宗教是真实的。伊斯兰教的胜利，有几分是一种语言的胜利，特别是一部经典的胜利。

英雄的时代

阿拉伯文学的英雄时代，包括蒙昧时代，并且自公元525年持续至622年，这个时代的作品，保存到现在的，有一些格言，有一些传奇，诗歌特别丰富；这些作品，都是在伊斯兰教较晚的时期中才编辑成册，流传四方的。与科学有关的文章，保存下来的，只有一些妖术的、气象学的和医学的公式。我们从格言中可以窥见一般人民的特性和他们的经验。古代的格言，据说有些是哲人（*al-ḥakīm*）鲁格曼所说的，这个哲人是一个阿比西尼亚人或者是一个希伯来人。我们从传说中可以知道，蒙昧时代曾出过几位聪明的男人和女人，例如艾克赛木·伊本·赛伊菲、哈吉卜·伊本·左拉赖和胡斯的女儿杏

① *Aghāni*, vol. ix, p. 150, vol. vii, p. 150.

② 参阅 al-Jāḥiz, *Majmū'at Rasā'il* (Cairo, 1324), pp. 41—43; *'Iqd*, vol. i, p. 125。

德。我们在麦伊达尼[①]（1124 年卒）的《谚语集》（*Majma ʻal-Amthāl*）和丹比[②]（786 年卒）的《天方谚语》（*ʻAmthāl al-ʻArab*）里可以找到伊斯兰教以前的这种谚语文学的标本。

在蒙昧时代的文学中，散文没有什么好的代表作品保存下来，因为书法的体系还没有充分地发展起来。我们仅有很少的几篇东西，主要是传奇和传说，都是在伊斯兰教时代编辑成的，看样子是从比较古的时代传下来的。这些故事，大半是关于宗谱（*ansāb*）和上面已讲过的各部族间的战争的故事。阿拉比亚的宗谱学家，像他们的同胞——阿拉比亚的史学家——一样，有一种惊人的幻想力，他们的幻想，毫不困难地跨过了许多空谷，填满了许多空处；他们用这种方法，在大多数情况下，都能给我们一个连续的记录，是自亚当（阿丹）说起的，在更谨慎的叙述中，则是自以实玛利（易司马仪）和 92
亚伯拉罕（易卜拉欣）说起的。伊本·杜赖伊德的《语源学》（*Kitāb al-Ishtiqāg*）[③] 和伊斯法哈尼（公元 967 年卒）所著的包罗万象的《乐府诗集》（*Kitāb al-Aghāni*）里，有许多关于宗谱学的极宝贵的资料。一部分有韵脚的散文，也保存了下来，据说是伊斯兰教以前的卜辞。

用诗歌来表情达意，这是伊斯兰教以前的阿拉比亚人唯一的特点。他们 诗
的才能，在诗歌中才找到了表现的机会。贝杜因人爱好诗歌，这是他们在文化上的一种优点。

阿拉伯文学，像大多数的文学一样，是以诗的突然出现开始的；但阿拉伯的诗一出现就是成熟的，这是与其他的文学里的诗不相同的。保存到现在的几首最古的诗，似乎是在回历纪元前约一百三十年（公元 492 年）创作的，内容与白苏斯战役有关；但这些诗的格律，是十分严格的，所以一定先有一个很长的发展时期，以培养表情达意的艺术和阿拉伯语固有的力量。公元六世纪中叶的诗人，是后辈诗人望尘莫及的。伊斯兰教初期和后来的大诗人以及现代的小诗人，都曾经承认而且仍然承认，古代的作品是可望而不可即的典型。这些古诗，全凭背记和口传，在回历二世纪和三世纪，才最后被记载下来。现代的批评界的研究已证明了这些古诗都经过后人的校订和修改，使其与伊斯兰教的精神趋于一致[④]。

---

① 二册，1310 年（1892 年）开罗出版；G. Freytag，*Arabum proverbia*（Bonn，1838—1843）。

② 二册，1300 年（1882 年）君士坦丁堡出版；al-Mufaḍḍal ibn-Salamah（920 年前后卒），*al-Fākhir*，ed. C. A. Storey（Leyden，1915）。

③ Ed. F. Wüstenfeld（Göttingen，1854）.

④ 参阅Ṭāhā Ḥusayn，*al-Adab al-Jāhili*（Cairo，1927）。

占卜者（*kuhhān*）所惯用的有韵脚的散文（*saj*ʻ），可以算作诗歌形式发展的第一个阶段。《古兰经》就有这样一种文体。驼夫的歌曲（*ḥudā*'）可能是诗歌形式发展的第二阶段。据本地的阿拉伯的传说，阿拉伯的驼夫，随时按照骆驼有节拍的步伐而歌唱，这种歌曲是阿拉伯诗歌的雏形。这种解释是有几分道理的。在阿拉伯语中，唱歌人（*hādi*）和驼夫（*sā'iq*）是两个同义词。

赖斋子（*rajaz*）[1] 每行内包含四个或六个音步，是从有韵脚的散文发展起来的，而且构成最古老最单纯的韵律。阿拉伯人给赖斋子下定义说："赖斋子是诗歌的头生子，有韵脚的散文是父亲，歌曲是母亲。"

古典文学时代的长诗

93 在这个文学的英雄时代，诗是唯一的文学表现手段。长诗（*qaṣīdah*）是唯一的和最完备的诗体。据说白苏斯战役中台格利卜族的英雄穆海勒希勒（约在公元531年卒）是首先创作这一类长诗的人。长诗的发展，似乎与阿拉比亚人的战役，特别是台格利卜或肯德等部族之间的战役，有密切的关系。伊木鲁勒·盖伊斯（约在公元540年卒）原来是南部阿拉比亚的盖哈丹人，属于肯德部族。他虽是最古的诗人之一，但他通常被认为是最伟大的诗人，是诗人之王（艾米尔）。伊本·库勒苏木（约在公元600年卒）是北方阿拉比亚人，属于赖比耳族的台格利卜部族。这两位诗人，虽说不同的方言，但他们所创作的诗却表现出同样的文学形式。

阿拉伯的长诗，像荷马的史诗一样突然出现，就精心结构和韵律的错综变化来说，甚至超过了荷马的《伊利亚特》和《奥德赛》。这种长诗初次出现的时候，好像已被常套束缚：具有固定的开场白、共同的形容词、陈腐的譬喻、一律的主题——这些都说明，这种长诗曾经过一个长期的发展阶段。这种长诗富于激动的热情，语言有力而简洁，但缺乏新颖的观念和启发思想的形象，因而不能引起普遍的欣赏。值得赞扬的，往往倒是诗人本身，而不是他的诗歌。这种抒情诗，译成外国语，就没有价值了。个人的和主观的成分，是占优势的。主题是写实的，视野是有限的，观点是地方性的。阿拉比亚人没有民族的史诗，也没有第一流的剧本。

悬诗

在古代的长诗中，七篇《悬诗》（*Seven Mu*ʻ*allaqāt*）是第一流的作品。这七篇《悬诗》，在阿拉伯语世界，仍被称为诗歌中的杰作。相传，每一篇诗都得过乌卡兹集市每年一次的奖金，而且用泥金描绘起来，悬挂在克而白的墙

① 赖斋子是抑扬格，是二重韵的诗。——译者

上[①]。乌卡兹的希贾兹，介于奈赫莱和塔伊夫之间[②]，每年在那里举行一次集
市，那是一个文学的集会，英雄诗人们到那里去庆祝他们的功勋，并争取大
家垂涎的第一名荣誉。一个诗人不在这里成名，就永不会成名。在伊斯兰教 94
以前的时代，乌卡兹的集市，曾代表了阿拉比亚的一种学会。

相传这种每年一次的集市是在几个禁月里举行的，在那几个月里，战争是被禁止的。异教的阿拉比亚历法，像伊斯兰教的阿拉伯历法一样，是一种太阴历，十一月、十二月、一月为春季，是与和平的时期一致的。这种集市是土产和各种商品交易的很好的机会。我们能够很容易想象到沙漠里的游牧人怎样聚集在这些每年一次的集市上，他们环绕着那些货摊逛来逛去，啜饮着枣醴，尽情地享受着歌女们的调子。

首先获得乌卡兹奖金的长诗，虽是伊木鲁勒·盖伊斯（约在公元540年卒）的作品，但七篇《悬诗》是到了伍麦叶王朝的末叶才搜集起来的。在公元八世纪中叶活动的著名的吟诵史诗者哈马德，无疑地是从许许多多的诗里把这七篇诗挑选出来并编辑成一个单独的诗集的。这个集子已译成大多数的欧洲语言[③]。

伊斯兰教以前的诗人

除七篇《悬诗》外，伊斯兰教以前的诗歌传到现在的，还有一部诗选，因为是穆法德勒·丹比（约在公元785年卒）所选辑的，故称为《穆法德勒诗选》[④]，这部诗选里包括第二流诗人所作的一百二十多首抒情诗。此外，还有几部诗集（*dīwāns*）和许多断简残篇和精华录散见于艾卜·太马木（约在公元845年卒）所编的《坚贞诗集》，以及伊斯法哈尼（公元967年卒）所著的《乐府诗集》。

阿拉比亚人称诗人为"沙仪尔"（*shā'ir*，本义是感觉者），因为诗人有一种一般人所没有的知识，这种知识是他自己的魔鬼（*shayṭān*）所昭示他的。诗人与不可见的势力之间有同盟的关系，故诗人能凭他的诅咒而使敌人遭殃。因此，讽刺诗（*hijā'*）是阿拉伯诗法中一种很古的体裁[⑤]。

诗人的职责的发展，给他带来了各种任务。在战争的时候，他的舌头和战士的勇气有同样的功效。在和平的时候，他的如火如荼的群众演说，可能

---

① Al-Suyūṭi, *al-Muzhir*（Cairo，1282），vol. ii，p. 240.

② 乌卡兹在麦加东面与麦加相隔约100公里。这个市集约在556年至748年间举行集市。太阴历每年十月举行集市20天。——译者

③ 参阅 William Jones，*Works*（London，1799），vol. iv，pp. 245—335；Anne and Wilfrid S. Blunt，*The Seven Golden Odes of Pagan Arabia*（London，1903）。

④ Ed. C. J. Lyall，3 vols.（Oxford & Leyden，1921—1924）.

⑤ 巴兰是原始的阿拉比亚讽刺诗人的典型(《民数记》23:7)。

95 危及公共秩序，他的诗歌能唤醒整个部族，使他们行动起来，正如在一个现代的政治运动中，一个煽动民众的演说家所发表的演说一样。那个时代的诗人，相当于现代的新闻记者和新闻官，有人用极贵重的礼物去巴结他，希拉和加萨尼两个宫廷里的记载，充分说明了这一点。他的诗歌，由听众背记下来，凭着口耳相传，流行很广，成为一种无价的宣传工具。他同时又是舆论的铸造者和代言人。君主和族长们，为避免诗人的讽刺，给予他津贴，这种办法在古典文学中被称为“割舌头”（*Qaṭ‘ al-lisān*）[1]。

诗人不但是本部族的预言者、指导者、演说家和代言人，而且是本部族的史学家和科学家——一个部族所能有的科学家。贝杜因人是以诗歌去衡量人的聪明才智的。据《乐府诗集》[2] 的记载，有一个咏诗的人曾歌咏说：

谁敢与我的部族抗衡？
它有众多的人民，
还有杰出的骑士和诗人。

人口多，武力强，才智高，这是一个强大的部族必须具备的三大要素。诗人作为本部族的史学家和科学家，他精通本部族的宗谱、民间传说，他晓得他们的造诣和功绩，他熟悉他们的权利、他们的牧场和边疆。他还明了与本部族相竞争的各部族所有的心理上的弱点、历史上的失败，他的工作是揭露这些缺点，并且用夸张的手法加以渲染，用来嘲笑他们。

这些古诗，不但有诗歌的趣味，有优美的辞藻，而且有历史的重要性。要想研究创作这些诗歌的时代，必须以这些诗歌为史料。实际上，这些诗歌是我们唯一的当时的资料。由这些诗歌可以推知伊斯兰教以前的一切生活情况。因此，谚语说：“诗歌是阿拉比亚人公共的注册簿（*dīwān*）。”[3]

在诗歌中表现出来的贝杜因人的性格

由拜物教时代的古诗歌，可以知道阿拉伯道德的标准是用“木鲁艾”（*murū’ah*）和“伊尔德”（*‘irḍ*）两个名词表达出来的，前一名词的意义是丈夫气概（后来发展成为美德），后一名词的意义是荣誉[4]。构成“木鲁艾”的要素是勇敢、忠贞和大方。勇敢的程度，是以从事劫掠的次数来衡量的。一个人能为不速之客或穷苦无告之人而甘心牺牲自己的骆驼，可以说明他是仗

① 阿拉伯语的“割舌头”，相当于汉语的“堵嘴”。——译者
② Vol. viii，p. 77.
③ *Muzhir*，vol. ii，p. 235.
④ 关于人格和荣誉，可参阅 Bishr Farès 在《伊斯兰百科全书》补篇中的文章。

义疏财的。

哈帖木（约在公元605年卒）的美名，流传到如今，可以算作贝杜因人好客的理想的具体表现。他在青年时代，替他父亲看守一群骆驼。有三个异乡人路过他的牧场，没有吃的，他就宰了三只骆驼，招待他们，把其余的驼 96
肉分给他们。这件事使他父亲大发雷霆，把他逐出了家庭[①]。

安泰来的英名，流芳百世，成为贝杜因人的英雄气概和豪侠好义的模范。他显然是一个基督教徒。安泰来具有武士、诗人、战士、情人等身份，他的这些特征，都是游牧人所重视的。他的勇敢的行为和他与情人阿卜莱相爱的插曲（他的著名的《悬诗》，使她永垂不朽），已成为阿拉伯语世界的文学遗产的一部分。安泰来生为奴隶，他母亲是一个黑奴。但他父亲解放了他，因为在某次部族战争中他不肯卖力，他说："当奴隶的不会打仗，只会挤驼奶。"他父亲大声喊道："进攻吧！你是自由人。"[②]

贝杜因人的拜物教

蒙昧时代信奉拜物教的贝杜因人，从他们的诗歌来判断，并没有什么宗教。他们对精神上的冲动是冷淡的，甚至可以说是无动于衷的。他们遵守宗教的习俗，是由于依从本部族的惯性，也是由于尊重传统的保守性。我们找不到什么证据可以证明他们是笃信一个异教的神灵。有一个与伊木鲁勒·盖伊斯有关的故事，可以说明这一点。他已起程还乡，要替他父亲报仇，来到左勒·赫莱赛，走到庙里去以求签的方式来占卜[③]。他三次抽出的签上都有"放弃"的字样，便把签折断了，使劲掷在偶像的身上[④]，大骂道："该死的！假若你父亲被人杀害了，你一定不会阻止我替他报仇的。"[⑤]

除诗歌里的材料外，关于伊斯兰教以前的拜物教的主要资料，是拜物教在伊斯兰教时代的残余；这些残余，以逸事和传说的形式，埋藏在晚期的伊斯兰文学内；凯勒比（公元819—820年间卒）所著的《偶像录》里，也有很多的资料。拜物教的阿拉比亚人，没有什么神话、错综复杂的神学和宇宙学，就这方面来说，他们比不上巴比伦人。

贝杜因人的宗教，是闪族信仰的最古老而且最原始的形式。南部阿拉比 97
亚的祭礼，有崇拜星宿的特征，有华丽的庙宇，有繁冗的仪式和献祭，这些都能代表一个较高的和较晚的发展阶段——定居的社会所能达到的阶段。在

---

① Ibn-Qutaybah，*al-Shiʿr w-al-Shuʿarāʾ*，ed. de Goeje（Leyden，1904），p. 124.

② *Aghāni*，vol. vii，pp. 149—150；ibn-Qutaybah，p. 130.

③ 左勒·赫莱赛在麦加的南边，相距七日路程；庙里所供奉的是一个白石头。参阅 al-Kalbi，*al-Aṣnām*，ed. Aḥmad Zaki（Cairo，1914），p. 34。

④ 参阅本书第100页。以箭占卜是一种迷信，是《古兰经》所禁止的（5:3，90）。

⑤ *Aghāni*，vol. viii，p. 70.

皮特拉和巴尔米拉的文明社会里，注重太阳崇拜，这表示那些社会已经是农业的国家，在那样的国家里，人们已经认识到给予生命的太阳光与植物的生长有着密切的关系。

贝杜因人的宗教，像其他形式的原始信仰一样，主要是精灵论的。绿洲和沙漠之间的强烈的对照，或许使他们得到神灵各有所司的最早的明晰概念。可耕地的神灵是慈祥可亲的；不毛之地的神灵是狰狞可畏的[1]。

即使在神灵的概念形成之后，树木、水井、山洞、石头等自然物，仍然是圣洁的，因为这些自然物构成了媒介，崇拜者要通过它们才能与神灵发生直接的联系。沙漠里的水井，有清洁的、能治病的、活气的凉水，故在很古的时代已变成一种崇拜的对象。据阿拉伯的著作家说，渗渗泉[2]在伊斯兰教之前就是圣洁的，这洞泉水的历史，可以上溯到哈哲尔（夏甲）和易司马仪(以实玛利[3])。雅古特[4]和盖兹威尼[5]都说过，旅行者常常把欧尔维井的井水带走，当做一种特别的礼物，送给亲戚朋友。通过地底下的神灵和潜力相结合，山洞就成为圣洁的了。奈赫莱地方的加卜加卜山洞，原来就是这样的，阿拉比亚人在那里祭祀欧扎[6]。伯耳勒是源泉和地下水的神灵，伯耳勒传入阿拉比亚，一定是与枣椰同时，枣椰是不靠雨水灌溉的。这个名词，还保存在伊斯兰教的天课制度里，因为应该纳天课的农作物分为两类：一类是雨水灌溉的，一类是伯耳勒灌溉的。这一点是饶有趣味的。

太阳崇拜和月亮崇拜

贝杜因人崇拜星宿的信仰，是以月亮为中心的，因为他们在月光中放牧他们的牲畜。月亮崇拜是游牧社会的象征，而太阳崇拜是较晚的农业阶段的象征。在我们这个时代，信奉伊斯兰教的鲁韦莱部族的贝杜因人，认为他们
98 的生活是受月亮支配的，月亮使水蒸气凝结成慈爱的露水，滴在牧场上，使植物有生长的可能。他们认为，太阳恰恰是相反的，它喜欢摧残贝杜因人和一切动物、植物的生命。

宗教信仰的一切要素，都有一种特点，就是当社会发展已达到更高阶段的时候，那些要素往往要以某种形式保存下来。这种保存是宗教发展的两个阶段折中的结果。月神瓦德(《古兰经》71∶23）就是这样来的，他在米奈人

---

① 阿拉伯语的 *taqwa*（虔敬）这个词含有警戒和畏惧的意思。

② 渗渗泉（*Zamzam*）是在克而白天房旁边的源泉的名称。——译者

③ Ibn-Hishām，*Sīrah*，p. 71.

④ Vol. i，p. 434.

⑤ *'Ajā'ib al-Makhlūqāt*，ed. F. Wüstenfeld（Cöttingen，1849），p. 200.

⑥ Kalbi，pp. 18，20；Yāqūt，vol. iii，pp. 772—773.

的万神殿中是坐头把交椅的。伊本·希沙木①和泰伯里②都提到纳季兰地方有一棵圣洁的枣椰树。那棵树收到各式各样的礼物，有武器，有衣服，有布条，都是挂在树上的。有一棵树叫做札图·安瓦特（挂东西的树）③，麦加人每年去朝拜一次，奈赫莱有一棵欧扎树④，这两棵树或许就是一棵树的两个名称。塔伊夫地方的拉特神，是以一块方形的石头作代表的⑤；皮特拉的左舍拉，是以一块未经雕凿的长形的黑石头为代表的，那块石头高 4 英尺，宽 2 英尺。这些神灵，差不多都各有一块牧场（*ḥima*），不让外族人来放牧。

精灵

贝杜因人认为，沙漠里充满了许多性格残暴的有生命的东西，这种有生命的东西叫做“精尼”（jinn），就是精灵。精灵与神灵的区别，不在于它们的性质，而在于它们与人的关系。神灵大概都是友好的；精灵都是敌对的。人们对沙漠中的种种恐怖和沙漠中的野兽生活，产生了一些异想天开的观念，精灵当然是这种观念人格化的产物。人迹常至的区域，归神灵统治；人迹罕至的荒野，归精灵统治。疯人只是由于精灵作祟才发疯，故称为“麦志嫩”（*majnūn*）。在伊斯兰教时代，精灵的数量增加了，因为拜物教的神灵降级后，都并入精灵的行列了⑥。

真主的女儿

在希贾兹地方，居住城市的人口，仅占全部人口的百分之十七。在这些人中间，拜物教早已达到拜星教的阶段。欧扎、拉特、麦那三个偶像，被称为真主的女儿，她们的圣地，后来变成伊斯兰教的发源地。一神论的穆罕默德曾经一度表现意志薄弱，想要承认这几个在麦加和麦地那有势力的女神⑦， 99
向她们妥协，但后来他取消了前言，据说因为接到了现在在《古兰经》第 53 章第 19—20 节中可以找到的那种形式的启示⑧。晚近的教义学家解释这个事件的时候，是依据废除的启示和被废除的启示（*nāsikh* 和 *mansūkh*）的原理的，上帝凭此原理，取消和更正自己所宣告的旨意，结果是以某一节启示代替另一节启示（《古兰经》2∶106）。拉特（Al-lāt，是由 al-Ilāhah 演变来的，意思是女神）的禁地（*ḥimā* 和 *ḥaram*）在塔伊夫附近，麦加人和其他的人都到

---

① *Sīrah*, p. 22.

② Vol. i, p. 922.

③ *Sīrah*, p. 844.

④ Kalbi, pp. 24—27.

⑤ 同书，p. 16.

⑥ 《古兰经》37∶158，6∶100。

⑦ 参阅《古兰经》22∶51—52，17∶74—76。

⑧ Al-Bayḍāwi *Anwār al-Tanzīl*, ed. H. O. Fleischer, vol. i (Leipzig, 1846), pp. 636—637; Ṭabari, *Tafsīr al-Qur'ān*, vol. xxvii, pp. 34 以下, vol. xvii, p. 131.

那里去朝拜和献祭。在此类禁地中，砍伐树木，猎取禽兽，杀人流血，都是违禁的。禽兽和树木的生命，与禁地中被尊敬的神灵享有同样的权利，都是不可侵犯的。以色列人的逃难城与此类禁地，有共同的根源。希罗多德曾提及这个女神，她的古名是艾里拉特①，是奈伯特人的一个神灵。

欧扎（势力最大，她是金星〔Venus〕）的崇拜流行于麦加东边的奈赫莱。据凯勒比的传说，她在古莱氏人中是最受尊崇的②。穆罕默德年轻的时候曾经向她献祭③。她的圣坛由三棵树组成。杀人去祭她，是她的祭仪的特点。她是欧宰彦夫人，一个南部的阿拉比亚人为自己生病的女儿艾麦特·欧宰彦（意思是欧宰彦的女奴）④，曾向她献过金身。当伊斯兰教兴起的时候，阿卜杜勒·欧扎（欧宰彦的男奴）是一个被人爱好的名字。

麦那（Manāh，是从 *manīyah* 演变来的，意思是命运）是司命运的女神⑤，这个名称可以代表宗教生活的一个比较早的阶段⑥。她主要的圣坛包括在古戴德的一块黑石，古戴德在麦加和叶斯里卜（后来改称麦地那）之间的道路上，她是奥斯和赫兹赖只两部族的人特别熟识的，他们曾通力合作，一致支持从麦加迁移来的穆罕默德。作为一个独立的神灵，在希志尔发现的奈伯特铭文中，她的名字是与左舍拉的名字放在一起的⑦。至今，阿拉伯诗人仍然把一切灾难都归因于麦奈雅（al-manāya〔命运〕）或代海尔（al-dahr〔光阴〕）。

100 在闪族人中间，构成亲属的原始关系的，是母亲的血统，不是父亲的血统；家庭的组织，最初是女族长制。因此，阿拉比亚人首先崇拜女神，后来才崇拜男神。

麦加的克而白

胡伯勒（发源于阿拉马语，意思是蒸汽、精神）显然是克而白的最有势力的偶像，他具有人的形象。在他的旁边安放着卜士（*kāhin*，发源于阿拉马语）用以决疑的神签。据伊本·希沙木的传说⑧，阿慕尔·伊本·鲁哈义把这个偶像从莫阿卜即美索不达米亚传入麦加，从这个名称还保持着阿拉马语的

---

① 希罗多德《历史》，商务印书馆1960年版，第361页。——译者

② Pp. 18—19.

③ 这个说法是毫无根据的。——译者

④ Nielsen, *Handbuch*, vol. i, p. 236.

⑤ 参阅《以赛亚书》65:11，希伯来文本 Měni。

⑥ Kalbi, p. 13.

⑦ Cooke, pp. 217, 219；参阅 Lidzbarski, *Ephemeris*, vol. iii, 1909—1915 (Giessen, 1915), p. 85。

⑧ *Sīrah*, pp. 50 以下。

遗迹来看，传说或许是有道理的[1]。穆罕默德征服麦加后，胡伯勒同其他的偶像遭遇了同样的命运，而且被捣毁了。

克而白（Ka'bah）大致像立方体（克而白的意思就是立方体），是一个简单朴实的建筑，原来没有房顶。墙上安置着一块黑色陨石，被人当做神物崇拜。在伊斯兰教诞生的时代，大概由一个阿比西尼亚人于608年把它重建过，盖房顶的材料是一只拜占廷或阿比西尼亚的船的残骸，那只船是半途在红海岸上撞破了的[2]。克而白的禁地（*ḥaram*），逐渐向四周扩张。每年有人来朝觐一次，并且奉献特殊的牺牲。

据伊斯兰教的传说，克而白是阿丹依照天上的原型而建筑的，洪水泛滥之后，易卜拉欣和易司马仪曾重建一次[3]。克而白的管理权，原来是在易司马仪的子孙的手中；后来，骄傲的祝尔胡木人和后来把偶像崇拜引进麦加的胡扎儿人把克而白据为己有。古莱氏人接续了古代的易司马仪人的世系。相传，易司马仪正在建筑克而白的时候，天神迦伯利把玄石递给他，那块玄石现在仍然嵌在克而白的东南隅上，在朝觐的典礼中，人们都要抚摩它。

安拉（allāh，al-ilāh，上帝）是麦加城首要的神灵，但不是唯一的神灵。安拉
这个名称是很古老的。南方阿拉伯语的铭文共有两件，一件是在乌拉发现的米奈铭文，一件是赛伯伊铭文，在这两件铭文里，都有这个名称，但在公元前五世纪[4]的列哈彦铭文里，这个名称屡次出现，写法是HLH。列哈彦显然是从叙利亚获得这个神灵的，列哈彦曾经是阿拉比亚地方崇拜这个神灵的中 101
心。赛法铭文的年代，在伊斯兰教之前五百年[5]，在这件铭文里，上帝的名称是Hallāh；在叙利亚的温木·只马勒地方发现的阿拉伯语铭文，是基督教徒在公元六世纪时所刻的[6]，在这件铭文里，上帝的名称也是Hallāh。穆罕默德的父亲是阿卜杜拉（意思是安拉的仆人或崇拜者）。在伊斯兰教之前，麦加人已认为，安拉是造物主，是最高的养育者，是在特别危急的时候可以呼吁的唯一神灵，这是可以《古兰经》的明文加以证明的（31:25，32；29:61，63，65；39:38；43:9）。他显然是古莱氏人的部族神灵。

麦加虽然在一个不毛的瓦迪里，气候恶劣，但这个圣地已经使希贾兹变

---

[1] 阿拉伯人称偶像为*ṣanam*，这显然是采用阿拉马语的*ṣĕlĕm*。

[2] 参阅 al-Azraqi，*Akhbār Makkah*，ed. Wüstenfeld（Leipzig，1858），pp. 104—107；Ya'qūbi，*Ta'rīkh*，vol. ii，pp. 17—18。

[3] 《古兰经》2:125—128。

[4] Winnett，p. 30.

[5] Dussaud，*Les Arabes en Syrie*，pp. 141—142.

[6] Enno Littmann，*Zeitschrift für Semitistik und verwandte Gebiete*，vol. vii（1929），pp. 197—204.

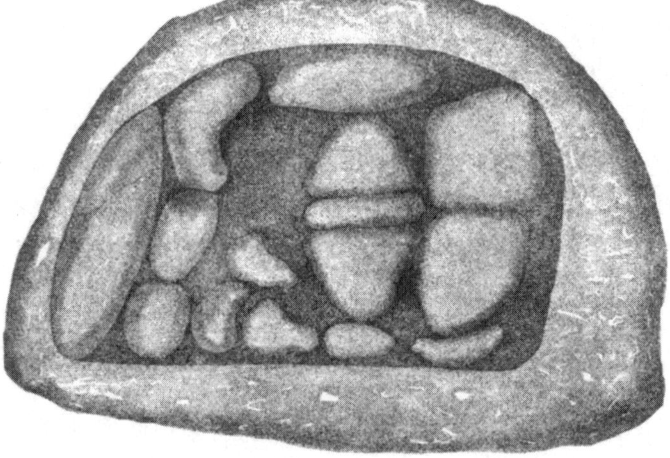

克而白的玄石
采自 Ali Bey，“*Travels*”

成北部阿拉比亚最重要的宗教中心。

拜物教其他的神灵，如奈斯尔（兀鹰）[①]、奥弗（公鸡）等都具有动物的名称，而且发源于图腾。至于来生，在可靠的古代文献中则找不到一个明确
102 的说明。古文献中有时提及来生，但是很模糊，大概是重复一遍基督教教义。阿拉比亚人具有享乐主义的性格，他们大部分的思想，贯注在眼前的生活问题上，没有多余的工夫去专心思考来生的问题。我们可以引证一个古诗人的话[②]，他说：

我们逍遥在世间，
不管富人和贫民，
终归空虚的坟茔，
坟外石板盖得严。

贝杜因人常常到希贾兹的城市里去做买卖，特别是在神圣的休战期间，因此，他们就吸收了一些更进步的城居人的信仰，并且去参加克而白的典礼

① 《古兰经》71:23。

② Abu-Tammām，p. 562（参阅开罗版第 2 卷第 83 页。——译者）；参阅 Lyall *Translations*，p. xxvii。

和祭祀。他们宰骆驼和羊去祭祀克而白和附近的许多神石（*anṣāb*），他们把那些神石当做偶像或祭坛。游牧人最重要的宗教仪式，是朝觐城居的阿拉比亚人的几个圣地。神圣的休战期，包括回历十一月、十二月、一月和七月。前三个月是特为举行宗教仪式而设的，后一个月是为做买卖而设的。希贾兹位置适中，交通便利，而且在南北商队往来的要道上，故在宗教的和商务的活动上获得了优越的地位。乌卡兹集市和克而白，就是这样出现的。

希贾兹的三个城市：塔伊夫

希贾兹介于东方的纳季德高原和西方的帖哈麦低地之间，是一个不毛之地，只有三个城市是值得夸耀的：塔伊夫和两个姊妹城市麦加和麦地那。

塔伊夫海拔 6000 英尺，全城都是果树园，故称为“一小块叙利亚土地”，过去和现在都是麦加的贵族避暑的胜地。公元 1814 年，瑞士人布克哈特曾游历这个城市，他说塔伊夫风景如画，自离开黎巴嫩后，沿途的风景以塔伊夫为最优美，最能使人愉快①。物产有蜂蜜、西瓜、香蕉、无花果、葡萄、扁桃、油橄榄、桃子和石榴②。蔷薇花是著名的，因为那里出产的蔷薇油可以供 103
给麦加的需要。据《乐府诗集》所载的一个传说，那里的葡萄树是一个犹太妇人传入的，她把葡萄的切枝赠送给本地的一个领袖③。那里出产的酒，从前能供应大量的需要，而且比外国货还便宜，古代的诗人有许多赞美这种酒的作品。在半岛上，没有任何一个地方比塔伊夫更近乎《古兰经》所描写的乐园了（参阅 47∶15）。

麦加

麦加在托勒密的书里称为麦科赖伯（Macoraba）④，这个名称发源于赛伯伊语的麦库赖伯（Makuraba，圣地的意思），麦加是因宗教的关系而建立的，可见远在穆罕默德诞生之前，麦加早已成为一个宗教中心了。麦加位于南部希贾兹的帖哈麦，与红海相距约 48 英里，在一个不毛的瓦迪里面，《古兰经》把这个瓦迪描写成“一个没有庄稼的瓦迪”（14∶37）。麦加的气温⑤，能达到 104
几乎不可忍受的高度。著名的阿拉伯游历家、丹吉尔人伊本·白图泰曾企图赤着脚巡礼克而白，但他失败了，因为石头上反射过来的火焰使他寸步难行⑥。

在也门的马里卜与地中海东岸的加宰之间，有一条运输香料的古道，麦加是一个更古老的城市，是那条古道的中途站。会做买卖的、进步的麦加人，

---

① John L. Burckhardt, *Travels in Arabia* (London, 1829), vol. i, p. 122.

② 参阅Ibn-Baṭṭūṭah: *Tuḥfat al-Nuẓẓār*, ed. and tr. C. Defrémery and B. R. Sanguinetti, 3rd impression, vol. i (Paris, 1893), pp. 304—305。

③ Vol. iv, p. 75, ll. 9—10.

④ *Geographia* ed. Nobbe, Bk. VI, ch. 7, § 32.

⑤ 麦加的最高气温，在 8 月份达 47℃，最低气温在 1 月份达 15℃。——译者

⑥ vol. i, p. 281.

很快地使他们的城市变成了财富的中心。公元624年3月16日，卷入伯德尔小战的麦加商队，自加宰满载而归，据瓦基迪的传述，商队的骆驼共计一千头，货物约值五万第纳尔（约合二万英镑）[①]。古莱氏人是克而白的管理人，克而白变成一个民族的圣庙，乌卡兹集市变成一个商业和文化的定期集合场所，显然应归功于他们，在他们的领导之下，麦加的优越地位获得了保障。

从艾卜·古贝斯山上眺望麦加，以希拉山为背景，1908年摄影
采自 Ibrāhīm Rif'at，"*Mir'āt al-Ḥaramayn*"

麦地那

叶斯里卜（Yathrib，赛伯伊铭文写成YTHRB，托勒密写成Jathrippa）[②]，在麦加以北300英里，气候和土质都胜过麦加。这个城市位于联系也门与叙利亚的香料大道上，而且是一个肥沃的绿洲，特别适于种植枣椰。这个城市，在犹太居民奈迭尔人和古赖宰人的手里，变成了一个最重要的农业中心。由这两个部族的名称和他们在农业生活中所用的词汇看来，我们可以判断他们大半是犹太化了的阿拉比亚部族和阿拉马部族[③]，但他们的核心或许是公元一世纪罗马人征服巴勒斯坦时逃亡出来的以色列人。把叶斯里卜的名称改为阿拉马语麦典台（Medīnta）的人，或许就是这些说阿拉马语的犹太人，而把麦

---

① *Al-Maghāzi*, ed. Alfred von Kremer（Calcutta，1855—1856），p. 198.

② Bk. VI，ch. 7，§ 31；转讹为 Lathrippa。

③ Ya'qūbi，vol. ii，p. 49，指明了它们的祖先是哪些阿拉比亚部族。

地那的名称解释成先知“城”，则是一个较晚的说法。除犹太人外，还有两个最重要的部族——奥斯人和赫兹赖只人，他们原籍是也门。

希贾兹在文化上所受的影响：(1)赛伯伊的影响

伊斯兰教以前的希贾兹，虽然不在世界大事的主要潮流之中，但不能说是在死水之中。希贾兹与世界隔绝，是在伊斯兰教之后，自回历第8年克复麦加、《古兰经》第9章第28节启示之时开始[①]。但在穆罕默德去世之后，在回历一世纪内，有许多信奉基督教和犹太教的医生、音乐家和商人，曾在他的诞生地活动。105

早期的南部阿拉比亚文化，不可能不在继承它的北部阿拉伯文化中留下一点遗迹而就全部消灭掉了的。公元542—543年，艾卜赖海曾立碑纪念马里卜大水坝的崩溃，碑文的开端说：“仰赖至仁主（*Raḥman-an*）与他的弥赛亚和圣灵的权力和恩典。”[②] *Raḥman-an* 这个名词是特别意味深长的，因为在北方生活中相当于这个名称的 *al-Raḥmān* 后来成为安拉的一种德性，在《古兰经》和伊斯兰教教义学中成为他的许多美名之一。《古兰经》第55章称为至仁主章[③]。这个名词，在铭文中虽用做基督教的上帝的名称，显然是从较古的南部阿拉比亚的神灵借来的。*Al-Raḥīm*（至慈主）这个名词，在伊斯兰教以前的铭文和赛伯伊的铭文中，也是一个神灵的名称（铭文写成RḤM）[④]。另一件南方阿拉伯语铭文里应用 *shirk*，本义是合伙，通用为多神崇拜。穆罕默德宣传一神教，并且激烈地反对多神崇拜，就是反对在崇拜至高无上的主宰之外，同时崇拜其他的神灵。在同一件铭文里还有一个术语KFR（意思是不信真主），与北方的阿拉伯语是完全一致的[⑤]。

(2)阿比西尼亚的影响

我们已经讲过，红海西南岸上的闪族居民是从阿拉比亚的西南地区逐渐地迁移过去的。后来他们被称为阿比西尼亚人，他们曾构成庞大的国际贸易“托拉斯”的一个重要部分，在赛伯伊-希木叶尔的领导之下，垄断了古代的香料贸易，这种贸易的主要路线是通过希贾兹的。在穆罕默德诞生之前约五十年，阿比西尼亚人在也门建立了他们的统治权；在他诞生的那一年，他们进兵麦加郊外，以捣毁珍贵的克而白相威胁。麦加本城就有一个阿比西尼亚 106
侨民团，大概是信奉基督教的。比拉勒有洪亮的声音，故终身担任穆罕默德

① 参阅本书第118页。参阅 Bayḍāwi, vol. i, p. 383; Ṭabari, *Tafsīr*, vol. x, p. 74。

② E. Glaser, *Mitteilungen der Vorderasiatischen Gesellschaft* (Berlin, 1897), pp. 390, 401; 参阅 *Corpus inscriptionum Semiticarum*, pars iv, t. i. pp. 15—19。

③ *Raḥmanān* 在五世纪南方阿拉伯语的铭文里，作为基督教的上帝的称号而出现。

④ Dussaud and Macler, *Voyage archéologique*, p. 95, 1. 10; Dussaud, *Arabes*, pp. 152—153.

⑤ J. H. Mordtmann and D. H. Müller in *Wiener Zeitschrift für die Kunde des Morgenlandes* vol. x (1896), pp. 285—292.

的宣礼员（穆艾精），这是他独有的荣誉，他就是一个阿比西尼亚的黑人①。《古兰经》描写了海洋及海浪澎湃的情形（16:14，10:22，23；24:40），描写得非常鲜明，非常逼真，这是希贾兹与阿比西尼亚之间活跃的海上交通的反映。当弱小的穆斯林群众不能忍受拜物教的古莱氏人进行的迫害的时候，他们不逃避到别的地方，却逃往阿比西尼亚②。

（3）波斯的影响

在伊斯兰教兴起之前的一个世纪中，信奉袄教的波斯与阿比西尼亚互争也门的统治权。波斯的军事艺术，从南方，并且通过以希拉为首都的波斯属阿拉比亚，也从北方传入阿拉比亚。相传波斯人赛勒曼曾向穆罕默德建议在麦地那城外挖掘战壕，以抵抗古莱氏人的进攻③。

波斯的卫星国——阿拉伯人在希拉建立的王国，是主要的途径，不但波斯的文化影响从此渗入穆罕默德以前的阿拉比亚，阿拉马的聂斯脱利派的影响也从此传入。正像聂斯脱利派后来成为希腊文化和初期的伊斯兰教的主要桥梁一样，现在他们将北方的文化观念，阿拉马的、波斯的和希腊的观念传入拜物教的阿拉比亚人的心中。

（4）加萨尼地方的影响

希拉城的聂斯脱利派对于波斯边境上的阿拉伯人产生影响，加萨尼地方的一性派对于希贾兹的人民也有同样的影响。在伊斯兰教之前四百年，这些叙利亚化的阿拉伯人已使阿拉伯世界不仅与叙利亚接触，而且与拜占廷接触。像达五德、苏莱曼、伊萨一类的人名，在伊斯兰教以前的阿拉比亚人中间，并不是新奇的。

107 但我们不可以把这种北方的影响估计得太高，因为一性派教会和聂斯脱利派教会，都没有充足的活力使自己的宗教观念发生作用。舍胡所搜集的资料④，还不足以证明基督教会在北部阿拉比亚生了根，只可以说明伊斯兰教以前的许多诗人，对于某些浮泛的基督教观念和基督教术语是熟悉的。大量的

---

① 他的坟墓至今还在大马士革城。

② 有许多阿拉伯字原来是埃塞俄比亚语（Ethiopic）。例如，*burhān*（证据），*ḥawārīyūn*（基督的门徒），*jahannam*（地狱，原来是希伯来语），*mā'idah*（筵席），*malak*（天神，原来是希伯来语），*miḥrāb*（凹壁），*minbar*（讲台），*muṣḥaf*（圣经），*shayṭan*（魔鬼），这些词都指出阿比西尼亚对于希贾兹的影响。素优兑氏（Al-Suyūṭi）在他所著的 *al-Itqān* 第 38 章中提及《古兰经》里的外来语（第 1 册，第 135—141，118 页）。

③ 参阅本书第 117 页。阿拉伯语里的波斯词如 *firind*（刀），*firdaws*（天堂，《古兰经》18:107；23:11），*sijjīl*（石子，105:4），*barzakh*（间隔，23:100；55:20；25:53），*zanjabīl*（姜，76:17）。（参阅本书第 667 页）

④ *Al-Naṣrānīyah wa-Ādābuha*, 2 pts.（Beirūt, 1912, 1919, 1923）; *Shu'arā'al-Nasrānīyah*, 2 vols.（Beirūt, 1890）.

阿拉马语词汇变成了古阿拉伯语词汇[①]。

(5) 犹太人的影响

影响阿拉比亚的一神论，不完全是基督教式的。犹太人的殖民地，曾兴盛于麦地那和北部希贾兹的各个绿洲里[②]。祝麦希（公元 845 年卒）在他所著的《诗人传》里，专用一章论述麦地那及其四郊的犹太诗人[③]。《乐府诗集》里也提到几位犹太诗人，但只有一位给我们遗留下诗集，据说他是太马附近的艾卜莱格地方的赛毛艾勒[④]，与伊木鲁勒·盖伊斯同时代。但他的诗和流行的拜物教徒的诗，并没有什么差别，有人怀疑他是否犹太教徒，这是很有道理的。在也门，在左·努瓦斯的保护之下，犹太教似乎曾达到国教的尊严地位。

总之，我们这样说大概是不错的：在穆罕默德的使命之前一百年期间，希贾兹在文化上、宗教上、物质上曾受过许多影响，那些影响，是从拜占廷、叙利亚（阿拉马）、波斯、阿比西尼亚等国，通过加萨尼、莱赫米、也门三个途径而传入的；但我们不能断言希贾兹与北方更高的文明有十分密切的接触，以致改变其本地的文化面貌。基督教虽在纳季兰找到了一个立足点，犹太教虽在也门和希贾兹有相当的势力，但这两个宗教对于北部阿拉比亚人的意识似乎没有留下什么印象。然而，阿拉伯半岛上陈腐的拜物教，似乎已不能满 108
足人民精神上的要求，当时有些人自称哈尼夫派[⑤]（意思是真诚者），他们唾弃了拜物教，发展了模糊的一神论观念。穆罕默德的从表兄伍麦叶（公元 624 年卒）和赫底澈的堂兄韦赖盖就是哈尼夫派的代表人物。据某些资料的记载，后来，韦赖盖信奉了基督教。从政治方面说，在古代的南部阿拉比亚发展起来的有组织的国家生活，现在已全然瓦解了。无政府状态，在政治领域和宗教领域中都占了上风。历史舞台已经搭好，一位伟大的宗教领袖兼民族领袖上台的时机已经成熟了。

---

① 例如 *kanīsah* 和 *bīāh*（教会），*dumyah* 和 *ṣurah*（形象、图画），*qissīs*（僧侣），*ṣadaqah*（布施），*nāṭūr*（看守人），*nīr*（牛轭），*faddān*（英亩），*qindīl*（灯，发源于拉丁语的 *candela*）。拉丁语的 *castrum*，变成叙利亚语的 *qasṭra*，再变成西部阿拉马语的 *qaṣra*，终于变成阿拉伯语的 *qaṣr*（堡垒、宫殿），后来又传回欧洲去，意大利语写成 *cassero*，西班牙语写成 *alcázar*。

② *Jibrīl*（吉卜利勒，即 Gabriel「迦伯利」）、*sūrah*（章）、*jabbār*（最有势力的）等词，可以说明希伯来词汇怎样变成阿拉伯词汇。

③ *Ṭabaqāt al-Sbu'ara'*ed. J. Hell（Leyden，1916），pp. 70—74.

④ *Dīwān al-Samaw'al*，2nd ed. ,ed. Cheikho（Beirūt，1920）.

⑤ 这个词是由阿拉马语借来的，但经过奈伯特语的介绍；N. A. Faris and H. W. Glidden，*Journal of the Palestine Oriental Society*，vol. xix（1939），pp. 1—13；参阅 Arthur Jeffery，*The Foreign Vocabulary of the Qur'ān*（Baroda，1938），pp. 112—115。对于考古学和语言学进一步的研究，可能证实奈伯特文化不但对于伊斯兰教，而且对于早期的基督教都有过重大的影响。

第二编

伊斯兰教的兴起和哈里发政府

第八章　先知穆罕默德 111

公元571年或前后，有一个小孩诞生在麦加的古莱氏族，他母亲给他取了一个名字，那个名字，或许是永远难以查考的。他的同族人称他为“艾敏”(al-Amīn，意思是忠实人)①，这显然是一个光荣的头衔。在《古兰经》中，他的名字是穆罕默德②（3∶144；33∶40；48∶29；47∶2），有一次是艾哈迈德(61∶6)。依照惯例，他是叫穆罕默德（声望很高的人），这个名字是一般男孩用得比其他任何名字还要多的。这个小孩的父亲阿卜杜拉，在他出生之前就去世了；他的母亲阿米娜，在他六岁的时候，也去世了。抚育孤儿的责任，由他的祖父阿卜杜勒·穆台列卜担负；他的祖父去世后，由他的伯父艾卜·塔列卜担负。

穆罕默德世系表

古莱氏……古赛伊－阿卜杜·麦那弗
- 哈希姆－阿卜杜勒·穆台列卜
  - 艾卜·塔列卜－阿里
  - 阿卜杜拉－**穆罕默德**
  - 阿拔斯
- 阿卜杜勒·舍木斯－伍麦叶

穆罕默德十二岁时，跟他的伯父和监护人艾卜·塔列卜参加一个商队，前往叙利亚经商。相传，他在旅途中曾会见一个基督教的僧侣，名叫贝希拉。

穆罕默德虽然是生在史学昌明时代的唯一的先知，但他早年的生活情形， 112
我们知道的很少：他怎样努力谋生，怎样努力充实自己，怎样逐渐地、辛勤地认清了期待着他的伟大的任务，我们只能获得很少可靠的报告。首先记载他的生活史的是伊本·易司哈格（约在回历150年〔公元767年〕卒于巴格达），他所作的传记，只保存在伊本·希沙木（约在回历218年〔公元833年〕卒于埃及）所改写的传记里面。除阿拉伯语的资料外，要在别的文献里

① Ibn-Hishām, *Sīrah*, p. 125; Ya‘qūbi, vol. ii, p. 18; Mas‘ūdi, vol. iv, p. 127.

② 南方阿拉伯语铭文里有这个名字，参阅 *Gorpus inscriptionum Semiticarum*, pars iv, t. ii, p. 104。

找到一点与先知的生活和伊斯兰教初期的情况有关的资料，是很困难的。拜占廷的编年史家，首先记载先知事迹的，是西奥方斯，他是公元九世纪初期的人①。叙利亚语里初次提及穆罕默德这个名字的，是七世纪的著作②。

穆罕默德二十五岁时，与富裕而且高洁的孀妇赫底澈结婚，她比他大十五岁。从此以后，穆罕默德的事迹逐渐明朗了。赫底澈是古莱氏人，她的前夫从事商业，家道小康；丈夫死后，她独自经理商务，曾雇用年轻的穆罕默德做伙计。这位夫人有坚强的性格和高贵的品质，她在世期间，穆罕默德并没有别的妻室。

穆罕默德的经济生活，从此富裕了（《古兰经》的明文可以为证③），他有闲暇的时间去研究他感兴趣的问题了。他常到麦加郊外的希拉山上④，隐居在一个小山洞里，昼夜沉思冥想⑤。穆罕默德怀疑现实，思慕真理，以致心烦意乱，精神恍惚。有一次，在希拉山山洞里，正当精神恍惚之际，突然听到一股声音⑥，命令他宣读："你当奉你的造物主的名义而宣读……"⑦ 这是他初次奉到的启示。这位先知已奉到他的任命状了。那天夜间，后来就被称为高贵的夜间（*laylat al-qadr*）⑧，规定在赖麦德月（回历九月）的下旬。奉到任命状之后，曾有一个短期的间断（*fatrah*），然后，第二次异象发生了，穆
113 罕默德在紧张的、惊慌的情状之下，匆匆忙忙地跑回家去，叫赫底澈拿被来给他盖上，接着就奉到启示说："盖被的人呀！你起来吧，你警告吧。"⑨ 这种声音是常常变化的，有时像铃子的声音一样（*ṣalṣalat al-jaras*）⑩，但后来在麦地那各章里面，已变成一种声音，与吉卜利勒（Jibrīl，Gabriel，迦伯里的对音）的声音是完全相同的。

阿拉比亚人穆罕默德，在传道和预言方面，确实像《旧约》中所描写的希伯来的众先知一样真诚。他宣称上帝是独一的，是全能的，是宇宙的创造

---

① *Chronographia*，ed. Carolus de Boor（Leipzig，1885），p. 333.

② A. Mingana，*Sources syriaques*，vol. i，*Bar-Penkayé*（Leipzig，1908），p. 146（text）= p. 175（tr.）.

③ 《古兰经》93:6—9。

④ 希拉山位于麦加以北，相距5公里，山洞很小，能容一个人站起来，能三个人并排躺下去。洞后有一个裂缝，空气可以流通。——译者

⑤ 参阅 Ibrāhīm Rif'at，*Mir'āt al-Ḥaramayn*（Cairo，1925），vol. i，pp. 56—60。

⑥ Al-Bukhāri，*Ṣaḥīḥ*（Būlāq，1296），vol. i，p. 3.

⑦ 《古兰经》96:1—5。

⑧ 《古兰经》97:1。

⑨ 《古兰经》74:1 以下。

⑩ Bukhāri，vol. i，p. 2，l. ll. 参阅《以赛亚书》6:1 以下。参阅 Tor. Andrae，*Mohammed：sein Leben und sein Glaube*（Göttingen，1932），pp. 39 以下。

者。将来有一个审判的日子。遵行天命的人，将在天堂里享受优厚的报酬；漠视天命的人，将在地狱里遭受严厉的惩罚。这是他初期传道的要点。

穆罕默德以热烈的情绪，献身于新的任务，他觉得那是天使（*rasūl*）分内的事情，他在本族人民中间，进行教育、宣传、传达新使命的工作。他们嘲笑他。他变成了警告者（*nadhīr*）（《古兰经》67∶26；51∶50，51）——浩劫的预言者。他为了达到自己的目的，用逼真的、动人的文辞，描绘天堂的快乐和地狱的恐怖，甚至以迫近的浩劫威吓听众。他早期奉到的启示（麦加的几章），具有简洁、清新、富于表情、令人感动等特色。

穆罕默德以天使和先知的身份，颂扬他的主宰，劝告他的人民，起初没有什么人信仰他。他的妻子赫底澈，因受她的哈尼夫派的堂兄韦赖盖的影响，而首先信仰他[①]。穆罕默德的堂弟阿里和他的血族艾卜·伯克尔接着就信仰他。当时，古莱氏族的伍麦叶支，是一个有势力的贵族统治集团，他们的代表人物艾卜·素福彦坚决地反对穆罕默德。他们认为穆罕默德所宣传的伊斯兰教是一种异端邪说，是与古莱氏族最重要的经济利益相矛盾的，因为克而白里面供奉着很多偶像，是全体阿拉伯人朝觐的中心，古莱氏族是克而白的管理人。

当许多新的加入者（主要是来自奴隶和下层社会的人）使信徒的行列壮大的时候，古莱氏人一向滥用的嘲笑和讽刺，已经不能再当做有效的武器了，于是就用实际的行动来迫害他们。敌人采取这些新策略之后，他们不得不迁 114
移到阿比西尼亚去，第一批是十一对夫妇，615 年又有八十三对夫妇跟着去，他们的领队是奥斯曼·伊本·阿凡。这些亡命者，在信奉基督教的尼加斯[②]的领土上找到了一个避难所，他们的迫害者曾要求他把他们交出来，但被严词拒绝了[③]。在这个惨遭迫害、暗无天日的期间，穆罕默德虽暂时丧失了这么多的信徒，他并没有被敌人吓倒，他仍然大胆地继续传道，用说服的方法，号召他的人民抛弃杂糅的邪神的崇拜，而专事独一的真主——安拉。启示不断地降临。他羡慕犹太教徒和基督教徒都有经典，因此，决心使他的人民也有自己的经典。

不久，欧麦尔·伊本·赫塔卜信奉了伊斯兰教，他是注定要在伊斯兰国家的建立中，起领导作用的。在穆罕默德迁移到麦地那之前三年，忠实的赫底澈去世了。不久以后，艾卜·塔列卜也去世了，他虽然没有信仰伊斯兰教，

---

① 参阅 ibn-Hishām，pp. 121，143。

② 尼加斯是阿比西尼亚国王的称号，不是私人的名字。——译者

③ Ibn-Hishām，pp. 217—220；参阅 ibn-Sa‘d，vol. i，pt. 1，pp. 136—139。

但他保护他的侄子，始终不渝。在“希志来”之前的时期中，发生了戏剧性的夜间旅行（*isrā'*）[①]，据说在这次夜间旅行中，顷刻之间，先知就从克而白被运送到了耶路撒冷，准备从那里上升到第七层天上去。耶路撒冷，在犹太教徒和基督教徒看来，已经是神圣不可侵犯的圣地，自从做了此次难忘的旅

先知穆罕默德登霄图

采自 Jāmi，*Yūsuf u Zulaykha*，十五世纪绘。不列颠博物馆，东字 4535 号。

---

① 《古兰经》17:1；Bukhāri，vol. iv，pp. 156，230；al-Baghawi，*Masābīḥ al-Sunnah*（Cairo，1318），vol. ii，pp. 169—172；al-Khaṭīb，*Mishkāt al-Maṣābīḥ*（St. Petersburg，1898—1899），vol ii，pp. 124—129。

行之后，又变成了穆斯林世界第三个最神圣的地方，其地位仅次于麦加和麦地那。这次神秘的旅行，经过后代的渲染之后，在波斯和土耳其的神秘派教徒中，仍然是受人重视的题目，一位西班牙学者认为，这个故事是但丁《神曲》的根源[1]。登霄的传说，在伊斯兰教世界仍然是一种生动的、感人的力量，1929 年 8 月在巴勒斯坦发生的重大骚动，就是最好的说明。骚动的主要原因，是争夺耶路撒冷犹太教徒的“哭墙”，穆斯林们认为那是卜拉格
(Burāq)[2] 的起点站，卜拉格是一匹神马，有翅膀，有美女的相貌、孔雀的尾 116
巴，穆罕默德曾骑着卜拉格飞上了九霄。

约在公元 620 年时，有几个叶斯里卜人，主要是赫兹赖只人，在乌卡兹集市上会见了穆罕默德，而且对于他所说的话开始发生兴趣。两年后，由七十五人组成的一个代表团邀请穆罕默德到叶斯里卜（麦地那）去住家，希望他去调解奥斯和赫兹赖只两大支派间多年的争端。麦地那的犹太教徒，曾期待着一个弥赛亚[3]的诞生，他们对于本地的拜物教徒接受穆罕默德的教义，显然起了启发作用。穆罕默德曾以传道者的身份访问塔伊夫，并没有取得效果，这时候他已确信自己的传道工作在家乡是不会成功的，因此，他准许自己的教徒两百人，趁古莱氏人疏于防范的时机，暗暗地溜到他母亲的故乡麦地那去；不久，他自己也出走，而于 622 年 9 月 24 日到达麦地那。这就是著名的“希志来”（*hijrah*），“希志来”的意义不完全是“逃亡”，而是在两年之中经过周密考虑的一种有计划、有步骤的行动。十七年之后，哈里发欧麦尔才决定以希志来发生的那一个太阴年为回历纪元的正式起点（此年元旦为 622 年 7 月 16 日金曜）[4][5]。

“希志来”是麦加时期的终结，是麦地那时期的开始，事实证明，那是穆罕默德生活史上的一个转折点。他以一个被轻视的先知的身份，离开他诞生的地方，却以一个受尊仰的领袖的身份，进入他寄居的城市。现在，先知的身份退到幕后去了，富有经验的政治家的身份出场了。先知的身份逐渐被政治家的身份掩蔽了。

从麦加迁移来的穆斯林被称为迁士（*muhājirūn*），麦地那的穆斯林被称为

---

① Miguel Asin, *Islam and the Divine Comedy*. tr. H. Sunderland (London, 1926).

② 这个名词大概是从阿拉马语的 *barq*（闪电）借来的。现代的穆斯林把哭墙的地址叫做卜拉格（*al-Burāq*）。

③ 弥赛亚是希伯来人所期待的救世主、解放者。——译者

④ Ṭabari, vol. i, pp. 1256, 2480; Mas'ūdi, vol. ix, p. 53.

⑤ 欧麦尔为了要使回历元年的元旦与太阴年的元旦趋于一致，他把穆罕默德到达麦地那的日期提前了两个月零几天，所以回历纪元从当年的元旦算起。——译者

辅士（*anṣār*），辅士们为了维持迁士们的生活，曾利用休战的时期，在新领袖的领导之下，出城去截夺一个从叙利亚返回麦加的夏季商队，给那个商业的首都一个重大的打击。商队的头目艾卜·素福彦听到这个计划的风声，早已派人到麦加求援。公元 624 年赖麦丹月（九月），得到增援的商队和麦地那人之间的战役，发生在麦地那西南 85 英里的伯德尔。由于先知天才的指挥，三百个穆斯林对一千以上的麦加人，结果获得了全面的胜利。伯德尔战役本身
117 虽然不能算做什么重要的战争，但穆罕默德的政治势力，从此奠定了一个坚实的基础[①]。伊斯兰教已初次获得了决定性的军事胜利。这一次的胜利，被解释成真主对于这个新宗教的批准[②]。伊斯兰教在初次武装斗争中所表现的严守纪律、为道牺牲的精神，在后来的更大的战役中证明是伊斯兰教的特征。诚然，在第二年（625 年）中，麦加人在艾卜·素福彦的指挥之下，在伍侯德为此次失败进行了报复，并且打伤了先知，但他们的胜利，并不是永恒的。伊斯兰教恢复了元气，而且逐渐地改守势为攻势，伊斯兰教的传播似乎永远是有保证的。在这以前，伊斯兰是一个国家里的一种宗教；在麦地那，在伯德尔战役后，伊斯兰已提高了一步，不仅是一种国教——伊斯兰教本身，已变成国家了。从此以后，伊斯兰教已变成了一种能战斗的政体，这是全世界的人以前所不承认的。

公元 627 年，同盟军（*al-aḥzāh*），包括麦加人、贝杜因人和阿比西尼亚的雇佣兵[③]，再次与麦地那人较量。这是邪教与伊斯兰教之间又一次大的斗争。相传，穆罕默德采纳了他的弟子波斯人赛勒曼[④]的建议，在麦地那城四周挖掘战壕[⑤]。贝杜因人的乌合之众看见这种新奇的战术，觉得又惊讶，又烦恼，围困了一个月，双方损失二十多名战士，他们终于撤退了[⑥]。同盟军撤退之后，穆罕默德就去讨伐麦地那郊区的犹太人，因为他们援助了同盟军，帮助敌军进攻麦地那，结果把他们的主要部族古赖宰族的壮丁六百名处死，把

---

① 瓦基迪（Al-Wāqidi，回历 207 年［即公元 822—823 年］卒）叙述伯德尔战役及其英雄，十分详尽，占他所著《战史》（*Maghāzi*）的三分之一以上（第 11 至 75 页）。

② 《古兰经》3:123；8:42，43。

③ 麦加附近有一座山，叫做侯卜希（Ḥubshī），古莱氏族中有些人曾指着这座山发誓，因此被叫做古莱氏的艾哈比史（aḥābīsh Quraysh）。参阅 al-Qāmūs，开罗，1344 年版第 2 册，第 267 页。著者说“阿比西尼亚雇佣兵”，这显然是错误的。——译者

④ 参阅 Josef Horovitz in *Der Islam*，vol. xii（1922），pp. 178—183。

⑤ 阿拉伯语称战壕为 *khandaq*，是波斯语 *kandan*（挖掘）演变出来的，这个词是由阿拉马语辗转传入的。

⑥ 《古兰经》33:9—25 中曾讨论这次战役。

其余的人驱逐出境。无主的枣椰园，由迁士去管理[1]。伊斯兰教的敌人，必须放弃原来的宗教，要不就被处死，二者必居其一；被迫作这种抉择的，古赖宰族人是空前的，却不是绝后的。在这次讨伐之前一年，麦地那郊区的另一个犹太部族奈迭尔族已被放逐了[2]。628 年，麦地那北部海巴尔的犹太人投降并且交了贡品。他们占据的绿洲本来是设有坚固的防御工事的。

这个麦地那的时期，实现了伊斯兰教的阿拉伯化，即民族化。这位新的 118
先知，排除了犹太教和基督教的一切影响；聚礼日（星期五）代替了犹太教的安息日（星期六），“艾赞”（意思是宣礼）代替了吹号和敲钟，定赖麦丹月为斋月，正向（*qiblah*，礼拜者所面对的方向）由耶路撒冷改为麦加[3]，定朝觐克而白为正制，并准许吻玄石——伊斯兰教时代以前的一种崇拜物。

公元 628 年，穆罕默德率领一批信徒，到距离麦加 9 英里的侯德比叶村落去，在那里签订了给予麦加人和穆斯林平等待遇的一项条约[4]。这个条约实际上结束了穆罕默德与其宗族古莱氏人之间的战争。在这个期间，古莱氏族中有许多人信奉了伊斯兰教，其中有哈立德·伊本·韦立德和阿慕尔·伊本·阿绥，他们是注定要成为尚武的伊斯兰教的名将的。两年之后，在 630 年 1 月底（回历纪元 8 年），麦加就被征服了。穆罕默德入城之后，第一件工作是捣毁麦加大寺的三百六十个偶像，他一面捣毁一面高呼：“真理已经来临了。荒谬已经消灭了；荒谬是一定要消灭的。”[5]（《古兰经》17∶81）但人民获得了特别宽大的待遇[6]。古代史上胜利的入城式，没有一次可与此次相提并论。

大约就在这时候，穆罕默德宣布克而白四周为禁地（*ḥaram*，《古兰经》9∶28），禁止外教人入禁地的明文的启示，大概是在这个时期发生的事情[7]。这节明文，显然只是要禁止多神教徒在每年一度的朝觐中接近克而白的。这个法令，现在仍然有效[8]。欧洲的基督教徒，偷偷地去调查伊斯兰教的两大圣地，安全归国的只有十五个人。第一个是意大利波洛尼亚人吕多维科，是

① 《古兰经》33∶26，27。

② Balādhurḥ, *Futūḥ*, pp. 17—18 = Hitti, pp. 34—35; Wāqidi, pp. 353—356.

③ 参阅《列王纪》上 8∶29—30；《但以理书》6∶10。

④ Balādhuri, pp. 35—36 = Hitti, pp. 60—61.

⑤ 同上书 p. 40 = Hitti, p. 66。

⑥ Wāqidi, p. 416.

⑦ Ibn-Sa‘d, vol. ii, pt. 1, p. 99；参阅 Bayḍāwi, *Anwār*, vol. i, p. 383, 1. 10。

⑧ Muḥammad Labīb al-Batanūni, *al-Riḥlah al-Ḥijāzīyah* (Cairo, 1329), p. 47.

119 1503年去调查的[1]。晚近去调查的人有英国人拉特[2]和匈牙利人格尔曼努斯[3]。最有趣味的当然是伯顿1853年的调查，这是毫无疑问的[4]。

回历9年（公元630—631年），穆罕默德派兵驻扎塔布克，以防守本国与加萨尼国交界处的边疆，同时没有经过任何冲突，就与艾伊莱（现在的亚喀巴）的基督教领袖和南方的麦格纳、艾兹鲁哈、哲尔巴等三个绿洲里的犹太教部族，签订了和平条约[5]。本地的犹太教徒和基督教徒，获得了新兴的伊斯兰教社会的保护，每年只需缴纳人丁税（*jizyah*）一次。这个先例，后来发生了深远的影响。

回历9年被称为“代表团之年（*sanat al-wufūd*）。在这一年里，有许多代表团从远近各地先后到麦地那来，表示他们对于这位政治的和宗教的领袖的忠顺。各部族即使不是由于觉悟，最少也是由于便利，而联合起来了，而伊斯兰教则只要人们口头上表示信仰，而且缴纳天课（济贫税），就已经感到满足了。加入新组织的这些大量的贝杜因人，照欧麦尔的说法，可以称为“伊斯兰教的原料”。从未派遣过代表团的各部族和各地区，现在也纷纷派遣代表团到麦地那来了。他们来自辽远的阿曼、哈达拉毛和也门。泰伊、哈木丹和肯德，也派代表团来了。从来没有服从过任何人的阿拉比亚，现在似乎自愿归穆罕默德统治，而且愿意参与他的新计划了。他们都自愿地抛弃自己的拜物教，而接受一种更高贵的宗教和一种更高尚的道德了。

回历10年，穆罕默德率领着每年一次的朝觐团胜利地进入他的新的宗教首都——麦加城。这次朝觐，终于成为他最后一次的朝觐，故称为“告别的朝觐”。他返回麦地那后三个月，就身染重病，头痛得很厉害，于公元632年6月8日与世长辞了。

先知在麦地那期间所接受的启示，是《古兰经》中篇幅较长、词藻较多的各章；内容方面，除了关于斋戒、天课和礼拜等宗教法律外，还有关于结婚、离婚、对待奴隶、管理战俘、对付敌人等社会的和政治的法令。穆罕默
120 德是孤儿出身，自幼贫苦，因此，他所制定的法律，特别照顾孤儿、奴隶、

---

① 欧洲有一种很普遍的传说，说穆罕默德的遗体悬挂在麦加的上空，吕多维科力辟此说的荒谬。参阅 *The Travels of Ludovico di Varthema in Egypt, Syria, Arabia Deserta and Arabia Felix*, tr. J. W. Jones (Haklnyt Society, vol. xxxii, London, 1863), pp. 25 以下。

② Eldon Rutter, *The Holy Cities of Arabia*, 2 vols. (London, 1928).

③ Julius Germanus, *Allah Akbar* (Berlin, 1938).

④ Sir Richard Burton, *Personal Narrative of a Pilgrimage to el-Medinah and Meccah*, 3 vols. (London, 1855—1856).

⑤ Balādhuri, pp. 59 以下 = Hitti, pp. 92 以下。

弱者，以及受欺压的劳苦人民①。

穆罕默德在极显赫的时代，仍然过着默默无闻时的那种艰苦朴素的生活，居住在泥土筑成的只有几个房间的一所小房子里面，前面有一个院落和一道门，就像现代阿拉比亚和叙利亚的旧式房子一样。常常有人看见他在家里缝补自己的衣服，他的人民随时都可以到他家里去访问他。他遗留下很少的一点财产，依照他的遗嘱，当做了国家的财产。他大概有十二个妻子，有的是因爱情而结合的，有的则是出于政治原因，其中最得宠的阿以涉是艾卜·伯克尔的幼女。原配赫底澈生了几个儿女，除阿里的著名的妻子法帖梅外，都在穆罕默德之前去世了。信奉基督教的科卜特女子玛丽给他生了一个儿子，名叫易卜拉欣，他夭折后，穆罕默德十分悲痛。“他在日常生活中的一切行为，无论是重要的或者是琐碎的，都已成了一种规矩，现在还有千百万人在有意地加以模仿。在不管是哪一个民族所尊为完人的人当中，没有一个人的行为是被这样仔细地效法过的。”②

后期的较大的伊斯兰教国家，就是从麦地那的这个宗教集团中兴起的。由迁士和辅士构成的这个新的宗教集团，称为真主的民族（*Ummat Allah*），是建筑在伊斯兰教上的。自古以来，阿拉比亚人都是依血统而分为若干部族的，以宗教为社会组织的基础，是史无前例的。真主是最高政权的象征。先知活着的时候，是真主的合法的代理人，是大地上的最高统治者。由此可见，除精神的职权外，穆罕默德还执行国家元首所能执行的一切世俗的职权。在这个集团里，至少在原则上，人人都成了同胞，以前的部族关系和宗主关系一概不论了。这是穆罕默德在告别的朝觐中作著名的讲道时所说的话：

> 众人呀！静听我的话，而且紧记在心。须知每个穆斯林都是其他任何穆斯林的兄弟，现在你们都是同胞。因此，别的兄弟所有的任何东西，不得他的同意而据为己有，这对于你们中任何人都是非法的。③

阿拉伯人当做命脉的血统关系的约束，就这样一笔勾销，而代之以一种新的 121
约束——宗教信仰的约束；在阿拉比亚树立了一种伊斯兰教的友谊。在这个新集团里，没有僧侣，没有教阶组织，没有中央教廷。清真寺不仅是伊斯兰

① 《古兰经》2:177，216—220；4:36；9:60；24:33；93:9。参阅 Robert Roberts，*The Social Laws of the Qorân*（London，1925）。

② D. G. Hogarth，*Arabia*（Oxford，1922），p. 52.

③ Ibn-Hishām，p. 969；参阅 Wāqidi，pp. 433—434。

教徒集体礼拜的地方，而且是他们的公所和校场。每天率领大家做礼拜的伊马木（现通译为“伊玛目”，意思是师表），在战时就是大家的指挥官，因为他们人人都有牺牲一切，以抵抗敌人的侵略，而保卫教胞安全的义务。阿拉比亚人，凡继续反对伊斯兰教的，都成为化外人，甚至成为法外人。曾经犯罪的人，只要信奉伊斯兰教，以前的罪恶可以一笔勾销。阿拉比亚人原是饮酒无度，狂嫖滥赌的，《古兰经》的一节明文，把酗酒和赌博一次就禁绝了[①]。淫辞小调和靡靡之音，对于阿拉比亚人有同样的吸引力，也受到严厉的批评。有人曾把阿拉比亚的旧风俗和伊斯兰教的新秩序作了一个生动的对照，相传这是迁居阿比西尼亚的伊斯兰教徒的发言人哲耳法尔所说的，他对尼加斯说：

> 国王！我们原是蒙昧的人民，崇拜偶像，吃自死物[②]，干丑事，遗弃至亲，背信弃义，弱肉强食。我们一向就是这样生活着，直到真主给我们派遣了一位本族的使者，我们知道他的祖宗，看出他的诚实、忠贞和廉洁。他号召我们信仰独一的真主，只崇拜他，教我们抛弃我们自己和我们的祖先舍真主而崇拜的石头和偶像，他命令我们诚实不欺，对人公道，联系至亲，和睦邻里，不干坏事，不杀无辜。他禁止我们做丑事，作伪证，吞食孤儿的财产，诬蔑贞洁的妇女。他又命令我们崇拜真主，不以任何物配他，命令我们礼拜、济贫、斋戒。[③]

伊斯兰教的势力，从麦地那向四方发展到整个的阿拉比亚，后来包括了西亚和北非的大部分。麦地那的集团，是后来的伊斯兰教集团的缩影。

穆罕默德在短短的一生中，把向来散漫的阿拉比亚人团结起来，使他们成为一个坚强的民族；把一个仅仅是地理上的名称——阿拉比亚——改变成
122 一个有组织的国家；建立了一个伟大的宗教，在广大的地区，取代了犹太教和基督教，而现在仍有广大的人民群众信奉这个宗教；奠定了一个大国的基础，这个大国辽阔的版图，包括了中世纪时期文明世界上物产最丰富的地区。

---

① 参阅《古兰经》5:90。奈伯特人有一个反对酗酒的神灵。

② 参阅《古兰经》2:173。

③ 斋戒是麦地那时期成为定制的，时间在向阿比西尼亚迁移之后很久，参阅《古兰经》2:185，186。参阅 Ibn-Hishām，p. 219。

穆罕默德本人，是一个没有受过学校教育的人①，但他传授了一部经典，全世界八分之一的人民在信仰这部经典，把这部经典看成是一切科学、哲学和神学的具体表现。

① 《古兰经》第 3 章第 2 节“温密”（*ummi*），依照逊尼派的解释是不识字的人。泰伯里（《古兰经注》第 8 卷，第 143 页）解释说，这是指没有得到天启的阿拉比亚多神教徒中间的一个。有些评论家指出，在《古兰经》的明文中（7:157，3:68，69，62:2）这个名词似乎是与信奉经典的人（*ahl al-kitāb*）相对的，所以这个名词的意思是一个不会阅读古代天启的经典的人；他们认为《古兰经》第 25 章第 6 节说明穆罕默德是会写阿拉伯文的。

123 第九章　《古兰经》

根据正统派的意见，穆罕默德逝世的次年，欧麦尔觉察到能背诵全部《古兰经》的人（*ḥuffāẓ*）有好几位已经去世了，所以向艾卜·伯克尔建议整理《古兰经》。艾卜·伯克尔就下令把《古兰经》分散的各部分搜集起来。他把这个任务委托给麦地那人宰德·伊本·撒比特，他以前是穆罕默德的秘书。“记录在枣椰叶肋上和白石版上的，以及牢记在人心中的”经文，都被搜集起来，编辑成定本①。在奥斯曼（644—656 年在位）任哈里发的时代，流行的抄本有了不同的读法（主要是由库法书法字体有缺点所致），于是奥斯曼于651 年任命宰德·伊本·撒比特为《古兰经》校订委员会的主席。艾卜·伯克尔时代整理出来的《古兰经》由欧麦尔的女儿圣妻哈福赛保管，此次用作底本。新校《古兰经》的原抄本保存在麦地那②；另有三部抄本，寄到大马士革、巴士拉和库法的军营中，其他的抄本一概销毁。

但是现代学者怀疑艾卜·伯克尔是否做过正式的校订工作，而认为奥斯曼在阿拉比亚、叙利亚和伊拉克的几个首府里发现了几种读法不同的抄本。奥斯曼把麦地那的抄本作为定本，而下令烧毁其余的抄本。公元 933 年，由两位大臣伊本·木格莱和伊本·伊萨，在博学的伊本·木查希德的帮助下，最后确定了《古兰经》本文的写法。伊本·木查希德承认七种读法都是正确的，这些读法是由于阿拉伯字母缺乏母音字母和标音符号而产生的③。

依照穆斯林的意见，《古兰经》是真主的言语，《古兰经》的原型保存在
124 第七层天上（《古兰经》43∶4；56∶77，78；83∶20，21），是由天神吉卜利勒

---

① Khaṭīb，*Mishkāh*，vol. i，p. 343.

② 据说这部《古兰经》曾被土耳其帝国当局赠送给德皇威廉二世。参阅《凡尔赛和约》第 8 条第 2 节第 246 款。

③ Arthur Jeffery，*Materials for the History of the Text of the Koran*（Leyden，1937），pp. 1—10；参阅 Hartwig Hirschfeld，*New Researches into the Composition and Exegesis of the Koran*（London，1902），pp. 138 以下。

（迦伯利）依照原型口授给穆罕默德的[①]。不仅《古兰经》的意义是启示的，连每个词、每个字母都是启示的。

《古兰经》各章（*sūrah*，苏赖）的编排，是机械的，是依照长短的秩序而编排的。麦加时期启示的，约计九十章，是属于艰苦奋斗时期的，大半短小尖锐、激昂慷慨，充分表达了先知的感情。九十章的主题是真主的独一及其德性，人的本分和将来的报应。麦地那时期启示的约计二十四章（约占全部《古兰经》的三分之一），是在胜利时期启示的（*unzilat*），大半是长篇大论，以立法为主题。在这二十四章里，制定了信条以及关于礼拜、斋戒、朝觐、禁月等的典礼和规章。还包含着戒饮酒、戒赌博、戒食猪肉的法律[②]；关于天课（*zakāh*，宰卡）和圣战（*jihād*，只哈德）等财政和军事法令；关于杀人、报复、高利贷、结婚、离婚、通奸、继承、释奴等民事和刑事的法律。第2章、第4章和第5章包含最大部分立法的资料。常被引证的关于婚姻的规定（4:3），与其说是提倡多妻制的，不如说是限制多妻制的。批评家们认为关于离婚的法令（4:35；33:49；2:229）[③]，是最讨厌的，关于对待奴隶、孤儿和异乡人的那些法令（4:2，3，36；16:71；24:33），是伊斯兰教立法中最人道的部分。释放奴隶，被认为是最能取得真主的喜悦的事情，而且能赎许多罪。在麦地那启示的各章里，如第24章[④]，到处显现出词藻的华丽和先知的智慧。《古兰经》最著名的章节中有2:172，256。

《古兰经》所叙述的历史故事，除少数外，几乎在《圣经》里都有类似的故事。那少数是关于阿德人和赛莫德人、鲁格曼、象兵等纯粹的阿拉伯故事，以及暗指亚历山大大帝（*Iskandar dhu-al Qarnayn*）[⑤] 和“七眠子”[⑥] 的两个故事，而且这些都只是简略地提及。《旧约》里的人物亚当（阿丹）、诺亚 125
（努哈）、亚伯拉罕（易卜拉欣，曾在不同的二十五章中提及七十次[⑦]，第14

---

① 参阅 Bayḍāwi，vol. ii，p. 235，309—310，396。

② 《古兰经》的明文是禁止吃自死物、血液和猪肉，著者的提法是不全面的。——译者

③ 著者所注《古兰经》各章的节数，大部分是错误的，译者根据埃及官版的节数加以更正，以便读者检查。——译者

④ 这一章中关于光的节文，受到袄教的影响。

⑤ 见18:83以下，他似乎奉到神的使命。《旧约·但以理书》8:5，21，显然提及亚历山大。

⑥ “七眠子”是公元249—251年小亚细亚以弗所的青年基督教徒，为了逃避迪西阿斯国王的迫害，而逃隐到山洞中，高卧了一百九十六年（一说二百年）。这是基督教的传奇，参考 Gibbon，*Decline and Fall of the Roman Empire* 第33章末。——译者

⑦ 在麦地那启示的各章里，亚伯拉罕变成了一个哈尼夫（真诚者），一个穆斯林（3:67）。穆罕默德把他当做自己理想的前辈，伊斯兰教精神上的祖先（4:125，3:65），克而白的奠基者（2:117）。称他为上帝的“朋友”，而引证了他的话。《旧约：以赛亚书》41:8，《历代志》下20:7，《新约：雅各书》2:23，《古兰经》4:125。

章叫做易卜拉欣章）、以实玛利（易司马仪）、罗得（鲁兑）、约瑟（优素福，第12章叫做优素福章）、摩西（穆萨，在不同的三十四章中提及他）、扫罗（塔鲁特）、大卫（达五德）、所罗门（苏莱曼）、以利亚（易勒雅斯）、约伯（艾优卜）和约拿（优努斯，第10章叫做优努斯章）等，在《古兰经》里都是著名的人物。亚当的故事叙述过五次，洪水的故事八次，所多玛[1]的故事八次。事实上，《古兰经》同《摩西五经》[2] 相类似的地方比同《圣经》的任何部分相类似的地方都要多些。

这些故事被用做教导的资料，《古兰经》不是为讲故事而讲故事，却是为了教导一种道德，为了指示人们：真主在古时候总是奖励公正的人，惩罚邪恶的人。约瑟的故事是用一种有趣的和现实主义的方法讲述的。这个故事和其他类似的故事，如亚伯拉罕响应独一真宰（21∶52 以下）的号召的故事，都有种种变化，在《米德拉什》《特勒木德》和犹太教其他经外传说里都有类似的记载[3]。

《新约》的人物，只有撒迦利亚（宰凯里雅）、施洗礼的约翰（亚哈雅）、耶稣（伊萨）、玛利亚（麦尔彦）等人，被着重地提及。最后的两个名字通常是联系在一起的。耶稣的母亲玛利亚被称为仪姆兰的女儿、亚伦（哈伦）的妹妹[4]。亚哈绥鲁王的宠臣哈曼[5]本人就是法老的大臣[6]。值得指出的是，《旧约》的人物的名字用阿拉伯语写出来跟希伯来语不一样，这似乎主要是从叙利亚语传过来的（例如 Nūḥ，Noah），或者从希腊语传过来的（例如 Ilyās，Elias；Yūnus，Jonah），而不是从希伯来语直接传过来的。

把上述《古兰经》的故事和《圣经》的故事以及下列相似各节比较研究一下，就可以看出两者之间没有字句上的依从关系：《古兰经》2∶47—58 和《使徒行传》7∶36—53；《古兰经》2∶274 和《马太福音》6∶3，4；《古兰经》10∶73 和《彼得后书》2∶5；《古兰经》10∶73；24∶51 和《申命记》26∶14，17；《古兰经》17∶23—40 和《出埃及记》20∶2—17，《申命记》5∶6—21；
126 《古兰经》21∶20 和《启示录》4∶8；《古兰经》23∶3 和《马太福音》6∶7；《古兰经》36∶53 和《帖撒罗尼迦前书》4∶16；《古兰经》39∶29 和《马太福

① 《古兰经》里不用这个名词，用的是“鲁兑的人民”。——译者

② 《摩西五经》习惯上是指《旧约》里的《创世记》、《出埃及记》、《民数记》、《利未记》和《申命记》。——译者

③ 参阅 *The Legacy of Israel*，ed. E. R. Bevan and C. Singer（Oxford，1928），pp. 129—171。

④ 《古兰经》19∶16—28；3∶33—43。

⑤ 《以斯帖记》3∶1。

⑥ 《古兰经》28∶38；40∶36。

音》6:24；《古兰经》42:20 和《加拉太》6:7—9；《古兰经》48:29 和《马太福音》4:28；《古兰经》92:18 和《路加福音》11:41。可以认为直接引用的只有一节，即《古兰经》21:105（参阅《诗篇》37:22）。其他带有显著的相似之处的是：《古兰经》21:104 和《以赛亚》34:4，《古兰经》53:39—42 和《以西结书》18:20；《古兰经》53:44 和《撒母耳记》上 2:6；《古兰经》53:48 和《撒母耳记》上 2:7。《古兰经》和《圣经》中关于"以眼还眼"（《古兰经》5:45 和《出埃及记》21:24）、"骆驼和针眼"（《古兰经》7:40 和《马太福音》19:24）、"建筑在沙土上的房子"（《古兰经》9:109 和《马太福音》7:24—27）、"人人都要尝试死的滋味"（《古兰经》21:36；29:57；3:185 和《希伯来书》9:27；2:9，《马太福音》16:28）等的节文都明白地指明，闪族古代的许多谚语和格言，在希伯来语和阿拉伯语里，原是共同的。《马太福音》和麦加时期的各章之间的相似之处特别多。归于幼儿耶稣的某些神通，如在摇篮里说话（3:46）、用泥巴做鸟（3:49）等，使人回忆起伪福音书中所记载的同样的神通，那些伪书包括《幼年福音》（*Injīl al-Ṭufūlīyah*）。与波斯教经典的内容显然相类似的是关于天堂和地狱的描写，那是用写实主义色彩的笔触写出来的景象，在巴尔西斯晚近的作品中可以找到类似的描写。这种描写本身可能受到基督教关于乐园的彩饰画或镶嵌图画的启发，乐园中天神的形象被解释成仙童和仙女。

《古兰经》虽然是划时代的经典中最年轻的，然而它是一切书籍中被诵读得最广泛的。除了穆斯林们每日五次礼拜中都诵读它以外，它还是一部教科书，每个穆斯林都把它当做阿拉伯语的读本。除了土耳其语的正式译本外，还没有一种外国语的审定的穆斯林译本，但是由穆斯林们自由译成各种语言，写在阿拉伯语原本的字里行间的未经审定的译本，却有好几种，有波斯语的、孟加拉语的、乌尔都语的、马拉帖语的、爪哇语的、汉语的。总之，《古兰经》已被译成四十多种语言①。《古兰经》有6236节，77934个词，323621个字

---

① 《古兰经》的第一种外国语译本是拉丁语译本，在公元 1143 年由法国克律尼镇的修道院院长、可敬的彼得，在三个基督教学者和一个阿拉伯人的协助下译成。翻译是为了批驳伊斯兰教的信仰。英语的第一部译本，于公元 1649 年刊行于伦敦，叫做"穆罕默德的古兰经，迪卢叶从阿拉伯语译成法语……新近的英语译本，是为了满足细究土耳其神灵之目的而翻译的"。塞尔的英语译本，刊行于 1734 年，是从阿拉伯语原本意译而成的，曾受马拉西的拉丁语译本《驳斥古兰经》（1698 年）的影响；罗德韦尔的英语译本，于 1861 年出版，他把各章依照年代排列；帕尔默的英语译本，于 1880 年出版，尝试再现东方的情调。比克塔尔的译本（1930 年出版）是特别成功的。贝尔（1937—1939 年译）的译本企图重新组织各章的节文。阿拉伯语原本《古兰经》的最早的印刷，是 1485 和 1499 年之间在意大利威尼斯城由亚历桑德洛（Alessandro de Paganini）完成的。

127 母[①]，曾有人辛勤地统计了这些数字。后来规定的信条，承认《古兰经》“是真主的语言，不是被创造的”，这是“逻各斯”[②] 学说的反响。对于《古兰经》的无限尊敬，至此已达顶点了。“只有纯洁者才得抚摩它”[③]。在我们这个时代，往往有穆斯林在大街上拾起一张字纸，把它塞在墙洞眼里，因为那张字纸上或许有真主的尊名，这种“敬惜字纸”的风气，在伊斯兰教国家并不是罕见的。

Qur'ān 是动词 *qara'a* 的词根，本义是“诵读”“朗读”“讲道”。这部经典是一个强烈的、有生命的声音，是要高声朗诵，使听到原本的人感佩的。《古兰经》不少的力量是在韵脚、节奏、修辞、动听等方面，这些东西在译本中很难完全表达出来。《古兰经》的字数，约等于《新约》阿拉伯语译本的五分之四。《古兰经》是伊斯兰教的基础，是一切精神问题和伦理问题的最后根据，故《古兰经》具有重大的宗教影响，这是一个方面。在穆斯林看来，教义学、教律学、科学这三件东西，是同一事物不同的三个方面，因而《古兰经》就成为要受高等普通教育的科学手册和教科书。在伊斯兰世界最高学府“爱资哈尔”那样的学校里，《古兰经》仍然保持原有的地位，仍然是全部课程的基础。全凭《古兰经》的联系，说阿拉伯话的各国人民的方言，才没有像罗曼斯语系[④]那样，变成各别的语言，我们认清这一点，就会知道，《古兰经》在文学上的影响也是重大的。在今天，伊拉克人能够充分地了解摩洛哥人的口语，而不感觉有大的困难。他更能够毫无困难地了解他所写的文章。因为在伊拉克、摩洛哥、叙利亚、阿拉比亚、埃及等国家，到处都严密地遵守着被《古兰经》规范化了的标准的阿拉伯语。在穆罕默德时代，没有任何第一流的阿拉伯散文作品。因此，《古兰经》是最早的、一直保存到现在的模范的散文作品。《古兰经》的文字是带韵律的、雄辩而且美丽的散文，不是诗歌。《古兰经》带韵律的散文，成为散文体的标准，现在保守派的阿拉伯语作家，还在自觉地努力模仿《古兰经》的风格。

---

① 还有别的计算法。

② 参阅《约翰福音》1∶1；《箴言》8∶22—30。

③ 《古兰经》56∶79。

④ 罗曼斯语是拉丁语转变成的近代法语、西班牙语、普罗旺斯语等拉丁系语言的总称。——译者

第十章　伊斯兰教——服从真主的意志的宗教 128

在闪族所发展的三大一神教中，伊斯兰教是最有特色的，跟伊斯兰教更接近的，是尊奉《旧约》的犹太教，而不是尊奉《新约》的基督教。但是伊斯兰教与犹太教和基督教，都有这样亲密的类缘，以致中世纪时代欧洲的和东方的许多基督教徒都认为伊斯兰教是基督教的异端派，不是一种特殊的宗教。但丁在他所著的《神曲》一书中把穆罕默德安置在地狱的第八圈第九沟里，跟“离间者”在一起。伊斯兰教逐渐发展成为一种独立的、特殊的信仰体系。克而白和古莱氏，是这种新方向的决定性因素。

穆斯林的教义学家，把伊斯兰教的基本原理分成三类：伊曼（*imān*，宗教信仰）、仪巴达特（*'ibādāt*，宗教义务）、伊哈桑（*iḥsān*，善行），这三条基本原则统称为宗教（*dīn*）[①]。“真主所喜悦的宗教确是伊斯兰教”（3∶19）。

教义和信条

“伊曼”包括信真主、信他的天神、信他的经典、信他的使者、信末日。伊斯兰教首要的、最重大的信条，是 *la ilāha illa-l-Lāh*（“除真主外，别无神灵”）。在“伊曼”中，真主的概念，居于最高的地位。穆斯林的教义学，实际上有百分之九十以上，是讨论真主问题的。他是唯一的真宰。关于真主的独一，在《古兰经》第112章里表白得最简明、最概括。真主是最高的实在，是先在的，是创造者（16∶3—17；2∶28—29），是全知的，是全能的（13∶9—17；6∶59—62；6∶101—103；3∶26—27），是自我存在的（2∶255；3∶2）。他有九十九个美名（*al-asmā' al-ḥusna*[②]，7∶180）和九十九种德性。穆斯林的念珠有九十九颗珠子，正相当于真主的九十九个美名。他的慈爱的德性（*ṣifāt*），129
为他的大能和尊严的德性所掩蔽（59∶22—24；7∶156）。伊斯兰教（5∶5；

---

① 参阅 al-Shahrastāni，*al-Milal w-al-Niḥal*，ed. Cureton（London，1842—1846），p. 27。

② Al-Ghazzāli，*al-Maqṣad al-Asna*，2nd ed.（Cairo，1324），pp. 12 以下；Baghawi，*Maṣābīḥ*，vol. i，pp. 96—97。

6: 125，49: 14）是服从真主的意志的宗教。亚伯拉罕和他儿子接受真主的考验，父亲企图把儿子献祭的行为，是用动词 *aslamā*（他俩服从了，37: 103）来表达的。穆罕默德把新宗教叫做伊斯兰教，显然是从这种行为得到启发的①。这种坚决的一神教，是朴实的，对于超越物质界的存在的最高统治者，具有热忱的信仰，伊斯兰教主要的力量，就寄存在这里面。伊斯兰教徒享有知足和达观的意识，这是其他宗教信徒大半没有的。在穆斯林国家里，自杀案是很罕见的。

伊曼的第二信条认为穆罕默德是真主的使者（*rasūl*，7: 158；48: 29），是他的先知（7: 157），是人民的警告者（35: 23—24），是一张很长的先知名单中的最后一名，是他们的“封印”（33: 40），因而是最伟大的先知。在《古兰经》的教义学体系中，穆罕默德只是一个凡人（18: 110，41: 6），他唯一的奇迹是《古兰经》的“伊耳查兹”（*i'jāz*，绝妙性）②；但无论在传说里、民间故事里、大众的信仰里，他都被赋予一种超凡的灵气。他的宗教是极端讲实际的，充分地反映了这个宗教的创始人具有重实践、讲效率的精神。伊斯兰不提出难以完成的理想，难得提出错综复杂的教义，没有神秘圣礼，没有包括圣职授任、奉献和“使徒继承”的教士政治。

《古兰经》是真主的言语（*kalām*，9: 6；48: 15，参阅 6: 115）。《古兰经》包含最后的启示（17: 105—108；98: 3；44: 3；28: 52，53；46: 12），《古兰经》不是被创造的。引证一节《古兰经》本文的时候，往往用“真主说”这个句子提出来。无论在语音的、书法的复制方面和在语言的形式方面，《古兰经》跟天上的原型，是完全一致的，同是永垂不朽的（56: 77—80；85: 21—22）。《古兰经》是最伟大的奇迹，所有的人和精灵通力合作，也不能创作同样的妙文（17: 88）。

伊斯兰教在天使论中给迦伯利（即吉卜利勒）以最高的地位，他是启示
130 的传达者（2: 97）③，又是玄灵（16: 102；2: 87）和忠实的精神（26: 193）。
作为上帝的使者，迦伯利相当于希腊神话里的赫尔墨斯（Hermes）。

罪恶不是道德方面的，就是礼节方面的。最恶劣的、不可饶恕的罪恶，是“什尔克”（*shirk*），就是把其他的神灵同独一的真宰真主结合起来（4: 48，

---

① C. C. Torrey，*The Jewish Foundation of Islam*（New York，1933），pp. 90，102 以下。

② 《古兰经》文体的优美，构成它的绝妙性（13: 27—30，17: 88—89）。参阅 ibn-Ḥazm，*al-Faṣl fi al-Milal w-al-Ahwā' w-al-Niḥal*，vol. iii（Cairo，1347），pp. 10—14；al-Suyūṭi，*al-Itqān fi'Ulūm al-Qur'ān*（Cairo，1925），vol. ii，pp. 116—125。

③ 本章明白地断言迦伯利是启示的媒介，参阅 81: 19—21；53: 5—7。

116)。说上帝有复数，似乎是穆罕默德最憎恶的事情。在麦地那的各章里，不断地警告多神教徒，他们将受到最后的判决（28∶62 以下各节，21∶98 以下各节)。在穆罕默德的意识中，“信奉天经的人”①，即基督教徒和犹太教徒，大概不包括在多神教徒里，但是注释家对于第 98 章第 6 节有不同的注释。

讨论末世论的部分，是《古兰经》中最动人的部分。第 75 章被称为复生章（*al-qiyāmah*)。来世生活的实况，被着重地加以描写，被反复地提及的有报应日（15∶35；82∶15—18)、复生时（18∶21；22∶7；15∶85)、复生日(24∶24，25；31∶33)、实灾（69∶1—2）等名称。依照《古兰经》的描写，来世生活中有肉体上的痛苦和快乐，这暗示着肉体的复生。

伊斯兰教的五大纲领：

穆斯林的宗教义务，集中在伊斯兰教的五大纲领（arkān)② 上。

(1)信仰的表白

第一个纲领是信仰的表白（*shahādah*，意思是作证)，这个纲领概括为下列的信条：*la ilāha illa-l-Lāh*；*Muhammadum rasūlu-l-Lāh*（除真主外，别无神灵；穆罕默德是真主的使者)③。穆斯林的婴儿初生的时候，首先听到的是这两句话；穆斯林临终的时候，最后说出的也是这两句话。从初生到临终之间，再没有别的话像这两句话讲得这样多了。宣礼员（muezzin，穆艾精）每天几次登宣礼塔高声宣礼的时候，也要宣扬这个信条。伊斯兰教通常满足于口头的表白；任何人只要接受这个信条，当众表白一次，名义上就是一个穆斯林。

(2）礼拜

忠实的穆斯林，每日要向着克而白礼拜五次④。礼拜是第二个纲领。当礼拜的时候（假设没有因经纬度而发生的差别)，对穆斯林世界作一次鸟瞰，就可以看到这样一个奇观：由礼拜人构成的一连串的同心圆，都是由麦加的克而白辐射出去的，覆盖着一个不断放宽的面积，从非洲西海岸的塞拉利昂到马来西亚，从苏联的托博尔斯克到南非的开普敦。 131

礼拜仪式的名称*ṣalāh*，由阿拉伯的正字法（带有瓦五〔*wāw*〕）可以看出是一个外来词，是从阿拉马语借来的。倘若伊斯兰教以前有礼拜的仪式，那一定是无组织的、非正式的。早期的启示里虽然奖励礼拜（87∶15)，而且提出礼拜的要求（11∶115；17∶78；30∶17—18)，但是每日五次，每次各有一定的拜数，而且必须具备礼节上的清洁条件（24∶56⑤；4∶43；5∶6)，像这样的礼拜仪式，是在麦地那时期的启示中才规定的。中间的礼拜（2∶238）是最后

---

① H. Lammens, *L'Islam: croyances et institutions* (Beirūt, 1926), p. 62, l. 17; p. 219, l. 7.

② 旧译五功。——译者

③ 旧译“万物非主，惟有真主，穆罕默德是主钦使”。这就是“清真言”（al-kalim-ah al-Ṭayyibab)。——译者

④ 五次：黎明、正午、午后、傍晚和夜间。

⑤ 参看《旧约·诗篇》55∶17。

命令的。据布哈里的传说，在穆罕默德夜间旅行（17:1）访问第七层天的时候，真主命令每日礼拜五十次，后来经过屡次恳求，才改为每日礼拜五次[1]。由第4章第43节的本文可以看出来，起初限制饮酒，后来严禁饮酒，是为避免礼拜时神志不清。

礼拜的仪式，是一种法定的行为，大家都要用同样的立正、鞠躬和跪拜来履行它。参加礼拜的人，必须具有法律上的清洁（*ṭahārah*），同时必须诵读阿拉伯语的《古兰经》，不管他本国的语言是什么。礼拜的主要内容是纪念真主的尊名（62:9；8:45），而不是再三的请愿和求乞[2]。词句简洁而含义丰富的“法谛海”章[3]，可与主祷文媲美[4]，忠实的穆斯林，每日要在礼拜内重复这章经二十遍左右。这章经就成为被反复诵读得次数最多的一个公式。应受加倍称赞的，是夜间志愿举行的礼拜（*tahajjud*，17:79；50:39，40），因为那是分外之事（*nāfilah*）。

星期五（金曜日）中午的礼拜，是唯一的公众的礼拜（*jum'ah*，聚礼，62:9），这是所有成年男子都应当参加的。有些礼拜寺里，有为妇女保留的席位。聚礼的特点，是宗教领袖（伊马木）所做的说教（*khuṭbah*），在说教里
132 替国家元首祝福。这种聚礼的仪式，是发源于犹太教的会堂礼拜，但是在后来的发展中，又受到基督教星期日礼拜的影响。作为一种集体礼拜的典礼来说，聚礼的整齐、严肃和朴实，都是无比的。礼拜的群众，在礼拜寺里自动排成整齐的横行，在行里严肃地立正，在伊马木的领导下，准确地、恭敬地举行礼拜，这种情景，往往是动人的。作为一种训练的方法来说，这种聚礼，对于骄傲自满的、个人主义的游牧民族，一定有过重大的价值。这种仪式，在他们的心中培养了社会平等的观念和团结一致的意识。这种仪式，促进了教胞之间的兄弟关系，穆罕默德的宗教，在教义上就用这种兄弟关系取代了血缘关系。礼拜的场地，就这样变成了“伊斯兰教的第一个练兵场”。

（3）施舍 “宰卡”（*zakāh*，意思是法定的施舍）[5] 原来规定为一种自觉自愿的慈善行为（2:215，219，261—269，271—274），后来发展成为一种包括货币、牲畜、谷物、果品和商品的财产税。在《古兰经》里，“宰卡”和“赛拉”（礼拜）是相提并论的（9:5；2:43，83，110 等节）。年轻的伊斯兰国家，通过正

---

① Ṣaḥīḥ，vol. i，pp. 85 以下；参阅《旧约 · 创世记》18:23—33。

② 非规定的、私下的几个人的祈祷叫做“杜阿”（du'ā'），不可与正式的礼拜混为一谈。

③ 法谛海章（开端章）是《古兰经》首章。——译者

④ 主祷文据说是指耶稣基督所传授的祈祷文（《新约 · 马太福音》6:9，13）。——译者

⑤ 旧译天课。——译者

规的官吏，征收“宰卡”，由中央财政部管理，用来维持贫民的生活，修建清真寺，支付政府的开支（9:60）。“宰卡”这个词，也是发源于阿拉马语，比“赛德格”的含义更确定些，“赛德格”是随意的，是指一般的施舍。“宰卡”是一种纯粹的宗派的制度，包含着征收来的施舍，而这种施舍，只在穆斯林中间分配。“宰卡”的基本原则，与什一税（*'ushr*，欧什尔）相符合，据普林尼的考证[1]，南方的阿拉比亚商人，在出卖自己的香料之前，必须把十分之一的香料献给他们的神灵。各种财产的税率，是不相同的，必须依照“费格海”（*fiqh*，教律）的规定，但通常的标准，是2.5%。甚至士兵的津贴，也不例外。近年来，随着纯粹的伊斯兰教国家的瓦解，“宰卡”的缴纳又听凭穆斯林的天良了。“宰卡”是伊斯兰教的第三个纲领。

在麦地那时期的启示里虽然屡次规定了赎罪的斋戒（58:4；19:26； (4) 斋戒
4:92；2:183—7），但是规定赖麦丹月为斋月，却只提过一次（2:185）。赖麦丹月在伊斯兰教以前可能是一个圣洁的月份，伊斯兰教定此月为斋月，是因
为在这个月里开始降示《古兰经》（2:185），伯德尔战役又是在这个月里获 133
得大胜的。斋戒是自黎明到日落，整天戒除饮食和性交（2:187）。在现代的穆斯林国家，政府或平民对不斋戒的信徒使用暴力的例子，不是没有的。

我们没有证据可以证明，在伊斯兰教以前，信奉邪教的阿拉比亚有斋戒的任何习俗，但是在犹太教徒和基督教徒中，这种制度当然是早已建立起来了（《马太福音》4:2，《申命记》9:9）。伊本·希沙木说，在蒙昧时代，古莱氏人每年到希拉山上去住一个月，实行忏悔（*taḥannuth*）[2]。穆罕默德到了麦地那以后，在规定赖麦丹月为斋月之前，他显然是以穆哈兰月[3]初十日（*'ashūrā*）为斋戒日，这是他跟犹太人学来的[4]。在麦加时期的启示里，斋戒（*ṣawm*）这个词只出现过一次，而且显然是当沉默解释的。

朝觐（*ḥajj*，哈只，3:97；2:189，196—203；5:1—2，96）是伊斯兰教 (5) 朝觐
的第五个纲领，也是最后一个纲领。每个穆斯林，不分性别，只要身体健康，旅途安全，能自备旅费，而且家属的生活有着落，平生必须到麦加去，在指定的时间内，集体访问圣地一次。这叫做大朝（哈只）。至于小朝（*'Umrah*，欧木赖），随时都可以举行，个人也可以举行。

---

① Pliny，Bk. XII，ch. 32.

② *Sīrah*，pp. 151—152.

③ 回历正月。——译者

④ Bukhāri，vol. ii，p. 208；《利未记》16:29。

朝觐者（*hājj*，哈只①）以受戒者（*muḥrim*，不穿缝成的衣服）的身份进入圣地，绕克而白环行七周（*ṭawāf*），然后在附近的赛法和麦尔瓦两个丘陵之间奔走七趟（sa'y）②。朝觐的主要功课是进驻阿赖法③，那是在回历十二月初九日举行的。初九日，白天在阿赖法停留（*wuqūf*），晚上在木兹德里法停留，初十日早晨在米那停留。这几处都是在麦加东郊的圣地。初九日到初十日在前往米那山谷的途中，在哲木赖特·阿格伯投掷小石子。初十日在米那宰牲，宰一只骆驼或牛或羊（22∶34—37），这就是全世界穆斯林共同庆祝的宰牲节（*'Īd al-Aḍḥā*，俗名*'Id al-Qurbān*，古尔邦节）。至此，全部仪式正式结
134 束了。剃头或剪发后，脱下戒衣，穿上俗衣。在受戒期间，朝觐者不得修饰、争吵、行房、宰牲、狩猎、拔草、折树。

朝觐圣地，是闪族古老的制度④。在《旧约》里可以找到这种制度的反响（《出埃及记》23∶14，17；34∶22—23；《撒母耳记》上1∶3）。这种制度，可能起源于太阳崇拜，这种仪式恰在秋分时节举行，是向暴虐的太阳告别，欢迎使土地肥沃的雷神古宰哈（*Quzaḥ*）。在伊斯兰教以前的时期，在北部阿拉比亚举行一年一度的集市，集市后接着在十二月朝觐克而白和阿赖法。回历7年，穆罕默德采取了古代朝觐的仪式，而加以伊斯兰化，使仪式集中在克而白和阿赖法。在这些仪式中，伊斯兰教接受伊斯兰教以前时期阿拉比亚的遗产最多。据列弗阿特的传说⑤，当时有一个游牧人做完绕克而白而环行的仪式后，用阿拉伯方言重复了这几句话："天房的主啊！我声明我已来了。你不要说我没有来。请你饶恕我，饶恕我的父亲，如果你愿意的话。否则，请你饶恕我，即使你不愿意，因为我已经完成了我的朝觐，正如你所看到的那样。"⑥

经常不断地有哈只旅行团，从塞内加尔、利比里亚、尼日利亚，穿过非

---

① 哈只是朝觐天房者的名称，通常拼写成 hadji 或 hajji，"哈只"是明朝的译名。——译者

② 根据传说，哈介尔（Hagar，夏甲）为了替口渴的儿子易司马仪寻找泉水，曾在这个地方来回奔走，现在穆斯林们举行这个奔走的仪式，就是为了纪念这件事的。

③ 阿赖法（'Arafah）是河谷的名称，阿赖法特（'Arafāt）是山的名称（见 Rif'at，*Mir'āt*，vol. i，p. 44），但是这两个名称是可以互换的。

④ W. Robertson Smith，*Lectures on the Religion of the Semites*，3rd ed. by S. A. Cook（London，1927），pp. 80，276.

⑤ Vol. i，p. 35.

⑥ Vol. i，p. 35. 这位作者还谈到，他无意中听到一个贝杜因妇人对克而白说："莱伊拉太太！如果你把充足的雨水送到我那个地区，因而获得丰收，我拿一瓶奶油来，给你搽头发。"另外一个贝杜因妇女听了这句话，就问她说："你真的要拿一瓶奶油来给她么？"她答道："别作声！我在愚弄她呢。她真叫我那个地区下雨，我什么也不拿来给她。"

洲，不断向东移动，团员的人数，沿途逐渐增加。有步行的，也有骑骆驼的。大多数是男人，但是也有少数妇女和儿童。他们沿途做买卖，乞讨，一直旅行到高贵的麦加和光辉的麦地那。有些人倒毙在路旁，成为殉教者；生存者终于到达红海西岸的一个港口，小船把他们渡到彼岸。但是，比较大的四个 135
驼队，是从也门、伊拉克、叙利亚和埃及出发的。这些国家，惯于每年各派一个麦哈米勒（*maḥmil*，意思是轿子）由本国的驼队护送到麦加去，作为本国威望的象征。麦哈米勒是装饰得很华丽的一个驼轿，由一只骆驼驮着，骆驼由人牵着在驼队前面走，没有人骑在上面。这种麦哈米勒，自十三世纪以来就由穆斯林各国的君主每年派人送到麦加去，因为他们都切望显示自己国家的独立，都愿意证明自己真是圣地的保护者。根据流行的传说，埃及艾优卜王朝某王的王后舍哲尔·杜尔，在十三世纪中叶首先想出“麦哈米勒”的办法。但是，根据几种早期的著作①，创始这种成规的是伍麦叶王朝驻伊拉克的总督，赫赫有名的哈查只（714 年卒）。不管这种传说哪一个是正确的，十分明显，只是因为埃及奴隶王朝的拜伯尔斯（1260—1277 年在位）曾十分隆 136

埃及和叙利亚的麦哈米勒，离开木兹德里法到米那去，1904 年摄影

采自 Ibrāhīm Rif‘at，“*Mir’āt al-Ḥaramayn*”

---

① Ibn-Qutaybah，*Ma‘ārif*，p. 274；Yāqūt，*Buldān*，vol. iv，p. 886，1. 6；ibn Rustah，p. 192；al-Suyūṭi，*al-Kanz al-Madfūn*（Būlāq，1288），p. 68.

重地庆祝派遣麦哈米勒的典礼，所以这种习俗才建立在一个坚实的基础上①。在新近的年代里，叙利亚的和埃及的驼队，是以华美著称的。第一次世界大战和第二次世界大战之间，每年朝觐天房者的平均人数，大约是十七万二千人。此后不断增多，到（二十世纪）六十年代中期达到一百万，其中埃及人和巴基斯坦人最多。清教徒的伊本·赛欧德把这种麦哈米勒当做异教的东西废除掉了。在发现石油之前，朝觐者的费用原是希贾兹岁入的主要来源。

千余年来，朝觐圣地的制度，对于团结全世界的穆斯林，起了重大的作用；对于联系各种不同的教派，发生了最有效的纽带作用。这种制度几乎使每个有能力的穆斯林，平生都做一次长途旅行。人数这样多的教胞，从四面八方到圣地来聚会一起，究竟会发生什么社会化的影响，这是不易充分估计的。这种制度使黑种人、柏柏尔人、中国人、波斯人、叙利亚人、突厥人、阿拉伯人——富足的、贫穷的、高级的、低级的——在共同的宗教信仰的基础上，汇合在一起，和睦相处。就摧毁种族、肤色、民族之间的重重障碍来说，在世界各大宗教之中，伊斯兰教似乎已获得最大的成功，至少在穆斯林的范围内是这样的。只有在信徒与非信徒之间，画了一条线。每年一次哈只的聚会，对于获得这种结果，无疑是有很大贡献的。有许多哈只，是来自偏僻的地方，现代化的交通工具还没有把那些地方跟圣地联系起来；在那些地方，报纸的声音还没有成为有生气的声音，在朝觐期间对那些哈只进行教派的宣传，倒是一个很好的机会。例如北非的赛奴西运动的发起和推广，就应归功于朝觐所提供的机会。

圣战

只哈德（*jihād*，圣战②）的义务（2:190—194）至少是被穆斯林的一个教派——哈列哲教派——提升到伊斯兰教的第六种纲领的地位。伊斯兰教发展成为世界上的一大势力，要归功于这条教律。哈里发的主要任务之一，是
138 把伊斯兰教地区（*dar al-Islām*）和战争地区（*dār al-ḥarb*）之间地理的隔墙继续往后推。这种把世界截然分为和平之乡与战争之乡的主张，同苏俄的共产主义理论是有相似之处的。但是在最近的这些年里，只哈德在穆斯林世界已得不到那么多人的支持了，这主要是由于伊斯兰教已传播很广。现在，伊斯

① Suyūṭi，*Ḥusn*，vol. ii，p. 74；参阅 al-Maqrīzi，*al-Mawā'iẓ t ẉ-al-I'tibār*，ed. Gaston Wiet（Cairo，1922），vol. iii，p. 300；*al-Sulūk fi Ma'rifat Duwal al-Mulūk*，tr. M. Quatremère，*Histoire des sultans mamlouks de l'Égypte*（Paris，1845）vol. i（pt. 1），pp. 149—150。Maḥmil，鲁韦来部族的 *markab*（轿子），《旧约》里的约柜（《旧约·出埃及记》25:10；37:1。《旧约·约书亚记》3:15；4:11），都可以上溯到同一个古老的闪族的根源。

② 在理论上说，穆斯林是没有非宗教战争的。

哈只们在克而白周围举行金曜日的聚礼，1908 年摄影
采自 Ibrāhīm Rif'at，"*Mir'āt al-Ḥaramayn*"

克而白东北角的景色，1908 年摄影
采自 Ibrāhīm Rif'at，"*Mir'āt al-Ḥaramayn*"

兰教生活于许多外国政府的保护之下，那些政府，有强大得不易推翻的，有友好得不必推翻的①。1914 年秋季，最后发出这样的呼吁的，是奥斯曼土耳其素丹②兼哈里发穆罕默德·赖沙德，他号召全世界的穆斯林一致奋起，跟非穆斯林作斗争，这个呼吁遭到了绝对的失败。

另外一个重要的信条是信仰善恶的前定（9:51；3:140；35:2），这是一个千百年来在穆斯林思想和行为中起主导作用的因素。

上面所讨论的这些宗教的义务（*'ibādāt*，仪巴达特），构成了伊斯兰教的基础。但是《古兰经》的命令并不是只规定了这些义务。行善（*iḥsān*）也是《古兰经》所规定的。在穆斯林世界，公德和私德的规范，都具有宗教的性质。从根本上来说，由穆罕默德传达的真主的旨意决定什么是正确的（*ḥalāl*，哈拉勒，意思是准许的、合法的），什么是错误的（*ḥarām*，哈拉木，意思是违禁的、非法的）。在阿拉比亚宗教的历史发展中，伊斯兰教首先要求个人的信仰和个人的道德（53:38—41；31:34）。在伦理行为的领域中，伊斯兰教以宗教的道德情谊代替了血统的种族情谊。在人类的德行方面，伊斯兰教以“宰卡”的方式，谆谆地以仁爱嘱咐人们。《古兰经》里有许多节文（如2:177；3:92，104，114—115；4:40；17:26），比《旧约》中最优美的教训（如《阿摩司书》5:23—24；《何西阿书》6:6；《弥迦书》6:6—8）优越得多，在这些节文里，伊斯兰教的伦理理想被明白地提出来了。

---

① 在两次世界大战之后，自几内亚到印度尼西亚的所有伊斯兰国家，已先后挣脱帝国主义的枷锁而独立。著者的谬论，在历史事实面前，是不攻自破的。——译者

② “Sultan”旧译“苏丹”，与地名“Sudan”（苏丹）容易混淆，译音也不很准确，现在改译“素丹”，这是中国最古老的而且是比较正确的译名。见宋赵汝适《诸蕃志》和宋周去非《岭外代答》。——译者

第十一章　征服、扩张和殖民的时期 139

公元 632—661 年

正统的哈里发

1. 艾卜·伯克尔	632—634 年在位
2. 欧麦尔	634—644 年在位
3. 奥斯曼	644—656 年在位
4. 阿里	656—661 年在位

穆罕默德在世的时候，先知、立法者、宗教领袖、裁判长、司令官、国家元首等职务，都是由他个人兼任的。但是现在穆罕默德已经去世了，谁来替他执行这些职务呢？谁来做他的哈里发（*khalīfah*，caliph，继任者）呢？穆罕默德是最后的，也是最伟大的先知，他把最后的天命（dispensation）传给人类，就这种精神的任务来说，显然没有任何人能做他的继任者。

先知没有遗留下儿子。他的几个儿女都在他之前去世了，只剩下他的女儿法帖梅，阿里的妻子。阿拉伯首领或族长的地位，又不完全是世袭的；大多数是依照本部族中资历的深浅，而选举出来的。所以，即使他的儿子们不在他之前早已去世，这个问题也不一定会很容易地解决。穆罕默德又没有明白地指定一个继任者。因此，继任者的问题是伊斯兰教所面临的第一个问题。这仍然是一个现实的问题。1924 年 3 月，即在取消君主制度之后十六个月的时候，凯末尔派土耳其人废除了君士坦丁堡的奥斯曼哈里发制度，当时的哈里发是阿卜杜勒·麦吉德二世；随后，在开罗和麦加召开过几次泛伊斯兰教代表大会，来决定先知的合法的继任人，但是，全都失败了。用卓绝的宗教史家沙拉斯塔尼（1153 年卒）的话来说："伊斯兰教中从没有比哈里发问题更引起流血的问题了。"①

---

① P. 12。

140 一个重大问题交给群众去做出决定的时候，往往发生混乱；穆罕默德去世后，接着就发生了几个党派之间的冲突。第一派是迁士派（*muhājirūn*）。他们说，他们是先知的部族，是首先承认他的使命的，所以，先知的继任者应当由他们中间选出。第二派是辅士派（*anṣār*）。他们说，倘若他们没有给穆罕默德和初生的伊斯兰教以避难所，那么，二者都不能生存，所以，先知的继任者应当由他们中间选出。后来，这两派合并起来，组成圣门弟子团（*ṣaḥābah*）。第三派是合法主义者（*aṣḥāb al-naṣṣ w-al-ta‘yīn*）。依照他们的推论，真主和穆罕默德都不至于让选民们凭着一时的兴致，随便决定信士大众的问题，因此，必须做出明白的规定，推定特别人物，来继任穆罕默德。阿里既是先知的堂弟，又是他仅存的女儿法帖梅的丈夫，而且是资历最深的两三名信徒之一，因此他们就选定他做唯一合法的继任者。这一派反对选举的原则，坚持统治的神权。最后的但不是最小的一派，是古莱氏的贵族伍麦叶人。在伊斯兰教以前的时代，他们掌握了政治、军事和经济的大权（但是，他们是最后表白信奉伊斯兰教的）。他们是后来才维护自己的继任权利的。他们的首领艾卜·素福彦曾经带头反对先知，直到麦加陷落以后，他们才入教。

正统的哈里发时代：族长时代

第一派胜利了。年高德劭的艾卜·伯克尔，当选了哈里发，他是先知的岳父，是资历最深的三四名信徒之一，他接受了集合在一起的领袖们忠顺的誓言（*bay‘ah*）。这或许是预先计划好的。参与这种计划的是欧麦尔·伊本·赫塔卜、艾卜·欧拜德·伊本·哲拉哈和他本人。他们是掌握初期伊斯兰教命运的三人小组。

艾卜·伯克尔是四位正统派哈里发（*al-Khulafā’ al-rāshidūn*）中的头一位，其余的三位是欧麦尔、奥斯曼和阿里。在正统派哈里发的时期，先知生活的灯台，不断放出光芒，照亮了四位哈里发的思想和行为。这四位哈里发，都是先知亲密的伙伴，又都是他的亲戚。他们都住在先知最后内阁的所在地麦地那，只有最后的一位哈里发阿里，选择伊拉克的库法城做他的首都。

阿拉比亚的征服

艾卜·伯克尔在任哈里发的简短时期（632—634 年），差不多完全忙于讨伐变节（*riddah*）者的各次战役。据阿拉伯编年史家的记载，除希贾兹外，
141 整个阿拉比亚，虽然曾经接受了伊斯兰教，承认了先知的政权，但是在他去世后，就与新建立的政府绝交，而跟随了一些本地的伪先知。事实是这样的，由于交通不便，完全缺乏有组织的传教活动方法，而时间又很短促，先知在世的时候，真正表白信奉伊斯兰教，或者承认先知的统治的地区，还不到阿拉伯半岛的三分之一。甚至连先知进行活动的希贾兹地区，也是在他去世之前一两年，才全部伊斯兰化的。相传有许多代表团（*wufūd*）曾到麦地那来表

示服从先知的领导，但是那不能代表整个的阿拉比亚，而且在那个时代，某个部族变成穆斯林，只是说那个部族的族长信奉了伊斯兰教。

在也门、叶麻麦和阿曼，有许多部族对于向麦地那缴纳“宰卡”表示厌恶。他们以先知的去世为借口，拒绝缴纳“宰卡”。嫉妒希贾兹首府新兴的领导权，也是一个基本的动机。作为阿拉比亚生活特点的各种旧的离心力，又在发生充分的作用了。

但是艾卜·伯克尔的态度很强硬，他坚决地要求变节者无条件地投降，否则就会遭到毁灭[①]。哈立德·伊本·韦立德是这些战役的英雄。在六个月内，他迫使中部阿拉比亚的各部族都投降了。首先他击败了泰伊族，再先后击败艾赛德族和盖特方族，这两个部族的伪先知是泰勒哈，穆斯林们用嘲笑的态度称他为突莱以哈[②]；最后击败叶麻麦地方的哈尼法族，他们集合在伪先知穆赛里麦的旗帜下，这个伪先知的名字是以指小名词的形式很可笑地出现于阿拉伯编年史上的。穆赛里麦曾作过顽强的抗拒。他为了自己宗教的和世俗的利益而同赛查哈结合起来。赛查哈或许是一个基督教徒，她是台米木族的女先知和占卜者，穆赛里麦跟她结了婚。穆赛里麦统率了四万人，相传他曾击溃了穆斯林的两支大军，直到哈立德·伊本·韦立德统率第三支军队到来，才把他击败了。在哈立德统率的第三支军队里，有许多人能背诵全部《古兰经》，他们在此次战役中牺牲了，使《古兰经》知识的流传遭到了危险。其他的部队，由别的穆斯林的将领指挥，都获得了不同程度的胜利[③]，那些部队是在巴林、阿曼、哈达拉毛、也门等地作战的。也门人曾承认了伪先知艾斯瓦德。讨伐 142
变节者的战役，与其说是用武力迫使变节者留在伊斯兰教的范围内——这是阿拉伯历史学家的意见——不如说是把还没有入教的人拉入伊斯兰教。

现在，阿拉伯半岛借着哈立德的宝剑被统一在艾卜·伯克尔的旗帜之下了。阿拉比亚必先征服自己，然后才能征服世界。在先知去世后，才几个月的工夫，这些内战就把阿拉比亚改变成一个武装阵营，这种内战所激起的精力，必须找到新的出路；从有组织的战役中新近获得的技术，必须使用到别的地方去。许多部族现在已经集合在名义上共同的社会里。这些部族的好战精神，必须找到新的发挥途径。

后期古代史上有两件根本的大事件，第一是条顿人的迁移，这一事件造成了古老的罗马帝国的瓦解；第二是阿拉伯人的出征，这一事件消灭了波斯

---

① Balādhuri，p. 94，l. 14 = Hitti，p. 143，l. 23.

② 突莱以哈（*Tulayhah*）是 *Talhah* 的指小名词。——译者

③ 参阅 Balādhuri，pp. 94—107 = Hitti，pp. 143—162。

帝国，而且震动了拜占廷帝国的基础。阿拉伯人的出征，到占领西班牙而登峰造极，成为中世纪开端的里程碑[①]。在公元七世纪四十年代，假若有人敢于对人预言说：直到现在还未开化的、默默无闻的阿拉比亚地方，有一股从未听到过、从未看见过的力量，将在二三十年后突然出现，猛攻当代的两大世界强国，而成为其中之一（萨珊帝国）的继承者，同时夺取另一个帝国（拜占廷帝国）最富饶的几个省区，那么，他一定会被称为疯子。但是后来发生的事情，果然是那样的。阿拉比亚本来是一个不毛之地，但是在先知去世后不久，这个荒岛好像被施了魔术一样，突然变成了英雄的苗圃。那些英雄，无论从数量或质量来说，都是罕有的。哈立德·伊本·韦立德和阿慕尔·伊本·阿绥在伊拉克、波斯、叙利亚和埃及各战役中所取得的辉煌战果，可以称为世界战争史上第一流的战果，可以跟拿破仑、汉尼拔和亚历山大的战果媲美。

互相敌对的拜占廷人和萨珊人，在好几个世代中进行互相残杀的战争，因而大伤元气；因为战争的需要而强征苛捐重税，使人民贫困到无以为生，
143 从而大大损伤了他们的忠义感；在叙利亚和美索不达米亚，特别是在边疆上，阿拉比亚各部族早已归化；由于基督教教会宗派的存在，结果在叙利亚和埃及建立了一性派教会，在伊拉克和波斯建立了聂斯脱利教会，这两个教派都遭受正教的迫害——所有这些原因，都为阿拉比亚军队神速的进展铺平了道路。拜占廷人在边疆上的堡垒，早已疏于防备。在摩耳台（即古代的莫阿卜）击败先知所派遣的纵队（629 年 9 月）之后，希拉克略对于死海南边和麦地那－加宰道上的叙利亚阿拉伯各部族停发了一向按期发放的补助金[②]。在叙利亚和巴勒斯坦的闪族居民和埃及的含族居民看来，新来的阿拉比亚人，比那些讨厌的、压迫人的霸王要亲近得多。实际上，穆斯林的出征，可以看做古老的近东恢复其早已丧失的领土。在伊斯兰教的刺激下，经过西方统治了千余年的东方现在觉醒了，重新要求自己的权利了。而且，新征服者所征收的赋税，比旧征服者所勒索的轻得多；被征服者现在有更多的自由，去从事于自己的宗教事务，而不像过去那样横遭干涉了。阿拉比亚人自己呢，他们代表着一种精神充沛、生气蓬勃的种族，他们为新的热情所鼓舞，为征服的意志所贯注，他们因新宗教的谆谆教诲，而绝对蔑视死亡，在战争中奋不顾身。但是，他们的似乎奇迹的成功，在很大程度上，是由于他们在西亚和北非辽阔的草原上使用了新的战术，即使用了骑马和骑驼的骑兵，罗马人对于这种战术，也完全是门外汉。

---

① Henri Pirenne, *Mahomet et Charlemagne*, 7th ed. (Brussels, 1935).

② Theophanes, pp. 335—336.

向外扩张的经济原因

在阿拉伯语的史料里，伊斯兰教运动，被教义学家解释成完全是或主要是宗教运动，而不重视作为基础的经济原因。还有与此相符合的、同样不可信的假设，却被许多基督教徒信以为真。这个假说，阿拉比亚的穆斯林，左手拿着《古兰经》，右手拿着宝剑，强迫别人选择二者之一。在阿拉伯半岛外，特别是对于信奉经典的人（*ahl al-kitāb*，犹太教徒和基督教徒）来说，还有第三条路可走，那就是缴纳人丁税。从征服者的观点来看，选择人丁税是比选择《古兰经》和宝剑，还要受欢迎的。“不信真主和末日、不遵真主和天使的戒律、不奉其教的人，即曾受天经的人，你们当与他们作战，直到他们规规矩矩地缴纳人丁税。”（9:29）后来因为环境的需要，曾向祆教徒和信邪教的柏柏尔人和突厥人提出这第三种选择；在此类情况下，理论让位给了权宜主义。伊斯兰教曾提供一个新的口号、一个方便的旗帜和一个党派的口令。对于以前从未团结起来的、各色各样的民众，伊斯兰教无疑地起了团结黏合作用，而且供给了一部分推动力。但是，这不能充分地说明这些出征的行动。许许多多贝杜因部族所以离开荒凉的故乡，到北方肥沃的地方去征战，不是因宗教的狂热，却是因经济的需要，而当时出征的军队，大半是从贝杜因人中间招募来的。热望来生进入天堂，对某些人固然是一个吸引力，但是肥沃的新月地区文明国的舒适和奢侈，对于很多人也有同样强大的吸引力。 144

出征的经济原因，是凯塔尼[①]、白克尔[②]和其他现代的学者研究出来的，但是古代的阿拉伯编年史家也不是完全不知道。编写出征史的最审慎的史学家白拉左里曾宣布说，为招募新兵去参加叙利亚战争，艾卜·伯克尔“曾写信给麦加、塔伊夫和也门的人民以及纳季德和希贾兹的全体阿拉比亚人，号召他们参加‘圣战’，而且鼓舞他们参战和从希腊人手中夺取战利品的欲望”[③]。反抗阿拉伯入侵部队的波斯司令鲁斯特木曾对穆斯林的使节说过下面的话：“我已经知道了，你们是由于生计困难和穷困，没有别的办法，才来干这种勾当的。”[④] 艾卜·太马木的《坚贞诗集》[⑤] 里有下面的诗句言简意赅地说明了这个问题：

---

① *Annali*, vol. ii, pp. 831—861.

② *Cambridge Medieval History* (New York, 1913), vol. ii, ch. xi.

③ *Futūḥ*, p. 107 = Hitti, p. 165.

④ Balādhuri, pp. 256—257 = Hitti, pp. 411—412.

⑤ Abū Tammām, *Dīwān al-Ḥamāsah*, p. 795.

你抛弃自己的故乡，
不是为了寻找天堂，
却是那面包和椰枣，
把你吸引到了远方。

从适当的背景来观察，伊斯兰教的扩张，标志着从荒凉的沙漠地区，逐渐渗
145 入附近肥沃的新月地区这一长期进程中的最末一个阶段，这是闪族最后一次大迁移。

编年史家都是根据后来的事态发展，去考察出征的事件的。他们要我们相信，这些战役是由头几位哈里发，特别是艾卜·伯克尔和欧麦尔，依照事前周密制订的计划而英明领导的。历史上重大事件的发展过程，只有很少是发动者所预见到的。那些战役，与其说完全是深思熟虑的和冷静计划的结果，不如说是为了给各部族的好战精神找出路，因为那些部族不能再兴起内战，自相残杀了。他们参加各种侵略，是为了夺取战利品，而不是为了取得永久的立足地。但是，事态发展下去，就连发动者也无法控制了。当战士们从一个胜利走向另一个胜利的时候，这个运动就越来越势不可遏。于是，有计划的战役开始，而阿拉伯帝国的创建，就必然随着到来了。阿拉伯帝国的创建，与其说应归功于早期的计划，不如说是当前形势的逻辑的发展。

依照教义学家的观点，伊斯兰教的扩张，最好是解释成天命如此。《旧约》对于希伯来的历史，作了同样的解释，中世纪的哲学对于基督教的历史，也作了同样的解释。这种解释的哲学基础，是有缺点的。伊斯兰这个术语，可以照三个意义来使用：起初是一种宗教的名称，随后变成一个国家的名称，最后变成一种文化的名称。伊斯兰教不像犹太教和古老的佛教，却像基督教那样，是一个进取的、向外传教的宗教。伊斯兰教接着建立了一个国家。征服北部地区的伊斯兰，不是伊斯兰教，而是伊斯兰国家。阿拉比亚人是作为一个民族神权政体的成员，而冲向一个不提防的世界的。首先获胜的，是阿拉伯民族主义，不是穆罕默德主义。叙利亚、美索不达米亚和波斯的大部分人民，直到回历纪元二、三世纪的时候，才表示他们信仰穆罕默德的宗教。这些地区先被军事征服，随后当地居民才改奉伊斯兰教，这两件历史事实之间，隔着一段很长的时期。当这些人民改变宗教信仰的时候，主要目的是自
146 己的切身利益，一则为逃避人丁税，再则想取得与统治阶级相同的身份。作

为一种文化来解释的伊斯兰，是军事征服以后，在叙利亚－阿拉马文明、波斯文明和希腊文明的核心和遗产所组成的基础上，慢慢发展起来的。由于伊斯兰的诞生，近东不仅恢复了早已丧失的全部政治领域，而且在文化领域中恢复了古代文化上的优越地位。

147 第十二章　叙利亚的征服

希拉克略刚刚被称为整个基督教世界的救援者，被称为东罗马帝国统一的恢复者，大约就在他正在耶路撒冷重新安置才由波斯人手中夺回来的真十字架①的时候，希拉克略的驻扎在约旦河外面的军队报告说，有一支阿拉比亚军队前来进攻，未经多大困难就予以击退了。战场是摩耳台，位于巴勒卡的边境，在死海南端的东面。阿拉比亚军队的司令是穆罕默德的义子宰德·伊本·哈列赛；他的部下总计三千人②。在此次袭击中，宰德阵亡了，新近改奉伊斯兰教的哈立德·伊本·韦立德接替了他，把残余的军队带领回麦地那。先知曾派使者去见布斯拉的加萨尼的国王，加萨尼的国王却把使者杀害了。此次袭击的目的，表面上是替使者复仇，实际上是要取得摩耳台及其附近各城市所制造的值得羡慕的麦什赖斐叶宝剑③，因为进攻麦加的战役已经临近，急需准备武器。这件事当然被解释成在边疆定居的人民长期以来司空见惯的一次平凡的袭击；但是，实际上这件事是一场长期斗争的第一炮。这场斗争的最后一幕是骄傲的拜占廷首都于 1453 年，在伊斯兰教最后一次战役中，陷落在穆斯林的手里，而最富丽的圣索非亚大教堂里基督的名字被穆罕默德的名字代替。

摩耳台的冲突是先知在世时对叙利亚的唯一的战争。次年（回历 9 年，公元 630 年），他亲自率军，远征塔布克④，没有流血就征服了几个犹太教徒和基督教徒的绿洲。

148 633 年秋，讨伐变节者的各次战役结束后，三个分遣队，每队约三千人，分别由阿慕尔·伊本·阿绥、叶齐德·伊本·艾比·素福彦和叔尔哈比勒·

① 公元 629 年 9 月 14 日重新安置的真十字架，直到现在还保存在黎巴嫩，常用祝火举行仪式。

② Ṭabari，vol. i，p. 1610。参阅 Theophanes，p. 336.

③ 这个名称是从 *Mashārif al-Sha'm*（下临叙利亚的高地）得来的。M. J. de Goeje，*Mêmoire sur la conquête de la Syrie*（Leydon，1900），p. 5.

④ Wāqidi，pp. 425 以下；Balādhuri，p. 59 = Hitti，p. 92.

伊本·哈赛奈三人率领[①]，向北方出发，在叙利亚南部和东南部，开始了军事行动。叶齐德委派他弟弟穆阿威叶做旗手，后来他成为伍麦叶王朝著名的开基创业者。叶齐德和叔尔哈比勒采取了从塔布克直达马安的路线，阿慕尔在联合行动中担任总司令的职务，他采取了经由艾伊莱的沿海路线。每个分遣队的人数，后来扩充到七千五百人左右。艾卜·欧拜德·伊本·哲拉哈不久就成了大元帅。他大概是援军的司令官。他采取了朝觐者著名的道路，就是从麦地那到大马士革的古代运输道路。

在死海南边的大洼地瓦迪阿拉伯里发生了第一次遭遇战；叶齐德在这次战役中打败了巴勒斯坦的罗马贵族塞基阿斯。他的司令部设在恺撒里亚。塞基阿斯部下的几千名残兵败将向加宰溃退，到了达辛就被追赶上，几乎全被歼灭（公元634年2月4日）。但是，在别的地方，拜占廷的军队占了地理的优势，而穆斯林的侵入者到处遭到袭击。希拉克略的故乡是埃德萨（鲁哈），他经过六年的战争才把波斯人从叙利亚和埃及清除干净，现在他从埃麦萨（霍姆斯）赶到前方去组织抵抗，并且派遣一支由他弟弟西奥多拉斯统率的新军到南方去。

这个时候，遵照艾卜·伯克尔的命令，“真主的宝剑”[②] 哈立德·伊本·韦立德驰赴叙利亚边境，去援救友军的将领们。他统率着讨伐变节者战役中的五百多名老兵，正在伊拉克作战。跟他合作的是波斯边境上的土著舍伊班族。他们是伯克尔·伊本·瓦伊勒部族的支族。在伊拉克边境上的袭击，本身虽然是一件小事，哈里发或许还不知道他们在那里干这件事，但是从编年史来看，这件事是穆斯林在伊拉克进行军事冒险的开端。但是，从麦地那和希贾兹的观点来看，邻近的叙利亚是最令人关心的地方。在接到艾卜·伯克尔的命令之前，伊拉克的希拉城已向哈立德及其盟友舍伊班族的族长穆桑
纳·伊本·哈列赛立约投降了，报酬是六万个第尔汗。这个城市及其信奉基 149
督教的阿拉伯小王国是伊斯兰在阿拉伯半岛外所获得的第一个地盘，也是从波斯的苹果树上落下来的第一个苹果。库法西北沙漠中一个设有堡垒的地方阿因·太木尔，在向叙利亚作著名的行军之前不久，也被夺取了。

哈立德冒险行军

哈立德通过沙漠的行程如何？这里面包含着许多历史的和地理的问题，

① 参阅 al-Baṣri，*Futūḥ al-Sha'm*，ed. W. N. Lees（Calcutta，1853—1854），pp. 8—11，40—42。

② Wāqidi，p. 402；ibn-'Asākir，*al-Ta'rīkh al-kabīr*，ed. 'Abd-al-Qādir Badrān，vol. v（Damascus，1332），pp. 92，102.

因为不同的著作家，告诉我们不同的路线和互相矛盾的日期[1]。把所有阿拉伯的记载加以分析研究之后[2]，可以得出这样的结论：哈立德大概是于634年3月，从希拉城出发，向西通过沙漠，向都麦特[3]·占德勒（现在的焦夫）绿洲前进，那是伊拉克和叙利亚之间最便利的道路上的中途站。当时，他到了都麦特·占德勒，本可以再经由瓦迪锡尔汉（古时的白特尼·西尔）向叙利亚的第一道关口布斯拉前进，但是沿途有许多碉堡。因此，哈立德采取西北的路线，从都麦特到瓦迪锡尔汉东境上的古拉基尔[4]，向正北方直捣叙利亚的第二道关口素瓦[5]，五天的路程，几乎都是在无水的沙漠里。担任向导的是泰伊族的拉斐耳·伊本·欧麦尔。军队的饮用水，是用皮袋运输的；马的饮用水，是保藏在老驼的胃里，沿途宰驼供膳，就用驼胃里的水饮马[6]。全军的人数介乎五百和八百之间，都骑骆驼，作战时使用的少数马匹，与骆驼并排前进。到了一个地方，从沙砾上反射过来的光线是这样强烈，以致拉斐耳眼花缭乱，看不到所期望的源泉的痕迹。他派遣许多人去寻找鼠李树（*'awsaj*）。他们在树旁掘地，挖到潮湿的沙层，有水慢慢渗出，疲乏的军队得到了解救。

哈立德在仅仅十八天的急行军之后，像神兵自天而降似的突然在大马士
150 革附近出现，直接包抄到拜占廷军的后方。从这里开始进行了几次游击式的远征。有一次发生了遭遇战，在复活节的星期日，他在拉希特草原[7]，打败了加萨尼王朝的基督教军队。哈立德由此继续胜利地向布斯拉（即埃斯基·沙牧，也即旧大马士革）前进。他在这里显然跟其他的阿拉比亚军队会师了。公元634年7月30日，阿拉比亚军队在艾只那代因[8]获得了浴血的胜利，整个巴勒斯坦的门户，实际上已为他们敞开了。阿拉比亚的各部队会师之后，哈立德担任了联军最高指挥的任务。有计划的战役开始了。作为加萨尼王朝都会之一的布斯拉，没有经过太多的抵抗就陷落了。约旦河东面的斐哈勒

---

① 参阅 Balādhuri，pp. 110—112；Ya'qūbi，*Ta'rīkh*，vol. ii，pp. 150—151；Ṭabari，vol. i，pp. 2111—2113，2121—2124；ibn-'Asākir，vol. i，p. 130；ibn-al-Athīr，*al-kāmil fi al-Ta'rīkh*，ed. C. J. Tornberg，vol. ii（Leyden，1867），pp. 312—313。

② Musil，*Arabia Deserta*（New York，1927），pp. 553—573.

③ 都麦特就是《圣经》里的度玛，参阅《旧约·创世记》25:14；《以赛亚书》21:11。

④ 现代的古勒班·盖拉基尔。

⑤ 这个地方在大马士革东北的萨卜比亚尔（七口井的意思）。

⑥ 阿涉尔伯尼波曾提及阿拉伯敌人“剖开他们所骑的骆驼的肚腹”以解渴；Luckenbill，vol. ii，§827；Musil，*Arabia Deserta*，p. 570。

⑦ 加萨尼人的营地距大马士革约15英里，在阿德拉附近。

⑧ 不是占纳伯太因（Jannābatayn），参阅 S. D. Goitein in *Journal*，*American Oriental Society*，vol. lxx（1950），p. 106。

（Fiḥl 或 Faḥl，即希腊语的 Pella），位于渡口上，于公元 635 年 1 月 23 日，跟着陷落。同年 2 月 25 日，素法尔草原①的敌人溃败了，通向叙利亚首都大马士革的道路就扫清了。两周之后，哈立德就站在了这座历史名城的城门前面，这座名城，在传说中被称为世界上最古老的城市。保罗在值得纪念的逃亡之夜，就是坐在一个筐里，从这座古城的城墙上缒下去的。635 年 9 月，大马士革在围攻六个月后投降，不久就成为伊斯兰帝国的首都。大马士革的投降是由于城里的文官和牧师们的叛变，著名的圣约翰的祖父是当日的叛变者之一，下面叙述伍麦叶王朝的时候还要提到他。大马士革的居民，为拜占廷的驻军所弃绝，不得已而立约投降。后来与叙利亚－巴勒斯坦其余的城市的和解，就是以大马士革投降的条约为范本的，条约的明文如下：

> 奉至仁至慈的真主之名
>
> 哈立德·伊本·韦立德答应大马士革居民：倘若他进了城，他答应保护他们的生命、财产和教堂。他们的城墙不被拆除，任何穆斯林不驻扎在他们的房屋里。我们给予他们真主的契约，以及先知、哈里发和信士们的保护。只要他们缴纳人丁税，他们就会享受福利。②

人丁税显然是每人每年交一个第纳尔③和一袋小麦，这个数量在欧麦尔时代有所增加。巴勒贝克、希姆斯（霍姆斯）、哈马（Hamāh，即 Epiphania，埃辟法尼亚）和其他城镇相继陷落。前进的征服者的道路上，毫无障碍。“舍伊萨尔 152
（Shayzar，即 Larissa［拉里萨］）的人民，带着腰鼓队和歌咏队，出城欢迎他，在他前面行跪拜礼。”④

决定性的雅穆克之战

正当此时，希拉克略又集结了五万多人，由他弟弟西奥多拉斯统率，准备作一次决定性的抵抗。哈立德暂时放弃了希姆斯，甚至连大马士革和其他具有战略价值的城镇也都暂时放弃了，他在雅穆克⑤河谷集中了二万五千余人⑥，雅穆克是约旦河东方的支流。经过几个月的小接触之后，公元 636 年

---

① 在大马士革南边 20 英里的一个平原。

② Balādhuri，p. 121 = Hitti，p. 187.

③ 参阅本书第 171 页附注。——译者

④ Balādhuri，p. 131 = Hitti，pp. 201—202.

⑤ 战场在雅穆克和鲁卡德相接处附近。《旧约·约书亚记》10：3 的耶末，即艾只那代因附近的赫尔伯特·雅穆克，是另一个地方，不可与此相混。

⑥ 阿拉伯人估计拜占廷的军队是十万到二十四万，穆斯林的军队是四万，这和希腊人的估计一样，都是不可靠的。参阅 Michel le Syrien，*Chronique*，ed. J. B. Chabot，vol. iv（Paris，1910），p. 416；tr. Chabot，vol. ii（Paris，1901），p. 421。

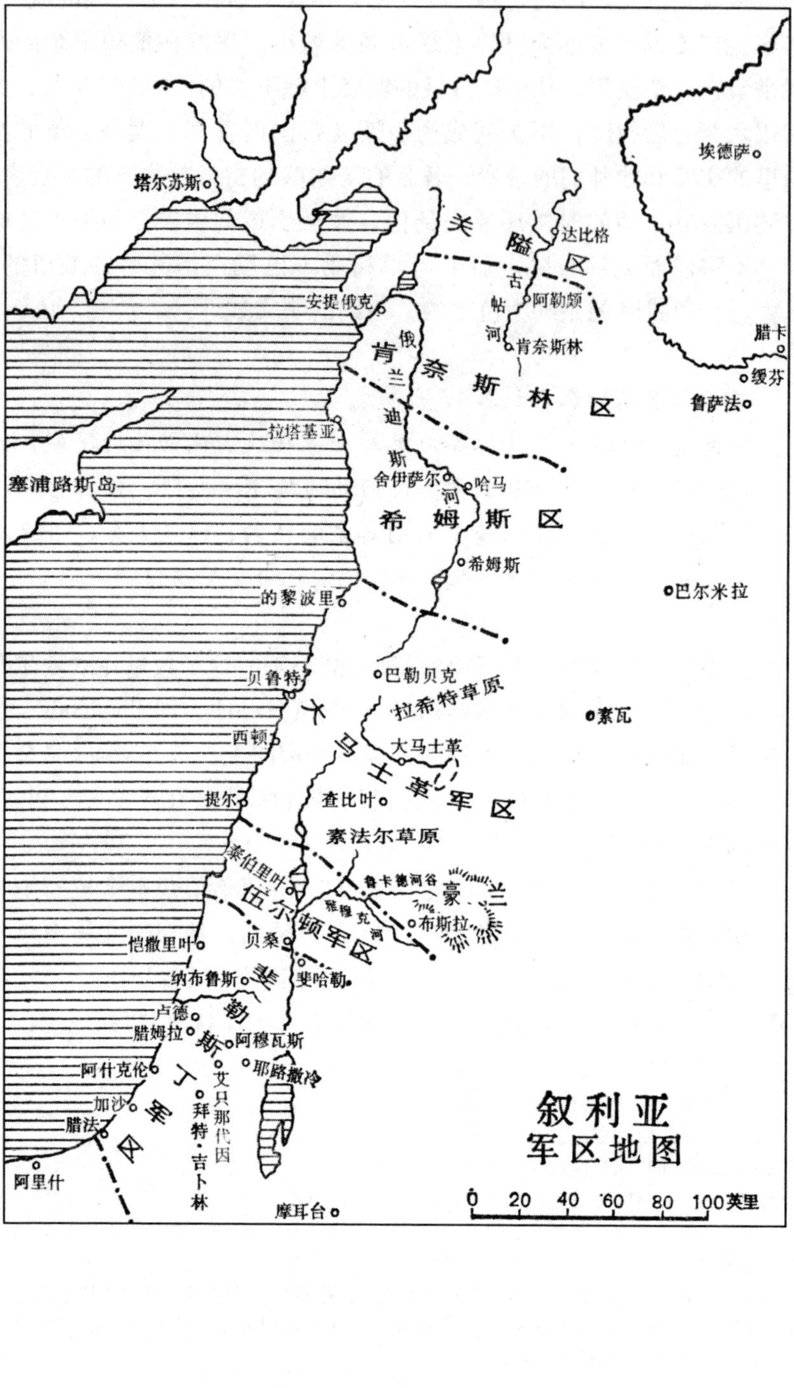
埃德萨
塔尔苏斯
关隘区
达比格
古帖河
阿勒颇
肯奈斯林
腊卡
缓芬
鲁萨法
安提俄克
俄兰迪斯河
肯奈斯林区
拉塔基亚
塞浦路斯岛
舍伊萨尔
哈马
希姆斯区
希姆斯
巴尔米拉
的黎波里
巴勒贝克
贝鲁特
拉希特草原
素瓦
西顿
大马士革
大马士革军区
提尔
查比叶
素法尔草原
秦伯里叶
鲁卡德河谷
豪兰
雅穆克河
伍尔顿军区
布斯拉
恺撒里叶
贝桑
纳布鲁斯
斐哈勒
斐勒斯丁军区
卢德
腊姆拉
阿穆瓦斯
阿什克伦
耶路撒冷
艾只那代因
加沙
拜特·吉卜林
腊法
阿里什
摩耳台
0 20 40 60 80 100英里
叙利亚
军区地图

8月20日战争达到了顶点。那天天气炎热，从世界上最酷热的地区，吹来了挟着尘埃的热风[①]。这个日子无疑是阿拉伯的将军根据战略而选择的。在游牧人可怕的猛攻面前，虽有神父们的颂赞和祈祷在旁助威，虽有他们许多的十字架在旁壮胆，拜占廷军队的种种努力还是付诸东流了[②]。没有在战场上丧命的拜占廷的正规军和他们的亚美尼亚的和阿拉伯的雇佣军的残兵败将，都被无情地驱逐到陡峻的河床和鲁卡德河谷里去。有少数企图渡河逃跑的将士，也在对岸差不多全被歼灭了。西奥多拉斯本人被打死，东罗马帝国的御林军变成了只顾逃难的、惊恐万状的乌合之众。叙利亚的命运已注定了。最富饶的省区，永远不归东罗马帝国所有了。“叙利亚！永别了！在敌人看来，这是多么优美的地方啊！”这是希拉克略的告别词[③]。

现在要把工作转向管理和治安方面去了。欧麦尔任命艾卜·欧拜德·伊本·哲拉哈为总督和哈里发的副摄政者，以代替哈立德。艾卜·欧拜德是一位最受尊重的圣门弟子，又是麦地那神权政治的一位成员，一向担任叙利亚前线临时的指挥官。欧麦尔对哈立德似乎怀有私人的恶感。艾卜·欧拜德在哈立德的陪同下，向北方前进。阿拉伯军队在向北进军的途中，没有碰到重大的抵抗，一直进抵叙利亚的天然边境陶鲁斯山。同时，在收复暂时放弃了的各城市时，也没有经历什么困难。据说希姆斯的人民曾说出这样的话：“我 153
们喜欢你们的统治和公道，远远超过长期统治我们的那个政府的压迫和暴虐。”这句话充分表现了叙利亚土著的情感[④]。安提俄克、阿勒颇和其他北方城市，很快也列在收复了的城市的名单中。肯奈斯林（Qinnasrīn，即 Chalcis，哈尔基斯）是不易对付的唯一城市。在南方只有耶路撒冷和恺撒里亚是真正希腊化了的城市，这两个城市的居民，紧闭城门，顽强抵抗，前者到638年，后者到640年10月，才投降。恺撒里亚曾接到从海路来的援助，那是阿拉比亚人无法拦阻的，但是经过七年间歇的袭击和围攻，在穆阿威叶的攻击之下，再加以城内有个犹太人作内应，它终于屈服了。在633年和640年之间，整个叙利亚，从南到北，全部都被制服了。

---

① 参阅 H. R. P. Dickson，*The Arab of the Desert*（London，1949），pp. 258—262。

② Baṣri，p. 197；ibn-'Asākir，vol. i，p. 163.

③ Balādhuri，p. 137 = Hitti，p. 210.

④ Balādhuri，p. 137，l. 13 = Hitti，p. 211.

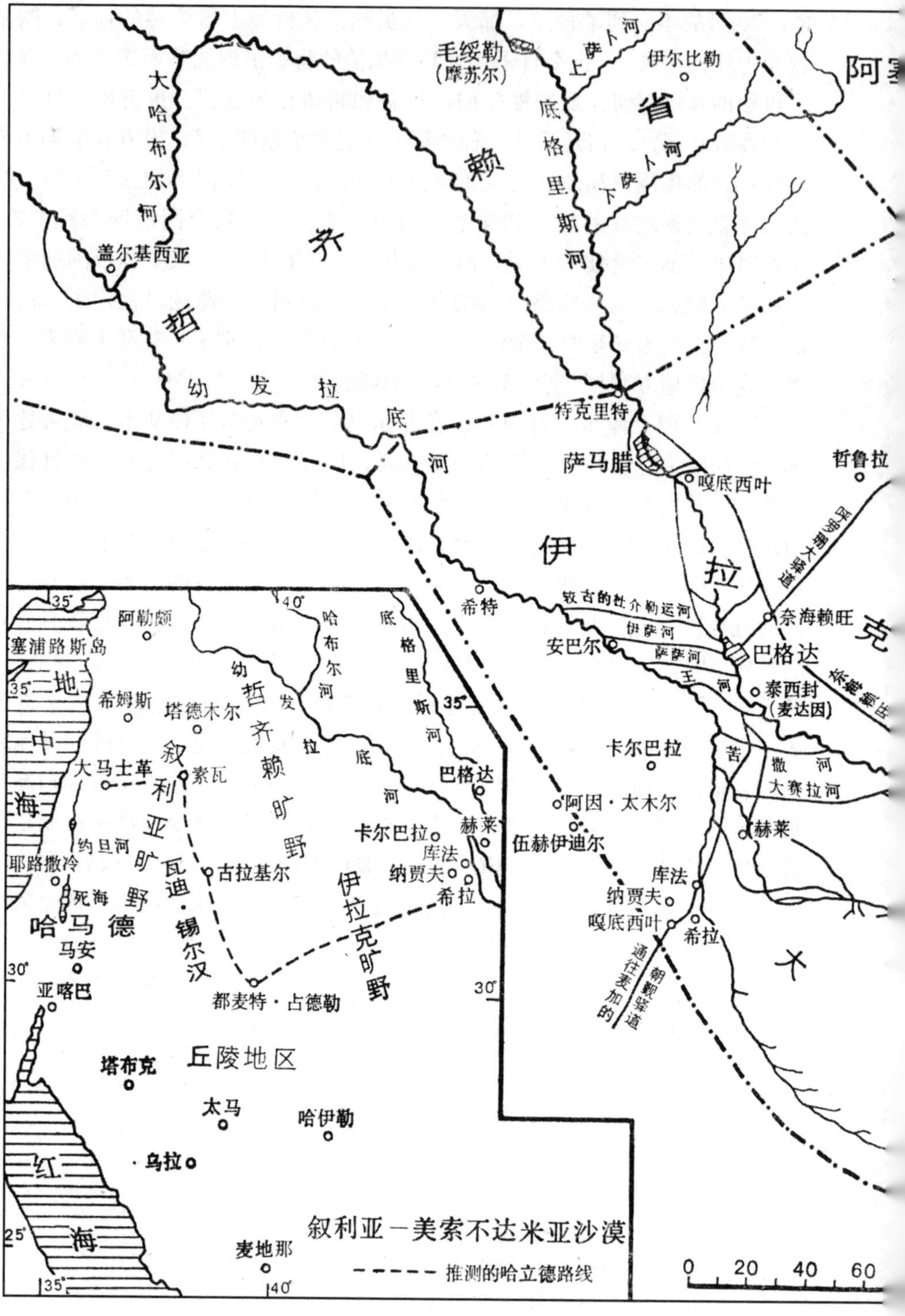

伊拉克，胡泽斯坦及哲齐赖地方

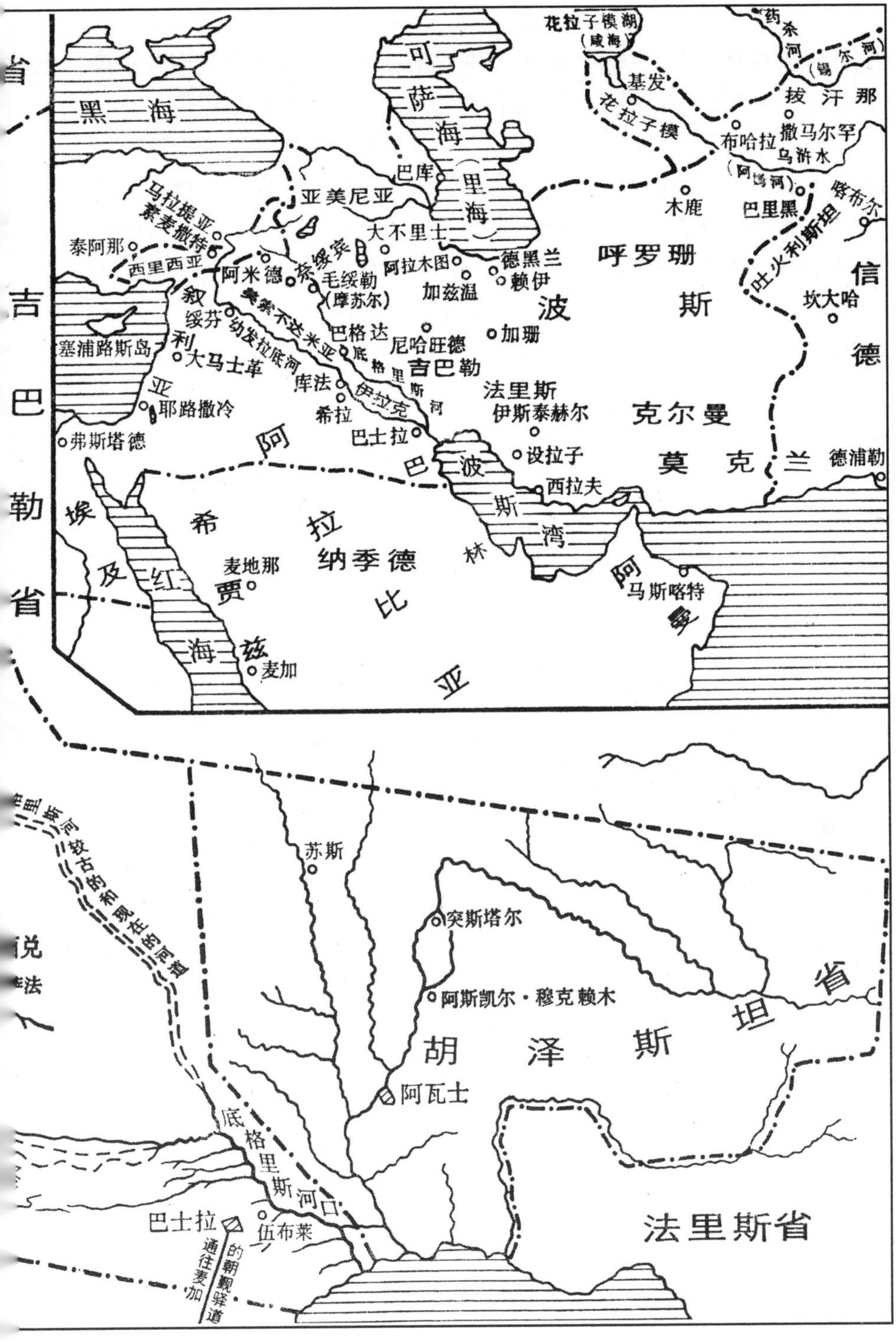
黑海
可萨海
里海
花拉子模湖
（咸海）
药杀河
（锡尔河）
基发
花拉子模
拔汗那
撒马尔罕
布哈拉
乌浒水
（阿姆河）
路布尔
木鹿
巴里黑
吐火利斯坦
巴库
亚美尼亚
马拉提亚
素麦撒特
泰阿那
西里西亚
阿米德
奈绥宾
大不里士
阿拉木图
德黑兰
呼罗珊
毛绥勒
（摩苏尔）
加兹温
赖伊
信
德
叙
利
亚
绥芬
美索不达米亚
幼发拉底河
巴格达
尼哈旺德
加珊
波
斯
坎大哈
塞浦路斯岛
大马士革
吉巴勒
底格里斯河
库法
伊拉克
法里斯
伊斯泰赫尔
克尔曼
耶路撒冷
希拉
巴士拉
弗斯塔德
阿
巴
设拉子
莫
克
兰
德浦勒
西拉夫
波斯湾
埃
及
希
拉
纳季德
林
红
海
麦地那
贾
兹
麦加
比
亚
阿
曼
马斯喀特
省
吉巴勒省
底格里斯河较古的和现在的河道
苏斯
突斯塔尔
阿斯凯尔·穆克赖木
胡泽斯坦省
阿瓦士
底格里斯河口
巴士拉
伍布莱
通往麦加的朝觐驿道
法里斯省

叙利亚这样“易于征服”，是存在着特别的原因的①。自公元前 332 年，亚历山大征服叙利亚以来，强加于叙利亚的希腊文化，是肤浅的，而且只限于城市的居民。至于乡村的居民，则仍然感觉到，在他们自己和他们的统治者之间，存在着种族上和文化上的种种差别。使叙利亚闪族人民和希腊统治者之间种族上的反感更加扩大的，还有宗派的分歧。叙利亚的一性教主张基督只有一性，他们反对基督兼有神性和人性之说，这种二性说是卡尔西顿的西诺德在 451 年制订，而为拜占廷的希腊教会所承认了的信条。希拉克略所提出的基督学上的折中论，于 638 年正式公布，这种折中论，是以东罗马教的监督塞基阿斯②制订的一个公式为基础的，其目的在于将基督本身具有一性或二性的问题置之不理，光强调他有一个意志（*thélēma*）。凡接受这种新公式的基督教徒，都叫做一意教徒。正如其他的宗教上的折中论一样，这种折中论也是两面不讨好的，无论正统派或其反对派的人，都不满意。这种折中论，产生了第三个问题和一个新的教派。但叙利亚广大的人民群众，仍然是一性教徒。他们所以发展和保持一个独立的叙利亚教会，无疑是由于有一种潜在的、表露出一半的民族感情，潜伏在人民群众的意识里面。

新领土的管理 154

在耶路撒冷陷落之前不久，哈里发欧麦尔来到查比叶营地，查比叶位于雅穆克战场的北边，大马士革的西门到现在还叫做欧麦尔门。他的目的是举行征服仪式，确定被征服者的地位，并且跟他的大元帅艾卜·欧拜德商谈事情（在雅穆克战役之后，就是他任命艾卜·欧拜德代替哈立德的），同时制定管理新征服的领土所必需的条例。耶路撒冷陷落后，欧麦尔也曾访问过耶路撒冷。耶路撒冷的大主教索弗拉那斯（被称为“善于甜言蜜语的护教者”）引导年老的哈里发巡视圣地，这位阿拉比亚客人的态度是不娴雅的，衣服是褴褛的，他深受感动，据说他曾转过脸去，用希腊话对一个仆人说：“这算是但以理先知所说的那位亵渎圣地的可恶的人。”③

艾卜·欧拜德不久就害了传染病，死于阿穆瓦斯。他的部队死于传染病者，据说多至二万人；他的继任者叶齐德死后，大权就转移到精明的穆阿威叶的手里。

叙利亚现在分为四个军区，相当于罗马和拜占廷征服叙利亚时所建立的

---

① Balādhuri, p. 116, l. 18, p. 126, ll. 13, 19 = Hitti, p. 179, l. 17, p. 193, l. 22, p. 194, l. 7.

② 他是雅各血统的叙利亚人。

③ Theophanes, p. 339；Constantine Porphyrogenitus, “De administrando imperio”, in J. -P. Migne, *Patrologia Graeca*, vol. cxiii（Paris, 1864）, col. 109；Dan. 11:31. Sophronius 大概是马龙派。（参阅《马太福音》24:15。——译者）

四个省区。这四个军区是：底迈什革区（大马士革区）、希姆斯区（霍姆斯区）、伍尔顿区（约旦区，包括喀列里到叙利亚沙漠），还有斐勒斯丁区（巴勒斯坦区），也就是埃斯德赖仑（伊本·阿米尔草原）大平原南边的地方。北部地区，肯奈斯林区，是伍麦叶王朝的哈里发叶齐德一世后来征服的。

把这样一个战略性的领土，从当代第一流的统治者手中迅速地、容易地夺取过来，这件大事，在世界各国人民的心目中，给新兴的伊斯兰势力带来了威信；更重要的是给它带来了对于自己命运的信心。这些游牧部族，从叙利亚出发，席卷埃及，乘胜西行，征服了北非其余的地区。他们以叙利亚为基地，已经有可能向北推进到亚美尼亚、北部美索不达米亚、乔治亚和阿塞拜疆了，正如后来有可能在许多年内屡次袭击和进攻小亚细亚一样。在先知去世后不到一百年的时间，辽远的欧洲的西班牙，靠着叙利亚军队的帮助，也归入不断扩大的伊斯兰的圈子了。

155 # 第十三章　伊拉克和波斯的征服

公元634年，哈立德从希拉向西挺进的时候，他把伊拉克前线交给他的贝杜因盟友舍伊班族的族长穆桑纳·伊本·哈列赛。正当此时，波斯人准备了一次反攻，而且大获全胜。634年11月26日，在希拉附近的桥头战役中[①]，几乎把所有的阿拉比亚部队都消灭了。穆桑纳毫不气馁地进行了一次新的袭击，在次年的10月或11月中，在幼发拉底河岸上的布韦卜（意思是小门）地方打败了波斯大将米海兰。但是穆桑纳毕竟是一个贝杜因的族长，跟麦加或麦地那都没有什么联系，在先知去世前，不仅没有信奉伊斯兰教，恐怕连听也没有听到过。因此，哈里发欧麦尔选派赛耳德·伊本·艾比·瓦嘎斯为总司令，统率援军，开赴伊拉克前线，他是在伯德尔战役结束后，穆罕默德曾以天堂相应许的十大弟子之一。在那个时候，雅穆克战役已大获全胜，而叙利亚的命运已经决定了。赛耳德指挥六千人马，在希拉附近的嘎底西叶与波斯帝国首相鲁斯特木初次较量。637年5月31日或6月1日，天气极热，狂风大作，尘埃蔽天，情景与雅穆克大战之日很相似。阿拉比亚人运用了同一战术，收到了同一效果。鲁斯特木被杀，萨珊王朝的军队惊慌逃亡，溃不成军，底格里斯河（底吉莱河）迤西肥沃的伊拉克[②]低地展现在入侵者的面前了。阿拉马农民的热诚欢迎，不亚于叙利亚农民，理由大致是相同的。闪
156 族的伊拉克人民，把他们的伊朗统治者当外国人看待，而对新来者感觉到较亲密。他们是基督教徒，而统治者是袄教徒，因此，他们得不到特殊的照顾。远在伊斯兰教之前好几百年，阿拉比亚的小族长和小国王们，早已生活在伊拉克和阿拉伯半岛接壤的地方。在阿拉比亚人控制两河流域之前，远在巴比伦时代初期，他们早已同伊拉克人民建立了亲密的关系；对于伊拉克的文化，

① 横跨幼发拉底河的大桥。Balādhuri，pp，251—252；Ṭabari，vol. i，pp. 2194—2201。

② “Irāq”这个名称大概是从古波斯语（帕莱威语）借用的，本义是“低地”，这个名称相当于阿拉伯语的 *Sawād*（黑地），这是与阿拉伯沙漠成对照的。参阅 Yāqūt，vol. iii，p. 174；A. T. Olmstead，*History of Assyria*（New York，1927），p. 60。

早已有了逐渐深刻的认识；边境上的贝杜因人跟当地的居民，早已混得很熟了。正如雅穆克战役后的叙利亚一样，大批的新阿拉比亚部族，被新的经济利益吸引到新征服的地区来。

波斯的首都泰西封①成为赛耳德的第二个目标。他用特殊的锐气和精力，向前猛攻，并且在一个便利的浅滩，完成了涉水渡河的任务，那时正值春洪暴发，底格里斯河水上涨的时候。这件伟大的任务完成了，全军安全渡河，没有遭受生命上的损失，穆斯林的编年史家称为奇迹。637 年 6 月，赛耳德胜利地进入首都，因为卫戍部队早已跟着波斯皇帝弃城而逃了。阿拉伯的编年史家对于从首都取得的战利品和宝藏，大事渲染。据他们估计，全部的价值是九十亿第尔汗②。

占领亚洲中部最大的首都之后，荒凉的阿拉比亚的居民就直接与当时现代化高度生活中的奢侈品和舒适设备相接触。波斯皇宫（*Īwān Kisrā*）里宽大的接见厅、优美的拱门、豪华的陈设和装饰，在后来的阿拉伯诗歌里都受到赞美。所有这些东西，现在都归赛耳德处理了。阿拉伯编年史里夹杂着许多有趣的而且有启发性的逸事，从这些逸事中可以看出两种民族文化的不同。阿拉比亚人从来没有见过樟脑，所以把樟脑当做食盐，用于烹调③。“黄货”（*al-ṣafrā'*，指黄金）在阿拉比亚是有点儿不大熟悉的，有许多人拿自己的黄货去掉换别人的“白货”（*al-bayḍā'*，指白银）④。有一个阿拉比亚战士，在希
拉分配战利品的时候分得一个贵族的女儿，那个妇女曾用一千枚第尔汗⑤向他 157
赎身，有人问他为什么不多要些赎金，他说：“我从来没有想到还有比一千更大的数目。”⑥

在嘎底西叶和麦达因的战役之后，系统性的征服战役，从新建立的巴士拉军事基地开始了。根据哈里发迅速传到的命令，放弃泰西封，以希拉附近的库法营地为首府。赛耳德在库法建筑了伊拉克的第一座清真寺。

在这个时候，萨珊王朝的国王叶兹德吉尔德三世和他的宫廷人员，逃亡

---

① 阿拉伯语的名称是麦达因（诸城的意思），包括分别坐落在底格里斯河两岸的塞琉西亚和泰西封，在巴格达东南，相距 20 英里。

② Ṭabari，vol. i，p. 2436；参阅 ibn-al-Athīr，vol. ii，p. 400；Caetani，*Annali*，vol. iii，pp. 742—746.

③ Ibn-al-Ṭiqṭaqa，*al-Fakhri*，ed. H. Derenbourg（Paris，1895），p. 114.

④ *Fakhri*，p. 115；tr. C. E. J. Whitting（London，1947），p. 79. 参阅 al-Dīnawari，*al-Akhbār al-Ṭiwāl*，ed. V. Guirgass（Leyden，1888），p. 134。

⑤ 参看本书第 172 页注。——译者

⑥ Balādhuri，p. 244 = Hitti，p. 392；*Fakhri*，pp. 114—115.

到北方去了。637 年底，在波斯高原边境上哲鲁拉地方的另外一个肥沃的立足地，以及整个伊拉克都拜倒于入侵者的脚下了。641 年，在古代的尼尼微附近的毛绥勒（摩苏尔），也被攻克了。伊雅德·伊本·安木从叙利亚北部发动的远征，至此获得了全胜。同年，在古代埃克巴塔那附近的尼哈旺德发生的大战，是最后一次大战，阿拉比亚的军队由赛耳德的侄子统率，大战的结果是叶兹德吉尔德最后的残余部队遭到惨败。胡泽斯坦（古代的伊莱木，后来的苏西亚那，现代的阿拉比斯坦）于 640 年被巴士拉和库法派兵占领。巴林同巴士拉和库法一起，现在已构成对伊朗进行军事行动的三个军事基地。在这个时候，还从巴林向波斯湾东岸上的邻近的波斯省（Pars，法里斯〔Faris〕，波斯本部）发动进攻[1]。非闪族居民的坚强抵抗，终于被巴士拉长官阿卜杜拉·伊本·阿米尔击溃了。649—650 年[2]，他占领了法里斯省的首府伊斯泰赫尔（柏塞波利斯）。法里斯陷落后，远在东北边境上的大省份呼罗珊相继陷落，而通向乌浒水[3]的道路从此敞开了。643 年后不久，又征服俾路支海岸地区的莫克兰，阿拉伯人从此与印度真正的边境接近了。

远在 640 年，伊雅德早就企图侵占拜占廷的亚美尼亚省。大约四年后，
158 哈比卜·伊本·麦斯莱麦又从叙利亚统兵进攻，但是到 652 年前后，这个地区才完全被征服了[4]。

库法的营地变成了新征服地区的首府。尽管欧麦尔坚持希贾兹所特有的旧式的朴实生活，赛耳德仍然仿照泰西封的皇宫的式样在这里建筑了一所住宅。旧都的城门，被移来安置在新城的城墙上，这是象征性的惯例，曾在阿拉伯东方屡次照行的。起初是用芦苇盖起一些兵营，供士兵和他们的家属住宿，后来把那些茅屋改成用土坯砌成的房子，库法立即发展成为一个重要的省会。库法与其姊妹城巴士拉一道发展，终于成为阿拉伯美索不达米亚政治和文化的中心，直到阿拔斯王朝的哈里发曼苏尔建立了世界著名的都城巴格达时为止。

651 年，倒霉的年轻皇帝叶兹德吉尔德，携带皇冠、宝藏和少数侍从，逃

---

① 波斯人称自己的国家为伊朗。波斯只是南方的一个省份，是波斯最大的两个王朝阿开民王朝和萨珊王朝的故乡。希腊人把古波斯语的 *Pārsa* 误写成 *Persis*，而且用做伊朗全国的名称。

② 参阅 Ṭabari，vol. i，pp. 2545—2551；Caetani，vol. iv，pp. 151—153，vol. v，pp. 19—27，vol. vii，pp. 219—220，248—256。

③ 乌浒水（OXUS），阿拉伯语和波斯语叫质浑河（Jayhūn），是现代的阿姆河（Amu Darya）。——译者

④ 参阅 Balādhuri，pp. 193—212；Caetani，vol. iv，pp. 50—53，vol. vii，pp. 453—454。

到木鹿（Marw，波斯文 Marv）[①] 附近，谁知一个磨坊的老板，图财害命，把他杀死在磨房里[②]。波斯帝国虽中断过一个短时期，但前后持续了一千二百多年，叶兹德吉尔德死后，这个大帝国就这样悲惨地结束了，八百多年后，才复兴起来。

波斯的初步的和暂时的征服，花了十几年的工夫；穆斯林的军队，在波斯遭到比叙利亚更顽强的抵抗。在这次战役中，除妇女、儿童和奴隶外，曾有三万五千名到四万名阿拉比亚人参战。波斯人是雅利安人，不是闪族人；他们在许多世纪中享有自己的民族生活，而且是一种组织完密的军事力量，这种力量曾与罗马人较量了四百多年。在后来阿拉伯人统治的三百年中，阿拉伯语变成为官话和知识分子的语言，在一定的范围内，还变成了普通话。但是，这个被征服的民族，后来又重新奋起，并恢复了自己的语言。盖尔麦兑运动，曾在很多年内震撼了哈里发帝国的根基，波斯人对于这个运动曾出过大力。对于伊斯兰教十叶派（现通译为“什叶派”）的发展，对于统治埃及两百多年的法帖梅王朝的建立，波斯人都出过大力。波斯的艺术、文学、 159
哲学、医学，成了阿拉伯世界公共的财富，而且征服了征服者。伊斯兰统治最初的三世纪中，伊斯兰的文化天空中最灿烂的明星，有几颗就是伊斯兰化了的伊朗明星。

当这支阿拉比亚纵队，在赛耳德的指挥下，向东进行军事行动的时候，另外一支纵队，在更杰出的阿慕尔·伊本·阿绥的指挥下，向西方进行军事行动，后者把尼罗河谷的居民和北非的柏柏尔人纳入初升的新月范围以内。阿拉比亚人的这种无比的扩张，表面上是宗教性的，但主要是政治性的和经济性的，现在这种扩张已产生了一个大帝国，其规模之大，版图之广，可以和亚历山大大帝的帝国相提并论。在麦地那的哈里发，企图控制这一急流的泛滥，但是，由于支流的数量和规模都不断增加，急流越来越汹涌澎湃，终于无法控制。

---

① 这是一个古城。《后汉书·安息传》的大鹿城，《新唐书·大食传》的末禄，《元史》西北地附录的麻里兀，苏联的马里，都是这个古城的译名。——译者

② 参阅 Michel le Syrien，vol. iv，p. 418 = vol. ii，p. 424。

160 第十四章　埃及、的黎波里和伯尔克的征服

埃及邻近叙利亚和希贾兹，具有战略的地位；它土地肥沃，盛产谷物，一向是君士坦丁堡的谷仓；首府亚历山大港，是拜占廷海军的基地，也是北非走廊其余地区的门户：出于这些原因，在阿拉比亚人向外扩张的初期，他们早已垂涎于尼罗河流域了。

埃及的征服，不是偶然的袭击，而是在有计划的作战时期发生的事件。阿慕尔为了与杰出的哈立德争雄，想在新的战场上胜过他，而在蒙昧时代，他又屡次带领着商队到埃及去旅行过，对于埃及的城市和道路，都很熟悉①，他利用欧麦尔访问耶路撒冷之便，请其批准对法老的古国大举进攻，欧麦尔表示冷淡的同意。但是，当欧麦尔返回麦地那，跟奥斯曼等人商议的时候，他们都指出，这是冒险的行动，于是，他就差遣一个使者去制止纵队的前进。相传，哈里发的使者在阿慕尔刚要跨过埃及和巴勒斯坦的边界之前赶上了他，但是他推测信里的消息是不吉利的，而且想起欧麦尔曾对他说过："倘若在进入埃及国境之前接到我的命令，叫你撤回来，你就遵命撤回来；倘若已经进入埃及国境才接到我的命令，你就继续前进，并祈求真主的佑助。"② 阿慕尔想到这里，就把信收起来，到639年12月，到达埃及国境内的阿里什时，才拆开信来看。阿慕尔是古莱氏人，四十五岁，精明强悍，足智多谋，易怒善辩，而且好战。他因征服约旦河左岸的巴勒斯坦而树立了威望。后来，他又
161 替自己的知己穆阿威叶夺取了哈里发的职位，因此，赢得了"伊斯兰教时代阿拉比亚四位天才的政治家（*duhāt*）之一"的徽号③。他率领骑兵四千名，向埃及进攻，所走的道路正是亚伯拉罕、冈比西斯、亚历山大、安太俄卡兹、

---

① Ibn-'Abd-al-Ḥakam, *Futūḥ Miṣr*, ed. C. C. Torrey (New Haven, 1922), p. 53.

② Ya'qubi, vol. ii, pp. 168—169；参阅 ibn-'Abd-al-Ḥakam, pp. 56—57；J. Wellhausen, *Skizzen und Vorarbeiten*, vol. vi, *Prolegomena zur ältesten Geschichte des Islams* (Berlin, 1899), p. 93.

③ Ibn-Hajar, *al-Iṣābah fi Tamyīz al-Ṣaḥābah*, vol. v (Cairo, 1907), p. 3.

圣家族[1]、拿破仑、哲马勒帕夏[2]等人先后所走过的沿海道路。这是古代的国际性大路，古代最重要的文明中心，就是借这条公路来联系的[3]。

公元640年1月中旬[4]，阿拉比亚纵队所进攻的第一个设防城市是东部埃及的门户斐尔马仪（培琉喜阿姆）。经过一个多月的抵抗后，这座城市陷落了，所有的堡垒完全夷为平地。616年，波斯人侵占这个城市后，这些堡垒大概从来没有被修复过。开罗东北的比勒贝斯随即陷落，其他城市也相继陷落。最后，横跨在尼罗河中罗德洲上的坚强的巴比伦堡，阻塞住前进的道路[5]。自631年希拉克略重新占领埃及以来，居鲁士（阿拉伯语称他摩高基斯）一直担任亚历山大港的主教和总督，掌握行政大权。他偕同总司令奥古斯塔里斯·西奥多拉斯，统率大军，赶到巴比伦堡。阿慕尔驻扎在巴比伦堡外，等待时机和援军。不久，援军就来了，由先知的著名弟子左拜尔·伊本·奥瓦木统率。阿拉比亚纵队的人数增加到一万左右，拜占廷军队的人数约计二万，还有堡垒的守军五千左右，在围攻巴比伦堡期间，640年7月，阿慕尔又进攻阿因·舍木斯城[6]。拜占廷的军队被彻底击溃了。西奥多拉斯逃到亚历山大港，居鲁士被困在巴比伦堡内。阿拉比亚人加紧围攻，但是苦于不懂工程学，又缺乏攻城的机械，无法攻克要塞。狡猾的居鲁士，秘密活动，企图收买围城的将士，但未成功。平常的三种选择被提出来了：伊斯兰教、贡税或宝剑。居鲁士的使者亲口说的这几句话，似乎可以总结阿拉比亚人所造成的印象，他说： 163

> 我亲眼看到一群人，据他们中的每个人看来，宁愿死亡，不愿生存，宁愿显赫，不愿屈辱；在他们中的任何人看来，这个世界毫无吸引力。他们只坐在地上，他们只跪坐在两膝上吃饭。他们的长官（*amīr*），像他们的一分子：下级与上级无差别，奴隶与主人难分辨。到礼拜的时候，任何人不缺席，大家盥洗完毕后，都必恭必敬地做礼拜。[7]

---

① 指耶稣的家属。——译者

② 哲马勒帕夏是土耳其第四军军长，在叙利亚、黎巴嫩、巴勒斯坦以残酷著名。——译者

③ 参阅 Olmstead，*History of Palestine*，pp. 44—48。

④ 关于征服埃及的年月，都是不确定的。据泰伯里的记载（Ṭabari，vol. i，p. 2592，l. 16），征服埃及是在回历3月16日（公元637年4月）。参阅 ibn-'Abd-al-Ḥakam，pp. 53，58。

⑤ 参阅 A. J. Butler，*The Arab Conquest of Egypt*（Oxford，1902），pp. 245—247。

⑥ 这个城市的名称，本义是“太阳泉”，是古代的希利俄波利斯，《旧约》里叫做安城（太阳的意思，《创世记》41:45），象形文的石刻里也叫做安城。（现在开罗的阿因·舍木斯大学就是以古都命名的。——译者）

⑦ Ibn-'Abd-al-Ḥakam，p. 65.

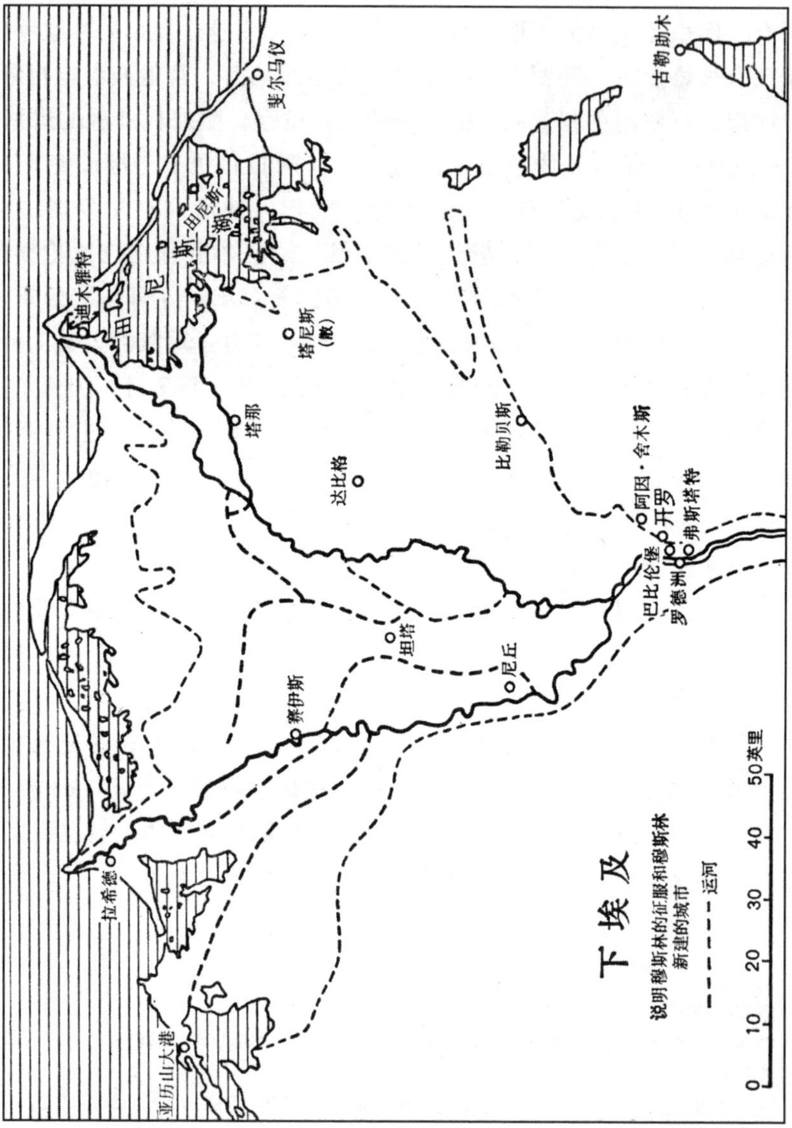

下埃及
说明穆斯林的征服和穆斯林新建的城市
运河
0 10 20 30 40 50英里
亚历山大港
拉希德
迪木雅特
田尼斯
田尼斯湖
斐尔马仪
古勒助木
塔尼斯
塔那
达比格
比勒贝斯
阿因·舍木斯
开罗
弗斯塔特
巴比伦堡
罗德洲
坦塔
尼丘
赛伊斯

居鲁士要求派代表团到罗德洲上去谈判媾和；阿拉比亚人派了一个代表团，以黑人欧拜德·伊本·萨米特为团长；居鲁士接见了代表团，大为震惊。代表团反复说明任便选择的那三个条件。居鲁士同意缴纳贡税，他奔到亚历山大港，立即派人把媾和的条款送给东罗马皇帝。希拉克略不认可那些条款，而且以卖国的罪名加于他的主教兼总督，并加以放逐。

在这个期间，巴比伦堡仍被围困，并未暂停。围攻七个月后，左拜尔和他的伙伴们填平了一段城壕，用梯子攀登城墙，打败了保卫城堡的敌军，终于攻克了这个城堡。伊斯兰的战斗口号：*Allāhu akbar*（真主是最伟大的），于641 年 4 月 6 日，在城堡内的各大厅里胜利地发出回声①。

尼罗河三角洲东方的边界被攻下之后，阿慕尔的铁钳开始向顶点夹紧。5 月 13 日，尼丘（Nikiu，阿拉伯语的奈格优斯［Naqyūs］，现今的舍卜什尔［Shabshīr］）沦陷，而且发生了血腥的屠杀。除君士坦丁堡外，世界上最美丽、最坚固的亚历山大港（伊斯康德里亚，al-Iskandarīyah）仍然站在前头。

阿慕尔得到从阿拉比亚新增的援军，全军人数扩充到二万。某天早晨，他注视着似乎难以攻破的一座城墙，上面有许多碉楼，把埃及的首府和主要的港口保卫得很牢固。巍峨的西拉比阿目宫②，耸立在那边，这座宫殿曾做过下界之神西拉皮斯的庙宇，又做过亚历山大港的图书馆；美丽的圣马克大礼拜堂，耸立在这边，这座大礼拜堂原来是恺撒庙③，是克利奥帕特拉女王为纪念恺撒而创建的，随后由奥古斯都加以完成；在西边更远的地方竖立着那两 164
根阿斯旺红花岗岩的尖柱，这两根尖柱，据说是克利奥帕特拉所建立的，实际上是屠特莫斯三世（约公元前 1450 年卒）所建立的（这两根尖柱，现在还分别点缀着伦敦泰晤士河的堤防和纽约的中央公园）；在远远的后方，耸立着灯塔，白天在阳光下闪耀，黑夜里放出光芒，称为世界七大奇迹之一，确实名不虚传④。这种景致给沙漠里的阿拉比亚人的印象，无疑同现代纽约的摩天大厦的空中轮廓给移民的印象，是没有什么差别的。

亚历山大港曾夸示自己有部队五万多人。此外还有以此港口为基地的全部拜占廷海军力量。不管是从数量上还是从装备上来说，侵入者都处于劣势，他们没有一只船，也没有围城的机械，而且缺乏补充人力的直接来源。尼丘

---

① Balādhuri，p. 213 = Hitti，p. 336；ibn-'Abd-al-Ḥakam，pp. 61 以下。

② 阿拉伯人把这种建筑叫做'*Amūd al-Sawāri*，这个名称是从 Diocletian 的柱子来的，这些柱子现在仍旧是当地的特色。Maqrīzi，*Mawā'iẓ*，ed. Wiet，vol. iii，pp. 128 以下。

③ 此庙阿拉伯人称之为 Qaysārīyah. Ibn-'Abd-al-Ḥakam pp. 41，42。

④ 参阅 Maqrīzi，vol. iii，pp. 113—143；Suyūṭi，*Ḥusn*，vol. i，pp. 43—45。

人约翰是当代的权威学者，他曾描写过当时无援的阿拉比亚人被城墙上的弩炮发射下来的炮弹击退的情况[1]。阿慕尔留下一个分遣队，继续攻城，他自己打回巴比伦堡，而且到上埃及去进行了几次掠夺性的远征。641 年 2 月，希拉克略死后，他的幼稚的儿子君士坦斯二世（641—668 在位）继承帝位。居鲁士重新得宠，返回亚历山大港，缔结和约。这位主教希望脱离君士坦丁堡的宗主关系，替阿拉比亚人管理自己的国家。他于 641 年 11 月 8 日，在巴比伦堡与阿慕尔签订了一个条约，这个条约可以称为亚历山大港条约。他在条约里接受了每个成年人缴纳两个第纳尔的人丁税和以实物缴纳土地税的条件，而且同意不让拜占廷的军队重返埃及，或者企图收复失地。642 年 9 月，拜占廷的军队从亚历山大港撤退了。幼弱的君士坦斯二世批准了这个条约，就是说同意把东罗马帝国最富饶的一个省区移交给阿拉比亚人了。

阿慕尔用下面的几句话向欧麦尔报捷："我已经夺取了一座城市，我不加以描绘。我这样说就够了，城里有四千座别墅、四千个澡堂、四万个纳人丁
165 税的犹太人、四百个皇家的娱乐场所。"[2] 哈里发曾用面饼和椰枣，款待他的大将派来的信使，并且在先知的清真寺里，举行了简单而隆重的感恩礼拜的仪式。

伊本·阿卜杜勒·哈克木（回历 257 年，即公元 871 年卒）[3] 的著作是关于征服埃及的保存到现在的最早文献，据他的记载，埃及的土著科卜特人在当初就奉到他们驻亚历山大港的监督的嘱咐，叫他们不要抵抗侵入者。这是不足为奇的，因为他们是一性派的基督教徒[4]，向来遭受皇家教会的宗教迫害。多少年来，希拉克略屡次企图假手于他的代理人居鲁士，禁止埃及的（科卜特的）礼拜仪式，而将新的一意教的教义强加于一个对抗的教会身上。由于对科卜特教会施行其残忍的迫害，居鲁士在后来的民族传说中被认为是反基督分子。

依照欧麦尔的政策，阿慕尔在巴比伦堡外的营地变成了新的都会，叫做弗斯塔德[5]，相当于叙利亚的查比叶、伊拉克的巴士拉和库法等三大营地。641—642 年，阿慕尔在这里建立了一座简朴的清真寺，这是在埃及建立的第

---

① H. Zotenberg，*Chronique de Jean*，*évêque de Nikiou*。*Texte éthiopien*，with translation（Paris，1883），p. 450.

② Ibn-ʻAbd-al-Ḥakam，p. 82；参阅 Zotenberg，p. 463。

③ Ibn-ʻAbd-al-Ḥakam，pp. 58—59.

④ 参阅本书第 179 页。——译者

⑤ 这是拉丁语 *fossatum* 的对音，意思是营地，先转成拜占廷的希腊语 *Phossatun*。

一座清真寺，直到现在，这座清真寺仍然叫做阿慕尔清真寺，但是曾经屡次重建和扩建。弗斯塔德一直是埃及的首府，直到969年，法帖梅王朝建立他们的新都开罗（原名 al-Qāhirah），于是才把弗斯塔德叫做古米斯尔（Miṣr al-Qa-dīmah，或称旧开罗）。为了开辟直达阿拉比亚圣地的水路，阿慕尔当时疏浚古代的法老运河，称为“信士们的长官的运河”（*Khalīj Amīr al-Mu'minīn*），通过希利俄波利斯使巴比伦堡北边的尼罗河与红海[1]的古勒助木[2]相联系。图拉真曾疏浚过古运河，但年久失修，又被沙土淤塞了。经过几个月的徭役后，于644年，在欧麦尔去世之前，就有二十艘船只，满载埃及的物产，在阿拉比亚的港口卸货了[3]。在法帖梅王朝的哈里发哈基木（1021年卒）的时代，这条运河叫做哈基米运河，后来，又改过许多名称，有些部分继续存在到十九世纪末叶。

拜占廷的行政机关，包括财政系统，全被新的统治者采用，这是任何人都会预料到的，不过曾依照中央集权制的路线稍加修改而已。开发尼罗河谷肥沃的土地，而把埃及当做一头奶牛，这是一个由来已久的政策，这个政策被大力付诸实施，在新近发现的莎草纸文献中有证据可以证明这一点。在欧麦尔去世之前不久，他感觉到阿慕尔不能充分保证埃及的税收，因此，任命阿卜杜拉·伊本·赛耳德去管理上埃及。新哈里发奥斯曼，把阿慕尔召回麦地那，而于645年任命他自己的同乳弟弟阿卜杜拉·伊本·赛耳德管理全部埃及。 166

645年底，难驾驭的亚历山大港人向东罗马皇帝君士坦斯二世诉苦，君士坦斯二世就派遣兵船三百艘，在亚美尼亚人马努埃尔的率领下，去收复亚历山大港[4]。阿拉比亚的卫戍部队有一千人都被屠杀了，于是，亚历山大港重新到了拜占廷的手中，而且被用作进攻阿拉伯埃及的军事基地。阿慕尔立即复职。他在尼丘与敌军相遇，拜占廷军队遭到严重的屠杀。在646年初，重新占领了亚历山大港。巩固的城墙全被拆除，这个埃及古都，从此永远保留在穆斯林的手里。

亚历山大港图书馆

有一个流传很广的故事，说哈里发欧麦尔曾命令阿慕尔，用亚历山大港图书馆丰富的藏书，供给为数甚多的澡堂作燃料，足足烧了六个月，才把那些图书销毁干净。这个故事杜撰得很巧妙，但是与历史事实不相符。托勒密

---

① 参阅 Mas'ūdi，vol. iv，p. 99。

② 古代的克鲁斯马（Klysma），现代的苏伊士。

③ Ya'qūbi，vol. ii，p. 177.

④ Balādhuri，p. 221 = Hitti，pp. 347—348.

大图书馆，远在公元前48年，早已被朱理斯·恺撒（现通译为“盖乌斯·恺撒”）焚毁。后来建筑的图书馆，叫做姑娘图书馆，约在389年，依照西奥多西皇帝的法令，而加以焚毁。因此，当阿拉比亚人征服埃及的时候，亚历山大港已经没有什么重要的图书馆，那个时代的作家也没有人责备阿慕尔或欧麦尔焚毁图书馆的。巴格达人阿卜杜勒·莱兑弗（回历629年，即公元1231年卒）① 似乎是首先叙述这个故事的人。他杜撰这个故事的目的何在，不得而知；但是，后来的著作家，以讹传讹，把这种说法大肆渲染，好像实有其事一样②。

167 重新征服亚历山大港后，奥斯曼命令阿慕尔继续担任总司令，命令阿卜杜拉作财务官。这个建议引出了阿慕尔著名的答复，他说：“我的地位将是那紧握母牛角让别人挤奶者的地位。”③ 阿卜杜拉于是又复职，担任哈里发的代理人。

阿卜杜拉打起仗来比管财务要差些，现在他继续向西方和南方进行军事行动，主要是为取得战利品。他在向这两方继续开疆拓土。但是，他最大的功绩是建立穆斯林的第一支海军，这个光荣是他与叙利亚省长穆阿威叶共享的。亚历山大港当然是埃及海军的造船厂。所有的海军军事行动，无论从阿卜杜拉统治下的埃及出发，或者从穆阿威叶统治下的叙利亚出发，总是以拜占廷为目标的。649年，穆阿威叶夺取了塞浦路斯（古卜鲁斯）岛，那是拜占廷的另一个海军基地，因为距叙利亚海岸太近，为了高枕无忧才夺取了它。第一次海上的胜利，就是这样为伊斯兰而取得的；第一个海岛，就是这样加入伊斯兰国家的版图的。靠近叙利亚海岸的阿尔瓦德（阿拉达斯）岛，是次年征服的。652年，阿卜杜拉把占优势的希腊舰队从亚历山大港击退。过了两年，罗得岛遭受穆阿威叶部下一个海军司令的掠夺④。655年，穆阿威叶和阿卜杜拉的叙埃联合舰队，在菲尼克斯附近的列西亚海岸外面击溃了由五百多只战舰组成的拜占廷舰队⑤。亲率舰队前来进攻的东罗马皇帝君士坦斯二世，仅以身免。此次战役，在阿拉伯历史上称为船桅之役（dhu-al-Ṣawāri）⑥，拜占

---

① *Al-Ifādah w-al-I'tibār*, ed. and tr.（Latin） J. White（Oxford, 1800）, p. 114.

② Al-Qifṭi, *Ta'rīkh al-Ḥukamā'*, ed. J. Lippert（Leipzig, 1903）, pp. 355—356; abu-al-Faraj ibn-al-'Ibri, *Ta'rīkh Mukhtaṣar al-Duwal*, ed. A. Ṣāliḥāni（Beirūt, 1890）, pp. 175—176; Maqrīzi, vol. iii, pp. 129—130. 参阅 Butler, pp. 401—426; Gibbon, *Decline*, ed. Bury, vol. v, pp. 452—455。

③ Ibn-'Abd-al-Ḥakam, p. 178; 参阅 Baladhuri, p. 223 = Hitti, p. 351。

④ 较晚的一次远征，发生于回历52年（公元672年），见 Balādhuri, pp. 235—236 = Hitti, pp. 375—376。

⑤ 参阅 C. H. Becker, art. “'Abd Allāh B. Sa'd”, *Encyclopadia of Islām*。

⑥ Ibn-'Abd-al-Ḥakam, pp. 189—191.（参阅本书第201页注。——译者）

廷的海军优势受到严重打击，但并未完全被摧毁①。但是，由于穆斯林内部发生混乱，他们未能乘胜直追，进逼君士坦丁堡，以达到主要的目标。668 或 669 年，由二百艘战舰组成的舰队，从亚历山大港出发，冒险远征，掠夺了西西里岛。这个岛在以前（652 年）曾被穆阿威叶的一位海军将领至少劫掠过一次②。穆阿威叶和阿卜杜拉可以称为伊斯兰世界所培养的头两位海军总司令③。

这些海上的远征，不仅不是在麦地那的哈里发合作下进行的，而且是他 168
们所反对的，早期的资料中对于这一点有意味深长的记载。欧麦尔曾嘱咐阿慕尔："不要让水把我和你隔开来，不要在我不能骑着骆驼到达的任何地方安营扎寨。"④ 奥斯曼批准穆阿威叶远征塞浦路斯岛的请求，是在他一再强调那个岛离海岸不远之后，而且以携带老婆去远征为条件才批准的⑤。

自埃及陷落后，拜占廷在埃及以西的省区，顿失屏障；同时，为要继续占领埃及，不得不征服那些省区。自亚历山大港初次陷落后，阿慕尔为了保卫后方的安全，于 642—643 年，统率骑兵，神速地向西挺进到邻近的彭塔波里斯，没有遭遇什么抵抗，就占领了伯尔克。他还接受了包括莱瓦特⑥在内的的黎波里地方的柏柏尔人的投降。他的继任者阿卜杜拉，经由的黎波里，向西推进，征服了易弗里基叶的一部分；这部分的首府是迦太基，他们愿意缴纳贡税⑦。柏柏尔人是异教徒⑧，本来不属于信奉经典者的范畴，但是奥斯曼特许他们享有顺民的特权。在埃及南边的努比亚（努伯），有大草原，与阿拉比亚更相似，比埃及更适于游牧生活，因此，阿拉比亚人曾屡次企图征服这个地区。远在伊斯兰教诞生之前好几百年，阿拉比亚人早已或多或少继续不断地渗入埃及，甚至渗入苏丹。652 年，阿卜杜拉就与努比亚人发生条约关系，但是他们并未被他征服⑨。努比亚是一个基督教王国，以栋古拉为首府，人民是利比亚人和黑人的混合种，这个王国在未来的几个世纪中，成为伊斯兰向南冲击的障碍。

---

① 参阅本书第四十二章"在西西里岛"。

② Balādhuri, p. 235 = Hitti, p. 375.

③ 关于这个时期海上的军事行动，阿拉伯语的资料中特别缺乏详细的记载。

④ Ya'qūbi, vol. ii, p. 180. 据 *Fakhri*, p. 114 记载，欧麦尔曾写信给在伊拉克的赛耳德，请求他不要让海水把哈里发和穆斯林们隔离开来。

⑤ Balādhuri, pp. 152—153 = Hitti, pp. 235—236.

⑥ Ya'qūbi, vol. ii, p. 179.

⑦ Ibn-'Abd-al-Ḥakam, p. 183.

⑧ 异教徒是指拜物教徒而言的。——译者

⑨ Balādhuri, pp. 237—238 = Hitti, pp. 379—381.

169 第十五章　新领土的管理

怎样管理新获得的这样辽阔的领土？怎样使一个原始的阿拉比亚社会的各种尚未编成法典的法令，适合于一个世界性的大集团的需要？这个大集团的人民是在原来的立法者所预料不到的各色各样的条件下生活的。这是伊斯兰所面临的重大任务。欧麦尔是首先解决这个问题的人。根据传说，他解决了这个问题，因此，他是伊斯兰神权国家的第二位奠基者。这个神权国家是一种伊斯兰的乌托邦，并没有长期存在下去。

欧麦尔的制度

欧麦尔是以这样的理论为出发点的：阿拉伯半岛上只准许伊斯兰教存在。他为了达到这个目的，不顾早期签订的各种条约[①]，于回历14—15年（公元635—636年）驱逐了海巴尔[②]的犹太人和其他的外教人。他们逃到杰里科[③]和别的地方去落户。纳季兰的基督教徒也被逐出阿拉伯半岛，他们逃到叙利亚和伊拉克去落户[④]。欧麦尔政策的第二个基本点，是把阿拉比亚人组织起来——现在他们都是穆斯林了——把他们组织成一个宗教的、军事的共和国，使所有的成员都保持自己纯洁的血统——一种军事贵族阶级——不准许任何非阿拉比亚人享受公民的特权。因为要达到这个目的，所以不准许阿拉比亚的穆斯林在半岛外面占有土地或者耕种土地。半岛上的土著，凡占有土地者，一律缴纳什一税（*'ushr*）。因此，在叙利亚的阿拉比亚征服者，起初都驻扎在营地上：查比叶、希姆斯、阿穆瓦斯、泰伯里叶（约旦地区的营地）[⑤]、卢德和后来的腊姆拉（巴勒斯坦地区的营地）。在埃及，他们驻扎在弗斯塔德和亚
170 历山大港的营地里。在伊拉克，他们驻扎在新建筑的两个大本营：库法和巴

① 参阅 Wāqidi, *Maghāzi*, pp. 391—392；abu-Yūsuf, *Kitāb al-Kharāj*（Cairo, 1346年），pp. 85—86，都记载着先知所订的条款。

② 这是一个绿洲，在麦地那到叙利亚去的道路上，南距麦地那100英里。

③ 杰里科为位于约旦河西岸的城市。——编者

④ Balādhuri, p. 66 = Hitti, pp. 101—102.

⑤ 现在的 Tabarayyah = Tiberias. 'Amwās 或者 'Amawās，是古代的 Emmaus（《路加福音》24:13）。

士拉[1]。在被征服的领土上的老百姓，可以继续操旧业和耕种自己的土地，社会地位比阿拉比亚人低一级，被认为是穆斯林们的后备兵（*māddat al-Muslimīn*）[2]。非阿拉比亚人，即使改奉伊斯兰教，他的社会地位也仍然比信奉伊斯兰教的阿拉比亚人低一级。

作为顺民（*Dhimmi*）[3]，受治的人民都享受穆斯林的保护，而且没有服兵役的义务，因为他们的宗教妨碍他们在穆斯林的军队中服务；但是，他们必须缴纳重税。他们不受伊斯兰教教律的限制，所以给他们依照本教教律而执行的审判权，这种审判权是由各教自己的公众领袖执行的。这种半自治的状态，为较晚的土耳其素丹们所批准，已由继承土耳其的各阿拉伯国家所维持。

依照传说，是欧麦尔创立的这种原始的制度，即如果一个老百姓改奉了伊斯兰教，他就没有缴纳一切贡税的义务，包括后来叫做人丁税的义务。土地如果是归全体穆斯林所共有的公产（叫做“斐物”，*fay'*，即战利品，或者叫做“外格夫”，*waqf*，即永远管业），则新穆斯林仍然缴纳土地税。某些地区的居民，以保持土地所有权为条件，自愿向阿拉伯征服者投降，那些地区的土地是公产的例外。这样的地区叫做立约投降区（*dār al-ṣulḥ*）。新穆斯林不缴纳人丁税，但要缴纳济贫税（宰卡）；但是，作为一个穆斯林，他享有年金和其他的各种福利。

由多年实践的结果而产生的较晚的种种制度，依照传说，都是欧麦尔的创制。实际上，初期的几位哈里发和早期的穆斯林长官们在赋税制度和财政管理方面新颖的创作，不可能是重大的。在叙利亚和埃及的拜占廷省政府体 171
制，曾继续存在，不过加上真主的名义而已；在前波斯领域中，对于地方行政机构，也没有加以根本的改革。当初没有统一的税则，这是因为各地的土壤肥瘦不等，在旧政权下，各地的税制也不划一，无论在拜占廷政权或波斯政权下，都没有统一的税制；税额的规定并不是必须根据取得土地的方式：立约投降（*ṣulḥan*），还是强制投降（*'anwatan*），也不是根据欧麦尔的立法行为[4]。用立约投降和强制投降，来说明税额的差别，是后来的法律方面的虚

① 回历一世纪时，此类兵营很多，如胡泽斯坦的阿斯凯尔·穆克赖木营地，法里斯的设拉子，北非的伯尔克和盖赖旺。

② Yaḥya ibn-Adam，*Kitāb al-Kharāj*，ed. Juynboll（Leyden，1896），p. 27.

③ “顺民”原名 *Ahl al-Dhimmah*，意思是盟约之民或义务之民，就是说他们表示接受穆斯林的统治，愿做顺民，而穆斯林表示愿尽保护的义务，双方缔结条约。这个术语起初专用于有经典的人（*Ahl al-Kitāb*），即犹太教徒、基督教徒和萨比教徒，后来推而广之，包括袄教徒（拜火教徒）及其他教徒。

④ 参阅 Daniel C. Dennett，Jr.，*Conversion and the Poll Tax in Early Islam*（Cambridge，Mass.，1950），p. 12。

构，不是税额差别的真实原因。人丁税（*jizyah*）和土地税（*kharāj*，发源于希腊语 *chorēgia*，或阿拉马语 *keraggā*）的区别，也不是在第二位哈里发的时代（634—644 年）就存在的。这两个名词（*jizyah* 和 *kharāj*）在早期是交换着使用的，两个名词的含义都是贡税。*jizyah* 这个名词在《古兰经》里只出现过一次（9∶29），但是没有法律上的含义。*kharāj* 这个名词，在《古兰经》里也只出现过一次（23∶72），作为报酬解释，并无土地税的含义。在历史学家开始记载历史事实的时代，原来同被征服民族商订的条件显然是几乎被人遗忘了，因此，历史学家就依照后来的情况和发展加以解释。

jizyah 和 *kharāj* 这两个名词所表示的两种税，到伍麦叶王朝晚期才有了差别。土地税是分期缴纳的，所缴的实物有粮食和牲畜，但是酒、猪和自死动物等不能作为实物。人丁税是一次全数缴纳的，而且是下级地位的标志。人丁税的税额，是因贫富而不同的，富裕的人缴四枚第纳尔①，中等的人缴两枚，贫寒的人缴一枚。受治的人民还要担负别的苛税，以供养穆斯林的军队。各种贡税只加于强健的人，妇女、儿童、乞丐、僧侣、老人、疯人、患痼疾的病人，一概豁免，除非他有足以自立的收入。

还有第三条原则，据说也是欧麦尔征得圣门弟子中他的顾问的同意后由
172 他公布的②，就是只有掳到的动产和俘虏构成战利品（*ghanīmah*）③，分配给战士们，土地不能分配。土地和老百姓交出的钱财，构成公产，为全体穆斯林所共有④。凡是耕种公产的人都得缴纳土地税，即使他已改奉伊斯兰教。国家的岁入，全部存入国库，行政费和兵费，都由国库支出，每年积余若干，完全分配给全国的穆斯林。为了完成分配任务，必须进行人口调查，这种为分配国家积余岁入而举行的人口调查，是史无前例的。先知的寡妻阿以涉的名字，在花名册上是第一名，她每年得年金一万二千第尔汗⑤。在先知的家属（*Ahl al-Bayt*）之后，接着就是迁士和辅士的花名册，依照各人的资历（信奉伊斯兰教的先后次第），各有一份津贴。在这个范畴里的人，每人每年约得补

---

① 第纳尔（*dīnār*）是希腊－拉丁名词 *denarius* 的对音，是哈里发帝国流通的金货币单位，约重四克。在欧麦尔时代，一个第纳尔等于十个第尔汗，后来等于十二个第尔汗。

② Ibn-Sa'd，vol. iii，pt. 1，p. 212.

③ 关于 *ghanīmah* 和 *fay'* 的讨论，可参阅 al-Māwardi，*al-Aḥkām 'al-Sulṭānīyah*，ed. M. Enger（Bonn，1853），pp. 217—245；abu-Yūsuf，pp. 21—32。

④ 依照《古兰经》（8∶41）的规定，只有五分之一的战利品，归真主和先知，即归国家所有；其余的五分之四，归获得战利品的战士所有。

⑤ 第尔汗（*dirham*，从希腊语的 *drachmé* 变成波斯语的 *diram*，再变成阿拉伯语的 *dirham*）是阿拉伯币制中银币的单位，在第一次世界大战前，一个法国法郎的法定价格约为十个第尔汗（约合 0. 19 美元），但是它的真实价格，已发生很大变化了。

助金的平均数，介乎四千和五千第尔汗之间[1]。末尾是阿拉比亚部族的花名册，他们的次第是依照战功和对于《古兰经》的认识而排列的。每个普通战士，最少可以分到五百到六百第尔汗；甚至妇女、儿童、平民[2]都登入花名册，而分得二百到六百第尔汗的年金。据说是欧麦尔创立的这种底瓦尼（*dīwān*）制度，即国家岁入岁出总登记的制度，显然是从波斯国的制度借来的，正如伊本·兑格台嘎[3]所断言，*dīwăn* 这个波斯语的名词本身也能说明这一点。

欧麦尔的军事共产主义制度，创立了阿拉比亚人的最高地位，而且使非阿拉比亚血统的穆斯林获得了一个比非穆斯林更优越的地位。但是这种人为的制度，经不起时间的考验。在欧麦尔的直接继任人奥斯曼的任内，已经准 173
许阿拉比亚人在新征服的领土内有购置地产的权利。过了几年之后，阿拉比亚人的贵族阶级就被“麦瓦里”（平民）的高潮淹没了。

军队就是行动中的“温麦”（*'ummah*），即是整个民族。军队的艾米尔 军队
（*amīr*，即总司令）就是在麦地那的哈里发，他把他的权力委托给他的副手们或者将军们。在伊斯兰教的初期，征服某个地区的将军，就在那个地区里兼任礼拜时的领拜者（伊马木）和那个地区的法官。白拉左里告诉我们，欧麦尔曾任命一个嘎迪（*qādi*，法官）管理大马士革和约旦的诉讼，又任命一个嘎迪管理希姆斯和肯奈斯林的诉讼[4]。照这样说，他是首创法官官职的哈里发[5]。

在穆罕默德的时代，早已知道把军队分为中坚、左翼、右翼、前锋、后卫，这种分法显示出拜占廷和萨珊王朝的影响。这样由五个部分配合起来的军队，就叫做“赫米斯”（*khamīs*，五肢军）。骑兵掩护着两翼。编制军队的时候，保留了原来部族的单位。各部族都有自己的旗帜，那时候的旗帜，是用一块布拴在长矛杆上，由一个最勇敢的士兵打着，在队伍的前面走。先知的军旗，叫做鹫旗（*'uqāb*）。步兵使用弓、箭、弹弓，有时使用盾和剑；剑插在鞘里，扛在右肩上。镖枪（*ḥarbah*）是后来从阿比西尼亚传入的。骑兵

---

① Ibn-Sa'd, vol. iii, pt. 1, pp. 213—214; Māwardi, pp. 347—348; abu-Yūsuf, pp. 50—54; Balādhuri, pp. 450—451.

② 平民的阿拉伯名称是“麦瓦里”（*mawāli*，单数是“毛拉”，*maulā*），非阿拉伯人信奉伊斯兰教后，申请归属于某个阿拉比亚部族，就成为那个部族的“毛拉”。由于出身不良，他们的社会地位，比信仰伊斯兰教的阿拉比亚人次一等。

③ *Fakhri*, p. 116；参阅 Māwardi, pp. 343—344。

④ P. 141 = Hitti, p. 217.

⑤ Ibn-Sa'd, vol. iii, pt. 1, p. 202, ll. 27—28.

的主要武器是长矛（*rumḥ*），矛杆在阿拉伯文学里是以“赫帖”（*khaṭṭi*）著称的，那是因出产于巴林海岸的“赫特”（al-Khaṭṭ）而得名的，那里盛产竹子，最初是从印度传入的。长矛和弓箭，是两种民族的武器。最好的剑也是印度出产的，所以叫做“欣迪”（*hindi*）。防身的武器，是甲和盾。阿拉伯人的武器，比拜占廷的轻便些[①]。

战斗的序列是原始的排成行列紧密的阵式。敌对行为是由双方著名战士个人的战斗开始的，战士先走到阵前来挑战。阿拉比亚的战士，比他的波斯的和拜占廷的敌手，得到更高的报酬，而且确信能够得到一份战利品。在真
174 主看来，当兵不仅是最高贵的、最满意的职业，而且是最有利的职业。穆斯林的阿拉比亚军队，其力量不在于武器精良，也不在于组织性优越，却在于士气旺盛，这无疑是伊斯兰教的贡献；也在于军队的耐久力，那是沙漠生活培养出来的；还在于显著的机动性，那主要是由于他们靠骆驼运输[②]。

所谓的“阿拉伯文化”

征服了肥沃的新月地区、波斯和埃及的国土后，阿拉比亚人不仅占有一些地理上的地区，而且占有全世界最古老的文明的发祥地。沙漠的居民成为那些古老文化的继承者，源于希腊－罗马时代、伊朗时代、法老时代和亚述－巴比伦时代的那些历史悠久的传统，也由他们继承下来。无论在艺术、建筑、哲学、医学、科学、文学、政体等方面，原来的阿拉比亚人都没有什么可以教给别人的，他们一切都要跟别人学习。他们证明了自己的求知欲是多么旺盛啊！有着经常锐敏的好奇心和从未唤醒过的潜能，这些信奉伊斯兰教的阿拉比亚人，在他们所管辖的人民的合作和帮助之下，开始消化、采用和复制这些人民的文化和美学遗产。在泰西封、埃德萨、奈绥宾[③]、大马士革、耶路撒冷、亚历山大港等城市里，他们看到、赞赏而且模仿了那些建筑师、工艺家、宝石匠和机械制造者的作品。他们到所有这些古老文化的中心来了，他们看见了，而且被征服了。他们是征服者成为被征服者的俘虏的另一个例证。

因此，我们所谓的“阿拉伯文化”，无论其渊源和基本结构，或主要的种族面貌，都不是阿拉比亚的。纯粹的阿拉比亚的贡献，是在语言方面和宗教的范围之内，而后者还有一定程度的限制。在整个哈里发政府时代，叙利亚人、波斯人、埃及人等，作为新入教的穆斯林，或作为基督教徒和犹太教徒，

---

① 关于阿拉伯人的武器，可以参阅 ibn-Qutaybah，*'Uyūn*，vol. i，pp. 128—132。

② 关于拜占廷军队与阿拉伯军队的对照，可以参阅 Charles Oman，*A History of the Art of War in the Middle Ages*，2nd ed.（London，1924），vol. i，pp. 208 以下。

③ 现代土耳其的纳西宾。——译者

他们自始至终举着教学和科研的火炬，走在最前列。他们同阿拉比亚人的关系，正如被征服的希腊人同战胜的罗马人的关系一样。阿拉伯的伊斯兰教文化，基本上是希腊化的阿拉马文化和伊朗文化，在哈里发政府的保护下发展起来，而且是借阿拉伯语表达出来的。从另一种意义上来说，这种文化是肥沃的新月地区古代闪族文化逻辑的继续，这种古代文化是亚述-巴比伦人、 175
腓尼基人、阿拉马人和希伯来人所创始和发展起来的。西亚的地中海文化的统一性，在这种新文化里，已登峰造极了。

正统派哈里发的性格和成就

征服世界的活动，在艾卜·伯克尔的任内有了好的开端，在欧麦尔的任内达到高潮，在阿里的任内暂时骤然停顿，因为在他的任期内发生内讧，不可能向外扩张。在先知去世之后，仅仅三十年的工夫，穆斯林的帝国就从中亚的乌浒水伸展到北非的小流沙。穆斯林的阿拉比亚哈里发国家，白手起家，现在已经成长起来，变成了世界上最强大的力量。

艾卜·伯克尔（632—634 年在位），是阿拉比亚的征服者和绥靖者，他过的是族长的简朴生活。在他简短的任期的头六个月中，他在麦地那郊区的松哈，跟他妻子哈比伯住在一所简陋的房子里，每天到他的首都麦地那去办公，早出晚归，习以为常。他没有什么薪俸，因为在那个时候国家几乎还没有收入①。国家的一切事务，都是由他在先知的清真寺的庭院里办理的。他个人的品质，他对自己的女婿穆罕默德（比他自己长三岁）的坚定不渝的信念，都使他成为新兴的伊斯兰教中吸引力最大的人物，因此，他获得了虔信者（*al-Ṣiddīq*，逊底格）的称号②。流行的传说把他描写成一个懦弱的人物，其实他是具有天赋的毅力的。他是一个皮肤美丽、面貌清瘦的人，他喜欢染胡子，爱低着头走路③。

他的继任者欧麦尔（634—644 年在位），态度朴实，生活简单，身躯魁伟，而且健壮，头顶光秃④，精力充沛，很富于天才，他担任哈里发后，在一个时期内，兼营商业，以谋自给，他终身过的是跟贝杜因人的族长一样简朴的生活。据穆斯林们的传说，在伊斯兰教初期，欧麦尔的声望，仅次于穆罕默德，他具有虔诚、公正和族长式的坦率。实际上，穆斯林的作家们已经把欧麦尔偶像化了，他们把他当做一位哈里发所应有的美德的化身。他的无可

---

① Ibn-Sa'd，vol. iii，pt. 1，pp. 131—132；ibn-al-Athīr，*Usd al-Ghābah fi Ma'rifat al Ṣaḥābah*（Cairo，1286），vol. iii，p. 219.

② 通常译成"诚实人"。参阅 ibn-Sa'd，vol. iii，pt. 1，pp. 120—121。

③ Ya'qūbi，vol. ii，p. 157.

④ Ya'qūbi，vol. ii，p. 185.

176 责备的性格，变成了所有依良心而行动的继任者的范例。根据传说，他只有一件衬衣和一件斗篷，这两件衣服，都是引人注目的，因为都是打过补丁的①。他在用枣椰叶子铺成的床上睡觉。他唯一关心的事，是怎样保持信仰的纯洁，怎样维护正义以及伊斯兰教和阿拉比亚人的权势和安全。阿拉伯文学里，充满了各种逸事，都是竭力称赞欧麦尔严峻的性格的。相传他曾鞭打自己的儿子，一直打死②，因为后者犯了酗酒和放荡的罪行。有一个贝杜因人受人欺压，跑来向他告状，他在盛怒之下，错打了那个人几鞭子。他很快就懊悔了，他叫那个游牧人照数打他几鞭子，但是，那个人不肯这样做。欧麦尔回家去的时候，一路上自言自语地说：

> 赫塔卜的儿子呀！你原是卑贱的，而真主提拔了你；你原是迷路的，而真主指引了你；你原是软弱的，而真主增强了你。于是，他叫你治理人民，当一个老百姓来向你求救的时候，你却打了他！当你现身于真主面前的时候，你应该对你的主宰说什么呢？③

欧麦尔曾定“希志来”（迁移）为穆斯林的纪元，在他的领导之下，阿拉比亚人征服了当时可以认识的世界的大片地区，他制定了财政制度，组织了新帝国的政府。然而，他却死得很惨，很突然。正当春秋鼎盛的时候，他被暗杀身死，杀害他的是一个信奉基督教的波斯奴隶。644 年 11 月 3 日，当他率领群众举行晨礼的时候，那人用一把有毒的匕首刺杀了他④。

奥斯曼曾使真主的语言具有固定形式，在他的任内，完全征服了伊朗、阿塞拜疆和亚美尼亚各部，他是一个虔诚的、善良的老人，但是他优柔寡断，懦弱无能，不能抗拒他那些贪婪的亲戚的挟制。他的同乳弟弟阿卜杜拉，从前担任过先知的书记，擅改过启示的文字⑤，是穆罕默德攻克麦加城的时候判罪的十个人之一，他却任命他做埃及总督；他的异母弟弟韦立德·伊本·欧
177 格伯，曾向穆罕默德脸上啐唾沫，被穆罕默德判罪，他却任命他做库法的长官；他的堂弟麦尔旺·伊本·哈克木，后来成为伍麦叶王朝的哈里发之一，

---

① Ibn-Sa‘d, vol. iii, pt. 1, pp. 237—239.

② Diyārbakri, *Ta'rīkh al-Khamīs* (Cairo, 1302), vol. ii, p. 281, ll. 3—4; al-Nuwayri, *Nihāyat al-Arab*, vol. iv (Cairo, 1925), pp. 89—90.

③ Ibn-al-Athīr, *op. cit.* vol. iv, p. 61.

④ Ṭabari, vol. i, pp. 2722—2723; Ya‘qūbi, vol. ii, p. 183.

⑤ 《古兰经》6:93；Bayḍāwī, vol. i, p. 300。

他任命他掌管枢密院（*dīwān*）。许多重要的官职，都用伍麦叶人、哈里发的家族来充任[①]。哈里发本人接受各地长官或他们的党羽送给他的礼物，其中有巴士拉的长官送给他的一个美丽的少女。全国的人都在攻击哈里发任用亲戚。不孚众望的行政措施所激起的不满情绪，由于觊觎哈里发职位的阿里、泰勒哈和左拜尔等三个古莱氏人的煽动，而更加炽烈。阿里的随从者，在库法发难，他们在埃及的势力特别强大，公元656年4月，他们派遣了叛乱者五百人到麦地那去，这些叛乱者把那个八十岁的哈里发围困在他的住宅里。他正在诵读他所编辑成册的《古兰经》的时候[②]，他们闯入他的住宅；他的朋友和前任艾卜·伯克尔的儿子穆罕默德闯入他的寝室，首先对他行凶[③]。公元656年6月17日，被穆斯林们亲手杀害的第一位哈里发与世永辞。在伊斯兰教初期先知所灌输的敬畏以及与麦地那有密切联系的神圣社会，在穆罕默德的几位继任者的生活中，仍然是一种活动的有生力量，可是，伊斯兰教的这个族长时期，就这样结束了，接着到来的是为争夺现在的空宝座而流的血水的洪流，起初是在阿里和他的势力相当的劲敌泰勒哈和左拜尔之间，后来是在阿里和新的觊觎者穆阿威叶之间，穆阿威叶是以遇害的奥斯曼所代表的伍麦叶族的保护者自居的。

---

① Ibn-Ḥajar, vol. iv, pp. 223—224; ibn-Sa‘d, vol. iii, pt. 1, p. 44; Mas‘ūdi, vol. iv, pp. 257 以下。

② 伊本·白图泰（1377年卒）（《游记》第2册第10—11页）说，他访问巴士拉的时候，清真寺里还保存着带有奥斯曼血迹的那部《古兰经》，血迹是在第2章第131节上，依照伊本·赛耳德的传说（见第3册第1部第52页），受伤的哈里发的血，就是落在那一节上。参阅 Quatremère 在 *Journal asiatique*, ser. 3, vol. vi (1838), pp. 41—45 所写的文章。

③ Ibn-Sa‘d, vol. iii, pt. 1, p. 51.

178

第十六章 阿里和穆阿威叶争夺哈里发的职位

哈里发的选举

艾卜·伯克尔是穆罕默德的最早的支持者之一，也是其最忠实的朋友之一；他是穆罕默德的心腹，先知临终害病期间，他领导公众做礼拜；公元632年6月8日，他当选为穆罕默德的继任者，首都麦地那的那些领袖们都参加了这次选举。他承担了先知所有的一切职权，但预言的职务除外，那已随着穆罕默德的去世而停止了。

艾卜·伯克尔被称为 *khalīfat Rasūl Allah*（真主的使者的继任者），他自己大概没有把这个名称当做自己的头衔。*khalīfah* 这个名词在《古兰经》里曾出现过两次，一次是在第 2 章第 30 节，又一次是在第 38 章第 26 节，在这两个地方都没有技术上的意义，也没有指示将来要用这个名词称呼穆罕默德的继任者。

艾卜·伯克尔一旦去世，当然的候补人是欧麦尔，所以艾卜·伯克尔任命他为自己的继任者。据说他初被任命的时候，人家称呼他 *khalīfat khalīfat Rasūl Allah*（真主的使者的继任者的继任者），后来觉得这个名称太冗长，于是加以缩短①。第二位哈里发（634—644 年在位）首次担任了穆斯林军队的总司令，因此，获得了 *amīr al-mu'mmīn*（信士们的长官）的称号，这就是中世纪时期基督教作家常用的"*Miramolin*"一词的来源②。欧麦尔未死之前曾提名六个人，组成一个选举委员会，这六个人是：阿里·伊本·艾比·塔列卜、奥斯曼·伊本·阿凡、左拜尔·伊本·奥瓦木、泰勒哈·伊本·阿卜杜拉、赛耳德·伊本·艾比·瓦嘎斯、阿卜杜·赖哈曼·伊本·奥弗③，还规定他儿子不得当选为他的继任人。这个组织叫做"舒拉"（al-Shūra，意思是协

---

① Ibn-Sa'd, vol. iii, pt. 1, p. 202.

② 《旧唐书·大食传》说："永徽二年（公元 651 年），始遣使朝贡，其姓大食氏，名瞰蜜莫末腻。""瞰蜜莫末腻"就是这种新称号的对音。——译者

③ Ibn-Sa'd, vol. iii, pt. 1, p. 245 以下。

商），包括还在世的最年高德劭的圣门弟子，由这个组织的名称就可以看出， 179
关于部族领袖的、古代的阿拉比亚观念，是超乎世袭的国王之上的。

奥斯曼比阿里年长，故于644年当选为第三任哈里发。奥斯曼是代表伍麦叶贵族的，他的两位前任，却是代表全体迁士的，这是一个鲜明的对照。这三位哈里发都没有建立王朝。

奥斯曼被刺死后，公元656年6月24日，在麦地那先知的清真寺里，宣布阿里为第四任哈里发。实际上，整个穆斯林世界都承认了他是合法的继任者。这位新哈里发是穆罕默德的亲堂弟，是他亲爱的女儿法帖梅的丈夫，是他绝无仅有的两个在世的男性后裔哈桑和侯赛因的父亲，是信仰他的使命的第二人或第三人。他是一个和蔼可亲的、虔诚而且豪爽的人。他所代表的党派叫做正统主义派（*ahl al-naṣṣ w-al-ta'yīn*[①]，意思是天命和指定派），这派人坚决断言：真主及其使者在当初就明白地任命阿里为唯一合法的继任者，但是前三位哈里发诈取了他的合法的职位。

阿里担任哈里发的时期

阿里的首要问题是如何解决他的两个劲敌，以免他俩争夺自己刚刚承担的这个崇高的职位。泰勒哈和左拜尔都是代表麦加党的。泰勒哈和左拜尔[②]在希贾兹和伊拉克都有追随者，那些人都不承认阿里做哈里发。阿以涉原是先知最宠爱的妻子，现在是“信士们的母亲”，她曾纵容了对奥斯曼的叛变，现在她又在巴士拉加入了反对阿里的叛变者的行列。阿以涉是在幼年时结婚的[③]，她从她父亲艾卜·伯克尔的家里随身带着她的玩具去出嫁，由于阿里曾伤害过她的自尊心，所以对阿里十分痛恨。有一次她在她丈夫的驼队后面逗留了一下，阿里就怀疑她的贞操；直到真主用启示（《古兰经》24：11—20）来为她调解，阿里才信服。公元656年12月9日，在巴士拉城外，阿里与反对党的联军遭遇，而且打败了他们，这次战役叫做骆驼之役，那是因阿以涉所骑的骆驼而得名的，那只骆驼成为反叛的战士们的旗帜。阿里的劲敌都战 180
死了；他豪爽地哀悼了他们，并为他们举行了隆重的葬礼[④]。阿以涉被俘后，享受了最优厚、与她作为元首夫人的身份相称的待遇。她被送回麦地那。穆斯林和穆斯林在战阵上的敌对，就这样初步结束了，但并没有最后结束。后来发生了许多改朝换代的战争，常常使伊斯兰教害痉挛症，有时甚至震动了

① Shahrastāni，p. 15.

② 左拜尔的母亲是先知的姑母。

③ 据伊本·希沙木的传说（第1001页），阿以涉结婚的时候才九岁或十岁。

④ 在巴士拉附近，在左拜尔的坟墓四周，有一个小小的村落成长起来，那个村落就叫做左拜尔村。

伊斯兰教的根基，现在只是那些战争刚刚开始罢了。

表面上安安稳稳坐上自己的宝座以后，阿里在他的新首都库法开始建立他的制度，撤换了前任所任命的大部分省长，而且要其余的省长宣誓忠顺。他没有把叙利亚的长官穆阿威叶，即奥斯曼的血族，考虑在内。穆阿威叶现在以殉道的哈里发的复仇者的身份出现了。他在大马士革的清真寺里展出被谋杀的哈里发的血衣和他夫人纳伊莱的手指，那些手指是她企图保卫丈夫时被砍掉了的[①]。他不仅有安东尼的策略，而且有安东尼的雄辩，他竭力煽动穆斯林的情绪。他不愿对阿里表示忠顺，想用这样的难题把阿里逼到绝境：不交出杀害依法任命的先知继任者的凶手，就接受同谋犯的地位，从而丧失哈里发的资格。然而这个问题不仅仅是一个私人的问题，而是一个超出个人，甚至超出家族事务的问题。真正的问题是：在伊斯兰教事务中应当成为最高权力者的究竟是库法，还是大马士革，究竟是伊拉克，还是叙利亚。公元656年，阿里被任命为哈里发后，就离开了麦地那，再也没有重访过。麦地那已经不重要了。向远方征伐的结果，重心已经移到北方去了。

在赖盖（现叫腊卡）南边，在幼发拉底河右岸的绥芬平原上，两军终于对垒了：阿里所统率的军队据说是由五万个伊拉克人组成的，穆阿威叶所统率的军队是由叙利亚人组成的。双方都是冷淡的，没有一方渴望着急于做出最后决定，相持了好几周，只发生了一些小接触。直到657年7月26日才发生决战。阿里的队伍是由马立克·艾什台尔指挥的，他们快要获得胜利的时
181 候，穆阿威叶的指挥者奸雄阿慕尔·伊本·阿绥求助于诡计。好几部《古兰经》被拴在长矛上，高高地举在空中，这个举动的意思是不要由武力来做决定，由《古兰经》来做决定。敌对行为停止了。率直的阿里，由于部下的怂恿而接受了穆阿威叶的建议，用调停的方式来解决争端，以免穆斯林们流血牺牲。调停当然是“依照真主的语言”[②]，无论这句话作何解释。

哈里发没有好好考虑，就指派艾卜·穆萨·艾什耳里做自己的私人代表，这个人的虔诚是无可置疑的，但是他对于阿里派事业的忠义是冷淡的。穆阿威叶指派阿慕尔·伊本·阿绥来对付他，这个人是有阿拉伯的政治天才的称号的[③]。这两个调停人（单数是*ḥakam*）都带着全权代表的证书，而且各带见证四百名，于659年1月，在艾兹鲁哈地方开会；那个地方是在麦地那到大马士革去的商队大道旁，在马安和皮特拉之间的中途。

---

① *Fakhri*, pp. 125, 137.

② 关于调停的文件，可以参阅 Dīnawari, pp. 206—208。

③ Mas'ūdi, vol. iv, p. 391. 参阅本书第229页，第187、188页。

在这次历史性的会议上，究竟发生了什么情况，很难确定。各种不同的说法，出现在不同的资料中①。据流行的传说，两位公断人一致同意，废除两位首长，这样为未来当选的哈里发扫清道路；依照长幼的次序，在先由艾卜·穆萨站起来宣布废除他的主人的哈里发职务之后，阿慕尔却出卖了他的同事，他批准了穆阿威叶。根据韦尔豪森②和拉蒙斯③的精辟的研究，这种传说反映了伊拉克学派的意见，我们现在尚存的文献，大半属于这个学派，而这个学派是在伍麦叶王朝的死对头阿拔斯王朝昌盛的。真实的情况可能是两位公断人都宣布，两位首长同被废除，这样，遭受损失的是阿里。穆阿威叶没有哈里发的职务可以废除，他只是一个省的长官。调停提高了他的身份，使他与阿里立于同等的地位，而阿里的身份却降低了，阿里变成了冒充哈里发的人。公断人的判决，剥夺了阿里的真正的职位，但只是剥夺了穆阿威叶的尚未成为事实的要求，这个要求，他从来不敢公开地说出来。直到 661 年，即公断的滑稽剧闭幕两年后，穆阿威叶才在耶路撒冷僭称哈里发。 182

接受调解的原则，对阿里来说，在很多方面都是一种灾难性的错误：这件事情使得他的很多追随者不再同情他了。这些哈列哲派（khārijites，退出同盟者）④ 是伊斯兰教最早的教派，当时他们被人称为哈列哲党。他们成为他的死对头。他们所采用的口号是 *lāḥukma illā li-l-Lāh*（除真主的调解外，绝无调解）⑤。在阿卜杜拉·伊本·瓦海卜·拉西比的领导下，他们发展成为四千人的武装力量⑥。

在奈海赖旺运河岸上，阿里进攻他们的营房（公元 659 年），而且几乎歼灭了他们，但是他们又用各种名义重新武装起来，他们成为哈里发政府腰上的一根刺，直到阿拔斯王朝的时候。

公元 661 年 1 月 24 日清晨，阿里返回库法清真寺的时候，中途被人用带毒的军刀刺杀了。行刺的人是哈列哲派的阿卜杜勒·赖哈曼·伊本·穆勒介木。他的一位女友的亲属在奈海赖旺被杀死，他替他们报仇，用毒刃砍伤了

---

① 参阅Ṭabari, vol. i, pp. 3340—3360；Mas'ūdi, vol. iv, pp. 392—402；Ya'qūbi, vol. ii, pp. 220—222；*Fakhri*, pp. 127—130。

② Wellhausen, *Das arabische Reich und sein Sturz*（Berlin, 1902）, ch. ii = *The Arab Kingdom and its Fall*, tr. Margaret G. Weir（Calcutta, 1927）, ch. ii.

③ Père Lammens, *Études sur le règne du calife omaiyade Mo'âwia Ier*（Beirūt, 1907）, ch. vii.

④ 他们还有一个称号是哈鲁里叶（Ḥarūrīyah，由 Ḥarūrā' 得名，Yaqūt 里的 Ḥarawrā', vol. ii, p. 246）。

⑤ *Fakhri*, p. 130. 参阅《古兰经》12: 67。

⑥ 一说是一万二千人，见 Shahrastāni, p. 86。

阿里的脑部。相传有三个同谋犯，曾在克而白天房旁边盟誓，并且共订暗杀的计划，要在同一天替穆斯林公众除掉三个捣乱分子：阿里、穆阿威叶和阿慕尔·伊本·阿绥①，伊本·穆勒介木就是那三个同谋犯之一。这种传说显然是无稽之谈。埋葬阿里的地方②，在库法附近。那里原来是荒无人烟的，后来，阿里的陵墓发展成为伊斯兰教十叶派的圣地之一，年年有人到那里去朝拜，那个圣地就是现在伊拉克的纳贾夫。

在阿里的十叶派的追随者看来，第四位哈里发很快就变成了这个教派杰出的圣徒，变成了真主的外理（*Wali*，朋友和代理人），正如穆罕默德曾经是伊斯兰教的先知和真主的使者一样。死了的阿里被证明比活着的阿里更有力
183 量。作为一个被公认是圣徒的殉道者，他立即恢复了生前的损失，而且其权威还有所增加。领袖和政治家，必须具备机警、远虑、果敢、韬略等特征，阿里虽然缺乏这些特征，他仍然具有理想的阿拉比亚人所应有的性格。他在战场上是勇敢的，在劝告时是聪明的，在讲台上是雄辩的，对朋友是真诚的，对敌人是豁达大度的，他已成为穆斯林高贵和豪侠（*futūwah*）的典型人物，成为阿拉伯传说里的苏莱曼（所罗门），有数不清的诗歌、格言、训诲和逸事，环绕着他的大名而结实累累。他有黧黑的皮肤、大而黑的眼睛、光秃的头、密而长的白胡须、肥壮而中等的身材③。他的宝剑叫 *dhu-al-Faqār*（脊柱剑），是先知在值得记忆的伯德尔战役中所使用的，这把宝剑因下面的这句诗而永垂不朽：

La sayfa illa dhu-al-Faqāri
wala fata illa ʻAli
除脊柱剑外无宝剑，
除阿里外无豪杰。

在中世纪时代，阿拉伯的宝剑上，有许多都刻着这句诗。后来的菲特彦青年

---

① 参阅 Dīnawari，p. 227；Ṭabari，vol. i，pp. 3456 以下；H. Zotenberg，*Chronique de Ṭabari*，vol. iii（Paris，1871），pp. 706 以下。

② 据十叶派的传说，这个地方是依照阿里的遗嘱而选定的。据说阿里曾嘱咐部下，把他的遗体放在一只骆驼的背上，然后让那只骆驼自由行进，骆驼在哪里跪下，就把遗体葬在哪里。在伍麦叶王朝时代，和那个时代以后，这座坟墓一直在保密之中，直到阿拔斯王朝的哈伦·赖世德于公元 791 年偶然发现了它。关于这座坟墓的第一个详细的叙述可参阅 ibn-Ḥawqal，*al-Masālik w-al-Mamālik*，ed. de Goeje（Leyden，1872），p. 163。

③ Mas'ūdi，*Tanbīh*，p. 297.

运动曾订出一些礼节和徽章，颇有中世纪时期欧洲的骑士制度和现代的童子军运动的意味，这个青年运动就把阿里当做他们的第一个青年（*Fatā*）和他们的典范。整个伊斯兰教世界，都认为阿里是英明的，是英勇的，许多菲特彦的和托钵僧的兄弟会，都认为他是理想的人物，是典范的人物，他的一派认为他是无辜的，是不会犯错误的，他们中的极端派（*Ghulāh*）甚至认为他是真主的化身，因此，阿里的世俗的经历，实际上是失败的，但他死后，还继续产生一种影响，而这种影响仅次于先知本人的影响。朝觐者的队伍，川流不息地去朝拜纳贾夫的阿里陵墓，以及在附近卡尔巴拉的他儿子侯赛因——十叶派卓越的圣徒和殉道者——的坟墓，而且整个十叶派世界，每年都在回历一月十日举行一次苦难节表演。这两件事都证明，对一个弥赛亚（Messiah，救世主）来说，死亡可能比生存更有裨益。

哈里发大帝国的各个时期

公元632年由艾卜·伯克尔开始，到公元661年因阿里去世而告终的这个时期，可以称为哈里发帝国的共和时期。阿拉伯史学家，把这个时期的四位哈里发叫做“拉什顿”（*al-Rāshidūn*，正统派）。第二个哈里发帝国的奠基人，伍麦叶族的穆阿威叶（世界人物之一），曾提名他的儿子叶齐德做他的继任者，这样他就变成了一个王朝的开基创业者。世袭原则，从此被引入哈里
发的继任制度中，以后世代相沿，从来没有被完全取消过。伍麦叶人的哈里 184
发帝国是伊斯兰教第一个王朝（*mulk*）。选举的虚礼，还保存在“拜伊耳”（*bayăh*，本义是“出卖”）① 中。在这个典礼中，民族领袖们真正地或象征性地握住新任的哈里发的手，表示臣服之意。伍麦叶王朝哈里发帝国（661—750年）奠都于大马士革，取而代之的是奠都于巴格达的阿拔斯王朝哈里发帝国（750—1258年）。奠都于开罗的法帖梅王朝哈里发帝国（909—1171年）是十叶派唯一重要的帝国。另一个伍麦叶王朝哈里发帝国，奠都于西班牙的科尔多瓦，从929年持续到1031年。伊斯兰教最后的哈里发大帝国，是非阿拉伯人建立的，即奥斯曼土耳其人的奠都于君士坦丁堡的土耳其哈里发帝国（约自1517—1924年）。1922年11月安卡拉大国民议会宣布土耳其为共和国，废除素丹兼哈里发穆罕默德六世，推举他的堂弟阿卜杜勒·麦吉德为哈里发，

---

① Ibn-Khaldūn, *Muqaddamah* i. e. vol. i of *Kilāb al-'Ibar wa-Diwān al-Mubtada' w-al-Khabar* (Cairo, 1284), pp. 174—175 = pp. 376—377 of Quatremère's ed., in *Notices et extraits* etc., vol. xvi (Paris, 1858), and pp. 424—426 of de Slane's tr., vol. xix (Paris, 1862).

否认他的君主权。1924 年 3 月，连哈里发的职位也被废除了①。

哈里发的职务主要是一种政治职务

185

认为哈里发的职务是一种宗教的职务，这是一个普通的错误，我们在这里必须指出这一点。这种错误是由于把神圣罗马帝国的首脑职务和现代基督教对于政教两权的划分，拿来比附的结果。作为信士们的长官（*amīr al-mu'minīn*），哈里发的军事职务，是十分显著的。作为教长（伊马木，公众礼拜时的领导者），哈里发领导宗教的事务，而且宣读聚礼日（星期五）的说教（*khuṭbah*，虎吐白）；而这个职务是最卑微的穆斯林也能胜任的。作为穆罕默德的继任者（哈里发），就是继承国家的统治权。穆罕默德作为一位先知，作为天启的工具，作为真主的使者，是不可能有继任者的。哈里发和伊斯兰教的关系，只是一位保护者的关系。他保卫这个宗教，正如欧洲的任何皇帝保卫基督教一样，他镇压异端，对外教人作战，扩张伊斯兰教地区（*Dār al-Islām*），在完成这一切任务时，他都是行使他的政治权力②。

所谓哈里发应该具有精细规定的资格、特权和职务，都是后来的宗教法律学家制定的。他们大半活动于麦加、麦地那和其他的文化中心，而没有接触到在大马士革、巴格达和开罗等伊斯兰教的首都发生过的历史事件的过程。马韦尔迪③（1058 年卒）在其论述政治问题的乌托邦式论文中，奈赛斐

---

① 下面的图表说明历代哈里发的世系：

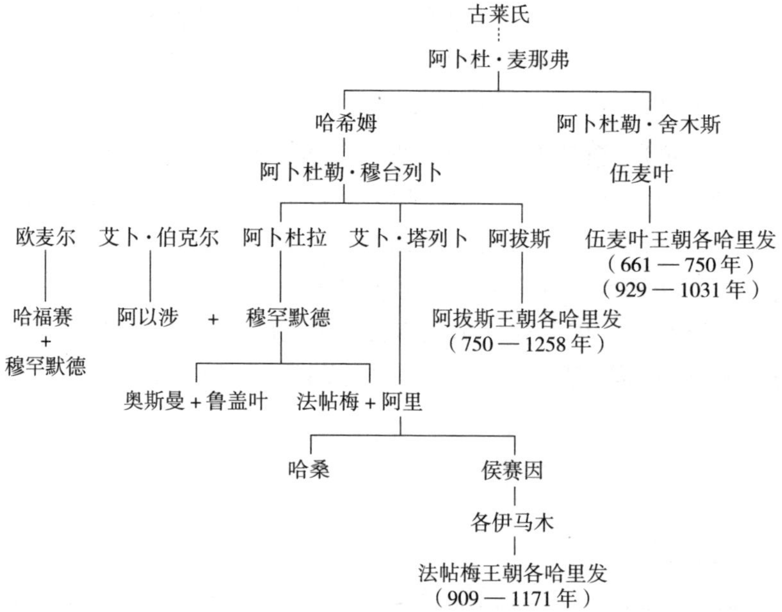

② 参阅 Thomas W. Arnold，*The Caliphate*（Oxford，1924）pp. 9—41。

③ Pp. 5—10.

(1310 年卒)、伊本·赫勒敦(1406 年卒)在其著名的批判性的绪论①中，以
及代表逊尼派(正统派)教义的著作家，他们都开列了哈里发应具备的下列
资格：(一)古莱氏族；(二)男性的成年人；(三)身心健全者；(四)有勇
气、魄力及保卫领土所必需的其他性格特点；(五)为公众所拥戴，而且举行
了臣服的仪式(*bay'ah*)。另一方面，十叶派不注重哈里发的职务，却注重教
长的职务，他们说，只有阿里的后裔，才配当教长；他们认为，穆罕默德曾
遵照天命(*naṣṣ*)而提名阿里作为他的继任者，阿里所具备的资格，都由他的
后裔世袭下来，因为真主注定要他们担任这个崇高的任务②。依照逊尼派的主
张，哈里发的种种任务中有下列的这些任务：(一)保卫伊斯兰教的信仰和领 186
土(特别是麦加和麦地那两大圣地〔*al-ḥaramayn*〕)；(二)必要时宣布圣战
(*jihād*)；(三)任命国家官员；(四)征收赋税，管理公共基金；(五)讨伐
叛逆；(六)执行法律③。哈里发的特权包括：(一)聚礼日(星期五)的说
教(*khuṭbah*)中提及他的姓名，货币上铸他的姓名；(二)举行重大的国家
典礼时穿卜尔德(*burdah*，先知的斗篷)；(三)监守先知的遗物：手杖、印
信、鞋、牙齿和头发，据说这些都是穆罕默德的东西④。

直到十八世纪后期，才有这样一种观念盛行于欧洲：穆斯林的哈里发，就是他们的教皇，他在宗教上管辖全世界的穆斯林。君士坦丁堡的阿美尼亚人德·奥森在他的著作《奥斯曼帝国全局》(*Tableau général de l'empire othman*，*Paris*，1788)⑤一书中首先传布这种谬论。精明的素丹阿卜杜勒·哈米德二世，曾利用这个观念来加强他在欧洲列强眼光中的威信。在他的时代，欧洲列强逐渐控制了亚非两洲上大多数的穆斯林。有一种轮廓不鲜明的运动，开始于十九世纪末叶，这种运动的名称是泛伊斯兰教运动(*al-Jāmi' ah al-Isbāmīyah*)，这种运动特别致力于促进统一行动，以对抗基督教列强。这种运动以土耳其为团结的中心，不适当地强调哈里发职务的世界性。

---

① *Muqaddamah*, p. 161.

② Shahrastāni, pp. 108—109; ibn-Khaldūn, pp. 164—165.

③ Māwardi, pp. 23—24; al-Nasafi, *'Umdat 'Aqīdat Ahl-al-Sunnah*, ed. W. Cureton (London, 1843), pp. 28—29.

④ 作为穆斯林的哈里发，奥斯曼土耳其的素丹受委托保管这些先知的财富(*dhakhā'ir Nabawīyah*)，这些东西是赛里木素丹于 1517 年征服埃及后，带回君士坦丁堡的。自从那个时候起，这些遗物一直被珍藏在土耳其皇宫里一个特别坚固的阁子里，当做无价之宝一样爱护，因为这些宝物是哈里发崇高职务的标志。

⑤ Vol. i, pp. 213 以下。

第三编

伍麦叶帝国和阿拔斯帝国

ROYAL OPERA HOUSE MUSCAT

第十七章　伍麦叶哈里发帝国：穆阿威叶建立王朝 189

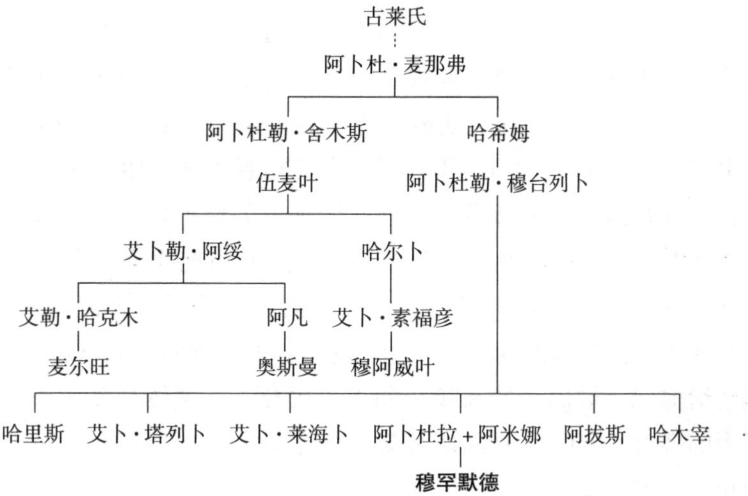

要求做哈里发者全被消灭

回历40年（公元661年）穆阿威叶在伊里亚（耶路撒冷）称哈里发①。自他即位后，叙利亚的省会大马士革就变成穆斯林帝国的首都，尽管这个帝国的版图缩小了一些。调解之后，穆阿威叶的股肱之臣阿慕尔·伊木·阿绥，从阿里派的手中夺取了埃及，但是，伊拉克宣布阿里和法帖梅的长子哈桑为阿里的合法的继任者，而且麦加和麦地那对于素福彦派的通知都表示冷淡。因为素福彦派一直反对穆罕默德，直到麦加陷落后，他们才承认穆罕默德，
他们加入伊斯兰教，与其说是由于信服，不如说是由于便利。哈桑觉得闺房 190
比宝座更舒适，他的兴趣不在于管理帝国。不久他就让位给他的更能干的劲敌，而退居于麦地那，去过养尊处优的生活。他采取这个步骤，是由于穆阿威叶的劝诱。穆阿威叶保证根据哈桑提出的要求给他一笔巨额的特别费和优

① Ṭabari, vol. ii, p. 4；参阅 Ma‘sūdi, vol. v, p. 14。

厚的年金[1]，包括库法的公款五百万第尔汗[2]，再加上波斯一个县的岁入，归他终身享用。但是，他才活到四十五岁就死了（约公元669年），可能是被毒死的[3]，因为他的一个老婆与人通奸。相传哈桑曾结婚、离婚一百多次，因此，获得了休妻大家（*miṭlāq*）的头衔[4]。十叶派把这件毒杀案归咎于穆阿威叶，这样使哈桑变成了一个“舍希德”（*shahīd*，殉道者），实际上，他被称为“所有殉道者的主子”（*sayyid*）。

哈桑的弟弟侯赛因，在穆阿威叶任哈里发期间，在麦地那过着隐居的生活。公元680年，他拒绝承认穆阿威叶的儿子叶齐德继任哈里发的职位，伊拉克人宣布他为阿里和哈桑之后合法的继任者。由于他们急迫的、再三的恳求，他带着由亲戚（包括他的眷属和忠心的追随者）构成的一个弱小的警卫队，动身到库法去。齐雅德（是穆阿威叶认做弟弟的）的儿子欧贝杜拉是伍麦叶王朝的伊拉克省长，在希贾兹到库法去的道路上沿途放了前哨。回历61年1月10日（公元680年10月10日），名将赛耳德·伊本·瓦嘎斯的儿子欧麦尔，率领着四千人的部队，把侯赛因和他的微不足道的二百名警卫，包围在库法西北约25英里的卡尔巴拉地方；他们拒绝投降，所以被全部歼灭了。先知的外孙全身负伤，终被杀害，他的头颅被割下来，送到大马士革，去献给叶齐德。侯赛因的妹妹和儿子，随着他的头颅到了大马士革[5]。叶齐德把头颅还给他们。他们又把头颅带回卡尔巴拉，与遗体合葬在一起。为了纪
191 念侯赛因的殉道，十叶派的穆斯林规定每年举行一次追悼会，回历正月上旬为哀悼旬，后来又发展成一种受难表演，着重表演他的英勇斗争和苦难的情节。这种每年一度的受难表演，分两节进行：前节于回历正月初十日（*‘Ashūrā’*），在巴格达郊区的卡齐麦因举行，这是纪念那次战争的；后节于正月初十日以后的四十天内，在卡尔巴拉举行，称为“头颅的归来”。

侯赛因的牺牲成为十叶派的起源，在这方面，他父亲的牺牲是比不上的。十叶派是正月初十日诞生的。从此以后，在十叶派的教义中，承认伊马木[6]必须由阿里的后裔担任这一教条，就变得和伊斯兰教教义中承认穆罕默德是先

---

① 参阅 Ibn-Ḥajar, vol. ii, p. 13; Dīnawari, p. 231。

② Ṭabari, vol. ii, p. 3.

③ Ya‘qūbi, vol. ii, p. 266.

④ Ibn-‘Asākir, vol. iv, p. 216, l. 21.

⑤ Ibn-Ḥajar, vol. ii, p. 17.

⑥ “伊马木”是阿拉伯语 *imām* 的译音，这个名词有表率和师表的意思。十叶派的伊马木，相当于逊尼派的哈里发。——译者

知这一教条同等重要了。卡尔巴拉日（*Yawm Karbalā'*）使十叶派得到一个“为侯赛因报仇”的口号，而这终于成为推翻伍麦叶王朝的原因之一。在另一个阵营，逊尼派证明叶齐德是事实上的统治者。谁要追问他的权力从何而来，谁就成为叛逆，要被处死刑。他们竭力主张十叶派应该这样看待事实。但是，作为历史上的一种动力来说，人们实际上如何看待一个事件，比他们应该如何看待那个事件尤为重要。伊斯兰教发生了重大的分裂，这种裂痕从来就没有填补起来。

就阿里派来说，在一个相当长时期内，伍麦叶人的哈里发帝国是稳定的，但是斗争实际上是三方面的，因为第三党还没有清除掉。阿以涉的外甥，左拜尔的儿子阿卜杜拉，曾与阿里争夺哈里发的职位，但毫无结果。在强大的穆阿威叶在世期间，他在麦地那待机而动。以昏庸淫荡著名的叶齐德登上了哈里发的宝座后，阿卜杜拉公开宣布反对新哈里发，而且鼓励侯赛因采取冒险的步骤，以致丧失了生命，从而阿卜杜拉就成为唯一的竞争者了。整个希贾兹都拥戴阿卜杜拉。叶齐德赶快派遣讨伐部队，去镇压麦地那的叛乱。那支军队包括很多信仰基督教的叙利亚人，是由独眼的穆斯林·伊本·欧格白统率的，他年老多病，一路之上，不得不乘驼轿而行。讨伐的远征队驻扎在麦地那东面熔岩平原，于公元683年8月26日开仗，大获全胜。有一个故事说，毫无纪律的、爱好劫掠的大马士革军队，在三日内洗劫了先知城。这是 192
虚构的。讨伐军于是向麦加进军。穆斯林·伊本·欧格白病死于中途，由萨库尼继任总指挥①。他用弩炮射击麦加的圣寺，石头像雨点一样落在圣寺内，因为伊本·左拜尔到神圣不可侵犯的圣寺里去避难。在围攻期间，克而白天房本身起火，直烧到墙脚。玄石烧成了三片，天房烧成了如“丧子的妇人撕破了的胸膛”②。当这些军事行动正在进行之际，叶齐德死了，萨库尼恐怕叙利亚发生内乱，于683年11月27日停止了自9月24日开始采取的一切作战措施。伊斯兰教的第二次内战，正如阿里和穆阿威叶之间发生过的第一次内战一样，完全是争夺宝座的战争，这次内战至此暂时停止下来。

在劲敌死亡和敌军从阿拉比亚的土地上撤退之后，伊本·左拜尔不仅在他的大本营所在地希贾兹称哈里发，而且在伊拉克、南部阿拉比亚和叙利亚部分地区称哈里发。他任命他的弟弟穆斯阿卜为驻伊拉克的代表。他任命达

---

① Ṭabari, vol. i, p. 2220; Ya'qūbi, vol. ii, p. 299.

② Ṭabari, vol. ii, p. 427; al Fākihi, *al-Muntaqa fi Akhbār umm-al-Qurā*, ed. F. Wüstenfeld (Leipzig, 1859), pp. 18 以下; Azraqi, *Akhbār Makhah*, p. 32。伍麦叶王朝军队撤退后，伊本·左拜尔重建了克而白。

哈克为大马士革的临时摄政者，达哈克是北部阿拉比亚党派盖斯党的领袖，这个党派是拥护伊本·左拜尔的。在拉希特草原①战役（对伍麦叶人来说，是第二个绥芬战役）中，684 年 7 月，达哈克终于被凯勒卜人击溃了。凯勒卜族（包括也门人或者说南部阿拉比亚人）是拥护年老的②伍麦叶族的族长麦尔旺的，所以同达哈克为敌。凯勒卜人是叙利亚的阿拉伯人，在回历纪元前，他们早已定居于叙利亚，他们大半是基督教徒。麦尔旺（684—685 年在位）是奥斯曼的堂弟，又是他的国务秘书，现在成为伍麦叶王朝麦尔旺支派的奠基人。他是继任穆阿威叶二世（683—684 年在位）的，后者是叶齐德的儿子，
193 体弱多病，才做了三个月的哈里发就死了，而且没有儿子继位③。伊本·左拜尔仍据希贾兹而称哈里发，直到麦尔旺的儿子阿卜杜勒·麦立克继任哈里发位后，才派遣严厉的将军哈查只（从前他是塔伊夫的小学教员）统率着叙利亚的军队，去给反对哈里发者以致命的打击。自 692 年 3 月 25 日起，哈查只加紧包围了麦加城，继续围困六个半月，而且有效地使用了弩炮④。伊本·左拜尔的母亲艾斯马⑤是艾卜·伯克尔的女儿，是阿以涉的姐姐，她鼓励儿子奋勇杀敌。伊本·左拜尔受到母亲的感召，英勇作战，但他终于被杀死了。他的头颅被割下来送到大马士革去⑥，他的尸体在悬尸架上挂了几天之后，发还他的老母亲去安葬了。由于伊本·左拜尔的死亡，古老的信念的最后一个拥护者，随之而消逝。奥斯曼的仇终于完全给报了，即使不是由穆斯林·伊本·欧格白给报的，也是由哈查只给报的。辅士们的力量，完全崩溃了。在

---

① 这是在阿德拉草原村东面的一个平原，在大马士革附近。参阅 '*Iqd* vol. ii, pp. 320—321; Mas'ūdi, vol. v, p. 201。盖斯族是从北部阿拉比亚新迁来的移民，而凯勒卜族是伍麦叶王朝忠实的拥护者，这两族之间内部的世仇，是在伍麦叶王朝崩溃之前发生的那些事件的一部分。盖斯派和也门派，在现代黎巴嫩和叙利亚的政治事务中还具体地表现出来。参阅本书第 281 页。

② Ya'qūbi, vol. ii, p. 304, l. 19.

③ 下面的世系表说明伍麦叶王朝素福彦支与麦尔旺支的相互关系：

伍麦叶
- 艾卜勒·阿绥
  - 艾勒·哈克木
    - (4) 麦尔旺一世（684—685年在位）
- 哈尔卜
  - 艾卜·素福彦
    - (1) 穆阿威叶（661—680年在位）
      - (2) 叶齐德一世（680—683年在位）
        - (3) 穆阿威叶二世（683—684年在位）

④ Dīnawari, p. 320; ibn-'Asākir, vol. iv, p. 50.

⑤ Ṭabari, vol. ii, pp. 845—848.

⑥ Ṭabari, vol. ii, p. 852.

这崩溃之后，有些辅士离开了麦加和麦地那，到北非洲、西班牙和其他战场上，去参加军事行动去了。从此以后，阿拉比亚的历史，大部分是关于外部世界对这个半岛的作用，小部分是关于这个半岛对外部世界的作用。这个母岛的精力已经在内讧中耗尽了。

阿拉伯的模范君主穆阿威叶

194

穆阿威叶（661—680 年在位）制伏了所有的反对党派后，就可以放心地奋力去对付伊斯兰教在西北方的强大敌人拜占廷了。在征服叙利亚之后不久，他在阿克发现了拜占廷装备齐全的船坞（阿拉伯语叫 *dār al-ṣinā'ah*〔工厂〕，变成英语的 arsenal），就利用那些船坞，来建设穆斯林的海军。在伊斯兰教的海军史上，这些船坞可能仅次于埃及的那些船坞。据白拉左里的记载[①]，这些叙利亚船坞，后来被伍麦叶王朝迁移到苏尔（Ṣūr 即 Tyre，提尔）去[②]，一直留在那个地方，直到阿拔斯王朝时代。希腊血统的叙利亚人，是惯于航海生涯的，这支舰队的人员无疑是由他们担任的。希贾兹的阿拉比亚人，即伊斯兰教主要的支柱，对于水性是不大熟悉的，因此，欧麦尔的政策是不让江河湖海把他和他的大将隔开。这个政策可以说明，为什么穆阿威叶建议进攻塞浦路斯岛的时候，欧麦尔没有批准。欧麦尔的继任者奥斯曼终于被说服了，他勉强同意进攻那个岛；哈里发还命令穆阿威叶带着他的老婆一道去（649 年）[③]。她参加这次战役，是一个铁证，证明塞浦路斯是邻近大陆的，也证明穆阿威叶预计可以轻而易举地攻克这个岛。

在穆阿威叶统治期间，哈里发帝国各地区不仅统一起来，而且扩大了。向北非扩张就是在这个时期，那主要归功于欧格白·伊本·纳菲耳。在东方，穆阿威叶以巴士拉为基地，完成了征服呼罗珊的工作（663—671 年）[④]，并且越过乌浒水，侵入辽远的突厥斯坦的布哈拉（674 年）。因此，穆阿威叶不仅成为一个王朝的开基创业者，而且在欧麦尔后成为哈里发帝国的第二个奠基者。

在维护王位的安全方面，在扩大伊斯兰教的版图方面，穆阿威叶主要依靠叙利亚人（他们仍然信仰基督教）和叙利亚籍的阿拉伯人（他们主要是也门人），而新从希贾兹迁移来的信仰伊斯兰教的阿拉伯人则受到排斥。阿拉伯

---

① P. 118 = Hitti, p. 181.

② 参阅 Quy Le Strange, *Palestine under the Moslems* (Boston, 1890), p. 342；参阅 ibn-Jubayr, *Riḥlah* (Leyden, 1907), p. 305。

③ 见本书第 168 页。

④ Ya'aqūbi, vol. ii, p. 258；Baladhūri, P. 410；Ṭabari, vol. ii, pp. 166 以下。

的编年史，详细论述了叙利亚人对于他们的新领袖所怀抱的忠诚①。作为一个军人来说，穆阿威叶虽然次于阿里，但作为一个军事组织者来说，他并不亚于同时代的任何人。叙利亚的军队，原是未经训练的，他把他们训练成有组织、有纪律的军队，这支军队是伊斯兰教战争史上初次出现的正规军。他使军事机构摆脱了古代的部族组织，那种组织是古代族长时代的遗物。他废除
195 了政府的许多传统的特点，而且在拜占廷的架子上建设了一个稳固的、组织良好的政府。他在表面上一团混乱的局面中建立了一个有秩序的穆斯林的社会。史学家承认，他是伊斯兰国家首先设立注册局的，也是首先关心邮政事务（*al-barīd*）的②。在阿卜杜勒·麦立克时代，邮政局变成一个组织良好的体系，把版图辽阔的大帝国的各部分联系起来。他有许多妻子，最得宠的是叙利亚的阿拉伯人凯勒卜族白海达勒支的女儿梅苏，她蔑视大马士革的宫廷生活，而怀念沙漠里的自由。有些诗句，据说是她的，但未必是她创作的，那些诗句可以表达许多贝杜因人转入都市生活后所经历的思乡情绪③。

梅苏像奥斯曼的夫人纳伊莱一样，同是雅各派的基督教徒，同是凯勒卜部族的姑娘。她常常带着她的儿子叶齐德，穆阿威叶后来的继任者，到巴底叶（叙利亚沙漠）去，特别是到巴尔米拉去，那里是她娘家的部族游牧的地方；这个年轻的皇太子，在那里练习骑射、狩猎、饮酒、赋诗。从此时起，巴底叶变成了伍麦叶王朝太子们的学校，他们在那里可以学习到不搀杂阿拉马语汇的、纯粹的阿拉伯语④，又可以逃避在城市里经常发生的瘟疫。后来的哈里发，如阿卜杜勒·麦立克和韦立德二世，继续了这个传统，在叙利亚沙漠的边缘上建造了乡村别墅，而且把那些别墅叫做“巴底叶”。

曼苏尔·伊本·塞尔仲（Mansūr ibn-Sarjūn，希腊语的 Sergius，赛基阿斯）⑤ 在阿拉伯人侵入叙利亚的时候，曾以大马士革城投降阿拉伯人，因此而崭露头角，他是著名的基督教大家族的后裔。这个家族的成员在最后一个拜占廷时代，曾居于掌握国家财政大权的地位。在阿拉伯人的政府里，除总司令外，这个职位是最重要的。这个曼苏尔的孙子是大马士革著名的圣约翰，
196 他在青年时代是叶齐德的清客。哈里发的御医伊本·伍萨勒也是一个基督教

① Ṭabari, vol. i, pp. 3409—3410; Mas‘ūdi, vol. v, pp. 80, 104；参阅‘*Iqd*, vol. i, p. 207, l. 31。

② *Fakhri*, p. 148。参阅本书第 322 页。

③ Abu-al-Fidā', vol. i, p. 203; Nicholson, *Literary History*, p. 195.

④ ‘*Iqd*, vol. i, p. 293, l. 30.

⑤ 在阿拉伯语的编年史中，这个人的名字往往和他儿子的名字塞尔仲·伊本·曼苏尔（Sarjūn ibn-Mansūr）混淆，参阅Ṭabari, vol. ii, pp. 205, 228, 239; Mas‘ūdi, *Tanbīh*, pp. 302, 306, 307, 312；参阅 Theophanes, p. 365。

徒，穆阿威叶曾任命他去做希姆斯省的财政处长[①]，任命基督教徒担任这样重要的职务，在穆斯林的编年史上还是空前的[②]。伍麦叶王朝的桂冠诗人艾赫泰勒，是叶齐德的另一个清客，他是希拉城信奉基督教的阿拉伯部族台格利卜人，也是圣约翰的朋友。这位宫廷诗人，脖子上挂着摇来晃去的十字架，出入哈里发的宫廷，常常吟诗，以取悦于穆斯林的哈里发和他的随从。雅各派和马龙派的基督教徒，往往向哈里发提出他们宗教上的争端，请求公断[③]。据西奥方斯的记载[④]，埃德萨的基督教礼拜堂，因地震而坍塌，后来由哈里发重建起来。

679 年，穆阿威叶提名他儿子叶齐德做他的继任者[⑤]，而且从各省招来了许多代表团，到首都来举行宣誓忠顺的典礼。穆阿威叶就这样制定了哈里发世袭制。后来，穆斯林的几个主要哈里发王朝，包括阿拔斯王朝，都沿用了这个制度。依照这个先例，在位的哈里发可以从他的儿子或亲属中选择一个最能胜任的人，宣布这个人是哈里发的继任者，而且，先在首都，然后在帝国的各大城市，强使人们预先宣誓忠顺于这个继任者。

哈里发穆阿威叶的重大成就，有不少都要归功于他周围的合作者，特别是在肥沃的埃及地区的代理人阿慕尔·伊本·阿绥，骚动的库法的长官穆基赖·伊本·舒耳白，愤慨的巴士拉的统治者齐雅德·伊本·艾比。这三个人和他们的领袖穆阿威叶，统称为阿拉伯穆斯林的四位天才的政治家（*duhāt*）。齐雅德原来称为伊本·艾比（他父亲的儿子），因为他是一个搞不清楚血统的人。他母亲是一个女奴，又是塔伊夫的妓女，穆阿威叶的父亲艾卜·素福彦同她发生过关系。齐雅德原来是亲阿里派的。在一个紧要关头，穆阿威叶承认齐雅德是他合法的弟弟[⑥]。齐雅德给他的哈里发哥哥大帮其忙。他对十叶派 197
的中心之一的巴士拉城使用了无情的高压手段。穆基赖死后，他升任库法的长官，这个职位使他变成了帝国东部地区（包括阿拉比亚和波斯在内的广大地区）独断独裁的统治者。他有四千名身强力壮、训练有素的护卫，他们既是侦探，又是警察；他凭着这些人来残暴地统治库法，凡是敢于对阿里的后裔表示好感或者辱骂穆阿威叶的人，都要被跟踪缉拿。

穆阿威叶的政治手腕运用得十分灵活，恐怕比任何哈里发都高明得多。

---

① Ibn-'Asākir, vol. v, p. 80.

② Ya'qūbi, vol. ii, p. 265; Wellhausen, *Reich*, p. 85. 他认为关于这个任命的传说是伪造的。

③ Wellhausen, *Reich*, p. 84.

④ P. 356.

⑤ Mas'ūdi, vol. v, pp. 69—73; 参阅Ṭabari, vol. ii, pp. 174—177。

⑥ Dīnawari, pp. 232—233; Ṭabari, vol. ii, pp. 69—70; ibn-'Asākir, vol. v, p. 397.

阿拉伯的传记家认为，他最高的美德是容忍（*ḥilm*）[1]。因为有这种美德，所以必须在绝对需要诉诸武力的时候，他才动武；在其他的一切情况之下，他总是运用和平的方法解决问题。他的态度是慎重而且温和的，敌人往往因此而解除武装，不好意思反对他；他能绝对地克制自己，不轻易发怒，因此，在一切情况之下，他都是优胜者。相传他曾这样声明过："用鞭子就可以的地方，我不用宝剑；用舌头就可以的地方，我不用鞭子。在我和同胞之间，即使只有一根头发在联系着，我也不让它断了；他们拉得紧，我就放松些；他们放松了，我就拉紧些。"[2] 当哈桑同意退位的时候，据说穆阿威叶写了下面的信件答复他："由于血统的关系，我承认你是更适合于这个崇高的职位的。假若我相信你的才能足以履行这些任务，那么，我毫不迟疑地对你宣誓忠顺。现在，请提出你的意愿。"穆阿威叶在一张空白纸上盖了印，附在信封里送给哈桑，让他填写他的要求[3]。

穆阿威叶尽管有这些优点，但是，在现存的几部历史著作的作者看来，他并不是受人敬爱的人物。他们认为他是伊斯兰教的第一个国王；在阿拉伯人的眼中，国王这个称号是讨厌的，他们专用这个称号来称呼非阿拉伯的统治者。这几位史学家的态度，反映了清教徒的态度，他们谴责穆阿威叶使伊斯兰教庸俗化，把先知的继任（*khilāfat al-nubū'ah*）变成了世俗的王朝统治
198 （*mulk*）[4]。他们指出他的许多世俗的创造，例如：在清真寺大殿里设置哈里发专用的私室（*maqṣūrah*）[5]。聚礼日（星期五）的说教改为坐着念[6]。他首创王座（*sarīr al-mulk*）[7]。阿拉伯的编年史大半是在阿拔斯王朝或在十叶派的影响下编辑的，编者都攻击穆阿威叶不虔诚。不过，从保存在伊本·阿萨基尔著作里的叙利亚传说看来，他还是一个善良的穆斯林。他给伍麦叶王朝的继任者遗留下一个先例，这个先例充满了慈悲、勤勉、机智和治才，后来有许多人企图效法他[8]，但是成功的很少。他不仅是阿拉伯的第一个国王，而且是最好的阿拉伯国王。

---

① *Fakhri*, p. 145; *'Iqd*, vol. ii, p. 304; Mas'ūdi, vol. v, p. 410.

② Ya'qūbi, vol. ii, p. 283; *'Iqd*, vol. i, p. 10.

③ Ṭabari, vol. ii, p. 5.

④ Ibn-Khaldūn, *Muqaddamah*, pp. 169 以下; Ya'qūbi, vol. ii, p. 257。

⑤ Ya'qūbi, vol. ii, p. 265; Dīnawari, p. 229; Ṭabari, vol. ii, p. 70, l. 20.

⑥ Ibn-al-'Ibri, p. 188.

⑦ Ibn-Khaldūn, *Muqaddamah*, p. 217; al-Qalqashandi, *Ṣubḥ al-A'shā*, vol. iv (Cairo, 1914), p. 6.

⑧ Mas'ūdi, vol. v, p. 78. 穆阿威叶的坟在大马士革城小门外（al-Bāb al-Ṣaghīr）的墓地里，现在还有人去凭吊。

第十八章　与拜占廷的敌对关系 199

当穆阿威叶在新的位置上还不安全，还忙于处理国内事务的时候，他愿意向拜占廷皇帝君士坦斯二世（公元641—668年在位）每年缴纳贡税，以换得（658或659年）休战（西奥方斯曾提及这种贡税[①]，白拉左里也述及纳贡的事实[②]），但是后来不久，就拒绝纳贡，而从海陆两路侵入拜占廷的领土。穆阿威叶在袭击拜占廷方面所表现的热心和坚决，是后来的任何继任者所不及的。穆阿威叶曾将他强大的臂膀，两次伸向敌人的首都。他屡次侵入鲁木国（*Bilād al-Rūm*，罗马人的领土，即小亚细亚）的主要目的，当然是获取战利品，但是以攻占君士坦丁堡为长远的目标，也是可能的。侵略渐渐成为每年夏季例行的公事，而且成了使阿拉伯军队保持强健体质和良好训练的手段。但是，阿拉伯人在小亚细亚并未建立一个永久的立足处。他们沿着一条阻力最小的路线，把自己的主要精力引向东方和西方。否则，阿拉伯人和拜占廷在小亚细亚，甚至在黑雷斯蓬特海峡[③]的关系，会大不相同的。在北方，险峻的陶鲁斯和前陶鲁斯山脉，由自然界永远定为界线，阿拉伯语似乎被冻结在山脉的南面的斜坡上面。后来，塞尔柱克人和奥斯曼土耳其人，虽然把小亚细亚纳入伊斯兰教的政治范围以内，但小亚细亚的居民，从来没有变成说阿拉伯语的人民。自远古以来，从喜特人时代起，那里的基本居民始终是非闪族的，那里的气候严寒，阿拉伯文化不能在那里的土壤上生根发芽。

漫长的穆斯林堡垒的前哨线，从幼发拉底河上游的马拉提亚，一直延长到地中海岸附近的塔尔苏斯，包括阿达纳、麦绥塞和马拉什等地，这些单位，200
在战略上都是位于军事公路的交叉点上，或是位于狭窄的峡谷的关隘上。这些堡垒及其外围，叫做关隘（*'awāṣim*）。但是这些关隘，照狭义来说，是指行

---

① P. 347.

② P. 159，l. 1 = Hitti，p. 245.

③ 黑雷斯蓬特海峡是达达尼尔海峡的古希腊名称。——译者

军中南方的内线堡垒线，与此相对的，是叫做要塞（*thughūr*）[1] 的北方的外线狭长地带。在阿拔斯王朝时代，这狭长地带收缩了，只是从地中海岸的奥拉斯，经过塔尔苏斯，到达幼发拉底河岸的素麦撒特[2]。保卫东北面的美索不达米亚的那条线，叫做“河洲要塞”（*al-thughūr al-Jazarīyah*）；保卫叙利亚的那条线，叫做“沙牧要塞”（*al-thughūr al-Sha'mīyah*）[3]。通过陶鲁斯的那个著名的隘口，被称为西里西亚的门户。阿拉伯人就是利用陶鲁斯作为基地，而进攻希腊人的。塔尔苏斯控制着这个关隘的南口，与博斯普鲁斯海峡相距450英里以上。还有一个可以横贯陶鲁斯山脉的隘口，是在东北方，叫做德尔卜勒·哈德斯。通过这个隘口，可以从马拉什到达北方的艾卜鲁斯太因[4]，走这条路的人，是比较少的。阿拉伯人进军的这个地区，变成了一个中间地带；随着战争的涨潮或落潮，这个地区的堡垒曾屡次易手。在伍麦叶王朝和阿拔斯王朝时代，这个地区的每一寸土地，几乎都是屡经苦战而被夺过来的，在亚洲任何地方所流的血，恐怕都没有这个地区多。

远在回历34年（公元655年），穆阿威叶还是奥斯曼任哈里发时代的叙利亚长官的时候，他早已派布斯尔[5]率领舰队，与阿卜杜拉所率领的埃及舰队合作，在列西亚海岸的菲尼克斯（即现代的菲尼克）同希拉克略的儿子君士坦斯二世皇帝所率领的希腊海军相周旋，而获得伊斯兰教第一次伟大的胜利。阿拉伯语的编年史家，把这次海军战役叫做船桅之役（dhāt-al-Ṣawāri）[6]，阿
201 拉伯人把自己的每只船都拴在拜占廷人的每只战舰上，然后把海战变为肉搏战[7]。这次战役终于成为第二次雅穆克战役，拜占廷的海军，完全被摧毁了[8]。据泰伯里的记载，海水都被鲜血染红了[9]。但是，阿拉伯人并未乘胜前进，直捣君士坦丁堡，那可能是由于奥斯曼被害，又有其他连带而起的内乱，

---

① 参阅 Guy Le Strange, *The Lands of the Eastern Caliphate* (Cambridge, 1905), p. 128。

② Iṣṭakhri, pp. 67—68.

③ Balādhuri, pp. 183 以下，163 以下。（美索不达米亚是个希腊名词，意思是“两河之间”。阿拉伯人把美索不达米亚叫做“哲齐赖”，意思是“河洲”。他们把叙利亚叫做“沙牧”，意思是闪族人的地方。——译者）

④ Yāqūt, vol. i, pp. 93—94；参阅 Le Strange, *Eastern Caliphate*, p. 133。拜占廷名称是 Ablastha（艾卜拉斯塔），希腊名称是 Arabissus（阿拉比苏斯），后来的阿拉伯名称是 al-Bustān（布斯坦）。

⑤ Ibn-'Abd-al-Ḥakam, pp. 189—190; ibn-Ḥajar, vol. i, 153.

⑥ 阿拉伯人是用丝柏树做船桅的，这次战役称为船桅之役，大概是因为船只很多，或者因为那个地方盛产丝柏树。

⑦ Ibn-'Abd-al-Ḥakam, p. 190, ll. 18—19.

⑧ Theophanes, pp. 332, 345—346.

⑨ Vol. i, p. 2868.

因而有内顾之忧。

伍麦叶人的军队三次进攻君士坦丁堡，只有这三次攻到那个强大首都三重巍峨的城墙跟前。第一次进攻发生于回历49年（公元669年），由皇太子叶齐德率领，他的士兵第一次看见拜占廷[①]。叶齐德是被他父亲派去支援法达莱的陆地战役的，法达莱于668—669年在卡尔西顿（拜占廷在亚洲的近郊）过冬。叶齐德的出征也是对清教徒的一个答复，他们对于指定叶齐德为哈里发继任人的计划是可能侧目而视的。叶齐德和法达莱在669年春季开始的围攻，继续到那年的夏季；拜占廷已有了一个新的、富有精力的皇帝君士坦丁四世（668—685年在位）。

相传叶齐德在君士坦丁城下，曾表现自己的英勇和毅力，因此，博得了阿拉伯英雄（*fata al-'Arab*）的称号。据《乐府诗集》的记载[②]，阿拉伯人或拜占廷人走上战场的时候，都会发出欢呼声，欢呼声此落彼起，在双方的帐篷里都能听得很清楚。叶齐德听说敌方的一个帐篷里驻着罗马皇帝的公主，另一个帐篷里驻着哲伯莱·伊本·艾伊海木的女儿，他就特别活跃，努力进攻，企图俘虏加萨尼王的公主。但是，此次进军的真正传奇性的英雄，却是高龄的辅士艾卜·艾优卜·安撒里，他曾当过先知的旗手。

先知初到麦地那的时候，艾卜·艾优卜·安撒里接待了先知，并邀请其在自己的家里居住[③]。此次请艾卜·艾优卜·安撒里参加叶齐德的分遣队，与其说是为了他的军事价值，不如说是为了他可能给军队带来吉祥。在围城期间，艾卜·艾优卜因患痢疾而死，就葬于君士坦丁城下。他的传奇性的坟墓不久就变成了一座圣墓，甚至连信奉基督教的希腊人，遇到天旱的时候，也 202
到那里去进香、祈雨[④]。公元1453年，土耳其人围攻君士坦丁堡的时候，那座坟墓有光线射出，因而神秘地被他们发现了——这段插话，显然是从早期的十字军在安提俄克发现圣枪的神话套来的——于是在墓址上建筑了一座清真寺。这位麦地那的贵人，就成了三个民族共同尊仰的圣徒了。

第二次进攻君士坦丁，是在著名的七年战争[⑤]中（回历54—60年，公元674—680年）进行的，这次战争主要是在君士坦丁附近的海上，在双方的舰

---

① Ṭabari, vol. ii, p. 86；参阅 p. 27。

② Vol. xvi, p. 33.

③ Balādhuri, p. 5 = Hitti, p. 19.

④ Ibn-Sa'd, voi. iii, pt. 2, p. 50；Ṭabari, vol. iii, p. 2324. 这两种文献都证实他是回历52年（公元672年）死的。

⑤ 参阅 J. B. Bury, *A History of the Later Roman Empire* (London, 1899), vol. ii, p. 310, n. 4。

队之间展开的。阿拉伯人占领了马尔马拉海中西齐卡斯半岛上的一个海军根据地[1]，那显然是阿拉伯语编年史上的阿尔瓦德岛[2]。这个根据地被当做了冬季的总司令部，每年春季重新开始的军事行动，都是在这个基地布置和指挥的。阿拉伯人关于这些战役的记载，是十分混乱的。据说，希腊火的应用，是君士坦丁城得救的原因。这种具有高度可燃性的混合物，在水上也能燃烧起来，是一个从大马士革逃出的叙利亚难民发现的，他的名字叫卡林尼卡斯。希腊人的记载夸大了这种火对于敌船灾难性的效果。曼比只人阿革比阿斯同西奥方斯一样强调，拜占廷人常常使用希腊火，而且是他们首先应用希腊火于战争的[3]。

在这个时期，阿拉伯人曾暂时占领了罗得岛（Rhodes，阿拉伯语的Rūdis[4]，于公元 672 年）和克里特岛（Crete，阿拉伯语的 Iqritish，于公元 674 年）。公元 717—718 年，阿拉伯人又一次暂时占领了罗得岛。公元 654 年，阿拉伯人就劫掠过罗得岛；两年之后，岛上著名的巨人像的残余，被当做废铁，卖给一个商人；他用了九百只骆驼，才全部运走了。这个岛后来又成为来自西班牙的阿拉伯冒险家进攻的对象。

穆阿威叶死后（680 年），阿拉伯舰队撤出博斯普鲁斯海峡和爱琴海，但
203 是对“罗马人领土”的进攻从来没有放弃过。我们可以在史籍上看到，差不多每年都举行夏季进攻（*Ṣā'ifah*），但是没有一次是重要的，直到苏莱曼任哈里发（715—717 年）以后。有一章流传很广的圣训（*ḥadith*）说，将来要有一个哈里发，他与一位古先知同名，他要大举进攻君士坦丁堡，苏莱曼与所罗门同名，他认为自己就是那章圣训里所预言的英雄。对君士坦丁的第二次、也是最后一次的重大的围攻，是在苏莱曼任哈里发期间，由他的弟弟、顽强的麦斯莱麦指挥的（716 年 8 月到 717 年 9 月）[5]。这次著名的围攻，是阿拉伯人屡次进攻中最具威胁的一次，由于许多有关的文献保存了下来，所以我们可以知道得更详细些。围攻的部队，从海陆两方面得到了支援，而且获得了埃及舰队的帮助。他们配备着石油精和攻城用的特别炮队[6]。麦斯莱麦的警卫队长阿卜杜拉·白塔勒特别著名，他获得了伊斯兰英雄的称号。他在后来

---

① Theophanes, pp. 353—354.

② Ṭabari, vol. ii, p. 163; Balādhuri, p. 236 = Hitti, p. 376.

③ “Kitāb al-'Unwān”, pt. 2, ed. A Vasiliev, in *Patrologia Orientalis* (Paris, 1912), vol. viii, p. 492.

④ Balādhuri, p. 236 = Hitti, p. 375.

⑤ Ṭabari, vol. ii, p. 1346; 参阅 Bury, vol. ii, p. 401, n. 2。

⑥ *Kitāb al-'Uyūn w-al-Hada'iq*, ed. de Goeje (Leyden, 1871) pt. 3, p. 24.

的一次进军（740 年）中阵亡了①。在后代的传说中，白塔勒元帅变成了土耳其的民族英雄之一。他的墓址上曾建筑了一所白克塔什派的修道院（*Baktāshi takīyah*）和一座清真寺。直到现在，位于埃斯基·谢希尔（Eski – Shahr，即中世纪的 Dorylaeum）的这个坟墓，还是一个著名的古迹。基督教的一个教堂里，供奉着白塔勒的雕像，“穆斯林的名人，往往为基督教的教堂所供奉”，在这里又找到一个例证②。

利奥三世（717—741 年在位）终于用计策战胜了麦斯莱麦，而拯救了首都。他原来是叙利亚血统的一个普通士兵，家住马拉什，兼通阿拉伯语言和希腊语言③。他由行伍出身，做到了拜占廷的皇帝。提到此次的围攻，我们看到历史上初次记载用铁链子封锁黄金角，不让敌人的舰只通过。驰名的希腊火和保加利亚人的进攻，使侵入者遭受了重大的损失。再加上饥荒、鼠疫和严冬的酷寒，他们的损失更大了。但是麦斯莱麦坚持作战。从叙利亚传来了哈里发的死讯，他仍加紧进攻。但是，新任哈里发欧麦尔·本·阿卜杜勒·阿齐兹（717—720 年在位）的命令，他却不能置之不理。他奉命撤退海军舰队，在中途遭遇一阵暴风雨，全军覆没；如果西奥方斯的记载可靠的话，一千八百艘战舰，只有五艘平安到达叙利亚港口④。阿拉伯人的舰队，就这样毁灭了。正如希拉克略拯救了基督教世界，得免于异教的波斯人的侵入，利奥三世拯救了欧洲，得免于阿拉伯穆斯林的侵入。这两个东罗马皇帝，前者是亚美尼亚人，成为希拉克略王朝的奠基人，而后者是艾骚利阿人，成为艾骚利阿王朝的奠基人。从此以后，阿拉伯的军队，只有一次出现在君士坦丁堡的视线之内，那是 782 年，哈里发麦海迪的儿子哈伦进驻斯库塔利（Scutari， 204
即 Chrysopholis），摄政爱利尼皇后被迫乞和，答应每年向哈里发献贡品。此后七百年内，没有穆斯林的军队到过君士坦丁城下；过了七百年才有一个新的民族成分，即高举伊斯兰教旗帜的蒙古利亚种的土耳其人，侵入君士坦丁城。

麦斯莱麦的这次坚决的、猛烈的远征，虽然像上次的进攻一样，终于失败了，但是遗留下许多荒唐的传说，包括几个故事；第一个是哈里发的弟弟

---

① Ṭabari, vol. ii, p. 1716.

② Mas‘ūdi, vol. viii, p. 74.

③ *Kitāb al-‘Uyūn*, pt. 3, p. 25.

④ Pp. 395, 399.

在君士坦丁城建筑清真寺的故事[①]，第二个是他在艾比杜斯开凿一个源泉[②]和建筑一座清真寺的故事[③]，第三个是他骑在马背上进入圣索非亚教堂的故事。麦格迪西[④]在985年著书的时候还这样说："当阿卜杜勒·麦立克的儿子麦斯莱麦侵入罗马人的国家，而且深入他们的领土的时候，他要求拜占廷的那个家伙在他自己的希波德鲁木（Hippodrome，即梅丹，maydān）宫廷旁建筑一所特殊的房子，让被俘的〔穆斯林〕名人和贵人们居住。"[⑤]

马尔代帖人

阻止阿拉伯人西进政策早日实现的一个因素，是基督教的马尔代帖人（反叛者）为拜占廷效劳。他们是种族不明的一群人，在卢卡木（al-Lukkām，即Amanus）的要塞地区过着一种半独立的民族生活，阿拉伯人把他们叫做哲拉吉麦人（Jarājimah，比较不正确的名称是Jurājimah），他们供给拜占廷以非正规军，成为在叙利亚的阿拉伯哈里发帝国苦恼的原因。在阿拉伯和拜占廷
205 的边疆上，他们构成一座"铜墙"[⑥]，成为拜占廷在小亚细亚的边防。666年前后，成帮的马尔代帖人侵入黎巴嫩的心脏，许多流亡分子和不满分子，其中有马龙派人，就以他们为核心而团结起来。穆阿威叶曾要求拜占廷皇帝撤回他对这个内部敌人的支持，而甘愿每年向拜占廷缴纳大量的贡税，同时也向那些马尔代帖人缴纳一份捐税。689年前后，查士丁尼二世曾一度叫高原上的马尔代帖人侵入叙利亚，阿卜杜勒·麦立克依照穆阿威叶的先例[⑦]，接受了拜占廷皇帝所提出的新条件，向哲拉吉麦人每周缴纳一千个第纳尔。最后，大部分的侵入者迁出叙利亚，而定居于小亚细亚的海滨，成为航海的居民；其余的少数人，定居于黎巴嫩北部，变成了马龙派基督教徒的组成部分，直到现在，还是很昌盛的。

---

① Ibn-Taghri-Birdi, *al-Nujūm al-Zāhirah fi Mulūk Miṣr w-al-Qāhirah*, ed. W. Popper (Berkeley, 1909—1912), vol. ii, pt. 2, p. 40, ll. 12—13，参阅在这个清真寺里宣读的法帖梅王朝的讲演。参阅ibn-al-Qalānisi, *Dhayl Ta'rīkh Dimashq*, ed. H. F. Amedroz (Beirūt, 1908), p. 68, ll. 27—28。相传这座清真寺保存到奴隶王朝时代。

② Ibn-Khurdādhibih, *al-Masālik w-al-Mamālik*, ed. de Goeje (Leyden, 1889), p. 104, l. 1; Mas'ūdi, vol. ii, p. 317，把这个地方叫做*Andalus*。

③ Ibn-al-Faqīh (al-Hamadhāni), *Kitāb al-Buldān*, ed. de Goeje (Leyden, 1885), p. 145, l. 15; Yāqūt, vol. i, p. 374，他曾提及名叫Andus的市镇，显然是Abdus之讹。

④ P. 147.

⑤ 这所房子叫做"宫殿"（*al-Balāṭ*），Yāq'ūt（vol. i, p. 709）曾提及它。在Sayf-al-Dawlah al-Hamdāni（944—967）时代还在使用。关于*balāṭ*的字源学，可以参阅本书第三十四章，图尔战役段关于Balāṭ的注释。

⑥ Theophanes, p. 364.

⑦ Balādhuri, p. 160, l. 8 = Hitti, p. 247, l. 28.

第十九章　伍麦叶王朝势力的顶点 206

伍麦叶王朝麦尔旺支的奠基者麦尔旺（公元 683—685 年在位），传位给他的儿子阿卜杜勒·麦立克（685—705 年在位），即“列王之父”。在阿卜杜勒·麦立克和继承他的王位的四个儿子[①]的统治之下，大马士革王朝的势力和荣誉，达到了顶点。当韦立德和希沙木在位的时候，伊斯兰帝国的版图，扩大到了极点，西自大西洋东岸和比利牛斯山脉，东至印度河和中国的国境，幅员之广，是古代任何帝国所不能比拟的，就是现代的国家，除英帝国和俄罗斯帝国外，也没有能赶得上的。在这个光辉的时代，他们征服了外药杀河区（河中府），再次征服了北非，而且加以平服，并且获得了阿拉伯人所曾经占有过的最大的欧洲国家西班牙。

在这个时代，他们实现了政府的民族化或阿拉伯化，创始了纯粹的阿拉伯货币，发展了邮政业务，在伊斯兰教第三圣地耶路撒冷建筑了磐石上的圆顶寺（*Qubbat al-Ṣakhrah*）那样的纪念物。

在阿卜杜勒·麦立克即位的时候，以及他在位的头十年中，他是在四面楚歌之中的。他像他伟大的前辈穆阿威叶一样（他是酷似穆阿威叶的），必须对付四邻的敌人。在他去世的时候，他传给他儿子韦立德的，是一个太平的、团结一致的帝国；这个帝国，不仅包括整个伊斯兰教世界，而且增加了他自己新获得的地区。韦立德证明他是自己能干的父亲的毫无愧色的继任者。

在欧麦尔和奥斯曼在位的时代，征服了叙利亚、伊拉克、波斯和埃及，这就结束了穆斯林征服史上的第一时期，现在第二时期在阿卜杜勒·麦立克和韦立德的时代开始了。

精力充沛的总督哈查只

在这两位哈里发任期内，所有辉煌的军事成就，都集中在两个人的名义之下，在东方的是哈查只·伊本·优素福，在西方的是穆萨·伊本·努赛尔。

207

① 他的四个儿子是韦立德（705—715 年在位）、苏莱曼（715—717 年在位）、叶齐德二世（720—724 年在位）、希沙木（724—743 年在位）。欧麦尔二世（717—720 年在位）阻断了嫡系的继承，他是阿卜杜勒·麦立克的弟弟阿卜杜勒·阿齐兹的儿子。

哈查只原来是希贾兹的塔伊夫地方的青年教师①。他投笔从戎，起来支持摇摇欲坠的伍麦叶王朝的宝座。692 年，他把僭称哈里发九年之久的阿卜杜拉·伊本·左拜尔打倒了，那时他才三十一岁，就被任命为阿拉比亚的长官。在两年之内，哈查只平定了希贾兹、也门和东面的叶麻麦。694 年 12 月，阿卜杜勒·麦立克召见他，叫他到心怀不满的、动乱不安的伊拉克，去完成同样艰巨的任务，伊拉克的人民是“以分离者和伪善者著名的”②。阿里派和哈列哲派在这里继续给伍麦叶人捣乱。哈查只化装成一个普通的阿拉伯人，在十二个驼夫陪同之下，在库法著名的清真寺里突然出现。他举止随便地登上讲台，揭开蒙在脸上的重重叠叠的围巾，然后用激烈的词语对群众演说，这是在阿拉伯文学中被叙述得最富于戏剧性而且最流行的插曲之一。他用毫不含糊的语气宣布他的政策，他昭示伊拉克人，他要用强硬的态度对付那些不忠顺的平民。他曾引用这句古诗作为自己演说的绪言：

我的祖先曾拨云雾而登高，
揭开头巾你们就认识我的真面貌。

他继续说：“库法的人民啊！我确信我看见许多头颅已经成熟，可以收割了，我就是收割的人。我仿佛看到头巾和下颔之间热血在流。”③

实际上没有一个头颅是伍麦叶王朝这位残酷的总督所不能打破的，没有一根脖子是他所抓不住的。甚至年高德劭、学识渊博的圣门弟子兼圣训学家艾奈斯·伊本·马立克，也不得不在同情反对党的罪名下，戴上一个盖着总
208 督印信的脖圈儿④。据说有十二万人曾被这位伊拉克总督杀害了⑤，所有的阿拉伯史学家，无论是十叶派的或者逊尼派的，都把他描写成一个嗜杀的、残暴的、名副其实的尼罗（现通译为“尼禄”）⑥。值得注意的是，那些史学家大半是在阿拔斯王朝时代从事著述的。除残暴外，他的贪婪和邪恶，也是那些史学家所爱好的题目⑦。

---

① Ibn-Rustah, p. 216; ibn-Durayd, *Ishtiqāq*, p. 187.

② Ya'qūbi, vol. ii, p. 326; Mas'ūdī, vol. v, p. 295.

③ Mubarrad, *Kāmil*, pp. 215—216；参阅 Ya'qūbi, vol. ii, p. 326; Mas'ūdi, vol. v, p. 294。

④ Ṭabari, vol. ii, pp. 854—855.

⑤ Ibn-al-'Ibri, p. 195；参阅 Mas'ūdī, vol. v, p. 382; *Tanbīh*, p. 318; Ṭabari, vol. ii, p. 1123。

⑥ 尼罗是罗马帝国的暴君，公元 37—68 年在位。——译者

⑦ Dīnawari, *Akhbār*, pp. 320—322; Mas'ūdi, vol. vii, p. 218; Ṭabari, vol. ii, p. 1122—1123; ibn-'Asākir, vol. iv, p. 81.

哈查只的这些激烈的办法，无论是否正义，却在叛乱的巴士拉人和库法人中间恢复了秩序，在包括伊拉克和波斯的他的广大的总督辖区内，恢复了秩序。他的助手们，在穆海莱卜的率领下，于698年或699年，实际上已歼灭了艾兹赖格派①，这是哈列哲派中对于穆斯林的团结最危险的一支。这一派在盖特里·伊本·伏查艾的领导下曾经获得了克尔曼②、法里斯和东方各省的控制权。波斯湾对岸的阿曼，在先知在世的时候和阿慕尔·伊本·阿绥的时代，名义上是伊斯兰教的领土，到现在已完全合并于伍麦叶王朝的领域。在底格里斯河右岸，在两大中心城市巴士拉和库法之间③，新建成一个首府瓦西兑（居间的意思），哈查只统率的叙利亚卫戍队，就从这个新首府控制着所有这些领土。哈查只对于叙利亚军队的迷信，对于伍麦叶王朝的忠贞，都是无止境的。

这位精力充沛的总督，看到辖区已经太平无事，现在可以放心地命令他的助手们深入东方各地区了。喀布尔（在现代阿富汗首都喀布尔）的突厥王尊比勒（Zunbīl，有时会拼成Rutbīl）④ 不愿照习惯缴纳贡税⑤，699—700年，哈查只派阿卜杜勒·赖哈曼去讨伐他（阿卜杜勒·赖哈曼是古代肯德王室的后裔，是锡吉斯坦的长官，后来领导了一个反对哈查只政权的可怕的革命）。阿卜杜勒·赖哈曼统率着这样一支装备齐全因而取得“孔雀军”⑥ 称号的军 209
队去作战，大获全胜，但是他的勋业比起古太白·伊本·穆斯林和哈查只的侄子穆罕默德·伊本·嘎西木来，大有逊色。由于哈查只的推荐，704年，古太白被任命为呼罗珊的长官，以木鹿⑦为首府。据白拉左里⑧和泰伯里⑨的记载，他以哈查只部属的身份，在呼罗珊统率的阿拉伯军队，有四万人是从巴士拉去的，有七千人是从库法去的，有七千人是顺民。

“河外地区”的征服

在这以前，乌浒水⑩已经成为“伊朗”和“突兰”之间，即说波斯语的

---

① 这个名称是由他们的领袖纳菲耳·伊本·艾兹赖格得来的，他教导他的追随者，除哈列哲派外，所有的人，毫不例外，都是外道，他们本人和妻室儿女都应该处死；Shahrastāni，pp. 89—90。

② Karmān 又叫 Kirmān（基尔曼），Yāqūt，vol. iv，p. 263。

③ Yāqūt，vol. iv，pp. 881—882；参阅Ṭabari，vol. ii，pp. 1125—1126。现在库法城已成废墟了。

④ Wellhausen，*Reich*，p. 144，n. 3.“Zunbīl”是一个称号。这些国王，可能是波斯人。

⑤ 这个国王和中亚细亚其他的国王的臣民几乎完全是伊朗人，但是王室和军队是突厥的。

⑥ Mas‘ūdi，*Tanbīh*，p. 314.

⑦ 参阅本书第158页注。——译者

⑧ P. 423.

⑨ Vol. ii，pp. 1290—1291.

⑩ 现代的阿姆河，阿拉伯语和波斯语都叫质浑河（Jayḥūn）。质浑河就是乌浒水，赛浑河（细浑河）是质浑河的姊妹河，即药杀河，也即现代的锡尔河。这两条河相当于《创世记》的基训河和比逊河（《创世记》2∶13，11）。

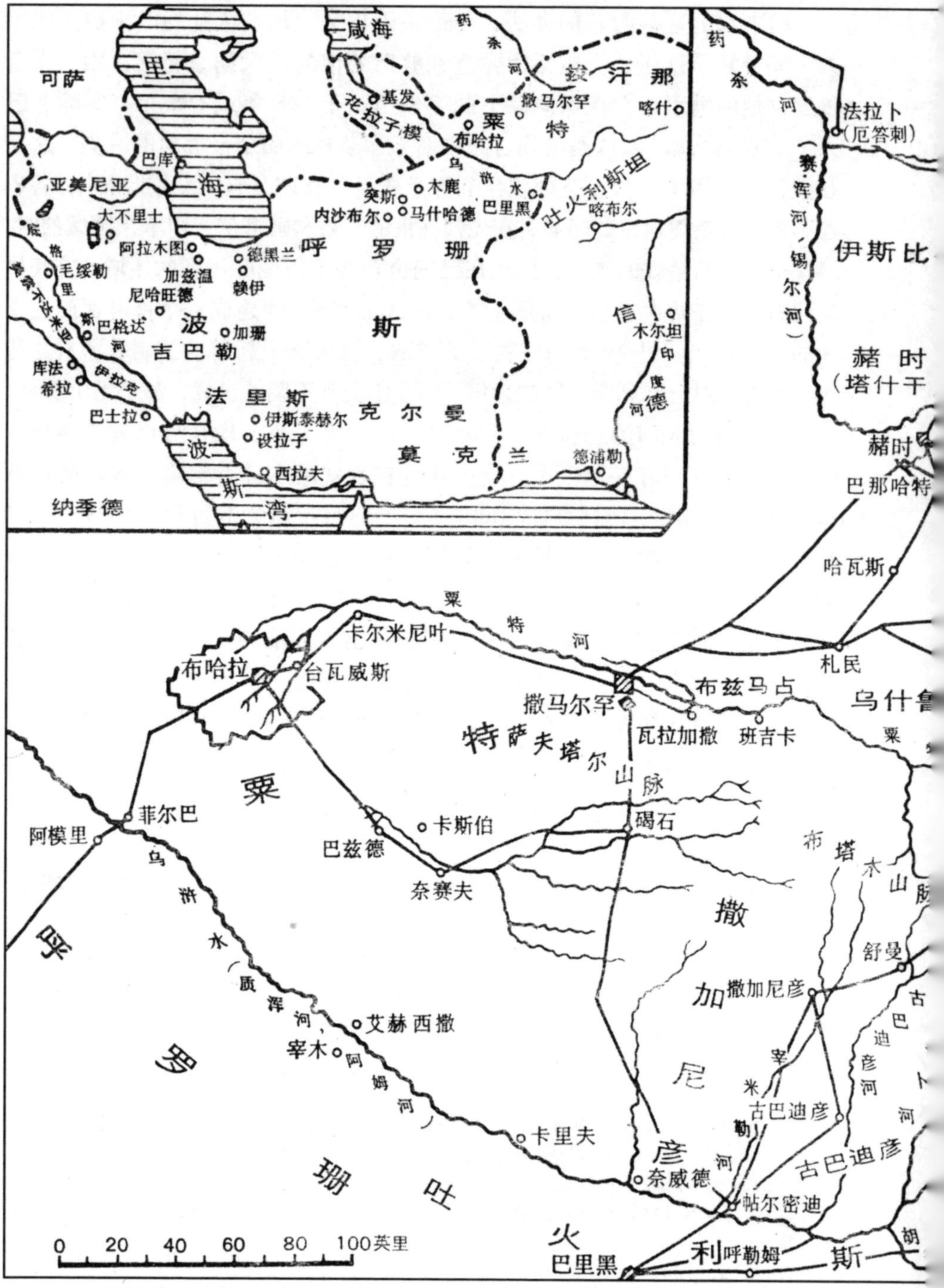

可萨
里
海
咸海
药杀河
拔汗那
基发
花拉子模
撒马尔罕
粟特
布哈拉
喀什
巴库
亚美尼亚
大不里士
阿拉木图
加兹温
尼哈旺德
毛绥勒
巴格达
库法
希拉
巴士拉
乌浒水
木鹿
突斯
内沙布尔
马什哈德
巴里黑
吐火利斯坦
喀布尔
德黑兰
赖伊
呼罗珊
波斯
加珊
吉巴勒
法里斯
伊斯泰赫尔
设拉子
西拉夫
克尔曼
莫克兰
信德
木尔坦
印度河
德浦勒
波斯湾
纳季德
法拉卜
(厄答剌)
(赛浑河,锡尔河)
伊斯比
赭时
(塔什干
巴那哈特
哈瓦斯
粟特河
卡尔米尼叶
布哈拉
台瓦威斯
撒马尔罕
布兹马占
札民
乌什鲁
瓦拉加撒
班吉卡
特萨夫塔尔山脉
粟
菲尔巴
阿模里
卡斯伯
巴兹德
碣石
奈赛夫
布塔木山脉
撒加尼彦
舒曼
撒加尼彦
乌浒水(质浑河,阿姆河)
艾赫西撒
宰木
卡里夫
呼罗珊
吐火利斯
宰米勒河
古巴迪彦
古巴迪彦河
古巴迪彦
奈威德
帖尔密迪
巴里黑
呼勒姆
胡
0 20 40 60 80 100英里

乌浒水和药杀河各省区

恒罗斯
米尔基
斯比札布
吉格勒河
卡尔旺
吉格勒
卡桑
米彦
鲁德汗
药杀河（赛浑河，锡尔河）
乌兹干
旺卡特
艾赫西哈
安集延
霍罕
乌什
特
莱格
拔汗那
瓦赫沙卜河源
喀什
特
德
法尔加河
（札尔雅卜河）
法尔加
安达札拉河
安达札拉
胡勒卜克
上乌浒水
巴达赫尚
巴达赫尚
迪尔加木河
瓦
帕米尔
（法米尔）
小西藏湖
乌浒水源
汗
尔

人民和说突厥语的人民之间的传统的（虽非历史的）界线。在韦立德的统治之下，穆斯林们现在已经跨越这条河，而在河外地区建立了他们永久的立足地了。在一系列辉煌的战役中，古太白于705年收复了下吐火利斯坦及其首府巴里黑（Balkh，即希腊人的Baktra）[1]，于706—709年征服粟特（al-Ṣughd，即希腊的Sogdiana）的布哈拉及其四周的领土，710—712年攻克撒马尔罕（也在粟特）和西面的花拉子模（即现代的希瓦）。713—715年，他领导一个远征队，深入药杀河各省区，特别是拔汗那[2]，他在近代以中亚诸汗国著称的地区建立了名义上的穆斯林政权。构成伊朗人和突厥人之间政治上和种族上自然边界的河流，与其说是乌浒水，不如说是药杀河，跨越药杀河就是伊斯兰教对蒙古利亚种人和佛教的第一次直接挑战。布哈拉、巴里黑和撒马尔罕都有许多佛教寺院。在撒马尔罕，古太白曾毁坏一些佛像，当地的佛教徒认为他立即会遭受亵渎神灵的惩罚。这位穆斯林将军没有被他们吓倒，他亲手焚毁那些佛像，结果有些佛教徒改奉了伊斯兰教[3]。但是，并没有大批人接受这个新宗教，直到虔敬的哈里发欧麦尔二世（717—720年在位）同意他们信仰伊斯兰教之后就不缴纳贡税，这时才有大量的佛教徒变成了穆斯林。布哈拉的火袄寺及其圣地，也被拆毁了。这样，布哈拉、撒马尔罕和花拉子模省
210 后来就变成了阿拉伯文化的中心和伊斯兰教在中亚细亚的苗圃，其地位相当于呼罗珊的木鹿和内沙布尔（Naysābūr，波斯文的尼沙卜尔，Nīshāpūr）。据泰伯里[4]和其他史学家的记载，古太伯曾于715年征服了中国突厥斯坦[5]的喀什噶尔（即现代的喀什），甚至深入中国本部，但是，这种传说显然是奈斯尔·伊本·赛雅尔及其继任者后来征服此地的一个预告[6]。哈里发希沙木（724—743年在位）任命奈斯尔这个人做外药杀河区（河中府）的首任长官；在738年到740年间，他不得不去征服据说是古太白先前征服过的大部分领土。古太白在被征服的省区委派的阿拉伯代理人，只是些军事上的监视者和收税官，他们和土著的统治者肩并肩地执行职务，那些统治者可能还保有民事上的行政权。他在737年还曾企图进攻高加索山那边的可萨的匈奴人（后

---

① 《元史》的巴里黑，班勒纥；现代阿富汗的巴尔赫。——译者

② 《旧唐书》的拔汗那就是《史记》《汉书》《晋书》的大宛国。现代吉尔吉斯斯坦的费尔干纳地区。——编者

③ Balādhuri, p. 421.

④ Vol. ii, p. 1275.

⑤ 指我国新疆的南部和西部。——译者

⑥ H. A. R. Gibb in *Bulletin of the School of Oriental Studies*, *London Instituiion*, vol. ii (1921), pp. 467—474.

来信仰了犹太教），可是失败了。751 年，阿拉伯人占领了撒马尔罕东北的赭时（即塔什干）①，就这样在中亚细亚明确地建立了伊斯兰教坚固的最高权力，以致中国人也不再与之争雄了②。

在印度的征服

在东战场上另外一支纵队，在穆罕默德·伊本·卡西木的统率之下，当时在向南移动。710 年，哈查只的这个侄子统率一支大军，其中有叙利亚士兵六千人，向南挺进，征服了莫克兰，然后继续急进，通过现代的俾路支，于 711—712 年征服信德，即印度河下游的河谷和三角洲。这个地区被占领的城市，有海港德浦勒和尼龙（即现代的海得拉巴）。德浦勒城内有一个佛像，高 40 骨尺③。713 年，征服的范围北达南旁遮普的著名的佛教胜地木尔坦，侵入者在这里发现一大群香客，把他们都当做了俘虏。这次的侵入，导致了信德和南旁遮普的永久被占领，但是，印度其他地区并未受到侵略。直到十世纪末，在加兹尼人麦哈茂德领导下，开始了新的入侵，这时，才侵入了其他地区。印度边疆的省区，从此永远伊斯兰化了。迟至 1947 年，新的穆斯林国家巴基斯坦诞生了。④ 在这里，闪族的伊斯兰教和印度佛教之间，第一个重大的接触就永久地建立起来，正如在北方建立了伊斯兰教与突厥的宗教和文化之间类似的接触一样。哈查只曾应许他的两个大将，穆罕默德和古太白，谁首先踏上中国的领土，就任命谁做中国的长官，但是他俩都没有能跨过中国的国界。中国除新疆外，现在有穆斯林一千五百多万⑤，从未纳入伊斯兰教的政治范围以内。南方的信德和北方的喀什噶尔、塔什干，这时已变成了而且永远成了哈里发帝国的最东的边界。 212

反对拜占廷

当这些重大的军事行动正在东方进行的时候，拜占廷的前线并未完全被忽略。阿卜杜勒·麦立克在位初期，在伊本·左拜尔还在争夺哈里发职位的时候，他遵照穆阿威叶的先例（于回历 70 年，即公元 689—690 年），向“罗马人的暴君”缴纳贡税⑥，那个暴君的代理人——卢卡木的哲拉吉麦人，

---

① 元李志常撰《西游记》称赭时；唐杜环撰《经行记》称赭支。——译者

② 撒马尔罕、花拉子模和赭时的土著统治者，虽然在阿拉伯史书里都有 *khudāh*, *shāh*, *dihqān* 等波斯语的称号，但是他们与西突厥的 *khān* 或 *khāqān* 都有着婚姻的关系。以撒马尔罕为首府的粟特的统治者，也有 *ikhshīd* 的波斯称号，拔汗那的国王也有同样的称号。参阅 ibn-Khurdādhbih, pp. 39—40; Ya'qūbi, vol. ii, p. 479。凡在乌浒水东北不说波斯语的民族，阿拉伯人都把他们叫做突厥人。

③ Ya'qūbi, vol. ii, p. 346.

④ 1947 年 8 月 14 日，巴基斯坦宣告独立，成为英联邦的一个自治领。1956 年 3 月 23 日，巴基斯坦伊斯兰共和国成立。——编者

⑤ 我国信仰伊斯兰教的十个少数民族，约计千万人口，著者的估计是偏高了。——译者

⑥ 参阅本书第 205 页。*Balādhūri*, p. 160.

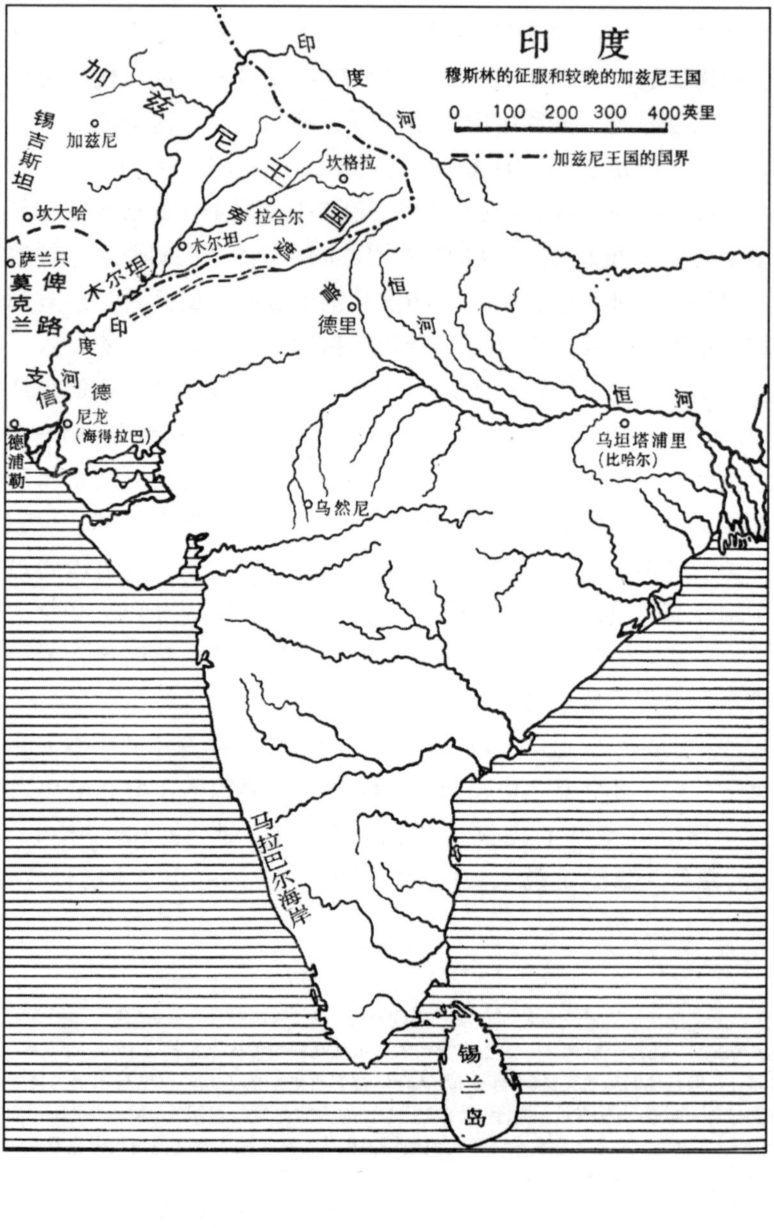

印　度
穆斯林的征服和较晚的加兹尼王国
0　100　200　300　400英里
加兹尼王国的国界
加兹尼王国
加兹尼
锡吉斯坦
坎大哈
萨兰只
莫克兰
俾路支
木尔坦
印度河
坎格拉
拉合尔
旁遮普
德里
恒河
信德
尼龙
(海得拉巴)
德浦勒
乌然尼
乌坦塔浦里
(比哈尔)
马拉巴尔海岸
锡兰岛

当时已深入黎巴嫩境内。但在国内的政治局势稳定后，他就又对国外的敌人采取了军事行动。692 年，查士丁尼二世败于西里西亚的塞巴斯脱博附近。707 年前后，卡巴多西亚最重要的要塞泰阿那（即图瓦奈）被攻克了。夺取撒底斯和柏加芒之后，前面已经说过，麦斯莱麦于 716 年 8 月到 717 年 9 月，对君士坦丁堡进行了值得纪念的围攻。在艾比杜斯跨过达达尼尔海峡的穆斯林军队，配备有围城的炮队，但是，战舰必须在马尔马拉海和博斯普鲁斯海峡中停泊于城墙附近，因为到金角去的航路被一条铁链阻拦住了。拜占廷的首都被阿拉伯军队围攻，这是第二次。（参考本书第 167 页，169—170 页）阿拉伯人整整围攻一年之后，由于粮秣的缺乏和保加利亚人的进攻，而被迫撤退了[①]。远在 644—645 年，穆阿威叶早已派遣哈比卜·伊本·麦斯莱麦去征 213
服了亚美尼亚，后来亚美尼亚人民利用伊本·左拜尔的崩溃而发动革命，到现在又被镇压下去了[②]。

在北非和西南欧的征服

在穆萨·伊本·努赛尔和他的助手们指挥之下，在西线进行的征服，比起在哈查只和他的将军们在东线进行的征服来，并无逊色。640—643 年征服埃及后，接着就向西侵入易弗里基叶[③]。但是，彻底征服那个地区，是在欧格白于 670 年建筑盖赖旺[④]之后。欧格白是穆阿威叶的代理人，他利用盖赖旺城做军事基地，对柏柏尔人各部族采取军事行动。相传欧格白曾远征到大西洋的波涛面前，才勒住他的坐骑。他于 683 年在现今阿尔及利亚的比斯克拉附近阵亡，并被就地埋葬，他的坟墓已变成了民族圣地。阿拉伯人对易弗里基叶的占领，直到这个时候还是很不巩固的，在欧格白死后不久，他的继任者不得不从这个地区撤退。直到加萨尼人哈萨尼·伊本·努尔曼于 693—700 年前后担任这个地区的长官，才结束了拜占廷的主权和柏柏尔人的抗拒。698 年，获得一个穆斯林舰队的合作，哈萨尼才把拜占廷从迦太基和其他海口城市驱逐出去。于是，他腾出手来对付柏柏尔人，这时候他们由一个女巫（*kāhinah*）[⑤] 率领着，她对她的追随者有一种神秘的影响。这个女英雄最后由于部下的叛变而被击败了，在一个源泉附近被杀，那个源泉仍以女巫泉（Bir

① 参阅 Theophanes, pp. 386—399; Tabari, vol. ii, pp. 1314—1317; ibn-al-Athīr, vol. v, pp. 17—19。

② Balādhuri, pp. 205 seq. = Hitti, pp. 322 以下。

③ Ifrīqiyah 是阿拉伯人从罗马人取得的名称，他们用这个名称来称呼柏柏尔人的东部地区，而用阿拉伯名词 Maghrib（西方）来称呼柏柏尔人西部地区。现在 Ifrīqiyah 这个名词是指全部非洲而言的。

④ Qayrawān（盖赖旺）发源于波斯语 *kārwān*，英语的 Caravan 从此得来。（现代突尼斯的凯鲁万。——译者）

⑤ Balādhuri, p. 229; ibn-Khaldūn, vol. vii, pp. 8—9; ibn-ʻIdhāri *al-Bayān al - Mughrib fi Akhbār al-Maghrib*, ed. R. Dozy (Leyden, 1848), vol. i, pp. 20—24. 她属于一个犹太部族的说法，是有疑问的。

al-Kāhinah）为名。

易弗里基叶的征服者和平定者哈萨尼，是由著名的穆萨·伊本·努赛尔继任的。在他担任长官期间，这个地区的政府以盖赖旺为首府，脱离埃及而独立，归大马士革的哈里发直接管辖。穆萨的祖父是先知传记的编写者伊本·易司哈格。他和他儿子原是叙利亚的基督教徒。当他们正在阿因·太木尔的教堂里学习《福音书》的时候，他成了哈立德·伊本·书立德手中的俘
214 虏[1]。穆萨把本省的边界扩张到极远的丹吉尔，这就使伊斯兰教确定地、永久地与另外一个民族——柏柏尔民族互相接触。柏柏尔人是白种人的一个支派含族人，在史前时期，可能是闪族的一个组成部分[2]。在穆斯林征服各国的时代，柏柏尔人居住在地中海南岸肥沃的狭长地带，大多数信奉基督教。在这个地区里，忒塔利安、圣西普利安，特别是圣奥古斯丁，变成了早期基督教神甫中最杰出的人物。但是人民大众并没有受到罗马文化的深刻影响，因为罗马人和拜占廷人，主要是居住在海滨的城市里，他们所代表的文化，是与北非的这些游牧民族和半游牧民族格格不入的。另一方面，对于像柏柏尔人这样文化程度的民族，伊斯兰教有一种特别的吸引力；腓尼基人曾在北非的若干地方开辟了殖民地，而且在迦太基[3]成为罗马的可怕的对手，阿拉伯人是闪族的一支，与早期的腓尼基人是亲戚，因此，阿拉伯人很容易地跟他们的亲戚含族人建立亲密的关系。迦太基语在乡村里残存到穆斯林征服北非之前不久的时代。这可以说明伊斯兰教似乎难以解释的奇迹：使这些半开化的部族的语言阿拉伯化，使他们的宗教伊斯兰化，而把他们当做在进一步远征途中的接力者。征服者这样找到了可以吸取新鲜血液的民族，阿拉伯语找到了可供征服的广大场地，伊斯兰教找到了向世界霸权攀登的新的立足处。

穆萨征服了北非海岸，远至大西洋以后，就为征服邻近的西南欧开辟了道路[4]。公元711年，柏柏尔族的自由人、穆萨的助手塔立格采取了重大步骤，渡海到西班牙去，进行掠夺性的远征。这次的侵入，发展成为对西班牙半岛的征服（参阅本书第三十四章）。这就构成了阿拉伯人最后的、也是最惊人的一次军事行动，结果使穆斯林世界增加了穆斯林所获得的最大的欧洲领

---

① 据其他资料说，穆萨是一个莱赫米人，或是一个也门人。参看 Balādhuri，p. 230；ibn-'Idhāri，vol. i，p. 24。

② 英语的 Berber，通常认为是阿拉伯语 *Barbar* 的对音，这两个名词可能是来自拉丁语 *barbari*（发源于希腊语），罗马非洲拉丁化的城市居民，往往把不采用拉丁语的土著叫做 barbarians（野蛮人）。

③ 迦太基的遗址在突尼斯，位于北纬36°50′，东经10°18′。——译者

④ Ibn-'Abd-al-Ḥakam，pp. 203—205.

土。732 年，阿拉伯人和柏柏尔人的军队占领南高卢的几个城市之后，被查 215
理·马特尔挡阻于图尔和普瓦蒂埃之间。这个地点就是阿拉伯人向西北方深入的界限。

732 年，是先知逝世百周年纪念。从历史上和地理上来说，这是一个方便的观察点，让我们在这里停留一下，考察一下一般的形势。伊斯兰教的奠基者逝世百年后，他的信徒们就成为一个大帝国的主人翁；这个大帝国，比极盛时代的罗马帝国还要伟大；这个帝国的版图，从比斯开湾到印度河和中国的国境，从咸海到尼罗河上游的大瀑布，阿拉比亚的先知的名字和真主的名字在一起，每天从遍布西南欧、北非、西亚和中亚的几千个尖塔上被喊叫五次。相传年轻的穆罕默德对于进入大马士革城曾表示迟疑，因为他希望只进天堂一次。现在大马士革已变成这个庞大帝国的首都了①。在这个首都的中心，伍麦叶王朝漂亮的宫殿，像全城的花园所组成的翠玉腰带上的一颗大珍珠一样，屹立在当中，在这里可以眺望四周广阔而丰饶的平原，那个平原，向西南延伸到终年积雪的赫尔蒙山②。这座宫殿的名字是绿圆顶宫（*al-Khaḍrā'*）③。绿圆顶宫的建筑者不是别人，正是这个朝代的开基创业者穆阿威叶。绿圆顶宫位于伍麦叶清真寺的旁边，韦立德曾重新修饰了这座清真寺，而使它成为建筑物中的奇珍异宝，现在还在吸引着美术爱好者。在谒见厅里，有一个四方的座位，铺着富丽的绣花坐褥，那就是哈里发的宝座。当正式谒见的时候，哈里发穿着华丽的礼服，盘膝坐在这个宝座上。他的父系亲戚，按年齿长幼，排列在宝座的右边，他的母系亲戚，也按年齿长幼，而排列在宝座的左边④。朝臣、诗人、文人们，站在宝座的后边。更正式的谒见，是在辉煌的伍麦叶清真寺里举行的。直到今天，那座清真寺，仍然是全世界最壮丽的寺院之一。刚刚登基的韦立德（一说是苏莱曼），一定是在这种布景中接见
西班牙的征服者穆萨和塔立格的，那时他们带着一长串的俘虏⑤，包括头发美 217
丽的哥德（现通译为“哥特”）王室的成员和梦想不到的财富。如果有什么单独的插曲可以作为伍麦叶王朝隆盛到极点的例证，那就要数这个插曲了。

国家机关民族化

在阿卜杜勒·麦立克和韦立德的统治时代，国家机关的阿拉伯化，包括两件事：一件是公共注册簿（*dīwān*）所用文字的改变，在大马士革是从希腊

① 至于赞美大马士革的其他传说，参看 ibn-'Asākir, vol. i, pp. 46 以下。

② *al-Jabal al-Shaykh*（白头山）。

③ Ibn-Jubayr, p. 269, l. 3；“al-Qubbah al-Khadrā”（绿圆顶宫），*Aghāni*, vol. vi, p. 159。

④ *Aghāni*, vol. iv, p. 80.（阿拉伯的书法，是自右而左的，所以阿拉伯人是尚右的。——译者）

⑤ 俘虏的人数是三万，见 al-Maqqari, *Nafḥ al-Ṭīb min Ghuṣn al-Andalūs al-Raṭīb*, ed. Dozy, Wright *et al.*（Leyden, 1855）, vol. i, p. 144；参阅 ibn-al-Athīr, vol. iv, p. 448。

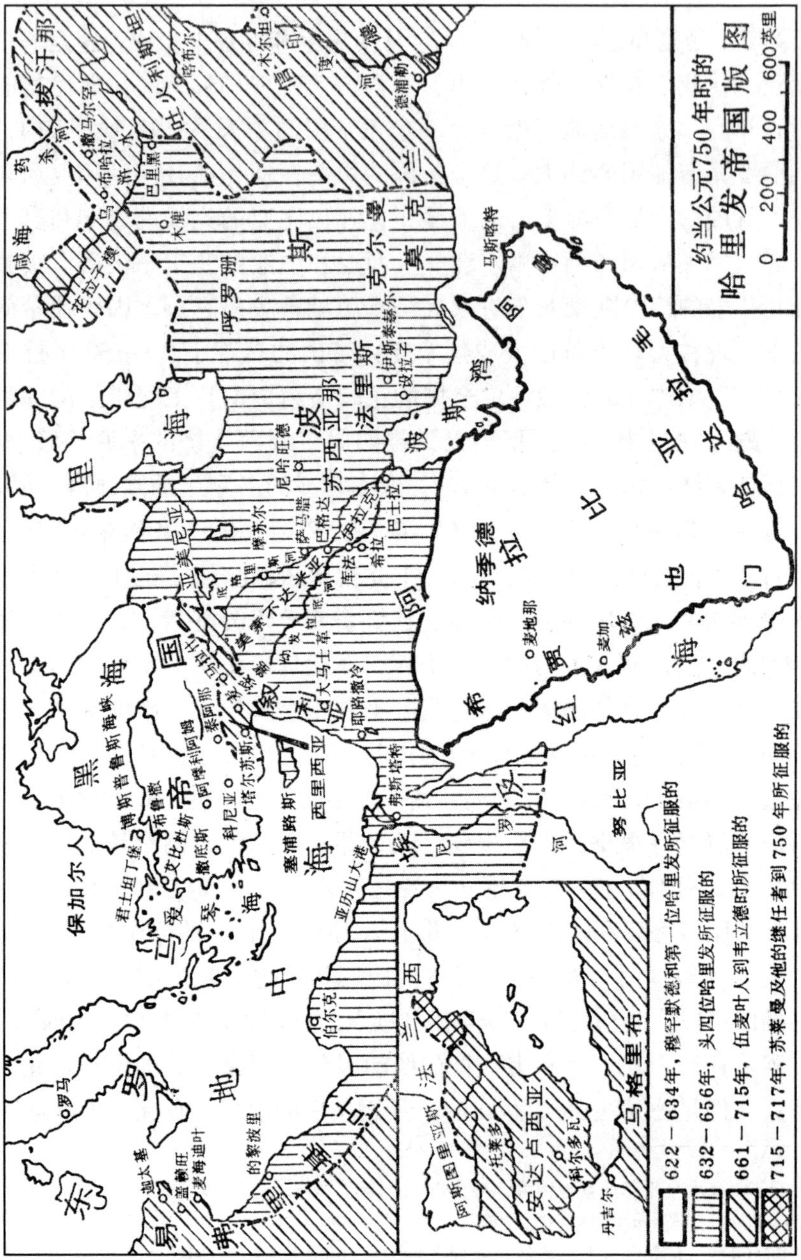
约当公元750年时的
哈里发帝国版图
0 200 400 600英里
622－634年，穆罕默德和第一位哈里发所征服的
632－656年，头四位哈里发所征服的
661－715年，伍麦叶人到韦立德时所征服的
715－717年，苏莱曼及他的继任者到750年所征服的
阿拉比亚
波斯湾
红海
里海
黑海
呼罗珊
埃及
努比亚
叙利亚
美索不达米亚
保加尔人
马格里布

文变为阿拉伯文，在伊拉克和东部各省区是从帕莱威文[1]变为阿拉伯文；另一件是设厂铸造阿拉伯货币。文字改变了，全体人员当然也要跟着改变了。早期的征服者，新从沙漠来，不知道簿记和财政，在财政部门，不得不留用精通财政工作的公务员：在叙利亚则留用会希腊文的人员，在伊拉克和波斯则留用会波斯文的人员。但是现在局面已经改变了。毫无疑问，某些非阿拉伯的公务员，现在已经精通阿拉伯文，他们仍然被留用着，像旧的制度被保存下来一样。这种过渡，一定进行得很慢，从阿卜杜勒·麦立克统治时代开始，在他的继任者统治的时代，仍在继续进行。大概就是这个缘故，有些文献才说这种改变是父亲做的，有些文献又说是儿子做的[2]。这个步骤，是精密计划的政策的一部分，不会是白拉左里所说的那种琐碎的原因——一个希腊书记在墨盒里撒尿[3]。在伊拉克和东方各省的改变，显然是由著名的哈查只开始的。

在伊斯兰教以前的时代，罗马和波斯的货币，是在希贾兹流通的；同时流通的，还有少量的希木叶尔银币，上面铸着一个精美的猫头鹰。欧麦尔、穆阿威叶等早期的哈里发，都以已经流通的外国货币为满足，在某些情况下，可能在外国货币上加印《古兰经》的某些铭文[4]。在阿卜杜勒·麦立克之前，少量的金币和银币，已经铸造出来了，但是那些货币都是仿效拜占廷和波斯的货币的式样而铸成的。695 年，阿卜杜勒·麦立克在大马士革铸造出纯阿拉伯的第纳尔（金币）和第尔汗（银币）[5]，他的伊拉克总督哈查只，于 696 年，在库法铸造银币[6]。

除了铸造纯粹的伊斯兰教货币和使帝国的行政阿拉伯化以外，阿卜杜
勒·麦立克还发展了一种定期的邮政业务[7]，利用驿马在大马士革和各省会之 218
间运送旅客和公文。这种业务，首先是为了满足政府官员和他们通信的需要；各地的邮政局长，除普通邮政业务外，在各地区发生重大事变的时候，还要负责哈里发和各该地区长官之间的通信工作。

---

① 帕莱威文（Pahlawi）是古波斯文。——译者

② Balādhuri, pp. 193, 300—301; Māwardi, pp. 349—350; ‘Iqd, vol. ii, p. 322.

③ P. 193 = Hitti, p. 301.

④ Balādhuri, pp. 465—466.

⑤ Ṭabari, vol. ii, p. 939; Balādhuri, p. 240.

⑥ 参阅 Yāqūt, *Buldān*, vol. iv, p. 886。

⑦ al-‘Umari, *al-Ta‘rīf bi-al-Muṣṭalaḥ al-Sharīf* (Cairo, 1312), p. 185.

仿造拜占廷的金币，带有阿拉伯语的铭文

正面还保留着 Heraclius、Heraclius Constantine、Heracleonas 三人的肖像；反面有拜占廷的变态的十字架。造币厂的名称，没有记录

采自“*Katalog der orientalischen Münzen Königliche Museenzu Berlin*”（Walter de Gruyter & Co. , Berlin）

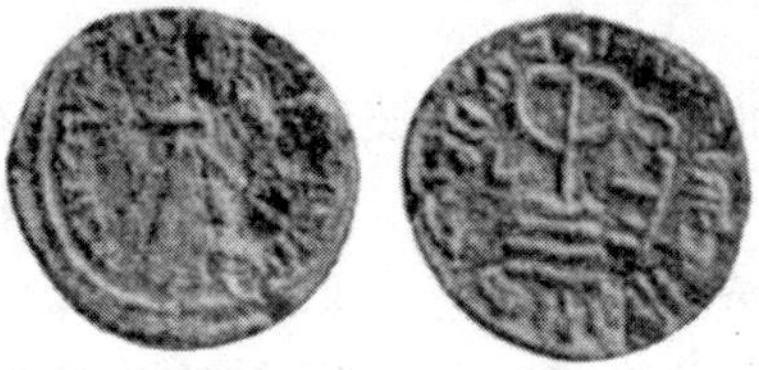

阿卜杜勒·麦立克的铜币

正面有他的肖像和名字，反面有♀在四级台阶上，还有作证言（*shahādah*）和造币厂的名称巴勒贝克。仿造拜占廷的第纳尔

采自“*Katalog der orientalischen Münzen, Königlische Museen zu Berlin*”（Walter de Gruyter & Co., Berlin）

财政和其他改革

在货币改革的同时，财政和其他的行政工作也进行了改革。原则上，凡是穆斯林，除缴纳济贫税（*zakāh*）外，无论他属于什么民族，都没有缴纳任何赋税的义务，但实际上这种特权只限于阿拉比亚的穆斯林。利用这种理论，很多新入伊斯兰教的异族人，特别是伊拉克和呼罗珊的农民，开始离开他们的农村群集于城市，希望以平民（*mawāli*）[①] 的身份参加军队。这使国库遭受了双倍的损失：由于他们改教，他们原来缴纳的赋税大大减少了；由于他们当兵，他们要向国库领取一笔特别费。哈查只采取了种种必要的措施，使他
219 们重返家园[②]，而且再向他们征收他们改教前所缴纳的高额的捐税，包括土地税和人丁税。他甚至要求在田赋地区置产的阿拉伯人也缴纳通常的土地税。

---

① “平民”这个名词后来是指自由人，再没有卑下的含义。

② Mubarrab, p. 286.

哈里发欧麦尔二世（717—720 年在位）为了补救在新穆斯林当中产生的不满情绪，下令恢复欧麦尔时代的原则：凡是穆斯林，无论他是阿拉伯人或者是平民，都不需要缴纳任何贡税。但是他坚决主张，凡纳土地税的土地，都是穆斯林公众的公共财产①。回历 100 年（公元 718—719 年）他下令禁止把纳土地税的土地卖给阿拉伯人和穆斯林，他向全国人民宣告，此类土地的主人若改奉伊斯兰教，他的产业就归属于农村的公众，他本人可以作为租用者继续使用那份土地。

欧麦尔二世的用意虽然是最善良的，但是他的政策却不是成功的。因为这种政策使国家的岁入减少了，使城市里的平民的人口增加了②。许多柏柏尔人和波斯人，纷纷信仰伊斯兰教，以享受给予他们的这种金钱上的特权。后来，实践证明，必须采用哈查只的制度，但要稍加修正。人丁税和土地税的区别，到现在才明确了：人丁税是一种负担，可以因改奉伊斯兰教而豁免；土地税是无论如何不能豁免的。因为人丁税是比较小的款项，国库主要的收入，是来自土地税，而土地税是继续征收的，归根到底，国库不会受到很大损失。

其他文化上和农业上的改革，要归功于多才多艺、精力充沛的哈查只。他开凿了几条新的运河，而且修复了底格里斯河和幼发拉底河之间的旧运河。他排除了许多土地上的积水，开垦了许多荒地，增加了耕地的面积。他在阿拉伯语的正字法上首先引用了标音符号，使 *bā'*, *tā'*, *thā'*, *dāl*, *dhāl* 等形状相同的字母不致混淆，而且采用了叙利亚语的*ḍammah*（合口符 u）、*fatḥah*（开口符 a）、*kasrah*（齐齿符 i）等元音符号，插在辅音字母的上边和下边③。在这次正字法的改革中，他的动机是防止在朗诵《古兰经》时发生错误，他显 220
然为《古兰经》的写本准备了一个批评性的订正本。他的生活是以教师生涯开始的，他做了总督之后，仍未丧失对于文学和演说的兴趣。他对于诗歌和科学的奖励是著名的。贝杜因的讽刺诗人哲利尔和他的两个敌手法赖兹得格和艾赫泰勒，构成了伍麦叶王朝诗坛的三巨头，他们都是哈查只的歌颂者，

---

① Ibn-Sa'd, vol. v, pp. 262, 277; ibn-'Asākir, vol. iv, p. 80, Ya'qūbi, vol. ii, p. 362; ibn-al-Jawzi, *Sīrat 'Umar ibn-'Abd-al – Azīz* (Cairo, 1331), pp. 88—89.

② Ibn-al-Jawzi, pp. 99—100.

③ Ibn-Khallikān, *Wafayāt al-A'cyān* (Cairo, 1299), vol. i, pp. 220—221 = de Slane, *Ibn Khallikān's Biographical Dictionary* (Paris, 1843), vol. i, pp. 359—360; 参阅 Suyūṭi, *Itqān*, vol. ii, p. 171; Theodor Nöldeke, *Geschichte des Qorâns* (Göttingen, 1860), pp. 305—309; 参阅 G. C. Miles, *Journal*, *Near East Studies*, vol. viii (1948), pp. 236—242。

也是哈里发欧麦尔二世的桂冠诗人。哈查只的私人医生，是一个基督教徒，名字叫台雅左格[1]。被伊拉克的敌人称为“赛基夫族的奴隶”的哈查只，于714年6月病死于瓦西兑，终年五十三岁，在伊斯兰教编年史上，他的名字是最显赫的名字之一，这是毫无疑义的。

建筑学上的纪念物

在这个时期的各种显著的成就当中，有许多建筑学上的纪念物，其中有一些还保存到现在。

哈里发苏莱曼在巴勒斯坦一个更古的市镇的废墟上建筑了腊姆拉城[2]，作为他居住的地方。他的宫殿的遗址，直到第一次世界大战的时候，还可以看到。他的白色清真寺的尖塔，在十四世纪初，曾经被奴隶王朝修缮过，现在仍屹立在那里（那座白色清真寺在大马士革的伍麦叶清真寺和耶路撒冷的磐石上的圆顶寺之后，成为叙利亚的第三个圣地）。自苏莱曼起，帝国的首都不再是哈里发住家的地方。希沙木住在鲁萨法[3]，是腊卡[4]附近的一个罗马人居住区。691年，阿卜杜勒·麦立克在耶路撒冷建筑了壮丽的磐石上的圆顶寺（Qubbat al-Ṣakhrah），欧洲人误称为欧麦尔清真寺，他的目的是把朝觐麦加的人引向这里来，因为当时麦加在他的劲敌伊本·左拜尔的手里。仍保存在圆屋顶上的库法体铭文，可以证明阿卜杜勒·麦立克是这座大清真寺的建筑者。一百多年后，这座大建筑物曾经被阿拔斯王朝的哈里发麦蒙（813—833年在位）重修，他放肆地用自己的名字代替了阿卜杜勒·麦立克的名字，可惜忘了修改年月[5]。阿拔斯王朝的建筑师，把这个新名字的字母缩写在阿卜杜勒·麦立克的名字原来所占的那个狭窄的地位上，使人一望而知是涂改的[6]。在这
221 圣地的南部，紧靠着这座大礼拜寺，阿卜杜勒·麦立克还建筑了另一座清真寺，可能是建筑在一所古教堂的遗址上。按当地的习惯，把这座清真寺叫做艾格萨清真寺（辽远的清真寺）[7]，但就广义来说，这个名词也用来概括那个地区内全部的建筑物。尊贵的圣地（*Al-Haram al-Sharif*）是概括这全部建筑物

---

① 或者叫 Tiyādhūq，这是希腊名字 Theodocus 的变态，ibn-al-ʻIbri，p. 194。

② Balādhuri，p. 143 = Hitti，p. 220.

③ 鲁萨法在叙利亚塔德木尔平原上，与幼发拉底河相距25公里。现代的里萨法。——译者

④ 有人认为腊卡与巴尔米拉东边的 al-Ḥayr al-Sharqi 是一个地方。

⑤ 现在铭文的内容是：“真主的仆人、信士们的长官阿卜杜拉伊马木麦蒙于七十二年（即回历70年，公元691年）建筑这个圆屋顶，愿我主接受他，保佑他，阿门。”

⑥ De Vogüé，*Le temple de Jèrusalem*（Paris，1864），pp. 85—86，他首先揭穿这种伪造。

⑦ 《古兰经》17:1 曾提到这个礼拜寺。卜拉格飞马曾在这里停留。*Fakhri*，p. 173，认为韦立德是辽远的清真寺的建筑者。

的另一个名称，这个圣地的地位，仅次于麦加和麦地那的两个圣地。

伍麦叶王朝最大的建筑者，却要算阿卜杜勒·麦立克的儿子韦立德，他统治期间，是比较和平的，也是比较富足的。这位哈里发是如此地爱好建筑房屋，以致当他在位期间，大马士革的人民，一有机会遇在一起，总是以壮丽建筑为谈话的主题，正如在苏莱曼的统治时代谈论烹调术和妇女、在欧麦尔二世统治时代谈论宗教和《古兰经》一样[①]。这位韦立德，虽然只活了四十岁，但是他扩大而且修饰了麦加的清真寺[②]，重建了麦地那的清真寺，在叙利亚建立了几所学校和清真寺，而且对麻风病人、残疾人、盲人的公共机关给以经费[③]。中世纪时代的统治者中，为慢性病人建立医院，为麻风病人建立疗养院的，或许要算他是第一人。后来，西方国家也有这种医院和疗养院，那是以穆斯林的建设为范例的[④]。巴勒贝克的教堂上，有一个黄铜镀金的圆屋顶，韦立德把它移去，安在他父亲在耶路撒冷所建的清真寺上面。但是他最伟大的成就，是从信奉基督教的臣民手中夺取了大马士革的圣约翰大教堂，而在那所教堂的旧址上，建筑了世界上最壮丽的清真寺之一。这座伍麦叶清真寺，直到现在还算做伊斯兰教四大圣地之一，其余的三大圣地是麦加、麦地那和耶路撒冷。在韦立德之前，穆斯林和基督教徒是共享这块圣地的。为了替这种抢夺行为辩护，后来的传说说：这座古城的东部，是用武力占领的，
西部是立约投降的，穆斯林的两个分遣队，彼此都不知道对方所做的工作， 222
后来在这个首都大教堂里会了面。这座大教堂，当时是建筑在一座古罗马寺院的旧址上的，地点几乎是在城的中央。在筑起很久的围墙南面的出入口的门楣上，刻着一行古希腊文，内容依然可以识辨：“主啊，你的国是永远的国；你执掌的权柄存到万代。”[⑤]

---

① *Fakhri*, p. 173; Ṭabari, vol. ii, pp. 1272—1273.

② Balādhuri, p. 47 = Hitti, p. 76.

③ Ṭabari, vol. ii, p. 1271; ibn-al-Faqīh, pp. 106—107.

④ 参阅 Hitti, art. “Chivalry: Arabic”, *Encyclopaedia of the Social Sciences*。

⑤ 参阅《旧约·诗篇》145:13;《希伯来书》1:8。

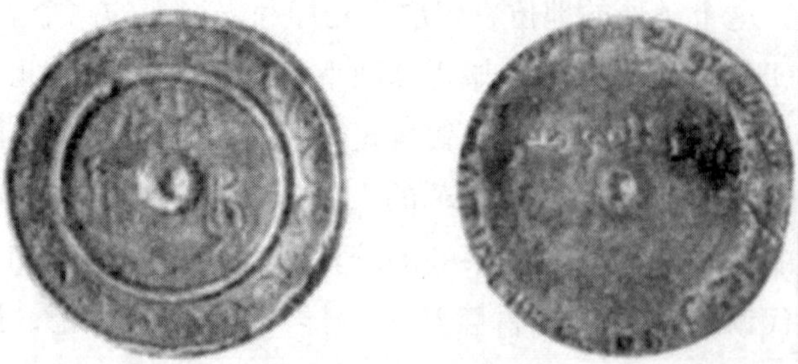

韦立德（公元715年卒）批准的拜占廷砝码

正面有十字架和铭文ΓB，意思是两盎司，反面是库法体的铭文，说明哈里发承认这个砝码等于两个伍基叶（*Wuqīyah*）。已经发现的具有铭文的穆斯林的砝码，大概以这个为最早。

采自“*Numismatic Notes and Monographs*”，No. 87（New York，1939）

伍麦叶王朝光荣时期的其余的哈里发，除欧麦尔二世和希沙木外，没有什么值得称道的。欧麦尔二世（717—720年在位）完全在教义学家的影响之下，他在历代都有虔诚和苦行的盛名，与伍麦叶王朝各哈里发的邪恶，成了尖锐的对照。实际上，他是伍麦叶王朝的圣徒。依照较晚的传说，每一世纪必出一位贤人，来维新伊斯兰教，他出生于二世纪（回历100年）初，正如沙斐仪教长出生于三世纪初一样。替他作传记的人告诉我们：欧麦尔穿着补丁重重的衣服，他和人民随随便便地在一起，以致从外地到首都来找他请愿的人，难以认出他就是哈里发①。他的一个代理人写信给他说，他所进行的有利于新入教的穆斯林的财政改革，将使国库空虚，他写信答复他：“指真主发誓，看到每个人都成为穆斯林，我一定很高兴，即使你和我都要去亲手耕地，以维持自己的生活。”② 欧麦尔二世停止了穆阿威叶时代开始的习俗，就是在每周星期五举行聚礼前，在讲经台上诅咒阿里③。欧麦尔在三十九岁时去世，他的虔诚使他的坟墓得免于阿拔斯王朝所加于前朝所有坟墓的污辱。

阿卜杜勒·麦立克的第四个儿子希沙木（724—743年在位）结束了伍麦叶王朝的黄金时代。在穆阿威叶和阿卜杜勒·麦立克之后，希沙木被阿拉伯

① Ibn-al-Jawzi，pp. 173—174，145以下。

② 同上书，pp. 99—100。*Kitāb al-'Uyūn w-al-Ḥadā'iq fi Akhbār al-Ḥaqā'iq*，ed. de Goeje（Leyden，1865），p. 4.

③ *Fakhri*，p. 176.

的权威人士正确地认为是伍麦叶王朝的第三个、也是最后一个政治家[①]。他的年轻的儿子穆阿威叶（西班牙穆阿威叶王朝的祖先）在狩猎中堕马而死的时候，他评论说："我要培养他做哈里发，他却去追逐一只狐狸。"[②] 在他所任 223
命的伊拉克长官哈立德·伊本·阿卜杜拉·盖斯里任内，伊拉克地区繁荣起来，特别是经过奈伯特人哈萨尼推行了土木工程和排水工程以后。哈立德盗用了公款一千三百万第尔汗，而且还浪费了大约比这个数目多两倍的公款[③]。后来，哈立德遭到与他同类的人所遭到的命运，于 738 年被捕下狱，经过严刑拷问，被迫据实报告岁入的实际数字，并如数偿还。从这个事例中就可以看出，政治的紊乱和国家机器的腐败，成为伍麦叶王朝崩溃的原因，他们的劲敌阿拔斯王朝所以能够取而代之，就是因为他们自身的腐化堕落。

---

① Mas'ūdi, vol. v, p. 479；参阅 Ya'qūbi, vol. ii, p. 393；ibn-Qutaybah, *Ma'ārif*, p. 185；abu-al-Fidā', vol. i, p. 216；*Kitāb al-'Uyūn*, p. 69。

② Ṭabari, vol. ii, p. 1738—1739.

③ Ṭabari, vol. ii, p. 1642；Ya'qūbi, vol. ii, p. 387.

224 # 第二十章　伍麦叶王朝的行政和社会情况

在伍麦叶王朝时代，甚至在阿拔斯王朝时代，帝国的行政区划，大体上保持了拜占廷和波斯两个帝国时代的原状。全国划为九个省区：（一）叙利亚－巴勒斯坦；（二）库法，包括伊拉克；（三）巴士拉，包括波斯、锡吉斯坦、呼罗珊、巴林、阿曼，可能还有纳季德和叶麻麦；（四）亚美尼亚；（五）希贾兹；（六）克尔曼和印度边疆地区；（七）埃及；（八）易弗里基叶；（九）也门和南部阿拉比亚①。后来逐渐合并，终于并成五个总督行政区。穆阿威叶把巴士拉和库法并为伊拉克总督行政区②，包括波斯和东部阿拉比亚，以库法为首府。后来，伊拉克总督要有一个副长官统治呼罗珊和外药杀河区（河中府），常驻木鹿，另有一个副长官统治信德和旁遮普。希贾兹、也门和中央阿拉比亚也合并成第二个总督行政区。哲齐赖（河洲，即底格里斯河和幼发拉底河之间的陆地的北部）、亚美尼亚、阿塞拜疆和小亚细亚东部，合并为第三个总督行政区。上下埃及构成第四个总督行政区。易弗里基叶，包括埃及以西的北部非洲、西班牙、西西里岛和附近的岛屿，构成第五个总督行政区，而以盖赖旺为首府。

政府的三重机能：行政、税收和宗教领导，现在一般是由三个不同的长官分别掌管的。总督（*amīr*，*ṣāḥib*）任命自己的县长（*'āmil*），去管理各县的行政，只需将各县县长的名单呈报哈里发就成了。在希沙木（公元724—743
225 年在位）时代，新任命的亚美尼亚和阿塞拜疆的行政长官，长驻大马士革，而派遣一个副长官（*nā'ib*）去代理他的职务。总督对于本省的民政和军政负完全责任，但是往往另设税务长（*ṣāḥib al-kharāj*）管理国家岁入，对哈里发直接负责。穆阿威叶显然是首先任命税务官的。他派了一个税务官到库法

---

① 参阅 ibn-Khaldūn，vol. iii，pp. 4，10，15，17，134—141；Alfred von Kremer，*Culturgeschichte des Orients unter den Chalifen*，vol. i（Vienna，1875），pp. 162—163。

② Ya'qūbi，vol. ii，p. 272.

去①。在以前，穆斯林帝国中省政府的主要任务，是管理财政。

国家岁入的来源，跟正统派哈里发时期一样，主要是来自被统治的人民的贡税。各省的地方行政费、国家年金、军饷和五花八门的事务费，都由地方收入内开支，只需把余额向哈里发的国库上缴就行了。穆阿威叶规定，由穆斯林们的固定年金中扣除2.5%的天课（*zakāh*）②，这种措施与现代国家的所得税是很相似的。

司法官只管理穆斯林的诉讼，一切非穆斯林，都在自己的宗教领袖的领导下，享受自治权利。这可以说明，为什么大城市里才设有审判官。当时，先知和早期的哈里发，是亲自审判的，他们的将官和各省的行政官，也是亲自审判的，因为政府的各种职权还没有划分清楚。最初的司法官，是由各省的地方长官委任的。在阿拔斯人时代，由哈里发任命司法官，才变成更通常的事情。但是根据传说，远在回历23年（公元643年）③，欧麦尔早已任命埃及的法官（*qāḍi*）。在回历661年后，在那个地方有一系列的法官，互相接替。这些法官，通常是从宗教学者（*faqīh*）中选拔出来的，他们精通《古兰经》和伊斯兰教的经外传说。除了处理诉讼之外，他们还管理总督基金（*waqf*）、孤儿和低能儿的财产。

穆阿威叶发现他签发的书信有被人窜改的，所以就创设一个登记局④，即类似国家档案馆的机构，它的任务是盖印，并在发送公文的原本之前，把副本保存起来。226
在阿卜杜勒·麦立克的时候，伍麦叶王朝已经在大马士革把登记局发展成档案处（*daftar khānah*）了⑤。

军队的编制

伍麦叶王朝的军队，在总的编制方面，是仿效拜占廷的军队的。军队分为五队：中锋、左翼、右翼、先锋、后卫。那时的序列，还是旧的序列，就是横队。这种总的制度，沿用到最末的哈里发麦尔旺二世（744—750年在位）的时代。他放弃了这种旧制度，而采用了紧密的大队制，叫做库尔都斯（*kurdūs*，步兵队）⑥。在制服和甲胄方面，阿拉伯的战士和希腊的战士，很难区别。武器在本质上也是相同的。骑兵用一种简单的圆形鞍子，跟拜占廷的

---

① Ibn-Khaldūn, vol. iii, p. 4, l. 24.

② Ya'qūbi, vol. ii, p. 276, l. 10.

③ Al-Kindi, *Kitāb al-Wulāh*, ed. R. Guest (Beirūt, 1908), pp. 300—301. 参阅 ibn-Qutaybah, *'Uyūn al-Akhbār*, vol. i, p. 61。

④ *Dīwān al-khātim*（印信局）。Ṭabari, vol. ii, pp. 205—206; *Fakhri*, p. 149.

⑤ Mas'ūdi, vol. v, p. 239.

⑥ Ṭabari, vol. ii, p. 1944; ibn-Khaldūn, vol. iii, p. 165, l. 16.（参阅 p. 195, ll. 25—27）; ibn-al-Athīr, vol. v, p. 267, ll. 7—8。

骑兵一样，严格地说，跟近东现在还通用的马鞍一样。重炮就是弩炮（*‘arrādah*）、军用射石机（*manjanīq*）和破城槌（*dabbābah*，*kabsh*）。这些笨重的机械和攻城的机器，跟行李一道，由骆驼驮运，跟在部队的后面。

在大马士革驻防的军队，主要是叙利亚人和叙利亚化的阿拉比亚人。巴士拉和库法供应东方各省所需要的军队。在素福彦人的时代，常备军的人数是六万，军费的开支是六千万第尔汗，包括军属的生活费①。叶齐德三世（744 年）减少年金百分之十，因此，获得一个诨名，叫做 *nāqiṣ*（纳基斯，裁减者）②。到了伍麦叶王朝末期，军队的数目，据说达到十二万之多③，这也许是一万二之讹。

阿拉伯的海军，也是仿效拜占廷的式样的。战斗的单位，是一只帆船；两个下甲板，每边至少有二十五个座位，每个座位上坐两个人；每只帆船上的一百多划手，都是武装的。擅长战斗的海军，都在上甲板上面。

宫廷生活

哈里发们晚上的时间，是留下来从事娱乐和社交的。穆阿威叶特别爱听
227 历史故事和各种逸事，尤其是南方阿拉比亚的各种逸事以及诗歌朗诵，为了满足自己的这种愿望，特地从也门聘请了一位说书人阿比德·伊本·赛尔叶（‘Abīd ibn-Saryah）。在漫漫长夜里，说书人用古代英雄的逸事给哈里发助兴。中意的果子汁（*Sherbet*），是阿拉伯诗歌所赞扬的蔷薇水④，大马士革等东方城市的居民，现在还欣赏这种饮料。当时这种饮料，特别适合妇女的胃口。

穆阿威叶的儿子叶齐德，是哈里发中可以确定为醉鬼的头一个，他曾获得“酒徒叶齐德”（*Yazīd al-khumūr*）的称号⑤。他的鬼把戏很多，其中就有这么一件：他驯养了一只得宠的猴子，名叫艾卜·盖斯，教它参加自己的酒席⑥。相传叶齐德每天喝酒，韦立德一世只要隔一天喝一次就够了，希沙木是每星期五喝一次，就在举行聚礼后喝酒，而阿卜杜勒·麦立克每月只喝一次，但是喝得很多，以致不得不用吐剂把肚腹里的酒肉吐出来⑦。叶齐德二世迷恋他的两个歌妓赛蜡梅和海巴伯到了这样的程度：有一天，他跟海巴伯玩耍，扔一颗葡萄到她嘴里，她被那颗葡萄噎住了，那位多情的、年轻的哈里发几

---

① Mas‘ūdi, vol. v, p. 195.

② Ibn-al-Athīr, vol. v, p. 220; Ya‘qūbi, vol. ii, p. 401.

③ *Fakhri*, p. 197; abu-al-Fidā’, vol. i, p. 222.

④ *Aghāni*, vol. xv, p. 48, l. 12.

⑤ *‘Iqd*, vol. iii, p. 403; Nuwayri, *Nihāyah*, vol. iv, p. 91.

⑥ Mas‘udi, vol. v, p. 157.

⑦ 关于哈里发生活中轻松的这方面的知识，是取自《乐府诗集》等文学书的，当然不是完全可靠的史料。*Aghāni*, vol. i, p. 3，定了一个选文的标准：“凡是能使观者悦目，使听者赏心的优雅的东西”，都可以入选。

乎急死了[①]。他的儿子韦立德二世（743—744 年在位）继承了他的这种嗜酒的癖性，且有过之而无不及。韦立德二世是一个不可救药的浪子，据说他惯于在酒池中游泳，他狂饮酒池里的酒，以至能显然看出酒的平面下降[②]。相传有一天韦立德翻开《古兰经》，看见这样的词句："每个顽固、高傲的人，都失望了。"[③] 他用自己的弓箭把《古兰经》射得破烂不堪，还用自己所编写的两句诗向《古兰经》挑战哩[④]。

这个哈里发在他的行宫里消遣，有一座行宫是建筑在大马士革和巴尔米拉之间的盖尔叶台因。有人曾亲眼看过他淫荡的酒宴，《乐府诗集》中保存着那位目击者的报道[⑤]。他说酒宴时经常有舞蹈、歌唱和音乐。倘若哈里发坚持 228
合理的自尊心，他就用帷幕把自己和清客们隔开；否则，就像韦立德那样，跟他们混在一起，完全平等。[⑥]

这一类的宴会并非完全没有文化价值，毫无疑问，它能促进诗歌和音乐的发展，又能培养生活中的美感，并不完全是放荡的行为。

有些更无害、更时新的游戏，曾引起哈里发和廷臣们的兴趣，如狩猎、跑马和双陆戏。马球戏后来变成为阿拔斯王朝时期受人爱好的游戏，那大概是伍麦叶王朝末期从波斯传入的。斗鸡在那个时代是很常见的。至于狩猎，则早已在阿拉比亚发展起来了，那时候只用灵猩（*salūqi*，因产于也门赛鲁基地方而得名）做猎犬。至于使用猎豹（*fahd*）则是后来才作兴的。根据传说，白苏斯战役的英雄库莱卜·伊本·赖比耳是使用猎豹的第一个阿拉比亚人。在阿拉比亚人之前很久，波斯人和印度人早已把这种动物教乖了。穆阿威叶的儿子叶齐德一世是伊斯兰教时代第一个非常爱好狩猎的人，也是首先把猎豹教乖，让它骑在马的臀部的人。他曾用黄金的脚镯作为猎犬的饰物，而且给每只猎犬指定一名奴隶，专心管理[⑦]。赛马是伍麦叶人很喜爱的游戏。韦立德·伊本·阿卜杜勒·麦立克是开始举行赛马会和关怀赛马会的那些早期的哈里发之一[⑧]。他的弟弟和他的继任者苏莱曼曾筹备举行全国性的赛马大会，但是，在筹备工作完成之前，就去世了[⑨]。在他俩的弟弟希沙木所组织的一次

---

① *Kitāb al-'Uyūn*（1865），pp. 40—41；参阅 *Aghāni*，vol. xiii，p. 165。

② Al-Nawāji，*Ḥalbat al-Kumayt*（Cairo，1299），p. 98.

③ Sūr. 14: 18.

④ *Aghāni*，vol. vi，p. 125.

⑤ Vol. ii，p. 72.

⑥ al-Jāḥiz，*al-Tāj fi Akhlāq al-Mulūk*，ed. Aḥmad Zaki（Cairo，1914），p. 32.

⑦ *Fakhri*，p. 76.

⑧ Mas'ūdi，vol. vi，pp. 13—17.

⑨ Ibn-al-Jawzi，*Sīrat 'Umar*，p. 56.

赛马会上，参加竞赛的马，竟有四千匹之多，有些是御厩里的马，有些不是御厩里的马，“这在伊斯兰教以前和以后都是史无前例的”①。这位哈里发所宠爱的一个女儿，豢养了许多作竞赛用的马②。

皇室的妇女，似乎是享受着比较多的自由的。相传麦加的一个诗人艾卜·宰海伯勒在自己的长诗中毫不迟疑地向穆阿威叶美丽的女儿阿帖凯倾诉
229 他的爱慕，因为她在朝觐天房的时候曾揭起她的面纱，被他瞥见一眼。后来，他尾随她到了她父亲的首都大马士革。后来，哈里发不得不赏赐他一笔奖金来堵住他的嘴，并且给他找到一个合适的媳妇③。另外一个漂亮的诗人，也门的瓦达哈，胆敢向大马士革的韦立德一世的一个妻子调情，不顾那位哈里发提出的威吓，而终于用自己的生命作为大胆的代价④。穆阿威叶的孙女儿阿帖凯是一个美丽而且机灵的妇女，下面的故事可以说明，她对于她的丈夫哈里发阿卜杜勒·麦立克是很有势力的。她对丈夫发脾气的时候，把房门闩上，不让丈夫进房；直到一位宠臣到门前哭诉，说他的大儿子杀死了小儿子，哈里发要把他的大儿子处死，哀求她援救，她才开了房门⑤。闺房（*ḥarem*）制度，和伴随此制度的宦官，似乎是在韦立德二世时代才完全建立起来的⑥。第一批宦官，大多数是希腊人，而且阿拉伯人是仿效拜占廷人的宦官制度的⑦。

首都

自大马士革变成伍麦叶人的首都到现在，无论在一般生活方式还是特点方面，大马士革都没有发生多大变化，这样说大概是不错的。当年的大马士革，跟现在一样，大马士革人挤满了有天棚的狭隘的街道，他们穿着灯笼裤和尖头的红皮鞋（*markūb*），戴着大缠头；跟他们挤来挤去的，有许多贝杜因人，贝杜因人的面庞被太阳晒得黑黝黝的，穿着宽大的长上衣，戴着头巾（*kūfiyah*）和头带（*ʻiqāl*）；偶尔还会遇见穿着欧洲服装的法兰克人⑧。我们还可以到处看到富裕的大马士革贵族，骑在马上，穿着白色的绸斗篷（*ʻabā'*），佩着宝剑或手执长矛。有少数过路的妇女，都戴面纱；同时有些妇女在自己的家里，从格子窗的小孔里偷看市场上和广场上的人们。叫卖果汁和糖果的小贩们，用最高的嗓音，沿街叫卖，好像在跟过路人以及载运各种沙漠产品和

---

① Masʻūdi, vol. v, p. 466.

② *Kitāb al-ʻUyūn* (1865), p. 69, l. 12.

③ *Aghāni*, vol. vi, pp. 158—161.

④ 同上书，pp. 36 以下；vol. xi, p. 49。

⑤ Masʻūdi, vol. v, pp. 273—275.

⑥ *Aghāni*, vol. iv, pp. 78—79.

⑦ J. B. Bury, *The Imperial Administrative System in the Ninth Century* (London, 1911), pp. 120 以下；Gharles Diehl, *Byzance: grandeur et décadence* (Paris, 1919), p. 154。

⑧ 法兰克人是对全体欧洲人的统称，特别是在十字军战役中。

今天的大马士革（在萨里希叶摄影）

农产品的驴群和驼群的喧嚣互相比赛一般。城市的空气，充满了鼻子所能闻到的各种气味。

231 跟其他的城市一样，大马士革的阿拉比亚人，依照部族的关系，分散地居住在各市区里面。在大马士革、希姆斯①、阿勒颇（哈莱卜）等城市里，直到现在，还可以看到此类住宅区（*ḥārah*）。家家的大门，都向着街道，从大门进去，就是一个院子，院子的正中，有一个大水池，从喷泉里喷出的水雾，构成一个水帘。水池的边上，种着橘树或香橼树。房间环绕在院子的四周，在某些大院子里，还有回廊。伍麦叶人在大马士革创建的给水系统，直到现在，还在起着作用，在现代的东方，还没有那样的系统，这是伍麦叶人永恒的荣誉。以叶齐德河著名的一条沟渠，现在还保存着叶齐德的名字，那是穆阿威叶的儿子从巴拉达河开凿进城的，更可能的是他扩大了原有的水道②，以便果木园地区获得充足的灌溉。大马士革郊区的那个绿洲及茂盛的果木园，都要归功于巴拉达河的灌溉。除叶齐德河外，巴拉达河还有四条支流，润泽了整个城区，给它带来了清新的气息。

社会

全帝国的居民，分成四个阶级。最高的阶级自然是居于统治地位的穆斯林，他们是以哈里发的家族和阿拉伯征服者的贵族为首的。这个阶级的人口确实有多少，已不可考了。在韦立德一世时代，大马士革及其地区信奉伊斯兰教的阿拉比亚人领年金的人数达四万五千③。在麦尔旺一世时代，在希姆斯及其其周边地区领取年金的人数是二万。在欧麦尔二世规定各种限制之前，改奉伊斯兰教的人口，是不会太多的。在伍麦叶王朝末叶，哈里发帝国的首都，虽然似乎是一个伊斯兰教城市，但是直到回历三世纪的时候，整个叙利亚在很大程度上还是一个基督教地区。小城市和乡村，特别是山区——那总是战败者的根据地——都保持着土著的特点和古代文化的面貌。黎巴嫩在被征服之后好几百年，一直是一个以基督教为信仰、以叙利亚语为语言的地区。
232 随着征服而结束的，只是有形的斗争，至于在宗教、种族、社会等方面的斗争，尤其是语言方面的斗争，那是征服后才开始的。

贵族保护下的平民

仅次于信奉伊斯兰教的阿拉比亚人的，是被迫或者自愿改奉伊斯兰教的那些新穆斯林。由于改奉伊斯兰教，他们在理论上，即使不是在实际上，也能够享受穆斯林的公民权。但是，阿拉比亚沙文主义，竟违背了伊斯兰教的

① 现代的霍姆斯。——译者

② 参阅 Iṣṭakhri, p. 59；参阅 H. Sauvaire, “Description de Damas; ‘Oyaûn et Tawârîkh, par Mohammad ebn Châker”, *Journal asiatique*, ser. 9, vol. vii (1896), p. 400。

③ 参阅 H. Lammens, *La Syrie: précis historique* (Beirūt, 1921), vol. i, pp. 119—120。

教义，妨碍这些权利的实现。无疑，在整个伍麦叶人时代，土地所有者，实际上是缴纳土地税的，不管他们是否穆斯林。在欧麦尔二世和阿拔斯王朝的穆台瓦基勒（847—861 年在位）先后公布那些严厉的条例之前，没有证据可以证明，各省区有大量的群众改奉伊斯兰教。对于新宗教的反抗，在埃及总是最弱的。在埃及征收的国家岁入，从阿慕尔·伊本·阿绥时代的一千四百万第纳尔，降到穆阿威叶时代的五百万，后来在哈伦·赖世德（786—809 年在位）时代又降到四百万[①]。在伊拉克征收的国家岁入，从欧麦尔时代的一个亿，降到阿卜杜勒·麦立克时代的四千万[②]。无疑，国家岁入降低的原因之一，是原来缴纳人丁税的人改奉了伊斯兰教。在阿拔斯王朝的初期，改奉伊斯兰教的埃及人、波斯人和阿拉马人，在数量上已经开始超过阿拉比亚血统的穆斯林。

降到贵族保护下的平民（*mawāli*）的地位之后，这些新入教的穆斯林，构成了穆斯林社会的最下层，这种身份，使他们感到十分愤慨。这可以说明，在许多情况下，他们为什么拥护伊拉克的十叶派或波斯的哈列哲派。但是，他们中有些人，在宗教上往往变本加厉，对于新宗教近乎狂热，以致迫害非穆斯林。早期的穆斯林中最偏狭的人，有些就是改奉伊斯兰教的基督教徒和犹太教徒。

在穆斯林社会中，这些受贵族保护的平民，自然是首先献身于学术研究和美术创作的，因为他们代表了传统比较悠久的文化。当他们在知识领域中使信奉伊斯兰教的阿拉比亚人相形见绌的时候，他们又开始争夺政治领导权了。由于他们跟阿拉比亚征服者通婚，他们对于冲淡阿拉比亚血液很有帮助， 233
使那种血液在各民族的混合体中变得很不起眼。

第三个阶级，是由获得信仰自由的各教派的天启教的信徒[③]构成的，他们 顺民
是所谓的顺民（*ahl al-dhimmah*），这就是与穆斯林订立契约的基督教徒、犹太教徒和萨比教徒。萨比教徒就是曼德人，即所谓圣约翰派的基督教徒，现在还生活在伊拉克幼发拉底河口的沼泽地带，《古兰经》曾三次提及他们（2:62;5:69；22:17）。由此看来，穆罕默德似乎认为他们是信仰真主的人。天启教徒被解除武装，而且被迫向穆斯林缴纳贡税，作为保护的报酬，但是又承认他们的天启教是合法的。这是穆罕默德主要的政治革新。这主要是由

---

① Al-Ya'qūbi, *Kitāb al-Buldān*, ed. de Goeje (Leyden, 1892), p. 339.

② 参阅 Ya'qūbi, vol. ii, p. 277; T. W. Arnold, *The Preaching of Islam*, 2nd ed. (London, 1913), p. 81。

③ 天启教的信徒是指犹太教徒、基督教徒和萨比教徒。——译者

于先知尊重《圣经》，其次是由于加萨尼人、伯克尔人、台格利卜人及其他信奉基督教的部族中的贵族阶级与阿拉比亚的穆斯林保持着友谊关系。

在这种地位上，顺民缴纳土地税和人丁税，同时享受大量的宗教信仰自由。甚至在民事和刑事的诉讼程序方面，除与穆斯林有关者外，他们实际上是归本教的宗教领袖管辖的。伊斯兰教法典太神圣了，以致不适用于他们。这个制度的主要部分，直到奥斯曼帝国时代仍然生效。在伊拉克、叙利亚和巴勒斯坦的委任统治中，我们还能找到这个制度的遗迹。

这种宽大的待遇，原来只限于《古兰经》中所提及的有经典的人（*ahl al-kitāb*）[①]（他们是确认穆斯林统治权的），但是穆斯林们后来扩大了宽大待遇的范围，连波斯的祆教徒（拜火教徒）、哈兰的多神教徒和北非的异教徒（柏柏尔人），都包括在内。穆斯林们让波斯人和北非的柏柏尔人在这三件事情中选择一件：伊斯兰教、宝剑或人丁税，而并不只限于前二者，尽管这些人不是天启教徒，按理说，他们并不具备受保护的条件。在这里，由于伊斯兰教的宝剑无法屠杀那么多被征服的人民，为了权宜之计，也就不那么严格了。在像黎巴嫩那样牢不可破的地区，基督教徒始终是处于优势地位的。他
234 们甚至还在伍麦叶王朝兴盛的时代，就曾向阿卜杜勒·麦立克挑过衅[②]。在虔诚的欧麦尔二世在位的时代以前，叙利亚全境的基督教徒，在伍麦叶王朝曾受到宽大的待遇。前面我们已经说过，穆阿威叶的妻子，是基督教徒；他的诗人、医生和财政大臣，都是基督教徒。我们只能找到一个明显的例外，就是韦立德一世曾下令处死信奉基督教的阿拉伯部族的台格利卜族的族长，因为他不肯改信伊斯兰教[③]。甚至埃及的科卜特人，也屡次起来反叛他们的穆斯林君主，直到阿拔斯王朝的麦蒙（813—833 年在位）时代，他们才最后屈服了[④]。

欧麦尔的契约

欧麦尔二世的盛名，不仅依靠他的虔诚，或依靠他对于新穆斯林免除人丁税，而且是由于欧麦尔二世是伍麦叶王朝时代把种种侮辱性的限制强加于基督教徒的第一位哈里发和唯一的哈里发，有些历史学家把这些限制归于他的同名者和他的外祖父欧麦尔一世，这是错误的。这种由欧麦尔二世制定的

---

① 《古兰经》9:29；2:101，105；3:64—65 等。

② 参阅本书第 204 页“马尔代帖人”。

③ *Aghāni*, vol. x, p. 99。H. Lammens in *Journal asiatique*, ser. 9, vol. iv (1894), pp. 438—439.

④ Kindi, pp. 73, 81, 96, 116, 117; Maqrīzi, *Khiṭaṭ* (Būlāq, 1270), vol. ii, p. 497.

所谓“欧麦尔契约”有好几种本子[①]，而且大半见于后来的史料中，它的规定使得穆斯林和基督教徒不可能像在早期的征服期间那样亲密交往了。伍麦叶王朝的这位哈里发所公布的这一条例，最触目惊心的是：排斥基督教徒，不许他们担任公职；禁止他们戴缠头，要求他们剪掉额发，穿着特殊的服装，腰上系一条皮带（*zonār*）；骑马时不许用骑鞍，只许用驮鞍；不许修建教堂，做礼拜时不许高声祈祷。这个法令还规定，穆斯林杀死基督教徒时，他只受罚款的处分；基督教徒在法庭上不利于穆斯林的作证，是不受理的。犹太教徒显然也受某些条款的制约，他们也遭受排斥，不许担任公职[②]。这些条款当中有许多并没有长期实施，这可以由这件事实加以说明：希沙木时代的伊拉克行政长官哈立德·伊本·阿卜杜拉，曾在库法修建一所教堂，用来取得他的信奉基督教的母亲的欢心[③]，他还给基督教徒和犹太教徒以修建教堂的权利，他甚至委任祆教徒担任某些公职。

奴隶的社会地位是最低的[④]。伊斯兰教承认闪族古老的奴隶制——这种制 奴隶
度的合法性，是依据《旧约》而来的——但是，大大地改善了奴隶的情况。 235
伊斯兰教禁止把教友当做奴隶，但是，不给改奉伊斯兰教的外国奴隶以自由。伊斯兰教初期的奴隶，是由战俘充当的，其中有妇女，有儿童，也有用购买或掠夺的方法取得的奴隶。奴隶的贩卖，很快就成为伊斯兰国家各地区兴旺的、发财的生意。从东非或中非贩来的奴隶，是黑色的；从拔汗那或中国突厥斯坦贩来的奴隶，是黄色的；从近东或东欧和南欧贩来的奴隶，是白色的。西班牙的奴隶，叫做Ṣaqālibah（赛嘎里伯）[⑤]，是西班牙语 esclavo（易斯克拉夫）的译音，这种奴隶每个可以卖一千个第纳尔；突厥奴隶每个只值六百。依照伊斯兰教法典，女奴生的孩子，仍算做奴隶，不论孩子的父亲是奴隶或是奴隶主以外的自由人，或是奴隶主本人，如果他不认领的话。男奴所养的孩子，如果他母亲是自由人，他就算做自由人。

作为征服的结果，曾有大量奴隶涌入伊斯兰教帝国，那些奴隶究竟有多

---

① Ibn-ʻAbd-al-Ḥakam, pp. 151—152；ibn-ʻAsākir, vol. i, pp. 178—180；al-Ibshīhi, *al-Mustaṭraf*（Cairo, 1314）, vol. i, pp. 100—101.

② Abu-Yūsuf, *Kharāj*, pp. 152—153；ibn-al-Jawzi, *Sīrat ʻUmar*, p. 100；ʻIqd, vol. ii, pp. 339—340；ibn-al-Athīr, vol. v, p. 49；A. S. Tritton, *The Caliphs and their non-Muslim Subjects*（Oxford, 1930）, pp. 5—35.

③ Ibn-Khallikān, vol. i, p. 302 = de Slane, vol. i, p. 485.

④ 阿拉伯人把黑奴叫做*ʻabd*（复数*ʻabīd*），把白奴和黄奴叫做*mamlūk*（复数*mamālīk*），意思是所有物。

⑤ 阿拉伯人也把这个名词用做奴隶的名称。参阅第三十七章“宰海拉”。

少，可以从下面被夸大了的数字获得一个概念。据说穆萨·伊本·努赛尔从非洲俘获三十万人，把五分之一的俘虏，献给了韦立德①；从西班牙哥德贵族的手中，俘获处女三万人②。古太白从粟特一个地区就俘获十万人③。左拜尔·伊本·奥瓦木所遗留的动产中有男奴和女奴一千人④。麦加著名的爱情诗人欧麦尔·伊本·艾比·赖比耳（约在719年去世）有七十多个奴隶⑤。伍麦叶王朝的任何亲王，有一千名左右男奴和女奴，这是很平常的事情。在绥芬战役中，叙利亚军中的一名小卒，有一个到十个奴隶服侍他⑥。

236 奴隶主可以把女奴当妾，而不缔结婚约，她所生的孩子，经他认领，便成为自由人；而她具有妾（*'umm al-Walad*，儿子的妈妈）的身份，她的夫主不得出卖她，或把她赠送给别人；一旦他死亡，她就变成自由人。奴隶的贩卖，对于阿拉伯血统和外国血统的混合，起了极其重大的作用。

解放奴隶是一种阴功积德，奴隶主要受到来世的报酬。以前的奴隶主成为他的保护人，他享有贵族保护下平民的身份。倘若保护人没有继承人，他就能继承他的遗产。

麦地那和麦加

麦地那既有安静的生活，又有初期伊斯兰教社会的庄严气氛，因此，把许多学者吸引到那里去，专心致志地研究其神圣的历史，并搜集有关宗教的各种条例和典章制度的文献。麦地那又是先知陵墓的所在地，所以，便成为研究伊斯兰教传说的第一个中心。由于艾奈斯·伊本·马立克（709—711年间去世）和阿卜杜拉·伊本·欧麦尔（693年去世）⑦ 的努力，这种研究，发展成为第一级的科学。

麦加学派的威信应归功于阿卜杜拉·伊本·阿拔斯（约在688年去世）。他的别号是艾卜勒·阿拔斯。他是先知的堂弟，后来成为阿拔斯王朝哈里发的祖先。他因为熟悉凡俗的和圣教的传说和法学，又长于注释《古兰经》，而受到普遍的敬佩，被誉为“民族的哲人”（*ḥibr al-ummah*）。但是，现代的批评界已经考证出，他是几章圣训的伪造者。

在伍麦叶人的时代，希贾兹的这两个城市完全改观了。被放弃的阿拉比

---

① Maqqari, vol. i, p. 148.

② Ibn-al-Athīr, vol. iv, p. 448.

③ 同上书，vol. iv, p. 454。

④ Mas'ūdi, vol. iv, p. 254.

⑤ *Aghāni*, vol. i, p. 37.

⑥ Mas'ūdi, vol. iv, p. 387. 参阅 Jurji Zaydān, *Tārīkh al-Tamaddun al-Islāmi*, 3rd. ed. (Cairo, 1922), vol. v, pp. 22 以下。

⑦ 他是第二位哈里发欧麦尔的长子。作为传说专家，他比伊本·马立克更为可靠，他所传述的传说在艾罕默德·伊本·罕百里所著的《穆斯奈德》中被保存了下来。

亚首府麦地那，成为很多人退隐的地方，他们想避开政治上的纷乱，或者想安静地享受在征服战争中所挣得的财富。在这方面，很多暴发户都以哈桑和侯赛因为榜样，聚集在麦地那。城内可以看到许多豪华的邸宅，城外有许多别墅，全都充满了奴隶和仆人，他们用种种奢侈品来满足主人们的要求[①]。就吸引爱好娱乐者来说，麦加并不亚于其姊妹城麦地那。这两座城市的生活愈 237
奢侈，各种荒淫无度的事情就愈层出不穷[②]。朝觐天房的人，从伊斯兰世界的四面八方，每年带来大量新的财富。现在比起伊斯兰教初期来，真有天渊之别。在那个时候，哈里发欧麦尔的代理人，从巴林回来，据说他带来一笔总计为五十万第尔汗的人丁税；哈里发问他有没有可能征收到这个数目，他对他两次保证，总数是“十万的五倍”，他才登上讲台，对大众宣布说：“老乡们！运来了大笔税款，你们愿意一升升地量给你们也好，一五一十地数给你们也好。”[③]

自从这些财富涌入之后，这两座圣城不像以前圣洁了，它们变成穷奢极欲的中心，变成世俗的阿拉伯音乐和歌曲的大本营了。在麦加城建立了一种常有客人惠顾的俱乐部会所。相传他们把外衣挂在衣架上，这是希贾兹的新发明——然后就沉浸于象棋或双陆或骰子或阅读中[④]。波斯和拜占廷的歌妓，都涌入麦地那，她们的人数与日俱增。情诗和恋歌，同其他新花样竞相出现。当时妓院很多，妓院的赞助者，就是全国闻名的诗人法赖兹得格[⑤]。当这些女奴用柔和的音调给她们的主子和来宾助兴的时候，宾主们穿着彩色的礼服，靠在方形的垫子上，嗅着从香炉里发出的馥郁的气味，呷着盛在银杯里的叙利亚红酒。

在麦尔旺人的初期，麦地那人以当代最著名的妇女、美丽的“赛义达”素凯奈（735 年去世）[⑥] 自豪，她是先烈侯赛因的女儿，哈里发阿里的孙女儿。

“赛义达”素凯奈的地位、学问和对于诗歌的爱好，以及她所特有的妩媚、风雅和机智，使她在两座圣城地区成为时尚、美感和文学的公断人。素凯奈是以诙谐和愚弄人著名的[⑦]。有一次，她叫一位波斯老人坐在一筐鸡蛋上 238
学母鸡叫，把来宾都逗笑了，这样一件粗暴的幽默，在当时最高级的社会里，

---

① Mas‘ūdi, vol. iv, pp. 254—255.

② *Aghāni*, vol. xxi, p. 197.

③ Ibn-Sa‘d, vol. iii, pt. 1, p. 216.

④ Aghāni, vol. iv, p. 52；参看本书第 339 页“娱乐”。

⑤ 同上书，vol. xxi, p. 197。

⑥ “赛义达”（*Sayyidah*）这个称号原来是用于阿里和法帖梅的后人，有“太太”的意思。

⑦ *Aghāni*, vol. xiv, pp. 164—165; vol. xvii, pp. 97, 101—102.

居然博得大家的欣赏。还有另一个故事，说她使人去报告警察局长，有一个叙利亚人闯入她的住宅，当警察局长带着助手赶来的时候，看见她的侍女捉了一个跳蚤[1]。叙利亚在当时正如在现在一样，是以多产跳蚤驰名于世的。她常在自己的公馆里举行豪华的集会，招待诗人们和法学家们——近乎现代“沙龙”的集会。她常用各种俏皮话和巧妙的回答使那些集会充满生气。她以自己的祖先自豪，以自己的女儿自夸，她喜欢用珠翠把女儿装饰起来。她自己的头发有一种特别的打扮。素凯奈式的刘海[2]在男人中变成了流行的头发式样，直到严格的哈里发欧麦尔二世下令取缔为止[3]。欧麦尔二世的弟弟曾与素凯奈订婚，但未圆房。后来，在短期或者长期中曾被这位太太迷住心窍的那些丈夫，是用两手的指头数不清楚的[4]。在结婚之前，她不止一次提出过的条件，是保留行动的完全自由。

素凯奈有一个敌手，住在避暑胜地塔伊夫，那是麦加和麦地那的贵族们常去的地方，许多惊人的插话或事件，都集中在年轻的阿以涉身上。她的父亲泰勒哈是先知的大弟子之一，她的母亲是艾卜·伯克尔的长女、穆罕默德的爱妻阿以涉的姐姐。泰勒哈的这个女儿，既是名门闺秀，又是绝代佳人，而且具有孤芳自赏的性格，这三大特色，在阿拉伯人的眼中，是妇女最高贵的品质。她的要求，无论如何烦难也不会被拒绝的。她在大庭广众之间出现的时候，给观众的印象比素凯奈的深刻得多[5]。有一次，她在麦加参加朝觐典礼，要求掌礼官（由麦加城行政长官兼任）延迟朝觐大典的时间，以便她完成天房巡礼的第七次环行。那位风流的长官照办了，后来，哈里发阿卜杜
239 勒·麦立克为此事而撤了他的职[6]。阿以涉只结婚三次[7]。她的第二个丈夫穆斯阿卜·伊本·左拜尔也曾娶过她的敌手素凯奈，每人的财礼都是百万第尔汗[8]。有一次，他责备阿以涉不戴面纱，她著名的答复是这样的：“崇高的真主在我的脸上盖了美丽的印记，我喜欢人们看到这个印记，认识真主对于他们的恩典，我不该把它遮盖起来。”[9]

---

① *Aghāni*, vol. xiv, p. 166; vol. xvii, 94.

② Ibn-Khallikān, vol. i, p. 377.

③ *Aghāni*, vol. xiv, p. 165.

④ 他们的名单见 ibn-Sa‘d, vol. viii, p. 349; ibn-Qutaybah, *Ma‘ārif*, pp. 101, 109—110, 113, 122, 289—290; ibn-Khallikān, vol. i, p. 377; *Aghāni*, vol. xiv, pp. 168—172。

⑤ *Aghāni*, vol. x, p. 60.

⑥ *Aghāni*, vol. iii, p. 103.

⑦ Ibn-Sa‘d, vol. viii, p. 342.

⑧ *Aghāni*, vol. iii, p. 122.

⑨ *Aghāni*, vol. x, p. 54.

第二十一章　伍麦叶人时代的文化生活 240

从沙漠里来的征服者，并没有把什么科学遗产和文化传统带到他们所征服的国家去。他们在叙利亚、埃及、伊拉克和波斯，坐在他们所征服的人民的讲台下，当他们的学生。他们证明了自己是何等好学的好学生！

伍麦叶人时代，接近蒙昧时期，国内战争和国外战争不断发生，穆斯林世界的社会情况和经济情况都不稳定，这些都是妨碍伊斯兰教早期文化发展的原因。但是，知识的种子，当时已经播下。阿拔斯人初期，在巴格达枝叶扶疏、欣欣向荣的文化巨树，一定生根于希腊文化、叙利亚文化和波斯文化占优势的这个先前时期。因此，伍麦叶人时代，大概说来，是阿拉伯文化的孕育时代。

当波斯人、叙利亚人、科卜特人（现通译为“科普特人”）[①]、柏柏尔人和其他民族的人民群众皈依伊斯兰教，而且同阿拉比亚人通婚的时候，原来在阿拉比亚人和非阿拉比亚人之间的那堵高墙，坍塌了。穆斯林的民族出身，退居次要地位，穆罕默德的信徒，都叫做阿拉伯人，不管他原来的民族是什么。此后，凡是信奉伊斯兰教，会说阿拉伯话、会写阿拉伯文的，个个都是阿拉伯人，不论他原来的民族成分如何。这是伊斯兰文化史上最意味深长的事实之一。我们说“阿拉伯医学”或“阿拉伯哲学”或者“阿拉伯数学”的时候，不是指阿拉比亚人所创造的，或阿拉伯半岛的居民所发明的，我们所指的，只是用阿拉伯文写作的文献中所包罗的知识，著作人主要是生活于哈里发帝国的波斯人，或叙利亚人，或埃及人，或阿拉比亚人，无论他们是基督教徒，或犹太教徒，或穆斯林，也无论他们写作的材料是取自希腊的，或 241
亚美尼亚的，或印度－波斯的，或其他的来源。

巴士拉和库法

希贾兹的姊妹城市麦加和麦地那，在伍麦叶王朝时代，变成音乐、歌曲、爱情和诗的根据地，而伊拉克的孪生城市巴士拉和库法，在这个时期，却发

① 埃及土著。——译者

展成为伊斯兰教世界文化活动最大的两个中心[1]。

阿拉伯语法

伊拉克的这两个首府，原来是在回历 17 年（公元 638 年）[2] 奉哈里发欧麦尔的命令而修建的两个军事营地。阿里曾定都过的库法城，它坐落于古代巴比伦城废墟的附近，在某种意义上，是继承了邻近的希拉城（莱赫米人的首都）的。这两座城市，形势险要，商业发达，人口迅速增加，所以经过很短的时期，就变成了最富庶的城市，每座城市的人口，都不下十万。伍麦叶人曾以巴士拉为统治呼罗珊的根据地。有人说，在回历 50 年（公元 670 年），巴士拉的人口增加到三十万左右，此后不久，城里的水道共有十二万条（!）[3]。这个地方距波斯的边境很近，阿拉伯语言和阿拉伯语法的科学研究工作，在这里开始，而且继续下去，主要是为了新入教的外国人的便利，而且部分工作是由他们担任的。研究的最初动机，是想以必需的语言知识供给新穆斯林们，帮助他们学习《古兰经》，担任政府公职，与征服者交际应酬。还有一个动机，是想维持阿拉伯语的正确性，因为在《古兰经》的古典语言和日常应用的土语之间的鸿沟日益加宽，叙利亚语、波斯语和其他语言和方言，都在败坏着阿拉伯语。

相传阿拉伯语法的创始人艾卜勒·艾斯瓦德·杜艾里（688 年卒）曾生活于巴士拉城，这不是偶然的。根据著名的传记学家伊本·赫里康的传说[4]，“阿里曾为杜艾里制定这条原则——词分三类：名词、动词、虚词。他要求他根据这条原则写作一篇完备的论文。”艾卜勒·艾斯瓦德接受了这个要求，而
242 且获得完全的成功。但是，从阿拉伯语法中可以看出，发展是缓慢的，经过很长时间，而且希腊的逻辑对于阿拉伯语法的影响，是显而易见的。继承杜艾里的是赫立理·伊本·艾哈迈德，他也是巴士拉的学者，约在 786 年去世。赫立理是首先编辑阿拉伯语词典的，他所编的词典叫做《阿因书》（*Kitāb al-'Ayn*）[5]。据传记学家说，阿拉伯的韵律学，是他首创的。他所发现的规律，到现在还在遵循。他的学生波斯人西伯韦（约在 793 年卒）曾编写了第一部阿拉伯语法教科书。这部赫赫有名的教科书的名称是《书》（*al-Kitāb*），自从那个时候到现在，本国人的语法研究，始终是以这部名著为基础的。

圣训学和教律学

对于学习《古兰经》和注释《古兰经》的需要，引起了一对孪生科

---

① 巴士拉城的英文名称是 Bassora，现在的巴士拉城坐落于古城遗址东北 6 英里。

② 库法城的修建，在巴士拉城建成后一二年，参阅 Yāqūt，vol. iv，pp. 322—323。

③ Iṣṭakhri，p. 80；ibn-Ḥawqal，p. 159.

④ Ibn-Khallikān，vol. i，pp. 429—430 = de Slane，vol. i，p. 663.

⑤ 这部字典是依照发音部位而排列字母的先后次第的，以喉音字母“阿因”（'ayn）开头，所以叫做《阿因书》。——译者

学——语言学和辞典编辑学的出现，同时引起伊斯兰教文学活动所特有的重要科学——圣训学（*ḥadīth*）的出现，圣训学是研究先知或圣门弟子的言语和行为的。《古兰经》和圣训是伊斯兰教法典的正面和背面，即教义和教律（*fiqh*）的基础。伊斯兰教的教律和宗教的关系，比教律与现代法学家所理会的法学的关系更加亲密。罗马法无疑对于伍麦叶人的立法曾有影响，这种影响一部分是直接的，一部分是通过《犹太教法典》或者其他媒介而产生的。但是，这种影响究竟达到什么程度，是不十分清楚的。实际上，这个时代的圣训学家和法律学家，我们所知道的只有寥寥数人，他们几乎没有什么著作流传到现在。这些学者，我们所知道的，以哈桑·巴士里和伊本·史哈卜·左海里（742 年卒）二人为最有名。左海里是先知的同族，他全神贯注地做研究工作，以致忽略了一切事务，甚至“他的妻子曾发过誓，对她来说，他的书籍比三个同她对立的老婆还要坏”[①]。作为一位圣训学家，哈桑·巴士里是很受尊敬的，这是由于大家相信，他认识参加过伯德尔战役的七十位圣门弟子。在伊斯兰教内发生的一切宗教运动，都可以溯源于哈桑·巴士里。苏非派历来都以他的苦行和虔诚为楷模[②]，逊尼派永不厌倦地引用他的格言，甚至连穆尔太齐赖派，也认他为自己的成员。毫不奇怪，公元 728 年 10 月 10 日（星期五），巴士拉全城的人民都参加了他的送葬行列，没有一个人留在城里去出席或者领导当天在清真寺里举行的晡礼，“这是伊斯兰教历史上没有先例 243
的”[③]。

库法城的学者，是操行不坚的、非正统派的穆斯林。他们中的很多人，是十叶派，或者阿里派，他们对于阿拉伯语言学和伊斯兰教学术的贡献，是略次于他们的邻居巴士拉人的。这两个营地的科学家之间的竞争，引起了在阿拉伯语法和阿拉伯文学界两大公认的学派的产生。具有红发和细腿的阿卜杜拉·伊本·麦斯欧德（约在 653 年卒）被认为是伊斯兰教传说权威的圣门弟子之一。在欧麦尔和奥斯曼任哈里发期间，他一直住在库法。据说他曾传述过八百四十八章圣训[④]。伊本·麦斯欧德的一大特点是，当他传述先知的言行的时候，他浑身发抖，汗流满面，发表意见时，措辞谨严，生怕传述得不够精确[⑤]。还有一位库法的圣训学家，声望不次于伊本·麦斯欧德。他就是阿

---

① Ibn-Khallikān, vol. ii, p. 223; abu-al-Fidā', vol. i, pp. 215—216.

② 参阅本书第 393 页“教义学”。

③ Ibn-Khallikān, vol. i, p. 228.

④ Al-Nawawi, *Tahdhīb al-Asmā'*, ed. F. Wüstenfeld (Göttingen, 1842—1847), p. 370.

⑤ Ibn-Sa'd, vol. iii, pt. i, pp. 110—111.

密尔·伊本·舍拉希勒·舍耳比（约在728年卒）。他是在伊斯兰教初期出名的南方阿拉比亚人之一。据说他曾听过一百五十几位圣门弟子的传述①，他所传的圣训，全凭背记，不靠记录，现代评论家很信任他的传述。舍耳比的徒弟，最著名的是伟大的艾卜·哈尼法。据舍耳比的自述，哈里发为了一件重大的使命，曾派遣他到君士坦丁去见拜占廷的皇帝。

我们在下面就要讲到，在阿拔斯人时代，伊拉克的这两座姊妹城市，在文化方面的努力和成就，达到了最高的水平。伊拉克的圣训学派和教律学派，在后来的发展中，不像希贾兹学派那样受到古老的保守传统的支配。

历史的编辑

阿拉伯历史的编辑，也是在这个时代开始的。在起初，编辑历史也就是编辑圣训（*ḥadīth*）。这是阿拉伯的穆斯林所建立的最古的学科之一。初期的
244 哈里发，要想知道在他们之前的那些帝王和统治者的事迹；信士们热心搜集先知和他的弟子们的故事（这些故事后来变成先知传〔*sīrah*〕和武功纪〔*maghāzi*〕的基础）；需要调查每个信仰伊斯兰教的阿拉伯人的血统关系，以确定每人应领取的生活费的数额；注释阿拉伯诗歌的典故，识别宗教典籍中的人名和地名；被统治的各民族人民，要记载本族祖先的丰功伟绩，以对抗阿拉伯沙文主义——所有这些，都促进了历史的研究。阿比德·伊本·赛尔叶是一个半传说性的南方阿拉比亚人，他是早期著名的说书人，穆阿威叶聘请他到大马士革，去讲说“古代阿拉比亚帝王和他们的种族的故事”②。阿比德为他的这位保护者编写了几部书，都是关于他的专业的，其中有《帝王记和古史记》（*Kitāb al-Mulūk wa-Akhbār al-Māḍīn*）。这部书在历史学家麦斯欧迪（956年卒）③的时代，是流行很广的著作。瓦海卜·伊本·穆奈比（728年卒于萨那）是精通“古学”（*ʻilm al-awāʼil*）的另一人。他是也门的犹太教徒，原籍波斯，大概改信了伊斯兰教。他的一部著作新近出版了④。瓦海卜这个人的传说，是很值得怀疑的。他成为我们关于伊斯兰教以前的南部阿拉比亚和外国的资料（倒不如说是失实的资料）的主要来源之一⑤。还有一个人，叫做凯耳卜勒·艾哈巴尔（652年或654年卒于希姆斯），他也是也门的犹太

① Al-Samʻāni, *al-Ansāb*, ed. Margoliouth (Leyden, 1912), fol. 334 recto；参阅 ibn-Khallikān, vol. i, p. 436。

② Al-Nadīm, *al-Fihrist*, ed. G. Flügel (Leipzig, 1872), p. 89, l. 26；参阅 ibn-Khallikān, vol. ii, p. 365。

③ Vol. iv, p. 89.

④ *Al-Tījān fi Mulūk Ḥimyar* (Ḥaydarābād, 1347)，还有一篇附录（pp. 311—489），题为 ‘*Akhbār ʻAbīd*, 著者是 ʻAbīd。

⑤ Ibn-Khallikān, vol. iii, pp. 106—107；Ṭabari, vol. iii, pp. 2493—2494；Nawawi, p. 619.

教徒，在最初的两位哈里发的时代改信伊斯兰教，穆阿威叶任叙利亚长官的时候，他就在穆阿威叶的公馆里担任教师和顾问的职务①。因此，凯耳卜勒·艾哈巴尔成为我们在犹太人—伊斯兰传说方面最早的权威。他和伊本·穆奈比，以及改信伊斯兰教的其他犹太人一道，把《犹太教法典》的许多故事，编入了伊斯兰教的传说中，同阿拉伯历史学糅合在一起。

后来震动伊斯兰教基础的许多宗教哲学运动，都发源于这个伍麦叶人时 245
代。八世纪前半期，在巴士拉城有一个人叫瓦绥勒·伊本·阿塔（748 年卒），他是以穆尔太齐赖派（*Mu'tazilah*,脱离者，分离论者）著称的唯理论的奠基者。穆尔太齐赖派这个名称的取得，是由于他们主要的原则说：谁犯了大罪（*kabīrah*），谁就脱离信徒的行列，但是不算为外道，只是居于信和不信二者之间的地位②。瓦绥勒原来是哈桑·巴士里的学生，巴士里在某个时期曾倾向于意志自由的原则，这种原则是穆尔太齐赖派主要信条之一。在同一时期内，信仰意志自由原则的，还有盖德里叶派（*Qadariyah*，因否认前定〔盖德尔，*qadar*〕而得名）。与他们相对立的是哲卜里叶派（*Jabrīyah*，因主张人类受强制〔哲卜尔，*jabr*〕而得名）③。盖德里叶派是对伊斯兰教生硬的宿命论的反动力，同时也受到基督教的希腊的影响（伊斯兰教的宿命论是《古兰经》大力强调真主全能的必然结果）④。盖德里叶派是伊斯兰教哲学最早的学派，伍麦叶王朝的哈里发穆阿威叶二世和叶齐德三世，都是盖德里叶派的成员，由此可见，这个学派的思想是怎样普遍⑤。

除意志自由这一主要原则外，穆尔太齐赖派另外还有一条原则：否认能力、智慧、生命等德性与真主共存，因为这些德性的存在，会破坏真主的统一性。因此，穆尔太齐赖派认为，“正义和统一的维护者”，是他们自己最可取的名称。这种唯智主义运动，在阿拔斯人时代，特别是在麦蒙时代（813—833 年），成为一个非常重要的运动，我们在下面就要讲到。在文化上，库法和巴士拉所没有完成的事业，由巴格达继续了下去。

大马士革的圣约翰

基督教的学问和希腊的思想，是在这个时代传入伊斯兰教的。在这个过

---

① 参阅 Nawawi, p. 523; ibn-Sa'd, vol. vii, pt. 2, p. 156; ibn-Qutaybah, Ma'ārif, p. 219。

② Mas'ūdi, vol. vi, p. 22, vii, p. 234; 参阅 Shabrastāni, p. 33; al-Baghdādi, *Uṣūl al-Dīn* (Istanbul, 1928), vol. i, p. 335; al-Baghdādi, *Mukhtaṣar al-Farq bayn al-Firaq*, ed. Hitti (Cairo, 1924), p. 98; al-Nawbakhti, *Firaq al-Shī'ah*, ed. H. Ritter (Istanbul, 1931), p. 5。

③ 参阅 al-Īji, *Kitāb al-Mawāqif*, ed. Th. Soerensen (Leipzig, 1848), pp. 334, 362。

④ 《古兰经》3:26—27, 15:20—24, 42:27, 43:11, 54:49; 参阅 ibn-Ḥazm, vol. iii, p. 31。

⑤ Ibn-al-'Ibri, p. 190; Ya'qūbi, vol. ii, p. 402.

程中起重要作用的就是大马士革人圣约翰，别号叫克利索霍斯（Chrysorrhoas，意思是金舌）；他还有一个同名的前辈安提俄克人约翰，别号叫克利索斯顿
246 (Chrysostom)[1]。圣约翰虽然会用希腊文写作，却不是希腊人，而是叙利亚人。他在家里说阿拉马语。除这两种语言外，他还会阿拉伯语。他的祖父曼苏尔·伊本·塞尔仲，在阿拉伯人征服叙利亚的时候，担任大马士革的财政部长，与本城的主教共谋，举全城向阿拉伯人投降。在穆斯林的时代，他保持了原来的职位；后来，约翰的父亲继承了这个职位。约翰在青年时代是艾赫泰勒和叶齐德·伊本·穆阿威叶的酒友，后来，在阿拉伯政府中继承了他父亲的这个最重要的职务。他三十多岁时才辞去官职，退隐于耶路撒冷附近的圣萨巴修道院，去过苦行和祈祷的生活。约在748年，在那个修道院去世。约翰有些著作，其中一本是记录跟一个东方人（萨拉森人）辩论基督的神性和人类的意志自由问题的，他编写这本书的目的，是替基督教辩护，好让基督教徒以此书为指南，跟穆斯林进行争论。约翰本人在哈里发面前进行过此类辩论，也是可能的。我们不难在约翰的遗著中查出盖德里叶派的原理。据说约翰曾编写苦行者白尔拉木（Barlaam）和印度教王子约萨法特（Josaphat）的故事，这个故事，或许是中世纪时代最著名的宗教传奇。现代评论家承认，这个故事是如来佛（Buddha）生活插话的基督教翻版，故事里的约萨法特（或耶约萨夫，Ioasaph）就是如来佛的化名。说来奇怪，拉丁教会和希腊教会，都承认他是圣者。因此，如来佛曾两次变成基督教的圣徒。中世纪的白尔拉木和约萨法特的故事，是通过拉丁语、希腊语、格鲁吉亚语等语言，而译成阿拉伯语的，故事本身显然是在圣约翰的时代之后，从帕莱威语译成阿拉伯语的[2]。*Fihrist*（《书目》）[3] 曾提及 *Kitāb al-Budd*（《如来佛书》）和 *Kitāb Būdāsaf*（《菩达赛夫书》）二书的名称，这两本书显然是从古波斯语帕莱威语翻译过来的，不是以希腊传奇为蓝本的。大马士革人约翰，被认为是东方希腊教会中最伟大的而且是最后的神学家。他所作的赞美诗（新教赞美诗集还采用了其中一部分），在教会文学史上被认为是基督教教会诗人的最崇高、最优美的作品。作为赞美诗的作者，作为神学家，作为演说家，作为评论作者，作为拜占廷音乐的创始人，作为拜占廷艺术的整理者，约翰是哈里发统治时代教会身上的一颗闪耀的夜明珠。

哈列哲派　盖德里叶派是伊斯兰思想史上的第一个哲学派别，而哈列哲派

---

① 克利索斯顿（347？—407年），神父，由于热衷于宗教改革，曾一再被逐。——译者

② Paulus Peetrus in *Annalecta Bollandiana*, vol. xlix (Brussels, 1931), pp. 276—312.

③ P. 305.

(Khārijah)是第一个宗教－政治派别。这些人原来是阿里的拥护者，后来变 247
成了他的死敌。他们不止一次地武装起义，反对给予古莱氏族的特权：只有古莱氏人才能当选哈里发的特权[①]。严格的哈列哲派，努力保持伊斯兰教朴素的和民主的原则，在回历头三个世纪中，他们为实现这个愿望，而血流成河。积年累月，他们禁止崇拜圣徒（*'awliyā'*），禁止朝拜他们的陵墓，禁止苏非派的集会。这个教派的一个小支派，名叫伊巴底叶或艾巴底叶（*Ibaḍīyah*或*Abāḍīyah*），现在还存在着。他们是因伊本·艾巴德（ibn-Ibāḍ）[②]（他生活于回历一世纪的后半期）而得名的，他是哈列哲派各支派的创立人中最宽大的。这个支派的穆斯林，分布于阿尔及利亚、的黎波里塔尼亚[③]、阿曼，后来又从阿曼渡海到桑给巴尔。

穆尔只埃派

另外一个次要的教派，也是在伍麦叶人时代出现的，这就是穆尔只埃派（*Murji'ah*）。他们主要的信条，是对犯大罪的信士中止（*irjā'*）判决，不把他们当做外道[④]。更具体地来说，穆尔只埃派认为，伍麦叶王朝的哈里发虽然停止执行教律，但他们是穆斯林的事实上的领袖，因此，人们没有正当的理由不效忠于这个朝廷。据这个教派的成员看来，只要把伍麦叶人当做穆斯林就够了，哪怕是名义上的。据他们看来，奥斯曼、阿里和穆阿威叶，同样是真主的奴仆，只有真主能判决他们。一般来说，这一派是主张宽大的。这个学派里温和派的成员，以伟大的导师艾卜·哈尼法（767 年卒）为最伟大，他是正统派伊斯兰教四个法律学派中第一个学派的创始人。

十叶派

早期的伊斯兰教世界，因为争夺哈里发职位，而分裂成敌对的两大阵营，十叶派（Shī'ah，意思是宗派）就是这两大阵营之一。这个阵营是在伍麦叶王朝定型的。"伊马木"[⑤] 问题，始终是逊尼派（正统派）和十叶派（宗派）之间主要的争端。自那个时候起，十叶派主要的特点是坚持这个基本信条：阿里和他的子孙，才是真实的伊马木，这就像罗马天主教会坚持它同彼得及其继任者的关系的信条一样。伊斯兰教的奠基者，以《古兰经》为真主和人类之
间的中介，而十叶派则以一个伊马木为这种中介。除"我信仰独一的真主"和 248

---

① Ibn-al-Jawzi, *Naqd al-'Ilm w-al-'Ulamā'*（Cairo, 1340）, p. 102.

② Shahrastāni, p. 100; Baghdādi, ed. Hitti, pp. 87—88; Īji, p. 356.

③ 在利比亚。——译者

④ 参阅 Baghdādi, *op. cit.* pp. 122—123; ibn-Ḥazm, vol. ii, p. 89。

⑤ "伊马木"是阿拉伯语 *imām* 的译音，这个名词有先行者和领导者的意思。这个名词在《古兰经》中（2:124，15:79，25:74，36:12）屡次出现，但不是专门名词。通常是指集体礼拜时站在群众前面做司仪的人。原来是先知做"伊马木"，后来由哈里发或他的代表担任这个工作。参阅 ibn-Khaldūn, *Muqaddamah*, pp. 159—160。

“我信仰《古兰经》是无始的天启”外，十叶派增加了一个新的信条：“我信仰伊马木是真主所特选的，是具有部分神性的，是指导人们得救的。”

伊马木制度的产生，是神权主义者反对世俗权力概念的结果。十叶派关于伊马木的看法，跟逊尼派的完全不同①。十叶派说，伊马木是伊斯兰教公众唯一合法的领袖，真主选定他来担任这个最高的职务。他是由法帖梅和阿里传下来的穆罕默德的嫡系后裔。他是精神的和宗教的领袖兼世俗的领袖。他具有前任者传给他的神秘的能力②。因此，他的品位比其他人的品位高，他具有免罪性（‘*ismah*）③。十叶派的极端分子，甚至相信伊马木是真主的化身，因为他具有神妙光辉的本质④。所以，阿里和他的子孙，是天启的化身。极端分子中晚出的一派，甚至说，迦伯利天使传达天启的时候，认错了人，把穆罕默德认成阿里了⑤。在这一切方面，十叶派同逊尼派，是针锋相对的。

十叶派的诞生和发展，究竟受到波斯的见解和犹太－基督教的思想多大影响，这是难以确定的。后来产生的关于 Mahdi（麦海迪，得道者）的假说，预言有一位救星将要降临人世，他将要开辟一个自由和繁荣的新纪元，这无疑是救世主的说法和同类观念的反映。像谜一般的人物阿卜杜拉·伊本·赛伯伊，在奥斯曼时代改信伊斯兰教，他以过分的尊敬使阿里感到局促不安，
249 后来竟成为极端的十叶派的创始人，这个人是也门的犹太人⑥。无疑，对于伊马木概念的产生，诺斯替教也是起了作用的。事实证明，伊拉克是最便于阿里派原则发芽滋长的肥沃土壤，直到现在，有一千五百万人口⑦的伊朗，还是十叶派的堡垒⑧。在十叶派公众内，几乎有无数的支派滋生出来。“先知的家

---

① 参阅 Īji, pp. 296 以下。

② Shahrastāni, pp. 108—109; Mas‘ūdi, vol. i, p. 70.

③ 具有免罪性者，不犯错误和罪恶，逊尼派认为历代的先知，特别是穆罕默德，都具有不同程度的免罪性。参阅 ibn-Ḥazm, vol. iv, pp. 2—25; I. Goldziher in *Der Islam*, vol. iii (1912), pp. 238—245; Īji, pp. 218 以下。

④ 参阅本书第 440 页“十叶派”。

⑤ Baghdādi, ed. Hitti, p. 157; ibn-al-Jawzi, *Naqd*, pp. 103—104.

⑥ Īji, p. 343.

⑦ 据 1971 年统计，伊朗人口为二千九百二十八万二千人（见《各国概况》第 213 页）。居民中 98% 为伊斯兰教徒，属于十叶派的有 93%，属于逊尼派的有 7%（见《世界知识年鉴》1961 年版）。——译者

⑧ 现在十叶派教徒的总数，约计五千万，大约一千八百万居住在伊朗，七百万居住在印度，三百万居住在伊拉克，四百万居住在也门（他们在也门的名称是宰德派），三十五万居住在黎巴嫩和叙利亚（他们在这两个地区的名称是麦塔维莱即阿里的党羽）。极端的十叶派，包括易司马仪派、德鲁兹派、努赛尔派、叶齐德派和阿里·伊拉希派，使这个数字接近六千万左右，占全体穆斯林的 14% 左右。参阅本书第 3 页、449 页。

属”（*ahl al-bayt*，即法帖梅和阿里的子孙）中不同的成员，都成为自然的引力中心，各种各样出于经济的、社会的或宗教的原因，抗命不从的分子和心怀不满的分子，统统都趋向于这个中心。在伊斯兰教一世纪中兴起的各种异端本身，都是对阿拉比亚人的宗教胜利的变相抗议，这些异端中有许多渐渐投入十叶派的怀抱，因为十叶派是反抗现秩序的代表。易司马仪派、盖尔麦兑派、德鲁兹派、努赛尔派，以及我们要在下面论及的许多同类的派别，都是十叶派的支派。

在伍麦叶人时代，各种类型的演说，得到空前未有的发展，质量之高，也是后代所不及的。“赫兑卜”（*khaṭib*）[①] 利用演说作为星期五讲道的工具，将军把演说当做鼓舞士气的手段，各省长官凭演说来向人民灌输爱国的情感。在一个没有特殊的宣传设备的时代，演说成了传播思想和激发感情的好手段。阿里的韵脚整齐、充满警句的高度伦理性的演说，苦行者哈桑·巴士里（728年卒）在哈里发欧麦尔·伊本·阿卜杜勒·阿齐兹面前所作的、由这位哈里发的传记作者保存下来的简短的讲道[②]，齐雅德·伊本·艾比和暴躁的哈查只所作的军事的和爱国的演说——所有这些演说，都是从那个早期时代传下来的极宝贵的文学遗产[③]。 演说

正统的哈里发时代，所有的政治性通信，都是简练扼要的，公函没有超过几行的[④]。据伊本·赫里康说[⑤]，伍麦叶王朝最后一位哈里发的秘书阿卜杜勒·哈米德书记（750年卒）首先采用了冗长而华丽的文体，这种文体受到波斯的影响，有一套陈词滥调。这种矫揉造作的文体，变成了后来许多写作者的范本。有一句脍炙人口的阿拉伯俗语说：“尺牍（*inshā'*）的艺术，从阿卜杜勒·哈米德开始，到伊卜奴勒·阿米德告终。”[⑥] 在许多文学作品中，我们还能够发现波斯文学的影响，那些作品中有许多格言和寓言，据说是阿里和他的助手艾哈奈弗·伊本·盖斯（687年后卒，艾哈奈弗是罗圈腿的意思）[⑦] 的遗作，甚至有人说是蒙昧时代赫赫有名的艾克赛木·伊本·赛伊非的 通信 250

---

① “赫兑卜”的意思是演说者，清真寺里每星期五聚礼日登台讲道者，被称为“赫兑卜”。——译者

② Ibn-al-Jawzi, *Sīrah*, pp. 121, 126.

③ 参阅 ibn-Qutaybah, *'Uyūn al-Akhbār*, vol. ii, pp. 231—252；al-Jāḥiz, *Bayān*, vol. i (Cairo, 1926), pp. 177 以下, vol. ii, pp. 47 以下；*'Iqd*, vol. ii, pp. 172 以下。

④ 这种通信的实例见 Qalqashandi, *Ṣubḥ*, vol. vi, pp. 388—391。

⑤ Vol. i, p. 550；参阅 Mas'ūdi, vol. vi, p. 81.

⑥ 他是布韦希朝鲁克尼·道莱的大臣。

⑦ Jāḥiz, *Bayān*, vol. i, p. 58；参阅 ibn-Qutaybah, *Ma'ārif*, p. 216；Ṭabari, vol. ii, pp. 438—439。

作品，这位名人有“阿拉比亚哲人”（*ḥakīm*）的称号[①]。

诗 但是，在伍麦叶人时代，进步最快的智力领域，是诗歌创作的领域。伊斯兰教的诞生，是不利于诗神的。在征服和扩张的光荣时代，在“人人皆诗人的民族”中却没有一个诗人得到灵感，这个事实就是最好的证明。汲汲于名利的伍麦叶人获得了政权之后，酒神、歌神、诗神才重新得势。用阿拉伯语写作的爱情诗人，第一次正式出现了。蒙昧时代的抒情诗人，虽然在他们的长诗（*qaṣīdahs*）的开头要写几句情诗式的开场白（*nasīb*），但是他们中的任何人，都不可以称为情诗（*ghazal*）的专门作者。从早期长诗的爱情诗开场白开始，阿拉伯的抒情诗，在波斯歌唱家的影响和示范之下兴盛起来了。

半岛派是以欧麦尔·伊本·艾比·赖比耳（约在 719 年卒）为主要的代表的[②]。这位爱情诗大王——欧洲人称他为阿拉比亚的奥维特[③]——是一个邪
251 恶的古莱氏族人，有足以自立的资财[④]。他专心致志地挑逗那些从麦加和麦地那来朝觐圣地的美丽的姑娘和本地的妩媚的少妇，如素凯奈[⑤]。他的语言是富有强烈的激情和美妙的佳句的，由于这种语言，他对于女性的感情得以永存下来。他的诗别开生面，而且富于豪侠之气，跟伊木鲁勒·盖伊斯的原始的情诗和晚期老一套的情诗对照起来，都是大不相同的[⑥]。

如果欧麦尔在诗歌里代表了自由恋爱，那么，与他同时代的哲米勒（701 年卒）就代表了柏拉图式纯洁天真的精神恋爱。哲米勒是欧兹赖部族人，这个部族原籍也门，移居于希贾兹，信仰基督教。哲米勒的长诗，都是寄给他的爱人——本部族的卜赛奈的[⑦]。那些诗所表现的深厚的柔情，在那个时代是无可比拟的。那些诗既有美学上的价值，又有朴实的、不加雕琢的语言，所以，早被阿拉伯的歌唱家谱入歌曲了。与哲米勒相似的有半神话式的人物麦只嫩·莱伊拉，他的原名据说是盖斯·伊本·穆拉瓦哈[⑧]，他是抒情诗的代

---

① Ibn-Qutaybah, *Ma'ārif*, p. 153；参阅 *Aghānī*, vol. xv, p. 73, l. 28；参阅 Jāḥiz, *Bayān*, vol. ii, p. 63。

② 他所著的 *Diwān*，由 Paul Schwarz 编辑，分两册，1901—1909 年先后出版于莱比锡。

③ 奥维特（Ovid，原名 Publius Ovidius，公元前 43 年生，公元 17 年卒）是罗马的爱情诗人。——译者（奥维特，现通译为“奥维德”。——编者）

④ *Aghānī*, vol. i, p, 32. 关于他的生活和作品，可以参阅 Jibrā'īl Jabbūr, *'Umar ibn-abi-Rabī'ah*, 2 vols.（Beirut, 1935—1939）。

⑤ Ibn-Qutaybah, *Shi'r*, p. 349.

⑥ 参阅 W. G. Palgrave, *Essays on Eastern Questions*（London, 1872）, p. 279。

⑦ 参阅 ibn-Qutaybah, *Shi'r*, pp. 260—268；*Aghānī*, vol. vii, pp. 77—110。

⑧ Al-Kutubi, *Fawāt al-Wafayāt*（Būlāq；1283）, vol. ii, p. 172；据此书说，他约在回历 80 年（公元 699 年）卒。

表。根据传说，盖斯迷恋一个叫莱伊拉的女人到了疯狂的地步（因此有“麦只嫩·莱伊拉”的绰号，这个绰号的意思是“莱伊拉的情痴”）[①]，莱伊拉是同一部族人，她也热爱盖斯，但是她父亲强迫她跟另外一个男人结婚了。盖斯因绝望而疯狂，他的余生是疯疯癫癫地度过的，他半裸露地彷徨于本乡纳季德的山顶和河谷，到处歌颂他的爱人的美妙，渴望着能同她见一面。只有提及她的名字的时候，他才神智清醒一会儿[②]。麦只嫩·莱伊拉就这样变成了无数的阿拉伯、波斯和突厥传奇故事的主人公，那些故事都是颂扬不朽的爱情的力量的[③]。无疑，被认为是哲米勒和麦只嫩所作的那些诗，有许多不是他俩创作的，原来是民谣和民歌。

除情诗外，政治诗也在伍麦叶人的赞助下出现了。这种诗是在米斯肯·达里米奉命创作长诗，以当众咏唱颂扬叶齐德登上哈里发宝座的时候首次出现的[④]。蒙昧时代古诗的搜集，也是在这个时代实现的，这件工作是由哈马德·拉威叶（即传达者哈马德，约 713—772 年）完成的[⑤]。哈马德生于库法，他的父亲是一个德莱木（波斯）的战俘[⑥]，他会说阿拉伯语，不过略带土腔，但他是阿拉伯编年史上以惊人的记忆力著名于世的人物之一。他应韦立德二世的请求，背诵按字母表每个字母押韵的蒙昧时代的长诗，每个字母至少都有一百首长诗。韦立德亲自听他背诵了一部分，委托别人代听了其余的部分，据说他背诵了二千九百首长诗之后，韦立德认为满意，下令赏赐他十万第尔汗[⑦]。哈马德伟大的功劳当然在于收集著名的《黄金诗集》，即《悬诗集》（*Mu'allaqāt*）。 252

在伍麦叶人时代，省区派的诗人是以法赖兹得格（约 640—728 年）、哲利尔（约在 729 年卒）和首都诗人艾赫泰勒（约 640—710 年）三人为首的。这三位诗人，生长在伊拉克，他们都是讽刺诗和颂赞诗的作者。他们三人都是第一流的阿拉伯诗人，自他们那个时代起，阿拉伯评论家没有发现能与他们相比的诗人。信仰基督教的艾赫泰勒，是拥护伍麦叶王朝、反对神权政党的[⑧]。放荡的法赖兹得格，是阿卜杜勒·麦立克和他的儿子韦立德、苏莱曼和

---

① *Aghāni*, vol. i, p, 169, ibn-Khallikān, vol. i, p. 148 引证。

② Ibn-Qutaybah, *Shi'r*, pp. 358—362.

③ 阿拉伯人有两句俗语，一句说：“每个莱伊拉都有自己的情痴。”另一句说：“每个男人都歌颂自己的莱伊拉。”这两句俗语的意思差不多，就是汉语说的：“情人眼里出西施。”盖斯和莱伊拉的恋爱故事，在阿拉伯各国和中近东各国，是家喻户晓的。——译者

④ *Aghāni*, vol. xviii, pp. 71—72；参阅 ibn-Qutaybah, *Shi'r*, p. 347。

⑤ *Fihsist*, p. 91；ibn-Khallikān, vol. i, p. 294.

⑥ Ibn-Qutaybah, *Ma'ārif*, p. 268.

⑦ Ibn-Khallikān, vol. i, p. 292；*Aghāni*, vol. v, pp. 164—165；参阅 *'Iqd*, vol. iii, pp. 137—138。

⑧ Ibn-Qutaybah, *Shi'r*, pp. 301—304.

叶齐德等人的桂冠诗人①。那个时代最著名的讽刺诗人哲利尔，是哈查只的宫廷诗人②。这三位诗人的生活，主要是依靠他们的颂赞诗，其次才是依靠他们的讽刺诗。他们所担任的职务，就是我们这个时代党报所担任的职务。法赖兹得格③和哲利尔，常常用最刻薄、最恶毒的语言，互相攻击，艾赫泰勒照例是支持法赖兹得格的。基督教在渎神的酒徒艾赫泰勒的心灵上居于什么地位，
253 可以从他安慰自己怀孕的妻子的话中看出来！她赶着去摸一摸过路的主教的法衣，没有赶上，只摸到了他所骑的那头驴子的尾巴，他安慰她说："主教和驴尾，没有什么差别。"④

教育 正规的教育，在那个时代还不普及。伍麦叶王朝早期的皇子们，被送到叙利亚沙漠里去学习纯正的阿拉伯语，去通晓阿拉伯诗歌。穆阿威叶就是把他的儿子兼太子叶齐德送到这个沙漠去的。一个会读书、会写字、会射箭、会游泳的人，公众认为他是全才（*al-kāmil*）⑤。他们生活在地中海东岸上，所以，他们认为游泳很重要。伦理教育的理想，可以从讨论这个题目的文献中看得很清楚，如勇敢、坚忍（*ṣabr*）、睦邻（*jīwār*）、刚毅（*murū'ah*）、慷慨、好客、尊重妇女和实践诺言等。这些性格都是贝杜因人很重视的美德。

自阿卜杜勒·麦立克时代后，家庭教师（*mu'addib*）的职务大半由受贵族保护的平民或基督教徒担任，这种职务，变成了朝廷中的重要职务之一。这位哈里发指示他儿子们的教师说："教他们游泳，使他们养成少睡眠的习惯。"⑥ 欧麦尔二世对于在语法上犯错误的孩子，给以严厉的处罚，他是偏向于体罚的⑦。他对于他儿子们的教师所作的正式的指示中有这样意味深长的话："你教他们的第一课，应该是痛恨各种娱乐，因为娱乐是以恶魔的诱惑开始，以真主的震怒结束的。"⑧

老百姓凡愿意教育孩子的，就把他们送到清真寺去，那里有学习《古兰经》和圣训的各种班级，因此，伊斯兰教最古的教师，是《古兰经》的诵读

---

① Ibn-Qutaybah, *Shi'r*, pp. 297—298，关于他献给这些哈里发的颂词，可以参阅他的诗集 *Dīwān*, ed. R. Boucher (Paris, 1875)，到处可见。

② Ibn-Qutaybah, p. 287。关于他的颂词，可以参阅他的诗集 *Dīwān* (Cairo, 1313), vol. i。

③ 参阅 *Aghāni*, vol. viii, pp. 186—197; vol. xix, pp. 2—52; ibn-Khallikān, vol. iii, pp. 136—146 = de Slane, vol. iii, pp. 612—628; Joseph Hell, *Das Leben des Farazdaḳ*(Leipzig, 1903)。

④ 参阅 *Aghāni*, vol. vii, p. 183，那里面讲述了一段关于他热心宗教的逸事。

⑤ Ibn-Sa'd, vol. iii, pt. 2, p. 91, ll. 10—11，参阅 vol. v, p. 309, ll. 7 以下。*Aghāni*, vol. vi, p. 165, l. 9。

⑥ Mubarrad, p. 77, ll. 6—7.

⑦ Yāqūt, *Mu'jam al-'Udabā'*, ed. Margoliouth, vol. i (Leyden, 1907), pp. 25—26.

⑧ Ibn-al-Jawzi, *Sīrah*, pp. 257—258; 参阅 Jāḥiẓ, *Bayān*, vol. ii, pp. 138—143。

者（*qurrā'*）。远在回历17年（公元638年）哈里发欧麦尔就派遣此类教师到 254
各地方去，并且命令各地的人民，在每周星期五到清真寺里去会见他们。欧麦尔二世派遣叶齐德·伊本·艾比·哈比卜（746年卒）到埃及去做审判长，相传他是在埃及出名的第一位教师[①]。我们在书中看到，库法有一个人，名叫达哈克·伊本·穆扎希木[②]（723年卒），他在那里开办一所小学（*Kuttāb*），不收学费[③]。我们又听到，回历二世纪时，有一个贝杜因人在巴士拉办了一所学校，向学生们收学费[④]。

科学

阿拉伯人传说，先知说过："学问分两类：宗教的学问和身体的学问（即医学）。"

阿拉伯半岛的医学，原来的确是很原始的。正当的药物，同法术和驱逐毒眼的符咒一块儿使用。还有少数的单方，教人用蜂蜜做药，或者拔火罐、放血，他们把这一类传说称为"先知的处方"，保存下来，代代相传。评论家伊本·赫勒敦在他著名的《绪论》（*Muqaddamah*）[⑤]中用轻蔑的口吻批评此类处方说，先知是奉命来教授宗教的法律和原理的，不是奉命来传授医学的。

阿拉伯的科学的医学，主要是发源于希腊的医学，一部分是发源于波斯的医学。回历一世纪时，阿拉比亚医生的名单上，第一名是哈里斯·伊本·凯莱达（约634年卒），他原籍塔伊夫，在波斯学习医学[⑥]。哈里斯是阿拉伯半岛上第一个受过科学训练的医生，他获得了"阿拉比亚人的医生"的头衔[⑦]。他的医学，像通常那样，由他儿子奈德尔继承，他儿子是先知的姨表弟[⑧]。

到阿拉伯人征服西亚的时候，希腊科学已经不是一种有生的力量了，仅仅是一些传说，由一些认识希腊文或叙利亚文的注释家或开业医生，互相传授。伍麦叶王朝的御医，就是这一流的人物，他们中著名的有伊本·伍萨勒，
是治疗穆阿威叶的基督教医生[⑨]，还有治疗哈查只的希腊医生台雅左格[⑩]。台 255

---

① Suyūṭi, *Ḥusn*, vol. i, p. 134；参阅 Kindi, *Wulāh*, p. 89.

② 这个人曾做过阿卜杜勒·麦立克的儿子的家庭教师，Jāḥiz, *Bayān*, vol. i, p. 175 提及他。

③ Ibn-Sa'd, vol. vi, p. 210.

④ Yāqūt, *'Udabā'*, vol. ii, p. 239.

⑤ P. 412.

⑥ Ibn-abi-'Uṣaybi'ah, *'Uyūn al-Anbā' fi Ṭabaqāt al-Aṭibbā'*, ed. A. Müller (Cairo, 1882), vol. i, p. 109; ibn-al-'Ibri, p. 156.

⑦ Ibn-al-'Ibri, pp. 156—157; Qifṭi, *Ḥukamā'*, p. 161.

⑧ Ibn-abi-'Uṣaybi'ah, vol. i, p. 113；参阅 Nawawi, *Tahdhīb*, p. 593。

⑨ Ibn-abi-Uṣaybi'ah, vol. i, p. 116.

⑩ 同上书，p. 121；参阅本书第220页。

雅左格的一些格言，已流传下来，至于他所著的三四部医书，却一点也没有传下来。有一个著名的犹太教医生，是波斯血统的，生于巴士拉，名叫马赛尔哲韦，活跃在麦尔旺·伊本·哈克木时代初期，683 年曾将一篇叙利亚语的医学论文译成阿拉伯语；那篇论文是亚历山大的基督教教士[1]艾海伦用希腊语写成的，那个译本成为用伊斯兰教的语言写成的最早的科学文献。相传哈里发韦立德曾下令把麻风病人隔离，而且指定专人为之治疗[2]。据说欧麦尔二世曾将医科学校从希腊传统很兴盛的亚历山大港迁移到安提俄克和哈兰[3]。

炼金术　炼金术是很早就产生的学科之一，正如医学一样，阿拉伯人后来对于炼金术做出了许多明显的贡献。《书目》（我们最古而且最好的参考）[4] 中说，伍麦叶王朝第二位哈里发的儿子和麦尔旺王朝的哲人（*ḥakīm*）哈立德（704 或 708 年卒）在伊斯兰教史上第一个下令从希腊语和科卜特语翻译几本炼金术、医学和占星术的书籍。虽然这种说法难以令人相信[5]，但是，把这种活动归于哈立德，是意味深长的，因为我们可以从此看出，阿拉伯人是从古代希腊的文献中汲取他们的科学知识的，而且那些典籍成为他们钻研的动力。这个故事在提及这位伍麦叶王朝皇子的同时，还提及鼎鼎大名的查比尔·伊本·哈彦（拉丁化的 Geber），但是查比尔是在较晚的时代（约 776 年）才著名的，我们讲到阿拔斯人的时候，还要再论述他。相传哲耳法尔·萨迪格（700—765 年）[6] 曾著作过几本关于占星学和炼金术的书籍，但是现代科学家和评论家的研究，已经证明这种传说是不可靠的[7]。这位哲耳法尔，是阿里的
256 后裔，是十叶派十二位伊马木之一。伍麦叶人时代文化生活的遗迹，没有任何一件以文献的形式传到我们手里，从而可以让我们对于那种生活做出正确的评价，这是一件莫大的憾事。

建筑学　如果真有所谓土生土长的阿拉比亚建筑，它就只能存在于也门地区，但是，现在所有科学研究和勘查材料还不能提供充分的科学资料。即使真是那

① Ibn-al-ʻIbri, p. 192.

② 同上书, p. 195; Ṭabari, vol. ii, p. 1196。

③ Ibn-abi-'Uṣaybiʻah, vol. i, p. 116, ll. 25—26.

④ Pp. 242, 354.

⑤ Julius Ruska, *Arabische Alchemisten*, I. *Chālid Ibn Jazīd Ibn Muʻāwija* (Heidelberg, 1924), pp. 8 以下.

⑥ *Fihrist*, p. 317, l. 25; ibn-Khallikān, vol. i, p. 185 = de Slane, vol. i, p. 300; Ḥājji Khalfah, *Kashf al-Ẓunūn ʻan Asāmi al-Kutub w-al-Funūn*, ed. Fluegel, vol. ii (Leipzig, 1837), pp. 581, 604, vol. iii (London, 1842), pp. 53, 128.

⑦ J. Ruska, *Arabische Alchemisten*, II. *Ǵaʻfar Alṣādiq, der Sechste Imām* (Heidelberg, 1924), pp. 49—59.

样，南部阿拉比亚的艺术，对于半岛北部的生活，也未必起过多大作用。在北方，帐篷就是通常的住宅，露天就是庙宇，沙漠里的沙土就是坟墓。至于稀有的绿洲的居民，则与现在的情况一样，有一种原始的、朴素的建筑，他们用土坯修建房屋，用枣椰的木料和胶泥盖平房顶，没有什么装潢和点缀，只能解决最简单的需要。甚至希贾兹的克而白天房，也只是一座像立方体一样朴素的建筑物，没有房顶。在穆罕默德时代存在的天房，是一个信仰基督教的科卜特木匠所修建的，他所用的建筑材料，是在吉达海岸附近失事的几艘拜占廷船只的残骸。在麦达因·撒里哈（古代的希志尔）的石岩上凿成的墓窟，在皮特拉多色的悬崖绝壁上凿成的富于画趣的房间，在巴尔米拉具有柱廊和拱门的宫殿和神殿，以及那些壮丽辉煌的教堂，如加萨尼王朝的王子孟迪尔·伊本·哈里斯在鲁萨法的圣塞基阿斯墓地上修建的教堂——所有这些，都真实地揭示了高度的艺术技巧，但是这种技巧是从希腊化的埃及和叙利亚借来的，不是阿拉比亚特有的艺术技巧。

建筑是一切艺术品中最持久的一种艺术，宗教建筑，总是建筑艺术的主要代表。寺院就是神灵之家，信徒们尽心竭力地使寺院具有更高的品格，不像人住的房屋那样，只要能满足物质上的需要就够了。因此，就信奉伊斯兰教的阿拉伯人而言，艺术的最高表现，就是宗教的建筑。穆斯林的建筑家或者他们所雇用的建筑家，创立了一种朴素而且庄严的建筑式样，这种式样虽然以旧式样为基础，但是，特别能够表达这种新宗教的精神。因此，我们得以在清真寺（mosque，发源于阿拉伯语的 *masjid*，意思是跪拜处）里找到与
各种族和各氏族相互作用的伊斯兰教文明发展史的缩影。要想举例说明穆斯 258
林与其邻居之间的文化交流，恐怕再没有比清真寺更明白的例证了。

麦地那的清真寺

先知在麦地那修建的朴素的清真寺（不是麦加的圣寺），变成了回历一世纪修建清真大寺的榜样。这座清真寺，包括一个露天的院子和用土坯砌成的围墙[①]。后来，先知延长了周围房屋的平房顶，把整个露天的院子盖起来，以遮蔽日光。当时用枣椰树干做柱子，用枣椰树枝和泥土做房顶的材料[②]。先知把一棵枣椰树干的根部固定在地上，开头时把它当做讲台（*minbar*）[③]，站在上面对会众讲道[④]。但是，后来换了一个小讲台，那个小讲台是用柽柳木制成

① Ibn-Hishām, pp. 336—337.

② Balādhūri, p. 6; Bukhāri, vol. i, pp. 106—107.

③ 见克尔（C. H. Becker）指出，*minbar* 原来是统治者所用的高座或者宝座，与祈祷毫无关系。见 *Orientalische Studien*。*Theodor Höldeke*, ed. C. Bezold (Giessen, 1906), vol. i, pp. 331 以下。

④ Ibn-Sa'd, vol. i, pt. 2, p. 9; F. Wüstenfeld, *Geschichte der Stadt Medina* (Göttingen, 1860), p. 63; 参阅 Bukhāri, vol. i, p. 107。

麦地那清真寺内景

采自 Ibrāhīm Rif'at, "*Mir'āt al-Ḥaramayn*"

麦加清真寺（在东面摄影）

采自 Ibrāhīm Rif'at, "*Mir'āt al-Ḥaramayn*"

259 的，有三级阶梯，这个样式是从叙利亚基督教教堂里抄袭来的。先知是否在清真寺里设置过必需的指示物（*miḥrāb*，凹壁），指出在清真寺里做礼拜时的正向（*qiblah*），这是很难确定的。做礼拜的时候，礼拜者排列成横行，各行互相平行，面对着墙壁，原来是向着耶路撒冷的，后来改向麦加[①]。阿比西尼

① Ibn-Sa'd, vol. i, pt. 2, pp. 3—5.

亚人比拉勒，站在平房顶上，用宏亮的声音叫唤信士们到清真寺里来做礼拜[①]。在这里，我们可以找到几乎所有的清真大寺的最简单的要素，就是院子、房顶和讲台。

阿拉比亚人在西亚和北非的扇形推进，使他们占有了无数的建筑物，有些是完好的，有些是坍塌的，都是高度的艺术发展的产物，更重要的是他们掌握了被征服的民族自古以来世代相传的技术知识和技能。这种技术，一旦用来满足穆斯林社会的宗教需要（如修建麦地那的清真寺），并根据各地区的地方条件加以因地制宜的运用，就随着时间的推移而产生了一种艺术，被称为萨拉森艺术，或者阿拉伯艺术，或者穆斯林艺术，或者穆罕默德教艺术[②]。至于建筑材料，究竟是用石料，还是用砖，还是用土坯，那要看各地区的具体条件。 260 在叙利亚，伊斯兰建筑受到基督教的叙利亚－拜占廷式样及其前驱当地的式样和罗马式样的影响。在美索不达米亚和波斯，受到景教和萨珊王朝式样的影响，这种式样是以当地的传统为基础的。在埃及，科卜特居民加了许多装饰用的花边。因此，逐渐产生了阿拉伯艺术的几种学派：（1）叙利亚－埃及学派，是以希腊罗马式样和当地的式样为范例的；（2）伊拉克－波斯学派，是以萨珊式样和古代迦勒底式样和亚述式样为基础的；（3）西班牙－北非学派，受到当地基督教和西哥特的影响，常被称为摩尔式或马格里布式；（4）印度学派，具有明显的印度式样的痕迹。至于中国的清真寺，则是佛寺的翻版。[③]

各省区早期的清真寺

在被征服的地方首先修建的清真寺，是欧特伯·伊本·盖兹旺于637或638年在巴士拉所修建的清真寺，这个欧特伯建筑了巴士拉城作为冬季的军营。这座清真寺，起初是一块空地，四周用芦苇做的篱笆围起来。后来，欧麦尔所委任的地方长官艾卜·穆萨·艾什耳里用土坯和泥重修了这座清真寺，而且用茅草盖房顶[④]。638或639年，征服伊拉克的将军赛耳德·伊本·艾比·瓦嘎斯修建了另外一座营地库法城，在城的中央修建了一座朴素的清真寺。地方长官公署（*dār al-imārah*）就在清真寺的附近。正如巴士拉城的清真寺一样，这座清真寺原来也是一块方形的空地，用芦苇做的篱笆围起来，后

---

① 先知到达麦地那后一二年，先考虑仿效基督教徒的习惯，采用敲木梆（*nāqūs*）以通知礼拜时间的可能性，后来又决定采用“艾赞”（*adhān*）叫人礼拜的方式。Ibn-Sa‘d, vol. i, pt. 2, p. 7。

② 现代穆斯林反对使用“Mohammedan”这个术语，因为这个术语是与“Christian”同类的，崇拜基督的人称为“Christian”，他们却不是崇拜穆罕默德的。

③ 中国的庙宇是宫殿式的建筑，这是封建皇帝特许的，老百姓不得使用这种建筑形式。佛寺、道观、清真寺都是宫殿式的，不是谁抄袭谁的，翻版之说是不正确的。——译者

④ Balādhuri, pp. 346—347, 350; Yāqūt, *Buldān*, vol. i, p. 642.

来，用土坯和泥砌墙[①]。穆阿威叶的总督齐雅德，仿照萨珊王朝的式样，用柱廊重修了这座清真寺。从别的方面说来，这座清真寺的式样，很像穆罕默德在麦地那所修建的清真寺。这座清真寺和巴士拉清真寺的遗迹，早已消失了。库法城的阿里清真寺，修建于656年，西班牙著名的旅行家伊本·祝拜尔约在1184年访问过这座清真寺[②]，关于这座清真寺的情况，我们一无所知。

伊斯兰教第三座重要的营地是阿慕尔·伊本·阿绥在弗斯塔德（旧开罗）修建的营地。642年，阿慕尔在这里修建了非洲第一座清真寺。阿慕尔所建清真寺的原址，正如其他古老的清真寺一样，没有什么古迹保存下来[③]，但是，这座清真寺也像其他清真寺一样，是一个简单的四方院子，没有“米海拉卜”
261 （*miḥrāb*，凹壁）指示礼拜的方向，也没有“米宰奈”（*mi'dhanah*，尖塔）。后来，阿慕尔在清真寺里装置了一个讲台，那是努比亚的基督教国王赠送给他的[④]。重要性仅次于这座清真寺的是欧格白·伊本·纳菲耳于670—675年在盖赖旺修建的清真寺，盖赖旺正如弗斯塔德一样，是一个营地。欧格白先修建清真寺，接着就修建政府公署，使民房以此为中心[⑤]。这座清真寺，由欧格白的继任者屡次重修。最后一次是艾格莱卜王朝的齐雅德特－艾拉一世（817—838年在位）重修的。这是伊斯兰教最大的寺院之一，一直保存到现在。

穆斯林们在他们所征服的早已存在的城市里定居的时候，利用了那些城市里旧有的建筑。赛耳德·伊本·艾比·瓦嘎斯征服麦达因[⑥]之后，就利用波斯皇帝的穹窿大厅（*Iwān*）做清真寺[⑦]。大马士革的圣约翰大教堂，被韦立德一世改建为清真寺[⑧]。但是，在希姆斯，同样的大教堂却同时做清真寺，又做基督教教堂使用[⑨]。

清真寺里指示礼拜方向的“米海拉卜”，是后来从基督教教堂抄袭来，作为清真寺的设备的。在清真寺的墙上增设“米海拉卜”，通常归功于韦立德和

---

① Ṭabari，vol. i，p. 2489；Yāqūt，vol. iv，323—324.

② Pp. 211—212.

③ 关于许多早期清真寺的遭遇，可参阅 Yāqūt，vol. iii，pp. 899—900。

④ Maqrīzi（Būlāq），vol. ii，p. 248，l. 30.

⑤ Yāqūt，vol. iv，p. 213.

⑥ 阿拉伯语的麦达因就是古波斯国都泰西封（Ctesiphon），在巴格达东南，相距20英里。——译者

⑦ Ṭabari，vol. i，pp. 2443，2451.

⑧ Balādhuri，p. 125；Yāqūt，vol. ii，p. 591；ibn-Jubayr，p. 262.

⑨ Iṣṭakhri，p. 61；ibn-Ḥawqal，p. 117；Maqdisi，p. 156.

他的地方长官欧麦尔·伊本·阿卜杜勒·阿齐兹[①]，但是有人说，应归功于穆阿威叶[②]。麦地那的清真寺，显然是最初增设“米海拉卜”的清真寺。“米海拉卜”很快就变成了一般清真寺所同具的特征，而且像基督教的供坛那样，被认为是清真寺里最圣洁的地方。因此，“米海拉卜”的装潢特别讲究，由此可见，“米海拉卜”可以作为衡量伊斯兰教装饰艺术中各种日新月异的式样的质量标准。

穆阿威叶在清真寺里增加了一件可憎的新花样，因而遭到普遍的非难[③]，这就是在大殿里用栅栏围起一块地方，叫做“麦格苏赖”（*maqṣūrah*，私室），专供哈里发作礼拜之用。为什么要这样做？原因很多，主要原因是保卫哈里 262
发的安全，因为曾有哈列哲派分子企图暗杀他[④]。哈里发利用“麦格苏赖”来退隐（*i'tikāf*）、休息和沉思，这是很显然的[⑤]。

跟“米海拉卜”一样，“米宰奈”也是伍麦叶人增设的。因此，叙利亚是“米宰奈”的故乡。在这里，“米宰奈”采取了本地望楼的形式，或采取望楼的代替物——教堂高塔的形式，这种高塔是四方形的[⑥]。

最古的文献之一[⑦]，在提及大马士革伍麦叶清真寺里的一个“米宰奈”时，曾明白地说，那是圣约翰大教堂的望楼（*nāṭūr*）。埃及的“米宰奈”，据说是穆阿威叶委任的地方长官所增设的，他在弗斯塔德的阿慕尔清真寺的每个角落上都增设一个“米宰奈”[⑧]。在伊拉克，巴士拉清真寺里用石料建成的“米宰奈”，是穆阿威叶的地方长官齐雅德所增设的[⑨]。但是，在叙利亚和希贾兹增设“米宰奈”，大概也要归功于伍麦叶王朝的著名建设者韦立德，因为他的地方长官欧麦尔曾在麦地那清真寺里增加这种新的特征[⑩]。在他的时代之后，“米宰奈”就逐渐增多了。

---

① Maqrizi, vol. ii, p. 247, ll. 16—17; Maqdisi, p. 80, l. 17; ibn-Baṭṭūṭah, vol. i, pp. 271, 272; ibn-Duqmāq, *al-Intiṣār li-Wāsiṭat 'Iqd al-Amṣār*, ed. Vollers (Būlāq, 1893), pt. iv, p. 62, l. 12; Suyūṭi, *Ḥusn*, vol. ii, p. 149.

② Ibn-al-Faqīh, p. 109, l. 2.

③ Ya'qūbi, vol. ii, p. 571，还有人说，发起者是麦尔旺·伊本·哈克木（Balādhuri, p. 6, l. 16 = Hitti, p. 20)，或奥斯曼（Maqrīzi, vol. ii, p. 247, l. 32)。

④ Dīnawari, p. 229; ibn-Khaldūn, *Muqaddamah*, pp. 224—226; Ṭabari, vol. i, p. 3465, ll. 8—9.

⑤ 参阅 *Aghāni*, vol. xvii, p. 116, l. 6。

⑥ Maqdisi, p. 182, ll. 8—9.

⑦ Ibn-al-Faqīh, p. 108；参阅 ibn-Baṭṭūṭah, vol. i, p. 203。

⑧ Maqrīzi, vol. ii, p. 248.

⑨ Balādhuri, p. 348.

⑩ Wüstenfeld, *Stadt*, p. 75; ibn-Baṭṭūṭah, vol. i, p. 272.

在叙利亚用石料建筑的四方形的“米宰奈”，是伊斯兰教最古老的“米宰奈”；其他地方，特别是北非和西班牙，就以此种形式为榜样；但是，这并不是“米宰奈”唯一的形式，因为伊斯兰教的“米宰奈”，是依照所在地方的高塔的传统形式而建筑的。埃及的“米宰奈”，在好几百年内，只是用砖砌成的；亚历山大港著名的灯塔的建筑术，对于埃及的“米宰奈”的设计，据说是有影响的。九世纪时，在伊拉克底格里斯河畔的萨马腊地方修建了一座伊斯兰教的“米宰奈”，很像古代亚述人所建的庙塔（zikurat）[1]，共有七级，代表日月和当时所认识的五大行星[2]。

磐石上的圆顶寺 264

在所有的穆斯林看来，耶路撒冷自古以来就具有特殊的神圣的性质[3]。因为《圣经》里提到它，因为它是穆斯林们的第一个正向（*qiblah*）[4]，因为许多传说中提到，穆罕默德登霄之前，在夜间旅行中，曾在这里停留。638 年，哈里发欧麦尔访问这个城市的时候，可能在摩利亚山上用木料或砖修建过一座朴素的礼拜寺；在那座山上，从前曾先后修建过所罗门庙宇、多神教的寺庙、基督教的教堂。阿卜杜勒·麦立克感觉到有必要修建一座礼拜寺，使其重要性超过圣陵教堂[5]，而能与当时落入其政敌阿卜杜拉·伊本·左拜尔之手的麦加圣寺相抗衡，以吸引朝觐天房的群众[6]，他于 691 年，在耶路撒冷同一个地址上修建了磐石上的圆顶寺，后来被错误地叫做欧麦尔清真寺。因此，这座圆顶寺就修建在世界上最神圣的一个地点，犹太教徒、多神教徒、基督教徒和穆斯林都尊敬的一个地点。相传这里是亚伯拉罕要宰他儿子以撒作燔祭的地方[7]。圆屋顶的周围有库法体的铭文，一部分是哈里发麦蒙后来伪造的[8]。这份库法体铭文，是保存到现在的最古老的伊斯兰教铭文之一[9]。阿卜杜勒·麦立克修建这座圆屋顶时所使用的建筑材料，是从 614 年科斯洛二世

---

① 庙塔是一种方锥体的建筑，外面有七级，成阶梯形，顶上有祭坛。——译者

② Morris Jastrow, Jr., The *Civilization of Babylonia and Assyria* (Philadelphia, 1915), pp. 376—377；参阅本书第 418—419 页。

③ Ibn-Sa'd, vol. i, pt. 2, p. 3；参阅《古兰经》2∶142—143。

④ 关于耶路撒冷是最后的审判日的场面，可以参阅 Nuwāyri, vol. i, pp. 334 以下。

⑤ Maqdisi, p. 159.

⑥ Ya'qūbi, vol. ii, p. 311.

⑦ 犹太教说，亚伯拉罕企图宰以撒作燔祭（《创世记》22∶1—10）。伊斯兰教说，易卜拉欣企图宰易司马仪为牺牲（《古兰经》37∶101—113）。著者是引证犹太教的传说的。——译者

⑧ 参阅本书第 220 页。

⑨ 开罗阿拉伯博物馆里有一块墓碑，是在旧开罗出土的，上面有库法体铭文，年代是回历 31 年（公元 651—652 年）。参阅哈桑·穆罕默德·海瓦里的文章，见 *al-Hilāl*, vol. xxxviii (1930), pp. 1179—1191。

磐石上的圆顶寺的内景

磐石上的圆顶寺和相邻的小圆顶寺

采自 Karl Gröber, "*Palästina, Arabien und Syrien*"(Atlantis-Verlag, Berlin)

所摧毁的基督教建筑物的废墟中发掘出来的。他雇用了一些本地工匠，其中有一部分人可能是拜占廷籍的工匠。圆顶寺的建造，同古老的式样有根本的不同，因为它采用了镶嵌细工和其他装饰图案，还建起一个屹立的圆顶，目的是超过圣陵教堂美丽的圆顶棚[①]。结果建成了这样一座壮丽辉煌的建筑学上的古迹，在任何地方，也难找到可以比拟的。在穆斯林们看来，磐石上的圆顶寺，不仅是具有建筑学意义和艺术价值的古迹，而且是他们的信仰的活生生的象征。这座古老的清真寺，尽管经过几次改造和重修，特别是在 1016 年大地震之后[②]，然而大体上仍保持原来的格局，因此，被认为是保存到现在的最古的伊斯兰教古迹。关于这个古迹的描绘，最早的要推伊本·法基于 903 年前后的记载[③]，其次是麦格迪西于 985 年前后的记载[④]。

艾格萨清真寺

圆顶寺是艾格萨清真寺中最圣洁的地方，我们前面已经研究过，在阿拉伯文献中，艾格萨清真寺这个名词，就广义来说，指一批宗教建筑物，这些建筑物包括圆顶寺本身，还包括许多坟墓、伊斯兰教的修道院（*takīyah* 或 265
zāwiyah）、公众饮用喷泉（*sabīl*）等，是自阿卜杜勒·麦立克起到奥斯曼的素丹庄严的苏莱曼为止这期间的许多哈里发所修建的建筑物，约占地 34 英亩[⑤]。就狭义来说，艾格萨清真寺，是指阿卜杜勒·麦立克在圆顶寺附近所建的清真寺。这座清真寺的建筑材料，取自科斯洛二世所毁坏的圣马利亚教堂的废墟。艾格萨清真寺重建于 771 年地震之后，重建者是阿拔斯王朝的哈里发曼苏尔，后来，十字军又加以修改。萨拉哈丁（即萨拉丁）于 1187 年收复了这座清真寺。正如圆顶寺的情形一样，关于这座清真寺的记载，也是以伊本·法基[⑥]和麦格迪西[⑦]的著作为最早。

伍麦叶清真寺

公元 705 年，韦立德接收了奉献给圣约翰的长方形教堂。大马士革的这座教堂，原来是罗马的主神朱庇特神的庙宇。他接收以后，就在这座教堂的原址上修建了以伍麦叶清真大寺著称的宏大清真寺保留了基督教建筑的多少部分，这是很难查考的。南边的两个尖塔，是附属[⑧]。韦立德在这座清真寺里

---

① Maqdisi, p. 159。圆顶寺是仿照布斯拉大教堂建筑的。参阅 M. S. Briggs, *Muhammadan Architechture in Egypt and Palestine* (Oxford, 1924), p. 37。

② Ibn-al-Athīr, vol. ix, p. 209.

③ Pp. 100—101.

④ Pp. 169—171.

⑤ 1 英亩≈0. 0041 平方千米。——编者

⑥ P. 100.

⑦ Pp. 168—169.

⑧ 阿勒颇、希姆斯和贝鲁特等地现在的主要清真寺，有些原是基督教的教堂。

艾格萨清真寺前面的禁地

于旧有的长方形教堂的高塔[①]，但是北边的那个当望楼用的尖塔，无疑是韦立德创建的，后来变成在叙利亚、北非和西班牙所建一切尖塔的典范。这个尖塔是保存到现在的纯粹伊斯兰教尖塔中最古老的。大圆屋顶下面的三个本堂和一个袖廊，以及其中所有的镶嵌细工，也都是这位哈里发所建造的。据说这位哈里发雇用了波斯和印度的工匠，也雇用了君士坦丁堡的皇帝所供给的希腊技工[②]。新近发现的古文献指出，建筑材料和熟练工人，都是从埃及输入的[③]。清真寺的墙壁，都是用大理石和镶嵌细工豪华地装饰起来的。地理学家麦格迪西[④]曾在十世纪后半期访问过这座清真寺，他说，清真寺里有用黄金和 267
宝石制成的镶嵌细工，镶嵌的是树木和城市的景致，其中还夹杂着秀丽的题词。后来，这些雕像曾被一位虔诚的哈里发用灰泥掩盖起来，直到 1928 年才被重新发现[⑤]。半圆形的凹壁，初次出现于这座清真寺。马蹄形的拱门，也在这里出现。九世纪艾格莱卜人重修盖赖旺清真大寺时，曾用这座清真寺的蔓叶花样做模范。伍麦叶清真大寺，于 1069 年曾遭火灾，1400 年又被蒙古人铁木儿（现通译为“帖木儿”）纵火烧寺，1893 年又遭一次火灾，尽管三次被焚，但是，这座古老的清真寺，在穆斯林们看来，仍旧是世界的第四奇迹[⑥]。他们也公认这是伊斯兰教的第四座礼拜寺（参阅本书第 221 页）。

从麦地那修建第一座简朴的清真寺，到在耶路撒冷和大马士革修建这两座壮丽的清真寺，相隔没有多少年。在这个期间，伊斯兰教举行聚礼的清真大寺（*jāmi*‘）[⑦] 的发展过程就完成了。我们必须指出，清真大寺并不是专做礼拜之用的，还有其他的用途，既可以作公众集会的大厅，又可以作政治的论坛和教育的公所[⑧]。由于有了安静的大殿和荫蔽的廊檐，公众礼拜时躲避风雨的需要，现在完全得到了满足；由于有了尖塔、凹壁、讲台和外部的沐浴

---

① 参阅 Yāqut, vol. ii, p. 593。

② Maqdisi, p. 158; ibn-‘Asākir, vol. i, p. 202; ibn-Jubayr, p. 261; 参阅Ṭabari, vol. ii, p. 1194。

③ H. I. Bell in *Der Islam*, vol. ii (1911), pp. 274, 374.

④ P. 157; 参阅 Iṣṭakhri, p. 57; ibn-Rustah, p. 326。

⑤ E. de Lorey and M. van Berchem, *Les mosaīques de la mosquée des Omayyades à Damas* (Paris, 1930)。K. A. C. Creswell, *Early Muslim Architecture*, pt. 1 (Oxford, 1932), pp. 119—120.

⑥ Ibn-al-Faqīh, p. 106; ibn-‘Asākir, vol. i, p. 198; Yāqūt, vol. ii, p. 591.

⑦ 每个大城市的地区，都有一座清真寺，供本地区的穆斯林每天五次礼拜之用，叫做地区清真寺（*masjid al-haīy*）；全城有一座极大的清真寺，供全城穆斯林聚礼日（星期五）举行聚礼之用，叫做清真大寺（*al-masjid al-jāmi’*）。到现在，实际上没有这样大的清真寺，所以聚礼是在许多清真大寺举行的。——译者

⑧ 近年来，在叙利亚和埃及反对欧洲人政权的民族运动的爆发，主要是从星期五（聚礼日）在清真寺举行的聚礼开始的。

大马士革伍麦叶清真寺：柱廊和北面的尖塔

室，宗教的需要也得到了满足；由于有了壮丽的建筑和辉煌的装饰，从而告诉全世界，新宗教的信徒，决不落后于在大教堂里做礼拜的基督教徒，这样，政治的目的也就达到了。

宫殿：阿木赖的小宫

伍麦叶人遗留下来的建筑学上的古迹，大部分是宗教的建筑物。他们所遗留的非宗教的建筑物，最著名的是哈里发的皇亲贵戚们在沙漠里所修建的宫殿。大多数的哈里发，都仿效在他们之前的加萨尼王朝的统治者，建筑了一些别墅，除穆阿威叶和阿卜杜勒·麦立克外，人们很难发现在大马士革居住的哈里发。在首都，与清真大寺毗邻的绿宫（*Khaḍrā'*）[1]，已无遗迹可寻了。哈查只在瓦西兑居住的绿圆顶宫[2]（al-Qubbah al-Khaḍrā'）的遗址，也泯灭无余了。但是，在叙利亚沙漠的边缘上，有许多宫殿的遗址；那些宫殿或 269
许原来是罗马的要塞，由伍麦叶王朝的建筑师修改成行宫，或者是由建筑师仿照拜占廷的或者波斯的式样，建筑起来的。在叙利亚沙漠东部边境上，在阿因·太木尔附近，有一座宫殿的遗址，现代的名称是伍赫伊迪尔宫（'Ukhaydir，小绿宫），但是不能确定，这座宫殿究竟是伍麦叶王朝末期的建筑，还是阿拔斯王朝初期的建筑[3]。在沙漠的西南边上，宫殿的遗址更多。在这里有一座宫殿，叫做穆瓦盖尔宫（Muwaqqar，荣誉宫）[4]，不是阿卜杜勒·麦立克创建的，就是他重修的。他的儿子韦立德二世，是热衷于狩猎和其他更低级的娱乐的，使用了邻近的盖斯塔勒（*Qasṭal*，堡宫）[5]和艾兹赖格宫（al-Azraq，蓝宫）[6]，这两座宫殿原来都是外约旦的罗马要塞。在这个地区，还有一座宫殿，现在著名的新名称是穆沙塔（或麦什塔，al-Mushatta，或 al-Mashta，冬宫）[7]，据说也是韦立德二世修建的。考古学家在这个地区首先考察的，就是这座冬宫。由于韦立德二世的去世，这座冬宫的建筑并未完工。这座华丽的行宫，有一个雕刻得十分堂皇的正面，现在陈列在柏林恺撒·腓特烈博物馆[8]。但是，在这一群宫殿之中，最著名的是阿木赖的小宫。这座小

---

① 参阅本书第 215 页。Ibn-al-Athīr，vol. v，p. 224。

② Balādhuri，p. 290；Mas'ūdi，*Tanbīh*，p. 360；Ya'qūbi，p. 322。

③ Gertrude L. Bell，*Palace and Mosque at Ukhaiḍir*（Oxford，1914），p. 167。

④ Yāqūt，vol. iv，p. 687. 这座宫殿的所在地巴勒卡，在约里地区的南部，包括古代的莫阿卜。

⑤ *Qasṭal* 是拉丁语 *castellum*（城堡）的对音。Yāqūt，vol. iv，p. 95。

⑥ Ṭabari，vol. ii，p. 1743。

⑦ 贝杜因人所用的名称是 *Mshatta*，意思是避寒地。

⑧ 参阅 R. E. Brünow and A. V. Domaszewski，*Die Provincia Arabia*，vol. ii（Strassburg，1905），pp. 105—170；B. Schulz and J. Strzygowski，"*Mschatta*"，*Jahrbuch der königlich-preuszischen Kunstsammlungen*，vol. xxv（1904），pp. 205—373。

冬宫(al-Mushatta)的正面

采自 B.Moritz, "*Bilder aus Palästina, Nord-Arabien und dem Sinai*"(Dietrich Reimer Verlag, Berlin)

宫，坐落于约旦河东与死海北边相切的直线上。这座小宫大概是韦立德一世在712—715年建筑的，1898年穆西尔[①]替科学界发现了这座宫殿。这个名称，大概是现代的称呼，因为我们在阿拉伯文献中找不到这个名称的什么痕迹。这座建筑上特别醒目的，是那卓绝的壁画，下一节中将加以论述。

绘画

271

伊斯兰教的教义学家大都主张，表现人类和动物是真主所独享的特权，侵犯这种特权的人，被认为是大不敬的。这种对表现艺术的仇视态度，是《古兰经》严格的一神论和禁止偶像崇拜的必然结果。这种态度的直接根据，发源于一章圣训；在这一章圣训中，先知曾宣布说，裁判日将受最严厉处分的是画家[②]。画家是“穆骚韦伦”（*muṣawwirūm*，造型者），这个名词也适用于雕塑家。因此，我们在任何一座清真寺里，都找不到人类的画像，但是，我们能在少数宫殿里和书籍中，找到人的形象。伊斯兰艺术中作装饰用的花样，几乎都是花卉和几何图案。后来，艺术家们在这方面获得了很大的成就，从而产生了一种特别的装饰风格，在大多数欧洲语言中叫做arabesque（阿拉伯式）。但是，阿拉比亚人自己对于雕塑艺术或绘画，并未发生爱好，他们遗留在阿拉伯半岛上的古迹，他们关于自己的圣地的文学性描写，都清楚地指出了这一点。我们所谓的伊斯兰艺术，无论是从起源、主题和技巧来说，都是折中派的，大半是被征服的各民族人民艺术天才的创作，不过是在穆斯林的保护之下发展起来的，特别是在适应穆斯林们宗教需要的情况下发展起来的。

伊斯兰绘画艺术最古的例证，是阿木赖小宫里的壁画，从这些壁画中可以看出基督教画家的技巧。在外约旦的这所娱乐馆和韦立德一世的澡堂的墙壁上，画着六个宫廷人物的肖像，包括西班牙的最后一位西哥特国王罗得利克。盖伊萨尔（*Qayṣar*，恺撒〔Caesar〕）和奈查什（*Najāshi*，尼古斯〔*Negus*[③]〕），被画在两个画像的上面，而科斯洛（“*Chosroes*”，希腊语[④]的称呼）被画在第三个画像上面。萨珊王朝在绘画方面的影响，是显而易见的。其他一些象征性的人物是代表胜利、哲学、历史和诗歌的。一幅狩猎图，描写一只狮子猛扑一只野驴。有几幅裸体画，是描绘舞女、女乐和艺妓的。装饰品包括帷幕、从花盆和葡萄树长出来的叶饰、枣椰树上挂着的椰枣串、月桂冠和各种沙漠里的飞禽。铭文主要是阿拉伯语的，带着几个希腊名词。

---

① *Ḳuṣejr ʿAmra und andere Schlösser östlich von Moab*, pt. 1 (Vienna, 1902), pp. 5 以下；Musil, *Ḳuṣejr ʿAmra*, I. *Textband* (Vienna, 1907). 穆西尔认为韦立德二世是建筑者。

② Bukhāri, vol. vii, p. 61.

③ 奈查什是埃塞俄比亚皇帝的名称。——译者

④ 科斯洛是波斯国王的名称。——译者

阿木赖小宫（在东南面摄影）

采自B. Moritz, "*Bilder aus Palästina, Nord-Arabien und dem Sinai*"（Dietrich Reimer Verlag, Berlin）

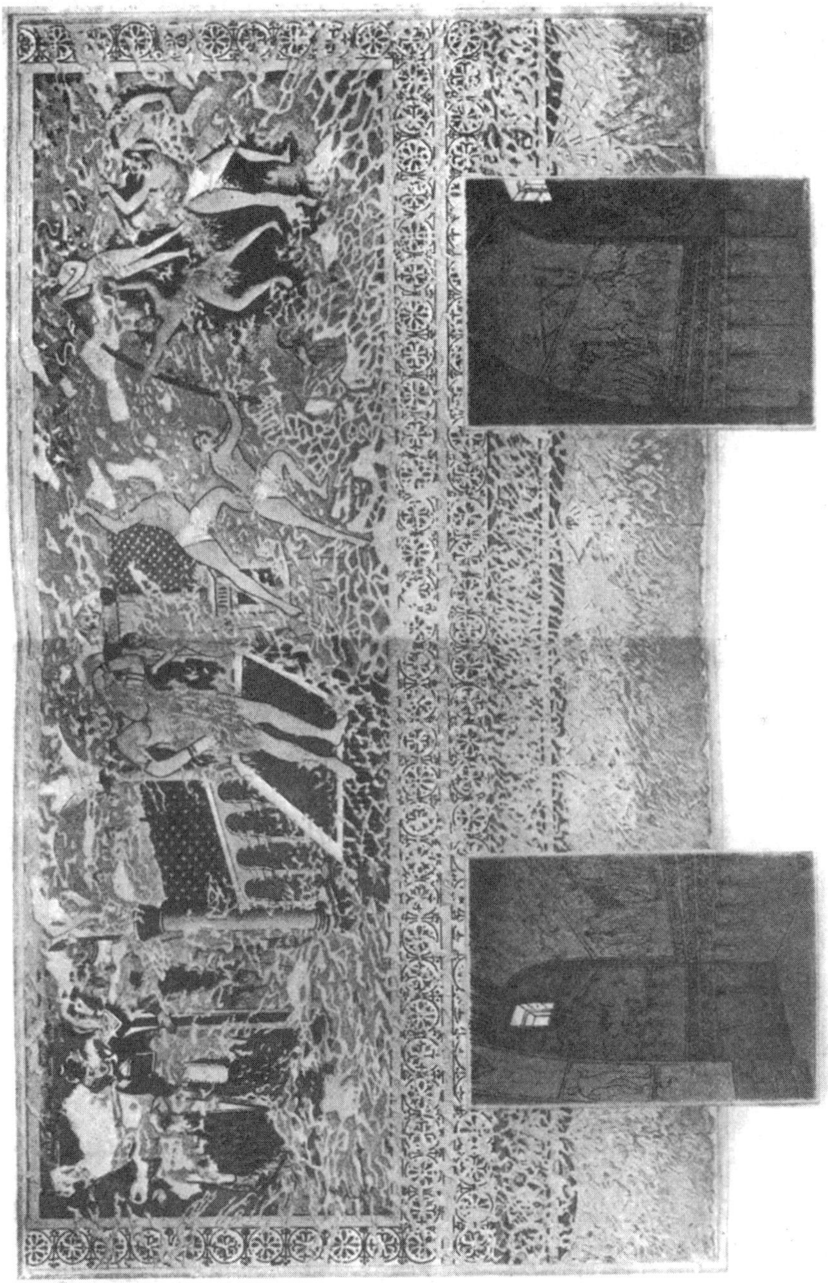

阿木赖小宫大厅西壁上的壁画
采自L. Mielich的临摹

音乐 在伊斯兰教以前的时代，阿拉比亚人有各式各样的歌曲：商队的歌曲、
273 战争的歌曲、宗教的歌曲和情歌。原始的赞美歌的遗迹，还保存在朝觐天房仪式的应词（*talbiyah*）① 里。《古兰经》的吟诵（*tajwīd*），就是诗歌吟唱的遗风。但是，商队的歌曲（*ḥudā'*），是他们最喜爱的，而且照他们的估计，是歌唱的最初形式。据麦斯欧迪所记载的传说②，商队的歌曲的起源是这样的：民族的建立者之一木达尔·伊本·麦阿德③从骆驼上摔下来，把手挫伤了，他用甜美的声音喊叫说：*Yā-yadāh*！*Yā-yādah*！（呀！我的手！呀，我的手！）他的喊声配合着骆驼的步调，使骆驼按着节拍行进。这种喊声创造了“赖斋子”（rajāz）韵律，这个韵律被应用于商队的歌曲中，而成为一切韵律中最简单的形式。

南方阿拉比亚人，无疑有他们自己特殊的歌曲和乐器④，关于这一点，我们所知道的很少，但是那种传统是否构成北方阿拉比亚人和后来的穆斯林遗产的一部分，这是值得怀疑的。在伊斯兰教以前的时代，希贾兹的居民把方形的手鼓（*duff*）、长笛（*qaṣabah*，*qaṣṣābah*）和芦管或双簧管（*zamr*，*mizmār*），当做他们主要的乐器⑤。他们也认识本地的皮面琵琶（*mizhar*）⑥。约当先知的时代，外国音乐对于阿拉伯音乐的影响，已经开始了。加萨尼的王子们，已雇用了由希腊歌女组成的合唱队。希拉城的莱赫米人，已使用波斯的版面琵琶（英语的 lute 就是从阿拉伯语的'*ūd* 演变来的），希贾兹人又从他们那里借用了这种乐器。相传奈德尔·伊本·哈里斯·伊本·凯莱达是一个医生兼吟游诗人，他用自己关于偶像崇拜的吟诵，同穆罕默德的天启争衡，以争取人民的欢心⑦。这种乐器就是他从希拉城传入麦加的⑧。据另一种传说，介绍波斯琵琶的，是伊本·素赖只（约在 726 年卒）。据说他初次看到波斯工匠手里拿着这种乐器是在 684 年，当时这些人是由阿卜杜拉·伊本·左拜尔招到麦加城来重建克而白的⑨。后来，又借用了波斯的木制管乐器“呐义”（*nāy*，

---

① 应词的朗诵以“*labbayka*”（我在这儿）开始；Bukhāri，vol. ii，p. 135。
② Vol. viii，p. 92.
③ 参阅《旧约·历代志上》1:20 亚摩达（Almodad）。
④ Mas'ūdi，vol. viii，pp. 93.
⑤ *Aghāni*，vol. ii，p. 175.
⑥ '*Iqd*，vol. iii，p. 237；Mas'ūdi，vol. viii，p. 93.
⑦ 《古兰经》31:6—7 中所提及的人，可能就是他。
⑧ Mas'ūdi，vol. viii，pp. 93—94.
⑨ *Aghāni*，vol. i，p. 98.

竖笛），连名称也借用了，这是法默（*Henry G.* Farmer）考证的[1]。蒙昧时代的职业歌唱家，显然大半是女性的，《乐府诗集》中曾将少数女歌唱家的姓名 274
保存下来了[2]。与先知同时代的女诗人杭萨，曾被誉为阿拉伯最伟大的女诗人，她作过许多挽歌，哀悼她的弟弟——著名的英雄萨赫尔，那些挽歌有些显然是用歌曲的体裁写成的[3]。蒙昧时代的诗人，显然大半是配合着音乐来歌唱他们的作品的。

穆罕默德并没有把诗人作为诗人而对他们提出公开的抨击[4]，却是把他们作为异教的发言人而攻击的。先知轻视音乐，也许是由于音乐与异教的仪式之间的联系。据一章圣训说，他曾宣布，乐器是恶魔的宣礼员（*muezzin*），他叫唤人们去崇拜恶魔[5]。伊斯兰教的教律学家和教义学家，大半是不喜欢音乐的，有些人从各方面宣判音乐的罪行，有少数人认为音乐是可嫌的（*makrūh*），不是违禁的（*ḥarām*），但是，下面这句俗语更好地表达了人民大众的意见："酒是肉体，音乐是灵魂，快乐是二者的产物。"[6]

伊斯兰教注入人心的最初的敬畏渐渐消逝之后，希贾兹社会变革的趋势已转向风雅的方面，特别是在奥斯曼的时代，他是第一个爱好财富和炫耀的哈里发。人们学会怎样使声乐和器乐和谐起来。阿拉伯作家所谓艺术的或优雅的歌唱（*al-ghinā' al-mutqan* 或 *al-raqīq*）在希贾兹流行起来，那是把节奏（*iqā'*）应用于歌曲旋律的一种高度发达的歌唱。男性的职业音乐家初次出现了，他们的诨名是"莫汉那孙"（*mukhannathūn*，旦角），他们把手染红，而且假装妇女的姿态。这种音乐家，如麦地那的突韦斯（Ṭuways，小孔雀，632—710 年），被认为是伊斯兰教歌手的祖师。人们认为首先把节奏应用于阿拉伯音乐，而且首先在手鼓的伴奏下用阿拉伯语歌唱的就是他[7]。

以突韦斯为首的穆斯林歌手的第一代，是由一些外国的自由思想家组成 275
的。突韦斯传授了一批徒弟，以伊本·素赖只（约 634—726 年）为最有名，他被认为是伊斯兰教四大歌手之一[8]。相传他是首先采用波斯琵琶的，又是首

---

① *Journal Royal Asiatic Society*（1929），pp. 119 以下，pp. 489 以下；*A History of Arabian Music to the XIIIth Century*（London，1929），p. 7。

② Vol. viii，p. 3，vol. x，p. 48.

③ *Aghāni*，vol. xiii，p. 140.

④ 《古兰经》26: 224—226。

⑤ 参阅 Nuwayri，*Nihāyah*，vol. iv，pp. 132—135；Farmer，*Arabian Music*，pp. 24—25；A. J. Wensinck，*A Handbook of Early Muhammadan Tradition*（Leyden，1927），p. 173。

⑥ Nawāji，p. 178。参阅 Nuwayri，vol. iv，pp. 136 以下。

⑦ *Aghāni*，vol. ii，pp. 170，171，173.

⑧ *Aghāni*，vol. i，p. 98.

先采用乐鞭，以指挥音乐演奏的。伊本·素赖只是被释放的奴隶，是一个突厥人的儿子，他曾享受侯赛因的孙女——著名的素凯奈夫人的庇护。据说他的师傅当中有赛仪德·伊本·米斯查哈（约在公元714年卒），赛仪德是麦加城中受贵族庇护的一个黑人。赛仪德是麦加人中第一个音乐家，也许是伍麦叶人时代最伟大的音乐家，据说他曾游历叙利亚和波斯，他是首先把拜占廷和波斯的歌曲翻译成阿拉伯语的[①]。由此可见，他是在理论上和实践上，把古典时代的阿拉伯音乐系统化的人。赛仪德的学生当中有盖立德[②]，他是柏柏尔人的混血儿，是素凯奈的奴隶，也由伊本·素赖只训练[③]。他在他的第二位师傅之后，也达到了令人羡慕的品级，而成为伊斯兰教四大歌手之一。其余的两位歌手，一位是伊本·穆海列兹（约在715年卒），他是波斯血统的，被称为阿拉伯的响板手（*ṣannāj*）[④]；一位是麦耳伯德（743年卒），他是麦地那的黑白混血儿，在韦立德一世、叶齐德二世和韦立德二世的宫廷中，受到特别的恩宠[⑤]。在卜居于首都之前，麦耳伯德以旅行音乐师的身份游遍了阿拉比亚。歌妓（*qiyān*）中有哲米莱（约在720年卒），她是麦地那的被释放的女奴，是第一代艺术的女王[⑥]。她把麦加和麦地那两座城市中最著名的乐师和歌手，都吸引到她的家里来，他们中有许多人是她的学生；当时参加她的演奏会的听众当中，有爱情诗人欧麦尔·伊本·艾比·赖比耳。她的女学生中，有海巴伯和赛蜡梅，她俩是叶齐德二世所宠爱的歌妓，这是她引以自豪的。哲米莱艺术生涯中最著名的事件，是她去麦加朝觐天房时率领着一个豪华的行列，由歌手、歌妓、诗人、乐师、敬仰者和朋友们组成，他们都穿着节日的盛装，他们骑的骆驼都装扮得富丽堂皇[⑦]。

276 在贵族夫人家偶尔举行的漂亮的演奏会，吸引着爱好艺术的群众。从波斯经希拉城而传入的木面琵琶，在这个时期，部分代替了本地的皮面琵琶。另一种得人欢心的弦乐，是米耳则法（*mi'zafah*），这是瑟（psaltery）的一种形式。管乐器包括长笛（*qaṣabah*）、芦管（*mizmār*）和号角（*būq*）。打击乐器以妇女特别喜爱的手鼓（*duff*）、鼓（*ṭabl*）和响板或铙钹（*ṣunūj*）为代表。乐谱是历代口耳相传的，因此，完全失传了。《乐府诗集》中充满了在伍麦叶

---

① *Aghānī*, vol. iii, p. 84.

② 他的真名是阿卜杜勒·麦立克，“盖立德”是别号，意思是“好歌手”。

③ *Aghānī*, vol. i, pp. 99—100.

④ *Aghānī*, vol. i, p. 151.

⑤ *Aghānī*, vol. i, p. 19 以下.

⑥ *Aghānī*, vol. vii, pp. 124 以下.

⑦ *Aghānī*, vol. vii, p. 135.

人时代配过谱的诗歌，但是没有为我们保存任何乐谱。伊拉克歌手们的领袖、希拉城的基督教徒侯奈因访问希贾兹。群众拥到素凯奈夫人的家里，来听他歌唱，他们把她的门廊挤塌了，把那位来访的著名艺术家压死了[1]。在朝觐期间，鼎鼎大名的人物，从伊斯兰教世界的四面八方前来参加典礼，这种典礼，每年给希贾兹的乐师们和歌手们，提供一个良好的机会，让他们表现自己的才能。他们的惯例是遇到特殊的场合，就到城外迎接商队，在路上奏乐。《乐府诗集》给我们遗留下一段记载，描写一次朝觐的游行，在游行中扮演主角的，是代表那个时代诗歌精神的欧麦尔·伊本·艾比·赖比耳。他穿着最华丽的服装，同过路的妇女眉来眼去。他的伙伴中有歌手伊本·素赖只。他在吟诵欧麦尔的艳诗，使得哈只们心烦意乱，不能专心致志地举行朝觐的仪式[2]。

在伍麦叶人时代，麦加城，特别是麦地那城，变成了歌曲的苗圃和音乐的温室[3]。这两座城市，源源不绝地以艺术天才供应大马士革的宫廷。保守派和宗教学者，徒劳无功地表示反对，他们硬说酗酒和赌博同音乐和诗歌有关系，认为都是违反教律的娱乐（*malāhi*），还引证一些圣训（*ḥadith*），来证明此类娱乐是魔鬼用来诱惑人的、最有力的工具。这股潮流，并没有被堵住，文艺的女神（Muses），仍然高高地站在那里，群众为她们鼓掌，不愿倾听此类言论上的攻击。音乐和歌唱的热爱者，也引证一些据说也是先知所说的同样动听的话[4]，用来反驳他们，他们说诗歌和音乐，并不是常常引诱人去干坏 278
事的，诗歌和音乐，对于改善社会交际，对于纯化男女关系，都是有贡献的[5]。伍麦叶王朝的第二位哈里发叶齐德一世本人，就是一位作曲家，他把歌唱和乐器引入大马士革的宫廷[6]。他创始了在宫廷中举行重大庆祝典礼的惯例，这种典礼最大的特点，是饮酒和歌唱，从此以后，在伊斯兰教世界，饮酒和歌唱，就永不分离了。阿卜杜勒·麦立克曾保护希贾兹学派的伊本·米斯查哈。他的儿子韦立德，艺术的保护者，曾将伊本·素赖只和麦耳伯德召到首都，他俩在那里受到了热烈的欢迎。叶齐德二世继承严格的欧麦尔二世登上宝座之后，就通过他所宠爱的歌妓海巴伯和赛蜡梅，而使诗歌和音乐重

---

① *Aghāni*, vol. ii, p. 127.

② *Aghāni*, vol. i, p. 102.

③ ‘*Iqd*, vol. iii, p. 237.

④ Ghazzāli, *Iḥyā’ ‘Ulūm al-Dīn* (Cairo, 1334), vol. ii, pp. 238 以下。

⑤ ’*Iqd*, vol. iii, pp. 225—226; Nawāji, pp. 177—179.

⑥ *Aghāni*, vol. xvi, p. 70; 参阅 Mas‘ūdi, vol. v, pp. 156—157。

新流行起来[①]。希沙木曾保护过希拉城的侯奈因。爱好娱乐的韦立德二世，既会弹琵琶，又会作曲，他曾在宫廷中欢迎一个音乐演唱团，其中有著名的麦耳伯德[②]。在这位哈里发的时代，在希贾兹的两大城市中，音乐十分繁荣。在伍麦叶王朝末期，音乐的艺术，十分普及，以致他们的劲敌阿拔斯人，把这一点当做宣传工作中有效的论据，号召穆斯林们，起来推翻这个“不敬畏真主的僭位者”。

① Mas'ūdi, vol. v, pp. 446 以下。

② 同上书, vol. vi, p. 4。

第二十二章 伍麦叶王朝的倾覆 279

伍麦叶王朝麦尔旺支各哈里发世系表

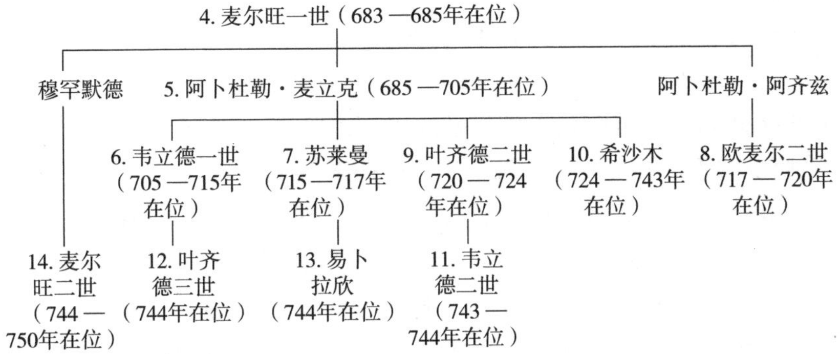

阿拉伯的史学家，给希沙木很高的评价，而且正如我们已经研究过的那样，他们把他和穆阿威叶及阿卜杜勒·麦立克相提并论，承认他是伍麦叶王朝的第三位政治家，也是最后一位政治家。作为他的继任者的那四位哈里发，除了亡国的麦尔旺二世外，事实已经证明，他们是无能的，即使我们不说他们是放荡的，或者堕落的。甚至在希沙木之前，这已经成为哈里发的风尚，他们热衷于狩猎、酗酒、听音乐和诗歌，而不喜欢学习《古兰经》和管理国家大事，叶齐德二世，就是最明白的例证。后来建立了宦官制度，接着建立了闺阃制度。由于财富的增加和奴隶的充斥，哈里发愈加沉湎于荒淫无耻的生活之中。封建王朝不再像从前那样夸耀，说在自己儿孙的动脉中流着纯粹的阿拉比亚血液了。叶齐德三世是伊斯兰教中女奴所生的第一位哈里发①，作为他的继任者的那两位哈里发，也都是女奴的儿子②。上行下效，统治阶级的 280
邪恶，就成为一般道德堕落的先兆。文明所特有的各种弊病，特别是酒色歌

① Ṭabari, vol. ii, p. 1874; Ya'qūbi, vol. ii, p. 401; Mas'ūdi, vol. vi, pp. 31—32. 参阅本书第332页。

② Ya'qūbi, vol. ii, pp. 403, 404.

舞，已控制了沙漠的子弟，开始摧毁年轻的阿拉伯社会的生命力了。

盖斯派和也门派

由于过分强调个人主义、部族精神和复仇主义，阿拉比亚生活中古老的和典型的弱点随之又重新抬头了。伊斯兰教为了防止在大规模组织起来的社会生活中潜伏的离心力而暂时提供的种种纽带，此时已经变得松弛起来了。从奥斯曼开始，以前受到压抑的宗族精神又抬头了。

在伊斯兰教之前，有几个北方的阿拉比亚部族迁移到伊拉克去，他们沿底格里斯河建立起赖比耳族的住所，沿幼发拉底河建立起穆达尔族的住所。在穆达尔部族中，盖斯人居于领导地位。居住在叙利亚的其他部族，则是从南阿拉比亚迁移来的，因此，被称为也门部族。在叙利亚的也门部族中，以凯勒卜人为最著名。至于在波斯东北省区呼罗珊的阿拉比亚人，则大半是从巴士拉城来的殖民者，因此，他们大半是北方的阿拉比亚人，在那里居于领导地位的是台米木人，相当于幼发拉底河地区的盖斯人。呼罗珊的也门派人，被称为艾兹德人，这是以其中最著名的支族称呼整个部族的；在某些省区中，盖斯人被称为尼萨尔人或麦阿德人①。这些部族叫什么名字，那是无关紧要的；重要的事实是，北方的阿拉比亚各部族，跟南方的阿拉比亚各部族，老是针锋相对。北方的阿拉比亚人，意识到自己有一种根深蒂固的种族优越感，因为他们认为自己是易司马仪（以实玛利）的苗裔，自称为阿德南人，他们跟溯源于盖哈丹（Qaḥṭan）或《创世记》（10∶25 以下）的约坍（Joktan）的南方阿拉比亚人从来没有融合过。随着时间的推移，盖斯人成为一个政治派别的核心，也门人成为另一个政治派别的核心。

伍麦叶王朝的奠基者穆阿威叶在叙利亚建立王朝是以也门部族为靠山的。
281 他的儿子和继任者叶齐德的母亲梅荪，是也门凯勒卜部落的女儿，他本人又跟凯勒卜部族的女人结婚。嫉妒的盖斯人，不承认他的继任者穆阿威叶二世，而宣言拥护僭窃哈里发职位的伊本·左拜尔。在拉希特草原战役（684 年）中，凯勒卜人击溃了盖斯人，才替伍麦叶王朝麦尔旺支的祖先麦尔旺保住了宝座。在韦立德一世时代，盖斯人的势力，已登峰造极了，哈查只和他的堂弟——印度的征服者穆罕默德，以及中亚细亚的征服者古太白，都是盖斯派的代表人物。韦立德的弟弟苏莱曼，却偏爱也门人。但是，叶齐德二世，由于他母亲的影响，而保护外戚盖斯党人，韦立德二世，也是这样；叶齐德三世，全凭也门人的武力，从前任哈里发韦立德二世手中夺取了王位。伍麦叶

---

① 关于阿拉伯各部族，可以参阅 ibn-Durayd, *Ishtiqāq*; F. Wüstenfeld, *Genealogische Tabellen der arabischen Stämme*（Göttingen, 1852）; *Register zu den gencalogischen Tabellen der arabischen Stämme*（Göttingen, 1853）。

王朝末期的哈里发，与其说是一个统一的帝国的君主，不如说是某一个党派的首脑。

伊斯兰世界分化为两大派系，一个派系是以盖斯人为中心，另一个派系是以也门人为中心（这两大派系还有许多其他的名称），至此，这种分化已经完成了。这种分化导致王朝的崩溃，其恶劣的影响，在今后若干年内，在许多相距很远的地区内，都是显而易见的。甚至连首都大马士革地区，也变成了持续两年之久的残酷内战的战场。这次内战的起因，据说是因为一个麦阿德人从一个也门人的园圃里偷了一个西瓜[①]。在辽远的西班牙的穆尔西亚城中，血水流了好几年，原因是一个穆达尔人从一个也门人的果树园里拾了一片葡萄叶[②]。在首都和各省区，在印度河两岸，在西西里岛沿岸，在撒哈拉大沙漠的边缘上，祖先传下来的党争，到处变成两个政党的对立。这种党争，变成了强有力的因素，阻止了穆斯林的军队在法兰西的前进，最后导致安达卢西亚哈里发制度的崩溃。这种争端，直到近代，似乎还存在于黎巴嫩和巴勒斯坦，因为历史告诉我们，迟至十八世纪初期，两党之间还发生过许多次酣战。

继承王位的问题 282

哈里发职位的世袭，缺乏一种确定的制度，不少的内乱就都是由此而起。穆阿威叶提名儿子做他的继任者，他创始这个政策，要算是英明的、有远见的。但是，阿拉比亚人依照年齿而推举族长的古老的部族原则，成为一大障碍，统治者不便于把王位传给自己的儿子，于是人民表示效忠的宣誓礼，就变成了哈里发即位的唯一安全道路。伍麦叶王朝的十四位哈里发，只有四位是把王位直接传给儿子的，这四位是穆阿威叶一世、叶齐德一世、麦尔旺一世和阿卜杜勒·麦立克。使这个复杂的问题更加复杂的，是麦尔旺支的奠基者所开创的先例，他提名他的儿子阿卜杜勒·麦立克做继任者，又提名他的另一个儿子阿卜杜勒·阿齐兹做这个继任者的继任者[③]。阿卜杜勒·麦立克一登上哈里发的宝座，就做了一件很自然的事情，他企图用他的儿子韦立德来代替他的弟弟阿卜杜勒·阿齐兹做自己的继任者。他并不以此为满足，同时还指定他的另一个儿子苏莱曼做继任者的继任者[④]。韦立德又同样企图这样做，但是遭到失败。他想为自己儿子的利益，去剥夺自己弟弟的继任权。诸如此类的策略，不会造成那种制度的稳定和持续，这是很自然的。

反对国教的十叶派，从来没有默认过“僭窃的伍麦叶人”的政权，从来

---

① Abu-al-Fidā', vol. ii, p. 14.

② Ibn-'Idhāri, *Bayān*, vol. ii, p. 84.

③ Ya'qūbi, vol. ii, p. 306.

④ Ya'qūbi, vol. ii, pp. 334—335.

阿里的拥护者

没有饶恕过他们对阿里和侯赛因所犯的罪行，现在，他们比以前更活跃了。他们对于先知的后裔一心一意的忠诚，使他们变成了人民同情的焦点。在政治上，或经济上，或社会上，不满意伍麦叶王朝的人，有很多都参加了他们的阵营。在伊拉克，大半的居民此时变成了十叶派，他们原来是由于感觉到自己的国家被剥夺了民族独立才反对叙利亚统治的，现在这种反对已加上了宗教的色彩。在逊尼派自己的各阶层里，虔诚的教徒责备各位哈里发的俗心世欲，忽视《古兰经》的和经外传说的教律，而他们随时随地准备对于可能发生的任何反抗给以宗教的批准。

要求哈里发职位的阿拔斯人

还有另一种破坏力量在活动着。阿拔斯人，他们是先知的叔父阿拔斯的后裔，他们坚持对于王位的要求。他们强调哈希姆家族的权利，因而巧妙地与阿里的拥护者协作一致。十叶派认为哈希姆家族主要是阿里的子孙，但是，
283 阿拔斯人认为他们自己也是古莱氏族哈希姆家族的成员，因此，他们跟先知的血缘关系反而比伍麦叶人更亲密些[①]。

阿拔斯的后裔利用普遍的不满，而且以卫道者自居，很快就变成了反伍麦叶人运动的战士和领导人。他们选择了死海南边的侯迈麦村为自己的大本营和宣传基地[②]。这个小村落，表面上是一个无害的、与世隔绝的地方，其实是富有战略价值的，因为这个村子靠近商队的大路，又在朝觐路线的交叉点上。在这里就建立起伊斯兰政治史上最早的而且是最巧妙的宣传运动的舞台。

呼罗珊人

非阿拉比亚的穆斯林，特别是波斯的穆斯林，他们表示不满意，是有着充分的理由的。他们原来指望获得与阿拉比亚穆斯林完全平等的经济地位和社会地位，殊不知不但没有获得这种地位，反而降到顺民的行列里去了，并且又不是经常可以免缴非穆斯林所缴纳的人丁税的。使他们更加不满意的是，他们意识到自己是代表更高超和更古老的文化的，这种事实，连阿拉比亚人自己也是承认的。十叶派－阿拔斯人，在这样一些心怀不满的新穆斯林中间，

---

①

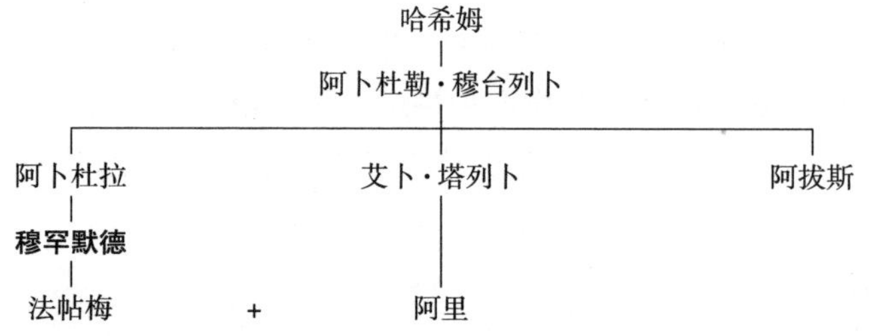

② Ya'qūbi, vol. ii, p. 356—357; *Fakhrī*, pp. 192—193; Ṭabari, vol. iii, p. 34; Yāqūt, vol. ii, p. 342; Musil, *Northern Heǧâz* (New York, 1926), pp. 56—61 和袖珍地图。

找到了散播起义种子的肥沃土壤。伊拉克通常是效忠于阿里派的，十叶派的教义，就从这里传布到波斯去，特别是在东北的呼罗珊省生根发芽，当时呼罗珊的面积比现在大得多。阿拉伯人在波斯长期进行的艾兹德对穆达尔的党争，多少也替呼罗珊人铺平了道路。但是，更深厚的力量在起着作用。在十叶派伊斯兰教的伪装下，伊朗民族主义在复兴中。

当十叶派、呼罗珊人和阿拔斯人这三大势力的联盟实现的时候，伍麦叶王朝的国运就临近危险了，阿拔斯人是为自己的利益而运用这个联盟的。领 284
导这个联盟的是先知的叔父阿拔斯的玄孙艾卜勒·阿拔斯。在他的领导之下，革命的穆斯林们，以一个伪装的神权政治的理想和一个恢复正统派的诺言，而起来反对现存的秩序。747 年 6 月 9 日，长期策划的革命爆发了，阿拔斯人在呼罗珊的代理人艾卜·穆斯林，一个出身不详的波斯血统被释放的奴隶[①]，高高地举起了黑旗，那原来是先知穆罕默德的军旗，但是，此时已经变成阿拔斯人的标志了。艾卜·穆斯林率领着也门的艾兹德部族，攻入省会木鹿，但是，他的拥护者大半是伊朗的农民和顺民，而不是阿拉比亚人[②]。伍麦叶王朝驻呼罗珊的长官奈斯尔·伊本·赛雅尔，虽然向麦尔旺二世求援，但却没有得到答复。他在一封感伤的书信里还以诗句为点缀[③]。麦尔旺二世虽然比前任的几位哈里发有才干，却忙于镇压内地的起义，那次起义从巴勒斯坦蔓延到希姆斯，所以未能给他答复。这次起义不过是盖斯人和也门人之间旧党争的重演。这种党争被争夺哈里发职位的野心家利用，在前任的两位哈里发叶齐德三世和易卜拉欣的时代，都曾达到内战的规模。叶齐德三世赞助盖德里叶派[④]的教义，使事情变得更坏。易卜拉欣则领导了也门党。盖斯人所拥戴的麦尔旺二世，犯了致命的错误，他不但把自己的住所，而且把国家机关，都迁移到美索不达米亚的哈兰城去，这样就丧失了所有叙利亚人的同情。除了伍麦叶王朝的主要支柱叙利亚人外，作为现存制度死敌的伊拉克哈列哲派此时又在公开地叛乱[⑤]。祖先的复仇主义，使伊斯兰教最西的省份西班牙，也变得分崩离析。在继承哈里发职位之前，因坚持奋战而获得“叫驴”（*al-Ḥimār*）绰号的麦尔旺二世[⑥]，当时已经六十岁了，他在三年的时间里，亲自在

---

① 参阅 *Fakhri*, p. 186。

② Ṭabari, vol. ii, pp. 1953 以下；Dīnawari, pp. 359 以下。

③ *Fakhri*, p. 194；Nicholson, *Literary History*, p. 251.

④ 盖德里叶派是反宿命论者。参阅本书第 245 页。——译者

⑤ Ṭabari, vol. ii, pp. 1943—1949.

⑥ *Fakhri*, p. 184.

战场上指挥战斗，镇压叙利亚的和哈列哲派的变乱者，证明他自己是一位能干的将军。先知穆罕默德的作战方法是横队战（*ṣufūf*），这种方法因此获得社会的尊重；麦尔旺二世以这些战役的军事组织者的身份，把这种作战方法改成步兵大队（*karādīs*）战，把军队分成许多更密集、同时也更机动的单位。
285 但是，他要扭转全局，为时已晚了。伍麦叶人的国运已日薄西山了。

最后的打击

呼罗珊的省会木鹿首先陷落，伊拉克的首府库法城于749年接着陷落。艾卜勒·阿拔斯曾长期潜伏在这个地方。本城的驻军，没有怎么抵抗，就投降了。在这里，749年10月30日（星期三），在主要的清真寺里，举行公众的效忠宣誓礼，拥戴艾卜勒·阿拔斯为哈里发[①]。阿拔斯王朝的第一位哈里发，就这样登上了宝座。在每个地方，伍麦叶人的白旗，都在阿拔斯人和他们的同盟军的黑旗前面节节退却。麦尔旺二世决心作最后拼命的抵抗。他统率一万二千人[②]，从哈兰出发，于750年1月，在底格里斯河的支流大萨卜河左岸上，与敌军会战；敌军的统帅，是新哈里发的叔父阿卜杜拉·伊本·阿里。叙利亚军队，士气不振，缺乏必胜的信念，其失败是注定了的。萨卜战役后，胜利的阿拔斯人，在叙利亚境内长驱直入，主要的城市，一个接着一个开门向阿卜杜拉和他的呼罗珊军队投降。只有在大马士革城下不得不围攻，但是，这座骄傲的首都，经过几天的围攻之后，于750年4月26日投降了。阿卜杜拉从巴勒斯坦派遣一个分遣队，去追缉逃亡的哈里发，于750年8月5日，在埃及卜绥尔城[③]的一所基督教教堂外面，捕杀了他。他原是在那所教堂里避难的。他的坟墓现在还在那个地方。据麦斯欧迪的记载，他的首级和哈里发的标志，都被送去交给艾卜勒·阿拔斯[④]。

此时，阿拔斯人开始执行扑灭伍麦叶家族的政策。他们的统帅阿卜杜拉，不惜采取他认为必要的、最残酷的手段，去根绝他们的血族敌人。750年6月25日，他邀请了他们中的八十个人，到雅法附近奥查河岸上的艾卜·弗特鲁斯城，即古代的安提帕特里斯城，去参加一个大宴会；在宴饮中他们统统都被砍倒了。把皮垫子盖在已死者的尸上和将死者的身上之后，他和他的副官们，在呻吟的

---

① Ya'qūbi, vol. ii, pp. 417—418; Ṭabari, vol. iii, pp. 27—33; Mas'ūdi, vol. vi, pp. 87, 98.

② Ṭabari, vol. iii, p. 47（参阅 p. 45）。参阅本书第226页。

③ 这座城又叫艾卜绥尔（Abūṣīr），大概是法尤姆（Fayyūm）的卜绥尔·麦莱格（Būṣīr al-Malaq）。参阅 Sāwīrus ibn-al-Muqaffa', *Siyar al-Baṭārikah al-Iskandarānīyīn*, ed. C. F. Seybold (Hamburg, 1912), pp. 181以下；Ṭabari, vol. iii, pp. 49—50。

④ Mas'ūdi, vol. vi, p. 77.

伴奏下，继续饮食[①]。许多间谍和密探，被派到伊斯兰世界各地方去，搜索到处 286
流亡的前王朝的后裔，"他们中有些人躲藏在地窖里"[②]。年轻的阿卜杜勒·赖哈曼·伊本·穆阿威叶·伊本·希沙木，戏剧性地逃亡到西班牙，后来在安达卢西亚成功地建立了新的、辉煌的伍麦叶国家，这要在专章里加以说明。甚至连死人都免不了阿拔斯人残忍的报复。大马士革、肯奈斯林和其他地方的哈里发陵墓，都被阿卜杜拉发掘和凌辱。苏莱曼的尸体，从达比格被发掘出来。希沙木的尸体，从鲁萨法的陵墓中刨出来，还未腐烂，被打八十皮鞭后，焚化成灰，抛撒在地上[③]。只有欧麦尔二世的陵墓，没有遭受凌辱。

由于伍麦叶人的覆灭，叙利亚的光荣逝去了，它的领导权结束了。叙利亚人觉醒了，但是觉醒得太晚了，他们认识到，伊斯兰教的重心，已经从他们的故乡向东移动。尽管他们屡次举行武装斗争，来恢复他们从前的势力，但是都遭到了失败。最后，他们把希望寄托于一个被期待的素福彦人[④]，即一个救世主类的人物，来把他们从伊拉克压迫者的奴役中解放出来。直到现在，我们还能听到叙利亚的穆斯林们提及穆阿威叶的一个苗裔不久就要来临。但是，伍麦叶人的覆灭，还有更深远的意义。伊斯兰史上纯粹阿拉伯的时代已成过去了，伊斯兰帝国第一个纯粹阿拉伯人的统治，开始迅速地结束了。阿拔斯人把自己的政府叫做"道莱"（*dawlah*[⑤]，意思是新纪元），那的确是一个新纪元。伊拉克人感觉到自己已经摆脱了叙利亚人的保护，十叶派认为自己已经报了仇，顺民们已从奴役中解放出来，在波斯边境上的库法城已经变成了新的首都，呼罗珊人已经变成了哈里发的护卫。波斯人占据了政府中最 287
重要的职位，从哈里发帝国各民族人民中选拔出来的官员，代替了原来的阿拉比亚贵族。旧的阿拉比亚穆斯林与新的外族穆斯林，互相联合，逐渐融合起来。阿拉比亚民族主义覆灭了，但是伊斯兰教继续发展，在国际伊斯兰教的伪装下，伊朗民族主义耀武扬威地前进。

---

① Ya'qūbi, vol. ii, pp. 425—426; Mas'ūdi, vol. vi, p. 76; ibn-al-Athīr vol. v, pp. 329—330; Mubarrad, p. 707; *Aghāni*, vol. iv, p. 161; 参阅同书 pp. 92—96; *Fakhri*, pp. 203—204; Theophanes, p. 427。对照耶胡扑灭艾海卜的家族的故事(《旧约·列王纪》下 9: 14—34）和埃及的穆罕默德·阿里毁灭麦木鲁克人的故事（Jurji Zaydān, *Ta'rīkh Miṣr al-Ḥadīth*, 3rd ed., Cairo, 1925, vol. ii, pp. 160—162）。

② Ibn-Khaldūn, vol. iv, p. 120.

③ Mas'ūdi, vol. v, p. 471; 参阅 Ya'qūbi, vol. ii, pp. 427—428, 参阅 *Fakhri*, p. 204。

④ Ṭabari, vol. iii, p. 1320; ibn-Miskawayh, *Tajārib al-Umam wa-Ta'āqub al-Himam*, ed. de Goeje and de Jong, vol. ii (Leyden, 1871), p. 526; Yāqūt, vol. iv, p. 1000; *Aghāni*, vol. xvi, p. 88; H. Lammens, *Études sur le siècle des Omayyades* (Beirūt, 1930), pp. 391—408.

⑤ Ṭabari, vol. iii, p. 85, ll. 16, 17, p. 115, l. 9.

288 第二十三章　阿拔斯王朝的建立

伊斯兰教伟大的政治戏剧的第三幕开幕了，扮演主角的是哈里发艾卜勒·阿拔斯（750—754 年在位），舞台是伊拉克。前一年在库法城清真大寺里写作就任演说的时候，阿拔斯王朝的第一位哈里发自称赛法哈（*al-saffāḥ*，屠夫）[①]，后来赛法哈就成了他的绰号。这是一个凶兆，因为在执行政策方面，新王朝比旧王朝更加依靠武力。刽子手杀人时当毯子用的皮革，在伊斯兰史上初次铺在哈里发的宝座旁边，成为宝座不可或缺的附属物。这个"屠夫"是正统的哈里发和伍麦叶王朝之后的第三个朝代的奠基者，这个朝代是伊斯兰最驰名和最长久的朝代。自 750 年到 1258 年，艾卜勒·阿拔斯的子孙，世袭了哈里发的职位，但是，他们并不是始终都掌握实权的。

当阿拔斯人胜利的时候，人民欢迎他们，认为他们用真正的哈里发国家和神权政府代替了伍麦叶人纯世俗的政府（*mulk*）。哈里发为了使自己的崇高职位带有宗教色彩，每逢节日，如即位典礼和每周聚礼日（星期五），都穿上他的叔曾祖先知穆罕默德所穿的斗篷（*burdah*）[②]。他把一群教律学家当做顾问，他保护他们，举凡国家大事，都向他们请教。具有高度组织性的宣传机

---

① Ṭabari, vol. iii, p. 30, l. 20; ibn-al-Athīr, vol. v, p. 316.

② 下面的世系表，可以说明阿拔斯人与先知穆罕默德的亲属关系。

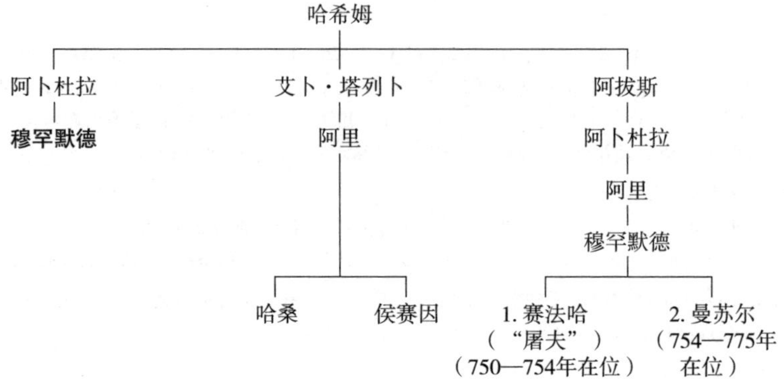

构，从前对于破坏伍麦叶政府的威信起过重大的作用，此时被巧妙地用来永久巩固阿拔斯人在人民群众中的威信。一开头就培养这样一种观念：政权当永远保持在阿拔斯人的手中，直到他们最后把它交给救世主伊萨为止[①]。后来 289
又大事宣传这样一种理论：如果哈里发政权被破坏，世界的秩序就要紊乱[②]。实际上，这种宗教改变，与其说是真实的，不如说是表面的；巴格达的哈里发虽然与伍麦叶人不同，假装虔诚，自称爱教，但是他汲汲于名利，并不亚于他所取代的大马士革的哈里发。两个哈里发王朝主要的区别是：伍麦叶帝国是阿拉伯的，而阿拔斯帝国是比较具有国际性的，因为这个帝国包括新穆斯林的各种民族成分，阿拉伯民族只是其他许多民族中的一个民族。

此外，还有些区别。哈里发职位不再和伊斯兰教是同义语了，这是有史以来初次发生的事情：西班牙、北非、阿曼、信德，甚至呼罗珊[③]都不完全承认新的哈里发。至于埃及，名义上的承认多于实际上的承认。伍麦叶人在伊拉克的首都瓦西兑城抵抗了十一个月[④]。叙利亚处在不断的骚动中，这种骚动的主要原因，是叙利亚王朝受到种种污辱。阿拔斯人和阿里派之间的联盟，原来是全靠对强大敌人的同仇敌忾来维系的。敌人一倒，这种联盟就不存在了。天真的阿里派，认为阿拔斯人是为他们的利益而作战的，但是，不久之后，他们的幻想就破灭了。

库法城是反复无常的，又是亲阿里派的，赛法哈认为他在这个地方不安
全，因此，在安巴尔[⑤]建筑哈希米叶城，作为都城。这座城因皇室的鼻祖哈希 290
姆而得名[⑥]。库法城的姊妹城巴士拉城，出于同一原因，也弃而不用，而且那座城市偏在南方，不适于做王国的中心。赛法哈才三十几岁，就因患天花而死于新都[⑦]（754 年）。

真正的建国者曼苏尔

赛法哈的弟弟和继任者艾卜·哲耳法尔（754—775 年在位）自称为曼苏尔（al-Manṣūr，常胜者），他是阿拔斯王朝最伟大的哈里发，也是最不讲道义的哈里发。替新王朝奠定坚实基础的是他，而不是赛法哈。继承他的三十五位哈里发，都是他的直系子孙。他的叔父阿卜杜拉是萨卜战役的英雄，在赛

① Ṭabari, vol. iii, p. 33; ibn-al-Athīr, vol. v, p. 318.

② 参阅本书第 487 页。

③ Dīnawari, p. 373.

④ Dīnawari, pp. 367—372; Ṭabari, vol. iii, pp. 61—66; ibn-al-Athīr, vol. v, p. 338.

⑤ 安巴尔在幼发拉底河左岸，在伊拉克北部，现已成废墟。

⑥ Ya‘qūbi, vol. ii, p. 429; Dīnawari, pp. 372—373.

⑦ Ya‘qūbi, vol. ii, p. 434; Ṭabari, vol. iii, pp. 87—88.

法哈时担任驻叙利亚总督，此时他与侄子曼苏尔争夺哈里发的职位，但是，他在754年11月，被艾卜·穆斯林击败于奈绥宾①。经过七年的禁闭之后，他被隆重地迎入一所新居。那是故意建筑在盐地上的，后来放水去淹墙脚，新居坍塌，把他压死在废墟里②。

奈绥宾战役大捷后，艾卜·穆斯林返回他所统治的呼罗珊省（在很大程度上是一个自治省）的途中，遭到同样的命运。他被召到哈里发的宫廷。阿拔斯王朝的开国元勋，除了阿卜杜拉就是他，但是，这位呼罗珊的领袖，在觐见哈里发的时候，遭到袭击，就这样被虐杀了③。波斯的极端分子所组成的一个希奇的拉旺德教派，企图把哈里发看成就是真主，而哈里发残忍地屠杀了他们（758年）④。曼苏尔还残忍地扑灭了一次暴动，那是哈桑的两个重孙易卜拉欣和他弟弟穆罕默德（外号"纯洁的灵魂"，al-Nafs al-Zakīyah）⑤ 所领导的十叶派不满分子的暴动。穆罕默德被处死后，尸体悬挂在麦地那城（762年12月6日）；易卜拉欣在难驾驭的库法城附近被斩首（763年2月14日）后，首级被送去交给哈里发⑥。在不妥协的阿里派看来，阿拔斯王朝的哈里发，都是篡夺者，真正的哈里发、伊马木，只有阿里和法帖梅的子孙。阿
291 里派从来没有停止过他们对于伊斯兰教国家的破坏影响，他们坚决主张，他

① 现代土耳其的纳西宾。——译者

② Ṭabari, vol. iii, p. 330.

③ 同上书，pp. 105—117；Dīnawari, pp. 376—378。

④ 同上书，pp. 129—133；Mas'ūdi, vol. vi, pp. 26, 54以下；Baghdādi, ed. Hitti, p. 37。拉旺德是伊斯巴罕城附近的一个镇。

⑤ 参阅下列世系表：

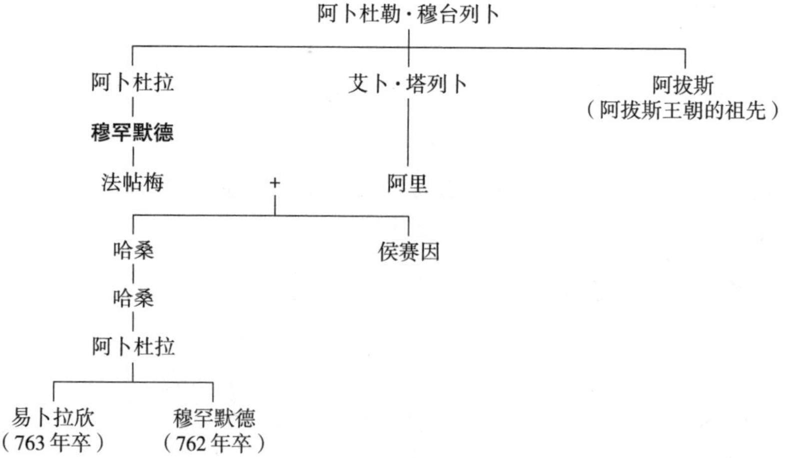

⑥ Ṭabari, vol. iii, pp. 245—265, 315—316；Mas'ūdi, vol. vi, pp. 189—203；Dīnawari, p. 381.

们的伊马木具有得自先知穆罕默德的某种程度的世代相传的智慧和一种特殊的天启。在呼罗珊，以艾卜·穆斯林的复仇者的身份出现的袄教徒孙巴德的叛乱（755 年）和吴斯塔兹西斯的叛乱（767—768 年）都被镇压了[①]。在波斯，强烈的民族情感和古代琐罗斯特与马资达克的宗教观念，交织在一起，现在这里至少是暂时地被平息下来。除两个地区外，大部分伊斯兰帝国，就这样重新统一起来了。那两个地区，一个是北非，在那里，哈里发的政权，只达到盖赖旺；一个是西班牙，阿拔斯王朝的哈里发在那里碰到一个对付不了的死对头，那就是伍麦叶人阿卜杜勒·赖哈曼（他的母亲跟曼苏尔的母亲一样[②]，也是柏柏尔族的女奴）。

国内局势安定之后，又跟西方永远的敌人拜占廷人展开了有害的边界战争，这种战争已经断断续续地打了一百多年，此时是袭击邻近的要塞。小亚美尼亚地方已倾圮的马拉提亚要塞（*thughūr*）和西里西亚的麦绥塞要塞，都被恢复了[③]，伊斯兰的军队，甚至占领了巴库的石脑油井[④]，而对当地的人民 292
征收捐税。里海（阿拉伯语叫可萨海）南边多山的泰伯里斯坦，有一个实际独立的小国，统治者是已经灭亡的萨珊帝国皇室高级官员的家族，这个地方现在也暂时被并吞了[⑤]。在印度边境，坎大哈和其他地方，都被征服了。在坎大哈发现的一个佛像，也被毁坏了[⑥]。实际上，曼苏尔的将军们的远征，已深入喜马拉雅山西北肥沃而且广阔的河谷地区克什米尔（Kashmir，阿拉伯语叫 Qashmīr）。770 年，一支舰队从巴士拉被派到印度河三角洲去惩治一批敢于抢劫吉达的海盗。

和平城

762 年，曼苏尔奠定了新都巴格达的基础，直到这时候，他一直居住在库法和希拉之间的哈希米叶城[⑦]。巴格达就是舍海尔萨德在《一千零一夜》里加以绘声绘影描写的那许多传奇性冒险事件的地点。这个地方是古老的，原来是萨珊王朝的一个村落，就叫做巴格达[⑧]，本义是“天赐”。曼苏尔曾踏勘过好几个地方，最后才决定在这里建都。他说：“这个地方是一个优良的营

---

① Ṭabari, vol. iii, pp. 119—120, 354—358; Ya'qūbi, vol. ii, pp. 441—442; ibn-al-Athīr, vol. v, pp. 368—369.

② Ya'qūbi, vol. ii, p. 436; ibn-Qutaybah, *Ma'ārif*, p. 191.

③ Ya'qūbi, *Buldān*, p. 238, l. 5.

④ Mas'ūdi, vol. ii, p. 25; Yāqūt, vol. i, p. 477.

⑤ Ya'qūbi, vol. ii, pp. 446 –447.

⑥ Balādhuri, p. 445; Yāqūt, vol. iv, pp. 183—184; Ya'qūbi, vol. ii, p. 449.

⑦ Ya'qūbi, *Buldān*, p. 237.

⑧ Ya'qūbi, *Buldān*, p. 235; Balādhuri, p. 294 = Hitti, p. 457.

地。此外，这里有底格里斯河，可以把我们和老远的中国联系起来，可以把各种海产和美索不达米亚、亚美尼亚及其四周的粮食，运来给我们。这里有幼发拉底河，可以把叙利亚、赖盖及其四周的物产，运来给我们。”[①] 曼苏尔以四年工夫，建成他的新都，花费约四百八十八万三千第尔汗[②]，雇用建筑师、技工和小工十万左右，他们是从叙利亚、美索不达米亚和帝国的其他地方招来的[③]。

曼苏尔把自己的新都叫做和平城（*Dār al-Salām*），这是这座城的正式名称。和平城位于底格里斯河右岸，在这个河谷中曾建筑过古代世界的几座最强大的都城。这座新城是圆形的，故有团城（*al-mudawwarah*）之称，内城和
293 外城，都是用砖砌成的，外城四周有一条深壕，内城里还有禁城，城高 90 英尺，环绕在中心区的周围。这三套城墙，各有等距离的四道门，有四条大街，从中心区辐射出来，像车轮的辐条一样，射向帝国的四个角落。这些城墙，构成了三个同心圆，以哈里发的宫殿为圆心，宫殿叫做“金门宫”（*bāb al-dhahab*），这是因镀金的宫门而得名的，又叫做“绿圆顶宫”（*al-qubbah al-khaḍrā'*）。宫殿的旁边有清真大寺。引见殿的圆顶，高达 130 英尺，这是“绿圆顶宫”这个名称的由来。据后期的传说，绿圆顶上面有一个骑士的雕像，他骑在马上，手持长矛，指向敌人可能来的方向[④]。但是雅古特很快就看破了这种谬误，他说，雕像必然总是指向某个方向，这就是说，经常有敌人从那个方向威胁着这座城市，穆斯林们是“聪明的，他们不至于相信这种捏造的谎言”[⑤]。萨珊王朝故都泰西封的废墟，被当做新都主要的石料和必需的建筑材料的来源，城砖是在附近烧制的。曼苏尔在世时，曾在城郊底格里斯河岸上，建筑一座宫殿，叫做永恒宫（*Qaṣr al-Khuld*）。这里的花园，可与天堂里的花园媲美（《古兰经》25∶15，16），故有此名称。又在更北的地方，建筑了第三座宫殿，叫做鲁萨法宫（*al-Ruṣāfah*，堤道），这是为皇太子——哈里发的儿子麦海迪而建筑的。

钦天监的官员，替曼苏尔择定了吉日良辰，动土兴工，为他自己、他的家属和他的呼罗珊近卫军而建筑这座都城，作为一个军事基地。后来，事情

---

① Ṭabari, vol. iii, p. 272.

② Al-Khaṭīb (al-Baghdādi), *Ta'rikh Baghdād*, vol. i (Cairo, 1931), pp. 69—70; Ṭabari, vol. iii, p. 326; Yāqūt, vol. i, p. 683.

③ Ṭabari, vol. iii, p. 276; Ya'qūbi, *Buldān*, p. 238, Khaṭib, vol. i, pp. 66—67.

④ Khaṭīb, vol. i, p. 73.

⑤ Vol. i, p. 683.

也的确非常顺利①。这座都城建成后，才几年工夫，就兴旺起来，成了一个重要的商业中心，成了头等重要的国际政治中心。好像命运要曼苏尔的都城继承泰西封、巴比伦、尼尼微、吾珥②等古代东方都城的威望，这个都城的威望和壮丽，是中世纪时代的任何都市所不及的，君士坦丁堡或许是例外，而经过若干次盛衰兴替之后，终于变成了新伊拉克王国的首都③。这个王国有一个真正阿拉比亚的国王——斐萨勒。

294

新都的位置，给东方思想的传入大开方便之门。历代哈里发，在这里建立了萨珊王朝科斯洛埃斯式（Chosroism）的政府。信奉伊斯兰教的阿拉伯人受到了波斯的影响，哈里发的职位，不过是伊朗专制的复活，与阿拉比亚的族长制大相径庭了。在那个时代，波斯头衔、波斯酒、波斯老婆、波斯情妇、波斯歌曲和波斯思想，逐渐占了上风。相传曼苏尔本人是首先采用波斯式高帽子（*al-qalansuwah*）的，他的臣民，自然仿效了他④。值得注意的是，波斯的影响，挫折了阿拉比亚人原始生活的锋芒，而为一个以发展科学和学术研究为特点的新纪元铺平了道路。阿拉比亚人的东西，只有两件保全下来：一件是变成国教的伊斯兰教，另一件是变成国语的阿拉伯语。

一个波斯的大臣世家

在曼苏尔时代，在伊斯兰政府中，初次出现大臣的官职（*vizīrite*），这是一种波斯的官职。首次担任这个崇高职务的，是哈立德·伊本·伯尔麦克⑤。哈立德的母亲，原是一个战俘，是古太白·伊本·穆斯林于705年在巴里黑俘获的；他的父亲，原是一个“伯尔麦克”（*barmak*，佛教的大和尚），是在巴里黑的佛教寺院里任职的⑥。哈立德和赛法哈是这样亲密，哈立德的女儿由前任哈里发的妻子哺乳，哈里发的女儿也由哈立德的妻子哺乳⑦。远在阿拔斯王朝的初期，哈立德就升任财政部（*dīwān al-kharāj*）的首脑。765年，他接受了泰伯里斯坦省行政长官的职务，他在那里粉碎了一次重大的叛乱⑧。晚

---

① Yāqūt, vol. i, pp. 684—685; Khaṭīb, vol. i, pp. 67—68.

② 吾珥是古代巴比伦的一座古城，位于巴比伦城东南约135英里。——译者

③ 1958年7月14日，伊拉克人民推翻了封建王朝，成立了伊拉克共和国，仍以巴格达为首都。——译者

④ Ṭabari, vol. iii, p. 371.

⑤ 参阅 ibn-Khallikān, vol. i, p. 290，在那里称海木达尼为大臣（*wazir*），用法大概与《古兰经》（20：29）的用法相同。

⑥ Ibn-al-Faqīh, pp. 322—324; Ṭabari, vol. ii, p. 1181; Yāqūt, vol. iv, p. 818.

⑦ Ṭabari, vol. ii, p. 840.

⑧ Ibn-al-Faqīh, p. 314.

年，他还立过一次大功，拿下了拜占廷的一个要塞[①]。这位波斯血统的官吏，实际上虽然不是一位"维齐尔"（*Wazīr*，即现代的所谓大臣）[②]，但是在不同的时期中，他似乎做过哈里发的顾问，成为一个著名的大臣世家的奠基者。

775年10月7日，曼苏尔在朝觐途中死于麦加附近。他已经是六十多岁的人了。在圣地附近，给他掘了一百个墓穴，但是他被秘密地葬在另外一个
295 地方，任何敌人也不可能找到他的陵墓而加以发掘[③]。他是一个又瘦又高的人，皮肤带黑色，胡须是稀疏的[④]。他性格苛刻，态度严肃，他和历代的继任者所代表的类型，成为显著的对照。但是，他的政策继续成为历代继任者的指南针，正如穆阿威叶的政策，曾指导伍麦叶王朝历代的哈里发一样。

曼苏尔的继任者麦海迪（775—785年在位），把教育他儿子哈伦的责任，委托给哈立德的儿子叶哈雅。哈伦的哥哥哈迪（785—786年在位）登基后不久就死了，由哈伦继任哈里发。他对于这个伯尔麦克人叶哈雅，还十分尊敬，称为"父亲"，他任命他为"维齐尔"，授予无限的权力。805年，叶哈雅去世，他的两个儿子法德勒和哲耳法尔，从786年到803年，实际上统治了这个帝国[⑤]。

这些伯尔麦克人，在巴格达东部建造了自己的大公馆，他们在那里过着豪华的生活。哲耳法尔的公馆，叫做哲氏公馆（al-Ja'fari），成为一大群壮丽辉煌的住宅的核心，后来被哈里发麦蒙没收，改为哈里发宫（*dār al-khilāfah*）。那些房子建在底格里斯河左岸上，后面有许多广阔的花园；在那些房子的地界内，还有许多较小的房子。这个伯尔麦克家族的成员所搜刮的财富，多到令人难以置信的程度。他们认为可以作为赠品赏赐给他们的清客、称颂者和党羽的东西，就能使受赐者成为富翁。他们的慷慨，是天下闻名的。直到现在，在说阿拉伯语的地方，伯尔麦基成为慷慨者的同义词，"哲耳法尔般的慷慨"[⑥]，这是各处的阿拉伯人都很能了解的一个明喻。

有许多沟渠、清真寺和公共工程的兴办，都要归功于伯尔麦克人的创始和慷慨[⑦]。法德勒是伊斯兰教史上斋月里在清真寺内张灯结彩的创始人。哲耳

① Ṭabari, vol. iii, p. 497.

② 参阅 *Fakhri*, pp. 206, 211; Mas'ūdi, *Tanbīh*, p. 340。

③ Ibn-al-Athīr, vol. vi, p. 13.

④ Ṭabari, vol. iii, p. 391; ibn-al-Athīr, vol. vi, p. 14; Mas'ūdi, *Tanbīh*, p. 341.

⑤ Ya'qūbi, vol. ii, p. 520.

⑥ 参阅 ibn-Khallikān, vol. i, pp. 185 以下。

⑦ 参阅Ṭabari, vol. iii, p. 645, ll. 18—19; Balādhuri, p. 363。

法尔善于辞令，有文学天才，又写得一笔好字，因此，颇负盛名①。阿拉伯史学家公认伯尔麦克人为“文墨人”（*ahl-al-qalam*）阶层的奠基者，主要是因为哲耳法尔。但是，他不仅是一个文人，还是一个时装的创作者，他的脖子很长，就发明一种高领的衣服，一般人就跟着他穿起高领服来，成为一种风尚②。哲耳法尔跟哈里发哈伦很亲昵，他父亲叶哈雅不大高兴，因为在他看 296
来，那似乎有不道德的嫌疑③。

最后，时机成熟了，哈里发摆脱了这个波斯家族的保育。对于意志坚强的哈伦（786—809 年在位）来说，十叶派的伯尔麦克人的权力太大了，哈里发帝国的天空是不允许有两轮太阳的。首先是三十七岁的哲耳法尔于 803 年被处死，他的首级悬挂在巴格达的一座桥上，尸体被剖成两半，挂在另外的两座桥上④。据史学家们说，他被处死的原因是这样的：哈伦有一个妹妹，叫做阿巴赛，哈伦很宠爱她，不让她嫁人，他允许哲耳法尔以清客的身份跟她做名义上的夫妻，以便于同座喝酒。有一次哈伦去朝觐天房，发现他妹妹已经跟哲耳法尔偷偷地生了一个男孩，暗暗地送到麦加城去，隐藏起来⑤。老年的叶哈雅和他的著名的儿子法德勒，以及另外两个儿子，都被捕下狱。叶哈雅和法德勒，都被关死在监狱里。这个家族的财产被查抄了，全部动产，总计三千零六十七万六千第纳尔，田地、房产和家具什物的价值在外⑥。伯尔麦克人哈立德所建立的这个驰名的家族，就这样一败涂地，一蹶不振了。

---

① Ṭabari, vol. ii, p. 843; Mas'ūdi, vol. vi, p. 361.

② Jāḥiz, *Bayān*, vol. iii, p. 201.

③ Ṭabari, vol. iii, pp. 674—676.

④ '*Iqd*, vol. iii, p. 28; Ṭabari, vol. iii, p. 680.

⑤ Ṭabari, vol. iii, pp. 676—677; Mas'ūdi, vol. vi, pp. 387—394; *Fakhri*, p. 288. 参阅 ibn-Khaldūn, vol. iii, pp. 223—224; *Kitāb al-'uyūn*, pt. 3, pp. 306—308。

⑥ '*Iqd*, vol. iii, p. 28.

297 第二十四章 阿拔斯王朝的全盛时代

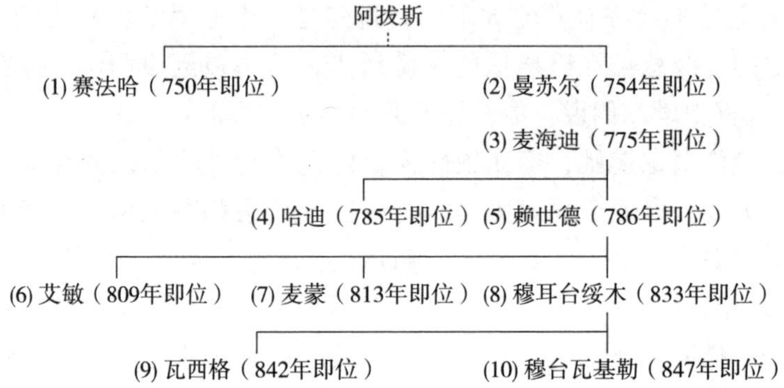

阿拔斯王朝，正如伊斯兰史上其他各朝代一样，建立后不久，就在政治生活和文化生活上，达到了极灿烂的时代。赛法哈和曼苏尔所创立的巴格达哈里发帝国，在第三位哈里发麦海迪到第九位哈里发瓦西格的这一时期中，特别是在哈伦·赖世德和他儿子麦蒙的时期，达到了全盛时代。阿拔斯王朝所以能在一般人的想象中光彩夺目，成为伊斯兰史上最著名的时代，主要是因为这两位显赫的哈里发。文选编者赛阿里比①（1038 年卒），引用了这句名言：阿拔斯王朝的哈里发，以曼苏尔为奠基者，以麦蒙为中兴者，以穆耳台迪德（892—902 年在位）为结束者。这句话与历史事实是大致相合的。自瓦西格以后，这个国家就日趋没落，到了第三十七位哈里发穆斯台耳绥木的时代，就于 1258 年灭亡于蒙古人的手中。我们只要考查一下阿拔斯王朝的对外
298 关系，研究一下巴格达的宫廷生活和贵族生活，再观察一下在麦蒙的庇护下登峰造极的智力觉醒，就有可能获得一个关于阿拔斯王朝所取得的威力、光荣和进步的观念。

与法兰克人的关系

九世纪是以两位皇帝的姓名开端的，他们在世界事务中占优越的地位，

---

① *Laṭā'if al-Ma'ārif* ed. P. de Jong (Leyden, 1867), p. 71.

一位是西方的查理曼（即查理大帝），另一位是东方的哈伦·赖世德。这两人当中，哈伦无疑是更有势力，而且代表着更高的文化。这两位同时代的人物之间，建立了友谊关系，这种友谊关系自然是以利己主义为基础促成的：查理曼认为哈伦可能成为自己的同盟者，一致去反对敌对的拜占廷；哈伦也想利用查理曼，去反对自己的死对头——西班牙的伍麦叶王朝（当时他们已建立起一个强大而且繁荣的国家）。依照西方作家的看法，这种相互的诚恳的感情，表现在互派使节和互赠礼品上。一位法兰克的作家，跟查理曼有私人的交往，有时被认为是他的秘书，据他说，这位西方伟大的国王派到东方去的使节，从"波斯国王亚伦"那里带回来丰富的礼物，包括织造品、香料和一只大象①。这个账单，是以《王室年鉴》（*Annales royales*）② 为根据的；《王室年鉴》还提及从巴格达带回来的礼物里，有一座错综复杂的时辰钟。但是哈伦曾送给查理曼一个管风琴的故事，正如其他有趣的历史小品一样，完全是杜撰的。这个故事，显然是由于把原文里的 *Clepsydra*（漏壶）这个名词翻译错了，它实际上是一种用水来计时的发明物的名称，所指的就是哈伦所赠的那个时辰钟。圣陵教堂的钥匙，经哈伦同意而交给查理曼的说法，也是不可靠的③。

互换使节和互赠礼物的事，据说发生于 797 年和 806 年之间，但是，在穆斯林的著作里，完全没有被提及，这是很奇怪的。那些著作，曾提及别的许多外交上的往来和礼节，却没有一处提及这件事。《希世璎珞》④ 曾引证伍麦叶王朝哈里发和拜占廷皇帝几次互相通信的事件，并提及"印度国王"所派遣的代表团，给哈伦带来了许多贵重的礼物，曾受到隆重的接待。别的资料⑤曾叙述哈伦的儿子麦蒙接受了由同时代的"罗马人的国王"赠送给他的一批特别丰富的礼物，那个国王可能是米迦勒二世。 299

与拜占廷人的关系

在哈里发帝国和拜占廷帝国之间持续了一百多年的斗争，到第三位哈里发麦海迪（775—785 年在位）时，又重新开始了，但是，交战不像过去那样频繁，胜利也不那样大了。内部的倾轧，震撼了阿拉伯国家，以致迁都到辽

① Éginbard, *Vie de Charlemagne*, ed. and tr. L. Halphen (Paris, 1923), p. 47.

② "Annales regni Francorum", ed. G. H. Pertzii and F. Kurze in *Scriptores rerum Germanicarum*, vol. 43 (Hanover, 1895), pp. 114, 123—124.

③ 参阅本书第三十五章"查理曼的对手"，第四十五章"叙利亚的塞尔柱克人"。参阅 Louis Bréhier in *Chambre de Commerce de Marseille. Congrès franţais de Syrie. Séances et travaux.* fasc. 2 (1919), pp. 15—39。

④ '*Iqd*, vol. i, pp. 197—198.

⑤ Kutubi, *Fawāt*, vol. i, p. 307, ll. 12—13.

远的巴格达；而君士坦丁五世（741—775 年在位）就乘机把帝国的国境，沿着小亚细亚和亚美尼亚整个边界，向东推进[1]。从叙利亚延长到亚美尼亚的穆斯林边境要塞线（*thughūr*），就随着对面的拜占廷国境线的前进而后退了。

对拜占廷重新开始圣战的第一位阿拔斯王朝哈里发麦海迪，曾对敌人的首都发起一次辉煌而且胜利的进攻。他的幼子和后来的继任者哈伦，指挥了这次的远征。782 年[2]，阿拉伯军队即使没有到达君士坦丁堡，也已到达了博斯普鲁斯海峡[3]，代表君士坦丁五世而摄政的爱利尼皇太后，被迫请和，签订了特别丢脸的和约，包括每年分两期缴纳贡税七万到九万第纳尔[4]。此次战役大大提高了哈伦的威望，以致他父亲赠给他“赖世德”（*al-Rashīd*，正直者）的光荣称号，并且立他为第二太子，在他哥哥穆萨·哈迪之后继任哈里发。

这是敌对的阿拉伯军队最后一次站在这座骄傲的首都的城墙下面。对拜占廷的远征，共计四次，其中三次，是在伍麦叶人时代派遣的，具体来说，是穆阿威叶和苏莱曼派遣的[5]。这四次远征中，有两次是真正包围了君士坦丁城的，一次是叶齐德进行的（回历 49 年，即公元 669 年），另一次是麦斯莱
300 麦进行的（回历 98 年，即公元 716 年）。土耳其的传说却说围城共计七次到九次，其中有两次据说是哈伦进行的。在《天方夜谭》和阿拉伯骑士传奇小说里，穆斯林对君士坦丁堡的远征，在十字军战争期间，构成了主题，被高度地加以渲染和发挥。

爱利尼（797—802 年在位）篡夺了王位，成为“拜占廷历史上完全握有大权而实行统治的第一位女皇”[6]。奈塞福拉斯一世（802—811 年在位）[7] 继承她的王位后，他否认了女皇所缔结的和约中的一切条款，甚至要求当时的

---

① A. A. Vasiliev, *History of the Byzantine Empire*, tr. S. Ragozin, vol. i (Madison, 1928), p. 291; Charles Diehl, *History of the Byzantine Empire*, tr. G. B. Ives (Princeton, 1925), p. 55.

② *Kitāb al-ʻUyūn*, pt. 3, p. 278，说此次战役是在回历 163 年（公元 780 年），Yaʻqūbi (vol. ii, pp. 478, 486）说是在回历 164 年，Ṭabari (vol. iii, pp. 503—504）说是在回历 165 年。

③ 西奥方斯 813 年在书中（第 456 页）写道，哈伦曾深入到君士坦丁堡对岸的克利索波列，即是近代的斯库塔里（Scutari），现代的于斯屈达尔（Uskudar）。

④ Ṭabari, vol. iii, p. 504.

⑤ 参阅本书第 200 页以下。

⑥ Vasiliev, vol. i, p. 287.

⑦ 他的名字尼格福尔（Niqfūr）是一个地道的阿拉伯名字。他是阿拉伯血统的；很可能是加萨尼人哲伯莱的苗裔；Ṭabari, vol. iii, p. 695; Michel le Syrien, *Chronicle*, ed. J. B. Chabot, vol. iii (Paris, 1905), p. 15。他废黜爱利尼的时候，结束了利奥三世（Leo III, 717—741 年在位）所创立的叙利亚王朝（717—802 年）。利奥三世及其继任者，曾领导破坏偶像运动，这个运动显然是受到穆斯林的影响的。西奥方斯曾称利奥为“具有萨拉森思想者”（第 405 页）。

哈里发赖世德退还已经缴纳过的贡税。赖世德被激怒了，他叫人拿笔墨来，在那封无礼的书信的背面写了下面的答复：

奉至仁至慈的真主之名，

信士们的长官哈伦给罗马人的狗奈塞福拉斯。

不信道的母亲所生的儿子，我确已收到你的信件了。我的回答是要你用眼看的，不是要你用耳听的。赛兰。①

哈伦是说到就做到的，他立刻开始了一系列的出征，他在自己所偏爱的居住城市赖盖指挥；那座城市位于幼发拉底河畔，控制着叙利亚的边境。这些战役，蹂躏了小亚细亚，终于在806年夺取了赫拉克利亚（Heraclea，阿拉伯语叫Hiraqlah）和泰阿那（Tyana，阿拉伯语叫al-Tuwānah）。结果，除原来的贡税外，还对皇帝本人和皇室的每个成员，都征收一种侮辱性的人丁税②。在哈伦·赖世德时代发生的这件事，可以作为阿拔斯王朝的势力达到最高峰的标志。

806年后，只有过一次重要的尝试，那是838年穆耳台绥木进行的，他企图在陶鲁斯山那边获得一个立足点。穆耳台绥木的军队是庞大的，“装备之优良，超过以前任何哈里发的军队”③，而且已插入“罗马人的国土”的心脏，301
暂时占领了阿摩利阿姆（Amorium，阿拉伯语叫‘Ammūriyah），当时统治王朝开基创业者的诞生地④。但是，这次的尝试，总的来说，是不成功的。阿拉伯军队，本想向君士坦丁堡进军，但是接到国内可能发生武装叛变的警报后就班师了。当时在位的皇帝西奥菲拉斯（829—842年在位）生怕他的首都陷落，因此派遣使节到威尼斯、法兰克王国和西班牙的伍麦叶王朝朝廷去恳求援助。以前西奥菲拉斯还受过一次东方的威胁，当时哈伦的儿子麦蒙御驾亲征，但是他在833年死于塔尔苏斯附近。自穆耳台绥木以后，阿拉伯人方面从来没有进行过重要的进攻。他的继任者，虽然屡次派兵越境进犯，但其目的是掠夺，而不是征服。那些冲突，没有一次是具有重大意义的，也没有一次进攻是深入内地的。尽管如此，整个九世纪中，敌对的接触，虽然规模不

① Ṭabari, vol. iii, p. 696.

② 同上书，第696页，709—710页；Ya‘qūbi, vol. ii, p. 519, l. 14, p. 523, l. 2；Dinawari, pp. 386—387；Mas‘ūdi, vol. ii, pp. 337—352。

③ Ṭabari, vol. iii, p. 1236.

④ Michel le Syrien, vol. iii, p. 72.

大，但几乎每年都定期地在东方的边境上发生。一位阿拉伯地理学家①告诉我们，依照惯例，每年进行三次侵略：一次在冬季，从二月下旬到三月上旬；第二次在春季，从五月十日起，持续三旬；第三次在夏季，从七月十日起，持续六十天。这样的侵略，既可以使军队随时有充分准备，又可以净赚大批战利品。原来的阿拉比亚民族动机和大部分的宗教原动力，在伊斯兰教早期的战役中，是居于显著地位的，到此时已变成很次要的因素了。伊斯兰教国家内部的衰弱，已在其对外关系中开始显露出来了。约在十世纪中叶，在哈里发帝国内部建立起来的阿勒颇的哈木丹尼小王朝，曾经和拜占廷进行过斗争。这种斗争，将在以后加以论述。

巴格达的繁华

历史和传说一致承认，巴格达最辉煌的时代，是哈伦·赖世德在位的时代（786—809 年）。不到半个世纪的工夫，巴格达就从一个荒村，发展成为一个惊人的财富的中心和具有国际意义的都会，只有拜占廷可以和它抗衡。
302 巴格达的豪华，是随着全国的繁荣而与日俱增的。当时巴格达已变成“一个举世无匹的城市了”②。

皇宫及附属于皇宫的供内眷、太监和特等官吏居住的建筑，就占去这座团城的三分之一。最壮观的是皇宫里的引见厅及其地毯、帐幔和褥垫，那是东方所能制造的最好的产品。哈里发哈伦·赖世德的妻子（他的堂妹）左拜德，在传说中与她丈夫共享后代所赠与他们的荣誉，在她的桌子上，只准摆设金银器皿和用宝石镶嵌的用具。她为时髦人士而创制时装，她是用宝石点缀鞋子的第一人③。相传她在某次朝觐天房的时候，花费了三百万第纳尔，其中包括从 25 英里外的源泉，把水引到麦加城的设备费④。

当时与左拜德竞争的，是美丽的欧莱叶，她是麦海迪的女儿，哈伦的异母妹妹。她的脑门上有一个疤，为了掩饰这个缺点，她发明了一种用宝石点缀的头带，叫做欧莱叶式头带，讲究时髦的妇女都把这种头带当做时尚使用⑤。

在举行庆祝仪式的日子，特别是哈里发的登基典礼、王室的婚礼、朝觐天房和接待外国使节的时候，朝廷的富丽堂皇，就获得了充分显示的机会。哈里发麦蒙和他的宰相哈桑·伊本·赛海勒的十八岁的女儿布兰⑥，于 825 年

---

① Qudāmah, *Kitāb al-Kharāj*, ed. de Goeje (Leyden, 1889), p. 259.

② Khaṭīb, vol. i, p. 119.

③ Mas'ūdi, vol. viii, pp. 298—299.

④ 参阅 ibn-Khallikān, vol. i, p. 337; Burckhardt, *Travels*, vol. i, p. 196。

⑤ *Aghāni*, vol. ix, p. 83.

⑥ 她与麦蒙订婚时才十岁；ibn-Khallikān, vol. i, p. 166。

举行婚礼的时候，耗费了令人难以置信的财富，阿拉伯文学把这当做当代难忘的幻想曲而保存了下来。据说举行婚礼的时候，把一千颗极大的珍珠，从一个金托盘里撒在那对新人的身上，他俩站在一床金席子上面，那床金席子，是用珍珠和蓝宝石装饰的。一支 200 磅（rotl①）重的龙涎香烛，把黑夜照耀成白昼。把许许多多的麝香丸撒给皇亲国戚和高官显贵，每个麝香丸里都有礼券一张，上面写明田地一份，或者奴隶一名，或者别的礼物②。哈里发穆格台迪尔于 917 年，在皇宫里以隆重的仪式，接见了年轻的君士坦丁七世的使节，他们的使命，显然是包括战俘的交换和取赎的③。哈里发的列阵，包括骑 303
兵和步兵十六万人，黑太监和白太监七千人，侍从七百人。在阅兵式中，有狮子一百只，分列前进。哈里发的宫殿里，挂着帐幔三万八千幅，其中有一万二千五百幅是绣金的，此外还有地毯二万二千条。使节们是这样的吃惊和叹赏，以致他们起初把侍从办公厅，随后又把宰相办公厅误认作哈里发的引见厅。给他们印象最深的，是异树厅（*dār al-shajarah*），那里面陈列着一棵金质和银质的树，重 50 万打兰④，树枝上歇着金质和银质的小鸟，一按开关，群鸟就啾啾地叫起来。他们在御花园里还看到，用人工巧妙地培植成的矮小的枣椰，能结各种稀罕的椰枣，真是令人惊叹不已⑤。

哈伦是伊斯兰教君主的典型，他和他的几个继任者所表现出的慷慨大方，像磁石一样，把诗人、才子、乐师、歌手、舞女、猎犬和斗鸡的驯养师以及有一技之长能引起哈里发的兴趣、供他娱乐的各式各样的人物，都吸引到首都来了⑥。摩苏尔人易卜拉欣、谢雅图、伊本·查米耳三人，在乐师和歌手的花名册上，是名列前茅的。放荡的诗人艾卜·努瓦斯，是哈伦的清客，是哈伦在夜间化装出游时的伴侣。这位诗人，用生动的语言，描写了那个兴盛时代有趣的宫廷生活。《乐府诗集》中记载着许多可以做例证的逸事，这些逸事里真实的部分，是不难辨别的。一个故事说，哈里发艾敏（809—813 年在位）在某个晚上赏赐他以歌唱为业的叔父易卜拉欣·伊本·麦海迪三十万个第纳尔，作为吟唱艾卜·努瓦斯几句诗的报酬。易卜拉欣曾得过好几次赏钱，

---

① rotl，确实重量因地而异，在阿拉比亚，约合 1.02 磅，此处姑作 1 磅。——译者

② Ṭabari, vol. iii, pp. 1081—1084, Mas'ūdi, vol. vii, pp. 65—66; ibn-al-Athīr, vol. vi, p. 279; Tha'ālibi, *Laṭā'if*, pp. 73—74; ibn-Khaldūn, *Muqaddamah*, pp. 144—145.

③ Mas'ūdi, *Tanbīh*, p. 193.

④ 一个打兰重 1.771 克，这棵金银树计重 885.5 公斤。——译者

⑤ Khaṭib, vol. i, pp. 100—105; abu-al-Fidā, vol. ii, p. 73; Yāqūt, vol. ii, pp. 520—521.

⑥ Balādhuri, *Ansāb al-Ashrāf*, ed. Max Achloessinger, vol. iv B (Jerusalem, 1938) p. 1.

加上此次的赏钱，共计二千万第尔汗[1]，这个数目并没有超过几个县份的土地税。伊本·艾西尔认为艾敏没有什么值得赞美的地方[2]，他有几只特别的彩船，是为了在底格里斯河上举行宴会而制造的，每只船具有一种动物的形状，有像海豚的，有像狮子的，有像鹰的，每只船的造价是三百万第尔汗[3]。《乐府诗集》里有这样一个生动的记载[4]：哈里发艾敏，曾亲自指导一次通宵的芭
304 蕾舞会；一群美丽的舞女，在柔和的舞曲的伴奏中，翩翩起舞，演出精彩的节目；参加舞会的人，都一起合唱反复演奏的歌曲。据麦斯欧迪的记载[5]：易卜拉欣曾为他的哥哥赖世德举行一次宴会，有一盘鱼肉，切得十分细；赖世德问他，为什么要这样切；他回答说，那是用一百五十条鱼舌头做成的，共花费一千个第尔汗。这些传说里，难免有东方说书人加进去的各种夸张和幻想，即使排除这些增添的部分，其余关于巴格达宫廷生活的描绘，也足以引起我们的惊讶了。

在奢侈的生活方面，仅次于这位哈里发的是阿拔斯王朝的皇亲国戚、大臣、官吏、职员，以及充满皇宫的随从。与阿拔斯人同宗的哈希姆族的成员，经常领到国库的大量津贴，直到穆耳台绥木（833—842 年在位）[6] 才废除这个惯例。据说赖世德的母亲赫祖兰的收入，达一亿六千万第尔汗[7]。赖世德时代，有一个人叫做穆罕默德·伊本·苏莱曼，他死后财产被没收，总计现金五千万第尔汗，不动产的每日收益，是十万第尔汗[8]。伯尔麦克人的生活水平当然不低于哈里发宫廷的生活水平。至于巴格达城普通公民无聊的生活和老百姓胸中澎湃的感情如何，我们在文献中找不到很多记载，只有苦行诗人艾卜·阿塔希叶曾有些描写。

阿拔斯王朝曾发生内战，持续六年之久，参加内战的是麦蒙和他哥哥艾敏（皇太子），然后是麦蒙和他叔叔易卜拉欣。内战的原因，是争夺皇位。六年之后，即 819 年，麦蒙奏凯归来，他发现巴格达城大半已变成了废墟。从此以后，我们再也听不到团城的名称了。麦蒙以原先为伯尔麦克人哲耳法尔在底格里斯河东岸所建的公馆为哈里发的宫殿，但是，没有经过很长的时间，

---

① *Aghānī*, vol. ix, p. 71. 参阅本书第 321 页。

② Ibn-al-Athīr, vol. vi, p. 207.

③ Ibn-al-Athīr, vol. vi, p. 206; Ṭabari, vol. iii, pp. 951—953.

④ Vol. xvi, pp. 138—139.

⑤ Vol. vi, pp. 349—350.

⑥ 参阅 Tha'ālibi, *Laṭā'if*, p. 16。

⑦ Mas'ūdi, vol. vi, p. 289.

⑧ 同上。

巴格达城又恢复了商业和文化中心的重要地位。巴格达城是历代有名故都的自然继承者。那些故都，曾繁荣于底格里斯河和幼发拉底河的河谷里，最古的是吾珥和巴比伦，最晚的是泰西封（麦达因），所以阿拔斯王朝的首都的重 305
要性，是不易消灭的。巴格达的地势，适于做一个航运中心，便于与当时所认识的全世界进行充分的联系。巴格达城的码头，有好几英里长，那里停泊着几百艘各式各样的船只，有战舰和游艇，有中国大船，也有本地的羊皮筏子。这种筏子（现在还有），常从摩苏尔顺流而下。市场上有从中国运来的瓷器、丝绸和麝香；从印度和马来群岛运来的香料、矿物和染料；从中亚细亚突厥人的地区运来的红宝石、青金石、织造品和奴隶；从斯堪的纳维亚和俄罗斯运来的蜂蜜、黄蜡、毛皮和白奴；从非洲东部运来的象牙、金粉和黑奴。城里有专卖中国货的市场。帝国的各省区，用驼队或船舶，把本省的物产运到首都，如从埃及运来大米、小麦和夏布；从叙利亚运来玻璃、五金和果品；从阿拉比亚运来锦缎、红宝石和武器；从波斯运来丝绸、香水和蔬菜[①]。巴格达城东西两部分之间的交通，是由三座浮桥联系起来的，像今天的巴格达一样[②]。赫兑卜在《巴格达志》里用专章叙述了巴格达的河流和桥梁[③]。当时，商人们从巴格达和其他出口中心，航行到远东、欧洲和非洲，他们贩卖各种织造品、宝石、铜镜、料珠、香料等[④]。最近世界各国，远至北方的俄罗斯、芬兰[⑤]、瑞典和德国，所发现的阿拉伯钱币，都可以证明穆斯林商人在这个时期和以后的年代里，所进行的具有国际性质的商业活动。航海家辛巴达的冒险记，是《一千零一夜》里最好的故事，这些故事是根据穆斯林商人商务旅行的实际报告而写作的。

在巴格达社会中，商人起了重要的作用。每种商业或者工业，在市场（*sūq*）里都有本行业的店铺[⑥]，正如我们现代的情况一样。街道生活的单调，往往被偶尔过路的送亲行列或者为男孩举行割礼的行列打断。医生、律师、教师、作家等自由职业者，在麦蒙的庇护下，开始占据显著的地位。奈迪木撰写永 306
垂不朽的《书目》的时候（988 年），就有大量的手稿，甚至讨论催眠术、杂

① 参阅 Le Strange，*Eastern Caliphate*，散见各处。参阅本书第三十六章“工业和农业”。

② 这种浮桥，沿用到第二次世界大战爆发之前不久，现在还保存有一座，其他两座已改建成铁桥。——译者

③ Al-Khaṭīb，vol. i，pp. 111—117.

④ 参阅本书第 345 页以下。

⑤ 赫尔辛基博物馆收藏着此类古钱币。

⑥ Ya'qūbi，*Buldān*，p. 246.

耍、吞刀术、嚼玻璃术一类的题目[①]。幸亏伊本·赫里康[②]给我们留下了一位学者日常生活的一个横断面。我们由侯奈因·伊本·易司哈格[③]的生活情况，可以想见在当时的学术市场上，学者是有相当高的行情的。他告诉我们，侯奈因每天骑马到公共澡堂去，侍者浇水给他洗澡，他走出洗澡间，披上休息的长袍，然后喝一杯水，吃块饼干，就躺下休息。有时他睡一觉，午睡醒来，烧香熏身体，然后进午餐。他的午餐，主要是肉汤、肥鸡肉和面包。然后再睡一觉，睡醒后喝4磅陈酒，如果喜欢吃新鲜水果，就再吃些榅桲和叙利亚苹果。

盎格鲁·撒克逊金币，仿造回历157年（公元774年）的阿拉伯第纳尔
正面有作证言（*shahādah*）[④]，反面有倒刻的OFFA REX
采自H. W. C. Davis，“*Mediaeval England*”（*Clarendon Press*）
不列颠博物馆藏

智力的觉醒

拜占廷是阿拔斯人有宿怨的敌人。在麦海迪和赖世德的时代，穆斯林军队对拜占廷的胜利，无疑地增加了这个时代的光彩，奢侈的生活，又增加了这个时期在史书中和小说中的声望，但是，在全世界编年史上这个时期之所以特别著名，却是由于伊斯兰教历史上最重大的智力的觉醒，这件事被认为是世界思想史上和文化史上最有意义的事件之一。这个觉醒，在很大程度上，是由于外来的影响，其中有印度、波斯、叙利亚的成分，但主要是希腊的影响；影响的途径是翻译，从波斯语、梵语、叙利亚语和希腊语，译成阿拉伯语。阿拉比亚的穆斯林，虽然只有很少的一点科学、哲学和文学的根底，但是，他们从沙漠里带来了锐敏的感官、强烈的好奇心、难以满足的求知欲和大量的才智潜能；当他们征服或接触更古老、更先进的民族的时候，他们不久就变成了那些古代文化的受益人和继承人，正如我们在前面已经讨论过的那样。在叙利亚，他们采纳了当时存在的阿拉马文化，那种文化本身也曾受过晚期希腊文化的影响；在伊拉克，他们采纳了曾受波斯影响的伊拉克文化。

① P. 312.
② Ibn-Khallikān, vol. i, p. 298.
③ 参阅本书第225页。——译者
④ 作证言是伊斯兰教的口号：除真主外，无神灵。穆罕默德是真主的使者。——译者

在建筑巴格达城后，仅仅七十五年的工夫，阿拉伯语的学术界，就已掌握了亚里士多德主要的哲学著作，新柏拉图派主要的注释，格林医学著作的绝大部分，还有波斯－印度的科学著作[①]。希腊人花了好几百年才发展起来的东 307
西，阿拉伯学者在几十年内就把它完全消化了。由于吸收了希腊文化和波斯文化的主要内容，伊斯兰教固然丧失了自己最大部分的特性，即从沙漠中汲取的精神和阿拉伯民族主义的标志，但是，伊斯兰教因此在联系那条南欧和近东的中世纪文化纽带中，占据了一个重要的地位。我们应该记住，这种文化是由一条溪水养育起来的，这条溪水发源于古代埃及、巴比伦、腓尼基和朱迪亚，这条溪水注入希腊，然后以希腊文化的形式，倒流入近东。在后面我们就要看到，这条同一的溪水，怎样通过西班牙和西西里岛的阿拉伯人，重新流入欧洲，而给欧洲文艺复兴以很大的助力。

印度曾经是早期启发的源泉，特别是在哲学、文学和数学方面。约在回 印度
历154年（公元771年），有一位印度旅行家，曾将一篇天文学论文传入巴格达，这篇论文叫做《西德罕塔》（*Siddhānta*，阿拉伯语叫 *Sindhind*）；曼苏尔命令法萨里（796—806年间卒）把这篇论文译成阿拉伯语，法萨里接着就成为伊斯兰教的第一个天文学家[②]。阿拉比亚人在沙漠里生活的年代，对于星辰自然感兴趣，但是，他们对于星辰从来没有做过任何科学研究。伊斯兰教增加了天文学研究的原动力，因为穆斯林每天五次礼拜，都必须面向克而白天房，而只有凭着星宿才能确定礼拜的正向。著名的花拉子密（约850年卒），以法萨里的天文表为蓝本，制定了他自己驰名的天文表，而且把印度和希腊的天文学体系加以综合，同时加上自己的贡献。在这个时期翻译的天文学著作，还有赖世德的图书馆馆长法德勒·伊本·诺伯赫特（约815年卒）[③] 从波斯语译成阿拉伯语的几篇论文[④]。

那位印度旅行家，还带来了一篇数学论文；欧洲人所谓的阿拉伯数字，
阿拉伯人所谓的印度码子，就是由这篇论文传入穆斯林世界的[⑤]。后来，在九 308
世纪时，印度人对于阿拉伯数学又做出了另一个重要的贡献，那就是十进位法。

---

① 十九世纪末期，阿拉伯东方也经过一个翻译时期，主要是从法语和英语翻译。

② Ṣā'id ibn-Aḥmad（al-Qāḍi al-Andalusi），*Ṭabaqāt al-Umam*, ed. L. Cheikho（Beirūt, 1912），pp. 49—50；Yāqūt, *Udabā'*, vol. vi, p. 268；Mas'ūdi, vol. viii, pp. 290—291.

③ “诺伯赫特”是一个波斯名词，意思是“幸运”。这个家族的许多成员，都以天文学著名于世。见Ṭabari, vol. iii, pp. 317, 318（这个名字有时写成 Nībakht 或 Naybakht），1364。

④ *Fihrist*, p. 274。

⑤ 参阅本书第四十章“天文学和数学”。

波斯 除艺术和纯文学（*belles-lettres*）外，波斯没有什么独创的贡献。伊朗人民审美的性情，是闪族的阿拉比亚人在文化生活中迫切需求的要素。波斯在艺术上的影响最大，其次是在文学上的影响；至于科学上的或哲学上的影响，则是微不足道的。传到现在的最早的阿拉伯语文学作品，要推《凯利莱和迪木奈》（*Kalīlah wa-Pimnah*）（《比得巴寓言》），这是从帕莱威语（中世纪波斯语）译成阿拉伯语的；波斯语的本子，又是从梵语译成的。梵语原本是在艾努舍尔旺（531—578 年）在位时，跟象棋同时从印度传入波斯的。波斯语译本，早已散佚，梵语原本也早已失传，虽然这种材料经过发挥，保存在《五卷书》（*Panchatantra*）中，因此阿拉伯语译本，具有特殊的意义。《凯利莱和迪木奈》的译本，除欧洲语言外，还有希伯来语、土耳其语、埃塞俄比亚语、马来语等四十多种语言的译本，甚至连冰岛语也有译本。这些译本，都是以阿拉伯语译本为根据的。这本书的宗旨，是要用寓言的方式，把政治的原理教给皇亲贵戚。阿拉伯语译本的译者伊本·穆盖法耳①，原先是一个袄教徒，后来改奉伊斯兰教，由于他的信仰受到怀疑，以致 757 年被处以焚刑。

伊本·穆盖法耳的译品，本身就是具有特殊的艺术风格的作品。自阿拔斯王朝以来，阿拉伯文的散文，即具有波斯风格的特征，这种特征是高度的优雅、精彩的比喻和华丽的辞藻。具有刚健、尖锐和简洁等特色的旧阿拉伯风格，大部分被萨珊王朝时代的华丽矫饰的措辞代替。《乐府诗集》、《希世璎珞》、杜尔突什的《帝王明灯》② 等阿拉伯文学作品，都充满了从早期印度－波斯原作中引证的文句，特别是在谈到礼节、格言、政体和历史的时候。下面将要谈到的阿拉伯的历史编纂法，也是依照波斯的楷模的。

309 公元 765 年，哈里发曼苏尔害胃病，他的御医们束手无策，于是从军迪·沙普尔③把当地著名医院的院长、景教徒朱尔吉斯（乔治）·伊本·伯赫帖舒（Bakhtīshū‘）④ 邀请来。军迪·沙普尔以其医学和哲学科学院而著名于当时，那所科学院是伟大的艾努舍尔旺在 555 年前后创建的。这个学术机关的科学，是以古希腊的传统为基础的，数学用语却是阿拉马语。朱尔吉斯很

---

① 关于《凯利莱和迪木奈》的版本，可以参考 Sylvester de Sacy 的版本（Paris，1816），回历 1249 年开罗布拉格的翻版；Khalīl al-Yāziji 的第二版（Beirūt，1888）；L. Cheikho 的版本（Beirūt，1905）。关于伊本·穆盖法耳，可以参阅 *Fikrist*，p. 118；ibn-Khallikān，vol. i，pp. 266—269。

② 1289、1306 年屡次出版于开罗。

③ 阿拉伯语的名称是军得沙普尔（Jundaysāpūr）。这座城是萨珊王朝的沙普尔一世所建筑的（因此而得名，意思是“沙普尔的营房”），位于现代伊朗西南部胡泽斯坦的沙哈巴德村所在地。

④ 参阅 *Fihrist*，p. 296；ibn-al-‘Ibri，pp. 213—215。伊本·艾比·伍赛比耳（vol. i，p. 125）把“Bakht”这个词看成是当做“用人”讲的叙利亚词，其实是帕莱威语的 *bōkht*，意思是“解救了”，作为姓使用，是“耶稣解救了”的意思。

快就取得了哈里发的信任，变成了御医，尽管他保持了基督教的信仰。哈里发劝他改奉伊斯兰教，死后可以进天堂，他回答说：“我愿守祖教而去世，我的祖先归落何处，我愿归落何处，在天堂里也好，在地狱里也好。”[1] 伊本·伯赫帖舒在巴格达成为一个显赫的家族的奠基者，这个家族连续兴盛了六七代，在二百五十年中几乎一直在宫廷里独占了御医的职位。在那个时代，科学跟珠宝细工和其他手艺一样，被认为是独家经营的行业，是父子相传的。朱尔吉斯的儿子伯赫帖舒（801 年卒），在赖世德时代，是巴格达医院的院长。伯赫帖舒的儿子吉卜利勒（迦伯利），于 805 年被任命为哈里发的御医[2]，赖世德所恩宠的一个女奴曾害歇斯底里性的瘫痪症，他装作要在大庭广众之中剥她的衣服，这样治好了她的病。

希腊文化

阿拉伯人征服肥沃的新月地区的时候，希腊的文化遗产，无疑是他们手边最宝贵的财富。在阿拉伯人的生活里，希腊文化终于成为一切外国影响中最重要的一种影响。下列的城市，变成了传布希腊文化的中心：埃德萨（Edessa，阿拉伯文叫 al-Ruhā'，鲁哈），信仰基督教的叙利亚人的主要中心；哈兰，信仰异教的叙利亚人的大本营，从九世纪起，这些叙利亚人自称萨比教徒（阿拉伯语的*Ṣābi'ah* 或*Ṣābi'ūn*）[3]；安提俄克，古希腊殖民地之一；亚历山大港，东方哲学和西方哲学的会合点；此外还有叙利亚和美索不达米亚的无数修道院，不仅研究神学，而且研究科学和哲学。对罗马人的领土进行各 310
种的侵入，特别是在赖世德的时代，对于阿拉伯人是很有好处的，因为他们不但获得战利品，而且获得很多希腊的写本，主要是从阿摩利阿姆和安基拉得来的[4]。麦蒙曾派遣密使，不远千里到君士坦丁堡去见利奥皇帝（亚美尼亚人）本人，向他索取希腊语的著作，这是一个著名的故事。甚至曼苏尔本人，据说也接到拜占廷皇帝应他的请求而赠送给他的一批书籍，包括欧几里得的《几何学原理》[5]。但是阿拉比亚人不懂希腊语，起初他们必须依靠他们的臣民替他们翻译，翻译人员有犹太教徒，有异教徒，特别是景教徒。这些叙利亚的景教徒，先从希腊语译成叙利亚语，再从叙利亚语译成阿拉伯语，他们就变成了希腊文化和伊斯兰教之间坚强的桥梁，因而成为最早的东方的办粮人，把希腊文化大量地贩卖给世界各国人民。必须通过叙利亚语的翻译，希

---

① Ibn-al-ʻIbri, p. 215, ibn-abi-Uṣaybiʻah, vol. i, p. 125.

② Ibn-al-ʻIbri, pp. 226—227; Qifṭi, pp. 134—135.

③ 参阅本书第 357 页。

④ 阿拉伯语叫安基赖（Anqirah），Yaʻqūbi, vol. i, p. 486。就是现在土耳其的首都安卡拉。

⑤ Ibn-Khaldūn, *Muqaddamah*, p. 401.

腊文化才能进入阿拉伯人的脑海。

在麦蒙时代，希腊的影响已达于极点。这位哈里发理性主义的脾性，和他对于穆尔太齐赖主义（主张经典的明文应该与理性的判断相合）的偏袒，迫使他到希腊人的哲学著作里去寻找证据，来为自己的立场作辩护。据《书目》的记载①，他在梦中看见亚里士多德对他保证，理性和教典之间没有真正的分歧。麦蒙为了实行自己的政策，于830年在巴格达创办了著名的智慧馆（*Bayt al-Ḥikmah*）。那是一个图书馆、科学院和翻译局的联合机构，从各方面来看，它都是自公元前三世纪前半期亚历山大港博物馆成立以来最重要的学术机关。在830年以前，翻译工作是一种自由散漫的工作，由基督教徒、犹太教徒和新入伊斯兰教的人物，独立地进行。自麦蒙开始，在他的几位继任者的时代，翻译工作主要集中在这所新建立的科学院中进行。自750年起，阿拔斯王朝的翻译工作，持续了百年左右。由于大多数的翻译家是说阿拉马
311 语的，所以许多希腊语的著作，是先译成阿拉马语（叙利亚语），再译成阿拉伯语的。原本中有些难译的段落，是逐字逐句直译的；有些专门术语，找不到适当的阿拉伯名词，只好稍加改变后，把希腊术语加以音译②。

翻译家们对于希腊人的文学作品不感兴趣，所以没有译成阿拉伯语。因此，阿拉伯人没有接触到希腊的戏剧、诗歌和历史。在这方面，波斯的影响，仍然是最大的。鲁哈人，马龙派的基督教徒萨瓦菲勒（西奥菲拉斯）·伊本·徒马（785年卒）③，是麦海迪的钦天监，他曾把荷马的《伊利亚特》节译成阿拉伯语，但这个译本的效果似乎等于零，甚至连译本也没有流传下来。格林（约在200年卒）和爱琴海的保罗（闻名于650年前后）④所著的希腊医学，欧几里得（闻名于公元前300年前后）和托勒密（闻名于二世纪前半期）所著的希腊的天文历算，柏拉图和亚里士多德所著的希腊哲学书和新柏拉图派的注释，是这个文化勘探队旅行的出发点。

翻译家

从希腊语翻译的最早的翻译家之一，是艾卜·叶哈雅·伊本·伯特里格

---

① *Fihrist*, p. 243.

② 因此，我们看到这样的一些阿拉伯语词汇：*arithmāṭīqi*（arithmetic，算术）*jūmaṭrīya*（geometry，几何学），*jighrāfīyah*（geography，地理学），*mūsīqī*（music，音乐），*falsafah*（philosophy，哲学），*asṭurlāb*（astrolabe，星盘），*athīr*（ether，以太），*iksīr*（elixir，配剂），*ibrīz*（pure gold，纯金），*maghnaṭīs*（magnet，磁石），*urghun*（organ，风琴）。参阅 abu-'Abdullāh al-Khwārizmi，*Mafātih al-'Ulūm*，ed. G. van Vloten（Leyden，1895），index；*Fihrist*，散见各处；*Rasā'il Ikhwān al-Ṣafā'*，ed. Khayr-al-Dīn al-Zirikli（Cairo，1928），散见各处。

③ Ibn-al-'Ibri，pp. 41，220.

④ 同上书，p. 176。

（796—806 年间卒），他曾给曼苏尔译出格林和希波克拉底（闻名于公元前 436 年前后）的主要著作，又给另一位庇护者译出托勒密的《四部集》[1]。如果麦斯欧迪的报告是正确的[2]，那么，欧几里得的《几何学原理》和托勒密所著的伟大的天文历表《天文大集》（*Almagest*，阿拉伯语叫做 *al-Majisṭi* 或 *al-Mijisṭi*，发源于希腊语的 *megistē*，意思是最伟大的）[3]，也可能是在这个时期译成阿拉伯语的。这些早期的译本，显然是译得不很妥当的，在赖世德和麦蒙时代，不得不加以校订或者重译。早期的翻译家之一，是叙利亚的基督教徒约哈纳（叶哈雅）·伊本·马赛维[4]（857 年卒），他是吉卜利勒的学生，是侯奈因·伊本·易司哈格的先生，据说他曾给赖世德译过某些写本，那些 312
写本主要是哈里发从安基拉和阿摩利阿姆带回来的医学著作[5]。在赖世德的几个继任者的时代，约哈纳仍继续服务。有一次，哈里发的一个宠臣得罪了他，他斥责那个人说："你的愚蠢假若变成智力，而分配给一百个笨人，那么，每个笨人都会变得比亚里士多德还要聪明。"[6]

侯奈因·伊本·易司哈格

侯奈因·伊本·易司哈格（欧洲人叫他 Joannitius，809—873 年），阿拉伯人称他为翻译家的长老，是这个时代最伟大的学者和最高贵的人物之一。侯奈因是一个伊巴底人，即希拉城的景教徒，青年时代曾任伊本·马赛维医生的药剂师。他的老师曾责备他，对他提出刻毒的批评，说希拉城的人不配学医学，他最好是到市场上去兑换钱币[7]。这个青年挥泪告别了他的老师，但是，他决心要学好希腊语。穆萨·伊本·沙基尔的三个儿子是赞助科学，而且进行独立的科学研究的，他们把他派遣到说希腊语的某些地方，去访求手写本。后来，他为麦蒙的侍医吉卜利勒·伊本·伯赫帖舒服务。随后，这位哈里发任命侯奈因为图书馆馆长兼科学院院长。由于这个职务，侯奈因负责全部科学的翻译工作，获得自己的儿子易司哈格[8]和侄子胡伯史·伊本·哈桑

---

① *Fihrist*, p. 273.

② Vol. viii, p. 291. 参阅本书第 314—315 页。

③ Ya'qūbi, vol. i, pp. 150—151.

④ Yūhanna（Yaḥyā）ibn-Māsawayh 的拉丁名字是 Mesuë（Mesua）或 Mesuë Major（大马素伊），用以区别于小马素伊（Masawayh al-Mardīni），他是在开罗的法帖梅王朝哈基木哈里发宫廷里出名的一个雅各派基督教徒，1015 年卒。

⑤ Ibn-al-'Ibri, p. 227; ibn-abi-Uṣaybi'ah, vol. i, pp. 175 以下; Qifṭi, p. 380。

⑥ *Fihrist*, p. 295.

⑦ Ibn-al-'Ibri, p. 250; ibn-abi-Uṣaybi'ah, vol. i, p. 185.

⑧ Ibn-Khallikān, vol. i, p. 116 = de Slane, vol. i, pp. 187—188.

的合作[1]，他们两个都是他的学生。侯奈因翻译了许多书，其中有一些无疑是这两个助手翻译的，另有一些是别的学生和这个学派的成员，如伊萨·伊本·叶哈雅[2]和穆萨·伊本·哈立德[3]等人翻译的。在许多情况下，侯奈因显然是做初译的工作，从希腊语译成叙利亚语，他的同事们再从叙利亚语译成阿拉伯语[4]。例如亚里士多德的著作《解释篇》就是由父亲先从希腊语译成
313 叙利亚语，再由儿子从叙利亚语译成阿拉伯语。儿子的阿拉伯语的造诣，比父亲更高[5]，后来儿子成为亚里士多德的著作最伟大的翻译家。还有些阿拉伯语译本，大概是由侯奈因翻译的，如格林、希波克拉底和代俄斯科里提斯（闻名于公元50年前后）的著作，柏拉图的《理想国》[6]，亚里士多德的《范畴篇》[7]、《物理学》、《伦理学》[8]。他最著名的工作，是把格林全部的科学著作，从希腊语译成叙利亚语和阿拉伯语[9]。格林所著解剖学的七本希腊语原本，早已遗失，幸赖阿拉伯语译本，得以流传至今[10]。侯奈因曾将《旧约》的希腊语译本译成阿拉伯语，但是，没有流传下来[11]。

下面的记载，可以说明翻译家侯奈因的才能。在给沙基尔的三个儿子服务期间，他和其他的几个翻译家，每月共得工资五百第纳尔（约250镑）。他所译的名著，麦蒙依译稿的重量，以等量的黄金给他报酬。他达到光荣的极点，不仅是由于他是一个翻译家，而且由于他是一个开业的医生，由于哈里发穆台瓦基勒（847—861年在位）曾任命他为御医。但是，他的这位庇护者，曾把他监禁了一年，因为哈里发赠给他一笔厚礼，命令他调制一剂毒药，用去杀害一个敌人，他拒绝了他的礼物和命令。他再一次站在哈里发的面前，而且受到死刑的威胁，他的答复是："我只擅长治病的良药，没有研究过杀人

① 因为一只手残废，得外号"阿赛木"。Ibn-abi-Uṣaybi'ah, vol. i, pp. 187, 203; *Fihrist*, p. 297; ibn-al-'Ibri, p. 252.

② *Fihrist*, p. 297.

③ 他还能从波斯语译成阿拉伯语，同上书第244页，l. 28。

④ *Fihrist*, p. 249.

⑤ 同上书，p. 298；Qifṭi, p. 80 照抄。

⑥ 同上书，p. 246，l. 5。

⑦ 同上书，p. 248。

⑧ Qifṭi, pp. 38, 42.

⑨ Ibn-abi-Uṣaybi'ah, vol. i, pp. 188—189; Qifṭi, pp. 94—95.

⑩ 于回历572年（公元1176年）译成的格林的真正的著作共十六种，有一个写本，叫做《小手艺》（*al-Ṣinā'ah al-Ṣaghīrah*），就包括了十种，关于这个写本，可参考 Hitti, Faris and 'Abd-al-Malik, *Catalog of the Garrett Collection of Arabic Manusripts* (Princeton, 1938), no. 1075。

⑪ Qifṭi, p. 99.

的毒药。"[①] 到这时候，哈里发才告诉他，那道命令只是为考验医生的廉洁而发出的。于是哈里发问他，为什么不肯调制杀人的毒药，他说：

> 两件事使我拒绝那样做，一件是我的宗教，一件是我的职业。我的宗教教我爱敌如友，对于朋友更应当爱护。我的职业是以造福人类为宗旨的，只许可治病救人。何况当医生的都要发誓，永远不把毒药卖给任何人。[②]

伊本·伊卜里和基弗兑，承认侯奈因·伊本·易司哈格是"科学的源泉，道德的矿井"。法国人莱克莱尔称他为"九世纪最伟大的人物，而且是历史上 314
可能遇见的若干高贵的聪明人士之一"[③]。

撒比特·伊本·古赖

正如侯奈因是一群景教翻译家的领袖那样，撒比特·伊本·古赖[④]（约836—901年）是哈兰的一群萨比教翻译家的领袖[⑤]。由于崇拜星辰，自远古以来，这个宗教的信徒，就注意天文历算的研究工作。在穆台瓦基勒的时代，他们的故乡哈兰变成了一个哲学和医学学院的所在地，那个学院原是从亚历山大港迁移到安提俄克的。撒比特和他的学生们，就是在这个环境里成长起来的。据说他们曾翻译过一批希腊语的天文历算，包括阿基米德（公元前212年卒）和别迦的阿波罗尼阿斯（约生于公元前262年）的著作[⑥]。他们还修订了某些早期的译本。例如撒比特曾修订侯奈因所译的欧几里得的《几何学原理》[⑦]。撒比特曾受到哈里发穆耳台迪德（892—902年在位）的庇护，他把这位科学家当做至交和清客[⑧]。

继承撒比特的伟大事业的，是他的儿子息南（943年卒）、他的两个孙子撒比特（973年卒）[⑨] 和易卜拉欣（946年卒）[⑩]，以及他的重孙艾卜勒·法赖

---

① Ibn-abi-Uṣaybi'ah, vol. i, pp. 187—188; ibn-al-'Ibri, p. 251.

② Ibn-al-'Ibri, pp. 251—252.

③ L. Leclerc, *Historire de la médecine arabe* (Paris, 1876), vol. i, p. 139.

④ 他所著的《医学储备》(*Dhakhīrah fi 'Ilm al-Ṭibb*) 于1928年由G. Sobhy出版于开罗。

⑤ 他们不是真萨比教徒。参阅本书第358页。

⑥ *Fihrist*, p. 267.

⑦ Ibn-Khallikān, vol. i, pp. 177, 298.

⑧ Ibn-abi-Uṣaybi'ah, vol. i, p. 216.

⑨ 同上书，pp. 224—226。

⑩ 同上书，p. 226; Qifṭi, pp. 57—59; *Fihrist*, p. 272。

吉①，他们四代人，都是杰出的翻译家和科学家。但是在撒比特之后最伟大的萨比教徒，还要推白塔尼（929 年卒），拉丁语的著作家称他为 Albategnius 或 Albatenius，他的阿拉伯全名是艾卜·阿卜杜拉·穆罕默德（伊本·查比尔·伊本·息南），由此可见他已改奉伊斯兰教。白塔尼是以天文学家著名于世的，他不是翻译家。

天文历算翻译家所形成的哈兰学派，是以哈查只·伊本·优素福·伊本·麦台尔（786—833 年间著名）本人为先驱的。据说欧几里得的《几何学原理》和托勒密的《天文大集》的初次译本，都是他的手笔。欧氏《几何学原理》有两个译本，一个是他在赖世德时代译的，一个是他在麦蒙时代译
315 的②。那是在侯奈因的译本之前的两个译本。哈查只所译的著名的天文学著作《天文大集》，是根据一个叙利亚语译本，于 827—828 年译成的。至于翻译《天文大集》的初次尝试，则是远在赖世德的首相叶哈雅·伊本·哈立德的时代③，不过那次尝试并未成功。后来，数学家布兹占人穆罕默德·艾卜勒·外发（940—997 或 998 年）④ 对于这个译本曾做过一次修改，他是最伟大的伊斯兰教天文学家和数学家之一。还有一个后期的数学和哲学著作翻译家，叫做顾斯塔·伊本·路加（约 922 年卒），他是巴勒贝克的基督教徒，据《书目》的记载⑤，他的译本共计三十四种。

十世纪后半期，出现了许多一性教的翻译家，代表人物有：叶哈雅·伊本·阿迪，893 年生于塔克里特，974 年死于巴格达；巴格达人艾卜·阿里·伊萨·伊本·左尔耳（1008 年卒）⑥，后来升任大主教的叶哈雅，曾告诉《书目》的作者，他一日一夜平均能抄写一百张译稿⑦。一性教的翻译家，从事于亚里士多德著作译本的修订工作，或准备新译本。除校译工作外，他们还把新柏拉图派学说和玄想介绍到阿拉伯世界去，产生了很大影响。

在翻译时代结束之前，剩存的亚里士多德著作，都译成阿拉伯语了，其中有不少的著作，当然是伪书。据伊本·艾比·伍赛比耳⑧和基弗兑⑨先后的

---

① Qifṭi，p. 428.

② *Fihrist*，p. 265.

③ *Fihrist*，pp. 267—268. 参阅本书第 311 页。

④ 他出生于古希斯坦的布兹占地区。

⑤ *Fihrist*，p. 295. 参阅 Qifṭi，pp. 262—263。

⑥ *Fihrist*，p. 264；ibn-abi-Uṣaybiʻah，vol. i，pp. 235—236；Qifṭi，pp. 245—246.

⑦ P. 264.

⑧ Vol. i，pp. 57 以下。

⑨ Pp. 34 以下。

记载，被称为“希腊哲学家的著作”，不下一百种。当欧洲几乎完全不知道希腊的思想和科学之际，这些著作的翻译工作，已经完成了。当赖世德和麦蒙在钻研希腊和波斯的哲学的时候，与他们同时代的西方的查理大帝和他部下的伯爵们，还在那里边写边涂地练习拼写他们自己的姓名呢。亚里士多德关于逻辑学的著作《工具》（阿拉伯语译本包括《修辞学》和《诗学》）和玻尔菲利的《逻辑学入门》，很快就与阿拉伯语法取得了同等地位，成为伊斯兰教人文主义研究的基础，直到现在还占有这个地位。穆斯林们接受了新柏拉图 316
派注释家的观念，认为亚里士多德和柏拉图的学说，大体上是相同的。在伊斯兰教的苏非主义中，新柏拉图派的影响特别明显。柏拉图的学说和亚里士多德的学说，凭借伊本·西那（阿维森纳）和伊本·鲁世德（阿威罗伊）两人而传入拉丁世界，从而对于中世纪时代欧洲的哲学研究，产生了决定性的影响，下面还要论述这个问题。

在阿拔斯王朝早期的这个漫长而有效的翻译时代之后，接着就来了一个对于科学具有独创性贡献的时代，我们将在专章里讨论这个问题。在伊斯兰教以前的时代，阿拉伯语是诗歌的语言；在穆罕默德之后，阿拉伯语变成了天启和宗教的语言；十世纪刚刚结束，阿拉伯语早已发生空前的新奇变化，变成了一种柔顺的媒介，可以用来表达最高深的科学思想和哲学概念。阿拉伯语同时还是一种政治和外交的语言，应用范围很广，从中亚经北非，到达西班牙。从那个时代起，我们发现伊拉克人、叙利亚人、巴勒斯坦人、埃及人、突尼斯人、阿尔及利亚人、摩洛哥人，都用这种明白的阿拉伯语来表达他们最好的思想。

317 第二十五章　阿拔斯政府

阿拔斯王朝的哈里发

至少在理论上，哈里发作为政府的首脑，是一切政权的源泉。他能够把民政权委托大臣（维齐尔），把司法权委托法官（嘎迪），把军事职权委托司令（艾米尔），但是，哈里发仍然是政府一切事务的最后决定者。在职权和行为方面，阿拔斯王朝早期的哈里发，是以波斯人为榜样的。阿拔斯人利用人民对伍麦叶王朝不虔诚的行为的不满，初次登台就把自己装扮成宗教的角色，摆起“伊马木”的威风；在他们统治的后期，实际的权力越减少，他们就把宗教的权力抓得越紧。自第八位哈里发穆耳台绥木拉（833—842 年在位）的时代起，直到这个朝代末尾，他们的名字后面，都会加上一个尊号，这个尊号是与真主的名字配合的。在衰落的时期，他们的臣民，大量地赠送他们一些浮夸的称号，例如称他们为“真主的代位者”（*khalifat Allāh*）。后来又称他们为“真主在地面上的影子”（*Ẓill Allāh ʻala al-arḍ*）。这些称号，首先显然是赠送给穆台瓦基勒（847—861 年在位）的[①]，后来持续存在到奥斯曼哈里发帝国的末尾。

由伍麦叶王朝各哈里发制定的关于王位继承的不明确的世袭原则，为阿拔斯王朝所沿用，而且获得同样恶劣的效果。在位的哈里发，必须指定一个人做王储，这个人可以是他所宠爱的或认为最合格的儿子，也可以是他认为最有才能的任何一个亲属。赛法哈曾提名他的弟弟曼苏尔继任；曼苏尔死后，由他的儿子麦海迪继任[②]；麦海迪死后，由他的长子哈迪继任；哈迪死后，由他的弟弟哈伦·赖世德继任[③]。哈伦指定他的长子艾敏为第一继任者，指定更
318 有才能的次子麦蒙为第二继任者。他把帝国分给他们两个人，而为麦蒙保留了呼罗珊省，以木鹿为省会[④]。经过一场激烈的斗争，艾敏最终被暗杀（813

① Masʻūdi, vol. vii, p. 278.

② 参阅 Yaʻqūbi, vol. ii, pp. 437 以下，472 以下；*Fakhri*, p. 236。

③ *Fakhri*, pp. 261—262；Ṭabari, vol. iii, p. 523.

④ Yaʻqūbi, vol. ii, pp. 500 以下；*Fakhri*, p. 292；Masʻūdi, *Tanbīh*, p. 345.

年9月），麦蒙篡夺了哈里发的职位。四年之后，麦蒙以十叶派的标志绿色代替阿拔斯人的标志黑色；并且指定阿里派的阿里·里达为王储；被触怒了的巴格达的居民，暴动起来，选举麦蒙的叔叔易卜拉欣为哈里发（817年7月）。艾敏被暗杀后，过了六年，麦蒙终于进入帝国的首都。麦蒙将死之前不久，不顾自己的儿子，而指定自己的弟弟穆耳台绥木为继任者；这件事几乎引起军队的叛变，因为他们对于他的儿子是有特殊的好感的。穆耳台绥木死后，由他的儿子瓦西格（847年卒）继任，阿拔斯王朝光荣的时代，至此告终。最初的二十四位哈里发在位几乎达二百五十年之久（750—991年），只有六位哈里发，是由儿子直接继任的。

哈里发的贴身人是侍从（*ḥājib*），他的职务是把使节和高官显贵带到哈里发的面前，当然势力很大。还有执刑官，也是巴格达宫廷里重要的人物。用来拷打罪犯的圆顶地下室，第一次在阿拉伯史上出现了。宫廷钦天监的官职，正如宫廷执刑官的官职一样，是发源于波斯的，后来变成了阿拔斯王朝不可或缺的附属品。

仅次于哈里发的，是大臣（*wazīr*），这个官职是受波斯传统影响的[①]。大 大臣
臣是哈里发的代理人，哈里发越沉湎于酒色，大臣的势力就越大。哈里发纳绥尔（1180—1225年在位）任命大臣的时候，在下面的任命状里充分地阐明了帝王代理人神权说：

> 穆罕默德·伊本·白尔兹是我在全国各地和全国人民中的代表，因此，谁服从他，谁就是服从我；谁服从我，谁就是服从真主；谁服从真主，谁就要升入天堂。谁违抗他，谁就是违抗我；谁违抗我，谁就是违 319
> 抗真主；谁违抗真主，谁就要堕入地狱。[②]

在伯尔麦克人担任大臣的时期，大臣有极大的权力，各地长官和法官的任命和撤职，都由他决定，这在理论上当然要获得哈里发的同意，而且他甚至可以按照世袭的原则，把大臣的职位传给他的儿子。按照惯例，大臣有权查抄失宠的各地长官的财产；按照惯例，各地长官也有权侵占下级官吏和平民的财产，哈里发更有权把免职的大臣的财产全部没收[③]。财产被没收的人，

---

① 参阅 ibn-al-‘Abbās, *Āthār al-Uwal fi Tartīb al-Duwal*（Cairo, 1295）, p. 62；S. D. Goitein in *Islamic Culture*, vol. xvi（1942）, pp. 255—263, 380—392。

② *Fakhri*, p. 205.

③ Ibn-al-Athīr, vol. vi, pp. 19—20.

大半是被处死刑的。最后创设了一个查抄局，作为政府的一个常设机关①。在哈里发穆耳台迪德时代，大臣的月薪是一千个第纳尔。马韦尔迪②和其他法学理论家，把大臣的职权分为两类：一类享有无限权力，叫做“特付威德”（*tafwīḍ*）；一类享有有限权力，叫做“坦非兹”（*tanfīdh*）。具有无限权力的大臣，执行哈里发的一切权力，王储的任命除外。具有有限权力的大臣没有创制权，其义务是执行哈里发的一切命令，遵循他的各种指示。在穆格台迪尔（908—932 年在位）之后，大臣的职位由总司令（*amīr al-umarā'*）取而代之，这个职位是由布韦希人担任的。

税务局

大臣，实际上是首相，是主持国务会议的人；参加会议的，是政府各部门的首长。各部门的首长，有时被任命为大臣，但是他们的品级，是次于实际的大臣的。阿拔斯王朝的政府机关，比以前的更为复杂，国家事务中，新添了更有秩序的制度，特别是税制和司法行政。国家最关心的是财政，所以税务局（*dīwān al-kharāj*）或财政部，仍然像伍麦叶王朝那样，是一个最重要的单位，
320 税务局的首长，通常被称为税务长。税务长是哈里发政府里最重要的人物之一。

国家岁入的来源，包括天课（*zakāh*），天课是每个穆斯林所应缴纳的唯一的法定捐税。凡是占有耕地、牲畜、金银、商品，以及由于自然繁殖或投资而能增加的其他形式的财产者，都应该缴纳天课。前面已经说过，穆斯林不纳人丁税。收税官只能监督耕地和牲畜之类，至于私人的动产，包括金银在内，就全凭个人的天良了。从穆斯林们征收来的天课，由国库支付于穆斯林们的福利：救济贫民和孤儿，补助异乡人和志愿军，赎取奴隶和战俘。国家的财源，还有外国敌人的赔款和贡赋，本国非穆斯林人民的人丁税（*jizyah*）、土地税（*kharāj*）③，外国的非穆斯林因向穆斯林国家输入货物而缴纳的什一税。在这些项目中，非穆斯林所缴纳的土地税，总是数量最大，而且成为国库收入的主要来源。所有这些岁入，这时候还沿用《古兰经》第 59 章第 7 节的名称，叫做战利品（*fay'*）。哈里发用这些岁入来支付军需，修建清真寺、道路和桥梁，以及兴办穆斯林社会的福利事业④。

关于阿拔斯王朝国家岁入的各种报告，一直流传到现在。从这些报告中可以看出，这个王朝的第一世纪是多么昌盛。哈里发所以能够过前面所描绘

---

① 参阅 Hilāl al-ṣabi' *Tuḥfat al-Umarā' fi Ta'rīkh al-Wuzarā'*, ed. H. F. Amedroz（Beirūt, 1904），p. 306。

② Pp. 33—47.

③ 人丁税和土地税的区别，这时候已经弄清楚了。参阅本书第 171 页。后来人丁税相当于豁免兵役税（*al-badal al-'askari*），奥斯曼帝国政府向非穆斯林的人民征收免除兵役税，以豁免他们服兵役的义务。

④ Māwardi, pp. 366 以下.

的那种奢侈生活，就是这个道理。从这些报告中，也可以看出，后来每个世纪岁入稳步下降的情况。有这样的三个报告传下来：最古的是伊本·赫勒敦所记载的，这是关于麦蒙时代的岁入的报告；第二个是古达麦所记载的，是关于较晚几年，可能是穆耳台绥木时代的岁入的报告；第三个报告是伊本·胡尔达兹比所记载的，可以说明回历三世纪前半期的财政情况。据伊本·赫勒敦的记载[①]，塞瓦德（下伊拉克，即古代的巴比伦尼亚）每年以现金所纳 321
的土地税（实物除外），在麦蒙时代，总计二千七百八十万第尔汗；呼罗珊总计二千八百万第尔汗；埃及总计二千三百零四万第尔汗；叙利亚和巴勒斯坦[②]，共计一千四百七十二万四千第尔汗；帝国其他省区总计三亿三千一百九十二万九千零八第尔汗。据古达麦的收支表[③]，实物税和现金税合计，塞瓦德共计一亿三千零二十万第尔汗[④]；呼罗珊共计三千七百万第尔汗；埃及（包括亚历山大港）共计三千七百五十万第尔汗；叙利亚和巴勒斯坦（包括希姆斯）共计一千五百八十六万第尔汗；整个帝国总计三亿八千八百二十九万一千三百五十第尔汗，包括实物税在内。根据伊本·胡尔达兹比的清单计算[⑤]，现金税和实物税合计，塞瓦德共计七千八百三十一万九千三百四十第尔汗[⑥]；呼罗珊和隶属地区合计四千四百八十四万六千第尔汗；叙利亚和巴勒斯坦[⑦]合计二千九百八十五万第尔汗；整个帝国总计二亿九千九百二十六万五千三百四十第尔汗[⑧]。至于国家的岁出，由于缺乏充分的参考资料，要做出一个明确的计算，是没有保证的。但是我们根据记载可以知道，当曼苏尔去世的时候，国库的存款共计六亿第尔汗和一千四百万第纳尔[⑨]；当赖世德去世的时候，国库的存款超过九亿第尔汗[⑩]；当穆克台菲去世的时候（908 年），国库里所存的珠宝、家具和不动产，共值一亿第纳尔[⑪]。

---

① *Muqaddamah*，pp. 150—151，参阅 Huart，*Historie des Arabes*，vol. i，p. 376；Alfred von Kremer，*Culturgeschichte des Orients unter den Chalifen*，vol. i（Vienna，1875），pp. 356 以下。伊本·赫勒敦的报告和其他两个报告一样，说不明白，又不准确。

② 肯奈斯林、大马士革、约旦、巴勒斯坦四个地方的税收，合计一百二十二万七千第纳尔。

③ *Kharāj*，pp. 237—252.

④ 单是现金税共计八百零九万五千八百第尔汗；*Qudāmah*，pp. 249，239。他在书中分别列举了许多数字，但是那些数字的总和跟他所说的总数不相符合。

⑤ 散见各处。

⑥ 单是现金税一项共计八百四十五万六千八百四十第尔汗；见 ibn-Khurdādhbih，pp. 5 以下。

⑦ 包括肯奈斯林和希姆斯、大马士革、约旦、巴勒斯坦等的边疆城市。

⑧ Zaydān，*Tamaddun*，vol. ii，p. 61。参阅 Huart，vol. i，p. 376。

⑨ Mas'ūdi，vol. vi，p. 233.

⑩ Ṭabari，vol. iii，p. 764.

⑪ Tha'alibi，*Laṭāif*，p. 72.

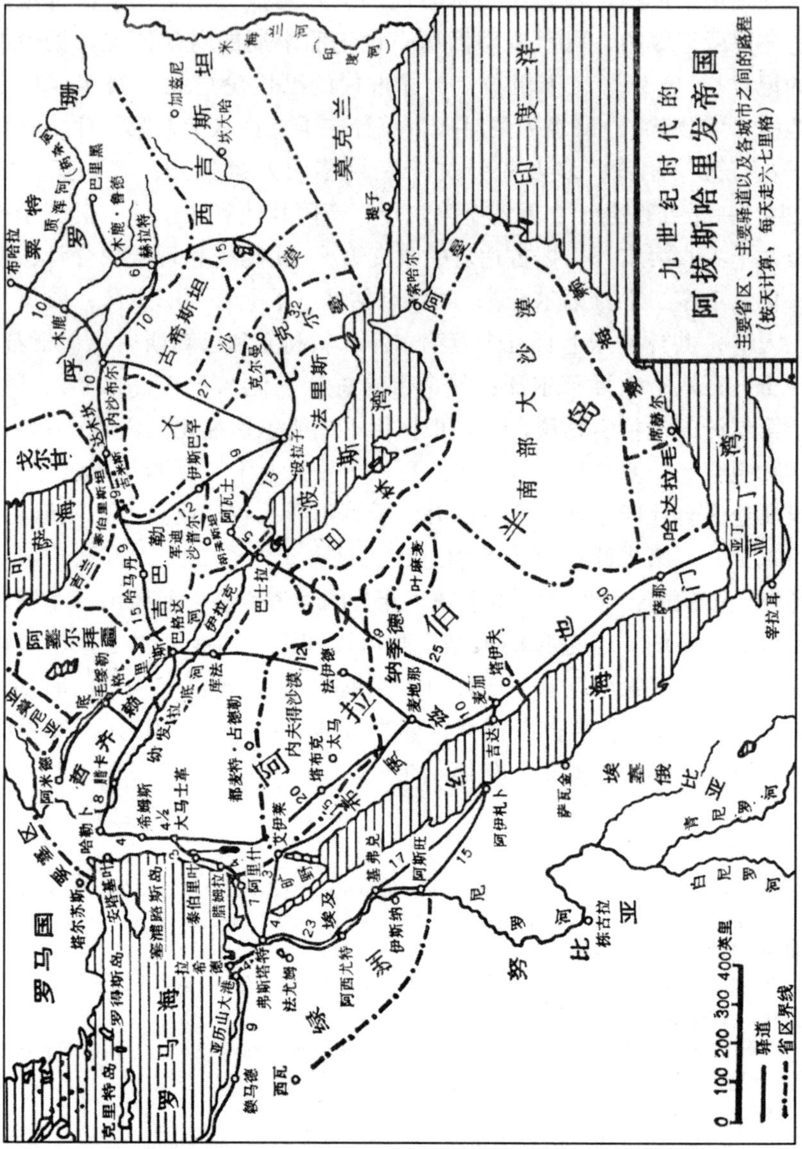
九世纪时代的
阿拔斯哈里发帝国
主要省区、主要驿道以及各城市之间的路程
（按天计算，每天走六七里格）
0 100 200 300 400英里
驿道
省区界线

其他政府机关

除税务局外，阿拔斯政府还有一个会计检查院（*dīwān al-zimām*），是麦海迪创设的；有一个枢密院（*dīwān al-tawqī'*），掌管一切文书、公文、敕令和执照；有一个平反院，专管调查冤狱；有一个警察局和一个邮政局。

平反院（*dīwān al-naẓar fi al-maẓālim*）是一种上诉院，或最高法院，平反院的任务是改正行政部门和政治部门的误审案件。这个机构的设置，可以回 322
溯到伍麦叶王朝时代；据马韦尔迪的记载①，阿卜杜勒·麦立克是首创平反制的哈里发，他在自己规定的某一天，亲自听取人民的上诉和诉苦。欧麦尔二世热诚地遵守这个先例②。这种惯例，显然是由麦海迪传到阿拔斯王朝的。他的继任人哈迪、哈伦、麦蒙，以及随后的哈里发，都是当众听取这种控诉的；穆海台迪（869—870年在位）是保持这个习惯的最后一位哈里发。诺曼人的国王罗吉尔二世（1130—1154年在位）把这种制度引入西西里岛，后来在欧洲的土壤上生了根③。

警察局（*dīwān al-shurṭah*）是由一位高级官员领导的，这位官员叫做警察局长（*ṣāḥib al-shurṭah*）。他兼任哈里发的警卫长。在这个王朝的后期，他有时被提升到大臣的等级。每个大城市，都有自己特殊的警察，他们是有军级的，他们的薪饷照例很高。市警察局长，又叫做检察官（*muḥtasib*），因为他是负责检查市场和风纪的。他的职责是检查度、量、衡是否准确；合法的债务，是否清偿（他没有司法权）；良好的道德，是否得到维持；有没有人犯赌博、放高利贷、公开卖酒等罪行。马韦尔迪④列举了警察局长所应尽的许多有趣的职责，包括维持两性之间公认的公共道德标准，惩治那些为获得妇女的垂青，而把灰胡须染黑的人。

阿拔斯政府一个重要的特征，是邮政局⑤，邮政局长叫做驿传长（*ṣāḥib al-barīd*）。我们已经讲过了，伍麦叶王朝的哈里发穆阿威叶，是首先关心邮政业务的。阿卜杜勒·麦立克，在全国各地遍设邮政局；韦立德在建设工作中，曾利用了邮政局。据史学家的记载，哈伦曾委托他的伯尔麦克族的顾问叶哈 323

---

① P. 131. 参阅 ibn-al-Athīr, vol. i, p. 46。

② Mawardi, p. 131. 参阅 Ya'qūbi, vol. ii, p. 367。参阅 Bayhaqi, *al-Maḥasin w-al-Masāwi'*, ed. F. Schwally（Giessen, 1902）, pp. 525 以下。

③ M. Amari, *Storia dei Musulmani di Sicilia*, ed. Nallino, vol. iii（Catania, 1937—1939）, p. 452; von Kremer, *Culturgeschichte*, vol. i, p. 420.

④ Al-Mawardi, pp. 417—418, 431.

⑤ 邮政局（*dīwān al-barīd*）。阿拉伯语的 *barīd* 是一个闪族语词汇，跟拉丁语的 *veredus* 无关；参阅波斯语的 *birdan*（快马），阿拉伯语的 *birdhawn*（驮马）。参考《旧约·以斯帖记》8∶10“交给骑御马圈快马的士卒传到各处”；Isfahāni, *Ta'rīkh*, p. 39。

雅，在一个新的基础上，组织了邮政事务。邮政局的首要任务，是为国家服务，但是在一定限度内，邮政局也替私人寄信①。每个省会都设有一个邮政局。邮路把帝国的首都和全国各大城市联系起来②，在邮路上，到处设置驿站，每个驿站上有几百匹驿马。在波斯地区，使用骡马运送邮件；在叙利亚和阿拉比亚地区，以骆驼代替驿马③。驿马还要把新任命的官吏送到任所去，有时也运送军队和他们的行李④。人民只要能付大量的运费，就能利用驿马。

鸽子被训练后，曾用做传书鸽。837 年，曾用传书鸽把逮捕胡拉米教派反叛的领袖巴比克⑤的消息，送给哈里发穆耳台绥木，这是关于使用传书鸽的第一次记载⑥。

巴格达的邮政总局，曾编写了许多旅行指南，记载各驿站的名称和各站之间的途程。这些旅行指南，对于旅客、商人和哈只很有用处，而且为后来的地理研究奠定了基础。阿拉伯的地理学家，曾利用这种邮政指南，作为编纂地理学著作的重要参考资料。最著名的地理学家之一伊本·胡尔达兹比（约 912 年卒）所著的《省道记》（*al-Masālik w-al-Mamālik*），就是以政府档案为依据的，这部书是历史地志的一个重要资料。胡尔达兹比本人，在哈里发穆耳台米德时代，曾任吉巴勒省（古代的米迪亚）的邮政局长。从首都通向各省区的这个修筑得很好的驿道体系，是阿拔斯王朝从较早的波斯帝国继承下来的遗产。这些干线中最著名的，是呼罗珊大路，从巴格达向东北延伸，经过哈马丹、赖伊⑦、内沙布尔、突斯、木鹿、布哈拉、撒马尔罕，把巴格达和药杀河流域的边疆城市和中国边境各城市联系起来。以这条干线上的各主
325 要城市为起点，有许多交叉道路，向南北两方伸展出去。直到现在，从德黑兰（在古代赖伊城附近）开端的伊朗邮政路线，仍然依照古代的驿道。还有一条主要的驿道，以巴格达为起点，沿底格里斯河而下，到达瓦西兑、巴士拉、胡泽斯坦的艾海瓦兹⑧，再到法里斯的施拉思⑨。有许多支线，从这条主

---

① Mas'ūdi，vol. vi，p. 93，ll. 5—6.

② Ibn-Khurdādhbih，散见各章节。

③ 参阅 ibn-al-Athīr，vol. vi，p. 49，ll. 11—12。

④ Ibn-al-Athīr，vol. iv，pp. 373—374.

⑤ 这个教派因出现于波斯的胡拉木地方而得名。这个教派是在著名的呼罗珊人艾卜·穆斯林被处死后发生的。他们当中有人否认艾卜·穆斯林的死亡，而且预言他要复返人世间，普及正义。Mas'ūdi，vol. vi，p. 186；Baghdadi，ed. Hitti，pp. 162 以下；*Fihrist*，p. 342。

⑥ Mas'ūdi，vol. vii，pp. 126—127.

⑦ 现代伊朗的腊季。——译者

⑧ 现代的阿瓦士。——译者

⑨ 现代的设拉子。——译者

要的驿道上向东西两方延伸出去，把沿途各城市和人烟稠密的中心地区联系起来，最后与呼罗珊干线相连结。这些驿道，是哈只们经常走的，他们从巴格达起程，经过库法，或巴士拉，到达麦加。为了哈只们的便利，有许多商队旅馆、哈只招待所和蓄水池，分布在这些主要的大路上。在呼罗珊驿道上的商队旅馆，是早在欧麦尔二世时代就已建设的①。第三条公路，把巴格达和摩苏尔、阿米德（迪亚尔伯克尔）和边疆的各要塞联系起来。在西北方，通过安巴尔和赖盖，把巴格达与大马士革和其他的叙利亚城市联系起来。

除管理皇家邮政和监督各种邮政机关外，邮政总局长还有另外一个重要的职务。他是一个侦探组织的首脑，全部邮政机构，都隶属于这个系统。因此，他的全衔是邮政情报主管人（*Ṣāḥib al-barīd w-al-akhbār*）②。由于这种职务，他就以中央政府总监察员和直接机密代表的身份，处理事务。各省的邮政局长，向他或者直接向哈里发汇报该省政府官员们的行为和活动，该省长官的行为和活动，也不例外。有人曾向穆台瓦基勒提出一个报告，揭发巴格达省长官好色旷职的行为，因为他朝觐天房后，从麦加带来一个美丽的女奴，“他从午到夜，迷恋着那个女奴，耽误了公事”。这个故事，是由一个较晚的资料传下来的③。曼苏尔曾利用商人、小贩和旅行家做侦探；赖世德和其他的哈里发，也曾这样做④。据说麦蒙在巴格达的情报机关中，曾雇用一千七百多个老太婆。“罗马人的国土”上，到处布满了阿拔斯王朝的男女间谍，他们都化装成商人、旅行家和医生。

在伊斯兰教社会中，主持正义，往往被认为是一种宗教的义务，阿拔斯王朝的哈里发或大臣，把这个任务委托给一个宗教学者，他就成为法官（*qāḍi*）⑤，巴格达的法官叫做总法官（*qāḍi al-quḍāh*）。初次接受总法官头衔的，是著名的学者艾卜·优素福（约在798年卒），他曾为麦海迪和他的两个儿子哈迪和哈伦服务⑥。依照伊斯兰教法律的规定，法官必须是成年的、精神健全的、男性的自由公民，必须信仰伊斯兰教，品德端正，耳聪目明，精通教义和教律⑦。前面已经说过，非穆斯林的民事诉讼，由各该教的宗教领袖或

司法行政 326

---

① Ibn-al-Athīr, vol. v, p. 44; Nawawi, *Tahdhīb*, p. 468, l. 16.

② Qudāmah, p. 184.

③ Atlīdi, *I'lām al-Nās* (Cairo, 1297), p. 161.

④ 参阅 *Aghāni*, vol. xv, p. 36, l. 14; Miskawayh, ed. de Goeje and de Jong, pp. 234, 466, 498, 512, 514, 567。

⑤ 这个名词的音译至少有十三个形式，在英国的公文中有六种译法：*qadi*, *qazi*, *kazi*, *cadi*, *al-kadi*, *kathi*。《元史》职管志的译法是哈的。——译者）

⑥ Ibn Khallikān, vol. iii, p. 334 = de Slane, vol. iv, p. 273.

⑦ Mawardi, pp. 107—111.

司法官管辖。马韦尔迪把法官分为两级：甲级是具有一般的无限权力的（'*ammah muṭlaqah*），乙级是具有特殊的有限权力的（*khāṣṣah*）①。甲级法官的主要职权，包括判决诉讼，保护孤儿、禁治产人、未成年人，管理宗教基金，惩治违犯教律者，任命各省的司法代表，以及在某种情况下，领导金曜日（星期五）的聚礼。各省的法官，起初是由各省的地方长官任命，从回历四世纪起，由巴格达的总法官任命。一位后期的史学家②曾提到，在麦蒙时代，埃及法官的月俸，是四千第尔汗。乙级法官的职权，是由哈里发或者大臣或者省长所授予的任命状加以规定的③。

军队的编制

严格地讲起来，阿拉伯的哈里发帝国，从未保持一支庞大的常备军，就是有严密组织和严格训练的正规军队。哈里发的禁卫军（*ḥaras*），几乎是唯一
327 的正规军队，这支正规军构成核心；周围有在本部族族长指挥下的各部族的部队；此外，还有雇佣军敢死队，以及从各部族和各地区征募来的部队。常备军（*jund*）叫做雇佣军（*murtaziqah*，按月领粮饷者），他们由政府供给粮饷。其他的部队，叫做志愿军（*mutaṭawwi'ah*）④，只在服役期间领取口粮。志愿军是从贝杜因人、农民和城市居民中征集来的。禁卫军的饷银是比较高的，装备也是比较好的。在阿拔斯王朝第一位哈里发的时代，步兵的饷银，除通常的口粮和津贴外，平均每年约计九百六十第尔汗⑤，骑兵的饷银加倍。在麦蒙时代，也就是帝国的极盛时代，伊拉克地区的部队，总计十二万五千名，步兵的年饷只有二百四十第尔汗⑥，骑兵的年饷加倍。曼苏尔建筑巴格达城的时候，瓦匠师傅的工资，每天约合一个第尔汗，小工的工资大约是三分之一个第尔汗⑦。照这样推算起来，军队的待遇是比较好的。

在阿拔斯王朝的早期，正规军的组织成分有步兵（*ḥarbīyah*）⑧，他们的武器是长矛、剑和盾；有弓箭手（*rāmiyah*）和骑兵（*fursān*），他们的武器是头盔、胸甲、长矛和战斧。阿拉比亚人原来是把剑扛在肩上的，穆台瓦基勒开

---

① Pp. 117—125.

② Suyuṭi，*Ḥusn*，vol. ii，p. 100，l. 4.

③ 参阅 Richard Gottheil in *Reuve des études ethnographiques*（1908），pp. 385—393。

④ 或者叫 *muṭṭawwi'ah*，Ṭabari，vol. iii，pp. 1008 以下；ibn-Khaldūn，vol. iii，p. 260。

⑤ Ṭabari，vol. iii，p. 41，ll. 17—18，ibn-al-Athīr，vol. v，p. 322，ll. 14—15 照抄。

⑥ 麦蒙跟他哥哥艾敏争江山的时候，恢复了军队原来的饷银，每人每年发给九百六十第尔汗，因为他哥哥是照旧制发饷的。Ṭabari，vol. iii，p. 830，ll. 7—8，p. 867，l. 14.

⑦ Khaṭib，vol. i，p. 70；Ṭabari，vol. iii，p. 326.

⑧ Ṭabari，vol. iii，pp. 998 以下；ibn-Khaldūn，vol. iii，p. 238，l. 17，p. 245，ll. 23，26.

始采用了波斯人的方式，把剑佩在腰带上①。每个弓箭手的队伍，都配备一个石油精投掷队（*naffāṭūn*），他们穿着防火服装，向敌人投掷燃烧物质②。机械工程师们随着军队作战，负责管理攻城机械，包括弩炮、射石机和破城槌。有一位军事工程师、弩炮制造者伊本·萨比尔，在纳绥尔（1180—1225 年在 328
位）时代晚期活动，曾著专书，详述军事工程学，但未能完成③。野战医院的驼轿式的伤病人运送队，都随着军队上战场。像通常一样，这些军事制度和军事装备，据说都是赖世德开始采用的。

前面已经说过，阿拔斯王朝的兴起，是由于波斯的武装，而不是由于阿拉伯的武装。在阿拔斯王朝中，阿拉比亚的因素，不仅丧失了政治的优势，而且丧失了军事上的重要性。在这个王朝的初期，哈里发的禁卫军——武装力量中最重要的兵种——主要是由呼罗珊人组成的；阿拉伯部队分成两部分：北方的阿拉比亚人，或穆达尔人，南方的阿拉比亚人，或也门人。新入教的穆斯林，以平民的身份，分别附属于阿拉比亚的一个部族，而构成那个部族军事组织的一部分。穆耳台绥木又增加了一支新的禁卫军，他们原来是从拔汗那和中亚细亚其他地区贩运来的突厥奴隶④。这支新的禁卫军，不久就变成了全首都的恐怖因素；836 年，哈里发不得不建筑新城萨马腊，把政府机关迁到那里去。孟台绥尔（861—862 年在位）死后，这支突厥禁卫军，就开始干预国家大事了。

在麦蒙、穆斯台因和其他哈里发的时代，军队是采用罗马拜占廷的编制方式的，阿里夫（*'ārīf*，相当于班长）指挥士兵十名，哈里发（*khalīfah*，相当于排长）指挥士兵五十名，嘎伊德（*qā'id*，相当于连长）指挥士兵一百名⑤。艾米尔（*amīr*，相当于师长）指挥军队一万名，他们分为十个大队。每百名士兵组成一个中队，几个中队组成一个大队（*kurdūs*）。冯·克赖麦曾为我们描绘了当时在行进中的阿拉伯军队的栩栩如生的画面⑥。

阿拔斯王朝在第一个世纪中，依赖一支强大而且安心的军队，以维持其
生存；这支军队被用来镇压叙利亚、波斯和中亚细亚的叛变，而且也用来对 329
拜占廷进行侵略性的战争。一位现代的学者说：“两件事使十世纪的萨拉森人

---

① Ibn-Khaldūn, vol. iii, p. 275.

② *Aghānī*, vol. xvii, p. 45; ibn-Khaldūn, vol. iii, p. 260, l. 20.

③ Ibn-Khallikān, vol. iii, p. 397.

④ 参阅 Mas'ūdi, vol. vii, p. 118。

⑤ Ibn-Khaldūn, vol. iii, p. 299, l. 7. 参阅 Mas'ūdi, vol. vi, p. 452; Ṭabari, vol. iii, p. 1799。

⑥ *Culturgeschichte*, vol. i, p. 227—229 = S. Khuda Bukhsh, *The Orient under the Caliphs* (Calcutta, 1920), pp. 333—335.

成为危险的敌人：一是他们的数量，二是他们非凡的运动力量。”[①] 但是事实还不仅仅是这样。有一篇论战术的文章，据说是东罗马皇帝、英明的利奥六世（886—912 年在位）[②] 所作的，这篇文章告诉我们：“在一切〔野蛮〕民族中，他们〔萨拉森人〕在军事活动方面，是最聪明和最慎重的。”君士坦丁七世（913—959 年在位）在下面的这段文章里描绘了阿拉伯人给他们的拜占廷敌人留下的印象：“他们是强大的，又是好战的，因此，他们中一千个人所占据的阵地，是不可能攻破的。他们不骑马，而骑骆驼。”从这篇论文和拜占廷其他的资料，如奈塞福拉斯·福卡斯皇帝（963—969 年在位）所著的《战术论》[③] 看来，冬季和雨季，显然是阿拉伯战士最厌恶的，因为他们的战线在作战中一被击破，他们就会丧失恢复这条战线所必需的纪律性；他们的步兵，大体上是一群从事掠夺的乌合之众，不能成为有效的战斗机器。拜占廷人一方面把阿拉伯人叫做不信上帝的野蛮人，另一方面又把他们看成是可怕的敌人，这也是显而易见的。在十世纪，这个敌人的危险性逐年降低；十世纪末，拜占廷惯于采取攻势，甚至威胁着大马士革和巴格达。

自穆台瓦基勒创设外籍军事单位以来，阿拔斯王朝的军事力量，就开始衰退了，因为那些单位有害于军队风纪和团体精神的维持。后来，穆格台迪尔（908—932 年在位）又开始采用包税的政策，把各省的赋税，包给各省的地方长官或者军事首长，以便他们用本省的税收发饷，不再由空虚的国库发饷。在布韦希人执政的时代，士兵们的补助金，是小块的土地，而不是现金。这就播下了封建军事制度的种子。在塞尔柱克人执政的时代，这种制度又得到了发展。后来，这就变成了惯例，地方长官或军事首长，接受几个城市或
330 地区作为年金，他们以绝对的权力统治那些地方，每年向塞尔柱克的国王缴纳贡税。在战争时期，他们指挥着由自己装备和供养的一定数量的部队。

地方长官

伍麦叶人依照拜占廷和波斯的方式，把帝国划分成若干省区，每省设一个地方长官，叫做艾米尔（*amīr*）或者阿米勒（*‘āmil*），阿拔斯人对于这个制度，并没有加以彻底改革。阿拔斯王朝各省区的名单，并不是一成不变的，政治的划分跟地理的划分，也不是完全符合的，由伊斯泰赫里、伊本·郝盖勒、伊本·法基等人的地理学著作就可以看出来；但是下面的名单，似乎是早期巴格达哈里发所统治的主要省区的名单：

（1）阿非利加，位于利比亚沙漠以西，包括西西里岛；

① Oman, *Art of War*, 2nd ed., vol. i, p. 209.

② “Tactica”, Constitutio xviii, § 123, in Migne, *Patrologia* Graeca, vol. cvii.

③ “De administrando imperio”, caput xv, in Migne, *Patrologia* Graeca, vol. cxiii.

（2）埃及；

（3）叙利亚和巴勒斯坦，这两个地区，有时是分离的；

（4）希贾兹和叶麻麦（中部阿拉比亚）；

（5）也门或者南部阿拉比亚①；

（6）巴林和阿曼，以伊拉克的巴士拉为省会；

（7）塞瓦德或者伊拉克（下美索不达米亚），主要城市，除巴格达外，还有库法和瓦西兑；

（8）哲齐赖（意思是河洲，实际上是半河洲，古代的亚述），以毛绥勒（摩苏尔）为省会；

（9）阿塞拜疆，包括阿尔德比勒、大不里士、马腊格等主要城市；

（10）吉巴勒（意思是群山，即古代米迪亚），后来叫做波斯的伊拉克（al-'Irāq al-'Ajami）②，主要的城市有哈马丹（即古代的埃克巴塔那）、赖伊、伊斯巴罕（伊斯法罕）；

（11）胡泽斯坦，主要城市有艾海瓦兹、突斯塔尔③；

（12）法里斯，以设拉子为省会；

（13）克尔曼，省会也叫克尔曼④；

（14）莫克兰，包括现代的俾路支，延伸到下临印度河流域的高地；

（15）锡吉斯坦，或者锡斯坦，以萨兰只为首府；

（16—20）古希斯坦、古米斯、泰伯利斯坦⑤、竹尔占⑥、亚美尼亚；

（21）呼罗珊，包括现代阿富汗的西北部，主要城市有内沙布尔、木鹿、赫拉特⑦、巴里黑⑧；

（22）花拉子模⑨，早期的省会是卡斯；

（23）粟特（古代的Sogdiana），在乌浒水和药杀河之间，有布哈拉和撒马尔罕两座著名的城市；

---

① 这五个省区往往被称为西方省区（*aqālīm al-maghrib*）；而其余的省区却被称为东方省区（*aqālīm al-mashriq*）。

② 相对的是阿拉伯的伊拉克（al-'Irāq al-'Arabi），即下美索不达米亚。

③ 波斯人把这个城市叫做舒斯特尔或舒什特尔。

④ 《辽史》叫起儿漫。——译者

⑤ 《新唐书·大食传》叫做陀拔斯单。——译者

⑥ 现代的戈尔甘。——译者

⑦ 《明史》叫做哈烈，又叫哈喇。——译者

⑧ 《元史》叫巴里黑，又叫班勒纥。——译者

⑨ 花拉子模在现代土库曼的基发附近，《元史》叫西域国，又叫回回国。——译者

331 （24 和其他）拔汗那、赭时（现代的塔什干），以及其他突厥城市[①]。奥斯曼土耳其帝国在西亚的省区，跟旧有的阿拉伯省区，在地理上完全相符，这是可以注意的。

阿拔斯哈里发帝国，幅员辽阔，交通困难，尽管帝国的首都巴格达做出了一切努力，但是地方分权是不可避免的结果。省长在一切地方事务中，拥有绝对的权力；他的职位也几乎变成了世袭的。从理论上讲起来，省长必须获得大臣的欢心，才能保持自己的地位，因为他是大臣向哈里发推荐的，大臣被撤职，省长也就被免职。马韦尔迪[②]把大臣分为甲乙丙三级，把省长也分为甲乙两级。甲级是一般的省长职位（*imārah ‘āmmah*），甲级省长有绝对的权力，指挥军事，任命法官，监督司法，征收赋税，维护公安，保卫宗教，管理警察，金曜日（星期五）领导聚礼。乙级是特殊的省长职位（*imārah khāṣṣah*），乙级省长没有任命法官和征收赋税的权力。但是这种分类，大体上是理论性的，因为省长的权力是随着省长的才干、哈里发的软弱与中央政府的距离等因素而增加的。各省的地方岁入，用于各省政府的开支。如果有余额，就汇给哈里发的金库。司法权是由各省的法官执掌，由驻在本省各大城市的助理协助他。

---

① 可与这个名单对照的，有下列各书中的名单：Le Strange，*Eastern Caliphate*，pp. 1—9；Zaydan，*Tamaddun*，vol. ii，pp. 37—44；von Kremer，*Culturgeschichte*，vol. i，p. 184。

② Pp. 47—54.

第二十六章　阿拔斯王朝的社会 332

原始的部族制度，即阿拉比亚社会组织的基本形式，在阿拔斯王朝的统治下，完全被打破了，因为这个王朝的江山，是靠外国人打出来的。甚至在选择后妃那样重大的问题上，哈里发们也不重视阿拉比亚的血统。阿拔斯王朝的哈里发，只有这三位是自由的母亲所生的：艾卜勒·阿拔斯、麦海迪和艾敏①，艾敏享有独特的优越性，因为他的父亲和母亲，都是先知的家族②。伍麦叶王朝的第十二位哈里发叶齐德三世，是非阿拉伯的母亲所生的第一位哈里发。但是他的母亲，至少被认为是最后一位波斯皇帝叶兹德吉尔德的苗裔。古太白在粟特俘虏了她，哈查只又把她送给了哈里发韦立德。阿拔斯王朝的哈里发当中，曼苏尔的母亲，是一个柏柏尔族的女奴；麦蒙的母亲，是一个波斯的女奴；瓦西格和穆海台迪的母亲，都是希腊的女奴；孟台绥尔的母亲，是一个希腊血统的阿比西尼亚的女奴；穆斯台因的母亲，是一个斯拉夫族的女奴；穆克台菲和穆格台迪尔的母亲，都是突厥族的女奴；穆斯台兑耳的母亲，是一个亚美尼亚的女奴③。哈伦的母亲，也是一个外国女奴，是赫赫有名的赫祖兰，她是在阿拔斯王朝的国家事务中具有相当势力的第一位妇女④。

阿拉比亚人和他们的臣民之间血统的混合，主要是由于多妻、蓄妾和奴隶买卖。当纯粹的阿拉伯成分退到后面去的时候，非阿拉伯人、混血儿和被解放了的母亲的儿子们，就取代了他们的地位。很快代替了阿拉比亚贵族的，是代表各种民族成分的官僚特权阶级，最初是波斯人占优势，后来是突厥人

---

① Tha‘ālibi，*Laṭā'if*，p. 75.

② Ṭabari，vol. iii，p. 937，ll. 12—13.

③ 参阅 Tha‘ālibi，pp. 75—77；Mas‘ūdi，散见各处。

④ 她的两个儿子哈迪和赖世德，都是哈里发，但是她偏爱赖世德，而不爱哈迪，因此，她谋害了哈迪，而使赖世德继承哈里发位。参阅 Ṭabari，vol. iii，pp. 569 以下；ibn-al-Athīr，vol. vi，pp. 67 以下照抄。参阅 Mas‘ūdi，vol. vi，pp. 282—283。

333 占优势。一个弹唱诗人，表达了阿拉比亚人骄傲的心情，他唱道：

主呀！妾生儿子到处泛滥，
祈您使我生活在别的地方，
以免我跟那些杂种相陪伴。①

可惜阿拉伯史学家的兴趣，太集中于哈里发的事务和政治事件，没有用适当的篇幅，给我们描绘那个时代普通人民的社会生活和经济生活的画面。但是，根据主要属于文学性的资料，根据史学家附带的零星的叙述，根据今天守旧的穆斯林东方的日常生活，我们也不难给这幅画面勾出一个轮廓来。

家庭生活

在阿拔斯王朝的初期，妇女跟伍麦叶王朝的姊妹们，享有同等的自由；但是，到十世纪末期，在布韦希人统治的时代，严格的深闺生活制度和两性之间绝对的隔离，已变成了普遍现象。历史告诉我们，在初期，不但上层妇女，如赫祖兰（麦海迪的妻子、赖世德的母亲）、欧莱叶（麦海迪的女儿）、左拜德（赖世德的妻子、艾敏的母亲）、布兰（麦蒙的妻子）等，有优越的地位，在国家事务中颇有势力；而且，阿拉伯的姑娘们，也经常走上战场，指挥作战；她们还会作诗，在各种文艺活动中，跟男子竞争，或者在社交场合，以她们的机智、音乐才能和歌唱才艺，使气氛活跃起来。例如四弦琵琶手欧拜德，就是以美丽的歌妓兼女乐师的身份，在穆耳台绥木时代著名于全国的②。

到了这个王朝衰落的时代，由于过多的蓄妾，两性道德的松弛，过分的奢侈，妇女的地位一落千丈，正如《天方夜谭》所描写的那样。妇女被描绘成阴险狡猾、卑鄙下流的东西。花拉子模人艾卜·伯克尔（约在993或1002年卒）是首先写作书简文学的，他有《文学通讯集》传世，据说他曾写了一封离奇的慰问信，去慰问一个丧失女儿的朋友。他在那封信里说："我们生在这样一个时代，谁把自己的女儿嫁给坟墓，谁就找到了最佳的女婿。"③

334 在伊斯兰教国家，结婚几乎被普遍认为是一件积极的义务，忽视这件义务，就会招致严峻的责备；生育儿女，特别是男孩，被认为是天赐洪福。妻子的首要任务，是服侍丈夫，看管儿女，办理家务；剩余的时间，用于纺织。由赖世德的异母妹欧莱叶发明的时髦的女帽，显然是一顶半球形的帽子，帽

---

① *Mubarrad*, p. 302.（回历1355年〔公元1936年〕开罗版第1卷，第314页。——译者）

② *Aghānī*, vol. xix, pp. 134—137.

③ *Rasā'il*（Constantinople, 1297）, p. 20.

边上有一个小圆圈儿，上面装饰着各种珠宝。妇女其他的首饰，是手镯（*asāwir*）和脚镯（*khalkhāl*）。

男人的服装，从那个时代到现在，没有多大变化。普通的头饰，是尖顶的黑毡帽（*qalānsuwah*），是由曼苏尔首倡的[1]。下身穿一条波斯式的灯笼裤（*sarāwil*）[2]，上身穿一件衬衫、一件马甲、一件短上衣（*quftān*）[3]，外面套一件斗篷（*'aba'* 或 *jubbah*）[4]，这就构成了一位绅士的全套服装[5]。宗教学者，遵守赖世德的著名法官艾卜·优素福的遗教，头戴黑缠头，身穿黑斗篷（*ṭaylasān*）[6]。

如果我们根据当时诗人们在恋歌里所表达的观念来作判断，那么，阿拉比亚人关于女性美的理想，跟现在并没有太大的差别。努韦理在他所著的文学百科全书[7]中，曾用一册书的大半篇幅，来援引关于体态之妩媚的描绘。妇女的身材，应该像植物中的竹子（*khayzurān*）；脸蛋像满月，头发比夜还黑，面颊白皙，而且带蔷薇色；脸上有颗黑痣，仿佛雪花石膏盘子上有一滴龙涎香；眼睛深黑，而不沾一点皓矾（*kuḥl*）[8]，眼大如野鹿，眼皮娇弱思睡（*saqūn*）；小口里的牙齿，像珊瑚上镶嵌的珍珠，胸部像两个石榴，臀部肥 335
大，十指尖细，指甲是用指甲花（*ḥinnā*）叶子染得猩红。

最显眼的家具，在当时是“底旺”（*diwān*），就是沿着客厅三面墙壁而陈设的沙发。矮椅子式的座位，是前朝已开始使用了的，但是，当时靠垫还流行，靠垫是放在方形的小垫子（*maṭraḥ*）上的，人可以舒适地盘膝坐在铺在地板上的小垫子上。地板上铺陈着手工织成的地毯。用饭的时候，把食品摆在一个圆形的大铜托盘里，托盘放在“底旺”前面，或垫褥前面的矮桌子上。富裕人家使用银托盘，矮桌子上镶嵌着黑檀木或玳瑁或螺钿，跟现在大马士革制造的小桌子，没有什么差别。阿拉比亚人从前把蝎子、蜣螂、黄鼠狼等

---

① 参阅本书第 294 页，现在穆斯林国家还通用的红毡帽，叫做 *ṭarbūsh*，是近代的东西。

② Jāḥiz, *Bayān*, vol. iii, p. 9; R. P. A. Dozy, *Dictionnaire détaillé des noms des vêtements* (Amsterdam, 1845), pp. 203—204.

③ Dozy, pp. 162—163.

④ 维吾尔、塔吉克等民族所穿的对襟长袍，叫做袷袢（qiāpan），就是来源于阿拉伯语的 jubbah。——译者

⑤ 黎巴嫩和叙利亚的老年人，现在还在穿这样的服装。

⑥ Ibn-Khaldun, vol. iii, p. 334 = de Slane, vol. iv, p. 273; *Aghāni*, vol. v, p. 109, ll. 23—24; vol. vi, p. 69, l. 23; ibn-abi-Uṣaybi'ah, vol. ii, p. 4, l. 23.

⑦ *Nihāyah*, vol. ii, pp. 18 以下。阿拉伯语里关于女性的词汇，是很丰富的，可以参阅 ibn-Qayyim al-Jawzīyah 所著的 *Akhbār al-Nisā'* (Cairo, 1319), pp. 119 以下。

⑧ 参阅本书第 348 页注。——译者

当做美食[1]，把米饭认为是毒物[2]，用光泽的烙饼做写字的纸张[3]，现在已能大吃文明世界的美味了。他们能享受波斯式的食品，如好吃的西克巴只（*sikbāj*，炖肉），可口的凉法鲁宰只（*fālūdhaj*，蜜糕）。他们把榛子仁、杏仁、牛奶等当做小鸡的饲料。在夏季，他们用冰块降低室内的气温[4]。不含酒精的饮料，是一种冰果子露[5]，主要成分是糖水加紫地丁露、香蕉露、蔷薇露或桑葚露，这种饮料，是用来招待客人的，当然还有其他的饮食。直到十五世纪，咖啡才流行[6]；发现新世界之前，还不知道吸烟草。一位在九到十世纪享有盛名的作家[7]，给我们遗留下一部著作，打算在这部书里说明，在那个时代，一个有教养的人（*ẓarif*），即一个绅士所应有的感情和态度。他是有礼节的
337 （*adab*），有仁德的（*murū'ah*），有风雅的态度的（*ẓarf*），不爱开玩笑，只与正直的朋友往来，忠厚诚笃，实践约言，严守秘密，衣冠整洁，在席面上彬彬有礼，细嚼慢咽，不随便谈话，也不轻易发笑，不舔指头上的食物，不吃大蒜和洋葱，无论在盥洗室或澡堂或公共场所或大街上，都不剔牙。

集体地或单独地饮酒，已习以为常了。禁酒本来是伊斯兰教的一大特征，但是，《乐府诗集》和《天方夜谭》等文学作品，记载了无数关于纵酒狂欢的故事，放荡诗人艾卜·努瓦斯（约在810年卒）、做过一天哈里发的穆耳台兹（约在908年卒）和类似的弹唱诗人也有大量咏酒的诗歌（*khamrīyāt*），由此可见，伊斯兰教禁酒的功效，差不多等于美国宪法第十八项修正案。甚至连哈里发、王公、大臣、法官等人，也忽视伊斯兰教的戒律[8]。学者、诗人、歌手、乐师等，都是特别受欢迎的清客。这种习惯，来源于波斯[9]；在阿拔斯王朝初期，变成了常规；在赖世德时代，已成为发达的职业。除这位哈里发外，哈迪、艾敏、麦蒙、穆耳台绥木、瓦西格、穆台瓦基勒等人，都是嗜酒

---

① Ibn-Khaldūn, *Muqaddamah*, p. 170.

② Ibn-al-Faqīh, pp. 187—188.

③ Ibn-Khaldūn, p. 144. 参阅本书第156页。

④ Ibn-abi-'Uṣaybiah, vol. i, pp. 139—140. pp. 82—83. 他引证较古的药方，“能在六七月使水结冰”。

⑤ 英语的sherbet是从阿拉伯语*sharbah*变来的。英语的syrup（糖浆）是从同词根的阿拉伯名词*sharāb*变来的。

⑥ 十四世纪，咖啡被引入南阿拉比亚；十五世纪初，就在麦加培植；十六世纪二十年代，才传到开罗，那是也门的苏非派人士传入的，他们在爱资哈尔清真寺里饮用咖啡，以提精神，好在夜间礼拜时维持清醒的状态。参阅本书第19页。为治疗或愉快而吸药草烟的事在发现美洲之前已经有了。

⑦ Al-Washshā', *Kitāb al-Muwashshā'*, ed. R. Brünnow (Leyden, 1886), pp. 1, 12, 33, 37, 124, 125, 129—131, 142.

⑧ 参阅Nuwayri, *Nihāyah*, vol. iv, pp. 92以下。

⑨ Jāḥiz, *Tāj*, pp. 23, 72; Nawāji, *Ḥalbah*, p. 26.

成癖的；曼苏尔和穆海台迪，却是反对饮酒的。奈瓦支[1]感到绝望，因为他的著作里可没有那么多的篇幅，能够把所有沉湎于酒的哈里发、大臣、秘书们的姓名都记载下来。用椰枣制成的酒（*khamr*）是上品。伊本·赫勒敦曾证明，赖世德和麦蒙所饮用的是枣醴（*nabidh*），是把葡萄、葡萄干或椰枣浸在水里，让浸出的汁子稍稍发酵[2]。用这种方法制造的饮料不会醉人，在某些条件下，至少有一个伊斯兰教教律学派，即哈奈斐派，认为是合法的。穆罕默德本人曾饮用这种饮料，特别是只浸三日的[3]。

举行酒会，而以歌妓的演唱助兴，这不希奇。在这种酒席上，宾主都穿 338
着颜色鲜明的盛装（*thiyāb at-munādamah*，酒席装[4]），而且用麝香水或蔷薇水洒在胡须上。客厅是用龙涎香或沉香熏过的。由许多故事可以看出来[5]，参加这种宴会的女歌手，几乎尽是淫荡的女奴，这对于当时青年的道德，构成了最严重的威胁[6]。记载里有关于曼苏尔时代库法的一所娱乐馆的描写，这种娱乐馆有点儿像音乐和杂耍的咖啡馆，首席女演员是蓝眼睛的赛蜡梅（Sallāmah al-Zarqā'）[7]。在基督教的修道院里和犹太教徒开设的酒馆里，俗人都有接近酒的机会。基督教徒和犹太教徒，是当日私贩酒类的商人。

先知说过："清洁是信仰的因素。"这句话现在还是伊斯兰教国家人人爱 澡堂
说的名言。在穆罕默德的时代之前，我们没有听说过阿拉比亚有什么澡堂。据说他是厌恶澡堂的，他只允许为了清洁而进澡堂，但是，进澡堂的人，必须穿着裤子进去。到了阿拔斯王朝，澡堂已经很普及了，不仅为了沐浴，而且被人当做娱乐和奢侈的场所。妇女们也使用澡堂，但是，有特为她们开放的日子。据赫兑卜的记载[8]，在穆格台迪尔的时代（908—932 年），巴格达有澡堂二万七千所；在其他的时代，增加到六万所[9]，这两个数字，像阿拉伯文

---

① P. 99，ll. 24—27.

② *Muqaddamah*，p. 16. 《古兰经》关于禁酒的明文（5：90—91）中，酒的名称是"赫末尔"（*khamr*）。《古兰经》注释家对于酒有各种不同的解释。因为在先知的时代，麦地那还没有任何一种葡萄酒，麦地那人所饮用的酒，都是用椰枣制成的。但是用椰枣浸出来的饮料，必须经过一定的时间，才会发酵，除非用特别的方法加以处理。这是注释家应用机智的一个机会。参阅'*Iqd*，vol. iii，pp. 405—414。

③ *Mishkāh*，vol. ii，pp. 172—173；ibn-Ḥanbal，*Musnad*（Cairo，1313），vol. i，pp. 240，287，320；Bukhāri，vol. vi，p. 232.

④ Nawāji，p. 38.

⑤ *Aghāni*，vol. xi，pp. 98—99，vol. xviii，pp. 182—189.

⑥ Washshā'，pp. 92 以下。

⑦ *Aghāni*，vol. xiii，pp. 128 以下。参阅 Nuwayri，vol. v，pp. 72 以下。

⑧ *Tarīkh*，vol. i，pp. 118—119.

⑨ 同上书，p. 117。

献中其他数字一样，显然是被夸大了的。叶儿孤比在他所著的地方志里提到[1]，巴格达建成后不久，澡堂达到一万所。西非的旅行家伊本·白图泰[2]，曾于1327年访问巴格达，据他的记载，巴格达城西部十三个区，每区有讲究的澡堂两三所，每所澡堂里的冷热水都是流动的。

十二世纪或十三世纪时代的花瓶，在哈伦·赖世德的行在所赖盖城出土。花瓶的釉是绿松石色的，瓶高49厘米

---

① *Buldān*，p. 250，ll. 9—10，参阅 p. 254. ll. 8—9。

② Vol. ii，pp. 105—107.

当时的澡堂，像现代的澡堂一样，是由几个房间构成的；地上铺着花砖，内墙上镶着大理石板；那些房间，环绕着一个居中的大厅；大厅上面，罩着一个圆屋顶，屋顶周围镶着许多圆形的小玻璃窗，让光线透进来。大厅中部，339
有一个水池，水池中央，有一股喷泉，喷出的热水，放射着蒸汽，把整个大厅变得暖乎乎的。外部的房间，作为休息室，顾客们可以在那里享受各种饮料和茶点。

娱乐

自有史以来，体育运动像艺术一样，与其说是闪族文明的附属品，不如说是印度-欧罗巴文明的附属品。阿拉比亚人是功利主义者，阿拉比亚的气候又比较热，消耗体力的体育运动，既然不能产生物质的利益，自然不会变成阿拉比亚人迫切的要求。

在哈里发时代，某些室内游戏，已经普及。前面已讲过，在伍麦叶人时代，麦加就有一种俱乐部，里面有象棋、双陆和骰子的设备。赖世德是下象棋的第一位哈里发，他还提倡象棋[1]。象棋（阿拉伯语的名称 *shiṭranj* 是从波斯语借用的，发源于梵语），原来是印度的游戏[2]，后来变成了贵族所喜爱的室内游戏，顶替了骰子。据说赖世德赠送给查理大帝的礼物，就包括一个棋盘；在十字军战争期间，山老[3]赠送给圣路易的礼物里也有棋盘。在盘子上玩的游戏，还有双陆（*nard*，一种投掷双骰的玩意儿），也是发源于印度的[4]。

室外游戏的名单中值得注意的，有箭术、马球（*jūkān*，波斯语 *chawgān* 的对音[5]，意思是曲棍）、球和球棍（*ṣawlajān*，铁圈球，是一种槌球或曲棍球）、剑术、掷标枪（*jarid*）和赛马，更重要的是狩猎。据查希兹的记载[6]，要想当哈里发的清客必须具备这几种资格：会射箭、会狩猎、会打球、会下棋；在这些方面，清客可与主公“分庭抗礼”，而无大不敬之罪。在这些游戏中，穆耳台绥木特别喜欢马球，他的突厥族将军艾福兴，不肯跟他玩这种游戏，因为他不愿意与“信士们的长官”为敌，哪怕是在游戏的时候[7]。记载
里还提到一种球术，是用一块宽木板（*ṭabṭāb*）打的[8]。这种游戏会不会是网 340

---

① Mas‘ūdi, vol. viii, p. 296.

② 同上书，vol. i，pp. 159—161。

③ 关于山老，可参阅本书第 447 页。——译者

④ Mas‘udi, vol. i, pp. 157—158.

⑤ 法国南部用的 Languedoc 语（奥克语）里的 chicane，是指一种古老的游戏，是用一根曲棍和一个硬木球为主要玩具的。

⑥ *Tāj*, p. 72。关于其他应具备的资格，可以参考 Nawāji，pp. 25 以下。

⑦ Ibn-al-‘Abbās, *Āthār al-Uwal*, p. 130.

⑧ Mas‘ūdi, vol. viii, p. 296, l. 2. 参阅 Āthār, p. 129, ll. 3—4。

球的雏形呢①？麦斯欧迪给我们描写了在赖盖赛马的情况。在那次比赛中，赖世德自己的骏马，以头名入选。亲自观看那次比赛的哈里发，十分高兴②。《希世璎珞》里有些诗篇，是描绘和赞美得奖的骏马的③。我们从这些资料中可以知道，赌金给赛马增添了生气。

在阿拔斯人的时代和较早的时代，狩猎是哈里发和亲王们所热爱的户外游戏。艾敏特别爱好猎狮④，他的一个弟弟，是在追逐一群野猪的时候被咬死的⑤。呼罗珊人艾卜·穆斯林和穆耳台绥木，都喜欢在狩猎中使用驯服的猎豹。早期的阿拉伯语著作，有许多是论述狩猎、捕捉、放鹰的。由此可见，人们对于这些运动，有高度的兴趣。用鹰隼来狩猎的方法，是从波斯传入的，这方面的阿拉伯语词汇，可以说明这一点。这些运动，受到特别的欢迎，是在哈里发帝国的末期⑥和十字军战争时期⑦。在伊朗、伊拉克、代尔祖尔和叙利亚的阿里派地区，直到现在还用鹰和鹞来狩猎，方法和《天方夜谭》里所描绘的差不多完全一样。猎取瞪羚或白羚、野兔、鹧鸪、鸿雁、野鸭、沙鸡（*qaṭā*）的时候，使用鹰和鹞；猎取较大的野兽的时候，用猎犬帮助。穆斯林的猎人捕到野物的时候，首先把野物宰掉，如果让它死去，就不能吃了⑧。野物比较集中的地方，猎人团就在四周围成一个圈儿（*ḥalqah*），把野物包围起来，逐渐围捕。穆耳台绥木曾建筑一个马蹄形的围墙，两端与底格里斯河岸
341 接触，他命令参加围猎的人，把野物赶进这个围场，把那些野物困在围场里面⑨。穆斯台耳绥木曾采取塞尔柱克人围猎的技术⑩。在较晚的哈里发中，穆斯覃吉德（1160—1170 年在位）曾组织了几个正规的狩猎团。某些哈里发和

---

① 网球的名称 tennis，通常被认为是从法语的动词 tenez（注意）得来的，这个名称可能是发源于阿拉伯名词 Tinnīs，这是尼罗河三角洲上一个城市的名称，在中世纪时代以出产夏布著名于世，这种夏布可能是最初制造网球的材料。参考 Malcolm D. Whitman，*Tennis*：*Origins and Mysteries*（New York，1932），pp. 24—32。

② Vol. vi，pp. 348—349.

③ Vol. i，pp. 63—65.

④ Mas'ūdi，vol. vi，pp. 432—433.

⑤ *Aghāni*，vol. ix，p. 97，ll. 27—29.

⑥ *Fihrist*，p. 315，ibn-Killakān，vol. ii，p. 172，vol. iii，p. 209，都提及一些关于狩猎和放鹰的阿拉伯语专著。

⑦ 关于这个题目的早期阿拉伯语论文，可以参看 Usāmah ibn-Munqidh，*Kitāb al-I'tibār*，ed. Hitti（Princeton，1930），pp. 191—226；tr. Hitti，*An Arab-Syrian Gentleman and Warrior*（New York，1929），reprint Beirut，1964，pp. 221—254。

⑧ Koran，2:168，5:4，16:116.

⑨ *Fakhri*，pp. 73—74.

⑩ *Āthār al-Uwal*，p. 135.

地方长官，还豢养狮子、老虎等猛兽，目的是威吓人民和外宾[1]；某些哈里发和地方长官，却把狗和猴子当做爱物，而加以饲养。穆格台迪尔的大臣有一个儿子，住在开罗，在地方政府中有很高的地位，他有一种特别的嗜好，就是搜集大量的毒蛇、蝎子和其他有毒的动物，精心地培养在公馆附近一座特设的饲养室里[2]。

居于社会最上层的，是哈里发及其家属、政府官员、哈希姆家族的苗裔 奴隶
和这些人的随从。士兵、警卫员、清客、侍从和仆人等，可以列入随从一类。

仆人大半是奴隶，他们是从非穆斯林的民族那里补充的，或者用强力，或者在战争期间俘虏，或者在和平时期购买而来。这些奴隶，有些是黑人，有些是突厥人，还有些是白人。白奴（麦马里克）大半是希腊人、斯拉夫人、亚美尼亚人和柏柏尔人。有些奴隶是阉人（*khiṣyān*），专在宫内服务。有些年轻的娈童（*ghilmān*），或许也是阉人，获得主子的特别恩宠，穿着绚烂的制服，经常打扮得香喷喷的、花枝招展的，跟妇女没有一点儿区别。关于赖世德王朝的娈童，有很多的记载[3]；但是，首先效法波斯人的先例，在阿拉伯世界创立娈童制度，跟他们发生非自然的性交关系的人，显然是艾敏[4]。麦蒙时代的一位法官，曾使用四百个娈童[5]。像艾卜·努瓦斯之流放荡的诗人，简直无耻宣淫，公开表达他们的这种倒错的性欲，用自己的艳诗来赞美娈童。

奴隶中的姑娘（*jawāri*），被用作歌妓、舞女和嬖妾，有些嬖妾对于哈里
发颇有势力。例如，痣妞（*Dhāt al-Khāl*），赖世德花七万第尔汗买了她，后 342
来由于一阵猜忌，就把她赏给一个男仆了。有一天赖世德发誓，无论她提出什么要求，他都答应，据说后来就依她的请求，委任她丈夫去做法里斯省的长官，以七年为期[6]。赖世德依恋一个歌妓，他的妻子左拜德，为了使他和那个歌妓断绝，而赠给他十个姑娘，其中一个后来生了麦蒙，另外一个生了穆耳台绥木[7]。《一千零一夜》里（第437—462夜）有一个传奇故事说，有一个色艺双绝的女奴，叫台瓦杜德，赖世德为了考核她，下令组织一个考试委员会，主考的有医学、法律学、天文学、哲学、音乐和数学等学科的科学大家，更不用说还有语法学、修辞学、诗学、历史学、《古兰经》学等学科的学

---

① *Fakhri*, p. 30；*'Iqd*, vol. i, p. 198, ll. 4 以下。

② Kutubi, vol. i, pp. 134—135.

③ Ṭabari, vol. iii, p. 669；ibn-al-Athīr, vol. vi, p. 120 引用。

④ Ṭabari, vol. iii. p. 950；ibn-al-Athīr, vol. vi, p. 205 引用。

⑤ Mas'ūdi, vol. vii, p. 47.

⑥ *Aghāni*, vol. xv, p. 80, Nuwayri, vol. v, pp. 889 引用。

⑦ *Aghāni*, vol. xvi, p. 137.

者了，考试结果，她获得了辉煌的成绩。赖世德以十万第纳尔的代价买了她。这个故事说明，当时的女奴，有些是具有很高的文化水平的。艾敏曾组织了一个女扮男装的服务队，她们剪短了头发，身穿小伙子的服装，头戴绸子的缠头。这种新发明，很快就流行于上层社会和下层社会中[1]。有一个目击者告诉我们，在一个棕树主日[2]，他去觐见麦蒙，看见他的面前有二十个盛装的希腊姑娘，胸前挂着金质十字架，手里拿着油橄榄枝和枣椰叶，集体地翩翩起舞。他赏赐她们三千第纳尔，节目以此告终[3]。

哈里发的宫殿里使用大量的奴隶，我们根据这些统计数字，可以推想当时奴隶制度是怎样盛行。据说穆格台迪尔（908—932 年在位）的后宫，有一万一千个阉人，包括希腊人和苏丹人[4]。根据另一个传说，穆台瓦基勒有嬖妾四千人，她们统统都跟他同过房[5]。有一次，他接受了一个将军向他奉献的两百个姑娘[6]。地方长官们和将军们向哈里发或大臣献礼，已成了惯例，他们的礼物包括美女，那些美女有别人赠送给他们的，也有他们向人民勒索来的[7]；
343 不献礼被认作反叛的标志。麦蒙想出了这种计谋，就是把一些亲信的奴隶作为礼物，赠给他所怀疑的人，进行侦探工作，如果有必要，就把接受礼物的人弄死[8]。

经济生活：商业

平民是由两个阶级构成的：一个是接近贵族阶级的上层阶级，包括文学家、文学研究者、学者、艺术家、商人、手艺人和自由职业者；另一个是下层阶级，构成大多数的人民，包括农民、牧民、农村居民，他们是土著居民，而现在具有顺民的身份。我们要在下一章详述知识分子的情况。在这里，我们只需说明这一点就够了：阿拔斯王朝兴盛时期的一般文化水平，无论如何是不低的。

帝国辽阔的版图和人民高度的文化水平，都要求大规模的国际贸易。初期的商人，是基督教徒、犹太教徒[9]和袄教徒，但是，这些人后来大部分被穆斯林和阿拉伯人代替了，因为他们虽然轻视农业，却不轻视商业。巴格达、

---

① Mas'ūdi, vol. viii, p. 299.
② 复活节前的礼拜日。——译者
③ *Aghāni*, xix, pp. 138—139.
④ *Fakhri*, p. 352.
⑤ Mas'ūdi, vol. vii, p. 276.
⑥ 同上书, vol. vii, p. 281。
⑦ Ibn-al-Athīr, vol. vii, pp. 211—212；Ṭabari, vol. iii, p. 627, ibn-al-Athīr, vol. vi, p. 86 引用。
⑧ '*Iqd*, vol. i, p. 196.
⑨ 参阅 ibn-Khurdādhbih, pp. 153—154。

巴士拉、西拉夫[1]、开罗、亚历山大港等口岸，不久就发展成活跃的陆上贸易和水上贸易的中心了。

穆斯林的商人，向东方远征，直达中国。据阿拉伯文献的记载，他们远在阿拔斯王朝第二位哈里发曼苏尔的时代，就从巴士拉到达中国了[2]。关于阿拉伯人和波斯人与印度和中国海上交通的最早的阿拉伯语资料，是商人苏莱曼和回历三世纪时代其他商人的航行报告[3]。这种贸易，是以丝绸为基础的。丝绸是中国赠给西方的最早的、华丽的礼物，丝绸的贸易，通常是沿着著名的“伟大的丝绸之路”而进行的[4]，途中经过撒马尔罕和中国突厥斯坦，这条道路上，现在几乎没有外国人在旅行了。货物通常是递运的，因为能旅行全程的商队，是罕见的。但是，在阿拉伯商人的时代之前，外交关系是早就建立了的。相传征服波斯的赛耳德·伊本·艾比·瓦嘎斯，曾奉先知之命， 344
出使中国。赛耳德的“坟墓”到现在还在广州，受人尊敬。中国古迹上关于中国伊斯兰教的铭文，有很多显然是因宗教的自豪感而捏造的[5]。在八世纪中叶时，双方曾屡次交换使节。在八世纪的中国文献里，信士们的长官（*amir al-mu'minin*）被译成“瞰蜜莫末腻”，阿拔斯王朝的第一位哈里发艾卜勒·阿拔斯被译成“阿蒲罗拔”，哈伦被译成“诃论”[6]。在这几位哈里发的时代，有些穆斯林已在中国安居乐业。这些穆斯林起初以“大食”[7] 的名义出现，随后又以“回回”（回教徒）的名义出现[8]。欧洲人首先提及中国有萨拉森人的，似乎是马可·波罗[9]。南洋群岛于1949年成立了印度尼西亚共和国[10]，那里的伊斯兰教，也是穆斯林商人传入的。

在西方，穆斯林商人到了摩洛哥和西班牙。在德·雷塞布之前一千年的

---

① 西拉夫是波斯湾东岸的一个市镇。西拉夫和阿曼的人民（Mas'ūdi，vol. i，pp. 281—282）是阿拔斯王朝早期最著名的海员。（西拉夫于977年毁于大地震。——译者）

② 参阅 Marshall Broomhall，*Islam in China*（London，1910），pp. 5—36。

③ *Silsilat al-Tawārīkh*（原文如此），ed. Langlès（Paris，1811）；tr. C. Ferrand，*Voyage du marchand arabe Sulaymân en Inde et en Chine*（Paris，1922）。

④ 见《中国印刷术的发明和它的西传》，卡特著，吴泽炎译，商务印书馆1957年版，第99—103页。——译者

⑤ 参阅 Paul Pelliot in *Journal asiatique*（1913），vol. ii，pp. 177—191。

⑥ 《新唐书·大食传》（卷146下）说：“永徽二年（公元651年，回历31年）大食王瞰蜜莫末腻始遣使者朝贡，自云王大食有国三十四年，传二世。”——译者

⑦ 大食是帕莱威语的 *Tājik*，现代波斯语的 *Tāzi*，意思为阿拉伯人。这个名词，显然是波斯化的 *Tayyi*，这是一个阿拉伯部族的名称。

⑧ 参阅 Issac Mason in *Journal of the North-China Branch of the Royal Asiatic Society*，vol. lx（1929），pp. 42—78。

⑨ 关于穆斯林在朝鲜（*al-Shīla*，新罗）落户的情况，可参阅 ibn-Khurdādhbih，pp. 70，170。

⑩ 印度尼西亚于1945年8月17日独立，1950年8月重新恢复为印度尼西亚共和国。——编者

时候，阿拉伯的哈里发哈伦·赖世德，早已有开凿苏伊士运河的打算了[1]。但是，阿拉伯人在地中海的贸易，并不是很突出的。对于阿拉伯人的买卖，黑海也是冷淡的；在十世纪的时候，他们与北面的伏尔加河地区的人民之间，却有了兴旺的陆上贸易。在里海方面，由于接近波斯的许多中心城市和撒马尔罕、布哈拉等繁华城市以及这些城市的内地，所以里海变成了通商的场所。穆斯林商人贩卖椰枣、蔗糖、棉织品、毛织品、钢铁工具和玻璃器皿；他们输入的货物，有来自远东的香料、樟脑、丝绸和来自非洲的象牙、黑檀和黑奴。

我们要想知道那个时代的罗思柴尔德（现通译为“罗斯柴尔德”）和洛克菲勒般的大资本家所积累的巨富，只需提一提巴格达的珠宝商伊本·哲萨斯就行了。他的财产有一千六百万第纳尔，被哈里发穆格台迪尔没收之后，他仍然是富翁，而且变成了以珠宝业著名于世的一个大家族的祖先[2]。巴士拉的商人，用船只把货物贩运到世界上辽远的地方去，有些商人每年的平均收
345 入，超过百万第尔汗。巴士拉和巴格达的一个没有文化的磨坊主，能够每天用一百第纳尔布施贫民，后来穆耳台绥木任命他做自己的大臣[3]。西拉夫的普通商人，每户的资本，超过一万第纳尔；有些商户的资本，超过三万第纳尔；有些从事海上贸易的商户的资本，竟达四百万第纳尔之多[4]。西拉夫的商人，有“把毕生的时间消磨在海上的”，伊斯泰赫里曾听说[5]，有一个商人在甲板上度过了四十年的岁月。

工业 如果没有广泛的国内工业和农业的生产做基础，对外的商业活动，是不会达到这样大的规模的。在帝国的各地区，手工业兴盛起来了。地毯、挂毡、丝织品、棉织品、毛织品、缎子、锦缎（*dibāj*）、沙发套、椅套、家具、烹调用具等的制造业，主要是集中于西亚。波斯和伊拉克的许多织机，织出具有各种特色的高级毯子和纺织品。哈里发穆斯台因的母亲，有一张毯子，是为她特制的，价值一亿三千万第尔汗；毯子上用金线织出各种飞禽，飞禽的眼睛是用红宝石和其他宝石镶嵌的[6]。巴格达城的阿塔卜区，是因为本区最显赫的居民伍麦叶王朝的亲王阿塔卜（‘Attab）而得名的；在十二世纪时，那个地

---

① Masʻūdi，vol. iv，pp. 98—99.

② Kutubi，vol. i，p. 177.

③ *Fakhri*，pp. 321—322.

④ Iṣṭakhri，pp. 127，139；ibn-Ḥawqal，p. 198；Maqdisi，p. 426.

⑤ P. 138.

⑥ Ibshīhi，vol. i，p. 144.

区初次制造一种条纹绢，这种条纹绢因此叫做阿塔比（*attābi*）[①]。后来西班牙的阿拉伯人，仿造这种丝织品，畅销于法兰西、意大利和欧洲其他地区，叫做塔比（tabi）。现在，欧洲人还把虎斑猫叫做“塔比”，就是这个道理。库法制造金丝的和半金丝的头巾，现在，阿拉伯人还戴这种头巾，叫做库菲叶（*kūfiyah*）。塔瓦只、法萨和法里斯的其他城市，都以本地的一些高级工厂自豪，那些工厂能制造地毯、刺绣、锦缎和荣誉礼服——东方国家立功者受奖的标志——那是专为皇室制造的[②]。这种产品被称为绣袍（兑拉兹，*ṭirāz*），由波斯语得来，上面绣着国王或哈里发的名字或花押。胡泽斯坦（古代的苏西亚那）[③] 的突斯塔尔和苏斯，有些驰名的工厂，能用金线在缎子（damask）[④]上 346
刺绣图案，又能用纺绸制造帷幕。这些工厂所生产的驼羊毛混纺的呢绒和纺绸斗篷，都是名牌货。设拉子出产条花的羊毛斗篷，还出产罗纱和锦缎。中世纪的欧洲妇女，可以在本地的商店里买到波斯的波纹绸（波斯语叫 *tāftah*，欧洲叫 taffeta）。呼罗珊和亚美尼亚，则因出产床单、帘子、沙发套、椅套而著名。中亚细亚是中世纪早期的商业中心，布哈拉因出产礼拜垫而特别著名。看一看麦格迪西[⑤]所开列的一张货单，就可以对于外药杀河（河中府）工商业发展的情况得到一个完全的概念。根据这张货单的记载，这个地区各城市出口的货物有：肥皂、地毯、铜灯、锡镴制品、毡斗篷、毛皮、琥珀、蜂蜜、鹰、剪刀、针、小刀、剑、弓、肉类、斯拉夫的和突厥的奴隶，等等。桌子、沙发、灯、枝形灯架、花瓶、陶器和烹调器具等，也出产于叙利亚和埃及。埃及的纺织品，有“迪木雅帖”（*dimyāṭi*，因产于迪木雅特〔Dimyāṭ〕而得名）、“达比基”（*dabīqi*，因产于达比格〔Dabīq〕而得名）、“田尼西”（*tinnisi*，因产于田尼斯〔Tinnīs〕而得名）[⑥]，三种都是国际市场上的名牌货，在波斯有仿制品。法老时代的古老工业艺术，又在科卜特人的制成品里复活了，但不像古代产品那样结实了。

在西顿、提尔（即苏尔）和叙利亚其他城市所制造的玻璃，是腓尼基工业的残余，除埃及玻璃外，这是世界史上最古老的玻璃工业。叙利亚出产的

---

① Maqdisi，p. 323，l. 20；ibn-Ḥawqal，p. 261；l. 13；Yāqūt，*Buldān*，vol. i，p. 822，l. 22（拼法有错误）。

② Iṣṭakhri，p. 153. 参阅 Maqdisi，pp. 442—443。

③ Maqdisi，pp. 402，407—409.

④ 这种缎子因出产于大马士革而得名，*damask* 就是 Damascus，因为 us 是希腊语的语尾。

⑤ Pp. 323—326.

⑥ Yāqūt，vol. ii，pp. 603，548，vol. i，p. 882；Maqdisi，pp. 201，433，ll. 16—17，443，l. 5，参阅本书第四十四章“装饰美术和工艺美术”。

玻璃，又薄又透明，是天下闻名的[①]。叙利亚色彩绚烂的加釉玻璃，在十字军战争中传入了欧洲，成为欧洲大教堂中所用的彩色玻璃的先驱。叙利亚工人制造的玻璃器皿和金属器皿，既实用，又美观，因此很受欢迎。加釉彩色带题词的玻璃灯笼，悬挂在各清真寺里和宫殿里。大马士革是大规模的镶嵌工业和瓷砖工业的中心。瓷砖“嘎沙尼”（*qāshāni*[②]，俗名“基沙尼”［*qishāni*，*qāshi*］）是因米迪亚的加珊城[③]而得名的；当时的瓷砖有正方形的，有六边形
347 的，有时彩画着常见的花卉，是用来铺地或镶嵌在墙壁上的。主色是靛青、甸子青和绿色；红色和黄色，是不常用的。这种工业是古代伊莱木人[④]和亚述人的工业，后来在大马士革一直持续存在到十八世纪末叶。

值得特别注意的，是八世纪中叶从中国传入撒马尔罕的造纸术[⑤]。704年，穆斯林们攻克了撒马尔罕，那个地方生产的纸张，是精美绝伦的[⑥]。在八世纪结束之前，巴格达就有了自己的第一座造纸厂。其他的造纸厂相继出现，大约在900年或更早一点，埃及建设了造纸厂，摩洛哥大约在1100年，西班牙大约在1150年，先后设厂造纸；各种纸张，白纸和彩色纸，都制造出来了。在巴格达、萨马腊等城市创设了肥皂厂和玻璃厂的穆耳台绥木，据说曾奖励造纸工业。写在纸上的最古老的阿拉伯语手稿，流传到现在的，是一本关于圣训学的论文，书名是《奇异的圣训》（*Gharīb al-Ḥadīth*），著者是艾卜·欧拜德·嘎西木·伊本·赛拉木（837年卒），写作的年月是回历252年11月（公元866年11月13日—12月12日），藏于莱登大学图书馆[⑦]。一位基督教的作家所写作的最古老的著作，是关于神学的，著者是艾卜·古赖（约在820年卒）[⑧]，著作的年月是回历264年3月（公元877年11月11日—12月10日），保存在伦敦博物馆。十二三世纪的时候，造纸术从穆斯林的西班牙和意大利，终于传入基督教的欧洲。后来，欧洲又发明了活字印刷术（1450—1455年），因此，现在欧美两洲的人民才有可能受到普及的教育。

---

① Thaʻālibi，*Laṭāʼif*，p. 95.

② Ibn-Baṭṭūtah，vol. i，p. 415；vol. ii，pp. 46，130，225，297，vol. iii，p. 79.

③ 阿拉伯语叫嘎山（Qāshān）；Yāqūt，*Buldān*，vol. iv，p. 15。

④ 伊莱木（Elam）是一个古国，在波斯湾以北的地区，即现代伊朗的胡泽斯坦地区。——译者

⑤ 参阅 Friedrich Hirth，*Chinesische Studien*（Munich and Leipzig，1890），vol. i，pp. 259—271。参阅本书第414页。纸币也是发源于中国的，公元1294年在大不里士用汉语和阿拉伯语印行钞票，这个城市是穆斯林世界用印版印刷的最早的地方。

⑥ Thaʻālibi，p. 126；Maqdisi，p. 326，ll. 3—4.

⑦ William Wright，*The Palaeographical Society*，*Oriental Series*（London，1875—1883），pl. vi.

⑧ Theodorus abu Ḳurra，*De Cultu Imaginum*，ed. and tr. I. Arendzen（Bonn，1897）.

宝石匠的手艺，也走运了。珍珠、蓝宝石、红宝石、祖母绿石和钻石，是宫廷里所爱好的物品；甸子（绿松石）、光玉髓和玛瑙，受到人民大众的欢迎。阿拉伯史上最著名的宝石，是一块大红宝石，曾为几位波斯国王所保有，哈伦·赖世德花了四万第纳尔才买到手[①]，把自己的名字刻在上面。那块红宝石，是这样巨大和灿烂，"如果夜间放在一间黑房间里，会像一盏灯一样发光"。前面已经讲过，哈伦·赖世德的妹妹，用许多珠宝装饰她的帽子，他的 348
妻子却用许多珠宝装饰她的鞋子。伯尔麦克族的叶哈雅·伊本·哈立德，曾向巴格达的商人出价七百万第尔汗，购买一个用宝石雕成的珠宝匣，却被拒绝了[②]。穆克台菲遗留下来的珠宝和香料，价值二千万第纳尔[③]。穆台瓦基勒的一次豪华的宴会和麦蒙结婚的大宴会，"在伊斯兰史上是绝无仅有的大宴会"[④]。在这两次宴会上使用的席面和托盘，都是金质的、镶嵌宝石的器皿。伊本·赫勒敦说，阿拔斯王朝没有沉湎于豪华奢侈的生活，但是他也不能否认，麦蒙结婚的大典上曾异乎寻常地展示了黄金和珠宝[⑤]。以前，阿拔斯王朝历代的哈里发在马鞍上都使用银质的装饰品，据麦斯欧迪的记载，第十三位哈里发穆耳台兹（866—869 年在位）首先穿着镀金的盔甲，骑在金鞍子上面[⑥]。末期的哈里发富于珠宝的，是穆格台迪尔（908—932 年在位），他曾没收了巴格达最豪富的珠宝商户奠基者的财产[⑦]，还收藏了哈伦·赖世德的那块大红宝石和同等著名的一颗"稀有真珠"（重达三个米斯喀勒[⑧]），还有其他的珠宝，都被他浪费了[⑨]。

宝石工业所以发达，是由于帝国出产各种珠宝，主要的矿产有呼罗珊的金子和银子，那里还出产大理石和水银[⑩]；红宝石、青金石和青石，产于外药杀河区[⑪]；铅和银产于克尔曼[⑫]；珍珠产于巴林[⑬]；甸子产于内沙布尔，在十

---

① Mas'ūdi vol. vii，p. 376。参阅 *Fakhri*，pp. 352—353；Ṭabari，vol. iii，p. 602，l. 12.

② Ṭabari，vol. iii，p. 703.

③ Tha'ālibi，p. 72.

④ 同上书，pp. 72—73。

⑤ *Muqaddamah*，p. 15，ll. 20 以下，pp. 144—145。

⑥ Vol. vii，pp. 401—402；*Muqaddamah*，p. 15 曾加以引证。

⑦ 参阅本书第 344 页。

⑧ 米斯喀勒（*mithqāl*，即 *miskal*），约合 4. 68 克，所以这颗宝石约重 14 克。——译者

⑨ *Fakhri*，p. 353。"稀有的珍珠"，还见于 ibn-Ḥawqal，p. 38，1. 7。参阅 Maqdisi，p. 101，l. 16。

⑩ Maqdisi，p. 326.

⑪ 同上书，p. 303。*lazuli* 和 *azure* 是拉丁化的阿拉伯名词 *lāzaward*，这个名词又是波斯语 *lāzhuward* 的对音。

⑫ Ibn-al-Faqīh，p. 206.

⑬ Maqdisi，p. 101.

世纪后半期，这里的矿场每年还生产七十五万八千七百二十第尔汗[1]的甸子[2]；光玉髓产于萨那[3]；铁产于黎巴嫩山[4]。其他的矿产资源，包括不大里士的高岭土和大理石，伊斯巴罕附近的皓矾（*kuḥl*）[5]，佐治亚的沥青质和石
349 油精，叙利亚－巴勒斯坦的大理石和硫磺[6]，外药杀河区的石棉[7]，拔汗那的水银、沥青和柏油[8]。

农业 在阿拔斯王朝初期，农业受到了很大的奖励，因为他们的首都就坐落在以塞瓦德著称的冲积平原中最肥沃的地点；他们认识到，农业是国家岁入的主要来源；还因为主要的农民是伊拉克的土著，在新制度下，他们的生活有所改善。全国各地荒芜了的田园、衰落了的农村，已逐渐地恢复和复兴起来。底格里斯河和幼发拉底河的下游，是全国（除埃及外）最富饶的地区，是传说中伊甸园的旧址，现在已成为中央政府特别注意的目标了。从幼发拉底河分出来的许多运河，无论是重开的或新开的，构成了一个名副其实的“河道网”[9]。第一条大运河叫做伊萨河，是因曼苏尔的亲戚伊萨而得名的。他重新开凿了这条运河，在安巴尔和巴格达两地把幼发拉底河与底格里斯河连结起来。伊萨河主要的支流之一，是赛拉河。第二条交叉的大运河，是萨萨河，在麦达因上面进入底格里斯河。第三条运河是王河，在麦达因下面流入底格里斯河[10]。在这两条河的下面，有苦撒河和大赛拉河[11]，从这两条运河分派出许多干渠。另外一条运河是杜介勒河（意思是小底格里斯河），原来的杜介勒河，是连接底格里斯河和幼发拉底河的，但是在十世纪时淤塞了；现在的杜介勒河，是一条新开的弯曲的运河，在嘎底西叶下面从底格里斯河发源，分

---

① 第尔汗约合 3.12 克。——译者

② Maqdisi，p. 341，n. .

③ 同上书，p. 101。

④ 同上书，p. 184，l. 3。

⑤ Iṣṭakhri，p. 203；Tha'ālibi，*Laṭa'if*，p. 110. 阿拉伯语的 Ruḥl 可能是方铅矿，参阅 H. E. Stapleton *et al.* in *Memoirs of the Asiatic Society of Bengal*，vol. viii（1927），p. 352。（阿拉伯语的 *Kuḥl*，不是方铅矿，也不是锑，却是皓矾，即硫酸锌。皓矾 0.25%—0.3% 的溶液，可用于滴眼。——译者）

⑥ Maqdisi，p. 184.

⑦ 同上书，p. 303，ll. 13—15。

⑧ Ibn-Ḥawqal，p. 362.

⑨ Iṣṭakhri，p. 85，l. 3；ibn-Ḥawqal，p. 166，l. 2.

⑩ 关于这些运河的历史，可以参考下面几部著作：Iṣṭakhri，pp. 84—85；ibn-Ḥawqal，pp. 165—166；Maqdisi，p. 124；Khaṭīb，*Ta'rīkh*，vol. i，pp. 91，111 以下；Guy Le Strange，“Description of Mesopotamia and Baghdād，Written about the year 900 A. D. by Ibn-Serapion”（Suhrāb），*Journal*，*Royal Asiatic Society*（1895），pp. 255—315。

⑪ Yāqūt，vol. iii，pp. 377—378.

派出几条干渠之后，在南方重新流入底格里斯河[①]。其他次要的运河，包括绥莱河，那是麦海迪在瓦西兑开凿的[②]。阿拉伯地理学家常常提及某某哈里发开凿运河或挖掘水道，他们所指的，大半是重新开凿或重新挖掘巴比伦时代以 350
来原有的运河。伊拉克跟埃及一样，主要的任务是维修古代的水利系统。甚至在第一次世界大战以前，奥斯曼土耳其政府，还委任威尔科克斯研究伊拉克的水利问题；他的报告强调指出，新开运河，不如修浚古代的水道[③]。但是，我们应该注意到，自阿拔斯王朝以来，塞瓦德冲积平原已经面目全非；底格里斯河和幼发拉底河，已经屡次改道了。

伊拉克主要的作物，包括小麦、大麦、稻子、椰枣、芝麻、棉花、亚麻等。特别肥沃的地方，是南面的冲积平原塞瓦德地带，这里无论寒冷地区还是炎热地区，都出产大量的水果和蔬菜。各种坚果[④]、橙子、柑子、橘子、茄子、甘蔗、羽扇豆和蔷薇、紫花地丁等，都是大量出产的。

呼罗珊在农业上的富饶，不亚于伊拉克和埃及。由上面讲到的岁入的情况[⑤]就可以看出，那个地区给帝国提供了最大数量的地税（*kharāj*）。在政治上，至少在某个时期，呼罗珊包括外药杀河区和锡吉斯坦，因此，那个地区还有大量的人力。无怪乎有人在麦蒙的面前提到这个地区的时候，把它叫做“全部的帝国”[⑥]。

据阿拉伯地理学家的评价，布哈拉周围的地方，特别是在十世纪萨曼王朝时代，是一座名副其实的乐园[⑦]。在撒马尔罕和布哈拉之间，有粟特河谷，这个地区是现世四大乐园之一，其他的三大乐园是：包旺山峡（在法里斯）、从巴士拉向东南延伸的伍布莱运河区的田园[⑧]和大马士革的果木园（ghūṭah）[⑨]。这四大乐园出产各种水果、蔬菜和香花，如椰枣、苹果、杏[⑩]、桃、李、柠檬、柑子、橙子、橘子、无花果、葡萄、油橄榄、扁桃杏、石榴、茄子、萝卜、黄瓜、蔷薇、罗勒（*rayḥān*）等。西瓜是从花拉子模运到麦蒙和瓦西格 351

---

① Iṣṭakhri，pp. 77—78；Yāqūt，vol. ii，p. 555.

② Balādhūri，p. 291 = Hitti，p. 451；Qudāmah，p. 241.

③ William Willcocks，*Irrigation of Mesopotamia*（London，1917），pp. xvii 以下，11 以下。

④ 这里出产的坚果，包括胡桃、扁桃杏（巴旦杏）、榛子、阿月浑子（胡榛子）等。——译者

⑤ 参阅本书第 321 页。

⑥ Ya‘qūbi，vol. ii，p. 555，l. 4.

⑦ Iṣṭakhri，pp. 305 以下，ibn-Ḥawqal，pp. 355 以下引用。

⑧ Iṣṭakhri，p. 81；ibn-Ḥawqal，p. 160；Maqdisi，pp. 117—118.

⑨ Yāqūt，vol. i，p. 751，vol. iii，p. 394；参阅 vol. i，p. 97，ll. 15—16。

⑩ 关于语源，可以参考本书第三十八章“农业”。这种植物原产于中国。

的宫廷去的，运输的方法是把西瓜装在塞满冰块的铅罐子里；这样的西瓜，在巴格达每个要卖七百第尔汗①。事实上，西亚现在种植的各种果树和蔬菜，大多数在当时就是普通的植物，只有从新世界和辽远的欧洲殖民地输入的芒果、马铃薯、番茄等除外。橙子是与香橼和柠檬同科的植物，原产于印度或马来亚，在这个时期传入西亚和地中海盆地，最后，由西班牙的阿拉伯人传入欧洲②。法里斯和艾海瓦兹出产甘蔗，还有著名的制糖厂③，大约在这个时期；叙利亚沿海地区，也出现了甘蔗田和制糖厂；后来，十字军又从那里把甘蔗和制糖术传入欧洲④。大概原产于孟加拉的这种甜美的商品，已变成了文明人日常生活不可或缺的食品，这种东西就是这样逐渐传到西方去的。

园艺并不限于果木和蔬菜。鲜花的栽培，也受到了奖励，不仅种在私家的小花园里（这种花园的中央是发出音乐般声音的喷泉），而且出于商业的目的，大量地栽培。用蔷薇、睡莲、橙子花、紫花地丁等香花制造香水或香油，在大马士革、设拉子、朱尔和其他城市，是一种兴旺的工业。法里斯的朱尔或菲鲁兹阿巴德，以特产红蔷薇香水著名于世⑤。朱尔出产的蔷薇水，大量出口，远销到东方的中国和西方的马格里布⑥。法里斯的赋税，包括红蔷薇香精三万瓶，每年押运到巴格达去⑦。沙普尔及其河谷，出产十种天下闻名的香油或香膏，是从紫花地丁、睡莲、水仙、枣椰花、鸢尾、白百合、桃金娘、香
352 薄荷、柠檬、橙子等的花朵中提炼的⑧。由紫花地丁提炼的香油，在穆斯林世界是最普及的，先知的这句话可以说明这一点，他说："紫花地丁香油，超过其他的香油，正如我超过全体众生。"⑨

在群芳谱中，蔷薇似乎是受人欢迎的。有教养的女奴台瓦杜德的意见，可以代表十世纪到十二世纪之间的舆论。她认为蔷薇和紫花地丁是最好的香

---

① Tha'ālibi, p. 129.

② 这是带苦味的品种，阿拉伯语是 *abu-ṣufayr*。橙子的英文名字 orange 是从阿拉伯语 *nāranj* 变来的，阿拉伯语又是波斯语 *nārang* 的对音。柠檬在阿拉伯语里是 *laymūn*，波斯语是 *līmūn*（参阅本书第四十六章"农业和工业"）。

③ Tha'ālibi, p. 107.

④ 糖的英文名称 sugar 是从阿拉伯语 *sukkar* 来的。糖稀的名称 candy 是从阿拉伯语 *qandah*，*qandi* 来的，阿拉伯语又是从波斯语的 *qand* 来的。甘蔗的名称 cane 是从闪族语来的，相当于阿拉伯语的 *qanāh*（芦苇）。然而是分别传入欧洲语言的。

⑤ 直到现在，叙利亚人还把红蔷薇叫做朱尔蔷薇（*ward jūri*）。

⑥ Ibn-Ḥawqal, p. 213; Iṣṭakhri, pp. 152—153.

⑦ Tha'ālibi, pp. 109—110.

⑧ Maqdisi, P. 443.

⑨ Suyūṭi, *Ḥusn*, vol. ii, p. 242.

花；石榴和香橼是最好的水果；菊苣是最好的蔬菜[①]。人们对于蔷薇的重视，还可以在下面的圣训中得到证明，据说穆罕默德曾说道："白蔷薇是登霄的夜间[②]由我的汗水造成的，红蔷薇是由迦伯利的汗水造成的，黄蔷薇是由卜拉格飞马的汗水造成的。"[③] 哈里发穆台瓦基勒曾说道："我是诸王之王，蔷薇是群芳之王；只有我配享受蔷薇。"他从此垄断了蔷薇的栽培，在他在世的时候，除他的宫廷外，任何地方都不许种植蔷薇[④]。

蔷薇和紫花地丁的劲敌，是桃金娘，据说穆罕默德曾说："阿丹（亚当）从乐园里被斥退的时候，带出来三种东西：一棵桃金娘树，成为全世界群芳之长；一穗小麦，成为全世界粮食之长；一棵枣椰，成为全世界果木之长。"[⑤] 很受人们喜爱的花朵，还有水仙花、紫罗兰、素馨花、罂粟花和红花。

对于农业的兴趣，可以从《书目》中载有的[⑥]几本植物学书看出来，这些书中有从希腊语翻译过来的，有几本是论述香水的专书[⑦]，还有一本伊本·瓦哈什叶著的伪书，书名是《奈伯特人的农业》（*al-Filāḥah al-Nabaṭiyah*）。

农民阶级构成帝国人口的大多数，而且是国家岁入主要的来源，他们是本地的土著，现在已降到顺民的地位。阿拉伯人认为，从事耕作是有损尊严的。前面已经讲过，顺民（根据条约而获得信仰自由的人）原来是指信奉经典的人，即基督教徒、犹太教徒和拜星教徒；现在，顺民的范围扩大了，包括祆教徒（拜火教徒）、摩尼教徒、哈兰的萨比教徒，以及其他的宗教信徒，他们都可以享受同等的待遇了。这些顺民，在农村里和自己的家园里，坚持自己的古老文化，保持自己的民族语言：叙利亚和伊拉克的阿拉马语和叙利亚语，波斯的伊朗语，埃及的科卜特语。改奉伊斯兰教的人，有许多迁移到城市里去了。

顺民：基督教徒

353

甚至在城市里，基督教徒和犹太教徒，也往往在财政、书写和专业工作方面占有重要的地位。这往往引起穆斯林居民的嫉妒，而在各种法令中也表达了出来。但是，歧视非穆斯林的条例，大半等于具文，并不坚决执行。

---

① 《天方夜谭》第 453 夜。参阅第 864、865 夜。

② 相传穆罕默德曾在夜间乘卜拉格飞马，随吉卜利勒（迦伯利）登上九霄，游览天堂。那是登霄之夜的故事的根源。——译者

③ Suyūṭi, *Ḥusn*, vol. ii, p. 236.

④ Nawāji, p. 235; Suyūṭi, vol. ii, p. 236.

⑤ Suyūṭi, vol. ii, p. 245. 参阅 Edward W. Lane, *The Thousand and One Nights*, vol. i (London, 1839), pp. 219 以下。(在第 32 夜，到第 3 章)

⑥ P. 78, ll. 12, 23, p. 79, l. 3, p. 83, l. 16, p. 252, ll. 9—10.

⑦ *Fihrist*, p. 317.

前面已经说过，首先命令基督教徒和犹太教徒穿着特殊的服装，而且排斥他们，不许他们担任公职的，是伍麦叶王朝虔诚的哈里发欧麦尔二世。他的法令往往被错误地归于欧麦尔一世。在阿拔斯王朝的哈里发中，哈伦·赖世德显然是首先再用法律规定某些老规矩的。公元807年，他下令把边境上所有的基督教堂和穆斯林征服后新建立的一切教堂，统统拆毁，而且命令获得宽大待遇的各种宗教的信徒，都要穿着规定的装束[1]。关于歧视顺民的这些严格的规定，到了穆台瓦基勒时代，已达于极点，他在850年和854年两次下令：基督教徒和犹太教徒住宅的门上，必须钉一块木牌，上面画着魔鬼的形象；他们的坟墓，不得高出地面；他们必须穿着蜜色的，即淡黄色的外衣；他们的奴隶的衣服上，必须钉上两块蜜色的补丁，一块在胸前，一块在背后；只许他们骑骡子和驴子；只许他们用木质的骑鞍，鞍子后面必须安装两个石榴形的标志[2]。由于这种特殊的服装，有人给顺民取了个绰号，叫做“斑衣”[3]。在司法上顺民也是毫无资格的，因为这个时期的穆斯林法律学家曾作
354 出这样的规定：一个基督教徒，或者犹太教徒，对一个穆斯林的作证，是不可以接受的，因为正如《古兰经》责备他们的那样[4]，基督教徒和犹太教徒曾经窜改他们的经典，所以不能再信任他们。对顺民变本加厉地采取敌视措施的最后的哈里发，是法帖梅王朝的哈基木（996—1021年在位）。

尽管有这些限制，在哈里发统治下的基督教徒基本上还是享受着大量宽容的待遇的，我们可以用几个插话式的故事，来说明这一点。在穆阿威叶和阿卜杜勒·麦立克面前，曾举行过宗教的辩论会，在阿拔斯王朝也举行过同样的辩论会。公元781年，景教的大主教提摩太在麦海迪面前替基督教所作的辩护的原文，已经流传下来[5]。同时还有肯迪的一篇著名的论文[6]，据说是当代人关于819年在麦蒙面前举行的一次辩论会的记载，辩论会的主题是伊斯兰教和基督教优劣的比较。阿里·泰伯里（约在854年卒）在他的著作《论宗教与国家》（*Kitāb al-Dīn w-al-Dawlah*）[7] 一书中所载的一篇半官方的文件，是替伊斯兰教进行辩护和解释的，这篇文件是在宫廷中写成，写作时曾

---

① Ṭabari, vol. iii, pp. 712—713; ibn-al-Athīr, vol. vi, p. 141.

② Ṭabari, vol. iii, pp. 1389—1393, 1419.

③ 参阅 Jāḥiz, *Bayān*, vol. i, p, 79, ll. 27—28。

④ 《古兰经》2:75，5:13，15。

⑤ A. Mingana in *Bulletin of the John Rylands Library*, vol. 12 (Manchester, 1928), pp. 137—298.

⑥ *Risālat ‘Abd-al-Masīḥ* (London, 1870), 2nd ed. (London, 1885).

⑦ Ed. A. Mingana (Cairo, 1923); tr. Mingana, *The book of Religion and Empire* (Manchester, 1922).

获得哈里发穆台瓦基勒的帮助。这篇文件的语气，十分温和，不带一点火气和感情，还引用了大量的《圣经》明文，显然是从叙利亚语译本或者早期的阿拉伯语译本摘录下来的。在奈迪木编写《书目》的时候（988年），《旧约》和《新约》的阿拉伯语译本，已经有好几种面世了[1]。实际上，把《圣经》译成阿拉伯语的工作，远在哈伦时代已经由一个名叫艾哈迈德·伊本·阿卜杜拉的人完成了[2]。有证据可以表明，甚至在七世纪末期，部分《圣经》已经译成阿拉伯语，不是从叙利亚语译本翻译，就是从古希腊语译本翻译。据泰伯里在回历61年的记载，埃及的征服者阿慕尔的儿子阿卜杜拉曾阅读《旧约》里的《但以理书》[3]。但是，《旧约》的第一部重要的阿拉伯语译本，是埃及人赛义德·法优密（Saadia Gaon，882—942年）的译本，直到现在，所有说阿拉伯语的犹太教徒，都还信任这个译本。这些阿拉伯语译本，在某些有争论的问题上，引起了穆斯林们的兴趣，有许多人曾写文章答复基督教徒，355
其中有查希慈（869年卒）[4]。历史上还记载了某些基督教的大臣，他们在九世纪后半期享有盛名，如阿卜顿·伊本·赛义德就是一位；巴格达的法官，曾经在大庭广众之中站起来，表示尊重他，因而遭到群众的非难[5]。哈里发穆台基（940—944年在位）有一位基督教大臣[6]，布韦希王朝也有一位[7]。哈里发穆耳台迪德（892—902年在位），曾任命一个基督教徒做军事部门的首长[8]。这些基督教的高级官员，接受一般的敬礼，因为我们发现，某些穆斯林反对在这些官员的手背上亲吻[9]。历代哈里发的御医，大半是景教徒，下面就要讲到这一点。1138年，穆克台菲赐给景教徒的关于保护他们信仰自由的敕书，最近已发表了，这个文件可以进一步帮助我们认识，在这个时代，公认的伊斯兰教和公认的基督教之间真心融洽的关系。

阿拔斯王朝哈里发的基督教臣民，大半属于叙利亚的两个教派，通常叫做雅各教和景教，这两派都被视为异端，景教徒在伊拉克占多数。景教教长　景教徒

---

① *Fihrist*, p. 23.

② 同上书，p. 22。这可能是《圣经》的部分译本。

③ Vol. ii, p. 399.

④ 参阅 al-Jāḥiz：*Thalāth Rasā'il*（Cairo, 1926），*al-Mukhtār min Kitāb al-Radd ʻala al-Naṣāra*, p. 10—38。——译者

⑤ Yāqūt, *Udabā'*, vol. ii, p. 259.

⑥ Al-Tanūkhi, *al-Faraj ba'd al-Shiddah*（Cairo, 1904）, vol. ii, p. 149.

⑦ 奈斯尔·伊本·哈伦，是布韦希朝的大臣。参考 Miskawayh, *Tajārib al-'Umam*, ed. Margoliouth, vol. ii（Cairo and Oxford, 1915）, pp. 408, 412。

⑧ Ṣābi', *Wuzarā'*, p. 95.

⑨ A. Mingana in *Bulletin of the John Rylands Library*, vol. 10（1926）, pp. 127—133.

(*jāthilīq* 或 *jāthalīq*）有在巴格达设驻所的权利；雅各教徒屡次要求享受同样的特权，都失败了。景教教长的驻所，叫做罗马人修道院（*Dayr al-Rūm*，罗马人的意思是基督教徒）[1]，围绕着这所修道院，在巴格达形成了一个基督教徒住区，叫做罗马人住区（*Dār al-Rūm*）。在景教教长管辖区内，有七个大主教区，包括巴士拉、毛绥勒、奈绥宾，每个大主教管辖两三个主教。当选的教长，由哈里发授职，哈里发就承认他是帝国内全体基督教徒的正式首领。912—913 年，雅各派的教长，要把自己的驻所从原来的安提俄克迁移到巴格达，景教的教长请求哈里发制止他这样做[2]。对雅各教主要的政治责备，是他们同情拜占廷。但是雅各教还是有一所修道院在巴格达[3]，有一位大主教驻在
356 离首都不远的特克里特[4]。总之，据雅古特的记载[5]，巴格达的东部有六个修道院，西部还有些修道院。

前面已经讲过，埃及的科卜特人，是属于雅各教的。努比亚的教会也是雅各教的，而且承认亚历山大港教长的领导。沿着埃及狭长的西海岸，柏柏尔人中都有信奉基督教的，但是内地的居民，大半遵行与自己的部族区划相适应的地方性祭礼。

在哈里发统治下的基督教最显著的特征之一，是其具有充沛的活力，能使自己成为一个进取的教会，它曾派遣代表到遥远的印度和中国去。据伊本·奈迪木报告，他曾在巴格达的基督教徒居住区[6]，会见了从中国返回的这样一位代表，而且同他作了有趣的谈话[7]。中国西安著名的《大秦景教流行中国碑》树立于公元 781 年（即唐建中二年——译者），是为纪念六十七位景教的传教士的姓名和功绩而建立的[8]；印度的基督教会，即西南海岸上马拉巴尔地方"圣托马斯的基督教徒"，也表示服从巴格达的教长的领导。所有这些都可以证明，在穆斯林统治下，东方的叙利亚教会在传播《福音》上是热忱的。现存的蒙古字母和满洲字母，是以原来的回纥字母为直系母体的，而回纥字母又的确是从景教徒所应用的叙利亚字母演变而来的。

---

① Yāqūt，*Buldān*，vol. ii，p. 662.

② 关于一性教和雅各教的大主教，可以参阅 Assemani（al-Sam'āni），*Bibliotheca Orientalis*，vol. ii（Rome，1721）。

③ Yāqūt，vol. ii，p. 662，l. 18.

④ 现代伊拉克的提克里特。——译者

⑤ 在 *dayr* 条下面。

⑥ P. 349。

⑦ 原文 *Dār al-Rūm*，被发行人佛鲁介尔（Flügel）错误地注释成君士坦丁堡。

⑧ 参阅 P. Y. Saeki，*The Nestorian Documents and Relics in China*（Tokyo，1937），pp. 10 以下。

尽管《古兰经》里有几段不利于犹太教徒的评论①，但是，作为受保护的民族之一来说，犹太教徒的生活，甚至比基督教徒还要过得好些。他们人口较少，所以不会产生基督教徒那样的问题。公元985年，麦格迪西发现②，在叙利亚的兑换商和银行业者，大半是犹太教徒，而职员和医生，大半是基督教徒。据史书的记载，在好几位哈里发特别是穆耳台迪德（892—902年在位）的统治下，曾有几个犹太教徒，在首都和外省担任着责任重大的政府职务。在巴格达，犹太教徒就有一个很大的侨居地区③，在巴格达陷落之前，一直是繁荣的。图德拉的卞雅悯④，约在1169年访问了这个侨居地区，发现那里有犹太教的学校十所，犹太教的会堂二十三所⑤；主要的食堂，是用斑驳的大理石加以装饰的，还有黄金和白银制成的豪华的装饰品。卞雅悯用鲜明的色彩，描绘了巴比伦的犹太人的首领是多么受人尊敬，因为他被当做达五德（大卫）的苗裔和犹太教徒的首领（阿拉马语 *rēsh gālūtha*，流民的王子）⑥，事实上他是所有归顺巴格达哈里发帝国的犹太教徒的首领。景教教长对帝国内全体基督教徒，有某种程度的管辖权；犹太教的首领对和他同一教派的信徒，也有同样的管辖权。“流民的王子”，似乎是过着富裕的生活，他有自己的家园和许多大农场。他去觐见哈里发的时候，身穿绣花的缎袍，头戴雪白的缠头，上面有珠宝在闪闪发光，还有一队骑士，前呼后拥。在行列的前头，有人在前面喝道，大声地叫喊：“行人快点躲开，达五德的苗裔，我们的主子来了。”

犹太教徒

357

曼德人⑦是阿拉伯语作家所谓真正的萨比教徒⑧，他们是一种犹太的基督教派，自称叶哈雅的遵守者（*Naṣoraiē d' Yaḥya*），圣约翰的严格遵守者（Naṣoreans of St. John⑨），因此，他们被现代人误认为是施洗的圣约翰派的基督教徒。曼德人在出生之后、结婚之前，以及其他不同时机，举行洗礼。他

萨比教徒

① 《古兰经》2:62—65，5:12，64—68。

② Maqdisi，p. 183.

③ Yāqūt，vol. iv，p. 1045.

④ *The Itinerary of Rabbi Benjamin of Tudela*，tr. and ed. A. Asher，vol. i（London and Berlin，1840），pp. 100—105.

⑤ 同时代别的旅行家说，巴格达只有三座犹太教会堂，是更可靠的。

⑥ 巴格达的犹太教徒，有些可能是巴比伦国王尼布甲尼撒在公元前597年和公元前586年俘虏到巴比伦来的那些犹太教徒的苗裔。

⑦ 这个名词来源于阿拉马语的 *yada*‘，意思是知道，他们是诺斯替教徒。

⑧ 阿拉伯语的 *ṣābi'ah* 或 *ṣābi'ūu*，单数是 *ṣābi'*，是从曼德语（阿拉马语）*ṣābī'*（浸水者）得来的；这个名词跟西南阿拉比亚的伟大人民的名称 Saba' 没有任何语源学上的联系。

⑨ 这个名词被误译成 Nazarenes（基督教徒）。

们居住在巴比伦的较低的平原。作为一个教派，他们起源于公元一世纪。巴勒斯坦可能是这个教派和其他遵守洗礼的教派的故乡。他们的语言曼德语，是一种阿拉马方言；他们的书法字体，近似奈伯特书法字体和巴尔米拉书法字体。《古兰经》曾三次提及拜星教徒，因此，巴比伦的萨比教徒取得了顺民
358 的身份，他们被穆斯林们列入被保护的教派。据《书目》的分类[①]，他们之中还有洗澡派（*mughtasilah*），他们占据了下伊拉克的沼泽地区。现在这个教派还有五千多人，生活在巴士拉附近的潮湿地区。他们必须居住在河流附近，因为在流水里举行浸礼，是他们宗教习惯的重要特点，无疑也是最独特的特点。现在巴格达还有萨比教徒，他们就是所谓珐琅银匠[②]。

跟这些巴比伦的萨比教徒截然有别的，是哈兰的伪萨比教徒[③]。阿拉伯语的著作家，把这两个教派混同了起来。哈兰的伪萨比教徒，实际上是拜星教徒。在穆斯林的统治下，他们所以自称萨比教徒，是为了获得《古兰经》所规定的宽大待遇。自从那个时候起，他们一直被称为萨比教徒。在十三世纪中叶以前，这个奇妙的教派在哈里发首都附近继续盛行。随后，蒙古人捣毁了他们最后的寺庙。他们中的优秀人物在文化上的功绩和在科学上的贡献，无疑地帮助他们获得了穆斯林的保护[④]。我们已经提过撒比特·伊本·古赖和其他伟大的哈兰天文学家。撒比特的儿子息南，曾被哈里发嘎希尔强迫改奉了伊斯兰教[⑤]。萨比教的名人还有艾卜·易司哈格·伊本·希拉勒·萨比，他曾任穆帖仪（946—974 年在位）和塔伊耳（974—991 年在位）两位哈里发的秘书。天文学家白塔尼，《奈伯特人的农业》的伪著者伊本·瓦哈什叶（约在 900 年享盛名），化学家查比尔·伊本·哈彦等，也可能都是萨比教徒。但是，这三位已经改奉伊斯兰教了[⑥]。

祆教徒和其他的二神教徒

祆教徒在《古兰经》中只被提过一次（22∶17），在穆罕默德的意识中，他们不能包括在信奉经典的人民之中。但是，依照圣训和穆斯林的法律学家的主张，他们是受同等待遇的；萨比教徒这个名词，被解释成包括祆教徒在内的。实际政治和权宜主义，正如我们在前面说过的那样，都说明有必要把顺民的身份给予伊朗大部分的居民。伊朗被征服后，伊朗的国教——祆教继

① P. 340, l. 26; Mas'ūdi, vol. ii, p. 112.

② 珐琅的名称 *mīnā'* 是从波斯语的 *mīno*（漂亮的）得来的。

③ Mas'ūdi, vol. iv, pp. 61—71，专用一节文字来阐述这一教派。

④ *Fihrist*, p. 272, l. 11.

⑤ 同上书，p. 302，ibn-al-Uṣaybi'ah, vol. i, pp. 220—221 引证。

⑥ 关于萨比教徒的详情，可以参阅 D. Chwolsohn, *Die Ssabier und der Ssabismus*, 2 vols.（St. Petersburg, 1856）。

续存在，袄教的火神庙，不仅存在于伊朗全国各省区，而且存在于伊拉克、 359
印度和波斯以东的各地[①]。印度袄教徒至今仍然存在，那就是巴尔西斯[②]，远在八世纪时，他们的祖先就迁移到了印度。许多赫赫有名的袄教徒，改奉了伊斯兰教，其中最早的是伊本·穆盖法耳。早期的伊斯兰教教义学中，有某些方面，要么是针对二神教提出的，要么是仿效二神教的态度的。

摩尼教徒起初被穆斯林们认做基督教徒或袄教徒，后来也获得了受宽容的教派的身份。波斯人摩尼（273 或 274 年卒）及其学说，对于穆罕默德的信徒，似乎有一种特别的魅力，因为我们看到麦海迪和哈迪都采取严厉的措施，禁止有摩尼教的倾向。甚至连伍麦叶王朝最后的哈里发，也有信仰摩尼教的嫌疑[③]，他的老师是以二神教（*zindiq*）的罪名被处死的。780 年，麦海迪曾把几个隐匿身份的摩尼教徒在阿勒颇钉死于十字架[④]。他在位的最后两年，曾在巴格达成立一个宗教裁判所，专门裁判二神教徒[⑤]。哈迪继续了先辈所开始的迫害[⑥]。赖世德也任命一个官员，主持对二神教徒的裁判[⑦]。但是，许多摩尼教徒，甚至共产主义的马资达克（现通译为“马兹达克”）教徒[⑧]，似乎都幸免于难。《古兰经》虽然认为对于偶像崇拜者无须留情[⑨]，但是注重实际的伊斯兰教对北非和中亚的少数民族的宗教信仰，佯装不见，他们的宗教是微弱到不能引起人们的注意的，而且伊斯兰教发现，消灭印度的偶像崇拜是不可能的。

帝国的伊斯兰化

在正统的哈里发时代，基本上完成的所谓“穆斯林的征服”，前面已经讲过，实际上是阿拉伯军队和阿拉伯民族的胜利。他们在军事上和政治上，征
服了波斯、肥沃的新月和北非洲。在阿拔斯人统治的第一个世纪，征服运动 360

---

① Mas'ūdi, vol. iv, p. 86.

② Parsis 是从 Pārs（Fārs）得来的，现代的名称是 Fāris。参阅本书第 157 页注。

③ *Fihrist*, pp. 337—338。早期的阿拉伯作家，用“精低格”（*zindīq*，从古波斯语的 *zandik* 而来）这个名词去称呼任何一个穆斯林，如果他的宗教概念里有波斯人的信仰成分，特别是摩尼教的信条。后来，这个名词被用来指带有自由思想的任何人。参阅 E. G. Browne, A *Literary History of Persia*, vol. i（New York, 1902）, pp. 159—160。参阅本书第 84 页注。

④ Ṭabari, vol. iii, p. 499.

⑤ 同上书，pp. 519—520, 588。

⑥ 同上书，pp. 548—551。

⑦ 阿拉伯语的资料包括 *Fihrist*, pp. 327 以下，Shahrastāni, pp. 188 以下，Ya'qūbi, vol. i, pp. 180—182，都是关于摩尼教的最早的和最好的资料。新的论文可参阅 A. V. Williams Jackson, *Researches in Manichaeism*（New York, 1932）。

⑧ 参阅 Ṭabari, vol. i, pp. 885—886, 897；Shahrastāni, pp. 192 以下；Browne, vol. i, pp. 166—172。

⑨《古兰经》4:116—120, 21:98—100, 66:9。

进入第二个阶段——伊斯兰教胜利的阶段。在这个阶段中，帝国内大部分居民，改奉了新的宗教。许多人固然是在军事征服时期改奉伊斯兰教的，但是像叙利亚那样的地方，在整个伍麦叶王朝时代，都依然呈现了一个基督教国家的景象。不过，到了这个时候，形势显然还是开始转变了。赖世德和穆台瓦基勒两位哈里发褊狭的立法，对于新改教者的增加，无疑有所贡献。个人和集体的强制改教的现象，又增加了改教者的数量；麦海迪在阿勒颇看到了台努赫族的五千个基督教徒，他们接受他的命令，而改信了伊斯兰教[①]。改教的过程，虽然是不可避免的，但是在正常的情况下，大半是逐渐的，是和平的。个人的利益，是改教的主要原因。有些人是不愿意缴纳侮辱性的捐税，并且想避免其他歧视；有些人想获得社会的威望，或者政治上的势力；有些人想享受更多的自由和安全：这些都是曾经起过重大作用的动机。

波斯加入阿拉伯帝国后，一直没有改奉伊斯兰教，过了两百多年，才有人开始改教。直到现在，伊朗还有九千左右人口仍旧信奉祆教。伊拉克北部的居民，直到十世纪初的时候，还像伊本·法基[②]所说的那样，“名义上是穆斯林，性格上是基督教徒”。黎巴嫩山的居民，直到现在，过半数仍然是基督教徒。远在四世纪的时候，埃及早已轻率地信奉了基督教，后来成为伊斯兰化最早的国家。现在，埃及的科卜特人，只是一个少数民族。六世纪中叶就已基督教化的努比亚王国，到十二世纪的时候，仍然是一个基督教国家[③]，甚至在十四世纪末叶，还是那样[④]。前面已经讲过，柏柏尔人和北非洲人的教
361 会，曾经产生过基督教正统派的几位有名的战士；柏柏尔人和北非洲人的改教，是在欧格白于公元670年建立盖赖旺以后开始的，但并没有显著成绩。他建立盖赖旺原是要使它成为一个永恒的军事基地和伊斯兰教势力的中心。在八世纪的时候，由于执行了一个新计划，把柏柏尔人编制在穆斯林军队中，用获得战利品的新希望来争取他们，他们才大批改教。以柏柏尔人为核心，阿拉伯的部队才得以完成对西非洲和西班牙的征服。但是，就以这些地区而论，他们的教会原来有五百个主教管区，在阿拉伯人征服三百年后，仍然保

---

① Ibn-al-'Ibri, *Chronicon Syriacum*, ed. and tr. P. J. Bruns and G. G. Kirsch (Leipzig, 1789), vol. ii (text), p. 133 = vol. i, pp. 134—135.

② *Buldān*, p. 315, l. 9.

③ Al-Idrīsi, *Ṣifāt al-Maghrib*, ed. and tr. R. Dozy and M. J. de Goeje (Leyden, 1864—1866), p. 27 (text) = p. 32 (tr.).

④ Ibn-Baṭṭuṭah, vol. iv, pp. 396.

存了四十多个主教管区①。伊斯兰教在这里的最后胜利，是在十二世纪才获得的，虽然阿尔及利亚某些部族改奉伊斯兰教，还要归功于安达卢西亚的摩尔人，因为他们在1492年格拉纳达陷落后被赶出了安达卢西亚。

阿拉伯语的胜利

一系列征服的第三阶段，是语言的阶段，即阿拉伯语战胜被征服人民的本族语的阶段。这个阶段是最晚的，也是最慢的。在这个斗争的领域里，被征服的民族，进行了最大的反抗。许多事例证实，被征服民族宁愿放弃政治上的忠心，甚至宗教上的忠心，也不愿放弃本族的语言。直到阿拔斯王朝的末叶，阿拉伯语才变成普通话，而取得完全的胜利。在波斯，在武力征服后，过了一段时期，阿拉伯语就变成了科学和社交的语言，但是没有能够永远地取伊朗的口语而代之。在伊拉克和叙利亚，以一种闪族语，即阿拉伯语，代替另一种闪族语，即阿拉马语，自然是比较容易的。但是，在偏僻的地区，如在黎巴嫩那样基督教居民占优势的地方，本地的叙利亚语，曾拼命战斗，直到现代还在坚持阵地呢。在麦耳鲁拉和前黎巴嫩山的另外两个乡村里，现在还有人在讲叙利亚语。阿拉马语虽然消失了，但是在阿拉伯语的口语中还遗留下明白的痕迹，无论在词汇、语调还是语法结构方面，都是显而易见的②。

值得一提的是，作为学术语言的阿拉伯语，在作为口头语言的阿拉伯语 362
之前，早就胜利了。在前一章里，我们已经看到，许多新思潮，在八世纪时从拜占廷、波斯和印度重新集中于巴格达、巴士拉和库法，构成了一种新文化，只有古代的亚历山大港的文化可以与之相比，从前没有做过科学工具的阿拉伯语，变成了传达穆斯林文明的工具。我们在下一章中就来考察这个文化运动的情况。

---

① De Mas Latrie, *Relations et commerce de l'Afrique septentrionale* (Paris, 1886), pp. 27—28; Arnold, *Preaching*, pp. 126 以下。

② Hitti, *al-Lughāt al-Sāmīyah* (Beirūt, 1922), pp. 30—46.

363 第二十七章　科学和文学的进步

在第二十四章所讨论的翻译时期（约在公元 750—850 年）之后，接着一个创造性活动的时期就出现了；因为阿拉伯人不仅消化了波斯的各种学问和希腊的古典遗产，而且使两者都适合于自己的特殊需要和自己的思想方法。他们在炼金术、天文学、数学和地理学方面，都有过辉煌的成就，在医学和哲学方面的独立工作，稍有逊色。作为阿拉伯人和伊斯兰教徒，他们对于教律学、教义学、语文学和语言学，进行过独创思考和科学研究。古代名著译成阿拉伯语后，在几个世纪期间，由阿拉伯人的智力加以重大的改变，增加了许多新颖的贡献，然后通过叙利亚、西班牙和西西里岛，而传入欧洲，给统治中世纪欧洲思想的知识准则奠定了基础。阿拉伯人是“述而不作”的，但从文化史的观点来说，传述的重要性并不亚于创作，因为亚里士多德、格林和托勒密等人的研究成果，假若散佚了，那岂不等于他们根本没有创作过什么，因而世界也就很感贫乏了。

医学　哪些是翻译的？哪些是创作的？要想画一条分界线，往往是画不清楚的。有许多翻译家本人，也有些新的贡献。约哈纳·伊本·马赛维（777—857 年）和侯奈因·伊本·易司哈格（809—873 年）就是最好的例证。伊本·马赛维是一位基督教的医生，是伯赫帖舒的学生；由于伊斯兰教不奖励解剖死人，他就用猴子做解剖的对象，其中有一只猴子是 836 年从努比亚进贡给哈里发穆耳台绥木的①。在这种情况下，解剖学上的进步是很小的，但对于眼睛的解剖学构造的研究，可以说是例外。伊拉克和其他伊斯兰教国家，都是炎热的地方，各种眼科病症很流行，因此，阿拉伯医生早就注意研究眼科的病
364 症。伊本·马赛维曾写过一篇关于眼科学的最古老的系统性的论文，这篇论文的阿拉伯语原稿保存下来了②。有一本题名《眼科十论》（*al-ʻAshar Maqālāt*

---

① Ibn-abi-Uṣaybiʻah, vol. i, p. 178.

② *Daghal al-ʻAyn*（《眼的失调》），手抄本；一本在开罗国家图书馆帖木儿收藏室，另一本在列宁格勒图书馆（今圣彼得堡图书馆）。

fi al-'Ayn）的专著，据说是他的学生侯奈因所著的，新近已经发表，而且附有英语译文①，这本书可以算作眼科学最古的教科书了。

相传先知说过，学问有两类：一类是教义学，一类是医学。这句话说明，阿拉伯人对于治疗科学是感兴趣的。医生同时是玄学家、哲学家和贤人，哈基木（*ḥakim*，哲人）这个头衔，无论就这几种身份中的哪一种身份来说，都可以随便用来称呼他②。景教徒伯赫帖舒（约卒于830年）曾任赖世德和麦蒙的御医，又任伯尔麦克族公馆的医生，积蓄了八千八百八十万第尔汗③。由此可见，医生是一种有利可图的职业。赖世德的御医伯赫帖舒，每年给赖世德放血两次，据说所得的报酬是十万第尔汗；每半年给他开一个轻泻药方，又得到同样的报酬。伯赫帖舒的后裔，一连六七代都是名医，最后一位名医生活在十一世纪后半期。

这个时期中，在药材的应用方面，阿拉伯人获得了显著的进步。他们是开设第一批药剂工厂的人，是创办最早的药剂学校的人，也是编制第一部药方集的人④。他们写作过几篇关于药剂学的论文，其中最古的是查比尔·伊本·哈彦的论文。他是阿拉伯化学的祖师，闻名于公元776年前后。远在麦蒙和穆耳台绥木时代，药剂师就要经过一种考试⑤。医生也像药剂师一样，不经过考试，不许营业⑥。公元931年，曾发生庸医杀人的事件，因此，哈里发穆格台迪尔命令息南对所有营业的医生进行考试，不及格的，不发给营业执照（*ijāzah*）。在巴格达营业的八百六十多位医生，都经过考试，而庸医都被淘汰了。穆格台迪尔有一位贤明的大臣，叫做阿里·伊本·伊萨，他是关心人民的疾苦的，他命令息南组织一批医生，带着药品，施行救济，到全国各 365
地对人民进行巡回诊疗。他还组织一批医生，每天访问监狱，诊治囚犯⑦。这些事实说明，阿拉伯人见解高人一等，对于公共卫生特别关怀，在那个时代，这是世界各国所不能及的。息南致力于医疗科学水平的提高，管理巴格达医院，也很称职，所以他成了声望很高的一位院长。巴格达医院，是伊斯兰世界的第一所医院，是哈里发哈伦在九世纪初叶仿照波斯医院的样式而创立的，

---

① 翻译者是 Max Meyerhof（1928年出版于开罗）。

② 伊斯兰教各国直到现在，还把医生叫做哈基木。——译者

③ Qifṭi，p. 143.

④ 我国的《神农本草》是世界上最早的药方集。——译者

⑤ Qifṭi，p. 188—189.

⑥ Ibn-abi-Uṣaybi'ah，vol. i，p. 222；Qifṭi，p. 191.

⑦ Ibn-abi-Uṣaybi'ah，vol. i，p. 221；Qifṭi，pp. 193—194.

这所医院的名称“比马利斯坦”（*bīmāristān*）就可以表明这一点①。不久以后，在伊斯兰世界，先后建立了三十四所医院。约当872年，在伊本·突伦时代，开罗建立了埃及的第一所医院，这所医院，继续存在到十五世纪②。十一世纪时候，旅行医疗队出现了。伊斯兰教的医院，都有自己的药房，而且为妇女特设病房。有些医院还设有医学图书馆，而且讲授医学课程。

阿里·泰伯里

伟大的翻译家的时代逝去以后，接着就出现了许多最著名的医学著作家；这些著作家，论血统都是波斯人，但他们都是用阿拉伯语写作的，例如阿里·泰伯里、拉齐、阿里·伊本·阿拔斯·麦朱西和伊本·西那。现在，巴黎大学医学院的大厅里，还挂着拉齐和伊本·西那的巨幅画像。

阿里·伊本·赛海勒·赖班·泰伯里活跃于九世纪中叶，他原来是泰伯里斯坦的基督教徒，在他自己所著的《宗教论》（*Kitāb al-Dīn*）一书中曾提到了这一点，而且从他父亲的名字赛海勒·赖班中也可以看出来③。在哈里发穆台瓦基勒在位的时代，他改信了伊斯兰教，同时成了哈里发的御医。他在850年著成《智慧的乐园》（*Firdaws al-Ḥikmah*），这是用阿拉伯语写成的最古的一本医药纲要。这本书多少带一点哲学和天文学知识，而且是以希腊和印度的著作为蓝本的。在阿里之后，出现了赫赫有名的教义学家、哲学家兼医生的拉齐。

拉齐

拉齐的全名是艾卜·伯克尔·穆罕默德·伊本·宰克里雅·拉齐（865—925年），他因生于伊朗首都德黑兰附近的赖伊而得名，欧洲人称他为拉齐斯
366 （Rhazes）。他大概可以称为“伊斯兰医学家中最伟大、最富于独创性，而且著作最多的人物”④。他是巴格达大医院的院长⑤，为了给医院选择一个新地址，他把几条肉分别挂在本城的各地区，看哪个地区的肉条腐烂的迹象最少，就知道哪个地区的气候最适合于卫生，就选哪个地区做医院的新地址⑥。他被认为是外科上串线法的发明者。据《书目》记载，他的著作，有一百三十种

---

① 波斯语 *bīmār* 是病，*stān* 是地方，合起来是“治病的地方”，就是医院。

② Ibn-Duqmāq, pt. iv, p. 99.

③ *Kitāb al-Dīn*, p. 124—125 = *Book of Religion*, p. 147. 参阅 *Fihrist*, p. 296；参阅 ibn-Khallikān, vol. ii, p. 503, l. 25。他父亲的名字叫 Rabban，有些学者认为他是一个犹太人，其实 Rabban 是一个叙利亚字，意思是“我们的夫子”，阿里本人在《智慧的乐园》一书的序言里已说得很清楚。这本书于1928年由 Muḥammad Z. Ṣiddīqi 出版于柏林。

④ Edward G. Browne, *Arabian Medicine* (Cambridge, 1921), p. 44.

⑤ 晚近的作家把这个医院说成布韦希王朝阿杜德·道莱所建的医院，这是错误的，因为那个医院是后来在这个医院的地址上新建立的。

⑥ Ibn-abi-Uṣaybiʻah, vol. i, pp. 309—310.

是比较大的，有二十八种是比较小的；这些著作中有十二种，是关于炼金术的①。他的许多关于炼金术的主要著作中，有一本叫做《秘典》（*Kitāb al-Asrār*），经过许多编辑者的辗转抄录后，这本书由著名的克利摩拿的翻译家热拉尔（1187年卒）译成拉丁语，而成为化学知识的一个主要来源，直到十四世纪，才被阿拉伯化学家查比尔的著作取代。罗杰·培根曾引用这本书的理论，他给这本书取了一个新的名称，叫做《精神和肉体》（*De spiritibus et corporibus*）。还在波斯的时候，拉齐就写了一部医学书籍，题赠给他的奖励者——锡吉斯坦的君主萨曼王朝的国王曼苏尔，作为纪念，书名就叫做《曼苏尔医书》（*Kītāb al-Tibb al-Manṣūri*）。这部书共计十册，十五世纪八十年代，被译成拉丁语后，在意大利米兰出版，书名是 *Liber Almansoris*。这部书的若干册，新近已译成法语和德语。他所著的专论《天花和麻疹》（*al-Judari w-al-Ḥaṣbah*），是一篇最著名的医学论文，也是这个部门中最早的著作；有人认为这本书是阿拉伯医学文献的光荣，这种看法是很正确的。我们在这本书里发现了关于天花病的初次临床记录②。这篇专论先译成拉丁语，于1565年出版于意大利的威尼斯，后来又译成几种现代的欧洲语言，拉齐的声誉因此而大大提高了；历史学家公认他为富于独创性的、眼光最锐敏的思想家，他不仅是伊斯兰教的，而且是整个中世纪时期的最伟大的临床医生。然而他的最重要的著作，还要算《医学集成》（*al-Ḥāwi*）。西西里岛的犹太教医生法赖吉·本·萨林，在法国昂儒的查理一世的赞助下，于1279年把这部书译成拉丁语，称为 *Continens*。自1486年起，这部书就以这个名称屡次出版，1542年第五版在威尼斯问世。正如书名所表明的那样，这部书是一部医学百科全书，367
内容十分丰富。这部书总结了阿拉伯人当时从希腊、波斯和印度三个国家吸收到的医学知识，而且增加了许多新颖的贡献。在印刷术还很不成熟的时代，拉齐的这些医学著作就屡次出版，这在好几百年内对于拉丁西方的思想曾起了显著的影响。

阿里·麦朱西

阿里·伊本·阿拔斯·麦朱西（即 Haly Abbās al-Majūsi，994年卒），原先是祆教徒，由他的姓氏 al-Majūsi（祆教徒）就可以看出来。他因著《王书》（*al-Kitāb al-Maliki*）而成名，这是为纪念布韦希王朝的国王阿杜德·道莱·方纳·胡斯罗（949—983年在位）而写成的③。这部书又叫做《医学全书》

① *Fihrist*, pp. 299—302.

② Cornelius Van Dyck 出版（1866年于伦敦，1872年于贝鲁特）；W. A. Greenhill，英语译本 *A Treatise on the Small-Pox and Measles*（London，1848）。

③ Ibn-abi-Uṣaybiʻah, vol. i, pp. 236—237；Qifṭi, p. 232.

(*Kāmil al-Sinā'ah al-Tibbiyah*)①，译成拉丁文后叫做 *Liber regius*。这部书比拉齐的《医学集成》更简明扼要，欧洲的医生都用功学习这部书，直到伊本·西那的《医典》取而代之。《王书》中的饮食学和药物学两部分，是全书的精华。这部书有许多新颖的贡献，如关于毛细管系统的基本概念，关于分娩时婴儿不是自动地出来，而是被子宫筋肉的收缩力推出来的证据等。

伊本·西那

在阿拉伯医学编年史上，在拉齐之后，最著名的医学家就是伊本·西那（希伯来语写成 Aven Sīna，拉丁语写成 Avicenna〔阿维森纳〕，980—1037年），阿拉伯人尊称他为科学家的"领导长老"（*al-shaykh al-ra'īs*）②。拉齐和伊本·西那比较起来，前者的医生气味更浓厚些，后者的哲学家气味更浓厚些。阿拉伯科学到了这位医生兼哲学家、语言学家和诗人的手里，已经登峰造极，甚至可以说他就是阿拉伯科学的化身。

伊本·西那最初的名字是艾卜·阿里·侯赛因，他的父亲阿卜杜拉，是一个易司马仪派的信徒。他诞生于布哈拉附近，一生都是在东部伊斯兰世界度过的，死后葬于伊朗西北的哈马丹，他的坟墓一直保存到现在。他年轻的时候，很幸运地把萨曼王朝的国王努哈·伊本·曼苏尔（976—997年在位）的病治好了，努哈特许他使用著名的宫廷图书馆。这位伊斯兰教的波斯学者，具有非凡的理解力和记忆力，他把整个图书馆的书籍都读完了。在二十一岁
368 的年轻时代，他就开始了写作生涯。他把当代的知识加以系统化。据基弗兑的记载③，他共写了二十一部较大的著作和二十四部较小的著作；据别人的记载，他写了九十九部书，内容包括哲学、医学、几何学、天文学、教义学、语言学和艺术。他的这些名著中，有一首《咏灵魂》的长诗，是描写灵魂自上天降入人体的，阿拉伯国家的青年，现在还在朗诵这首长诗呢④。他的科学论著中最重要的有两部书：第一部是《治疗论》（*Kitāb al-Shifā'*），是一部哲学百科全书。这部书的基本内容，是亚里士多德哲学的传统，加上新柏拉图派的影响和伊斯兰教的教义学⑤。第二部是《医典》（*al-Qānūn fi al-Ṭibb*）。这

---

① Qifṭi, p. 232. 关于回历586年（公元1190年）的完整的手抄本，可以参阅 Hitti, Faris and 'Abd-al-Malik, *Catalog of Arabic Manuscripts*, *supp.* no. 1。

② 阿拉伯人还称他为 *al-mu'allim al-thāni*（第二教师），因为他们称亚里士多德为 *al-mu'allim al-'awwal*（第一教师）。

③ Qifṭi, p. 418. 参阅 Ibn-abi-Uṣaybi'ah, vol. ii, pp. 18—20; ibn-Khallikān, vol. i, pp. 273—274; Carl Brockelmann, *Geschichte der arabischen Litteratur*, vol. i (Weimar, 1898), pp. 453—458。

④ 这首长诗已由译者译成中文，见《伊斯兰教的光芒》一文，载《光明日报》（1952年5月4日），可供参考。——译者

⑤ 《治疗论》第六卷《论灵魂》，已由北京大学哲学系译出，1963年商务印书馆出版。——译者

部书把希腊的和阿拉伯的医学思想加以总结，而编成医典。《医典》的阿拉伯语原本，于1593年出版于罗马，所以是出版得最早的阿拉伯文献之一[①]。十二世纪时，克利摩拿的热拉尔把《医典》译成拉丁语，叫做 *Canon*。从此，这部具有百科全书的内容、系统化的编排和哲学的计划的名著，就在那个时代的医学文献中取得了卓越的地位，取代了格林、拉齐和麦朱西三人的著作，而被采用为欧洲各大学的医学教科书。在十五世纪最后三十年内，这部医典已经出了拉丁语版十五版，希伯来语版一版。在新近几年，这部书的若干部分，已译成英语[②]。这部书说明了纵膈障炎（现称为“纵膈炎”）和胸膜炎的区别，承认肺结核的接触传染性，以及水流和土壤传布疾病的作用，对于钩虫病做出科学的诊断，认为是一种肠寄生虫造成的。这部书的药物学，研究了七百六十多种药的性能。自十二世纪到十七世纪，这部书被用做西方医学指南，东方的伊斯兰国家，现在还有人偶尔应用这部书。用奥斯勒博士的话来说，这部书“被当做医学圣经的时间比其他任何著作都要长”[③]。

在医学界声望较低，但是也值得提一下的，是阿里·伊本·伊萨（即 Jesu Haly）。他是阿拉伯最著名的眼科医生（*kaḥḥāl*），是基督教徒，十一世纪 369
前半期，在巴格达享有盛名。哈里发穆耳台米德有一位御医，名叫伊萨·伊本·阿里，出生于阿里·伊本·伊萨之前一百五十年，但是两人的名字往往混淆起来[④]。中世纪时代用阿拉伯语写成的关于眼科学的著作，共计三十二种，只有阿里所著的《眼科医生手册》（*Tadhkirat al-Kaḥḥālin*），完整地传到现在，因此，成为最古老而且最有价值的眼科学文献[⑤]。阿拉伯文的三十二种眼科著作中，只有伊本·马赛维和侯奈因的著作，是比较早的。《眼科医生手册》认真地叙述了一百三十种眼科症候。这本名著，有一种希伯来语译本，有两种拉丁语译本。直到现在，东方各国的眼科医生，还在学习这本名著。

伊本·哲兹莱（1100年卒）是一位第二流的医生，他原来是基督教徒[⑥]，曾著《养生表》（*Taqwīm al-Abdān fi Tadbīr al-Insān*），这是仿照另外一位基督

---

① 《治疗论》的摘要初次出版的时候，是作为《医典》的附录的。

② O. Cameron Gruner, *A Treatise on the Canon of Medicine of Aviccenna* (London, 1930).

③ William Osler, *The Evolution of Modern Medicine* (New Haven, 1922), p. 98.

④ *Fihrist*, p. 297; ibn-abi-Uṣaybi'ah, vol. i, p. 203.

⑤ Ibn abi-Uṣaybi'ah, vol. i, p. 247. 伍德（Casey A. Wood）曾将此书译成英语，叫做 *The Tadhkirat of Ali ibn Isa*，于1936年出版于芝加哥，但不是从阿拉伯语原本直接译来的。

⑥ Ibn-abi-Uṣaybi'ah, vol. i, p. 255; Qifṭi, p. 365; ibn-Khallikān, vol. iii, p. 255.

教医生伊本·卜特兰[1]（约 1063 年卒于安提俄克）所著《健康表》（*Taqwīm al-Siḥḥah*）的体例而写成的。在《养生表》中，各种疾病，像天文表里的星宿一样，排列起来。这本书曾于 1532 年译成拉丁语，出版于法国的斯特拉斯堡。最后要提到的医生，是叶耳孤卜，他是哈里发穆耳台迪德（892—902 年在位）的上驷院卿，曾著过一本关于骑术的论文，叫做《骑术和马色》（*al-Furūsīyah wa-Shiyāt al-Khayl*），这是关于骑术的第一本阿拉伯语著作。这本书包括兽医学的若干基本原理。这本书的阿拉伯语手抄本，现在还保存在英国博物馆里[2]。

哲学 在阿拉伯人看来，哲学（*falsafah*）是人类所能探知的关于万物真相的真实原因的一种知识。就实质来说，阿拉伯哲学就是希腊哲学，但是，已根据被征服各国人民的思想及其他东方的影响，而加以修改，使其适合于伊斯兰教的精神倾向，并且用阿拉伯语表达出来。这些阿拉伯人相信，亚里士多德的著作已集希腊哲学之大成，正如格林的著作已集希腊医学之大成一样。希
370 腊哲学和希腊医学，当然是指西方所有的全部学问了。作为穆斯林，阿拉伯人相信，《古兰经》和伊斯兰教教义学，是宗教法律和宗教经验的总结。因此，他们新颖的贡献，一方面是在哲学领域和宗教领域的边缘上，另一方面是在哲学领域和医学领域的边缘上。阿拉伯的著作家，逐渐把“*falāsifah*”或者“*ḥukamā*”（哲学家或者贤人）用做不受宗教限制而自由思考者的称号，同时把“*mutakallimūn*”或者“*ahl alkalām*”（演说家或者辩证学家）的名称，留给那些为天启的宗教所制约的学者。“*mutakallimūn*”相当于基督教欧洲经院哲学的著作家，他们应用逻辑学命题的方式，陈述自己的理论，故有辩证学家的称号。后来，“*kalām*”（本义是言语）就成为教义学的名称，而“*mutakallimūn*”就成为教义学家的名称了。安萨里原来是一位教义学家，留到后面去论述。早期阿拉伯哲学史上最显赫的人物，当推肯迪、法拉比和伊本·西那三人。

肯迪 肯迪的全名是艾卜·优素福·叶耳孤卜·伊本·易司哈格·艾勒·肯迪，约在 801 年出生于库法，而享盛名于巴格达，约 873 年死于巴格达。他有纯粹的阿拉比亚血统，故有“阿拉伯哲学家”的头衔。他实在是东方哈里发帝国内阿拉伯民族中研究亚里士多德哲学的绝无仅有的例子。肯迪是一位折中派的哲学家，他曾依照新柏拉图派的方法，做过很大的努力，想把柏拉图和

① Hitti, *Arab-Syrian Gentleman*, pp. 214—216; ibn-abi-Uṣaybi‘ah, vol. i, pp. 241 以下; Qifṭi, pp. 294 以下。

② *Fihrist*, p. 315 提到一位叫 ibn-akhi-Ḥizām 的人，可能就是他的儿子。

亚里士多德的见解结合起来；他认为新毕达哥拉斯派的数学，是一切科学的基础。肯迪不仅是哲学家，而且是占星学家、炼金术家、光学家和音乐理论家。据传说，他曾写过三百六十一种著作，但不幸，大部分都散佚了。他的主要著作，是一部光学书，那是几何光学和生理光学相结合的，是以欧几里得的《光学书》（*Optics*，西温的校订本）为蓝本而写成的。这部书在东方和西方曾被广泛地采用，直到伊本·海赛木的伟大光学著作出世，才被取代了。这部书的拉丁语译本，对于罗杰·培根曾有过影响。肯迪曾写过三四篇关于音乐理论的文章，一直传到现在，这是用阿拉伯语写成的保存下来的最古老的乐理文章，我们由这些文章可以看到希腊关于乐理的著作的影响。肯迪在一篇论文中说，节奏（*iqā*‘）是阿拉伯音乐的组成部分。在基督教欧洲之前好几百年，穆斯林各国早已认识到有节奏的歌曲或有节奏的音乐了[①]。肯迪的著 371
作保存到现在的，大部分是拉丁语的译本，阿拉伯语的原本是很稀罕的。

法拉比

把希腊哲学和伊斯兰教加以调和的工作，由阿拉伯人肯迪开端，由突厥人法拉比继续，由波斯人伊本·西那完成。

法拉比的全名是穆罕默德·伊本·穆罕默德·伊本－达尔汗·艾卜－奈斯尔·艾勒－法拉比[②]，欧洲人把他叫做 Alpharabius。他出生于外药杀河区，曾在巴格达受教于一位基督教的医生和一位基督教的翻译家，曾以“苏非”的身份，在阿勒颇海木丹人赛义夫·道莱辉煌的宫廷里享过盛名。公元 950 年卒于大马士革，享寿约八十岁。他作过几篇论文，评论柏拉图和亚里士多德；从这几篇论文看来，他的哲学体系是柏拉图派、亚里士多德派和苏非派的混合物；斯特吉拉人[③]曾有“第一教师”的尊号，而法拉比获得了令人羡慕的“第二教师”的尊号。除了关于亚里士多德和其他希腊哲学家的注释外，法拉比还编写过关于心理学、政治学和形而上学的各种论文，其中最著名的是《哲理的宝石》（*Risālat Fuṣūṣ al-Ḥikam*）[④] 和《优越城居民意见书》（*Risālah fi Ārā’ Ahlal-Madīnah al-Fāḍilah*）[⑤]。法拉比在这后一部书中和在他所著的《政治经济学》（*al-Siyāsat al-Madanīyah*）中，都提出了关于模范城市的概念，他认为模范城市是与人体相似的一个具有教职制度的有机体，他在这方面显然

---

① 参阅本书第四十一章“对欧洲的影响”。

② 突厥斯坦法拉卜村（Fārāb in Turkestan）人。Ibn-abi-Uṣaybi‘ah，vol. ii，p. 134；Qifṭi，p. 277.

③ 这是亚里士多德的别名。——译者

④ Friedrich Dieterici 把这篇论文收入他的著作 *Die Philosophie der Araber im IX. und X. Jahrhundert n. Chr.*，vol. xiv（Leyden，1890），pp. 66—83。

⑤ 1323 年出版于开罗，Dieterici 也把这篇论文收入 *Die Philosophie der Araber*，vol. xvi（Leyden，1895），他又把它译成德语，叫做 *Der Musterstaat* von *Alfārābī*（Leyden，1900）。

受到了柏拉图的《共和国》和亚里士多德的《政治学》的启发。君主相当于人的心脏，达官显宦们为他服务，小官吏又为达官显宦们服务，如此类推，以至老百姓。在他的理想的城市里，社会的目的是本市公民的幸福，而君主在道德上和才智上都是十全十美的人。

由法拉比其他的著作看来，他是一位很好的医生兼数学家，是一位神秘学家兼卓绝的音乐家。事实上，他被认为是阿拉伯音乐史上最伟大的理论家。除了在两本科学概要里讨论音乐问题外，他还写了三本比较大的专论，来讨
372 论乐理上的问题，最重要的是《音乐大全》（*Kitāb al-Mūsīqi al-Kabīr*）[1]。相传，他在他的保护人赛弗·道莱的面前演奏琵琶，十分动人，使听众哈哈大笑，再使他们痛哭流涕，最后使他们进入梦乡（连看门人也都如此）[2]。有几首古老的颂歌，相传是他创作的，直到现在，毛莱威派的修道士们还在咏唱那些颂歌。

伊本·西那诞生于法拉比之后（1037 年卒），他关于音乐理论的著作，是阿拉伯语中最重要的著作。在论述阿拉伯医学家的时候，已经讲过伊本·西那在医学上的成就；他在哲学上有那样的成就，应当感谢法拉比的恩惠。据伊本·赫里康的评价[3]，“伊斯兰哲学家没有像法拉比那样渊博的；伊本·西那由于研究了他的著作，模仿了他的风格，才精通哲学，写出有用的著作来的”。但是彻底研究希腊哲学，特别是菲洛的哲学[4]，然后用清楚流畅的文字加以阐述，而且把它与伊斯兰教结合起来，使一般受过教育的穆斯林不仅能够了解，而且能够接受，这不能不归功于伊本·西那。

精诚同志社

约当回历四世纪中叶（公元 970 年前后），巴士拉出现了一个研究通俗哲学的有趣的折中派学会。这个学会有毕达哥拉斯派思想的倾向，叫做“精诚同志社”（*Ikhwān al-Ṣafā'*）。这个名称，大概是从《凯利莱和迪木奈》里斑鸠的故事中借来的；那个故事叙述一群走兽，相亲相爱，犹如“忠实的朋友”（*ikhwān al-Ṣafā'*）[5]，故能逃脱猎人的罗网[6]。

“精诚同志社”在巴格达设有分社，这个学会不仅是一个哲学的机构，而

---

① J. P. N. Land 的摘要，见 *Actes du sixième congrès international des orientalistes*, pt. 2, sec. 1（Leyden, 1885）, pp. 100—168。Rodolphe d'Erlanger 的法语译本，见 *La musique arabe*, vols. i, ii, *al-Fārābī*（Paris, 1930—1935）。参阅 Hitti, Faris and 'Abd-al-Malik, *Catalog of Arabic Manuscripts*, no. 1984。

② Ibn-Khallikān, vol. ii, p. 501.

③ Vol. ii, p. 499 = de Slane, vol. iii, p. 307.

④ 菲洛，约出生于公元前 20—公元前 10 年，是犹太哲学家。——译者

⑤ 由此可见，一般的译名，如“the brethren of purity”，“les frères de la pureté”，“die lauteren Brüder”都是不准确的。

⑥ I. Goldziher in *Der Islam*, vol. i（1910）, pp. 22—26.

且是一个宗教－政治的秘密组织，以极端的十叶派（大概是易司马仪派）的观点为这个学会的观点，反对当时存在的政治制度，显然企图破坏人民的文化体系和宗教信仰，以便颠覆当时的统治者阿拔斯王朝。因此，这个学会的活动和会员的姓名，都是不得而知的。这个学会的《论文集》（*Rasā'il*），编 373
成百科全书的样子，流传到现在①，编辑者的姓名是很暧昧的。《论文集》包括论文五十二篇，内容有数学、天文学、地理学、音乐、伦理、哲学等，总结了当时的知识分子所必须具备的一切科学知识。前面的五十一篇论文，是讨论各种学科的；最后一篇论文，是总结前五十一篇论文所涉及的一切科学的。由这部百科全书式的文集可以看出，阿拉伯语在当时已经成熟到可以作为表达一切科学和哲学理论的工具了。安萨里曾受这部著作的影响②，叙利亚阿萨辛派的领袖赖世德丁·息南也曾勤勉地使用过这部著作③。叙利亚的大诗哲麦阿里（1057 年卒）在巴格达的时候，经常去参加这个学会每星期五举行的例会④。穆尔太齐赖派的著名人物陶希迪（1023 年卒）⑤、拉旺迪（915 年卒）和麦阿里三人，成为伊斯兰教大异端派的三君子⑥，陶希迪即使不是这个学会的积极分子，也是他们的学生。

天文学和数学

伊斯兰教关于天文学的科学研究，是在一部印度的天文学著作的影响下开始的。这部著作叫做《西德罕塔》（*Siddhānta*，阿拉伯语译名是《信德欣德》[*Sindhind*]），于 771 年从印度传入巴格达后，由穆罕默德·伊本·易卜拉欣·法萨里译成阿拉伯语，被后代的学者当做范本。萨珊王朝时代编辑的帕莱威历表（*Pahlawi zik*），不久就被译成阿拉伯语，附在《信德欣德》后面，叫做历表（*zīj*）。希腊的成分，虽然在最后加入，却是最重要的成分。托勒密的《天文大集》，早就被译成阿拉伯语，但是后来的两个译本，是比较优越的：一个译本是哈查只·伊本·麦台尔于回历 212 年（公元 827—828 年）完成的；另一个译本是由侯奈因·伊本·易司哈格翻译，而由撒比特·伊本·古赖（901 年卒）校订的。远在九世纪的时候，凭借十分精确的仪器而进行的第一次正规的观测（*raṣd*），已经在军迪沙普尔（在波斯的西南部）开

① Dieterici 发行了这部论文，而且把很多论文加以翻译，收入他所著的 *Die Philosophie der Araber*, 16 vols.（Leipzig and Leyden, 1858—1895）。最后的东方版是 Khayr-al-Din al-Zirkili 的四卷本，1928 年出版于开罗。

② 参阅 *Ihyā'*, vol. ii, p. 254, ll. 8—12, p. 262, ll. 18—20，再核对 *Rasā'il*, vol. i, p. 180。

③ M. C. Defrémery in *Journal asiatique*, ser. 5, vol. v（1855）, pp. 5—6.

④ 参阅他的诗集 *Siqṭ al-Zand*, Shākir Shuqayr（Beirut, 1884）, p. 112, l. 15, p. 104, ll. 4—5。

⑤ 参阅 ibn-Khallikān, vol. ii, p. 470; Yāqūt, *Udabā'*, vol. v, p. 381。

⑥ Al-Subki, *Ṭabaqāt al-Shāfi'īyah al-Kubrā*（Cairo, 1906）, vol. iv, p. 3.

始了。哈里发麦蒙在巴格达创建了“智慧馆”（*Bayt al-Ḥikmah*），接着就在舍
375 马西叶门附近建立了天文台，由改奉伊斯兰教的犹太人辛德·伊本·阿里和叶哈雅·伊本·艾比·曼苏尔（830 或 831 年卒）[①] 二人领导。哈里发的天文学家，“不仅在这里有系统地观测天体的运动，而且根据非常精确的结果，校正了托勒密《天文大集》里一切基本的要素：黄道斜角、二分点[②]的岁差和岁实等”[③]。在这个天文台建成之后不久，麦蒙又在大马士革城外的嘎西雍山上建立了另外一个天文台[④]。在这个时代，天文台上的仪器，有象限仪、星盘、日晷仪、天球仪和地球仪等。易卜拉欣·法萨里（约在公元 777 年卒）是制造星盘的第一个穆斯林[⑤]，无疑地他是仿造希腊星盘的，因为阿拉伯名称 *asṭurlāb* 是从希腊名称 *astrolabe* 得来的。讨论这种天文仪器的最早的阿拉伯语论文之一是阿里·伊本·伊萨·阿斯突尔拉比（意思是星盘制造家）所写的，他在 830 年前生活于巴格达和大马士革。

麦蒙的天文学家们，曾做过一件极其精密的测地工作——测量地球子午线一度之长。测量的目的是，假定大地为球形，然后实测子午线一度之长，据此而推算地球的体积及其圆周。测量的工作，曾在两个地方进行，一个是在幼发拉底河北面的辛贾尔平原，一个是在约旦的巴尔米拉附近；测量的结果是，子午线 1 度之长，等于 $56\frac{2}{3}$ 阿拉伯里[⑥]，这显然是一个精密计算的结果，比当地子午线 1 度真实的长度，超过 2877 英尺[⑦]。根据这个数字计算，地球的圆周，是 20400 阿拉伯里，地球的直径是 6500 阿拉伯里。参加这件测量工作的，有穆萨·伊本·沙基尔的三个儿子，花拉子密大概也参加了这一工作。花拉子密的历表写成后一个半世纪，西班牙的阿拉伯天文学家麦斯莱麦·麦只里帖（约在 1007 年卒）曾加以校正，1126 年由巴斯人阿德拉译成拉丁语，这部历表成为东方和西方各种历表的蓝本。阿拉伯的这些历表，代替了先前希腊和印度的各种历表，而且传入中国，被采用了一个时期[⑧]。

---

① *Fihrist*, p. 275.

② 即春分和秋分的分日点。——译者

③ C. A. Nallino, art. “Astronomy”, *Encyclopaedia of Islām*. 参阅 Sā‘id, *Tabaqāt*, pp. 50—51。

④ Ibn-al-‘Ibri, p. 237.

⑤ *Fihrist*, p. 273.

⑥ 阿拉伯里等于 4000 骨尺，合 2353.2 公尺。——译者（1 公尺即 1 米。——编者）

⑦ Nallino, ‘Ilm *al-Falak* (Cairo, 1911), pp. 281 以下。阿拉伯语的 *falak*（天球）可能是巴比伦名词，参阅同书第 105—106 页。

⑧ 参阅译者编译的《回历纲要》，中华书局 1955 年版，第 22 页。——译者

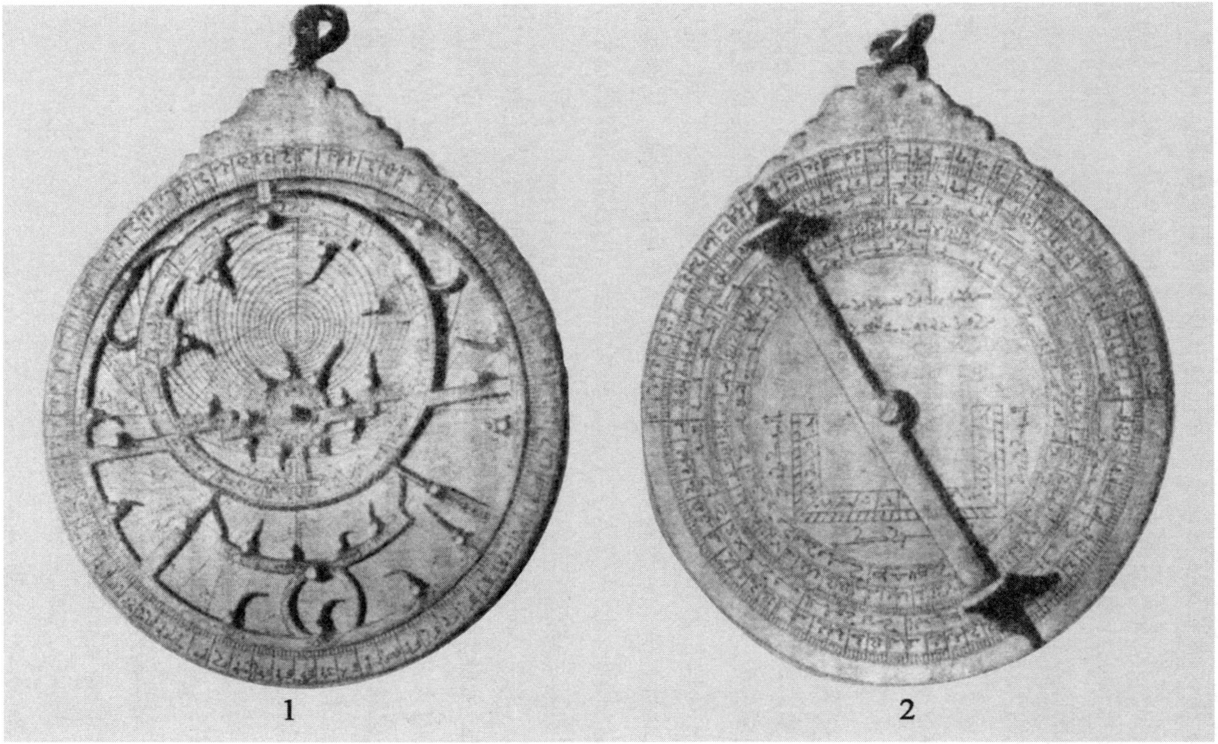

回历1010年（公元1601—1602年）的星盘

1.正面；2.反面

这个时期的另外一位著名的天文学家是艾卜·阿拔斯·艾哈迈德·拔汗尼[1]，他出生于外药杀河地区的拔汗那，而以拔汗尼为姓（欧洲人叫他 Arfraganus）。861 年，哈里发穆台瓦基勒委任他在埃及弗斯塔德建立一个水位计[2]。376 拔汗尼的主要著作《天文学入门》（*al-Mudkhil ilā ʻIlm Ha'yat al-Aflāk*）[3] 于 1135 年由塞维勒的约翰和克利摩拿的热拉尔合译成拉丁语，又被译成希伯来语。阿拉伯语原本，保存到现在，但是具有不同的书名[4]。

除麦蒙的天文台外，穆萨·伊本·沙基尔的三个儿子，在巴格达他们自己的家里，设了一个天文台（850—870 年）。布韦希王朝的素丹舍赖弗·道莱（982—989 年在位），在巴格达的宫廷中，建设了另外一个天文台。在这个天文台上工作的，有三位天文学家：第一位是阿卜杜勒·赖哈曼·苏非（986 年卒），他著的《恒星集》（*al-Kawākib al-Thābitah*）是观测天文学上的一部杰作；第二位天文学家是艾哈迈德·萨安尼（990 年卒）；第三位天文学家是艾卜勒·外发（997 年卒）[5]。在布韦希王朝的另一位素丹鲁克尼·道莱（932—976 年在位）的在赖伊的宫廷里，有呼罗珊人哈精[6]在工作。他曾确定黄道斜角，而且解决了一个存在于阿基米德的著作中的问题，从而得出一个三次方程式。此外，还有些天文学家，在设拉子、内沙布尔和撒马尔罕等地工作，对于天文学做过系统的研究。

白塔尼

白塔尼（欧洲人叫他 Albatenius）[7] 原来是哈兰的一个萨比教徒，后来改奉伊斯兰教；无疑，他是自己民族中同时代的最伟大的天文学家，也是伊斯兰教最伟大的天文学家之一；公元 877—918 年间，他在赖盖从事观测和研究。他是一位独创的研究工作者。他订正了托勒密的许多错误，又修正了太阳轨道和某些行星轨道计算的方法。他证明太阳环食的可能性，而且更正确地确定了黄道斜角，并且提出关于确定新月的可见度的独创的理论[8]。

---

① 说他的名字是 Muḥammad，参阅 *Fihrist*，p. 279；Qifṭi，p. 286。

② Ibn-abi-Uṣaybiʻah，vol. i，p. 207.

③ Ibn-al-ʻIbri，p. 236；Qifṭi，p. 78.

④ 参阅 Hitti，Faris and ʻAbd-al-Malik，*Catalog of Arabic Manuscripts*，no. 967。

⑤ *Fihrist*，p. 283；ibn-al-Athīr，vol. ix，p. 97；ibn-Khallikān，vol. ii，pp. 508—509.

⑥ Qifṭi，p. 396；*Fihrist*，pp. 266，282.

⑦ *Fihrist*，p. 279.

⑧ 他的天文历表叫 *al-Zij al-Ṣābi'*，由 C. A. Nallino 发行，1899 年出版于罗马。

阿富汗东部的加兹尼，是艾卜·赖哈尼·穆罕默德·比鲁尼（973—1050年）[①] 的故乡。他是伊斯兰教在自然科学领域中所产生的最富于创造性而且学识最渊博的学者。这位波斯血统的阿拉伯语著作家，会说突厥语，除波斯语外，还知道梵语、希伯来语和叙利亚语。他于1030年曾为他的保护人素丹麦斯欧德（著名的麦哈茂德的儿子）写了一个总结整个天文学的报告，叫做《麦斯欧迪天文学和占星学原理》（*al-Qānūn al-Mas'ūdi fi al-Hay'ah w-al-Nujūm*）。 377
他在同一年编写了一部关于算术、几何、天文和占星的简短问答，叫做《占星学入门解答》（*al-Tafhīm li-Awā'il Ṣinā'at al-Tanjīm*）。他首要的著作是《古代遗迹》（*al-Āthār al-Bāqiyah 'an al-Qurūn al-Khāliyah*），这部书主要是讨论古代各国人民的历法和纪元的[②]。关于地球以地轴为轴而自转的理论，在那个时代还是一个争执不决的问题，比鲁尼在这些著作中聪明地讨论了这个问题，而且对于地球的经度和纬度作出精密的测定。比鲁尼是十叶派的穆斯林，他带有不可知论的倾向，曾在印度侨居多年，而且醉心于印度哲学[③]。他在科学上的贡献是很多的，其中有他根据流体静力学的原理而对天然泉水的作用所做的解释，他指出印度河谷必然是一个古海的盆地，被冲积层充塞。他还叙述了几种怪物，包括我们所谓的暹罗连体双生儿[④]。

比鲁尼

塞尔柱克王朝的素丹哲拉勒丁·麦里克沙，是保护天文学研究的。回历467年（公元1074—1075年），他在赖伊（一说是在内沙布尔）建立了一座天文台；在那座天文台上，曾精密地测定了回归年的长度，并且根据这种测定，对历法进行了一次重要的改革。为了完成改革古波斯历的任务，他把鼎鼎大名的欧麦尔·赫雅木聘请到这座天文台来工作[⑤]。欧麦尔于1038到1048年间生于内沙布尔[⑥]，1123到1124年死于故乡，他主要是以波斯诗人和自由

欧麦尔·赫雅木

① Ibn-abi-Uṣaybi'ah, vol. ii. pp. 20—21；ibn-al-'Ibri, pp. 324—325. 他出生于花拉子模城郊区，故以 *al-Birūni* 为姓。那个郊区的名称 Bīrūn（比伦），波斯语的原义是外部。有一本传记的抄本的里封上却写成 al-Bayrūni，参阅 *Islamic Culture*, vol. vi（1932），p. 534。

② 1878年，萨浩（E. Sachau）编辑本出版于莱比锡；1879年萨浩的英语译本出版于伦敦。

③ 参阅他所著的《印度考》（*Taḥqiq Ma li-al-Hind*），1887年由萨浩出版于伦敦；1888年萨浩的英语译本二册，出版于伦敦，1910年再版于伦敦。

④ 他还有一部著作直到现在还没有出版。他在这部书中首先提到茶叶，除中国书外，没有人比他更早的。参阅克伦科（F. Krenkow）的论文，*Majallat al-Majma'*, vol. xiii（1935），p. 388。

⑤ 他的全名是 abu-al-Fatḥ 'Umar ibn Ibrāhīm al-Khayyāmi（帐篷工人）。要研究他的历史，可以参阅 Qifṭi, pp. 243—244；Qazwīni, *Āthār*, p. 318。

⑥ 根据印度人达塔尔研究的结果，他生于1048年5月18日。——译者

思想家[①]的名义著名于世界的，只有很少人知道他同时是第一流的数学家和天文学家。欧麦尔和他的合作者共同研究的结果，创作了哲拉里历，这种历法比格里历还要精密。格里历积三千三百三十年就相差一日，而哲拉里历要积五千年才相差一日。

旭烈兀[②]破巴格达城后才一年的工夫，1259年就在乌尔米雅湖附近着手
378 建立马腊格天文台，由阿拔斯王朝最后一位著名的天文学家兼哲学家突斯人奈绥尔丁（1274年卒）担任第一任台长[③]。这座天文台上的仪器，都是很精密的，包括浑天仪、象限仪、二至仪。奈绥尔丁在这座天文台上编成一部新的天文表，叫做伊儿汗历[④]，用来纪念头一位伊儿汗——旭烈兀。这部历表，流行于亚洲各国，甚至传到中国。这座短命的天文台的遗址，保存到现在。在天文台的跟前，有一所图书馆，也是旭烈兀建立的，据说藏书四十万册。这些书绝大部分是蒙古军队从叙利亚、伊拉克和波斯掠夺来的。

占星学

占星学是天文学的女仆。在占星学上，艾卜·麦耳舍尔是一个在巴格达闻名的人物，他出生于呼罗珊的巴里黑城，公元886年卒[⑤]。在基督教的中世纪时代，他是被人引证得最多的一位权威学者，欧洲人把他叫做Albumasar，他们把他描写成一位先知。他的四部著作，在十二世纪时被译成拉丁语，译者是塞维勒人约翰和巴斯人阿德拉。艾卜·麦耳舍尔不仅介绍了他那种关于星辰能影响万物的生死和祸福的奇妙的信仰，而且把月亮的出没能影响潮汐的原理传入欧洲。

穆斯林的几种天文学著作，先后译成拉丁语，传入欧洲，特别是西班牙，对于基督教欧洲天文学的发展，起了决定性的作用。

阿拉伯数字

前面说过，有一位印度学者，曾经把印度的天文学名著《信德欣德》传入曼苏尔的宫廷，据说把印度算术及其数字体系（阿拉伯语所谓的印度数字）

---

① 他的《四行诗集》（Rubā'īyāt）被菲茨杰拉德译成英语，于1859年出版于伦敦，后来法语、德语、意大利语、丹麦语和阿拉伯语的译本也相继出版了。（郭沫若据这个英译本译成汉语，叫做《鲁拜集》，由人民文学出版社于1958年出版。——译者）

② 旭烈兀是成吉思汗的第四子拖雷的儿子，伊儿汗国的创立者。——译者

③ Ibn-al-'Ibri, p. 500; Rashīd-al-Dīn Faḍl-Allāh, *Jāmi'*, *al-Tawārīkh*, ed. and tr. by Quatremère as *Histoire des Mongols de la Perse*, vol. i (Paris, 1836), p. 324 以下。

④ 参阅本书第488页注。

⑤ *Fihrist*, p. 277, ibn-Khallikān, vol. i, pp. 198—199.

和零号传入阿拉伯国家的人，也正是那位学者①。法萨里把那些印度著作译成阿拉伯语的时候，就把这些印度数字介绍到伊斯兰教国家。这些数字的应用，遍于阿拉伯世界，大概应归功于花拉子密和数学家海伯什（867—874 年间卒）的天文表。但是阿拉伯的数学家和天文学家，迟迟地才采用了印度的这种创造性的发明。迟至十一世纪，艾卜·伯克尔·穆罕默德·凯赖支（Karaji，往往被人误写成 Karkhi，1019—1029 年间卒）编写《算术全书》（*al-Kāfi fi al-Ḥisāb*）时还用数字表达所有的数目。其他的数学家，仍然依照闪族人和希腊人的旧习惯，以字母代替数字，实行词句计算法（*ḥisāb al-jummal*）。艾哈迈德·奈赛威（约在 1040 年卒）② 在他所著的《印度算法释疑》（*al-Muqni‘ fi al-Ḥisāb al-Hindi*）一书中说明分数除法、开平方和开立方的方法的时候，几乎是采用现代的方法，他像花拉子密那样，应用印度数字。 379

穆罕默德·伊本·穆萨·花拉子密（780—约 850 年）是阿拉伯数学史上初期的主要人物③。他是伊斯兰教最伟大的科学家之一，对于数学思想影响之大，是中世纪时代任何著作家所不能及的。花拉子密不仅编辑了最古的天文表④，而且编写了关于算术和代数学的最古的书籍。他关于算术的著作，只有译本留传下来。他关于代数学的著作，叫做《积分和方程计算法》（*Ḥisāb al-Jabr w-al-Muqābalah*），这是他主要的著作，全书有例题八百多个，一部分是新巴比伦人早已提出来的。这部书的阿拉伯语原本，已散佚了。拉丁语的译本是克利摩拿人热拉尔于十二世纪时译成的，这个译本成为欧洲各大学的主要数学教科书，一直使用到十六世纪，而且代数学这门科学和代数学的阿拉伯名称 algebra，也都是以此书为媒介才传入欧洲的。阿拉伯数字，也是借花拉子密的著作传到西方的，这是 Algorism（阿拉伯数字）这个术语的由来⑤。晚出的数学家，有许多人曾受花拉子密的影响，例如欧麦尔·赫雅木、比萨 花拉子密

---

① 据科代斯（G. Coedés）的考证，阿拉伯数字和零在印度本部出现之前，早在公元七世纪时，就已出现于印度支那了（*Bulletin School of Oriental Studies*，vol. vi，1931，pp. 323—328）。零的名称在梵语中有“空虚”的含义，译成阿拉伯语的“*Ṣifr*”后，通过一种意大利语的形式传入英语，写成“zero”，但是在二百年以前，直接传入英语的，却是“cipher”。据诺（F. Nau）所引用的一本叙利亚史料说，远在公元 662 年，肯奈斯林修道院里的一个叙利亚僧侣早已认识这些数字了（*Journal asiatique*，ser. 10，vol. xvi，1910，pp. 225 以下）。

② 他出生于呼罗珊的奈撒，故以奈赛威为姓。

③ 他出生于花拉子模，故以花拉子密为姓。花拉子模位于阿姆河（古代的乌浒水）下游，是现代的基发。泰伯里称他为麦朱西人（Ṭabari，vol. iii，p. 1364），可见他是一个袄教徒的后裔。

④ 参阅 *Fihrist*，p. 274，Qifṭi，p. 286 引证。参阅 ibn-al-‘Ibri，p. 237。

⑤ “algorism”是由“gorism”和阿拉伯语的有定冠词“al”构成的。“gorism”又写成“augrim”和“augrym”，参阅 Chaucer，*A Treatise on the Astrolabe*（《星盘考》），pt. 1，§7 and §8。

380 人列奥那多（1240 年后卒）和佛罗伦萨人雅科卜先生。他在 1307 年用意大利语写成的数学论文，正如利奥那多的一本著作那样，包括着这位穆斯林的数学家所提出的六种二次方程式。赫雅木的代数学[1]比花拉子密的代数学有显著的进步，其中包括二次方程的几何学解法和代数学解法，以及值得佩服的各种方程式的分类法。

炼金术

除药物学、天文学和数学外，阿拉伯人在化学上曾做出他们最伟大的科学贡献。阿拉伯人在研究化学和其他自然科学中，推广了客观实验的方法。对希腊人模糊的思辨来说，这是一个决定性的改革。阿拉伯人对现象能进行正确的观察，能勤勉地积累事实，但是他们觉得，要做出恰当的假说，仍然是困难的。做出真正科学的结论和建立最后的体系，这是他们智力的铠甲上最弱的一个环节。

阿拉伯炼金术[2]的祖师是查比尔·伊本·哈彦（欧洲人叫他 Geber），约在 776 年活跃于库法城[3]。在中世纪的化学界，除拉齐（925 年卒）外，他的声望是最高的。据传说，他是伍麦叶王朝亲王哈立德（704 年卒）和十叶派的第六位伊马木哲耳法尔·萨迪格（765 年卒）的学生。查比尔像他的埃及和希腊的前辈那样，孜孜不倦地工作，企图用一种神秘的物质为媒介，把铅、锡、铜、铁等廉价金属，变成黄金和白银，他为研究这个问题贡献出毕生的精力。他比早期的任何炼金术家更能够清楚地认识而且陈述实验的重要性；在化学的理论和实践方面，他都有了显著的提高。他死后两百年左右，当重新修建库法城的一条街的时候，人们发现了他的实验室。在那所实验室的地下，有一个研钵和一大块黄金被发掘出来。据西方的传说，有几种化合物的发现，应归功于他，但是，保存到现在的二十二种阿拉伯语的著作，虽署有查比尔的名字，却没有提及这几种化合物[4]。这些被认为是查比尔遗著的书籍，已有五种出版了，其中有《仁慈书》（*Kitāb al-Raḥmah*）、《集中书》
381 （*Kitāb al-Tajmī'*）和《东方汞》（*al-Zi'baq al-Sharqi*）。现在还保存着一百种关于炼金术的著作，有阿拉伯语的，也有拉丁语的，这些书上虽然都署着查比尔的名字，但绝大部分显然是伪书。但是，在十四世纪以后，署有他的名字

---

① Tr. Daoud S. Kasir, *The Algebra of Omar Khayyam* (New York, 1932).

② 西方人把炼金术叫做 alchemy，这是阿拉伯语 *al-kīmiyā'* 的变形，这个名词可以从希腊语追溯到一个古代埃及名词，那个名词的意思是“黑的”。

③ 有人说他原来是一个萨比教徒，后来改信伊斯兰教十叶派教义，又有人说他的祖先是南方的阿拉比亚部族艾兹德人。*Fihrist*, pp. 354—355；Qifṭi, pp. 160—161.

④ Ḥājji Khalfah（散见各处），引证了二十七种著作。参阅 Paul Kraus, *Jābir Ibn Ḥayyān*, vol. i (Cairo, 1943), pp. 3—170。

的那些著作，在欧洲和亚洲，都是影响最大的化学论文。我们确信，那些著作是有点儿贡献的。查比尔科学地叙述了化学上的两种主要操作：煅烧和还原。他改良了蒸馏、升华、熔化、结晶等方法。有人说，他已经知道怎样准备天然的硫酸，大概再加食盐，这样就制成王水，这种说法是难以证明的。总的说来，他曾经把亚里士多德关于金属的成分的理论加以修改。经过他修改后，这种理论一直流传到十八世纪现代化学开始的时候，在那个漫长的岁月里，别人只增加了些微小的更改。

晚期的穆斯林化学家，都称呼查比尔为先师。甚至连他们中最出色的人物，如用阿拉伯语写作的波斯诗人兼政治家屠格拉义（约在 1121 年卒）[1] 和伊拉克人艾卜勒·嘎西木（活跃于十三世纪后半期）[2]，对于查比尔的方法，也没有能作多大改进。他们继续寻找炼金术上的两种虚无缥缈的东西：点金石[3]和金丹[4]。自阿拔斯王朝灭亡后，纯粹科学或者自然科学的任何部门，实际上都没有什么值得注意的进步；现代的穆斯林，如果只倚靠自己的旧书，他们在科学上的成就，就一定会远远地落后于他们在十一世纪时代的祖先。阿拉伯人在医学、哲学、数学、植物学和其他学科上，获得了一定的成就，接着就停顿了。由于崇拜过去及其宗教的和科学的传统，阿拉伯人的智力受到了束缚，摆脱这种束缚的工作，现在才开始。一神教是古代闪族世界最伟 382
大的贡献；希腊哲学是古代印度－欧罗巴世界最伟大的贡献，而中世纪的伊斯兰教，在人类思想史上第一次把这两件最伟大的贡献加以调和，从而把基督教的欧洲引向近代的观点，这是中古时代伊斯兰教永垂不朽的光荣，是值得注意的[5]。

就博物学来说，阿拉伯人在动物学方面成就最小。西班牙的穆斯林却在植物学方面做出卓越的贡献，我们要在后面加以论述。用阿拉伯语论述动物学的作家，主要是些文学家。他们的著作，包括阿拉伯人给动物取的各种名称和绰号，而且引证诗歌来加以说明。他们关于马的研究，构成了突出的例

---

① 他曾写过一篇著名的长诗，通篇以 l 押韵，而他不是阿拉伯人。为了与阿拉伯诗人所写同韵的诗篇有所区别，他的这篇长诗被称为 *Lāmīyat al-'Ajam*。他曾任掌玺大臣，故以 *Tughrā'i* 为姓，阿拉伯的掌玺大臣，在国家的文书上端签署优美的花体字，花体字里面包括颁布文书者的名字和官衔，*Tughrā'i* 就是用花体字签署者的意思。ibn-Khallikān，vol. i，pp. 284 以下。

② 参阅Ḥājji Khalfah，vol. iii，p. 218，vol. v，p. 47，vol. vi，p. 304。他所著的《种金术知识》（*al-'Ilm al-Muktasab fi Zirā'at al-Dhahab*），由何木雅（E. J. Holmyard）发行，并译成英语，1923 年出版于巴黎。

③ “点金石”的阿拉伯名称是 *al-kibrīt al-aḥmar*，本义是“红硫”。

④ “金丹”的阿拉伯名称是 *al-iksīr*，这个名词是由希腊语译过来的。elixir 是 al-iksir 的对音。

⑤ 参阅本书第四十章“哲学”。

外，而且几乎发展到了一门科学的地位。他们编写了许多关于马的特殊的专论，列举马的品种，说明马的各肢体的名称，描绘马的各种毛色，而且指出马的各种可喜的性质和可恶的性质①。

查希慈

动物学和人类学上早期的代表人物，是查希慈（“查希慈”是绰号，意思是金鱼眼，868 或 869 年卒）。他曾活动于巴士拉。他所著的《动物书》（*Kitāb al-Ḥayawān*），与其说是一部生物学的著作，不如说是一部教义学和民间文学的著作；作者在这部书中引证了亚里士多德的见解，其中包括后代进化论和适应环境说，以及动物心理学的萌芽。查希慈知道，用干馏法可以从动物类中取得阿摩尼亚。晚期的动物学家，如用阿拉伯语写作的波斯的宇宙学家盖兹威尼（1283 年卒）② 和埃及的德米里（1405 年卒），都是把动物学当做语言学和文学的一个分支来处理的，他们都受到查希慈的明显影响。德米里是最伟大的阿拉伯动物学家③。但是查希慈作为激进的教义学家和文学家，影响更大。他曾创立一个穆尔太齐赖教派，就叫做查希慈派④。他又是阿拉伯文学史上著作最多、而且常被引证的学者⑤。他不仅富于创造力，而且以
383 机智、讽刺和渊博著名于世，但是他的面貌丑陋得令人讨厌。哈里发穆台瓦基勒，本来要任命他做太子的师傅，引见之后，改变了主意⑥。

宝石鉴赏

矿物学虽与炼金术有密切的关系，但阿拉伯人在这方面的进步是很小的。阿拉伯人热爱宝石，而且对于矿物玄妙的性质，特别感兴趣，因此，他们用阿拉伯语写成的关于宝石鉴赏的著作有五十种以上。这些著作中保存到现在的历史最悠久的，要推九世纪时候伍塔里德（‘Uṭārid ibn-Muhammad al-Ḥāsib〔可能是 al-Kātib 之讹〕）⑦ 的著作。但是最驰名的著作，是希哈卜丁·帖法希（1253 年死于开罗）的《关于宝石的思想之花》（*Azhār al-Afkār fi Jawāhir al-*

---

① 参阅 al-Aṣma‘i *Kitāb al-Khayl*, ed. August Haffner（Vienna, 1895）；William Wright, *Opuscula Arabica*（Leyden, 1859）中关于 ibn-Durayd 的介绍；al-Kalbi, *Nasab al-Khayl fi al-Jāhilīyah w-al-Islām*；al-A‘rābi, *Asmā’ Khayl al-Arab wa Fursāniha*, ed. G. Levi della Vida（Leyden, 1928）。

② 他主要的著作是《动物奇观》（*‘Ajā’ib al-Makhlūqāt wa-Gharā’ib al-Mawjūdāt*），ed. Wüstenfed（Göttingen, 1849）。

③ 他所著的《动物志》（*Ḥayāt al-Ḥayawān*）屡次出版于开罗，查雅卡（A. S. G. Jayakar）的英语译本，于 1906、1908 年出版于伦敦，vol. i and vol. ii, pt. 1。

④ Baghdādi, ed. Hitti, pp. 117—118.

⑤ Yāqūt, vol. vi, pp. 75—78，他的著作有一百二十多部。

⑥ Ibn-Khallikān, vol. ii, pp. 108—109.

⑦ *Fihrist*, p. 278。他的著作《宝石的用途》（*Manāfi ‘al-Aḥjār*）写本保存在 Bibliothèqe Nationale, Paris；de Slane, *Cataloque des manuscrits arabes*（Paris, 1893—1895），no. 2775[3]。

'*Aḥjār*）①。帖法希讨论了二十四种宝石的来源、产地、纯度、价格、在医药上和魔术上的价值，除普林尼的著作和假托的亚里士多德的《宝石鉴赏》外，他只引证阿拉伯语的资料。著名的科学家比鲁尼对于十八种宝石和矿物的比重，曾作出几乎完全正确的鉴定。

地理学

伊斯兰教规定朝觐天房的制度，而且规定，一切礼拜寺的正殿，必须背着麦加的克而白，做礼拜的时候必须面向克而白，这就从宗教上促进了穆斯林对于地理学的研究。占星学要求决定全世界每个地方的经度和纬度，这又对地理学增加一种科学的影响。在七世纪到九世纪之间，穆斯林商人的足迹，东方从水陆两路到达中国，南方到达桑给巴尔和南非洲最远的海岸，北方深入俄国，西方为"黑暗海洋"（大西洋）的惊涛骇浪所阻，无法前进了。归国的商人所作的报告，自然引起人们对于远方的土地和人民的普遍的兴趣。波斯湾上西拉夫港的商人苏莱曼曾到远东游历。851 年，由无名氏把他的见闻写成了游记。这是我们所能得到的关于中国和印度海岸地区的第一篇阿拉伯语的报告。苏莱曼告诉我们中国人用指纹作签名②。由这一类的报告逐渐演变 384
出以航海家辛巴达为中心的那些故事。关于俄国的最早的可靠的记载是艾哈迈德·伊本·法德兰的报告；921 年，阿拔斯王朝的哈里发穆格台迪尔曾派他去见保加利亚人的国王，他在伏尔加河一带居住过。雅古特所著的不朽的《地名辞典》（*Mu'jam al-Buldān*）转载了这个报告的绝大部分。麦斯欧迪曾提及在迪尔人之间的穆斯林商人③，迪尔人是些斯拉夫部族，大概居住在第聂伯河的支流普里皮亚特河附近。

希腊先驱者

托勒密的《地理学》（附有带经纬度的地名表）曾屡次译成阿拉伯语，或是由希腊语直接翻译，或是由叙利亚语转译，翻译者主要是撒比特（901 年卒）。赫赫有名的花拉子密曾以此为蓝本，编纂了《地形》（*Ṣūrat al-'Arḍ*）④，这部书成为较晚的各种著作的基础，而且鼓舞了地理学的研究和新颖的论文的写作。花拉子密的著作中，附有一张"地形"，这是他和别的六十九位学者在哈里发麦蒙的鼓励下共同制成的一张地图，是自有伊斯兰教以来关于天地的第一张画图。生活在十世纪前半期的麦斯欧迪，曾参考过这张地图⑤。花拉

① 安敦尼的意大利文译本与阿文原本，于 1818 年出版于佛罗伦萨。

② *Silsilat al-Tawarīkh*, ed. Langlès, p. 44. 参阅 Eng. tr. by E. Renaudot（London, 1733）, p. 26; *Aḥbār aṣ-Ṣīn wa-l-Hind*, ed. and tr. J. Sauvaget（Paris, 1948）, p. 19。（刘半农和刘小蕙的中文译本，叫《苏莱曼东游记》，1937 年中华书局出版。——译者）

③ Vol. iii, p. 64.

④ Ed. Hans v. Mžik（Leipzig, 1926）.

⑤ Vol. ii, p. 308.

子密的地理学，对于穆斯林地理学家的影响，继续到十四世纪，正如艾卜勒·菲达所说明的那样。

"世界的屋顶"

早期的阿拉伯地理学家，从印度获得这样一个观念，就是世界有一个中心，叫做艾林（*arīn*），这是印度市镇乌仗那（Ujjayini，即托勒密地理学里的Ozēnē）[①] 的讹误。在乌仗那曾有一座天文台，"地球的圆顶"[②] 或"顶点"被推定在那个地方的子午线上。他们把艾林安置在东西两极端之间的平分线上。他们设想，西方的本初子午线，是在离这个神话的地方 90 度处。一般穆斯林的地理学家，测量经度的时候，都从托勒密所用的本初子午线算起，那条子午线在现在的加那利群岛[③]。

用阿拉伯语写成的关于地理学的最初的论文，是道路指南，其中旅行路线占着显著的地位。伊本·胡尔达兹比（约 912 年卒）是波斯人的后裔，曾
385 任吉巴勒（al-Jibāl，即米迪亚［Media］）地方的邮政局长，他所著的《省道记》（*al-Masālik w-al-Mamālik*）[④] 约在 846 年初次出版。这部书里的历史地志学，特别有价值，故伊本·法基、伊本·郝盖勒、麦格迪西及晚期的地理学家，都加以引用。十叶派的伊本·瓦迪哈·叶耳孤比[⑤]，曾活动于亚美尼亚和呼罗珊，他在 891—892 年所著的《地方志》（*Kitāb al-Buldān*）[⑥]，独创一格，在地志学和经济学方面，叙述得更加详尽。由基督教改奉伊斯兰教的古达麦，担任巴格达中央政府的岁入工作；928 年后不久，他完成了《土地税》（*al-Kharāj*）一书的著作，书中讨论如何将哈里发帝国分成若干省，如何组织每个县的邮务和税务工作。另外一个波斯血统的阿拉伯地理学家伊本·鲁斯泰约在 903 年著成了《珍品集》（*al-A'lāq al-Nafīsah*）[⑦]。同年，哈马丹人伊本·法基又著成《地志》（*Kitāb al-Buldān*）[⑧]，这是一部内容丰富的著作，麦格迪西和雅古特都经常加以引证。

文学地理学家

到了回历四世纪中叶，伊斯泰赫里、伊本·郝盖勒、麦格迪西等人相继诞生以后，阿拉伯人中伟大的、具有系统性的地理学家才出世了。伊斯泰赫

---

① 这个地名有各种不同的拼写法，如：*Ujjain*，*Uzayn*，*Udhayn* 等，参阅 ibn-Rustah，p. 22，l. 17；Mas'ūdi，*Tanbīh*，p. 225，l. 2；abu-al-Fidā，ed. Reinaud and de Slane，p. 376，ll. 8，12。

② 阿拉伯语叫做*Qubbat al-arḍ*，abu-al-Fidā'，pp. 375，376；ibn-Rustah，p. 22，ll. 17 以下；Birūni，*Taḥqiq*，p. 158。

③ 现在世界通用的本初子午线是经过英国伦敦格林尼治的经线。——编者

④ Ed. de Goeje（Leyden，1889）.

⑤ Al-'Abbasi；Yāqut，vol. ii，pp. 156—157.

⑥ Ed. de Goeje（Leyden，1892）.

⑦ Ed. de Goeje（Leyden，1891—1892）.

⑧ Ed. de Goeje（Leyden，1885）.

里出生于伊斯泰赫尔（Iṣṭakhr，即玻斯波利斯），故以伊斯泰赫里为姓，他约在950年著成《省道志》（*Masālik al-Mamālik*）[1]，附有各个地方的彩色地图。这部著作对艾卜·宰德·巴勒希（934年卒）所建立的地理学体系，做了详细的发挥。巴勒希曾活动于萨曼王朝的宫廷中，他的著作都没有留传下来。巴勒希和伊斯泰赫里所创立的体系，不大注意伊斯兰教世界以外的国家，他们的文章，主要是描绘书中所附的地图。书中的代表人物，就是旅行家们自己。麦斯欧迪首先提到锡吉斯坦地方的风车，伊斯泰赫里又再提及[2]。伊本·郝盖勒（活动于943—977年间）的游踪，远至西班牙，他曾应伊斯泰赫里的要求，把他所编写的地图和地理书加以修正。后来，伊本·郝盖勒又将全书加以改写，用自己的名义发表，书名改成《省道和省区》（*al-Masālik w-al-* 386
Mamālik）[3]。麦格迪西的著作，是这个学派中一部新颖的作品，他出生于耶路撒冷，故以麦格迪西为姓。因为耶路撒冷的阿拉伯名称是 *Bayt al-Maqdis*（圣地）。除西班牙、锡吉斯坦和印度外，这位旅行家曾游遍整个伊斯兰教世界，他在985—986年把二十年旅行的记载编成《全国各地区最好的分类》（*'Aḥsan al-Taqāsīm fi Ma'rifat al-'Aqālīm*）[4]，这部书内容丰富多彩，很有科学价值。

也门的地理学家兼考古学家哈桑·伊本·艾哈迈德·哈木丹尼，活跃于同一时代，945年死于萨那的监狱中。他的两部著作《花冠》（*al-Iklil*）[5] 和《阿拉伯半岛志》（*Ṣifat Jazīrat al-'Arab*）[6]，对于我们研究伊斯兰教以前的和伊斯兰教时代的阿拉伯半岛，具有重大的贡献。遍游天下的麦斯欧迪，曾活跃于这个时期，我们要在介绍历史学家的时候介绍他的作品。在同一时代的精诚同志社的论文集中，矿物学的部分提出一个关于宇宙周期的学说[7]，他们认为良田可以变成沙漠，沙漠也可以变成良田；草原可以变成沧海，沧海也可以变成草原。

在阿拔斯王朝结束之前，东方穆斯林最伟大的地理学家雅古特（1179— 雅古特

---

① Ed. de Goeje（Leyden，1870）.

② Vol. ii，p. 80. 参阅 Dimashqi，*Nukhbat al-Dahr fi'Ajā'ib al-Barr w-al-Baḥr*（St. Petersburg，1866），p. 182。

③ Ed. de Goeje（Leyden，1873）；另一个译本，*Ṣurat al-Arḍ*，ed. J. H. Kramers，2 vols.（Leyden，1938—1939）。

④ Ed. de Goeje（Leyden，1877）.

⑤ 参阅本书第50页注。

⑥ Ed. D. H. Müller，2 vols.（Leyden，1884—1891）.

⑦ Ed. Zirikli，vol. ii，pp. 80以下。参阅 Mas'ūdi，*Tanbīh*，p. 3。

1229 年)[①] 诞生了，他有两部伟大的著作，一部是前面常常引证的《地名辞典》[②]，一部是《文学家辞典》(*Mu'jam al-Udabā*)。他出生于小亚细亚，父母都是希腊人，他幼年时代在战争中被俘虏到巴格达，卖给哈马地方的一个商人，因此，以哈马氏为姓。那个商人让他受到很好的教育；后来，派他到各处去采购商品；过了几年之后，解放了他。雅古特到处流浪，到处抄写名著，以卖书维持生计。1219—1220 年，鞑靼人（蒙古人）侵入花拉子模，他仅以
387 身免，“赤身裸体，正如复生日从坟坑里起来的人一样”[③]。《地名辞典》的初稿，是 1224 年在摩苏尔完成的；最后的编纂，是 1228 年在阿勒颇完成的。他死于阿勒颇。这部辞典里的地名，是按照字母的次序排列的；这是一部名副其实的百科全书，不仅集当代地理学之大成，而且含有历史学、人种志和自然科学方面许多宝贵的材料。

文学的伊斯兰教地理学，对于欧洲中世纪的思想，没有直接的影响，因为这些地理学家的著作，没有译成拉丁语。天文地理的某些方面，包括艾卜·麦耳舍尔所提出的关于潮汐成因的接近正确的学说，和地球经纬线的长度，都传入西方，后者是随着拔汗尼的天文学书的译本而传入的。以亚里士多德和托勒密为代表的希腊地理学残卷，也由阿拉伯人传入西方去。但是阿拉伯地理学家大部分的贡献，没有传过去。这种贡献包括关于远东、东方、黑人非洲和俄国草原的描写地理学；更准确的制图术，特别是世界地图；区域地理，即以地区为单位，说明人类生活与自然环境的关系。拉丁的西方，最初对于阿拉伯文献所以感兴趣，是为了准备日历、星表和星相图解，以及通过亚里士多德遗著的注释，去解释《圣经》中隐微的词义。这批庞大的科学资料，无论是天文学的、占星学的还是地理学的，都是通过西班牙和西西里岛，而传入西方的。西方阿拉伯地理学家科尔多瓦人比特鲁吉、托莱多人宰尔嘎里、巴勒莫人易德里西等对于地理学的贡献，将在叙述西班牙和西西里岛时加以论述。

历史学

最早的阿拉伯语历史著作，大半是从阿拔斯王朝时代保存下来的。伍麦叶王朝时代的历史著作，保存下来的就很少了。前面已经说过，这些历史著作最初的题材，是伊斯兰教以前的口耳相传的传奇和逸事，以及环绕着先知穆罕默德的姓名和生平事业的各种宗教传说。在伊斯兰教以前的历史方面，

---

① Yaqūt 的本义是“红宝石”。当时的奴隶常以珠宝命名，例如 Lu'lu'（珍珠），Jawhar（宝石）。

② Ed. F. Wüstenfeld, 6 vols. (Leipzig, 1866—1873).

③ Ibn-Khallikān, vol. iii, p. 162 = de Slane, vol. iv, p. 10.

以库法人希沙木·凯勒比（819 年卒）为最著名。据《目录》[①] 所列举的历史书目，他的著作有一百二十九种，留传下来的只有三种[②]；但是其他著作的摘 388
要，已被泰伯里、雅古特等史学家引用。

第一部以宗教传说为基础的著作，是《天使传》（*Sīrat Rasūl Allāh*），原著者是麦地那人伊本·易司哈格。他的祖父叶萨尔是 633 年哈立德·伊本·韦立德从伊拉克阿因·太木尔地方俘虏来的许多基督教孩子之一[③]。伊本·易司哈格（约在 767 年死于巴格达）所作的这部传记，流传到现在的，只有伊本·希沙木（834 年死于开罗）[④] 的订正本[⑤]。接着而来的历史著作，是记载伊斯兰教早期各战役以及征服各国的经过的著作，叫做《武功纪》（*al-Maghāzi*），著作者有麦地那人穆萨·伊本·欧格伯（758 年卒）[⑥] 和瓦基迪（822 或 823 年卒）[⑦] 等人。伊本·赛耳德（845 年死于巴格达）是瓦基迪的秘书[⑧]，他的著作是第一部伟大的分类传记[⑨]，主要内容是关于先知及其圣门弟子和再传弟子（*al-tābi'ūn*）的概略。记载伊斯兰教武功纪的历史学家，有两个最重要的：第一个是埃及人伊本·阿卜杜勒·哈克木（870—871 年间卒），他的著作《埃及的征服及其消息》（*Futūḥ Miṣr wa-Akhbāruha*）[⑩] 是关于征服埃及、北非和西班牙的现存最早的文献；第二个是用阿拉伯语写作的波斯人艾哈迈德·白拉左里（892 年卒），他的主要著作是《各地的征服》（*Futūḥ al-Buldān*）[⑪] 和《贵族谱系》（*Ansāb al-Ashrāf*）[⑫]。白拉左里是把征服各城市和各地方的许多故事合并成一个整体的第一人，在他之前，编写历史的人，都是采取专论的形式的。

早期正规的历史学家

现在时机已经成熟，可以根据这些传奇、传说、传记、谱系和记载编纂正规的历史著作了。他们显然是用波斯语的史籍为范本的，例如用帕莱威语 389

---

① Pp. 95—98.

② 其中最著名的是《偶像录》（*Kitāb al-Aṣnām*），1914 年由艾哈迈德·宰基出版于开罗。

③ Ibn-Khallikān, vol. ii, p. 282.

④ 同上书，vol. i, p. 520。

⑤ Ed. Wüstenfeld, 2 vols.（Göttingen, 1858—1860）.

⑥ 1387 年由伊本·嘎迪（ibn-Qāḍi）编辑成书。

⑦ Ed. von Kremer（Calcutta, 1856）。参阅 ibn-Khallikān, vol. ii, pp. 324—326。

⑧ Ibn-Khallikān, vol. ii, p. 326.

⑨ Ed. Sachau, *et al.*, 9 vols.（Leyden and Berlin, 1904—1928）.

⑩ Ed. Charles C. Torrey（New Haven, 1922）.

⑪ Ed. de Goeje（Leyden, 1886）; tr. Hitti, *The Origins of the Islamic State*（New York, 1916）, first part; second part, F. C. Murgotten（New York, 1924）.

⑫ Ed. W. Ahlwardt, vol. xi（Greifswald, 1883）; S. D. F. Goitein, vol. v（Jerusalem, 1936）; Max Schloessinger, vols. iv B（Jerusalem, 1938）.

写的《列王纪》（*Khudhāy-nāmah*），就由伊本·穆盖法耳（757 年卒）译成阿拉伯语，叫做《波斯列王纪》（*Siyar Mulūk al-'Ajam*）。古代的事件，只是作为伊斯兰教历史的序幕加以记载的，世界史的概念还是回溯到犹太教和基督教的传说。但是叙述的方式，仍然是伊斯兰教传说老一套的方式[1]。每一事件都是用目击者或当代人的语言加以叙述，而通过一系列的居间者，传到最后的传述者，即著者。应用这种方法，是为了保证记载的精确性；把每一事件发生的年月日都记载下来，也是为了达到这一目的。通常，如果线索（*isnād*）是连续的，而且每一传述者的品格都是可以相信的，则所叙事实，就算真实，对于事实本身，并不加以批判性的研究。历史学家除应用个人的判断，对于不同的若干组资料加以抉择，对于论据加以组织外，很少致力于史料的分析、批判、比较或推断。

第一批正规的历史学家中，有伊本·古太白，他的全名是阿卜杜拉·伊本·穆斯林·伊本·古太白[2]（889 年死于巴格达），他的著作《知识书》（*Kitāb al-Ma'ārif*）[3]是一部历史手册。还有跟他同时代的艾卜·哈尼法·艾哈迈德·迪奈韦里（895 年卒）[4]，他活跃于伊斯巴罕（伊斯法罕）和迪奈韦尔（在波斯的伊拉克）。他的主要著作，是《长篇记述》（*al-Akhbār al-Ṭiwāl*）[5]，这是用波斯人的观点写成的一部世界史。这两位历史学家，都是波斯血统的，除史书外，还写了一些文学的和语言学的著作。在同一时代活动的，还有地理学家兼历史学家叶耳孤比，他所著的《世界史摘要》终止于回历 258 年（公元 872 年）。书中保存了古代的、并非伪造的十叶派传说[6]。这一批历史学家里，还有哈木宰·伊斯法哈尼，他在伊斯法罕工作，约在 961 年死在那里，
390 他所著的稍带批评的编年史，是较早就为现代欧洲人所熟悉的[7]。波斯血统的另外一位伟大的历史学家，是米斯凯韦（1030 年卒）[8]，他在阿杜德·道莱的布韦希王朝的宫廷中担任重要的官职，编写了一部终止于回历 369 年（公元

---

① 参阅本书第 394 页。

② 参阅 *Fihrist*，pp. 77—78；Nawawi，*Tahdhīb*，p. 771；Sam'āni，*Ansāb*，vol. 443a。

③ Ed. Wüstenfeld（Göttingen，1850）.

④ 参阅 *Fihrist*，p. 78；Yāqūt，*Udabā'*，vol. i，pp. 123—127。

⑤ Ed. Vladimir Guirgass（Leyden，1888）.

⑥ *Ta'rīkh*，ed. Th. Houtsma，2 vols.（Leyden，1883）.

⑦ *Ta'rīkh Sini Mulūk al-Arḍ w-al-Anbiyā*，ed. I. M. E. Gottwaldt（Leipzig，1844）；tr. into Latin by Gottwaldt（Leipzig，1848）.

⑧ 不大正确的名字是“ibn-Miskawayh”；Yāqūd，vol. ii，p. 88；Qifṭi，p. 331。

979—980 年）的世界史①。米斯凯韦又是哲学家和医生，是第一流的穆斯林的历史学家。至于最伟大的历史学家，无疑是泰伯里和麦斯欧迪了。

泰伯里出生于波斯境内里海南岸山区的泰伯里斯坦，故以泰伯里为姓，泰伯里
他的名字是穆罕默德·伊本·哲利尔，号艾卜·哲耳法尔（838—923 年），他在学术上的声望很高，因为写下了两部伟大的著作，一部是异常周密而且精确的历史：《历代先知和帝王史》（*Ta'rīkh al-Rusul w-al-Mulūk*）②，另一部是《古兰经注》③。这部注释的原稿规模还要大得多，其中包括最早的、内容最丰富的经外传说。这部注释已经成了标准，后来的《古兰经》注，都从这部注释中汲取资料。他关于世界史的不朽的著作，是阿拉伯语中第一部完备的著作，也成为后代的历史学家米斯凯韦、伊本·艾西尔、艾卜勒·菲达等人的资料。泰伯里也像其他的大多数穆斯林史学家那样，把历史事件依照回历的年代编排起来。他的这部历史，从创造世界讲起，一直讲到回历 302 年（公元 915 年）。这种编年体的历史，在他之前，有瓦基迪和别的历史学家曾经写过；在他之后，米斯凯韦、伊本·艾西尔、艾卜勒·菲达（1273—1331 年）④ 和戴海比（1274—1348 年）⑤，也曾经写过。泰伯里的历史，据说初版的卷帙比现存的版本多十倍。他用于历史的记载方法，就是宗教传说的方法，也就是详细地记载传说的线索。泰伯里一方面利用保存到当代的历史资料，如伊本·易司哈格、凯勒比、瓦基迪、伊本·赛耳德、伊本·穆盖法耳等人的著作和几种波斯历史的阿拉伯语译本；另一方面利用自己在各地旅行时搜
集到的口头传说，以及自己在巴格达和其他文化中心求学时期，从各位舍赫 391
（长老）那里听到的讲演。他曾做过学术性的旅行，足迹遍于波斯、伊拉克、叙利亚和埃及⑥。有一次，他没有吃的，只好把衬衫的套筒取下来，换取度日的食物。根据普遍的传说，泰伯里在四十年内，每天写四十张稿子，他治学的辛勤，由此可以想见了⑦。

艾卜·哈桑·阿里·麦斯欧迪⑧，被称为阿拉伯的希罗多德，他是用纪事 麦斯欧迪

① *Tajārib al-Umam*, ed. A. F. Amedroz, 2 vols. （Oxford, 1914—1921）; tr. D. S. Margoliouth, *The Experiences of the Nations*, 2 vols. （Oxford, 1921）.

② Ed. de Goeje *et al.*, 15 vols. （Leyden, 1879—1901）.

③ *Jāmi' 'al-Bayān fi Tafsīr al-Qur'ān*, 30 vols. （Būlāq, 1323—1329）.

④ 他的著作叫做 *Ta'rīkh*，又叫做 *al-Mukhtaṣar fi Akhbār al-Bashar*, 4 vols. （Constantinople, 1286）。

⑤ 参阅 *Duwal al-Islām*, 2 vols. （Haydarābād, 1337）。

⑥ *Fihrist*, p. 234.

⑦ Yāqūt, vol. vi, p. 424.

⑧ 他是 'Abdullāh ibn-Mas'ūd 的后裔，故以 al-Mas'ūdi 为姓。

本末体编写历史的第一个阿拉伯人。他不把各种事件按年代编排，却围绕着朝代、帝王、民族来编排；后来，伊本·赫勒敦和一些小历史学家，都采用了这种方法。他又是善于利用历史逸事的第一个阿拉伯人。年轻的麦斯欧迪，是唯理的穆尔太齐赖派。他从事于当时盛行的学术旅行。他离开故乡巴格达[1]，几乎走遍亚洲各国，甚至还远达桑给巴尔。他曾否到过中国和马达加斯加岛，是值得怀疑的。他平生的最后十年，是在叙利亚和埃及度过的；在这十年期间，他把所搜集到的资料编成三十册的伟大著作，但保存到现在的，只有一部摘要，叫做《黄金草原和珠玑宝藏》（*Murūj al-Dhahab wa-Ma'ādin al-Jawhar*）[2]。在这部史地百科全书的著作中，著者除研究正规的穆斯林的题目外，还用宽宏大量的态度和真正科学的好奇心，研究了印度、波斯、罗马、犹太的历史和宗教[3]。在这部巨著中，他一开头就说，现在的干旱地区是过去的海，现在的海是过去的干旱地区——这都是自然界作用的结果。麦斯欧迪于957年卒于弗斯塔德[4]，生前曾将自己关于历史和自然哲学，以及当代哲学家关于矿物、植物、动物之间的秩序的见解[5]总结起来，写成一本专论，叫做《提醒和监督》（*al-Tanbīh w-al-Ishrāf*）[6]，他在这方面可与普林尼[7]媲美。

阿拉伯语的历史编纂，到了泰伯里和麦斯欧迪，已登峰造极了，在米斯凯韦（1030年卒）以后，则开始急剧下降。伊本·艾西尔（1160—1234
392 年）[8] 节录泰伯里的著作，并加以补充，写到1231年，这部书叫做《历史大全》（*al-Kāmil fi al-Ta'rikh*）[9]。书中关于十字军战役的记载，是一种新颖的贡献。伊本·艾西尔还写了一部重要的著作，叫做《莽丛群狮》（*'Usd al-Ghābah*）[10]，是穆罕默德七千五百位弟子的列传。与他同时代的人伊本·召齐的外孙（1186—1257年）[11] 出生于巴格达，父亲是一个突厥奴隶，他的著作宏富，其中有一种世界史，从创造世界一直讲到1256年，叫做《时代宝鉴》（*Mir'āt*

---

① *Fihrist*，p. 154，有人误认他为西非人。参阅 Yāqūt，vol. v，p. 148。

② Ed. and tr. de Meynard and de Courteille，9 vols.（Paris，1861—1877）.

③ 《黄金草原》中关于中国的部分，包括《苏莱曼游记》的提要。——译者

④ 这是旧开罗的名称。——译者

⑤ 参阅 Ikhwān，*Rasā'il*，vol. i，pp. 247—248。

⑥ Ed. de Goeje（Leyden，1893—1894）。

⑦ 普林尼（23—79年）是罗马的科学家和作家，曾著《博物学》（*Historia Naturalis*）。——译者

⑧ 他生于底格里斯河岸的伊本·欧麦尔岛，活跃于摩苏尔。参阅 ibn-Khallikān，vol. ii，pp. 35—36。

⑨ Ed. C. J. Tornberg，13 vols.（Leyden，1867—1874）.

⑩ 五大册，1280年开罗版。

⑪ 他的外祖伊本·召齐（1201年卒）很有名，所以他获得这样一个称号，他的名字是优素福。

al-Zamān fi Ta'rīkh al-A'yyām)①。阿拔斯王朝的史学家当中，有叙利亚大法官伊本·赫里康（1282 年卒），他是编纂民族人名辞典的第一个穆斯林。在他之前，雅古特曾著过《文学家人名辞典》，伊本·阿萨基尔（1177 年卒）把与他的故乡大马士革有关的名人的传记写成八十册的专书②。泰伯里、麦斯欧迪、伊本·艾西尔和他们的同行，用阿拉伯语写作的这些著作，由于没有西方语言的译本，所以像其他大多数的东方史地名著一样，都是中世纪的西方读者所难接触到的。到了现代，有许多名著，已部分或全部译成欧洲语言了。但这不是说，阿拉伯的作家对于社会科学没有什么贡献。在评价他们在史学和其他学科方面的著作时，萨尔顿③曾热忱地宣告说："人类主要的任务，已经由穆斯林们完成了。最伟大的哲学家法拉比，是穆斯林；最伟大的数学家艾卜·卡米勒④和伊本·息南⑤，是穆斯林；最伟大的地理学家和百科全书家麦斯欧迪，是穆斯林；最伟大的历史学家泰伯里，是穆斯林。"

现在我们要讲到，阿拉伯人本着阿拉伯人和穆斯林的偏爱，而从事的智 教义学
力活动。在这样发展起来的学科中最重要的是教义学、圣训学、教律学、文 393
献学和语言学。在这方面的学者，大多数是阿拉伯人的苗裔；相反的，上面所讲过的医生、天文学家、数学家和化学家，都是叙利亚人、犹太人或波斯人的苗裔。

由于宗教的动机，信仰伊斯兰教的阿拉伯人，对于这几门学科早已注意，而且很感兴趣。他们要了解《古兰经》并加以解释，就必须钻研教义学和语言学。由于跟基督教徒接触，远在回历一世纪的时候，在大马士革就有教义学上的探讨，从而产生了唯能力论（*al-Qadarīyah*）和唯信德论（*al-Murji'ah*）两个学派⑥。

作为教义的最重要的源泉，仅次于《古兰经》的是逊奈（*al-Sunnah*）⑦，就是指先知穆罕默德的言论、行为、默认（*taqrīr*）三者而言的。在一世纪时

---

① 摘录本已出版并译成法语，书名是 *Recueil des historiens des croisades: historiens orientaux*, vol. iii (Paris, 1884)。第八册的摹写本，由 James R. Jewett 于 1907 年出版于芝加哥。

② 书名是 *al-Ta'rīkh al-Kabir*，前七册于 1329—1351 年出版于大马士革。

③ *Introduction to the History of Science*, vol. i（Baltimore, 1927）, p. 624.

④ 他的名字是舒札耳·伊本·艾斯莱木（Shujā 'ibn-Aslam），埃及人，在十世纪初改进了花拉子密所著的代数学。

⑤ 他是撒比特·伊本·古赖的孙子（908—946 年）。在发明积分学之前，他的抛物线求积法，是最简便的方法。

⑥ 其他的穆斯林教派，留待下章处理。

⑦ 逊奈的本义是天性、性情、行为，后来发展成为一个术语，具有几个新的意义。逊奈派与十叶派对立的时候，是指正统派的穆斯林的教义和教律而言的。

期，逊奈是口耳相传的；到了二世纪的时候，才记载下来，叫做哈迪斯（*ḥadīth*）。因此，哈迪斯就是先知的言语或行为的记录。哈迪斯还有一个更普遍的意义，就是圣门弟子或再传弟子的言语或行为的记录，也可以叫做哈迪斯①。从教律上的地位来说，先知的哈迪斯不能与《古兰经》相比拟，但是，从伊斯兰教思想的发展来说，先知的哈迪斯曾起了同样重大的影响。在哈迪斯中发言的是穆罕默德；在《古兰经》中发言的是真主。在哈迪斯中，只有意义是天启的；在《古兰经》中，意义和词句都是天启的。教义学和教律学的根据，首先是在《古兰经》中，其次是在哈迪斯中。穆斯林们从大量的宗教传说（哈迪斯）中发展了一门科学（*'ilm*），这是与其他的宗教完全不同的。

哈迪斯学或圣训学

对虔诚的穆斯林来说，圣训学很快就变成了极其优越的科学②。"学问虽远在中国，亦当求之。"这是一章著名的圣训，为了响应先知的号召，未来的学者，在广大的哈里发帝国领域内从事长途的、辛苦的跋涉，主要的目的就
394 是寻求圣训学。这种游学（*al-riḥlah fi ṭalab al-'ilm*）被提高成为一种完美的虔诚行为：因远道游学而病死在异乡的人，就和参加圣战而牺牲生命的人一样③。

在先知去世后二百五十年间，关于先知言行的记录增多了，也更丰富了。无论何时发生了宗教的、政治的或社会的问题，各党派都在先知的言语或决定中去寻找根据，来支持自己的见解，不管所找到的根据是真实的，或者是捏造的。阿里和艾卜·伯克尔之间的政治斗争，阿里和穆阿威叶之间的战争，阿拔斯王朝和伍麦叶王朝之间的怨恨，阿拉伯人和非阿拉伯人之间争执得很剧烈的孰优孰劣的问题，这些争端和类似的事变，都给哈迪斯的捏造和传播提供了充足的机会。哈迪斯的制造，也有商业的价值，许多教师靠哈迪斯发财致富。伊本·艾比·奥查于772年在库法被处死刑之前，承认他曾把自己创作的四千章传说到处传播④。麦地那学派所传的哈迪斯比库法学派所传的通常受到更多的重视，但是麦地那的传述者，并不是都不受怀疑。例如艾卜·胡赖莱，是先知的弟子，又是热心传播他的言行的人，据说他所传的哈迪斯

---

① 参阅本书第242页。

② 参阅布哈里《圣训实录：学问章》，见第1卷第19页以下。

③ 参阅 ibn-Khaldūn, *Muqaddamah*, p. 476; Alfred Cuillaume, *The Traditions of Islam* (Oxford, 1924), pp. 68—69。

④ Ṭabari, vol. iii, p. 376, ibn-al-Athīr, vol. vi, p. 3. 参阅 Baghdādi, ed. Hitti, p. 164。

在五千三百章以上[1]，但是无疑有许多章是在他死后别人假托的。阿以涉传过二千二百一十章，艾奈斯传过二千二百八十六章，伊本·欧麦尔传过一千六百三十章[2]。

每一章完全的哈迪斯都包括两部分：传说的线索（*isnād*）和本文（*matn*）。本文紧跟着线索，而且必须是直接的交谈：甲告诉（*ḥaddatha*）我说，乙告诉他，而乙又听见丙说，丙又听见丁说……如此回溯到先知本人。编纂历史和格言文献的时候，也采用这种方式。在这些方面，批评通常只是外加的，只限于考虑传达者——同时又是保证者——的名气如何，以及他们是否能构成回溯到先知的一条连续的线索。根据这种批评，哈迪斯分成三类：真实的（*ṣaḥīḥ*）、良好的（*ḥasan*）、虚弱的（*ḍa'īf*）[3]。这种外加的批评，可能达到怎样极端的荒谬，可以用一个传述者的故事来加以说明。一个基督教徒敬他一大杯酒（酒是这个基督教徒的奴隶从一个犹太人的酒店里买来的），有人提醒他，饮酒是违犯教律的，而他为自己辩护说：我们传说者只承认素福彦·伊本·欧雅叶奈和叶齐德·伊本·哈伦一流的权威。我们怎能信任犹太教徒、基督教徒及其奴隶呢？凭真主发誓，我喝这酒，因为线索没有充分根据[4]！ 395

六部经典性的文献

回历三世纪的时候，各种哈迪斯已被编辑成六部标准的文献。在这六部文献中，穆罕默德·伊本·易司马仪·布哈里（810—870年）[5]所编辑的《圣训实录》（*al-Ṣaḥīḥ*）是第一部，而且是最有权威的。布哈里是波斯人，曾游历波斯、伊拉克、叙利亚、希贾兹、埃及等地，辛勤地从事学习研究，从一千位舍赫的口中，搜集到传说六十万章，然后选出七千三百九十七章，依照礼拜、朝觐、圣战等题材，分门别类地编辑成书[6]。布哈里每记录一章传说，必先小净一次，礼拜一次[7]。他的《圣训实录》已获得半神圣的性质。凭这部圣训集发誓，跟凭《古兰经》发誓同样有效。这部圣训集的地位，仅次于《古兰经》，故对于穆斯林的思想起了最大的影响。布哈里的坟墓，在撒马尔罕郊区，到现在还常有人去凭吊，因为他们认为他在伊斯兰教的地位，

---

① Ibn-Ḥajar，*Iṣābah*，vol. vii，P. 201．“abu-Hurayrah”（小猫的爸爸），他因爱猫而得这个外号。参阅 ibn-Qutaybah，*Ma'ārif*，p. 141，ibn-Sa'd，vol. iv，pt. 2，p. 55。

② Nawawi，pp. 165，358．

③ 参阅 ibn-'Asākir，*Ta'rīkh*，vol. ii，pp. 18 以下；ibn-Khaldūn，*Muqaddamah*，pp. 370 以下。

④ Nawāji，*Ḥalbah*，p. 17．

⑤ *Al-Jāmi' al-Ṣaḥīḥ*，8 vols.（Būlāq，1296）．

⑥ Nawawi，pp. 93，95—96．

⑦ Ibn-Khallikān，vol. ii，p. 231．

只比穆罕默德差一级。

可与布哈里的《圣训实录》争衡的是内沙布耳人穆斯林（875 年卒）的著作，伊斯兰教也给这部著作以“圣训实录”（*al-Ṣaḥiḥ*）的称号。穆斯林的《圣训实录》，在线索方面，虽然与布哈里的《圣训实录》不同，内容却是大致相同的。次于这两部实录的还有四部圣训集，穆斯林们认为都是具有经典的品级的。这四部圣训集，是巴士拉人艾卜·达五德（888 年卒）的《圣训集》（*Sunan*）、帖尔密迪（约在 892 年卒）的《圣训集》（*Jāmi'*）、加兹温人伊本·马哲（886 年卒）的《圣训集》（*Sunan*）和奈萨仪（915 年卒于麦加）的《圣训集》（*Sunan*）[①]。

396 除了澄清和补充《古兰经》之外，圣训文献向穆斯林公众提供有关全部日常生活的箴言和范例。许多日常生活中的琐碎问题，例如切西瓜要怎样切，用牙签要怎样用，才与先知当时的习惯相合，诸如此类的问题，都逃不出传说家研究的范围。在《古兰经》中只有一节明文（17∶1）含糊提及夜间旅行，在圣训文献中，这次旅行就被描绘得有声有色，由于但丁在《神曲》中有所描写，西方人对于这种传说是很熟悉的。圣训文献变成了传达格言、谚语、逸事、奇迹的工具，而传达的东西，一切都归于穆罕默德，那些东西的来源，有世俗的，也有宗教的，包括《新约》在内。在艾卜·达五德的《圣训集》里[②]，主祷文（Lord's Prayer）的译文变成了穆罕默德的遗训。艾卜·胡赖莱曾传说过许多虔诚的和有启发的训话，据布哈里的《实录》[③] 和穆斯林的《实录》[④] 所载，艾卜·胡赖莱传说，穆罕默德有一次称赞一个人，说“他秘密地施舍钱财，他不让自己的左手知道右手所干的事”。伊斯兰教作为一种制度来说，一般是能容纳别人的，是最好客的，这个传说说明得再清楚不过了。在圣训学中，穆斯林家庭可以找到自己的炉边文学，穆斯林公众可以找到自己的“特勒木德”[⑤]。

教律学

在中世纪时代，继罗马人之后发展了法律科学，从而创立了一个独立的体系的，只有阿拉伯人。阿拉伯人的法律体系，叫做费格海[⑥]，主要是以天经（《古兰经》）和圣训（逊奈，哈迪斯）为根据的，这两个根据，叫做五苏勒

---

① 这些圣训集历代辗转传抄，到现代才在埃及和印度先后铅印或石印出版，但是还没有人加以评论。

② （Cairo，1280），vol. ii，p. 101.

③ Vol. ii，p. 105.

④ （Delhi，1319），vol. i，p. 331.

⑤ “特勒木德”原义是教训，是《犹太教法典》的名称。——译者

⑥ “费格海”的本义是“知识”“智慧”。

（意思是根源，原理）。这个体系，还受到希腊－罗马体系的影响。通过费格海这门科学，伊斯兰教的教律（*shari'ah*）①，即在《古兰经》中所启示的，在哈迪斯中所精心结构的真主的全部命令，都传给了后代的穆斯林们。这些命令包含许多条例，有关乎仪式的（*'ibādāt*），有关乎民法的（*mu'āmalāt*），有关乎刑罚的（*'uqūbāt*）。

《古兰经》中六千余节文本，依照严格的分类法来说，只有两百多节是属于立法的，而这两百多节，绝大部分是麦地那时期的启示，特别是第 2 章和 397
第 4 章。不久就发现，这些法令不足以应付民事、刑事、政治、财政方面可能发生的一切情况，这些情况，是在叙利亚、伊拉克等新征服的地区内遇到的各种新的条件和不同的局面所引起的。于是有推理的必要。推理的结果，产生了两种新的基本原则：一种是比论（*qiyās*，格雅斯），一种是佥议（*ijmā'*，伊只马耳）。穆斯林的法学，除了原有的天经和圣训两种原理外，又增加了比论和佥议两种新的原理。意见（*ra'y*，赖艾伊，即私人的判断）虽然常被运用，但没有真正被提高到第 5 种原理的品级上去。相传先知曾委任穆阿兹到也门去做法官（*qāḍi*），送别时，他们之间有过一段谈话。这段谈话概括地道出了伊斯兰教教律原理的大宪章，谈话的内容是这样的：

> 穆罕默德：发生问题的时候，你怎样作决定？
> 穆阿兹：依照天经。
> 穆罕默德：倘若在天经里什么也找不到，怎么办呢？
> 穆阿兹：依照天使的逊奈。
> 穆罕默德：倘若在逊奈里什么也找不到，怎么办呢？
> 穆阿兹：我就应用我的推理。②

正统派的四大学派

麦地那学派，特别重视圣训③；伊拉克学派，却坚持法学上推理的权利。这一派的领袖是艾卜·哈尼法，他的本名是努耳曼·伊本·撒比特，是一个波斯奴隶的孙子④，活跃于库法和巴格达，767 年卒。他原是一个职业商人，后来成为伊斯兰教第一位而且影响最大的法学家。他把自己的学问口授给几

① “*Sharī'ah*”（舍利阿）本义是“到饮水处去的道路”“康庄大道”。

② Shahrastāni，p. 155.

③ 同上书，pp. 160—161；ibn-Khaldūn，*Muqaddamah*，p. 372。

④ *Fihrist*，p. 201；ibn-Khallikān，vol. iii，p. 74.

个徒弟，其中有艾卜·优素福（798 年卒），所著的《赋税论》（*Kitāb al-Kharāj*）① 保存了师傅的主要的意见。艾卜·哈尼法虽然实际上没有提出类比推理法，但是他强调这种方法的重要性，从而导致我们所谓的法律上的拟制。他也坚持抉择（*istiḥsān*）② 的权利，也就是为了公道，而离开比论。艾卜·哈尼法跟他的竞争者麦地那人马立克一样，并没有组织一个法律学派（*madh-*
398 *hab*）的意思，但是他终于成为伊斯兰教最早的、最大的而且最宽容的一个学派的奠基者。全世界逊尼派的穆斯林，几乎有一半是遵守他的教派的。在旧奥斯曼帝国的领土内，在印度和中亚细亚，这个教派都是被公认的。作为一个宗教法的体系来说，冯·克赖麦认为“那是伊斯兰教所能达到的最崇高的成就”③。

麦地那学派的领袖马立克·伊本·艾奈斯（715—795 年）④，被认为是对先知的生活及其心境认识得较清楚一些的，他所著的《圣训易读》（*al-Muwaṭa'*，意思是铺平的道路）⑤，仅次于宰德·伊本·阿里（743 年卒）⑥ 所编的纲要，要算是伊斯兰教保存至今的最古的法典。在这部不朽的著作中，有一千七百个关于审判上的惯例，把逊奈制成法典，制订了当时流行于麦地那的佥议的第一个公式，而成为马立克学派的教律。这个教派从马格里布和安达卢西亚，赶走了两个小的教派，一个是奥扎仪（774 年卒）的教派，一个是扎希里（815—883 年）⑦ 的教派。现在马立克教派还流行于非洲（但下埃及除外）和东部阿拉比亚。在艾卜·哈尼法和马立克之后，宗教法学的研究，发展成为阿拉伯语的各种学问中最发达的一门学问了。

在伊拉克的自由学派和麦地那的保守学派之间，有一个中间学派，他们自称找到了中庸之道，接受比论，但有点儿保留。这个中间学派就是沙斐仪学派，创始人沙斐仪（于 767 年生于加宰），属于麦加的古莱氏族，青年时代在麦地那受业于马立克的门下，主要的活动地是巴格达和开罗⑧。820 年他死

---

① （Cairo，1346）.

② 哈奈斐派的 *istiḥsān*（抉择）、马立克派的 *istiṣlāḥ*（公共利益）和 *ra'y*（意见）三者，往往被认为是 *qiyās*（比论）的同义词。

③ *Culturgeschichte*，vol. i，p. 497.

④ 参阅 ibn-Khallikān，vol. ii，p. 201。

⑤ 1302 年德里版，参阅他所著的 *al-Mudawwanah al-Kubrā*（Cairo，1323），16 vols。

⑥ *Majmū'al-Fiqh*，ed. E. Griffini（Milan，1919）.

⑦ 他的全名是 Dāwūd ibn-Khalaf al-Iṣbahāni（ibn-Khallikān，vol. i，p. 312），外号 al-Zāhiri，因为他认为只有天经和圣训字面上（*ẓāhir*）的意思可以作为根据。他虽然有科尔多瓦人伊本·哈兹木（994—1064 年）做他的最有才能的辩护者，他的学说仍然没有流传到现在。

⑧ Yāqūt，*Udabā'*，vol. vi，pp. 367 以下；ibn-Khallikān，vol. ii，pp. 215—216。

于开罗，葬于穆盖塔木山麓，他的坟墓至今成为凭吊之所。这个教派仍盛行于下埃及、东非洲、巴勒斯坦、阿拉比亚西部和南部、印度沿海地区和东印度群岛。遵守这个教派的穆斯林人数，约计一亿零五百万，哈奈斐派约计一亿八千万，马立克派约计五千万，罕百里派约计五百万。

除十叶派外，穆斯林公众所分属的四大教派中最后的教派，是罕百里派，399
这个教派的创始人艾哈迈德·伊本·罕百勒，是沙斐仪的学生，是死抠圣训字句的代表人物。穆尔太齐赖派在开罗提倡革新的时候，正统派就是用伊本·罕百勒的保守主义来做堡垒的。伊本·罕百勒尽管在麦蒙时代受过审问（*miḥnah*），被戴上锁链，在穆耳台绥木时代受过鞭打和监禁，但他仍然坚决地拒绝对于传统的信仰表白形式作任何修改[1]。855 年他死于巴格达，参加殡礼的男人约计八十万，女人约计六万。由此可见，穆斯林大众对于正统派的这位战士是如何敬爱[2]。他的坟墓受到后代人的尊敬，正如一般贤人的坟墓受人尊敬那样；他也荣获艾卜·哈尼法、马立克、沙斐仪三人所荣获的同样称号："伊马木"（祖师）。包含二万八千个传说的那部《穆斯奈德圣训集》[3]，据说是他编纂的，在一个很长的时期内，这部圣训集曾享有特别的声望。然而今天，除了纳季德的瓦哈比派，罕百里教派再没有更多的人了。

穆斯林公众在沙斐仪精心构建的佥议（*ijma'*）原则中发现了最有用的教义学上的权宜手段，他们可以借这种权宜手段，使自己的教律和教义适应一个经常变更的世界上变化无穷的各种新形势。在穆斯林社会里，没有被公认的什么教会、僧侣、中央权威机关，一切都遵从公众的意见，公众的意见（佥议）自然会起重大的作用。正是根据这条原理，官版的《古兰经》被认为合乎教律，六部圣训集受到赞许，先知的奇迹被接受了，《古兰经》的石印本被认可了，古莱氏族的哈里发，也可以由奥斯曼的哈里发取而代之。我们必须记住，十叶派有自己的教律，不承认佥议。他们所承认的是永不会错误的十二位伊马木的绝对权威和判断，那些伊马木都是阿里的苗裔。上述的四大原理，使传统的信条，以及为教义和教律的发展所必需的一切都成定型，"以智提哈德"（*ijtihād*，尽力而为）的大门，对逊尼派的公众永远关起来了，也就是说，他们没有权利再进一步解释天经和圣训，没有权利应用类比推理
法构成一个新的意见了；而十叶派仍然有他们的"穆智台希丁"（*mujtahids*，400
教律学权威），即许多有学问的人物，他们有权替崇高的、隐蔽着的伊马木做

---

[1] Ibn-'Asākir, *Ta'rīkh*, vol. ii, pp. 41 以下。

[2] Ibn-Khallikān, vol. i, p. 28.

[3] 六册，1313 年出版于开罗。

代言人，表达他的意旨。

伊斯兰教的法律体系，深受罗马－拜占廷法律的影响（在好几个世纪中，这种法律曾在叙利亚、巴勒斯坦和埃及被采用），这个问题是值得有资格的学者加以研究的。某些东方学家认为，东罗马法的影响，不限于某些个别的条规，更重大的影响，还在于某些原则的问题和方法学方面。《查士丁尼法典》，承认类比推理法和私人判断。拜占廷的某些条规，对于伊斯兰教关于买卖和其他商业关系的法令，可能发生了影响；伊斯兰教关于监护、遗嘱、租赁的法令，也可能受到影响，这些影响可能是通过犹太法律和犹太法典的途径而传达的。迟至六世纪，贝鲁特仍然是罗马法某一学派生存的基地，可是在贝鲁特工作，而且几乎建立了伊斯兰教第五项原理的叙利亚人奥扎仪（774 年卒）① 的法律体系，却没有受到罗马法显著的影响，这倒是一件令人奇怪的事。

伦理学

教律（*Sharī'ah*，舍利阿）的条款，是讨论如何管束穆斯林在宗教、政治、社会各方面的生活的。教律的条款，管理他的婚姻关系和公民关系，也管理他与非穆斯林之间的各种关系。于是，伦理的行为正当与否，就以教律为根据。人的一切行为，在法律上分为五类：（1）绝对的义务（法尔德，*farḍ*），法律命人为之，故遵守者获赏，违背者受罚。（2）可嘉的行为（穆斯台哈卜，*mustaḥabb*），法律劝人为之，故遵守者获赏，违背者不受罚。（3）准许的行为（查伊兹，*jā'iz*，木巴哈［*mubāḥ*］），在法律上是无关紧要的。（4）受谴责的行为（麦克鲁海，*makrūḥ*），只受谴责，而不受惩罚。（5）被禁止的行为（哈拉木，*ḥarām*），犯者应受惩罚。

根据天经和圣训而写作的伦理作品，虽然数量多，但并不能包罗阿拉伯文献中讨论道德（*akhlāq*）② 的全部资料。此类文献，至少还有另外三种类型。有些著作，讨论各种美德、精神修养和态度（*adab*）。此类著作，主要是
401 根据印度和波斯的逸事、谚语和格言而写作的。伊本·穆盖法耳（约在 757 年被处死）所著的《单珠集》（*al-Durat al-Yatimah*）③，赞扬在讲话和办事中节制、勇敢、豪爽和熟练等美德，可以作为这一类型的样本。在鲁格曼（阿拉伯人的伊索）的寓言和谚语里，也有同样通俗的道德哲学。巴格达著名的

---

① Ibn-Khallikān，vol. i，p. 493.

② 参阅 Ḥājji Khalfah，vol. i，pp. 200—205。

③ Ed. Shakīb Arislān（Cairo）.

法治理论家马韦尔迪（1058 年卒）①，曾著过一本关于伦理学的短论，收集了圣先知和圣门弟子的丰富的格言，直到现在，这本书还被埃及和叙利亚的各学校当做教科书使用。第二类型，是哲学的著作，通过新柏拉图派和新毕达哥拉斯派的资料，上溯到亚里士多德。亚里士多德所著的 *Nichomachean Ethics*，被侯奈因或者他的儿子易司哈格②译成阿拉伯语，叫做《品性书》（*Kitāb al-Akhlāq*），以这本书为主的希腊著作，奠定了阿拉伯道德哲学（*'ilm al-akhlāq*）的基础，这种哲学的目的，正如亚里士多德和柏拉图的目的一样，是便利人们达到现世的幸福。这个学派的最著名的代表，是史学家米斯凯韦，他的著作《品性修养论》（*Tahdhīb al-Akhlāq*）③，是穆斯林们所编辑的严格哲学类型或新柏拉图派类型的最优秀的伦理著作。《精诚同志社论文集》第九章，是专论品性的，其中独特地罗列了希腊的伦理学，但是这一章里到处贯注着占星学的和形而上学－心理学的空论。精诚同志社把基督和苏格拉底当做道德完人的典范，对于他们特别热忱。逊尼派和十叶派却分别认为，穆罕默德和阿里是道全德备的完人。第三类型的伦理学，可以叫做神秘派心理学的伦理学。这一类型的代表，是安萨里和其他苏非派的著作家，我们将在第三十章中加以研究。所有这些穆斯林的伦理学家，都称赞“顺从”“知足”“坚忍”等美德；他们把各种恶德当做灵魂的疾病，把哲学家当做医生；他们关于各种美德和恶德的分类，是基于对灵魂的各种官能的分析的，他们认为每种官能各有其优点和缺点。

在阿拔斯王朝早期强盛的几百年内，在被征服的各种族，特别是波斯人中间，出现了一种有趣味的运动，这个运动的宗旨，是反对阿拉比亚血统的穆斯林（真正的或者假冒的）长期以来就表现出的那种优越感。这个运动叫做“多民族主义”（*Shu'ūbīyah*），这个名称是从《古兰经》的本文（49: 13）得来的，《古兰经》这一节的要旨是谆谆地教导穆斯林们要一视同仁，互相友爱。哈列哲派和十叶派，采取争夺王朝的和政治的斗争方式；有些波斯人，采取宗教的斗争方式，包括异端和精低格（*zindīqism*，假装信神）；但多民族主义，通常采取的斗争方式，是笔战。多民族主义者嘲笑阿拉伯人以智力上的优越自负，他们认为在诗歌和文学上，非阿拉伯人是比阿拉伯人优越的。为拥护多民族主义而战的，有比鲁尼、哈木宰·伊斯法哈尼等领袖人物；为

文学 402

① 这本名著叫《凡俗和宗教的礼仪》（*'Adab al-Dunya w-al-Dīn*），1925 年开罗第 16 版。（这部书于 1906 年初版于开罗，曾用做官立学校伦理学教科书。——译者）

② 参阅 *Fihrist*，p. 252。

③ 曾出过几个开罗版，但是都没有评论。

反对多民族主义而战的，不仅有阿拉伯人，也有波斯血统的非阿拉伯人，如查希慈①、伊本·杜赖伊德②、伊本·古太白和白拉左里。最早的几部阿拉伯文学杰作的写作，是与这种争论的问题有关联的。

我们所谓的阿拉伯文学，不是阿拉比亚人的，正如中世纪的拉丁文学，不是意大利人的一样。因为创作者是属于各种不同的种族的③，全部阿拉伯文学，是一种文明的、不朽的丰碑，而不是代表一个民族的。文字学、语言学、辞典编辑法、语法学，本来无论就根源和精神来说，主要都是阿拉比亚的，阿拉伯人主要的、新颖的贡献都在这些学问方面，但是就在这些学问中，最著名的学者也有一些是非阿拉伯血统的。召海里（约在 1008 年卒）曾编著一部字典④，以词的词根为主，按照字母表先后次序而排列，后来的字典，都依此法编纂，而召海里是法拉卜的突厥人⑤。与他同时代的伊本·金尼（1002 年卒），曾经使阿勒颇的哈木丹王朝的宫廷生色不少，他的主要功绩，是用哲学的方法处理语言学，他也是一个希腊奴隶的儿子⑥。

纯文学

就狭义的 *adab*（纯文学）来说，阿拉伯文学开始于巴士拉文学家的舍赫
403 （长老）查希慈（868—869 年间卒），到回历四五世纪时，就在白迪耳·宰曼·海麦达尼（969—1008 年）、内沙布尔人赛阿里比（961—1038 年）⑦、哈利利（1054—1122 年）等人的作品中，登峰造极了。由于受到波斯文学的影响，矫饰和辞藻的倾向，成为这个时期散文的特征。早期散文的简洁、锐利、质朴的表现法，一去不复返了。取而代之的，是一种精巧而且优雅的文体，这种文体富于精心结构的明喻，而且处处押韵。整个时期的特点，是人文主义的研究，压倒科学的研究。在文化上，这是一个衰颓的时期。这个时期产生了一个文学的下层阶级，这个阶级的许多成员，都不能独立维持生计，到处流浪，随时准备在语言问题和语法技术问题上摆下擂台，或者就琐碎的问题互相吟诗比赛，其目的是赢得富裕的保护者的恩惠。在这个时期，有一种新的文学体裁“麦嘎麦”（maqāmah，集合）兴起。

---

① *Bayān*，vol. iii，pp. 9 以下。

② 他是一位字典编纂者，933 年死于巴格达。他为驳斥多民族主义而写了 *Kitāb al-Ishtiqāq*，1854 年由 Wüstenfeld 出版于 Göttingen。

③ 伊本·赫勒敦的《历史绪论》有一章的标题是：“伊斯兰教的学者大半是非阿拉伯人”，参阅 *Muqaddamah*，pp. 477—479。

④ *Ṣiḥāḥ*，2 vols.（Būlāq，1292）.

⑤ Yāqūt，*Udabā'*，vol. ii，p. 266.

⑥ 同上书，vol. v，p. 15。

⑦ 这个名字的意思是皮货商；参阅 ibn-Khallikān，vol. i，p. 522。他最著名的著作是《希世罕宝》（*Yatīmat al-Dahr*），4 册，1302 年出版于大马士革，是当代诗人的选集。

“麦嘎麦”是一种戏剧性的逸事，在讲述这种逸事的时候，作者使内容服从形式，竭力地表现自己的诗才、博学和雄辩。“麦嘎麦”（集会）体的创造通常归功于白迪耳·宰曼（时代的奇观）·海麦达尼。其实，像“麦嘎麦”这样的体裁，不可能是任何一个人的创造，而是伊本·杜赖伊德和早期的文体家所代表的押韵散文和华丽辞藻的自然发展。海麦达尼的著作[①]，成为巴士拉人哈利利的蓝本[②]，而哈利利的《麦嘎麻特》（*Maqāmāt*）[③]，在七百多年内，被认为是阿拉伯文学宝藏中仅次于《古兰经》的著作。哈利利及其他作家的《麦嘎麻特》里，有辞藻丰富优美的逸事，多数读者认为这是唯一的特点，其实，这并不是唯一的特点。逸事本身，往往被用做一种批评的工具，用来批评当时的社会秩序，并得出某种有益的教训，但是这种批评是十分巧妙的，而且是间接的。自海麦达尼和哈利利的时代以来，麦嘎麦体已成为阿拉伯语中文学性的和戏剧性的最完美的表达形式，在这种语言里，从来没有产生过真正的戏剧。现实主义的或以恶汉为题材的早期的西班牙故事和意大
404
利故事，显然与阿拉伯语的麦嘎麦有明显的类似。

在麦嘎麦产生之前，阿拉伯文学史上出现了最伟大的文学史家艾卜勒·法赖吉·伊斯伯哈尼或伊斯法哈尼（约897—967年），他是伍麦叶王朝最后一位哈里发麦尔旺的直系苗裔。艾卜勒·法赖吉生活于阿勒颇，他在那里编成《乐府诗集》（*al-Aghāni*）[④]。这部书确是一个诗歌和文学的宝库，又是研究穆斯林文明不可或缺的资料来源。伊本·赫勒敦正确地称这部书为“阿拉伯人的文献”，“是研究纯文学者最后的源泉”[⑤]。阿勒颇的君主赛义夫·道莱是艾卜勒·法赖吉的保护者，曾以一千第纳尔作为奖品，赠给著者[⑥]；安达卢西亚的哈里发哈克木二世，也以同数的金币寄赠著者，以示奖励。布韦希王朝的首相伊本·阿巴德（995年卒），每次旅行时，随身携带的书籍，需要三十只骆驼载运，而自从他购置了一部《乐府诗集》并随时携带在身边之后，就不再携带那些笨重的书籍了[⑦]。

---

① *Maqāmāt*, ed. Muḥammad ‘Abduh (Beirūt, 1889).

② Ibn-Khallikān, vol. i, p. 68.

③ Ed. de Sacy, 2 vols. (Paris, 1847—1853); Thomas Chenery 和 F. Steingass 的英语译本二册，1867—1898年出版于伦敦。

④ 20 vols. (Būlāq, 1285); Brünnow edited vol. 21 (Leyden, 1888) and Guidi issued index (Leyden, 1900).

⑤ *Muqaddamah*, p. 487.

⑥ Yāqūt, vol. v, p. 150; ibn-Khallikān, vol. ii, p. 11.

⑦ Ibn-Khallikān, vol. ii, p. 11, 参阅 vol. i, p. 133。

《天方夜谭》

这个时期，在十世纪中叶之前不久，后来称作《一千零一夜》（*Alf Laylah wa-Laylah*）[1] 一书的初稿在伊拉克完成了。由哲海什雅里（942 年卒）[2] 写成的这部初稿的基础是一部古老的波斯语故事，叫做《海扎尔·艾弗萨纳》（*Hazār Afsāna*，一千个故事），其中也包括几个印度的故事。哲海什雅里又从说书的民间艺人那里搜集到一些别的故事，加以补充[3]。“艾弗萨纳”提供了主要情节、梗概和男女主角的姓名，包括舍海尔萨德女王的芳名在内。故事的内容和分量，与日俱增，新增添的有印度、希腊、希伯来、埃及等国的故事。东方的各种民间故事，都在几百年中被吸收进来了。哈伦·赖世德的宫廷，提供了大量幽默的故事和爱情的传奇。到了埃及奴隶王朝时代，才最后定型，成为分夜讲述的故事，也才有了《一千零一夜》的名称。这部故事集，
405 是由各种不同的素材构成的，这启发了一位现代评论家，他很滑稽地说：《天方夜谭》是波斯的故事，十四世纪时，由以斯帖王后[4]依照释迦的方式，在开罗讲给哈伦·赖世德听的[5]。欧洲语言的译本，以加朗的法语译本为最古[6]，欧亚两洲各种主要的现代语的译本，大半是从法语译本转译的。这部故事是在西方各国最普及的阿拉伯文学作品，甚至比在穆斯林东方本地还要普及些。莱恩的英译本，是第一部重要的英语译本，虽是节译本，却是正确的[7]。这部译本的附注，是有价值的，而且是详细的。这个译本已经出了好几版[8]。佩恩的译本，是最好的英语译本，而且是完全的，但是没有注释。伯顿的译本，是以佩恩的译本为蓝本[9]而加以润色的，只有诗句是伯顿自己翻译的。这个译本力求更能表达原本的东方风格。

诗

伊斯兰教以前的蒙昧时代的诗歌，给伍麦叶时代的歌咏者提供了范例，他们的拟古诗歌，被阿拔斯王朝的诗人当做标准的作品。阿拔斯王朝新政权奖励虔诚的精神，外国文化和外国宗教的影响自国外（主要是波斯）涌入，

---

① Būlāq editions A. H. 1251（1835 年）和 1279 年，确定了阿拉伯文的订正版。

② 他为著作《大臣和作家论》（*Kitāb al-Wuzarā' w-al-Kuttāb*）一书而驰名。这部书已由 Hans v. Mžik 于 1926 年出版于莱比锡。

③ *Fihrist*，p. 304. 参阅 Mas'ūdi，vol. iv，p. 90。

④ 以斯帖王后是巴比伦王尼布甲尼撒的王后，关于她的故事可以参阅《旧约·以斯帖记》第 2 章。——译者

⑤ 参阅 *Fihrist*，p. 304，l. 16；Ṭabari，vol. i，p. 688，ll. 1，12—13，p. 689，l. 1。

⑥ 十二卷，于 1704—1717 年出版于巴黎。

⑦ 三卷，于 1839—1841 年出版于伦敦。1859 年普尔加插画后，再版于伦敦。1883 年普尔校订后，三版于伦敦。后来又出过几版。

⑧ 九卷，于 1882—1884 年出版于伦敦。

⑨ 十六卷，于 1885—1888 年出版于伦敦和印度贝拿勒斯。

阿拔斯王朝历代的哈里发保护诗人，希望他们对于自己歌功颂德，所有这些因素都足以使诗人们离开古典主义的故道，而发展新的诗体。然而诗是所有阿拉伯艺术中最保守的。千余年来，诗歌始终带有沙漠气息。甚至开罗、大马士革和巴格达现代的阿拉伯诗人，到现在还在自己的抒情短歌中凭吊情人已去，空留下来的野营地（*aṭlāl*），还用野牛（*maha*）的眼睛来比喻情人的眼睛，而他们并不觉得这样做有什么荒谬。除诗歌外，法律——特别是婚姻的条例——或许是古老的沙漠因素长期存在的唯一领域。

新体诗最早的代表人物，是波斯血统的盲诗人白沙尔·伊本·布尔德，他是在 783 年被哈里发麦海迪处死的，有人说他的罪名是讽刺首相，但是更可能的是由于“精低格”——持有袄教或摩尼教的秘密的意见。白沙尔有一 406
次表示感谢真主使他双目失明，他说：“这样我就不需要看到我所憎恶的东西了。”[1] 他反对古体诗的陈词滥调[2]。新诗派另外一个早期的代表人物，是半波斯血统的艾卜·努瓦斯（约在 810 年卒）[3]，他是哈伦·赖世德和艾敏的清客，他的诗歌，描写爱和酒，描写得很生动。直到今天，在阿拉伯世界，艾卜·努瓦斯的名字还活在人间，但是大家都把艾卜·努瓦斯当做小丑的代名词；其实，在表达爱情方面，无论是描写的深刻还是措辞的优雅，都少有人能和他匹敌的。他是穆斯林世界杰出的抒情诗人和咏酒诗人。他是阿拔斯王朝宫廷里的淫荡的宠臣，创作了许多描绘娈童之美的歌曲和赞美酒味的诗篇（*khamrīyāt*），这些诗歌使那些边读诗边饮酒的人销魂，有趣地说明了同时代的贵族生活[4]。艾卜·努瓦斯的“格宰勒”（*ghazal*，简短的恋歌）是介乎五行与十五行之间的诗歌，是模仿波斯歌咏者的体裁而创作的，波斯人发展这种诗体的时代比阿拉伯人早得多。

诙谐而且淫乱的艾卜·努瓦斯所表现的是宫廷生活轻松的一面，而他同时代的苦行者艾卜勒·阿塔希叶（748—约 828 年）[5] 却表述了关于死亡的悲

---

① *Aghāni*, vol. iii, p. 22.

② 参阅 Aḥmad H. al-Qirni, *Bashshār ibn-Burd*: *Shi'ruhu wa-Akhbāruhu* (Cairo, 1925); *Aghāni*, vol. iii, pp. 19—73, vol. vi, pp. 47—53; ibn-Khallikān, vol. i, p. 157; ibn-Qutaybah, *Shi'r*, pp. 476—479。

③ Al-Ḥasan ibn-*Nāni'*; ibn-Khallikān, vol. i, p. 240.

④ 参阅他的诗集 *Dīwān abi-Nuwās*, ed. Maḥmūd Wāṣif (Cairo, 1898); *Aghāni*, vol. xviii, pp. 2—8; ibn-Qutaybah, *Shi'r*, pp. 501—525。

⑤ 这是他的绰号，意思是“狂士”，真名是 Ismā'īl ibn-al-Qāsim。关于他的生平事迹，参阅 *Aghāni*, vol. iii, pp. 126—183; Mas'ūdi, vol. vi, pp. 240—250, 333—340, vol. vii, pp. 81—87; ibn-Khallikān, vol. i, pp. 125—130。

观的反省，这是一个具有宗教心理的普通人所怀的思想感情。他本来是一个陶器商，是贝杜因人阿奈宰部族的苗裔。他痛恨自己所居住的巴格达城里的那种可鄙的高级生活。虽然哈伦·赖世德给他规定年俸五万第尔汗，他仍穿上托钵僧的道袍，而且创作了许多鼓吹苦行的道情诗（*zuhdiyāt*）；由于那些诗，他可以算做阿拉伯圣诗的创始人①。

关于剖腹产术的最古老的描绘

采自 al-Bīrūn，“*al-Āthār al-Bāqiyah*”的手写本，于回历 707 年（公元 1307—1308 年）写成，藏于爱丁堡大学图书馆

阿拔斯王朝时代，各省区，特别是叙利亚省，培养了许多第一流的诗人，其中最著名的是艾卜·太马木（约 845 年卒）和艾卜勒·阿拉·麦阿里。艾
407 卜·太马木的父亲是大马士革一个酒店老板，信奉基督教，名叫塔都斯，他儿子改信伊斯兰教后，把他的名字改成奥斯②。艾卜·太马木是巴格达的宫廷诗人，但是他的盛名不但是靠他自己的诗集③，同时还是靠他所编辑的《坚贞诗集》（*Diwān al-Ḥamāsah*）④ 得来的，这部诗集分成十类，第一类是褒扬坚贞不屈的英雄气概的，所以把全部诗集叫做《坚贞诗集》。这部集子，包括阿拉伯诗的精华。另外一位宫廷诗人布哈突里（820—897 年），也编了一部

---

① 参阅他的诗集 *Dīwān abi-al-'Atāhiyah*（Beirūt，1887）。

② 参阅 *Aghāni*，vol. xv，pp. 99—108；Mas'ūdi，vol. vii，pp. 147—167；ibn-Khallikān，vol. i，pp. 214—218。

③ Ed. Shāhīn 'Aṭīyah（Beirut，1889）.

④ 1828 年由 Freytag 出版于波恩，叫做 *Ash'ār al-Ḥamāsah*；附注释的两册，1847—1851 年出版于波恩。

《坚贞诗集》[①]，他仿效艾卜·太马木的体例，但所选的诗歌，不如艾卜·太马木的优秀。

阿拔斯王朝的哈里发们、大臣们和长官们给诗人们以保护，用他们来颂扬自己的功德，这不仅使颂词体（*madīḥ*）成为最受人爱好的体裁，而且使诗人们贱卖了自己的艺术；一般人常说，虚饰和浮夸，是阿拉伯诗的特征，不是毫无根据的。阿拔斯王朝的诗，跟其他各时代的诗一样，主要是主观性和乡土气的，充满了地方的色彩，但是不能翱翔于时间和空间之上，从而在无时间无地域的第一流诗歌中间获得一席地位。

① Geyer 和 Margoliouth 的影印本附索引，于 1909 年出版于莱顿。

408 第二十八章　教育

儿童教育，是从家庭开始的。儿童才会说话，他父亲就应该教他读清真言（*al-kalimah*）：“除真主外，绝无应受崇拜的。”（*La ilāha illa-l-Lāh*）他满六岁的时候，就应该学习礼拜。他的正式教育，从此开始了①。

初等教育

小学校（*kuttāb*），即使不是清真寺本身，也是清真寺的附属物。小学的课程，是以《古兰经》为核心的，《古兰经》是小学生的读本。他们一面学习朗读，一面学习书法。1184 年，伊本·祝拜尔访问大马士革的时候②，注意到小学生的练习材料，不是《古兰经》的明文，却是世俗的诗句，因为把真主的言辞涂抹掉，有亵渎《古兰经》的意思。除读书和写字外，学生还要学习阿拉伯语法、历代先知的故事（特别是穆罕默德的故事）、初等算术原理、诗词，但是不学情诗。在全部课程中，特别着重背诵。巴格达小学校中成绩优良的学生所得的报酬是：骑着骆驼，在大街上游行，观众向他们投掷巴旦杏。有一次发生了悲剧性的事件，因为有一个小学生的眼睛，被巴旦杏打瞎了③。这种祝贺小学生能背诵全部《古兰经》的场面，在现在的穆斯林国家，还不是罕见的。有时，由于一个小学生能把《古兰经》的某部分背得纯熟，教师还会放全体小学生一天或半天的假。

女孩子受初级的宗教教育，是受欢迎的，因为那是她们的智力所能及的，但是，没有人特别愿意指导她们沿着科学的道路前进，因为在这条道路上，处处是花朵，处处是荆棘。难道妇女活动的范围不终归是以纺车为中心吗④？
409 富足人家的子弟，有家庭教师，教他们宗教学、纯文学和作诗法。这些家庭教师，通常是非阿拉伯血统的。贵族教育的理想，可以从哈里发赖世德对他儿子艾敏的师傅的指示中看出来，他说：

---

① 参阅 Ghazzāli，*Ihyā'*，vol. i，p. 83。

② P. 272.

③ *Aghāni*，vol. xviii，p. 101.

④ 参阅 Mubarrad，p. 150，l. 3。

你随时随地都叫他受到你的教益，但是不要过分严格，以免压抑他的才能，也不要过于宽大，以免他习于闲散；你要尽量用亲切和温和的手段矫正他，如果他不肯改正，就应该采取严峻的手段。①

教鞭被认为是教师所必有的设备之一，由上文可以看出来，哈里发赞成对他的孩子们使用教鞭。伊本·西那在他所著的《政治论文》（*Risālat al-Siyāsah*）中有专章论述父亲如何对待儿子，他在这一章里曾提到“动手”是教育艺术中一种有效的办法②。

小学教员被称为教师（*mu'allim*），有时被叫做教义学家（*faqih*），因为他是受过教义学的训练的，小学教员的社会地位，是比较低的。有一句人们爱说的格言说：“不要向小学教员、牧人和冶游郎请教。”③ 麦蒙时代的一位法官，竟然拒绝承认小学教员在法庭上的作证。阿拉伯文学书里有些逸事，是以小学教员为题材的，把他描绘成一个大傻瓜。“比小学教员还要笨”，已经成为流行的比喻④。但是，比较高级的教师大体上还是很受尊敬的。教师们显然是加入一种行会的，学生修完了教师所规定的课程，而且考试及格，教师就发给他们一张证书（*ijāzah*）。宰尔努几曾于1203年著《教育学》⑤，他在一个专章里嘱咐学生要尊师重道，并曾引证哈里发阿里的格言：“谁教我一个字，我愿终身做他的奴隶。”宰尔努几曾用阿拉伯语撰写过四十多篇最著名的教育学论文，其中一大半还以手稿的形式保藏在图书馆里面⑥。

伊斯兰教第一所著名的高等教育机关，是麦蒙于830年在他的首都建设的智慧馆（*Bayt al-Ḥikmah*）。这个机关除用做翻译馆外，还起科学院和公共图书馆的作用，里面还附设一座天文台。值得记住的是，在这个时期出现的许多天文台，也是教授天文学的学校，正如在这个时代开始出现的许多医院，也用做学习医学的中心一样。但是，伊斯兰教的头一所真正的高等学校⑦，也就是能供给学生的物质需要，而且成为较晚的高等学校的范例的，要算尼采 高等教育机关 410

① Mas'ūdi, vol. vi, pp. 321—322; ibn-Khaldūn, *Muqaddamah*, pp. 475—476.

② Ed. Luwīs Ma'lūf in *al-Mashriq*, vol. ix (1906), p. 1074.

③ Jāḥiẓ, *Bayān*, vol. i, p. 173.

④ 在上述引文中。

⑤ *Ta'lim al-Muta'allim Ṭariq al-Ta'allum*, ed. C. Caspari (Leipzig, 1838), pp. 14—19. 参阅 Ghazzāli, vol. i, pp. 8—11。

⑥ 这些著作的名单可以参阅 Khalil A. Totah, *The Contribution of the Arabs to Education* (New York, 1926), pp. 67—76。（参阅马坚译《回教教育史》，商务印书馆1946年再版，第104页。——译者）

⑦ 参阅 Suyūṭi, *Ḥusn*, vol. ii, pp. 156—157; Qazwīni, *Āthār*, p. 276。

米亚大学，那是开明的尼采木·木勒克于1065—1067年创设的，他是塞尔柱克王朝的两位素丹艾勒卜·艾尔斯兰和马里克沙的波斯籍大臣，是大诗人欧麦尔·赫雅木的庇护人。塞尔柱克王朝的素丹们跟布韦希王朝和其他篡夺了伊斯兰教的政权的非阿拉伯籍素丹们一样，他们在庇护艺术和高等教育方面，互相竞赛，大概是打算借此收买人心。尼采米亚大学是一所宗教大学（*madrasah*），专门研究沙斐仪派的教律学和正统的艾什耳里派的教义学。《古兰经》和古诗，成为这所高等学校人文学（*'ilm al-adab*）的主要学习课程，正如古典文学后来变成欧洲各大学的主要课程一样。学生们在这所大学里面寄宿，有许多学生还享受奖学金的待遇。有人说，这所大学的某些规章制度，似乎成为早期的欧洲大学的先例[1]。据历史学家的记载，有一个学生于1187年去世，他没有继承人，法院派了一个代表去查封他以前居住的寝室，学生们群起反对，由此可见学生们的团结精神[2]。

尼采米亚大学是一所为政府所承认的宗教学院。伊本·艾西尔曾引证一位讲师（*mudarrīs*）的事件：他虽接到聘书，但是未能就职，因为还要等待哈里发的批准[3]。一次聘请一位讲师，是很显然的[4]。每位讲师的手下有两三个
411 助教（*mu'īd*）[5]，助教的任务是在课下辅导天资较差的学生学习课文，并且解答他们的疑难问题。伊本·祝拜尔有一次去听课，那是一位第一流教授在晌礼后讲授的课程[6]。讲课者站在讲台上讲，学生们坐在小凳子上听，他们纷纷提出书面的或口头的问题和他穷究，直到晡礼时才下课。就是在这所尼采米亚大学里，安萨里曾授课四年（1091—1095年）[7]。安萨里著《圣学复苏》（*Iḥyā' 'Ulūm al-Dīn*）一书时，曾以教育论为第一章[8]，他在这章里反对以传授知识为教育宗旨的说法，而强调激励学生的伦理意识的必要性，这样他就成为伊斯兰教中使教育问题同一种奥妙的伦理体系发生有机联系的第一位著作家。尼采米亚大学晚期杰出的教授当中，有白哈艾丁，是萨拉哈丁（萨拉丁）传的著者，他在自己的回忆录里告诉我们[9]（伊本·赫里康加以转述）：

---

① Reuben Levy, *A Baghdād Chronicle*（Cambridge, 1929）, p. 193.

② Ibn-al-Athīr, vol. xi, p. 115.

③ Vol. xi, p. 100.

④ Ibn-al-Athīr, vol. x, p. 123.

⑤ 参阅 ibn-Khallikān, vol. iii, p. 430。

⑥ Pp. 219—220.

⑦ Ibn-Khallikān, vol. ii, p. 246; *al-Munqidh min al-Ḍalāl*（Cairo, 1329）, pp. 29—30.

⑧ Vol. i, pp. 43—49; *Ayyuhā al-Walad*, ed. and tr. Hammer-Purgstall（Vienna, 1838）; tr.（Eng.）G. H. Scherer（Beirūt, 1933）.

⑨ Vol. iii, pp. 435 以下。

有一群学生，为了加强记忆力，有一次饮了很浓的槚如树（anacardia）子仁浸剂[①]，其中一个学生完全丧失了理智，赤身裸体地去上课。在全班的哄堂大笑声中，有人问他为什么那样精赤条条的，他严肃地回答说，他和同学们一起尝试了槚如树子仁浸剂，他们都变成了疯子，只有他自己幸免于疯狂。

1258 年，旭烈兀攻克巴格达，这个首都惨遭浩劫的时候，尼采米亚大学还存在；1393 年鞑靼人在帖木儿的率领下，第二次攻克巴格达的时候，这所大学也还存在；过了两年多，才和姊妹学校穆斯坦绥里亚大学合并起来。倒数第二位哈里发穆斯坦绥尔[②]，于 1234 年建立了这后一所宗教大学，讲授正统派四大家的教律学，故有此校名。这所学校的入口，有一个计时器（无疑是一个漏壶），学校里有沐浴室和厨房，还有校医院和图书馆的设备。伊本·白图泰[③]于 1327 年访问过巴格达，曾给我们作了一个关于这所学校的详尽的描绘。这所建筑物于 1961 年改做博物馆，阿拔斯宫现在也是一所博物馆。这是从阿拔斯王朝时代一直保存到现在的绝无仅有的两座古建筑物。

除巴格达的尼采米亚大学外，塞尔柱克王朝的这位大臣，还在内沙布尔 412
和帝国中其他的城市里，建立过别的几所宗教学校。在萨拉哈丁之前，他是伊斯兰教中高等教育的最伟大的庇护者。尼采米亚式的宗教学校（*madrasah*）曾遍及呼罗珊、伊拉克和叙利亚。建立一所宗教学校，在伊斯兰教中一向被认为是值得称赞的行为。这可以说明旅行家们所报道的学校为什么有那样多。据伊本·祝拜尔的统计[④]，巴格达共有学校三十几所；在萨拉哈丁的统治下，正处在黄金时代的大马士革，有学校二十几所；摩苏尔有六七所；希姆斯只有一所。

所有这些高等宗教学院，都以圣训学为课程的基础，并且特别着重背诵。在那个时代，还没有日记和备忘录，记忆能力一定是发展到惊人的境地，如果我们相信那些史料的话。安萨里能背诵圣训三十万章，因而赢得了“伊斯兰教权威”（*ḥujjat al-Islām*）的头衔。据说艾哈迈德·伊本·罕百勒能背记圣训一百万章[⑤]。有些人为测验布哈里的记忆力，把一百个传说的线索（*isnād*）和传说的正文（*matn*）弄得乱七八糟，但是，他全凭记忆力，把这一百个传

---

① 阿拉伯语的 *balādhur* 发源于波斯语的 *balādur*。著名的历史学家 al-Balādhuri 据说是因喝了槚如树子仁（Cashew nut）的浸剂而死的，故有此绰号。

② Abu-al-Fidā', vol. iii, p. 179.

③ Abu-al-Fidā', vol. ii, pp. 108—109.

④ P. 229, l. 10, p. 283, l. 8, p. 236, ll. 1—2, p. 258, l. 20.

⑤ Ibn-Khallikān, vol. i, p. 28.

说精密地整理出来[①]。诗人们在记忆力上可以同传说者媲美。大诗人穆台奈比从一个书商那儿借到一本书，读一遍就完全记住了，他认为没有买那本书的必要了，所以退还了书商。还有许许多多同一性质的逸事，用来说明艾卜·台马木和麦阿里两位诗人惊人的记忆力。

成人教育

有系统的成人教育，是不存在的，但是，穆斯林城市所有的清真寺，差不多都用做重要的教育中心。一个游客，来到一个新城市的时候，只要走进当地举行聚礼的清真寺，就一定能够听到圣训学的课程。麦格迪西告诉我们，在他访问辽远的苏斯城的时候，情况就是这样[②]。这位十世纪时的爱好旅行的地理学家，曾在他的故乡巴勒斯坦，在叙利亚、埃及和法里斯等地的清真寺里，发现许多小组（*ḥalqah*）和集会（*majlis*），坐在宗教学者、《古兰经》读
413 者和文学家们的周围[③]。伊马木沙斐仪，曾在埃及弗斯塔德的阿慕尔清真寺主持这样的小组学习，他每天早晨讲授各种学科，直到 820 年去世为止[④]。伊本·郝盖勒，曾提到锡吉斯坦有同样的集会[⑤]。在这种集会上，不仅讲授宗教学科，而且讲授语言学和诗学[⑥]。每个穆斯林，都可以自由地到清真寺里去听讲；这种教育制度，跟伊斯兰教的学校一起，保存到十一世纪。

各地清真寺的这些小组，使我们想起另一种形式的同人俱乐部，主要是文学性质的俱乐部，那是在贵族和文化人家里举行的文学集会（*majālis al-adab*）[⑦]，即文学沙龙。这种集会在阿拔斯王朝很早就开始出现了。在早期的几位哈里发的面前，诗歌竞赛会、宗教辩论会、文学讨论会常常举行。现存的少数著作，都应该归功于此类辩论会[⑧]。

图书馆

清真寺也被用做图书收藏所。多亏大家的捐赠和遗赠，清真寺图书馆的藏书，特别是宗教文献方面的藏书，很快地丰富起来了。史学家、巴格达人赫兑卜（1002—1071 年）曾把自己的藏书遗赠给穆斯林们，作为永远管业（waqf，外格夫），不过这些书收藏在他的一位好朋友家里[⑨]，像他这样遗赠图书的还有很多。由高官显宦或富商巨贾捐资兴建的其他许多半公开式的图书

---

① Ibn-Khallikān, vol. ii, pp. 230—231.

② Maqdisi, p. 415.

③ Maqdisi, pp. 182, 179, l. 20, pp. 205, 439, l. 11.

④ Yāqūt, *Udabā'*, vol. vi, p. 383; Suyūṭi, *Ḥusn*, vol. i, p. 136.

⑤ P. 317.

⑥ Yāqūt, vol. iv, p. 135, ll. 14—16, vol. vi, p. 432, ll. 14—16.

⑦ *Aghāni*, vol. xviii, p. 101.

⑧ 参阅本书第 354 页。

⑨ Yāqūt, vol. i, p. 252, vol. iv, p. 287.

馆，收藏着关于逻辑、哲学、天文学和其他科学的书籍[①]。学者和有身份的人，即使要到私人的藏书室去看书，也不难找到门路。在十世纪中叶以前，摩苏尔有一所图书馆，是一位公民捐资兴建的，到那里去抄写资料的研究者，由图书馆免费供给纸张[②]。布韦希王朝的阿杜德·道莱（977—982 年在位）曾在设拉子创建一所图书馆（*khizānat al-kutub*），图书按类收藏在书架上，有分类的图书目录，由正规的职员负责管理[③]。在同一个世纪，巴士拉有一所图书馆，凡在该馆从事研究工作的学者，都由该馆的主人发给生活费[④]。在同一时代，赖伊有一所藏书楼，收藏的手稿，四百只骆驼也驮不了，图书目录共十大册[⑤]。图书馆还被用做科学研究和科学辩论的场所。雅古特为了编辑他的《地名辞典》，曾花了三年的工夫，从木鹿和花拉子模的各图书馆搜集资料； 414
1220 年，他从那里逃命，因为成吉思汗已统率着他的劫掠大军，迫近那些文化城市了；后来，成吉思汗把那些图书馆统统焚毁了。

书店

作为商业和文化机构的书店，在阿拔斯王朝初期也出现了。叶耳孤比[⑥]断言，在他那个时代（891 年）首都已经有一百家书店，聚集在一条大街上。这些书店，就像现在开罗和大马士革的那些书店一样，有很多是设在清真寺旁边的棚店，但无疑有些书店规模之大，足以变成为鉴定家和藏书家的中心。书商本人往往是书法家、抄写家和文学家，他们不仅把自己的书店当做藏书室和工作室，而且当做文学讨论的中心。他们在社会上所占据的并不是一个不显眼的地位。雅古特是以书店的职员的身份开始其著作事业的。奈迪木（995 年卒）又被叫做瓦拉格（抄写员），他本人显然是一个图书馆员或书商，他所著的《书目》（*al-Fihrist*）是一部惊人的渊博的著作，他是值得我们感谢的。他在这部著作里[⑦]告诉我们，伊拉克有一位藏书家，他的巨大的书库所藏的手写本，有羊皮纸的，有埃及的莎草纸的，有中国纸的，有皮卷轴的，每部抄本上都有书法家本人的署名，而且有五六代的学者所作的鉴定语。

纸

直到回历三世纪初，书写的材料，是羊皮纸或者莎草纸。有些写在羊皮纸上的公文，在艾敏和麦蒙争夺哈里发职位的内战中，被人劫掠了去，后来

---

① Yāqūt, vol. v, p. 467.

② Yāqūt, vol. ii, p. 420.

③ Maqdisi, p. 449. 参阅 Yāqūt, vol. v, p. 446。

④ Maqdisi, p. 413.

⑤ Yāqūt, vol. ii, p. 315.

⑥ P. 245.

⑦ P. 40.

被洗刷干净之后，又被卖到市场上来[①]。三世纪初，有些中国纸输入伊拉克，但是，造纸工业不久就变成本国的工业了。我们在前面已经指出，某些中国战俘，在751年把用亚麻或者大麻屑造纸的方法传入撒马尔罕[②]。在古代阿拉伯语中，纸的名称“卡埃德”（*kāghad*），或许是由波斯人间接传入的中国名词。造纸术不久就从撒马尔罕传入伊拉克。794年，伯尔麦克人法德勒·伊本·叶哈雅任呼罗珊的地方长官；由于他的建议，第一所造纸厂成立于巴格
415 达[③]。他的弟弟哲耳法尔任哈伦的大臣时，下令政府各机关一律用纸张代替羊皮纸[④]。其他穆斯林城市纷纷建立撒马尔罕式的造纸厂。在帖哈麦创办了一所土纸厂，用植物纤维造纸[⑤]。在麦格迪西时代[⑥]，撒马尔罕出产的纸张，仍然被评为最精美的。但是，在下一个世纪，十一世纪时，的黎波里等叙利亚城市生产的纸张，质量就更高了[⑦]。九世纪末，造纸术从西亚传入尼罗河三角洲，那里有几个城市，自古以来就出产莎草纸，叫做“盖拉颓斯”（qarāṭis）[⑧]，向说希腊语的地区输出。十世纪末，在整个穆斯林世界，纸张已成功地取代了莎草纸和羊皮纸。

一般的文化水平

阿拔斯王朝的初期，已经有一批受过高等教育的优秀分子，这是完全可以承认的；至于人民群众的文化水平究竟有多高，那就很难断定了。巴格达有一位学者，饿着肚子，女儿又病了，没有医药费，他自己的藏书，要卖又舍不得，很是踌躇不决。这个故事，见雅古特的记载[⑨]。《一千零一夜》里有一个故事（438—461夜），讲述一个受过教育的女奴台瓦杜德姑娘怎样答复许多科学大家提出的问题，这个故事可以作为一个指标，用来衡量哈伦时代到十二世纪时，知识分子的文化程度。依照台瓦杜德的说法，才智分两类：一类是先天的，一类是后天的。才智藏于心脏，真主把才智寄存在心里，从那里再上升到脑子里去。每个人有三百六十条血管，二百四十根骨头和五种感官。人是由水、土、火、气四大元素配合而成的。胃在心脏的前面，肺是

---

① *Fihrist*, p. 21.

② W. Barthold, *Turkestan down to the Mongol Invansion*, 2nd ed.（Oxford, 1928）, pp. 236—237. 参阅 *Fihrist*, p. 21。

③ Ibn-Khaldūn, *Muqaddamah*, p. 352.

④ Maqrīzi, *Khiṭaṭ*, ed. Wiet, vol. ii, p. 34. 参阅 Qalqashandi, vol. ii, pp. 475—476。

⑤ 参阅 *Fihrist*, p. 40, l. 23。

⑥ P. 326.

⑦ Nāṣir-i-Khusraw, *Sefer Nāmeh*, ed. and tr. Charles Schefer（Paris, 1881）, text p. 12, tr. p. 41.

⑧ 单数 *qirtās* 是从希腊语的 *chartēs* 得来的。参阅 Ya'qūbi, p. 338, ll. 8, 13, Qalqashandi, vol. ii, p. 474。参阅本书第347页。

⑨ Yāqūt, vol. i, pp. 38—39.

通往心脏的风箱。怜悯藏于肝脏，笑藏于脾脏，诡诈藏于肾脏。头有五种机能：感觉、想象、意志、幻想、记忆。胃脏是百病之根，饮食是百药之源。行星有七个：太阳、月亮、水星、金星、火星、木星、土星①。

回历 855 年（公元 1451—1452 年）铸造的带有穆台瓦基勒肖像的银币，他留着八字胡须，戴着萨珊王朝式的矮帽子（原物藏于维也纳艺术史博物馆）

采自 T. W. Arnold and A. Grohmann，“*The Islamic Book*”

① 这些行星，正是托勒密体系的行星。后面的五座行星是亚述人和巴比伦人所认识的；Jastrow，*Civilization of Babylonia*，p. 261。

416 # 第二十九章　美术的发展

闪族的阿拉伯人，在美术方面，也像在诗歌方面一样，证明自己对于特殊的东西和主观的东西，有锐敏的识别力，对于细节，有细致的感觉，但是，缺乏一种特殊的才能，不能把各个部分加以协调和统一，使其成为一个伟大的、联合的整体。然而特别是在建筑和绘画方面，他们并没有像十世纪以后在科学方面那样很早就获得了某种程度的进步，而后来便停止不前了。

建筑学

一度点缀过曼苏尔和赖世德的首都的建筑学古迹，现在已荡然无存了，但是伊斯兰教最堂皇的两大建筑物，还保存到如今，就是大马士革的伍麦叶清真寺和耶路撒冷的磐石上的圆顶寺，这两座古迹是在伍麦叶王朝初期建成的。巴格达的创建者，建筑了哈里发宫殿金门宫（*bāb al-dhahab*），也叫绿圆
417 顶宫（*al-qubbah*，*āl-khaḍrā'*），还建成了永恒宫（*qaṣr al-khuld*），并且特地为太子麦海迪建筑了鲁萨法宫[①]；伯尔麦克人也在舍马西叶[②]建筑了一些公馆；在迁都萨马腊以后，又重新建都于巴格达的穆耳台迪德（892—902 年在位）花了四十万第纳尔[③]建成了昂宿宫（*al-thurayyā*），同时还在隔壁建筑了皇冕宫（*al-tāj*）[④]，由他儿子穆克台菲（902—908 年在位）最后加以完成；穆格台迪尔（908—932 年在位）建筑了独一无二的宫殿异树宫（*dār al-shajarah*），因水池里有一棵金银树而得名；布韦希族人花了一百万第纳尔，建筑了穆仪齐叶(al-Mu'izzīyah)公馆——因穆仪兹·道莱（932—967 年）而得名[⑤]。这些宫殿和公馆，以及同类的其他建筑物，没有一点遗迹残存下来，可以让我们窥见那些建筑物的壮丽辉煌。艾敏和麦蒙争夺哈里发职位的内战，使这些宫殿遭到了蹂躏。1258 年，旭烈兀对巴格达的破坏和许多自然的原因，使这些古文物荡然无存。到现在，绝大部分宫殿连遗址都找不到了。

---

① Al-Khaṭīb（al-Baghdādi），vol. i，pp. 82—83.

② 巴格达东部的一个地区。

③ Mas'ūdi，vol. viii，p. 116. 这所宫殿在两百年后被破坏了。

④ Khaṭib，vol. i，pp. 99 以下。

⑤ Ibn-al-Athīr，vol. ix，p. 256.

在首都的外面，阿拔斯王朝的废墟，其年代可考的，没有超过穆耳台绥木（833—842 年在位）和他儿子穆台瓦基勒（847—861 年在位）两人在位的时代的。穆耳台绥木建立了萨马腊，他儿子则建立了萨马腊清真大寺[①]。这所清真大寺，花了七十万第纳尔才建成[②]，是长方形的，窗子上有繁叶饰的弓架结构，这说明这座建筑物受到了印度的影响。无论在这座清真寺里，还是在萨马腊附近的艾卜·杜来福清真寺（也是九世纪中叶的建筑物）里，在正面（*qiblah*）的墙上都找不到凹壁（*miḥrāb*）的任何痕迹。凹壁似乎是叙利亚人的一件发明，很可能是受基督教教堂东面的半圆室的影响[③]。在萨马腊清真大寺的墙壁对面，耸立着一座高塔，类似古代的巴比伦的庙塔（*ziggurat*）[④]。伊本·突伦建筑清真大寺（876—879 年）的尖塔时，曾模仿了这座塔的式样。在那座清真寺里，尖锐的弓形结构，第三次出现于埃及。第一次是出现于重修的阿慕尔清真大寺（827年），第二次是出现于尼罗水位计（861年）。赖

阿舒尔城内阿努·阿达德神庙里的梯形庙塔（复原）
采自 Andrae，“*Der Anu-Adad-Tempel*”（Hinrichs，Leipzig）

① Ya'qūbi，p. 260；Maqdisi，p. 122.

② Yāqūt，*Buldān*，vol. iii，p. 17.

③ Ernest T. Richmond，*Moslem Architecture*，623—1516（London，1926），p. 54；参阅 Ernst Herzfeld，*Erster vorläufiger Bericht über die Ausgrabungen von Samarra*（Berlin，1912），p. 10。参阅本书第 261 页。

④ 参阅本书第 262 页。这座古塔保存到现在，外面的螺旋梯也还存在，通常叫做 *Malwiyah*（弯曲的东西）。

九世纪建筑的萨马腊清真大寺里的螺形尖塔

采自Ernster Herzfeld，“*Erster Vorläufiger Bericht über die Ausgrabungen von Samarra*”（*Dietrich Reimer Verlag，Berlin*）

盖的古物（八世纪晚期的建筑）和萨马腊的古物等阿拔斯王朝的遗迹，都继 419
续了亚洲的建筑学传统，特别是波斯的建筑学传统；相反，伍麦叶王朝的建筑物，都带有拜占廷－叙利亚艺术明显的痕迹。在萨珊王朝时代（公元226—641年），波斯出现了一种独特的建筑式样，其特点是卵形的或者椭圆的圆顶、半圆形的弓架结构、螺蛳形的塔、锯齿状的雉堞、用瓷砖砌的墙和用金属板盖的屋顶。这种式样，已成为阿拔斯王朝艺术结构中一个最有力的因素。

《古兰经》明文禁酒，穆斯林社会还是有人饮酒，宗教学者反对各种描绘 绘画
艺术[①]，就更不能制止描绘艺术沿着伊斯兰教的方向发展了。我们已经指出，曼苏尔在他的宫殿的圆顶上安置一个骑士的雕像，可能是用做风信鸡；艾敏在底格里斯河上的游艇，是造成狮子、老鹰和海豚的形状的；穆格台迪尔有
一棵金银树，有十八个枝条，种在宫里的一个大水池中。水池的每个边上站 420
着十五个骑士的雕像，他们身穿绣花战袍，手持长矛，不断地运动着，仿佛是在进行战斗。

哈利利第十九个麦嘎麦的插画

一个病人，卧床不起，他的儿子侍立在枕后，几位老朋友在探望他。见回历734年（公元1334年）写本，藏于维也纳国立图书馆

① 参阅本书第269—271页。

在836年建设萨马腊的哈里发穆耳台绥木，曾下令依照阿木赖小宫的风格，用壁画装潢他的宫墙。壁画的内容，是裸体美人和狩猎图，可能都是基督教艺术家的作品。在他的第二位继任者穆台瓦基勒时代，这座临时首都达到了繁荣的顶点[1]。这位哈里发聘请一批拜占廷画家，在宫墙上画壁画。他们毫无顾忌地在某堵墙上画了一幅基督教教堂图，上面还有许多僧侣[2]。

就伊斯兰教来说，绘画为宗教服务，是在较晚的时期，绘画从来没有成为伊斯兰教的侍女，像她成为佛教和基督教的侍女那样。先知的画像，是一位阿拉伯旅行家在中国的皇宫里看到的，这是关于先知有画像的最早的记载[3]，但是，那可能是景教徒所画的。卜拉格（Burāq，飞马）的许多形象，似乎是通过波斯的途径，以希腊的半人半马的怪物或古代巴比伦的人头兽身的有翼的牲畜为蓝本的。然而穆斯林的宗教绘画，直到十四世纪初，才正式出现。这种绘画，显然发源于东方基督教教会的艺术，特别是一性教和景教的艺术，正如阿诺德所考证的那样[4]，而且是从书籍的插画发展起来的。在纤细的插画中，摩尼教的影响，有时是显而易见的[5]。论述伊斯兰画家历史的阿拉伯语著作，本来是很少的，不幸连一本也没有流传下来——人们对这个题目真是不感兴趣。

有插图的最古老的阿拉伯语写本，保存到现在的是苏非的天文学书，写成的年代是1005年（现藏于列宁格勒，即现代俄罗斯的圣彼得堡）。纯文学的著作，只有公元十二三世纪的《凯利莱和迪木奈》、哈利利的《麦嘎麻特》
422 和《乐府诗集》[6] 等代表作，更古的就没有了。由这些纤细的插图看来，那些画家不是受到基督教绘画传统的影响，就是地道的基督教画家。这般不顾教义学家的教训的穆斯林，不得不先聘请一性教的或景教的画家替他们绘画，然后才能花时间去培养伊斯兰教独立的艺术家。波斯有自己古老的印度-伊朗的才能和传统，所以变成早期培养此类独立画家的特别肥沃的土壤。有一种流行的想法认为，波斯之所以能培养出独立的画家，是由于那里有非国教的十叶派倾向。这种看法是不正确的，因为在1502年萨法威王朝建立以后，十叶派才盛行于波斯，成为国教。

---

① 这个首都的建筑物，在叶耳孤比（pp. 266—267）和雅古特（vol. iii，pp. 17—18）的著作中都有论述，雅古特估计建设费是二亿九千四百万第尔汗。

② Ernst Herzfeld，*Die Malereien von Samarra*（Berlin，1927），pls. lxi，lxiii.

③ Mas'ūdi，vol . i，pp. 315—318.

④ Arnold，*Painting in Islam*（Oxford，1928），eh. iii.

⑤ 参阅 Thomas W. Arnold and Adolf Grohmann，*The Islamic Book*（London，1929），p. 2。

⑥ 关于1217—1218年间一幅先知的小像，可以参阅 *Bulletin de l'Institut d'Égypte*，vol. xxviii（Cairo，1946），pp. 1—5。

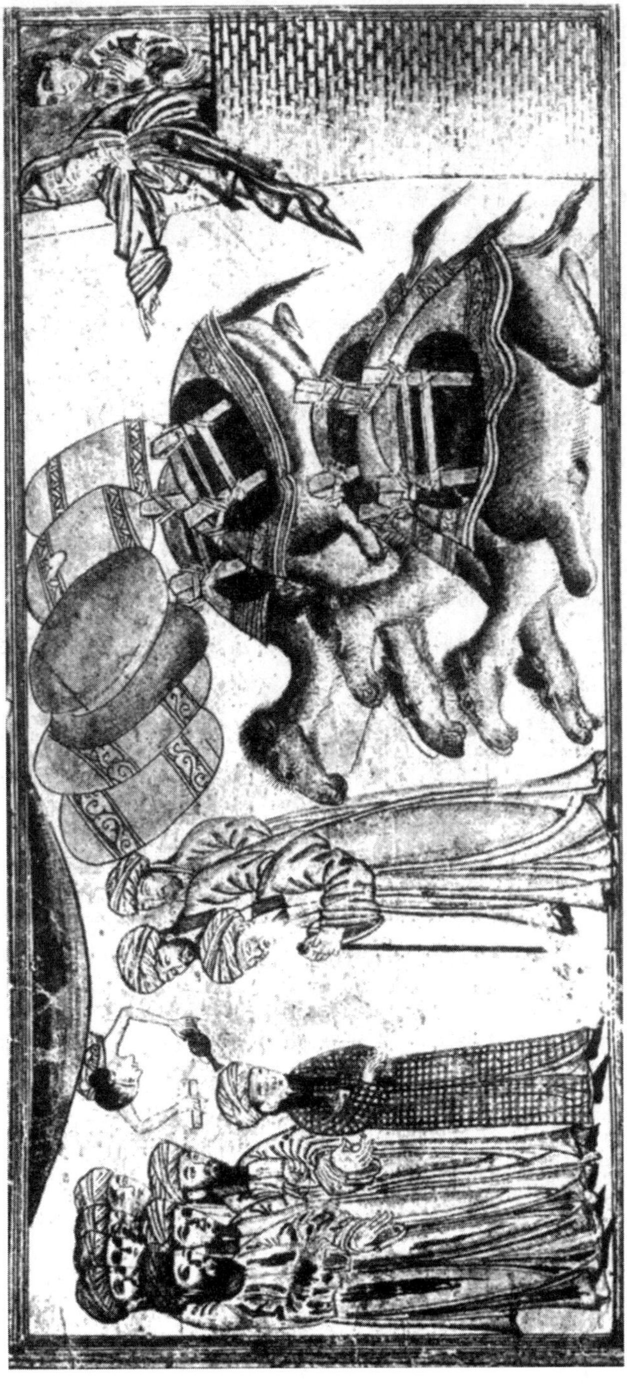

僧侣见希拉承认先知穆罕默德的使命

原画见赖世德丁《集史》，回历710年（公元1310—1311年）写本，爱丁堡大学图书馆，阿拉伯文第20号

（左边前排第四人是十二岁时候的穆罕默德。——译者）

工业艺术

自远古以来，波斯人就表明了自己精于装饰图案和色彩。由于他们的努力，伊斯兰教的工业艺术，才达到了高度优美的地步。跟法老的埃及同样古老的地毯工业，特别发达。狩猎图和园林图，是受欢迎的地毯图案，染色的
423 时候在颜料里加明矾，就能使许多颜色很耐久。埃及和叙利亚的穆斯林手织机所织的有装饰的丝织品，在欧洲获得了极高的评价，以致十字军和其他的西方人，选用这种纺织品，作为圣骨的殓衣。

陶业也是跟埃及和苏萨同样古老的一种艺术，在陶器上描绘人物、翎毛、花卉，以及几何图案、金石文字，其所达到的优美程度，远非穆斯林其他任何艺术所能比及①。尽管教律学家反对雕塑艺术和描绘艺术的偏见在回历二、三世纪已经具体化了，陶器业和金属业仍生产了许多优异的产品，不亚于中世纪的任何产品。印着常见花卉的瓷砖，是从波斯传入大马士革的；大马士革出产的瓷砖和镶嵌细工，都是很受欢迎的，被用来做建筑物内部和外部的装饰。阿拉伯文字，比其他文字都更适于做装饰图案，因而变成了伊斯兰艺术的重要花样。阿拉伯字体甚至变成了宗教的象征。特别是在安提俄克、阿勒颇、大马士革和像提尔那样的古代腓尼基城市里面，加釉玻璃工业和玻璃装金工业，已达到完美的境地。陈列在巴黎卢浮宫博物馆、伦敦大英博物馆和开罗阿拉伯博物馆里的珍贵美术品里面，都有在巴格达的萨马腊和开罗的弗斯塔德出土的精妙的作品，包括盘子、杯子、花瓶、水罐、家庭用的灯和清真寺用的灯，上面都有辉煌灿烂的光泽，或者涂上半透明的金属色料，能反映各种颜色。

书法

书法的艺术所以有威望，是由于书法的目的是使天经永垂不朽，而且得到《古兰经》（68:1，96:4）的赞成，这种艺术在回历二世纪或三世纪时兴盛起来，不久就变成了享有极高评价的艺术②。书法完全是伊斯兰教的艺术，书法对于绘画的影响，是值得注意的。穆斯林不能描绘翎毛花卉，以发挥其审美的天性，于是凭书法艺术来表达这种天性。书法家受人尊重的地位，远远超出画家之上。甚至统治者也借抄写《古兰经》来积累阴功。阿拉伯语的历史著作和文学作品，替我们保存了几位书法家的姓名，并加以褒奖，但是，
424 他们对于建筑家、画家和金属器皿制作家，却一字不提。阿拉伯书法的奠基者，是赖哈尼③（又叫列哈尼，834 年卒）。他在麦蒙时代享有盛名，完成了赖哈尼体的书法。其次是伊本·木格莱（886—940 年），曾任阿拔斯王朝的

---

① Gaston Migeon, *Les arts musulmans* (Paris, 1926), pp. 36—37.

② 参阅 Qalqashandi, vol. iii, pp. 5 以下, vol. ii, pp. 430 以下。

③ *Fihrist*, p. 119; Yāqūt, *Udabā'*, vol. v, pp. 268 以下。

大臣；哈里发拉迪把他的右手割掉，他还用左手写出优美的书法，甚至把笔绑在右手的残肢上也能写字①。再其次是伊本·伯瓦卜②（1022 或 1032 年卒），他父亲是巴格达典礼局长的儿子，是木哈盖格（muḥaqqaq）体书法的发明者。阿拔斯王朝最末期出名的最后的书法家，是雅古特·穆斯台耳绥米，他是最后一位哈里发的宫廷书法家，他的书法自成一家，叫做雅古特体。根据现存的雅古特和其他著名书法家的书法样本来判断，他们艺术上的功绩并不算高③。书法大概是今人胜过古人的唯一的阿拉伯艺术，现在，可以在伊斯坦布尔、开罗、贝鲁特和大马士革找到许多基督教的和伊斯兰教的书法家，他们的作品，在优美和秀丽方面，超乎古人的任何杰作。

不仅书法的进步和繁荣是由于天经的关系，与书法有关的彩饰、插图和装订等艺术的发生和发展也是由于天经的关系。彩饰书籍和装饰《古兰经》的艺术，是在阿拔斯王朝晚期开始的，到了塞尔柱克王朝和奴隶王朝时代，已经发展到最高峰了。景教和一性教绘画艺术，在这里也显然是发生主要影响的因素。穆斯林装金工人（*mudhahhib*），是后起之秀，其地位的重要，仅次于书法家。这种艺术的范围后来扩大了，除《古兰经》外，还包括世俗的写本。

教律学家从前在大马士革反对音乐，没有什么效果，他们在巴格达又反 音乐
对音乐，也没有什么效果。阿拔斯王朝的麦海迪，开始了伍麦叶王朝最后一位哈里发所没有完成的事业。他把麦加的谢雅图④（739—785 年）和他的徒弟摩苏尔人易卜拉欣聘请来，而且加以庇护。“谢雅图的歌唱，比一个热水澡更能使发冷的人感到温暖”⑤，他的徒弟，摩苏尔人易卜拉欣（742—804 年），在他的师傅之后，变成了古典音乐的创设者。易卜拉欣出身于波斯贵族家
庭⑥，幼年时在摩苏尔城外被人绑架，在拘留期间，学会了几支绿林曲子。他 425
是首先用指挥棒打节拍的⑦；当三十个姑娘同时演奏琵琶的时候，有一个姑娘的第二根弦子拉得不够紧，奏出不谐和的音调，都曾被他检查出来了⑧。后来，赖世德把他当做一个清客，让他在宫廷里服务，赏赐他十五万第尔汗，

① Ibn-Khallikān, vol. ii, p. 472; *Fakhri*, pp. 368, 370—371; Yāqūt, vol. iii, p. 150, ll. 8—10.

② Ibn-Khallikān, vol. ii, pp. 31 以下; Nuwayri, vol. vii, pp. 3—4.

③ 参阅 B. Moritz, *Arabic Palæography* (Cairo, 1905), p. l. 89。

④ 他的全名是阿卜杜拉·伊本·瓦海卜，是胡扎儿部族的释奴；*Aghāni*, vol. vi, p. 7。

⑤ *Aghāni*, vol. vi, p. 8, ll. 4—5, Nuwayri, vol. iv, p. 289 引证。

⑥ *Fihrisi*, p. 140; ibn-Kallikān, vol. i, p. 14; Nuwayri, vol. iv, p. 320.

⑦ ‘*Iqd*, vol. iii, p. 240, l. 4. 参阅本书第 275 页。

⑧ *Aghāni*, vol. v, p. 41.

而且规定他的月薪是一万第尔汗。这位艺人还随时接受主人的礼物，据说某次他演奏一支曲子，曾获得十万第尔汗的奖金。易卜拉欣有一个竞争者，但是手艺不如他，叫做伊本·查米耳。伊本·查米耳是古莱氏族人，谢雅图是其继父。《希世璎珞》的著者认为，“易卜拉欣多才多艺，是最伟大的音乐家；伊本·查米耳却有着最美妙的音调。”[1] 赖世德曾问一位受宠的宫廷乐师对伊本·查米耳的意见，他回答说：“无论你怎样尝蜂蜜，它总是甜的，我怎能描写蜂蜜呢?”[2]

优雅而且灿烂的赖世德宫廷，不仅庇护科学和艺术，而且庇护音乐和歌唱，以致变成了音乐明星汇集的天河[3]。领取月薪的许多乐师，给宫廷奴隶中的男女歌手伴奏，他们的演奏成为无数奇妙逸事的主题，在《乐府诗集》[4]、《希世璎珞》、《文苑观止》（*Niha'yah*）、《书目》，特别是《天方夜谭》中，这些逸事都永垂不朽。在哈里发赖世德的庇护下，曾有两千个歌手参加一次定期的音乐节。他的儿子艾敏，曾举行过一次类似的音乐晚会，宫廷里的全体人员，不分性别，都参加了晚会，他们在一起跳舞，通宵达旦[5]。当麦蒙的部队围困巴格达的时候，艾敏悲惨地坐在底格里斯河河畔的宫殿里，静听他所恩宠的歌女为他演唱[6]。

赖世德的另一个被保护人，是穆哈里格（约在845年卒），他是易卜拉欣的徒弟。他的父亲开一个肉铺。年幼时，他替父亲叫卖，吆喝的声音清扬而且洪亮。一个女歌手爱慕他的声音，就用重价把他买去，教他唱歌。后来他被卖给赖世德，后者释放了他，还奖赏他十万第纳尔[7]，而且很尊重他，让他
426 坐在自己的身旁。有一天晚上，他到底格里斯河岸去散步，一时高兴，引吭高歌。巴格达的大街小巷里，立刻出现了无数的火炬，来来往往，把整个巴格达照耀得如同白昼，原来是人民群众闻声而出，四处寻找，渴望听到这位杰出的歌手的演唱[8]。

摩苏尔人易卜拉欣的儿子易司哈格（767—850年）是当代音乐家的首

---

① ‘*Iqd*, vol. iii, p. 239.

② 在上述引文中。参阅 *Aghānī*, vol. vi, p. 12。

③ ‘*Iqd*, vol. iii, pp. 239 以下。

④ 著者伊斯法哈尼（897—967年）是阿拉伯最伟大的音乐史家，他的著作是关于阿拉伯社会生活各方面的记载，也是一部音乐史，从伊斯兰教以前叙述到著者那个时代。

⑤ 参阅本书第303页。

⑥ Mas‘ūdi, vol. vi, pp. 426—430.

⑦ *Aghānī*, vol. xxi, p. 226, vol. viii, p. 20.

⑧ *Aghānī*, vol. xxi, pp. 237—238. 参阅 Nuwayri, *Nihāyah*, vol. iv, p. 307。

领，麦蒙和穆台瓦基勒都以他为清客[①]。在他父亲之后，他成为古典阿拉伯音乐的精神的化身。作为一个多才多艺的音乐家，他是“伊斯兰教所产生的最伟大的音乐家”[②]。他像他父亲和齐尔雅卜一样，断言自己的曲调是精灵所提示的。

太平时代的这些音乐名手，以哈里发的朋友的身份获得了不朽的名声。但是，他们不仅是音乐家，他们有天赋的、敏锐的才智，有坚强的记忆力，他们的脑海里储藏着大量微妙的诗句和可爱的逸事。他们又是歌手，又是作曲家，又是诗人，又是学者，精通当代的一切科学知识。仅次于他们的，是器乐家（*ḍārib*），在他们看来，琵琶是最可爱的；提琴（*rabāb*）是下级演奏者使用的。再其次是歌妓（*qaynah*），她们照例是在幕后演奏的。这种歌妓，已成为闺房中不可缺少的点缀，抚养她们和训练她们，已发展成一种重要的技艺。为购买易司哈格教育出来的一个歌妓，埃及省长的信差出价三万第纳尔，拜占廷皇帝的使节也出三万第纳尔，而呼罗珊省长的信差却出四万第纳尔的高价。易司哈格为了解决这个难题，索性把那个歌妓解放了，而且娶她为妻子[③]。

巴格达的哈里发皇室出了几个著名的琵琶弹奏者、歌手和作曲家，那是大马士革的哈里发皇室所不能及的，在阿拔斯王朝的皇亲国戚中，麦海迪的儿子易卜拉欣，是最伟大的乐师兼歌手[④]，他是哈伦的弟弟，817 年曾与自己的侄子麦蒙争夺哈里发的职位。瓦西格（842—847 年在位）会弹琵琶，而且创作过一百个曲调[⑤]，是哈里发当中的第一位音乐家。在他之后，孟台绥尔（861—862 年在位）和穆耳台兹（866—869 年在位），都表现出一些诗歌和音乐的才能[⑥]。但是哈里发当中唯一的真正的音乐家，要数穆耳台米德（870—892 年在位）。地理学家伊本·胡尔达兹比，当着他的面曾作了一次关于音乐 427
和舞蹈的讲演，我们从这篇讲演中获得了许多当时音乐和舞蹈的宝贵知识[⑦]。

音乐理论家

在阿拔斯王朝的黄金时代，曾翻译过许多希腊语的著作，其中只有少数是论述音乐理论的。亚里士多德关于音乐的两种著作，已译成阿拉伯语，一本叫做《问题书》（*Kitāb al-Masā'il*，即 *Problemata*），一本叫做《灵魂书》（*Kitāb*

---

① Ibn-Khallikān, vol. i, pp. 114 以下；*Fihrist*, pp. 140—141, *Aghāni*, vol. v, pp. 52 以下；Nuwayri, vol. v, pp. 1 以下。

② Farmer, *Arabian Music*, p. 125.

③ *Fakhri*, pp. 276—279.

④ Ibn-Khallikān, vol. i, pp. 12 以下；Ṭabari, vol. iii, pp. 1030 以下。

⑤ *Aghāni*, vol. viii, p. 163；Nuwayri, vol. iv, p. 198 引证。

⑥ Nuwayri, vol. iv, p. 199.

⑦ Mas'ūdi, vol. viii, pp. 88—103.

al-Nafs，即 De anima）[1]，都是著名的景教医生侯奈因·伊本·易司哈格（809—873 年）翻译的；他还译过格林的一本著作，叫做《声音书》（*Kitāb al-Ṣawt*，即 *De voce*）。有两本阿拉伯语的著作，据说是欧几里得的：一本叫做《曲调书》（*Kitāb al-Nagham*），这是一本伪书：另一本叫做《规范书》（*Kitāb al-Qānūn*）[2]。公元前四世纪的阿利斯托克塞那，主要是因他的著作《节奏书》（*Kitāb al-īqā'*）而成名的[3]，亚里士多德的儿子尼科麻秋斯，是因他的著作《音乐大全》（*Kitāb al-Mūsīqi al-Kabīr*）而出名的[4]。十世纪时的精诚同志社的某些社员，显然是音乐理论家，他们把音乐当做数学的一个分科，而尊毕达哥拉斯为乐理的奠基人[5]。从这些和其他希腊著作家的书里，阿拉伯的著作家获得了关于音乐的初步科学概念，知道了一些声音理论中的物理学原理和生理学原理。因此，阿拉伯音乐，在理论方面，是发源于希腊的；在实践方面，纯粹是阿拉比亚式的。法默的研究，已证明了这一点[6]。大约就在这个时期，阿拉伯人借用了希腊名词 *mūsīqi*，后来变成 *mūsīqa*（音乐），作为乐理上的术语，而让较古的阿拉伯名词 *ghinā'* 留作实践艺术中歌唱和演奏的名称。六弦琴和风琴的名称 *qitār*（guitar）和 *urghun*（organ）以及其他的希腊术语，也在这个时期出现于阿拉伯语中。风琴显然是从拜占廷传入的。两位制造风琴的工人，享盛名于十二世纪，一位叫艾卜勒·麦只德·伊本·艾比勒·哈克木（1180 年卒），一位叫艾卜·宰克里雅·白雅西，曾为萨拉哈丁服务[7]。

428 在希腊学派之后，音乐理论的著作家由哲学家肯迪领导，他在九世纪后半期享有盛名，前面已经讲过，他的著作带有最早期的希腊影响。有六本书，据说是肯迪的著作，在其中一本书里，我们发现阿拉伯人中初次明确地使用记谱法。不仅仅肯迪一人而已，还有好几位主要的穆斯林哲学家和医学家都是兼乐理家的，如拉齐（865—925 年），至少写过一本关于乐理的著作，曾被伊本·艾比·伍赛比耳加以援引[8]。法拉比（950 年卒）本人，是一位娴熟的琵琶演奏者，又是中世纪时期最伟大的乐理著作家，除了注释欧几里得的

① 这本书大概是侯奈因·伊本·易司哈格（910 年卒）所译的。

② *Fihrist*, p. 266；Qifṭi, p. 65.

③ *Fihrist*, p. 270.

④ 同上书，p. 269。

⑤ *Rasā'il*, vol. i, p. 153.

⑥ Farmer, *Arabian Music*, pp. 200—201；"Music" in *The Legacy of Islām*, ed. Thomas Arnold and Alfred Guillaume（Oxford, 1931），pp. 356 以下。

⑦ Ibn-abi-Uṣaybi'ah, vol. ii, pp. 155, 163.

⑧ Vol. i, p. 320, l. 26.

各种已散佚的著作外，他还创作了三本新颖的著作。在这些著作中，《音乐大全》（*Kitāb al-Mūsīqi al-Kabir*）[①]，是东方最有权威的著作。在西方，他的《科学纲领》（*Iḥṣā' al-'Ulūm*[②]，即 *De scientiis*）是论述音乐的最早的而且是最好的著作，译成拉丁语后，对于西方发生了有力的影响。除法拉比的著作外，伊本·西那（1037 年卒）曾把古代有关乐理的著作加以撮要，编入他所著的《治疗论》（*al-Shifā'*）。他的著作和伊本·鲁世德（1198 年卒）的著作，都被译成拉丁语，用做西欧各大学的教科书。安萨里（1111 年卒）曾为音乐和歌曲（*al-samā'*）辩护[③]，因此，音乐对于苏非派的仪式起过重要的作用。

这些技术性的著作的原本，不幸已大半散佚了。阿拉伯音乐，包括乐谱和两个组成的因素：*nagham*（调式）和 *īgā*（节奏），都是口耳相传的，也都失传了。现在，阿拉伯单调的歌曲，在曲调方面是贫乏的，在节奏方面却是强烈的，现代的人不能很好地解释仅存的几本论古典音乐的著作，或者充分了解那些著作里关于节奏的古代名称及其中的科学术语。此类术语，有许多是发源于波斯语和梵语的。

① 参阅本书第 372 页。

② Ed，'Uthmān Muḥammad Amīn（Cairo，1931）.

③ *Iḥyā'*，vol. ii，pp. 238 以下。

429 # 第三十章 穆斯林的各教派

我们已经相当详细地论述了阿拔斯王朝头二百五十年（750—1000年）的历史，因为这是一个形成时期，在这个时期中，穆斯林的文明，接受了一直保存到我们这个时代的那种显著的特征，无论在教义学、教律学、科学、哲学、文学、人文学方面，现在的伊斯兰教，实际上是九百年前的伊斯兰教。当时发展起来的伊斯兰教的各学派，在某种形式下，继续存在到今天。在那些学派中，各教派是最重要的。

理性论对正统派

穆尔太齐赖派，起初是一个固执的严格主义运动，他们断言，认为《古兰经》是上帝的非创造的言语而且是无始的这种学说，会损害上帝的统一性，但是，他们后来发展成为唯理论者，给人类理性的产物以超乎《古兰经》的绝对价值。由于受到穆尔太齐赖派大法官伊本·艾比·杜瓦德[1]的鼓动，麦蒙出于哲学兴趣，把这个新的教义提升到国教的地位，于827年公布了一个重大的敕令，宣布"《古兰经》是受造之物"的教条；与正统派的主张针锋相对，他们认为，《古兰经》在其实际形式方面及其阿拉伯语方面，是与天上的原本完全相同的翻版[2]。"《古兰经》是受造之物"这新教条，不久就变成了穆斯林的信仰的试金石。甚至法官也要经过这试金石的检验。这位哈里发于833年颁布了他的臭名远扬的敕令说，凡是反对《古兰经》受造之说者，已担任法官的，都受撤职处分，没有担任法官的不得加以委任。他同时成立了"米哈奈"（*miḥnah*，意思是考验），即一种宗教裁判所，其任务是审判反对这一教条的人[3]。由于一种奇缘，本来应该维护思想自由的运动，变成了压制思想的凶器。

穆斯林的宗教裁判

在伊斯兰教史上，迫害异端，这并不是破天荒第一遭。伍麦叶王朝的哈里发希沙木（724—743年在位）曾下令处死哲耳德·伊本·第尔汗，因为后

430

① 参阅 ibn-Khallikān，vol. i，pp. 38—45；Ṭabari，vol. iii，pp. 1139 以下。

② 参阅本书第123—124页。

③ 他们的命令的抄本，还保存在泰伯里《世界史》第3册，第1112—1116页。

者主张《古兰经》是受造的①，他还处死了大马士革人盖伊兰，因为后者主张意志自由②；阿拔斯王朝的麦海迪和哈迪，都曾将一些“精低格”（*zindīq*）处以磔刑③，把他们吊死在十字架上。但是，麦蒙的这种“米哈奈”是对异端的第一次有组织的裁判，而且是扑灭异端的最早的正式尝试。

“米哈奈”的第一个牺牲者，是伊马木艾哈迈德·伊本·罕百勒④，他为维护保守的正统派所进行的大胆而且顽强的斗争，构成了正统派历史上富于魅力的一页。对正统派的迫害，在麦蒙的两个继任者的时代，继续进行。但是，在穆台瓦基勒在位的第二年，848 年，他扭转了形势，反过来迫害穆尔太齐赖派，而恢复了古老的信条。

在这个时期，穆尔太齐赖学派的领袖当中，有奈萨木（约在 845 年卒），这位舍赫曾努力阻止伊斯兰教中波斯二神论的倾向，主张怀疑是知识所要求的首要的绝对条件⑤。他的体系，大体上是复兴安那萨哥拉斯的学说。奈萨木的徒弟中，有百科全书家巴士拉人查希兹（868 或 869 年卒）⑥。另一位较早的领袖，是穆阿麦尔·伊本·阿巴德（约在 835 年卒）⑦，他是一位盖德里叶派的学者，具有某些印度思想。

艾什耳里派体系的盛行

在教义学方面，推翻穆尔太齐赖派的理论，重建正统派的教义，使其变成了伊斯兰教世袭遗产，还要归功于巴格达人艾卜勒·哈桑·阿里·艾什耳里（935 或 936 年卒）⑧，他是仲裁人艾卜·穆萨的苗裔。用一位虔敬的穆斯林的话来说，“穆尔太齐赖派曾趾高气扬，但是真主差派了艾什耳里，他们的统治就告终了。”艾什耳里原来是穆尔太齐赖派的教义学家祝巴仪（915 或 916 年卒）⑨ 的学生，后来转换了方向⑩，他在辩论中使用以前老师们所采用 431
和发展的那些武器——逻辑和哲学论证——来和他以前的老师们战斗。他还有其他的许多成就，因此就变成了伊斯兰教教义学（*kalām*）的奠基人。在他之后，教义学家都力求把宗教信条和希腊思想调和起来。这成为穆斯林文化

① Ibn-al-Athīr, vol. v, pp. 196—197.

② 同上书，p. 197；Ṭabari, vol. ii, p. 1733。

③ 参阅本书第 359 页。

④ Ṭabari, vol. iii, pp. 1131 以下。

⑤ 关于他的异端，可以参阅 Shahrastāni, pp. 37—42；Baghdādi, ed. Hitti, pp. 102—109。

⑥ Ibn-Ḥazm, vol. iv, p. 148, al-Khayyāṭ, *Kitāb al-Intiṣār*, ed. H. S. Nyberg (Cairo, 1925), index.

⑦ 参阅 Shahrastāni, pp. 46—48；Baghdādi, pp. 109—110。

⑧ 参阅他所著的 *Maqālāt al-Islāmīyīn*, ed. H. Ritter (Constantinople, 1929), pp. 155—278；Shahrastāni, pp. 65—75。

⑨ 参阅 Shahrastāni, pp. 54 以下；Baghdādi, p. 121。

⑩ *Fihrist*, p. 181.

生活的最主要的特征，正像它是中世纪时代基督教徒的生活的特征一样。无方式（*bila kayf*）的信条，也是艾什耳里开始采用的；依照这个信条，每个人可能接受《古兰经》中神人同形同性说的措辞，而不要求什么解释。这条新的原理，被当做一个风门，用来节制自由思想和科学研究。塞尔柱克王朝的大臣建立尼采米亚大学的目的，就是要传播艾什耳里的教义学体系。

安萨里

继艾什耳里而起的是安萨里（al-Ghazzāli，拉丁语作 Algazel）①，无疑，他是伊斯兰教最伟大的教义学家，又是伊斯兰教最高贵和最有创见的思想家之一。他确定了艾什耳里派最后的形式，而且确立了这个教派的金言（dicta），使其成为伊斯兰教普遍的纲领。伊斯兰教的这位教长，从此变成为正统派的终极的权威。穆斯林们常说，假使穆罕默德之后还可以有一位先知，安萨里一定就是那位先知了。

安萨里的外号是艾卜·哈米德，他于 1058 年生于呼罗珊境内的突斯城，于 1111 年死在故乡。他在自由的宗教经历中探讨过伊斯兰教各教派的思想。这是他的自述：

> 我还不满二十岁的时候（现在我已经五十多岁了）就开始了研究工作……我不断地研究各种教义或信条。我碰着内学派（*Bāṭinīyah*），就想研究他的秘教的真谛；遇着外学派（*Zāhiriyah*），就想探讨他的直解主义的要旨；会见哲学家②，就想学习他的哲学精髓；遇见辩证派教义学家（*mutakallim*），就想探查他的辩证学和教义学的宗旨；遇着苏非家，就要刺探他的苏非主义的秘密；遇到苦行者，就要追索他的苦行的根源；遇到无神论的精低格，就要摸索他坚持无神论、伪装信神的原因。从青年
> 432 初期开始，我就有了探索真理的热情，这是我的天性，是无法抑制的，是不能自主的。③

安萨里以正统派成员的身份，开始其宗教生活，不久就转变成一个苏非派成员，在不满二十岁的时候，就与过去的一切断绝了关系。1091 年，他被

---

① 这个姓是发源于 *ghazzāl*（纺线工人），正确性较差的写法是 al-Chazāli，见 Muḥammad ibn-abi-Shanab in *Majallat al-Majma*‘，vol. vii（1927），p. 224—226。参阅 Duncan B. Macdonald in *Journal Royal Asiatic Society*（1902），pp. 18—22。

② 指新柏拉图学派。

③ *Al-Munqidh min al-Ḍalāl*，ed. A. Schmölders（Paris，1842），pp. 4—5；参阅 C. Field，*The Confessions of Al Ghazzali*（London，1909），pp. 12—13。这本著作中自传的部分，几乎与圣·奥古斯丁的经历一样。

聘为巴格达尼采米亚大学的讲师，在那里变成一个怀疑论者。过了四年之后，一次剧烈的思想斗争，使他精疲力竭，精神萎靡，他又回到了苏非主义。理智主义使他失望。他以一个托钵僧的身份，心安理得地漫游各地。在各处退隐了十二年之久，包括在叙利亚隐居的两年和一次朝参圣地，然后他返回巴格达，从事于说教和讲学。他在这里写成杰作《圣学复苏》（*Iḥyā', 'Ulūm al-Dīn*）[1]，这部著作的神秘性，赋予教律以生气；其正统性，对伊斯兰教的教义发生影响。在这部著作和其他著作中，如《学问的开端》（*Fātiḥat al-'Ulūm*）[2]、《哲学家的矛盾》（*Tahāfut al-Falāsifah*）[3]、《信仰的节制》（*al-Iqtiṣād fi al-I 'tiqād*）[4] 等，正统派的理论已登峰造极了。教律学曾窃据一个崇高的地位，这些著作把教律学抛开，而利用希腊的辩证法，建立了一个实用的哲学体系，而且使哲学受到正统派教义学家的欢迎。1150 年以前，这些著作的某些部分被译成拉丁语，对于犹太教和基督教的经院哲学曾发生了显著的影响。基督教最伟大的神学家之一托马斯·阿奎那和较晚的巴斯喀，都曾间接地受到安萨里的各种观念的影响，安萨里是一切穆斯林思想家中对于基督教各种学说的形成贡献最大的一位。艾什耳里和安萨里所形成的经院哲学的骨架，把伊斯兰教撑持到现在，但是基督教世界已成功地突破了自己的经院哲学，特别是在新教革命的日子里。从那个时候起，西方和东方就分道扬镳，前者继续进步，后者却停止在原来的地方。

苏非主义 433

苏非主义[5]是伊斯兰教中的神秘主义。苏非主义，与其说是一套教理，不如说是一种宗教领域中的思想和感觉的方式。穆斯林的神秘主义，是对伊斯兰教和《古兰经》的理性主义以及由此产生的形式主义的一种反动。从心理学上来说，苏非主义的根源，就在于对于上帝和宗教的真理，每个人都希望能够获得亲身的、直接的亲近和更亲切的经验。苏非主义跟伊斯兰教其他的各种运动一样，可以在天经和圣训中找到其根据。例如第 4 章第 94 节，第 9 章第 117 节，第 33 章第 47 节，分别谴责“贪图今世生活的浮利”，称赞“悔罪自新的人”，并且强调“信任真主。因为真主足为监护者”，像这样的词句，在《古兰经》中是并不缺乏的。穆罕默德自己跟真主的关系，就有一种神秘的色彩，换句话说，有一种在真主面前的直接的知觉，而苏非派就自命为先

---

① 1334 年开罗版，四册。还有其他的几种版本。

② 1322 年，开罗版。

③ Ed. M. Bouyges（Beirūt，1927）。

④ 1327 年，开罗第二版。

⑤ 这个名词发源于阿拉伯语的 *ṣūf*（羊毛），因为加入苏非派的人必须穿一件粗毛布衣以示苦行。Theodor Nöldeke in *Zeitschrift der deutschen rnorgenländischen Gesellschaft*，vol. 48（1894），pp. 45—48.

知所秘传的、保存在圣训集里的各种教训的真正解释人。

苏非主义起初是一种简单的禁欲生活，主要是冥想，正如基督教僧侣通常所实行的那样，在回历二世纪的时候，以及二世纪以后，它发展成为一种诸说混合的主义，从基督教、新柏拉图主义、诺斯替教、佛教等吸取了许多要素，并经历了神秘主义的、神智学的和泛神论的阶段。苏非派模仿基督教僧侣，采用粗毛布衣（*ṣūf*）为制服，还从基督教僧侣那里借来了独身生活的理想，这是正统派的伊斯兰教所不提倡的。孤独的冥想和长期的守夜等习惯，同样说明叙利亚修道院的影响。苏非派的团体（*ṭarīqah*①，意思是正道），在十三世纪时发展起来，其中有长老（*shaykh*）和门徒（*murid*），相当于基督教的牧师和初学者，这已近乎修道院的组织，尽管有真伪难辨的圣训说："伊斯兰教没有僧侣制（*rahbānīyah*）。"苏非派的宗教仪式，叫做迪克尔（*dhikr*）②，是伊斯兰教中唯一的复杂的仪式，而且是发源于基督教的连祷的③。苏非派关于来世的种种传说，和他们所说的假基督④，都说明这个宗教团体曾吸收了许多新会员，这些人原来信奉较古的一神教，新近改奉了伊斯兰教。

禁欲主义

九世纪中叶，苏非这个名词，初次出现于阿拉伯文献中，用来称呼某一
434 类禁欲主义者⑤。获得这个称号的第一个人，据较晚的传说，是著名的神秘主义者查比尔·伊本·哈彦（约在 776 年享有盛名），他宣称他有自己的一种禁欲主义。与他同时代的巴里黑人易卜拉欣·伊本·艾德杭（约在 777 年卒），可以作为这个时代一个早期的寂静教的禁欲主义（*zuhd*）的典型。苏非派关于易卜拉欣转变的传奇，显然是仿造佛的故事⑥。据这个传奇说，他原来是以一个王子的身份出现的，某天他出去狩猎，突然听到有神秘的声音警告他说，他不是为此类目的而被创造的。于是，这位打猎的王子下了马，永远抛弃了荣华富贵的道路，而出家修行。照另一个传奇的说法，他的转变，是由于一个乞丐的启发。有一天，他从王宫的窗子向外面眺望，看见一个乞丐，在用一片发了霉的面包充饥。乞丐把那片面包浸在水里，用一点儿粗盐来调味，吃得津津有味。那个乞丐对易卜拉欣证明了自己是心满意足的，易卜拉欣就

---

① 《古兰经》46:30 以下。

② "迪克尔"的意思是记诵，就是念念不忘真主的尊名；《古兰经》33: 41。

③ Reynold A. Nicholson, *The Myrtics of Islam* (London, 1914), p. 10.

④ *Al-Masīḥ al-Dajjāl*，发源于阿拉马语的 *Meshīḥa Daggāla*。参阅《马太福音》24:24；《启示录》13:1—18；《但以理书》11:36。

⑤ Jāḥiẓ, *Bayān*, vol. i, p. 233.

⑥ T. Duka in *Journal Royal Asiatic Society* (1904), pp. 132 以下。

穿上粗毛布衣，开始了一种流浪的生活①。易卜拉欣转变成苏非之后，迁移到叙利亚，苏非主义在那里有自己最早的组织，他依靠自己的劳动，维持生活。

神秘主义

在基督教和希腊的各种观念的影响下，穆斯林的禁欲主义，在回历二世纪时，变成了神秘主义。那就是说，禁欲主义，开始被其皈依者认作一种修行的方法；修行的目的，是认识真主，喜爱真主，与真主联合为一，而不是企图在来世获得真主的报酬。苏非对于真主的这种认识（*ma'rifah*），是凭借个人的灵魂的闪光所获得的一种神秘的直觉，而不是通过理智或公认的圣训而求得的对于真主的认识（*'ilm*）。神秘的直觉，是艾卜·苏莱曼·达拉尼（849 或 850 年卒）所首创的主义，他的坟墓在大马士革附近的达赖亚，在雅古特的时代，还是人们瞻仰的对象②。但是与禁欲主义派对立的神秘主义派的第一个苏非，是克尔赫人麦耳鲁夫，他是巴格达学派的，于 815 年去世。麦耳鲁夫原来是一个基督教徒，一说是一个萨比教徒③，他被描绘成一个醉心于真主的人，被尊为圣徒。他的坟墓在巴格达城，在底格里斯河右岸上，直到现在，还受到群众的瞻仰；在古舍里（1074 年卒）④ 的时代，人们认为在他 435
的墓旁祈祷，是治病的良方。依照神秘派的说法，除真主外，任何物都不是真正存在的，真主是永恒的美，达到真主的道路是爱。爱就是这样变为神秘主义的精髓了。

神智教

苏非主义从思辨的神秘主义又发展成为神智教。这种转变发生于翻译希腊名著的时期。引起这种转变的首要原因，是希腊的影响。苏非派神智学的代表是埃及人左农⑤，860 年在吉萨去世，他的父母都是努比亚人⑥。一般苏非家公认，这位禁欲主义者是他们的教义的创始人。他们承认，他是他们先辈的固特卜（quṭb，宇宙的中枢）之一，他们每次提到他的名字，都加上这个祈祷："愿真主使他的内心深处（*sirr*）变成神圣的。"赋予苏非主义以定型的是左农。他首创了这个观念：只有入神（*wajd*）才能真正认识真主，除此，别无他法。据麦斯欧迪的记载⑦，左农喜欢在他的祖国埃及的古迹的废墟中徘

① 参阅 ibn-'Asākir vol. ii，pp. 167—196；Kutubi，vol. i，pp. 3—5；al-Qushayri，*al-Risālah*（Cairo，1284），pp. 9—10。

② *Buldān*，vol. ii，p. 536.

③ 参阅 al-Hujwīri *Kashf al-Mahjūb*，*tr.* R. A. Nicholson（Leyden，1911），p. 114。

④ *Risālah*，p. 12.

⑤ 左农（意思是鱼人）是他的外号，《古兰经》（21:87）曾称约难为左农。他的真名是骚班·艾卜勒·斐德·伊本·易卜拉欣。

⑥ Qushayri，p. 10；Hujwīri，p. 100.

⑦ Vol. ii，pp. 401—402.

徊，企图辨认那些古迹上的神秘的象形文字，以便当做一把钥匙，去打开已遗失的古代科学的宝藏。

泛神教

从神智教走到泛神教，并不是困难的，这个步骤主要是在印度－伊朗的影响下实现的。《乐府诗集》[1] 至少给我们保存了一段关于明白无误的佛教人生观的描绘，查希兹所描写的精低格的僧侣[2]，不是印度的圣人或者佛教的和尚，就是他们的模仿者[3]。波斯人巴叶济德[4]·比斯塔米（约在875年卒，他的祖父是祆教徒），大概是首创无我主义（*fanā'*）的人，这种主义可能是佛教涅槃的反映。另一个波斯人哈拉只（梳毛人），于922年被鞭笞，吊在绞刑架上，杀头后，被焚化了。阿拔斯王朝的宗教裁判所，这样惩办他，是因为他曾宣言："我就是真主。"他所遭受的磔刑，使他变成最伟大的苏非的殉道者。下面的诗句充分说明了他的神秘的理论：

436 我即我所爱，所爱就是我；
精神分彼此，同寓一躯壳；
见我便见他，见他便见我。[5]

哈拉只的坟墓，在巴格达的西面，现在还作为一个圣徒的坟墓保存在那里。但是，最伟大的一神论兼泛神论的苏非家，是西班牙的阿拉伯人穆哈义丁·伊本·阿拉比（1165—1240年），他的坟墓在大马士革的嘎西雍山麓，现在被圈入穆哈义丁清真寺内。伊本·阿拉比同安萨里和巴格达人祝奈德（910年卒）[6] 一流的正统派苏非家不同，他力图将苏非主义变成一门科学，想要为各界的入门者保存这门科学。泛神论关于"万物是真主"的观念的产生，应归功于他。

神秘的诗歌和哲学

在神秘的诗歌方面，阿拉伯人只产生了一个伟大的人物，就是埃及人伊

---

① Vol. iii, p. 24, ll. 27—28.

② *Ḥayawān*, vol. iv, pp. 146—147.

③ Ignaz Goldziher, *Vorlesungen über den Islam*, ed. F. Babinger (Heidelberg, 1925), p. 160.

④ 原名是艾卜·叶齐德，突厥人把他叫做巴叶济德，参阅 Qushayri, pp. 17—18; ibn-Khallikān, vol. i, p. 429。

⑤ Ibn-Khallikān, vol. i, p. 261. 参阅 R. A. Nicholson, *Studies in Islāmic Mysticism* (Cambridge, 1921), p. 80; Louis Massignon, *La Passion d'al-Ḥallāj: martyr mystique de l'Islam* (Paris, 1922), vol. ii, p. 518。

⑥ Qushayri, pp. 24—25; Hujwīri, pp. 128—130.

本·法立德（1181—1235年），他的杰作，是一首颂歌（t韵的）[①]，是关于神爱的绝妙的赞美诗。另一方面，波斯的第一流诗人，赛耳迪、哈菲兹和鲁密等，差不多都是神秘派的诗人。但是在哲学的苏非主义方面，阿拉伯语的著作界曾产生伊斯兰教所培养的最伟大的两位才子——法拉比和安萨里。后者曾使苏非主义及其若干非正统派的习惯与伊斯兰相调和，并使神秘主义与伊斯兰教的理智主义相融合。

在回历的头五个世纪中，被称为苏非主义的那种宗教经验，几乎完全是 互助会
建立在个人基础上的。弟子和信徒的许多小组，聚集在某个人物的周围，或者因为纪念像哈拉只那样的精神导师，而聚集在一起，但是这种有组织的团体，是地方性的，没有常设的性质。在公元十二世纪结束以前，永久存在的团体开始出现了。依照这条原则而创设的第一个互助会（*ṭarīqah*）是嘎迪里叶派，因波斯人阿卜杜勒·嘎迪尔·支拉尼或支里（1077—1166年）[②] 而得
名，支拉尼享盛名于巴格达。这个互助会，是最宽大和最慈爱的互助会之一， 437
现在会员遍于整个穆斯林世界，包括阿尔及利亚、爪哇和几内亚。就历史来说，第二个互助会，是里发仪派，是伊拉克人艾哈迈德·里发仪（1183年卒）所建立的。这个互助会的会员，像其他互助会的会员一样，会演各种杂技，如吞食红火炭、活毒蛇和玻璃片，用衣针和小刀刺穿自己的身体等。再其次是毛莱威叶派，通称为旋转的托钵僧，他们的互助会是以伟大的波斯诗人查拉勒丁·鲁密（现通译为"贾拉鲁丁·鲁米"，1273年卒于科尼亚）为中心的。与一般穆斯林的习惯相反，鲁密使音乐在他的互助会的仪式中占有重要地位。他的苗裔，生活于科尼亚，世袭他的领袖职位[③]。这个互助会的最高领袖，享有这样的特权，即土耳其的新哈里发必须由他给予一把佩剑。

其他各式各样独立的互助会，在不同的地方和不同的时代发展起来，他们的苏非主义是五花八门的，从禁欲的寂静主义到泛神论的唯信仰主义，什么都有。在最大多数的情况下，互助会的创始人本身，就变成了崇拜的中心，被授予神的或准神的权力，而他的互助会的总部，发展成为崇拜圣徒的场所。

---

① *Dīwān*, ed. Amin Khūri, 3rd ed. (Beirūt, 1894), pp. 65—132; tr. almost entirely by Nicholson, *Studies*, pp. 199—266.

② 现存的最好的传记在 al-Dhāhabi，"*Ta'rīkh al-Islām*"，D. S. Margoliouth in *Journal Royal Asiatic Society*（1907），pp. 267—310。关于他的种种奇迹，可以参阅Shaṭṭanawfi *Bahjat al-Asrār*（Cairo，1304），在这本书的页缘上有支拉尼所作的七十八篇说教，叫做 *Futūḥ al-Ghayb*。

③ 他没有子女，他的苗裔，是指他的弟兄们的苗裔。——译者

在非洲，最强大的宗教团体是沙兹里叶派[1]，是阿里·沙兹里（1258 年卒）所创始的，在摩洛哥和突尼斯特别强大，有许多不同名称的分会。摩洛哥伊斯兰教的特点，是圣徒在那里或许比在任何其他伊斯兰教国家都更加受到崇拜。现代的赛奴西协会，先后以贾加布卜绿洲和库弗腊绿洲为总部，是阿尔及利亚的舍赫赛奴西在 1837 年所创始的，同以前的各种互助会有显著的差别，因为这是一个具有政治目的和军事目标的宗教团体。在埃及居于领导地位的地方性的互助会，是伯德威派，因埃及人艾哈迈德·伯德威（1276 年卒）而得名，总部设在坦塔。在土耳其最强大的互助会之一，是白克塔什派，这个教派与土耳其近卫军有密切的关系，因而很有威望。这个互助会，早在 1500 年就兴盛起来，奖励独身生活，尊崇阿里，在它的教义学中还可以看出基督教影响的痕迹。这个团体，与其说是一个苏非派的互助会，不如说是一
438 个教派。土耳其托钵僧的互助会，不仅继承了小亚细亚古老的宗教，而且保存了早期土耳其人从中亚细亚带来的萨满教的痕迹。

苏非派的各互助会，是伊斯兰教唯一的教会组织。这些团体的成员，通称为“德尔威什”（dervish，苦行僧）[2]，他们生活于特殊的宿舍里；这种宿舍叫做“台基叶”（*takīyah*）、“扎威叶”（*zāwiyah*）或“里巴兑”（*ribāṭ*），这种宿舍同时还用做社会活动的中心，这个任务是清真寺所不能执行的。除长老和门徒外，互助会还可以有第三类成员，即凡俗会员，他们要服从互助会领袖的指导。

念珠

除创始一套修道制度和宗教仪式外[3]，苏非家对于伊斯兰教还做了别的贡献。念珠（*subḥah*）在穆斯林中间的传布，显然应归功于他们[4]。现在，只有严格的瓦哈比派，把念珠当做异端（*bid'ah*）而远避之。这种祈祷的工具，起源于印度，可能是苏非家从东方基督教会借来的，不是从印度直接传入的。在十字军战争中，念珠传入罗马天主教的西方。在阿拉伯文献中，初次提到念珠的，是桂冠诗人艾卜·努瓦斯（约在 810 年卒）[5]。巴格达鼎鼎大名的神秘家祝奈德（910 年卒），用念珠作为达到入神状态的媒介。有一位批评家规劝他，说像他这样享尊严之大名的人物，不应该使用这种异端事物，他回

---

[1] 关于这一点，可以参阅 abu-al-Mawāhib al-Shādhili，*Qawānīn Ḥikam al-Ishrāq*（Damascus，1309），tr. Edward J. Jurji，*Illumination in Islamic Mysticism*（Princeton，1938）。

[2] 阿拉伯语的 *darwish*，起源于波斯语，意思是贫民、穷人、乞丐。

[3] 关于一位正统派穆斯林的批评，可以参考 ibn-al-Jawzi，*Naqd*，pp. 262 以下。

[4] Ignaz Goldziher in *Revue de l'histoire des religions*，vol. xxi（1890），pp. 295—300；*Vorlesungen*，p. 164.

[5] *Dīwān*，p. 108，l. 18. 参阅 ibn-Qutaybah，*al-Shi'r*，p. 508，l. 2。

答说："我不愿抛弃把我引到真主面前去的道路。"①

此外，苏非主义还创始和普及了崇敬圣徒的仪式。《古兰经》并没有准许崇敬圣徒。这种风俗，是在基督教习惯的影响下产生的，是为了响应神秘的呼唤，也是为了适应跨越伊斯兰教教义学中天人之间的鸿沟的需要。伊斯兰教并没有承认圣徒的正式规定，凡是能显示奇迹（*karāmāt*）而受到群众欢迎的，都被认为是"外理"（*wali*，真主的朋友）。逊尼派和十叶派，本来都觉得祈祷圣徒是一种多神教的崇拜方式，到十二世纪时，主要由于苏非派的影响，圣徒崇敬同正统派的原理之间，发生了哲学上的调和，于是那种感觉也就跟着消灭了。讨论到"真主的朋友"的等级问题时，颇有骑士之风的苏非 439 家都坚持男女完全平等的原则②，例如，他们把圣徒们的头把交椅给了赖比耳·阿德威叶（约 717—801 年），她是一位神秘派的妇女，过着高贵的生活，具有可爱的性格。从此以后，赖比耳变成了"正统派圣徒传中极其卓越的女圣徒"。她年轻的时候，被人拐去，卖给人家做奴隶，但是，她的主子看见她在做礼拜的时候，周围放出光彩，就把她解放了。她不肯出嫁，愿过一种抛弃红尘的极端苦行的生活。不久，她就变成了"神秘的大道"上一位被崇敬的导师，谆谆地教诲人们要悔悟、忍耐、感恩、敬畏、安贫乐道、绝对信赖（*tawakkul*）真主。有人问她是否憎恨恶魔，她回答说："我只顾得喜爱真主，没有工夫憎恨恶魔。"她曾梦见先知穆罕默德问她是否喜爱他，她回答说："我满心喜欢真主，心中没有憎恨或喜欢他人的余地。"③ 她曾宣言："我崇拜真主，不是因为惧怕他，也不是因为贪图天堂，只是因为喜爱真主，想望真主。"④

对于圣徒的崇敬

麦立克·扎希尔总督和他父亲萨拉哈丁，曾下令把一位喜爱真主的人在阿勒颇处以死刑，他的罪名是异端，那时候他才三十六岁（1191 年），这个人名叫素胡尔韦尔迪。我们从他的一篇热情的祈祷中可以清楚地看出，苏非派神智教既受到基督教的影响，也受到新柏拉图派的影响⑤。

另一个宗教运动，也是在阿拔斯王朝时期定型，而且产生了许多支派，

十叶派

---

① Qushayri，p. 25.

② Abu-Nu'aym（1038 年卒），在他的巨著*Ḥilyat al-Awliyā' wa-Ṭabaqāt al-Aṣfiyā'*，vol. ii（Cairo，1933），pp. 39—79 中以巨大的篇幅论述了苏非派的女圣徒。

③ Farīd al-Dīn，'Aṭṭār，*Tadhkirat al-Awiiyā'*，ed. R. A. Nicholson，vol. i（Leyden，1905），p. 67.

④ Abu-Ṭālib（al-Makki），*Qūt al-Qulūb*（Cairo，1932），vol. iii，p. 83. 还可以参阅 Margaret Smith，*Rābi'ah the Mystic and her Fellow-Saints in Islām*（Cambridge，1928）。

⑤ Louis Massignon，*Recueil de textes inédits concernant l'histoire de la mystique en pays d'Islam*（Paris，1929），pp. 111—112. 参阅本书第四十章"神秘派的伊本·阿拉比"。

那些支派在伊斯兰教和哈里发帝国史上曾起了决定性作用，那就是十叶派运动。阿里派的命运，在阿拔斯王朝，不比在伍麦叶王朝好，尽管他们在推翻伍麦叶王朝、建立阿拔斯王朝的斗争中，曾是一个重要的因素。麦蒙曾采用十叶派的服色（绿色）为国家的服色，而且宣告以他们的一位伊马木阿里·
440 里达[1]为自己的继任者，但是他的微笑，证明并不是永远有用的。不久穆台瓦基勒就来了。850 年，他恢复了早期迫害十叶派的惯例；他拆毁了纳贾夫的阿里陵墓和卡尔巴拉的更受尊崇的侯赛因陵墓[2]，因此，引起了十叶派无穷尽的憎恨。1029 年，哈里发嘎迪尔，从巴格达清真寺中驱逐了一个十叶派的讲道者（*khaṭib*），而任命一个逊尼派的讲道者代替他[3]。这种普遍的敌对，迫使十叶派采用敷衍（*taqīyah*）原则[4]，即在强迫和危害的威胁下，免除宗教的要求。作为伦理学上的一条原则，敷衍的合法性，早已为哈列哲派[5]的某些人所承认，但是，十叶派把这条原则当做一条基本的教义。他们给这条原则增加了新的内容，就是：一个信士发现敌人占优势的时候，他不但可以，而且应该在外表上承认流行的那种宗教，作为自卫和掩护教友的措施[6]。

不遵国教的十叶派，虽然是一个被压迫的少数，而且屡次反抗现存的政体，都遭到失败（他们的反叛有时也是很英勇的），但是，他们仍然公开地，或在原则的掩护下，坚持不渝地忠于伊马木，即从阿里的苗裔中选出的、理应得到这种效忠（*walāyah*）的伊马木。十叶派的伊马木，与逊尼派的哈里发不同，他不仅从穆罕默德继承了他的世俗的统治权，而且继承了解释教律的特权。在这种职务上，他是一位不会错误的导师，由于他的不谬性（*'iṣmah*）[7]，他获得了无罪的天恩[8]。与逊尼派和苏非派的主义相反，十叶派认为，宗教上的确实性，只能从伊马木的教训中获得，因为伊马木蒙真主的保佑，不会犯错误，更不会犯罪。他们的第一位伊马木阿里，先由长子哈桑

---

① Ya'qūbi, vol. ii, pp. 544—545.

② *Fakhri*, p. 325; Mas'ūdi, vol. vii, pp. 302—303.

③ Ibn-al-Athīr, vol. ix, p. 278.

④ 照字义讲，*taqīyah* 的意思是“谨慎”、“恐惧”（《古兰经》3:28）。

⑤ Shahrastāni, p. 92, l. 15, p. 93, l. 6.

⑥ Goldziher, *Vorlesungen*, p. 203.

⑦ 参阅本书第 248 页。Baghdādi, *Uṣūl*, vol. i, pp. 277—279。

⑧ Shahrastāni, pp. 108—109; ibn-Khaldūn, *Muqaddamah*, pp. 164—165.

继承，后由次子侯赛因继承[1]，侯赛因的苗裔是更驰名的。十二伊马木派（*Ithna 'Asharīyah*）是十叶派的主体，他们所拥戴的十二位伊马木中最后的九 441
位，都是侯赛因的后裔。在九位当中，据说这四位是陆陆续续地被敌人毒死的：哲耳法尔（765 年）于麦地那，穆萨（799 年）[2] 于巴格达，阿里·里达（818 年）[3] 于突斯，穆罕默德·哲瓦德（835 年）于巴格达。其余的几位伊马木，或者在反抗哈里发政权的战争中战死于沙场，或者被刽子手杀死于法场。第十二位年轻的伊马木穆罕默德，在萨马腊清真大寺的山洞中失踪了（回历 264 年，公元 878 年），他没有后人，所以就变成了“隐蔽的”（*mustatir*）或“被期待的”（*muntaẓar*）伊马木[4]。因此，他被认为是永远不死的，是在一种暂时隐蔽（*ghaybah*）的情况下的。在适当的时机，他将以麦海迪（*Mahdi*，得道者）的身份出现，光复真正的伊斯兰教，并征服全世界，带来万物毁灭之前的短暂的一千年。这第十二位伊马木，虽然是隐蔽的，但是他永远是“时间的主人”（*qā'im al-zamān*）。在波斯，十二伊马木派，于 1502 年被萨法威王朝定为国教，这个王朝的统治者自称是第七位伊马木穆萨·卡最木的后裔。自从那个时候起，波斯国王就索性被认作隐蔽的伊马木的代理人，而穆智台希丁（*mujtahidūn*，高级的教义学家们）被认作他的代言人和他与人民之间的居间人。

关于伊马木麦海迪的教条，就这样变成了十叶派教义的一个不可缺少的部分。甚至在今天，这个教条还是伊斯兰教十叶派和逊尼派之间的主要分界线。逊尼派虽然指望将来有一个人出来复兴伊斯兰教，但是，他们在自己的来世论中，并不强调他的重要性，也不把他叫做麦海迪[5]。

易司马仪派

十叶派已被证明是异端滋长的最肥沃的土壤。依照一个传说，穆罕默德曾说过：“以色列人分裂为七十一派或七十二派，基督教徒也是如此，但是我

---

① 哈桑和侯赛因是圣先知穆罕默德的两个外孙，他们无数的苗裔，都被尊为圣后。在穆斯林中具有特殊的头衔，哈桑的子孙叫舍利夫（*sharīf*，贵人，现通译为“谢里夫”），侯赛因的子孙叫赛义德（*sayyid*，主子），他们都有戴绿头巾的权利。麦加的统治者都是舍利夫，从前伊拉克的国王和摩洛哥的国王，都是他们的子孙，都代表法帖梅的长子的世系。

② 参阅 Ya'qūbi，vol. ii，p. 499。

③ 同上书，vol. ii，p. 551；ibn-Khallikān，vol. i，p. 577。

④ Shahrastāni，p. 128；Baghdādi，ed. Hitti，pp. 60—61；ibn-Ḥazm，vol. iv，p. 138；al-Nawbakhti，*Firaq al-Shī'ah*，ed. Hellmut Ritter（Constantinople，1931），pp. 84—85. 参阅 ibn-Khaldūn，*Muqaddamah*，p. 166。这个洞穴，现在还存在于萨马腊的废墟中。

⑤ 由于信仰麦海迪还要回来，往往有狡猾者借此进行诈骗。在穆斯林历史的各时期中，曾出现过许许多多假的麦海迪。

的教徒将分裂为七十三派。”[1] 这些教派，有许多是十叶派的支派。

442 十二伊马木派，并不是伊马木十叶派中唯一的支派。另一个支派，跟十二伊马木派一致承认，前面的六位伊马木都是合法的，在第六位伊马木哲耳法尔·萨迪格的儿子的继承问题上，两派就发生了分歧。他们承认他的长子易司马仪（760 年卒）为第七位伊马木，也是最后一位伊马木，却不承认他的次子穆萨是合法的伊马木。这个支派，把可见的伊马木的数目限于七位，所以叫做七伊马木派（*Sab'īyah*）。第六位伊马木哲耳法尔曾选定长子易司马仪为自己的继承人，但是，他知道他酗酒的习惯后，改变了自己的决定，改选次子穆萨做继承人。十叶派的大多数，默认了这个变更，承认穆萨是可见的十二位伊马木世系表中的第七位。其余的少数人却主张，伊马木作为一个无罪的人，饮酒也无损于他的身份，因此，他们仍旧效忠于易司马仪。他比他父亲早死五年。这个七伊马木派，又叫易司马仪派。在他们看来，易司马仪已变成了隐蔽的麦海迪[2]。

在易司马仪派的体系中，正如在古代毕达哥拉斯的体系中一样，“七”这
443 个数字，被认为具有神圣的重要性。七伊马木派，用“七”来把宇宙现象和许多历史事件加以分类或分期。他们的神智的宇宙开辟说，一部分是以新柏拉图主义为基础的，他们认为流出的步骤是七个：（1）真主；（2）宇宙精神（*'aql*）；（3）宇宙灵魂（*nafs*）；（4）原始物质；（5）空间；（6）时间；（7）大地和人的世界。这个世界被恩赐给了七位立法的先知（*nāṭīq*）：（1）阿丹（亚当）；（2）努哈（诺亚）；（3）易卜拉欣（亚伯拉罕）；（4）穆萨（摩西）；（5）伊萨（耶稣）；（6）穆罕默德；（7）易司马仪的儿子穆罕默德·塔木。他们在每两位立法的先知之间，插入一位沉默的先知，以第一位为基础（*asās*）。这七位沉默的先知，包括易司马仪（以实玛利）、哈伦（亚伦）、彼得、阿里等一流的人物。与他们平行的，是另一类较低级的人物，以七人或十二人为一组，有宣传的领袖（*ḥujjah*）和简单的传道师（*dā'i*）[3]。

---

① Ibn-al-Jawzi，*Naqd*，pp. 19—20. 参阅 Baghdādi，ed. Ḥitti，p. 15。

② Nawbakhti，pp. 57—58；Baghdādi，ed. Hitti，p. 58；ibn-Khaldūn *Muqaddamah*，pp. 167—168.

③ Shahrastani，pp. 145—147；al-Īji，*al-Mawāqif*，vol. viii（Cairo，1327），pp. 388—389. 参阅 W. Ivanow，*A Guide to Ismaili Literature*（London，1933）。

十二伊马木世系表

1. 阿里（661 年卒）
   - 2. 哈桑（669 年卒）
   - 3. 侯赛因（680 年卒）
     - 4. 阿里·宰因·阿比丁（约在 712 年卒）
       - 宰德
       - 5. 穆罕默德·巴基尔（731 年卒）
         - 6. 哲耳法尔·萨迪格（765 年卒）
           - 易司马仪（760 年卒）
           - 7. 穆萨·卡最木（799 年卒）
             - 8. 阿里·里达（818 年卒）
               - 9. 穆罕默德·哲瓦德（835 年卒）
                 - 10. 阿里·哈迪（868 年卒）
                   - 11. 哈桑·阿斯凯里（874 年卒）
                     - 12. 穆罕默德·孟特宰尔（麦海迪）（878 年卒）

易司马仪派实施了伊斯兰世界所试用过的一个最狡猾而且最有效的政治－宗教的宣传方法。他们从自己的隐蔽地开始派遣传道师，游历穆斯林世界，宣传他们的所谓巴颓尼（*bāṭin*，内在的）[①] 教义。正统派把这些无组织的教派叫做内学派。依照这些教派的说法，《古兰经》应该用比喻的方法加以解释，宗教的真理具有内在的意义，但是被表面的形式（*ẓāhīr*，表面的）掩蔽，没有受过传授的人，不能揭开那个帷幕，从而探求那种内在的意义。他们安详地、谨慎地把这种教义传授给新会员；在传授之前，他必须发誓，对秘教教义保密，其中包括这样一些奥妙的道理：如宇宙从神的本体流出、灵魂的轮回、易司马仪包含神性、期望也以麦海迪的身份早日归来（*raj'ah*）等等。据说秘传包括七个到九个阶段[②]，这使人联想到现代的互济会的纲领（Freemasonry）。 内学派

这个秘教的组织找到了一个能干的热衷者，叫做阿卜杜拉，他父亲是一个出身不明的眼科医生，叫梅蒙·盖达哈，起初住在艾海瓦兹，后来迁移到耶路撒冷。刚才所叙述的易司马仪派的政治－宗教的体系，就是由阿卜杜拉完成的。他的总部起初设在巴士拉，后来迁移到叙利亚北部的赛莱木叶[③]，他 444

① Baghdādi, *Uṣūl*, pp. 329—330; Shahrastāni, pp. 147 以下；ibn-al-Jawzi, p. 108.

② 对于新入教者给予循序渐进的秘传，这是从前摩尼教和希腊的某些学派曾经做过的。

③ 参阅 Iṣṭakhri, p. 61；ibn-al-Faqih, p. 110；Yāqūt, vol. iii, p. 123。确实性较差的现代名称是赛莱米叶，参阅 Maqdisi, p. 190；ibn-Khurdādhbih, pp. 76, 98。

和他的继任者从自己的总部派遣了许多传道师，他们系统地在所谓追随者的心中引起怀疑，以此为传道工作的起点。于是，他们提请他注意，麦海迪不久就要公开出现。当时阿拉伯穆斯林和波斯穆斯林之间的仇恨，日益增长，这个微贱的波斯眼科医生的儿子利用这种仇恨，想出一个大胆的计划，即要在一种秘密会社中，经过一些秘传阶段，把战败者和战胜者都团结起来；这些人作为自由思想者，会把宗教当做一种手段，来摧毁哈里发的政权，而把宝座赠给阿卜杜拉或者他的子孙。这个计划的想法是惊人的，执行是迅速的，部分成功也是可以肯定的。因为执行这个计划的结果是：法帖梅王朝在突尼斯和埃及兴起了。

盖尔麦兑派

阿卜杜拉约在874年去世[①]，在这之前，发现了一个最热心的徒弟和改信者，叫哈木丹·盖尔麦兑[②]，他是一个伊拉克的小农，曾在星象中看到，伊朗人将要从阿拉伯人的手中夺回自己的江山[③]。哈木丹变成了一个内学派的奠基人，这个教派后来叫做盖尔麦兑派。这个运动，显然是本地农民和阿拉比亚人之间的宿仇的表现。约在890年，这位奠基人在库法城为自己建筑了一座公馆，叫做“迁士之家”（*Dār al-Hijrah*）[④]，这座公馆变成了这个新运动的总部。他们在本地的群众中间，特别是在所谓的奈伯特农民和手工业者中间，以及阿拉伯人中间，进行积极的宣传工作，这个新教派的成员增多了。这个组织，基本上是一个秘密会社，是以一种共产主义制度为基础的。入会者必须经过秘传。这个新团体，是靠一种公共基金来维持的，基金的来源，是捐献；那种捐献表面上是自愿的，其实是一系列的捐税，而新的项目总是比旧
445 的还要繁重。盖尔麦兑甚至规定共产公妻（*ulfah*）[⑤]，现代的某些作家，把他们叫做“伊斯兰教的布尔什维克”。他们在教义学中使用一种以《古兰经》为依据的寓言式的教义问答，据说是适于一切信仰、一切民族和一切阶级的。他们强调宽容和平等，他们把工人和手工业者组织成行会（*ṣinf*），在他们的仪式中有行会的仪式。穆斯林行会的最早的纲领，见于精诚同志社的第八篇论文，这个社的成员自己可能就是盖尔麦兑派。马西尼翁认为，这种同业公

① 这个年代比下面这本书的记载提前了一个世纪：al-Juwayni，*Ta'rikh-i-Jahān-Gushā*，ed. Mīrza M. al-Qazwīni，pt. 3（Leyden，1937）p. 315。

② 这个词的语源是可疑的，或许不是阿拉伯字（Baghdādi，ed. Hitti，p. 171；*Fihrist*，p. 187，l. 9；Sam'āni，*Ansāb*，fol. 448b），而是阿拉马语，意思是“秘密的导师”；Ṭabari，vol. iii，pp. 2125，2127；ibn-al-Jawzi，p. 110。

③ *Fihrist*，p. 188.

④ 参阅 ibn-al-Athīr，vol. viii，p. 136。

⑤ 具有同样观点的其他教派，可以参阅 ibn-Hazm，vol. iv，p. 143；ll. 13—14。

会运动，传到西方，对于欧洲同业公会和共济会的形成，曾发生过影响[1]。

盖尔麦兑运动，具有共产主义的性质和革命性的倾向，曾发展成伊斯兰国家中一种最危险的力量。盖尔麦兑派认为敌人即令是穆斯林，杀害他们也是合法的。在他们还没有充分地组织起来的时候，他们就参加了僧祇奴（黑奴）的解放战争；那次奴隶反抗战争，是868年到883年之间在巴士拉爆发的，曾震撼了哈里发帝国的根基。在艾卜·赛义德·哈桑·占那比[2]（他原来是盖尔麦兑的一个传道师[3]）的领导下，他们于899年，在波斯湾西岸上建成了一个独立国家，以哈萨为首都[4]。这个国家不久就变成了他们的强大的堡垒，也是对巴格达哈里发帝国的威胁。他们从自己的大本营出发，对邻近的地区进行了一系列恐怖的袭击，占那比自己约在903年攻克了叶麻麦，而且侵入阿曼。他的儿子和继任者艾卜·塔希尔·苏莱曼，蹂躏了下伊拉克的大部分地区，而且拦路抢劫朝觐天房的哈只们[5]。他的最后的暴行，是于930年劫掠麦加和抢走克而白上玄石[6]。伊斯兰教这种最神圣的遗迹，离开天房二十多年后，于951年，奉法帖梅王朝哈里发曼苏尔[7]之命，才归还克而白天房。在十世纪和十一世纪之间，盖尔麦兑和占那比的追随者们，从他们在赛莱木叶的大本营发号施令，使叙利亚和伊拉克经常浸在血泊里面[8]。由于盖尔麦兑 446
派的活动，连边远的呼罗珊和也门，也构成了持久的不满的温床。

盖尔麦兑派的国家灭亡了，他们的教义，却传给了埃及的法帖梅人，德 阿萨辛派
鲁兹教义就是由他们中的一个人创始的，后来又传给阿拉木图和叙利亚的新易司马仪派，或阿萨辛派[9]。阿萨辛派的运动，被这个教派的成员叫做新宣传运动[10]，这个运动是由哈桑·伊本·萨巴哈（1124年卒）创始的，他或许是

---

① Art. “Ḳarmaṭians”, *Encyclopaedia of Islām*.

② 他是Jannāb乡的居民，那是法里斯地方的一个市镇，坐落于注入波斯湾的一条小河的河口附近（Istakhri, p. 34）。

③ Ibn-Hawqal, p. 210.

④ 现代的胡富夫。ibn-al-Athīr, vol. viii, p. 63.

⑤ 同上书，vol. viii, pp. 124—125, 132—133, 158—159, 232。

⑥ Miskawayh, *Tajārib al-Umam*, ed. H. F. Amedroz, vol. i (Oxford, 1920), p. 201; ibn-al-Athīr, vol. viii, pp. 153—154.

⑦ 参阅Baghdādi, ed. Hitti, pp. 176—177; ibn-al-Athīr, vol. viii, pp. 153—154。

⑧ Ṭabari, vol. iii, pp. 2217以下；Mas'ūdi, *Tanbīh*, pp. 371—376; Miskawayh, vol. ii, pp. 108—109。

⑨ 这个名词是阿拉伯语*ḥashshāshūn*的变态，是印度大麻叶，一种麻醉剂，阿拉伯语叫*ḥashīsh*；服食这种麻醉剂的人，叫*ḥashshāshūn*。

⑩ *Al-da'wah al-jadīdah*; Shahrastāni, p. 150.

一个突斯籍的波斯人，自称是南阿拉比亚希木叶尔王朝的后裔。动机显然是这位异端祖师的个人野心和报复欲望。哈桑以一个赖伊城青年人的身份①，接受了内学派的教训，他在埃及住过一年半之后，以法帖梅人的传道师的身份返回故乡②。在这里，他于1090年占有了一个坚强的山上堡垒，即位于加兹温西北的阿拉木图。这座堡垒位于阿勒布兹山脉的余脉中，海拔10200英尺，形势险要，富于战略意义，是里海海岸与波斯高地之间险阻的捷径；这个"鹫巢"（这大概是这个地名的含义）成为伊本·萨巴哈和他的继任者的一个头等重要的根据地。这个根据地的占有，是这个新的互助会生活中的第一件历史事实。

总传道师（*dā'i al-du'āh*）和他的徒弟们，从阿拉木图向四面八方发动奇袭，借此夺取了别的堡垒。他们只问目的，不择手段，滥用匕首，把暗杀变成了一种艺术。这个秘密组织，以易司马仪派的前例为基础，发展了一种不可知论，其目的是把新入会者从教义的束缚中解放出来，而且启发他，说历代的先知都是多余的，鼓励他什么也不信仰，什么事都敢干，把他培养成一个无法无天的人。在总传道师的下面，有许多大传道师（*al-dā 'i al-kabīr*），每人负责一个地区的工作。在大传道师的下面，有许多普通的宣传员。这个互助会的基层组织，包括义侠（*fidā'*）③，他们随时准备着执行总传道师的任何命令，虽牺牲生命，也在所不惜。阿拉木图的主人怎样用大麻剂（*ḥashīsh*）
447 催眠他的舍身者，有一个关于此事的生动的描写——尽管是较晚的、第二手的资料——已经由马可·波罗传到我们的手里，他是于1271或者1272年，路过阿拉木图附近时听到这种情况的。马可·波罗先用热烈的词句描绘了总传道师在阿拉木图所修建的壮丽的楼阁和宫殿，以及四周美丽无比的园林，然后接着说：

> 只有欲为其哈昔新（*Ashishin*④）者，始能入是园，他人皆不能入。园口有一堡，其坚固之极，全世界人皆难夺据，人入此园者，须经此堡。山老⑤宫内蓄有本地十二岁之幼童，皆自愿为武士，山老授以摩诃末⑥所

① 因此，他有拉齐的称号；ibn-al-Athīr，vol. x，p. 369。

② Ibn-al-Athīr，vol. ix，p. 304，vol. x，p. 161.

③ 另一种拼写法是*fidāwi*，这个名词的意思是：愿为某种主义而牺牲自己的生命者。参阅 ibn-Baṭṭūṭah，vol. i，pp. 166—167。

④ ashishīn 是阿拉伯语 ḥashāshīn 之讹。——译者

⑤ 山老是 *shaykh al-jabal* 的意译，就是山上的长老或头子，即山大王。——译者

⑥ 穆罕默德。——译者

言上述天堂之说。诸童信之，一如回教徒之信彼。已而使此辈十人或六人或四人同入此园。其入园之法如下。先以一种饮料饮之，饮后醉卧，使人舁置园中，及其醒时，则已在园中矣。

彼等在园中醒时，见此美境，真以为处天堂中，妇女日日供其娱乐，此辈青年适意之极愿终于是不复出矣。

山老有一宫廷，彼常绐其左右朴质之人，使之信其为一大预言人，此辈竟信之。若彼欲遣其哈昔新赴某地，则以上述之饮料，饮现居园中之若干人，乘其醉卧，令人舁来宫中，此辈醒后，见己身不在天堂，而在宫内，惊诧失意。山老命之来前，此辈乃跪伏于其所信为真正预言人之前。山老询其何自来。答曰，来自天堂。天堂之状，诚如摩诃末教法所言。由是未见天堂之人闻其言者，急欲一往见之。

若彼欲刺杀某大贵人，则语此辈曰："往杀某人，归后，将命我之天神导汝辈至天堂。脱死于彼，则将命我之天神领汝辈重还天堂中。"[1]

公元1092年，有一个义侠化装成一个苏非家[2]，对塞尔柱克王国著名的大臣尼采木·木勒克进行暗杀，这是陷穆斯林世界于恐怖的一系列神秘的暗杀的开始。塞尔柱克王国的素丹马里克沙于同年奋发起来，派兵去讨伐那个堡垒，堡垒里的驻军夜间出击，击退了围攻的敌军。哈里发们和素丹们屡次进行的清剿，都被证明是徒劳的。到最后，摧毁哈里发帝国的蒙古人旭烈兀，才于1256年拿下了这个堡垒及其在波斯的几个附属的要塞[3]。

远在十一世纪末叶，阿萨辛派早已在叙利亚站稳了脚跟，而且把塞尔柱克王国驻阿勒颇的王子列德旺·伊本·突突什（于1113年卒）都变成为皈依
者。他们到1140年已夺得了麦斯雅德[4]地方山上的堡垒以及叙利亚北部的其 448
他堡垒，包括凯海夫、盖德木斯和欧莱盖等地的堡垒[5]。甚至奥龙特斯河上的

---

① *The Book of Ser Marco Polo, the Venetian*, tr. Henry Yule, 2nd ed. (London, 1875), vol. i, pp. 146—149. 有一个关于在麦斯雅德举行的仪式的描写，据说是伊本·赫里康所作的，可供参考，见 *Fundgruben des Orients*, vol. iii (Vienna, 1813), ed. and tr. Hammer, pp. 201—206。（上面的译文是引用冯承钧译《马可·波罗行纪》，中华书局1955年版，上册第114—117页。——译者）

② Ibn-Khallikān, vol. i, p. 256. 参阅本书第478页。

③ 阿萨辛人的著作和记录，都在当时被毁坏了，因此，我们关于这个奇怪的、惊人的互助会的情况主要是自敌对方面的资料得到的。

④ 这个地名有种种变形，如 Maṣyāth。这个地方现在在奴撒里叶（Nuṣayrīyah）山的东边。ibn-al-Athīr, vol. xi, p. 52; abu-al-Fidā', vol. iii, p. 16.

⑤ Ibn-Baṭṭuṭah, vol. i, p. 166.

舍伊萨尔（现代的沙贾腊），也被阿萨辛人暂时占领了。吴萨麦①把他们叫做易司马仪派。他们在叙利亚的最著名的导师之一是赖世德丁·息南（1192年卒），常住麦斯雅德，他的称号是*shaykh al-jabal*，十字军的编年史家把这个称号译成“le vieux de la montagne”②（山老人）。使十字军胆战心惊的，正是赖世德丁的支持者。1260年蒙古人夺取麦斯雅德后，奴隶王朝的素丹拜伯尔斯，于1272年给叙利亚的阿萨辛人以最后的打击。从此时起，阿萨辛人稀疏地分散在北部叙利亚、波斯、阿曼、桑给巴尔和印度，他们在印度的人口特别多，约计十五万人，他们的名称是“火者”（Khoja）或者“毛拉”（Mawla）③，他们都承认孟买的阿哥汗（Āgha Khān）为他们的名义领袖。这位领袖自称为第七代伊马木易司马仪的苗裔，是阿拉木图最后一位总传道师的子孙，他接受各地教徒，甚至叙利亚的教徒个人每年收入的十分之一以上。他以打猎家的身份把大部分的时间都消磨在巴黎和伦敦之间。

努赛尔派

叙利亚北部的努赛尔派，比黎巴嫩的德鲁兹派还要古老，他们构成现存的易司马仪派各支派之一。他们是穆罕默德·伊本·努赛尔的教徒，所以叫做努赛尔派。努赛尔生于九世纪末叶，是阿里派第十一位伊马木哈桑·阿斯凯里（874年卒）的党羽之一④。据杜骚的研究⑤，伊本·努赛尔的党羽，是一个明显的例子，说明一群人如何从异教直接改宗易司马仪派的伊斯兰教。这可以说明在他们和易司马仪派的主流之间为什么存在着显著的差别。

努赛尔派跟极端的十叶派的其他支派一起，都承认阿里是真主的化身，
449 易司马仪派却不然⑥。因此，自法国的委任统治制在他们的地区建立以来，他们就被称为阿里派。他们与德鲁兹和其他穆斯林教派不同，他们有一套祈祷式，而且采用了几种基督教节日，包括圣诞节和复活节。他们中有人用马太、约翰、海伦一类的基督教徒的名字。除了向基督教借用这些东西外，他们对于自己的宗教仪式，比德鲁兹派还要保守秘密，他们的教条中还保存了原先异教信仰的若干残余。这个教派的信徒，还有三十多万人，大半是农民，现

---

① *Kiṭāb al-I'tibār*, ed. Hitti, pp. 159—160 = Arab Syrian Gentleman, pp. 190.

② 参阅 William of Tyre, “Historia rerum” in *Recueil des historiens des croisades: historiens occidentaux*, vol. i (Paris, 1844), p. 996。

③ 除这些人外，印度古吉拉特邦还有达五德派十万以上，他们也是易司马仪派，但不是阿哥汗的教徒。关于达五德人的情况，可以参阅 D. Menant in *Revue du monde musulman*, vol. x (1910), pp. 472以下。

④ 关于伊本·努赛尔及其党羽的第一个重要论述，见十一世纪初期德鲁兹派的争辩者哈木宰等人的手稿。

⑤ René Dussaud, *Histoire et religion des Noṣairîs* (Paris, 1900), p. 51.

⑥ Shahrastāni, pp. 143—145.

在居住在叙利亚北部和中部的山区，有些散居在辽远的土耳其境内的西里西亚。

十叶派中其他的异端支派

努赛尔派、阿萨辛派、德鲁兹派、盖尔麦兑派和易司马仪派的其他支派，都被认为是极端派（*g'hulāh*），甚至连构成十叶派主干的十二伊马木派，也承认他们是极端分子，这主要是由于他们放弃了真主的超绝性，忽视了穆罕默德是最后的先知这一信条①。极端分子中有一派，甚至宣称天神迦伯利犯了错误，他初次送启示的时候，把穆罕默德错认为阿里了②。十叶派的极端分子，分为许多支派，后来有了发展，可以在这里提一提的，有西部安纳托利亚的太赫台只派（伐木者），有波斯和突厥斯坦的阿里·伊拉希派（奉阿里为神明者），有东部安纳托利亚的基齐勒·巴什派（红头），这派是阿里·伊拉希派的近亲，还有土耳其和阿尔巴尼亚的白克塔什派。

这些支派，和也门的宰德派相对立，他们是侯赛因的孙子宰德③的党羽，承认宰德是本教派的奠基人。在十叶派的各支派中，宰德派是逊尼派最亲的血族，就某些方面来说，这个支派是最宽大的。极端分子站在一方，宰德派站在另一方，十二伊马木派占据着十叶派的中间立场。宰德派与其他十叶派相反，不信仰隐蔽着的伊马木，不实行临时婚姻制（*mut'ah*），不准许敷衍（*taqīyah*）。但是，他们跟其他的十叶派一样，对苏非主义采取敌对态度。总之，十叶派虽然有这样多的支派，他们的人数没有超过六千万，占全世界穆斯林总人数的14%。

埃及国王艾哈迈德·伊本·突伦的第纳尔（公元881年）

采自 Stanley Lane-Poole，“*Historyof Egypt*”（Methuen & Co. Ltd.）

① 关于其他极端分子，可以参阅 Baghdādi，ed. Hitti，pp. 145 以下；Shahrastāni，pp. 132 以下；ibn-Ḥazm，vol. iv，pp. 140 以下；Ash'ari，*Maqālūt*，vol. i，PP. 5—16。

② Baghdādi，p. 157.

③ 参阅本书第443页十二伊马木的世系表。

450 第三十一章　哈里发帝国的分割：西方小国的出现

(1) 在西班牙

阿拔斯王朝建立后五年，从他们的大屠杀中逃出去的年轻的阿卜杜勒·赖哈曼，到达了远方的西班牙的科尔多瓦，他是伍麦叶王朝唯一的卓越的苗裔。一年之后（公元 756 年），他就建立了一个辉煌灿烂的王朝。因此，在阿拔斯帝国建立之初，它的第一个省区就永远被剥夺了。其他的省区，不久也跟着独立出去了。

(2) 易德里斯王朝

哈桑的曾孙易德里斯·伊本·阿卜杜拉，于 785 年在麦地那参加了再次爆发的阿里派的叛变。这次叛变被镇压下去以后，他就逃到了摩洛哥（马格里布）[①]。在那里，他建立了一个以他的名字命名的王国。那个王国的国祚几乎延续了两百年（788—974 年）。定都于法斯[②]的易德里斯王朝[③]，是有史以来的第一个十叶派的王朝。他们的力量是得自柏柏尔人。柏柏尔人虽然是逊尼派，
451 却愿意赞助分裂派的事业。他们的王朝，夹在埃及的法帖梅王朝和西班牙的伍麦叶王朝之间，最后在科尔多瓦的哈里发哈克木二世（961—976 年在位）派遣的一位将军的致命打击下垮台了[④]。

(3) 艾格莱卜王朝

正如十叶派的易德里斯人在北非西部开辟自己的领域一样，逊尼派的艾格莱卜人也在北非东部开辟了自己的领土。哈伦·赖世德于 800 年任命易卜拉欣·伊本·艾格莱卜为地方长官，去治理他的领土易弗里基叶（Ifrīqiyah

---

① Ya‘qūbi, vol. ii, p. 488；ibn-Khaldūn, vol. iv, pp. 12—14；ibn-‘Idhāri, *Bayān*, vol. i, pp. 72 以下，217 以下；tr. E. Fagnan, vol. i（Algier, 1901）, pp. 96 以下，303 以下。

② 这座城是易德里斯建筑的。Ibn-abi Zar'（al-Fāsi）, *Rawḍ al-Qirṭās fi Akhbār Mulūk al-Maghrib*, ed. J. H. Torberg（Upsala, 1843）, p. 15；tr. Torberg, *Annales regum mauritaniae*（Upsala, 1845）, pp. 21 以下。

③ 参阅 Stanley Lane-Poole, *The Mohammadan Dynasties*（London, 1893, reproduced 1925）, p. 35；E. de Zambaur, *Manuel de généalogie et de chronologie pour l'histoire de l'Islam*（Hanover, 1927）, p. 65。

④ Ibn-abi-Zar‘, pp. 56—57.

〔拉丁语 Africa 的讹音〕，小亚非利加，主要指突尼斯）[①]。伊本·艾格莱卜（800—811 年任职）把易弗里基叶当做一个独立王国来治理。在他被任命的那年之后，阿拔斯王朝的哈里发在埃及西部边境外的政权，就不再行使了。艾格莱卜人以“艾米尔”（省长）的头衔为满足，但是他们甚至不屑于把哈里发的名字铸在钱币上，来表示宗教上的藩属关系。他们的首都盖赖旺[②]的前身是古代的迦太基，在他们得势期间，他们从那里对中部地中海统治达百年之久（800—909 年）。

易卜拉欣的许多继任人，都像他一样奋发有为。这个王朝变成了亚欧两洲长期斗争史上的枢纽之一。他们凭着自己装备优良的舰队，侵略了意大利、法兰西、科西嘉岛和撒丁岛的海岸。他的继任人齐雅德特·艾拉一世（817—838 年在位），于 827 年派遣远征队前去侵略拜占廷的西西里岛，在这次远征之前，还屡次进行海盗式的袭击。由于此次和接连几次的远征，西西里岛于 902 年终于被完全占领了[③]。我们会在下面看到，西西里岛变成了一个进攻大陆，特别是意大利的方便的军事基地。除西西里岛外，马耳他岛和撒丁岛都被夺取过去了，主要是利用海盗的力量。他们的袭击伸展到了老远的罗马。同时，从克里特岛出发的穆斯林海盗，不断地袭击希腊的沿岸各城市。最近在雅典出土的三件库法体阿拉伯语铭文，说明那里有过阿拉伯人的居留地，那些居留地一直存在到十世纪初期[④]。

盖赖旺的清真大寺，现在还屹立在那里，与东方各著名清真寺齐名。开 452
始创建这座大寺的就是这位齐雅德特·艾拉一世，完成大寺的创建的是易卜拉欣二世（874—902 年在位）。大寺的地基是盖赖旺的奠基人欧格白的朴素的清真大寺的遗址。迦太基废址里的大理石柱先是被欧格白的继任者拿来点缀欧格白的清真大寺，后来又被利用来修建艾格莱卜人的清真大寺。这座清真大寺里方形的尖塔，也是伍麦叶王朝当年建筑物的遗迹，因此，是非洲最古老的尖塔，这个方塔把叙利亚的形式传入西北非洲。那种更细长和更奇异的尖塔形式（发源于波斯，流行于埃及）从来没有能取代这种叙利亚的形式。叙利亚式的尖塔是用石头建筑的，而别的形式的尖塔是用砖建筑的。靠了这座清真寺，盖赖旺才变成了仅仅次于麦加、麦地那和耶路撒冷的伊斯兰教第

① Ibn-al-Athīr，vol. vi，pp. 106 以下；ibn-'Idhāri，vol. i，p. 83。

② 现代突尼斯的凯鲁万。——译者

③ 参阅 ibn-al-Athīr，vol. vi，pp. 235 以下；ibn-Khaldūn，iv，pp. 198—204。

④ D. G. Kampouroglous，“The Saracens in Athens”，*Social Science Abstracts*，vol. ii（1930），no. 273；G. Soteriou，“Arabic Remains in Athens in Byzantine Times”，同上书，no. 2360。

四个圣地——变成了通往穆斯林天堂的四道大门之一。

易弗里基叶原来是一个说拉丁话、信仰基督教的地方，后来才变成一个说阿拉伯话、信仰伊斯兰教的地方。这种转变是在艾格莱卜人的时代发生的。曾经以文化环境供给圣奥古斯丁的拉丁北非，像厚纸制的房子似的，一倒塌之后，就永远没有恢复。这个地区的转变，可能比穆斯林的武力所征服的任何地方，都更彻底一些。只有桀骜不驯的柏柏尔各部族起来反抗，反抗的方式则是在伊斯兰教内建立分离派和异端派。

艾格莱卜人最后的省长是齐雅德特·艾拉三世（903—909年任职）[①]，他于909年在法帖梅人的进攻面前望风而逃，毫无抵抗[②]。法帖梅人于909年在北非继承了艾格莱卜人，在埃及和南叙利亚代替了伊赫什德人，他们的故事留在下一章讲述。伊赫什德王朝的故事，本章就要加以概括的说明。在伊赫什德王朝之前还有突伦王朝。

（4）突伦王朝

突伦王朝是一个短命的王朝（868—905年），在埃及和叙利亚创建这个王朝的，是艾哈迈德·伊本·突伦。他父亲是拔汗那的突厥人，于817年由
453 布哈拉的萨曼省长当做一件礼物送给哈里发麦蒙[③]。艾哈迈德于868年，以埃及省长助理的名义到了埃及。不久他就在埃及宣布独立[④]。僧祗奴起义期间，国库空虚，哈里发穆耳台米德（870—892年在位）向埃及省长助理要求财政援助，却没有得到什么支援。这件事是埃及生活的转折点。这件事标志着一个独立国家在尼罗河流域的诞生，这个新国家在中世纪时代一直保持着自己的主权。埃及丰富的岁入，以前是分做两部分，一部分解到巴格达去，一部分装进历任省长的腰包，所谓省长，实际上是赋税包收人。现在这笔岁入留在埃及，用于为王室兴建壮丽的宫殿。在伊本·突伦之前，埃及更换过一百多个穆斯林的省长，每人的任期平均为两年零三个月[⑤]，他们一个接着一个地剥削埃及人民。在突伦人统治时代，埃及才得到喘息的机会，而且进入一个比较繁荣的时期。

伊本·突伦（868—884年在位）给自己的新国家建立了一个严格的军事组织。他的政权的支柱是一支十万人的军队，这支军队的核心是一支由突厥奴隶和黑奴组成的禁卫军。他要求他的军队、奴隶和老百姓，向他宣誓，永

---

① 关于艾格莱卜人其他的省长，可以参阅 Lane-Poole，p. 37；Zambaur，pp. 67，68。

② Ibn-'Idhāri，vol. i，pp. 142—146；ibn-Khaldūn，vol. iv，pp. 205—207；ibn-abi-Zar'，p. 61.

③ Ibn-Khaldūn，vol. iii，p. 295，vol. iv，p. 297.

④ Ya'qūbi，vol. ii，pp. 615 以下；Ṭabari，vol. iii，p. 1697。

⑤ 参阅 Kindi，ed. Guest，pp. 6—212；Suyūti，*Ḥusn*，vol. ii，pp. 2—10；de Zambaur，pp. 25—27。

远效忠于他个人[①]。877 年，叙利亚省长去世，艾哈迈德轻易地占领了这个邻省，没有遇到太多的反抗[②]。自托勒密王朝以来，埃及初次成为一个主权国家；自法老时代以来，埃及初次统治叙利亚。为了维持对叙利亚的控制，艾哈迈德在阿卡（即阿克）建立了一个海军基地[③]。在后来的几个世纪中，叙利亚一直归尼罗河谷统治。

突伦王朝关心灌溉，因为农业是这个国家经济生活最重要的因素。艾哈迈德改进了开罗附近的罗德洲上的水位计。这个水位计是伍麦叶王朝的省长于716 年初次建立起来的，它代替了在孟菲斯的那个更古老的水位计[④]。自阿拉伯人征服埃及以来，这个王朝初次把穆斯林埃及变成一个著名的艺术中心和一个灿烂的朝廷的所在地。首都弗斯塔德的新区域盖塔伊耳（世袭地）[⑤]，被许多壮丽的宫殿装饰起来。其中之一是艾哈迈德所创建的医院 454 (*bīmāristān*)[⑥]，建筑费是六万第纳尔。现在仍旧叫做伊本·突伦清真大寺的那座清真寺，是伊斯兰教主要的宗教古迹之一。这座清真寺，特别是其中的尖塔（那是埃及最古老的尖塔）受到萨马腊建筑学派的影响，因为艾哈迈德的青年时代是在巴格达度过的。这座清真寺的建筑费是十二万第纳尔[⑦]，其特征是采用砖砌的角柱和尖拱（见本书第417 页）。约占全部《古兰经》十七分之一的经文，用优美的库法体雕刻在木质的饰带上，饰带镶在这座建筑物内部的四周，上面紧接着就是用木头盖成的平面屋顶[⑧]。

公共工程

艾哈迈德的挥霍的儿子和继任者胡马赖韦（884—895 年在位）[⑨] 的宫殿，是伊斯兰教最著名的建筑物之一，其中金厅的墙壁是用金箔贴成的，还用他本人、他的妻子和歌女们的半浮雕像加以装饰[⑩]。胡马赖韦和他的妻子都戴着金冠，他们的等身大的雕像刻在木板上。这种活人的雕像，在伊斯兰教的艺

---

① Ya‘qūbi, vol. ii, p. 624.

② Ibn-Khaldūn, vol. iv, pp. 300—301; Kindi, pp. 219 以下。

③ Yāqūt, vol. iii, pp. 707—708.

④ Maqrīzi, ed. Wiet, vol. i, pp. 247—250.

⑤ Maqrīzi (Būlāq), vol. i, pp. 313 以下。

⑥ Ibn-Taghri-Birdi, *al-Nujūm al-Zāhirah fi Mulūk Mulṣr w-al-Qāhirah*, ed. T. G. J. Juynboll, vol. ii (Leyden, 1855), p. 11; Kindi, p. 216.

⑦ Ibn-Khallikān, vol. i, p. 97; ibn-Taghri-Birdi, vol. ii, p. 8.

⑧ 关于这座清真寺的最好的描绘是约在 1420 年写成的，著者是 Maqrīzi (Būlāq), vol. ii, pp. 265 以下；曾利用这个描绘的是 Suyūṭi, *Ḥusn*, vol. ii, pp. 152—154。

⑨ 他是十七个儿子之一，是三十三个儿女之一；ibn-Taghri-Birdi, vol. ii, p. 21; Suyūṭi, *Ḥusn*, vol. ii, p. 11.

⑩ Ibn-Taghri-Birdi, vol. ii, pp. 57—58; Maqrīzi, vol. i, pp. 316—317.

术里是非常稀罕的。宫殿耸立在一个华丽的花园里，花园里有构成阿拉伯语词句模样的各种香花和花坛，还有各种外来品种的树木，种在贴金箔的水池周围[①]。别的显著的特点是一个飞禽饲养所[②]和一个动物园[③]。但是，这所宫殿主要的奇观，是院子里的水银池。有许多皮褥子打满空气后，用丝绳拴在银柱上，使其系留在水银池的表面上；这位君主躺在这些皮褥子上，安逸地摇晃着，以减轻失眠，引起瞌睡。水银池的痕迹，最近几年已经在原址上发现了[④]。胡马赖韦暴死之前，把女儿盖特尔·奈达（露珠）许配给哈里发穆耳台迪德，派定给她的奁资是一百万第尔汗，另外赠送她一个金研钵和别的
455 嫁妆，“像那样的嫁妆是空前的”[⑤]。由于胡马赖韦的浪费和奢侈，正统派认为他是不虔诚的。据说，他一次能喝埃及葡萄酒四罗特尔[⑥]。相传他的尸体下葬的时候，奉派在附近他父亲的陵墓上朗诵《古兰经》的七个人恰巧在朗诵着：“你们捉住他，把他拖进火狱的中间去。”[⑦]

突伦王朝是哈里发帝国心脏里从前默默无闻的蛮横的突厥分子在政治上团结起来的最早的表现。其他更重要的突厥小王朝，不久就接二连三地出现了。伊本·突伦是在哈里发帝国的废墟上建立起来的许多小王国的奠基者的典型。这些小王国要么就完全脱离中央政府，要么就只在名义上仍旧依附巴格达的哈里发。艾哈迈德就是一个例证，这足以说明，任何一个部下或者奴隶中的随从，只要有强硬的手段和坚强的意志，就能够削弱庞大而笨重的哈里发帝国，而获得军事上和政治上的势力。但是，突伦王朝、伊赫什德王朝和其他大多数王朝，在他们所统治的国家里，都没有民族的基础，因此，都是短命的。它们的软弱性，是由于它们在本民族中缺乏团结一致的支持者。这些统治者自己就是些入侵者，他们不得不从各种外籍人中招募自己的护卫，即自己的军队。只是靠了杰出的人物的魄力，才能维持这种统治。奠基者的控制一旦松弛或者消灭，国家就土崩瓦解。伊本·突伦所创立的国家，在他

---

① Ibn-Taghri-Birdi, vol. ii, p. 56.

② 同上书，pp. 56—57。

③ 同上书，pp. 60—61。

④ Ibn-Taghri-Birdi, vol. ii, pp. 58—59; Maqrīzi, vol. i, p. 317.

⑤ Ibn-Khallikān, vol. i, p. 310. 参阅 ibn-Khaldūn, vol. iv, pp. 307—308; Ṭabari, vol. iii, pp. 2145—2146; ibn-Taghri-Birdi, vol. ii, p. 55。

⑥ Tanūkhi, *Jāmi ʻal Tawārīkh*, ed. D. S. Margoliouth, vol. i (London, 1921), p. 261.

⑦ 《古兰经》44:47。

的儿子和第四个继任者舍伊班（904—905 年在位）① 的时代，复归于阿拔斯王朝，这是毫不足奇的。

(5)伊赫什德王朝 456

阿拔斯王朝对埃及和叙利亚实行了短时期的、不稳定的统治之后，另一个由拔汗那人②创立的突厥王朝——伊赫什德王朝（935—969 年），又在弗斯塔德建立起来了。这个王朝的奠基人穆罕默德·伊本·突格只（935—946 年在位）在把埃及紊乱的事务整顿好之后③，于 939 年接到哈里发拉迪赏赐他的"伊赫什德"（ikhshīd）头衔，这是一个古伊朗的王侯的称号。在随后的两年中，伊赫什德援用突伦王朝的先例，把叙利亚、巴勒斯坦纳入他的半独立国家的版图。第四年，又把麦加和麦地那吞并了。从此以后，东西两方争夺不已的一片土地——希贾兹的命运就跟埃及的命运联系在一起，为期达数百年之久。

一个黑太监

穆罕默德·伊赫什德的两个儿子，先后继承了他的王位，但是，他们两个是名义上的统治者，执掌政权的是阿比西尼亚的太监艾卜勒·米斯克·卡夫尔（意思是有麝香气的樟脑）。卡夫尔原来是伊赫什德从一个油商手中买来的奴隶，价值约等于八镑，从 966 到 968 年，他变成了唯一的统治者④。他成功地保卫了埃及和叙利亚，使其免于遭到在北方崛起的另一个小王朝哈木丹尼王朝的侵略。他的名字在穆台奈比的诗句中永垂不朽。穆台奈比先是称颂他，后来又讽刺他⑤。他是那个时代最伟大的诗人，又是卡夫尔的对手哈木丹尼的赛弗·道莱的称颂者。这个黑奴，从最卑贱的身份，一跃而掌握了绝对的权力，这种事例在伊斯兰教的历史上是空前的，却不是绝后的。像其他的君主一样，伊赫什德王朝的君主，特别是王国的奠基者，滥用国帑，以讨好老百姓。相传穆罕默德的厨房日常的供应是：绵羊一百只，羊羔一百只，鹅

---

① Kindi, pp. 247—248.

突伦王朝世系表

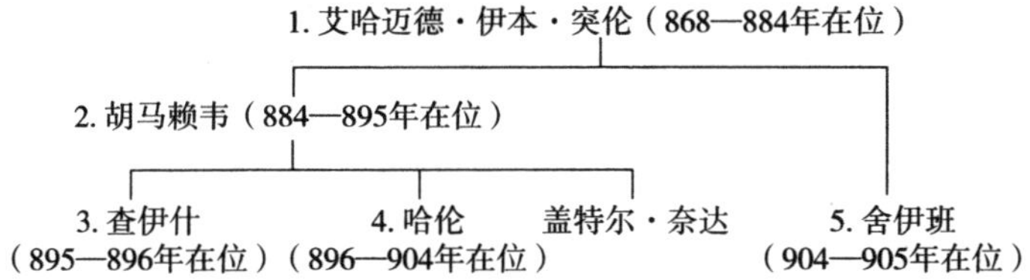

② Ibn-Sa'īd, *al-Mughrib fi Ḥula al-Maghrib*, ed. K. L. Tallqvist (Leyden, 1899), p. 5.

③ Kindi, p. 288; Miskawayh, vol. i, pp. 332, 366, n.; ibn-Taghri-Birdi, vol. ii, p. 270.

④ Ibn-Khallikān, vol. ii, 185—189; ibn-Khaldūn, vol. iv, pp. 314—315; ibn-Taghri-Birdi, vol. ii, p. 373.

⑤ *Dīwān*, ed. Fr. Dieterici (Berlin, 1861), pp. 623—732; ibn-Sa'id, pp. 45—46.

二百五十只，鸡五百只，鸽子一千只，甜浆一百罐。有人写了一首诗，献给卡夫尔，说埃及当时所以常常发生地震，是因为埃及看见他的美德而快活得舞蹈起来。那位骄傲的阿比西尼亚人就赏给那个冒充的地震记录员一千第纳
457 尔。在别的方面，伊赫什德人对于本国的文艺生活是毫无贡献的，他们也没有遗留下什么公共工程。这个王朝最后的代表，是一个十一岁的孩子艾卜勒·法瓦列斯·艾哈迈德，他于969年亡国于法帖梅王朝的名将昭海尔①。

(6) 哈木丹尼王朝

北方十叶派的哈木丹尼王朝的建立者，是埃及伊赫什德王朝的劲敌台格利卜部族人哈木丹·伊本·哈木敦②的后裔哈木丹人，起初在美索不达米亚北部建立了哈木丹尼王朝（929—991年），定都于毛绥勒，于944年前进到叙利亚北部，在未来的赛弗·道莱（Sayf-al-Dawlah，意思是王朝的宝剑）的率领下，从伊赫什德人的省长助理手中抢夺了阿勒颇（哈莱卜）和希姆斯。叙利亚念念不忘它在伍麦叶王朝时代的光荣，对阿拔斯人的统治深为不满，一直是反抗的温床。阿勒颇的赛弗·道莱（944—967年在位）创建了北方的叙利亚王朝，这个王朝继续到1003年。他的第二个继任者赛义德·道莱（991—1001年在位）却是埃及法帖梅王朝的诸侯。在拜占廷人和法帖梅人的威胁之下，哈木丹人无法支持下去，只好在那一年投降了法帖梅人③。

文学的欣欣向荣

赛弗·道莱在阿拉伯编年史上的声望，主要是由于他对于学术的慷慨奖

---

① **伊赫什德王朝世系表**

突格只
|
1. 穆罕默德·伊赫什德（935—946年在位）
|
2. 艾卜勒·嘎西木·伍努朱耳（946—960年在位） 3. 阿里（960—966年在位） 4. 艾卜勒·米斯克·卡夫尔（966—968年在位）
|
5. 艾哈迈德（968—969年在位）

（图表里的虚线表示主奴关系）

伍努朱耳（Unūjūr）这个名字有各种拼写方式。参阅 ibn-Taghri-Birdi，vol. ii，p. 315；Kindi，p. 294；ibn-Khaldūn，vol. iv，p. 314；ibn-al-Athīr，vol. viii，p. 343；Miskawayh，vol. ii，p. 104。再参阅 F. Wüstenfeld，*Die Statthalter von Ägypten zur Zeit der Chalifen*，pt. iv（Göttingen，1876），p. 37。

② Ṭabari，vol. iii，p. 2141.

③ 右表：

1. 赛弗·道莱·艾卜勒·哈桑·阿里（944—967年在位）
|
2. 赛耳德·道莱·艾卜勒·麦阿里·舍利夫（967—991年在位）
|
3. 赛义德·道莱·艾卜勒·法达伊勒·赛义德（991—1001年在位）
|
4a. 艾卜勒·哈桑·阿里（1001—1003年在位） 4b. 艾卜勒·麦阿里·舍利夫（1001—1003年在位）

励，其次是由于在其他的穆斯林放下他们手中的棍棒之后，他又对伊斯兰教 458
的敌人基督教徒举起了他手中的棍棒。哈木丹尼王朝的这位君主本人，就是一位诗人①，他同许多文人接触，由此使人回想起赖世德和麦蒙的时代。这个文人圈子里有赫赫有名的哲学家和音乐家法拉比，他生活简朴，日常需要，由国库供给生活津贴四个第尔汗就能满足。还有著名的文学史和音乐史的历史学家伊斯巴哈尼，他把自己不朽的名著《乐府诗集》的手稿赠送给这位庇护人，并且接受了庇护人一千第纳尔的奖金。还有雄辩的宫廷说教人伊本·努巴台（984 年卒）②，他那用韵文写成的文雅的说教，鼓舞了听众参加反拜占廷的圣战的热情。最重要的是桂冠诗人穆台奈比（915—965 年），他的诗篇，辞藻富丽，隐喻微妙，而且具有夸张和华丽的风格，因此，他成为今天穆斯林世界最受爱戴、被人引证最多的诗人③。一位早期的权威，称他的诗词为"高度的完美"④。穆台奈比（自封的先知）⑤ 原是巴士拉城一个水夫的儿子，青年时代，曾在叙利亚的贝杜因人中间自称有预言的才能，因此获得了这个绰号。他在阿勒颇的诗坛上有一个劲敌，叫艾卜·菲拉斯·海木达尼⑥，后者是赛弗·道莱的侄子。有一个时期，穆台奈比受到他的庇护人赛弗·道莱的冷遇，就去寻求并且得到伊赫什德王朝卡夫尔的庇护。不过，后来他又对卡夫尔感到失望。

这个时期是北叙利亚的短暂的文艺复兴时期。可以说，"诗人中的哲人和哲人中的诗人"艾卜勒·阿拉伊·麦阿里（973—1057 年）就是这次文艺复兴后期的产物。这位诗人表达了伊斯兰新世界中社会衰退和政治混乱时代怀疑的和悲观的感情。艾卜勒·阿拉伊是台努赫人的后裔，生于麦阿赖特·努耳曼，死于故乡。这是他的外号"麦阿里"的来源。他的坟墓于 1944 年重经
修缮，因为那是他的诞辰的一千周年。他四岁的时候，感染了天花，以致双 459
目失明，他所获得的补偿是记忆力有了惊人的发展。艾卜勒·阿拉伊于 1009 年到巴格达去，在那里逗留了一年零七个月，他接受了精诚同志社的观念和别的印度观念。返回故乡后，他开始吃素，而且过一种近乎隐居的生活。他

① Ibn-Khallikān, vol. ii, pp. 66—68; Tanūkhi, p. 134.

② 他的讲演集（*Khutab*）在开罗和贝鲁特屡次出版。

③ 他的诗集先由法国人迪特里西刊行，后由纳绥福·雅齐只于 1882 年刊行于贝鲁特。1935 年在叙利亚、黎巴嫩和其他地方纪念他逝世一千周年（回历 354 年卒）。

④ Ibn-Khallikān, vol. i, p. 63. 关于他的较早的评论，可参阅Tha'ālibi, *Yatīmah*, vol. i, pp. 78—164。

⑤ 他的原名是艾哈迈德·伊本·侯赛因，外号是艾卜勒·太伊卜。

⑥ *Dīwān*, ed. Nakhlah Qalfāt (Beirūt, 1900); tr. in part, Rudolph Dvořák as *Abú Firâs: ein arabischer Dichter und Held* (Leyden, 1895). 参阅 Tha'ālibi, vol. i, pp. 22—62。

晚期的著作，特别是《作茧集》（*Luzūmīyāt*）① 和《饶恕集》（*Risālat al-Ghufrān*）②，表明他这个诗人是以理性为向导，以悲观的怀疑论为哲学的。有人说他的《饶恕集》对于但丁的《神曲》发生了决定性的影响③。他的四行诗④，有一部分被译成英语。这位叙利亚诗人和波斯诗人欧麦尔·赫雅木有很多相似之点。一再有人作比较研究，研究的结果证明，约晚死六十年的波斯诗人受过那位老前辈的影响。伟大的阿拉伯诗的时代到穆台奈比和麦阿里就完结了。从此以后，就没有什么阿拉伯诗人获得超过地区性的声望。

对罗马人的国家的袭击

赛弗·道莱在北叙利亚站稳脚跟之后，从947年开始，每年向小亚细亚出征一次。在他去世之前的二十年中，没有一年是不同希腊人交战的⑤。赛弗·道莱的努力，起初是成功的。他夺取了马拉什和其他的边境城市。但是，奈塞福拉斯·福卡斯和约翰·齐米塞斯（他们俩后来都做了皇帝）的辉煌的指挥，挽救了拜占廷的命运⑥。961年，奈塞福拉斯攻克了首都阿勒颇（只有城堡除外），他把阿勒颇的青年一万名和所有的战俘都屠杀了，并且焚毁了赛弗·道莱的宫殿。过了八九天后，他却撤退了⑦。他登基之后（963—969年在位），他的军队从阿拉伯人的手中抢夺了塞浦路斯岛，并且占领了西里西
460 亚⑧。通往叙利亚的道路，就这样被打开了。他在位的最后一年，派军队夺取了垂涎已久的城市安提俄克，这是历代大主教、圣徒和教法会议的城市，也是与拜占廷有同等宗教地位的城市。从969年到1084年，这座城市一直保持在拜占廷人的手里。占领安提俄克之后不久，奈塞福拉斯的大将，就进入阿勒颇，与赛弗·道莱的儿子和继任者赛耳德·道莱（967—991年在位）签订了城下之盟⑨。约翰·齐米塞斯皇帝（969—976年在位）采取了巩固和确保在西里西亚和北叙利亚所获得的征服地的政策，同时把解放耶路撒冷当做自

---

① *Al-Luzūmīyāt aw Luzūm Ma la Yalzam*, ed. ‘Azīz Zand, 2 vols (Cairo, 1891, 1895); tr. (in part) Ameen Rihani (New York, 1918).

② Ed. Kāmil Kīlāni, 2 pts. (Cairo, 1923); partially tr. by R. A. Nicholson in *Journal Royal Asiatic Society* (1900), pp. 637—720; (1902), pp. 75—101, 337—362, 813—847.

③ Asin, *Islam and the Divine Comedy*, tr. Sunderland.

④ 四行诗（*rubā‘iyāt*），每首四行，一、二、四押韵，发源于波斯的诗法。

⑤ 参阅 Yaḥyā ibn-Sa‘īd al-Anṭāki, "*Ta'rīkh*", ed. and tr. (Fr.) I. Kratchkovsky and A. Vasiliev in *Patrologia Orientalis*, vol. xviii, pp. 768 以下。

⑥ "Ibn-Shamshaqīq" of Arab Chronicles; ibn-al-Athīr, vol. viii, p. 407; abu-al-Fidā', vol. ii, p. 110, l. 20.

⑦ Miskawayh, vol. ii, pp. 102—104; Yaḥya, pp. 786—787.

⑧ Yāqūt, vol. iii, p. 527.

⑨ Yaḥyā, pp. 823—824.

己的最后目标。为达到这个目的，他从安提俄克动身，实际上进行了一次十字军战役。他进了大马士革，但是没有深入巴勒斯坦。他在位的初期，哈木丹人的堂兄弟、奈绥宾的倔强的哈比卜部族一万二千多人，为逃避苛捐杂税而背井离乡，改奉基督教，并且参加了拜占廷人对穆斯林国土的进攻①。齐米塞斯的继任者巴齐尔二世（976—1025 年）虽然受到已占有西西里岛和爱琴海中许多岛屿的北非阿拉伯人的困扰，仍然御驾亲征，出兵保卫正在受到埃及法帖梅王朝威胁的叙利亚属地。但是，在十一世纪初，他和法帖梅王朝的哈基木签订了和约，此后再没发生过什么重大的冲突。由于巴齐尔二世的努力，再加上奈塞福拉斯和齐米塞斯以前的努力，拜占廷帝国的国境，向东方扩张到幼发拉底河和北叙利亚的心脏，伊斯兰教国家的版图，却受到了损失②。他们三人在位的时期，是“拜占廷和东方穆斯林关系史上最光荣的时代”③。

---

① Ibn-Ḥawqal，pp. 140—141.

② Ibn-al-Athir，vol. viii，pp. 440—441.

③ Vasiliev，*Byzantine Empire*，vol. i，p. 381.

461 第三十二章　各式各样的东方小王朝

(1) 塔希尔王朝

在西方的许多小王朝——主要是阿拉伯血统的小王朝——瓜分哈里发的领土的时候，在东方，同样的过程也由另外一些人在进行着，他们主要是突厥人或者波斯人。

在巴格达东面首先创建半独立国的是麦蒙曾一度信任的大将——呼罗珊人塔希尔·伊本·侯赛因。他胜利地指挥他的主子的军队，对艾敏作战。在这次内战中，据说这位独眼将军双手使用宝剑，杀人如麻，因此，麦蒙赠给他一个绰号，叫做“助勒·叶米奈因”（两手俱利者）①，有一位诗人称他为“缺一只眼睛、多一只右手”的战士②。塔希尔是一个波斯籍奴隶的子孙，820 年，麦蒙为奖励他的汗马功劳，任命他为巴格达迤东所有领土的总督，以呼罗珊为他的政权中心。后来，他把这个地区的首府迁移到木鹿。在两年后他去世之前，他从每周聚礼日（金曜日）的祈祷词中删除了哈里发的姓名③。塔希尔的继任者，名义上虽然是哈里发的诸侯，但是他们把自己的版图扩张到印度的边境。他们把自己的政府的所在地迁移到内沙布尔，他们在那里维持自己的势力，直到 872 年④，才被萨法尔王朝替代。

(2) 萨法尔王朝

萨法尔王朝发源于锡吉斯坦，在波斯建国四十一年（867—908），奠基者是叶耳孤卜·伊本·莱伊斯·萨法尔（867—878 年在位）。萨法尔（铜匠）是以铜匠业为正业，以强盗业为副业的。他是一伙歹徒的头子，有勇有谋，
462 哈里发所任命的锡吉斯坦省长很赏识他，因此，委任他做驻军的司令⑤。萨法尔终于继任了他的恩人的职位，他几乎把波斯全境和印度的外围都加到自己

① Ṭabari, vol. iii, p. 829; ibn-Khallikān, vol. i, p. 424。参阅 Mas‘ūdi, vol. vi, p. 423。

② Ibn-Khallikān, vol. i, p. 422; ibn-al-Athīr, vol. vi, p. 270.

③ Ibn-al-Athīr, vol. vi, pp. 255, 270.

④ Mas‘ūdi, vol. viii, p. 42; Ṭabari, vol. iii, p. 1880.

⑤ Ibn-al-Athir, vol. vii, pp. 124—125; ibn-Khallikān, vol. iii, pp. 350—351; Ya‘qūbi, vol. ii, p. 605; Mustawfi-i-Qazwīni, *Ta‘rīkh-i-Guzīda*, ed. E. G. Boowne, vol. i (Leyden, 1910), p. 373, tr. (abr.) Browne, vol. ii (Leyden, 1913), p. 72.

的版图中，甚至威胁到在哈里发穆耳台米德[①]统治下的巴格达。萨曼王朝继承了萨法尔王朝的一大部分土地[②]。

(3)萨曼王朝

在河外地和波斯实行统治（874—999年）的萨曼人，是萨曼的子孙，原是巴里黑的一个袄教贵族。这个王朝的奠基者是萨曼的孙子奈斯尔·伊本·艾哈迈德（874—892年在位），但是建立这个王朝的政权的是奈斯尔的弟弟易司马仪（892—907年在位），他于900年从萨法尔王朝抢夺了呼罗珊[③]。萨曼人起初是塔希尔王朝的副省长，后来逐渐强大起来，在第三位君主艾哈迈德的儿子奈斯尔二世[④]的时代（913—943年），他们把自己的版图扩张到最大限度，他们的王朝包括锡吉斯坦、克尔曼、祝尔占、赖伊、泰伯里斯坦，再加上河外地和呼罗珊。这个王朝表面上表示效忠于阿拔斯王朝，但是实际上是独立的。在阿拔斯王朝各位哈里发看来，这个王朝的成员是些艾米尔（*amīr*，省长），甚至是些阿米勒（*'āmil*，收税官），但是，在他们的领土之内，他们拥有绝对的权力。

河外地最后成为穆斯林的领土，是在萨曼王朝时代。他们的首府布哈拉和他们的主要城市撒马尔罕，作为学问和艺术的中心，几乎使巴格达相形失色。不仅阿拉伯语的学术，而且波斯语的学术，同样受到保护和奖励。赫赫有名的医学家拉齐把他的医学名著叫做《曼苏尔集》（*al-Manṣūri*），就是为纪念他的庇护者锡吉斯坦的曼苏尔·伊本·易司哈格的，他是萨曼王朝的第二位统治者的侄子。青年时代的伊本·西那，还在十几岁的时候，就应萨曼王朝的统治者努哈二世（976—997年在位）[⑤]的召唤，访问了布哈拉；努哈二世特许他自由出入藏书丰富的皇家图书馆[⑥]，在那里他获得了他那似乎无穷的知识宝藏。从这个新时代起，现代的波斯文学才兴盛起来。在这个时期中， 463
费尔道西（约934—1020年）创作了他的第一部诗集，曼苏尔一世[⑦]（961—

① Iṣṭakhri, pp. 245—247.

② Mas'ūdi, vol. viii, pp. 41—45; Ṭabari, vol. iii, pp. 1698—1706, 1880—1887.

③ Ibn-al-Athīr, vol. vii, pp. 192—195, 346—347, vol. viii, pp. 4—6; Iṣfahāni, ed. Gottwaldt, pp. 236—237; Ṭabari, vol. iii, p. 2194; *Ta'rīkh-i-Sistan*, ed. Bahār (Teheran, 1935), p. 256.

④ 参阅 Mustawfi-i-Qazwīni, vol. i, pp. 381—383 = vol. ii, p. 74; ibn-al-Athīr, vol. viii, pp. 58—60, 154—156。

⑤ 参阅 ibn-al-Athīr, vol. ix, pp. 69 以下。

⑥ Ibn-abi-Uṣaybi'ah, vol. ii, p. 4.

⑦ 伊本·郝盖勒以目击者的身份描绘了在曼苏尔一世统治的时代，国家内部的情况，描写得很生动。(ibn-Hawqal, pp. 341—342, 344—345)

976年在位）的大臣伯勒阿米节译了泰伯里的世界史[1]，就这样创作了现存的最古老的波斯语的散文著作。自穆斯林的征服以来，波斯人就用阿拉伯语作为文学表达的媒介，但是由于这些作家的创作，波斯的灿烂的穆斯林文学也就开始发展起来了。

萨曼王朝虽然是伊朗各王朝中最开明的王朝之一，但是仍未摆脱同时代其他王朝所遭受的那些致命的要素。除专横的军事贵族和不确定的王位继承所提出的通常的问题外，还有一个新的危险，那就是北方的突厥游牧民族。萨曼王朝用来充实他们宫廷的那些突厥族奴隶，甚至逐渐暗暗地插手于国家权力。萨曼王朝在乌浒水（阿姆河）以南的领土，于994年被加兹尼王朝吞并，这个王朝是在这群奴隶之一的领导下强盛起来的。乌浒水以北的领土被突厥斯坦的所谓伊莱格汗们（īlek 或 īleq Khans）抢夺去了。他于992年占领布哈拉，而在七年之后，给气息奄奄的萨曼王朝以最后一击，结果了它的性命。这样，中亚细亚的各突兰汗国，就第一次——但不是最后一次——在伊斯兰世界事务中占据了重要地位。在回历四世纪中，伊朗人和突兰人在伊斯兰世界的边境上争夺霸权的斗争，只不过是更严重的发展的序幕而已。此后，我们将要看到，这些突厥人在世界事务中扮演了一个越来越重要的角色，最后竟然夺取了巴格达哈里发的最大部分权力，实际上最后竟然在“博斯普鲁斯海峡上的巴格达”建立了自己的哈里发帝国——奥斯曼帝国。

（4）加兹尼王国

在萨曼王朝加以恩宠，而且给以高官厚禄的突厥奴隶当中，有一个人叫做艾勒卜特勤（Alptigīn），他起初是一名护卫，不久被提升为警卫队的队长[2]，961年又升任呼罗珊的省长。但是，过了不久，他就在萨曼王朝新君主的面前失宠了，因此逃到这个王国东方的边境去。在这里，他于962年从当
464 地统治者的手中夺取了阿富汗的加兹尼，建立了一个独立王国[3]，这个王国后来发展成包括阿富汗和旁遮普（962—1186年）在内的加兹尼帝国。但是，这个加兹尼王朝[4]真正的奠基人是素卜克特勤（Subuktigīn，976—997年在位），他是艾勒卜特勤的奴隶和女婿。加兹尼王朝的十六位君主继承了他的王位，他们都是他嫡系的苗裔。素卜克特勤把他的版图扩大到印度的白沙瓦和波斯的呼罗珊，这是他在萨曼王朝时代曾统治过的地方。

---

① Mustawfi-i-Qazwīni, vol. i, p. 385 = vol. ii, p. 75.

② Ibn-Ḥawqal, pp. 13, 14, 称他为 *Albtakīn*, *ḥājib ṣāḥib Khurasān*（呼罗珊的主人的护卫，艾勒卜特勤）。

③ Mustawfi-i-Qazwīni, vol. i, p. 393 = vol. ii, p. 78.

④ 旧译伽色尼王朝，或“哥疾宁王朝”。——译者

加兹尼王朝的麦哈茂德

这个王朝最著名的成员是素卜克特勤的儿子麦哈茂德（999—1030 年在位）。他的首都加兹尼，位于一个高原的极高处，俯视着北印度的平原，经过喀布尔山谷，就能顺利地进入那些平原，这个形势是他向东方进行一系列出征的有利条件。在二十四年期间（1001—1024 年），麦哈茂德对印度的进攻，不下十七次，其结果是并吞旁遮普及其中心拉合尔、木尔坦和信德的一部分①。在旁遮普，穆斯林的势力从此永远确立起来了。麦哈茂德在这些侵略中，从印度教的寺庙掠夺到令人难以置信的丰富的战利品，而且获得了同时代的君主所羡慕的称号：偶像的破坏者和破坏偶像的正统派伊斯兰教战士。约在 1001 年，他在穆斯林的历史上首先获得“迦齐”（al-ghāzi，征伐者）的称号。后来，凡是对外道作战的战士都获得这个称号。

麦哈茂德还把他的领土的边境向西边扩张。他从十叶派的布韦希王朝的手中抢夺了波斯的伊拉克，包括赖伊和伊斯巴罕②。在这个时期，布韦希王朝曾经把哈里发控制在他们的手中。麦哈茂德是一个正统派的穆斯林，自他继承王位时开始，他就承认了哈里发嘎迪尔（991—1031 年在位）③ 的名义上的宗主权，他后来接受了这位哈里发所恩赐的称号“国家的右手”（Yamīn-al-Dawlah）④。他自己和他的直接继任者铸造钱币的时候，只在钱币上铸“艾米尔”（省长）或“赛义德”（领袖），就感到满足了。据说麦哈茂德是伊斯兰教史上首先被称为“素丹”（*sulṭān*，权威）的⑤，但是由各种钱币可以证明，这个崇高的称号，是塞尔柱克王朝的君主首先正式采用的⑥。麦哈茂德的版图 465
最辽阔的时候，除东边的北印度和西边的波斯的伊拉克外，还包括全部呼罗珊、吐火利斯坦及其中心巴里黑和河外地的一部分，南部包括锡吉斯坦⑦。他曾用许多壮丽的建筑物点缀了他的首都⑧，建设了一座伟大的科学院，而且捐赠了大笔基金。他使自己慷慨的宫廷成为诗人和学者主要的游乐场。他的宫

---

① Mustawfi-i-Qazwīni，vol. i，pp. 395 以下；Bīrūni，*Taḥqīq*，p. 11；M. Nāẓim，*The Life and Times of Sulṭān Maḥmūd of Ghazna*（Cambridge，1931），pp. 86 以下。

② 现代的腊季和伊斯法罕。——译者

③ 参阅 Hilāl al-Ṣābi'，*Ta'rīkh al-Wuzarā'*（附在 Miskawayh 的 *Tajārib*，vol. iii），ed. Amerdoz，pp. 341—345。

④ Mustawfi-i-Qazwīni，vol. i，p. 395.

⑤ Ibn-al-Athīr，vol. ix，p. 92.

⑥ 参阅本书第 474 页。

⑦ Hilāl al-Ṣābi'，pp. 340，386.

⑧ 参阅 S. Flury in *Syria*，vol. vi（1925），pp. 61—90。

廷里有许多天才的学者，包括阿拉伯的史学家伍特比（1036 年卒）[①]，赫赫有名的科学家和历史著作家比鲁尼，以及鼎鼎大名的波斯诗人费尔道西（1934—1935 年，亚、欧、美三洲都庆祝过他诞生一千周年纪念）。费尔道西曾把他的伟大的史诗《帝王纪》（*Shāhnāmah*）题赠给麦哈茂德，全诗六万行。他所得的奖金是六万第尔汗，而不是六万第纳尔，因此，他就用严厉的讽刺诗批评了自己的庇护者，然后逃命。

加兹尼王朝的崛起，标志着突厥势力同伊朗势力争夺伊斯兰世界的最后霸权的初次胜利。但是，加兹尼王朝政权，与萨曼王朝政权或萨法尔王朝政权，并没有根本上的差别。这个政权也是用武力松弛地维系着的，一旦挥动宝剑的强壮的手臂放松了，组成这个政权的各部分一定要纷纷叛离。麦哈茂德死后，就发生了这样的事情。东方各省，逐渐脱离高原上的首都，于是在印度开始出现一系列独立的穆斯林王朝。在北部和西部，突厥斯坦的各汗和波斯的大塞尔柱克人，瓜分了加兹尼王朝的领土。在中部，阿富汗强大的古里人（Ghurids）给这个王朝以致命的打击，而于 1186 年摧毁了加兹尼人在拉合尔的最后统治。

禁卫军

阿拔斯王朝在东西两端的翅膀被修剪掉的时候，抓在波斯人和突厥人手里的一把短剑，又对准了它的心脏。在十叶派波斯的布韦希人和继他们而起的逊尼派突厥塞尔柱克人统治时代，除首都外，哈里发已经没有多少地盘了，甚至在这很小的领土内，他的权力也是有名无实的。一支蛮横的禁卫军兴起
466 了，接着又爆发了黑奴的革命，这就破坏了中央政权的根基，并为布韦希人的统治铺平了道路。

阿拔斯王朝的第八位哈里发穆耳台绥木（833—842 年在位），是哈伦的儿子，是一个突厥女奴所生的。他首先用河外地的突厥新兵做自己的禁卫军。禁卫军的名额是四千人。输入这些突厥人，原来是为了对付在建立阿拔斯哈里发帝国的时候有过汗马功劳的呼罗珊军人的势力，但是每年输入的突厥人又变成了对帝国完整的更大的威胁。曼苏尔的“和平城”变成了一座“骚乱城”。巴格达城的居民很可能起来暴动，以抵抗禁卫军骄傲蛮横的行动，面对着这种危险，哈里发于 836 年，把中央政府所在地向北迁移到距巴格达六十英里的萨马腊城[②]。这座城位于底格里斯河畔，原名 Sāmarra，是一个亚述名词，哈里发把这个名字改为 Surra Man Ra'a（见者喜），阿拔斯王朝的钱币上

① 他的著作是 *Kitāb-i-Yamīni*，tr. James Reynolds（London，1858），他在这部著作里颂扬了麦哈茂德。这部书的原稿是用阿拉伯语写成的。

② Ṭabari，vol. iii，pp. 1179—1181；Mas'ūdi，vol. vii，pp. 118 以下；Yāqūt，*Buldān*，vol. iii，pp. 16—17。

都印着这个城名，那里可能设有造币厂。当时曾有人幽默地说，这个城的新名应该这样解释：见者喜，是因为看到突厥禁卫军迁居此城，而巴格达城获得了安宁，人人皆大欢喜。

萨马腊城曾被许多宫殿和清真寺美化，那些新建筑都是穆耳台绥木和他儿子穆台瓦基勒（847—861 年在位）所修建的。这座新城曾作首都五十六年（836—892 年），有八位哈里发曾在这里互相继承，古城的遗址是现存的阿拔斯王朝古迹中最堂皇的①。

萨马腊阿拔斯哈里发世系表

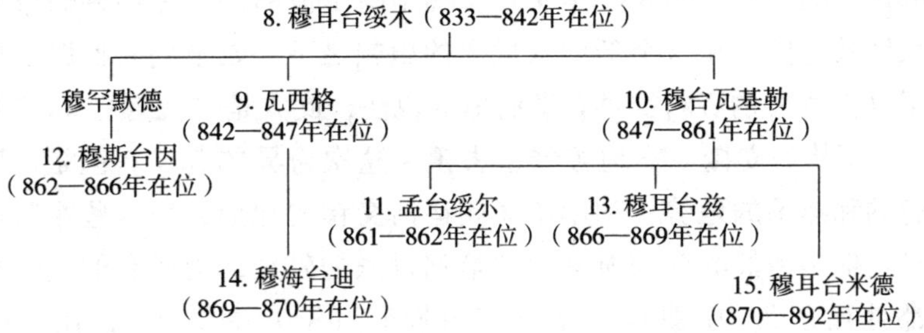

这支以突厥军人为主体的禁卫军，在哈里发帝国中所扮演的角色，与罗 467
马的禁卫军和土耳其的禁卫军并无差别，他们的出现，标志着哈里发权力告终的开端。哈里发住在自己的新都里，几乎就是他们的囚徒。861 年 12 月，他们暗杀了穆台瓦基勒。这是他儿子嗾使的②。这是一系列事件的开始，在那些事件中，阿拔斯王朝的大厦，根基既经动摇，就面临着迫在眉睫的崩溃。穆台瓦基勒是衰亡时期的头一位哈里发。在他之后的哈里发都是由军人自由废立的，那些军人主要是突厥人，他们的将军大半是奴隶，互相倾轧，争夺大权。宫廷妇女凭着自己对于这些奴隶的影响，也来扮演重要的政治角色，这就使局面更加混乱了。优柔寡断的穆斯台因（862—866 年在位）在被围困之后终于向巴格达逃走，又被禁卫军追回来，不得已而退位。他在位期间，他的奴隶母亲和两个突厥将军共享了最高权力③。他的继任者穆耳台兹（866—869 年在位）的母亲，不肯交付五万第纳尔，以赎取自己的儿子哈里发的性命，尽管她在地下室的贮藏处收藏了一百万第纳尔，还收藏了无法估

① Maqdisi, pp. 122—123; Ernst Herzfeld, *Der Wandschmuck der Bauten von Samarra* (Berlin, 1923).

② Ṭabari, vol. iii, pp. 1452—1465; abbr. ibn-al-Athīr, vol. vii, pp. 60—64.

③ Ṭabari, vol. iii, pp. 1512—1513; ibn-al-Athīr, vol: vii, pp. 80—81 引证。

价的珠宝[1]。土崩瓦解的哈里发帝国二百年的历史，呈现出一幅混乱的图景，一些有名无实的哈里发升上宝座，一些死不足惜的哈里发葬入坟墓。如果还有和平和安宁的话，要在边远的省区里才能享受到，那里的省长，实际上是独立的，他以钢铁般的手执掌着政权。

奴隶的战争

这个时期最惊人的、最残忍的插曲，是僧祇奴（Zanj）[2] 的起义。这些奴隶是从东非输入的黑人，被用来开采幼发拉底河下游的硝石矿。他们的头领 ṣāḥib al-Zanj（僧祇奴的朋友）是一个足智多谋的假冒者，叫做阿里 · 伊本 · 穆罕默德，大概是阿拉伯人的血统。他利用首都动荡不安的情况和对悲惨生活不满的矿工的暴动，于 869 年 9 月自称是阿里派的人，凭种种幻象和神秘学，出来拯救他们。在这个新的救世主的旗帜之下，奴隶们一群跟一群地集合起来了（据主要的资料提供者泰伯里的说法，此人是“无赖”和“真主的
468 敌人”[3]）。军队一支接一支地被派遣去镇压这次奇异的起义，但是，黑奴们利用优越的和熟悉的地势，利用沼泽同运河交错的地形，把这些军队都打败了，并且还依照他们的头领所采用的哈列哲派的教义，把所有的战俘和非战斗人员都处死了[4]。在穆耳台米德在位期间（870—892 年），在十四年内（870—883 年），这次奴隶战争剧烈地进行着。死于战争的人数究竟有多少，估计各有不同，有人说超过五十万。在一次战斗之后，无人认领的穆斯林的头颅太多了，黑奴们只得把那些头颅投入一条运河，以便随水漂流到巴士拉城，让各人的亲戚和朋友去作鉴定[5]。巴士拉、瓦西兑、艾海瓦兹、伍布莱等城市都化为废墟。直到哈里发的弟弟穆瓦法格亲自去指挥作战，暴动的气焰才受到挫折。883 年，他们的头领所建筑的堡垒穆赫塔赖遭受了猛攻，头领本人被杀死了。“西亚历史所记载的一次流血最多和破坏最大的变乱，就这样结束了。”[6] 在这次战争的过程中，哈里发帝国的第一个省区，也是最美丽的省区——埃及，被伊本 · 突伦割据了。

当权的大元帅

在穆耳台迪德在位的时代（892—902 年），他从半世纪多的临时首都萨马腊迁回故都巴格达，这虽然改变了地点，却没有改变形势的进程。实际的权力，仍然从哈里发的手中溜到军人的手里。在这个时代出现了阿卜杜拉 ·

---

① Ṭabari, vol. iii, pp. 1718—1719.

② 这个名词发源于波斯语的 Zang（Ethiopia），Zangbār 即从此而来，阿拉伯语的 Zanjabār 被误写成 Zanzibar。

③ Vol. iii, pp. 1785, 1786.

④ Mas'ūdi, vol. viii, pp. 31, 58—61.

⑤ Ṭabari, vol. iii, pp. 1785—1786.

⑥ Nöldeke, *Sketches from Eastern History*, tr. J. S. Black (London, 1892), p. 174.

伊本·穆耳台兹，他跟他的远堂弟弟穆格台迪尔争夺哈里发职位。他的举世罕见的荣誉就是以穆耳台达的名义，做了一天哈里发（908 年 12 月 17 日）以后就被废黜，而且被杀害了。这位一天的哈里发，与其说是一位政治家，不如说是一位诗人和文学研究家。他有许多著作，《书目》[1] 和伊本·赫里康[2]都曾提到，但留存下来的却很少。

穆格台迪尔在位的二十四年（908—932 年）中，有十三位大臣任职和免职，其中有些被处死刑，这是这个时代的一大特点[3]。这位哈里发的突厥族太后，经常干预朝政，使局面更加混乱。那十三位大臣中，有阿拉伯书法的奠基者伊本·木格莱[4]。另有一位阿里·伊本·伊萨，他在一个贪污腐化、暴虐 469
压迫的时代任职，却能公正廉明，富有才能。阿里两次任职，达五年之久，曾厉行节约，显著地改进了国家的财政，树立了一个高效率的榜样，可惜没有人仿效他[5]。在穆格台迪尔任哈里发的期间，北非的法帖梅王朝的欧贝杜拉（909 年）和西班牙的伍麦叶王朝的阿卜杜勒·赖哈曼三世（929 年）先后僭称哈里发，采用哈里发的礼仪和国徽，从而造成在伊斯兰教世界同时有三位被承认的互相敌对的哈里发的非常现象。懦弱无能的穆格台迪尔（本义是刚毅者）把国家大事交给自己的禁卫军统领穆尼斯·穆赞法尔[6]，他是一个太监，哈里发赏赐给他一个新创造的尊号“大元帅”（*amīr al-umarā'*）。不久穆尼斯就变成了实际的统治者。他废黜了穆格台迪尔，而立了他的异母弟嘎希尔[7]。穆格台迪尔复辟后不久，就被柏柏尔族的士兵杀害了。他们耀武扬威地把他的头颅送给他们的统领穆尼斯[8]。嘎希尔（932—934 年在位）的日子并不比他的前任好过。他第二次被废黜后，被挖掉眼睛，有人看见他在巴格达大街上乞讨[9]。他的两位继任者穆台基（940—944 年在位）和穆斯台克菲（944—946 年在位）都和他一样被送入双目不见天日的黑暗之国——所有这些都是大元帅的势力产生的结果[10]。巴格达城曾呈现这样的奇观：在伊斯兰教

---

① *al-Fihrist*, p. 116.

② Ibn-Khallikān, vol. i, p. 462.

③ *Fakhri*, pp. 360 以下。

④ Miskawayh, vol. i, pp. 185 以下；Ṣābi', *Wuzarā'*, ed. Amerdoz, pp. 109, 326, 359—360.

⑤ 参阅 Harold Bowen, *The Life and Times of 'Ali Ibn 'Isa, "the Good Vizier"* (Cambridge, 1928)。

⑥ 意思是“百胜将军”。Miskawayh, vol. i, p. 76；Ṭabari, vol. iii, p. 2199。

⑦ Miskawayh, vol. i, p. 193；ibn-al-Athīr, vol. viii, pp. 147—148.

⑧ Ibn-al-Athīr, vol. viii, p. 179.

⑨ Miskawayh, vol. i, pp. 291—292；ibn-al-Athīr, vol. viii, pp. 209, 211, 332—333；*Fakhri*, p. 375；Mas'ūdi, vol. viii, pp. 287 以下。

⑩ Miskawayh, vol. ii, p. 72；Mas'ūdi, vol. viii, p. 409.

世界一度担任最高官职的三位人物，现在被废黜了，被挖掉眼睛，变成了公众布施的对象。拉迪大元帅（934—940 年任职）更是变本加厉，他使自己的名字同哈里发的名字连在一起，在金曜日的祈祷中同被颂扬——这是伊斯兰教史上一种新奇的做法①。拉迪是在这个时期中幸免于废黜的少数几位哈里发之一，但是他终于不免死在军人之手。阿拉伯编年史家称他为“最后的、实
470 际的哈里发”，他们的意思是说，在他之后的哈里发，就不能在金曜日主持说教，也不能主持国家的某些事务了②。他也是有诗篇流传后世的最后一位哈里发。在他之后，留给哈里发的权力和尊严的最后痕迹都完全消失了。大元帅现在完全成为穆斯林国家实际的统治者了③。

（5）布韦希王朝

哈里发帝国史上更暗淡的一章，于 945 年 12 月在巴格达揭开了。当时哈里发穆斯台克菲（944—946 年在位）在巴格达迎接了胜利的艾哈迈德·伊本·布韦希，并任命他为自己的大元帅，还赏赐他穆仪兹·道莱（国家的支持者）的头衔。艾哈迈德的父亲艾卜·舒札耳，自称古代萨珊王朝的苗裔，像在大多数这样的情况下一样，那大概是给这个王朝撑面子的缘故④。他是一个好战的部族联盟的领袖，这个联盟主要包括从里海南岸山区来的德莱木族的高地人。他在一个时期内曾为萨曼王朝效过劳。他的三个儿子，包括艾哈迈德，曾排除困难，向南方前进，先占领伊斯巴罕，后占领设拉子及其省区（934 年），在随后的两年中，又先后占领了艾海瓦兹（现在的胡泽斯坦）和克尔曼两省。设拉子被选作这个新王朝的首都。当艾哈迈德向巴格达进军之际（945 年），突厥族禁卫军逃跑了，但是，在新主子十叶派的波斯人的监护下，哈里发的命运并未得到改善。穆仪兹·道莱的官阶只是一个大元帅，他

---

① Ibn-al-Athīr，vol. viii，p. 241.

② *Fakhri*，p. 380；Tanūkhi，p. 146.

③ 在军事统治下巴格达哈里发世系表：

16. 穆耳台迪德（892—902年在位）
- 17. 穆克台菲（902—908年在位）
  - 22. 穆斯台克菲（944—946年在位）
- 18. 穆格台迪尔（908—932年在位）
  - 20. 拉迪（934—940年在位）
  - 21. 穆台基（940—944年在位）
- 19. 嘎希尔（932—934年在位）

④ 参阅 ibn-Khallikān，vol. i，p. 98；*Fakhri*，p. 376；ibn-al-Athīr，vol. viii，p. 197；Mustawfi-i-Qazwīni，vol. i，pp. 413—414；Friedrich Wilken，*Mirchnod's Geschichte der Sultane aus dem Geschlechte Bujeh*（Berlin，1835），p. 13（波斯文原本），p. 58（译本）（节译自 Mīrkhwānd，*Rawḍat al-Ṣafā'*）。

却坚持要在金曜日的祈祷中使他的名字和哈里发的名字并列。他甚至把自己的名字铸在钱币上面①。

946年1月，不幸的穆斯台克菲的眼睛被穆仪兹·道莱挖掉，而且自己也被废黜了，穆帖仪（946—974年在位）被立为新哈里发。这时规定要纪念十叶派的各种节日，特别是两大节日，即一个是侯赛因的忌日（回历一月初十日）的公开哀悼，另一个是先知在盖迪尔·胡木任命阿里为继任者的节日②。哈里发帝国此时经历着一个最屈辱的时期，信士们的长官不过是宗教分裂派大元帅手中的傀儡而已。人们有时说布韦希人是伊斯兰教史上首先自称“素丹”的人，事实上并不是这样③。由他们的钱币可以证明，他们满足于“艾米尔”（省长）、麦列克（国王）等称号，再加上穆仪兹·道莱、伊麻德·道莱（国家的支柱）、鲁克尼·道莱（国家的栋梁）等尊号。哈里发曾同时赏赐布韦希的三个儿子这样的尊号。在他们之后，这种夸大的称号变成了时髦。布韦希的后裔中有几个继位者还袭用了大元帅的尊号，虽然这个尊号已变成空洞的只能表示光荣的虚衔。 471

这个世纪（945—1055年）是布韦希人称霸的世纪，在这个时期，他们自由地废立哈里发。伊拉克是作为一个省区，由法里斯的设拉子统治，设拉子是布韦希王朝的首都。他们在巴格达拥有几座壮丽辉煌的公馆，总的名称是 *dār al-mamlakah*（王国官邸）④。巴格达不再是穆斯林世界的中枢，因为不仅设拉子，还有加兹尼、开罗和科尔多瓦，现在都在和巴格达分享其先前的国际地位了。

阿杜德·道莱

在鲁克尼·道莱的儿子阿杜德·道莱（国家的胳膊）当权的时代（949—983年），布韦希王朝的权力达到了极点。阿杜德不仅是布韦希王朝最伟大的君主，而且是他那个时代最优秀的统治者。在布韦希王朝的统治时代，波斯和伊拉克出现了几个小王国，阿杜德于977年，把那几个小王国统一起来，创造了一个帝国，版图之大，相当于哈伦·赖世德时代的阿拔斯王朝。他娶了哈里发塔伊耳的女儿，又把自己的女儿嫁给哈里发（980年），希望自己的 472

① Miskawayh, vol. ii, p. 158; ibn-al-Athīr, vol. viii, p. 337; Wilken, p. 21（原本），p. 66（译本）。参阅 Miskawayh, vol. ii, p. 396; ibn-Khallikān, vol. ii, p. 159。

② 这是在麦加和麦地那之间的一个源泉，十叶派传说断言，先知曾在那里宣言：“我是谁的主子，阿里就是谁的主子。” Ibn-Sa‘d, vol. v, p. 235; Mas‘ūdi, *Tanbīh*, pp. 255—256。为了纪念这个宣言，十叶派在回历每年12月18日举行纪念会。

③ 参阅本书第464页和474页。

④ Khaṭīb, vol. i, pp. 105—107.

外孙将来成为哈里发[1]。在伊斯兰教史上，他是首先有“沙汗沙”（*shāhanshāh*）的头衔的[2]。他的宫廷虽然仍旧在设拉子，但是他美化了巴格达，修浚了早已淤塞的各条运河，又在别的许多城市修建了清真寺、医院和公共建筑物。对此，他的财政大臣[3]，有功绩的史学家米斯凯韦曾有记载[4]。阿杜德·道莱为维持自己的慈善事业，从自己的国库中拨专款作为基金。他在假定的阿里的坟墓上修建的陵庙（*mashhad*），是一座有趣味的建筑物。但是最重要的是他在巴格达建设的著名的阿杜德医院，那是在978—979年建成的，他捐赠给这座医院的基金是十万第纳尔。这座医院有二十四位医生，替病人治病，同时担任医学院的教师[5]。穆台奈比一流的诗人曾歌颂阿杜德的光荣业绩，还有些著作家把自己的著作题赠给他，其中有语法学家艾卜·阿里·法尔西，曾为他而编写《语法解释》（*Kitāb al-īḍāḥ*）[6]。阿杜德在促进和平艺术的工作中找到了一位能干的合作者，即他的信奉基督教的大臣奈斯尔·伊本·哈伦。他在哈里发授权之下，建设和修理了几座教堂和修道院[7]。

阿杜德·道莱奖励文学和科学的先例，被他的儿子舍赖弗·道莱[8]（983—989年当权）遵守。舍赖弗去世前一年，曾仿效麦蒙，建造了一座天文台。阿杜德的另一个儿子、他的第二个继任者伯哈义·道莱[9]（989—1012年当权），贪图哈里发塔伊耳巨大的财富，所以991年把他废黜了。伯哈义有一个开明的波斯籍大臣，叫做萨卜尔·伊本·艾尔德什尔。萨卜尔于993年在巴格达创办了一所科学院，院内附设的图书馆，藏书一万册[10]；叙利亚诗人麦阿里在巴格达做学生的时候，曾利用过那些图书。可以顺便提一提，精诚
473 同志社也是在布韦希王朝活动的。但是，这个国家本身已走着下坡路了。伯

---

① Miskawayh, vol. ii, p. 414; Yāqūt, *Udabā'*, vol. vi, p. 266.

② 这是波斯语 *shāhānshāh* 的缩减，意思是“诸王之王”，这是模仿古代伊朗皇帝的称号。阿拉伯语与此相应的是 *malik al-mulūk*，阿杜德的儿子伯哈义·道莱大概是首先用这个阿拉伯称号的，较晚的突厥系各王朝都欢迎这个称号。

③ Vol. ii, pp. 404—408，参阅 ibn-al-Athīr, vol. ix, p. 16。

④ Qifṭi, p. 331.

⑤ Ibn-abi-Uṣaybi'ah, vol. i, pp. 310, 238, 244; Qifṭi, pp. 235—236, 337—338, 438.

⑥ Ibn-Khallikān, vol. ii, p. 159.

⑦ Miskawayh, vol. ii, p. 408.

⑧ 这个称号的意思是“国家的光荣”。Ibn-al-Athīr, vol. ix, pp. 16—17; Rūdhrāwari, *Dhayl*（补遗，是米斯凯维所著 *Tajārib* 第三卷的补遗），ed. Amedroz, pp. 136 以下。

⑨ 这个称号的意思是“国家的荣华”。Ibn-al-Athīr, vol. ix, pp. 42 以下；Rūdhrawari, pp. 153 以下。

⑩ Ibn-al-Athīr, vol. ix, p. 71; ibn-Khallikān, vol. i, p. 356.

哈义、舍赖弗和他们的三弟萨木萨木·道莱[1]之间的内战，他们的继任者之间王朝的和家庭的内争，以及布韦希十叶派教徒对逊尼派巴格达的深恶痛绝，这些原因导致了这个王朝的灭亡。1055 年，塞尔柱克王朝的突格里勒攻进巴格达，结束了这个王朝的统治。这个王朝在伊拉克的最后的统治者麦立克·赖希木（慈悲的国王，1048—1055 年在位）是在监狱中结束他的生命的。

下面是在布韦希人霸权（945—1055 年）下的阿拔斯王朝各哈里发的世系表：

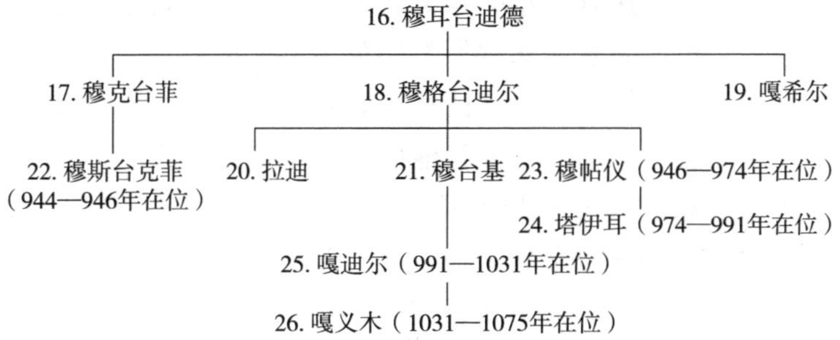

（6）塞尔柱克王朝

塞尔柱克突厥人的登场，揭开了伊斯兰教史和哈里发帝国史上一个新纪元。他们在十一世纪早期从东方出现的时候，哈里发的帝国几乎完全被瓜分了，哈里发从前的权力已经只剩一个影子了。西班牙的伍麦叶王朝、埃及和北非的法帖梅王朝，已经根基稳定，巴格达再也不可能把那些王朝摧毁了。北叙利亚和上美索不达米亚，前面已说过，都在一些强横的阿拉伯首领的控制之下，他们有些人已成功地建立了王朝。波斯、河外地和东方与南方的地区都被布韦希王朝和加兹尼王朝瓜分掉，或者落在各式各样的小君主手中，他们中的每个人都在等待时机，想要消灭别人。到处出现政治上和军事上的无政府状态。十叶派和逊尼派的纠纷风靡一时。伊斯兰世界仿佛已被摧毁了。

一个名叫塞尔柱克的首领，统率着他的土库曼乌古思人[2]于 956 年进入这个混乱的王国。从突厥斯坦的吉尔吉斯草原来的这些游牧人，定居于布哈拉 474
地区，他们在那里热情地信奉了逊尼派的伊斯兰教。塞尔柱克和他的儿子们，在伊莱格汗国和萨曼王国中，先后慢慢地稳步地打开一条道路[3]。塞尔柱克的

---

① “国家的宝剑”。ibn-al-Athīr，vol. ix，16—19，32—35；Rūdhrāwari，pp. 184，260.

② 乌古思人是一个突厥部族，分为九个支族，所以叫做九姓乌古思（Tūqūz Ghuzz）。——译者（乌古思，现通译为“乌古斯”。——编者）

③ Mustawfi-i-Qazwīni，pp. 434—436；tr. 93—94；Joannes A. Vullers，*Mirchondi historia Seldschukidarum*（Giessen，1837），pp. 1 以下（这是 Rawḍat al-Safā' 的摘要）。

孙子突格里勒[①]和他的弟弟一道冒险地推进到呼罗珊。这家两兄弟于1037年从加兹尼王朝的手中夺取了木鹿和内沙布尔，很快又夺取了巴里黑、戈尔甘、泰伯里斯坦、花拉子模、哈马丹、赖伊和伊斯巴罕。在他们的面前，布韦希王朝坍塌了。1055年12月18日，突格里勒·伯克统率着他的狂妄的土库曼各部族，来到了巴格达的城门口。布韦希王朝的突厥将军兼巴格达军事长官白萨西里，离开了首都[②]；哈里发嘎义木（1031—1075年在位）赶快出城，把入侵者突格里勒当做一位救星迎入城内。

当权的突格里勒

突格里勒离开巴格达有一年时间，又重新回来，他到巴格达的时候受到了盛大的欢迎。哈里发穿着先知穆罕默德的斗篷，手持先知的手杖，坐在一座讲台上，台前垂着的帷幕，到这位征服者到达的时候才揭开来。突格里勒坐在旁边另一座讲台上，由一个人替他们翻译。这位征服者被任命为帝国的摄政王，被称为“东方和西方的国王”[③]。他的官衔是“苏丹”（*al-sulṭān*，意思是权威）[④]。哈里发帝国现在转入一种新的更慈悲的监护之下了。

白萨西里在那期间拥护法帖梅王朝的事业，他乘突格里勒到北方远征的机会，于1058年统率德莱木人部队和其他部队，占领了巴格达。哈里发嘎义木被迫签署文书，把自己的权利和所有其他阿拔斯人的权利都让给自己的劲敌——开罗的法帖梅王朝的穆斯坦绥尔（1035—1094年在位），他派人把哈
475 里发职位的各种象征，包括先知的斗篷和别的遗物全部送给他。嘎义木的头巾和他的宫殿里的一扇美丽的窗子，也被送到开罗去做纪念品[⑤]。但是，当突格里勒返回巴格达的时候，他又使嘎义木复位，并以叛国的罪名，把白萨西里处死（1060年）。德莱木人的部队被解散了，布韦希人的权力永远被摧毁了。

突格里勒（1037—1063年在位）、他的侄子和继任者艾勒卜·艾尔斯兰（1063—1072年在位）和艾勒卜的儿子马里克沙（1072—1092年在位），他们

---

① 他父亲叫 Mikā'īl，他弟弟叫 Dāwūd，他叔叔叫 Mūsā；ibn-al-Athīr，vol. ix，p. 322。这些名字出现在早期的塞尔柱克王朝中，是引人注意的事情，这说明基督教——可能是景教——的影响。参阅 Qazwīni，Āthār，p. 394。

② Ibn-Khallikān，vol. i，pp. 107—108；ibn Taghri-Birdi，ed. Popper，vol. ii，pt. 2，p. 225。

③ Ibn-al-Athīr，vol. ix，p. 436；ibn-Taghri-Birdi，所引证的地方，p. 233；'Imād al-Dīn（al-Isfahāni），abr. al-Bundāri，*Tawārikh Āl Saljūq*，ed. M. Th. Houtsma（Leyden，1899），p. 14。

④ al-Rāwandi，*Rāḥat al-Ṣudūr*，ed. Muḥammad Iqbāl（London，1921），p. 105. 突格里勒所铸的钱币，刊印他的名字，穆斯林的统治者这样做的，要算他是第一人。参阅 Stanley Lane-Poole，*Cataloque of Oriental Coins in the British Museum*，ed. R. S. Poole，vol. iii（London，1877），pp. 28—29。自塞尔柱克人起，开始用素丹为君主正式的称号。

⑤ 参阅本书第四十三章“法帖梅王朝的衰落”。

三人在位的时代，是塞尔柱克人统治穆斯林东方的最灿烂的时代。当突厥各部族的生力军使塞尔柱克人的部队壮大起来的时候，他们东征西讨，把自己的征服地扩大到四方去，直到西亚的大部分地区都并入了穆斯林的版图，使穆斯林军队已凋零的光华又重新辉耀起来。从中亚来的一个新民族，现在把自己的血液注入伊斯兰教争夺世界霸权的斗争中去。这些野蛮的异教徒，把脚踏在先知的教徒的脖子上，同时又信奉了被征服者的宗教，而变成伊斯兰教热心的拥护者。他们的事例，在伊斯兰教错综复杂的编年史上，并不是绝无仅有的。他们的堂兄弟——十三世纪的蒙古人和他们别的近亲——十四世纪初期的奥斯曼土耳其人，曾重演了这个过程。伊斯兰教在政治上处于极黑暗的时期，在宗教上却获得了一些最辉煌的胜利。

艾勒卜·艾尔斯兰

艾勒卜·艾尔斯兰（英勇的狮子）在位的第二年，夺取了基督教的亚美尼亚的首府阿尼，当时亚美尼亚是拜占廷的一个省区[1]。此后不久，他就跟永久性的敌人拜占廷人重开战争。1071 年，艾勒卜在亚美尼亚的凡湖以北的曼齐卡特（Manzikcat，即 Malāzkird，或 Malāsjird）赢得了决定性的胜利，而且俘获了罗马纽斯·戴奥哲尼斯皇帝[2]。塞尔柱克的游牧部族，也就是第一批穆斯林，在罗马人的国土上获得了一个永久性的立足处，此时他们开始定居于小亚细亚的高原地区，而这个地区从此变成了伊斯兰教国家（*dār al-Islām*）的一部分。这些塞尔柱克族的游牧人打下了小亚细亚突厥化的基础。艾勒卜的一个堂弟苏莱曼·伊本·顾特鲁米什，后来奉命管理这个新地区；1077 年，他在这里建立了罗马的（Rūm）[3] 塞尔柱克人的君主国。远方的尼西亚（Nicaea，即阿拉伯语的 Nīqiyah，土耳其语的 Iznīq）初次变成首府，苏莱曼的儿 476
子和继任者基利只·艾尔斯兰就是被第一批十字军从这里驱逐的。1084 年后，艾科尼阿木（Iconium，即科尼亚[Qūniyah 或 Konieh]），这个小亚细亚最富饶和最美丽的拜占廷城市，变成了塞尔柱克人在那个地方的首府。艾勒卜的儿子突突什于 1094 年建立的叙利亚塞尔柱克王朝（1094—1117 年），在这期间对于阻止第一次十字军的前进做出了贡献。阿勒颇于 1070 年以后被艾勒卜占据[4]。他在那里阻止了法帖梅人势力的前进，而且从那里收复了麦加和麦地那。

塞尔柱克王朝的极盛时代

塞尔柱克王朝最初的两位素丹都没有驻在巴格达，他们只是通过一位驻

① Ibn-al-Athīr，vol. x，pp. 25 以下。

② 同上书，第 44 页以下；'Imād al-Dīn，pp. 38 以下；Vasiliev，*Byzantine Empire*，vol. i，p. 431。

③ 阿拉伯语 *rūm* 即"罗巴"（Romans），参阅本书第 199 页。

④ Ibn-al-Athīr，vol. x，pp. 43—44.

扎官来行使权力。艾勒卜没有访问过，也没有见过哈里发的首都[1]。他的政府的所在地是伊斯巴罕，木鹿是他的前辈的首都。直到1091年冬，在马里克沙去世之前不久，塞尔柱克王朝政府才迁移到哈里发的首都。哈里发变得比以前更像傀儡了，他由素丹自由摆布，他装扮成十足的国家元首，由外国人的手把他撑持在宝座上。在金曜日的祈祷词中，素丹的名字与哈里发的名字并列在一起。1087年，哈里发穆格台迪（1075—1094年在位）娶了素丹马里克沙的女儿，马里克沙是想让他的外孙兼任哈里发和素丹，但是这个计划没有实现[2]。

在马里克沙在位的时代（1072—1092年），塞尔柱克王朝的势力已达于极点。"他的版图，论长是从突厥人的国土最边远的城市喀什噶尔到耶路撒冷，论宽是从君士坦丁堡到里海。"[3] 有一次他乘渡船过乌浒水，开发船夫的船资的时候，他开了一张支票，叫他们向他驻安提俄克的总办取款[4]。马里克沙不仅是一个庞大帝国的统治者，他还修建大路和清真寺，修缮城墙，开凿运河，花大量金钱修建商队客栈，让朝觐圣地的哈只们沿途都有住处。据他的传记的作者说，这个大帝国所有的大路都是安全的，从河外地到叙利亚的商队，可以十分安全地往来，即使一二人旅行，也不需要特别的保护[5]。在这
477 个时候，巴格达才有了卫生上的各种措施，据伊本·艾西尔说，那些措施应归功于哈里发穆格台迪[6]，可是更正确些说，那是出于这位塞尔柱克素丹的倡议。那些措施包括公共澡堂的污水必须纳入污水坑，不得流入底格里斯河，还指定若干地方，作为洗鱼和藏鱼的处所。伊本·赫里康记载了一件逸事，可以帮助说明马里克沙的性格[7]。有一次，这位素丹由他的大臣尼采木·木勒克陪同着去访问突斯的清真寺，他问尼采木在清真寺内祈祷的时候，向真主求祈了什么。他回答说，他求祈真主使素丹在当前的内战中打败他的弟弟。马里克沙说："这却不是我所求祈的。我只求祈真主，让那个更适于治理穆斯林的并且对于老百姓更慈爱的人，获得胜利。"

一位优秀的大臣尼采木·木勒克

在艾勒卜·艾尔斯兰和马里克沙的全部统治中起指导作用的是他们优秀的波斯籍大臣尼采木·木勒克（王国的纪纲），他曾给伊斯兰政治史增光。据

---

① Ibn-Khallikān, vol. ii, p. 443.
② Ibn-Khallikān, vol. ii, pp. 589—590.
③ Ibn-Khallikān, vol. ii, p. 587.
④ 同上书，p. 589。
⑤ 同上书，p. 587。
⑥ Ibn-Athīr, vol. x, p. 156.
⑦ Ibn-Khallikān, vol, ii, p. 588.

伊本·赫里康说："在马里克沙在位的整整二十年中，国家大权集中在尼采木·木勒克的手中，素丹无事可做，只是闲坐在宝座上，或者出外狩猎。"[1]

马里克沙虽然没有受过教育，而且可能像他父亲和他叔祖父一样是个文盲，他却根据尼采木·木勒克的建议，于1074—1075年在他新建成的天文台召开天文学家讨论会，并且委托他们修改波斯的历法[2]。修改的结果产生了著名的哲拉里历，所以有这个名称，是由于马里克沙的全名包括哲拉鲁丁。据一位现代学者的判断，这个历法"比我们的历法还要精确些"。

尼采木·木勒克本人是一位有修养、有学问的人物[3]。他曾写过论述行政艺术的最著名的穆斯林论文《政治论》（*Siyāsatnāmah*）[4]，他写作这篇论文是为了参加马里克沙所倡议的一次竞赛。这位素丹要求他的政治家们用书面的 478
报告，向他提出他们对于清明政治的各种意见。在这个时代用波斯语写作的名著，还有赫赫有名的旅行家兼易司马仪教派宣传家纳绥尔·胡斯罗（约于1074年卒）的著作和伟大的天文学家兼诗人欧麦尔·赫雅木（1123—1124年间卒）的作品，这位科学家曾受到尼采木的庇护，而且参加了修改历法的工作。但是这位波斯籍大臣的光荣还在于他创办了第一批组织完善的学院，以传播伊斯兰教的高等教育[5]。这些学院当中特别著名的是巴格达的尼采米亚大学，那是1065—1067年建成的。安萨里曾在这所大学里任教。

塞尔柱克王国的崩溃

前面已经讲过，老迈的尼采木是易司马仪派阿萨辛人最早的著名的牺牲品之一。包括头三位素丹在位的全部时期的塞尔柱克王朝的光荣时代，于1092年随着他的逝世而告终。这三位素丹，在一个简短而灿烂的时期中，把伊斯兰教国家大部分相距遥远的地区又联结在一起了。但是巴格达和伊斯兰教在他们的统治之下所享受的光荣季节，只是一个转眼即逝的小阳春。马里克沙死后，在他的几个儿子之间就爆发了内战，随着产生种种变乱，从而削弱了塞尔柱克王朝中央政府的政权，导致王室的瓦解。塞尔柱克帝国是建筑在一个部族基础上的，塞尔柱克人的风俗习惯和组织形式，都是游牧民族所固有的老一套，这样建成的帝国，只有超群出众的人物才能控制。依照尼采木·木勒克于1087年所建立的军事封建制度，中央政府所赏赐的封地，第一次变成世袭的了。因此，这个制度立即就导致许多半独立国家的建立。这些

① Ibn-Khallikān, vol. i, p. 255.

② Ibn-al-Athīr, vol. x, pp. 67—68. 天文台的地址还未考出，可能是在伊斯巴罕，或赖伊，或内沙布尔。参阅本书第377页。

③ Ibn-al-Athīr, vol. x, p. 104; 'Imād-al-Dīn, p. 30.

④ Ed. Charles Schefer (Paris, 1891), tr. Schefer (Paris, 1893).

⑤ 参阅本书第410页。

分散的小王朝，在辽阔的帝国的各个地区，取得了实质上的独立地位。波斯的大塞尔柱克王朝，则一直维持着名义上的宗主国地位，一直到1157年为止。王室主要的小王朝之一是波斯的伊拉克小王朝（1117—1194年）。艾科尼阿姆的罗马的塞尔柱克小王朝，在1300年后为奥斯曼土耳其人所取代，他们是战斗的伊斯兰最后的伟大的代表者，据传说，他们的祖先是乌古思部落，与塞尔柱克人同宗。他们在欧洲深入到维也纳（1529年），建立了一个大帝国，版图几乎等于阿拉伯人的哈里发帝国。第一次世界大战后，奥斯曼土耳其人才把他们的权力局限于小亚细亚或者安纳托利亚。

479 塞尔柱克人和奥斯曼土耳其人对于伊斯兰教的一个永久的贡献，是给伊斯兰教增添了神秘的色彩。足以充分说明这一点的是，有好几个修道士的兄弟会都是在土耳其的土壤上繁荣起来的，这些兄弟会都拥护发源于早期萨满教的许多观念，并且把那些观念与小亚细亚的一些土产的信仰混合在一起，其中还有基督教分裂论者的教义。穆斯林的阿拉伯人用来表达他们的武士精神的“弗土韦”（*futūwah*）[①] 组织在土耳其人中间采取了一种新的形式，那就是艾赫（*akhis*）组织。这些艾赫组织原来可能是经济性质的同业工会。伊本·白图泰访问小亚细亚的时候，就是在艾赫的招待所里受到款待的[②]。

在这里顺便提一提下面这件事，或许是有意义的：由古代某一苏美尔祭司想出来的双头鹰，很早就传给巴比伦人和喜特人，在三千多年后，又被定居于喜特人地方（小亚细亚）的塞尔柱克突厥人当做一种象征。从塞尔柱克人又传到拜占廷，再从那里传到奥地利、普鲁士和俄罗斯。

巴格达不关心十字军战役

塞尔柱克人控制哈里发帝国，始于1055年，那是嘎义木在位的时代，终

---

① 参阅本书第481页。

② Vol. ii, pp. 260, 318。*akhi* 不是阿拉伯语的“弟兄”，伊本·白图泰的说明是误解。这是一个土耳其字，意思是侠义的或高贵的。参阅 Franz Taeschner in *Islamica*, vol. iv (1929), pp. 1—47, vol. v, pp. 285—333；J. Deny in *Journal asiatique*, ser. II, vol. xvi (1920), pp. 182—183。

于 1194 年，那是纳绥尔在位的时代[①]。在这个时期的大部分时间中，十字军战役在叙利亚和巴勒斯坦厌倦地拖着脚步前进，但是无论塞尔柱克人或阿拔 480
斯人，对于远方的事务都是不感兴趣的。对于伊斯兰教社会中大部分的人来说，如果我们从其大本营的角度看去，十字军战役只是一个无关紧要的插曲罢了。1099 年耶路撒冷陷落时，一个穆斯林代表团到巴格达去，请求援助反抗基督教徒的战争，有不少的人挥泪，表示深切的同情，但是没有采取任何行动[②]。哈里发穆斯台兹希尔（1094—1118 年在位）指示代表团去见素丹巴尔基雅鲁格（1094—1104 年在位），他是马里克沙的儿子和第二位继任者[③]，是一个醉汉，素丹的政权就是从他开始衰落的，代表团的谈判就在他那里不了了之。1108 年，又有人从十字军围困的的黎波里来请愿，这个代表团是被围城市的首领领导的，但是代表团的请愿，像第一个代表团一样，没有什么结果。三年之后，法兰克人劫掠了从埃及开出的几艘船只，这些船只是运货给阿勒颇的商人的，因而阿勒颇派了一个代表团到巴格达去请愿。他们找到素丹做礼拜的那座清真寺，向他提出迫切的恳求，而且捣毁了清真寺里的讲台，妨碍了聚礼的进行。哈里发穆斯台兹希尔这才奋发起来，派出一支小军队去支援抗战，当然并没有完成什么任务[④]。当基督教和伊斯兰教关系史上最惊人的戏剧正在上演的时候，"信士们的长官"和他的塞尔柱克族的素丹，却是这样袖手旁观呢。

后来，在穆格台菲任哈里发的期间（1136—1160 年），当十字军疯狂进

---

① 塞尔柱克人控制下的各哈里发世系表：

26. 嘎义木（1031—1075在位）
　　|
穆罕默德
　　|
27. 穆格台迪（1075—1094年在位）
　　|
28. 穆斯台兹希尔（1094—1118年在位）
　　|——————————————————|
29. 穆斯台尔什德（1118—1135年在位）　　31. 穆格台菲（1136—1160年在位）
　　|　　　　　　　　　　　　　　　　　　　|
30. 赖世德（1135—1136年在位）　　32. 穆斯覃吉德（1160—1170年在位）
　　　　　　　　　　　　　　　　　　　　　|
　　　　　　　　　　　　　　　　33. 穆斯台兑耳（1170—1180年在位）
　　　　　　　　　　　　　　　　　　　　　|
　　　　　　　　　　　　　　　　34. 纳绥尔（1180—1225年在位）

② Ibn-al-Athīr, vol. x, p. 192 [4].

③ Ibn-Khallikān, vol. i, p. 154.

④ Ibn-al-Athīr, vol. x, pp. 338—339; ibn-al-Qalānisi, *Dhayl*, p. 173.

犯之际，处境紧迫的穆斯林首领赞吉①，向巴格达提出火急的呼吁，巴格达方面为应公众的请求，交出了千把新兵。在这期间，赞吉的好战的儿子努尔丁和著名的萨拉哈丁（萨拉丁）成功地抵抗了基督教徒，而且击败了宗教分裂派埃及的法帖梅人。1171 年，萨拉哈丁结束了法帖梅王朝。作为一个忠诚的逊尼派的穆斯林，他命令埃及和叙利亚各地在金曜日的祈祷词（*khuṭubah*）中，一律改用阿拔斯王朝哈里发穆斯台兑耳的名字。因此，阿拔斯王朝哈里发名义上的主权，在这些地方再一次被承认了。

481 1187 年，萨拉哈丁在希田战役中获得了决定性的胜利后，曾派人给穆斯台兑耳的继任者纳缓尔送去几个法兰克人的战俘和一部分战利品，包括一个青铜镀金的十字架（据说这个十字架中有着真十字架的木头）。哈里发把这个十字架埋葬在巴格达②。

花拉子模诸沙

纳绥尔在位的年代是 1180 年到 1225 年，在阿拔斯王朝的编年史上要算是最长的了③，在这个时期中，他曾做过一次微弱的、最后的尝试，企图多少恢复这个哈里发王朝过去的一点光荣。塞尔柱克王朝各亲王之间不断的内讧，英雄人物萨拉哈丁给予阿拔斯哈里发王朝的新的承认，这些都使纳绥尔好像有了一个机会。他开始把自己的意志强加于首都，过着奢侈的生活，而且下命令建筑了几座高楼大厦，由他捐助建筑费。在他的庇护之下，一种特殊的结义组织“弗土韦”（*futūwah*）兴盛起来了，这是一种具有侠义精神的武士组织。他把这种组织加以改革。这种结义组织，自称溯源于阿里，参加这个组织的都是出身于世家的和显贵的人物，大部分是先知的女婿的后裔。这种组织的成员叫做“非特彦”（*fityān*，武士），介绍新成员加入组织的时候，必须举行特别的仪式，成员都穿制服④。穆阿威叶的儿子叶齐德被称为“阿拉伯人的武士”（*fatā al-Arab*），因此，他是伊斯兰史上首先获得这个称号的。不过这个称号在那个时代并没有技术上的意义。

---

① 赞吉是摩苏尔和叙利亚艾塔伯克（Atābeg）王朝的奠基者。艾塔伯克（突厥语 ata〔父〕与 beg〔王〕合起来是父王的意思）原来是塞尔柱克王朝太子的太傅，他们后来取代了塞尔柱克人的政权。Abu-Shāmah，*al-Rawḍatayn fi Akhbār al-Dawlatayn*，vol. i（Cairo，1287），p. 24。

② Ibn-al-Athīr，vol. xi，p. 353；abu-Shāmah，vol. ii，pp. 76，139.

③ 参阅 Mustawfi-i-Qazwīni，vol. i，p. 369。嘎义木在位的时期（1031—1075 年）是阿拔斯王朝各哈里发中在位年代最长的第二位。法帖梅王朝的穆斯坦绥尔（1035—1094 年在位），名义上保持了穆斯林编年史的最高记录，但是伊本·艾西尔（12 卷，286 页）指出，这位哈里发是七岁登基的。西班牙科尔多瓦的阿卜杜勒·赖哈曼三世（912—961 年），直到 929 年才自称哈里发。

④ *Fakhri*，p. 434；ibn-al-Athīr，vol. xii，p. 268；ibn-Jubayr，p. 280. 参阅 Hermann Thorning，*Beiträge zur Kenntniss des islamischen Vereinswesens auf Grund von Basṭ Madad et-Taufīq*（Berlin，1913）；H. Ritter in *Der Islam*，vol. x（1920），pp. 244—250。

虽然如此，纳绥尔的企图不过是回光返照而已。他的第一个严重的错误是怂恿花拉子模的统治者，即花拉子模诸沙的突厥王朝①的成员台卡史（1172—1200 年执政）去进攻波斯的伊拉克的塞尔柱克人②，他们继波斯的大塞尔柱克王朝之后统治着巴格达。台卡史与塞尔柱克王朝的素丹突格里勒（1177—1194 年在位）之间的战争，发生于 1194 年，结果是突格里勒大败。 482
塞尔柱克王朝在伊拉克和库尔德的宗支，随着他的失败而灭亡。纳绥尔希望这位胜利者把他所征服的地区交出来，但是台卡史另有计划。他援用塞尔柱克人的先例，用自己的素丹的名义铸造钱币，而且建议由他掌握巴格达的世俗的政权，只把名义上的主权留给哈里发。这个争端，在他的精力充沛的儿子阿拉义丁·穆罕默德的统治时代（1200—1220 年）还在继续。花拉子模的这位沙（shāh，王），在征服了大部分波斯（1210 年），克服了布哈拉和姊妹城撒马尔罕，攻下了加兹尼（1214 年）之后，决心结束阿拔斯哈里发王朝。他计划另建一个阿里哈里发王朝。张皇失措的纳绥尔（*nāṣir*，意思是正信的保卫者），据说于 1216 年曾寻找新的同盟者的援助，就是正在远东走运的成吉思汗（1155—约 1227 年），他是信仰异教的蒙古汗国的可怕的首领③。他统率着由游牧人组织成的六万大军④，像正在离窠起飞的、骇人的蜂群一般，从沿途被征服的人民中征募新兵，加以补充。阿拉义丁在大军的面前，只有逃亡一途。他逃到里海的一座岛上，于 1220 年在绝望中死去⑤。

成吉思汗的登场

在这期间，蒙古人乘着快速的马队，配备着奇异的弓箭，走到哪里，便在哪里进行蹂躏和破坏⑥。东方伊斯兰教的文化中心，在他们的面前，被扫荡净尽，在堂皇的宫殿和庄严的图书馆过去屹立的地方，只留下断瓦残垣，一片废墟。深红色的河流，标志着他们的铁蹄的踪迹。有十万人口的赫拉特（希拉特），只剩下四万人口了⑦。以虔诚和学术著名的布哈拉的各清真寺，

---

① 这个王朝在中亚细亚的历史上扮演主角，达百年之久，这个王朝的奠基者原来是加兹尼的一个奴隶，起初当塞尔柱克王朝马里克沙的侍臣，后来被任命为花拉子模的省长。Juwayni，pt. 2（Leyden，1916），p. 3；ibn-al-Athīr，vol. x，pp. 182—183.

② 在塞尔柱克人的时代，把米迪亚叫做波斯的伊拉克（al-'Irāq al-'Ajami），以区别于阿拉伯的伊拉克（al-'Irāq al-'Arabi）。参阅本书第 330 页。

③ 参阅 W. Barthold，*Turkestan*，2nd ed. tr. H. A. R. Gibb（Oxford，1928），pp. 399—400。成吉思汗西征的时候，他的本部里有两名穆斯林。远在他的时代以前，就有穆斯林的商人到东部蒙古利亚去跟游牧民族做买卖了。参阅本书第 343—344 页。

④ 各种估计不一，有的说是六万，有的说是七万，大概都有点儿夸大。

⑤ Mustawfi-i-Qazwīni，vol. i，p. 498.

⑥ Juwayni，pt. i，pp. 17 以下；ibn-al-Athīr，vol. xii，pp. 234 以下。

⑦ Yāqūt，*Buldān*，vol. iv，p. 958. 雅古特于 1220 年，即这次浩劫发生之前一年，曾访问赫拉特，他把这座城市描写成他所见过的最大和最富的城市。

被用做蒙古人的马厩。撒马尔罕和巴里黑的许多居民，不是被屠杀，就是被俘虏。花拉子模遭到了完全的破坏。据一个晚期的传说，1220 年成吉思汗攻
483 克布哈拉的时候，曾在一篇演说中自称为“被派遣来惩罚罪人的天鞭”①。同时代的史学权威伊本·艾西尔②，叙述这些恐怖的时候，还不寒而栗，他但愿母亲没有生他才好。甚至在百年之后，伊本·白图泰③访问布哈拉、撒马尔罕、巴里黑和河外地其他城市的时候，还发现那些古城大部分仍然是废墟。至于巴格达，不久就轮到它了。

蒙古帝国是有史以来世界上最大的帝国，这个帝国的无敌的奠基者，曾横扫伊斯兰教的领土。十三世纪前半期，他所统率的部队，震撼了从中国到亚得里亚海之间的每个王国。俄罗斯的部分领土遭受侵略，中欧直到东普鲁士也遭受侵略。由于成吉思汗的儿子和继任者于 1241 年死亡，西欧才幸免于蒙古汗国的蹂躏④。

哈里发纳绥尔的风烛残年，他儿子扎希尔（1225—1226 年在位）和他孙子穆斯坦绥尔（1226—1242 年在位）的岁月，都是在不断的恐怖中度过的。这些蒙古人，或者说是同时代的文献所谓的鞑靼人，有一次曾推进到萨马腊。如惊弓之鸟的巴格达居民，听到警报就争先恐后地起来自卫。虽然危险暂时过去了，这不过是不可逃避的大风暴之前暂时的平静而已。

---

① Juwayni，pt. 1，p. 81.

② Vol. xii，p. 233.

③ Vol. iii，pp. 25—27，52，58—59.

④ 他们往往被误认作蒙古族的卡尔马克人，卡尔马克人的子孙十七万五千人曾被苏联放逐到西伯利亚，1949 年有六百人在德国西部一个被革职者的营房里被人发现，其中二百五十人，在两年之后，被准许定居于美国新泽西州的一个农场里，他们把那里的一所汽车库改造成一座佛教寺庙。参阅本书第 676 页注。

第三十三章　阿拔斯哈里发帝国的崩溃 484

阿拉伯沙漠的居民，在回历一世纪中，以惊人的速度征服了文明世界的极大部分，如果有什么事情能与这种高速度相比的话，那就是他们的后裔的统治，在回历三世纪中叶和四世纪中叶，极快地衰落下去了。公元820年前后，集中在巴格达哈里发个人的手中的权力，比集中在当时活着的任何别人手中的权力都要多些；到了920年，他的继任者手中的权力，已经缩小到这样的地步，甚至在他自己的首都里，也很难感觉到他有什么权力；到了1258年，那座首都本身，已成了废墟。随着巴格达的陷落，阿拉伯人的领导权就永远消失了；真正的哈里发帝国的历史，也就结束了。

阿拔斯哈里发王朝的总崩溃，有种种外部因素，野蛮人的突击（这里指的是蒙古人或鞑靼人的突击）虽然是惊人的，实际上只起了推动作用。在哈里发帝国的中心及其周围，兴起了雨后春笋般无数的王朝和准王朝，连这种现象，也只能看做是症状，不能看做是病根。

跟西方的罗马帝国类似的情况一样，在病人已经气息奄奄、命在旦夕的时候，强盗们才明火执仗地打进门来，把帝国的遗产抢得一干二净。

阿拔斯哈里发王朝的分裂，有种种内部因素，这些内部因素比外部因素还要重要。读者细心地看完前面各章，就一定会看出这些内因，而且注意到这些内因在几个世纪中所起的作用。最初的征服，有些是有名无实的。那些草率的、不完全的征服之中，早已种下地方分权和群雄割据的祸根。治理的方法，又不能促进长治久安。压迫剥削和横征暴敛，是被认可的政策，是通则而不是例外。阿拉伯人与非阿拉伯人之间，阿拉伯穆斯林与新穆斯林之间，
穆斯林与顺民之间，都存在着不可逾越的鸿沟。在阿拉比亚人自己当中，南 485
方人与北方人之间旧有的隔阂，继续存在。无论伊朗的波斯人、突兰的突厥人、含族的柏柏尔人，都没有跟闪族的阿拉比亚人结合成一个纯一的整体。没有同种意识把这些不同的分子紧密地团结在一起。伊朗人念念不忘他们的古老的国家光荣，从来没有服从新的政治制度。柏柏尔人随时准备拥护任何

分裂运动，模糊地表现了他们的部族感情和异族观念。叙利亚的人民，在漫长的岁月中，期望着有一个素福彦人起来，把他们从阿拔斯王朝的束缚中解放出来[1]。伊斯兰教内部的离心力，作用之大，并不亚于政治和军事的力量，这种强大的离心力，十分活跃，积极地创建了十叶派、盖尔麦兑派、易司马仪派、阿萨辛派等教派。这些集团中有几个不仅是宗教派别。盖尔麦兑人还曾用他们的几次狂风，震撼了帝国的东部。后来不久，法帖梅人就夺走了帝国的西部。伊斯兰教再不能把自己的皈依者团结成一个有组织的整体，哈里发帝国也再不能把地中海地区的领土和中亚细亚的领土，结合成一个坚固的单元了。

其次，还有许多社会的和道德的瓦解力量。在几个世纪的期间，征服者的血液为被征服者的血液冲淡，其结果是丧失了他们的统治地位和品质。由于阿拉伯民族生活的腐败，阿拉伯人的精力和道德，都被破坏了。这个帝国逐渐发展成为一个被征服者的帝国了。由于有无数的阉人，就有可能大量地蓄妾；女奴和青年男奴（*ghilmān*）对于男性的颓废和女性的堕落，起了最大的作用；皇室内漫无限制的偏房、无数的异母兄弟和无数的异母姊妹，不可避免地引起种种嫉妒和阴谋；再加上豪华的奢侈生活，经常的饮酒唱歌：这种种因素，耗尽了家庭生活的元气，难免产生一代比一代懦弱的王室子嗣。继任权又没有明确的规定，这就使这些子嗣的力量，由于互相争夺继任权，而更加薄弱了。

486 各种经济的因素，也不可以抹煞或低估。横征暴敛和专为统治阶级谋私利的地方政治，都削弱了农业和工业。统治者日益富足起来，人民却日益贫困下去，二者适成反比。大的国家里产生小的国家，这些小国家的首长，剥削人民，把他们当做农奴。连年的流血战争，耗尽了人力，以致许多耕地变成了荒地。下美索不达米亚的泛滥，定期地造成巨大破坏；帝国各地区的饥荒，又加重了灾难的危害性。在鼠疫、天花、恶性疟疾和其他热病面前，中世纪的人是束手无策的，这些传染病时常流行，使许多广大地区的人口大量减少。自阿拉比亚人征服亚非地区四百年以来，阿拉伯语的编年史上，记载了四十次以上比较重大的传染病的流行。国民经济的衰退，自然造成文化的衰退和创造性思想的窒息。

旭烈兀在巴格达

1253 年，成吉思汗的孙子旭烈兀统率大军，离开蒙古利亚，决心要毁灭阿萨辛人和哈里发王朝。蒙古汗国的大军，像波涛一样，第二次汹涌而来。

① 参阅本书第 286 页。

在花拉子模诸沙帝国的废墟上建立起来的各个小王国，被这支大军扫荡得一干二净。旭烈兀曾邀请哈里发穆斯台耳绥木[①]（1242—1258 年在位）参加对易司马仪派的支派阿萨辛人的战役。这个邀请，没有得到反应。1256 年，阿萨辛人大量的要塞，包括阿拉木图主要的城堡，毫无困难地被夺取了。这个可怕的兄弟会的力量，被彻底打垮了[②]。连婴孩都被残酷地杀死了。次年 9 月，这位战无不胜的入侵者，一面沿着著名的呼罗珊大路蜿蜒前进，一面送出最后通牒给哈里发，要求他投降，并且自动拆毁首都的外城。他的答复，支吾其词。1258 年 1 月，旭烈兀的抛石机，对首都的城墙进行了有效的攻击。不久就有一个堡垒被打开了一个缺口[③]。旭烈兀有一位夫人是基督教徒，所以 487
由景教教长陪同大臣伊本·阿勒盖米出城来，谈判停战条款。旭烈兀不肯接见他们。后来，他们提出警告，引证先例，说明胆敢侵犯和平城或危害阿拔斯哈里发王朝者会遭遇什么命运，也同样无效。他们警告旭烈兀说："如果杀害哈里发，全宇宙就要陷于紊乱，太阳就不露面，雨水就要停止，草木就不再生长。"[④] 但是，他不信这些警告，这要归功于他部下的占星学家。2 月 10 日，他的部队蜂拥入城，不幸的哈里发率领着三百个官员[⑤]和法官，赶出来表示愿意无条件投降。十天之后，他们全被处死了。首都被抢劫一空，完全烧毁。大部分居民，包括哈里发的家属，被屠杀干净。遍街遍巷的尸体，发出极大的恶臭，旭烈兀被迫撤出城去，好几天之后，再重新进城。他可能打算把巴格达留做自己驻扎的地方，因此，没有像对其他城市那样，加以彻底破坏。景教的大主教，受到特别的优待。某些学校和清真寺，幸免于破坏，或者得到修复。金曜日（聚礼日）的祈祷词中不能提及任何哈里发的名字，这在穆斯林世界史上是破天荒的事件。

1260 年旭烈兀威胁着北部叙利亚。他攻克了阿勒颇，屠杀了居民五万人。

---

① 这个称号的意思是"坚持天道者"。最后的几位哈里发的世系表：

34. 纳绥尔（1180—1225 年在位）
35. 扎希尔（1225—1226 年在位）
36. 穆斯坦绥尔（1226—1242 年在位）
37. 穆斯台耳绥木（1242—1258 年在位）

② Rashīd-al-Dīn，*Jāmi*‘，ed. and tr. Quatremère，vol. pp. 166 以下。

③ *Fakhri*，p. 454；Rashīd-al-Dīn，vol. i，pp. 284—285.

④ *Fakhri*，p. 190；Rashīd-al-Dīn，vol. i，p. 260. *Fakhri* 是 1301 年写成的，他题赠给摩苏尔长官 Fakhr-al-Dīn ‘Isā，这位长官是蒙古人任命的。这部著作中记载了他亲眼看到的巴格达陷落的情况。

⑤ 一说是三千个官员，参阅 Rashīd-al-Dīn，vol. i，p. 298。

此外，他还夺取了哈马和哈里木。由于他哥哥蒙哥大汗[①]的逝世，他被迫返回波斯，行前派遣了一位将领，去围攻大马士革。他留下来的部队，在征服叙利亚之后，1260年在拿撒勒附近的阿因·扎卢特地方（即歌利亚泉），被埃及麦木鲁克王朝古突兹[②]的名将拜伯尔斯歼灭了。整个叙利亚现在又被麦木鲁克王朝收复了，蒙古人向西的推进明确地被阻止住了。

488 后来，旭烈兀再到叙利亚，而且企图与法兰克人联盟，以征服叙利亚，但是，他的企图失败了。

波斯的蒙古王朝的版图，西自阿姆河，东至叙利亚边境，北自高加索山，南至印度洋，旭烈兀是波斯蒙古王朝的奠基者，是首先采用伊儿汗的称号的[③]。他的继任者都称伊儿汗，直到第七位继任者合赞汗·麦哈茂德（Ghāzān Maḥmūd，1295—1304年在位），一概如此。在他在位的时代，十叶派伊斯兰教变成了国教。在伊儿汗国，或旭烈兀人统治时代，巴格达的地位降为省会，这个省区叫做阿拉伯的伊拉克。大伊儿汗（这是旭烈兀的尊号）对于臣民中的基督教分子，特别优待。在承平时，他喜欢居住在乌尔米雅湖（现通译为“乌鲁米耶湖”）东边的马腊格。他在那里修建了许多大建筑物，包括著名的图书馆和天文台。1265年，旭烈兀死后，就葬在那里，依照蒙古人的风俗，有许多美丽而年轻的婢女殉葬。他和他的继任者，像塞尔柱克人一般，很快就认识到波斯人管理国家事务的才能，并对他们加以任用，如大学者朱威尼（1283年卒）和赖世德丁（1318年卒），都是这个时期的史学家。波斯的伊儿汗王朝的国祚仅仅七十五年，在这期间，文学上的成就是很丰富的。

十三世纪初期，伊斯兰教腹背受敌，东方有骑马射箭的野蛮的蒙古人，西方有身穿甲胄的十字军。在这个时期，伊斯兰教似乎要永远灭亡了。到了同一世纪的末期，形势完全不同了。这个时候，最后一批十字军已被赶进了大海。历朝的伊儿汗，有很多人向基督教讨好，但是，第七位伊儿汗终于承认伊斯兰教为国教，这是穆罕默德的宗教所获得的一个辉煌的胜利。跟塞尔柱克人的先例完全一样，在穆斯林的武力失败的地方，他们的宗教得胜了。

---

① 马可·波罗所谓的大汗是他的另一个哥哥忽必烈（Qūbīlāy，1294年卒），也就是科尔里奇称做 Kubla Khan 的。忽必烈从蒙古的哈剌和林城迁都于北京。参阅 Rashīd-al-Dīn，vol. i，p. 128，vol. ii，ed. E. Blochet（Leyden，1911），pp. 350 以下。

② Abu-al-Fidā'，vol. iii，pp. 209—214；Rashīd-al-Dīn，vol. i，pp. 326—349；Maqrīzi，*Sulūk*，tr. Quatremère as *Sultans mamlouks*，vol. i（pt. 2），pp. 96 以下。

③ 伊儿汗是突厥语 *ilkhān* 的对音，这个称号由两个名词配合而成，īl 的意思是部族，*khān* 的意思是首领，合起来是部族的首领，有附庸的意思，这个称号是表示他们臣属于起初在戈壁以北的辽远的蒙古利亚，随后迁都北京的蒙古大汗（Khāqaān）。

旭烈兀曾企图无情地摧毁伊斯兰教文化，但是，不到半个世纪，他的曾孙合赞汗，已变成了一个虔诚的穆斯林，为复活同一文化，贡献出了大量的时间和精力。

伊斯兰教最后的捍卫者 489

但是注定来恢复伊斯兰教的军事光荣，把伊斯兰教的旗帜胜利地竖立在广大的新地域的却不是蒙古人。这个任务留给了其亲戚奥斯曼土耳其人①，他们是阿拉比亚宗教最后的捍卫者。他们的帝国在苏莱曼时代（1520—1566年），从底格里斯河岸上的巴格达扩张到多瑙河岸上的布达佩斯，从尼罗河第一瀑布附近的阿斯旺，几乎到直布罗陀海峡。1516年1月，苏莱曼的父亲赛里木，在北叙利亚摧毁了麦木鲁克的军队②，他在自己的战俘中发现了一个不足取的人物，名叫穆台瓦基勒，他代表了阿拔斯哈里发王朝的系统；在大约两个半世纪的期间，麦木鲁克王朝的素丹便把他们这个系统当做了傀儡。他们的始迁祖是哈里发穆斯台耳绥木的叔父。显然他在巴格达的大屠杀中幸免于难。1261年，麦木鲁克王朝的第四个统治者拜伯尔斯（1260—1277年在位）以隆重的仪式，把他捧上哈里发的宝座，上尊号为穆斯坦绥尔③。后来不久，穆斯坦绥尔曾做过一次卤莽的尝试，企图替拜伯尔斯收复巴格达，他的企图没有成功，却被人杀死了。阿拔斯王室的另一个苗裔，1262年被用同样的仪式捧上了宝座。素丹赛里木把哈里发穆台瓦基勒带到君士坦丁堡，但是后来准许他返回开罗，他于1543年死于开罗。在埃及似有非有的阿拔斯哈里发王朝可以说就随着他的死亡而结束了。有人说，阿拔斯王朝最后的哈里发，曾把哈里发的称号和所有的权益，全盘让给奥斯曼的征服者，或者是他在君士坦丁的继任者。我们在同时代的历史资料里却找不到这方面的任何证据④。

---

① 他们是突厥人，而他们开基创业的祖先叫奥斯曼（'Uthmān，生于1258年前后），故欧洲人称他们为奥斯曼土耳其人。

② 参阅本书第四十七章、四十九章。

③ Abu-al-Fidā', vol. iii, p. 222. 参阅本书第四十七章“哈里发的插曲”。

④ 参阅本书第十六章“哈里发的职务主要是一种政治职务”、第四十九章“奥斯曼哈里发帝国”。

第四编

阿拉伯人在欧洲：西班牙和西西里岛

第三十四章　西班牙的征服 493

哥特王国被摧毁

穆斯林对于欧洲西南门户伊比利亚半岛的出征，正如前面已经讲过的，是阿拉伯人所从事的最后一次，也是最富于戏剧性的一次大规模的军事行动。这次战争标志着穆斯林在非洲和欧洲的扩张达到高峰，正如突厥斯坦的征服标志着穆斯林在亚洲和埃及的扩张达到极点一样。

无论就进军的迅速还是就成功的圆满程度来说，此次深入西班牙的远征，在中世纪军事编年史上都占有一个独特的地位。第一个侦察队，于 710 年 7 月，在欧洲大陆差不多最南端的一个小小的半岛上登陆，计有步兵四百人，骑兵一百人，全是柏柏尔人，队长泰利夫[①]是穆萨·伊本·努赛尔的侍从，穆萨是伍麦叶王朝驻北非的著名长官。这个半岛，现在叫塔里法，就是因泰利夫而得名的，原来叫泰利夫岛[②]（Jazīrat Ṭarif）。穆萨约自 700 年起担任长官，他从迦太基以西的地区，把拜占廷人永远驱逐出境，而且把他征服的地区逐渐推向大西洋，这样替伊斯兰教世界取得了一个侵入欧洲的根据地。711 年，穆萨派遣他的自由民柏柏尔人塔立格·伊本·齐雅德，统率着由七千人（大部分是柏柏尔人）组成的大军，进攻西班牙。所以发动进攻，是由于看到泰利夫取得成功，看到西班牙西哥特王国内部有纠纷，同时也是由于战利品的引诱，而不是由于存心征服。塔立格在一座峭壁前面登陆，那座峭壁后来被称为 Jabal Ṭāriq（塔立格山），这是 Gibraltar（直布罗陀）这个名称的由来[③]，塔立格因此得以名垂青史。相传他渡海的船只是由一个半传奇式的人物—— 494

---

① 泰利夫是阿拉伯人还是柏柏尔人，无从考证。参阅 Maqqari（Leyden），vol. i，p. 159；ibn-Khàldūn，vol. iv，p. 117；ibn-'Idhāri，ed.，Dozy，vol. ii，p. 6；tr，Fagnan，vol. ii，p. 7；*Akhbār Majmū'ah fi Fatḥ al-Andalus*，ed. Lafuente y Alcántara（Madrid，1867），p. 6（text）=p. 20（tr.）

② Idrīsi，*Dhikr al-Andalus*（*Nuzhat al-Mushtāq* 的要略）由 Don Josef A. Conde 编译（Madrid），1799 年马德里版，第 11、35、44 页。

③ Idrīsi，p. 36.

休达[1]的伯爵朱利安[2]供应的，在休达，海峡只有13英里宽。

塔立格补充了自己的兵力之后，统率着一万二千人，于711年7月19日，在詹达礁湖[3]岸边巴尔柏特河口[4]，与罗德里克王的军队遭遇。罗德里克曾废黜前王，篡夺了王位，前王是威帖萨的儿子[5]。西哥特的军队，虽有二万五千之众，却被完全击溃了，这是国王的政敌们叛变的缘故，他们的首领是前王的叔父奥帕斯主教。罗德里克的下落，是一个谜。西班牙语和阿拉伯语编年史的普通说法，是他失踪了。

在这个决定性的胜利之后，穆斯林们在西班牙长驱直入，势如破竹，几乎等于在西班牙游览。只有西哥特武士所统治的城市，进行了有效的抵抗。塔立格统率大军，取道埃西哈，向首都托莱多前进，同时派遣几个分遣队，去进攻邻近的各城市。南方的塞维利亚设防最坚固，塔立格有意地避开了这个城市。一支纵队攻克了阿尔奇多那，没有遭到一点抵抗。另一支纵队，克服了埃尔维拉（坐落于现在的格拉纳达所在地的附近），这个地方也是不攻而下的。由穆基斯鲁米（罗马人或希腊人）统率的骑兵所组成的第三支纵队，进攻了科尔多瓦。后来变成穆斯林首都的这座城市，经过两个月的坚决抵抗后，终于投降了。据说投降的原因，是一个牧人不忠于祖国，他向围攻者指
496 出了城墙上的一个裂口[6]。马拉加没有抵抗。在埃西哈发生了这次远征中最猛烈的战斗，结果是侵略者获胜。西哥特的首都托莱多，是被某些犹太居民出卖的。711年春天，塔立格以一支侵略军的将领身份出征，到同年的夏末，他已变成半个西班牙的主人公了。他摧毁了一个完整的王国。

---

① 休达（Ceuta）是西班牙名词，是从阿拉伯语的Sabtah变来的，阿拉伯语又是从拉丁语Septem（t）变来的。这个城位于古代的Abyla山顶，这座山是Septem Fratres（七兄弟）山脉的一支。Idrīsī，p. 12。

② 阿拉伯人叫他Ulyān，Balādhuri，p. 230 = Hitti，p. 365；又叫Yulyān，Akhbār，vol. i，p. 4；ibn-ʻIdhāri，vol. ii，p. 6；Maqqari，vol. i，p. 159；ibn-Abd-al-Ḥakam，ed. Torrey，p. 206；又叫Yūliyān，ibn-Athīr，vol. iv，p. 444。依照Francisco Codera的改造，他的真名是Urban，或Olban（见他所著的Estudios Criticos de historia árabe españala，ser. 2〔Saragossa，1903〕p. 47）。朱利安为什么要与阿拉伯人合作，一般的说法是他的美丽的女儿弗洛林达被罗德里克强奸。这完全是杜撰的。实际上，阿拉伯人征服西班牙的全部历史，都被西班牙和阿拉伯的编年史家大加渲染了。

③ 阿拉伯编年史简称为al-Buḥayrah（湖）。

④ 这条小河现在叫萨拉多河（Salado）。阿拉伯人把它叫做Wādi Bakkah（Lakkah），变形为Guadilbeca，因此与Guadelete相混淆。参阅Stanley Lane-Poole，*The Moors in Spain*（New York，1911），pp. 14，23。

⑤ 罗德里克的名字在阿拉伯语是Ludhrīq，Lazrīq，Rudhrīq；威帖萨的名字是Ghayṭasah，Gbīṭishah等。Maqqari，vol. i，pp. 160，161；ibn-ʻAbd-al-Ḥakam，p. 206；ibn-ʻIdhāri，vol. ii，p. 8；ibn-khaldūn，vol. vi，p. 117；*Akhbār*，p. 8；Masʻūdi，vol. i，p. 359.

⑥ Ibn-ʻIdhāri，vol. ii，pp. 10—11；*Akhbār*，p. 10. 参阅Maqqari，vol. i，pp. 164—165。

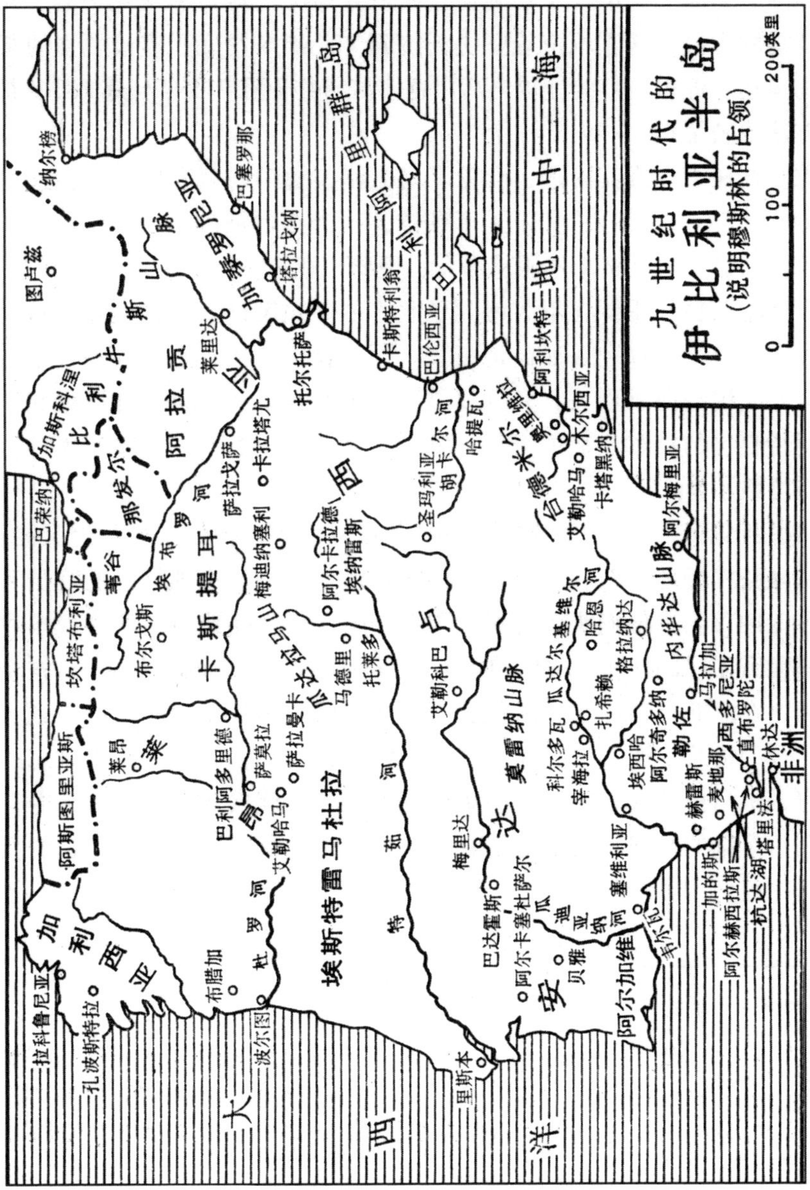
九世纪时代的
伊比利亚半岛
（说明穆斯林的占领）
0
100
200英里
大西洋
地中海
巴利阿里群岛
非洲
加利西亚
阿斯图里亚斯
坎塔布利亚
比利牛斯山脉
那发尔
阿拉贡
加泰罗尼亚
卡斯提耳
莱昂
埃斯特雷马杜拉
安达卢西亚
瓜达拉马山
莫雷纳山脉
内华达山脉
阿尔加维
西班牙
托莱多
马德里
科尔多瓦
塞维利亚
格拉纳达
巴伦西亚
萨拉戈萨
巴塞罗那
塔拉戈纳
里斯本
波尔图
梅里达
加的斯
直布罗陀
休达
塔里法
阿尔梅里亚
马拉加
穆尔西亚
图卢兹
纳尔榜
布尔戈斯
莱昂
巴利阿多里德
萨莫拉
萨拉曼卡
托尔托萨
莱里达
布腊加
拉科鲁尼亚
孔波斯特拉
杜罗河
埃布罗河
塔霍河
瓜迪亚纳河
瓜达尔基维尔河
胡卡尔河

穆萨渡过海峡

穆萨嫉妒自己的助手所取得的那种出乎意料的、惊人的胜利，所以，统率着一万名[①]纯粹由阿拉比亚人和叙利亚的阿拉伯人组成的军队，于712年6月，冲进了西班牙。穆萨故意挑选塔立格所避开的那些城市和要塞，如麦地那·西多尼亚和卡莫纳。塞维利亚是西班牙最大的城市和文化中心，而且曾做过罗马的省会，这座城市曾坚决抵抗到713年6月底。但最顽强的抵抗却是在梅里达。经过一年的围攻之后，这座城市终于在713年6月1日，被用猛攻的方法攻破了[②]。

穆萨在托莱多或其附近，会见了塔立格。史书告诉我们，他在这里鞭挞了他的这个部下，而且给其带上了锁链，因为在远征的早一个阶段里，他就下令停止前进，塔立格却不服从命令，硬要一意孤行[③]。但是，征服的工作继续进行。穆斯林的军队，不久就到了北方的萨拉戈萨，而且向着阿拉贡、莱昂、阿图里亚斯和加利西亚高地挺进。同年秋天，在辽远的大马士革的哈里发韦立德，把穆萨召回去，并且要以不向上级请示为罪名，加以惩罚，正如穆萨对待自己的柏柏尔族的下级一样。作为非洲的长官，除哈里发外，穆萨再没有上级了。

凯旋的行列

穆萨把第二个儿子阿卜杜勒·阿齐兹留下来，担任新征服地区的司令，然后从陆路慢慢地向叙利亚前进。伴随着他前进的，有他自己的官员和西哥特的亲王四百名，他们头戴冠冕、腰系金带，后面还跟着一群由奴隶和战俘组成的无穷无尽的仆从，他们的任务，是搬运数量庞大的战利品[④]。这个庄严
497 的行列，在北非自西向东的凯旋旅行，成为阿拉伯史学家中意的论题。关于此次旅行的描绘，使人想起罗马将领班师回朝的古代画面。令人难忘的行列的消息，早已传到大马士革。穆萨到了太巴列，就接到素莱曼的命令，叫他推迟到达首都的时间。素莱曼是有病的韦立德的弟弟和继任者，这位候补的

---

① Ṭabari, vol. ii, p. 1253. 别的史料说人数是一万八千。

② Ibn-ʻIdhāri, vol. ii, pp. 15—16; ibn-al-Athīr, vol. iv, p. 447; Maqqari, vol. i, pp. 170—171. 参阅 ibn-al-Qūṭīyah, *Ta'rikh Iftitāḥ al-Andalus* (Madrid, 1868), pp. 9—10; tr. Julián Ribera as *Historia de la conquista de España* (Madrid, 1926), pp. 6—7, tr. O. Houdas as "Historie de la conquête de l' Andalousie" *in Recueil de textes et de traductions*, etc. (Paris, 1889), vol. i, p. 226。

③ Ibn-ʻAbd-al-Ḥakam, p. 210; ibn-ʻIdhāri, vol. ii, pp. 17—18.

④ Ibn-ʻIdhāri, vol. ii, pp. 21—22; ibn-ʻAbd-al-Ḥakam, pp. 210—211; ibn-al-Qūṭīyah, p. 10; Pseudo-ibn-Qutaybah, *Qiṣṣat Fath al-Andalus* (taken from *al-Imāmah w-al-Siyāsah*, and issued as supplement to ibn-al-Qūṭīyah) pp. 138, 140 以下。参阅本书第235页

哈里发，希望凯旋行列在他即位后到达首都，给他增添光彩①。

715 年 2 月，穆萨进入大马士革，跟他来的还有满身珠翠的西哥特亲王们。他显然受到韦立德优渥的接待。正式的接见，是在壮丽辉煌的伍麦叶清真大寺里隆重举行的，这件事是得胜的伊斯兰教史上最热闹的场面。西方的几百名皇亲国戚和欧洲的几千名战俘，向信士们的长官表示臣服，这是破天荒第一遭。穆萨向哈里发献上了很多战争纪念物，其中有一张华丽的桌子，相传是侍奉所罗门的精灵制造的。据说罗马人从耶路撒冷把这件无双的艺术珍品运到他们的首都去，后来，西哥特人又从那里把它拿走了。西哥特历朝的国王，都用宝石装饰这张桌子，而且要赛过前一朝的国王。这件宝物原来收藏在托莱多的大教堂里，主教企图带着它逃跑，塔立格可能是从主教手里夺得的。据说，穆萨在托莱多从塔立格手里接管这件珍品的时候，塔立格暗暗地把一条桌腿藏起来，现在当着哈里发的面，他戏剧性地把遗失的桌腿拿出来，以证明这件珍品是他从敌人手中缴获的②。

穆萨失宠

有许多成功的阿拉伯将领都曾遭遇厄运，同样的厄运也在等待着穆萨。韦立德的继任者，叫他遭受到极端的凌辱：不仅让他站在烈日下受体罚，以致他精疲力竭，而且还没收了他的财产，剥夺了他的一切权力。最后我们听到，征服了非洲和西班牙的这位老将，后来竟然在希贾兹的一个偏僻的乡村 498
瓦迪·古拉当乞丐③。

关于征服西班牙的解释

西班牙现在变成哈里发帝国的一个省区了。西班牙的阿拉伯名称，是安达卢斯④。在这个半岛上，只有北部和东部几个小地区，还有待于穆萨的直接继任者去征服，只有比较少的反叛，留待他们去镇压。这个半岛是中世纪时期欧洲最美丽、最广大的省区之一，仅仅七年的工夫，整个半岛都被征服了。征服者至少要在这里逗留几百年。

这个似乎是史无前例的胜利，为什么能够实现，这不难从前面粗略的叙述中看出来。首先是民族之间的鸿沟还没有消除，因为五世纪初叶，作为条

---

① 参阅 'Abd-al-Wāḥia al-Marrākushi, *al-Mu'jib fi Talkhīs Akhbār al-Maghrib*, 2nd ed. R. Dozy (Leyden, 1881), p. 8; tr. E. Fagnan as *Histoire des Almohades* (Algiers, 1893), p. 10。

② Ibn-Khallikān, vol. iii, pp. 26—27; ibn-al-Athīr, vol. iv, pp. 448—449; Maqqari, vol. i, pp. 167, 172; ibn-'Abd-al-Ḥakam, p. 211; *Nabdhah min Akhbār Fatḥ al-Andalus* (ext. *al-Risālah al-Sharifīyah ila al-Aqṭar. al-Andalusiyah* and published as a supplement to ibn-al-Qūṭīyah, Madrid. 1868), pp. 193, 213. 参阅《天方夜谭》第 272 夜。

③ Maqqari, vol. i, p. 180; ibn-Khallikān, vol. iii, p. 27.

④ 从语源学上来说，这个词是与凡达尔人（Vandals）有关系的，他们在阿拉伯人之前征服了这个半岛。

顿族的野蛮人进入西班牙的西哥特人和西班牙—罗马的居民之间，隔阂很深。哥特人经过长期的奋斗，才取代了先来的斯威维人和凡达尔人的地位，这些人原来也是入侵的日耳曼游牧民群。西哥特人是以独裁者，而且常常是以专制君主的身份统治这个半岛的。他们是阿里乌斯派[1]的基督教徒，直到587年，他们当中才有一个名叫列卡德的，接受了土著所信奉的罗马天主教。作为罗马天主教徒，土著怨恨异端派的哥特人的统治。土著中包括大批的农奴和奴隶阶级，他们对于自己难以忍受的命运，当然是不满意的。这个被奴役的阶级，对于侵略的成功做出自己的贡献，而且与侵略者合作，这是毫不足奇的。我们还应该提及居民中的犹太成分，哥特族的国王，对他们进行积极的迫害，使他们与人民群众互相疏远。当局一再力图强迫他们改奉基督教，612年国王曾下令叫全体犹太教徒到教堂去受洗，违令者驱逐出境，并没收全部财产。这就可以说明，为什么穆斯林的入侵者在西班牙境内进军之际，会把几个新征服的城市委托犹太教徒代为管理。

我们还应该记住，哥特族王室和贵族中间政治上的争论，再加上内部的倾轧，已经破坏了国家的基础。六世纪末叶，哥特的贵族已经变成领主。穆
499 斯林的入侵，恰巧是在贵族中篡夺王位者登基的时候，因此，这个篡夺者就被失国者的亲戚出卖了。被废黜的国王威帖萨的儿子阿契拉，抱着一种天真的想法，他认为阿拉伯人是为他的利益而战的；托莱多被征服后，他收回了自己在托莱多的财产，就感到心满意足了。他在这里继续过着安富尊荣的生活。他的叔父奥帕斯，升任首都教区的大主教。至于朱利安在此次征服中所扮演的角色，那是被过分地夸大了。

在比利牛斯山脉外

萨拉戈萨的陷落，扫除了西班牙与法兰西之间的最后一道关口。但是，比利牛斯山脉，仍然存在，穆萨并没有跨过比利牛斯山脉，尽管阿拉伯的某些编年史家把这件功绩也记在他的账上，而且说他胸怀大志，希望越过“法兰克人的地方”，通过君士坦丁堡，而与大马士革的哈里发握手[2]。在欧洲杀开一条血路的梦想，虽然狂妄，而且离奇，但是也很可能掠过阿拉伯入侵者的脑海，因为他们关于欧洲的地理知识，并不是很丰富的。实际上，在717年或718年初次越过比利牛斯山脉的，却是穆萨的第三个继任者侯尔·伊本·阿卜杜勒·赖哈曼·赛盖菲[3]。

---

① 阿里乌斯派是基督教教派之一，因创始人阿里乌斯（Arius，260—336年）而得名。此派的主旨是信仰神父和神，不同一体，故基督的地位，当次于神。——译者

② Maqqari，vol. i，p. 175；ibn-Khaldūn，vol. iv，pp. 117—118.

③ Ibn-'Idhāri，vol. ii，pp. 24—25；ibn-al-Athīr，vol. v，p. 373.

由于受到法兰西各修道院和各教堂丰饶的财宝的诱惑，由于看到梅罗文加王朝[①]主要官吏和阿撲坦地方的公爵之间存在内部倾轧，侯尔开始了对法兰西的袭击，他的继任者赛木哈·伊本·马立克·豪拉尼，继续进行这种袭击。720年，在哈里发欧麦尔二世的时代，赛木哈攻克了塞普提美尼亚，这本来是已经灭亡的西哥特王国的属地；随后又攻克了纳尔榜，即阿拉伯语的艾尔卜奈，这座城市后来被改造成一座巨大的城堡，设有兵工厂和军需厂。第二年，他企图攻下阿撲坦的厄德公爵的驻地图卢兹城，但是，有效的抵抗使他失败了。赛木哈在此战役中"殉教"，即在对非穆斯林作战中阵亡了[②]。一个日耳曼的君主，在对穆斯林作战中获得了第一次伟大的胜利。阿拉伯人后来在比利牛斯山脉外的许多次进军，都没有成功。

向北方的最后的一次，也是最大的一次远征，是阿卜杜勒·赖哈曼·伊本·阿卜杜勒·加菲基所指挥的，他是继赛木哈之后担任西班牙省长的。阿卜杜勒·赖哈曼于732年孟春，跨过西部比利牛斯山脉，向北挺进。他在加龙河岸上击败厄德公爵后，猛扑波尔多，把那里的教堂焚毁了。烧了普瓦蒂埃城墙外面的一所会堂之后，他向北推进，到达图尔附近。图尔有高卢人的使徒圣马丁的坟墓，所以是高卢人宗教上的首都。那里的还愿物，对于侵略者无疑地曾经是主要的吸引力[③]。 图尔战役 500

在这里，在图尔与普瓦蒂埃之间，在维埃纳河与克勒恩河交汇处，阿卜杜勒·赖哈曼与夏尔·马泰尔遭遇了。夏尔是梅罗文加王朝宫廷的侍卫，厄德公爵曾请求这个王朝给予援助。夏尔是骁勇的，他后来获得的绰号马泰尔（战槌），就可以表明他的英勇。他打败了许多敌人，而且，迫使在阿撲坦行使独立政权的厄德公爵不得不承认北方法兰克人名义上的统治权。夏尔在名义上并不是国王，他只是赫列斯塔尔的培平的私生子，但是，事实上他就是国王。

阿卜杜勒·赖哈曼所统率的阿拉伯军队和夏尔所统率的法兰克军队，在七天之中，面对面地摆开了阵式，渴望着交锋的时刻赶快到来。法兰克军队大半是步兵，身上披着狼皮，乱蓬蓬的头发，垂在肩上。小冲突不断发生。最后，在732年10月的一个星期六，这位阿拉伯统帅首先发动了进攻。在酣

① 梅罗文加王朝是高卢的第一个法兰克王朝，约于公元500年建立，于752年传给喀罗林王朝。——译者（现在更多人倾向于梅罗文加王朝始于公元481年这一说法。——编者）

② Al-Ḍabbi, *Bughyat al-Multamis fi Ta'rikh Rijāl al-Andalus*, ed. Francisco Codera and Julián Ribera (Madrid, 1884—1885), p. 303.

③ Ḍabbi, *Bughyah*, p. 353.

战中，法兰克的战士们，肩并肩地站着，构成一个空心的方阵，他们坚固得像城墙一样，紧密得像冰块一般，这是一位西方史学家的描绘①。敌人的轻骑，屡次冲锋都失败了。他们不让路，光用大刀，把冲锋者砍倒。牺牲者当中就有阿卜杜勒·赖哈曼本人。夜幕终于把双方的战士隔开了。次日拂晓，敌营中的安静，引起了夏尔的猜疑，他想敌人一定会有什么诡计。他派侦察兵去侦察敌人的真实情况。在夜幕的掩蔽下，阿拉伯人早已悄悄地抛弃帐篷远遁了。夏尔就这样获得了胜利。

501 晚期的传说，把普瓦蒂埃或图尔战役加以渲染，过分地夸大其历史的重要性。穆斯林却很少提及此次战役，对他们来说，这次大战已变成“殉教者的铺道”(balāt al-shuhadā')②。对基督教徒来说，此次战役意味着他们永久的敌人在军事命运上出现了转折。吉本③和后来的许多史学家都说，假若阿拉伯人在此战役中获胜，那么，你在巴黎和伦敦看到的，会是些清真寺，而不是些大教堂；你在牛津和其他学术中心地听到的，会是《古兰经》的讲解，而不是《圣经》的解释。据现代的几位历史作家看来，图尔战役是历史上具有决定性的战役之一④。实际上，这次战役，什么也不能决定。阿拉伯人和柏柏尔人的浪潮，以直布罗陀海峡为出发点，几乎向北方澎湃了1000英里，已经到达一个自然的停顿。他们精疲力竭了，已经没有当时的那种势头了。内部的倾轧和构成穆斯林军队的两个民族成分之间的猜忌，对于阿卜杜勒·赖哈曼的军队的士气，开始产生影响了。我们即将看到，在阿拉伯人中间，并没有一致的情绪和目的。在这个地点，穆斯林的确被阻止住，但是，在别的地方，他们的侵略仍在继续进行。例如，他们于734年夺取了阿维尼翁，在九年之后，又掠夺了里昂；直到759年，他们才放弃了对战略基地纳尔榜的控制。图尔附近的败北，虽然不是阿拉伯人停止北进的真实原因，但是，它标志着胜利的穆斯林的军队所能达到的极限。在先知去世后一百年内，他的在大马士革的继任者的领域，已经变成一个世界帝国，版图之大，东起中国，

---

① André Duchesne, *Historiae Francorum scriptores*, vol. i (Paris, 1636), p. 786.

② *Akhbār*, p. 25; Maqqari, vol. i, p. 146, l. 3. *Balāṭ* 是一个外来词，是经叙利亚语，而从拉丁语或希腊语的 *platea* 或 *palatium* 而来的。这个名词通常用于地名，特别是在西班牙(Idrisi, pp. 32, 59)。在这里，是指战场而言，因为此次战役是在一条罗马人的铺道上进行的。这个名词相当于《约翰福音》第19章第13节的“铺华石处”。

③ Gibhon, *Decline and Fall*, ed. Bury, vol. vi, pp. 15 以下。参阅 Lane-Poole, pp. 29—30。

④ Edward Creasy, *The Fifteen Decisive Battles of the World*, new ed. (New York, 1918) pp. 159 以下; S. P. Scott. *History* of the *Moorish Empire in Europe* (Philadelphia, 1904), vol. i, p. 306. 参阅 Henry Coppée, *History of the Conquest of Spain* by the Arab-Moors (Boston, 1881), vol. ii, pp. 19 以下。

西至高卢①。

西班牙穆斯林队伍中两个派别之间的倾轧，提供了一个线索，我们凭着 内战
这个线索，就能了解从 732 年图尔战役起，到 755 年伍麦叶王朝的阿卜杜勒·赖哈曼一世以英雄的姿态出现于西班牙为止这一段时期的历史。这个线索就是在北方的阿拉比亚人（通常称为穆达尔人）② 和南方的阿拉比亚人 502
（也门人）之间的那种古老的宗派之争。也门人无论在什么地方都接受十叶派的观念；穆达尔人是支持逊尼派（正统派）的。阿拔斯王朝建立后，作为阿里派的也门人，自然同情新的政权，穆达尔人则仍然效忠于已经垮台的伍麦叶的家族。在征服西班牙后，柏柏尔人从非洲大量地冲进这个半岛，他们中的许多人在那里接受了哈列哲派的主义，表示拥护哈列哲派，他们不仅反对伍麦叶人，也反对阿里派，此时他们构成了一个最富于扰乱性的因素。他们诉苦，他们的同乡在战争中冲锋陷阵，立下了汗马功劳，被分派到西班牙中部的不毛之地，阿拉伯人却独占了安达卢西亚最美好的省份。

不满很快就变成了公开的叛变。柏柏尔人暴动的火焰，在几年之内（734—742 年）十分炽烈，从摩洛哥传布到盖赖旺，此时已蔓延到西班牙，从而威胁了一小撮阿拉伯移民，他们大有被根绝的危险。741 年，哈里发希沙木，派遣一支由二万七千名叙利亚人组成的军队，去镇压非洲的叛乱③。这支军队的残余（约占全军的三分之一），在伯勒只·伊本·比什里·古舍里的统率下，渡过海峡。这些叙利亚人又变成了移民，他们的野心和私心，表现在他们效忠于伍麦叶王朝的事业上。他们把一个新问题引入到一种本来已经错综复杂的局势中去。伯勒只夺取了政府，使他的部下驻扎在首都科尔多瓦。后来，这些强横的叙利亚人，又分散到各处去。希姆斯分队驻扎在塞维利亚；巴勒斯坦分队驻扎在麦地那·西多尼亚和阿耳赫西拉斯；大马士革分队驻扎在埃尔维拉地区；肯奈斯林分队驻扎在哈恩地区④。在 732 年到 755 年短短的二十三年期间，西班牙的省长更换了二十三次之多，由此可见，在这个时期，政局的混乱达到了什么境地。在这样的情况之下，自然不可能在北方敌人的领

① 参阅本书第 215 页。

② 穆达尔和赖比耳原都是北方阿拉伯人。这两个部族被包括在集合名词麦阿德人之中。参阅本书第 280 页。

③ *Akhbar*, p. 31. 参阅 ibn-Dūtiyah, pp. 14—15；ibn-'Idhāri, vol. i, pp. 41—42, vol. ii, p. 30；Marrākushi, p. 9。

④ Ibn-al-Qūṭīyah, p. 20；ibn-'Idhāri, vol. ii, p. 33；ibn-Khaldūn, vol. iv, p. 119；ibn-al-Athīr, vol. v, pp. 204—205；ibn-al-Khaṭīb. MS. in R. Dozy, *Recherches sur l' histoire et la littérature de l' Espagne*, srd ed. (Paris, 1881), vol. i, app. ii, pp. vii-viii.

503 土内有很大的进展，虽然在这个期间曾进行过几次远征；还有，就是某些长官在战争中“殉教”了[①]。

艾米尔的职位

半岛的政府是在一个叫艾米尔的掌握之中，他的政权几乎是独立的，尽管在名义上他归驻在盖赖旺的马格里布（北非和西班牙）总督管辖。在某些情况下，他由大马士革的哈里发直接任命，并由哈里发管辖。穆萨·伊本·努赛尔的儿子阿卜杜勒·阿齐兹，即安达卢西亚的第一任省长，选择了塞维利亚（阿语 Ishbiliyah，伊什比里叶）做省政府的所在地。他跟罗德里克王的寡妇艾吉罗娜结了婚，此时她的名字已改为温木·阿绥木(umm ʻĀṣim,阿绥木之母)。据阿拉伯编年史家的记载[②]，这位基督教的新娘，说服了她的丈夫，依照西哥特王朝的习惯，戴上王冠，并且把接见厅的门头降得很低，去见她的人必须鞠躬而入。她还坚决要求，把她的宫内小教堂的门头也降得很低，让阿卜杜勒·阿齐兹有事到那里去找她的时候，也鞠躬而入，仿佛是在做礼拜。围绕着这些新措施的传闻，张大其词，说穆斯林的省长已变成了基督教的皈依者，这些谣言传到哈里发素莱曼的耳朵里，就使得西班牙的第一任穆斯林长官遭到了谋杀。这个悲剧性的事件，于 716 年，发生在塞维利亚附近的圣·鲁菲纳修道院，这座修道院当时大概已改做清真寺了。他的首级被送到大马士革，让他年老而悲惨的父亲也见到了。

三年之后，短命的省长名单上的第四位省长，赛木哈·伊本·马立克·豪拉尼，把省政府迁到科尔多瓦[③]（Qurṭubah，古尔图伯），这座城市，注定要成为西方的伍麦叶王朝灿烂的首都，达四百年之久。赛木哈在瓜达尔基维尔河[④]上建筑了科尔多瓦大桥，桥基是古罗马建筑的残存；他还重新测量了全省的土地，制定了新的赋税制度。赛木哈去职后不久，省长的职位就变成了一块骨头，穆达尔人和也门人为争夺这块骨头进行了流血斗争。这两派最后
504 想出了他们都认为是最高明的主意：轮流执政，由他们两派的成员各任省长一年。

由穆达尔人中选出的第一任省长，是优素福·伊本·阿卜杜勒·赖哈

① Ibn-Khaldūn, vol. iv, pp. 118—119; Maqqari, vol. i, pp. 145—146.

② *Akhbār*, p. 20; ibn-ʻAbd-al-Ḥakam, p. 212; ibn-al-Qūṭiyah, p. 11; ibn-al-Athīr, vol. v, p. 14; ibn-ʻIdhāri, vol. ii, pp. 22—23; Maqqari, vol. i, p. 178. 参阅 pseudo-ibn-Quṭaybah, pp. 169 及以下。

③ *Nabdhah*, pp. 206—207, ibn-al-Qūṭīyah, pp. 12—13. 参阅 ibn-ʻIdhāri, vol. ii, p. 25; Maqqari, vol. i, p. 190。

④ 这条河的名字 Guadalquiver 是从阿拉伯语 al-Wādi al-Kabīr（大山涧）演变而成的。

曼·菲海里[1]，盖赖旺的建立者欧格白的后代。哈里发麦尔旺二世，于746年批准了这个任命[2]。到了年终，优素福却拒绝让位给也门人的候选人，他继续霸占省长的职位达十年之久[3]。755年末，他到北方去镇压一次暴动，在那里接到消息，说一个伍麦叶王朝的青年，名叫阿卜杜勒·赖哈曼·伊本·穆阿威叶，最近已在格拉纳达南边登陆，正在途中，将来接管省长的职位。而西班牙历史上新的、重要的一章就要揭开了。

---

① Akhbār，pp. 57 以下，ibn-al-Athīr，vol. v，pp. 286—287。

② 参阅 pseudo-ibn-Quṭaybah，p. 188。

③ Ibn-al-Abbār，*al-Ḥullah al-Siyarā'*（*Notices sur quelques manuscrits arabes*），eo. Dozy（Leyden，1847—1851），p. 54；ibn-al-Athīr，vol. v，p. 376.

505 # 第三十五章　伍麦叶王朝在西班牙的王国

一次戏剧性的逃亡

公元750年，在阿拔斯人以屠杀伍麦叶家族的成员来庆祝他们的即位的时候①，幸免于难的极少数人中，有阿卜杜勒·赖哈曼·伊本·穆阿威叶②，他是大马士革第十位哈里发希沙木的孙子。这个二十岁的青年，化装成老百姓，通过巴勒斯坦、埃及、北非，到处流浪，好容易才逃脱了阿拔斯人的间谍们时时警惕的眼睛。他的九死一生的故事，构成了阿拉伯编年史上最富于戏剧性的逸事。阿卜杜勒·赖哈曼原来躲避在幼发拉底河左岸一个游牧人的帐篷里，他的流亡生活就是从那里开始的。有一天，阿拔斯人的黑旗子，突然在那个帐篷的近旁出现，阿卜杜勒·赖哈曼带着他一个十三岁的弟弟，猛地投入河中，拼命地向彼岸游去。那个小弟弟，显然是不善于游泳的，游到河中间，他听信了追缉者答应特赦的话，又游回来，就被杀害了；他的哥哥继续游过去，终于安登彼岸③。

阿卜杜勒·赖哈曼拖着沉重的两腿在向南方去的路上走着，他在巴勒斯坦遇见了被他释放了的、又忠实又能干的自由民白德尔。他在北非，好容易逃脱了优素福·菲海里的亲戚（当地长官）的暗杀。他无依无靠，一贫如洗，从一个部族流浪到另一个部族，从一个城市漂泊到另一个城市，这个不受法律保护的亡命之徒，在755年，终于逃到了休达。他的舅父们是柏柏尔人，就住在休达附近，他们保护了他。他从这里派遣白德尔过海峡去，跟住在埃尔维拉和哈恩两个城市里的叙利亚分队谈判，他们是大马士革人和肯奈斯林人。那些部队的首长，都是伍麦叶王朝的旧部，他们许多人都欢迎这个良好的机会，愿意在所有的叙利亚人都尊重的一个人的领导下，团结起来。叙利
506 亚人把也门人争取了过来，这不是由于也门人喜欢阿卜杜勒·赖哈曼，而是由于他们怨恨自己的有名无实的省长优素福。于是大家派了一只船去迎接那

---

① 参阅本书第二十二章“最后的打击”、第三十一章“在西班牙”。

② 古代的基督教编年史家，把他的名字误写成贝厄毛吉阿斯（Benemaugius）。

③ *Akhbār*，pp. 52—54；ibn-al-Athīr，vol. v，p. 377.

位新领袖。伍麦叶的这个苗裔，身材细长，鹰鼻，有着稀疏的红头发[1]，为人刚毅、勇敢，受过王室最好传统的训练，他不久就掌握了错综复杂的局势。优柔寡断的优素福，企图用种种丰厚的礼物和诺言，来使这个新的觊觎王位者满意，甚至应许让他做自己的女婿，但都失败了。南方各城市，一座跟一座地开门迎降，没有一座进行抵抗的。约旦分队驻在的阿尔奇多那[2]，巴勒斯坦分队所驻扎的西多那省，希姆斯的阿拉伯人所住的塞维利亚，都真心地欢迎这位亲王[3]。

攻克科尔多瓦

当阿卜杜勒·赖哈曼和他的支持者向着科尔多瓦的方向挺进的时候，优素福正向着塞维利亚的方向前进。在战斗快要开始之前，有人才注意到这位亲王没有自己的军旗，塞维利亚的也门人的首领艾卜·萨巴哈，就临时做了一面旗子，就是把一块绿头巾绑在矛头上[4]。据文献的记载，这就是西班牙伍麦叶王朝军旗的起源。

756 年 5 月 14 日早晨，敌对的两军，交战于瓜达尔基维尔河岸上。当时，马在西班牙还是稀罕的，尽管两方面的战士大半骑在马上，而阿卜杜勒·赖哈曼体会到，他的部下有些人担心他会逃跑，所以，坚决要求用自己所骑的马去换艾卜·萨巴哈的老骡子[5]。战斗很快就见了分晓。优素福和他的大将逃命去了。攻克科尔多瓦后，宣布了大赦。阿卜杜勒·赖哈曼毫无困难地制止了对首都的劫掠，而且把败北的省长的眷属，置于自己豪爽的保护之下。

穆斯林的西班牙变得巩固和太平 507

控制科尔多瓦，并不意味着控制穆斯林的西班牙。逃亡的省长在北方继续煽动叛乱，直到最后他终于在托莱多附近被杀死了[6]。托莱多城到 764 年才被攻陷。在阿拔斯王朝代理人的鼓动下，也门人和十叶派的叛乱，连绵不绝。柏柏尔人的暴动，费了十年的时间才镇压下去。柏柏尔人从来没有忘记他们的阿拉伯上级独占了所征服土地的最大份额。这位新省长先前忠实的支持者，此时已变成敌人，必须迅速设法对付。塞维利亚的酋长，曾以军旗和骡子供给阿卜杜勒·赖哈曼，使他获得胜利，他也在一次暴动中丢掉了自己的头颅。阿卜杜勒·赖哈曼的得力助手白德尔，失掉了自己的财产，本人被放逐到一个边远城市。

---

① Ibn-ʻIdhārī, vol. ii, p. 50; ibn-al-Athīr, vol. vi, p. 76.

② 这是山区省份赖吉俄省（Regio，阿语名称 Rayyah 之讹）的省会；Yāqūt, vol. i, pp. 195, 207。

③ Ibn-al-Athīr, vol. v, p. 378; ibn-ʻIdhārī, vol. ii, p. 48; Maqqari, vol. i, p. 212.

④ *Alhbār*, p. 84. 参阅 ibn-al-Qūṭīyah, p. 26。

⑤ *Akhbār*, pp. 88—89; ibn-al-Athīr, vol. v, p. 378.

⑥ Ibn-al-Abbār, *Ḥullah*, p. 55.

内部的敌人与外部的敌人，互相勾结了起来。761 年，阿拔斯王朝的哈里发曼苏尔，大胆地任命阿拉义 · 伊本 · 穆基斯为西班牙的省长。两年之后，阿拉义被处斩了，他的头颅被保存在食盐和樟脑里，用一面黑旗包着，跟他的任命状一道，被运送到麦加去，交给正在朝觐中的哈里发曼苏尔[①]。曼苏尔从前曾把阿卜杜勒 · 赖哈曼叫做“古莱氏族之鹰”[②]，此时他大声说：“感谢真主，在我们和这样一个敌人之间，安置了大海！”[③] 据说，阿卜杜勒 · 赖哈曼甚至准备了一支舰队，要从阿拔斯人的手中抢夺叙利亚，但因内部出了问题，才没有开出去。

查理曼的对手

777 年，东北的阿拉伯各首领之间，结成了一个难以轻视的联盟；这个联盟的领导人，是巴塞罗那的长官，一个蓝眼睛的人，是优素福 · 菲海里的女婿。这个联盟甚至邀请查理曼来订立盟约，共同反抗西班牙的新省长。查理曼被认为是阿拔斯王朝哈里发的盟友[④]，因此，成为阿卜杜勒 · 赖哈曼的天然敌人。查理曼于 778 年穿过东北部西班牙边界而进军，深入到萨拉戈萨[⑤]，但是，那座城市坚决抵抗，而他国内的敌人又在威胁着他的政权，因此，他被迫撤退。在撤退的“悲惨的道路上”，经过比利牛斯山隘的时候，法兰克人部队的后卫，遭到巴斯克人和其他山居民族的攻击，他们的兵员和辎重，都遭
508 受了惨重的损失[⑥]。他们战死的将领中有罗兰，他的英勇的抵抗，因《罗兰之歌》（*Chanson de Roland*）[⑦] 而流芳百世，这首歌不仅是早期法国文学的珍品，而且是中世纪最动人的史诗。实际上，阿卜杜勒 · 赖哈曼已证明自己是西方的这位最强大的君主的对手，也证明自己是东方的那位最伟大的统治者的对手[⑧]。

一个独立的王国

在打败各式各样的敌手的过程中，阿卜杜勒 · 赖哈曼建立起一支四万多人的军队，这支军队纪律严明，受过高度的训练，兵员主要是从非洲招募来的柏柏尔人，他就依靠他们的忠贞，来撑持自己的宝座。他知道怎样利用高

---

① Ibn-al-Qūṭīyah, p. 33.

② Ibn-'Idhāri, vol. ii, p. 61; Maqqari, vol. p. 213.

③ Ibn-al-Qūṭiyah, pp. 33—34; Maqqari, vol. i, p. 215.

④ É. Lévi-Provençal, *Histoire de l' Espagne musulmane*, vol. i (Paris, 1950), p. 121.

⑤ *Akhbār*, p. 113.

⑥ Éginhard, *Charlemagne*, ed. and. tr. Halphen, pp. 29—31; ibn-Khaldūn, vol. iv, pp. 123—124; ibn-al-Athīr, vol. vi, pp. 7—8.

⑦ 《罗兰之歌》是法国的文学作品，约在 1100 年写成，以夸张的手法描写查理曼的侄子罗兰的事迹。——译者

⑧ 参阅 Coppée, vol. ii, pp. 167—168。

官厚禄，来保持这批人的好感。757 年，他停止了在金曜日讲道（khuṭbah，虎土白）中替阿拔斯王朝的哈里发祝福，但是，他没有自称哈里发。他和他的几个继任者虽然自己做主进行统治，仍称艾米尔，直到阿卜杜勒·赖哈曼三世，才自称哈里发。在阿卜杜勒·赖哈曼一世时代，西班牙已摆脱了伊斯兰世界公认的哈里发的管辖，而变成第一个独立的省区。

阿卜杜勒·赖哈曼既统一了领域内的各地区，获得了暂时的太平，就偃武修文，以实际工作表明，他的文教和武功，都是伟大的。他美化了领域内的各城市，又建筑了一座引水桥，把清水引入首都，还在首都的四周修建了城墙，而且在科尔多瓦的郊区，为自己修建了鲁萨法园（Munyat al-Rusāfah）[①]，这是以他祖父希沙木在叙利亚东北所建的园林为楷模的。他把水引入别墅，而且引种了桃子、石榴等外国植物。他的花园里有一株孤独的枣椰，据说是从叙利亚输入的第一棵。他曾咏了一首温柔的诗，表达自己对这株枣椰的感情[②]。

阿卜杜勒·赖哈曼于 788 年去世，在他去世之前两年，建筑了科尔多瓦清真大寺[③]，该寺可与耶路撒冷和麦加的那两座伊斯兰教的圣寺争胜。经过他的继任者加以扩建和完成之后，科尔多瓦的这座清真大寺，很快就变成西方伊斯兰教的克而白了。这座不朽的建筑，有着林立的、壮观的石柱子和宽敞的外院，1236 年菲迪南德三世夺回科尔多瓦后，把它改成了基督教的大教堂， 509
一直保存到今天，通俗的名称是“拉·麦兹克塔”（La Mezquita），这显然是阿拉伯语 *masjid*（清真寺）的讹误。除了这座清真大寺外，这个首都可以自豪的，还有建筑在瓜达尔基维尔河上的石桥，后来被扩大到十七孔了。伍麦叶人政权的奠基者的兴趣，还不限于人民的物质福利方面。他千方百计地、孜孜不倦地努力，企图把阿拉比亚人、叙利亚人、柏柏尔人、努米底亚人、阿拉伯化的西班牙人和哥特人等纳入一个民族模型，而浇铸之，这是一种没有希望的工作；他所创始的文化运动，在更大的意义上说来，曾使伊斯兰教的西班牙，在九世纪到十一世纪的期间，变成了世界文化两大中心之一。

被阿拉伯编年史家称为“达赫勒”（al-Dākhil，潜入者）的阿卜杜勒·赖哈曼一世所建立的王朝，持续了二百七十五年（756—1031 年）。这个王朝到

① Munyat 是源于希腊语（也是科卜特语）的外来词，意为花园。

② Ibn-al-Abbār，*Ḥullah*，p. 34；ibn-al-Athīr，vol. vi，p. 77；Maqqari，vol. ii，p. 37；Nicholson，*literary History*，p. 418．最初的枣椰是腓尼基人传入欧洲的。不过古代的枣椰是枣核繁殖的，阿拉伯人传入的各品种，却是靠大树旁的树苗繁殖的。

③ Ibn-Idhāri，vol. ii，p. 60．参阅同书 p. 245；Maqqari，vol. i，p. 212。

了第八位“艾米尔”阿卜杜勒·赖哈曼三世的时代（912—961 年），强盛达于极点，他是漫长的世系中最伟大的人物，也是首先采用哈里发尊号的（929 年）。实际上，哈里发阿卜杜勒·赖哈曼三世在位的时代，标志着阿拉伯人在这个半岛上的新时代的顶峰。在伍麦叶人的时代，科尔多瓦一直是首都，而且享受着一个无比灿烂的时代，可与东方的巴格达媲美。

雄才大略的摄政王曼苏尔侍卫长（al-Ḥājibal-Manṣur），即所谓“十世纪的俾斯麦”，可能是阿拉伯西班牙最伟大的政治家和军事家，他于 1002 年去世后，伍麦叶的哈里发王朝便开始衰落，到 1031 年，完全灭亡了。这个王朝的废墟上，兴起了各式各样的小王国和小侯国，其中的许多小国是互相仇视、势不两立的，它们终于屈服于本国的基督教徒，特别是北方的基督教徒日益强大的势力。随着格拉纳达于 1492 年陷落，穆斯林统治的最后痕迹，便从这个半岛永远消失了。

对待基督教徒

阿卜杜勒·赖哈曼一世的继任者们的主要任务，仍然是安定国家、解决各种纷乱的问题。这些问题的起因，一是居民中既有基督教徒，又有穆斯林；二是旧有的阿拉伯穆斯林与新入教的西班牙穆斯林之间存在着猜忌。自征服西班牙以来，阿拉伯人对待信仰基督教的老百姓的政策，与他们对待其他被
510 征服地区的基督教徒的政策，根本上没有什么差别[①]。人丁税（*jizyah*）只向基督教徒和犹太教徒征收，税额分三级：十二个第尔汗，二十四个第尔汗，四十八个第尔汗，每年征收一次，依照纳税人实际的经济情况，而定其级别。妇女、儿童、老人、穷人、僧侣和有痼疾的残疾人，一律豁免。土地税平均是收成的 20% 左右，也是向这些顺民征收的，但是，与人丁税不同，纳税人改奉伊斯兰教后，仍然要纳土地税。用武力征服的地区，教会的土地，征服西班牙时逃走的领主的土地，都被没收，分配给征服者个人，但是，原来的农奴仍留在那些土地上，从事耕作，他们必须把收成的五分之四，交给新的穆斯林地主。这些被没收的地区，有五分之一的土地，拨归国家，国家只向耕种这种土地的农奴征收所产谷物的三分之一。某些国有土地，后来当做封地，分给征调来镇压叛乱的叙利亚人和阿拉伯人。

“伊斯兰教没有奴役”这一原则，不必应用于改信伊斯兰教的奴隶。基督教徒可以太太平平地信仰自己的宗教，不受任何干涉，他们内部的事务，由土著的法官，依照教会的法律而裁判，他们的裁判权当然不包括牵连穆斯林的案件和侮辱伊斯兰教的犯罪行为。因此，一般说来，穆斯林占领西班牙后，

---

① 参阅本书第 170—171 页。

并没有给土著带来什么新的难以容忍的苦难。杜齐断言："在某些方面，阿拉伯人的征服，对西班牙来说，甚至是恩惠。"[①] 包括贵族和牧师的特权集团的势力被打破了，奴隶阶级的境况获得改善，基督教的地主有权处理自己的财产了，而在西哥特人的统治下，他们是没有这种权利的。

改奉伊斯兰教的基督教徒拿起了武器

尽管如此，基督教徒还是成群结队地改奉伊斯兰教。在山区和农村，他们维持民族形式和传统文化，城市的居民却不是那样。作为新穆斯林，他们自成一个社会阶级，阿拉伯人把他们叫做"穆瓦莱敦"（*Muwalladūn*，单数是*Muwallod*，意思是义子），西班牙人把他们叫做"穆莱迪斯"（*Muladies*）。这
些新入教者，渐渐地变成了居民中最不满的阶层。他们的队伍，主要是由农 511
奴、自由民和他们的子孙中从事耕作或卖零工的人来补充的。他们中有些人，表面上承认了伊斯兰教，内心里却是"秘密的基督教徒"[②]；但是，他们都很了解伊斯兰教关于叛教者的明白而且无情的法律——处以死刑。信仰伊斯兰教的阿拉伯人，把所有的"穆瓦莱敦"都当做下等阶级，尽管他们中有些人是世家的子弟。在征服后第一个世纪的末期，这些"穆瓦莱敦"，在几个城市里，已经变成了居民中的多数，他们首先拿起武器来，反抗现政权。

---

① Dozy, *Histoire des Musulmans d' Espagne*, ed. E. Lévi-Provençal (Leyden, 1932), vol. i, p. 278; tr. Francis G. Stokes, *Spanish Islam* (London, 1913), p. 236.

② Eulogins, "Memoriale sanctorum" Bk. II, in A. Schottus, *Hispaniae illustratae*, vol. iv (Frankfort, 1608), p. 293.

512 # 第三十六章　内乱

科尔多瓦的南郊，被称为赖伯特（*al-rabaḍ*）①，那里的居民绝大部分是新穆斯林，从基督教徒的观点来说，大半是皈依伊斯兰教的基督教徒。他们当中有一部分人处在伊斯兰教教义学和教律学学生和教师（faqīh）的影响之下。在首都活动的这些学生和教师，约计四千人。希沙木一世（788—796 年在位）是阿卜杜勒·赖哈曼一世的儿子和继任者，是一个虔诚的学者②，他在位的期间，一直没有可能引起暴乱的直接原因。他的继任者哈克木一世（796—822 年在位），是一个放荡不羁的人，酷好狩猎和饮酒，其在位时期，局面发生了变化。人民不仅反对哈克木的轻浮，而且反对他的禁卫军，他们主要是由不懂阿拉伯语的黑人和其他雇佣军组成的③。叛乱是在 805 年开始的。有一天，正当艾米尔过街的时候，群众用石头攻击他，有些教义学家在旁边拍手喝彩。后来，有七十二名罪魁，被发现与废黜哈克木的阴谋有牵连，他们都被逮捕了，而且被钉死在十字架上。在新穆斯林居住区里，暴动接二连三地发生，最后是 814 年发生了一次由一位柏柏尔族的教律学家领导的大暴动④。哈克木被暴怒的群众围困在宫殿里，但是，他的骑兵终于成功地平定了这次叛乱。南郊遭到残酷的处置。三百个首领，被倒钉在十字架上处死了。全体居民奉令，在三天之内，全部离开西班牙，居民区被夷为平地。不准任何人
513 再在那个地区建筑房屋⑤。八千户人家，在摩洛哥，特别是在法斯城（Fās，

① Ibn-ʻIdhāri, vol. ii, pp. 73, 77; ibn-al-Athīr, vol. vi, pp. 209 以下; *ʻIqd*, vol. ii, p. 365; ibn-Khaldūn, vol. iv, p. 126。

② Ibn-al-Athīr, vol. vi, pp. 101—10—2; ibn-al-Qūṭiyah, p. 42.

③ 他们不会说阿拉伯语，所以，他们的绰号是 *al-Khurs*（哑子）；ibn-Khaldūn, vol. iv, p. 127; Maqqari, vol. i, p. 220。

④ 回历 202 年（公元 817—818 年），见 ibn-ʻIdhāri, vol. ii, p. 77。参阅 ibn-al-Qūṭīyah, pp. 51—52。

⑤ 为了纪念这段激动人心的插曲，哈克木得到赖伯德（意为近郊）的绰号。Ibn-al-Abbār, *Ḥullah*, p. 38.

即 Fez)，找到了避难所。当时，阿里的苗裔易德里斯二世，正在将法斯城建为新都[①]。其他的一万五千人口[②]，在亚历山大港登陆。这些难民在这个港口城市安居乐业，直到 827 年，他们才在哈里发麦蒙的一位将军的威逼下逃走了。他们选择克里特岛做自己的新居，那时候克里特岛的一部分仍属拜占廷帝国。他们征服了全岛，他们的领袖在这里建立了一个王朝。直到 961 年，希腊人收复这个岛的时候，那个王朝才灭亡了[③]。

城壕畔的屠杀

值得注意的是，有些西班牙的穆斯林，是阿拉伯人无法估价的同盟者，他们甘心被利用来反对自己以前的同教人。阿木鲁斯·伊本·优素福就是这样的一个人。807 年，哈克木任命他为托莱多的长官。托莱多这座骄傲的“王城”[④]，在被征服的土著人的眼中，无论是从政治方面还是从宗教方面来说，都是最重要的城市。在穆斯林的奴役下，托莱多从来没有安定过；无论是已改奉伊斯兰教的人还是仍旧信奉基督教的人，都在长期的叛乱中。阿木鲁斯依照哈克木的示意，举行大宴会，招待来托莱多访问的十四岁的王储阿卜杜勒·赖哈曼，他把托莱多的好几百位知名人士邀来作陪。在他新建的城堡的院子里，有一条长形的壕沟，那是取土建筑那座要塞时遗留下来的。阿木鲁斯此时把刽子手布置在壕沟边。每个客人走进院子，大刀就落在他的脖子上。尸体被抛进壕沟。自“壕沟的屠杀”之后[⑤]，动乱的托莱多有几年平

---

① 他们住的地区，直到现在还叫做‘idwat al-Andalus（安达卢西亚人岸）。

② Ibn-al-Qūṭīyah，p. 51.

③ Ibn-al-Abbār，*Ḥullah*，pp. 39—40；Maqqari，vol. i，p. 219；Marrākushi，pp. 13—14；Kindi，*Wulāh*，pp. 161—165，184；Ya‘qūbi，vol. ii，p. 561，Yāqūt，vol. i，p. 337. 参阅本书第 202 页。

④ *Urbs regia* in Isidorus Pacensis，“Del chronicon”，in *España sagrada*：*Theatro geographico-historico de la iglesia de España*，ed. Fr. Henrique Florez，vol. viii（Madrid，1753），p. 297，*madīnat al-mulūk*（诸城之王）in Qazwīni，*Āthār*，p. 366。

⑤ *Waq‘at al-hufrah*，ibn-al-Athīr，vol. vi，p. 135；ibn-Khaldūn，vol. iv，p. 126.

514 静无事[1]。但是，梅里达等城市，仍然在动乱中，直到阿卜杜勒·赖哈曼二世[2]登位后才太平了，他是伍麦叶人西班牙的一位精力旺盛的艺术家，又是一位音乐和天文学的庇护者。

阿卜杜勒·赖哈曼二世（822—852 年在位），后来被称为奥赛特（al-Awsaṭ）[3]，作为一位艾米尔，受四个人物的影响：一个妇人、一个宦官、一个教义学家、一个歌唱家。那个妇人是他的宠妻泰鲁卜王后，她是一个无比的阴谋家。那个宦官是他的天才的奴隶奈斯尔，他的侍从长，一个西班牙人的儿子，又是王后的宠臣[4]。那个教义学家不是别人，正是科尔多瓦暴乱的柏柏尔族的头子叶哈雅·伊本·叶哈雅（849 年卒），他是麦斯木达部族人，是马立克派的教律学者，他把巴格达的马立克学派传入西班牙[5]。这个学派就在西班牙生根发芽，以致人民这样说："除了真主的经典和马立克的《圣训易读》外，我们不知道其他的著作。"[6] 那个歌唱家是一个波斯的男高音歌手齐尔雅卜，他是从巴格达来的。

齐尔雅卜[7]是那些在哈伦·赖世德及其子孙的宫廷中生活过的音乐家之
515 一，他不仅是著名的艺术家，而且是科学家和文学家。因此，他遭受摩苏尔

---

① Ibn-al-Qūṭīyah，pp. 45—49；ibn-'Idhāri，vol. ii，pp. 71—72

② 科尔多瓦伍麦叶王朝艾米尔世系表：

1. 阿卜杜勒·赖哈曼一世（756—788年在位）
2. 希沙木一世（788—796年在位）
3. 哈克木一世（796—822年在位）
4. 阿卜杜勒·赖哈曼二世（822—852年在位）
5. 穆罕默德一世（852—886年在位）
6. 孟迪尔（886—888年在位）　7. 阿卜杜拉（888—912年在位）

穆罕默德

8.阿卜杜勒·赖哈曼三世（912—929年在位，929—961年称哈里发）

③ 他介乎阿卜杜勒·赖哈曼一世和阿卜杜勒·赖哈曼三世之间，故称为奥赛特，即中间的阿卜杜勒·赖哈曼。Ibn-al-Abbār，*Ḥullah*，p. 61，ibn-Khaldūn，vol. iv，p. 127.

④ Maqqari，vol. i，pp. 224—225；参阅本书第 516 页。

⑤ Ibn-Khallikān，vol. iii，p. 173，参阅 ibn-al-Qūṭiyah，p. 34。据伊本·赫里康记载，伊马木马立克曾称他为"安达卢西亚的聪明人"，因为马立克正在讲课时，有头大象过路，学生们都跑出去观看，唯有他独自坐着不动，静静地听课。

⑥ Maqdisi，p. 236.

⑦ 齐尔雅卜（Ziryāb）是 abu-al-Ḥasan 'Ali ibn-Nāfi 的外号，这是一个波斯名词，由 *zar*（黄金）和 *āb*（水）二词构成，意思是"金水"。据'*Iqd*，vol. iii，p. 241 的记载，他是一个黑奴。

人易司哈格的嫉妒，易司哈格是他的师傅，与他齐名。他受到师傅的排斥，先逃到西北非洲，然后应阿卜杜勒·赖哈曼的聘请，来到西班牙。阿卜杜勒·赖哈曼一心要把科尔多瓦变成第二个巴格达，他维持一个豪华的宫廷，他仿效哈伦无节制的浪费；822 年，他亲自骑马，到首都郊外去欢迎这位青年乐师①。齐尔雅卜跟他新的庇护者极亲密地生活在一起，他得到的年金是三千第纳尔，还有在科尔多瓦的一处房地产，价值四万第纳尔。不久他就压倒了本地所有的音乐家。此外，他还知道一万首歌曲的歌词和歌谱，他像其他的音乐家一样，相信那是精灵在夜间传授给他的。齐尔雅卜以诗人、天文学家和地理学家的身份，大出风头②。更重要的是，他证明自己是这样的漂亮、幽默、风趣，以至于不久就变成了当代时髦人士中最有名气的人物，甚至变成了时装的评判员。从前，男人的头发留得老长，在脑门前分开，披在肩上，现在修剪成刘海，垂在眉毛上边；从前用金属杯子喝水，现在改用玻璃杯；从前石刀柏一类的蔬菜是不常见的，现在变成受人欢迎的菜了——所有这些都是以齐尔雅卜为榜样的③。

牺牲竞赛

阿卜杜勒·赖哈曼在位的晚年，征服者的语言、文学、宗教以及包括闺房制度的一切典章、制度的魅力，已经强大到这样的程度，以致都会里有大量的基督教徒，虽然没有真正伊斯兰化，但是早已阿拉伯化了。他们在阿拉伯文明的魅力面前眼花缭乱，而且知道自己无论在艺术、诗歌、哲学、科学方面，都是不如人的，因此，很快就模仿起阿拉伯人的生活方式来了。这些仿效者，人数很多，他们自己已经构成一个社会阶级，而且获得“穆扎赖卜”（Mozarabs）④ 的绰号。我们要记住，西班牙是欧洲各国中基督教化最晚的，在穆斯林征服西班牙的时候，有些乡村地区还没有信奉基督教，而且西哥特的阿里乌斯教，在基督论方面，跟穆斯林的教义是一致的。科尔多瓦一位当代的基督教作家，对这个事实表示惋惜：基督教中的俗人，鄙弃拉丁神父的著作，而“醉心于阿拉伯人的辞章”⑤。早在 724 年前后，塞维利亚的主教约翰，据说已准备了《圣经》的阿拉伯语校订本，以便利阿拉伯化的基督教徒 516
和摩尔人诵习⑥。

---

① 参阅 ibn-Khaldūn，*Muqaddamah*，p. 357，Maqqari，vol. i，p. 222 引证此文。

② Maqqari，vol. ii，p. 87；ibn-al-Qūṭīyah，p. 68.

③ Maqqari，vol. ii，pp. 87—88.（石刀柏，一种芦笋。——编者）

④ 发源于阿语 mustaʻrib（阿拉伯化人），是指采用阿拉伯语和风俗的人。

⑤ Alvaro，“Indiculus luminosus” in *España sagrada*，vol. xi，p. 274.

⑥ *Primera crónica general*，*estoria de España qne mandó componer Alfonso el Sabio* ed. Ramón Menéndez Pidal（Madrid，1906），vol. i，p. 326.

为了对抗这种阿拉伯化的倾向，有一种奇怪的运动，现在在科尔多瓦基督教的热心人中间展开了，结果是几个男人和女人甘愿牺牲自己。这个运动的领导人物，是一个苦行的神父，叫做攸罗吉阿斯，支持者是他的富裕的朋友和后来给他作传记的阿尔瓦罗[①]。促成这个运动的事件，是在850年开斋节日处死了科尔多瓦的另一个神父，他的名字叫卑尔菲克塔斯，他曾诽谤穆罕默德，而且辱骂伊斯兰教[②]。在科尔多瓦主教的率领下，老百姓很快就宣布卑尔菲克塔斯为圣徒，说他有种种奇迹，因为在他被斩之前，他曾正确地预言：执行死刑的宦官、侍从长奈斯尔将立即死亡。奈斯尔似乎参加了王后泰鲁卜毒杀亲夫的阴谋；泰鲁卜的动机是要保证她所生的儿子阿卜杜拉能代替太子穆罕默德继承王位。穆罕默德是另外一个王后所生的儿子，是阿卜杜勒·赖哈曼四十五个儿子中年龄最长的，故被立为太子。阿卜杜勒·赖哈曼已经听到这个阴谋的风声，因此，当奈斯尔拿着一个药瓶到他面前来，告诉他瓶里装着奇妙的良药的时候，国王就命令他自己先尝一尝[③]。

在卑尔菲克塔斯的插曲之后不久，一个名叫以撒的僧侣，以愿意改奉伊斯兰教为名，出现在嘎迪（qādi，法官）的面前，对穆罕默德进行种种咒骂。他像卑尔菲克塔斯一样被斩首了，而且立即变成了圣徒[④]。现在竞赛开始了。僧俗人等故意辱骂伊斯兰教，他们的意愿就是要接受无可避免的刑罚，他们清楚地知道，像这样一种犯罪的行为，必然要受到处分的。不到两个月的工夫，就有十一个人“牺牲”了。

芙罗拉和攸罗吉阿斯 517

由于阿卜杜勒·赖哈曼的敦促，主教们勉强地举行了一次宗教会议（攸罗吉阿斯对于此次会议曾提出抗议），会议决定，禁止基督教徒此后再希望得到这种神圣的死亡。但是，这个禁令是无效的。最后轮到一个年轻而美丽的姑娘，芙罗拉，她是攸罗吉阿斯的信徒，她的母亲是基督教徒，父亲是穆斯林。她还有一个同伴，一个年轻的修女玛丽，她哥哥是一个被处死的僧侣。芙罗拉屈服于辱骂先知的诱惑，但是，一位仁慈的嘎迪只把她收监。攸罗吉阿斯也被收监，他对芙罗拉怀有纯洁无瑕的爱情，在监狱中他用尽了各种花言巧语，去鼓励他所爱的这个姑娘和她的女伴，抛弃她们对牺牲的犹豫不决的态度，而毅然决然地走上断头台。这两个自封的女殉教者，没有撤回自己

---

① “Vita vel Passio Beatissimi Martyris Eulogij” in *España sagrada*, vol. x, pp. 543—563; “Vida y martyrio de S. Enlogio” in *España sagrada*, vol. x, pp. 411 以下。

② Alvaro, “Indiculus”, in *España sagrada*, vol. xi, pp. 225—226.

③ Ibn-al-Qūṭīyah, pp. 76—77, ibn-Khaldūn, vol. iv, p. 130.

④ Alvaro, “Indiculus”, in *España sagrada*, vol. xi, pp. 237—238.

的主张，于851年11月24日，被处以极刑①。这种歇斯底里式的自我牺牲的风潮，一直没有平息下来，直到身任科尔多瓦主教的攸罗吉阿斯本人，于859年被穆罕默德一世（852—886年在位）处死以后才结束了；穆罕默德一世的政策是严厉镇压，毫不姑息。在这次风潮中牺牲的人，总计约有四十四个。

各省的叛乱

还有别的种种变乱正在酝酿之中，这些变乱虽然没有这样狂热，性质却是更严重的。首先是穆罕默德一世和他的两个儿子和继任者孟迪尔（886—888年在位）和阿卜杜拉（888—912年在位），都不能表现出伍麦叶王朝的宽容和魄力的优良传统。当时还有王位继承问题引起的通常的纠纷，依照穆斯林王朝的习惯，王室中年龄最长或能力最强者，最为合格。孟迪尔在位两年多就被毒杀了，他的继任者嗾使外科医生，用有毒的刺血针给他放血，以致他因中毒而丧命②。在那期间，全国各地不断发生穆瓦莱敦人和穆扎赖卜人的叛变，有几个地方政府，脱离中央而独立，由柏柏尔或西班牙穆斯林统治。新穆斯林发起的分裂主义运动，到十世纪初为止，一直引起伍麦叶王朝各艾米尔的注意，那些运动发生在理论上隶属于科尔多瓦的各省区，发起人是以民族斗士的姿态出现的。

在南方，山国勒佐③，以阿尔奇多那为首都，于873年与穆罕默德一世建立条约的关系，实际上穆罕默德一世承认了它的独立主权，只不过它每年要缴纳贡税罢了。勒佐的土著，大半是伊斯兰化的西班牙人。在北方的边疆上，独立的阿拉贡，于九世纪中叶，吞并了萨拉戈萨、图德拉和其他重要的边区城市④，统治阿拉贡的贝尼·盖西人⑤是一个古老的西哥特家族，早已改奉伊斯兰教了。他们和西方的邻居莱昂诸王有同盟关系。托莱多是一个动乱多太平少的城市，在这个城市四周的地区中，柏柏尔族的贝尼·左农人，统率着一些匪帮，到处杀人放火。塞维利亚在西哥特人统治时代是罗马文化主要的中心，居民大半是罗马人和西哥特人的子孙。在这座城里，贝尼·哈查智人 518

① *España sagrada*, vol. x, pp. 417—418; Alvaro, "Vita Eulogij", in *ibid*, pp. 547 以下。

② Ibn-'Iahāri, vol. ii, pp. 160—161, 122, vol. i, introduction by Dozy, pp. 44—46，参阅 ibn-al-Qūṭīyah, p. 102; ibn-Khaldūn, vol. iv, p. 132; *Akhbār*, p. 150。

③ 勒佐（Regio）在阿语叫 Rayyah，伊本·赫勒敦（vol. iv, p. 132，参阅 p. 134）和别的史学家，都把它当做一个城市，而且同马拉加相混淆。在西哥特人时代，在阿卜杜勒·赖哈曼三世在位以后，马拉加都是勒佐省省会。参阅 Idrīsi, p. 28。

④ Ibn-al-Qūṭīyah, pp. 85, 113—114。伊本·赫勒敦把盖西误为"穆萨"（vol. iv, p. 134），把他的子孙称为"Lub"（Lope）。参阅 ibn-'Idhāri, vol. ii, pp. 175—176。

⑤ Benikazzi in Sebastian, "Chronicon", in España sagrada, vol. xiii, p. 487.

是最强大的①。塞维利亚及其周围的这些统治者，在母系方面是威帖萨和一个阿拉伯妻子的孙女儿萨赖的后裔。史学家伊本·孤帖叶（一个西哥特妇女的儿子）也是萨赖的后裔②。在西南部加利西亚，梅里达和巴达霍斯的一个大胆的叛教者，名叫阿卜杜勒·赖哈曼·伊本·麦尔旺·吉利基③，建立了一个侯领，得到一切反对阿拉伯政府的起义者的天然盟友莱昂王阿尔封索三世的援助。他遍地散播恐怖。在穆罕默德一世在位的末期，在半岛的西南部，现在葡萄牙的阿尔加维省（即现在的法鲁区）④，另外一个叛教者自立为王。在木尔西亚（Murcia，即阿拉伯语的 Mursiyah）的西南，另外一个叛教者，摆脱了阿拉伯人的宗主权。但是，在所有这些反叛者中，一个名叫欧麦尔·伊本·哈弗逊的，是最危险、最难和解的。

伊本·哈弗逊

欧麦尔是一个穆斯林，一个西哥特伯爵的后裔。880 年前后，他的有声有
519 色的经历开始了，他变成了一个匪帮的组织者，以波巴斯特罗山⑤上的一个旧要塞为大本营。欧麦尔曾一度在科尔多瓦皇家军队里服兵役，在埃尔维拉（Elvira，即阿拉伯语的 Ilbīrah）山区人民的支持下，一跃而为南部西班牙反抗穆斯林统治运动的领袖。穆罕默德一世、孟迪尔、阿卜杜拉三位艾米尔都曾注意到他的反叛。在南方的基督教徒和不满分子看来，欧麦尔是一个长期受压抑的民族的斗士。在阿拉伯人看来，他却是“讨厌鬼”和“流氓”⑥。经过许许多多坎坷之后，他终于使科尔多瓦陷于孤立，而且与阿拔斯王朝以及非洲的统治者艾格莱卜人开始了谈判，愿意接受任命，做西班牙的长官⑦。这个野心勃勃的计划失败了，他于 899 年宣布信仰他祖先的宗教，那是他长期隐藏在心里的信仰⑧，他采取了撒母耳做他的洗礼名。撒母耳再三再四地震撼了伍麦叶王朝宝座的基础。阿卜杜勒·赖哈曼一世的继任者的政权，陷于危险的境地，迫切地需要一个中兴之主。

---

① Ibn-ʻIdhāri，vol. ii，pp. 128 以下；ibn-Khaldūn，vol. iv，p. 136.

② Ibn-al-Qūṭīyah，pp. 4—6.

③ 阿拉伯语的 al-Jilīqi 是 galician 的对音。参阅 ibn-ʻIdhāri，vol. ii，pp. 102，104；ibn-al-Qūṭīyah，pp. 89—90；ibn-al-Athīr，vol. vii，pp. 127—128；Ḍabbī，p. 359；ibn-Khaldūn，vol. iv，p. 131；yāqūt，*Buldān*，vol. ii，p. 110。

④ 阿尔加维（Algarve）是阿拉伯语 *al-gharb*（西方）之讹。

⑤ 即阿拉伯语的 Bubashtar；ibn-al-Qūṭīyah，p. 90；*Akhbār*，p. 150。参阅 ibn-ʻIdhāri，vol. ii，pp. 108，120，204；ibn-al-Athīr，vol. vii，p. 295。

⑥ Ibn-ʻIdhāri，vol. ii，pp. 117，120，123，参阅 ʻ*Iqd*，vol. ii，p. 367。

⑦ Ibn-Khaldūn，vol. iv，p. 135.

⑧ Ibn-ʻIdhāri，vol. ii，p. 143.

第三十七章　科尔多瓦的伍麦叶哈里发王国 520

哈里发阿卜杜勒·赖哈曼·纳绥尔

公元912年，阿卜杜勒·赖哈曼三世继承他祖父阿卜杜拉的王位的时候，才二十三岁。阿卜杜拉嗾使幼子把长子暗杀了，被暗杀的长子就是阿卜杜勒·赖哈曼三世的父亲穆罕默德，暗杀的原因只是怀疑其不忠于王室①。后来，他又叫人杀害了幼子，也就是那个杀害兄长的凶手。他自己就变成了一个没有儿子的人。在阿卜杜勒·赖哈曼三世继承他第一位同名的祖先所创立的穆斯林大国的时候，这个国家已经缩小到只有科尔多瓦及其四郊了。

这位年轻的艾米尔，证明了自己是一个风云人物。他有刚毅、勇敢和坦率的性格，这些是一切时代的领袖人物所应有的特性。阿卜杜勒·赖哈曼缓慢而稳妥地把已丧失的省区一省接一省地收复了。他在位将近五十年（912—961年）②，凭着自己所特有的精力，励精图治，向四面八方扩张自己的势力。912年末，埃西哈首先投降了③。埃尔维拉接着也投降了。哈恩没有抵抗。阿尔奇多那愿意缴纳贡税。913年底，塞维利亚开门迎降。勒佐地势险要，伊本·哈弗逊英勇的党羽，负隅顽抗，但也终于被逐步地攻克了。那位可畏的领袖，在他们巩固的波巴斯特罗山要塞里继续抵抗，表现了大无畏的精神，直到917年，这位在三十七年内不屈不挠的强敌，才倒下去了。只有托莱多仍未被征服，但是，到了932年，这座骄傲的故都被围困到绝粮的地步，不得不屈服了。全国就这样被平定，国家又统一起来，归一位仁慈的独裁者统治。

当此之际，国外的敌人，还在威胁着国家的安全。这些外敌中最危险的，在南方是伊斯兰教的法帖梅人，在北方是基督教的莱昂诸王。909年在突尼斯建立法帖梅王朝的欧贝杜拉，曾经和伊本·哈弗逊谈判建立联盟关系，而 521
且派遣间谍和密探过海峡来进行阴谋活动。法帖梅王朝的哈里发，自称是先知

① Ibn-'Idhāri, vol. i, introduction by Dozy, pp. 47—50, ibn-al-Abbār, *Ḥullah*, p. 91.

② Ibn-al-Abbār, *Ḥullah*, p. 99，著者认为阿卜杜勒·赖哈曼三世在位的年代之长，在伊斯兰教史上是空前未有的，这种说法是正确的。参阅本书第481页注。

③ Ibn-'Idhāri, vol. ii, p. 165.

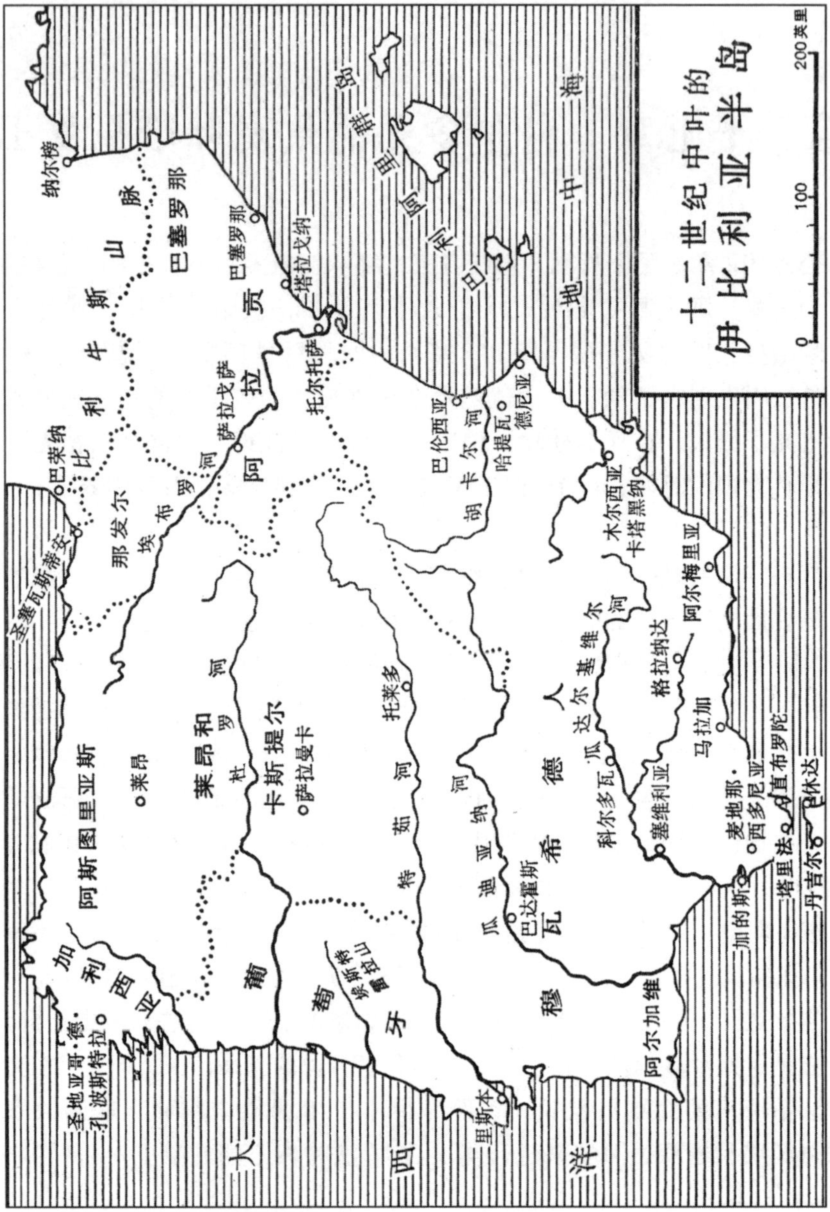
十二世纪中叶的
伊比利亚半岛
0
100
200英里
大西洋
地中海
巴利阿里群岛
比利牛斯山脉
纳尔榜
巴塞罗那
塔拉戈纳
阿拉贡
萨拉戈萨
托尔托萨
巴伦西亚
德尼亚
哈提瓦
胡卡尔河
木尔西亚
卡塔黑纳
阿尔梅里亚
格拉纳达
马拉加
塞维利亚
麦地那·西多尼亚
直布罗陀
塔里法
丹吉尔
休达
加的斯
科尔多瓦
瓜达尔基维尔河
穆瓦希德人
阿尔加维
巴达霍斯
瓜迪亚纳河
托莱多
特茹河
卡斯提尔
萨拉曼卡
杜罗河
莱昂和
莱昂
阿斯图里亚斯
那发尔
巴来纳
埃布罗河
圣塞瓦斯蒂安
加利西亚
圣地亚哥·德·孔波斯特拉
葡萄牙
埃斯特雷拉山
里斯本

的女儿、阿里的妻子法帖梅的后裔，所以，除他们自己的政权外，不承认伊斯兰教内任何政权。伪恩柏多克利派哲学家、科尔多瓦的伊本·麦萨赖（883—931 年），曾将一种秘传的书法传入西方，这种书法的字体，具有内在的神秘的意义，只有入门者才能领会。他可能就是被派遣到西班牙来成立法帖梅党的，他利用了自己的有组织的宗教团体做掩护。阿卜杜勒·赖哈曼的宗主权，远在 917 或 918 年，就得到了摩洛哥的承认；到 931 年，又获得了休达的承认；最后获得了柏柏尔海岸大部分地区的臣服①。他体会到一个敌人在非洲强大起来的时候，他在西班牙的地位是不稳妥的。他的扩大了而且刷新了的舰队②，在当时是举世无敌的，主要的军港是阿尔梅里亚港③。这支舰队曾经同法帖梅王朝的海军争夺过西地中海上的霸权。956 年，由七十艘兵舰组成的一支西班牙舰队，蹂躏了非洲海岸的几个地方，以报复法帖梅王朝哈里发所指挥的西西里舰队对西班牙海岸的侵略④。

正当采取军事行动来反对内外敌人的时候，阿卜杜勒·赖哈曼（他的母亲是一个基督教的女奴）还常常从事圣战，跟尚未屈服的北方的基督教徒作斗争。在那里，巴斯克人的地方⑤居于比利牛斯山脉的中部。在他们的东边，有尚未建成的那发尔王国和阿拉贡王国。在他们的西边，有一些地区，后来发展成为卡斯提尔王国和莱昂王国。远在 914 年，大胆的莱昂国王奥多诺二 523
世⑥，就曾利用穆斯林王国的局势，蹂躏南方地区，发动战争。三年之后，他俘虏了阿卜杜勒·赖哈曼的一个将军，把将军的头砍下来，跟一个野猪的头一起，钉在那个将军所围困的边疆要塞圣·埃斯特班·德·戈麦斯⑦的城墙上

① Ibn-Khaldūn，vol. iv，pp. 137—138，Maqqari，vol. i，p. 227 引用。

② 西班牙穆斯林的舰队，曾经与斯堪的纳维亚的海盗，即英国所谓的北方人（Northmen，Norsemen）和法兰西的诺尔曼人以及丹麦人发生过几次冲突。阿拉伯人把这些人通称为麦祝斯（Majūs，拜火教徒）。第一次冲突发生于 844 年，在阿卜杜勒·赖哈曼二世在位的时代。在这次冲突中，麦祝斯企图登陆，他们的八十艘船只，停泊于里斯本，而且曾占领塞维利亚。在 858—861 年期间，在穆罕默德一世在位的时代，他们屡次企图在这个半岛登陆。Ibn-Qūṭīyah，p. 63；ibn-Idhāri，vol. ii，pp. 89—90，99；Mas'ūdi，vol. i，p. 364；ibn-al-Athīr，vol. vii，pp. 11—12，58；Dozy，*Recherches*，vol. ii，pp. 250—371.

③ 阿拉伯语即 Marīyah（望楼）。

④ Ibn-Khaldūn，vol. iv，p. 46；tr. de Slane，*Histoire des Berbères et des dynasties musulmanes de l'Afrique septentrionale*，ed. Paul Casanova，vol. ii（Paris，1927），p. 542.

⑤ 巴斯克（Basques）就是阿拉伯语的 Bashkans，见 pseudo-ibn-Qutaybah，pp. 121，132；ibn-al-Athīr，vol. vii，p. 48；ibn-Khaldūn，vol. iv，p. 140。

⑥ 奥多诺（Ordoño）就是阿拉伯语的 Ardūn，见 Mas'ūdi，vol. iii，p. 75；Maqqari，vol. i，p. 233，或者 Ardhūn，见 ibn-'Idhāri，vol. ii，pp. 179，187。

⑦ 圣·埃斯特班·德·戈麦斯（San Esteban de Gormaz）又叫 Castro Moros；阿拉伯语叫 Shant Ishtibān，Ashtin 或 Qāshtar Mūrush。

面。这些北方敌人所进行的掠夺性的蹂躏，继续发生。920 年，阿卜杜勒·赖哈曼亲自出征，夷平了圣·埃斯特班，并且在基督教和伊斯兰教所争执不决的那个地区里，摧毁了别的几个堡垒①，他在苇谷跟奥多诺二世和那发尔的大王桑绰②的联军交锋，使他们遭受惨败。蹂躏了那发尔的几个地区和邻近的若干基督教地方后，他胜利地返回首都。四年之后，他远征北方，深入到那发尔的首都潘普洛纳③，把它摧毁。那发尔的骄傲的国王、基督教的东方干城，即伊本·伊达里④在著作中所谓的“恶狗”在此次战败后，在一个很长时期内，一直都变得很衰弱。大约就在这个时期，民族运动的另外一个战士——奥多诺死了，随着他的死亡而发生的内争，使军事活动停顿了下来。

阿卜杜勒·赖哈曼长期在位，从他晚年所做的许多事情看来，都说明他是英明的，是长于治术的。例如他在 929 年 1 月 16 日（金曜日）宣告：当今的国王，在一切公共礼拜中，在一切公文书中，都要被称为哈里发。他自己选择了这个头衔：保卫真主的宗教的哈里发（*al-Khalīfah al-Nāṣir li-Dīn Allāh*）⑤。东方的哈里发国家，一落千丈，他却能使西班牙的穆斯林达到比以前任何时代更高的地位，“信士们的长官”（*amīr al-mu'minīn*）这个尊号，对他来说，是最合适的。

524 作为宗教的保卫者，哈里发纳绥尔感觉到他最主要的义务是，对那些把贪婪的眼光不断投射在自己祖先在南方的领土上的基督教徒进行圣战。他的出征继续到 939 年，在最后的出征中，莱昂的国王拉米罗二世和那发尔的摄政王后托塔⑥（桑绰大王的寡妇），联合起来抵抗他，在萨拉曼卡南边的阿尔杭得加⑦，使他在二十七年的几乎没有中断过的战争中第一次遭受重大挫折。哈里发的大军，实际上是被歼灭了；他自己仅以身免。这位托塔王后，后来又出现在哈里发的宫廷中，那时候她是摄政王后，统治着那发尔，她带着这

---

① Ibn-Idhārī，vol. ii，p. 183 以下。阿卜杜勒·赖哈曼的桂冠诗人伊本·阿卜德·拉比希说，在这些远征中，曾毁了七十个要塞，见 *'Iqd*，vol. ii，p. 368。

② 桑绰（Sancho）就是阿拉伯语的 Shānjah，见 ibn-al-Qūṭīyah，p. 114；Shanjah，见 Maqqari，vol. i，p. 233；Sānjah，见 ibn-Khaldūn，vol. iv，p. 141。

③ 潘普洛纳（Bampeluna 或 Pamplona）就是阿拉伯语的 Banbalūnah，见 Maqqari，vol. i，p. 234；ibn-'Idhāri，vol. ii，pp. 196，199。

④ Ibn-'Idhāri，vol. ii，p. 200。

⑤ *'Iqd*，vol. ii，pp. 368，369；ibn-'Idhāri，vol. ii，pp. 162，211—212；ibn-Khaldūn，vol. iv，p. 137，Maqqari，vol. i，p. 227 引证。

⑥ 托塔（Tota）就是阿拉伯语的Ṭūtah，见 ibn-Khaldūn，vol. iv，pp. 142—143。

⑦ 阿尔杭得加（Alhandega）是阿拉伯语 *al-khandaq*（战壕）之讹。Maqqari，vol. i，pp. 227，228.

个儿子和她的外孙、大胖子桑绰一起来到哈里发的宫廷，桑绰是莱昂的前王；她来为桑绰求医，同时请求哈里发给予军事援助，使桑绰复辟①。在这时期，从北方的埃布罗河口到大西洋，从比利牛斯山麓到直布罗陀海峡，都唯哈里发之命是听，现在基督教王后又亲自到哈里发的宫廷来乞援。这些王家贵宾受到隆重的接待，并参观穆斯林首都的壮观的市容。由于御医和政治家犹太人哈斯德·本·舍卜鲁特高明的医术，桑绰过肥的病症获得了痊愈，这种厉害的病症，曾经使他丢掉了王冠；病愈之后，由于哈里发的大力帮助，他于960年恢复了他已丧失的政权。

当时哈里发的宫廷，是全欧洲最富于魅力的宫廷之一。拜占廷皇帝，德 宰海拉宫
国、意大利、法兰西等国的国王，都派遣使节到这座宫廷来②。这座宫廷的所在地科尔多瓦，有居民五十万人，有清真寺七百座③，有公共澡堂三百所，其华丽仅次于巴格达和君士坦丁堡。王宫有房间四百个，能容纳奴隶和禁卫军好几千名；王宫位于市镇的西北部，而市镇又位于莫雷纳山脉的横岭上，下临瓜达尔基维尔河。阿卜杜勒·赖哈曼于936年动工修建这座宫殿，相传修建费是他的一个宠妾的遗产。他最初的打算，是用这笔基金去赎取在基督教 525
徒手中的战俘。后来，没有战俘可赎了，他才实行他的另一个宠妾宰海拉（al-Zahrā'，花容）的建议，而且以她的名字宰海拉给所修建的壮丽的宫殿命名。大理石料是从努米底亚和迦太基运来的；石柱、石盆和黄金雕像，是输入的或者是君士坦丁堡的礼物；一万名工匠和一千五百头载运材料的牲口，工作了二十年，才把这座宫殿建成④。纳绥尔的两个继任者，又加以扩建，宰海拉宫变成了一个皇家郊区的核心；这座宫殿的遗址，于1910年和以后的岁月里，被发掘出一部分，到现在还可供游览。

在宰海拉宫里，哈里发在自己的四周布署了由三千七百五十名奴隶组成的禁卫军⑤；此外，他还统率着十万名常备军⑥。Slav这个名词，原来是专指日耳曼人等从斯拉夫各部族中俘获，而卖到阿拉伯人手中的奴隶和战俘⑦，后来，才兼指买来的外国人：法兰克人、加利西亚人、伦巴底人等，他们通常

---

① Ibn-Khaldūn, vol. iv, p. 143; Maqqari, vol. i, p. 235 引用。

② Ibn-ʻIdhāri, vol. ii, p. 229; ibn-Khaldūn, vol. iv, pp. 142—143; Maqqari, vol. i, p. 227.

③ 一说是三千座，见 ibn-ʻIdhāri, vol. ii, p. 247。参阅 Maqqari, vol. i, p. 355。

④ Ibn-ʻIdhāri, vol. ii, pp. 225, 240, 246—248; ibn-Ḥawqal, p. 77; ibn-Khaldūn, vol. iv, p. 144; Maqqari, vol. i, pp. 344—347; ibn-Khallikān, vol. ii, p. 413.

⑤ Ibn-ʻIdhāri, vol. ii, p. 247.

⑥ Masʻūdi, vol. iii, pp. 74, 78. 他是同时代的但离西班牙很远的作家。

⑦ Slav 在阿拉伯语中叫 *Ṣaqālibah*；参阅本书第 235 页。

是在幼年时代买来而加以阿拉伯化的。借着西班牙的这些禁卫军的帮助，哈里发不仅能够防止叛乱和劫掠，而且能够削弱古老的阿拉伯贵族的势力。商业和农业，也跟着繁荣了起来，国家的财源，成倍地增加。皇家的岁入，达到六百二十四万五千第纳尔；三分之一用做军饷；三分之一用于土木工程；其余的三分之一，留作储备[1]。科尔多瓦从来没有过这样的繁荣，安达卢西亚从来没有过这样的富裕，这个国家从来没有过这样的威武。所有这些，都是由于一个人的天才，据说他活到七十三岁高龄才去世，他在遗书中说，他生平只知道十四天的快乐[2]。

---

① Ibn-ʻIdhāri, vol. ii, p. 247; ibn-Khallikān, vol. ii, p. 413. 参阅 ibn-Ḥawqal, p. 77。

② Ibn-ʻIdhāri, vol. ii. p. 248.

第三十八章　政治的、经济的、教育的制度 526

阿卜杜勒·赖哈曼三世和他的继任者哈克木二世在位的时代（961—976年），再加上曼苏尔侍从长的专政时期（977—1002年），是穆斯林在西方的统治的极盛时代。穆斯林西班牙在欧洲和非洲事务中的政治影响在这以前或以后都没有像在这个时期那样大。

科尔多瓦

这个时期，科尔多瓦变成了欧洲文化最高的地方，与君士坦丁堡和巴格达齐名，成为世界三大文化中心之一。科尔多瓦有居民十一万三千户[①]，有郊区二十一处[②]，有图书馆七十所，还有许许多多的书店、清真寺和宫殿；科尔多瓦已获得国际声誉，而且使外宾感觉敬畏和惊叹。科尔多瓦有铺砌的街道好几英里，从道旁小屋里射出的灯光，把大街照得通明[③]，而“七百年后的伦敦，还连一盏路灯都没有”，就是“在巴黎，过了几百年之后，下雨天如果有人敢于出门走一走，在街上的烂泥，还会使他的两脚陷到踝骨”[④]。当牛津大学仍然认为沐浴是一种异教徒的风俗的时候，科尔多瓦的科学家们，早已在富丽堂皇的澡堂里享受好几个世代了。阿拉伯人对于这些北方的野蛮人究竟有什么看法，可以从托莱多的学识渊博的法官萨义德[⑤]（1070年卒）的言论中，获得明白的解答。据萨义德猜想，“由于太阳光不能直射在他们的头上，所以他们的气候是寒冷的，终年在弥漫的云雾中过日子。因此，他们的气质变得很冷酷，他们的性情变得很粗鲁，他们的身体长得高大，他们的皮肤发 527
亮，他们的头发长得老长。而且，他们缺乏机智和洞察力，愚蠢和拙笨在他们中间是普遍的。”莱昂、那发尔、巴塞罗那等地的统治者，凡缺乏外科医生、建筑师、歌手或裁缝的时候，都要到科尔多瓦来聘请。穆斯林首都的声

---

① Ibn-ʻIdhāri, vol. ii, p. 247. 参阅 Maqqari, vol. i, p. 356。

② Maqqari, vol. i, pp. 299, 304. 参阅 ibn-ʻIdhāri. vol. ii, pp. 247—248。

③ Maqqari, vol. i, p. 298, 11. 2—3. 这些路灯，显然是安置在那些小屋的门口，或者屋角上的。

④ John W. Draper, *A History of the Intellectual Development of Europe*, rev. ed. (London, 1910), vol. ii, p. 31.

⑤ *Ṭabaqāt*, pp. 8—9.

誉，深入到辽远的德国。一个撒克逊的修女，称科尔多瓦为“世界的真珠”①。这就是伍麦叶王朝的统治者及其政府的所在地。

政府的体制

西方哈里发国家的政府组织，跟东方的没有根本上的差别。哈里发的职位是世袭的，但是，军队的首长和贵族们，往往选举他们所爱戴的人物为哈里发。侍从长（*ḥājib*）的地位在各大臣（*vizir*）之上，他们必须通过他才能与哈里发联系。在各大臣之下有秘书（*kuttāb*），他们和大臣们共同组成国务会议（*dīwān*）。远离科尔多瓦的省区，共计六个，每省有一个军政长官管理，叫做长官（*wāli*）。若干重要城市，也由长官治理。司法权由哈里发行使，但他通常把这种权力委托嘎迪（*qāḍi*，法官）去执行，最高的嘎迪是在科尔多瓦的总嘎迪（*qāḍi al-quḍāh*）。关于刑事和公安的案件，由一个特别法官即警察长（*ṣāḥib al-shurṭāh*）审理。科尔多瓦还有另一个特别法官，叫做讼法官(*ṣāḥib al-maẓālim*)，他专门审理人民对公务人员的控诉。常见的判决有罚款、鞭打、监禁、断手等方式，犯亵渎、异端、叛教罪者，处死刑。一个有趣的官吏是检察官（*muḥtasib*，西班牙语的 *almotacén*），他的职务，除指导警察外，还监督商务和市场，检查度量衡，查禁赌博、奸淫和奇装异服②。

工业

国家的岁入，主要依靠关税。在哈里发帝国时代，西班牙是欧洲最富庶的地方之一。这个国家的首都夸耀自己有纺织工人一万三千多名，还有一种发达的制革工业。鞣革和在皮革上制浮花的艺术，从西班牙传入摩洛哥，再从这两个地区传入法国和英国，cordovan、cordwainer（科尔多瓦皮革）、mo-
528 rocco（摩洛哥皮革）等名词，就是最好的证明。毛织业和丝织业，不仅在科尔多瓦，而且也在马拉加、阿尔梅里亚等中心城市发达起来③。养蚕业原来是由中国人垄断的，由穆斯林们把这种工业传入西班牙，就在那里发达起来。阿尔梅里亚还出产玻璃器和黄铜器。巴伦西亚的帕特纳是陶器的原产地。哈恩城和阿尔加维省以金矿和银矿著称，托莱多以铁矿和铝矿驰名④，马拉加以红宝石闻名。托莱多像大马士革一样，因产剑而著名于全世界⑤。用金银镶嵌

---

① Hrotsvitha in *Scriptores rerum Germanicarum*; *Hrotsvithae opera*, ed. Paulus de Winterfeld（Berlin, 1902）, P. 52. l. 12.

② Al-Saqāṭi, *Fi Ādāb al-Ḥisbah*, ed. Colin and Lévi-Provençal（Paris, 1931）, pp. 3 以下; Lévi-Provençal, *l' Espagne musulmane au* $X^{\text{ième}}$ *siècle*（Paris, 1932）, pp. 79—96。

③ Maqqari, vol. i, pp. 102, 123—124.

④ Lisān-al-Dinibn-al-Khaṭib, *al-Iḥaṭah fi Akhbār Gharnāṭah*（Cairo, 1319）, vol. i, p. 15; *al-Lamḥah al-Badriyah fi al-Dawlah al-Naṣrīyah*, ed. al-Khaṭib（Cairo, 1347）, p. 13.

⑤ 关于工业的情况可以参阅 ibn-Ḥawqal, pp. 78—79; Iṣṭakhri, p. 42; Maqqari, vol. i, pp. 90—92, 123。

钢铁等金属，制成各种花纹，这是从大马士革传入的艺术，后来，在西班牙和欧洲的几个工业中心发达起来，而在语言学的遗产中就留下了英语的damascene、damaskeen，法语的*damasquiner*，意大利语的*damaschino*等词①。

西班牙的阿拉伯人，把在西亚实施的耕作方法，传入西班牙。他们开凿运河②，种植葡萄，还传入稻子③、杏子④、桃子⑤、石榴⑥、橘子⑦、甘蔗⑧、棉花⑨、番红花⑩等植物和水果。半岛东南部的各大平原，气候特别温和，土壤特别肥沃，因此发展成为城乡活动的许多重要中心。在这些地区种植小麦和其他谷物，也种植油料作物（油橄榄）和各色各样的水果⑪，农民耕耘土地，收获物与地主共分。 农业

农业的发展，是西班牙穆斯林的光荣事迹之一，也是阿拉伯人赠给西班牙的永恒的礼物之一，因为西班牙的园圃，直到今天，还保存着“摩尔人”的痕迹。最驰名的园圃之一，是“精奈赖列夫”花园（Generalife是从阿拉伯语*jannat al-ʻarīf*得来的，意思是检察官的乐园），那是十三世纪晚期奈斯尔王朝⑫的遗迹，他们的别墅是艾勒哈卜拉宫（红宫）外围建筑物之一。这座花园“是天下闻名的，因为那里面有广阔的树阴，倾注的泉水，温和的微风”⑬，这座花园是筑成台地的，仿佛一座圆形的剧场，用泉水灌溉，泉水构成许许多多的小瀑布，然后消失在花树、丛林和乔木之间，现在还有几株高大的丝柏和桃金娘遗留下来，由此可以想见当年的风景。 529

① 这几个词的意思都是用金银镶饰别种金属，使呈现雾状的花纹。——译者

② 西班牙语*acequia*（运河），是阿拉伯语*al-Sāqiyah*（水沟）的对音。

③ 西班牙语的*arroz*（稻子）是阿拉伯语al-aruzz的对音，阿拉伯语又是从梵语来的。参阅本书第665页。

④ 西班牙语的*albaricoque*（杏子，是英文apricot的根源）是阿拉伯语*al-barqūq*的对音，阿语又是通过希腊语而发源于拉丁语的。

⑤ 西班牙语*albérchigs*（桃子）是阿拉伯语*al-firsiq*，*firsik*的对音，来源于拉丁语。

⑥ 阿拉伯语的*rummān*，还保存在西班牙语的*romania*（石榴汁）一词中。

⑦ 参阅本书第二十六章“农业”。阿拉伯人传入欧洲的是苦橘，又叫塞维利亚橘，甜橘或普通橘，是后来葡萄牙人从印度传入的。

⑧ 参阅本书第667页。

⑨ 西班牙语的*algodón*（棉花）和古代西班牙语的*Coton*（这是英语的根源），是阿拉伯语*al-quṭn*的对音。

⑩ 西班牙语的*azafrán*和葡萄牙语的*açafrão*，是阿拉伯语*al-zaʻfarān*的对音。

⑪ Ibn-al-Khaṭīb. *Iḥāṭah*, vol. i, pp. 14—15、27、37; *Lamḥah*, p. 13; Maqqari, vol. i, pp. 94—96; ibn-Baṭṭūṭah, vol. iv, pp, 366—369.

⑫ 参阅本书第549页。

⑬ Ibn-al-Khaṭīh, *Lamḥah*, p. 109.

商业 西班牙穆斯林工业和农业的产品，除供国内消费外，还有剩余。塞维利亚是西班牙最大的内河港口之一，这里输出棉花、油橄榄和橄榄油；从埃及输入布匹和奴隶，从欧洲和亚洲输入歌女。马拉加和哈恩的出口货，有番红花、无花果、大理石和蔗糖等。通过亚历山大港和君士坦丁堡，西班牙的产品，能找到像印度和中亚细亚那样遥远的市场。西班牙与大马士革、巴格达和麦加之间的贸易，特别活跃。现代国际上的海上用语，例如 admiral（海军上将）[①]、arsenal（兵工厂）[②]、average（海损）[③]、cable（海底电线）[④]、corvette（海防舰）[⑤]、shallop（sloop）（单桅帆船）[⑥]、tariff（关税）[⑦] 等，都足以证明阿拉伯人从前在海洋上享有过霸权。易德里西所记载的一个不清楚的故事[⑧]，告诉我们，有八个受骗的堂兄弟，从里斯本出发，到大西洋（*baḥr al-ẓulumāt*，黑暗的海洋）去探险，向西南方航行了三十五天，到达一些奇异的岛屿上[⑨]。我们从这个故事可以想见当年在大西洋上生气勃勃的航海活动。

政府维持着正常的邮政业务。政府依照东方的式样，铸造货币，以第纳尔为金币的单位，以第尔汗为银币的单位[⑩]。伊斯兰教早期的铜币法勒斯（*fals*）[⑪] 同样流通。北方的基督教各王国中都使用阿拉伯货币，这些王国在将近四百年中，除阿拉伯货币或法兰西货币外，没有任何别的货币。

哈里发在最得意的时候 530 环绕在阿卜杜勒·赖哈曼三世宫廷四周的晕轮，不断地把荣光放射在他的儿子和继任者哈克木二世穆斯坦绥尔（961—976 年在位）的宫廷上，麦斯欧迪[⑫]认为他是一切人物中最英明的（*aḥkam*）。哈克木在位的初期，邪恶的奥多诺就出现在穆斯林的首都，他曾因阿卜杜勒·赖哈曼的干涉，而丧失莱昂的王位，现在他来请求帮助他复辟。科尔多瓦的基督教法官韦立德·伊

---

① 从阿语的 *amir*（长官）变成法语的 *amiral*，再变成英语的 admiral。——译者

② 从阿语的 *dār al-ṣinā'ah*（工厂）变成 *dar assina'ah*，再变成意大利语的 *arsenale*，然后变成英语的 arsenal。——译者

③ 发源于阿语的'*awāriyah*（租借物）。

④ 发源于阿语的*ḥabl*（绳子）。——译者

⑤ 从阿语的 *ghurāb*（战舰）变成西班牙语的 *corbeta*，再变成英语的 corvette。

⑥ 从阿语的 *jalbah*（船）变成西班牙语的 *chalupa*，再变成英语的 shallop。

⑦ 从阿语的 *ta'rifah*（说明书）变成意大利语的 *tariffa*，再变成英语的 tariff。——译者

⑧ Al-Idrīsi，pp. 51—52.

⑨ 可能是加那利群岛和佛得角群岛。

⑩ Ibn-al-khaṭīb，*Iḥātah*，vol. i，p. 37.

⑪ 从拉丁语的 *follis* 变成希腊语的 *phollis*，再变成阿语的 *fals*。

⑫ （Mas'ūdī），vol. i，p. 363.

本·赫祖兰和托莱多的大主教阿卜杜拉·伊本·嘎西木①，把这位前王护送到宰海拉宫，他们事先就把特定的宫廷礼节详细地告诉过他。奥多诺身穿白袍，头戴镶饰珠宝的帽子，率领着他的王亲贵戚们，从密集在道旁的兵士行列中间，走进皇宫去。这些基督教徒，肃然起敬，开始在胸口画十字。在接见厅中，哈里发坐在宝座上，两旁和后面，站着皇室的成员和高级官员。这位基督教国王光着头，走上前去行下贱的跪拜礼，在信士们的长官的手上亲吻，自称仆人，乞求援助，然后倒退着走到门口。跟他一道去的那些贵族，也遵行了同样的礼节。哈里发曾答应在某些条件下给予他帮助，但是，这次访问毕竟是徒劳的②。

教育活动

但是，这个时代真正的光荣，不是在政治方面，而是在别的方面。哈克木本人是一位学者，而且保护学问③。他给予学者们宽厚的恩惠，并且在首都创办了二十七所免费学校④。在哈克木的时代，阿卜杜勒·赖哈曼三世在科尔多瓦主要的清真寺里创办的科尔多瓦大学，在世界各大学中，跃居于卓绝的地位。这所大学比开罗的爱资哈尔大学和巴格达的尼采米亚大学还优越，它吸引了许多基督教学生和伊斯兰教学生，他们不仅来自西班牙各地，而且来自欧、非、亚三大洲。哈克木扩大了清真寺内的校舍，用铅管把泉水引到清真寺里来，还用拜占廷的艺术家带来的镶木细工，修饰了学校，这些修建工作花费了二十六万一千五百三十七个第纳尔和一个半第尔汗⑤。他从东方聘请了许多教授到大学里来任教，并且捐赠大量的基金，作为他们的薪俸。在这 531
些教授当中，就有史学家伊本·孤帖叶，他在大学里讲授语法学；还有巴格达著名的语言学家艾卜·阿里·嘎里⑥，他所著的文学总集《艾马利》（*Amāli*，讲演集）⑦，直到现在还是阿拉伯各国的文学教材。嘎里生活史上的一段戏剧性的插曲，就是发生在这个时候：哈里发纳绥尔举行盛大的欢迎会，欢迎拜占廷的使节，由嘎里致即席的欢迎词，他由于怯场，说完了赞颂真主和祝福穆罕默德的开场白之后，一句也说不下去了，因此，由孟迪尔·伊本·赛义德代替他，孟迪尔即席作了一篇最雄辩的演说词，在麦盖里的书中

① 基督教的这两位高官显贵已采用穆斯林的名字，这是值得注意的。

② Ibn-Idhāri, vol. ii, p. 251; ibn-Khaldūn, vol. iv, p. 145; Maqqari, vol. i, pp. 248, 252—256.

③ Ibn-al-Athīr, vol. viii, p. 498; ibn-al-Khaṭīb, *Iḥāṭah*, vol. i, p. 305.

④ Ibn-ʻIdhāri, vol. ii, p. 256.

⑤ Ibn-ʻIdhāri, vol. ii, p. 253, 256—257.

⑥ Ibn-Khallikān, vol. i, pp. 130—131; Yāqūt, *Udabā'*, vol. ii, pp. 351—354, Samʻāni, fol. 439 b.

⑦ Al-Maqqari, 2 vols. (Būlāq, 1324).

占两页半[①]，全是有韵的散文。

除了那所大学外，这座首都还有一所极大的图书馆。哈克木是一位爱书家，他的代理人在亚历山大港、大马士革、巴格达等地的书店里遍处搜索，希望购买或抄写各种手稿。这样搜罗到的书籍，据说有四十万册，这些书籍的目录，就有四十四册，每册中有二十页是专用于诗集目录的[②]。哈克木可能是穆斯林各哈里发中最有学问的，他亲自使用这些手稿中的好几种著作；他还在某些手稿上作标注，后代的学者对于他的标注给以很高的评价。为了获得《乐府诗集》的第一部手稿，哈克木把一千个第纳尔寄给著作人伊斯巴哈尼[③]，他是伍麦叶王室的苗裔，那时候他正在伊拉克编写他的这部伟大的著作。安达卢西亚文化总的情况，在这个时候，已达到这样高的水平，著名的荷兰学者杜齐[④]，甚至热情地宣言："几乎每个人都能读书写字。"别的许多学者，承认他的说法是正确的。当时基督教的欧洲，只懂得一些初步知识，知识分子很少，而且大半是牧师。

阿米尔族的独裁

哈克木死后，由他的儿子希沙木二世（976—1009 年在位）继任，后者是一个十二岁的孩子。希沙木的母亲是一个美丽而且能干的巴斯克人，名叫
532 素卜哈（Ṣubḥ，黎明、曙光）[⑤]，国家大事的实权，由她执掌。这位太后有一个被保护人，名叫穆罕默德·伊本·艾卜·阿米尔，他起初是一个微末的文书，但是终于变成王国的实际上的统治者。他的经历提供了另一个例证，说明勇气、才能、野心等在一个穆斯林国家里所能完成的事业。穆罕默德的祖先，是麦阿菲尔部族的也门人，他是塔立格征服西班牙的部队中少数阿拉伯人之一。太后据说是他的情妇，在她的保护之下，年轻的穆罕默德在宫廷中步步高升，凭借巧妙的权术或武力，处置了他的上级，踏着他们的肩头往上攀缘，直爬到侍从长兼大臣的职位[⑥]。凭借着他的职权，他给斯拉夫禁卫军以最后的打击，而代之以由摩洛哥的雇佣军组成的新部队，而且终于把冲龄的哈里发关在王宫里。为了废除宰海拉宫，他于 978 年在科尔多瓦东郊为自己

---

① Maqqari, vol. i, pp. 237—240.

② Maqqari, vol. i, pp. 249—250, 256; ibn-Khaldūn, vol. iv, p. 146.

③ Ibn-Khaldūn, vol. iv, p146; Maqqari, vol. i, p. 250.

④ Dozy, *Histoire des Musulmans*, ed. Lévi-Provençal, vol. ii, p. 184; Nicholson, *Literary History*, p. 419; Rafael Altamira in *The Cambridge Medieval History* (New York, 1922), vol. iii, p. 434.

⑤ Ibn-'Idhāri, vol. ii, p. 268; Maqqari, vol. i, p. 259; Marrākushi, pp. 17, 19.

⑥ Ibn-'Idhāri, vol. ii, pp. 267—269; ibn-Khaldūn, vol. iv, pp. 147—148; ibn-al-Athīr, vol. ix, pp. 124—125; ibn-al-Khaṭīb, *Ihāṭah*, vol. ii, 67—69.

修建了一座壮丽的公馆，叫做扎希赖城（辉煌镇），遗址尚未考证出来①。为了讨好于宗教学者，他把哈克木图书馆中一切有关哲学的书籍和那些教义学家列入黑名单的书籍，付之一炬。他利用优厚的津贴，完全掌握了全国的诗人。于是他下令在金曜日的祝词里提他的名字，在货币上面铸他的名字。他还穿着用金线织上他的名字的礼服（这原来是帝王的一种特权）。992 年他又下令，凡枢密院发出的公文，都要加盖他的印信，而不盖哈里发的印信②。他没有做的事情，只有一件，就是推翻有名无实的伍麦叶哈里发，而建立阿米尔族的哈里发政权。

在军事方面，伊本·艾比·阿米尔像在和平事业方面一样成功。他首先整编了军队，用分队的体制代替旧有的部族组织。法帖梅人权力的中心地迁移到更东方的新建筑的开罗城（969 年），北方的各基督教小王国内部倾轧不已，都给他的军队提供了机会，既可以沿西北非海岸进军，又可以在伊比利亚半岛北部推进。由于屡次的胜利，他于 981 年僭取了曼苏尔·比拉（al-
Manṣūr bi-Allāh，借天助而得胜者）的尊号。每年春秋两季，这位曼苏尔侍从 533
长都向莱昂、卡斯提尔、加泰罗尼亚三个小王国的基督教徒进攻。在这里他获得了许多成就，981 年夺取了萨莫拉，985 年第十三次出征时③，夷平了巴塞罗那，988 年摧毁了莱昂城，连所有结实的城墙和高大的碉堡，都拆除了，使莱昂王国变成一个称臣纳贡的省区。他甚至冒险地推进到加利西亚山区的各隘口，于 997 年拆毁了壮丽的圣地亚哥·德·孔波斯特拉教堂④，那是从整个基督教欧洲来的香客们经常朝拜的灵地。这是他的最后一次功绩。他奏凯班师，耀武扬威地返回首都的时候，最引人注目的是，他的队伍押解着一大群基督教的战俘，战俘们掮着教堂的门和教堂的钟，那些门后来被安装在首都的清真大寺上，那些钟被改造成穆斯林各大建筑物的吊灯。那些基督教战俘戴着脚镣，被派去修缮清真寺。除阿卜杜勒·赖哈曼三世的时代外，西班牙伊斯兰教的金星，从来没有放过这样的异彩。

曼苏尔想死在沙场的愿望，于 1002 年实现了，他在第五十次出征卡斯提

---

① Ibn-‘Idhāri, vol. ii, pp. 294—297.

② Maqqari, vol. i, p. 258.

③ Ibn-al-Khaṭīb, *Iḥāṭah*, vol. ii, p. 71；据别的记载是第二十三次出征。

④ 阿拉伯的作家称他为山特·雅孤卜（Shant Yāqūb），见 ibn-‘Idhāri, vol. ii, pp. 316—319; Maqqari, vol. i, pp. 270—272; Idrisi, p. 104。基督教徒认为这座教堂是西庇太（Zebedee）的儿子使徒詹姆斯（Apostle James）的墓地，相传是他把基督教传入西班牙的。曼苏尔保留了他的坟墓。

尔后，在班师的途中逝世[①]。他每次出征回来，就把盔甲上的尘土扫下来积存着，准备作殉葬物[②]，现在这些尘土被放在他的墓穴里，以实现他的夙愿。他被葬于麦地那萨里木（Madīnat Sālim），在他的墓碑上雕刻着下面的诗句：

他的遗迹告诉你他的生平，
仿佛你自己跟他本人会面。
时势永不会再产生这样的人物，
无人能像他那样保卫西班牙国境。[③]

534 但是，修道院的编年史家尖锐的评论，更能表达基督教徒的感情，他写道："1002 年阿尔曼左尔（Almanzor）逝世，被葬于地狱之中。"[④]

伍麦叶人势力的崩溃

阿米尔族的独裁者死后八十年间，安达卢西亚被柏柏尔人、阿拉伯人、斯拉夫人（*Ṣaqālibah*）和西班牙人弄得分崩离析，禁卫军在这里扮演了他们在古代的罗马和颓废的巴格达所扮演的同样角色。曼苏尔曾任命他的儿子阿卜杜勒·麦里克·穆扎法尔为他的继任者，而使这个官职变成了世袭的，他的儿子在六年中成功地维护了王国的统一和威信[⑤]。1008 年，穆扎法尔被自己的弟弟和继任者阿卜杜勒·赖哈曼毒杀了，他弟弟的外号叫山朱勒（Shanjūl，即 Sanchuelo，意思是小桑绰，因为他是那发尔王桑绰的外孙）。他弟弟即位后，立即宣布自己是伍麦叶哈里发假定的继任人，这个步骤激怒了老百姓，而给他带来杀身之祸[⑥]。此后，在二十一年期间，废立了许多哈里发，他们有的是科尔多瓦人的傀儡，有的是斯拉夫人的傀儡，有的是柏柏尔人的傀儡。甚至连卡斯提尔人也参与过废立的事[⑦]。实权是在军人的手里。倒

---

① 有人说这是第五十二次出征，见 Ibn-Khaldūn，vol. iv，p. 148；有人又说是第五十六次出征，见 Maqqari，vol. i，p. 258，261，l. 17；ibn-al-Khaṭib，*Ihāṭah*，vol. ii. p. 69，l. 14；ibn-al-Athīr，vol. viii，p. 498，l. 15；ibn-al-Abbār，*Ḥullah*，p. 149。

② Ibn-al-Khaṭib，*Ihāṭah*，vol. ii，p. 72；ibn-al-Athīr，vol. ix，p. 125；Marrākushi，p. 26.

③ Nicholson，*Literary History*，p. 413；ibn-al-Khaṭīb，*Ihaṭah*，vol. ii，p. 73；ibn-al-Abbār，*Ḥullah*，p. 151. 阿语的 thughūr（罅隙），是指西班牙的关隘，边境，前线的要塞。

④ "Chronicon Burgensi" in *España sagrada*，vol. xxiii，p. 308.

⑤ Ibn-'Idhāri，ed. E. Lévi-Provençal，vol. iii（Paris，1930），pp. 3—4，36—37；Maqqari，vol. i，pp. 276—277.

⑥ Ibn-'Idhāri，vol. iii，pp. 43—48，66—74；ibn-Khaldūn，vol. iv，pp. 148—150；ibn-al-Athīr，vol. viii，p，499.

⑦ Ibn-Khaldūn，vol. iv，pp. 150—151；ibn-al-Abbār，*Ḥullah*，pp. 159—160.

霉的希沙木二世，在退隐中挨过了三十年，被立为哈里发时仍然是那样的幼稚和无能。1009 年，他被迫退位，由他的堂侄穆罕默德二世继任[1]。穆罕默德二世唯一的荣誉是，他虽然只做了几个月的哈里发，却有工夫夷平阿米尔 535 人的扎希赖城[2]，而且处死了北方边疆上不肯承认他的几个首领，把他们的首级变成花盆，安置在他的宫殿对面的河岸上。他在自己的宫殿中酿酒，因此博得了"酿酒者"（*nabbādh*）的徽号[3]。这个无政府时代，曾经废立过九个哈里发，其中三个曾屡次登上宝座；希沙木二世就曾被废立两次，后来，以一种神秘的方式失踪了。一个骗子，面貌与他十分相似，曾在塞维利亚被人捧上了宝座[4]。可怜虫阿卜杜勒·赖哈曼五世（1023 年在位）是庸中佼佼，他的大臣是有学问的伊本·哈兹木。这个可怜虫曾躲避在浴室的热水间里，从那里面被拖出来，当着他的继任者穆罕默德三世[5]的面被杀死。两年之后，穆罕默德三世也遭遇了同样冷酷的命运。穆罕默德三世的"生活趣味，集中于饮食男女"[6]。1025 年，他乔装成一个歌女，戴着面纱逃跑，逃到边境上一个无名的村庄就被害了，给他下毒药的是他手下的一个官员[7]。女诗人韦拉黛就是这个哈里发的女儿，她的姿色和才能，使她变成宫廷中吸引力的中心，而且使她名垂青史。

---

① 科尔多瓦伍麦叶哈里发世系表：

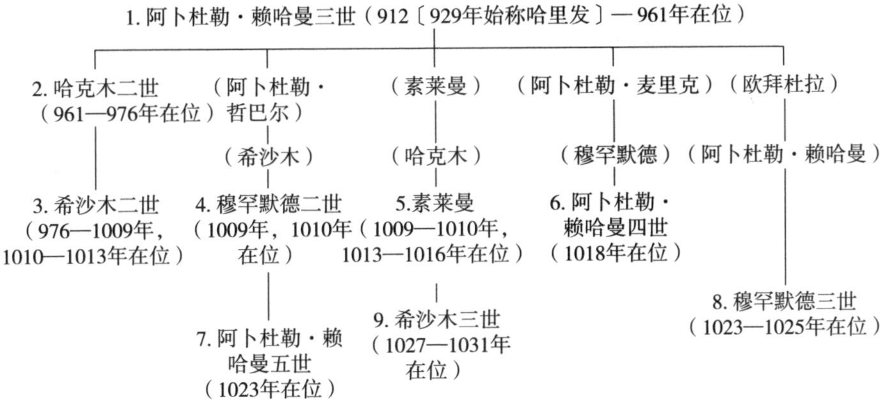

② Nuwayri，ed. Gaspar Remiro，vol. i，p. 74.

③ Ibn-al-Athīr，vol. viii，p. 500.

④ 参阅本书第 538 页。

⑤ Ibn-ʻIdhāri，vol. iii，pp. 138—139；Nuwayri，vol. i，p. 78；ibn-al-Abbāri，*Ḥullah*，p. 164；ibn-Bassām，*ai-Dhakhlrah fi Maḥāsin Ahl al Jazirah*，pt. 1，vol. i（Cairo，1939），p. 39.

⑥ Ibn-al-Athīr，vol. ix，p. 194.

⑦ Ibn-ʻIdhāri，vol. iii，p. 142；ibn-al-Athīr，vol. ix，p. 194；Marrākushi，p. 40；Nuwayri，vol. i，p. 84.

在伍麦叶哈里发王朝可耻的结局到来之前，另外一个国家出现了，这是哈木德人的国家，他们要求哈里发所有的一切特权。这个王朝的奠基人是阿里·伊本·哈木德（1016—1018 年在位），他说他的祖先是先知的女婿阿里，但是，他自己的血统有一半是柏柏尔族的。阿里在科尔多瓦自称哈里发之前，担任过休达和丹吉尔的长官。他还征服了马拉加，他的八个子孙，从 1025 年
536 到 1057 年，就在那里割据一方①。随后，还有哈木德族的两个觊觎哈里发职位的人，他们在科尔多瓦行使着朝不保夕的权力，直到 1027 年②。

希沙木三世于同年夺回伍麦叶人的宝座。但是，这位五十四岁的君主，已无力应付这个扰攘的局势了。科尔多瓦人对于政府的不断更易感觉厌倦了，最后他们决定采取一个根本的步骤，把哈里发制度完全废除掉。希沙木和家人被监禁在附属于清真大寺的一间凄凉的圆顶屋内。屋里十分阴暗，处于半冻结的状态下，这位可怜的君主，只穿着单薄的衣服，室内污秽的空气，几乎使他窒息。他在那里坐了几个钟头，怀中抱着他所深爱的、幼小的女儿，企图用自己的体温给她取暖。在这期间，大臣们正在举行公开会议，决定宣布永远废除哈里发制度，由艾卜勒·哈兹木·伊本·哲海韦尔所领导的国务会议行使统治权。希沙木以乞求一盏灯和一口面包给饥饿的女儿度命，来迎接这个划时代的公告③。

---

① Marrākushi，pp. 30—37；ibn-'Idhāri，vol. iii，pp. 113—117，119—125；Maqqari，vol. i，pp. 281—282；ibn-Khaldūn，vol. iv，pp. 152—155；ibn-al-Athīr，vol. ix，pp. 188 以下。哈木德人与摩洛哥的易德里斯人有亲属关系。

② Ibn-'Idhāri，vol. iii，pp. 124—135.

（哈木德）

1. 阿里（1016—1068 年在位） 2. 嘎西木（1018—1021 年，1022—1025 年在位）

3. 叶哈雅（1021 年，1025—1027 年在位）

③ Ibn-'Idhāri，vol. iii，pp. 150—152；Maqqari，vol. i. p. 286；ibn-Khaldūn，vol. iv，pp. 152—153；ibn-al-Athīr，vol. ix，pp. 198—199；Marrākushi，p. 41.

第三十九章　小国的出现和格拉纳达的陷落 537

伍麦叶哈里发帝国的废墟上，出现了一个由许多小国偶然结成的集团，这群小国，互相残杀，弄得筋疲力尽：有些小国变成了两个摩洛哥柏柏尔王朝的牺牲品；其余的小国，一个跟一个地屈服于北方崛起的基督教势力。在十一世纪前半期，在许多城市或省区中，有二十个左右短命的小国兴起，创建者都是些首领和小王，阿拉伯人把他们叫做 *mulūk al-ṭawā'if*（西班牙语叫做 *reyes de taifas*，各党派的国王）。

在科尔多瓦，哲海韦尔人领导着一个类似共和国的小国，这个小国于1068年为塞维利亚的阿巴德族所吞并①。此后，穆斯林各小国的首席地位就归于塞维利亚，塞维利亚的命运总是与科尔多瓦密切相关的。格拉纳达是齐里国的所在地，这个小国是因柏柏尔族奠基者伊本·齐里（1012—1019年在位）而得名的；1090年，这个小国为摩洛哥的穆拉比兑王朝所灭。只是在这个西班牙穆斯林城市里，才有一个犹太人大臣易司马仪·奈格扎莱（1055年卒）②，曾经在实际上执行着最高的统治权。在马拉加及其邻近地区里，哈木德王朝延续到1057年③，这个王朝的奠基者和他的头两个继任者，还以哈里发的身份统治过科尔多瓦。马拉加被齐里人吞并后，终于进入了穆拉比兑人的势力范围④。托莱多的小王位被左农（1032⑤—1085年）占据。左农是一个古老的柏柏尔家族，经常兴起叛乱，后来为莱昂和卡斯提尔的阿尔封索六世所灭⑥。在萨

---

① Marrākushi, pp. 50—51.

② 希伯来语的名字是 Samuel ben-Nagdela. ibn-'Idhāri, vol. iii, pp. 261, 264。

③ 著名的地理学家舍利夫·易德里西，是这个世系中倒数第二名易德里斯二世（1042—1046年在位）的孙子。

④ Ibn-'Idhāri, vol. iii, pp. 262—266; ibn-Khaldūn, vol. iv, pp. 160—161.

⑤ E. Léve-Provençal, *Inscriptions arabes d' Espagne* (Leyden, 1931), pp. 65—66.

⑥ Maqqari, vol. i, p. 288; ibn-Khaldūn, vol. iv, p. 161; ibn-'Idhāri, vol. iii, pp. 276—285; ibn-al-Athīr, vol. ix, p. 203.

538 拉戈萨，胡德族于1039年建国，到1141年才为基督教徒所制伏①。在这些党派的国王中，塞维利亚的有教养的阿巴德家族，毫无疑义，是最有势力的②。

塞维利亚的阿巴德人

阿巴德族（1023—1091年）自称是希拉城莱赫米诸王的苗裔。他们的始迁祖，原是叙利亚军队中希姆斯联队的军官，在征服西班牙后不久就来到西班牙③，这个王朝是塞维利亚的一个狡猾的法官创立的。他利用一个酷似已死去的希沙木二世的人做他的傀儡④。1042年，他的儿子阿巴德继任了他的侍从长的职位，他们父子二人所利用的是冒充哈里发的伪希沙木，但是，这个假面具很快就被扔掉了，阿巴德公开执政，自称穆耳台迪德（意思是乞求天佑者）⑤，从而结束了他父亲所扮演的滑稽戏。

穆耳台米德

穆耳台迪德是一位诗人，又是文学的庇护者，他跟自己的好友互相唱和，即席创作精美的小曲；他有一个由将近八百个后妃组成的后宫。但是，他儿子的宫廷又使他的宫廷黯然失色。他的儿子和继任者外号穆耳台米德（仰赖天佑者，1068—1091年在位），是“各党派诸王中最慷慨、最得人心、最有势力的”⑥。穆耳台米德继任后不久，就摧毁了哲海韦尔族的政权，吞并了科尔多瓦。但是，他像许多同时代的小国王那样称臣纳贡，起初是向加利西亚的国王加西亚纳贡，后来又向他的继任者阿尔封索六世纳贡⑦。穆耳台米德具有多情善感的诗人气质。有许多逸事，谈到他的豪华的生活、放荡的宴会、乔装出游和香艳冒险。“他的宫廷是旅行家的休息地，是诗人的集合场，是一
539 切希望的寄托处，是优秀人物常游的胜地。”⑧ 他选择诗人伊本·阿马尔做他的大臣⑨，选择才貌双全的、年轻的女奴伊耳帖马德做他的宠妻。有一天傍晚，他和伊本·阿马尔在瓜达尔基维尔河岸上散步，他看见微风在河面上吹起涟漪，便口占一句，要求他的大臣联下去，他说：

---

① Ibn-ʿIdhāri, vol. iii, pp. 221—229; ibn-Khaldūn, vol. iv, pp. 163—164; ibn-al-Athīr, vol. ix, p. 204.

② 关于这些小王朝国王的名字和年代，可以参考 Lane-Poole, *Dynasties*, pp. 23—26; de Zambaur, pp. 53—57; Dozy, *Musulmans*, ed. Lévi-Provençal, vol. iii, pp. 236—241。

③ 参考本书第502页。塞维利亚常被称为希姆斯，见 ibn-Jubayr, pp. 258—259。

④ Ibn-Khaldūn, vol. iv, p. 156; ibn-al-Athīr, vol. ix, p. 201—202; ibn-al-Khaṭib, *Iḥāṭah*, vol. ii, p. 73.

⑤ 原来阿拔斯王朝的哈里发曾采用这个尊号。Maqqari, vol. i, p. 132.

⑥ Ibn-Khallikān, vol. ii, p. 412。参阅 ibn-al-Khaṭīb, *Iḥāṭah*. vol. ii, p. 77.

⑦ Ibn-Khallikān, vol. ii, p. 414; ibn-al-Athīr, vol. x, p. 92.

⑧ Ibn-Khallikān, vol. ii, p. 412. 参阅 al-Fatḥ ibn-Khāqān, *Qala'id al-ʿIqyān* (Būlāq, 1283), pp. 4—5。

⑨ Marrākushi, pp. 77, 85—90.

在河面上微风织成铁衣；

伊本·阿马尔迟疑了。在这期间，一个年轻的姑娘恰好在附近洗衣服，她立刻和道：

但愿能揭下来做战士的武器。[①]

这个年轻的姑娘就是艳丽的伊耳帖马德·鲁美基叶，未来的王后，据说她丈夫的外号还是从她的名字中派生出来的[②]，后来他想方设法地满足她的每件雅兴和爱好。有一次，科尔多瓦下雪，雪花飞舞，这个罕有的景象使伊耳帖马德深受感动，她便央求穆耳台米德设法使这种奇景年年出现，他立即下令在山上种植大量的巴旦杏，雪白的杏花在残冬随风飘堕，仿佛雪花一般。有一天，她又看见几个卖牛奶的贝杜因妇女，头顶奶桶，手提裙子，在泥泞的大街上行走，她就表示想要模仿她们的行动；宫廷的院落立刻就被改造成一个池子，里面充满了用蔷薇水润湿过的各种香料粉末，造成了芬芳的香泥，准备让伊耳帖马德和她的香艳的随员们举着娇嫩的赤脚在上面行走[③]。

穆耳台米德的早年是快乐的，但晚年却是悲惨的。北方基督教的君主们忙于内部的纠纷，所以有几年的局势是和缓的，后来，他们又奋发起来，反对穆斯林的邻居。在菲迪南德一世和他儿子阿尔封索六世的统治下联合起来的莱昂和卡斯提尔王国，变成了特别危险的敌国。阿尔封索吞并了加利西亚和那发尔。由于伊斯兰教诸王跟基督教诸王互相竞赛，都想博得他的欢心，
他就自称皇帝。他的继任者阿尔封索七世，不以皇帝的称号为满足，还加上 540
一个新的尊号，自称“两教信徒之王”。从北方来的侵略，已变成有规律的，而且远达南方的加的斯城。在这期间，“我的斗士首领”迪阿斯得到卡斯提尔人的拥戴，而在巴伦西亚称雄，开始袭扰阿巴德人的领土。为了保护本国，对付宗主阿尔封索六世和迪阿斯，穆耳台米德在这个时候犯了一个致命的错误，他把穆拉比兑人强大的首领优素福·伊本·塔什芬当做盟友，将其从摩洛哥请到科尔多瓦来[④]。许多批评者已预见到将来的危险，他们警告他说：

---

① Dozy, *Scriptorum Arabum oci de Abbadidis*, vol. ii (Leyden, 1852), pp. 151—152, vol. iii (Leyden, 1863), p. 225.

② Ibn-al-Khaṭīb, *Ihāṭah*, vol. ii, p. 74. 她的姓是得自她的第一个主人鲁美克（Rumayk）的。

③ Dozy, *Scriptorum*, vol. ii, pp. 152—153; Maqqari, vol. i, p. 287.

④ 邀请书见 Maqqari, vol. ii, p. 674。

"一个鞘里不能插两把宝剑。"穆耳台米德回答他们说，他宁愿到非洲去放驼，也不愿到卡斯提尔去放猪[①]。这些柏柏尔族的穆拉比兑人，血管里流着黑人的血液，他们的势力范围，这时已从阿尔及尔扩大到了塞内加尔。

优素福接受了这个邀请。他在南部西班牙顺利地进军，在巴达霍斯附近的宰拉盖（al-Zallāqah）[②] 与阿尔封索六世遭遇，他以自己所率领的二万左右的人马，于 1086 年 10 月 23 日，使阿尔封索遇到可耻的失败。这个基督教的国王，只带领三百人，死里逃生。他抛下了大量的死尸。光用他们的首级就筑成了一座塔，后来竟把它当做一座尖塔，供欢乐的穆斯林们做宣礼之用[③]。这个柏柏尔人的首领，把四万多个首级运过海峡去，作为战争纪念品。狂欢席卷了穆斯林的西班牙，骄傲的伊本·塔什芬不懂塞维利亚诗人们华丽的颂辞，他依照自己以前的诺言，撤退到非洲去了。但是，他的撒哈拉大沙漠里的游牧民群，在文明的西班牙饱尝过可口的食品，食欲增加了，他们需要更多的可口的食品，而且他们觉得沙漠的荒凉比以前更讨厌了，因此，不久之后，伊本·塔什芬又统率着他们转回西班牙，但是，这次是以征服者的身份来的，不是以同盟者的身份来的。1090 年 11 月，他进入格拉纳达；次年，夺取了塞维利亚和其他重要城市。整个穆斯林的西班牙都被吞并了，只有托莱
541 多还在基督教徒的手里，他还让胡德族在萨拉戈萨生存下去。穆耳台米德被押解到摩洛哥，在那里戴着锁链，在极端贫困中生活。他的宠妻伊耳帖马德和他的女儿们，跟他一起受流刑，她们靠纺织糊口[④]。有一天，这位下台的国王看见老百姓成群结队地到清真寺去祈雨，他诗兴发作，口占下面的诗句：

他们成群结队去祈雨，
我说把我的眼泪拿去；
我的眼泪能将雨代替。
他们说你的话是真的，

---

① Maqqari, vol. ii, p. 678; Dozy, *Scriptorum*, vol. ii, p. 8; Koran, 2: 173.

② Al-Zallāqah 是西班牙语的 Sacralias，即现代的 Sagrajas。参看 Marrākushi, pp. 93—94; ibn-Khaldūn, vol. vi, p. 186—187; tr. de Slane, *Berbères*, vol. ii, pp. 78—79; ibn-Khallikān, vol. ii, p. 415; ibn-al-Athīr, vol. x, pp. 101—102; ibn-abi-Zar, *Rawḍ al-Qirṭās*, vol. i, pp. 93 以下。

③ Ibn-al-Khaṭīb, *al-Ḥulal al-Mawshīyah fi Dhikr al-Akhbār al-Marrākushīyah* (Tunis, 1329), p. 43, 基督教徒的牺牲者估计为三十万人。

④ Ibn-Khallikān, vol. ii, p. 419; ibn-Khāqān, p. 25; ibn-al-Khaṭīb, *Iḥāṭah*, vol. ii, p. 83; Dozy, *Scriptorum*, vol. i, pp. 63—64, vol. ii, p. 151.

只可惜泪中杂着鲜血。[1]

阿巴德王朝最后的这位国王，于1095年死于艾格马特。柏柏尔人在西班牙称霸的时期从此开始了。

穆拉比兑人（Murābiṭs，即Almoravides）原来是一个宗教性的、军事性的兄弟会，创立于十一世纪中叶，创立者是一个虔诚的穆斯林，会址设于下塞内加尔一个岛上的里巴兑（*ribāṭ*，设防的修道院），因此叫做穆拉比兑（Murābiṭ，驻防军）[2]。最初的会员，主要是来自莱木突奈族，这是散哈哲部族的一个支派；这个部族的成员，以游牧民族的身份，生活于撒哈拉大沙漠的荒凉地带，南阿尔及利亚的泰瓦里格人是他们的后裔，现在这些人还戴着面罩，把眼睛以下的面部全遮起来。这种男人蒙面的奇异的风俗[3]，是 *mulath-thamūn*（戴面罩者）这个名称的起源，穆拉比兑人有时被称为"穆勒台赛蒙"，就是这个道理。穆拉比兑人起初只有一千个武装的"僧侣"，他们强迫各部族，包括几个黑人部族，一个跟一个地接受伊斯兰教；才几年工夫，他们就变成了整个西北非洲的主人公，而且终于统治了西班牙[4]。他们的故事，可以作为伊斯兰教史中另一个例证，说明宝剑与宗教配合起来会产生什么结果[5]。 穆拉比兑人

优素福·塔什芬（1061—1106年在位）是穆拉比兑帝国的奠基人之一。1062年，他建筑了马拉库什城（Marrākush，Morocco，Marrakesh）作为他自己和他的继任者的首都[6]。后来，他以西班牙的塞维利亚代替科尔多瓦为他的陪都。穆拉比兑人的君主们为自己保留一切世俗的权力，而且采用了穆斯林们的长官的称号[7]，但是，在宗教事务上承认巴格达阿拔斯哈里发的最高权力[8]，这种权力，在伍麦叶王室在西班牙复辟后从来未被承认。在五十多年间，穆拉比兑人的势力，在西北非洲和南西班牙是最高的。自有史以来，柏柏尔族人民在世界舞台上，初次扮演了主角。 542

穆拉比兑人的第纳尔，通常正面有 *amir al-Muslimin*（穆斯林们的长官） 铸造货币

① Dozy, *Scriptorum*, vol. i, p. 383.

② 法语的 *marabout*（皈依者）就是 *murābit* 的讹误。

③ 参阅 ibn-al-Athīr, vol. ix, pp. 428—429; ibn-al-Khaṭīb, *Ḥulal*, p. 10。

④ 摩洛哥柏柏尔族的德里木（Dalīm）部族，自称是穆拉比兑人的后裔。

⑤ Ibn-abi-Zar', vol. i, pp. 75—87; ibn-Khaldūn, vol. vi, pp. 181—182; ibn-al-Athīr, vol. ix, pp. 425—427.

⑥ Ibn-abi-Zar', vol. i, pp. 88—89; ibn-Khaldūn, vol. vi, p. 184 = de Slane, vol. ii, p. 73.

⑦ Ibn-abi-Zar', vol. i, p. 88, 96; ibn-Khaldūn, vol. vi, p. 188.

⑧ Marrākushi, p. 64.

的头衔，背面有阿拔斯王朝哈里发的名字，在名字前面加“伊马木”的头衔。莱昂和卡斯提尔的国王阿尔封索八世（1158—1214 年）曾仿造这种第纳尔，他保存了阿拉伯语的文字，只把题词改成基督教的信条。这种第纳尔正面是 *amir al-Qatūlaqīn*（天主教徒的长官），背面称罗马教皇为 *imām al-bi'ah al-Masīḥiyah*（基督教教会的伊马木）。这种货币是“奉圣父、圣子、圣灵，独一神的名义”而发行的。穆斯林的货币上有：“舍伊斯兰教而寻求别的宗教者，他所寻求的宗教将又被接受。”（《古兰经》3∶85）。这种货币上有：“谁信主，而且受洗，谁得救。”

迫害

穆拉比兑人是新近改信伊斯兰教的，他们又继承了一种还未死亡的野蛮传统，因此，在他们统治的时代，在十二世纪初叶，狂热的教律学家的宗教热情就使许多基督教徒、犹太教徒，甚至不太受清规戒律约束的穆斯林，都遭遇了灾难。在优素福的儿子和继任者、虔诚的阿里（1106—1143 年在位）的时代，在西班牙和马格里布，安萨里的著作被列入黑名单，或被投入烈火中[①]，因为他的某些意见损伤了教律学家的威信，包括穆拉比兑所宠幸的马立克派教律学家的威信。不过，以安萨里为首的东方教义学家，还是无保留地赞成安达卢西亚教律学家所提出的一个教律上的主张：优素福·伊本·塔什芬可以不履行他同穆斯林的西班牙诸王缔结的盟约；推翻他们，不仅是他的权利，而且是他所应尽的义务[②]。在易德里西称之为犹太城[③]的卢塞纳，只因
543 为那里的犹太教徒是穆斯林世界中最富裕的犹太教徒，西班牙穆拉比兑政权的奠基者，就把这些人召集来，叫他们掏腰包来补偿国库的亏空。在伍麦叶人时代，西班牙犹太人在法律上的地位，已经比在西哥特人的时代大有改善，他们的人口也增加了。在阿卜杜勒·赖哈曼三世和他儿子哈克木时代，由于财政大臣哈斯德·本·舍卜鲁特的影响，许多犹太人从东方迁移到西班牙，科尔多瓦变成了一个犹太教法典学校的中心地，这所学校的建立，标志着安达卢西亚犹太文化繁荣的开端[④]。西班牙的犹太人采用了阿拉伯人的语言和装束，而且依从了他们的风俗习惯。

冒充的阿拉伯人

穆扎赖卜人是西班牙居民中的一个成分，他们在语言和生活方式上已经被征服他们的穆斯林同化，在宗教上却保持着基督教的信仰，这时他们占了很大的比例，因此就变成了限制的特殊对象。在大城市里，这些阿拉伯化了

① Marrākushi, p. 123；参阅 *Iḥyā'*, vol. i, pp. 28—38。

② Ibn-Khaldūn, vol. vi, p. 187.

③ *Ṣifat al-Maghrib*, ed. Dozy and de Goeje (Leyden, 1866), p. 205.

④ Ibn-abi-Uṣaybi'ah, vol. ii, p. 50.

的基督教徒，生活在自己的市区里，在伍麦叶人时代，他们保持自己特殊的法官①，而且不穿什么有特色的服装。他们通常有两个名字：一个是阿拉伯语的而且通俗的名字，另一个是拉丁语的或西班牙语的而且比较正式的名字。他们甚至实行割礼和纳妾。穆扎赖卜人大半会说两种语言：一种是阿拉伯语；另一种是本地语，这种语言是从下拉丁语派生的罗曼斯方言，后来发展成为现代的西班牙语。1085 年阿尔封索六世代表的基督教力量取得胜利后，托莱多等大城市的居民，仍旧沿用阿拉伯语作为法律上和商业上的书面语言，达两百年之久②。阿尔封索和他的几个继任者，都在货币上铸阿拉伯文。阿拉贡早期有一位国王，彼得一世（1104 年卒），他只会写阿拉伯文。甚至在写拉丁文的时候，穆扎赖卜人也是用阿拉伯字母拼写的。穆斯林征服西班牙后不久，部分《圣经》显然已被译成了阿拉伯语③。946 年，科尔多瓦的爱萨克·维拉斯开斯已从拉丁语翻译了《路加福音》，其他的三部《福音书》大概也翻译了④。优素福根据他的教律学家的《法特瓦》（*fatawa*，宗教上的主张），544
于 1099 年下令，把一所优美的教堂夷为平地；这所教堂是西哥特人时代建筑的，为格拉纳达的穆扎赖卜人所占有。这些格拉纳达人，在 1126 年，一部分被处死，一部分被流放到摩洛哥去，因为他们已开始与北方的一个基督教国王有了往来。十一年后，一批穆扎赖卜人又被逐出，他们留在西班牙的已经不多了。

在农村社会里，穆扎赖卜人和穆斯林之间在人种上的分界线，在这个时候是很难划清的。我们已经讲过，自开始以来，在征服的军队和移民中，真正的阿拉比亚人就是比较少的，仅限于司令官和高级军官。随军的妇女和第一批移民中的妇女，人数必然是很少的。疾病和战争，又使早期的征服者和移民大量死亡。在第四代之后，由于同本地妇女通婚，阿拉比亚的血统一定被大大地冲淡了。偏房、女奴、战俘等又加速了民族融合的过程，正如在其他被征服的地方一样。里伯拉的研究⑤已经表明，即使在所谓摩尔人的西班牙穆斯林中，压倒的多数也仍是西班牙的血统。据这位现代西班牙学者的意见，

---

① 他们的两个法官，一个阿语叫古米斯（*qūmis*，拉丁语的 *comes*，西班牙语的 *conde*），一个是 *qāḍi al-Naṣāra*（基督教徒的法官）。这两个官名都是阿拉伯语的。

② 关于他们的文字，可参阅 Angel González Palencia, *Los Mozárabes de Toledo en los siglos XII y XIII*, 4 vols.（Madrid, 1926—1930）。

③ 参阅本书第 516 页。

④ Georg Graf, *Die Christlich-arabische Literatur bis zur fränkischen Zeit*（Freiburg in Breisgau, 1905）, p. 27.

⑤ Julián Ribera y Tàrragó, *Disertaciones y opúsculos*（Madrid, 1928）, vol. i, pp. 12—35, 109—112.

伍麦叶王朝的第三位哈里发希沙木二世的血管里所含的阿拉伯血液，不会超过千分之一。

我的首领

就在穆拉比兑人时代的早期，穆扎赖卜人中最富于色彩的人物，同时也是西班牙骑士团中最驰名的英雄，名叫罗德里哥·迪阿斯·德·比发尔（Rodrigo Díaz de Bivar）——更通俗的名字是熙德（Cid）①，他进行了自己的军事活动。罗德里哥是一个卡斯提尔贵族人家的子孙，起初为阿尔封索六世服务，后来（1081年）被逐出了卡斯提尔的领土。于是他投身于骑士的事业，有时拥护这个派系，有时赞助那个派系，有时对穆斯林作战，必要时也对同教的人作战。就他的行动而论，他是一个基督教徒，差不多也是一个穆斯林。罗德里哥在为萨拉戈萨胡德王朝服务期间，曾建立殊勋，博得穆斯林士兵的爱
545 戴，他们尊称他为 el Cid Campeador（斗士首领）②。“我的斗士首领”最大的功绩是1094年占领巴伦西亚，不顾穆拉比兑人屡次的进攻，他坚守这座城市，直到1099年他去世的时候。在传奇中熙德是西班牙的民族英雄，西班牙骑士的榜样，西班牙反外道的斗士。西班牙的民谣，把他誉为道德高尚的完人；菲利普二世（1598年卒）甚至呈请教皇认可他为圣徒。在十二世纪中叶，以熙德的名字为中心而编成的西班牙史诗《我的首领颂》（*Cantar de mio Cid*），是最伟大、最古老的西班牙诗篇，在后来的几个时代中，对于西班牙的思想有过深远的影响，对民族语言的确立和民族性格的巩固有过重大的贡献。

穆拉比兑人的崩溃

西班牙的穆拉比兑王朝（1090—1147年）③，可以预料是一个短命的王朝。这个王朝的气运很快就告终了，正如亚非两洲各王国的命运一样，开基创业的一代，雄才大略，英勇善战，下一代苟且偷安，腐化堕落，以致土崩瓦解。穆拉比兑王朝的成员柏柏尔人，原来是粗放的，在沙漠的困难生活中成长起来，一旦转移到摩洛哥和安达卢西亚舒适的地区去，很快就屈服于文明的各种罪恶，而变得虚弱无能，甚至毫无男子气。他们进入西班牙的时候，

---

① 阿语的 *sayyid*（主子），俗语叫 *sid*，这是西班牙名称 *Cid* 的根源。

② 西班牙语的 *Campeador* 等于阿拉伯语的 *mubāriz*（挑战者）。参阅本书第88、173页。这个名词的阿拉伯语音译有 *al-Kanbiṭuṭ*，见 ibn-Bassām，“*al-Dhakhirah*”，in Dozy，*Recherches*，vol. ii，pp. v，ix；还有 al-Qanbīfūr，见 ibn-'Idhāri，vol. iii，pp. 305—306（附录）。参阅 Maqqari，vol. ii，p. 754。

③ 穆拉比兑王朝世系表：

（塔什芬）
1. 优素福（1090—1106年在位）
2. 阿里（1106—1143年在位）
3. 塔什芬（1143—1146年在位）　5. 易司哈格（1146—1147年在位）
4. 易卜拉欣（1146年在位）

偷安享乐的习惯在阿拉伯人中间，早已代替爱好战争、渴望征服的精神了。因此，非洲的征服者就能乘机在西班牙定居下来，但是，他们也同时腐化堕落起来，因为他们接触到一种优雅的文明，他们对于吸收这种文明是毫无精神准备的。现在轮到他们变成精力更为旺盛的同族人穆瓦希德人的牺牲品了。这两个柏柏尔王朝，都定都于摩洛哥，在十二世纪和十三世纪前半期，相继 546
统治了西班牙。

穆瓦希德人

像穆拉比兑王朝一样，穆瓦希德王朝起初也是一个政治–宗教运动，倡导者是一个柏柏尔人。这个人是穆罕默德·伊本·突麦尔特（约 1078—约 1130 年），他是麦斯木达部族的成员①。穆罕默德僭取了象征性的“麦海迪”头衔②，而且自称先知，说自己的使命是恢复伊斯兰教的纯洁和本来的正统性。他在本部族和摩洛哥阿特拉斯山各野蛮部族中宣传“陶希德”（*tawhīd*，信仰唯一的真主）的教义和关于真主的精神的概念，这是对当时流行于伊斯兰教中的极端的神人同形同性论的抗议。因此，他的教徒被称为“穆瓦希敦”（*al-Muwaḥḥidūn*）③。他是一个又矮小又丑陋的畸形人，他父亲曾在清真寺里给人点灯。他自己过着一种苦行者的生活，反对音乐、饮酒和其他表现懒散的行为。他在青年时代，由于热情的冲动，曾在法斯的大街上殴打穆拉比兑王朝在位的国王阿里·伊本·优素福的妹妹，因为她没戴面纱就在大街上行走④。

穆瓦希德王朝的奠基者

1130 年，伊本·突麦尔特由他的朋友和将军阿卜杜勒·慕敏继任，这个继任者是宰那泰部族的陶工阿里的儿子。这个继任者变成了穆瓦希德王朝和一个大帝国的哈里发和奠基者，这个王朝是摩洛哥有史以来最大的王朝，这个帝国在非洲的编年史上是最大的帝国。根据他们的教义，只有他们的公众才是真正的信徒公众。这些一神教的穆斯林在摩洛哥全境和邻近地区，到处杀人放火。阿卜杜勒·慕敏于 1144—1146 年，在特莱姆森附近歼灭了穆拉比兑人的军队，夺取了特莱姆森和法斯、休达、丹吉尔和艾格马特；于 1146—1147 年，经过十一个月的围攻，占领了马拉库什，灭亡了穆拉比兑王朝⑤。穆拉比兑王朝的最后一个国王，是一个儿童，叫做易司哈格·伊本·阿里，是这个帝国的奠基者的孙子。他虽然流下了幼稚的眼泪，仍然被处死了⑥。马

① Ibn-Khaldūn，vol. vi，p. 225；ibn-al-Athīr，vol. x，p. 400，参阅 Marrākushi，p. 128；ibn-abi-Zar‘，vol. i，p. 110；ibn-Khallikān，vol. ii，p. 426。

② Ibn-al-Khaṭīb，*Ḥulal*，p. 78；*Kitāb Muḥammad ibn-Tūmart*，ed. I. Goldziher（Algiers，1903），pp. 2—3.

③ 一神论者，西班牙语的 *Almohades* 就是这个名词的讹误。

④ Ibn-Khaldūn，vol，vi，p. 228. 参阅 ibn-Khallikān，vol. ii，p. 431。

⑤ Marrākushi，pp. 145—146；ibn-Khallikān，vol. i，p. 557；ibn-abi-Dīnār，*al-Mu'nis fi Akhbūr Ifrīqiyah wa-Tūnis*（Tunis，1286），p. 120.

⑥ Ibn-al-Athīr，vol. x，pp. 412—413.

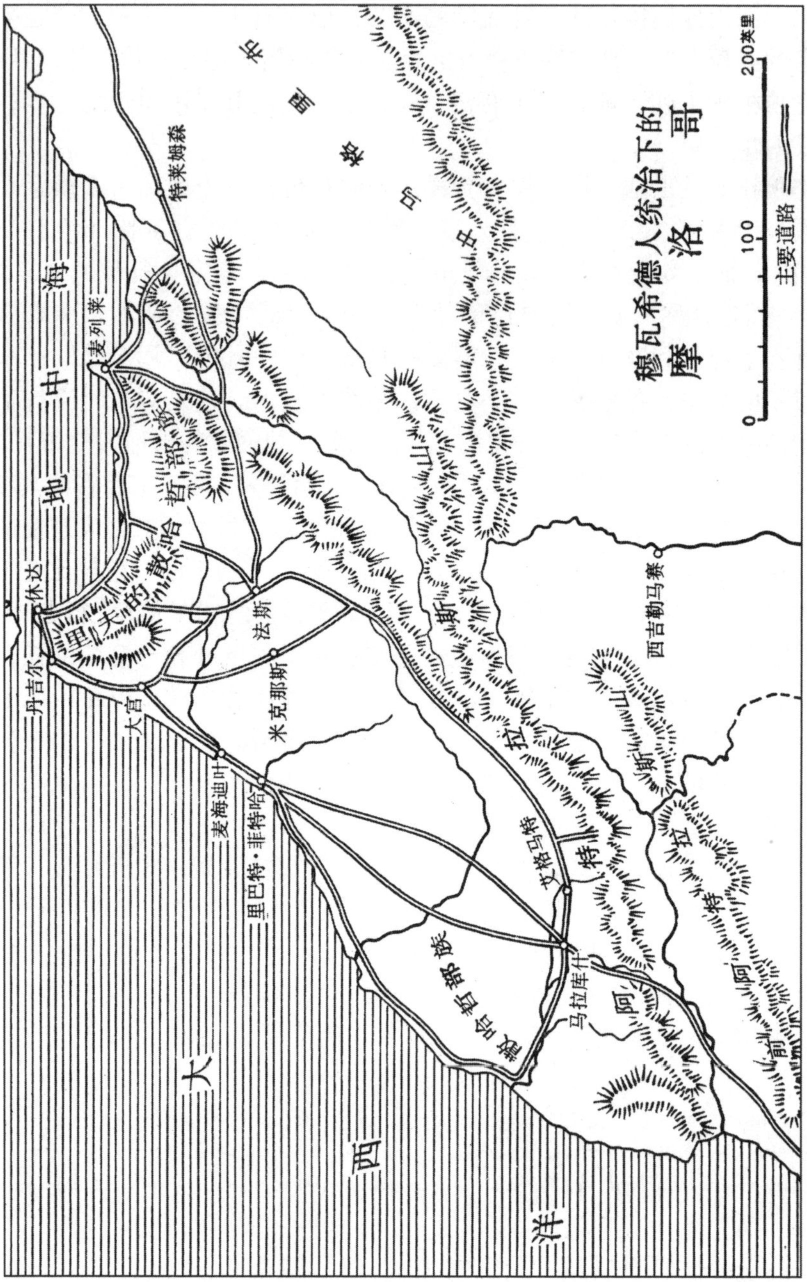
穆瓦希德人统治下的
摩洛哥
0
100
200英里
主要道路
地中海
大西洋
休达
丹吉尔
大宫
麦海迪叶
里巴特·菲特哈
米克那斯
法斯
麦列莱
特莱姆森
西吉勒马赛
艾格马特
马拉库什
里夫的散哈哲部族
散哈哲部族
中马格里布
阿特拉斯山
阿特拉斯山
前阿特拉斯山

拉库什现在变成了穆瓦希德王朝的首都。1145 年，阿卜杜勒·慕敏派遣一支
军队到西班牙去。那里盛行的是贿赂、盗窃和不满，因此，这支军队在五年 548
之中，就攻下了这个半岛上的全部穆斯林地区。只有自 903 年以来就隶属于伍麦叶王朝的巴利阿里群岛，仍然在穆拉比兑王朝的代表的手中，经过若干年后才被征服。

摩洛哥和西班牙的主人——阿卜杜勒·慕敏于 1152 年征服阿尔及利亚，于 1158 年征服突尼斯，于 1160 年征服的黎波里。这样，从穆斯林的历史开始以来，自大西洋起至埃及边境为止的整个地中海海岸，就头一次与安达卢西亚联合起来，构成一个独立的帝国了。穆拉比兑人的帝国，除西班牙外，只包括摩洛哥和阿尔及利亚的一部分。在这个广大的新帝国中，金曜日（星期五）在每座清真寺的讲台上朗诵的祝词中，麦海迪或他的继任者的名字，代替了阿拔斯王朝哈里发的名字①。

阿卜杜勒·慕敏的统治，是一个又漫长又光荣的时期，他于 1163 年去 曼苏尔
世。他的继任者当中最伟大而且最驰名的，是他的孙子艾卜·优素福·叶耳孤卜·曼苏尔（1184—1199 年在位），他像柏柏尔的其他许多统治者一样，是一个基督教的女奴所生的②。萨拉哈丁（即萨拉丁）曾派遣一个代表团，带着大批宝贵的礼物，到曼苏尔的宫廷来，团长是吴萨麦·伊本·孟基兹的侄子。萨拉哈丁承认阿拔斯王朝的哈里发是信士们的长官（*amīr al-mu'minin*），所以他给曼苏尔的书信上称他为穆斯林们的长官（*amīr al-Muslimīn*），而不称他为信士们的长官，这一点起初使曼苏尔犹豫不决。但是，据说他后来派遣了一百八十艘兵船，去支援穆斯林们抵抗十字军的侵略③。

无论是在摩洛哥还是在西班牙，曼苏尔留下的建筑古迹，至今都是最著名的文物。穆瓦希德王朝，于 1170 年迁都于塞维利亚④；曼苏尔即位时曾建造纪念塔，这座塔现在叫做风信塔⑤，跟清真大寺连成一片。这座清真大寺，于 1172 年动工，1195 年完工，现在已改做基督教的大教堂。在摩洛哥，他依照亚历山大港的式样建筑了里巴特·菲特哈⑥；在马拉库什，他建筑了一所医院。与他同时代的马拉库什⑦，认为那所医院是举世无匹的⑧。

---

① 穆瓦希德人的虎吐白（*khutbah*，金曜日的讲道），可参阅 Marrākushi，pp. 250—251。

② Marrākushi，p. 189；ibn-abi-Zar'，vol. i，p. 142；ibn-abi-Dīnār，pp. 116—117.

③ Ibn-Khallikān，vol. iii，p. 381；ibn-Khaldūn，vol. vi，p. 246.

④ Maqqari，vol. ii，p. 693.

⑤ 这个名称的意思是"风的玩具"，因为塔顶有个雕像，高 4 公尺，重 1288 公斤，能随风转动，用做风信旗，参阅 Muhammad Lahib al-Lanuni，"Riḥlat al-Andalūs"，p. 76。

⑥ Ibn-Khallikān，vol. iii，p. 379.

⑦ Marrākushi，p. 209.

⑧ 关于其他建筑物，可参阅 ibn-abi-Zar'，vol. i，pp. 143，151—152。

549 西班牙的穆瓦希德王朝哈里发们所关心的主要问题是进行圣战，但他们并不是特别成功的。1212 年拉斯·那瓦斯·德·托罗萨战役的惨败，成为他们从半岛上被赶出的原因。阿拉伯人把这次战役叫做小丘（al-‘Uqāb）之战，战场在科尔多瓦以东 70 英里的地方。基督教的联军，由许多部分组成，阿拉贡和那发尔都由各该国的国王为代表，葡萄牙由圣殿骑士团的一个分遣队及其他骑士为代表，这支联军由卡斯提尔的阿尔封索八世统率，他自己的部队包括法兰西的十字军。哈里发穆罕默德·纳绥尔（1199—1214 年）即曼苏尔的儿子，统率阿拉伯军队，这支军队总计六十万，逃脱者仅有一千人①。纳绥尔逃到马拉库什后，过两年就去世了。穆瓦希德人在西班牙的统治被完全推翻了。整个穆斯林的西班牙，献给了征服者。西班牙逐渐被经常入侵的基督教各君主和地方的穆斯林各王朝瓜分。在这些小王朝当中，格拉纳达的奈斯尔王朝构成最突出的集团，而且证明是半岛上穆斯林政权最后的代表。

在摩洛哥，纳绥尔的九个继任者，都是阿卜杜勒·慕敏的后裔②。这个王朝继续到 1269 年。在那一年，他们的首都被半游牧的马林族攻克，这个部族是柏柏尔族中宰那泰的支派③。

奈斯尔人

奈斯尔王朝（1232—1492 年）是麦地那著名的赫兹赖只部族的后裔，这个王朝的奠基者是穆罕默德·伊本·优素福，通称为伊本·艾哈麦尔（红人之子）。因此，这个家族又叫做艾哈麦尔族。伊本·赫勒敦④曾在格拉纳达住过一段时间，而且与伊本·艾哈麦尔的一个继任者的宫廷发生过联系，他给我们留下了关于穆罕默德事业的详细的记载。穆瓦希德王朝崩溃后，当卡斯提尔人唆使穆斯林的各首领互相倾轧，然后各个击破的时候，穆罕默德与基督教徒缔结联盟，而且设法在格拉纳达周围为自己创立一个国家；这个国家
550 在有限的范围内，恢复并且继续了塞维利亚的光荣传统，在后来的二百五十年间，在反抗新兴的基督教势力中，扮演了伊斯兰教捍卫者的角色。

穆罕默德（1232—1273 年）自称“加里卜”（*al-Ghālib*，胜利者），而且以格拉纳达为政府的所在地。他和他的继任者，却向卡斯提尔王朝称臣纳贡。格拉纳达被阿拉伯人比做大马士革，无论位置还是气候，都不是安达卢斯的

---

① Maqqari, vol. ii, p. 696. 参阅 Marrākushi, p. 236；ibn-abi-Zar‘, vol. i, p. 159。同时代的一个英国编年史家说，1213 年纳绥尔曾接待一个使节，这个使节是约翰王（著名的 Magna Charta 的国王，Coeur de Lion 的哥哥）所派遣的，使节提议，由他接受英格兰为属国，向他缴纳贡税，而且以伊斯兰教代替基督教。

② 关于这个王朝的世系，可参阅 al-Zarkashi, *Tā'rīkh al-Dawlatayn al-Muwaḥḥidīyah w-al-Ḥafṣīyah* (Tunis, 1289)；Lane-Poole, *Dynasties*, pp. 47—48；de Zambaur, pp. 73—74。

③ Ibn-abi-Zar‘, vol. i, pp. 174—175, 184.

④ Ibn-Khaldūn, vol. iv, pp. 170—172. 参阅 ibn-al-Khaṭīb, *Lamḥah*, pp. 30 以下。

任何城市所能比拟的[①]，在这座城市里住着许多叙利亚人和犹太人[②]。格拉纳达的名叫织女星的草原，为许多充沛的溪流所灌溉，呈现着一种奇异的景色，永远是苍翠和绚丽的，相当于大马士革郊区的果木园[③]。在奈斯尔王朝结束的时代，城里的居民约计五十万。列萨努丁·伊本·赫帖卜（1374 年卒），即麦盖里的英雄、奈斯尔宫廷的大臣和这个王朝的文学史家，他给我们留下了许多君主和科学大家的传记，我们从这些文献中可以获得关于这个首都的许多有趣的详细的记载。

红宫

加里卜的这个美丽的首都的东南边上有一个险要的台地，上面有伍麦叶王朝早期的一个城堡，加里卜就在这个城堡的遗址上建筑了他的举世闻名的城堡红宫（*al-Hamrā'*，即西班牙语的 Alhambra），因宫墙上所涂的红色灰泥而得名，与他本人的别号“红人之子”毫无关系，旧说完全是附会的。经过他们三个继任者屡次的扩建和修饰，红宫变成了西班牙建筑学上的古迹之一。这座堡宫，仿佛雅典的阿克罗波利斯（Acropolis）卫城，像一名哨兵一样，巍然屹立在那里，监视着周围的平原，外面有华丽的装饰和阿拉伯风格的花边，现在还能引起全世界的赞叹。奈斯尔王朝在红宫里设立了一个宫廷。在一个时期内，这个宫廷曾复兴了伍麦叶人和阿拔斯人时代西班牙穆斯林的光荣。他们对于艺术和科学的庇护，曾吸引了许多学者，特别是北非的学者。他们奖励商业，特别是同意大利进行的丝绸业贸易，格拉纳达因此变成了西班牙最富饶的城市。在他们的统治下，格拉纳达变成了那些逃避基督教徒的迫害的穆斯林们的避难所，并且继科尔多瓦之后成为艺术和科学的发祥地。但是，这些都是西班牙伊斯兰教的回光返照。

格拉纳达最后的岁月 551

远在十一世纪伍麦叶王朝崩溃的时候，基督教再征服的时期就早已开始了。实际上，西班牙史学家认为 718 年的科法敦加（Covadonga）战役，已标志着再征服的真正开端。在此次战役中，阿斯图里亚斯的首领培拉约阻止了穆斯林们的前进。穆斯林们若在八世纪时摧毁北方山区中基督教势力最后的痕迹，那么，西班牙后来的局面，可能会完全不同。起初，北方基督教的各首领之间不断的摩擦，妨碍了收复失地的任务；自 1230 年卡斯提尔和莱昂之间实现了最后的联合之后，收复的过程大大地加速了。十三世纪中叶，除格拉纳达外，再征服的事业实际上已经完成了。1085 年，托莱多陷落；1236 年，科尔多瓦陷落；1248 年，塞维利亚陷落。

---

① 参阅 ibn-al-Khaṭīb，*Iḥāṭah*，vol. i，p. 13。

② Maqqari，vol. i，pp. 109，721. 参阅 ibn-Jubayr，pp. 16—17。参阅本书第 502 页。

③ Ibn-al-Khaṭīb. *Lamḥah*，p. 13；参阅本书第 231 页。

红宫和今天的格拉纳达

十三世纪中叶以后，两大过程在起着作用：西班牙的基督教化和西班牙的统一。使这个国家基督教化，是一回事；再征服这个国家，而加以统一，是另一回事，不能混为一谈。伊斯兰教在这个半岛上根深蒂固的唯一地区，就是较早的闪族迦太基[1]文明繁荣过的那个地区。西西里岛的情况，也是这样的，这个事实并不是无关紧要的。一般说来，伊斯兰教和基督教的分界线，与迦太基文明和西方文明之间的旧有分界线，是互相符合的。十三世纪时，全国各地已有许多穆斯林臣属于基督教徒，不是被征服，就是受条约的拘束，但他们仍然保持着自己的法律和宗教。这样的穆斯林被称为穆迪扎尔人(Mudejars)[2]。有些穆迪扎尔人，现在已忘记了他们的阿拉伯语，而完全采用罗曼斯语，或多或少地为基督教徒所同化。

走向西班牙最后统一的步伐虽是缓慢的，然而是稳健的。在这个时候，基督教的领土，只是由两个王国构成的：一个是卡斯提尔王国，另一个是阿拉贡王国。1469 年，阿拉贡的国王菲迪南德与卡斯提尔的女王伊莎贝拉结婚，这件婚姻把两个王国的两顶王冠，永远地联合在一起了。这个联合给西班牙穆斯林的势力，敲了丧钟。奈斯尔王朝的素丹们（这是他们的称号），对于日益增长的危险，已经束手无策了[3]。他们中后期的几位素丹，由于王朝内部纠纷的缠绕，处境更加危险。自 1232 年到 1492 年在位的二十一位素丹[4]，有六 553
位曾经上台两次，有一位名叫穆罕默德八世（外号穆特麦西克）的，曾上台三次（1417—1427 年，1429—1432 年，1432—1444 年），总计在位差不多二十八年，平均每次大约九年。加速了最后崩溃的，是第十九位素丹轻浮的行动，他叫阿里·艾卜勒·哈桑（西班牙语叫 Alboacen，1461—1482 年，1483—1485 年），他不仅拒绝缴纳照例的贡税，而且开始了敌对行动，进攻卡斯提尔的领土。1482 年，菲迪南德为了报复，偷袭哈马[5]而克服之，这座城市位于阿尔哈马山麓，防卫着格拉纳达领土西南的门户。在这个紧要关头，艾卜勒·哈桑的儿子——穆罕默德·艾卜·阿卜杜拉，受他母亲法帖梅[6]的嗾

① 迦太基在突尼斯附近，原来是腓尼基人的殖民地，后来成为独立国，商业很发达，势力遍及于地中海西部和西班牙南部。——译者

② Mudejar 是从阿拉伯语 *mudajjan* 变来的，获得基督教征服者的许可，仍然住在原来的地方，但是每年要缴纳贡税。

③ Ibn-Khaldūn，vol. iv，p. 172.

④ 关于他们的名单，可参阅 Lane-Poole，*Dynasties*，pp. 28—29；Zabaur，pp. 58—59。

⑤ 阿拉伯语 Al-Ḥāmmah 是温泉，西班牙语的 Alhama 由此而来。又叫 Al-Hāmmah，见 Maqqari，vol. ii，p. 801。

⑥ 她的名字不是阿以涉；L. S. de Lucena in *al-Andalus*，vol. xii（1947），pp. 359 以下。

使，举起了反叛他父亲的旗帜；他父亲有一个西班牙[1]基督教的妃子，妃子的几个儿子受到特别的爱护，这件事激起了他母亲的嫉妒。这个叛乱的儿子获得了守备队的支持，于1482年夺取了红宫，自称格拉纳达的主人。次年，这个王朝的第十一位素丹穆罕默德（他的外号是艾卜·阿卜杜拉，故西班牙语叫他Boabdil）轻举妄动，大胆进攻卡斯提尔的城市卢塞纳，他被打败了，而且被俘。于是，艾卜勒·哈桑复辟，统治到1485年，让位给比其能干的弟弟穆罕默德十二世，后者的外号是宰加勒（al-Zaghall，英勇者），原是马拉加的长官[2]。菲迪南德和伊莎贝拉认为在他们的监狱里的艾卜·阿卜杜拉是一个完善的工具，可以利用他去完成最后摧毁不幸的穆斯林王国的任务。艾卜·阿卜杜拉得到卡斯提尔人力和财力的支援，于1486年占领了他叔父首都的一部分，再一次把不幸的格拉纳达投入毁灭性内战中，于是同时有两个素丹的怪现象出现了。
554 传奇里叙述艾卜·阿卜杜拉如何在红宫摧毁爱国的贵族萨拉只家族（banu-Sarrāj，西班牙语的Abencerrage），这是这个时代格拉纳达神话史的一个片断。

在这期间，卡斯提尔的军队，还在前进中。各城市一个跟一个地陷落。次年，马拉加被征服，许多居民被卖做奴隶。气数已尽的首都四周的圈子越来越狭窄了。宰加勒对菲迪南德的军队作过几次不成功的抵抗，但是，他的侄子艾卜·阿卜杜拉，以同盟者的身份协助敌人。宰加勒在绝望中向非洲的穆斯林君主们发出最后的但属无效的呼吁，那时候他们正忙于自相残杀，哪里还能援助他呢？最后，他投降了，退隐于非洲的特莱姆森[3]，在贫困中度其风烛残年。相传他穿着乞丐的褴褛衣服，披着一条标志，上面写道："这是安达卢西亚薄命的国王。"现在，只有格拉纳达城还在穆斯林的手中。

宰加勒被发落后不久，艾卜·阿卜杜拉的保护人就要求他（1490年）把格拉纳达交出来。由于一位英勇的主将的鼓舞，怯懦的艾卜·阿卜杜拉拒绝了这个要求。次年的春天，菲迪南德统率一万人马，再次进入格拉纳达平原。他像头年一样，破坏了庄稼和果木园，加紧包围西班牙伊斯兰教最后一个要

---

① 一说她是罗马人（*Rūmīyah*），见Maqqari，vol. ii，p. 803。

② 奈斯尔王朝最后的世系表：

18. 赛耳德·穆斯台因（1445—1446年，1453—1461年在位）
    - 19. 阿里·艾卜哈桑（1461—1482年，1483—1485年在位）
        - 21. 穆罕默德十一世艾卜·阿卜杜拉（1482—1483年，1486—1492年在位）
    - 20. 穆罕默德十二世（宰加勒）（1485—1486年在位）

③ Maqqari，vol. ii，p. 810.

塞。包围变成了封锁，目的是要用饥荒迫使城中人投降。

> 当隆冬来临的时候，天气严寒，大雪纷飞，外面的一切入口都被堵塞，粮食稀少，物价飞腾，生活苦不堪言。当此之际，敌人夺取了城外的每一小块土地，使被围困者不可能种一点蔬菜，收一点粮食。城中情况日益恶化。……到了回历二月（公元 1491 年 12 月），人民的艰难已达于极点。①

最后，守军答应，如果两个月内得不到援救，愿意依照下列的条件投降：素丹和全体臣民宣誓服从卡斯提尔的君主；艾卜·阿卜杜拉接受贝沙拉特地方（al-Basharāt）② 的产业；穆斯林们获得人身的安全，而且遵守自己的教律，555 有信仰自己宗教的自由③。两个月的宽限已满期了，没有任何迹象表明土耳其人或非洲人会来援救他们，卡斯提尔人于 1492 年 1 月 2 日进入格拉纳达，所有尖塔上的"新月被十字架代替"④。素丹带着他的王后，穿着绚丽的盛装，离开他的红色城堡，在华丽的随员们的陪伴下，一去不复返了。当他骑马离去的时候，他回头再最后看一眼自己的首都，不禁叹息，泪如泉涌。他的那位像邪魔外道样的教唆他叛国的母亲，回过头来责备他说：

> 你未曾像男子汉一样保卫国土，
> 怪不得要像妇女一样流涕痛哭。

他曾在那个磐石重叠的高地悲惨地作别，直到现在那个高地还叫做"摩尔人最后的太息"（El Último Suspiro del Moro）。

艾卜·阿卜杜拉起初居住在分配给他的范围里，后来退隐于法斯，1533—1534 年间死于法斯。在麦盖里编写他的历史名著的那一年（1627—1628 年）⑤，那位前素丹的后裔仍旧是布施的对象，"居于乞丐之列"。

摩利斯科人遭受迫害

菲迪南德和伊莎贝拉两位天主教陛下，没有履行投降条约里的条款。在女王的听忏悔的牧师西密尼斯·德·西斯内罗斯红衣主教的领导下⑥，一个强

---

① Maqqari, vol. ii, p. 811.

② 西班牙语为 Alpujarras。这个词的意思是"草原"，包括内华达山以南的山地，直到地中海沿岸。

③ 参阅 *Akhbār al-'Aṣr fi Inqiḍā' Dawlat bani-Naṣr*, ed. M. J. Müller（münich, 1863）, p. 49。

④ 据传奇，就在这一年，哥伦布在红宫里向伊莎贝拉女王请求补助金，以便实现他的航海冒险。那次航行是有史以来最伟大的航行，结果发现了美洲。

⑤ Maqqari, vol. ii, pp. 814—815.

⑥ 他最大的业务是印刷（1502—1517 年）带译文的《圣经》原本第一版（Complute nsian Polyglot）。

迫改教的运动，于1499年开始了。这个红衣主教起初想用焚书的办法，取缔关于伊斯兰教的阿拉伯语书籍的流通。格拉纳达变成了把阿拉伯语手写本当做燃料的大篝火的场所。宗教法庭在当时已建立起来，而且工作很忙。在攻克格拉纳达后，所有留在西班牙的穆斯林，现在都被叫做摩利斯科人（Moriscos）①，这个名称本来只用于改奉伊斯兰教的西班牙人。改奉伊斯兰教的西班
556 牙人，说一种罗曼斯方言，而用阿拉伯字母拼写②。摩利斯科人当然有很多——即使不是大多数——是西班牙人的子孙，现在要他们全体都“注意”，他们的祖先是基督教徒，他们必须接受洗礼，否则就要面临违抗命令的后果。穆迪扎尔人和摩利斯科人，被归入一类，他们中有许多人，变成了秘密的穆斯林，表面上承认基督教，暗地里遵行伊斯兰教。有些人到教堂去，举行基督教的婚礼，回家后，再依照伊斯兰教的仪式，秘密结婚；许多人有两个名字，一个是公开的基督教名字，一个是私下使用的阿拉伯名字。远在1501年，一道命令就被公布了，它要卡斯提尔和莱昂的全体穆斯林，要么放弃伊斯兰教，要么离开西班牙，但是，这道敕令显然没有严格执行。1526年，阿拉贡的穆斯林，又面临了这样的抉择。1556年，菲利普二世颁布了一个法律，要求留下来的穆斯林立即放弃自己的语言、宗教、风俗习惯和生活方式。他甚至命令拆毁西班牙的一切澡堂，因为澡堂是外道的遗物。一次叛变（这是同类叛变的第二次），从格拉纳达开始，蔓延到邻近的山区，但被扑灭了。最后的驱逐命令，是1609年由菲利普三世签署的，结果所有的穆斯林，实际上都被强行逐出了西班牙的领土。据说有五十万人遭到这种厄运，而在非洲登陆，或坐船到更远的伊斯兰教的海岛上去了。摩洛哥海盗的许多队伍，主要是从这些难民中招募的。自格拉纳达陷落，到十七世纪二十年代，约有三百万穆斯林被放逐，或被处死。西班牙的摩尔人问题，永远解决了，从而清楚地打破了这样的规律：阿拉伯文明在哪里扎根，就永远固定在哪里。“摩尔人被放逐了；基督教的西班牙，像月亮一样，暂时发光，但那是借来的光辉；接着就发生了月食，西班牙一直在黑暗中摇尾乞怜。”③

---

① Moriscos是西班牙语，意思是“小摩尔人”。罗马人把西非洲叫做Mauretania，把西非洲的居民叫做Mauri（这大概是一个腓尼基名词，意思是西方的），西班牙语的*Moro*和英语的Moor，就是由此得来的。因此，柏柏尔人是原来的摩尔人，但是，平常把西班牙和西北非洲的穆斯林都叫做摩尔人。菲律宾的五十万穆斯林，到现在还通称摩洛族（Moros），这是麦哲伦于1521年发现菲律宾群岛时西班牙人赠给他们的名称。（摩洛族，现通译为“摩罗族”。——编者）

② 摩利斯科人遗留下来的文学是多种多样的，而且在语言学上是有趣的。这种文学叫做*aljamiado*，这个名词来源于阿拉伯语的*al-a'jamīyah*（外国语）。这样的一批手稿，在阿拉贡的一所古房子的天花板下被发现了，显然是宗教法庭的官员没有查到的。这批手稿叫做*Manuscritos árabes y aljamiados de la Biblioteca de la Junta*, ed. J. Ribera and M. Asin（Madrid, 1912）。参阅A. R. Nykl, *A Compendium of Alja miado Literature*（Paris, 1928）。

③ Lane-Poole, *Moors in Spain*, p. 280.

第四十章　智力的贡献 557

穆斯林的西班牙，在中世纪欧洲的智力史上，写下了最光辉的一章。前面我们已经注意到，在八世纪中叶到十三世纪初这一时期，说阿拉伯话的人民，是全世界文化和文明的火炬主要的举起者。古代科学和哲学的重新发现，修订增补，承先启后，这些工作，都要归功于他们；有了他们的努力，西欧的文艺复兴才有可能。在这些方面，说阿拉伯话的西班牙，都有过重大的贡献。

语言和文学

在包括语言学、语法学、字典编辑法的纯粹的语言科学方面，安达卢西亚的阿拉伯人，落后于伊拉克的阿拉伯人。嘎里（901—967 年），前面已经说过，是科尔多瓦大学的一位名教授，他出生于亚美尼亚，而受教育于巴格达。他的高足穆罕默德·伊本·哈桑·左拜迪（928—989 年）[①]，原籍希姆斯，出生于塞维利亚。哈克木曾委派左拜迪监督儿子希沙木的教育工作。希沙木继任后，任命左拜迪为塞维利亚的法官兼地方长官。左拜迪的主要著作，是一部分类列传，包括历代的语法学家和语言学家的传记。素优兑撰写语言学名著《华枝集》（*al-Mnzhir*）的时候，曾广泛地应用过这部杰作。在这里，应当指出，希伯来语语法，主要是以阿拉伯语语法为基础的[②]，直到现在，希伯来语语法里的术语还是从阿拉伯语语法翻译过去的，而穆斯林西班牙是希伯来语语法的诞生地。哈优只·犹大·本·大卫（阿拉伯语叫做艾卜·宰克里亚·叶哈雅·伊本·达五德），是科学的希伯来语语法的鼻祖，曾在科尔多瓦享盛名，十一世纪初死在那里。

在文学方面，最著名的作家是科尔多瓦的伊本·阿卜德·赖比（860—940 年），他是阿卜杜勒·赖哈曼三世的桂冠诗人[③]。他的祖先是希沙木一世 558
所释放的奴隶。他的声望是由于他所编辑的丰富多彩的诗文选《希世璎珞》

① 参阅 Tha'ālibi，*Yatīmah*，vol. i，p. 409；ibn-Khallikān，vol. ii，pp. 338—340。

② 参阅本书第 43 页注。——译者

③ 参阅 Yāqūt，*Udabā'*，vol. ii，pp. 67—72；ibn-Khallikān，vol. i，pp. 56—58。

（*al-'Iqd al-Farid*）①，这部选集，除《乐府诗集》（*al-Aghāni*）外，是阿拉伯文学史上最重要的著作。但是，西班牙伊斯兰教最伟大的学者和最富有创见的思想家，要推阿里·伊本·哈兹木（994—1064 年），他是伊斯兰教中想象力最丰富、著作最多的两三位作家之一。他自称是一个受阿拉伯贵族庇护的波斯人的后裔，其实他是一个放弃基督教，而改奉伊斯兰教的西班牙人的子孙。他在青年时代，曾以大臣的资格，出入于阿卜杜勒·赖哈曼·穆斯台兹希尔和希沙木·穆耳台德的摇摇欲坠的宫廷②。但是，随着伍麦叶哈里发王国的瓦解，他便退职去过一种隐居的生活，从事文学工作。据伊本·赫里康③和基弗兑④的记载，他在史学、教义学、圣训学、逻辑学、诗学及有关学科方面的著作达四百册。他拥护教律学上和教义学上的直解学派（*al-Zāhiriyah*）；在那个时代，这个学派早已灭亡了。他在阐释这个学派方面是孜孜不倦的。他在文学的活动中也是生气勃勃的。他在情诗选集《斑鸠的项圈》（*Ṭawq al-Ḥamāmah*）中颂扬了精神恋爱⑤。他的著作保存到现在的最有价值的是《关于教派和异端的批判》（*al-Faṣl fi al-Milal w-al-Ahwā' w-al-Niḥal*）⑥，他成为研究比较宗教学的第一位学者，这个荣誉就是这部著作给予他的。他在这部著作中指出，《圣经》里有种种费解的故事，而在十六世纪比较高明的评论出世之前，从来没有人考虑过这些问题。

从文学史的角度来看，各小国诸王时代，特别是阿巴德人、穆拉比兑人和穆瓦希德人的时代，是特别重要的时代。在伍麦叶人时代播下的文化种子，到了这个时代才进入开花结果的茂盛时期。由于内战的爆发，伍麦叶人的时代结束了；由于各新王朝相继兴起，塞维利亚、托莱多和格拉纳达等城市就
559 夺去了科尔多瓦的光辉。阿拉伯化的基督教徒，穆扎赖卜人，是精通阿拉伯文学的，他们从科尔多瓦城，把阿拉伯文化的许多要素，传达给南北各王国的人民。在散文方面，十三世纪时代在西欧开始兴起的寓言、逸事、训诫故事等，同来源于印度和波斯的早期的阿拉伯作品都非常相似。可爱的寓言《凯利莱和迪木奈》，曾依卡斯提尔和莱昂的国王、英明的阿尔封索（1252—

① 发行过好几版，都是没有仔细校勘过的。这里所用的是 1302 年开罗版的三卷本。

② Yāqūt，*Udabā'*，vol. v，p. 87.

③ vol. ii，p. 22.

④ al-Qifṭi，p. 233.

⑤ Ed. D. K. Pétrof（Leyden，1914）；tr. A. R. Nykl，*The Dove's Neck-Ring about Love and Lovers*（Paris，1931）.

⑥ 这部著作还没有经过科学的校勘的版本。这里所用的是 1347—1348 年开罗版的五卷本。参阅 Asin，*Abenházam de Córdoba y su historia critica de las ideas religiosas*，5 vols.（Madrid，1927—1932）。

1284 年在位）的命令而译成西班牙语，后来不久，又由一个受洗的犹太人译成拉丁语。这部寓言的波斯语译本，译成法语后，成为拉封丹写作《故事集》的资料之一，这是这位诗人自己所承认的。西班牙的歹徒故事，酷似阿拉伯语的“麦嘎麻”（*maqamah*）；麦嘎麻是一种有韵脚的散文，用语言学奇珍的各式各样的方法，加以点缀，利用一个豪爽的英雄的各种冒险故事，来进行一些道德的说教。但是，阿拉伯文学对中世纪欧洲文学最重要的贡献，却是阿拉伯文学的形式对于欧洲文学的影响，这种形式帮助西方的想象力摆脱陈陈相因的、狭隘的清规戒律。从西班牙文学丰富的幻想，可以看出阿拉伯文学的楷模作用。塞万提斯所著《堂吉诃德》（*Don Quixote*）一书里的才华，就是最好的例证。作者一度被俘虏到阿尔及利亚去，曾经诙谐地说过，这部书是以阿拉伯语的著作为蓝本的①。

无论在什么地方，在什么时代，只要人们使用阿拉伯语言作为交际的工 诗歌
具，他们就非常喜欢作诗。无数的诗篇，口耳相传，流行很广，到处受到听众的赞扬，他们所欣赏的，与其说是诗歌的含义，不如说是诗歌的优美的音调和绝妙的措辞。说阿拉伯话的人民对于歌词的优美与谐和，能感到真正的愉快，在西班牙，情况也是这样。伍麦叶王朝的第一位君主，就是一位诗人；他的几位继任者，也都是诗人。在小王国的国王当中，穆耳台米德·伊本·阿巴德，特别受到诗神们的宠爱。大多数君主都有桂冠诗人，生活在他们的宫廷里，随着他们出去旅行和打仗。塞维利亚曾夸耀自己有最大多数文雅的、具有才华的诗人，但是，在很久以前，诗的火焰早已在科尔多瓦燃着了；后来，又在格拉纳达发出了光辉，在那座城市充当伊斯兰教的堡垒期间，诗的光芒一直向四方放射。

除伊本·阿卜德·赖比、伊本·哈兹木、伊本·赫帖卜外，西班牙还产生过大量的诗人。他们的创作，直到现在还被认为是标准的作品。在这批诗
人中，伊本·宰敦（1003—1071 年）被某些评论家认为是安达卢西亚最伟大 560
的诗人。伊本·宰敦出身于麦加城古莱氏族麦赫助木支的贵族家庭②。起初他是科尔多瓦寡头政治的领袖伊本·哲海韦尔的机要总管，但后来失宠了，大概是因为他迷恋了女诗人韦拉黛——哈里发穆斯台克菲的女儿。在他被关押并放逐了几年之后，阿巴德王朝的穆耳台迪德任命他为国务大臣兼总司令，

① 《堂吉诃德》第九章里曾说，作者在托莱多市场上买到一捆阿拉伯语的旧字纸，请人译出来是：《堂吉诃德·台·拉·曼却》，阿拉伯历史学家熙德·哈默德·本·因基里撰。——译者

② Ibn-Khallikān, vol. i, pp. 75—77.

还给他一个称号 *dhu-al-wizāratayn*①，意思是文武大臣，既是要笔杆的，又是要枪杆的。在他的影响之下，穆耳台米德于 1068 年派遣一支军队去进攻科尔多瓦，从哲海韦尔人的手中夺取了那座城市。伊本·穆耳台米德的宫廷，暂时迁往科尔多瓦，伊本·宰敦在这个宫廷里曾引起另一位诗人的嫉妒。这位诗人名叫伊本·阿马尔，是一位大臣，是伊本·宰敦的敌手，他出身不明，起初过着一种流浪生活，谁给他报酬，他就歌颂谁的功德。1086 年，伊本·阿马尔在塞维利亚死于他的庇护者伊本·穆耳台米德的手中②。伊本·宰敦不仅是一位有才华的诗人，而且是一位驰名的书简作家。他的流传最广的书简之一，是他斥责伊本·阿卜都斯的信件；伊本·阿卜都斯是伊本·哲海韦尔的大臣，是伊本·宰敦的情敌，他们两人争夺韦拉黛的爱情。伊本·宰敦用来向韦拉黛求爱的几句诗，描绘了宰海拉宫及其花园的明媚风光，而且说明了他对于自然的深厚的感情，这是西班牙阿拉伯诗的特征③。

才貌双全的韦拉黛（1087 年卒），又妩媚，又多才，是西班牙的萨福④，西班牙的阿拉伯妇女，对于诗歌和文学似乎具有特别的才华和鉴赏力。麦盖里曾用专章叙述安达卢西亚的这些妇女，"雄辩是她们的第二种本能"⑤。韦拉黛在科尔多瓦的家，是才子、学者和诗人们的聚会场所⑥。

次要的诗人有艾卜·易司哈格·伊本·赫法哲（1139 年卒）⑦，他在巴伦西亚城南面的一个小村子里度过了自己的一生，从来没有向当代的那些小国王献过殷勤。还有塞维利亚城放荡的青年诗人穆罕默德·伊本·哈尼伊
561 （937—973 年），他作过几首颂辞，歌颂法帖梅王朝的哈里发穆仪兹⑧。伊本·哈尼伊被认为感染了希腊哲学家的思想⑨。

双韵体诗

西班牙的阿拉伯诗歌，在一定限度内，从陈陈相因的桎梏中解放出来，然后发展了几种新的韵律形式，而且对于自然美几乎具有现代的敏感。西班

---

① 参阅 Marrākushi，p. 74，l. 5。

② Marrākushi，p. 89；ibn-Khāqān，pp. 98—99。参阅 ibn-Khallikān，vol. ii，p. 370.

③ Dīwān，ed. Kāmil Kīlāni and 'Abd-al-Raḥmān Khalīfah（Cairo，1932），pp. 257—258；tr. Nicholson，Literary History，p. 425.

④ 萨福（Sapho）是古希腊的女诗人，生于公元前六世纪，她的著作大半是歌咏男女爱情的，完整流传下来的，只有《少年之歌》和《维那颂歌》两篇。——译者

⑤ Al-Maqqari，vol. ii，pp. 536—639.

⑥ Ibn-Bassām，p. 376.

⑦ 他的诗集，于回历 1286 年（公元 1869 年）出版于开罗。关于他的生平，可以参阅 ibn-Khāqān，pp. 231—242；ibn-Khallikān，vol. i，pp. 23—24。

⑧ Zāhid 'Ali，*Tabyīn al-Ma'ani fi Sharḥ Diwān ibn-Hāni'*（Cairo，1352），pp. 1 以下。

⑨ Ibn-Khallikān，vol. ii，p. 367；Maqqari，vol. ii，p. 444.

牙的阿拉伯诗歌，通过歌谣和情歌，表现了一种温柔的、浪漫的感情，这种感情是中世纪骑士风的先声。在十一世纪初叶，安达卢西亚发展了两种抒情诗体，一种是双韵体（*muwashshaḥ*）①，另一种是民歌体（*zajal*）。这两种诗体，都是在歌曲收尾的迭句的基础上创立的，当然都是可以歌唱的。无论在什么地方，音乐和歌曲，都同诗歌结成了同盟，而且维持了这种同盟关系。

科尔多瓦的吟游诗人艾卜·伯克尔·伊本·顾兹曼（1160 年卒），从这个城市漫游到那个城市，到处歌颂伟人的事迹。在他之前，民歌体完全归即席诗人们采用，到了他手里，才提高到文学体裁的地位②。至于双韵体，那不仅是在西班牙发展起来的，而且是在西班牙发明的，后来才从那里传到北非和东方。双韵体的作家中有图德拉的盲诗人艾卜勒·阿拔斯·图德里③，他于 1126 年夭折。他歌颂了优素福·伊本·塔什芬的儿子和继任者阿里的光荣业绩。还有易卜拉欣·伊本·赛海勒④（1251 或 1260 年卒），他是从犹太教改奉伊斯兰教的，但坚持饮酒的习惯，以致人们怀疑他是否真的改信了伊斯兰教。第三个是格拉纳达的穆罕默德·伊本·优素福·艾卜·哈彦（1256—1344 年），他有柏柏尔人的血统，精通好几国语言，编写过波斯语、土耳其语⑤、科卜特语和埃塞俄比亚语的语法书⑥。这些语法书流传至今的只有土耳其语的语法书。

阿拉伯诗歌，特别是抒情的诗歌，引起了本地基督教徒的赞美，而成为同化他们的有力因素之一。民歌体和双韵体这两种诗歌体裁，发展成为卡斯 562
提尔地方通俗的诗歌体裁，叫做村歌体（*villancico*），这种体裁被广泛地应用于基督教的赞美诗，包括圣诞颂歌。六重唱原来的格式大概是这样押韵：CDE，CDE，因此很可能受到了一种阿拉伯民歌体的启发，这种民歌体可以在安达卢西亚诗人的著作中找到例证。盖兹威尼（1283 年卒）⑦ 断言，在葡萄

① 双韵体的名称是由 wishāh 派生出来的，wishāh 是一对宽带子，用各色珠宝装饰起来，妇女把它从肩头到屁股斜披挂在胸前和背后，因此用来比拟双韵体的富丽。

② Ibn-Khaldūn，*Muqaddamah*，p. 524. 伊本·顾兹曼的诗由 A. R. Nykl 于 1933 年出版于马德里，叫做 *El cancionero*。

③ 他的姓名常被人弄错，ibn-Khāqān，p. 273，ibn-Khaldūn，*Muqaddamah*，p. 519，都是错误的。

④ 他的诗集于 1885 年出版于贝鲁特。关于他的生平，可以参阅 Kutubi，*Fawāt*，vol. i，pp. 29—35；Maqqari，vol. ii，pp. 351—354；Soualah Mohammed，*Ibrahim Ibn Sahl*（Algiers，1914）。

⑤ *Al-'Idrāk li-Lisān al-Atrāk*，ed. Ahmed Caferoğlu（Istanbul，1930—1931）；这是最早的或者比较早的土耳其语法书。

⑥ Kutubī，vol. ii，p. 356；Maqqari，vol. i，pp. 823 以下。其余的诗人可以参阅 ibn-Khaldūn *Muqaddamah*，pp. 518—534。

⑦ Al-Qazwīni，*Āthār*，p. 364。R. Menéndez Pidal in *Bulletin hispanique*，vol. xl（1938），pp. 337 以下。A. R. Nykl in *ibid*，vol. xli（1939），pp. 305—315.

牙南部的锡瓦维什，连农民也会作诗。这使人想起现代黎巴嫩的民间诗人 *qawwālūn*（能言者），他们能出口成章，他们的有些创作仍然被叫做民歌体和双韵体。

远在八世纪时，歌颂精神恋爱的明确的文学形式，早就出现于西班牙，这说明了阿拉伯诗歌的特殊贡献。法兰西南部，到十一世纪末，才出现第一批羽毛丰满的普罗旺斯派诗人，他们用异想天开的丰富的想象，表达了自己跳动的爱情。兴盛于十二世纪的行吟诗人①也是仿效他们南方的同时代民歌演唱者的。由于追随阿拉伯的先例，讴歌美丽妇女之风，突然兴起于西南欧洲。早期欧洲文学最高贵的丰碑《罗兰之歌》（*Chanson de Roland*），出现于 1080 年之前，这标志着西欧的一种新文明的开端，正如荷马的史诗标志着具有历史意义的希腊的开端一样，而这首诗却是由于在军事上和穆斯林的西班牙接触而产生的。

教育

跟一切穆斯林国家一样，初等教育的基础，是诵读和抄写《古兰经》，学习阿拉伯语语法和诗歌。教育虽然主要是私人的事业，却十分普及，西班牙穆斯林中很大一部分人都会读书写字②，这种情况在当时的欧洲是无与伦比的。这里小学教师的作用，比在别的伊斯兰国家更受重视。按照麦盖里那样一位作家所描写③的妇女在教育生活中的地位来看，“女子无才便是德”的原则，在安达卢西亚是不大适用的。文学史的事实，也证明了这一点。

563 高等教育的基础，是《古兰经》注释、教义学、哲学、阿拉伯语语法、诗学、辞典学、历史学和地理学。有几座主要城市的学校，可以叫做大学，其中主要的有科尔多瓦、塞维利亚、马拉加和格拉纳达四大城市的大学。科尔多瓦大学，除教义学系和法律学系外，还有天文学系、数学系和医学系。在这所大学注册的学生，有好几千人，持有这所大学的毕业证书者，可以在这个王国中获得挣钱最多的官职。格拉纳达大学是奈斯尔王朝的第七位君主优素福·艾卜勒·哈查只（1333—1354 年在位）创办的，诗人兼史学家列萨努丁·伊本·赫帖卜曾经在他的政府任职④。这所大学的门口，有几个石狮子在守护着。课程包括教义学、法律学、医学、化学、哲学和天文学。卡斯提尔学生和其他外国留学生，都光顾这所大学。这所大学和其他大学里，时常

---

① 这个名词可能来源于阿拉伯语的 *ṭarab*（音乐，歌唱）；Ribera，*Disertaciones*，vol. ii，p. 141。

② 参阅本书第 531 页。

③ 参阅本书第 560 页。

④ *Lamḥah*，pp. 91，96。在较晚的岁月里，格拉纳达又变成了西班牙研究阿拉伯学术文化的中心。

举行公共集会和各种纪念会，在会上有人朗诵新颖的诗篇，有人作学术讲演，这些人主要是教授会的成员。大学门口令人喜爱的铭文是这样的："世界的支柱，只有四根：哲人的学问，伟人的公道，善人的祈祷，勇士的汗马功劳。"

图书馆和大学，是一道兴盛起来的。科尔多瓦的皇家图书馆，是穆罕默德一世（852—886 年在位）所创建的；阿卜杜勒·赖哈曼三世曾加以扩大；后来，哈克木二世把自己收藏的图书捐赠给这所图书馆，从此它就变成了规模最大、秩序最好的图书馆。一些私人，包括妇女，都各有自己所珍藏的图书。

书籍

穆斯林的生活，缺乏希腊和罗马的两大特征：政治会议和剧场，由于这种特殊情况，书籍差不多就成了他们谋求知识的唯一手段。作为书籍的市场，科尔多瓦在西班牙是首屈一指的。下面的逸事，可以说明那个时代的精神：

> 我旅居科尔多瓦期间，常常去逛书店，想找到我特别感觉兴趣的一本书。最后，我找到一本书法秀拔、装帧漂亮的写本。我很高兴地出了一笔价钱，但是别人出了更高的价钱，我屡次都被别人抢先，以至于出价超过了正常的限度。于是我对拍卖人说："这个竞买者已经把这本书的价钱抬高得超过这本书的价值，请你让我跟他见见面。"于是他带我去见
> 一个衣着华丽的人。我走近他，对他说："愿真主保佑我们的教义学家的 564
> 健康！如果这本书对你有特别的用处，我愿意让你买去，因为出价已超过限度了。"他的回答是："我不是教义学家，我也不知道这本书的内容是什么。但是，我刚建立了一所图书馆，我很重视它，为的是在本城最显贵的人物中间夸耀。我的书架上还有一个空处，我看这本书的大小和厚薄正好能把那个空处填满。我看见这本书的字体很好，装潢也美，我很喜欢，出多大的价钱，我毫不在乎，因为我——感谢真主——是一个财主。"①

纸

要不是本地的工厂能制造写字用纸，安达卢西亚想要有这么多书籍，是不可能的，把造纸术传入欧洲，是伊斯兰教对于欧洲的最有益的贡献之一。要是没有纸张，十五世纪中叶在德意志发明的活字印刷术是不可能成功的；要是没有纸张和印刷术，欧洲的具有相当规模的普及教育，也是不可能实现的。造纸术是从东方传入摩洛哥，十二世纪中叶，再从那里传入西班牙的②。

---

① Maqqari, vol. i, p. 302.

② 参阅本书第 347 页。

雅古特说沙兑卜（Shāṭibah，即 Játiva，哈提发）是西班牙的造纸工业中心①。这件历史事实，可以从语言学得到证明，英语的 ream（纸的一令）一词，得自古法语的 *rayme*，*rayme* 从西班牙语的 *resma* 变来，*resma* 又是从阿拉伯语 *rizmah*（一捆，一把）借来的。在西班牙之后，造纸工业又在意大利兴盛起来（约在 1268—1276 年），也是由于穆斯林的影响，大概是从西西里岛传入的。法兰西有第一批造纸工厂，应归功于西班牙的传授，并不是像某些人所说的，应归功于十字军的归国。从这些国家，造纸工业逐渐传遍了欧洲。阿卜杜勒·赖哈曼的一位秘书，常常在家里把公文写好，再送到一个特别的机关去复制——印刷（*ṭab*ʻ，可能是木版印刷）——许多份，然后分送到政府的各机关去②。

穆斯林在西班牙的势力被摧毁之后，菲利普二世（1556—1598 年在位）和他的几位继任者，从各阿拉伯图书馆搜集到的残存的书籍，不到二千册。这些书籍构成了埃斯科利亚尔图书馆的核心，这所图书馆，至今仍存在于马德里附近。十七世纪初期，摩洛哥的国王舍利夫·宰丹，从首都逃难，把自
565 己珍藏的图书装载在一只船上。船夫预先没有获得充足的船资，不肯把那船图书卸在适当的目的地。那只船在开往马赛的途中，落在西班牙海盗的手里。船里的三四千册图书，被菲利普二世拿去，收藏在埃斯科利亚尔图书馆，因此该馆变成阿拉伯语写本最多的图书馆之一③。

编史工作 在西班牙，阿拉伯的语言学、教义学、历史学、地理学、天文学和类似的科学，是发展得比较晚的，因为那里的穆斯林和他们在叙利亚和伊拉克的同教人不同，他们可以向当地人学习的地方很少。就在他们兴起之后，西班牙的科学还是落后于东方的哈里发帝国。西方的穆斯林最擅长的科学是植物学、医学、哲学和天文历算。

安达卢西亚最早而且最著名的史学家之一，是艾卜·伯克尔·伊本·欧麦尔，他被通称为伊本·孤帖叶④，他生于科尔多瓦，在那里活动，于 977 年死在那里。他的著作是《安达卢西亚征服史》（*Tarikh Iftitāḥ*〔或 *Fatḥ*〕*al-Andalus*）⑤，起自穆斯林的征服，迄于阿卜杜勒·赖哈曼三世在位的初期，我们

---

① Yāqūt，vol. iii，p. 235.（哈提发在科尔多瓦的东面。——译者）

② Ibn-al-Abbār，*Ḥullah*，p. 137.

③ 参阅这所图书馆的目录，*Les manuscrits arabes de l' Escurial*，by Hartwig Derenbourg，2 vols.（Paris，1884—1903），vol. iii，revised by Lévi-Provençal（Paris，1928）.

④ 参阅 Thaʻālibi，vol. i，pp. 411—412；ibn-Khallikān，vol. ii，pp. 336—338。

⑤ （Madrid，1868）；tr. Don Julián Ribera，*Historia de la conquista de España*（Madrid，1926）.

这本书曾以此书为参考。伊本·孤帖叶还是一位语法学家，他所著的动词变化论是关于这个题目的最早的著作[①]。另一位早期的、著作更多的历史作家是科尔多瓦的艾卜·麦尔旺·哈彦·伊本·赫莱夫，他的外号是伊本·哈彦（987 或 988—1076 年）。伊本·哈彦的著作书目中包括不下五十个书名，有一部书叫做《坚实集》（*al-Matīn*），计六十册。可惜他的著作都散佚了，流传下来的只有《安达卢西亚人物志》（*al-Muqtabis fi Ta'rīkh Rijāl al-Andalūs*）[②]。关于穆瓦希德王朝时期的历史，最有价值的著作是摩洛哥的史学家阿卜杜勒·瓦希德·马拉库什[③]于 1224 年写成的专著，他在西班牙侨居多年。

安达卢西亚产生了几位传记作家，其中最著名的一位是艾卜勒·韦立德·阿卜杜拉·伊本·穆罕默德·伊本·法赖迪，他于 962 年生于科尔多瓦，在那里上学，又在那里教学。他三十岁的时候，曾去朝觐圣地，途中在盖赖 566
旺、开罗、麦加、麦地那四个地方停留下来，从事学习。他回国后，被任命为巴伦西亚的法官。1013 年，柏柏尔人劫掠科尔多瓦的时候，伊本·法赖迪在家中被暗杀；他的尸体在第四天才被发现，已经腐烂不堪，不能再依照教规浴尸、入殓、举行殡礼了[④]。他的著作流传下来的只有《安达卢西亚学者列传》（*Ta'rikh 'Ulamā' al-Andalūs*）[⑤]。伊本·白什库瓦勒曾为这部西班牙阿拉伯学者传记写了一个续编，叫做《安达卢西亚学者列传续编》（*al-Ṣilah fi Ta'rikh A'immat al-Andalus*）[⑥]，于 1139 年完成。伊本·白什库瓦勒的著作，据说有五十多种[⑦]，但是，流传下来的只有两种，这是其中之一。伊本·白什库瓦勒于 1101 年生于科尔多瓦，于 1183 年死在那里。巴伦西亚人艾卜·阿卜杜拉·穆罕默德·伊本·阿巴尔（1199—1260 年）曾为这部续编写了一本补遗，叫做《续编补遗》（*al-Takmilah li-Kitāb al-Ṣilah*）[⑧]。除了这本补遗外，伊本·阿巴

---

① *Kitāb al-Af'āl*, ed. Ignaz Guidi (Leyden, 1894).

② Ed. Melchor M. Antuña, pt. 3 (Paris, 1937).

③ Al-Marrākushi, *al-Mu'jib fi Talkhis Akhbār al-Maghrib*, ed. R. Dozy, 2nd ed. (Leyden, 1881); tr. E. Fagnan, *Histoire des Almohades* (Algiers, 1893).

④ Ibn-Khallikān, vol. i, p. 480; Maqqari, vol. i, p. 546.

⑤ Ed. Francisco Codera, 2 vols. (Madrid, 1890—1892).

⑥ Ed. Codera, 2 vols. (Madrid, 1882—1883).

⑦ Al-Dhahabi, *Tadhkirat al-Ḥuffāẓ* 2nd ed., vol. iv (Ḥaydarābād, 1334), p. 129, 参阅 ibn-Khallikān, vol. i, pp. 305—306。

⑧ 一部分由 Codera 于 1886—1889 年出版于马德里，二册，另一部分由 M. Alarcón 和 C. A. González palencia 共同发表于 *Miscelánea de estudios y textos árabes* (Madrid, 1915), pp. 146—690, 由 Alfred Bel 和 M. Ben Cheneb 完成 (Algiers, 1919—1920)。伊本·阿巴尔的事迹，可以参阅 Kutubi, vol. ii, pp. 282—284; ibn-Khaldūn, tr. de Slane, vol. ii, pp. 347—350; ibn-Khallikan, vol. i, p. 77。

尔还写过一部传记总集，叫做《镶黄条外衣》(*al-Ḥullah al-Siyarā'*)①。还有一部有价值的西班牙阿拉伯科学家辞典，叫做《安达卢西亚学者志》（*Bughyat al-Multamis fi Ta'rīkh Rijāl al-Andalus*），著者是在木尔西亚省活动的达比·艾卜·扎法尔·艾哈迈德·伊本·叶哈雅（1203 年卒)②。

在科学史方面，我们有托莱多人赛义德（1029—1070 年)③ 所著的《各民族分类》（*Ṭabaqāt al-Umam*)④，这部书是基弗兑、伊本·艾比·伍赛比耳和伊本·易卜里三人的参考书。在左农王朝，赛义德曾任托莱多的法官，他还是著名的史学家、数学家和天文观测家。

有两个人的名字，可以表示西方的伊斯兰教所能获得的文学上的最高造
567 诣和最渊博的历史知识，这两个人是一对好朋友，也是奈斯尔王朝的两位官员，一个是伊本·赫帖卜，另一个是伊本·赫勒敦。

列萨努丁·伊本·赫帖卜（1313—1374 年)⑤ 是一个阿拉伯家族的苗裔，他的祖先从叙利亚迁移到西班牙。在奈斯尔王朝第七位国王优素福·艾卜勒·哈查只（1333—1354 年在位）及其子穆罕默德五世（1354—1359，1362—1391 年在位）的时代，他有过“文武大臣”（*dhu-al-wizāratayn*）这样夸大的头衔⑥。1371 年宫廷中发生阴谋，他从格拉纳达逃到法斯。过了三年，有人因为私人的不和，对他进行报复，把他勒死了。他死之后，格拉纳达——即使不是整个阿拉伯的西班牙——就丧失了最后一位重要的作家、诗人兼政治家。伊本·赫帖卜的六十多种著作，主要是关于诗歌、纯文学、历史、地理、医学和哲学的，约有三分之一流传到现在。对我们来说，这些著作中最重要的是《格拉纳达志》，是一部内容宏富的著作⑦。

阿卜杜勒·赖哈曼·伊本·赫勒敦（1332—1406 年）生于突尼斯，他是西班牙阿拉伯人家族的成员，这个家族发源于肯德部族。他的祖先于八世纪时从也门迁移到西班牙，他的子孙直到十三世纪都活动于塞维利亚。阿卜杜勒·赖哈曼本人在法斯担任过许多高级的官职，后来失宠了，于 1362 年到格

---

① 一部分由 Dozy 于 1847—1851 年出版于莱登。

② 由 Codera 和 Julián Ribera 于 1884—1885 年出版于马德里。

③ Ḍabbi，*Bughyah*，p. 311.

④ 由 L. Cheikho 于 1912 年刊行于贝鲁特。

⑤ 麦盖里的著作《芬芳集》（*Nafḥ al-Ṭīd*）的后半部是专门介绍伊本·赫帖卜的生平事迹和他的各种著作的。麦盖里是阿尔及利亚特莱姆森人，于 1628 和 1630 年间写出这部著作，这是关于穆斯林西班牙全部文学史的主要权威。

⑥ 参阅本书第 560 页。

⑦ 书名是 *Al-Iḥāṭah fi Akhbār Gharnāṭah*，2 vols.（Cairo，1319 年），那是一部节录本。

拉纳达的国王穆罕默德五世的宫廷任职。国王曾派遣他到卡斯提尔的宫廷去进行重要的和平谈判。过了两年，由于他的有权力的朋友伊本·赫帖卜的猜忌，他退归马格里布。他在这里担任过几个重要职务，最后退隐于伊本·赛拉麦城堡①，在那里开始编写他的历史著作，一直住到1378年。1382年，他出发到麦加去朝觐天房，但是，他停留在开罗，在著名的爱资哈尔清真大寺讲学。过了两年，他被麦木鲁克王朝的素丹扎希尔·贝尔孤格任命为开罗城马立克派的法官的领袖。1401年，他跟随贝尔孤格的继任者纳绥尔到大马士革去跟可怕的帖木儿对敌，帖木儿把伊本·赫勒敦当做贵宾接待。这位史学 568
家在北非和西班牙的政治舞台上就是这样扮演了一个重要的角色，所有这些都为他出色地编写他的伟大著作准备了条件。他的包罗宏富的历史，叫做《阿拉伯人、波斯人、柏柏尔人历史的殷鉴和原委》（*Kitāb al-'Ibar wa-Diwān al-Mubtada' w-al-Khabar fi Ayyām al-'Arab w-al-'Ajām w-al-Barbar*），全书共分三编②：绪论（*Muqaddamah*）③ 自成一册；正文，是全书的主干，论述阿拉伯人及其四邻各民族的历史；附录④，概述柏柏尔人和北非穆斯林各王朝的历史。可惜他在绪论里中肯地提出的批评理论，并没有应用于这部著作的主要部分。但是，论述马格里布的阿拉伯人和柏柏尔人各部族的那一部分，将永远成为一部有价值的指南。

伊本·赫勒敦的声望，是从他的《绪论》获得的⑤。他在这篇绪论里，初次提出一种历史发展的理论，这种理论正确地认识到气候、地理、道德和精神力量等因素的作用。伊本·赫勒敦致力于表述民族盛衰的规律，因此，我们可以说他是历史的真正广度和性质的发现者，正如他自己所说的那样⑥，至少我们可以说，他是社会学科学的真正奠基人。没有一个阿拉伯作家，也没有一个欧洲作家，曾经用那样既渊博又富于哲学卓见的眼光来观察历史。所有评论家一致的意见是，伊本·赫勒敦是伊斯兰教所产生的最伟大的历史

---

① 现在叫做 Tawghzūt，在阿尔及利亚北部 Tilimsān 的东边。

② 全书七册，于1284年出版于开罗，第七册的结尾，自379页起，有一篇自传，这是研究他的生平事迹的最好的资料。这篇自传已由 M. G. de Slane 译成法语，发表于 *Journal asiatique*，ser. 4，vol. 3（1844），pp. 5—60，187—210，291—308，325—353。参阅 Maqqari（Cairo，1302），vol. iv，pp. 6—17。

③ 比开罗版更早的有 M. Quatremère 于1858年刊行于巴黎的三卷本；de Slane 的法语译本三册，于1862—1868年刊行于巴黎；Boutboul 于1924—1928年又再版于巴黎。

④ Tr. de Slane，*Histoire des Berbères et des dynasties musulmanes de l' Afrique septentrionale*，ed. Paul Casanova，2 vols.（Paris，1925—1927）.

⑤ Tr. Franz Rosenthal，*Ibn-Khaldūn's Muqaddīmah*，3 vols.（New York，1958）.

⑥ *Muqaddamah*，pp. 4—5.

哲学家，也是历代最伟大的史学家之一。

地理学 十一世纪最著名的地理学家是白克里，他是一个西班牙的阿拉伯人；十二世纪，甚至是整个中世纪时期最著名的地理学著作家和制图家，是易德里西，他是西班牙一个阿拉伯王室的苗裔，曾在西班牙受教育。

569 白克里的全名是艾卜·欧拜德·阿卜杜拉·伊本·阿卜杜勒·阿齐兹·白克里[①]，他是西方穆斯林有著作流传下来的最早的地理学家。他活动于科尔多瓦，1094 年死在那里，死时已达高龄。他是文学研究家、诗人、语言学家，因大部头的地理学著作而获得名声。他的名著叫做《列国道路志》（*al-Masālik w-al-Mamālik*）[②]，这部书像中世纪时代大部分地理学著作那样，是以旅行指南的体裁写成的。这部书只有一部分流传下来。

易德里西于 1100 年生于休达，曾为西西里岛上诺曼国王罗吉尔二世的宫廷增光，讲到西西里岛时再论述他的贡献。

游记 在易德里西之后，阿拉伯的地理文献，就没有伟大的独创力了，只有一些旅行家的游记，这种作品在当时是特别多的。在这些旅行家当中，最著名的是伊本·祝拜尔[③]，他的全名是艾卜勒·侯赛因·穆罕默德·伊本·艾哈迈，他于 1145 年生于巴伦西亚，在哈提发受教育。在 1183 年到 1185 年间，伊本·祝拜尔曾从格拉纳达动身到麦加去朝觐天房，然后回国，在这个期间，他游历了埃及、伊拉克、叙利亚，当时叙利亚的部分土地还在十字军的手中；他还游历了西西里岛。他还利用别的两个机会，到东方去旅行，一次是在 1189 年到 1191 年，另一次是在 1217 年，但后一次他只到达亚历山大港就去世了。他第一次旅行的游记（*Riḥlah*）[④] 在阿拉伯文学中是最重要的游记之一。另一位西班牙阿拉伯的地理学家兼游历家是格拉纳达人马齐尼，他的全名是艾卜·哈密德·穆罕默德·马齐尼（1080/1081—1169/1170 年），他曾于 1136 年访问过俄罗斯。当他在伏尔加河地区的保加尔人中间的时候，他看到一种别的资料里没有提到的商务活动：那里买卖猛犸象牙的化石，那种商品输出到花拉子模去，用做制造梳子和宝石盒的材料[⑤]。

伊本·祝拜尔和马齐尼的游记，同中世纪时期穆斯林的世界旅行家伊本·白图泰的游记比起来就黯然失色了。伊本·白图泰是摩洛哥的阿拉伯人，

---

① 参阅 ibn-Bashkuwāl，vol. i，p. 282；Suyūṭi，*Bughyah*，p. 285。

② 一部分由 de Slane 于 1857 年刊行于阿尔及尔。

③ 参阅 Maqqari（Leyden），vol. i，pp. 714 以下。

④ Ed. William Wright，2nd ed. M. J. de Goeje（Leyden，1907）.

⑤ "Tuḥfat al-Albāb"，ed. Gabriel Ferrand in *Journal asiatique*，vol. ccvii（1925），p. 238.

他的全名是穆罕默德·伊本·阿卜杜拉·伊本·白图泰，1304 年生于丹哲（即丹吉尔），1377 年死于马拉库什。在十四世纪的三十年代到五十年代，他
曾四次到麦加朝觐天房；在这个期间，曾游历了整个穆斯林世界。东边他到 570
达锡兰、孟加拉、马尔代夫群岛和中国。他还访问过君士坦丁堡。1353 年，在他最后的旅行中，他曾深入中部非洲。据说他曾访问过喀山附近的保加尔城和伏尔加河，这似乎是他游记中唯一重大的虚构[①]。

对于西方的影响

阿拉伯人的地理学研究，对于西方的影响是有限的。他们保持了古代的地圆说，没有这种学说，发现新大陆就是不可能的。这种学说的代表者是巴伦西亚人艾卜·欧拜德·穆斯林·巴伦西，活跃于十世纪前半期[②]。他们继续鼓吹印度的一个观念，认为世界的这个已知的半球，有一个“圆屋顶”或者“顶点”，坐落在与四个方位基点距离相等的地方。这一“艾林”（*arīn*）[③] 理论，写进了 1410 年出版的一本拉丁语的著作里。哥伦布从这本著作里知道了那条原理，因此，才相信大地像一个梨子，在西半球上与“艾林”相对的地方，有一个相应的崇高的中心。但是，在天文地理学和数学的领域中，还是对西方学术界贡献了一些新颖的概念。

天文学和数学

十世纪中叶后，有人在西班牙刻苦地钻研天文学，这种研究曾获得科尔多瓦、塞维利亚、托莱多等地统治者的特别爱护。安达卢西亚的天文学家，大半追随巴格达的艾卜·麦耳舍尔，相信星辰对于人类的吉凶祸福和生死存亡，有着重大的影响。要研究星辰的这种影响，即研究占星学，必须确定世界各个地方的位置和那些地方的经度和纬度。这样，占星学对于天文学的研究就做出了贡献。拉丁的西方，正是通过西班牙，最后发现了东方在天文学和占星学方面的启示。主要的穆斯林天文学著作，是在西班牙被译成拉丁语的，十三世纪在阿尔封索十世庇护下编纂的阿尔封索历表，只是阿拉伯天文学的发展罢了。

西班牙的阿拉伯天文学家，以他们东方同教的老前辈们的天文学和占星 571
学著作为参考，而进行研究。他们重新提出了同托勒密的学说有别的亚里士多德的学说，而且根据亚里士多德的学说攻击托勒密的天动地静的说法。早期西班牙的阿拉伯天文学家中杰出的人物有科尔多瓦人麦只里帖（约于 1007

---

① 他的游记叫做 *Tuḥfat al-Nuẓẓār fi Gharā'ib al-Amṣār wa-'Ajā'ib al-Asfār*，ed. and tr. C. Defrémery and B. R. Sanguinetti，3rd impression（Paris，1879—1893），vol. ii，pp. 398—399。

② Ṣā'id，*Ṭabaqāu*，p. 64. 参阅 ibn-Ḥazm，vol. ii，pp. 78—79；本书第 375 页。

③ 参阅本书第 384 页。

年卒)[①]、托莱多人宰尔嘎里（约1029—约1087年）、塞维利亚人伊本·艾弗莱哈（于1140到1150年间卒）。

艾卜勒·卡西木·麦斯莱麦·麦只里帖是西班牙穆斯林最早的重要的科学家，他校订过花拉子密的行星表（历表）[②]，这是穆斯林天文学家的第一个历表。这一历表原来是以耶斯提泽德纪元为基础的，他把它改编成以回历纪元为基础，而且在某种程度上，以科尔多瓦的子午线代替了“艾林”的子午线。1126年，巴斯人阿德拉把这些历表译成拉丁语，叫做花拉子密历表。大约十四年后，另一个重要的历表，即900年前后白塔尼所编纂的历表，又被蒂沃利人柏拉图译成拉丁语；过了很久以后，在外号哲人兼天文学家的阿尔封索十世（1284年卒）的赞助下，这个历表，曾由阿拉伯语直接译成了西班牙语。麦只里帖拥有的许多尊敬的称号之一是“数学家”（*al-ḥāsib*），因为他被认为是数学（包括测定法）方面的首领（*imām*）。把精诚同志社的论文集介绍到西班牙的，不是他，就是他的科尔多瓦的学生艾卜勒·哈克木·阿慕尔·克尔马尼（1066年卒）[③]。

著名的托莱多历表，是以西班牙的几位穆斯林的和犹太教的天文学家的观测和研究为基础的，这些天文学家中著名的有宰尔嘎里，他的全名是艾卜·易司哈格·易卜拉欣·伊本·叶哈雅（约1087年卒）。这些历表包含着地理学的知识，那是从托勒密和花拉子密的著作中得来的，在十二世纪时克利摩拿人热拉尔曾把这些历表译成拉丁语。马赛人雷蒙的许多著作，同样大半是在1140年从宰尔嘎里的天文学原理中汲取的。地中海岸的长度，被托勒密估计得过大，他定为62度，花拉子密削减成52度，而大概是宰尔嘎里把那个数字降低到接近正确的42度的。宰尔嘎里显然是这个时代的第一流的天
572 文观测家[④]。他设计过一种改良的观象仪，叫做萨非哈（*Ṣafīḥah*）[⑤]，他首先证明了太阳对众星辰的最远点的运动。依照他的测量，这个值达12.04″，而真正的值是11.8″。哥白尼在他所著的《天体的运行》（*De revolutionibus orbium coelestium*）一书中就援引过白塔尼和宰尔嘎里的著作。

扎比尔·伊本·艾弗莱哈（Jābir ibn-Aflaḥ，拉丁语叫Geber filius Afflae）

---

① 他出生于麦只里特（Majrīṭ，即Madrid，马德里）。

② Ṣā'id，p. 69，ibn-abi-Uṣaybi'ah，vol. ii. p. 39引证。参阅Qifṭi，p. 326。Ṣā'id本人是天文学家，他曾评论麦只里帖。

③ Ṣā'id，p. 71.

④ Ṣā'id，p. 75.

⑤ Qifṭi，p. 57. 参阅Khwārizmi，*Mafātiḥ*，pp. 233—234。

的著作《天文学书》(*Kitāb al-Hay'ah*)①，也由克利摩拿人热拉尔译成拉丁语，伊本·艾弗莱哈在这部著作里尖锐地批评了托勒密，而且正确地断言内行星、水星和金星，没有显而易见的视差。伊本·艾弗莱哈的这部著作还有一个值得注意的特点：书中有一章专论平面三角学和球面三角学。在伊本·艾弗莱哈之前两个半世纪的时候，白塔尼就广泛地传播了我们今天所使用的三角比的许多初步概念，即使我们还不能说这些是他发现的。正如代数学和解析几何学一样，三角学大部分是阿拉伯人创立的。

在最后的西班牙天文学家当中，首屈一指的是比特鲁吉，他的全名是努尔丁·艾卜·易斯哈格·比特鲁吉（al-Biṭrūji②，即拉丁语的 Alpetragius，约于 1204 年卒），他是伊本·图菲利的学生。他所著的《天文学书》③ 是专论各天体的对座位置的，这本书很著名，因为著者企图把错误的同心球说变相地复活起来。比特鲁吉虽然被认为是一种新天文学的代表者，其实他是亚里士多德学说的复制者；他的著作标志着穆斯林反托勒密运动的顶点。十二世纪末，亚里士多德关于天文学、物理学和气象学的著作，被大量地从阿拉伯语译成拉丁语，亚里士多德关于地理学的思想大部分也都见于这些著作里。

阿拉伯天文学家，把他们辛勤劳动的、永垂不朽的成绩保存在天上，我们看一看一个普通天球仪上所记载的星宿的名称，就可以很容易地看到这些成绩。在各种欧洲语言中，大多数星宿的名称都来源于阿拉伯语，例如 Acrab（*'aqrab*，蝎子）、Algedi（*al-jadi*，小山羊）、Altair（*al-ṭāir*，飞鸟）、Deneb（*dhanab*，尾巴）、Pherkad（*farqad*，牛犊）等④，而且有大量的天文学术语，如 azimuth（*al-sumūt*，地平经度）、nadir（*naẓir*，天底）、zenith（*al-samt*，天底）等，也同样来源于阿拉伯语，由此可以证明，伊斯兰教给基督教欧洲留 573
下了多么丰富的遗产。欧洲的数学词汇也雄辩地证明阿拉伯科学的影响。除上面已经引证的借用词 algebra（代数学）和 algarism（阿拉伯式记数法）外，还有某些阿拉伯术语被译成了拉丁语。代数学的术语 surd（不尽根），是十六世纪时从拉丁语借用的名词，意思是“聋子”，是阿拉伯语 *jadhr aṣamm*（聋根）的意译。在三角学里，sine（正弦，得自拉丁语的 *sinus*）也是从阿拉伯

---

① 参阅 Qifṭi，p. 319，l. 12，p. 393，l. 1；Ḥājji Khalfah，vol. vi，p. 506。这部著作，跟其他大多数的天文学著作一样，只存在于写本的形式中。

② 他生于科尔多瓦北边的 Pedroche，故以 al-Biṭruji 为姓。

③ 1217 年由 Michael Scot 译成拉丁语，于 1259 年又译成希伯来语。

④ 此类名称是很多的，不能尽述，读者可参阅 Richard H. Allen，*Star-Names and their Meanings*（New York，1899）；Amīn F. al-Ma'lūf，*al-Mu'jam al-Falaki*（Cairo，1935）。

语*jayb*（衣袋）译过去的，而这个阿拉伯术语又是从梵语的*jiva*译过来的。活跃于十二世纪中叶的英国数学家、切斯特人罗伯特首先使用 sīnus 这个术语，其意义与阿拉伯语的 jayb 用在三角学上的意义正相等。

从阿拉伯语借用的数学术语，最有趣的是 cipher[①] 或 zero（零）。我们已经说过，阿拉伯人并不是零的发明人，但是，他们不仅把零和阿拉伯数字一道传入欧洲，而且教会西方人如何使用这种最方便的发明，从而便于把算术应用于日常生活之中。在这一套数字里，零是头等重要的。在多位数中，如果个位或十位、百位等是空白，就用“表示零的这个小小的圆圈儿去填满那个空白”[②]。要是没有零，我们就必须把我们的数字分别排列在个、十、百、千等单位的栏里，也就是说，只有珠算，没有笔算了。

我们早已知道，在九世纪前半期从事著作的花拉子密，是第一个鼓吹者，他首先主张用这一套数字和零，代替阿拉伯原有的字母记数法。这些数字叫做印度数字（*Hindi*），表示其发源于印度。他所写的关于印度运算法的著作，在十二世纪时由巴斯人阿德拉译成拉丁语，叫做 *De numero indico*（印度数码），这个译本保存到现在，阿拉伯语的原本却失传了；此外，远在九世纪后半期，西班牙的穆斯林早已发展了一套数字，叫做“尘土字母”（*ḥurūf al-ghubār*），形状与印度数字略有不同，原来是应用于某种沙土算盘的。大多数
574 的学者认为这种数字像印度数字一样也是导源于印度的；有些学者却认为这种数字是罗马人发明的，在阿拉伯人到西班牙之前，早已通行于西班牙了[③]。吉尔柏特(Gerbert),首先科学地描写了尘土数字。他后来成为教皇西尔韦斯特二世(999—1003 年在位)。在任教皇之前,他曾在西班牙留学好几年,他的著作在载有这种数字的最古老的阿拉伯语写本(874 年)之后一百年左右出版。现代的欧洲数字,与其说近似印度数字,不如说近似尘土数字。

阿拉伯数字在非穆斯林的欧洲的传播,是非常缓慢的。基督教的数学家,在十一世纪、十二世纪和十三世纪的部分时期中,坚持使用陈旧的罗马数字和算盘,或者采取折中办法,使用阿拉伯记数法和他们自己的旧式数字。新数字首先应用于实际的目的,是在意大利。比萨人利奥那多曾受教于一位穆斯林数学家,又曾游历北非。1202 年,他刊行了一部著作,这是阿拉伯数字传入意大利

---

① Cipher 还有密码和花押等义，是阿拉伯语 *sifr*（书）的译音，那是来源于阿拉马语的，与此不同语根。

② Khwārizmi，*Mafātīh*，p. 194.

③ David E. Smith and Louis C. Karpinski，*The Hindu-Arabic Numerals*（Boston and London，1911），pp. 65 以下，Solomon Gandz in *Isis*，vol. xvi（1931），pp. 393—424。参阅 ibn-Khaldūn，*Muqaddamah*，p. 4，l. 22。

的主要的里程碑。这部著作并且标志着欧洲数学的开始。如果继续使用旧式的数字，而要数学沿着某些路线前进，那是不可能的。计算的科学能有今日的进步，应该归功于零和阿拉伯数字。

植物学和医学

在博物学方面[1]，特别是在纯正的和实用的植物学方面，正如在天文学和数学方面一样，西方的穆斯林，以他们的研究成果，增加了世界的科学财富。他们对于枣椰和大麻一类植物的雌雄性的区别，做过正确的观察。他们把植物分成若干类：有些是由插条生长的，有些是由种子生长的，有些是天然生长的。这种植物分类法，见于伊本·赛卜耳因对弗雷德里克皇帝所提出的问题的答复之一[2]。科尔多瓦的医生加菲基[3]，全名是艾卜·哲耳法尔·艾哈迈德·伊本·穆罕默德·加菲基（1165 年卒），他曾搜集了西班牙和非洲的植物，并列出了每种植物的阿拉伯语、拉丁语、柏柏尔语的名称，而且加以描写，这种描写可以说是阿拉伯语中最清楚、最精密的。他的主要著作是论药 575
用植物的《本草》（*al-Adwiyah al-Mufradah*，独剂药）[4]。后来更著名的医生伊本·贝塔尔是他的同业和同乡，对他的这部著作，不但加以引证，而且用于临床治疗。在十二世纪末叶活动于塞维利亚的艾卜·宰凯里亚·叶哈雅·伊本·穆罕默德·伊本·阿瓦木，曾写过一篇关于农业的论文，书名是 *al-Filāḥah*（农业），这篇论文是伊斯兰教中关于这个课题最重要的著作，而且是中世纪时代最杰出的著作。这部著作的部分材料，是得自较古的希腊著作和阿拉伯著作；另一部分材料，是西班牙穆斯林农民生产经验的总结。书中论述了五百八十五种植物，并且说明五十多种果树的栽培方法。这部书就嫁接及土壤和肥料的特性，提出了许多新颖的见解，论述了许多果树和葡萄的病虫害的征候，并且提出了治疗的方法。这部书虽然非常重要，一般阿拉伯著作家知道这本书的却很少；伊本·赫勒敦、雅古特、哈只·赫勒法等人都不知道，

---

① 关于马和骑士，可以参阅 ibn-Hudhayl, *Ḥilyat al-Fursāa wa-Shi'ār al-Shuj'ān*, ed. Louis Mercier（Paris，1922）；tr. Mercier，*La parue des cavaliers et l'insig ne des preuk*（Paris，1924）。

② 参阅本书第 587 页。

③ 他的故乡 Ghāfiq 是科尔多瓦附近的一个小市镇。

④ Ibn-abi Uṣaybi'ah，vol. ii，p. 52，著名的基督教史学家曾编过一本提要，1932（?）年已出版于开罗，还附有英语译本，叫做 *Muntakhab Kitāb Jāmi' al-Mufradāt*，发行人是 Max Meyerhof 和 Jūrji Ṣubḥi。Ibn-al-'Ibri 的叙利亚语节译本已失传。

伊本·赫勒敦①还错误地认为它是伊本·瓦哈什叶的校订本②。

伊本·贝塔尔

西班牙的，事实上是穆斯林世界的最驰名的植物学家兼药物学家，是阿卜杜拉·伊本·艾哈迈德·伊本·贝塔尔，他是代俄斯科里提斯（Dioscorides）③ 的一个毫无愧色的继承者。伊本·贝塔尔生于马拉加，曾以本草学家的身份游历西班牙各地和北非，后来服务于开罗艾优卜王朝的国王卡米勒，成为本草学家的领袖④。他从埃及到叙利亚和小亚细亚，进行了广泛的旅行。他于1248年死于大马士革，遗留下两部有名的著作，题赠给他的庇护人撒里哈·艾优卜；这位国王像他的先人卡米勒一样，以大马士革为叙利亚首都。这两部著作，一部是关于药品学的，叫做《药物学集成》（*al-Mughni fi al-Ad-*
576 *wiyah al-Mufradah*）；另一部是医方总集，叫做《医方汇编》（*al-Jāmi' fi al-Adwiyah al-Mufradah*）⑤，所列的药物包括动物、植物、矿物三界，把希腊的和阿拉伯的资料融合了起来，又根据著者的临床经验和科学研究作了增补。这部书是同类中世纪论文中的杰作。书中论述了一千四百个项目，其中有三百个是新颖的，这些新颖的项目包括二百多种植物。他所引证的著作家约有一百五十人，其中有二十个是希腊人。伊本·贝塔尔的《医方汇编》的拉丁语译本 *Simplicia* 的若干部分，迟至1758年才出版于克利摩拿。

医学

西班牙的阿拉伯医生，大部分是副业医生，只有小部分是专业医生。伊本·鲁世德、伊本·麦蒙、伊本·巴哲和伊本·图斐利都是医生，但是，他们作为哲学家是更著名的，这一点将在下面加以论述。我们已经讲过，伊本·赫帖卜是一位风格优美的作家兼史学家，跟其他的许多医生一样，他还以御医的身份兼任大臣。十四世纪中叶，"黑死病"曾蹂躏欧洲，基督教徒认为是天灾，束手无策，这位格拉纳达的穆斯林医生，却写了一篇论文，以捍

---

① *Muqaddamah*, p. 412.

② 黎巴嫩学者迈克尔·卡西利在他的著作 *Bibliotheca Arabico-Hispana Escurialensis*, vol. i（Madrid, 1760）中首先引人注意到埃斯科利亚尔图书馆所藏伊本·阿瓦木著作的完整的手稿。卡西利的学生约瑟夫·安托尼奥·班凯利刊行了这部著作，还附有西班牙语译本，共二册（1802年，马德里）。克莱芒-米利埃的法语译本 *Le livre d'agriculture*，二册，分为三编，1864—1867年出版于巴黎。刊本和两个译本都是不能令人满意的。

③ 他是希腊医学家，生于一世纪，遗留下一部重要的药品学，1652—1655年，由 Goodyer 刊行，附有英语译文。1933年又由 R. T. Gunther 再版。——译者

④ Ibn-abi-Uṣaybi'ab, vol. ii, p. 133；Maqqari, vol. i, p. 934；Kutubi, vol. i, p. 261. 伊本·艾比·伍赛比耳是伊本·贝塔尔的学生，曾跟他一起在大马士革附近采药。

⑤ *Al-Jāmi' li-Mufradāt al-Adwiyah w-al-Aghdhiyah*，四册，于1291年刊行于埃及布拉格；Joseph v. Sontheimer 的德语译本二册，于1840—1842年出版于斯图加特。原本和译本，都是不能令人满意的。Lucien Leclerc 的法语译本，发表于 *Notices et extraits des manuscrits de la Bibliothéque Nationale*, vol. xxiii（Paris, 1877）, pt. 1, vol. xxv（1881）, pt. 1, vol. xxvi（1883）, pt. 1。

卫传染说，下面引证的这一节，可以阐明他的论点①：

> 有人说："教律否认传染，怎能承认传染的可能性呢？"我们回答他们说：接触传染的存在，是可以用体验、研究、感官的证据和可靠的报告等，加以证实的。这些事实构成一个坚实的论证。传染的事实，对于研究者已变得很明白了，他注意到，凡是与病人接触的都害病，凡是不与病人接触的都平安无事，而且传染是以衣服、容器、耳环等为媒介的。

宰海拉威

阿拉伯人产生的外科医生并不算多，在这些少数的外科医生中，最伟大的是艾卜勒·卡西木·赫莱弗·伊本·阿拔斯·宰海拉威②（约于1013年卒），他是哈克木二世的御医。他成名的著作是《医学宝鉴》（*al-Taṣrīf li-Man ʻAjaz ʻan al-Taʼālīf*）③，他在最后一节中总结了当代的外科学知识。他的著作介 577
绍或强调了伤口烧灼术和膀胱截石术等新观念，以及解剖术和活体解剖术的重要性。关于外科的这部分，曾由克利摩拿人热拉尔译成拉丁语，有不同的版本于1497年刊行于威尼斯，1541年刊行于巴塞尔，1778年刊行于牛津④。在萨勒诺、蒙彼利埃和其他地方早期的医科学校里，有好几百年时间，这本书一直保持外科手册的地位。这本书里包含着关于外科器械的许多图解，对其他阿拉伯著作家产生了影响，并且帮助欧洲外科学奠定了基础。拜占廷的皇帝君士坦丁七世⑤，曾将代俄斯科里提斯所著的《药物学》一书的华丽而且带图解的写本，当做外交礼物赠送给阿卜杜勒·赖哈曼三世。宰海拉威的一位同事，担任御医兼大臣的犹太人哈斯德·本·舍卜鲁特，在拜占廷的僧侣尼古拉斯的合作下，将这本名著译成了阿拉伯语。

伊本·左胡尔

宰海拉威是在外科学上出名，在内科学上出名而与他有同等地位的，是伊本·左胡尔⑥。他的全名是艾卜·麦尔旺·阿卜杜勒·麦立克·伊本·艾比勒·阿拉义。伊本·左胡尔是他的外号（拉丁语从希伯来语译成Avenzoar）。

---

① "Muqniʻat al-Sāʼil ʻan al-Maraḍ al-Hāʼil", ed. and tr. M. J. Müller, *Sitzungs-berichte der königl. bayer. Akademie der Wissenschaften zu München*, vol. ii (Munich, 1863), pp. 6—7, 18—19.

② 他的故乡是科尔多瓦的著名郊区宰海拉（al-Zahrāʼ），故以al-Zahrāwi为姓，他的外号abu-al-Qāsim被拉丁语的著作家改变成Abulcasis或Albucasis。

③ 又一拼法是Taʼlīf，见ibn-abi-ʻUṣaybiʻah，vol. ii，p. 52。

④ 牛津版的书名是：Albucasis，*De chirurgia*，附有部分的原文和John Channing的拉丁语译文。全部的原文从未出版。

⑤ Ibn-abi-Uṣaybiʻah，vol. ii，p. 47，他在这里说此写本是Romanus捐赠的。

⑥ Ibn-abi-Uṣaybiʻah，vol. ii，pp. 66—67.

他是西班牙最伟大的医学世家的最著名的成员。伊本·左胡尔于 1091 年到 1094 年间，出生于塞维利亚，他在穆瓦希德王朝的奠基者阿卜杜勒·慕敏的宫廷里担任御医兼大臣，服务很多年之后，于 1162 年死于故乡。他专心致志地从事医学的著作事业，以表现他的创见，不像他的同事们分心于许多知识部门。他所著的六种医学书，有三种流传到现在。其中最有价值的是《医疗调理便览》（*al-Taysīr fi al-Mudāwāh w-al-Tadbīr*）①。原来他的朋友和敬慕者伊本·鲁世德曾著《医学通则》（*al-Kullīyāt*）② 一书，随后便要求他配合《通则》写成了这本书。《便览》所论述的题目比《通则》更为具体。伊本·鲁
578 世德在他的《通则》里称赞伊本·左胡尔是格林以后最伟大的医生。最低限度，他是拉齐以后，伊斯兰教最伟大的临床医师。常有人说，伊本·左胡尔是首先讨论骨肉感觉和描写疥虫（*ṣu'ābat al-jarab*）的。但是，最近已经证明，在他之前发现疥虫的人是艾哈迈德·泰伯里（在十世纪后半期），可见艾哈迈德的著作《波格拉兑治疗法》（*al-Mu'ālajah al-Buqrāṭīyah*）③。

伊本·左胡尔的家庭，曾产生了六代的医生，都是直系亲属。除上面所说的艾卜·麦尔旺外，他的儿子艾卜·伯克尔·穆罕默德（1198—1199 年间卒）是最著名的成员。但是，他的荣誉主要是由于他掌握了阿拉伯文学的各种体裁，其次才是由于他的医学活动。有些诗篇，包括几首富于柔情的双韵体诗，据说是他的作品④。穆瓦希德王朝的哈里发艾卜·优素福·叶耳孤卜·曼苏尔任命他为马拉库什的御医，但他被一个猜忌的大臣毒死在那里。哈里发在殡礼时亲自致哀辞。艾卜·麦尔旺·阿卜杜勒·麦立克有一位祖父，外号也叫伊本·左胡尔，不但在西班牙行医，而且在巴格达、盖赖旺和开罗行医⑤。西班牙的阿拉伯医生在东方行医的，还有阿尔梅里亚人欧白杜拉·伊本·穆宰法尔·巴希里。巴希里是诗人兼医生，1127 年在巴格达服务于塞尔柱克王朝的穆罕默德·伊本·马里克沙，后者供给他一个野战医院，可以用四十只骆驼运输到前方去⑥。他于 1154 年死于大马士革。

传入欧洲 在穆斯林们统治西班牙的最初几个世纪中，东方文化从较高的水平流入

---

① 希伯来语的译本曾转译成“俗语”，可能是威尼斯语，后来又在威尼斯的一个犹太人的帮助下，于 1280 年译成拉丁语，在那里屡次刊行。

② Ibn-abi-Uṣaybi'ah, vol. ii, pp. 75—76.

③ Mohamed Rihab in *Archiv für Geschichte der Medizin*, vol. xix (1927), pp. 123—168.

④ 参阅 Maqqari, vol. i, pp. 625—628; ibn-Khallikān, vol. ii, pp. 375—376。

⑤ Ṣā'id, p. 84, ibn-abi-Uṣaybi'ah, vol. ii, p. 64 引证; ibn-Khallikān, vol. ii, pp. 376—377。

⑥ Maqqari, vol. i, p. 899.

安达卢西亚，麦盖里①开列过一个名单，说明有许多西班牙学者到东方各国求学，他们负笈远游，足迹遍及埃及、叙利亚、伊拉克、波斯，甚至河外地区②和中国；但是，在十一世纪和以后的各世纪中，文化潮流的方向改变了，伊本·左胡尔和巴希里的实例，就能说明这一点。真的，这种文化潮流，在十二世纪时已强大到足以流往欧洲的程度了。西北非洲和西班牙，特别是托莱多——克利摩拿人热拉尔和迈克尔·斯科特工作的地方——对于阿拉伯医学 579
传入欧洲，起过主导作用。通过拉丁语译本，把阿拉伯的学术介绍给西方人，这是一个意义重大的运动，这个运动的首倡者是非洲人君士坦丁（1087 年卒），他翻译了阿里·伊本·阿拔斯所著《皇家医家》（*Kitāb al-Maliki*）一书中的理论部分③。君士坦丁生于迦太基，出身不明，肄业于萨勒诺医科学校（欧洲的第一所医科学校，现为意大利萨勒诺大学）。这所学校传说是由四个主人创办的：一个拉丁人、一个希腊人、一个犹太人和一个萨拉森人（阿拉伯人）。中世纪的欧洲能够认识阿拉伯的医学，主要应归功于这三位翻译家：君士坦丁、克利摩拿人热拉尔（1187 年卒）以及法赖吉·本·萨林（拉丁语 Fararius Faragut）。热拉尔曾翻译宰海拉威的《医学宝鉴》、拉齐的《曼苏尔集》、伊本·西那的《医典》；西西里的犹太人法赖吉·本·萨林曾于 1279 年翻译拉齐的《医学集成》和伊本·兹莱的《养生表》（*Taqwīm al-Abdān*）。因此，主要的三大医学传统：伊斯兰教的传统、犹太教的传统、基督教的传统，最后终于达到了可以融合起来的地步。通过这些译本和同类的译本，一些阿拉伯的术语，传入了欧洲的各种语言。julep（译自阿拉伯语的 *julāb*，来源于波斯语的 *gulāb*，蔷薇水），是一种芳香的药水；rob（译自阿拉伯语的 *rubb*），是一种用蜂蜜和蒸浓的果汁做成的甜剂；syrup④（译自阿拉伯语的 *sharāb*），是依照法定配方而制成的糖水，有时依照特种疗法，加上药剂，而制成糖浆，这些例子都可以作为证明。在中世纪的拉丁语里，soda 的意思是头痛，*sodanum* 的意思是头痛药，这两个术语是译自阿拉伯语的 *ṣudā'*，意思是剧烈的头痛。某些医学术语，像某些数学术语一样也是翻译过来的。例如拉丁语的 dura mater（硬脑膜）和 pia mater（软脑膜）就是从阿拉伯语的 *al-umm al-jāfiyah*（粗鲁的妈妈）和 *al-umm al-rāqiqah*（温柔的妈妈）翻译过来的。有些

① Maqqari, vol. i, pp. 463—943.

② 河外地区是指中亚阿姆河以北的地区。——译者

③ 外科部分，由君士坦丁的学生萨拉森人约翰（1040—1103 年），萨勒诺的外科医生，译成拉丁语。参阅本书第 367 和 663 页。

④ 关于“sherbet”一词可以参阅本书第 335 页。

化学上的术语，是从查比尔·伊本·哈彦和其他穆斯林化学家的阿拉伯语著作中通过拉丁语，然后再传入欧洲的各种语言的，例如，alcohol①（酒精）、alembic②（蒸馏器）、alkali（*al-qāli*，碱）、antimony③（锑）、aludel④（梨状坛）、realgar⑤（雄黄）、tutty⑥（不纯锌华）等。

哲学

580 西班牙的阿拉伯知识分子所获得的最大成就，是在哲学思想领域内。他们和他们在东方的同教人，把希腊哲学加以改造，再加上他们自己的贡献，特别是在调和信仰和理性、宗教和科学方面的贡献，然后把它传给拉丁的西方。在这个传递的链条中，西班牙的阿拉伯人，构成了最后的和最坚实的环节。在伊斯兰教的思想家看来，亚里士多德是真理，柏拉图是真理，《古兰经》是真理；但是，真理必须是合一的。因此，把这三者加以调和是必要的，于是他们就专心致志地从事于这个任务。基督教的经院哲学家，也碰到了同样的问题，但他们的神学里的种种教条和神秘性，使这个任务变得更为困难。前面已经讲过，希腊的哲学家们所发展的哲学和希伯来的先知们所发展的一神教，是古代西方和古代东方最丰富的文化遗产。把这两大思潮加以调和，然后把它传入欧洲，这是巴格达和安达卢西亚两地中世纪时期伊斯兰教思想家们永恒的光荣。他们的贡献，是头等重要的，因为这种贡献不仅影响了科学的和哲学的思想，而且影响了晚期的基督教神学。

一套新概念，主要是哲学的概念，注入西欧，这标志着“黑暗时代”的结束和经院哲学时代的开端。由于同阿拉伯思想有了接触，由于重新认识了古代希腊的学问，欧洲人对于科学和哲学燃起了兴趣，受到了鼓舞，他们从此走上了独立地、迅速地发展自己的文化生活的道路，他们的研究成果，我们直到现在都还在享受着。

本·盖比鲁勒

阿拉伯西班牙所产生的最早的哲学家之中有所罗门·本·盖比鲁勒⑦（拉丁语的 Avicebron，Avencebrol，阿维塞卜洛），一个犹太人。所罗门于 1021 年生于马拉加，约于 1058 年死于巴伦西亚。作为西方新柏拉图派哲学的第一位伟大的教师，本·盖比鲁勒往往被尊称为犹太教的柏拉图。像他的前辈伊

① 英语的 Coal（炭），也可能是从阿语 *al-kuḥl* 得来的。

② 阿语的 *al-inbīq* 来源于希腊语。

③ 阿语的 *ithmid* 来源于希腊语。

④ *Al-uthāl*，容器。

⑤ *Rahj al-ghār*，“洞灰”。

⑥ 阿语的 *tūtiyā* 来源于梵语。

⑦ Sulaymān ibn-Yaḥya ibn-Jabīrūl. 参阅 Ṣā‘id，p. 89。

本·麦萨赖一样①，他拥护恩柏多克利（Empedocles）所确定的哲学体系。在他的时代之前一千年，亚历山大港的希腊派犹太哲学家菲洛（Philo），早已使柏拉图派哲学东方化，为其基督教化和伊斯兰教化做好准备；现在这种希腊派的伊斯兰哲学，又由本·盖比鲁勒加以西洋化，归还欧洲。本·盖比鲁勒 581
的主要著作是《生命泉》（*Yanbū' al-Ḥayāh*）②，1150年译成拉丁语，叫做 *Fonsvitoe*，对于中世纪的经院哲学起过作用，而且给予圣方济学派以启发。

伊本·巴哲

在穆斯林西班牙的哲学思想史上，十二世纪是最伟大的世纪。这个世纪由艾卜·伯克尔·穆罕默德·伊本·叶哈雅·伊本·巴哲（ibn-Bājjah，即拉丁语的 Avenpace，Avempace，阿维巴斯）开其端，他是哲学家兼科学家、医学家、音乐家和亚里士多德著作的注释家，活动于格拉纳达、萨拉戈萨，而于1138年死于法斯。伊本·巴哲写过几篇关于天文学的论文，他在这几篇论文里评论了托勒密的天动说，就这样替伊本·图斐利和伊本·比特鲁吉做了准备。他还写过几篇关于药物学的论文，伊本·贝塔尔曾加以引用。还有其他的医学论文，曾给伊本·鲁世德以有力的影响③。但是除一封给朋友的告别书外，他的最重要的著作，保存到现在的，只有一篇哲学论文，叫做《独居者养生法》（*Tadbir al-Mutawaḥid*，即拉丁语的 *De regimine solitarii*），就连这篇论文，也只有一篇希伯来语的提要保存了下来。这本书的要旨是论证一个人怎样独力地达到与触动的理智相融合的境地，并且指出哲学的目的是要人类的精神通过与神明相融合，逐渐趋于完善。伊斯兰教的传记作家认为伊本·巴哲是一个无神论者④。

伊本·巴哲的哲学观念，由艾卜·伯克尔⑤·穆罕默德·伊本·阿卜杜勒·麦立克·伊本·图斐利⑥进一步加以发挥。伊本·图斐利是一位亚里士多德派的哲学家，他在格拉纳达行医，后来在穆瓦希德王朝的艾卜·叶耳孤卜·优素福（1163—1184年在位）的宫廷里任御医兼大臣。在穆斯林国家，一人兼任几种职务，是司空见惯的。1182年，他辞去御医的职务，而推荐比他年轻的哲学家伊本·鲁世德继任。这两颗明星将不灭的光彩放射在早期的

① 参阅 Miguel Asin，*Abenmasarra y su escuela. Origenes de la filosofia hispanomusulmana*（Madrid，1914）。

② 他所著的 *Iṣlāḥ al-Akhlāq* 曾被 Stephen S. Wise 译成英语，于1901年出版于纽约。

③ Ibn-abi-Uṣaybi'ah，vol. ii，p. 63，他说伊本·鲁世德（1126年生）是伊本·巴哲的学生。

④ Ibn-Khallikan，vol. ii，p. 372.

⑤ 他的拉丁化名字 Abubacer（阿卜巴瑟）即由此而来。

⑥ 有时写成 Ibn-al-Ṭufayl，参阅 ibn-abi-Uṣaybi'ah，vol. ii，p. 78；ibn-abi-Zar'，vol. i，p. 135；ibn-Khallikān，vol. iii，p. 467。

穆瓦希德王朝的宫廷上面，这个王朝在教义学上是严格的，在保护哲学方面
582 却是宽大的。伊本·图斐利于十二世纪头十年出生，于1185年死于穆瓦希德王朝的首都马拉库什。他的第二位庇护者、哈里发艾卜·优素福·曼苏尔（1184—1199年在位）曾亲自参加了葬礼。他的杰作是一篇新颖的、哲学性的小说，叫做《哈义·伊本·叶格赞》（Ḥayy ibn-Yaqẓān，觉民之子活泼）①。他的基本观念是：人类的能力，虽无外面的帮助，也能达到认识上界，也能发现自己对于上帝的依赖。这篇作品是中世纪时期文学中最可爱和最新颖的小说之一，最初由小波科克译成拉丁语（1671年）②，后又被译成多种欧洲语言，包括荷兰语（1672年）、俄罗斯语（1920年）、西班牙语（1934年）。有人认为这篇小说是《鲁滨逊漂流记》的雏形。他所发展的理论是进化论。伊本·西那写过一篇没有生气的短篇故事，叫做《哈义·伊本·叶格赞》，伊本·图斐利在他的小说里借用了那篇故事里面角色的姓名，但是，他是从法拉比等一些较早的作家们那里获得灵感的。

伊本·鲁世德

根据影响来判断，特别是根据对于西方的影响来判断，最伟大的伊斯兰教哲学家，是西班牙－阿拉伯天文学家、医学家兼亚里士多德著作的注释家艾卜勒·韦立德·穆罕默德·伊本·艾哈迈德·伊本·鲁世德（拉丁语的Averroës，阿维罗伊）。伊本·鲁世德于1126年生于科尔多瓦，他属于书香门第，他的家庭出过几位教义学家和法官。他本人在1169至1170年间曾任塞维利亚的法官，过了两年又任科尔多瓦的法官。他于1182年被艾卜·叶耳孤卜·优素福邀请到马拉库什去代替伊本·图斐利御医的职务。优素福的儿子和继任者曼苏尔，1194年因异端的嫌疑，放逐了伊本·鲁世德，那是他研究哲学的缘故，但后来又把他召回马拉库什，使他复了职。不久之后，他于1198年12月10日死在任上③。他的坟墓后来迁到了科尔多瓦。

伊本·鲁世德对于医学的主要贡献，是他所著的百科全书，书名是《医学通则》（*al-Kullīyāt*④ *fi al-Ṭibb*）。在这部书中，他已经认识到一生不会害两
583 次天花的事实，并且对网膜的机能，也有了更深的了解。但是，哲学家和注释家的伊本·鲁世德，使医学家的伊本·鲁世德黯然失色了。他的主要的哲

① 这个名字的含义是“人智自神智得来”。

② 拉丁语译本与阿拉伯语原本一起，由大波科克刊行于牛津。阿语原本曾屡次出版于开罗和君士坦丁堡（1299年），只有一版是经过认真校勘的，那就是Léon Gauthier的附法语译本的版本，于1900年出版于阿尔及尔，1936年出版于贝鲁特。

③ Ibn-abi-Uṣaybiʻah, vol. ii, pp. 76—77; ibn-abi-Zarʻ, vol. i, pp. 135—136; ibn-Khallikān, vol. iii, p. 467.

④ 拉丁文的译名误为*Colliget*，这同*colligo*（集结）无关。

学著作，除他的注释外，是《矛盾的矛盾》（*Tahāfut al-Tahāfut*）[①]，这是驳斥安萨里对于唯理论的攻击的，后者的专著叫做《哲学家的矛盾》（*Tahāfut al-Falāsifah*）[②]。由于这本著作，伊本·鲁世德成为穆斯林世界最著名的人物，而且是大受非难的人物。在犹太教徒和基督教徒的世界里，他基本上是以亚里士多德著作的注释者著称的。我们必须记住，一位中世纪的注释家，就是一位著作家，他编撰一部科学的或哲学的著作的时候，是利用一部较古的著作为背景和框架的。因此，伊本·鲁世德的注释，就是一系列论文，一部分利用亚里士多德的某些著作的名称，而解释其内容。伊本·鲁世德不懂希腊语，因此，他以巴格达的老前辈们的译本为依据，也就感到满足了。他对于亚里士多德著作的主要注释共计三种：一本简短的《梗概》（*Jāmi'*），一本稍长的《摘要》（*Talkhīṣ*），一本长篇的《注释》（*Tafsīr* 或 *Sharḥ*）[③]。伊本·鲁世德的这些注释，大部分保存在希伯来语的译本中，或保存在从希伯来语重译成拉丁语的译本中。只有一小部分保存在阿拉伯语的原本中，甚至连这些阿语原本，一般也都是用希伯来字母拼写的[④]。

伊本·鲁世德是用阿拉伯语写作的伟大的哲学家中最后的一位，但是，他在伊斯兰世界并没有遗留下继承者。与其说他是穆斯林亚洲或穆斯林非洲的人物，不如说他是基督教欧洲的人物。在西方人看来，亚里士多德是"教师"，而伊本·鲁世德是"注释者"[⑤]。中世纪欧洲基督教的经院哲学家和学者的思想，一直受到伊本·鲁世德的亚里士多德的启发，这是任何其他著作家都不能比拟的。不过，他们所采用的注释却大半都是从阿拉伯语译成希伯来语，再重译成拉丁语的译本，而且那些注释的依据也是从希腊语原本译成叙利亚语，再重译成阿拉伯语的译本。自十二世纪末到十六世纪末的四百年间，"阿维罗伊主义"（Averroism）一直是占统治地位的思想学派，尽管这个思想学派，先后在西班牙穆斯林世界，在犹太教法典学者中间，在基督教牧师中间，引起了正统派的反对。

伊本·鲁世德是一个唯理论者，他主张除天启的信条外，一切事物都应 584

---

① Ed. Maurice Bouyges（Beirūt，1930）；tr. S. Van Den Bergh，2 vols.（Oxford，1954）.

② 亚里士多德派和新柏拉图派的主张，详见他所著的《哲学家的宗旨》（*Maqāṣid al-Falāsifah*）（Cairo，1331）。

③ 要知道全部书目，可参阅 Ernest Renan，*Averroès et l' averroïsme* 2nd ed.（Paris，1861），pp. 58—79；Sarton，*Introduction*，vol. ii，pp. 356—361。

④ 他的《范畴论提要》（*Talkhīṣ Kitāb al-Maqūlāt*）是亚里士多德《范畴论》（*Categories*）的提要，已经由 Maurice Bouyges 于 1932 年刊行于贝鲁特。

⑤ 或者引用但丁的话"阿维罗伊是伟大的注释家"（《神曲》第 4 篇，第 114 行）。

该服从理性的判决，但他不是一个自由思想家，不是不信教的人。他认为上帝的创造是进化的：不是几天的事情，却是永恒的事情。早期穆斯林的亚里士多德派哲学家，曾经把几种伪书，包括带有新柏拉图派特征的几种著作，当做真正的亚里士多德著作；伊本·鲁世德的哲学，是要恢复比较纯洁的而且更科学的亚里士多德主义。教会当局把他的著作中讨厌的部分加以删削后，规定为巴黎大学和其他高等学校的教科书。在现代实验科学诞生之前，伊本·鲁世德所创始的理智运动，它的一切优点，以及假借它的名义而提出的一切错误观念，一直是欧洲思想中有生命的因素。

伊本·麦蒙

当代的哲学家中间，能继承伊本·鲁世德的领袖地位的人，是犹太教徒艾卜·伊木兰·穆萨·伊本·麦蒙（希伯来语的 Mōsheh ben-Maimōn，摩舍·本·美蒙；拉丁语的 Maimonides，美莫奈迪斯），他是伊本·鲁世德的同乡人和同时代的人，又是他的著作的注释者，是在阿拉伯人统治时代最伟大的犹太教医学家和哲学家①。他于 1135 年生于科尔多瓦②，但是，由于穆瓦希德王朝对于异教徒的迫害，他的家庭于 1165 年前后，逃到了开罗。基弗兑和伊本·艾比·伍赛比耳都说他在西班牙时公开信奉伊斯兰教，暗地里却信奉犹太教③，这种说法，近来已受到尖锐的批判。在开罗，他变成鼎鼎大名的萨拉哈丁及其继任者麦立克·阿齐兹的御医。自 1177 年开始，他担任开罗犹太会众的总教长④，于 1204 年死于开罗。他的遗体是依照他的遗嘱用手托运到太巴利去埋葬的，从开罗到那里去的道路，是从前穆萨（摩西）走过的道路。直到现在，还有成群结队的香客，到他的朴素的坟墓去朝拜。现代埃及贫穷的犹太教徒，害病的时候，往往到开罗摩舍·本·美蒙教长的犹太人会堂的地下室去过夜，以寻求病症的痊愈。

伊本·麦蒙以天文学家兼教义学家和医学家著称，但是，他最大的声望，
585 还是在哲学方面。他的医学是他那个时代标准的格林派医学，来源于拉齐、伊本·西那和伊本·左胡尔，再根据亲身观察的结果，而加以理性的批判，使其更有活力。伊本·麦蒙改进了包皮环截术的方法，指出痔疮是便秘造成的，害痔疮者应该常用以蔬菜为主的清淡食物，他对于卫生学具有进步的思想。他的医学著作最普及的是《医学要旨》（*al-Fuṣūl fi al-Ṭibb*）。他的哲学著

① 有时被称为“当代的摩舍”（*Māsheh haz-zěmān*）。在犹太教徒中间，流行着这样一句话：“摩西到摩西，没有别的人物。只有摩西（指伊本·麦蒙）。”由此可见，他是怎样受到犹太教徒的尊敬。

② 文明世界各国曾开会纪念他诞生八百周年。

③ Al-Qifṭi，pp. 318—319；ibn-abi-Uṣaybi ‘ah，vol. ii，p. 117.

④ 阿拉伯语叫做 *ra’s al-millah*，希伯来语叫做 *nāgīd*。

作，主要的是《迷途指南》（*Dalālat al-Ḥā'irīn*）[1]。在这部著作中，他企图调和犹太教教义和穆斯林的亚里士多德主义，用更广泛的术语来说，也就是企图调和信仰和理性。他把先知所见的幻象解释成心灵的经验。至少在这个范围内，他以科学思想战士的身份，站起来跟《圣经》的原教旨主义作斗争，因此，他激怒了保守的教义学家，他们把他的名著《迷途指南》（*Dalālat*）叫做《指向迷途》（*Ḍalālah*）。他的哲学思想，虽然是独立发展的，却与伊本·鲁世德的思想很相似。他像伊本·鲁世德一样，不懂希腊语，完全依靠阿拉伯语的译本。由他提出，但他并不赞成的创世说，是一种原子论，有别于用阿拉伯语写作的思想家们所主张的另外两种创世说：一种是原教旨主义者的学说，以上帝为万物的创造者；一种是哲学的学说，即新柏拉图派和亚里士多德派的学说。他的著作，除一种外，都是用阿拉伯语写成的，但是，他所用的是希伯来字母，他的著作不久就译成了希伯来语，后来有一部分译成了拉丁语。这些著作主要是对犹太教徒和基督教徒有影响，无论从空间和时间来说，影响都是深远的。直到十八世纪，这些著作仍然是犹太教思想传入非犹太民族的主要媒介。现代评论家在多明我派中找到了这种影响的痕迹，大亚勒伯图的著作可以证明此点；在亚勒伯图的对手邓斯·斯科特的著作里，在斯宾诺莎的著作里，甚至在康德的著作里，也都找到了这种痕迹。

神秘派的伊本·阿拉比

这个时代主要的神秘派哲学家，是另一位西班牙的阿拉伯著作家艾卜·伯克尔·穆罕默德·伊本·阿里·穆哈义丁·伊本·阿拉比[2]，他是伊斯兰教苏非派最伟大的思辨的天才。伊本·阿拉比于1165年生于木尔西亚，主要活动于塞维利亚，1201—1202年，他到麦加去朝觐天房，后来居住在东方，直 586
到1240年死于大马士革[3]。他被葬在一座清真寺的院落里，坟墓现在还在大马士革。十二世纪时，东方穆斯林宗教生活的大规模组织开始萌芽，相当于中世纪时代基督教国家的僧院组织，而伊本·阿拉比则供给这个苏非派运动以思辨哲学的框架，他代表了照明派（ishrāqi），即伊本·麦萨赖和本·盖比鲁勒所建立的伪恩柏多克利派、新柏拉图派和泛神论学派。这个学派在东方的最伟大的典型是素胡尔韦尔迪（1191年卒），他的波斯血统和他强调光明的形而上学，都能揭示摩尼教和袄教对于他的影响，他的主要著作是《照明

---

① 用希伯来字母出版，由 Salomon Munk 译成法语，三册，于1856—1866年出版于巴黎。

② 在东方他被通称为伊本·阿拉比，以区别于他的同乡人，圣训学家艾卜·伯克尔·伊本·阿拉比。据他的家谱，他是哈帖米·塔伊的后裔。

③ Ibn-al-Jawzi, *Mir'āt al-Zamān*, ed. James R. Jewett (Chicago, 1907), p. 487; Maqqari, vol. i, p. 567; Kutubi, vol. ii, p. 301; al-Sha'rāni, *āl-Yawāqīt w-al-Jawāhir* (Cairo, 1905), p. 8.

的智慧》（*Ḥikmat al-Ishrāq*）。照明学派名称的产生是因为按照他们神秘的学说，神和精神世界必须解释成光明，我们认识的过程，必须解释成上界的照明过程，而照明是以诸天体的精神为媒介的①。伊本·阿拉比的追随者称他为“大长老”（*al-shaykh al-akbar*）。他的体系包含在一大堆著作里②，其中影响最大的是《麦加的启发》（*al-Futūḥāt al-Makkīyah*）③ 和《智慧的珠宝》（*Fuṣūṣ al-Ḥikam*）④。《麦加的启发》⑤ 第一百六十七章的标题是“幸福的炼金术”（*Kimiyā' al-Sa'ādah*），这一章包含着一篇秘教的寓言，内容是叙述人的升天；还有一本手稿，叫做《夜行到上界》（*al-Isrā' ila Maqām al-Asra*），他在这本书里对先知登上第七层天的说法加以发挥，因此，伊本·阿拉比变成了但丁的先驱⑥。

在教律学方面，伊本·阿拉比名义上属于他的同国人伊本·哈兹木的直解学派（*Ẓāhiri*）；在思辨的信仰方面，他被认为是一个秘教徒（*bāṭini*）⑦；在哲学理论方面，他是泛神的一元论者，正如他的主义“存在的单一”（*waḥdat al-wujūd*）所宣布的那样。他的中心论点是：万物以观念的形式
587 （*a'yān thābitah*）预先存在于神的认识中，从那里流出来，将来还要流回到那里去。无所谓“无中生有”的创造，世界与神是互为表里的。本质与属性之间，即神与宇宙之间，本无差别。在这里，穆斯林的神秘主义变成了泛神论。神在人中显现，而完人（*al-insān al-kāmil*）当然是穆罕默德。穆罕默德又是“言语”（*kalimah*），即逻各斯（*logos*），跟耶稣一样。据伊本·阿拉比的判断，真正的神秘论者只有一个向导，即内心的光明，他将在一切宗教中发现上帝⑧。

照明学派在西班牙的最伟大的代表就是伊本·阿拉比，这个学派不但影响波斯和土耳其的苏非界⑨，而且影响所谓奥古斯丁派的经院哲学家邓斯·斯

---

① 参考 Ḥājji Khalfah，vol. iii，pp. 87 以下；Carra de Vaux in *Journal asiatique*，ser. 9，vol. xix（1902），pp. 63—94。

② 据说他有 289 种著作，Brockelmann，vol. i，pp. 442—448，保存到现在的，还有 150 种。

③ 第二版，四册，1293 年出版于开罗。

④ 1252 年出版于布拉格，现在还在流通。

⑤ Vol. ii，pp. 356—375。

⑥ 参阅本书第 114 页。

⑦ Maqqari，vol. i，pp. 569 以下。

⑧ Ibn-'Arabi，*Tarjumān al-Ashwāq*，由 Nicholson 出版和翻译，1911 年伦敦版，第 19 和 67 页。

⑨ 最伟大的苏非派诗人扎拉勒丁·鲁密，是伊本·阿拉比的再传弟子，他的师傅是伊本·阿拉比的一个学生。鲁密在伊本·阿拉比之后约三十年去世。

科特、罗杰·培根、雷蒙·拉尔等人①。另一个木尔西亚人艾卜·穆罕默德·阿卜杜勒·哈格·伊本·赛卜耳因（约1217—1269年），具有与伊本·阿拉比同一类型的思想和著作。他在苏非界有卓越的地位，因此赢得了令人羡慕的称号“圣教的北极”（*Quṭb al-Dīn*）。但是，他所以成为最著名的人物，是因为他写了《对西西里人所提问题的答复》（*al-Ajwibah ‘an al-As’ilah al-Ṣiqillīyah*）②，这些学术性的问题是：物质的永恒性，灵魂的性质和不灭，教义学的宗旨等，提问题的人是荷恩斯道芬人弗雷德里克二世，由穆瓦希德王朝的阿卜杜勒·瓦希德·赖世德（1232—1242年在位）转交。伊本·赛卜耳因当时住在休达，他按照伊斯兰教正统派的术语，作了相当详尽的答复，他还建议在一次亲自会晤中矫正西西里国王的错误观念。同时，他拒绝了随着问题单送来的酬金。伊本·赛卜耳因的另一部主要著作是《照明哲学的秘密》（*Asrār al-Ḥikmah al-Mashriqīyah*），这部书还没出版。他在麦加旅行的期间，割开手腕上的静脉而自杀了③，这在穆斯林的历史上是罕见的。

自1085年基督教徒收复托莱多城以来，这个城市一直保持着作为伊斯兰教学术重要中心的地位。在向西方传送阿拉伯学术的过程中，这座城市起了主要通道的作用。由于雷蒙一世大主教（1126—1152年在位）的倡议，这里成立了一所正规的翻译学校。在1135—1284年间，这所学校培养了一批批的翻译人才。欧洲各地的学者被吸引到这里来，其中有从不列颠群岛来的，如迈克尔·斯科特和切斯特人罗伯特④。罗伯特于1145年完成了花拉子密的代数学的第一个译本；他和达尔美喜阿人赫尔曼于1143年替可敬的彼得完成了《古兰经》的第一部拉丁语译本。1250年，传道团为培养向穆斯林和犹太教徒传教的专门人才，在托莱多创办了欧洲的第一所东方语言学校。 翻译中心 托莱多 588

巴斯人阿德拉，据说在这个时期访问过西班牙。在罗杰·培根之前，阿德拉的名字在英国科学界是最伟大的名字之一。阿德拉旅行于西西里和叙利亚后，于1126年，把麦只里帖的天文历表译成拉丁语；这些图表是以花拉子密的图表为蓝本的，其中包括正弦表。他还翻译过许多数学和天文学的论文，

---

① Asin在他所著的*El Islam cristianizado*（Madrid，1931）一书中说，由伊本·阿拉比所代表的穆斯林苏非派，是有意或无意模仿基督教徒修道院的神秘派。

② 还未出版。参阅M. Amari，*Biblioteca Arabo-Sicula*（Leipzig，1855—1857），pp. 573—577；载*Journal asiatique*，ser. 5，vol. i（1853），pp. 240—274。参阅A. F. Mehren，*loc. cit.* vol. xiv（1879），pp. 341—454。

③ Kutubi，vol. i，p. 316.

④ 参阅Charles H. Haskins，*Studies in the History of Mediaeval Science*，2nd ed.（Cambridge，1927），ch. i.

因此，在很长的英国阿拉伯学家名单上他属于第一名。苏格兰人迈克尔·斯科特（约于 1236 年卒）是拉丁的阿维罗伊主义的奠基人之一，在担任西西里的国王弗雷德里克二世的钦天监之前，曾在西班牙学习和工作。在托莱多的时候，他译过几本著作，其中有比特鲁吉的《天文学书》（*al-Hay'ah*）和亚里士多德的《天地》（*De coelo et mundo*），附有伊本·鲁世德的注释。在西西里的时候，他译过其他的几种阿拉伯文献，他把译本题赠给弗雷德里克。这些书中最重要的是伊本·西那所注释的亚里士多德的《动物学》（*Abbreviatio Avicenne de animalibus*），但是托莱多产量最大的翻译家还要推克利摩拿人热拉尔。在 1187 年去世之前，他译成拉丁语的著作，有拔汗尼所译的托勒密的《天文大集》（*Alnagest*）、法拉比所注的亚里士多德的著作、欧几里得的《几何原理》（*Elements*），以及亚里士多德、格林、希波克拉底等人的各种论文，共计七十一种阿拉伯语著作。

我们已经讲过，在这个翻译工作中，犹太人，奉正教的和改宗基督教的，都做出了重大的贡献。在这些人中，最早的翻译家之一是托莱多人亚伯拉罕·本·埃斯拉（1167 年卒），他是一个著名的圣经注释者，他译过的两篇
589 关于占星学的论文，是他的东方同教人马沙阿拉[1]（815 年卒）所著的。他还译过比鲁尼所注的花拉子密历表。与本·埃斯拉同时代的塞维利亚人约翰（拉丁语的 Joannes Hispalensis，常同一个穆扎赖卜基督教徒相混），是改信基督教的犹太人，约在 1135—1153 年间，在雷蒙大主教的庇护下，活动于托莱多，他译过拔汗尼、艾卜·麦耳舍尔、肯迪、本·盖比鲁勒、安萨里等人所著的关于算术、天文学、占星学、医学和哲学的各种著作。这些著作当中最重要的是拔汗尼的天文学。约翰大概是从阿拉伯语译成卡斯提尔土语，再由他的同事重译成拉丁语。

到了十三世纪末，阿拉伯的科学和哲学，已经传入欧洲，西班牙作为媒介的任务，已经完成了。以托莱多为入口，经过比利牛斯山，而通到北方去的学术道路，沿普罗旺斯省和阿尔卑斯山道[2]进入洛林、德国和中欧，同时横跨海峡也进入英格兰[3]。法兰西南部的城市，值得提一下的有四个：马赛，

---

① *Fihrist*, p. 273.

② 参阅本书第 605 页。

③ 威廉·卡克斯顿 1477 年在威斯敏斯特出版了《哲学家的格言》（*The Dictes and Sayengis of the Philosophres*），这是英国出版的第一本书。这本书是根据一本阿拉伯语原本写成的，原书叫《格言的精华和谚语的优点》（*Mukhtāral-Ḥikam wa-Maḥāsin al-Kalim*），著者是叙利亚－埃及的公子艾卜勒·外发·穆伯什尔·伊本·法帖克（abu-al-Wāfā' Mubashshir ibn-Fātik），活跃于 1053 年。（1958 年阿卜杜勒·赖哈曼·伯德威〔'Abd-al-Raḥmān Badawi〕在马德里刊行了此原书）

1140 年，雷蒙在这里根据托莱多历表起草了他的星表；图卢兹，达尔美喜阿人赫尔曼，1143 年在这里完成了转译麦只里帖所译的托勒密的《明白的天球》（*Phanisphaerium*）；纳尔榜，亚伯拉罕·本·埃斯拉，1160 年在这里翻译比鲁尼所注的花拉子密历表；蒙彼利埃，十三世纪时变成了法国的医学研究和天文学研究的中心。

在法兰西东部的克律尼，有一所著名的修道院，收容了一批西班牙僧侣，在十二世纪期间，那里是传播阿拉伯学问的重要中心。这所修道院的院长、可敬的彼得，于 1141—1143 年发起了第一部拉丁语《古兰经》的翻译工作，还编写了各种攻击伊斯兰教的小册子。阿拉伯的科学，于十世纪时传入洛林省，使那个地区在十一二世纪变成了科学影响的中心。洛林地区的列日、戈尔日和科隆等城市，对于阿拉伯学问的发芽开花提供了最肥沃的土壤。阿拉伯学问的光芒，从洛林放射到德国各地，并且由出生于洛林或受教育于洛林 590
的人士传入诺曼的英格兰。在北方的日耳曼国王和在西班牙的穆斯林君主，常常互派使节，这些使节对于文化的交流是有成绩的。日耳曼人的国王奥托大帝，早在 953 年就派洛林的僧侣约翰为使节，他曾在科尔多瓦住了差不多三年，可能学会了阿拉伯语，而且带回去一批科学的写本[1]。西班牙的阿拉伯学问就是这样普及于西欧。

---

① “Vita Johannis abbatis Gorziensis”, G. H. Pertz, *Monumenta Germaniae historica*, *scriptores rerum Germanicarum*, vol. iv, pp. 337—377.

591

第四十一章　艺术和建筑学

工艺

西班牙的阿拉伯人，差不多把其他地方穆斯林所发展的所有小的实用工艺都加以发扬光大了。在金属制造方面[①]，如金属装饰、浮雕、雕刻、镶嵌金银[②]和雕刻铭文等，西班牙－摩尔学派都是卓越的。最早的样品之一，是希沙木二世（976—1009年在位）的一件遗物，被保存在赫罗纳城大教堂的高祭坛上。这件遗物是一个木质的首饰盒，外面加一个银质镀金的套盒，这套盒是一个冲压细工品，具有旋涡花样的施叶饰。套盒上面有阿拉伯语铭文，说明这个首饰盒是两位手艺人伯德尔和泰利夫的作品，是替哈克木二世（961—976年在位）的一位廷臣制造的，他要把这件礼物献给太子希沙木。在利器、刃具和星盘等金属制造方面，托莱多和塞维利亚[③]是特别著名的。除大马士革的刀剑外，托莱多的刀剑，具有最优的性能和最大的弹力。星盘这种古天文仪器，是希腊人发明的，由穆斯林加以改良，并在十世纪时经他们传入欧洲。星盘的用途，是确定礼拜的时间和麦加的地理位置[④]。除此而外，星盘在海上的观测方面，对于海员是无价宝，而且是占星学家仪器中的一件必需的附件。《天方夜谭》（第29夜）里有一个故事，是成衣匠讲的。他说那个爱唠叨的理发师，企图用一个星盘，测出适于理发的、丝毫不差的吉时，因此激怒了顾客。精制的星盘，是一件优美的艺术品。

陶器

穆斯林的金属制造者，不喜欢给金属器上釉，却喜欢在陶器上使用彩釉；自早期以来，穆斯林们在这方面已经成了能手。巴伦西亚是穆斯林们在西方的陶器业中心。巴伦西亚产品的输入，给普瓦蒂埃的陶器业奠定了基础。在
592 十五世纪时，我们发现，甚至荷兰那样辽远的北方也仿制过穆斯林的陶器。

---

① 西班牙语的 *alhaja*（珠宝），来源于阿拉伯语的 *al-ḥājah*。

② 大马士革以镶嵌著名于世，因此，欧洲人把镶嵌叫做 damascening。

③ Maqqari, vol. i, p. 124.

④ 伊斯兰教规定每日礼拜五次，每次礼拜各有一定的时间，礼拜者必须面对麦加的克而白天房，因此，在旅行中的穆斯林，需要随时测出礼拜的时间和麦加的位置。——译者

在这个期间，这种工业，从西班牙传入意大利。这种陶器的影响，在后期西班牙的容器上，是显而易见的，那种容器上有模拟的阿拉伯语铭文和基督教的纹章图案。在别种形式的陶器和镶嵌细工上，特别是在瓷砖和蓝色瓷器上，西班牙穆斯林学派是出名的。各种彩色的瓷砖，在西班牙和葡萄牙，至今还受人欢迎，这是从阿拉伯人获得的文化遗产，这种彩色瓷砖的名称 *azulejo*[①]，就说明了这一点。在现代的收藏家看来，穆迪扎尔人的光瓷，仅次于中国瓷器。远在十一世纪中叶，精美的陶器已在托莱多和科尔多瓦制造出来，随后，卡拉塔尤[②]、马拉加，特别是巴伦西亚的马尼塞斯，变成了以陶器业著名的城市。但是，在玻璃器的制造和着色方面，西班牙未能与叙利亚竞争。

华丽的织品工艺，曾经使说阿拉伯话的人民在中世纪变成了第一流的织 织品
品制造者和丝绸贩卖者。在这种工艺的发展方面，西班牙的阿拉伯人是有份儿的[③]；但是，在地毯制造方面，西班牙跟东方市场，特别是波斯市场，没有作过什么重大的竞争。科尔多瓦曾经是织造工业的一个中心。阿尔梅里亚，据说曾有过四千八百张织布机[④]。毛绥勒向意大利输出细洋布，意大利人就把那种细洋布叫做 *mussolina*，这是英语的“muslin”的根源；巴格达以丝绸供应同一市场，意大利人就把那种丝绢叫做 *baldacco*；巴格达还输出丝质的华盖，西方的许多教堂的祭坛上，悬挂那种华盖，这是“baldachin”（华盖）[⑤]这个名称的由来；格拉纳达在晚期以薄纱供应欧洲的服装商店，那种薄纱也就叫做 grenadines。这种东方的丝织品，具有绚烂的色彩和各种花草的和几何的图案，只用来做教会的法衣，收殓圣徒的遗骸[⑥]，缝制贵族和王室的长袍，所以需要量是有限的。随着从穆斯林国家输入欧洲的精制衣料数量的增加，西方的企业家看到，这种工业里有潜在的财源，于是在法国和意大利的各中
心城市，开始设置许多织布机。在这些早期的工厂里，最初一定雇用过一些 593
穆斯林工人，这是无可置疑的。

像在金属制造品、玻璃制造品、陶器、建筑和其他装饰美术的部门一样，在织造品中，我们也有许多样品，是十四世纪和十六世纪之间的欧洲制造品，这些样品都具有伊斯兰风格的标记。事实上，远在十二世纪时，欧洲的织造

---

① 阿拉伯语是 *al-zulayji*。参阅 Maqqari，vol. i，p. 124。

② Idrīsi，*Ṣifat al-Maghrib*（Leyden），p. 189.

③ Ibn-Ḥawqal，p. 79；Iṣṭakhri，p. 44，l. 8；ibn-al-Khaṭīb，*Lamḥah*，p. 13；Maqqari，vol. i，pp. 123—124.

④ Maqqari，vol. i，p. 102.

⑤ 参阅本书第 668 页。

⑥ 参阅本书第 422—423 和 668 页。

工人就常常采用伊斯兰的图案，从那时起，我们有许多例证可以说明，模仿阿拉伯语铭文，只是为了装饰，并无其他意义。我们还要记住，在西班牙，特别是在西西里岛，伊斯兰教退却之后，东方的工人还逗留了很长的一个时期，因此，在以穆迪扎尔式著称的艺术和建筑形式中，基督教的和伊斯兰教的成分就互相结合起来，而且也正因为如此，在西西里岛的艺术和诺曼人时代的建筑中，才保存了伊斯兰教的特征。在木器、陶器和织品等工艺方面，穆迪扎尔工人是精巧的。直到现在，西班牙木匠所用的行话，大半是阿拉伯语。

象牙雕刻物

在浮雕装饰品方面，西班牙阿拉伯人的雕刻师和造型者所遵循的设计体系，跟他们在平面装饰和其他工艺方面所惯用的体系，是完全一致的。十世纪时，有一个象牙雕刻学派集中在科尔多瓦，制造了许多精美的小盒子和小匣子，有的是全部用象牙制成，有的是部分用象牙制成，外部的装饰，有雕刻、镶嵌、彩画三种。装饰画有音乐演奏图，有狩猎图，说明动物被用做装饰的花样。这种小盒子和小匣子，往往用做珠宝和香料或糖果的容器。这些容器上面的铭文表明，制作的目的是送礼。这种制造品的最精巧的样品之一，是一个圆柱形的小盒子，回历353年（公元964年）制造，穹形盖子周围的铭文，表明这是哈里发哈克木二世赠给他的妻子的礼物。小盒子
594 的周身雕满了棕榈树，还有孔雀和其他的鸟。

象牙雕成的小盒

公元964年制造于科尔多瓦，现藏于马德里阿奎俄罗吉科博物馆

建筑学

西班牙宗教艺术古迹，全都毁灭了，只剩下最早的和最壮丽的一件古迹，即科尔多瓦的清真大寺。这所清真大寺，是阿卜杜勒·赖哈曼一世于786年奠基的，建筑在一所基督教教堂的遗址上，那教堂原是一所罗马人的庙宇①。清真大寺的主要部分，是他的儿子希沙木一世于793年完成的，其增加了那座方形的尖塔。西班牙的尖塔，是非洲式的，非洲的尖塔，又是模仿叙利亚的②。希沙木的继任者们，扩建了科尔多瓦清真大寺。一千二百九十三根柱子，像真实的树林一样，支撑着清真大寺的房顶。用基督教教堂的铜钟为材

① 参阅本书第508—509页。

② 参阅本书第452页。

科尔多瓦清真大寺内景

料而制成的铜吊灯①，照亮了这座建筑物。“每个枝形灯架上，点一千支烛；最小的灯架上，点十二支烛。”② 拜占廷的技工，被雇用来装修这座建筑物， 595
正如他们可能被雇用去装修伍麦叶人在叙利亚的各清真寺一样③。从哥特人手中缴获的战利品八万枚金币，被奠基者用做这所清真大寺的建筑费。扩建和修缮的工程，历代都在进行，直到曼苏尔侍从长（977—1000 年执政）的时代。现在这座建筑早已改为升天圣母大教堂。

塞维利亚的艾勒卡扎尔（堡宫）④ 和格拉纳达的艾勒哈卜拉宫（红宫），都具有豪华而且庄严的装饰，这两座非宗教性古迹，是保存下来的最壮丽的建筑物。宰海拉城，现在叫做草原的科尔多瓦，是阿卜杜勒·赖哈曼三世和他的继任者们建筑的，石柱子是从罗马、君士坦丁堡和迦太基运来的。这座名城已荡然无存，当年的壮丽无法窥见了。这座名城，是以哈里发的嬖妾宰海拉（花容）命名的，值得指出的是，他曾把她的雕像安置在城门口。据说

① 参阅本书第 533 页。

② ‘Umari, *Masālik al-Abṣār fi Mamālik al-Amṣār*, ed. Aḥmad Zaki, vol. i (Cairo, 1927), p. 212.

③ 参阅本书第 264、265 页。

④ 关于这个名词的语源学问题，可以参阅本书第 107 页注。

塞维利亚艾勒卡扎尔宫里的使节大厅
由厅内彩砖可以看出穆迪扎尔人的技巧

他还从君士坦丁堡运来一个喷水器，上面雕刻着人物的形象。1010 年，柏柏尔人叛乱的时期，全城被劫掠一空，并付之一炬，烧个干净。大约在同一个时期，位于科尔多瓦东面的曼苏尔有名的别墅扎希赖城，也被柏柏尔人破坏得无影无踪了。

塞维利亚的艾勒卡扎尔宫中最古老的部分，是托莱多的建筑师在 1199—1200 年间，替穆瓦希德王朝的长官建筑的。1353 年，穆迪扎尔的工人们，又按照穆斯林风格，替暴君彼得加以重建；直到几年以前，这座古建筑物都还被用做王室的公馆。科尔多瓦、托莱多等西班牙大城市，到处都有艾勒卡扎尔宫，而塞维利亚的这一座，却是最著名的，而且是唯一保存到现在的。塞维利亚引以自豪的另一个穆瓦希德朝的古迹，是风信塔，原来是清真大寺里的尖塔①。这座尖塔建立于 1184 年，以尖头的拱廊为装饰，这是后来哥特式花饰窗格的先声。

在奈斯尔朝的宫殿艾勒哈卜拉宫（红宫）里，西班牙穆斯林的装饰艺术的体系，已登峰造极了②。格拉纳达的这座卫城，具有镶嵌细工、钟乳状饰、铭文等丰富多彩的装饰，设计和构造得十分壮丽辉煌，以致被认为是此类工 艾勒哈卜拉宫 596

格拉纳达红宫里狮子厅的亭子

① 这是一座方形的高塔，塔基每边长 13.6 米，塔高 70 米，塔顶上有一个雕像，高 4 米，重 1288 公斤，能随风向而转动，用做占风的工具，因此，把这座塔叫做 La Tour de Girald（风信塔）。——译者

② 关于最好的复制品，可参阅 Albert F. Calvert, *The Alhambra*, 2nd ed.（London, 1907）里的插图。

艺的极品。约在1248年，穆罕默德一世开始兴建，然后由艾卜勒·哈查智·优素福（1333—1354年在位）和他的继任者穆罕默德五世（1354—1359年在
597 位）继续修建，直到竣工。根据墙上铭文的说明，内部的装饰，大部分要归功于艾卜勒·哈查智。最有名的部分，是群狮厅。这所大厅的中央，有十二只石狮子，排列成一个圆周，每只狮子的口里都会喷水。这所大厅，装饰得富丽堂皇，放在这个环境里的这群狮子和附近的所谓审判厅的天花板，是最重要的艺术遗迹。天花板上的彩画，是画在皮子上的，内容是骑士和狩猎的故事；还画着十位官吏，坐在一个椭圆的凳子上面。有一行铭文，写着加里卜的箴言：*wa-la ghālib illa Allāh*（除真主外，绝无战胜者）；别的一些铭文，只是用做点缀，是写给参观者看的，起着装饰的作用。

弓架结构

马掌形的弓架结构，变成了西方穆斯林建筑物的特征，这种形式，远在伊斯兰教之前，已出现于北部叙利亚、泰西封和其他地方了。尖头的弓架结构，后来变成西方哥特式建筑物的特点，这种形式，在伍麦叶清真大寺和阿木赖小宫里①初次出现于伊斯兰教建筑中。各种圆马掌形的弓架结构，被用于大马士革的伍麦叶清真大寺。最后的这种式样，在西方以摩尔式弓架结构著称，在阿拉伯人征服之前，无疑地早已存在于西班牙，但是，西班牙的穆斯林，特别是科尔多瓦的穆斯林，把这种式样用于建筑和装饰，而且加以广泛的采用。阿拉伯人的科尔多瓦，还有一件真正新颖的贡献，就是以交叉的弓架结构和可见的、交叉的弯梁为基础的圆顶体系。

在科尔多瓦发展起来的这些建筑特征和其他的建筑特征，由穆扎赖卜人传布到半岛北部的托莱多等中心城市。在这儿，基督教徒的传统和穆斯林的传统融合起来，产生了一种确定的风格，其特征是几乎定规地采用马掌形的弓架结构和圆顶。在穆迪扎尔工人的手中，这种融合的艺术，达到了很完美的程度，而且变成了西班牙的民族风格。穆迪扎尔人的作品，遍布全国，现在还到处可以看到。西班牙语里保存了几个建筑学上的术语，可以证明是来

① 参阅本书第417页。参阅 Bell，*Ukhaiḍir*，pp. 5，9，12，pl. 7，fig. 1；C. Leonard Woolley，*The Sumerians*（Oxford，1928），pp. 36—37。

源于阿拉伯语的[①]。

西班牙音乐艺术的基石，是由齐尔雅卜奠定的，他是巴格达城毛绥里学 音乐
派的一个学生。齐尔雅卜于822年来到科尔多瓦，在那里，他所懂得的歌曲， 598
比其他任何艺术家都要多；他又精通物理科学，具有魅力的人品、优雅的风度和高度的机智，所有这些使他成为社会的楷模[②]。齐尔雅卜，在科尔多瓦，在阿卜杜勒·赖哈曼二世的庇护之下，以鹰爪代替木质的拨子，在琵琶上增加了第五弦，还创办了一所音乐学校。这所学校后来变成安达卢西亚音乐的温室。在塞维利亚、托莱多、巴伦西亚和格拉纳达，跟着也成立了其他音乐学校。

在齐尔雅卜之后，把东方音乐介绍到西班牙，而加以普及的最大功劳，应归于伊本·菲尔纳斯（888年卒）。据说他有发明的才能。他曾发明用石头制造玻璃的方法，他还在自己家里设置假天馆，在那里面可以看到星辰、云彩和电光。在阿拉伯人的历史上，伊本·菲尔纳斯是用科学的方法尝试飞行的第一人。他的飞行装备，包括一套带羽毛的翅膀，据说这种装备曾使他在空中飞行了一段距离。但是，在降落的时候，他受伤了，因为他的装备上没有安装一条尾巴[③]。齐尔雅卜和伊本·菲尔纳斯所介绍的音乐理论和实践，自然是波斯－阿拉伯体系的；但是，随着希腊语的著作译成阿拉伯语，这种体系就逐渐让位给希腊的和毕达哥拉斯的理论体系了。

一般地说来，西方的穆斯林证明，他们比自己东方的同教人更热爱悦耳的艺术。在十一世纪的时代，安达卢西亚的音乐，几乎使巴格达的声望失色。阿巴德人在一个短时期内，不但统治塞维利亚，而且统治科尔多瓦；他们统治下的塞维利亚，当时已变成了音乐、诗歌和其他娱乐的中心；我们在谈到安达卢西亚明媚的平原上的摩尔人的时候，通常都是提到这些娱乐的。阿巴德王朝的国王之一穆耳台米德（1068—1091年在位），不但是一位有天才的
诗人，而且是歌唱家和琵琶的演奏者。阿巴德人的首都，因制造乐器而驰名， 599

---

① 例如 *adoquin*（阿语 *kaddān*），铺路石；*alacena*（阿语 *al-khizānah*），碗柜；*al-bañil*，葡语 *alvanel*（阿语 *al-bannā'*），建筑者；*alcoba*，葡语 *alcoba*（阿语 *al-qubbah*，英语的 alcove 由此得来），卧室；*andamīo*，葡语的 *andaime*（阿语的 *al-di'āmah*），鹰架；*azotea*，葡语的 *açoteia*（阿语的 *al-suṭayḥah*），平的房顶；*algibe*（阿语的 *al-jubb*，水槽），错骨。关于 *kaddān* 一词，可以参阅 D. Leopoldo de Eguílaz y Yanguas，*Glosario etimológico de las palabras españolas de origen oriental*（Granada，1886）。参阅 R. Dozy and W. H. Engelmann，*Glossaire des mots espagnols et portugais dérivés de l' arabe*，2nd ed.（Leyden，1869）；*al-kadhḍhān* in ibn-Jubayr，p. 331，l. 18。

② 参阅本书第514页。

③ Maqqari，vol. ii，p. 254.

后来乐器发展成为一种出口品。在穆拉比兑人的时代，活跃于塞维利亚和法斯的哲学家伊本·巴哲（1138 年卒），给我们写作了一篇关于乐理的论文；这篇论文在西方获得很高的评价，正如法拉比的音乐著作在东方获得的评价一样；这篇论文，没有流传到现在。穆瓦希德人时代的另一位哲学家伊本·赛卜耳因（1269 年卒），写过一本书，论成比例的乐音，叫做 *Kitāb al-Adwār al-Mansūb*，还有一个孤本保存在开罗①。伊本·鲁世德和伊本·左胡尔，曾在穆瓦希德王朝第三位国王曼苏尔（1184—1199 年在位）的面前举行过一次辩论会，争辩塞维利亚与科尔多瓦两城孰优孰劣。伊本·鲁世德是为科尔多瓦辩护的，他讲过这样一段很能说明问题的话："你所谈的事，我不知道，但是，我知道一件事：当一位学者死于塞维利亚，而他的继承者需要变卖他的藏书的时候，要把那些书运到科尔多瓦，才能找到市场。当一位音乐家死于科尔多瓦的时候，他的乐器要运到塞维利亚去变卖。"②

对欧洲的影响

由于基督教的居民接受了穆斯林的抒情诗，阿拉伯人的歌曲，逐渐普及于整个半岛。穆斯林的乐师，活跃于卡斯提尔和阿拉贡的各位国王的宫廷之中。在格拉纳达陷落后很长的时期，摩尔的舞女和歌手，继续给西班牙和葡萄牙的土著们助兴③。里伯拉（Ribera）新近的研究④，倾向于说明，西班牙的通俗音乐（*musica ficta*），事实上是整个西南欧洲的通俗音乐，在十三世纪和以后的年代里，正如那个地区的抒情的和历史的骑士故事一样，都可以回溯到安达卢西亚，然后再通过阿拉伯语，而溯源于波斯、拜占廷和希腊。哲学、数学和医学，从希腊、罗马传到拜占廷、波斯和巴格达，然后传到西班牙，再传遍整个欧洲。音乐的理论和实践的某些方面，也是那样传布的。早期的西班牙彩饰画里所描绘的许多乐器，甚至一些演奏者，显然是来源于穆斯林的。

600 某些早期的西班牙彩饰画，描绘了阿拉伯乐师下象棋的情景⑤。西班牙语

---

① Aḥmad Taymūr in *al-Hilāl*, vol. xxviii（1919）, p. 214.

② Maqqari, vol. i, pp. 98, 302.

③ 英国的莫利斯舞（Morris dance），顾名思义，是来源于摩尔人舞蹈的。

④ *Historia de la música drabe medieval y su influencia en la española*（Madrid, 1927）; *Music in Ancient Arabia and Spain*; *Being la música de las cantigas*, tr. and abr. Eleanor Hague and Marion Leffingwell（Standford University, 1929）, esp. ch. xii; *Disertaciones*, vol. ii, pp. 3—174.

⑤ 西语的 *ajedrez*（从前是 *axedrez*），葡语的 *xadrez*，都是从阿语 *al-shiṭranj* 得来的，阿语的这个名词又是通过波斯语，而借自梵语的。参阅本书第 339 页。纸牌戏，不是阿拉伯人发明的，就是阿拉伯人传入欧洲的；西语的 *naipe*，意语的 *naib*，都是纸牌戏的名称，都来自阿语的 *nā'ib*（官吏），现在收藏在伊斯坦布尔的一副十五世纪的纸牌，可以表现当时的纸牌形式。L. A. Mayer, *Bulletin de l'Institut Français d' Archéologie Orientale*, vol. xxxviii（1939）, pp. 113 以下。

是首先描写这种游戏的欧洲语言，这种描写出现在阿尔封索十世的一本著作里①，他是卡斯提尔和莱昂的国王（1252—1282 年在位），而且是穆斯林学术在基督教西班牙的最大的传播者。伟大的诗集《圣马利亚赞美诗集》（*Cantigas de Santa Maria*）的集成就应该归功于他。这部诗集的乐谱，据里伯拉的考据，是来源于穆斯林的安达卢西亚的。除这部诗集和阿尔封索历表外，这位国王还编纂了一部法典。这部法典具有伊斯兰教影响的痕迹，而且变成了西班牙法律学的基础。

我们已经提到过阿拉伯诗在行吟诗人②中间的影响，他们不但在情绪和性格方面像阿拉伯的歌唱家，而且在他们的吟游诗的形式方面也像阿拉伯的歌唱家。在这些普罗旺斯的歌唱家③给自己的歌曲取的名称中，有些只是阿拉伯语名称的译名。巴斯人阿德拉曾在巴黎学习音乐，大概就是他翻译了花拉子密的数学论文，叫做 *Liber Ysagogarum Alchorismi*，这篇论文里有一部分是论音乐的。因此，这篇论文是首先把阿拉伯音乐传入拉丁世界的论文之一。在阿德拉的时代，即十二世纪的前半期，阿拉伯人已经有了几篇论音乐的古代希腊的论文，还有几本最重要的新颖的著作，是肯迪、法拉比、伊本·西那、伊本·巴哲等人写作的。十二世纪末期以前，这些论文，通过在托莱多译成的拉丁语译本，而普及于欧洲。意味深长的是，在这同一时代，基督教欧洲的音乐里，出现了一条新的原理：各乐音，都有一个精确的时值，或者说各个乐音之间有一个比率。首先阐释这种有定律的音乐，或者有节奏的歌曲的，是科隆人弗兰科（约于 1190 年卒）。他的记谱法，叫做弗兰科记谱法，跟我们的记谱法本质上没有什么差别。在伊嘎耳（*īqā'*，节奏）的名称之下，这种有节奏的音乐，至少在弗兰科的时代之前四百年的期间，就构成了阿拉伯音乐的组成部分，而且由肯迪（约在 870 年享盛名，参阅本书第 370 页）加以充分的描写。在弗兰科的时代之后，出现了一篇论文，据说是加兰人约翰所 601
作，其中论述的是 *ochetus*，即节奏的调式。*ochetus* 这个术语，可能是阿拉伯语 *īqā'āt*（*īqa'* 的复数式）的译名。

有节奏的音乐，是阿拉伯人在这个知识领域中的最伟大的贡献，但不是

---

① 参阅 John G. White, *El tratado de ajedrez del Rey d. Alonso el Sabio, del año* 1283 (Leipzig, 1913), pl. xliii。

② 行吟诗人（troubandours）是十一至十三世纪间在法兰西南部和意大利各城市颇有势力的抒情诗人。——译者

③ 普罗旺斯（Provence）是法国东南部的一个州，因产生抒情诗人而著名于世。——译者（二十世纪六十年代后，法国行政区划多次发生变化。目前，普罗旺斯地区属于普罗旺斯－阿尔卑斯－蓝色海岸大区。——编者）

唯一的贡献。对于音乐艺术的进步帮助最大的两种乐器——琵琶（阿拉伯语的 *al-'ūd*，通过西班牙语的 *laúd*，变成英语的 lute）和三弦琴（阿拉伯语的 *rabāb*[①]，通过西班牙语的 *rabel*，变成英语的 rebec），是由阿拉伯人传入西欧的。乔叟所喜爱的乐器三弦琴（rebec 或 ribibe），可以算做小提琴的一种前驱。在葡萄牙语里，*rabeca* 仍然被用做小提琴的普通名称。这个半岛上的乐器，其名称来源于阿拉伯语的，还有这几种，如旧式的喇叭 *añabil*（法语的 *anafin*，从阿语的 *al-nafīr*[②] 得来），小手鼓 *pandero*（阿拉伯方言 *bandayr*），叫做 *sonajas* 的铙钹（阿语的复数式是 *ṣunūj*，单数式是 *ṣinj*，得自波斯语的 *sanj*），这种铙钹的周围装有小铃子。由穆斯林们传入欧洲的乐器，还有吉他（原来是一个希腊名称，阿语的 *qītārah*[③]，通过西班牙语的 *guitarra*，变成英语的 guitar）、号角（从阿语的 *al-būq*，变成西班牙语的 *alboque*）、铜鼓（从阿语的 *al-ṭabl*，通过西班牙语的 *atambal*，变成英语的 timbal）、竖琴（从阿语的 *qānūn*，变成英语的 kanoon）等。

---

① 参阅本书第 426 页。

② 复数式是 *anfār*（英语的 fanfare，喇叭的吹奏声，可能是由此得来的）。这种乐器及其名称，可能是在十字军战争时代，从叙利亚传入欧洲的，铙钹（*ṣunūj*）也可能是那样的；Henry G. Farmer，"Oriental Influences on Occidental Military Music"，*Islamic Culture*，vol. xv（1941），pp. 235—242。参阅本书第 663—664 页。

③ 阴性或是 *qītār*，参阅本书第 427 页。

第四十二章 在西西里岛 602

征服

穆斯林对西西里岛（阿拉伯语叫西基利叶岛）的征服，乃是阿拉伯人涌入北非和西班牙的浪潮的余波。九世纪时，向这座岛屿和中欧扩张领土的领袖们，是盖赖旺的艾格莱卜人；但是，远在九世纪以前，就有个别的穆斯林冒险家、军事冒险家和海盗入侵这些地方。实际上，远在652年，即阿拉伯人在亚历山大港歼灭拜占廷的海军舰队，并夺得海上霸权的那一年，穆阿威叶的一位将军早已向拜占廷的西西里岛进行初次攻击了[1]。穆斯林们初次袭击锡腊库扎（阿拉伯语叫塞拉孤撒）的时候，劫掠到大批的妇女、教堂的财宝和其他有价值的战利品，这是他们在七世纪后半叶屡次进攻这个岛屿的诱因。在八世纪时候，从北非和穆斯林的西班牙出发的阿拉伯海盗，开始不断袭扰北方和东方的各岛屿，而把西西里岛、科西嘉岛和撒丁岛的居民都吓呆了。海上掠夺和捉拿商船，在那个时代，被穆斯林和基督教徒同样认为是谋生的合法行为，这一点是应该记住的。在这些早期的袭击中，并无什么有计划的政策。

但是，强大的艾格莱卜国家在九世纪的第一年建立于盖赖旺，这一事实使局势大为改观。锡腊库扎人民反抗拜占廷省长的起义将领，于827年向艾格莱卜国家求援，这就为进攻这个岛屿提供了适时的口实。艾格莱卜王朝的第三位统治者齐雅德特·阿拉一世（817—838年在位）立即派出大船七十艘，载运约一万名战士和七百匹战马，由他的大臣兼法官、七十岁高龄的艾赛德·伊本·佛拉特[2]率领。真正的征服开始了。非洲的军队在马萨拉登 603
陆[3]，向锡腊库扎挺进。鼠疫在阿拉伯人的兵营中蔓延，艾赛德和大量的战士

① 参阅本书第167页；Theophanes，p. 348。

② Ibn-ʻIdhāri，vol. i，p. 95；Nuwayri，ed. Gaspar，vol. ii，p. 241；Amari，*Biblioteca*，p. 527.

③ Māzara，阿拉伯语叫 Māzar；ibn-al-Athīr，vol. vi，p. 236；Idrīsi，*Min Kitāb Nuzhat al-Mushtāq fi Ikhtirāq al-Āfāq*，ed. M. Amari and C. Schiaparelli（Rome，1878），p. 32；Amari，*Storia*，ed. Nallino，vol. i，pp. 394 以下。

西西里岛与南意大利（说明穆斯林的占领）

都染病死去①。在获得从西班牙新派来的部队的增援之后，非洲军才于831年
604 攻克了巴勒莫（阿拉伯语叫白莱尔木，原来是腓尼基人的一个殖民地），在那里获得了一个有利于进一步征服的据点和新的省会所在地。约于843年，墨西拿②陷落。约于878年，有坚固堡垒的锡腊库扎，经过九个月的围攻之后，被攻陷了；在艾格莱卜王朝的血腥统治者易卜拉欣二世（874—902年在位）的时代，这座城被摧毁了，他在位的末期并曾亲身来到西西里岛。在这里，他征服了埃特纳火山附近的地区③，并于902年，摧毁了托尔米纳。易卜拉欣死于西西里岛，而且葬在那里。827年开始的征服西西里岛的工作，现在已经

① Ibn-ʻIdhāri, vol. i, p. 96; ibn-Khaldūn, vol. iv, p. 199.

② 阿拉伯语叫 Massīni, Massīnah; Yāqūt, vol. iv, p. 535; ibn-Jubayr, p. 320。

③ 阿拉伯语叫做“火山”(*jubal al-nār*); ibn-al-Athīr, vol. vi, p. 239; Yāqūt, vol. iii, p. 408; Amari, *Biblioteca*, app. 2 (Leipzig, 1887), p. 2。

完成了。在后来的一百八十九年中，西西里岛在强横的阿拉伯族长的统治之下，整个的或者部分的岛屿，构成了阿拉伯世界的一个省区。

在意大利

正如西班牙是向北进一步进行侵略和暂时的征服的基地那样，西西里岛变成了侵略意大利的基地。易卜拉欣二世于902年去世之前，曾跨过墨西拿海峡，把圣战带到了意大利的趾尖[①]卡拉布里亚[②]，但是，他并不是踏上意大利土地的第一个阿拉伯入侵者。在巴勒莫陷落后不久，艾格莱卜王朝的将领们，就干涉过南部意大利互相对抗的伦巴底人的争执。当时意大利的后跟和趾头，都还在拜占廷皇帝的掌握之中。在那不勒斯[③]于837年向阿拉伯人求援的时候，穆斯林们的杀声，就响彻了维苏威火山的斜坡，正如以前响彻西西里的埃特纳火山那样。大约过了四年，亚得里亚海西岸上的巴里又被攻下了，这座城在随后的三十年内，变成了主要的基地。大概在同一时期，胜利的穆斯林们，出现于威尼斯。846年，连罗马也受到了阿拉伯舰队的威胁。这些舰队在奥斯蒂亚登了陆，未能侵入不朽都市罗马的城墙，只洗劫了梵蒂冈旁边的圣彼得大教堂和城墙外面的圣保罗大教堂，以及亵渎了教皇们的陵墓。三年之后，另一支穆斯林舰队，又到达奥斯蒂亚，但是，被大风浪和意大利海军摧毁了。根据拉斐尔的草图而创作的一张油画，描绘了这次海战和罗马化险为夷的情景。但是，穆斯林们这样牢固地占有意大利，以致教皇约翰八世（872—882年在位）为了慎重起见，还是缴纳了两年贡税[④]。

跨过阿尔卑斯山

605

艾格莱卜人并没有把他们的作战局限于意大利海岸。869年，他们攻克了马耳他岛[⑤]。十世纪时候，海盗式的袭击，从意大利和西班牙向外面扩展，通过阿尔卑斯山各隘口，进入中欧。阿尔卑斯山上，现在还有几座要塞和城墙。据向导们对游客说，那就是萨拉森人（阿拉伯人）侵略中欧的遗迹。培得刻（Baedeker）所著《瑞士》一书中的瑞士地名，如介比（Gaby）、艾勒介比（Algaby，阿拉伯语 *al-jābi?*，税务员）等，大概都是来源于阿拉伯语的[⑥]。

从意大利撤退

871年，基督教徒收复了巴里，这标志着穆斯林对意大利和中欧的威胁开始结束。原来，巴里的将领们，竟自称素丹，不受巴勒莫的艾米尔的节制。

---

① 意大利的地形像一只靴子，著者所说的趾头和后跟，都是指这种地形而言的。——译者

② 阿拉伯语叫 Qillawriyah，Yāqūt，vol. iv，p. 167；Qallawriyah，ibn-Ḥawqal，pp. 8，128。参阅 ibn-Khaldūn，vol. iv，pp. 200，202。

③ 阿拉伯语叫 Nābul，ibn-al-Athīr，vol. vii，p. 3；Amari，*Bibliteca*，index；Idrīsi，p. 17。

④ Amari，*Storia*，ed. Nallino，vol. i，pp. 588—593.

⑤ Ibn-Khaldūn，vol. iv，p. 201.

⑥ 地名研究上出现的形容词 *maur*，可能是 brown（褐色的）的同义词，与摩尔的入侵者并无关系。阿尔卑斯山区的居民所以认识此类阿拉伯名词，可能是从十字军那里听来的。

拜占廷的皇帝巴齐尔一世，于880年，从穆斯林们的手里抢走了另一个重要的要塞塔兰托（即阿语的Ṭārant）；过了几年之后，又从卡拉布里亚赶走了留下的最后一批阿拉伯人。二百五十年前，从辽远的阿拉比亚开始的土地扩张运动的最后阶段，就这样结束了。现在，还有些"萨拉森瞭望塔"仍然点缀着那不勒斯以南无比清秀的海岸线。当年，每当阿拉伯舰队从西西里岛或非洲开来的时候，人们就是从这些塔上发布警报的。

西西里岛的小王国

西西里岛的艾米尔，原来是由盖赖旺的艾格莱卜王朝任命的①。新的、更强大的法帖梅哈里发帝国，于909年灭亡了艾格莱卜王朝，西西里岛就并入了这个帝国的版图，这个新帝国是欧贝杜拉·麦海迪建立于北非洲的。但是，四年之后，在艾哈迈德（912—916年执政）统治下的西西里岛穆斯林，宣布独立，并且在星期五的聚礼仪式上替法帖梅人的敌人——阿拔斯王朝的哈里发穆格台迪尔祝福②。917年，为自己的柏柏尔部队所抛弃的艾米尔艾哈迈德，由麦海迪下令处死，西西里岛复归于法帖梅帝国的版图。法帖梅人的舰队以这个海岛为根据地，而进行其掠夺性的袭击，远至热那亚，这座城市于934或935年曾遭到洗劫。

606 西西里岛的内部形势，是很难令人满意的。在穆斯林居民中的西班牙人和非洲人之间，经常发生摩擦，而由于宿怨的存在，就使这种摩擦变得更加错综复杂；所谓宿怨，就是在南方阿拉比亚人，即也门人（包括凯勒卜人在内）和北方阿拉比亚人之间存在着由来已久的分歧，这种分歧不断引起无穷的争端。法帖梅王朝的第三位哈里发曼苏尔曾于948年任命凯勒卜部族的哈桑·伊本·阿里（965年卒）为西西里岛的长官，他奠定了一个带几分独立性的、稳定的政府的基础③。在他和他的继任者——凯勒卜王朝的统治下，阿拉伯文化的种子，在这个操多种语言的海岛上获得了发芽的机会。在哈桑的后裔艾卜勒·福图哈·优素福·伊本·阿卜杜拉在位的短短的九年期间（989—998年），穆斯林的西西里岛达到了极盛时代。

凯勒卜部族的艾米尔们居住在舒适的宫殿里，而且在他们繁荣的城市里保持了开明的朝廷。东方的地理学家和旅行家伊本·郝盖勒（活跃于943—977年）④，关于他们的首都巴勒莫的描写是最古的，而且还是一个穆斯林的

---

① 关于这个王朝的统治者的名单，可以参阅Zambaur, p. 67；Eduard Sachau, *Ein Verzeichnis Muhammedanischer Dynastien*（Berlin, 1923）, p. 26。

② Ibn-al-Athīr, vol. viii, pp. 53—54.

③ Ibn-al-Athīr, vol. viii, p. 354.

④ Ibn-Ḥawqal, pp. 82—87.

见证人唯一的报告，据他说，他曾在那个首都发现一百五十个肉铺和令人难以置信的三百座清真寺。在星期五举行聚礼的清真大寺里，他数数参加礼拜的人，共计三十六排，每排约计二百人，合计七千多人。他统计小学教师的名额是三百多人。在居民看来，他们都是最虔诚、最优秀、最杰出的公民，“尽管小学教师是以冬烘著称的”。

诺曼人的征服

内战和拜占廷的干涉，造成了凯勒卜政权的灭亡，而为诺曼人征服这个海岛铺平了道路。诺曼人征服的过程，在开始，是高维尔人唐克雷德的儿子吉尔伯爵于1060年夺取了墨西拿；高潮是1071年夺取了巴勒莫，以及1085年夺取了锡腊库扎；而到1091年征服就完毕了。1090年，马耳他岛被罗吉尔占领。诺曼人因为在意大利本部建立了强大的国家，已经很有力量了，这时他们又稳稳地控制了这块新征服的领土。

阿拉伯人和诺曼人的文化

在诺曼人的统治下，西西里岛经历过一种有趣味的基督教和伊斯兰教的混合文化的开花期。在阿拉伯人统治的时代，混合着希腊和罗马文化宝贵遗产的东方文化潮流，涌进这个富有过去各种文明的海岛上来。这种东方文化，在诺曼人统治时代已经成形，而且使诺曼文化具有了显著的特征。以前，阿 607
拉伯人热衷于战争和争吵，顾不得发展各种和平的美术。但是，他们的天才，现在开花结果了，这表现为一种阿拉伯－诺曼的艺术和文化的欣欣向荣。

罗吉尔一世（1101年卒），虽然是一个没有教养的基督教徒，但是，他的步兵大部分是从穆斯林中召募来的，他保护阿拉伯的学问。他的左右，净是东方的哲学家、占星学家和医学家，他给非基督教徒举行宗教仪式的充分自由。只有诗人阿卜杜勒·哲巴尔·伊本·哈木迪斯（约1055—1132年）是例外。他生于锡腊库扎，在诺曼人征服这个海岛时，他回到穆耳台米德王朝在西班牙的宫廷去了①。总之，罗吉尔保持了从前的行政体系，甚至留用了高级的穆斯林官吏。他在巴勒莫的宫廷，东方色彩多于西方色彩。西西里岛是一个基督教王国，但是，穆斯林们却担任着一些最高级的官职，这种奇特的现象，经过一百多年才消失。

---

① 伊本·哈木迪斯后来随着他的塞维利亚庇护人被俘虏到非洲。他的诗集由 C. Schiaparelli 于1897年刊行于罗马；诗选见 Amari 的 *Biblioteca*，pp. 547—573。

巴勒莫的卡皮拉宫

罗吉尔二世建造，具有圆形浮雕，雕着库法体的阿拉伯语铭文

在这一百年期间，西西里的商业大半是在穆斯林商人的手里，农业在阿拉伯农民的手中继续得到发展，这里的阿拉伯农民，像西班牙的阿拉伯农民那样，知道怎样使土地丰产。甘蔗、枣椰、棉花、油橄榄、柑橘、桑树，以及其他植物和果树，都是阿拉伯人传入的。养蚕业是 1147 年以后，由诺曼人创立的。据伊本·郝盖勒的记载，这里所产的纸莎草，质量很高，只有埃及纸莎草可以比拟，现在这种纸莎草比以前种植得更多了。纸莎草的纤维可以用来制造船舶所需的绳索。伊本·祝伯尔于 1184 年访问这个海岛时，深深地被这里的肥沃、富饶和宽裕感动。他特别注意到葡萄和其他的果木种植得分

列成行，整齐美观。

写在纸上的最古的欧洲文献，是用希腊语和阿拉伯语写成的，那是罗吉尔一世的妻子所颁布的命令，时间很可能是1109年；但是，假定写这道命令用的纸张是西西里的阿拉伯人输入的，那是更合理的。我们现有的最早的钱币，是从国王罗吉尔二世时代流传下来的，钱币上铸着的阿拉伯数字是“1138年”，还铸着阿拉伯文字。

西西里岛的阿拉伯化开始于罗吉尔一世，在他的儿子和继任者罗吉尔二 608
世（1130—1154年在位）和弗雷德里克二世的时候达于极点。罗吉尔二世打扮成一个穆斯林的样子，评论者称他为“半个外道的国王”。他的长袍上绣着阿拉伯文字的装饰。甚至在他的孙子威廉二世在位的时代（1166—1189年），
伊本·祝拜尔[①]还看见巴勒莫的基督教妇女，穿着穆斯林妇女的服装。罗吉尔 609
二世在他的首都巴勒莫建筑了一所礼拜堂，天花板的圆形装饰上刻着库法体阿拉伯语的浮雕。毫无疑问，这所礼拜堂和西西里其他的纪念性建筑物都是阿拉伯的技术工人建造的。有几件象牙雕刻品，如一个首饰盒和一条牧杖，现在收藏在梵蒂冈的天主教博物馆和其他的博物馆里，它们是这个时代西西里阿拉伯工艺的典型[②]。罗吉尔的舰队把西西里提高到地中海主要海军强国的地位，建造和指挥这支舰队的军官当中最伟大的是安提俄克人佐治（即朱尔吉，Jurji），他是一个希腊人，从前曾为非洲麦海迪叶的穆斯林国王服务。西西里王国最高的官职是首相（*ammiratus ammiratorum*，即 *amīr al-umarā'*）。

为罗吉尔二世的宫廷增光的主要人物，是易德里西，他是中世纪最驰名 易德里西
的地理学家和制图家。他于1100年生于休达，父母是西班牙的阿拉伯人，他的全名是艾卜·阿卜杜拉·穆罕默德·伊本·穆罕默德·易德里西（1166年卒），他毕生在罗吉尔二世的庇护下，在巴勒莫工作。他题赠给罗吉尔（*Kitāb Rujār*）的著作的书名是《云游者的娱乐》（*Nuzhat al-Mushtāq fi Ikhtirāq al-Afāq*）[③]，这部书不但总结了托勒密和麦斯欧迪等前辈著作中的主要内容，而且主要还是根据派往各地实测者的新颖报告而写成的。在资料的批判性的校勘工作中，易德里西具有特别远大的眼光，并且能够理解地球浑圆等基本事实。除这部纪念碑式的著作外，易德里西还替他的诺曼的庇护者，用银子

---

① Ibn-Jubayr，p. 333.

② 参阅 Perry B. Cott，*Siculo-Arabic Ivories*（Princeton，1939）。

③ 这部书的概要和所附的七十一张地图，早于1592年出版于罗马。这部书已译成拉丁语（但译文不准确），译本叫做 *Geographia Nubiensis*（Paris，1619），译者是两个马龙派的学者，一个叫 Jibrā'īl al-Ṣahyūni（Gabriel Sionita），另一个叫 Yūḥanna al-Ḥnṣrūni（Joannes Hesronita）。原书的节本曾先后出版于莱登、马德里、罗马、波恩等地。参阅 Konrad Miller，*Mappae Arabicae*，vol. vi（Stuttgart，1927）。

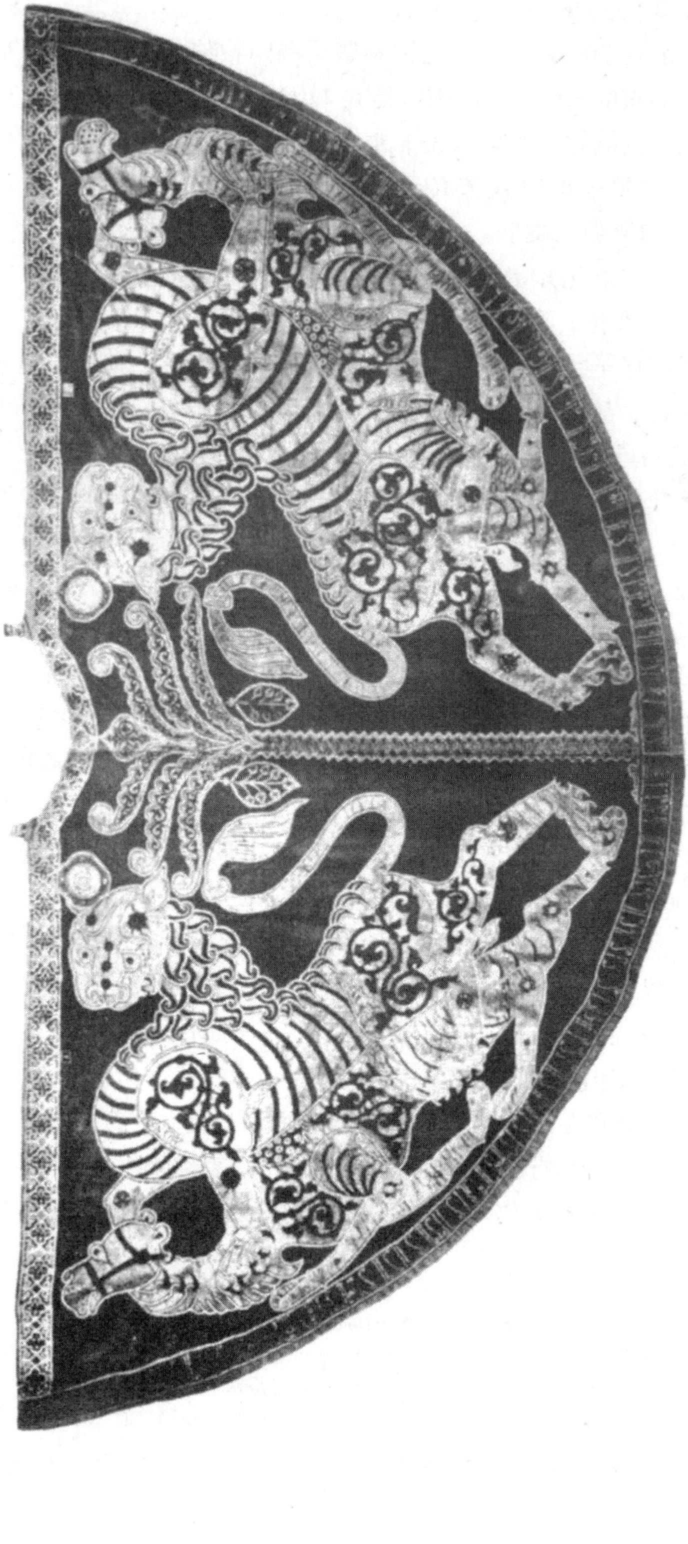

罗吉尔二世加冕礼的斗篷
半圆形的边缘上有库法体的阿拉伯语铭文
现藏于维也纳的世俗宝库(Weltliche Schafzkammer)

制造了一个天球仪和一张盘子形的世界地图[1]。

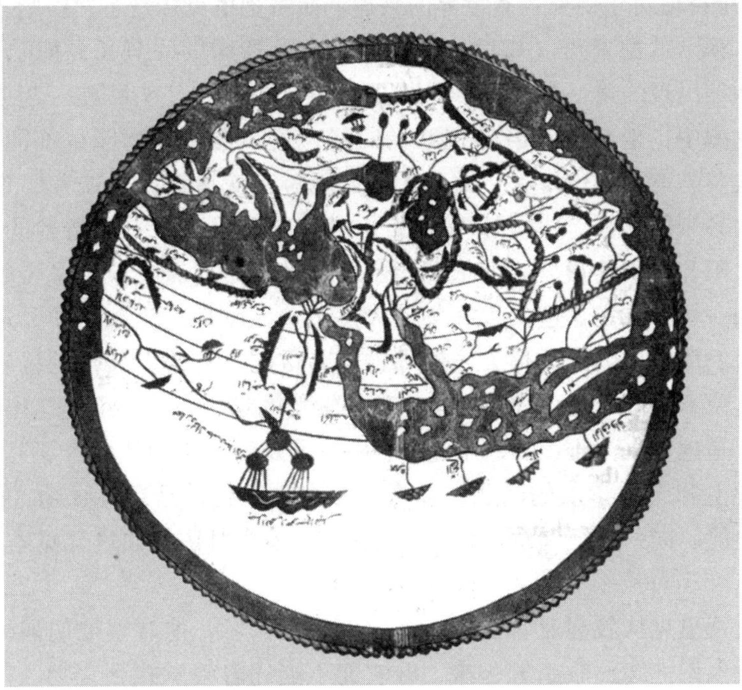

阿拉伯语的世界地图
公元 1456 年绘于开罗，以易德里西的地图为蓝本
图上标明尼罗河的河源，大概是十九世纪才发现的

弗雷德里克二世

“西西里岛的两位受洗的素丹”[2] 中的第一位是罗吉尔二世，第二位是其孙荷恩斯道芬人弗雷德里克二世（1215—1250 年在位），他同时统治西西里岛和德国；在 1220 年后，他还有神圣罗马帝国皇帝的称号；1225 年与耶路撒冷的女继任者、布利恩人伊莎贝拉结婚后，他又变成了耶路撒冷的国王。因此，弗雷德里克皇帝是基督教世界最高的民政当局。他结婚后三年，曾进行 610
过一次十字军战役，结果使他得到了更多的穆斯林观念。

弗雷德里克保持着一群妻妾，无论在私人习惯方面或公务生活方面，他都是半个东方人。在他的宫廷里，有从叙利亚和巴格达聘请来的一些哲学家，他们蓄着长胡须，穿着长袍子；有从东方物色来的舞女；还有从东西两方来

① Amari, *Biblioteca*, p. 658.

② Amari, *Storia*, ed. Nallino, vol. iii, p. 372.

的犹太人。他依靠政治关系和贸易关系，特别是与埃及艾优卜王朝素丹的关系①，来维持他对于伊斯兰教世界的兴趣。弗雷德里克接受了萨拉哈丁的侄子卡米勒·穆罕默德素丹（1218—1238 年在位）所赠的一只长颈鹿②，那是在中世纪欧洲出现的第一只长颈鹿。他把这只长颈鹿和几头骆驼一起放在他的巡回动物园中，他到欧洲各地视察的时候，这个巡回动物园也都随着他去。他还从埃及聘请了几位专家，试验用太阳能孵化鸵鸟蛋。1232 年，他从艾优卜王朝的另一位素丹、大马士革人艾什赖弗那里接受了一座奇妙的假天馆，里面有太阳和太阴的形象，能依照指定的转数报告时刻。这位皇帝曾回赠一只白熊和一只白孔雀。这两件礼物使大马士革人吃惊，正如从埃及送去的怪兽曾使他们西西里的同时代人吃惊那样。弗雷德里克曾向其他的穆斯林统治者以及这位卡米勒素丹，提出数学上和哲学上的难题，一方面是想增加知识，另一方面是想使人为难，那些难题都由一位埃及学者成功地解决了③。还有一些几何学上和天文学上的问题，包括弓形求方问题，是在毛绥勒（摩苏尔）得到解答的。同一的征询意见表，还向伊本·赛卜耳因提出过（见本书第 587 页）。

弗雷德里克从叙利亚聘请了一批熟练的放鹰者，他观察他们训练鹰的方法，还教他们把鹰的眼睛缝起来，看它能不能凭着嗅觉找到食物。弗雷德里克有一个翻译兼钦天监，名叫西奥多，他是安提俄克的一性派基督教徒④；弗雷德里克叫他翻译了一篇阿拉伯语关于养鹰的论文。这篇译文和另一篇从波斯语译成的文章在一起，成为弗雷德里克关于养鹰的著作的基础，这部著作是第一部现代博物学书。西奥多还替这位皇帝翻译了一篇关于卫生学的论文，
611 原文是假借亚里士多德的名义用阿拉伯语写成的《秘学玄旨》（*Sirr al-Asrār*）。在西奥多之前担任钦天监的，是迈克尔·斯科特。自 1220 年到 1236 年，他一直在西西里和意大利代表穆斯林西班牙的学术。斯科特曾为这位皇帝用拉丁语翻译阿拉伯语本的亚里士多德生物学和动物学著作的提要，特别是亚里士多德的《动物学》（*De animalibus*）（附伊本·西那的注释），这部书是他题赠给自己的庇护人的，拉丁语的书名是 *Abbreviatio Avicenne*。

弗雷德里克的宫廷所特有的这种调查、实验、研究的精神，几乎是现代的精神，这种精神标志着意大利文艺复兴的开始。意大利的诗歌、文学、音

---

① Abu-al-Fidā', vol. iii, p. 148.

② 长颈鹿的英语名称 giraffe 是阿拉伯语 *zarāfah* 的对音。

③ Amari, *Biblioteca*, p. 522；参阅 p. 514, l. 4。

④ Ibn-al-Ibri, pp. 477—478.

乐等，在普罗旺斯和阿拉伯的影响下，开始欣欣向荣[1]。用本国语言创作诗 612
歌，显然是仿效阿拉伯的诗人和歌唱家，而意大利早期的流行诗歌，如狂欢节的歌曲和民谣等所用的韵律，与安达卢西亚民歌的韵律，基本上是相同的[2]。Stanza（房，室，诗的节）显然是阿拉伯语 *bayt*（房屋，诗的节）的意译。但是，弗雷德里克最大的、无比的功绩，是 1224 年创办了那不勒斯大学，这是欧洲第一所敕建的大学。这所大学的图书馆，收藏了大批的阿拉伯语写本。亚里士多德和伊本·鲁世德的著作，奉他的敕令译成拉丁语后，作为大学的教科书；这些译文的副本，被寄到巴黎大学和波洛尼亚大学去。那不勒斯大学的毕业生当中，有托马斯·阿奎那[3]。在十四世纪和随后的几个世纪中，欧洲的许多大学，包括牛津大学和巴黎大学，都教授阿拉伯语言，但那是由于完全不同的动机，主要是培养传教士，派到穆斯林国家去宣传基督教。

西西里岛在传播思想方面的地位

西西里岛位于两种文化地区的交会点上，因此，特别适于充当传播古代学术和中世纪学术的媒介。西西里岛的居民包括两种成分，一种是说希腊语的，一种是说阿拉伯语的。还有些学者懂拉丁语。这三种语言，都通用于官厅的注册和皇帝的敕书，而且通行于巴勒莫的会说几种语言的老百姓中间。托勒密的《天文大集》第一次从希腊语直接译成拉丁语，就是 1160 年在西西里岛完成的，参加翻译工作的有会说希腊话的西西里的巴勒莫人尤金，外号艾米尔（Amīr）。尤金活跃于罗吉尔二世及其继任者威廉一世的时代，他兼通阿拉伯语和拉丁语。他将《光学书》（*Optica*）从阿拉伯语译成拉丁语，据说这本书是托勒密的著作，希腊语的原本已经失传了。他还帮助别人把阿拉伯语的《凯利莱和迪木奈》译成拉丁语。在威廉的统治时代，不仅奖励翻译阿拉伯语的名著，而且奖励翻译希腊语的原本。

在翻译工作中，西西里岛的犹太人像西班牙的犹太人一样做出过贡献。把拉齐所著的百科全书式的医书译成拉丁语的工作，是由西西里岛的犹太医生法赖吉·本·萨林于 1279 年在昂儒的查理一世的赞助下完成的；在后来的 613
几个世纪期间，有许多写本传布到各方去。这是在西西里岛译成拉丁语的唯一的一部重要的医学书，因为在西西里岛的翻译是以天文学和数学的名著为主的。有些希腊语和阿拉伯语的著作，虽然后来在托莱多重新翻译，而且译

---

① Amari *Storia*, ed. Nallino vol. iii, pp. 760 以下；G. A. Cesareo, *Le origini della poesia lirica e la poesia siciliana sotto gli suevi*, 2nd ed. （Milan, 1924）, pp. 101, 107.

② José M. Millás in *Revista de archives*, vol. xli （1920）, pp. 550—564, xlii （1921）, pp. 37—59.

③ 意大利的经院哲学家。——译者

得更好，但是，西西里岛的贡献仍然有其根本的价值。

文化通过意大利而传播

坐在西西里宝座上的诺曼诸王和他们的继任者，不仅占据了这个海岛，而且占据了南部意大利，因此，他们提供了一座桥梁，让穆斯林文化的各种不同的因素，传入半岛和中欧。在十世纪中叶，阿拉伯学术的痕迹，在阿尔卑斯山以北，已经显而易见了。但丁关于来世的观念，也许不是从某一部阿拉伯语原作抄袭来的，但是，那些观念显然是渊源于东方的，尽管他取材于欧洲的民间传说。东方文化通过各种途径，而深入西方，在艺术的领域如此，在科学和文学的领域亦复如此。文艺复兴时代设计的钟塔，似乎就是脱胎于北非的，特别是埃及的方形尖塔。在西西里和南部半岛归基督教徒统治以后很长的时期内，穆斯林的技工和艺术家，继续活动，这可以用巴拉泰恩教堂①里的镶嵌细工和铭刻加以证明。穆斯林的统治者在巴勒莫的皇宫里创办的著名纺织厂，用绣着阿拉伯文字的礼服，供应欧洲各王室。意大利的第一批纺织工人，是从西西里获得他们的技术知识和设计样本的。十三世纪初，丝织业已经变成了意大利好几座城市主要的工业，这些城市仿造西西里织品，然后把那些织品输出到欧洲各地区。像在巴勒莫和加的斯一样，在威尼斯、弗拉拉和比萨等地，东方技工也训练当地人，同他们一道合作。对于东方织品的需要是如此之大，以致有一个时期，一个欧洲人，如果不是至少有一套东方服装，就会觉得自己不是真正的衣冠楚楚。

在十五世纪期间，富裕的威尼斯，在艺术方面，积极地采取穆斯林的形式，并加以传播。这时在意大利作坊里装订的书籍，也就开始采用了东方的
614 装帧。阿拉伯式装订的各种特点，包括连接在书皮上，可以折叠起来保护巨帙前部的口盖，都出现在基督教的书籍上。在意大利各城市里，人们还跟东方的技工学到装订压型和装潢皮书面的各种新方法。威尼斯还是另一种工业的发源地，这种工业就是在黄铜器上镶嵌黄金②、白银、红铜等；十二世纪时，这种工艺主要兴盛于伊拉克的毛绥勒（摩苏尔）。

总之，在传播穆斯林文化上，西西里的重要地位，仅次于西班牙，而高于十字军战争期间的叙利亚。

---

① 这座教堂在巴勒莫，本书第 550 页有插图，可供参考。——译者

② 意大利语的 *azzimina*，是阿拉伯语 *a'jami* 的对音，意思是波斯的，外国的。

第五编

中世纪时期最后的穆斯林国家

第四十三章　埃及的十叶派哈里发王朝：法帖梅王朝 617

易司马仪派的宣传

法帖梅哈里发王朝，是伊斯兰教唯一的①较大的十叶派王朝，909 年建立于突尼斯，其目的是要有意识地反抗巴格达的阿拔斯王朝所代表的伊斯兰教世界的宗教领导权。这个王朝的奠基者是赛仪德·伊本·侯赛因，他或许是易司马仪派的第二个创立者②、波斯人阿卜杜拉·伊本·麦蒙的后裔。伊本·麦蒙的后裔赛仪德惊人的崛起，是易司马仪派宣传工作的最后结果。这种宣传工作是深谋远虑、组织巧妙的，除导致伍麦叶哈里发王朝崩溃的早期的宣传运动外，是无与伦比的。这件事情的成功，在不小程度上应归功于十叶派总宣传员（*dā'i*）艾卜·阿卜杜拉·侯赛因。他是也门故都萨那人，在九世纪末自称麦海迪（*Mahdi*，救世主）的先驱。他在北非洲柏柏尔人中间，特别是基塔麦（Kitāmah 或 Kutāmah）部族中间，播下了暴动的种子。他是在麦加朝觐圣地的季节里和这个部族的成员结识的③。当时北非洲是在艾格莱卜人的统治之下。

谜似的人物赛仪德

艾卜·阿卜杜拉·侯赛因在这个辽远的地区所获得的卓越成就，等于给赛仪德发出信号，叫他离开他在叙利亚北部赛莱木叶的易司马仪派总部，乔装成商人，进入西北非洲。艾格莱卜王朝的齐雅德特·阿拉（903—909 年在位）下令把赛仪德投入西吉勒马赛的一个地牢，而艾卜·阿卜杜拉·侯赛因援救了他④，并于 909 年摧毁了有百年历史的艾格莱卜王朝，还把这个王朝的最后苗裔齐雅德特·阿拉逐出境外。艾格莱卜王朝是逊尼派伊斯兰教在非洲

① 关于早期独立的阿里派的公国，可以参阅易德里西人和哈木德人的国家。摩洛哥的舍利夫王朝，自 1544 年开始称王，他们的谱系，是从哈桑上溯到阿里和法帖梅的，但是，他们极大多数是正统派。

② 第一个创始者是伊马木易司马仪（760 年卒）；参阅本书第 442 页。

③ Ibn-'Idhāri，vol. i，p. 118.

④ 有些人错误地猜疑，在西吉勒马赛投降艾卜·阿卜杜拉·侯赛因之前，真正的监犯已经被杀害了。

618 那个地区的最后的堡垒。赛仪德以伊马木[1]欧贝杜拉·麦海迪的头衔，宣布自己是那个地区的统治者，而且被认为是阿里和法帖梅的儿子侯赛因的子孙易司马仪的后裔。人们往往把他所建立的王朝称做欧拜德王朝，特别是那些不相信他的所谓家谱的史学家。

穆斯林的史学家，在法帖梅人是否是嫡系的问题上，分成了两大阵营。赛仪德的支持者和反对者，至少给他提出了八个不同的血统表；有些反对者甚至攻击他，说他是一个犹太人的儿子。承认他是嫡系的著名人物有伊本·艾西尔[2]、伊本·赫勒敦[3]、麦格里齐[4]等人。对于他的家谱表示怀疑或否认，而且认为他是一个骗子的，有伊本·赫里康[5]、伊本·伊达里[6]、素优兑[7]、伊本·台格利·比尔迪[8]等人。但是，有一件事情值得注意：在1011年以前，法帖梅人是否是嫡系的问题，并没有引起什么争论；到了1011年，阿拔斯王朝的哈里发嘎迪尔才在巴格达发表了一个奇妙的宣言，由逊尼派和十叶派的几个著名人物签署，宣布他的埃及的劲敌哈克木不是法帖梅的后裔，而是异端分子戴桑的子孙[9]。

法帖梅王朝的第一个统治者

欧贝杜拉（909—934年在位）起初定居在盖赖旺郊区艾格莱卜王朝的所在地赖盖达。他证明自己是一个最有能耐的统治者。他取得最高权力后才两年的工夫，就杀害了他的总教师艾卜·阿卜杜拉·侯赛因，后来不久，就把自己的统治扩张到全部北非领土，从易德里西王朝的摩洛哥到埃及的边境。914年，他攻占了亚历山大港；两年后，他蹂躏了尼罗河三角洲。他从基塔麦部族中选派了西西里的长官，他跟西班牙的反叛者伊本·哈弗逊建立了友谊关系。马耳他岛、撒丁岛[10]、科西嘉岛、巴利阿里群岛以及其他的海岛，都感受到了他从艾格莱卜人那里继承下来的那支舰队的威力。约在920年，他移居于他的新都麦海迪叶[11]；这座首都建筑在突尼斯海岸上，在盖赖旺东南16

---

① 法帖梅人是十叶派，所以他们宁愿用伊马木的头衔，而不用哈里发的称号。

② Ibn-al-Athīr，vol. viii，pp. 17—20，艾卜勒·斐达节录本，vol. ii，pp. 67—68。

③ Ibn-Khaldūn，vol. iv，p. 31.

④ Al-Maqrizi，*Khiṭaṭ*（Būlāq，1270），vol. i，pp. 348—349.

⑤ Ibn-Khallikān，vol. i，p. 487.

⑥ Ibn-'Idhāri，vol. i，pp. 150，157—158.

⑦ Al-Suyūṭi，*Tarīkh al-Khulafā'*（Cairo，1305），p. 214.

⑧ Ibn-Taghri-Birdi，Ed. Popper，vol. ii，pt. 2，p. 112.

⑨ 宣言的原文见 abu-al-Fidā'，vol. ii，p. 150。

⑩ 最后于1003年从西班牙的主权中征服了这个海岛。

⑪ Yāqut，*Buldān*，vol. iv，pp. 694—696；Mas'ūdi，*Tanbīh*，p. 334；ibn-Hammād，*Akhbār Mulūk bani-'Ubayd*，ed. M. Vonderheyden（Algiers，1927），pp. 9—10.（现在叫做马赫迪亚。——译者）

英里的地方，是因他自己的称号而得名的。

欧贝杜拉的继任者都执行他的侵略和扩张政策。他的儿子①艾卜勒·嘎西木·穆罕默德·嘎义木（934—946年在位）曾派出一支舰队，于934或935年掠夺了法兰西的南海岸，占领了热那亚，沿卡拉布里亚②海岸航行，抢走了许多奴隶和其他的战利品。但是，所有这些远征都没有造成永久性的征服。在嘎义木的孙子艾卜·太米木·麦阿德·穆仪兹的时代（952—975年），这支舰队侵略了西班牙的海岸。当时西班牙的哈里发不是别人，正是强有力的纳绥尔。三年之后（958年），法帖梅的舰队向西远航到大西洋，舰队司令把大西洋的活鱼养在瓦罐里寄给他的哈里发。969年，他们从伊赫什德王朝的手中抢夺了埃及。埃及的舰队因为在麦格斯建造了新船只而变得强大起来，麦格斯是后来开罗的港口布拉格的前身。 舰队 619

开拓这些最后的疆土的英雄是昭海尔·绥基利（西西里人昭海尔），也叫鲁米（al-Rūmi，即希腊人），他原是一个基督教徒，出生于拜占廷的领土，大概是西西里岛，他从那里以一个奴隶的身份被带到盖赖旺③。昭海尔于969年胜利地进入首都弗斯塔德后，立即开始建设一个新的市区，叫做嘎希赖（al-Qāhirah）④。这座城市（即现在的开罗城），于973年变成了法帖梅王朝的首都。今天这座城已变成了非洲人口最多的城市。昭海尔建成新都后，于972年建筑最大的清真寺爱资哈尔大礼拜寺⑤。后来不久，哈里发阿齐兹便把此寺当做一个学院。 昭海尔将军

在艾卜·阿卜杜拉·侯赛因之后，昭海尔成为法帖梅帝国的第二个奠基者，现在这个帝国的版图包括整个北非洲。阿拔斯王朝曾委托伊赫什德王朝保护伊斯兰教的圣地，法帖梅王朝灭亡伊赫什德王朝后，继承了这种保护权，而占领了西部阿拉比亚。昭海尔刚在埃及的土地上站稳脚根，就派遣一个副官到邻国叙利亚去，他于969年到达大马士革，同时暂时地占领了那座古城⑥。他的主要对手是盖尔麦兑人。在这个时期，盖尔麦兑人在叙利亚的某些地区是力量无限的。

---

① 他的太子原是一个阿里派人，见易司马仪派的资料；Bernard Lewis, *The Origins of Ismā 'ilism* (Cambridge, 1940), pp. 51—52。

② 意大利南部。——译者

③ Ibn-Khallikān, vol. i, pp. 209—213, Maqrizi, vol. i, pp. 352, 377以下。

④ 意思是“战胜者”，这样叫是由于比拟Qāhir al-Falak（天上的战胜者，火星），火星是上升的，后来威尼斯人把这个名词误译成Cairo（开罗）。

⑤ 法帖梅的称号al-Zahrā'（佳丽），是这所清真寺命名的依据，al-Azhar意为佳丽寺。

⑥ Ibn-Khaldūn, vol. iv, p. 48; Maqrizi, vol. i, p. 378.

法帖梅王朝的极盛时代 620

艾卜·曼苏尔·尼萨尔·阿齐兹（975—996年在位）是法帖梅王朝的第五个哈里发，是第一个统治埃及地区的哈里发；他在位的时期是一个和平时期，在这个期间，法帖梅帝国达到了极盛时代。自大西洋到红海的地区，在也门、麦加、大马士革，甚至一度在毛绥勒，在每星期五的聚礼仪式上，都提念这位哈里发的名字。他的统治，至少在名义上包括那个广大的地区。在他统治的时代，埃及的哈里发王朝，不仅变成了巴格达哈里发王朝可怕的对手，而且使他黯然失色。这个王朝成为东地中海唯一伟大的穆斯林国家了。阿齐兹甚至希望攻下巴格达，生擒阿拔斯王朝的敌手，因此，他花了二百万第纳尔，在开罗修建宫殿，准备接待被俘的阿拔斯王朝的哈里发及其眷属。他像他的前辈一样，虎视眈眈地注视着辽远的西班牙，但是，科尔多瓦的那位骄傲的哈里发，在接到这位法帖梅王朝哈里发的措辞尖锐的通牒的时候，据说提出了这样的反驳："你是因为听到我们的威名，才作出这样的嘲弄；要是我们有一天能听到你的威名，我们就回答你。"[①]

在法帖梅王朝历代的哈里发当中，阿齐兹大概是最英明仁慈的。他过着奢侈的生活，在开罗及其郊区建筑了一些新的清真寺、宫殿、桥梁、沟渠，他让自己统治下的基督教徒享受从来没享受过的宽大待遇。他这种态度，当然是受两个人的影响；第一个是他的信奉基督教的大臣伊萨·伊本·奈斯突尔，第二个是他的俄罗斯妻子——他的儿子和继任者哈基木的母亲、亚历山大港和耶路撒冷两大城市麦勒克派的两位主教的姐姐。

在仁慈的阿齐兹去世之后不久，法帖梅王朝就开始衰弱了。在这个王朝，是他首先效仿阿拔斯王朝的先例，采取了一项极其有害的政策：从突厥人和黑人中输入雇佣军。这些外国雇佣军的飞扬跋扈、内部争吵和他们跟柏柏尔部族的禁卫军的互相倾轧，成为这个王国最后瓦解的主要原因之一。塞加西亚[②]的和突厥的军人和奴隶，后来篡夺了统治权，建立了独立的王朝。

一个疯狂的哈里发

阿齐兹的继任者艾卜·阿里·曼苏尔·哈基木（996—1021年在位）登基的时候才十一岁。他在位时期，暴虐无道。他杀害了几个大臣，拆毁了八座基督教的教堂，包括圣陵教堂（1009年）[③]；还强迫基督教徒和犹太教徒穿黑袍，只准他们骑驴子；又命令进公共澡堂时，基督教徒要露出挂在脖子上

---

① Ibn-Taghri-Birdi, ed. Popper, vol. ii, pt. 2, p. 2.

② 塞加西亚（Circassia），在高加索山脉北面的地区。——译者

③ 圣陵教堂在耶路撒冷。——译者

的十字架，犹太教徒要露出带铃的颈箍①。对非穆斯林采取这样严厉的办法的，在伊斯兰教史上，哈基木算是第三位哈里发，以前有过穆台瓦基勒和欧 621
麦尔二世②。要不然，法帖梅王朝的统治，对顺民来说，是非常有利的。拆毁圣陵教堂的布告，是由他的基督教秘书伊本·阿卜敦签署的，这种行为是引起十字军战争的原因之一。最后，这个不可思议的、蓝眼睛的哈里发，随着易司马仪派教义的极端发展，自称为真主的化身，而有一个新组织的教派承认了他的说法，这个教派是他的第一名传教士戴赖齐（1019 年卒）③ 创立的，所以叫做德鲁兹教派。1021 年 2 月 13 日，哈基木在穆盖塔木山上被暗杀，这大概是出于他妹妹西特·木鲁克所策划的阴谋，因为哈里发曾责备她荒淫无耻。

法帖梅王朝的衰落

哈基木死后，一些幼稚的少年被立为哈里发，而真正的权力旁落在大臣的手中，这些大臣后来竟自称国王（*malik*）。哈基木的儿子和继任者扎希尔（1021—1035 年在位），登基的时候才十六岁。这位新哈里发曾与君士坦丁八世在宗教事务上互相让步，后者准许在拜占廷帝国境内各清真寺中提念哈里发的名字，准许重建君士坦丁的清真寺，而哈里发准许重建圣陵教堂④。扎希尔的继任者麦阿德·穆斯坦绥尔（1035—1094 年在位），十一岁登基，做了差不多六十年的哈里发，在穆斯林的编年史上是空前绝后的⑤。在他在位的早期，他的母亲（原是从一个犹太人手中买来的苏丹女奴）连同那个犹太人，同享了最大的权力。在这个时期，法帖梅王朝的版图大大收缩，除埃及本土外，已所存无几了。自 1043 年以后，法帖梅王朝对叙利亚的控制是很松弛的，现在便开始迅速崩解。巴勒斯坦常常公开叛乱。塞尔柱克土库曼人的一支强大的武力，从东方向西方扩张，现在已经到达西部亚洲。在那期间，法帖梅王朝的非洲各行省，陆续停止进贡，而且渐渐发展到公开独立或者恢复
它们对于阿拔斯王朝旧日的隶属关系。管束不住的阿拉伯部族，即原籍纳季 622
德、现住上埃及的贝尼希拉勒部族和贝尼素莱木部族，于 1052 年受人煽动，向西迁移；在好几年内，他们劫掠了的黎波里和突尼斯⑥。在艾格莱卜王朝灭

---

① Ibn-Khallikān, vol. iii, p. 5; ibn-Ḥammād, p. 54; 参阅 Yaḥya ibn-Saʻīd, ed. Cheikho *et. al.*, p. 187。

② 关于沙斐仪派的种种限制，可参阅 Ibshīhi, Mustaṭraf, vol. i, p. 100。

③ 关于这个教派的详情，可以参阅 Hitti, *Origins of Druze People*.

④ Maqrīzi, vol. i, p. 355。参阅 Yaḥya ibn-Saʻīd, pp. 270—271；本书第 204 页。

⑤ Ibn-Khallikān, vol. ii, p. 550；本书第 481 页注。

⑥ 贝尼希拉勒部族的迁移运动和战绩，给著名的史诗 *Sīrat bani Hilāl* 提供了历史背景。

亡后，西西里一度曾承认法帖梅王朝的宗主权；1071年，它的大部分也已被诺曼人征服了。诺曼人接着蚕食了非洲大陆的几个地方。只有阿拉比亚还有几分忠于十叶派的事业。在漆黑的地平线上，唯一的光线是突厥的将军和篡夺者白萨西里（1060年卒）[①] 在巴格达暂时大获成功。通过他的统治，在巴格达各清真寺中，在连续四十个星期五的聚礼仪式上都提念埃及哈里发的名字。瓦西兑和巴士拉也仿效巴格达的榜样。阿拔斯王朝的哈里发嘎义木甚至把自己所有的权力都让给他的对手法帖梅王朝的哈里发，他的缠头、先知的斗篷和他宫廷里的一扇美丽的窗子，都作为纪念品运到开罗去了。在一百多年后，萨拉哈丁把缠头、斗篷和让与证书一道退还巴格达；那扇窗子却使用下去，从一座宫廷移到另一座宫廷，最后麦木鲁克王朝的素丹拜伯尔斯·扎什奈基尔让它安装在1309年安葬他的那座坟墓上面。

法帖梅王朝的覆灭

在国内，突厥军团、柏柏尔军团、苏丹军团之间不断地酝酿着内部风潮，国家政权陷于瘫痪。七年的饥荒，把国家的经济资源都消耗尽了。优柔寡断的哈里发，于1073年把亚美尼亚人白德尔·哲马利，从阿卡的军事长官任所召回开罗，任命他为大臣兼总司令[②]，他是一个奴隶出身的人物。这位新总司令雷厉风行地处理国家事务，终于把混乱不堪的局面扭转过来，给法帖梅王朝延长了寿命。但复兴是短暂的。白德尔和他的儿子与继任者麦列克·艾弗德勒[③]（他在他父亲于1094年死后行使最高统治权）的努力，都未能阻止衰落的趋势。在法帖梅人统治的最后的岁月中[④]，大臣之间不断互相倾轧，每个大臣都有一派军官替他撑腰。穆斯坦绥尔死后，麦列克·艾弗德勒把这位哈
623 里发的最幼的儿子扶上了宝座，加上尊号穆斯台阿里（居高位者），指望可以支配他。穆斯台阿里死后，艾弗德勒把他的五岁的儿子立为哈里发，加上尊号阿米尔（长寿者，1101—1130年在位）。当哈菲兹（1130—1149年在位）去世的时候，他的权力就仅限于哈里发的宫廷之内了。他的儿子和继任者扎菲尔（成功者，1149—1154年在位）当时是一个放荡的青年，统治权被库尔德的大臣伊本·赛拉尔篡夺，他自称麦列克·阿迪勒（正义王）。吴萨麦于1144年到1154年曾经生活在法帖梅王朝的宫廷中，由他的日记[⑤]看来，任何宫廷里的阴谋、党争和猜忌，都比不上那个宫廷多。1153年，伊本·赛拉尔

---

① Ibn-Khallikān, vol. i, pp. 107—108.

② Ibn-Khallikān, vol. iv, p. 64; ibn-al-Athīr, vol. x, pp. 60, 160.

③ Abu-al-Qāsim Shāhinshāh; ibn-Khallikān, vol. i, pp. 396—397.

④ 法帖梅王朝各哈里发的名单见后面的世系表。

⑤ Ed. Hitti, pp. 6—33 = Arab-Syrian Gentleman, pp. 30—59.

被他老婆（前夫）的孙子奈斯尔·伊本·阿拔斯暗杀；后来，哈里发又鼓动伊本·阿拔斯去谋害继伊本·赛拉尔之后担任大臣的他自己的父亲阿拔斯，最后连扎菲尔本人也被这个阴谋者暗杀了。这一连串的暗杀，构成了埃及史上最黑暗的一章。哈里发死后的第二天，阿拔斯就宣布扎菲尔四岁的儿子法伊兹（胜利者）为哈里发（1154—1160 年在位）。这个小儿哈里发在十一岁时死了，他的九岁的堂弟阿迪德（支持者）继任了他的职位，阿迪德是延续 624
了二百五十年的这个王朝里的第十四任，也是最后一任哈里发。埃及人民依靠尼罗河的泛滥而种庄稼，他们的生存，原来就是朝不保夕的；在那期间，连年的饥荒和鼠疫，使他们的生活更加悲惨。横征暴敛，敲诈勒索，填不满哈里发和军人们的欲壑，却害死了千千万万的人民。十字军的来临以及 1167 年耶路撒冷王阿马利克兵临开罗城下，使人民更不聊生。萨拉哈丁于 1171 年推翻了法帖梅王朝最后一任哈里发，才结束了这种悲惨的情况。

法帖梅王朝哈里发世系表

1. 麦海迪（909—934年在位）
2. 嘎义木（934—946年在位）
3. 曼苏尔（946—952年在位）
4. 穆仪兹（952—975年在位）
5. 阿齐兹（975—996年在位）
6. 哈基木（996—1021年在位）
7. 扎希尔（1021—1035年在位）
8. 穆斯坦绥尔（1035—1094年在位）
   - 9. 穆斯台阿里（1094—1101年在位）
     - 10. 阿米尔（1101—1130年在位）
   - （穆罕默德）
     - 11. 哈菲兹（1130—1149年在位）
       - （优素福）
         - 14. 阿迪德（1160—1171年在位）
       - 12. 扎菲尔（1149—1154年在位）
         - 13. 法伊兹（1154—1160年在位）

625 第四十四章　法帖梅王朝时代埃及的生活

在法帖梅王朝一度辽阔的版图上，只有埃及地区被欧贝杜拉·麦海迪的继任者们打上了他们的文化特征的烙印。西北非洲和西部亚洲的若干省区跟开罗的关系是不确定的，这阻碍了法帖梅王朝在那些地区留下文化痕迹的可能性。在埃及文化史上，法帖梅人的时代和以前的伊赫什德人的时代与突伦人的时代合在一起，可以称为阿拉伯－波斯化时代，这跟波斯－突厥化时代——艾优卜人和麦木鲁克人时代——是完全不同的。在突伦人以前的时代，可以称为纯粹阿拉伯化时代。取代法帖梅王朝的艾优卜王朝，把大塞尔柱克帝国的精神和文化传入了非洲，这表现在艺术、工业以及政治与文化运动中。但是，在法帖梅王朝时代，波斯文化的影响还是主要的。而在全部中世纪的和现代的历史时期，大多数老百姓是由阿拉伯化的科卜特人构成的。这些老百姓，在极端十叶派人统治的期间，骨子里仍然是逊尼派，后来萨拉哈丁顺利地恢复了官方的正统派，就是明证。

在政治上，法帖梅人的时代，是埃及历史上的一个新时代。自法老时代以来，埃及初次有了充满活力的、建筑在宗教基础上的、完全自主的政权。以前的两个王朝，在国内都没有民族的或宗教的基础。它们的崛起和存在，只是由于它们的奠基者的军事指挥才干和阿拔斯王朝的虚弱。

奢侈的生活

在法帖梅王朝统治下，埃及历史的黄金时代，开始于穆仪兹，到阿齐兹而达于极点。但是，穆斯坦绥尔时代的埃及，仍然是主要的伊斯兰教国家。
626 波斯的易司马仪派传道师纳绥尔·胡斯罗①，在埃及经济和政治破产之前不久，于1046—1049年访问了这个国家，他给我们遗留下一个绘形绘声的描写。他说，哈里发的皇宫住着三万人，其中一万二千人是奴隶，一千人是禁卫军，包括骑兵和步兵。纳绥尔在某个节日里看见年轻的哈里发骑在一匹骡子上，怡然自得，边幅整洁，身穿朴素而宽大的白色长袍（*quftān*），头戴缠

① Nāṣir-i-Khusraw, *Sefer Nāmeh*, ed. Schefer, pp. 36—56, tr. pp. 110—162.

头。侍从手持伞盖，荫蔽哈里发的头顶，伞盖上镶嵌着各色宝石。有七艘游艇，停泊在尼罗河岸边，游艇长150骨尺，横梁处60骨尺。哈里发在首都有市房二万所，大部分是用砖建筑的，每所五六层，还有商店二万所，每所的月租，从两个第纳尔到十个第纳尔不等。主要的街道，上面都有凉棚，夜间都有路灯。商店的老板，都依照固定的价格售货；如果有人欺骗顾客，就会被拿去骑着骆驼游街示众，人们让他一面摇铃，一面高声地招认自己的罪过。甚至连珠宝商和钱币商的商店，都不用上锁。旧的弗斯塔德区有七所清真大寺，新的开罗区有八所①。全国都享受着某种程度的太平和繁荣，以致纳绥尔热情地宣言道："我不能给那个国家的财富估定一个最高限额，也无法加以估计，我在任何地方也没有见过那样的兴盛。"②

在埃及所有的哈里发当中，以穆斯坦绥尔为最富足。他从前辈那里继承了好几百万第纳尔的遗产，过着奢侈而且安乐的生活。据说，他在宫殿里建造一座克而白天房式的亭子，他经常在那里面饮酒作乐，有管弦乐伴奏，有美丽的歌女咏唱。他在这里宣称："这种生活真是胜过盯着玄石、听着穆艾精③嗡嗡的祈祷和喝着不清洁水④的那种生活。"麦格里齐⑤给他的财富开了一张清单，其中有各种宝石、水晶器皿、镶金盘子、象牙和黑檀墨盒、琥珀酒杯、麝香药瓶、钢制镜子、带着金银卒子的国际象棋盘、带金柄和银柄的伞盖、镶嵌珠宝的匕首和宝剑、达比格⑥和大马士革出产的绣花织品等。他把绝妙的和无价的艺术品，随意赏给突厥军人。但是，这个哈里发在1070年，不得不把他的妻子和女儿们送到巴格达去逃避饥荒。

法帖梅王朝总的政治组织，是遵循阿拔斯王朝的榜样的，更确切地说，行政
是遵循更古老的波斯的榜样的。埃及人盖勒盖山迪（1418年卒）⑦ 曾为寻求 627
公职的人们编写了一本手册，他在这本手册里给我们扼要地说明了法帖梅王朝的军官和文官制度。军队由三个主要品级组成：（1）艾米尔，包括最高级将领和执剑的哈里发侍从；（2）警卫队的军官，包括长官（*'ustādh*）和太监；（3）各种名目的联队，如哈菲兹叶联队、主攸什叶联队、苏达尼叶联队等等，这些都是因哈里发或大臣的名字或者因队员的国籍而命名的。大臣分为几个

---

① 参阅 Maqrīz，vol. ii，p. 264；Yāqūt，vol. iii，p. 901。

② 原本 p. 53，译本 p. 155。

③ 穆艾精（*mu'ezzin*）是清真寺里的宣礼员。——译者

④ 指克而白天房附近的渗渗泉水。——译者

⑤ Maqrīzi，vol. i，pp. 414 以下，参阅 ibn-Taghri-Birdi，vol. ii，pt. 2，pp. 181—182。

⑥ 达比格是叙利亚北部的省区。——译者

⑦ Al-Qalqashandi，*Ṣubḥ*，vol. iii，pp. 480 以下。

等级：最高一级叫做“剑士”，他们是管理军队和陆军部的；第二级是“门卿”，是高级侍从，他们的特权是引见外国使节。“文士”包括法官，兼任造币厂的监督；市场检查官，是管理度量衡的；财政大臣，是管理国库的。最低级的“文士”是大批的文官，各机关的文书和秘书等。帝国的内政体制，据说是穆仪兹和阿齐兹的大臣叶儿孤卜·伊本·基列斯（991 年卒）创立的，他是巴格达的犹太人，改宗了伊斯兰教，在卡夫尔的宫廷里开始了自己的政治经历。他的老练的施政，给早期法帖梅人统治下的尼罗河谷的经济繁荣奠定了基础①。

科学的和文学的进步

伊本·基列斯是埃及法帖梅王朝第一个杰出的学术庇护者。他创办了一个学院，每月花费一千个第纳尔做学院的经费。在他的时代，有名的医学家是穆罕默德·台密米，出生于耶路撒冷，约 970 年移居埃及。此前，在伊赫什德王朝，著名的史学家是穆罕默德·伊本·优素福·肯迪②，于 961 年死于弗斯塔德。另一个史学家，叫伊本·赛拉麦·古达仪③，于 1062 年死于弗斯塔德。

法帖梅王朝早期的几位哈里发虽然是有文化的，但是，他们的时代不是一个产生有特别贡献的科学家和作家的时代。正如巴格达和科尔多瓦的其他
628 哈里发一样，阿齐兹本人既是诗人，又是学术的爱好者。正是他把爱资哈尔清真大寺变成一个学院的。但是，这个时代的学者，不仅包括法律学方面的，而且还有史学和诗学方面的，他们大都是“法基”（*faqīh*）④ 阶层的成员，其中包括法官。这个王朝具有异端的特征，宫廷不延揽正统派的科学家和文学家，而在整个后期生活又不安定，这些都说明智力活动为什么停顿了。

科学馆

法帖梅王朝最显著的创设之一是“达赖勒·希克麦”（Dār al-Ḥikmah）或者“达赖勒·仪勒木”（Dār al-'Ilm）（智慧馆或者科学馆），这是哈基木为传授和宣传极端的十叶派的教义而于 1005 年创设的机构。哈基木为这个机构设立了一项基金，每月的收益是二百五十七个第纳尔，用于手稿的抄写、图书

---

① Ibn-al-Ṣayrafi，*al-Ishārah ilā Man Nāla al-Wizārah*，ed. 'Abdullāh Mukhliṣ（Cairo，1924），pp. 94 以下。

② 他的著作是《省长和法官列传》（Kitāb al-Wula wa-Kitāb al-Quḍah），ed. R. Gueṣt（Leyden，1908—1912）。

③ 他的著作是《知识的源泉和哈里发的逸事》（'Uyūn al-Ma'ārif wa-Funūn Akhbār al-Khalā'if），未出版。

④ 这是伊斯兰教法律学家的称呼，现在习惯上用做乡村小学教师的名称，故有“冬烘先生”的意思。——译者

的修复和一般的开支[①]。科学馆与皇宫相连，里面有一个图书馆和几个会议室。科学馆的课程，除伊斯兰教的特殊科目外，还有天文学和医学。科学馆虽然由于讲述异端，于1119年被麦列克·艾弗德勒关闭了，但是，直到艾优卜人来到埃及的时候，它还存在着。

天文学和光学

哈基木本人对于占星学的预测，很感兴趣；他在穆盖塔木山上建筑了一座观象台，往往在黎明之前，骑着他的灰驴到观象台去。向同时代的史学家伊本·哈马德[②]提供材料的一位人士，曾见过哈基木竖立在两座塔上的一件铜质的星盘（astrolabe）模样的仪器，他量量上面的十二宫，结果是三拃长。

有两位科学家给哈基木的宫廷增了光：一位是阿里·伊本·优努斯（1009年卒）[③]，他是埃及所产生的最伟大的天文学家；另一位是阿卜·阿里·艾勒·哈桑·伊本·海赛木（拉丁语叫Alhazen，艾勒哈精），他是主要的穆斯林物理学家和光学家。伊本·优努斯的历表（*Zij*）叫做哈基木历表，曾修正了当时通行的历表，他依据的是用浑天仪和方位圈实测的结果。伊本·海赛木（约于1039年卒）生于巴士拉，他企图替哈基木管制尼罗河每年一次的泛滥，失败以后，就假装成疯子，以逃避哈里发的责罚，直到哈基木死后才敢暴露真情。关于数学、天文学、哲学和医学的著作，不下一百种，据说都是他写作的[④]。使他成名的主要著作是论光学的《光学书》（*Kitāb al-Manāẓir*）， 629
原本已散佚了，但是，在克利摩拿人热拉尔的时代或在他之前，早已被译成拉丁语，于1572年刊行。这个译本对于中世纪时期光学的发展，是很有影响的。所有在中世纪时期论述光学的著作家，差不多都是以艾勒哈精（海赛木）的《光学宝鉴》（*Opticoae thesaurus*）为蓝本的；从罗杰·培根、列奥那多·达·芬奇、约翰那·凯卜勒等人的著作中，都可以看出这个译本的影响。欧几里得和托勒密的理论是，眼睛把视线放射在可见的物体上，伊本·海赛木反对这种理论，他提出各种实验方法，来试验入射角和反射角。在某些实验中，他在理论上接近发现放大镜，而三百年之后，在意大利才实际制造出放大镜来。

在哈基木时代，在埃及编纂的另一部重要著作是阿马尔·伊本·阿里·

---

① Maqrīzi, vol. i, p. 459.

② Ibn-Ḥammād, p. 50.

③ Qifṭi, pp. 230—231; ibn-Khallikān, vol. iii, p. 6.

④ Ibn-abi-Uṣaybi'ah, vol. ii, pp. 91 以下; al-Qifṭi, pp. 167—168; Muṣṭafa Naẓīf, *ibn-al-Haytham: Buhūthūhu wa-Kushūfuhu al-Baṣārīyah* (Cairo, 1942), pp. ix-xiv.

毛绥里所著的《眼科医方撮要》(*al-Muntakhab fi 'Ilāj al-'Ayn*)①。著者在此书中提出了许多新颖的见解,这是同时代的眼科医学家伊本·伊萨所不及的,但是,后者所著的《眼科医生手册》(*Tadhkirah*)是更完备的,因此,变成了眼科学的规范。阿马尔叙述了一种治疗软性白内障的重要外科手术,这种手术就是用他自己发明的空管来吸收的。

皇家图书馆

穆斯坦绥尔时代,出现过国库空虚的崩溃局面,从而也使得皇家图书馆的图书散佚殆尽,造成了更大的损失。这所图书馆是阿齐兹首创的,据说当时的藏书共计二十万巨册。它所收藏的金泥写本的《古兰经》,共计二千四百册。它所藏的珍本中有伊本·木格莱等书法大家的手迹;阿齐兹曾将泰伯里所著历史的亲笔原稿寄存在这所图书馆里。据目击者的报告,在1068年的劫掠中,有二十五只骆驼载运图书而去。许多有价值的写本,被用做突厥军官家里的燃料;许多精美的书皮,被用做他们的奴隶补皮鞋的材料。穆斯坦绥尔的继任者重新搜集了一些新图书。一百年后,萨拉哈丁胜利地进入皇宫的时候,皇家图书馆还收藏着十万多册图书,有些图书跟别的财宝一起分配给了他的将领②。

艺术和建筑学 630

法帖梅王朝时代,虽然不宜于科学和文学的发展,但是,头等重要的艺术品和建筑物,却成了这个时代的特征。在开罗的最初两位哈里发统治的时代和后来两位亚美尼亚籍的大臣当权的时代,国运的昌盛,可与法老时代或亚历山大大帝时代相媲美,这种昌盛也反映在艺术领域里。

保存到现在的最古老的建筑物是昭海尔于972年建筑的爱资哈尔清真寺。这座清真寺虽然经过重建,但是,比较古老的部分,即中央部分,还保持了原来的形式。这一部分是仿照伊本·突伦清真寺的形式用砖建筑的,具有尖拱,大体上表现出伊朗的影响。寺里的尖塔是沉重的四方形的。仅次于爱资哈尔的最古老的清真寺是哈基木清真寺,这是他父亲于990年开工,于1012年由他完成的。这座清真寺仿照爱资哈尔的样式,有一个用砖砌成的圆屋顶,由礼拜殿凹壁上面的一个八边形鼓状部件支撑着。哈基木清真寺是用石料建筑的(现在已经坍塌了),但是,寺里的尖塔不是四方形的,由此可以证明,建筑这座清真寺的技工大概是来自北部伊拉克,而不是来自叙利亚。到了法帖梅王朝晚期,用石料建成的建筑物,才多于用砖建成的,这可以从1125年建成的艾格麦尔清真寺的正面得到证明。这个正面可能是某一亚美尼亚基督

---

① 这部书部分的写本还收藏在马德里附近埃斯科利亚尔图书馆。Casiri, vol. i, p. 317; tr. J. Hirschberg *et al.*, *Die arabischen Angenärzte nach den Quellen beirbeitet*, vol. ii (Leipzig, 1905)。

② Maqrīzi, vol. i, pp. 408—409; abu-Shāmah, vol. i, p. 268.

教建筑师的作品。在艾格麦尔清真寺，初次出现了晚期一般伊斯兰教的特征，那就是钟乳石状的凹壁龛。这座多柱的清真寺和撒列哈·伊本·鲁齐格（约于1160年卒）清真寺，都有许多凸出的花样和质朴的库法体的铭刻，这是法帖梅王朝时期艺术的著名特征。法帖梅王朝的建筑师所逐渐采用的钟乳石状的三角穹窿和正面的深凹壁等新奇的特征，在艾优卜王朝和麦木鲁克王朝时代，又有了更多的发展。石头上或木质镶板上的铭文的处理方式，同样地预示着晚期艺术的辉煌灿烂。在清真寺里修建一座坟墓——通常是修建者的坟墓——这种风俗始于1085年；这一年，白德尔·哲马利葬在他建造的穆盖塔木山上的清真寺里，从而树立了第一个先例。

有些大城门可以证明法帖梅王朝建筑物的壮丽，这些城门保存到现在的还有三道：宰威莱门、奈斯尔门和弗突哈门[①]。开罗的这些高大的城门，由以得撒的建筑师依照拜占廷的设计建成，是法帖梅王朝时代埃及文物中最经久的遗迹之一。

开罗阿拉伯博物馆的珍藏品中有几块木雕镶板，是法帖梅王朝时期的遗物，上面镶着许多生物，如被猛兽袭击的鹿，被老鹰抓住的小鸡，面对面的成双的小鸟。从这些花样中可以看出它们是模仿萨珊王朝的式样的。同样的亲缘关系，在法帖梅王朝的青铜器中也可以看到，这些青铜器绝大部分是镜子、水罐和香炉。最著名的青铜器是那只半狮半鹫的怪兽，高40英寸[②]，现在收藏在比萨的博物馆里。同样的亲缘关系还发现于织品中，这种织品的样品，是在十字军时代传入西方的[③]。织布业本来是科卜特埃及的民族工业，而那时也受到伊朗式样，特别是萨珊王朝式样的影响，我们在法帖梅王朝的织品中发现许多动物，具有传统的和纹章学的姿态。达比格、迪木雅特[④]、田尼斯等埃及城市，因中世纪时代的织品而著名，这些城市的织品，在西方语言中叫做达比基（dābiqi）、迪木雅帖（dimyāṭi）、田尼西（tinnīsi）。乔叟时代著名的粗天鹅绒叫做弗斯香（fustian），因为是出产于埃及的弗斯塔德。

装饰美术和工艺美术 631

法帖梅王朝的陶器工艺，像其他的工艺一样，是仿效伊朗式样的。在这种工艺中，像在织品中一样，动物花样处理得很大胆。麦格里齐曾为法帖梅王朝的文物宝库开了一张清单[⑤]，其中有几件陶器美术品和金属美术品，包括

① Maqrīzi，vol. i，pp. 380以下。
② 1英寸=0.254米。——编者
③ 参阅本书第668页。
④ 现代的杜姆亚特。——译者
⑤ 参阅本书第626页。

法帖梅王朝的用水晶矿雕成的水罐

上面有十世纪的哈里发阿齐兹的名字。现藏于威尼斯的圣马克的宝库

几件上釉的中国瓷器在内。中国瓷器出现于阿拉伯东方①，这还是第一次见于记载②。纳绥尔·胡斯罗③断言埃及人制造的瓷器，“十分美妙和透明，以至一个人能透过瓷器看见自己的手”。

我们所看到的伊斯兰教书籍的皮面，最古的是埃及人在八世纪或九世纪装订的。这些书皮上的花纹和装订法，与古代科卜特人的装订法有亲缘关系，显然是从古代流传下来的。在埃及学派发展之后，压型和印花变成了穆斯林技术工人在制革工艺中最普通的技术。

① 参阅 Krenkow in *Majallat al-Majma'*, vol. xiii（1935），pp. 386—388（白鲁尼论中国瓷器）；*Silsilat al-Tawārīkh*, pp. 35—36；al-Dimashqi, *Nukhbat al-Dahr fi 'Ajā'ib al-Barr W-al-Bahr*, ed. A. F. Mehren（St. Petersburg, 1866），p. 43（可能提及瓷器）。F. Sarre in *Die Keramik von Samarra*（Berlin, 1925）p. 61（记录在伊拉克萨马拉发现九世纪的瓷器）。

② 阿拉伯商人苏莱曼于公元 851 年（唐宣宗大中五年）东游印度、中国等地，作游记一卷，他对中国瓷器有下面的描绘：“中国有一种品质很高的陶土，把它做碗（或杯），可以做得和瓶上的玻璃一样薄……里面放了流质，……外面可以看得见，这种碗就是用那一种陶土做成功的。”（见刘半农、刘小蕙合译《苏莱曼东游记》，1938 年中华书局再版，第 33 页）——译者

③ *Nāṣir-i-Khusraw*, Ed. Schefer, p. 52, tr. p. 151.

633

第四十五章　东方和西方的军事接触：十字军战役

十一世纪末，基督教世界的各式各样的游牧民群，纷纷涌进叙利亚，要从穆斯林的手中抢夺叙利亚，当时那个地方呈现出四分五裂、软弱无力的局面。几个阿拉伯的地方酋长，在叙利亚各据一方：在北方，塞尔柱克突厥人势力最大；在南方，宗派分裂论者法帖梅人执掌政权。无论在成分上或语言上，居民决不都是划一的。南部黎巴嫩的德鲁兹人、北面山区里的努赛尔人和他们的邻居易司马仪人（后来的阿萨辛人），构成了三个宗派分裂论者集团，这三个集团跟伊斯兰教的正统派是不同的。在基督教的集团中，北部黎巴嫩的马龙派，在相当程度上还使用着叙利亚语，他们构成了最大的少数民族。

叙利亚的塞尔柱克人

十一世纪初期，游牧的塞尔柱克人从中亚细亚南下，他们散布在阿拔斯哈里发帝国西部各行省，在呼罗珊、波斯、伊拉克、亚美尼亚、小亚细亚等地，相继建立起自己的政权。他们于 1055 年在巴格达建立了一个素丹政权，于是哈里发政权变成了附庸。这些历史事实，已经在第三十二章讲述过了。叙利亚的塞尔柱克人，像鲁木（小亚细亚）的塞尔柱克人一样，构成那个家族的一个主要分支，但是，没有在一个首领的指挥下团结起来。叙利亚的每个重要城市，差不多都有一个塞尔柱克的或者阿拉伯的统治者。1089 年后，的黎波里在十叶派的贝尼阿马尔部族的统治下宣布独立①。1081 年后，舍伊萨尔被贝尼孟基兹部族占据。拜占廷人屡次占领，又屡次丧失沿海各城市和北部边区各城市。

① 参阅 G. Wiet in *Mémorial Henri Basset*（Paris，1928），vol. ii，pp. 279—284。

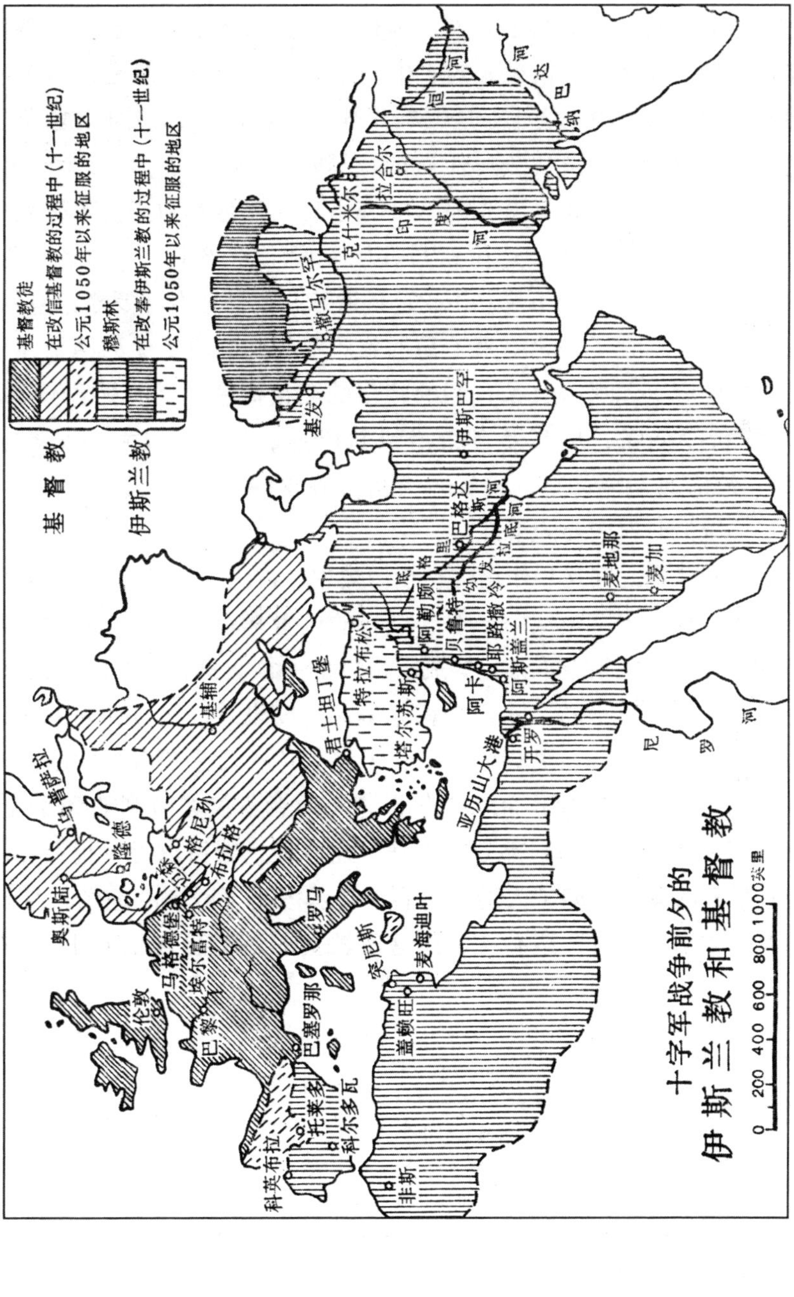
十字军战争前夕的
伊斯兰教和基督教
基督教
基督教徒
在改信基督教的过程中（十一世纪）
公元1050年以来征服的地区
伊斯兰教
穆斯林
在改奉伊斯兰教的过程中（十一世纪）
公元1050年以来征服的地区
0 200 400 600 800 1000英里
伦敦
巴黎
奥斯陆
乌普萨拉
隆德
格尼孙
布拉格
马格德堡
埃尔富特
基辅
罗马
巴塞罗那
托莱多
科尔多瓦
科英布拉
菲斯
盖赖旺
麦海迪叶
突尼斯
君士坦丁堡
特拉布松
塔尔苏斯
亚历山大港
开罗
阿卡
阿斯盖兰
耶路撒冷
贝鲁特
阿勒颇
巴格达
伊斯巴罕
麦地那
麦加
基发
撒马尔罕
克什米尔
拉合尔
印度河
恒河
巴纳达河
尼罗河
底格里斯河
幼发拉底河

第一批塞尔柱克人的队伍是在1070年之前不久出现于叙利亚的。1070
635 年，艾勒卜·艾尔斯兰素丹把阿勒颇的阿拉伯王子变成了自己的诸侯，艾勒卜的大将艾特西兹进入耶路撒冷，并且从法帖梅人的手中夺取了巴勒斯坦。作为逊尼派的穆斯林，塞尔柱克人认为根除埃及的异端是自己分内的事。过了五年，艾特西兹又从法帖梅人的手中夺取了大马士革。但是，1098年，耶路撒冷又重归于法帖梅人之手。法帖梅人强大的舰队于1089年还收复了所有沿海的城市，包括阿斯盖兰（阿什克伦）、阿卡（阿克）、提尔（苏尔）、朱拜勒（卑布罗斯）等城市。艾尔斯兰的儿子突突什是叙利亚塞尔柱克王朝真正的奠基人。1094年春季，这位素丹在阿勒颇（哈莱卜）、鲁哈（埃德萨）和毛绥勒（摩苏尔）等城市建立了自己的政权，此外还有呼罗珊原有的领地。但是，他第二年阵亡了，他得来不易的叙利亚领地，由于他的两个儿子列德旺和杜嘎格的竞争和那些自私自利的将领的互相猜忌，而重新陷于分裂。列德旺以阿勒颇为首都，从1095年统治到1113年；杜嘎格以大马士革为首都，从1095年统治到1104年①。从1096年开始在这两兄弟之间展开的敌对行动，构成了他们统治时代主要的事件。

错综复杂的原因和动机

在东方和西方之间互相作用的长期历史中，古代的特洛伊战争②和波斯战争，构成了序幕；十字军战争，按其应有的位置来看，成为中间的一章；而现代西欧的帝国主义领土扩张，构成了最后的一章。只有从东西方在宗教上、种族上和语言上有所不同，并且互相竞争的角度来看，东方和西方在地理上不同的事实，才有意义。更具体地说，十字军战争乃是基督教的欧洲对穆斯林的亚洲的反作用。因为，自632年以来，后者不仅在叙利亚和小亚细亚，而且在西班牙和西西里岛，都处于攻势。还有些远因可以提一提：如条顿部族喜爱迁徙和战争，他们进入历史舞台后，就改变了欧洲的地图；又如1009年，哈基木曾下令拆毁圣陵教堂，而这所教堂却是成千上万欧洲人巡礼的地

① 叙利亚的塞尔柱克王朝世系表（1094—1117年）：

1. 突突什·伊本·艾尔斯兰（1094—1095年在位）

2. 列德旺（1095—1113年在位）　杜嘎格（建都于大马士革，1095—1104年在位）

3. 艾勒卜·艾尔斯兰·艾赫赖斯（1113—1114年在位）　4. 素丹·沙（1114—1117年在位）

② 特洛伊是古代城市，在小亚细亚。古代特洛伊战争是非常著名的，由于使用特洛伊木马计，希腊人攻克了这座城。——译者

方，这所教堂的钥匙，于800年由耶路撒冷的主教送给查理曼，以表示祝福[①]。还有，巡礼者经过穆斯林的小亚细亚时，也遭到种种留难。十字军战争 636
的近因却是：亚历修·科穆宁皇帝于1095年向教皇乌尔班二世不断发出呼吁，因为他在亚洲的领地，远至马尔马拉海沿岸，都被塞尔柱克人侵略。这些穆斯林威胁了君士坦丁堡。教皇大概想利用这个呼吁，乘机把希腊教会和罗马教会重新联合起来，这两个教会是在1009—1054年期间完全分裂的。

1095年11月26日，教皇乌尔班二世在法国东南的克莱蒙演说，鼓励信徒们“走上通往圣陵的道路，从邪恶的种族手中夺取圣陵，使圣陵归自己所有”。这大概是有史以来最有效的一篇演说。“上帝所愿”的战斗口号，响遍全国，人们不分贫富贵贱，都受到心灵上的感染。1097年春天，有十五万人响应这个号召，会师于君士坦丁堡。这些人大半是法兰克人和诺曼人，还有一些乌合之众。他们都佩戴一个十字徽章，所以叫做十字军。第一次十字军就这样踏上了冒险的征途。

当然不是所有佩戴十字徽章的人，都是出于宗教动机。有几个头领，包括菩希蒙德，是一心一意想要列土封侯的。比萨、威尼斯和热那亚的商人们，则有着自己商业上的利益。富于浪漫幻想的人、不安分守己的人、喜爱冒险的人、信仰虔诚的人，他们都找到了一面新的旗帜，而许多犯人则找到了赎罪的方法。至于法兰西、洛林、意大利、西西里的广大群众，他们的经济地位和社会地位十分凄惨，对于他们来说，佩戴十字徽章，与其说是一种牺牲，不如说是一种救济。

（1）征服时期

人们通常把十字军东侵，分成确定的几次——七次到九次，这是决不能令人满意的。十字军大体上是川流不息的，各十字军之间的分界线很难划分清楚。更合乎逻辑的办法，是划分成三个时期：第一是征服时期，持续到1144年，这年毛绥勒的艾塔伯克·赞吉收复了鲁哈；第二是穆斯林的反攻时期，从赞吉开始，到萨拉哈丁（萨拉丁）的辉煌胜利而达到最高峰；第三是零星的内战时期，在这个时期，叙利亚-埃及的艾优卜人和埃及的麦木鲁克 637
人大显身手。从这个时期到1291年结束，当年十字军丧失了他们在叙利亚大陆上最后的据点[②]。征服时期完全在所谓第二次十字军之前（1147—1149年），而第三时期大致与十三世纪相符合。在最后的这个时期中，十字军有一次把矛头指向君士坦丁堡（1202—1204年），有两次把矛头指向埃及

① 参阅 Einar Joranson in *American Historical Review*, vol. xxxii（1927）, pp. 241—261; A. Kleinclausz in *Syria*, vol. vii（1926）, pp. 211—233。参阅本书第298页。

② 参阅 W. B. Stevenson, *The Crusaders in the East*（Cambridge, 1907）, p. 17。

（1218—1221 年），但都没有获得什么；还有一次甚至指向突尼斯（1270 年）。

拜占廷收复小亚细亚

第一次十字军的路线，是从他们的集合地君士坦丁堡出发，穿过小亚细亚。这个地方现在是科尼亚的塞尔柱克素丹、年轻的基利只·艾尔斯兰（1092—1107 年在位）的领土。十字军第一次与穆斯林交锋，就是跟这位素丹的武士打仗。鲁木的塞尔柱克王朝的奠基者、基利只的父亲苏莱曼·伊本·顾特鲁米什的首都尼西亚，经过一个月的围攻后，于 1097 年 6 月被十字军攻破了。除这次战役外，十字军参加过的唯一的酣战是多利莱阿木（埃斯基谢希尔）战役。7 月 1 日，他们在这里打败基利只的部队①。亚历修皇帝硬逼着图卢兹的雷蒙和其他十字军将领宣誓臣服于他，此次胜利的进军，替他收复了半岛西部的领土，而且把突厥人对欧洲的进攻，推迟了二百五十年。

第一个拉丁公国

十字军的一支分遣队在布洛涅伯爵的儿子包德温的率领下，越过陶鲁斯山脉，在完全转向南方之前，迂回到基督教的亚美尼亚人所占领的东部地区，在 1098 年初攻克了那个地区里的鲁哈城②。在这里，他们开辟了第一个拉丁殖民地，建立了第一个拉丁国家。包德温变成了这个国家的君主。另一支分遣队，在南部意大利的诺曼人唐克雷德的率领下，转到相反方向的西里西亚，那里的居民也是亚美尼亚人，还有少数希腊人。在这里，他占领了圣保罗的故乡塔尔苏斯。

安提俄克的陷落

638 在那期间，主力部队已到达安提俄克③。这座城市的守将是大塞尔柱克王朝的第三位统治者马里克沙所任命的艾米尔，名叫雅基－西彦④。经过长期的、艰苦的围攻（从 1097 年 10 月 21 日到 1098 年 6 月 3 日），北部叙利亚的这个都会才陷落在菩希蒙德的手里，这是一个亚美尼亚籍的碉堡指挥官叛变的结果。菩希蒙德是唐克雷德的一个亲戚，是十字军将领中最狡猾的。在这座城市陷落之前，阿勒颇的列德旺为拯救这座城市，进行了认真的抵抗。

---

① *Gesta Francorum et aliorum Hierosolymitanorum*, ed. Heinrich Hagenmeyen（Heidelberg, 1890）, p. 179, n. 11, p. 208, n. 62; Fulcher, *Historia Hierosolymitana*, ed. Hagenmeyer（Heidelberg, 1913）, p. 192, n. 10. 参阅 ibn-al-Qalānisi, ed. Amedroz, p. 134; tr. H. A. R. Gibb, *The Damascus Chronicle of the Crusades*（London, 1932）, p. 42。

② Matthew of Edessa, *Chronique*, ed. E. Dulaurier（Paris, 1858）, p. 218.

③ Antioch 的阿拉伯名称是 Anṭākīyah，是从希腊语的 Antiochia 得来的。这座城是因建筑者塞琉卡斯一世（Seleucus，公元前 300 年）的父亲安提俄卡斯（Antiochus）而得名的。耶稣的门徒在这里初次被称为基督徒（《使徒行传》11∶26），因此，这座城是具有特殊的意义的。（现代的安塔基亚。——译者）

④ Yāghi-Siyān 又叫 Bāghi-Siyān, ibn-al-Athīr, vol. x, p. 187; abu-al-Fidā', vol. ii, p. 220; ibn-Khaldūn, vol. v, p. 20.

这些围攻者刚刚进城，克尔卜嘎[①]就把他们包围起来，他是毛绥勒的艾米尔，专门带着援军从他的首都赶来的。被围攻的基督教徒在安提俄克的教堂里发掘出当年救世主（耶稣）吊在十字架上的时候，敌人插入他的胁下的那支“圣矛”，因此，军心大振，他们勇猛地突围而出，于6月28日解围，把克尔卜嘎的军队几乎全部歼灭。这座城交给菩希蒙德防守，而且变成第二个公国的首都。安提俄克留在基督教徒的手中达一百七十五年之久。

图卢兹人雷蒙是法兰克人将领中最富有的。在安提俄克发现惊人的圣矛的就是他的部下。他不以安提俄克为满足，继续向南挺进。他的部队占领了大诗人艾卜勒·阿拉义的故乡麦阿赖特·努耳曼之后，屠杀“居民十万人，而且放火把全城烧成一片焦土”，然后于1099年1月13日离去[②]。接着，雷蒙伯爵占领了希斯尼·艾克拉德[③]，这座城俯视着奥龙特斯河（阿绥河）平原与地中海之间的战略性关隘。他又围攻了北黎巴嫩山西面斜坡上的阿尔盖[④]，并且还在没有遇到什么抵抗的情况下，占领了滨海的安塔尔突斯[⑤]。黎巴嫩马龙派的基督教徒给他提供了向导和数量有限的补充兵。然而，雷蒙把 639
这些领地都放弃了，他为响应洛林伯爵布荣的哥德夫利（包德温的弟弟）的紧急呼吁，带领军队向主要目标耶路撒冷前进了。

夺取耶路撒冷

他们在南下的道路上，发现赖木莱城[⑥]的居民已经逃亡一空，这座城于是变成了巴勒斯坦境内第一个拉丁属地[⑦]。1099年6月7日，十字军四万多人（其中约两万人是精兵[⑧]），站在耶路撒冷各城门的外面了。埃及的守军，约计一千人。十字军希望耶路撒冷的城墙会像杰里科的城墙那样自己塌陷[⑨]，他

---

① 参阅 ibn-al-Athīr，vol. x，p. 188；abu-al-Fidā'，vol. ii，p. 221。一个突厥的冒险家，1096年从阿拉伯人贝尼·欧盖勒部族（bani-'Uqayl）的手中夺得毛绥勒，并入塞尔柱克帝国的版图。

② Ibn-al-Athīr，vol. x，p. 190，abu-al Fidā' 引证，*loc. cit.* 参阅 *Gesta Francorum*，p. 387；Kamāl-al-Dīn，“*Muntakhabāt min Ta'rīkh Ḥalab*”，in *Recueil*：*orientaux*，vol. iii，pp. 586—587。

③ 意思是“库尔德人的堡垒”，现在叫 Qalāt al-Ḥiṣm；Crac des Chevaliers of the Franks. Crac 原来是 Crat，是 Akrād 之讹。

④ 这是罗马皇帝中叙利亚王朝的皇帝亚历山大·塞维拉斯（222—235年在位）的故乡。

⑤ 拉丁语编年史上叫做 Tortosa，现在叫做 Ṭarṭūs。

⑥ 现代的拉姆勒。——译者

⑦ Ibn-al-Qalānisi，p. 136.

⑧ 参阅“Annales de Terre Sainte”，*Archives de l' orient latin*，vol. ii（Paris，1884），pt. 2，p. 429；Raimundus de Agiles，“Historia Francorum qui Ceperunt Jerusalem”，in Migne，*Patrologia Latina*，vol. clv，p. 657。

⑨ 《圣经》记载，以色列人进攻杰里科城，“于是百姓呼喊，祭司也吹角，百姓听见角声，便大声呼喊，城墙就塌陷。百姓……将城夺取。又将城中所有的，不拘男女老少，牛羊和驴，都用刀杀尽。”（《约书亚记》6:20—21）——译者

们便赤着脚，吹着号角，绕着城墙进军。一个月的围攻，被证明是很有效的。7 月 15 日，围攻者猛扑进城，不分男女老幼见人就杀，“成堆的头颅和手脚，在城里大街小巷和广场上，到处可见”①。一个月后，在阿斯盖兰②附近，又大败埃及人，这个重要的胜利，使耶路撒冷的拉丁人的处境更加安全了。但是，阿斯盖兰仍然是埃及舰队的基地和一支驻军的大本营。这支驻军，在埃及大臣麦列克·艾弗德勒的指挥下，不断地困扰敌军③。第三个拉丁国家，也是最重要的拉丁国家，就这样建立起来了。传说王位要交给雷蒙而不是一个牧师，但他拒绝了，因为救世主（耶稣）曾在这座城里戴过荆棘的冠冕，而他不愿在这里戴黄金的冠冕④。哥德夫利⑤既是正直的将领，又是勇猛的战士，所以被选为国王，他的头衔是“伯爵兼圣陵的保卫者”。许多十字军人和基地巡礼者，认为自己的誓愿已获得实现，便坐船返回故乡去了。

意大利舰队征服各港口 640

哥德夫利需要立即完成的任务，是征服沿海城市。没有这些城市，内地的占领是靠不住的，同本国的交通也有困难。这个问题在意大利运输香客的舰只的合作下解决了。这些舰只的舰长知道，占领沿海城市后，他们就能获得新的市场和自由的港口，来销售他们的商品。在次年（1100 年）的春天，比萨人在雅法接受了特殊的权利。不久之后，阿尔苏夫、恺撒里亚（盖撒里叶）、阿卡等城市都缴纳贡税，作为暂时停战的条件⑥。威尼斯的舰队在哥德夫利去世的那年夏天，对阿卡采取军事行动，在他去世后一个月内，攻陷了海法⑦。进攻的军队叫海法的驻军和居民，都聚集在一个十字架的四周，说那里是安全地区，接着就把他们全都残酷地屠杀了。埃及的舰队是能够前来保卫这些港口的唯一舰队，而那支舰队，即使不是毫无行动，也没有发挥多大作用。

在那期间，唐克雷德⑧深入到约旦河地区。介乎地中海岸与大马士革之间，位于进军路线上的贝桑，变成了早期的胜利品之一。纳布卢斯自愿地投

---

① Agiles，p. 659。在艾格萨清真寺里被屠杀的人，一说是七万（见 ibn-al-Athīr，vol. x，p. 194），一说是六万五千（见 Matthew of Edessa，p. 226）。

② 现代的阿什克伦。——译者

③ Ibn-Muyassar，*Akhbār Miṣr*，ed. Henri Massé（Cairo，1919），pp. 39 以下。

④ Agiles，p. 654.

⑤ 他的名字在阿拉伯史籍上写成 Kundufri，见 ibn-al-Qalānisi，p. 138；或 Kunduhri，见 ibn-Taghri-Birdi，ed. Popper，vol. ii，pt. 2，p. 304。

⑥ Albert of Aix，“Historia Hierosolymitanae expeditionis”，Migne，vol. clxvi，p. 575.

⑦ 参阅 Ibn-Khallikān，vol. i，p. 101。

⑧ Tancred 的名字在阿拉伯史籍上，一作 Ṭankari（见 ibn-al-Qalānisi，p. 138），一作 Dankari（见 Usāmah，ed. Hitti，p. 65）。

降了。唐克雷德作为哥德夫利的诸侯，居住在太巴列。然而，他在 1101 年 3 月间，放弃了自己的封地，宁愿到他叔叔菩希蒙德的公国安提俄克去；当时，菩希蒙德因出征在马拉什附近被古密什特勤[①]俘虏。1103 年，菩希蒙德缴纳赎金后获释。

耶路撒冷国王包德温一世

哥德夫利[②]死后，他的部下召唤他弟弟包德温[③]来做他的继任人。包德温从鲁哈来到，于 1100 年圣诞节在伯利恒举行加冕礼，而不是在耶路撒冷。这是因为尊重教会党人的意见，他们希望保有耶路撒冷，作为教会的领土。

包德温成为拉丁人的一个精力充沛的、有才能的、奋发有为的首领。他在位的期间（1100—1118 年），王国的版图，从红海北端的亚喀巴扩张到了黎巴嫩的贝鲁特。他的侄子和继任人包德温二世[④]（1118—1131 年在位），又增加了几座城市，主要是地中海东岸上的城市。在宽度方面，这个王国是以 641
约旦河为东边的疆界的。贝鲁特和西顿都是 1110 年被征服的。这些北方城市只能希望从大马士革获得援助；当时大马士革是在艾塔伯克·突格特勤的统治下，他原是塞尔柱克突突什素丹的奴隶，后来成为他的幼子杜嘎格的摄政王，加上了艾塔伯克（atābeg，太傅）的尊号[⑤]。但是，突格特勤在好几年内与包德温维持条约关系。经过短暂的停战时期，阿尔苏夫和恺撒里亚于 1101 年有条件地投降了热那亚的舰队，这支舰队接受了三分之一的战利品，并且获得特地指定的城区；提尔在自己的半岛上却平安无事地保持在穆斯林的手中，一直到 1124 年；阿斯盖兰保持到 1153 年。在死海以南的地区，包德温于 1115 年建筑了一个庞大的要塞，叫邵伯克城[⑥]，居高临下，控制着从大马士革到希贾兹和埃及的沙漠道路。

第三个法兰克人公国的建立

在叙利亚，的黎波里（太拉布卢斯，Ṭarāblus，得自希腊语的 Tripolis）当时是交通最频繁的港口。雷蒙[⑦]伯爵从安提俄克向着耶路撒冷蜿蜒南进的时

① 古密什特勤（Gumishtigin）是锡瓦斯的建筑者。锡瓦斯是达尼什曼德人的土库曼王朝的名城，这个王朝后来被强大的邻国塞尔柱克王国吞并了。

② Ibn-al-Qalānisi, p. 138 = Gibb, p. 51.

③ 他的名字在阿拉伯史籍上写成 Baghdaruīn，见 ibn-al-Qalānisi，p. 138；或 Bardawīl，见 ibn-Taghri-Birdi，vol. ii，pt. 2，p. 343；参阅 p. 327。

④ 关于耶路撒冷王室的世系，可以参考 René Grousset, *Historire des Croisades*, vol. ii（Paris, 1943），p. 686。

⑤ 他以其他的许多艾塔伯克为榜样，于 1103 年篡夺了政权，变成了布尔王朝的奠基人，这个王朝持续到 1154 年。

⑥ 拉丁人把这个要塞叫做 Mons Regalis（Mont Royal，Montréal）。根据早期的编年史 Crac de Montréal 是指东北方的姊妹城，Crac des Moabites（al-Karak〔卡拉克〕；阿语的 *Karak* 是从阿拉马语 *Karkha*〔城市〕得来的，Karkh 是巴格达一个区的名字）。

⑦ 他被称为 Raymond of Saint-Gilles，所以阿拉伯人把他叫做 Ṣanjīl 或 ibn-Ṣanjīl。

候，早已垂涎于的黎波里。他建立了耶路撒冷王国后，于1101年返回来围攻的黎波里。为了孤立这座城市，两年之后，他在艾卜·阿里河（嘎底舍河）河谷附近的一个小山上建筑了一个堡垒①。这个小山叫做香客山（Mons Pelegrinus），它很快就变成了一个拉丁人居住区的中心。围攻拖延得很久，尽管有邻近的基督教徒和山居人的支援②。附近的城市，都被雷蒙逐个征服了。在一支由四十艘战舰组成的热那亚舰队的合作下，他于1104年征服了朱拜勒城。从此以后，这座城就变成了的黎波里国的南部边界。雷蒙于1105年死在他的要塞里，他的目的始终没有达到，因为被围困的的黎波里城是在1109年7月12日才被攻陷的。

这样，现在建立起来的国家，除鲁哈国和安提俄克公国（包括西里西亚）
643 外，还有了的黎波里国。前两者都是耶路撒冷的封地③，后者也属于耶路撒冷王国的版图。鲁哈和耶路撒冷是勃艮第公爵的公国，安提俄克是诺曼底公爵的领地，的黎波里是普罗旺斯伯爵的领地。这四个国家是建立在穆斯林领土内绝无仅有的拉丁国家。他们的控制只限于叙利亚北部，只限于沿海又窄又小的基督教徒所居住的地区，在他们周围的是伊斯兰教的辽阔而且阴暗的背景。没有一个城市是与敌人相距一天以上途程的。即使在他们的国家里，拉丁人口也是稀疏地分布在各城区里面的。阿勒颇、哈马、希姆斯、巴勒贝克、大马士革等内地城市，虽然时时进贡，但是，从来没有被征服过。在努尔丁统治下的大马士革，曾于1156年9月开始的一年内，缴纳贡赋八千个第纳尔④。

社会上的接触

这些拉丁王国王位的继承、它们相互间的争端和琐细的斗争，都不是我们所关心的。这些事件只能构成欧洲史的一章，而与阿拉伯史无关。我们应该注意的是西方人跟本地人之间发展起来的和平友谊关系。

我们首先要记住，基督教徒到圣地来的时候，有这样的一种想法：他们认为自己比本地的人民优越得多，他们认为本地人都是把穆罕默德当上帝崇拜的多神教徒。一旦接触之后，他们才恍然大悟。至于他们给穆斯林们留下的印象，吴萨麦做过描绘⑤，他说："他们只是一群骁勇善战的畜生，如此而已，岂有他哉！"两个民族之间的和平时期，比战争时期更长。在和平时期，

---

① 后来，土耳其人修缮了这个堡垒，叫做太拉布卢斯城堡，直到最近还被用做监狱。

② Ibn-Khaldūn, vol. v, p. 186.

③ 这些封地都承认耶路撒冷的宗主权；John L. La Monte, *Feudal Monarchy in the Latin Kingdom of Jerusalem* (Cambridge, 1932), p. 187。

④ Ibn-al-Qalānisi, p. 336.

⑤ Ed. Hitti, p. 132 = *Arab Syrian Gentleman*, p. 161.

塞尔柱克人的领地
艾科尼阿木
艾科尼阿木苏丹国
亚美尼亚王国
塔尔苏斯
底格里斯河
埃德萨伯国
埃德萨
突厥人
曼比只
安提俄克公国
安提俄克
阿勒颇
麦阿赖
赖盖
幼发拉底河
拉塔基亚
阿萨辛人
舍伊萨尔
艾塔伯克人的领地
塞浦路斯
麦尔盖卜
塔尔突斯
希斯尼·艾克拉德
希姆斯
塔德木尔
的黎波里
的黎波里伯国
祝拜勒
贝鲁特
叙利亚沙漠
地中海
西顿
大马士
提尔
大马士革
大马士革的艾米尔国家
阿卡
耶路撒冷王国
约旦河
布斯拉
恺撒里叶
纳布卢斯
雅法
耶路撒冷
阿斯盖兰
巴达威尔半岛
死海
加宰
卡拉克
阿里什
开罗的法帖梅哈里发王国
蒙特利尔
红海
0 20 40 60 80 100英里
约在公元1140年时
叙利亚的十字军国家

不得已的交际，造成了相互之间感情上根本的改变。亲切的睦邻关系建立起来了。法兰克人雇用了许多忠实的本地工人和农民。他们所传入的封建制度，也逐渐适用于本地的土地占有了。他们学会了养马、养鹰、养狗。不久，双方就达成协议，保证狩猎队都不受攻击。双方常常保证对方旅客和商贩的安全，而且通常还相互尊重。法兰克人抛弃了他们的欧洲服装，穿上了更舒适、更合适的本地服装。在食品方面，他们养成了新的嗜好，他们特别喜欢用大
644 量的糖和香料制成的各式各样的食品。他们认为东方的住宅比西方的优越，不但有宽敞的院落，还把流水引到家里来。有些人跟本地人通婚，由本地的妈妈生出来的欧亚混血儿，叫做 *poulain*（串秧儿）[①]。他们在某些情况下甚至同样尊敬穆斯林和犹太教徒所尊敬的圣地。在他们内部断断续续的争吵中，拉丁人往往欢迎来自“异教徒”的帮助，穆斯林们也常常与拉丁人订立盟约，借他们的力量来对付自己的穆斯林弟兄。

（2）穆斯林的反攻：赞吉人和努尔人

伊马杜丁（意为宗教的支柱）赞吉，是毛绥勒（摩苏尔）的蓝眼睛的艾塔伯克（1127—1146 年在位），他的崛起标志着形势向有利于伊斯兰教的方向变化。赞吉是反十字军的许多英雄人物中的先驱，萨拉哈丁是登峰造极的英雄，这种事业继续到十四世纪后半期的麦木鲁克王朝。赞吉是马里克沙的一个突厥奴隶的儿子，他为自己开拓了一个公国，包括阿勒颇、哈兰、毛绥勒三大城市；他在毛绥勒建立了赞吉王朝（1127—1262 年），我们可以毫不踌躇地说，那是艾塔伯克人所建立的许多王朝中最强大的王朝。在他的头几次铁锤般的打击下，十字军诸国是注定要崩溃的。第一锤落在鲁哈城上。这座城接近巴格达，而且控制着美索不达米亚和地中海之间主要的道路，在五十年间成为叙利亚的诸拉丁国的屏障。赞吉于 1144 年围攻这座城四周之后，就从佐塞林二世的手中把它夺过来了[②]。这座城市是首先建立和首先沦陷的十字军国家，虽然它具有坚固的堡垒，却没有坚强的抵抗。这座城市的攻陷，意味着拔除了插在叙利亚和伊拉克这两个穆斯林国家之间的楔子。就欧洲来说，这座城市的陷落，通称为第二次十字军的信号，这次十字军是在 1147—1149 年间，由德意志的康拉德三世和法兰西的路易七世所率领。组成第二次十字军的军队是法兰西和德意志的武士、圣殿骑士团[③]、慈善院骑士团[④]和耶

---

① 这是一个拉丁化了的阿拉伯字，原来的阿拉伯字 *fulān* 有某君某人的意思，拉丁化的 *pullani* 有羔子、崽子的意思。（我认为“串秧儿”更能表达人们的感情。——译者）

② Ibn-al-Athīr，“Ta'rīkh al-Dawlah al-Atābakīyah”，in *Recueil*：*Orientaux*，vol. ii，pt. 2，118 以下。

③ 阿拉伯语的名称 Dāwīyah 是一个叙利亚词的对音，那个叙利亚词的意思是“贫民”，这个团的拉丁语原名是 Pawperes Commilitones Chrirti（基督的贫苦骑士团）。

④ 或称为圣约翰的骑士团；阿拉伯语的名称是 Isbatāriyah（Asbitāriyah）。

路撒冷王国所提供的部队，这支军队围攻大马士革四天，毫无效果①。这支十字军在别的地方也是毫无成就的。

赞吉作为伊斯兰教事业的捍卫者的职位，由他的儿子努尔丁（意为宗教 645
的光明）·麦哈茂德所继承，他定都于阿勒颇。努尔丁比他父亲更有才能，他是第二个与法兰克人对垒的，而且颇占优势。他在 1154 年，兵不血刃地从突格特勤的继任者的手中夺取了大马士革，从而消除了在赞吉王朝的领土和耶路撒冷之间最后的障碍。他逐渐完成了征服鲁哈的任务，于 1151 年把鲁哈的公爵佐塞林二世用锁链系着当战俘带走了②。努尔丁还征服了安提俄克公国的一部分；这个公国年轻的统治者菩希蒙德三世，于 1164 年，跟他的同盟者、的黎波里的雷蒙三世一道，被俘虏了。这两个俘虏后来因缴纳赎金，先后获释，前者被关了一年，后者是九年。

伊斯兰教的事业，在巴勒斯坦却不是这样旗开得胜的。巴勒斯坦的屏障阿斯盖兰曾抵抗法兰克人达五十年之久，于 1153 年终于陷落在耶路撒冷国王包德温三世的手里，从而在基督教徒的面前就打开了通向埃及的道路。

萨拉丁的登场

努尔丁有一个能干的副手，叫做施尔科，他奉上级的命令，利用法帖梅王朝的衰弱，在埃及屡次获得军事上和外交上的胜利，于 1169 年接受了法帖梅王朝最后的哈里发③阿迪德（1160—1171 年在位）的大臣的职务。前任大臣沙韦尔向包德温三世的弟弟和继任者阿马利克一世求援，而且获得他的支援，共同对付施尔科。施尔科在授爵式之后不久就去世了，他的侄子萨拉哈丁（意为宗教的方正，拉丁语的 Saladin，萨拉丁）·伊本·艾优卜继承了他的职位。

麦列克·纳绥尔·素丹萨拉哈丁·优素福，于 1138 年出生于底格里斯河岸上的塔克里特，他的父母都是库尔德人。他出生的次年，他的父亲艾优卜（即约伯）被艾塔伯克·赞吉任命为巴勒贝克的司令官。萨拉哈丁青年时代的事迹和他早期在叙利亚受教育的情况，已不可考了。他早期的兴趣，显然集中于教义学的讨论。他从来没有出现在大庭广众之中，直到 1164 年，他才“勉强地”伴随着他的叔父初次向埃及进军④。他从此时起，开始走运，他立
下两大雄心壮志：一是在埃及以逊尼派代替十叶派，二是推进对法兰克人的 646

① 最清楚的叙述见 ibn-al-Qalānisi，pp. 298—299，伊本·盖拉尼西当时在大马士革担任政府的高级官员。

② Ibn-al-Ibri，p. 361；ibn-al-Athīr，vol. xi，p. 101. 参阅 Kamāl-al-Dīn，*Zubdat al-Lahab min Tār'īkh Ḥalab*，tr. E. Blochet（Paris，1900），p. 25。

③ Ibn-Kallikān，vol. i，pp. 405—407. 参阅 Yāqūt，vol. ii，pp. 246—247。

④ Abu-Shāmah，vol. i，p. 155；abu-al-Fidā'，vol. iii，p. 47.

圣战。他在1169年任大臣，在1171年就下令在星期五的聚礼仪式上取消法帖梅哈里发的名字，而代之以阿拔斯王朝哈里发穆斯台兑耳的名字。这件重大的变革，毫无骚动地完成了，甚至没有“两只山羊因此而互相抵触”①。

为了实现他的另一个更大的宏愿，他就必须先统治穆斯林的叙利亚。当时穆斯林的叙利亚是在他的宗主努尔丁的统治之下，因此主仆之间的关系变得紧张了。努尔丁于1174年去世之后，萨拉哈丁宣布埃及独立。在几次交战之后，他在古鲁尼（犄角）·哈马战役中大获全胜，从努尔丁的儿子和继任者、十一岁的易司马仪的手中夺取了叙利亚。在那期间，萨拉哈丁的哥哥突兰沙成功地占领了也门。希贾兹及其圣地，自然地归附了埃及。1175年5月，阿拔斯王朝的哈里发根据萨拉哈丁的请求，赏赐他一份授予证书（册封），把埃及、马格里布（西非洲）、努比亚、西部阿拉比亚、巴勒斯坦和中部叙利亚等地，通通赏赐给萨拉哈丁。哈里发就是这样慷他人之慨，拿了别人的东西来做人情。从此以后，萨拉哈丁认为自己是唯一的素丹，正如他的亲戚、史学家艾卜勒·菲达②所表达的那样。十年之后，他征服了毛绥勒，把美索不达米亚所有的君主都变成了诸侯。努尔丁曾梦想先包围法兰克人，然后把他们置于穆斯林的上下磨石之间，即置于叙利亚－美索不达米亚和埃及之间，使他们化为齑粉，这个梦想，在他的更显赫的继任者萨拉哈丁的功业中变成了现实。

萨拉哈丁在北部叙利亚指挥作战的期间，阿萨辛人③因受萨拉哈丁的穆斯林敌人的嗾使，曾对他进行两次暗杀。在这之前，也曾对努尔丁作过同样的谋刺，还成功地暗杀了法帖梅王朝的哈里发阿米尔（1130年）。这个可怕的修道会，当时在叙利亚是非常活跃的，很多基督教徒都被他们暗杀了，其中最著名的有的黎波里的雷蒙二世（约于1152年）和新被拥戴为耶路撒冷王的蒙斐拉人康拉德（1192年）④。萨拉哈丁于1176年围攻麦斯雅德，即山老人赖世德丁·息南的大本营，但是，他接到以后不再进行暗杀的保证时，就解除了包围。

647 息南曾在波斯宣布独立。他控制了一批精干的特务和一种传书鸽邮政，说他能够凭借似乎神奇的方法，获得各方面的情报。他的“斐达伊”（fidā',

① Abu-al-Fidā', vol. iii, p. 53。

② Abu-al-Fidā', vol. iii, p. 60。

③ 参阅本书第446—448页。——译者

④ Ibn-al-Athīr, vol. xii, p. 51。

敢死队员）对于毒性匕首的制造和使用，具有专长①。相传当耶路撒冷有名无实的国王、香巴尼人亨利于1194年访问这位大王的时候，他为了使客人对于他的忠实侍从如何盲从他的命令获得一个深刻的印象，就对两个站在堡垒塔顶上的侍从作了一个手势，他们两个立刻从塔顶跳下去，摔得粉身碎骨②。

暗杀的威胁解除之后，萨拉哈丁就可以放手致力于进攻法兰克人了。他接连取胜。他围攻太巴利六日后，于1187年7月1日攻陷。附近的赫淀战役于7月3日到4日相继发生。战斗开始于星期五，因为萨拉哈丁喜欢在这个聚礼日发动进攻。星期五则是法兰克军队的忌日③。法兰克军约计二万人，除渴死的和热死的不计外，几乎全部被俘。在著名战俘的名单上，头一名是耶路撒冷的国王律星云·德该。这位武侠的素丹，给那位垂头丧气的国王以友好的接待，而他的伙伴——和平的扰乱者、夏蒂荣的雷吉纳尔德却受到一种不同的待遇。雷吉纳尔德大概是拉丁将领中最冒险、最不谨慎的，而且是阿拉伯话讲得最流利的。他曾奉命防守卡拉克要塞。常有和平的驼队商从要塞的墙下经过，他不止一次地猛扑驼队，进行抢劫，从而破坏了条约关系。他甚至从亚喀巴湾的艾伊莱派遣舰队，不断袭扰希贾兹圣地领域的海岸，掠夺朝觐圣地的人。萨拉哈丁曾发誓，要亲手处死这个破坏停战协定的人。现在，实践誓言的时机到了。阿拉伯人有好客的传统，主人对于他所接待的客人，是不能加以伤害的，雷吉纳尔德企图利用这种公认的传统。他向战胜者的帐篷要了一口水来解渴。但是，给他水喝的并不是萨拉哈丁，因此，在战俘和战胜者之间，并没有能建立起宾主之谊④。雷吉纳尔德只好用自己的生命，作为背信弃义的代价了。所有的圣殿骑士团和慈善院骑士团的骑士，都被公开 648
地处死了⑤。

赫淀（旁注：赫淀）

赫淀的胜利，决定了法兰克人事业的命运。耶路撒冷的守军，已经在赫淀战役中被歼灭了，因此，在一个星期的围攻之后，这座城市于1187年10月2日被攻陷了。在艾格萨清真寺里，穆艾精（宣礼员）的呼声，代替了基督教的锣声，磐石上圆顶寺的屋顶上的金质十字架，也被萨拉哈丁的部下拆除了。

---

① Ibn-Baṭṭūṭah, vol. i, pp. 166—167.

② Marinus Sanuto, "Liber secretorum" in Bongars, *Gesta Dei per Francos* (Hanau, 1611), vol. ii, p. 201.

③ 星期五是耶稣受难的日子，有圣金曜日之称，故基督教徒认为是忌日。——译者

④ 参阅本书第25页。

⑤ Abu-Shāmah, vol. ii, pp. 75 以下（他的报告是目击者的报告），ibn-al-Athīr, vol. xi, pp. 352—355; Ernoul and Bernard le Trésorier, *Chronique*, ed. M. L. de Mas Latrie (Paris, 1871), pp. 172—174。

夺得拉丁王国的首都后，萨拉哈丁获得了法兰克人原来在叙利亚和巴勒斯坦所占据的大多数城市。在他所进行的一系列辉煌的军事行动中，剩余的要塞大半被占领了。没有一个要塞能够抵抗，因为这些要塞最好的保卫者已经在赫淀战役中被歼灭了。十字军的士气十分低落，这位伊斯兰教伟大的斗士则在圣战精神的鼓舞下，一直向北方挺进，进攻拉塔基亚、哲伯莱和绥雍，并向南方挺进，进攻卡拉克和邵伯克。这些城市，还有舍基夫·艾尔农①、考克卜②、萨法德，以及其他扎在穆斯林胁腹上的刺，都在1189年底之前，相继陷落了。法兰克人已经十分接近被赶出这片国土了。只有安提俄克、的黎波里、提尔以及其他几个较小的城镇和要塞，仍然留在拉丁人的手中。

舍基夫要塞

屹立在列塔尼的绝壁上，比列塔尼高1500英尺，下临西顿和大马士革之间的隘口

围攻阿卡

圣城的陷落，使欧洲大为震动。欧洲的统治者变得同仇敌忾。德意志的皇帝红胡子弗雷德里克、英格兰的国王狮心理查一世、法兰西的国王菲利普·奥古斯都，都参加了十字军。这三个人是西欧最强大的君主，第三次十

---

① Shaqīf Arnūn 是 Arnald 的要塞，位于 Leontes（al-Liṭāni），拉丁语编年史里叫做 Belfort。这个要塞所有人被叫做 Reginald of Siden。关于语源学，可以参阅 Hitti，*History of Syria*，*including Lebanan and Palestine*（London，1950），p. 602，no. 5。

② 这是在约旦河滨的贝桑（Baysān）以北新建筑的要塞。这个要塞的全名是 Kawkab al-Hawā'（天空的星星），在拉丁语资料里，叫做 Belvoir。

字军（1189—1192 年）是由他们发动的。就人数来说，这是最大的十字军。这次十字军，以萨拉哈丁和狮心理查为主角，给东方和西方的故事和传奇，提供了大家都喜爱的题目。

弗雷德里克是首先出发的，他由陆路挺进，在小亚细亚横渡西里西亚的一条河的时候，淹死在河里。他的部队大半返回了祖国。理查在中途停留下来，夺取塞浦路斯岛，这个海岛是注定要成为从大陆上被赶出来的十字军的 650
避难所的。

在这期间，在圣地的拉丁人断定阿卡是收复失地的关键所在。实际上他们倾全力以进攻这座城市，他们的部队获得了弗雷德里克残部和法兰西国王分遣队的增援。指挥这支部队的，是前任耶路撒冷国王律星云·德该。他被俘后，曾发誓不再进攻萨拉哈丁，因而才获释；现在，他违背誓约，又发动了战争。萨拉哈丁于次日赶来援救，在敌军对面搭起了帐篷。战争在陆上和海上进行。理查到来的时候，欢声大作，祝火四起。围城期间，发生了一些富于画趣的事件，同时代的阿拉伯史学家和拉丁史学家，都有所记载。一个大马士革人配制了炸药，把围攻者的三座碉堡炸坏了，他谢绝了萨拉哈丁的奖赏，他说他以真主的报酬为满足①。理查从西西里岛运来三船燧石，作为抛石机的炮弹，阿卡居民被石弹打死十三人，有人认为这种石弹很奇怪，特意拾来给萨拉哈丁看。萨拉哈丁和理查曾互赠礼物，但未会面。守军被围得水泄不通，萨拉哈丁只好用传书鸽和他们联系，有时派游泳者从海里游过去进行联系。一个会游泳的人，在执行任务时淹死在海里，海浪把他的遗体推到岸边，阿卡人把那具遗体打捞上来，从他的衣袋里取出他送来的钱财和信件。替萨拉哈丁作传记的人深为这件事所感动，他说："在生时接受委托，死后还不负所托，这是从所未闻的奇事。"② 凡是从城墙上挖下一块石头的人，理查都给他优厚的报酬，战斗员们和妇女们，都以很大的勇气建立战功。这次围攻被认为是中世纪的大战之一，拖延了两年之久（1189 年 8 月 27 日到 1191 年 7 月 12 日）。法兰克人的有利条件，是舰队和最新的攻城的射石机，穆斯林的有利条件，是统一的指挥。萨拉哈丁曾向哈里发求援，但是，没有获得援助。守军终于投降了。

投降的两个条件是：守军缴纳二十万个金币，送还圣十字架，作为释放 651

---

① Ibn-Khaldūn, vol. v, p. 321.

② Bahā'-al-Dīn ibn-Shaddād, *Sīrat Ṣalāḥ-al-Dīn*: *Al-Nawādir al-Sulṭānīyah w-al-Maḥāsin al-Yūsufīyah* (Cairo, 1317), p. 120. 参阅 tr. as "*Saladin*"; *Or*, *What Befell Sultan Yúsuf* (London, 1897), p. 206。

守军的代价①。过了一个月的工夫，赎金还没有交出，理查就下令把二千七百个战俘屠杀了②。他的这个行动，跟萨拉哈丁夺取耶路撒冷时对战俘的待遇，形成了鲜明的对照。当时萨拉哈丁曾要求俘虏赎身，有几千个穷人无力赎身。萨拉哈丁应他弟弟的请求，释放了一千名穷苦的战俘；他应主教的请求，又释放了另一批战俘。他认为他弟弟和那位主教，都做了好事，这次该轮到他自己去做了，于是便不要一分赎金，把其余的战俘白白地释放了，其中包括许多妇女和儿童。

现在，阿卡代替了耶路撒冷的领导地位③，从此以后，交战双方进行和平谈判，几乎没有中断过。富于浪漫思想的理查，建议他的妹妹跟萨拉哈丁的弟弟麦列克·阿迪勒结婚，把耶路撒冷作为结婚的礼品，赠给新郎和新娘，这样来结束基督教徒和穆斯林之间的战争④。1192 年 5 月 29 日（棕榈主日），他给阿迪勒的儿子麦列克·卡米勒隆重地举行了授爵士位的典礼。1192 年 11 月 2 日，终于缔结了和约，和约的总原则是：海岸归拉丁人，而内地归穆斯林，巡礼者到圣城朝拜，不受欺负。萨拉哈丁虽然享受了和平的果实，但是，没有几个月，他就逝世了。1193 年 2 月 19 日，他在大马士革害伤寒病，十二天后就去世了，享年五十五岁。他的陵墓在大马士革伍麦叶清真大寺附近，直到现在还是叙利亚首都吸引游客的圣地之一。

萨拉哈丁不仅是一位战士，不仅是逊尼派伊斯兰教的一位斗士，他还庇护过学者，奖励过教义学的研究，建筑过许多堤防，开凿过许多水渠，创办过许多学校，修建过许多清真寺。他所修建的许多古迹保存到现在的，还有
652 开罗的城堡⑤。他在 1183 年建筑开罗城墙的同时，建筑了这个城堡，建筑材料取自较小的金字塔。他的内阁有两位有学问的大臣，一位是法官法迪勒⑥，另一位是仪马德丁⑦，他们的书简体文学，是以优美的风格著称的。他最后的

---

① Abu-Shāmah, vol. ii, p. 188; ‘Imād-al-Dīn (al-Iṣfahāni), *al-Fatḥ al-Quṣṣi fi al-Fatḥ al*, *Qudsi*, ed. C. de Landberg (Leyden, 1888), p. 357; ibn-al-‘Ibri, pp. 386—387; abu-al-Fidā’, vol. iii, pp. 83—84.

② Benedict of Peterborough, ed. W. Stubbs (London, 1867), vol. ii, p. 189; ibn-Shaddād, pp. 164—165.

③ Ibn-al-‘Ibri, p. 413，提及阿卡的国王。

④ 参阅 abu-al-Fidā’, vol. iii, p. 84。

⑤ Qal‘at al-Jabal。他的铭文刻在古老的城门上，现在还清晰可读。

⑥ Ibn-Khallikān, vol. i, pp. 509 以下；Subki, *Tabaqāt*, vol. iv, pp. 253—254。

⑦ Ibn-Khallikān, vol. ii, pp. 495 以下；Suyūṭi, *Ḥusn*, vol. i, p. 270。他所著的 *al-Fatḥ* 是本章主要的参考资料。

私人秘书白哈艾丁·伊本·舍达德[①]，成为他的传记的写作者。萨拉哈丁推翻法帖梅王朝的时候，把堆积如山的财宝，分给他的家臣和军队，自己什么也没留。财宝中有一串蓝宝石珠子，重达十七第尔汗[②]，史学家伊本·艾西尔曾亲自称过这串珠子的重量[③]。努尔丁的遗产，他没有碰过，而是留给了已故国王的儿子。他本人去世的时候，只遗留下四十七个第尔汗和一个第纳尔[④]。他的令名同哈伦和拜伯尔斯的令名一道直到今天还排列在人民群众所敬仰的那些有声望的英雄人物名单的最前列。在欧洲，萨拉哈丁很合英国吟游诗人和现代小说家的心意[⑤]，直到现在还被认为是骑士精神的典型。

（3）零星的内战时期：艾优卜人

萨拉哈丁所建立的素丹国家，东自底格里斯河，西至尼罗河。他去世之后，他的几个继任者把国家瓜分了，他们当中没有一个人继承了他的天才。起初，他的儿子麦列克·艾弗德勒（意为卓越的国王）在大马士革继承王位，阿齐兹（意为强大者）在开罗继承王位，扎希尔（意为胜利者）在阿勒颇继承王位，萨拉丁的弟弟和心腹阿迪勒在卡拉克和邵伯克继承王位。但是，在1196年到1199年期间，阿迪勒利用他几个侄子之间的倾轧，夺得了埃及和大部分叙利亚的统治权。1200年，他任命他的一个儿子做美索不达米亚的长官。在拉丁语编年史中，阿迪勒叫做萨法丁（Saphatin）[⑥]，他是1192年参加和平谈判的首席代表，在他统治的时代，与十字军维持了友谊关系。小的冲突不是没有，但是，他的主要政策是和平的政策，是促进与法兰克人各殖民地的贸易往来的政策。他准许威尼斯人在亚历山大港建立有客栈的特殊市场[⑦]，准许比萨人在那里设立领事。大马士革至今还有一所叫做阿迪勒的学校，就是纪念他的。这所学校有一部分是他建筑的[⑧]。 653

1218年阿迪勒去世后，艾优卜家族的几个支派，都是阿迪勒的子孙，他

① Ibn-Khallikān, vol. iii, pp. 428 以下。他所著的 *Sirah* 曾被广泛地应用于本章。

② 一个第尔汗等于3.12克，这串珠子计重53.074克。——译者

③ Ibn-al-Athīr, vol. xi, p. 242.

④ Abu-al-Fidā', vol. iii, p. 91.

⑤ 例如斯科特所著的《护符》（*Talisman*），莱辛所著的《智者纳旦》（*Nathan der Weise*）。由于萨拉哈丁的威望很高，所以有人编了一个传说，用来说明贝克特（Thomas Becket）的伟大，因为他的母亲是一个萨拉森人（阿拉伯人）。

⑥ 这个名字来自他的尊号 Sayf-al-Dīn（赛福丁，意为宗教的宝剑）。ibn-Khallikān, vol. ii, p. 446。

⑦ 阿拉伯语的 *funduq*（旅馆）是希腊语 *pandokeion* 的对音；阿拉伯语 *bunduq*（榛子）是希腊语 *pontikos* 的对音；阿拉伯人把威尼斯叫做 Bunduqīyah（abu-al-Fidā', *Taqwīm al-Buldān*, ed. Reinaud and de Slane, Paris, 1840, p. 210），是 Veneticum 的讹误。

⑧ 史学家伊本·赫里康和素卜奇等人的名字和这所学校是分不开的，这所学校的校舍现在是大马士革阿拉伯科学院院址。

们在埃及、大马士革和美索不达米亚三地进行统治。艾优卜家族其他成员的子孙，控制了希姆斯、哈马和也门。埃及的艾优卜人是主要的支派，这个支派不断同大马士革的亲戚争夺叙利亚的统治权。北部叙利亚的各个支派，于1260年被鞑靼人旭烈兀的突袭灭亡，哈马的小支派除外，这个支派在麦木鲁克王朝时代还继续存在，史学家兼国王的艾卜勒·菲达（1332年卒）就是这个支派的成员，他是萨拉哈丁的弟弟的苗裔。

法兰克人的阵营

在王朝内讧的期间，伊斯兰教世界不仅无力进取，而且萨拉哈丁所收复的城市，如贝鲁特、萨法德、太巴利、阿斯盖兰，甚至耶路撒冷（1229年），也接二连三地重新陷落在法兰克人的手中。但是，法兰克人的处境并不容许他们充分利用这个形势。他们自己的情况，即使不是更坏，也是够恶劣的。他们的殖民地，是靠欧洲所派遣的新兵来维持的，这种新兵并不是需要时立刻就可以供应的。他们的内部，也不团结，在热那亚人和威尼斯人之间有争吵，在圣殿骑士团和慈善院骑士团之间有猜忌，在各将领之间有个人的争端，而且大家都在争夺耶路撒冷王的空头衔——所有这些都是他们的议事日程。我们在上面已经讲过，他们在互相倾轧中，往往寻求穆斯林的帮助，来对付自己的劲敌。

埃及成为兴趣的中心

萨拉哈丁死后，法兰克人和本地人之间的头几次重大的战争，发生在卡米勒统治（1218—1238年在位）的埃及土地上。卡米勒是他父亲阿迪勒在埃及的继任者，现在是艾优卜王朝的领导人物，在名义上接受了叙利亚的臣服。他父亲去世之前不久，十字军在埃及的迪木雅特（Dimyāṭ，即拉丁文的Dam-ie-tta）[1] 登陆，次年占领了那座城市；他登基后的首要任务，就是从自己的领土上肃清十字军。十字军这次所以对埃及进行侵略，是因为意大利沿海各
654 共和国重新认识到，伊斯兰教的权力中心，已经由叙利亚转移到了埃及，只有征服埃及，意大利人的商船才能进入红海，去分享印度洋巨大的商业利益。经过差不多两年（1219年11月到1221年8月）的斗争，卡米勒才强迫法兰克人放弃迪木雅特，然而准许他们自由通行[2]。

卡米勒像他父亲一样，对水利和农业具有浓厚的兴趣，并且同欧洲各国签订了几个贸易协定。他对于他的基督教人民颇有好感，以至科卜特教派直到现在还承认他是他们以前从来没有过的最仁慈的国王。他登基的次年，意大利阿西西的圣弗朗西斯访问了他的宫廷，同他讨论了宗教问题。他对于学

① 现代的杜姆亚特。——译者

② Abu-al-Fidā', vol. iii, pp. 135—137; ibn-Khaldūn, vol. v, pp. 349—350; ibn-Khallikān, vol. ii, p. 451, ibn-Iyās, *Badā'i' al-Zuhūr fi Waqā'i' al-Duhūr* (Būlāq, 1311), vol. i, pp. 79—80.

术的兴趣，可以用这件事实来说明：卡米勒曾亲自去访问开罗的一个老百姓——欧麦尔·伊本·法立德（1181—1235 年），他是阿拉伯人所产生的最伟大的苏非派诗人，据说他拒绝接待这位贵客。卡米勒原是理查的好友，现在又跟 1227 年煽动十字军战争的弗雷德里克二世建立了友谊关系。1229 年曾缔结了一个不体面的条约，把耶路撒冷以及连接耶路撒冷和阿卡的走廊都让给了弗雷德里克，交换条件是弗雷德里克帮助卡米勒对付他的敌人，这些敌人大部分是艾优卜家族的成员①。在奥斯曼人之前，在一个基督教国家和一个穆斯林国家之间签订的条约，这要算是绝无仅有的了。耶路撒冷一直留在法兰克人的手中。直到 1244 年，卡米勒的第二个继任者麦列克·撒列哈·奈只木丁·艾优卜（1240—1249 年在位），邀请花拉子模突厥人的一支分遣队，才替伊斯兰教光复了耶路撒冷②，这些突厥人是以前被成吉思汗从中亚细亚赶出来的。

撒列哈病危的时候，接到情报说，迪木雅特受到法兰西国王路易九世（即圣路易）和他的“第六次十字军”的骑士们的威胁。这座城于 1249 年 6 月 6 日，没有抵抗就投降敌人了。但是，法兰西军队向开罗进军的时候，到达一个沟渠错综复杂的地区，适值尼罗河泛滥，瘟疫在队伍中流行，交通线又被埃及人切断。1250 年 4 月，全军都被歼灭了。路易王和他的大部分贵族，都当了战俘③。 圣路易

在这期间，撒列哈逝世了（1249 年 11 月）。他的胆大的、精力旺盛的寡妇舍哲尔·杜尔（意为真珠树）在三个月内一直保守秘密，不让外人知道撒列哈之死，直到他的儿子和继任者突兰沙从美索不达米亚返回开罗，才公开 艾优卜王朝为麦木鲁克王朝所代替 655

① Abu-al-Fidā', vol. iii, p. 148; ibn-al-Athīr, vol. xii, p. 315.

② 参阅本书第 482 页。

③ Maqrīzi, vol. ii, pp. 236—237; Joinville, *Histoire de Saint Louis*, ed. N. de Wailly (Paris, 1874), pp. 169 以下。

了消息[1]。突兰沙未能充分迎合他父亲的奴隶们（*mamlūks*，麦木鲁克）的心意。1250 年，在他继母的默许之下，他被暗杀了。舍哲尔自称穆斯林们的女王[2]，艾优卜家族大马士革支派的一个六岁的儿童，名叫艾什赖弗·穆萨的，被授予联合王国名义上的国王的称号，实权却掌握在奴隶艾伊贝克的手中，他就是麦木鲁克王朝的奠基人。路易和他的侍从被俘一个月后，以交付赎金和归还迪木雅特[3]为条件，获得了释放。从 1250 年到 1254 年，他一直驻在叙利亚，在那里忙于建筑阿卡、海法、盖撒里叶、西顿等港口的防御工事。1270 年，他又率领另一支无用的十字军，去侵略突尼斯，结果病死在那里。在所有的十字军将领当中，他的人格要算是最纯洁的和最高贵的，远非其他将领所能比拟。他的“毕生是一次祈祷，他的高贵的目的是照上帝的意思办事”。

最后的打击：拜伯尔斯

麦列克·扎希尔（胜利的国王）·拜伯尔斯（1260—1277 年在位）是麦木鲁克王朝（奴隶王朝）的第四位素丹，以他为首的一系列的素丹，给十字军的事业以最后的打击。拜伯尔斯在他的前任素丹古突兹的统治时代，曾以

① 埃及艾优卜王朝世系表，除阿齐兹、曼苏尔、艾什赖夫三王外，历代的国王，最低限度在一个时期内，都是大马士革所承认的：

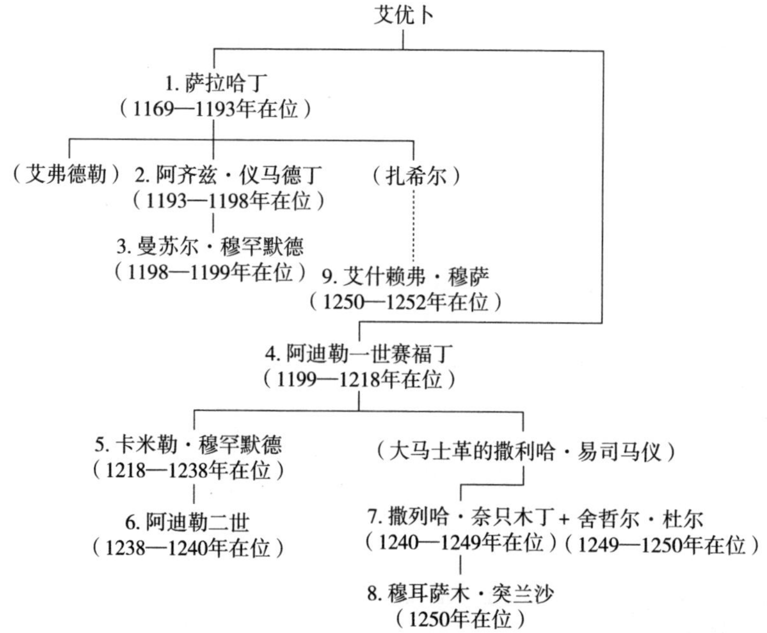

② Abu-al-Fidā', vol. iii, p. 190; Suyūṭi, *Ḥusn*, vol. ii, p. 39.

③ Joinville, pp. 201 以下。

大将的身份，于 1260 年 9 月 3 日，大败鞑靼人于耶路撒冷北的阿因·扎卢 656
特[1]，因此著名于世。蒙古大将是怯的不花（Kitbugha），他是一个景教徒，他的先锋当时已经到达加宰[2]。这次胜利是文明史上一件难忘的事件. 假若蒙古人占领了开罗，他们一定会破坏开罗的宝库和图书。这次胜利，不仅消除了对叙利亚和埃及的威胁，而且为两个邻国的重新合并开辟了道路；这次的再合并，在麦木鲁克王朝的统治之下，持续二百五十年之久，直到奥斯曼人征服这两个国家的时候为止。

拜伯尔斯的雄心壮志，是要在进攻十字军城市的圣战中做第二个萨拉哈丁。当他发现那些城市跟旭烈兀在波斯建立的伊儿汗国互相提携的时候，他特别受到刺激；那个时候，旭烈兀的伊儿汗国对基督教表示好感。在 1263 年到 1271 年期间，拜伯尔斯几乎每年进攻那些城市一次。那些拉丁人所占据的城市，或者稍作抵抗或者毫无抵抗，就先后投降了。有两个骑士团现在占领着法兰克人在叙利亚的各个主要要塞，构成了叙利亚的屏障，它们遭到他的毁灭性的打击。但是，敌人在抵抗时始终都很懦弱，以致在战场上几乎没有发生什么重要的战斗。

1263 年，拜伯尔斯占领了卡拉克，并且毁坏了拿撒勒的古老神圣的教堂。1265 年，他突然夺取恺撒里亚，围攻四十天后，从慈善院骑士团的手中接收了阿尔苏夫的投降。1266 年 7 月 23 日，萨法德的圣殿骑士团守军有条件地投降了，他们的条件是不杀害两千名骑士的生命。虽然答应过赦免，但是，这位素丹毫不迟延地下令在附近的一座小山上把他们全体都屠杀了[3]。“当代的亚历山大大帝和宗教栋梁”的这次胜利的故事，仍然刻在萨法德的城墙上；他在约旦河上建筑的石桥，直到今天还保存着他所刻的铭文，桥的两端各把着一个石狮子。1268 年，雅法毫无抵抗地被夺取了；舍基夫·艾尔农在短时间的围攻后，有条件地投降了；更重要的是，与鞑靼人保持着友谊关系的安提俄克，于 5 月 21 日投降了。安提俄克的守军和其他的军队，总计一万六千人，都被屠杀了；还有十万名军队，据说被俘获，其中一部分在埃及的市场
上被当做奴隶出卖了。分配掠夺物的时候，用杯子量钱币；每个婴儿分得银 657
币十二个，每个小女孩分得五个。这座城市连同它的城堡和世界著名的几所

---

[1] 阿因·扎卢特（扎卢特泉）在约旦河左岸，在贝散附近。——译者

[2] Maqrīzi, tr. Quatremère, vol. i (pt. 1), pp. 98, 104.

[3] Maqrīzi, tr. Quatremère, vol. i (pt. 2), pp. 29—30; abu-al-Fidā', vol. iv, p. 3.

教堂，全被焚毁了。经受这次打击后，这座城市再也没有恢复元气①。安提俄克陷落后，附近几个较小的拉丁人的根据地都被放弃了。1271 年，希斯尼·艾克拉德经过 3 月 24 日到 4 月 8 日的围攻后，终于投降了，这个可怕的堡垒，是慈善院骑士团主要的避难所，大概是中世纪时代最美丽的军事纪念建筑物。当时，阿萨辛人与慈善院骑士团联盟，而且经常向他们缴纳贡税。这些阿萨辛人据有的互相连接的几个要塞，如麦斯雅德、盖德木斯、凯海夫、赫瓦比等，也都被攻克了。多年来制造恐怖和阴谋的骑士团的最后巢穴，被永远摧毁了。现在，安塔尔突斯的圣殿骑士团和麦尔盖卜的慈善院骑士团都连忙来求和了。

盖拉温 拜伯尔斯有一个毫无愧色的继任者盖拉温（1279—1290 年在位），他几乎是一个同样精力充沛和同样可怕的反十字军者。拜伯尔斯和安塔尔突斯的圣殿骑士团签订的休战协定，于 1282 年 4 月 15 日又重订一次，为期十年零十个月。1285 年 7 月 18 日，与控制贝鲁特的提尔的公主签订了同样的条约②。他的光荣的称号是麦列克·曼苏尔（意为常胜王），他用战绩证实了自己配享这个称号。麦尔盖卜③位于塔尔突斯附近的一座山顶上，至今仍然像一个无畏的巨人，濒临大海。这座城市经过三十八天的围攻，在 1285 年 5 月 25 日终于投降了。嵌在外墙上的围攻者的箭头，现在仍然可以看见。艾卜勒·菲达④那时已经十二岁了，他在这次战役中获得了战争的初次经验。城堡里的圣约翰骑士团的骑士，被押送到的黎波里。的黎波里是十字军早期征服的另一座城市，现在是他们所占有的最大的城市，它在 1289 年 4 月也屈服了。这座城市及其城堡几乎完全被毁坏。在港口外面一个岛屿上密密麻麻地躺着的死尸的臭味，给艾卜勒·菲达本人以沉重的感觉⑤。在的黎波里之后，南方的贝特伦要塞也被夺取了。盖拉温为纪念自己的胜利而在他所攻克的城堡墙壁上雕刻
658 的铭文，和拜伯尔斯的铭文一样，到现在还清晰可读呢。

阿卡 阿卡现在是剩下的唯一重要的军事根据地了。盖拉温在准备对阿卡作战的过程中去世了，他的儿子艾什赖弗（1290—1293 年在位）继承了王位，完成了父亲未竟的战功。他使用了九十二架弩炮攻击阿卡的壁垒，经过一个多

---

① Ibn-al-'Ibri, p. 500; Maqrīzi, tr. Quatremère, vol. i (pt. 2), pp. 52—54; abu-al-Fidā', vol. iv, pp. 4—5.

② 麦格里齐的书中保存了这两个条约的明文（Maqrīzi, ed. Quatremère, vol. ii〔pt. 3〕, pp. 172—176, 177—178, tr. pp. 22—31, 212—221）。

③ Al-Marqab 的意思是“瞭望塔”，拉丁名字是 Castrum Mergathum, Margat。

④ Abu-al-Fidā', vol. iv, p. 22.

⑤ Abu-al-Fidā', vol. iv, p. 24.

月的围攻，拉丁人在东方的这座最后的堡垒于 1291 年 5 月被攻破了。塞浦路斯从海上给予的支援，也未能挽救这座堡垒的命运。保卫这座城市的圣殿骑士团，虽然获得了安全通行的保证，但是，他们投降之后全被屠杀了。这座城市被劫掠，所有的防御工事都被拆掉，所有的房屋都被焚毁①。

阿卡的陷落，使仍然保留在沿岸的六座城市的命运就此完结，这些城市没有一座能抵挡胜利的敌人的进攻。提尔于 5 月 18 日，西顿于 7 月 14 日，先后被放弃了。贝鲁特于 7 月 21 日投降了。安塔尔突斯于 8 月 3 日被占领，圣殿骑士团在阿斯里斯的荒凉的要塞，约在那个月中旬遭到破坏②。在叙利亚历史上最富于戏剧性的一章，从此就结束了③。

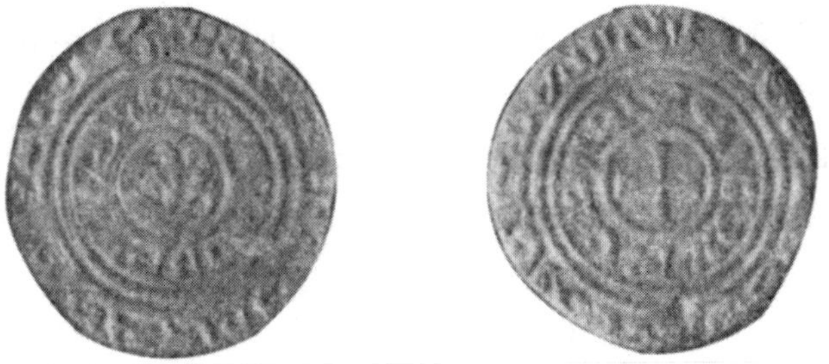

公元 1251 年在阿卡铸造的法兰克人的第纳尔，
上面有阿拉伯语铭文

---

① Abu-al-Fidā'（曾参加围攻），vol. iv，pp. 25—26；Maqrīzi，tr. Quatremère，vol. ii（pt. 3），pp. 125—129；*Archives*，vol. ii，pt. 2，p. 460；*Les gestes des Chiprois*，ed. G. Raynaud（Geneva，1887），p. 256。

② 参阅 Sanuto in Bongars，vol. ii，pp. 231 以下。

③ 晚期的十字军曾进攻罗得岛、士麦那、亚历山大港、欧洲的土耳其等地，到 1396 年尼科波利斯的十字军时达到高峰。参阅 A. S. Atiya，*The Crusade in the Later Middle Ages*（London，1938）。

659 # 第四十六章　文化上的接触

由于十字军东侵有着种种富于画趣和浪漫色彩的事件，十字军在历史上的重要性就有点儿被夸大了。他们对于东方不像对于西方那样重要。他们的文化影响，是表现在艺术、工业和商业方面，而不是在科学和文学方面。在叙利亚，他们打到哪里，就在哪里留下一片荒凉和废墟，麦木鲁克人在收复法兰克人以前占领的沿海城市的时候，又摧毁了大多数的城市，这更加剧了破坏的程度。在整个近东，他们留下了一种互相仇视的传统，由穆斯林和基督教徒共同继承，直到现在，还没有被遗忘。

努尔王朝的贡献

虽然在叙利亚地区爆发了许多内战和圣战，但是，在努尔王朝和艾优卜王朝——特别是在努尔丁和萨拉哈丁在位的时代——叙利亚却享受了穆斯林历史上（伍麦叶王朝时代除外）最灿烂的时代。叙利亚的首都大马士革，还保存着许多证据，可以说明这两个王室的成员在建筑上和教育上的种种活动。努尔丁不仅修缮了城墙、碉堡、城门，建筑了许多官邸（直到近代还在使

阿勒颇的古城堡，
努尔丁（1174 年卒）修复

用），而且还在大马士革建立了最早的专门讲授圣训学的学校[①]，建立了以努尔丁命名的著名医院[②]和第一所高等学校（阿语叫 *madrasah*，迈德赖赛）。在他的时代之后，此类高等学校在叙利亚地方开始兴盛起来。韦立德在大马士革建立了第一所医院，努尔医院是第二所，这所新医院后来起了医科学校的作用[③]。所谓高等学校，实际上是附设高等学校的清真寺，也就是附设在清真寺内的高等学校。学校供给学生膳宿，并依照巴格达的尼采米亚大学的规章办事。这些附设高等学校的清真寺，全都属于沙斐仪派，是由努尔丁在阿勒颇、希姆斯、哈马和巴勒贝克等城市建筑的。他在这些建筑物和其他纪念物上所刻的铭文，在阿拉伯古文书学上具有特殊意义。因为自古以来，铭文都 660
是用方棱的库法体刻成的，而大约从这个时期开始，这种字体已为圆润的奈斯赫体（*naskhi*）所代替。他在阿勒颇城堡西边一个碉堡上所刻的铭文，直到现在还是清楚可读的。这个城堡见于亚述人和喜特人的记载，被认为是古代军事建筑学上的杰作。这个城堡的防御工事所以能保存到现在，应归功于这位叙利亚素丹的修缮。努尔丁所创建的叙利亚学院，叫做努里叶，他的陵墓就在这所学院里，直到如今还受人尊敬。由于这所高等学校，在叙利亚，陵庙和清真寺就结下了不解之缘[④]。麦木鲁克王朝的艺术是艾优卜王朝艺术的继续，在那个时代，附设于清真寺的高等学校的建筑者，死后总是葬在那所建筑物里一个圆屋顶（*qubbah*）下面，这已经变成公认的惯例了。

就建筑方面和教育方面的活动来说，萨拉哈丁比起他的前辈更是慷慨得很。他的政策是利用教育去击败十叶派的异端和亲法帖梅派的倾向。他仅次于尼采木·木勒克，被称为伊斯兰教高等学校第二个最伟大的建设者。在他的统治之下，大马士革变成了一个学校城。伊本·祝拜尔[⑤]于 1184 年访问过大马士革，他在游记中曾提及这座城市里的二十所高等学校、两所免费治疗的医院和许多修道士的修道院。萨拉哈丁还把这种修道院[⑥]传入了埃及。

艾优卜王朝的贡献

“东方阿拉伯古典艺术的代表，是十三世纪的大马士革和阿勒颇的建筑， 661

① 这所学校叫做努尔氏圣训学校（Dār al-Hadīth al-Nūrīyah），同时代的学者伊本·阿萨基尔（ibn-ʻAsākir，vol. i，p. 222）曾在这所学校讲学。

② 这所医院叫做努尔医院（al-Māristān al-Nūri）。参阅 ibn-Jubayr，p. 283；ibn-Khallikān，vol. ii，p. 521。

③ 参阅 ibn-abi-Uṣaybiʻah，vol. ii，p. 192。这所学校的校舍，现在还存在。

④ 参阅本书第 630 页。

⑤ Ibn-Jubayr，pp. 283—284；参阅本书第 408、421 页。

⑥ 修道院的阿拉伯名称 *khānaqāh* 得自波斯语的 *khānagāh*。*Ṣusūti*，*Ḥusn*，vol. ii，p. 158。

那个时代是艾优卜王朝时代和他们最早的麦木鲁克王朝继承者的时代。”[1] 艾优卜王朝的叙利亚建筑学派，在麦木鲁克王朝时代，继续在埃及存在，而且产生了阿拉伯艺术可以引以自豪的最优雅的古迹。这些建筑物的特征是坚实和稳固。建筑材料是既经久又优良的石料，甚至最质朴的装饰花样，也显得很优美。但是，这个学派和安达卢西亚学派一样，它的优雅和美丽，要依靠过分的装饰。

把迈德赖赛式的学校传入耶路撒冷和埃及的，是萨拉哈丁[2]。他在位的时期，希贾兹也有了第一所这种类型的学校。他在埃及创办的许多高等学校中，著名的是在开罗的那一所，名字叫撒拉希叶学校[3]。伊本·祝伯尔曾在亚历山大港发现了几所迈德赖赛[4]。这些埃及的高等学校，没有一所保存到今天，但是，这些学校在建筑学上的影响，是显而易见的。较晚的年代里，产生了埃及最优美的阿拉伯古迹，其中最壮丽的范例，是开罗的素丹哈桑清真寺附设高等学校。这座清真寺总的设计图，包括一个正方形露天的中心院落（*ṣaḥn*），院落的周围有四堵高墙，有四个讲堂或柱廊（*līwān*），构成了一个十字形。这四个讲堂是用来讲授正统派四大家的教律学的。

除那些学校外，萨拉哈丁在开罗还设立了两所医院[5]。这两所医院的大厦大概是依照大马士革努尔医院的图样建造的。在他的时代之前，伊本·突伦和卡夫尔·伊赫什迪曾在埃及创立过同样的免费医院。医院的建筑形式，也和清真寺一样，但是，没有遗留下什么遗址。只有在军事建筑方面，我们还有残存物可考，开罗的城堡就是重要的范例。这个城堡表明，萨拉哈丁关于建筑防御工事的知识，有一部分是得自诺曼人的要塞，那些要塞当时已经出现于巴勒斯坦。他大概是利用基督教的俘虏来建筑这座城堡的。他在开罗期
662 间，就居住在这座城堡里。他周围有一群人才，包括才气焕发的几位大臣[6]，还有著名的犹太籍御医伊本·麦蒙和多才多艺的多产作家、伊拉克的学者、

---

① René Grousset, *The Civilization of East*, vol. i, *The Near and Middle East*。tr. Catherine A. Philips (New York, 1931), p. 235; M. van Berchem, *Matériaux pour un corpus inscriptionum Arabicarum*, pt. 2, vol. i (Cairo, 1922), pp. 87 以下。

② Ibn-Khallikān, vol. iii, p. 521.

③ Suyūṭi, *Ḥusn*, vol. ii, pp. 157—158.

④ Ibn-Jubayr, pp. 41—42.

⑤ Ibn-Jubayr, pp. 51—52.

⑥ 参阅本书第 652 页。

巴格达人阿卜杜勒·莱兑弗（1162—1231 年），他所写的描绘埃及的简短著作[①]，在中世纪时期重要的地形学著作中是一本优秀的作品。

科学和哲学

尽管在智力和教育活动方面有这种表现，但是，十字军时代的伊斯兰教文化，在东方已经衰微了。在那个时代之前的若干年代里，伊斯兰教文化，在东方就不再是一种创造的力量了。在哲学、医学、音乐和其他的学科方面，这种文化的一切伟大的光辉，几乎完全熄灭了。这一点多少可以说明，为什么在十二世纪和十三世纪的整个时期中，叙利亚虽然是伊斯兰教和西方基督教相互关系的具体焦点，但是，作为阿拉伯文化影响传播的媒介来说，反而不如西班牙、西西里岛和北非洲那样重要，甚至连拜占廷帝国也不如。在叙利亚，伊斯兰教对欧洲的基督教是起过作用的，首先是对十字军发生直接的影响，再由十字军把这种影响带到西方去，其次是沿着贸易路线逐渐渗透。但是，伊斯兰教所遗留下来的精神方面的和智力方面的影响，却几乎是看不见的。另一方面，我们还应该记住，叙利亚的法兰克人，他们的文化水平比他们敌手的低得多，而且他们大半是外籍义勇军，驻扎在各要塞和各处的兵营里，只跟本地的农民和手艺人有密切的接触，而跟知识分子没有往来。还有民族的和宗教的偏见和怨恨，也妨碍相互影响的力量发生作用。在科学和艺术方面，法兰克人没有什么东西可以教给本地人。从吴萨麦所讲的机智的故事中，可以看出双方医学水平多么悬殊。他还开玩笑地说，法兰克人的司法程序，就是用决斗和投入水中的办法，来进行审判[②]。

科学和哲学传播的具体例证，也并不是完全没有。巴斯人阿德拉，曾在十二世纪初期访问过安提俄克和塔尔苏斯，他还翻译过阿拉伯语的天文学和几何学，这在前面已经讲过了。大约在一百年后，欧洲的第一位代数学家列奥那多·菲菩那契，曾将一篇关于平方数的论文题赠给弗雷德里克二世，他 663
曾访问过埃及和叙利亚。弗雷德里克本人也怀抱着把伊斯兰教和基督教调和起来的宏愿，而且保护过几个翻译阿拉伯语著作的学者。一个比萨人，名叫安提俄克的斯蒂芬，于 1127 年在安提俄克翻译了麦朱西的重要的医学著作。法兰克人带回欧洲去的阿拉伯语著作，我们知道的只有这一本；但是，自十二世纪起，我们发现欧洲各国出现了几个慈惠院和医院，主要是麻风病医院，我们可以假定，设立有组织的医疗机构的办法，是从穆斯林东方得到推动力

---

① *al-Ifādah w-al-I'tibār fi al-Umūr la-Mushāhadah w-al-Hawādith al-Mu'āyanah bi-Arḍ Misr*, ed. D. J. White（Tübingen, 1789）; tr. into Latin, German and French. ibn-abi-Uṣaybi'ah, vol. ii, p. 207; Kutubi, vol. ii, p. 10.

② Usāmah, pp. 132 以下 = *Arab-Syrian Gentleman*, pp. 162 以下。

的。公共澡堂制度重新传入欧洲，也应归功于穆斯林东方，这种制度当时受到罗马人的赞助，而遭到基督教徒的反对。在安提俄克还发生过这样一件事情，的黎波里人菲利普约于1247年发现了《秘学玄旨》（*Sirr al-Asrār*）的阿拉伯语原稿，据说这是亚里士多德为了指导自己的高足亚历山大而编撰的。菲利普把这本书译成了拉丁语，叫做 *Secretum secretorum*；这本伪书包含着常识和秘术的因素，后来变成了中世纪最普及的书籍之一。

文学　在文学方面，影响是更普遍的。圣盘（Holy Grail）的传说里，无疑地有叙利亚的因素。十字军一定听过《凯利莱和迪木奈》和《天方夜谭》的故事，而且把那些故事带了回去。乔叟所作的《情郎的故事》（*Squieres Tale*），就是《天方夜谭》的一个故事。薄伽丘从口传的资料中汲取了东方故事，编成了《十日谈》（*Decameron*）。欧洲的传教士对于阿拉伯语和其他伊斯兰教语言发生兴趣，也可以归功于十字军。由于十字军失败了，雷蒙·鲁尔（1315年卒）等人才深信用军事方法对付“异教徒”是徒劳无功的。鲁尔是西班牙加泰罗尼亚人，他是提倡东方学研究的第一个欧洲人，主张用东方语言作为和平的十字军的武器，以说服代替暴力[①]。1276年，他在米拉马尔创办了一所修道士学校，培养精通阿拉伯语的专门人才。1311年，维也纳会议决定在巴黎、卢万、萨拉曼卡等地的大学里设立阿拉伯语和鞑靼语讲座，大概就是由于他的影响。

军事艺术　不难预料，在战争领域中，影响是更为显著的。使用弩，让骑士和战马穿上铠甲，在盔甲下面使用棉花垫子，等等，这些都是从十字军开始的。在
664 叙利亚，十字军在军乐队中便采用了小鼓[②]和铜鼓[③]，而以前是只用喇叭和号角。他们跟本地人学习怎样训练信鸽[④]去传递军事情报，并且采用了本地人庆祝胜利的方法，就是张灯结彩和举行马上比武（*jarīd*）的骑士运动会。实际上，骑士制度很大一部分是在叙利亚平原上发展起来的。他们愈来愈多地使用纹章和徽章，也是由于跟穆斯林骑士接触的结果。两头鹰的纹章[⑤]、鸢尾形

---

① 这实际上就是西方对东方进行文化侵略；通过传教士来替殖民主义做先驱，就是此人发明的。——译者

② 英语的 tabor（小鼓）来自法语的 *tambaur*，这是阿语 *ṭunbūr* 的对音，又是波斯语 *ṭumbūr* 的对音，是一种琵琶的名称。

③ 英语的 naker（铜鼓）来自法语的 *nacaire*，这是阿语 *naqqārah* 的对音，是一种铜鼓的名称。

④ 参阅 Ṣāliḥ ibn-Yaḥyā，*Ta'rīkh Bayrūt*，*ed. Cheikho*（Beirut，1898），pp. 60—61；al-Zāhiri，*Zubdat Kashf al-Mamālik*，ed. P. Ravaisse（Paris，1894），pp. 116—117。参阅 Suyūṭi，*Ḥuṣn*，vol. ii，p. 186。

⑤ 赞吉的辛加尔钱币上面，有这个苏美尔人的古标记。参阅本书第479页。

的纹章[1]、两把钥匙的纹章，可以作为这个时期穆斯林纹章因素的例证。萨拉哈丁大概是用鹰做饰章的。麦木鲁克人大半以动物的名称做名字，而且用动物形象装饰他们的盾牌。麦木鲁克王朝的统治者，有各种不同的军团，因此他们就在盾牌、旗、徽章、战袍上绘制纹章的图案，以资识别。拜伯尔斯的饰章是一只狮子，这和在他之前的伊本·突伦的饰章一样，素丹贝尔孤格（1398 年卒）的饰章是一只鹰。在十一世纪末，雏形的战袍开始出现于欧洲；英国的纹章则是开始于十二世纪初期。在现代的穆斯林当中，只残存着星星和新月、狮子和太阳等纹章。天蓝色的英语名称 azure（得自阿拉伯语的天青石的名称 *lāzaward*），以及用于纹章旁的其他术语，都可以证明欧洲的制度和穆斯林的制度之间的关系。

火药

十字军还促进了围城战术的改良，这种战术包括坑道和地雷战术，使用抛石机和破城槌，应用易燃物和爆炸物。火药显然是中国人发明的，他们主要是用火药来制造烟火和花炮。1240 年左右，蒙古人把火药传入欧洲。在欧洲，火药的爆炸力才被用于推进投射器，即火器的发明，而这是经过百余年后才完成的[2]。记载十字军历史的史学家，没有谁提到过火药。制火药的第一
个欧洲配方，见于一个名叫马尔克的希腊人于 1300 年所著的一本书的附录 665
中；培根的火药配方是伪托的。在 1300 年以前不久，哈桑·赖马哈·奈只木丁·艾哈德卜（驼背）——大概是一个叙利亚人——曾写过一篇论文，叫做《马术和战术》（*al-Furūsīyah w-al-Manāsib al-Ḥarbīyah*）[3]，这里面提及硝石（火药的一种成分），而且包含着制造烟火的配方，这些配方跟所谓马尔克配方很相似。欧麦里（1348 年卒）的著作，是提及火药应用的最早的资料之一[4]。

建筑学

十字军从意大利和诺曼底带去大量关于军事石工术的知识，这种石工术有一部分传到阿拉伯人的手中，开罗城堡的建筑式样就是最好的例证。要塞和教堂是他们的主要的建筑物。大部分的要塞，包括希斯尼·艾克拉德、麦尔盖卜、舍基夫（培尔福），都还存在。在耶路撒冷，圣陵教堂的若干部分、艾格萨清真寺附近的“所罗门的马房”和几所有拱顶的市场，都是他们建筑

---

① L. A. Mayer, *Saracenic Heraldry: A Survey* (Oxford, 1933), pp. 23—24. 这是一种传播最广的装饰艺术，在亚述是著名的。加拿大的战袍上仍绣着这种纹章。

② 根据我国古书记载，大约在十世纪，我国已经用火药制造武器了。如《宋史》说，宋太祖开宝三年（公元 970 年），冯继升向宋朝政府献上做火箭的方法。——译者

③ 这本书的阿拉伯语提纲和法语译本，由 Reinaud 和 Favé 共同发表于 *Journal asiatique*, ser. 4, vol. xiv (1849), pp. 257—327。参阅 vol. xii, pp. 193 以下。

④ *Ta'rīf* (Cairo, 1312), p. 208.

的。圣陵教堂和磐石上的圆顶寺，曾被欧洲若干圆庙式教堂有意识地加以模仿，此类教堂在英格兰发现的有四座，还有几座发现于法兰西、西班牙和德意志。在贝鲁特，所谓欧麦里清真寺，原来是包德温一世于1110年所建的圣约翰教堂。十字军的拱形结构，通常是尖式的，而质朴的圆顶，通常是交弧拱顶。法兰克艺术最美的遗物，保存在开罗的是安装在纳绥尔清真寺[1]的一个门口，那是1291年从阿卡的基督教教堂取来的。

农业和工业

十字军在农业、工业和商业的领域中，比在智力领域中有更大的功绩。由于十字军的介绍，有一些新的植物和作物才普及于西部地中海地区，如芝麻、稻子豆、谷子、稻子[2]、柠檬、甜瓜、杏子、冬葱等。稻子豆的英语名称carob，是阿拉伯语 *kharrūb* 的对音（原来是一个亚述名词）；柠檬的名称lemon，是阿拉伯语 *laymūn* 的对音，是印地语或马来语的译音；冬葱的名称shallot 和青葱的名称 scallion，原来所指的都是阿什克伦所产的玉葱，所以还保存着那个巴勒斯坦市镇的名称。在许多岁月里，杏子被叫做大马士革的李
667 子。还有许多别的果树和产物，同时在穆斯林的西班牙和西西里岛到处传播，在某些情况下，简直无法分辨究竟哪个地方是传播的桥梁：是叙利亚呢，还是西班牙或西西里岛。

法兰克人在东方的时候，养成了新的嗜好，特别喜爱香水、香料、糖果以及阿拉比亚和印度的其他各种热带产物。在叙利亚市场上，这些东西都有大量储备。这种嗜好后来有助于意大利和地中海各城市商业的发展。阿拉比亚所产的香料和其他香胶，大马士革蔷薇（*Rosa damascena*），大马士革所特产的各种香水和各种芬芳的挥发油，以及波斯的蔷薇油[3]，都是受人欢迎的。明矾和芦荟，在他们所认识的新药品中，居于重要的地位。据说，1101年攻占恺撒里亚的时候，热那亚人分到的战利品是胡椒一万六千磅。丁香和胡椒等芳香调味料，在十二世纪时开始成为西方人所嗜好的作料，如果没有几盘带作料的菜，大宴会就不像样子。驻在埃及的十字军，在他们的菜单上加上姜（姜的英语名称 ginger 是阿拉伯语和波斯语 *zanjabīl* 的讹误，这个名称起源于梵语）。香料中特别重要的，是蔗糖（蔗糖的英语名称 sugar 是阿拉伯语 *sukkar* 的对音，这个名称起源于梵语[4]）。从前欧洲人是用蜂蜜做甜食的。在

---

① 参阅本书第681页。

② 参阅本书第528页。芝麻的名称 sesame 是阿拉伯语 *simsim* 的对音，这个名称是从亚述语译成希腊语，再译成阿拉伯语的。

③ 参阅本书第351页。

④ 由梵语的 *çarkara* 演变为波斯语的 *shakar*，再变成阿拉伯语的 *sukkar*，又变成古代法兰西语的 *zuchre*，终于变成英语的 sugar。——译者

安塔尔突斯（今塔尔图斯）的十字军时代的圣母教堂的内景

1922 年摄影

叙利亚沿海的平原上，现在还可以看到儿童们在吃甘蔗，十字军就是在那里认识了这种植物的。自从那个时代起，这种植物就在西方人的家庭经济和药方里，起了十分重要的作用。提尔的威廉[①]（约1190年卒）精通阿拉伯语，他所写的关于十字军的记载是中世纪时代最精密的记载（自1095年到1184年），他给我们留下了关于他的故乡种植甘蔗的许多有趣的资料。蔗糖是传入西方的第一种美食，再没有别的什么东西能够这样适合西方人的口味了。有了蔗糖，也就有了各种不含酒精的饮料，也就有了用蔷薇露、紫花地丁露和其他花露加味的各种糖水，也就有了各种糖食和糖果。

筒车

风车于1180年初次出现于诺曼底，而且是十字军传入欧洲的[②]。筒车的英语名称noria是阿拉伯语*nā'ūrah*的对音，这种水车在这个时期以前就存在于欧洲，但是，十字军把一种改良式的筒车带回到欧洲。这种叙利亚式的筒车，直到今天还可以在德国拜罗伊特附近看到[③]。在叙利亚，筒车起源于罗马
668 人统治叙利亚的时代，但是，这种水车大概经过本地工程师的改良。这些工程师中有盖伊撒尔·伊本·穆萨斐尔·特尔西弗（1251年卒）[④]，他是埃及人，曾在哈马长官府服务。他制成的天球仪是现存的最早的天球仪[⑤]。远在雅古特[⑥]（1229年卒）和艾卜勒·菲达[⑦]（1331年卒）的时代，哈马就以筒车著名于世。哈马人世世代代在这种筒车的不绝的咿呀声中入睡，这种筒车仍然是那个古老城市的一种光荣。

并不是所有这些新养成的嗜好，都是贪口福的嗜好。特别是在时新式样、衣服和家具方面，也产生了新的欲望和要求。留胡须的习惯，是从那个时候传布开来的。归国的十字军还把毡子、毯子、挂毡带回本国，这些东西都是亚洲西部和中部长期以来的土特产。细洋布、华盖、锦缎[⑧]、素纺、斜纹五色

---

① "Historia rerum" in *Recueil*: *occidentaux*, vol. i, p. 559; Jacques de Vitry, "Historia Hierosolimitana", in Bongars, vol. i, p. 1075.

② 参阅本书第385页。

③ M. Sobernheim, art, "Ḥainā", *Encyclopaedia of Islam.*

④ 参阅ibn-Khallikān, tr. de Slane, vol. iii, pp. 471—473。ibn-Baṭṭūṭah, vol. iv, p. 255。他曾提及中国广州的筒车。

⑤ 现在保存在意大利那不勒斯国家博物馆里。

⑥ Yāqūt, vol. ii, p. 331.

⑦ Abu-al-Fidā', *Taqwīm*, p. 263.

⑧ 参阅本书第346页和592页。

丝缎（atlas,阿拉伯语 *aṭlas* 的对音）、天鹅绒、绸子、缎子（satin）[1] 等织造品，都变得更加受人喜爱了。大马士革和开罗的犹太人所制造的珠宝、化妆品和各种香粉，都成为受人追求的货物了。用金属薄片镶框的玻璃镜，代替了磨光的钢镜。羽纱（camlet，阿拉伯语 *khamlah* 的对音）、驼绒和上好毛皮，流行更广了。念珠变成了普通的东西[2]。欧洲的巡礼者把阿拉伯的圣骨匣寄回去保存基督教徒的圣骨[3]。跟着上好的布匹和金属的器具而传入欧洲的，还有漆器和蓝靛等染料，以及新的色素，如淡紫色（lilac，阿拉伯语 *laylak* 的对音，这个名词发源于波斯语）、洋红色和淡红色（carmine 和 crimson，是阿拉伯语 *qirmizi* 的对音，这个名词发源于梵语）。仿制东方器皿、毛毡和布匹的制造中心，逐渐出现于欧洲，如法兰西北部的阿拉斯城，这座城市的织品，获得了很高的评价。有色玻璃的窗子，在各教堂里流行起来[4]。图德拉人卞雅悯[5]访问过法兰克人统治下的安提俄克，他就提到过那里的玻璃工业。玻璃、陶瓷、金子、银子、搪瓷等方面的东方工艺美术品，成为欧洲产品的模范。

由于创造了一个新的欧洲市场，来销售东方的农业产品和工业商品，再 商业
加上需要运输巡礼者和十字军，这就促进了海运活动和国际贸易，其范围之 669
广，是罗马人以来所未有的。马赛作为航运业中心，开始与意大利各城市共和国竞争，分享了不断积累的财富。为了应付新局面下的财政需要，就不得不扩大资金的供应和加快资金的周转，于是信用票据的制度出现了。银号在热那亚和比萨兴盛起来了，并且在东方诸国设立了许多分号。圣殿骑士团开始使用活支汇信[6]，接受存款，贷款取息。拉丁人所铸的最早的金币，大概是威尼斯人在圣地铸造的“东方的拜占廷”金币（*Byzantinius Saracenatus*），这种金币上铸有阿拉伯文字。领事馆现在出现了，但是，最初的领事馆，与其说是外交机构，不如说是贸易机构。历史上的第一批领事，是 1180 年派到阿卡去的热那亚领事。在他们之后，还派了一些领事到埃及去[7]。

与十字军的海上活动有关的一件重要发明，是指南针。首先发现磁针指 指南针

---

① 缎子的英语中称 satin 是阿拉伯语 *zaytūni* 的对音，这是汉语“刺桐”的讹误，宋朝时候泉州的名称是刺桐城，这个音与阿拉伯语的 zaytūn（油橄榄）的音很相近，阿拉伯人就把这个城市叫做 Madīnat al-Zaytūn（油橄榄），他们从泉州贩运缎子，所以把缎子叫做 zaytūni。——译者

② 参阅本书第 438 页。

③ 参阅本书第 631 页。

④ 参阅本书第 346 页。

⑤ Benjamin of Judela, tr. Asher, p. 58.

⑥ 支票的英语名称 check 起源于波斯语的 *chak*，阿拉伯语 *ṣakk* 也是 *chak* 的对音。

⑦ 参阅本书第 652、653 页。

南的特性的，大概是中国人。首先把磁针应用于航海的，却是穆斯林们①，他们很早就开展了波斯湾和远东海洋之间的频繁的贸易②，指南针的应用，即使不更早，也是在十一世纪发生的，但是，由于贸易，一直在保密中。在欧洲，意大利的海员们是首先使用指南针的。实际的应用当然是在文献记载之前。在穆斯林的著作中，初次提及指南针的是一部波斯的逸事集，叫做《故事总汇》（*Jawāmi' al-Ḥikāyāt wa-Lawāmi' al-Riwāyāt*）③，这是穆罕默德·奥菲于1230年前后编纂的。一个故事说明著者在航行中如何凭一尾用磁石擦过的鱼儿找到了航路。在拉丁语的资料中，最初记载指南针的是十二世纪晚期，比波斯语的记载早得多。

种族的融合 670

法兰克人被本地的叙利亚人和巴勒斯坦人同化了多少，是难以估计的④。在黎巴嫩北部的伊丁、巴勒斯坦的伯利恒、埃及的阿里什等城市的现代居民中，具有碧眼和美发的男子和妇女，是很普通的，有些家族，主要是基督教的黎巴嫩人，例如凯赖木、法兰吉叶（法兰克的）、撒列比（十字军的）等家族，还保存着从法兰克祖先遗留下来的许多传说。在其他的姓里，萨瓦亚（Sawāya）据说起源于法兰西的萨瓦，杜韦希（Duwayhi）起源于法国的杜埃，伯尔德威勒无疑地是起源于包德温⑤。最后这个名字，在巴勒斯坦和北部西奈半岛的地方志中，也占着显著的地位。巴勒斯坦的一个乡村，叫做辛只勒（Sinjil），是按圣计尔（Saint-Gilles）的名字命名的，另外一个乡村叫赖伊奈（al-Raynah），是以雷诺的名字命名的。在另一方面，德鲁兹人自称与德德勒（de Dreux）伯爵有关系，这却是一种没有事实根据的附会之说⑥。

麦木鲁克王朝拜伯尔斯的第纳尔

回历667年（公元1268—1269年）铸造，拜伯尔斯的名字下面有一只狮子

英国博物馆藏

---

① 远在东汉初年（公元50年左右），中国人已应用指南针于实际生活中。全世界关于应用罗盘针于航海事业的最古的记载，是宋朝朱彧的《萍洲可谈》（1119年）。——译者

② 参阅本书第343页。

③ 参阅 Muḥammad Niẓām'd-Din, *Introduction to the Jawāmi'al-Ḥikāyāṭ*（London, 1929）, p. 251。参阅 F. Hirth and W. W. Rockhill, *Chau-Ju-Kua*（St. Petersburg, 1911）, pp. 28—29。参阅 S. S. Nadavi, in *Islamic Culture*, vol. xvi（1942）, p. 404。

④ 参阅本书第643—644页。

⑤ 参阅本书第640页注。

⑥ Ḥitti, *Druze People*, p. 15.

第四十七章　麦木鲁克王朝——阿拉伯世界中世纪最后的王朝 671

像麦木鲁克王朝这样一个王朝的兴起和昌盛，除了在穆斯林的编年史上，在其他的编年史上，是不可思议的。即使在穆斯林的编年史上也是极其惊人的，几乎是举世无双的。麦木鲁克王朝的名称，就表明这是一个奴隶们的王朝[①]，由一批不同种族和不同国籍的奴隶，在外国的土地上，组织了一个军事寡头政权。这些由奴隶出身的素丹，从他们的叙利亚－埃及的领土上，驱逐了十字军的残余。他们永远阻止了旭烈兀和帖木儿率领的可怕的、成群的蒙古掠夺者向前推进，否则，这些蒙古人早已改变了历史的全部进程以及西亚和埃及的文化。由于阻止了蒙古侵略者前进，埃及就幸免于叙利亚和伊拉克所遭遇的那种破坏，而使自己的文化和政治制度得以连绵不断地存在下去，这是阿拉比亚以外的任何其他穆斯林地区都没有能享受到的有利条件。在大约二百六十七年（1250—1517 年）里，麦木鲁克王朝统治了世界上动乱最多的一个地区，始终保持着人种上的本色。从总的来看，他们是无文化的，是残忍的，但是，从对艺术和建筑的锐敏欣赏能力来说，他们并不比任何文明的朝代逊色。由于他们的建设，开罗到现在还是穆斯林世界一个美丽的地方。这个王朝是在阿拉伯哈里发王朝的废墟上发展起来的那些地方性王朝中最后的一个王朝。当奥斯曼帝国的赛里木于 1517 年推翻这个王朝的时候，他就给一个新的、非阿拉伯的哈里发王朝扫清了道路，这个新的哈里发王朝，就是奥斯曼土耳其王朝。

麦木鲁克王朝的建立

麦木鲁克政权的奠基人是舍哲尔·杜尔，她是艾优卜王朝的素丹撒列哈（1249 年卒）的寡妇，原来是一个突厥或亚美尼亚的奴隶，做过阿拔斯王朝的哈里发穆斯台耳绥木的女奴和妃子，后来她服侍撒列哈，给他生了一个儿子后，获得了释放。她僭称埃及女王。当时，她原来的主子、巴格达的哈里

① 参阅本书第 235 页注。

发给埃及的各艾米尔发来一封措词严厉的通牒："你们要是没有男人能统治你
672 们，可以来信，我们派一个须眉男子到你们那里去。"① 这位女素丹是在北非和西亚统治过一个国家的唯一的穆斯林妇女。在一度产生过克利奥帕特拉和齐诺比雅的地方，她独揽政权，统治了八十天。她用自己的名义铸造货币②，让自己的名字在星期五聚礼的祈祷词中被提念。各艾米尔推选她的朋友和总司令（*atābeg al-'askar*）伊兹丁·艾伊贝克③为素丹的时候，她和他结了婚。艾伊贝克在位的初年，忙于摧残叙利亚地区拥护艾优卜王朝的合法派，他废黜了年幼的共同的国王艾什赖弗，搞掉了他自己的大将，这位大将曾立下击败路易九世的汗马功劳。在那期间，这位女王不仅与她丈夫共享政权，而且使他居于从属的地位。最后，她听说他打算和另一个女人结婚，就差人把他暗害了。当时他在开罗城堡的皇宫里打过球后，正在澡堂沐浴，就被暗杀了。她自己跟着也被打死了。艾伊贝克的第一个妻子命令她的女奴们用木屐把她活活地打死，然后把尸体从一个碉楼上扔了出去④。

伯海里系和布尔吉系的麦木鲁克人

艾伊贝克（1250—1257 年在位）是麦木鲁克王朝的头一个素丹。人们通常有些武断地把历代的素丹分成两个系统，一个是伯海里系的麦木鲁克人（1250—1390 年），另一个是布尔吉系的麦木鲁克人（1382—1517 年）。伯海里系的麦木鲁克人原来是艾优卜王朝的素丹撒列哈⑤买来做禁卫军的，他把这些奴隶安置在尼罗河中的罗德洲上，这是他们被称为伯海里系（河洲系）的缘故⑥。这些奴隶主要是突厥人和蒙古人⑦。艾优卜王朝效法巴格达哈里发的政策，用外国的奴隶做禁卫军，以致蹈了他们的覆辙⑧。昨天的奴隶，变成了今天的将领和明天的素丹。

布尔吉系的麦木鲁克人是后来输入的。他们原来也是禁卫军，但是，这个系统是由伯海里系麦木鲁克的素丹盖拉温（1279—1290 年在位）建立起来的。他们大多数是塞加西亚⑨的奴隶，驻扎在开罗城堡的碉楼（*burj*）里，这

---

① Suyūṭi，*Ḥusn*，vol. ii，p. 39. 参阅本书第 665 页。

② 除在印度和法里斯的某些货币外，她的货币是铸着穆斯林妇女名字的唯一的货币。

③ 他是一个突厥人，这是从他的名字〔*ay*（月亮）+ *beg*（王子）〕可以看出来的。Maqrīzi，tr. Quatremère，vol. i（pt. 1），p. 1。

④ 同上，p. 72；*Khiṭaṭ*，vol. ii，p. 237；abu-al-Fidā'，vol. iii，p. 201。

⑤ Abu-al-Fidā'，vol. iii，p. 188；ibn-Khaldūn，vol. v，p. 373.

⑥ 埃及方言把尼罗河叫做 *baḥr*（海，因为这个词的本义是一片汪洋）。

⑦ Ibn-Khaldūn，vol. v，p. 369，和 Suyūṭi，*Ḥusn*，vol. ii，p. 80，都称他们为"突厥王朝"。

⑧ 参阅本书第 466 页。

⑨ 塞加西亚（Circassia）是高加索山脉以北的地区。——译者

是他们被称为布尔吉系（碉楼系）的缘故。伯海里派的麦木鲁克人共计二十
四人[①]，不包括舍哲尔·杜尔；布尔吉系的麦木鲁克人共计二十三人。布尔吉 674
系不承认王位世袭的原则，不采取族阀主义的政策。他们的王位只归于有能力夺取的人，或者有能力劝诱诸艾米尔拥戴自己的人。伯海里系和布尔吉系都有素丹是以奴隶身份而不是以儿子身份继承王位的。大批素丹都是年纪轻轻就遭横死。麦木鲁克王朝各素丹在位的平均年代，不到六年。

击退艾优卜人和鞑靼人

这个新王朝面临的第一个任务就是巩固王国，保卫边疆。艾伊贝克把他的大部分时间都耗费在叙利亚、巴勒斯坦和埃及的战场上。穆扎法尔·赛福丁·古突兹（1259—1260 年在位）曾任摄政王（*nā'ib al-salṭanah*），后来废黜了幼主曼苏尔·阿里（艾伊贝克的儿子和继任者），篡夺了王位。在篡位之前，他曾击退了卡拉克的艾优卜王朝素丹的进攻。叙利亚的艾优卜人自命为他们埃及亲戚的合法的继任者。艾优卜人对埃及的进攻才击退，由怯的不花统率的旭烈兀的鞑靼军队，又变成了一个威胁。旭烈兀的使节被古突兹处死了[②]。双方的争端，经过 1260 年阿因·扎卢特战役，得到了解决。在这次战役中，拜伯尔斯统率了先锋队，表现出自己的将才，但是，古突兹自始至终都是亲自指挥的。鞑靼人的军队被击溃了，怯的不花和其他将领的尸体被遗弃在战场上。埃及幸免于邻国所遭遇的可怕的掠夺，麦木鲁克王朝的军队，现在占领了邻国。拜伯尔斯立下了汗马功劳，希望获得阿勒颇为封地，但是，素丹没有满足他的愿望。从叙利亚转回埃及去的时候，他和古突兹一道狩猎，一个同谋者来向古突兹奏事，奏毕以后，在他的手上亲吻，拜伯尔斯这时乘机谋杀，手起刀落，把素丹的头砍掉了。那是 1260 年 10 月 24 日发生的事件[③]。暗杀者继任了被暗杀者的王位。古突兹曾经自称为花拉子模沙[④]的侄孙，据说他被鞑靼人俘虏来，卖在大马士革，艾伊贝克又从那里把他买到埃及来。

拜伯尔斯

麦列克·扎希尔（胜利王）·鲁克努丁（宗教的支柱）·拜伯尔斯·奔杜
格达里[⑤]（1260—1277 年在位），是麦木鲁克王朝最著名的素丹。他原来是一 675
个突厥奴隶，青年时被带到大马士革出卖，卖价是八百个第尔汗（银币），

---

① 伯海里系的麦木鲁克人世系表见下页。

② 旭烈兀的使节带给古突兹的通牒，保存在麦格里齐的著作中。参阅 Maqrīzi，tr. Quatremère，vol. i（pt. 1），pp. 101—102。

③ Abu-al-Fidā'，vol. iii，p. 216；ibn-Khaldūn，vol. v，p. 380. 参阅 Maqrīzi，tr. Quatremère，vol. i（pt. 1），p. 113。

④ Suyūṭi，*Ḥusn*，vol. ii，p. 40. 参阅本书第 482 页。

⑤ "Bendocquedar" of Marco Polo，tr. Yule，2nd ed.，vol. i，p. 22.

伯海里系麦木鲁克人世系表 673

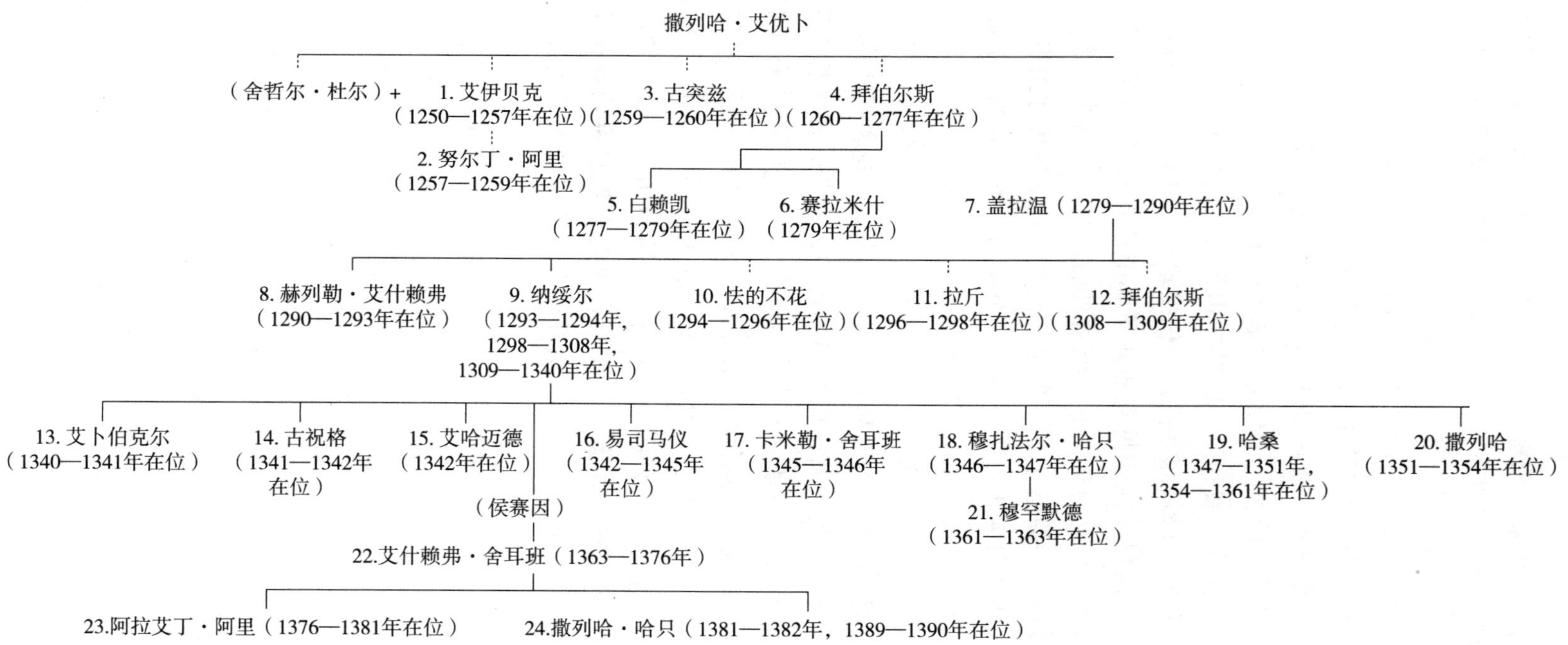
撒列哈·艾优卜
（舍哲尔·杜尔）+
1. 艾伊贝克（1250—1257年在位）
2. 努尔丁·阿里（1257—1259年在位）
3. 古突兹（1259—1260年在位）
4. 拜伯尔斯（1260—1277年在位）
5. 白赖凯（1277—1279年在位）
6. 赛拉米什（1279年在位）
7. 盖拉温（1279—1290年在位）
8. 赫列勒·艾什赖弗（1290—1293年在位）
9. 纳绥尔（1293—1294年，1298—1308年，1309—1340年在位）
10. 怯的不花（1294—1296年在位）
11. 拉斤（1296—1298年在位）
12. 拜伯尔斯（1308—1309年在位）
13. 艾卜伯克尔（1340—1341年在位）
14. 古祝格（1341—1342年在位）
15. 艾哈迈德（1342年在位）
16. 易司马仪（1342—1345年在位）
17. 卡米勒·舍耳班（1345—1346年在位）
18. 穆扎法尔·哈只（1346—1347年在位）
19. 哈桑（1347—1351年，1354—1361年在位）
20. 撒列哈（1351—1354年在位）
（侯赛因）
21. 穆罕默德（1361—1363年在位）
22.艾什赖弗·舍耳班（1363—1376年）
23.阿拉艾丁·阿里（1376—1381年在位）
24.撒列哈·哈只（1381—1382年，1389—1390年在位）

（注）实线表示血统关系,虚线表示主奴关系。

买主发现他的一只眼睛里有缺点，把他退还给卖主。他的主子是一个弩炮队队长（*bunduqdār*），因此，他以奔杜格达里为姓。他先被卖给哈马的长官，后来又被卖给艾优卜王朝的撒列哈①。撒列哈最初委派他当禁卫军的队长，他逐渐升迁，最后升到最高职位。他肤色微黑，体格魁梧，威风凛凛，声音洪亮，精力充沛，骁勇善战，具备将帅应有的才干。

拜伯尔斯是第一位伟大的麦木鲁克人，是麦木鲁克王朝真正的奠基者。他初次闻名是因为他在阿因·扎卢特的战场上对蒙古人作战立下战功；但是，他的声望主要是靠他对十字军的几次战绩②。他在这些战役中挫折了十字军的锐气，使他的继任者盖拉温和艾什赖弗有可能最后战胜十字军。他在最后一次向北部叙利亚远征中摧毁了阿萨辛人的力量。在这期间，他的将领们把他的版图，向西扩张到柏柏尔人的地区，向南扩张到努比亚人的地区③。努比亚现在被埃及的素丹永远征服了。

拜伯尔斯不仅仅是一位军事领袖。他不仅组织了陆军，重建了海军，加强了叙利亚的各要塞，而且开凿了许多河渠，修缮了许多港湾，用一种神速的驿传方法，把开罗和大马士革联系起来，只要四天工夫，两地的情报就能互相递到。每个驿站上，都有很多驿马，随时准备着。素丹可以在一个星期内，在南北两个都城里，各玩马球一次。除普通的邮务外，麦木鲁克王朝还改善了信鸽的邮务，在法帖梅王朝时代，信鸽的血统表，就记录在许多特殊的注册簿里面④。拜伯尔斯奖励各种公共工程，美化了许多清真寺，建立了许多宗教基金和慈善基金。建筑学上的古迹⑤，由他建筑而保存到现在的，还有1269 年修建的那座清真寺和用他的名字命名的那所学校。那座清真寺，曾经被拿破仑改成一个堡垒，后来又被英国占领军改成一个弹药库。现在大马士革的扎希里叶图书馆里有一个圆顶屋，就是埋葬他的地方。在埃及的素丹中， 676
他首先任命四位法官，代表正统派的四大法律学派，又首先在有系统和常例的基础上组织了运载克而白帷幕的驼轿（*maḥmil*）。他是正统派热心的穆斯林，在圣战中给伊斯兰教争光，因此，在伊斯兰教史上，他可与哈伦·赖世德媲美。在野史中，他的大名甚至超乎萨拉哈丁之上。关于他和安泰来⑥的传奇，直到今天还流行于阿拉伯东方，传播之广，超过了《天方夜谭》。

---

① Abu-al-Fidā', vol. iv, p. 11; Kutubi, vol. i, p. 109.

② 参阅本书第 655 页以下。

③ Ibn-Khaldūn, vol. v, p. 400（努比亚人的地区，在现代苏丹共和国的北部。——译者）

④ 参阅本书第 323 和 664 页。

⑤ 参阅 Kutubi, vol. i, pp. 113—115。

⑥ 安泰来是伊斯兰教《悬诗集》的作者之一，又是一位英雄。——译者

拜伯尔斯朝代的一大特色，是他同蒙古人的政权和欧洲人的政权缔结了许多盟约。他继任素丹后不久，就同伏尔加河谷（拜伯尔斯自己的故乡）的金帐汗国[①]——钦察加汗国的蒙古君主联盟。他们两国对波斯的伊儿汗国同仇敌忾，是这个外交政策的基础。埃及使节途经君士坦丁堡的时候，拉丁基督教的敌人米迦勒·培利俄罗加斯核准他们修复十字军占领君士坦丁堡期间破坏掉的古清真寺[②]。拜伯尔斯曾应这位皇帝的请求，派遣一个麦勒克派[③]的主教到君士坦丁堡去领导该领域内的麦勒克派基督教徒。1264 年，他同西西里岛的国王（法兰西国王路易九世的弟弟）——昂儒的查理签订了贸易条约，同西班牙阿拉贡的雅姆和塞维利亚的国王阿尔封索也签订了同样的条约。

哈里发的插曲

拜伯尔斯朝代最大的奇观，就是他为一系列新的阿拔斯哈里发举行就职典礼，这些哈里发都是傀儡，没有一点儿实权。这位素丹的目的，是使他自己的王冠合法化，使他的宫廷在穆斯林们的眼中具有正统的地位，并且阻止阿里派的阴谋得逞，这种阴谋自法帖梅王朝时代起，在埃及就特别盛行。阿拔斯王朝最后一位哈里发的叔父、哈里发扎希尔的儿子，从巴格达的大屠杀中逃到大马士革，拜伯尔斯为了达到自己的目的，于 1261 年 6 月，把他从大马士革请到开罗，使他在盛大的仪式上就任哈里发之职，称为穆斯坦绥尔[④]。这位寄人篱下的所谓哈里发，被堂堂正正地从叙利亚护送到埃及来，甚至还有犹太教徒和基督教徒在护送的队伍中，高高地举着《摩西五经》和《四福音书》，到达埃及后，又由教律学者的会议审查核实他的世系正确无误。这位
677 素丹则从他的傀儡哈里发手里接受了一份授爵证书（册封），授权他统治埃及、叙利亚、迪亚尔伯克尔[⑤]、希贾兹、也门和幼发拉底河地区。三个月之后，拜伯尔斯轻率地从开罗出发，要把哈里发送到巴格达去，但是，到大马士革后，他让哈里发自己去碰运气。穆斯坦绥尔在沙漠中受到巴格达的蒙古长官的袭击，从此再也没有听到他的消息。

一年后，阿拔斯王朝的另一个苗裔到了开罗，拜伯尔斯又给他举行就职典礼，称为哈里发哈基木。在二百五十年间，哈基木的子孙一个接着一个地

---

① 东方的蒙古人，往往错误地同西方的蒙古人卡尔马克人（Kalmucks）混为一谈；参阅本书第 483 页注。

② 参阅本书第 621 页。

③ 麦勒克派（Melkite 或 Melchite），是埃及和叙利亚的某种正统派的东方基督教徒。这个教派，虽然承认罗马教皇，但仍遵守希腊教的礼拜式和法典。现在，埃及和叙利亚还有这个教派。——译者

④ Maqrīzi, tr. Quatremère, vol. i (pt. 1), pp. 146—168; ibn-Khaldūn, vol. v, pp. 382—383; abu-al-Fidā', vol. iii, p. 222; ibn-Iyās, vol. i, pp. 100—101.

⑤ 现代土耳其的迪亚尔巴克尔。——译者

僭称哈里发，他们的名字被铸在货币上，在埃及和叙利亚两个地区，每周星期五举行聚礼的时候，在祈祷词中提到他们的名字，这就使他们心满意足了。在麦加举行聚礼的时候，从来没有提过他们的名字，只有一个人是例外。他们最重要的职务就是管理宗教基金（Waqf）[①]，主持新任素丹的就职典礼。某些穆斯林的君主，包括印度的几个君主和奥斯曼的巴叶济德一世（1394 年），曾获得他们所颁发的授爵证书（册封），实际上那是毫无意义的。1412 年，布尔吉系的素丹纳绥尔去世，哈里发阿迪勒·穆斯台耳因自称素丹，统治了几天之后，就被穆艾叶德·舍赫（1412—1421 在位）[②] 废黜了。某些哈里发曾被免职，罪名是不忠于伯海里系的素丹阿里（1376—1381 年在位）、布尔吉系的贝尔孤格（1382—1398 年在位）和伊那勒（1453—1460 年在位）。1517 年，奥斯曼的素丹赛里木，从麦木鲁克王朝的手中夺取了埃及，他把这个世系的最后一位哈里发穆台瓦基勒带到君士坦丁堡去了[③]。

盖拉温和蒙古人

在拜伯尔斯之后，麦木鲁克王朝中突出的人物是麦列克·曼苏尔（得胜之王）·赛福丁（宗教的宝剑）·盖拉温（1279—1290 年在位）。他和拜伯尔斯一样，原来也是一个钦察加汗国的突厥奴隶，在青年时代，被带到埃及来，卖给哈里发撒列哈，所以他以撒列希为姓。他的外号艾勒菲（意为千金奴）表示他的身价很高，是用一千个第纳尔买来的[④]，而且表示麦木鲁克王朝的素丹不以出身微贱为耻。盖拉温于 1279 年废黜他的被保护人赛拉米什，而篡夺了王位。赛拉米什是拜伯尔斯的七岁的儿子，他的十九岁的放荡的哥哥白赖凯（1277—1279 年在位）死后，由他继承王位。盖拉温的王位，由他的子孙 678
世袭到第四代，这在麦木鲁克王朝是绝无仅有的。伯海里系的最后的素丹撒列哈·哈只是他的玄孙的儿子。

在盖拉温夺取政权后不久，波斯的蒙古政权伊儿汗国的君主就开始威胁他的叙利亚领土。在这些蒙古君主中有阿八哈（Abāqa，1265—1281 年在位），他是旭烈兀的儿子和继任者，有阿八哈的儿子阿鲁浑（Arghūn，1284—1291 年在位），他们具有基督教的倾向，并与罗马教皇和其他的欧洲宫廷进行谈判，鼓励他们再发动一次新的十字军，以便把埃及人从叙利亚赶出去。这

---

① 宗教基金是指归法人所有，而不得变卖的不动产，法律上叫做永久管业（mortmain），现在，在埃及政府中有一个部是专管宗教基金的。——译者

② Ibn-Taghri-Birdi，vol. vi，pt. 2，pp. 267—268，303—321；Suyūṭi，*Ḥusn*，vol. ii，pp. 68—71；ibn-Iyās，vol. i，pp. 357—359.

③ 参阅本书第 489 和 705 页。

④ Suyūṭi，*Ḥusn*，vol. ii，p. 80；Maqrīzi，tr. Quatremère，vol. ii（pt. 3），p. 1.

个计划，没有实现。阿八哈的军队虽然在人数上占优势，而且获得亚美尼亚人、法兰克人、格鲁吉亚人的部分增援，却于 1280 年，在希姆斯遭受惨败[①]。在这次战役后不久，蒙古人信奉了伊斯兰教。盖拉温加强了他与金帐汗，拜占廷皇帝，热那亚共和国、法兰西、卡斯提尔、西西里等国国王之间原有的友好关系。连锡兰的君主也派遣使节到他的宫廷来，那位使节带来一封信，在开罗找不到一个会念的人。小亚美尼亚遭受破坏，所有的要塞都被攻陷了，因为小亚美尼亚人曾帮助过蒙古人，十字军的堡垒也都被夷平了[②]。的黎波里被夷为平地，过了几年，又重新建筑起来，但不是建筑在旧城的废墟上，而是建筑在离海几英里的地方，在艾卜・阿里河（嘎底舍河）的河岸上，就是的黎波里现在的城址。盖拉温在位的末年，曾下令把政府机关里所有的基督教徒一律革职。

盖拉温的医院

盖拉温在别的方面也博得了荣誉。他大规模地修缮了阿勒颇、巴勒贝克和大马士革的城堡。在开罗，他创办了一所医院（跟一座附设学校的清真寺连接在一起），还建造了一所陵庙[③]，这所建筑物直到今天还有着惊人的、具有阿拉伯风格的花饰窗格和细致的云石镶嵌细工。但那所医院（叫做曼苏尔医院）是盖拉温的建筑物中最驰名的，它的遗址是现存最古的穆斯林医院的遗迹。这位素丹曾经因为腹绞痛，在大马士革的努尔医院治疗，据说他躺在医院里的时候获得灵感，立誓在他痊愈时就要在开罗建设一所同样的医院。这所建筑物不仅包括医院本部和附属的建筑物，还附设一所学校和一所清真
679 寺，1284 年落成。这所医院有为热病、眼炎、痢疾等疾病而设的隔离病房，还有几个化验室、一个药房、许多澡堂、厨房和仓库等设备。这所医院的主任医生还在一间具有相当设备的讲堂里讲授医学课程。医院有一份基金，每年的收益约计一百万第尔汗，雇有男女护士，兼收男女病人[④]。由于这位素丹关心人民的健康，创设了这样规模宏大的医院，所以，自从他那个时代起，有成千上万的不会说话的儿童、不会怀孕的妇女和久病不愈的病人，到他的陵庙去，亲吻挂在那里的他的袍子，希望获得治疗。

艾什赖弗

盖拉温的儿子和继任者麦列克・艾什赖弗（最尊贵的国王）・赫列勒（1290—1293 年在位）的唯一功劳，是 1291 年 5 月征服了阿卡[⑤]。阿卡的陷

---

① Abu-al-Fidā', vol. iv, pp. 15—16; Maqrīzi, tr. Quatremère, vol. ii (pt. 3), pp. 36—40.

② 参阅本书第 657 页。

③ 这种陵庙，阿拉伯语叫做 *qubbah*（圆顶）；ibn-Khaldūn, vol. v, p. 403.

④ Maqrīzi, *Khiṭaṭ*, vol. ii, pp. 406—407.

⑤ 参阅本书第 658 页。

落加速了留在法兰克人手中的少数其他港口的陷落。"一片悲惨的、孤独的沉寂，笼罩着沿海一带，这一带有很长时间曾经是世界的逐鹿场所。"① 在北部叙利亚海岸对面一个叫阿尔瓦德的小岛上建立据点的圣殿骑士团，于 1302 年，被艾什赖弗的弟弟和继任者麦列克·纳绥尔·穆罕默德大肆屠杀，完全驱逐出境了。

击退蒙古人

西班牙的穆台麦西克曾三次登基，只有纳绥尔可以和他媲美，他也是三次登基：1293—1294 年，1298—1308 年，1309—1340 年②。他第一次登基的时候才九岁，他在位的年代在麦木鲁克王朝是最长的，在穆斯林编年史上也是最长的几位君主之一③。蒙古人一系列侵略中的最后几次，发生在他在位期间，那是在伊儿汗国的第七位大汗合赞汗·麦哈茂德（Ghāzān Maḥmūd）的统治时代。在那个时代，伊斯兰教终于被承认为伊儿汗国的国教④。侵略军的人数据说有十万之多⑤，他们获得了亚美尼亚人和格鲁吉亚人的增援，埃及的军队约为敌军的三分之一，由于众寡不敌，于 1299 年 12 月 23 日溃败于希姆斯的东边。蒙古人继续胜利前进，1300 年年初占领了大马士革，他们没有劫掠这座城市，但是，叙利亚北部其余的城市都再次遭受了抢劫和掠夺的灾难。在同年 3 月，他们从叙利亚首都撤退，而没有攻克其中的城堡，埃及人又重新占领了叙利亚全境。三年之后合赞汗又举行了一次远征，这次新的侵略，在大马士革南边的素斐尔草原被阻止住了⑥。麦木鲁克人第四次击败了穆斯林 680
征服埃及以来最危险的敌人。合赞汗的继任者没有一个敢于再冒发动侵略战争的危险。

蒙古人从大马士革撤出后不久，纳绥尔就对黎巴嫩的德鲁兹人进行了严厉的惩罚，因为他们的一万二千名射手，在几个月以前，曾袭扰了他的撤退中的军队。其他的几个异端派，包括卡斯赖旺的阿里派，也受到了惩罚⑦。北部黎巴嫩的马龙派基督教徒，被消灭殆尽。在 1302 年和以后的几年中，他屡次蹂躏不幸的亚美尼亚人地区⑧。他对他的基督教和犹太教的人民，重新实施

---

① Gibbon, *Decline* ed. Bury, vol. vi, p. 365.

② 参阅本书第 553 页。

③ 参阅本书第 481 页注和第 520 页注。

④ 参阅本书第 488 页。

⑤ Maqrīzi, tr. Quatremère, vol. ii (pt. 4), p. 146.

⑥ 艾卜勒·斐达是纳绥尔的私人朋友，纳绥尔使他继承了他祖先的王位，他在自己的故乡哈马，亲眼看见蒙古侵略军路过那个地方（Abu-al-Fidā', vol. iv, p. 50）。

⑦ Ibn-Yaḥya, pp. 136—137.

⑧ Abu-al-Fidā', vol. iv, pp. 48, 53—54, 90—91; ibn-Khaldūn, vol. v, pp. 419—420, 429—430.

了欧麦尔二世和穆台瓦基勒的种种过时的限制。

纳绥尔长期在位，在和平领域中所获得的种种成就，比他在战争领域中的成就还要著名。这位素丹，身躯矮小，有一条腿还是跛的，但是，他非常爱美，对于奢侈的生活和富丽堂皇的环境，从不厌倦。有一次他旅行归来，在他还没有到达城堡的官邸之前，他的随员们在他所骑的骒马的前面，用地毯和贵重的织品铺在路上，达400骨尺之远。有一次他到麦加去朝觐圣地，在阿拉伯沙漠中旅行的时候，他的席面上，天天都有新鲜蔬菜，那都是由一个活动的菜园供给的，这个菜园由四十只骆驼驮着①。他儿子结婚的宴会，消费了一万八千块糖，宰了二万头牲口，用三千支蜡烛把皇宫照得通明。他所建筑的皇宫，是著名的花宫（al-Qasr al-Ablaq）②，是仿照大马士革的一座宫殿的式样建成的。他是运动家、猎人和马的爱好者，他有一本讲究的注册簿，记载了所有马匹的血统。为了一匹喜爱的良马，他付出三万第尔汗，毫不犹豫③。

埃及文化的极盛时期 681

纳绥尔的浪费，并不只限于满足他个人的爱好。他所建设的许多美丽的公共工程（有些是利用徭役建成的），标志着他在位的时代是麦木鲁克王朝文化的顶峰。他用十万民工挖了一条渠，把亚历山大港和尼罗河联系起来，又兴修了一条管道（1311年），把尼罗河水引上开罗城堡去，在全国各地修建了三十多座清真寺，还建筑了许多修道士的修道院、公共饮用喷泉（*sabil*）、澡堂和学校。他的慷慨，对于麦加特别有利。1318年他从阿卡大教堂的遗址运了许多材料，来装饰他在城堡修建的清真寺。他所创办的学校，以他的称号命名，叫做纳绥尔学校（al-Nāṣirīyah），于1304年落成，直到现在还保存在开罗。他的清真寺和学校，可以当做穆斯林建筑学上最卓越成绩的例证。在他的朝代，各种工艺发展的水平都超过以前，收藏在开罗阿拉伯博物馆和国家图书馆里的青铜器、黄铜器、加釉玻璃灯的样品和金泥写本的《古兰经》，都是很好的证明。

饥荒和瘟疫

纳绥尔长期在位，他的浩繁的开支，使人民负担了种种苛捐杂税，加速了麦木鲁克王朝的灭亡。这位素丹曾采取某些经济措施，来减轻全国人民的痛苦。他奖励对欧洲和东方的贸易，下令重新测量土地，取消对食盐、雏鸡、甘蔗、船舶、奴隶和马匹等课税，禁止饮酒，对抬高面包价格的商人给予鞭

① Abu-al-Fidā'，vol. iv，p. 89.

② Maqrīzi，*Khiṭaṭ*，vol. ii，p. 209—210.

③ 有一本珍奇的写本，是论马的著作，用泥金写成，是他的秘书奉献给他的，关于这写本的描绘，见 Hitti，Faris 与 'Abd-al-Malik，*Catalog of Arabic Manuscript*，no. 1066。

打的处分，等等。但是，这些措施的效果都是暂时的，只能治标，而不能治本。他去世之后，国内发生了内战、饥荒和瘟疫，人民的生活，更加悲惨了。自 1348 年到 1349 年，蹂躏欧洲的“黑死病”，曾在埃及持续了七年，埃及人民死于这次鼠疫的人数，多于因其他瘟疫而死亡的人数。据伊本·伊雅斯夸大的估计①，首都的死亡数字，达九十万之多。素丹和有能力逃亡的人，都逃亡了。据说，加宰城的居民，一个月之内就死了二万二千人，阿勒颇城每天平均死五百人。

伯海里系的灭亡

纳绥尔的十二个子孙，在四十二年之间（1340—1382 年），迅速地互相继承王位，他们是有名无实的素丹，国家政权被他们的权臣操纵，后者可以随意废立素丹，或者加以暗杀。这十二位素丹，都是毫无建树的，他们在位的期间，只有一件著名的古迹，就是纳绥尔的儿子素丹哈桑所修建的清真寺，这座清真寺于 1362 年落成，被认为是依照十字形设计的所有清真寺中最美丽的。

伯海里系的最后统治者，是纳绥尔的重孙撒列哈·哈只·伊本·舍耳班 682
（1381—1382 年，1389—1390 年在位）。他初次登基的时候，还是一个毛孩子，在位共计两年。第一次登基后，被塞加西亚人贝尔孤格废黜；第二次登基后，又被贝尔孤格取代。贝尔孤格成为一个新世系，即布尔吉王朝的奠基人②。贝尔孤格也是奴隶出身，原是艾什赖弗·舍耳班的儿子的奴隶③。在贝尔孤格之前，盖拉温的奴隶、另一个塞加西亚人拜伯尔斯二世（1308—1309 年在位），是遮断纳绥尔朝代世系的三位素丹之一，他的登场预示着一个新世系的来临。

① Ibn-Iyās, vol. i, p. 191.

② Ibn-Khaldūn, vol. v, p. 472; ibn-Taghri-Birdi, vol. vi, pt. 2, p. 1.

③ 参阅本章的世系表。

683 # 第四十八章　智力的和艺术的活动

麦木鲁克王朝的埃及，在一些骄傲自满、耀武扬威的君主的统治下，开始其历史，这些君主曾在叙利亚清除了法兰克政权最后的痕迹，而且成功地阻止了蒙古侵略军取得世界霸权。但是，在这个王朝的末期，由于军事的寡头政治、统治阶级之间的派系组织、货币贬值、苛捐杂税、生命财产全无保障、不时发生的瘟疫和饥荒、经常发生的革命和暴动，埃及和属国叙利亚，濒临破产。尤其是在尼罗河谷，陈腐的古代迷信和妖术，加上反动的正统派的得势，阻碍了科学的进步。在这些条件之下，很难指望有卓越的文化成就。实际上，到十三世纪初期，整个阿拉伯世界，早已丧失了它自八世纪以来所掌握的文化上的领导权①。几个世代，为了聚敛财富，争权夺利，浪费了不少精力和精神，其结果，心理上的疲倦，到处可见。

科学上的贡献

在科学上，自十三世纪中叶以后，阿拉伯人只在两个部门里维持他们的领导地位，一门是天文历算，包括三角学，另一门是医学，特别是眼科学。但是，在第一种学科中，做出贡献的，主要是用阿拉伯语写作的波斯科学家，他们的活动中心是伊儿汗的天文台和马腊格的图书馆，领导人是赫赫有名的突斯人奈绥尔丁（1201—1274 年）。叙利亚雅各派的天主教徒艾卜勒·法赖吉·伊本·伊卜里（拉丁语的 Barhebraeus，1226—1286 年）②，曾在伊儿汗国讲学，这是一件有趣的事。他被认为是史学家和叙利亚文学最后的一位经典作家，1268 年在那里讲授欧几里得的《几何原理》，1272—1273 年讲述托勒密的《天文大集》。

---

① 参阅 Sarton，*Introduction*，vol. ii（特别是本书的绪论）。伊斯兰文化总的衰亡，标志着中世纪时代的结束。参阅本书第 142 页。

② 他的《各国史纲》（*Tārīkh Mukhtaṣar al-Duwal*）由安东·撒列哈尼于 1890 年出版于贝鲁特。

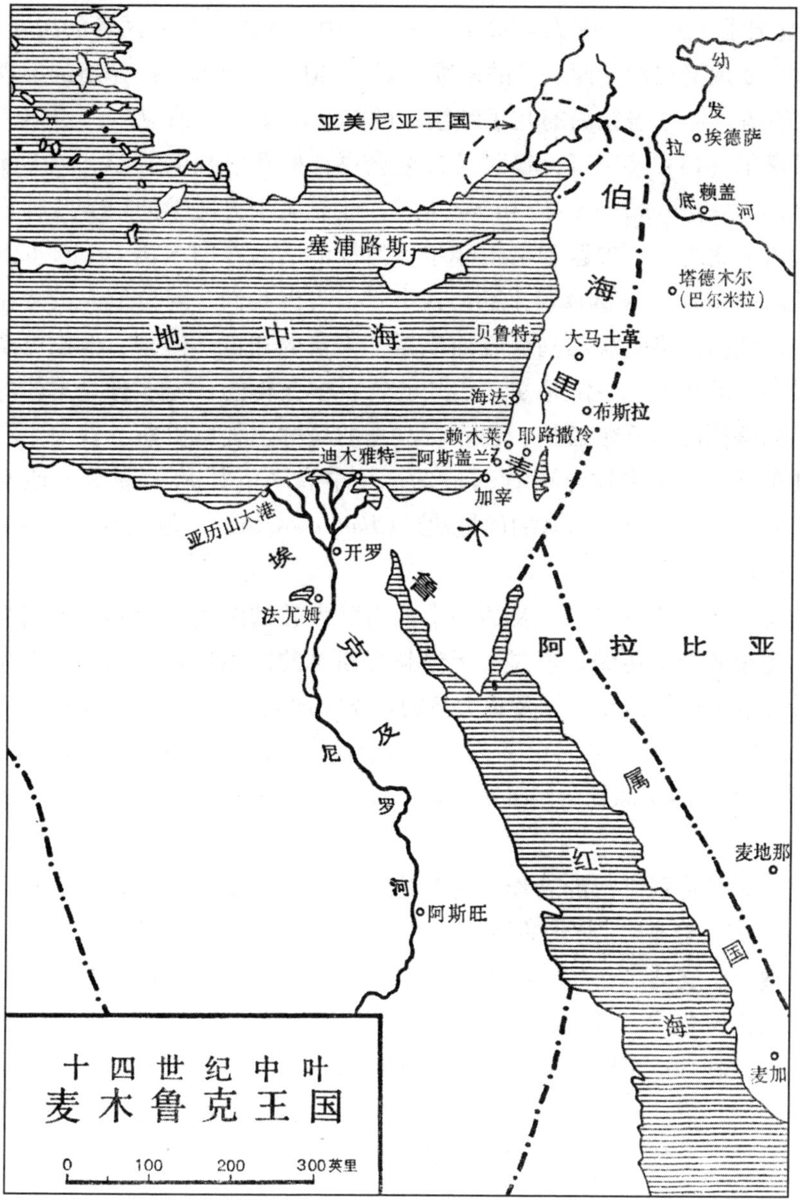
亚美尼亚王国
幼发拉底河
埃德萨
赖盖
伯海里麦木鲁克
塔德木尔
(巴尔米拉)
塞浦路斯
地中海
贝鲁特
大马士革
海法
布斯拉
赖木莱
耶路撒冷
迪木雅特
阿斯盖兰
加宰
亚历山大港
开罗
埃及
法尤姆
尼罗河
阿斯旺
阿拉比亚
属国
红海
麦地那
麦加
十四世纪中叶
麦木鲁克王国
0
100
200
300英里

医学 685 叙利亚－埃及王国，在医学上是领先的。盖拉温所创建的那所完备的医院，可以看做是埃及关心医学的指标。院长艾卜勒·哈桑·阿里·伊本·奈菲斯，曾在大马士革求学，后来死在那里（1288—1289 年间）。他在所著的《医典解剖学注》（*Sharḥ Jashirḥ al-Qanūn*）中，提出了肺血循环的清晰概念。据说这个发现要归功于西班牙的塞维塔斯[①]，但是，伊本·奈菲斯的发现却比他早二百五十年。盖拉温的儿子纳绥尔的御马监艾卜·伯克尔·伊本·孟迭尔·贝塔尔（1340 年卒），曾著《二艺全书：兽医学和养马学》（*Kāmil al-Ṣinā'atayn：al-Bayṭarah w-al-Zarṭaqah*）[②]，这是关于兽医学的很少几种重要的阿拉伯语论文之一，曾题赠给纳绥尔。阿拉伯语的专门术语 *bayṭār*（兽医），是从希腊语 *hippiatros* 翻译过来的，这个术语告诉我们，阿拉伯人虽然在游牧时代根据经验在骆驼病和马病方面积累了丰富的知识，但是，他们更系统的知识和先进的技术，一定是从拜占廷的资料中获得的。麦木鲁克王朝的许多素丹，如盖拉温和贝尔孤格，都养有漂亮的马群。载有伊斯兰教关于马的传说的几种著作，是在这个时代写成的，其中有阿卜杜勒·慕敏·迪木雅特（1306 年卒）所著的《马队的优越性》（*Faḍl al-Khayl*），他是盖拉温曼苏尔学院的一个讲师。

犹太教医生 自艾优卜王朝以来，埃及的医学就为犹太教的医生所控制，他们继承了伊本·麦蒙的光荣传统。但是，无论是穆斯林的医生还是犹太教的医生，都没有什么创造性的活动。埃及犹太教的药学家库欣（祭司）·阿塔尔（药商）于 1260 年前后，在开罗写出了关于药学的阿拉伯语论文《官药手册和贵人宝鉴》（*Minhāj al-Dukkān wa-Dusṭūr al-A'yān*），这部书在穆斯林东方，仍然在使用。

这个时代特别流行的著作，是兼论妇科病和性欲的著作，就是我们现在所谓的“情欲宝鉴”。历代的阿拉伯文学，主要是一种男性文学，这种文学富于各种逸事、笑话、纪事，我们在今天看来，完全是淫猥的。在写作此类淫
686 书的著名作家当中，就有埃及的宝石商人帖法希，他活跃于十三世纪中叶。我们还注意到，这个时期的人对于拉齐首先称之为“精神医疗”（*tibbrūḥāni*，或精神治疗，*'ilāj nafsāni*）的方法，特别感兴趣，这种疗法相当于今天的心理疗法。这个学派的埃及先驱，是萨拉哈丁的御医、犹太医生希伯突拉·伊

① Abdul-Karim Chéhadé, *Ibn an-Nafis et la decouverte de la circulation pulmonaire* (Damascus, 1955).

② 皮龙（M. Perron）的译本题名 *Le Naçéri*：*La perfection des deux arts ou traité complet d' hippologie et d' hippiatrie arabes*, 3 vols.（Paris, 1852—1860）。

本·祝迈耳，他的主要著作是《身心利益的指南》（*al-Irshād li-Masāliḥ al-Anfās w-al-Ajsād*）。伊本·祝迈耳在大街上看见出殡的队伍经过，尸体露在外面，就说那个人是假死了，不是真死了，因为他的两只脚是竖立的，不是放平的①。

眼科学是阿拉伯人早就发展起来的科学之一②。十二和十三世纪时期，在叙利亚和埃及开业的眼科医生，比世界上任何地方的眼科医生都更具有深厚的科学基础。十二世纪时期，关于眼科学最著名的阿拉伯语著作，是埃及的犹太眼科医生艾卜勒·法达伊勒·伊本·纳基德（1188—1189 年间卒）③ 所著的《经验疗法》（*Mujarrabāt*）。但是，叙利亚后来居于领导地位。这个时代仅有的两部渊博的著作，就是在叙利亚编纂的：一部是《眼药水全书》（*al-Kāfi fi al-Kuḥl*），著者是阿勒颇人哈里发·伊本·艾比·麦克西尼，活跃于 1256 年前后；另一部是《众目之光和眼科要略》（*Nūr al-'uyūn wa-Jāmi 'al-Funūn*）④，著者是撒拉哈丁·伊本·优素福，约于 1296 年在哈马开业。哈里发对于自己的眼科手术有这样坚强的信心，他毫不犹豫地给一个独眼人割除内障。值得注意的是，麦木鲁克王朝时代的叙利亚学者，都活跃于内地城市，这是因为沿岸城市已经被十字军破坏了，盖拉温及其继任者后来又实行了焦土政策，以防止法兰克人卷土重来。　眼科疾病

阿拉伯世界所产生的最著名的医学史家，是穆瓦法格丁·艾卜勒·阿拔斯·艾哈迈德·伊本·艾比·伍赛比耳（1203—1270 年），在麦木鲁克王朝早期，活跃于大马士革。伊本·艾比·伍赛比耳本人是一位医生，又是大马士革眼科医生的儿子。他先后在故乡和开罗求学，曾与赫赫有名的植物学家伊本·贝塔尔一起研究植物学，又和巴格达的科学家兼医生阿卜杜勒·莱兑弗通信。他的杰作是《医师列传》（*'Uyūn al-Anbā' fi Ṭabaqāl al-Aṭibbā'*，关于各类医生的资料来源）⑤，这部书包括四百多位阿拉伯医生和希腊医生的传记，是一部精心结构的列传总集。这些医生大部分同时又是哲学家、天文学家、物理学家、数学家，因而这部著作便是研究一般阿拉伯科学史的无价的参考　医学史　687

① Ibn-abi-Uṣaybi'ah，vol. ii，p. 113.

② 参阅本书第 363—364 页。

③ Ibn-abi-Uṣaybi'ah，vol. ii，pp. 115—116.

④ Ḥājji Khalfah，vol. vi，p. 393.

⑤ 初版在 1882 年出版于开罗，出版者是“伊木鲁勒·盖斯·伊本·泰汉”（真姓名是 August Müller）；第二版于 1884 年出版于波兰的科尼希斯贝格，比初版增加了一些篇幅、校正和索引，分上下册，出版者是 August Müller。

资料。这部书在阿拉伯语文献中几乎是无双的，最接近这部书的是基弗兑的《哲学家兼医师列传》（*Ikhbār al-'Ulamā' bi-Akhbār al-Hukamā'*），这部书只有一个撮要流传下来[①]。阿里·伊本·优素福·基弗兑，于1172年生于上埃及，但是，他一生中大部分时间是在阿勒颇度过的，他在那里担任艾优卜王朝君主的大臣，1248年去世。

社会科学——传记

麦木鲁克王朝时代，社会科学的主要贡献，是在传记方面。伊斯兰教所产生的最杰出的传记家，在这个时代，活跃于大马士革。他的全名是舍木斯丁（宗教的太阳）·艾哈迈德·伊本·穆罕默德·伊本·赫里康，他是叶哈雅·伊本·哈立德·伯尔麦克的苗裔，于1211年生于伊拉克北部的阿尔比勒。他在阿勒颇和大马士革受教育，1261年被任命为叙利亚的总法官，他的总署设在大马士革。他一直担任这个官职，中间只间断过七年，于1282年去世之前不久才辞职。他所著的《名人简历》（*Wafayāt al-A'yān wa-Anbā' Abnā' al-Zamān*）[②]，是一部最准确、最优雅的传记集，包括历史上最著名的八百六十五位穆斯林的传记，是用阿拉伯语写成的民族传记的第一部辞典。著者煞费苦心地确定人名的正确拼音，考订各人的生卒年代，查出各人的家谱，核实事实，指出各人主要的个性，扼要地叙述事件，并且利用诗歌和逸事加以说明。有人认为，这部书是“前所未有的最好的列传”[③]。

历史

不但在传记方面，就是在通史方面，麦木鲁克王朝时代，也是相当丰富的。本书曾屡次引证的艾卜勒·菲达、伊本·台格利·比尔迪、素优兑、麦格里齐等人，都是麦木鲁克王朝的史学家。优秀的史学家伊本·赫勒敦
688 （1406年卒），在素丹贝尔孤格在位时代，曾任教授和法官；在素丹法赖吉在位时代，曾率领代表团到大马士革，去和帖木儿和平谈判。他的履历和文学活动，使他与西班牙和马格里布联系在一起。历史学家兼地理学家艾卜勒·菲达（1273—1332年）是萨拉哈丁的一个弟弟的后裔，素丹纳绥尔在位的时代曾任哈马的长官，他曾著《世界史撮要》（*Mukhtaṣar Ta'rīkh al-Baṣhar*，人类史纲要）[④]，这是伊本·艾西尔所著的卷帙浩繁的《历史大全》的撮要，艾卜勒·菲达补叙到他自己的那个时代。艾卜勒·麦哈辛·伊本·台格利·比尔迪（1411—1469年）的父亲是麦木鲁克王朝宫廷里的一个高级官员，母亲是

① Ed. Julius Lippert（Leipzig，1903）.

② 这部书有几个版本。这里使用的是1299年开罗的三卷本。德斯朗（de Slane）的法语译本四卷，于1843—1871年出版于巴黎。

③ Nicholson，*Literary History*，p. 452.

④ 这里所用的是1286年君士坦丁堡版四卷本。他所著的地理学书是：*Taqwīm al-Buldān*，ed. J. T. Reinaud and de Slane（Paris，1840）；tr. Reinaud，2 vols.（Paris，1848）。

突厥人，是贝尔孤格的女奴。伊本·台格利·比尔迪[1]本人，与几位素丹都有密切的关系。他的主要著作是《埃及历代国王本纪》（*al-Nujūm al-Zāhirah fi Mulūk Miṣr w-al-Qāhirah*）[2]，这部书包括自阿拉伯人征服埃及到1453年的全部埃及历史。哲拉鲁丁·素优兑[3]（1445—1505年）和伊本·召齐、伊本·哈兹木、泰伯里一样，是伊斯兰教最著名的多产作家之一，但是，他的著作并没有什么创见。他是十五世纪杰出的文学家，这是毫无疑问的。他的笔锋涉及阿拉伯学问的全部领域：古兰经学、圣训学、教律学、哲学、历史学、语言学、修辞学，等等[4]。他的著作的目录，传下来的约有五百六十种。这些著作中有一本是讨论先知穆罕默德是不是穿裤子，他的头巾有没有尖端下垂，他的父母是在天堂还是在地狱里。他还是一位优雅的书法大家，有几种写本，可能是他亲笔写的。他最驰名的著作有三种：第一种是《古兰经学》（*al-Itqān fi ʻUlūm al-Qur'ān*）[5]；第二种是《华枝集》（*al-Muzhir fi ʻUlum al-Lughah*）[6]；第三种是《埃及史》（*Ḥusn al-Muḥāḍarah fi Akhbār Misr w-al-Qāhirah*[7]，关于埃及和开罗掌故的讲话）。

麦木鲁克王朝最优秀的史学家当然是泰基艾丁·艾哈迈德·麦格里齐（1364—1442年）。他生于开罗，祖先是巴勒贝克的世家，在故乡和大马士革 689
担任过几任重要职务，如副法官和教师等。他的成名作是《埃及志》（*al-Mawāʻiẓ w-al-Iʻtibār fi Dhikr al-Khiṭaṭ w-al-Athār*[8]，新居留地和古迹中的教训和殷鉴），这是专论埃及的地方志、历史和文物的著作。与他同时代的赛哈威[9]指责他，说他的这部著作是大量剽窃来的，这种指责是十分有根据的。但是，这种过失在那个时代已经司空见惯，相习成风了。

伊斯兰教学科和语言学科

本书常常引证的两位埃及百科全书家，一位是艾哈迈德·努韦理（1332年卒），《文苑观止》（*Nihāyat al-Arab fi Funūn al-Adab*）[10]的著者；另一位是

---

① Ibn-Taghri-Birdi，vol. vi，pt. 2，p. 430，l. 6；p. 552，l. 22；p. 743，l. 19.

② Ed. F. G. Juynboll and Matthes，2 vols.（Leyden，1855—1861），ed. William Popper，3 vols.（Berkeley，1909—1929）.

③ 他出生于上埃及的阿西尤特，故以素优兑为姓。

④ 参阅他所著的 *Naẓm al-ʻIqyān fi Aʻyān al-Aʻyān*，ed. Hitti（New York，1927），pp. *kh*，*d*。

⑤ 有开罗出版的几个版本，都没有经过校勘。

⑥ 这里所用的是1325年开罗出版的两卷本。

⑦ 这里所用的是1321年开罗出版的两卷本。

⑧ 这里所用的是1270年布拉格出版的两卷本。

⑨ Al-Sakhawi，*al-Tibr al-Masbūk fi Dhayl al-Sulūk*（Būlāq，1896），p. 22.

⑩ 1923—1933年开罗出版的九卷版，是不完全的。

艾哈迈德·盖勒盖山迪（1418 年卒），他的著作《夜盲者的曙光》（*Ṣubḥ al-A'shā*）①，是一种在政府机关担任文牍工作的人参考的手册，书中主要充满了埃及和叙利亚的历史掌故和地理事实。这个时代其他的著作家，都致力于伊斯兰教学科和语言学科的研究。有一部例外的著作，非常重要，这是关于航海理论和实践的简明著作，著者艾哈迈德·伊本·马志德②，原籍纳季德，据说他曾于 1498 年给葡萄牙人瓦斯科·达·伽马领港，从非洲航行到印度。

在教义学方面，必须提到保守主义的清教徒泰基艾丁·艾哈迈德·伊本·太伊米叶③（1263—1328 年）。他生于哈兰，活跃于大马士革。除《古兰经》、圣训和惯例外，他不信奉任何权威，他大声疾呼地反对革新，反对圣徒崇拜，反对誓愿和朝拜圣徒的陵庙。他是伊本·罕百勒的追随者，他的主义后来被纳季德的瓦哈比派采用。在圣训学方面，杰出的学者是伊本·哈哲尔·阿斯盖拉尼④（1372—1449 年），他是开罗的总法官，九岁时就能背诵全部《古兰经》。在诗歌方面，唯一值得提到的名字或许就是舍赖弗丁·穆罕默德·蒲绥里⑤（1213—约 1296 年），他是柏柏尔血统的人，编写了著名的诗篇《先知的斗篷》（*al-Burdah*），用来纪念他的瘫痪的突然痊愈，他说他梦见先
690 知穆罕默德来探望他，把自己披着的斗篷给他盖上，第二天早晨他的病就完全好了。阿拉伯语的任何诗篇，都没有获得像《先知的斗篷》这样广泛的流传。用阿拉伯语、土耳其语、波斯语、柏柏尔语写成的注释，在九十种以上，诗篇的正文还被译成波斯语、土耳其语、德语、法语、英语和意大利语⑥。他的诗句被用做符咒，德鲁兹人直到今天还在殡礼中反复咏诵这一诗篇⑦。

讲故事

在这里我们必须谈谈两部传奇故事（*sīrah*），一部是关于安泰来的，另一部是关于拜伯尔斯的。这两部传奇故事现在还在穆斯林东方的咖啡馆里讲述，吸引着许多听众，它们是在麦木鲁克王朝定型的。通过各种译本，在不朽的国际文学作品中取得了地位的《天方夜谭》，在阿拉伯国家流传之广，仅次于

---

① 开罗 1913—1922 年出版，十四册。

② Ahmad ibn-Mājid, *Kitāb al-Fawā'il fi Uṣūl al-Baḥr w-al-Qawā'id*, ed. G. Ferrand (Paris, 1921—1923).

③ 据说他编写过五百种著作，流传到今天的还有六十四种。参阅 Kutubi, vol. i, pp. 48—49。

④ 他所著的《圣门弟子列传》（*al-Iṣābah fi Tamyīz al-Ṣaḥābah*）八册，于 1323—1327 年出版于开罗，前面已引证过。

⑤ 以故乡 Abūṣīr 为姓。

⑥ J. W. Redhouse, "The Burdah", in W. A. Clouston, *Arabian Poetry for English Readers* (Glasgow, 1881), pp. 319—341.

⑦ 这诗篇在什么时候传入我国，已不可考。云南马安礼的汉语译本叫《天方诗经》，于 1957 年由人民文学出版社影印出版。——译者

这两部传奇故事，它也是在这个时代定型的。麦木鲁克人，特别是十字军战争时期的麦木鲁克人，热爱各种运动、马上比武、箭术、竞技、狩猎、马术等，他们提供了英雄人物的典范，他们的功绩被编写成故事，受到人们不厌其烦的渲染。出现在《天方夜谭》中的"骑士"（*fāris*），是麦木鲁克王朝骑士的写照，因为那样的骑士是在麦木鲁克王朝活动的，而不是出现在更早的阿拔斯王朝。《天方夜谭》所描写的风土人情，都是民间作家在麦木鲁克王朝的开罗的社会环境中亲身经历的事实。

在十三世纪晚期，出现了一本影子戏文学的完美范本，书名是《影子戏要略》（*Tayf al-Khayāl fi Ma'rifat Khayāl al-Ẓill*，关于影子戏知识的想象的幻影）[1]，作者是毛绥勒人穆罕默德·伊本·丹雅勒·胡扎仪（约卒于1310年）。他是一位穆斯林医生，原来大概是一个犹太教徒或基督教徒，活跃于拜伯尔斯时代，他的著作是中世纪时代伊斯兰世界硕果仅存的剧诗的范本。影子戏大概是远东的发明。穆斯林大概是从印度或波斯学会影子戏的。九世纪末，阿拉伯的说书人，开始在他们的故事里采用民族典型，并且力求收到滑稽的效果。十二世纪时，他们发明了影子戏。十一世纪在西班牙，哈兹木在一个隐喻中提到了影子戏（*khayāl al-ẓill*）[2]。这种艺术，从西亚和埃及[3]传入君士坦丁堡，在那里主角叫做"盖拉孤兹"（Qaragöz，黑眼睛）；再从那里传入东欧。土耳其影子戏的某些材料，显然是从《天方夜谭》中取来的。土耳其的"盖拉孤兹"可能影响了以卓别林为代表的那种现代演员。 影子戏 691

在铁血政权占统治地位的麦木鲁克人时代，最令人惊喜的，是在建筑和艺术方面产生了丰硕的成果。自托勒密人时代和法老时代以来，在埃及历史上，这种成果无论是从规模还是从质量来说，都是无可比拟的。人们在盖拉温、纳绥尔、哈桑等人所修建的清真寺、学校和陵庙里，可以看到穆斯林建筑学所达到的最华丽的表现。在布尔吉系的时代，贝尔孤格、嘎伊特贝和奥里等的建筑物，都是同样著名的。此后，就再也没有什么重要的建筑物出现于阿拉伯国家了。 建筑学

麦木鲁克王朝的建筑学派，起初是以努尔王朝和艾优卜王朝的建筑物为楷模的[4]，后来又接受了叙利亚－美索不达米亚学派的新影响，因为在十三世纪蒙古人侵略西亚时，埃及变成了从毛绥勒、巴格达和大马士革等地逃亡出

---

① Ed. in part by Georg Jacob, 3 vols. (Erlangen, 1910—1912). 参阅 Kutubi, vol. ii, p. 237。

② *Al-Akhlāq w-al-Siyar*, ed. Maḥmaṣāni (Cairo), p. 28.

③ 参阅 ibn-Iyās, vol. ii, p. 33。

④ 参阅本书第660页。

来的穆斯林美术家和工匠们的避难所。在十字军战役结束后，到北方产石的地区去，已经不再有什么困难了，因此清真寺尖塔的建筑材料，就改用石料，不再用砖了。附设学校的清真寺，按照十字形而建筑的设计，已发展到完美的地步。圆屋顶构造得那样巧妙、秀美、富丽、堂皇，真是无与伦比。这些建筑物的一个特色，是条纹石工装饰法（*ablaq*）①。这种装饰法，是用各种彩色的石料，交错着镶成花纹。它是从罗马或者拜占廷传入的。这个时代所以值得注意，还因为发展了钟乳石状的三角穹窿和穆斯林装饰的另外两种习见的特征：几何的镶嵌细工和库法体的铭刻。在整个穆斯林时代，动物的形象，在埃及和叙利亚，不像在西班牙和波斯那样随意应用。麦木鲁克王朝建筑物最精美的范例，都幸运地保存到了今天，而且仍然是吸引旅行家和美术研究者的主要魅力之一。

艺术

应用美术的一切部门，差不多都与建筑，特别是宗教建筑，有着密切的
692 联系。用青铜制成的清真寺大门和清真寺里的枝形灯架，都有阿拉伯风格的华丽图案，还有用宝石作钉子的金质《古兰经》匣子、凹壁旁木质讲台和读经台上的精美的镶嵌细工，所有这些流传下来的美术品的样品，都能证明应用美术的繁荣②。这些结实的清真寺大门，几乎都是用大马士革的金属工艺品镶边的。清真寺的灯笼和彩色的窗子，都是用最精美的有色玻璃制成的，都带着花草的图案和阿拉伯语的铭文。清真寺的内墙，是用最精美的花瓷砖来装饰的。在开罗城堡中纳绥尔清真寺的尖塔（1318 年）里，有建筑上使用最早的麦木鲁克王朝的法国彩色瓷器标本。在布尔吉系统治时代，镶嵌变成了特别普及的工艺，嘎伊特贝清真寺的大门和讲台，都表明了这一事实。在镶嵌、象牙雕刻和搪瓷等方面，从伊斯兰教以前的年代起，科卜特的工匠就已经是能工巧匠了。

泥金彩画

泥金写本比任何一种工艺都更具有个性和特征，但是，泥金彩画只限于“真主的皇言”——《古兰经》。各种彩色的巧妙安排，各种花纹的精心结构，都需要无限的精力和高度的技巧，因此，即使最佳美的《古兰经》，也只有两三页完全是泥金写本。泥金写本《古兰经》的最精妙的珍藏品，也都是麦木鲁克王朝素丹的珍藏品，从各城市清真寺搜集来的《古兰经》泥金写本，现在收藏在开罗的国立图书馆里。

奢侈的生活

艺术的精制品，并不仅仅用于宗教的目的。杯、碗、盘、香炉等各式各

---

① 参阅本书第 680 页。

② 参阅 Gaston Wiet，*Catalogue général du musée arabe du Caire*；*lampes et bouteilles en verre emaillé*（Cairo，1929）。

样的奢侈品，都保存下来了，这些东西都能够证明当代的编年史家所描绘的奢侈生活，确是实有其事。王后和宫主们所佩戴的耳环、项链、手镯、脚镯、护符等，跟现代埃及妇女还在佩戴的首饰，没有什么差别。麦木鲁克王朝的大宴会，后面都有娱乐，有舞蹈家和魔术师的演出，还表演影子戏。宫廷的官员，包括这样一些高级人物，如宫廷总管（*ustādār*）、武侍卫（*amir silāḥ*）、御马长（*amīr ākhūr*）、上酒官（*sāqi khāṣṣ*）①。贝尔孤格在大马士革和开罗之间，沿途设置驿站，以便用骆驼把冰运到埃及②。布尔吉系的麦木鲁克国王中的哲格麦格（1438—1453 年在位），在三年之内耗费了三百万第纳尔，有的 693
是用于购买奴隶，有的是用于赏金③。

自奥斯曼人征服叙利亚和埃及后，麦木鲁克王朝的工艺美术，几乎全都开始衰落了。有些建筑师、技术工人和地毯工人，被素丹赛里木送到君士坦丁堡去了。只有琉璃瓦工业的技术水平，在土耳其人征服之后，胜过从前，南肯辛顿博物馆收藏的大马士革琉璃瓦就是明证。今天在大马士革制造的镶嵌的盘、碗、蜡台、花盆和其他的黄铜器皿，大半是仿照麦木鲁克王朝的式样的。

---

① *Ṣubḥ*, vol. iv, pp. 18 以下；Maqrīzi *Khiṭaṭ'* vol. ii, p. 222；Ẓāhiri, pp. 114 以下；Gaudefroy-Demombynes, *La Syrie à l'époque des Mamlonks*（Paris, 1923）, pp. L 以下。

② Ẓāhiri, pp. 117—118；Umari, pp. 184 以下。

③ Ibn-Taghri-Birdi, vol. vii, p. 246.

694 # 第四十九章 麦木鲁克王朝的终局

伯海里系的麦木鲁克人都是突厥人，而布尔吉系的麦木鲁克人却是塞加西亚人，只有两个例外，一个是胡什盖德木（1461—1467 年在位），一个是帖木儿不花（1467 年在位），他们两个是希腊人[①]。布尔吉系比伯海里系还要反对世袭王位的制度；素丹只是同辈人中的第一人，实权是在军事寡头集团的手中。布尔吉系的二十三位素丹，在位的年代总计一百三十五年（1382—1517 年），其中九人共在位一百二十四年。这九位素丹是贝尔孤格、法赖吉、穆艾叶德·舍赫、白尔斯贝、哲格麦格、伊那勒、胡什盖德木、嘎伊特贝、干骚·奥里[②]。其余的十四人，几乎完全是不重要的，在 1421 年一年之内就有三位素丹上台下台。嘎伊特贝的统治，自 1468 年起到 1495 年止，不仅时

---

① Ibn-Taghri-Birdi，vol. vii，pp. 685，842，847.

② 在一部专为他而抄写的《古兰经》的题词上，他的名字拼写成Qā'nṣawh al-Ghawri（参阅 Moritz，*Palaeography*，vol. i，pl. 83）；普通的拼法是 Qānṣūh al-Ghūri。

间最长，从某些方面看来，也是最重要和最成功的[①]。

这个新政权在不断地进行迫害前朝皇室的阴谋、暗杀和掠夺。实际上，这个朝代是叙利亚－埃及编年史上最黑暗的时代。在素丹当中，有几个是背信弃义的、残忍的，有几个是无能的，甚至是堕落的，大多数都是无教养的。穆艾叶德·舍赫（1412—1421 年在位）是一个醉汉，是贝尔孤格从一个塞加西亚的商人那里买来的。他犯过一些最恶劣的罪行[②]。这些素丹当中，只有贝尔孤格的父亲是一个穆斯林[③]。白尔斯贝（1422—1438 年在位）原是贝尔孤格的一个奴隶，连阿拉伯语也不熟悉。他害了致命的病症，他的两位御医治不好，他就把他们的头砍了。伊那勒（1453—1460 年在位）也是贝尔孤格的一个奴隶，他是一个文盲。与他同时代的史学家伊本·台格利·比尔迪[④]认为，伊那勒朗诵《古兰经》第一章都要发生错误。他在公文上签署的名字，

布尔吉系素丹的几个范例 695

① 布尔吉系素丹的名单如下：

1. 扎希尔·赛福丁·贝尔孤格 …… 1382 年
（被伯海里系的哈只〔1389—1390 年〕遮断）
2. 纳绥尔·纳绥尔丁·法赖吉 …… 1398 年
3. 曼苏尔·伊兹丁·阿卜杜勒·阿齐兹 …… 1405 年
纳绥尔·法赖吉（复辟） 1406 年
4. 哈里发·阿迪勒·穆斯台耳因 …… 1412 年
5. 穆艾叶德·舍赫 …… 1412 年
6. 穆扎法尔·艾哈迈德 …… 1421 年
7. 扎希尔·赛福丁·塔塔尔 …… 1421 年
8. 撒列哈·纳绥尔丁·穆罕默德 …… 1421 年
9. 艾什赖弗·赛福丁·白尔斯贝 …… 1422 年
10. 阿齐兹·哲马鲁丁·优素福 …… 1438 年
11. 扎希尔·赛福丁·哲格麦格 …… 1438 年
12. 曼苏尔·法赫鲁丁·奥斯曼 …… 1453 年
13. 艾什赖弗·赛福丁·伊那勒 …… 1453 年
14. 穆艾叶德·什哈卜丁·艾哈迈德 …… 1460 年
15. 扎希尔·赛福丁·胡什盖德木 …… 1461 年
16. 扎希尔·赛福丁·雅勒贝 …… 1467 年
17. 扎希尔·帖木儿不花 …… 1467 年
18. 艾什赖弗·赛福丁·嘎伊特贝 …… 1468 年
19. 纳绥尔·穆罕默德 …… 1495 年
20. 扎希尔·干骚 …… 1498 年
21. 艾什赖弗·占伯拉特 …… 1499 年
22. 艾什赖弗·干骚·奥里 …… 1500 年
23. 艾什赖弗·突曼贝 …… 1516—1517 年

② Ibn-Taghri-Birdi, vol. vi, pp. 322 以下。

③ Suyuṭi, *Ḥusn*, vol. ii, p. 88.

④ Vol. vii, p. 559.

是按照一位秘书的笔迹描下来的。他有嗜好男风的嫌疑，拜伯尔斯和其他的麦木鲁克人也有同样的嫌疑。阿拔斯王朝声名狼藉的蓄养娈童的制度[①]，在麦木鲁克人的统治下又兴盛起来了。他的第三个继任者雅勒贝（1467 年在位），不仅是一个无教养的人，而且是一个疯子[②]。嘎伊特贝（1468—1495 年在位）是白尔斯贝用五十个第纳尔买来的，哲格麦格解放了他。炼金术士阿里·伊本·麦尔舒什不能把铁渣变成黄金，嘎伊特贝就下令挖掉他的眼睛，割掉他的舌头。嘎伊特贝还对谷物买卖征收重税，使老百姓的苦痛更加深重。

不仅素丹们是堕落的，他们的整个军事寡头集团，也或多或少都是腐化的。麦木鲁克王朝的许多长官和奴隶，组织了各种党派，互相仇视，互相倾轧，这些党派的起源就是贝尔孤格、法赖吉、舍赫、白尔斯贝等人的禁卫军。每个党派唯一的动机和愿望，就是攫取一切可能抓到的财富和权力。

不可救药的经济情况 696

由于素丹们执行自私的政策，王国恶劣的经济情况就更加恶化了。白尔斯贝曾禁止从印度输入各种香料，包括急需的胡椒，而他把所有的存货囤积起来，等涨价之后再卖给老百姓，因而大发横财。他还垄断了制糖业，甚至禁止人民在一定时期内种植甘蔗，以保证他自己获得格外的利润。在他的朝代里，又有一次周期性的瘟疫降临埃及和四邻的国家，蔗糖能治疗这种瘟疫，所以特别需要。这种传染病的破坏性虽然不像“黑死病”那样，但是，据说在三个月之内，仅首都一地的人口，就死亡三十万人之多。这位素丹认为瘟疫流行，是由于人民作恶多端，招致天谴，因此，就下令禁止妇女走出门外[③]，并且命令基督教徒和犹太教徒缴纳新的苛捐杂税，以赎罪戾。他还下令把非穆斯林的公务人员一律开除，而且要他们穿上特殊服装。他的几个前任和哲格麦格、胡什盖德木[④]等人，也实行过这种歧视基督教徒和犹太教徒的政策。伊那勒的几位前任，还铸造减色的银币，并且屡次变更贵金属的法定价格。

苛捐杂税，并不限于非穆斯林。国家没有正规的赋税制度，素丹们为了东征西讨、维持奢侈的宫廷、建立纪念性的建筑物等需要，只好向老百姓横征暴敛，向政府官员敲诈勒索，这些官员也都是贪污起家的。尼罗河三角洲和东部沙漠里的劫掠成性的贝杜因人，屡次袭击定居在狭长河谷里的农业居民，并且大肆破坏。蝗虫像周期性的瘟疫一样，定期降临。饥荒几乎变成了

---

① 参阅本书第 341、485 页。

② Ibn-Taghri-Birdi, vol. vii, pp. 831, 840, 841.

③ Ibn-Taghri-Birdi, vol. vi, p. 760.

④ Ibn-Taghri-Birdi, vol. vii, pp. 186, 721—722.

这个国家的慢性病，而在瘟疫流行、发生干旱（因尼罗河水位下降造成）的年份里，饥荒更加严重。在法赖吉和舍赫两人统治的时代，饥荒特别普遍。麦木鲁克王朝时代，叙利亚和埃及的人口，估计减少了三分之二①。

对印度贸易的丧失

在这个时代的末期，某些国际因素，增加了这个国家的贫困和苦痛。1498 年，葡萄牙航海家瓦斯科·达·伽马发现了绕道好望角的海道。在叙利亚－埃及王国的历史上，这是一件极重要的事件。不仅红海和印度洋里的穆斯林船只，开始经常遭受葡萄牙和其他欧洲舰队的攻击，而且香料以及印度 697
和阿拉比亚出产的其他热带物产的贸易，大部分也逐渐地不经过叙利亚和埃及的各港口了。因此，国家岁入的一个主要来源，就永远失去了。奥里的舰队在阿拉比亚沿岸与葡萄牙船屡次交战。他还威胁罗马教皇说，如果教皇不制止葡萄牙人，他就要把基督教的圣地摧毁，但是，他的威胁毫无效果。1500 年，葡萄牙人在印度西海岸上的卡利卡特定居下来；十三年后，葡萄牙人的大将阿尔封索·阿布奎基炮轰了亚丁。

不朽的作品

这整个时代中唯一可取之处——仿佛是用来弥补统治者的短处——是修建了许多建筑物，这些建筑物，直到今天还是穆斯林建筑学上突出的例证，如贝尔孤格的清真寺和陵庙，嘎伊特贝的清真寺和奥里的清真寺。嘎伊特贝的纪念性的清真寺，包括清真寺本部、一座陵墓、一个公共饮用喷泉和一所学校。清真寺的圆屋顶，除红白两色很调和外，还用迷人的传统叶饰和圆花饰网加以点缀。麦木鲁克王朝的这一建筑物和其他建筑物，都表现了叙利亚艾优卜学派所创立的阳刚之美的优良传统。

布尔吉系还继承了把精致的阿拉伯装饰应用于工艺品的传统。在工艺方面也像在建筑方面一样，自纳绥尔·伊本·盖拉温的时代以来，以嘎伊特贝的朝代最为丰富多彩。

对外关系

布尔吉系的麦木鲁克人，在对外关系方面，比国内事务还要倒霉。远在他们的第一位素丹在位的末期，一个新的蒙古侵略者帖木儿（旭烈兀和成吉思汗的毫无愧色的继任者）的阴影，就在北方的地平线上阴森森地浮现出来了。在这整个时代里，地方长官领导的叛变，震动了叙利亚；有些叛变，是蒙古人煽动的。除帖木儿外，还有一个更厉害的敌人，现在已开始威胁这个王国，那就是安纳托利亚的奥斯曼人。

---

① 参阅 ibn-Taghri-Birdi，vol. vi，pt. 2，p. 273。

开罗嘎伊特贝学校外景

开罗嘎伊特贝学校内景

塞浦路斯的征服 699 这个黑暗时代里唯一的一点光明，是白尔斯贝于1424—1426年征服了塞浦路斯。埃及人远征这个地中海海岛的目的，是要铲除海盗的根据地，那些海盗曾屡次劫掠叙利亚各港口。自1191年理查一世占领塞浦路斯以来，这个海岛始终是在法兰克人的手中的，起初为圣殿骑士团所据有，后来又为律星云家族所夺取。这个海岛原来是十字军强大的同盟，后来变成了对麦木鲁克王国的永久的威胁。1270年，拜伯尔斯初次企图对塞浦路斯人的经常性侵略加以惩罚，但是，他的舰队在利马索尔外面失事了。现在，白尔斯贝的强大的兵力，在夺取利马索尔后，挺进到拉纳卡，打败了律星云的军队，俘虏了贾纳斯王。这位国王和一千多名俘虏，戴着沉重的镣铐，组成游行队伍，在开罗的大街上游行，然后被带到素丹的面前。这位国王在素丹的脚下，向地面亲吻[①]之后，昏晕过去，于是被抬到城堡里去。伊本·台格利·比尔迪[②]，后来同这位被流放的国王会过一面，他为我们留下了一个目击者的报告。后来经过威尼斯领事的调停，贾纳斯重登宝座，条件是拿出二十万第纳尔的赎金，并且保证以后每年缴纳两万第纳尔的贡税。罗德岛的圣约翰骑士团，过去曾与塞浦路斯人合作，进攻埃及沿岸，因此，白尔斯贝也和罗德岛缔结了和约。在整个布尔吉时代，塞浦路斯是所获得的唯一的一块领土，但是完全不足以补偿失去的领土。

帖木儿 瘸子帖木儿于1336年生于河外地，他的祖先曾任成吉思汗的儿子的大臣，但是，这个家族自称为成吉思汗的苗裔。给他作传记的伊本·阿拉伯沙是一位爱讽刺的文人，他说帖木儿是一个鞋匠的儿子，土匪出身，某次他去偷羊，腿被砍伤了，因此有了瘸子的绰号[③]。1380年，帖木儿率领他的鞑靼游牧部落，开始了一长串的出征，征服了阿富汗、波斯、法里斯和库尔迪斯坦。1393年，他攻克了巴格达；在同年和次年内，他蹂躏了美索不达米亚。
701 他在萨拉哈丁的故乡塔克里特，用牺牲者的头骨，建立了一个金字塔。1395年，他侵入钦察加汗国的领土，占领了莫斯科一半以上。三年后，他蹂躏了印度北部，屠杀德里居民八万人。贝尔孤格朝的末年，帖木儿曾派亲善使节团去访问麦木鲁克王国，贝尔孤格大胆地把使节团的人员处死了。

1400年，帖木儿像旋风似的袭击了叙利亚北部。阿勒颇城被任意抢劫三

---

① 在素丹面前的地面上亲吻，是法帖梅王朝的穆仪兹首创的，后来被白尔斯贝改成在素丹的手上亲吻。但是，这个旧习惯后来又被恢复了，不过稍加修改。ibn-Taghri-Birdi，vol. vi，pt. 2，pp. 558—559。

② Ibn-Taghri-Birdi，vol. vi，pt. 2，pp. 612—618，620.

③ *'Ajā'ib al-Maqdūr fi Akhbār Taymūr*（Cairo，1285），p. 6.

天。穆斯林居民二万多人的头骨，被用来筑成小山，高10骨尺，周围20骨尺，脸面一律向外①。这座城里努尔王朝和艾优卜王朝所建筑的许多极可贵的学校和清真寺，全被夷为平地，再也没有重建。哈马、希姆斯和巴勒贝克，相继沦陷。在素丹法赖吉指挥下的埃及军队的先头部队被击溃了，大马士革被攻克了（1401年2月）。正当这座城被劫掠之际，火灾爆发了。这个侵略者，是名义上的穆斯林，具有十叶派的倾向，他强迫伊斯兰教的宗教学者们发表声明，承认他的行为是合乎教律的。伍麦叶清真寺被焚毁了，残留的只有墙壁②。大马士革最优秀的学者、技术工人和艺术家，都被帖木儿征调到他的首都撒马尔罕，把伊斯兰教的科学和某些工艺移植到了那里，这些工艺从此不再出现于叙利亚的首都。伊本·台格利·比尔迪的父亲，曾任法赖吉的武侍卫长，他给我们遗留下一篇关于这次战役的生动的描写③。伊本·赫勒敦曾随法赖吉从开罗到叙利亚去，并且率领大马士革代表团去跟帖木儿谈判和约。这个野蛮的侵略者，从大马士革匆匆忙忙地赶回巴格达，为被人杀害的他的几个官吏报仇，他用人头骨筑成了一百二十座碉堡，用来点缀巴格达城。

在随后的两年中，帖木儿侵略了小亚细亚，于1402年7月21日，在安卡拉粉碎了奥斯曼人的军队，并俘虏了素丹巴叶济德。他夺取了原首都布鲁撒和士麦拿④。这位著名的战俘，在夜间戴着锁链过夜，白天被装在囚笼里面，用两匹马驮运。伊本·阿拉伯沙⑤对于阿拉伯语 *qafaṣ*（鸟笼）这个名词发生误解，以致编出一个故事，说巴叶济德被关在铁笼里。1404年，帖木儿在向中 702
国进军的途中死去，这是对于埃及麦木鲁克人的解救。他的坟墓至今仍在撒马尔罕，可供凭吊。

帖木儿帝国

帖木儿的儿子和继任者沙鲁赫（1404—1447年在位）用气愤的语气写信给白尔斯贝，要求有权利把珍贵的帷幕挂在克而白天房上，以实践他的誓约。这是麦木鲁克人以伊斯兰教世界的领导君主身份保有的特权。白尔斯贝和他的四大法学派的法官们商量之后，巧妙地答复沙鲁赫说：他只要用金钱去赈济麦加的贫民，也就算履行他的誓约了⑥。沙鲁赫又派一位使节，带着一件礼服去，命令白尔斯贝接受那件礼服，作为授爵（册封）的仪式，但是，白尔

① Ibn-Taghri-Birdi, vol. vi, pt. 2, p. 52.

② Ibn-Taghri-Birdi, vol. vi, pt. 2. p. 68.

③ 同上，vol. vi, pt. 2, p. 5, l. 14; pp. 50以下；参阅 Mirkhwānd, *Ta'rīkh Rawdat al-Ṣafā'* (Teheran, 1270), Bk. VI。

④ 现代土耳其的布尔萨和伊兹密尔。——译者

⑤ P. 136.

⑥ Ibn-Taghri-Birdi, vol. vi, pt. 2, pp. 722, 725.

斯贝把那件礼服撕得粉碎，并且下令鞭打使节，然后把他倒竖在池塘中，加以凌辱。这发生在冬天一个严寒的日子，伊本·台格利·比尔迪亲眼目睹了这个场面①。沙鲁赫死后，帖木儿王朝把所有的精力都耗费在内部的倾轧上，从而鼓励了波斯拉法威王朝的崛起和奥斯曼帝国的重新缔造。

奥斯曼土耳其人

前面已经讲过②，奥斯曼土耳其人发源于蒙古利亚，后来在中亚细亚与伊朗各部族相混合，然后向小亚细亚迁移，在那里逐渐地取代和同化了与他们同血统的塞尔柱克人，在十四世纪初期建立了一个王国，终于取代了拜占廷帝国和阿拉伯哈里发帝国。奥斯曼（1299—1326 年在位）是这个王朝的奠基人，因此成为名祖者，奥斯曼帝国的名称，由此而来，巴叶济德一世（1389—1402 年在位）是他的曾孙。这个王国的版图，自叙利亚的北部国境延伸到多瑙河，在巴叶济德在位时，亚洲的部分完全丧失了。但是，巴叶济德的儿子穆罕默德一世（1402—1421 年在位）以欧洲的部分为根据地，在十年之间基本上光复了全部领土。在穆罕默德的曾孙巴叶济德二世时代（1481—1512 年），埃及素丹们面临着严重的奥斯曼问题。嘎伊特贝是和巴叶济德二世同时代的。这两大强国之间的竞争，首先表现在小亚细亚和叙利亚边境上双方诸侯之间屡次发生的冲突上。1481 年，嘎伊特贝收留了避难者吉
703 木，他是巴叶济德二世的哥哥和觊觎王位者。后来吉木到罗马去了，麦木鲁克王朝的素丹向罗马教皇交涉，要求把他送回埃及，因此招惹了新的麻烦。这是两国绝交的远因。近因是干骚·奥里秘密地答应支持土耳其人的头号敌人——波斯国王易司马仪（1502—1524 年在位）。

萨法威王朝

易司马仪是萨法威王朝（1502—1736 年）的奠基者，这个王朝是穆斯林波斯的最光荣的土著王朝。这个王朝的名称，得自虔诚的舍赫萨菲艾丁（宗教的忠贞），易司马仪是他的六代孙。这个王室溯源于第七位伊马木穆萨·卡最木，对于十叶派的教义是热心的。这个王朝的奠基者即位的时候就宣布以十叶派的教义——特别是十二伊马木派的教义——为波斯的国教。从那个时候起，波斯始终忠于这种教义。1514 年 8 月，他和逊尼派的奥斯曼国王、巴叶济德二世的儿子赛里木一世（1512—1520 年在位）在乌尔米雅湖东边的加勒迪兰发生冲突，他的骑兵败于土耳其禁卫军③的优势炮队。土耳其人占领了易司马仪的首都大不里士、美索不达米亚和亚美尼亚的一部分（1515 年）。

---

① Vol. vi，pt. 2，p. 743.

② 参阅本书第 475、478 和 489 页。

③ 土耳其禁卫军（Janissaries）是土耳其语 yeni-cheri（新军）的对音，是正规步兵的名称，这支军队主要是招募基督教青年，对于奥斯曼人开疆拓土负有大部分责任。

达比格草原的决战

次年春天，干骚借口调停交战双方，进兵阿勒颇，实际上是去支援他的波斯同盟者。为了装出和平的姿态，他在自己的随员中携带了他的傀儡——哈里发穆台瓦基勒和本国的四位主要法官。但是，赛里木没有受骗，他通过间谍组织，不断接到关于麦木鲁克王朝素丹的意图的情报。当干骚的使节来到赛里木兵营的时候，赛里木下令剃掉他的胡须（这是严重的侮辱），并且让他骑着一匹骡子回去，把宣战通牒送给干骚。使节的随员都被处死了。大难临头，已无法避免了。干骚原来是嘎伊特贝的奴隶，现在虽然年约七十五岁，精力还充沛。他在位期间，曾经证明自己并不是庸才。但是，现在他既不能依靠北部叙利亚各地方长官的忠贞，又不能依靠他的几个埃及艾米尔的合作。

1516 年 8 月 24 日，两军相遇于达比格草原，这个战场在阿勒颇的北边，相距一日的路程。干骚任命哈义尔贝为左翼司令官，他是阿勒颇的地方长官，是一个叛徒，第一次冲锋的时候，就带着队伍逃跑了。不久之后，那位年老的麦木鲁克就从马背上摔了下来，中风而死①。奥斯曼人大获全胜。土耳其军 704
队拥有比较优良的装备——大炮、滑膛枪和其他长距离武器，而看重骑兵的麦木鲁克军队，包括贝杜因人和叙利亚人组成的分遣队，却不肯使用那种新式武器。土耳其人早就使用火药，而叙利亚人和埃及人的军队还固守陈腐的理论，认为个人的勇气在战斗中是决定性的因素。赛里木胜利地进入阿勒颇城，人民把他当做救星来欢迎，认为他从麦木鲁克人的压迫下拯救了他们。那位哈里发受到厚道的待遇。赛里木在城堡里发现了巨大的财宝，估计有几百万第纳尔，那是素丹和亲王们储藏在那里的。10 月中旬，他向大马士革进兵，那里的领袖人物，有向他投降的，有逃跑到埃及去的。叙利亚落在奥斯曼人的手中，一直被他们统治了四百年之久。

埃及的征服

奥斯曼人的征服者从叙利亚向南冲入埃及。当时突曼贝已在埃及就素丹之位，他原来是干骚的奴隶。1517 年 1 月 22 日，两军相遇于开罗郊区，起初突曼贝还英勇地战斗。但是，由于士气不振，将领互相猜忌，财源枯竭，火器缺乏，再加上奥斯曼人炮术的优越性，胜负之局已定，战争越拖延，形势对埃及越不利。在贝杜因分遣队的支持下，赛里木终于攻下开罗城，并且大肆劫掠，把所有俘获的麦木鲁克人全部杀死了。他把大炮安置在尼罗河右岸上，继续打击残余的敌军。突曼贝逃到一个贝杜因人的酋长那里去避难，但是，他后来被出卖了。事情也许很奇怪，不过 4 月 14 日，他的确被吊在开罗的一座城门上②。麦木鲁克的素丹王朝，永远结束了。自萨拉哈丁以来就是东

---

① Ibn-Iyās, ed. Paul Kahle *et al.*, vol. v（Istanbul, 1923）, pp. 67—69.

② Ibn-Iyās, 138 页以下，145 页以下。

方伊斯兰教中心的开罗，不再是首都了，从此变成了一个省会。麦加和麦地那，自动地变成了奥斯曼帝国版图的一部分。埃及各清真寺的伊马木，在每周星期五聚礼的说教（虎吐白）中，都用下列的词句来替赛里木向真主祝福：

> 主呵，祈你相助素丹的儿子素丹，两陆的主人，两海的大汗，两军的征服者，两个伊拉克[1]的国王，两个圣地的仆人，胜利的国王赛里木沙。主呵！祈你把你珍贵的相助赏赐他；使他赢得光荣的胜利，今世和来世的主呵，全世界的主呵！[2]

奥斯曼哈里发帝国

这位伟大的征服者，在尼罗河谷逗留到秋天，参观了金字塔、亚历山大港和其他名胜古迹，然后返回君士坦丁堡。这座名城，自1453年以来就是奥
705 斯曼人的首都。赛里木把那位哈里发穆台瓦基勒也带走了，后来以侵吞公款的罪名，把他关入监狱，直到赛里木的儿子和继任者——庄严的素莱曼登基后，才准他回到开罗去。他于1543年死于开罗。他的去世，结束了假阿拔斯哈里发王朝最后的一年。他是否把自己的职位让给奥斯曼素丹，已无法考证[3]，但是，君士坦丁堡的土耳其统治者，实际上逐渐侵占了哈里发的特权，最后，竟僭取了哈里发的称号。赛里木的几个继任者，虽然自称哈里发，也有人以哈里发称呼他们，但是，这个称号对他们来说，只是恭维的话，在他们的领土之外，并没有人承认。用哈里发的头衔称呼奥斯曼素丹，而且正式承认他对土耳其领土外的穆斯林享有宗教上的权威的第一个外交文件，就我们所知道的来说，是1774年签订的库楚克·开纳尔吉俄土条约。

君士坦丁堡的素丹兼哈里发，变成了伊斯兰教最强大的君主，他不仅是巴格达哈里发的继任者，而且是拜占廷皇帝的继任者[4]。由于麦木鲁克王朝的灭亡和土耳其帝国在博斯普鲁斯海峡的建立，伊斯兰教势力的焦点，已经西移了。实际上，世界文明的中心，现在已经转移到西方去了。美洲和好望角的发现，改变了世界的通商航路，整个东地中海地区都变成了偏僻的地区。中世纪时期建筑在阿拉伯帝国遗址上的阿拉伯哈里发帝国和穆斯林各王朝的历史，从此结束了。奥斯曼哈里发帝国的现代史，从此开始了。

---

① 伊拉克分为两部：阿拉伯的伊拉克（在西部）和波斯的伊拉克（在东部）。——译者

② Ibn-Iyās，145页。

③ 参阅本书第489、677页。

④ 参阅本书第139、184页。

第六编

奥斯曼帝国的统治和独立

第五十章 作为土耳其行省的阿拉伯国家 709

约在1300年，奥斯曼国家牺牲了拜占廷帝国，而建立于塞尔柱克王国的遗址之上；过了六十多年，它仍然只是一个边疆上的公国①。这个公国，曾在兵连祸结、风雨飘摇之中过生活。1326年，开始定都于布尔萨（布鲁撒）。1366年，这个公国已变得更加稳定，在欧洲大陆上获得一个坚固的据点，发展成为一个王国，定都于亚得里亚那堡（埃德尔纳）②。1453年，征服者穆罕默德二世征服了君士坦丁堡，一个新的纪元，帝国的纪元，正式开始了。这个新的巨人，跨博斯普鲁斯海峡而屹立，一只脚踏在亚洲，另一只脚踏在欧 710
洲，他的版图日愈扩大。在灭亡麦木鲁克王朝后③，他不仅变成了拜占廷的继承者，而且变成了继阿拉伯哈里发帝国而崛起的各小国的继承者。这个新帝国继承了东方和西方的国土，也继承了东方和西方的思想，这种联合的遗产，大概是奥斯曼土耳其历史上内容最丰富的事实。

奥斯曼帝国国旗

---

① 早期的奥斯曼统治者世系表：

1. 奥斯曼一世（1299年）
|
2. 吴尔汗（1326年）
|
3. 穆拉德一世（1359年）

② 3. 穆拉德一世（1359年）
|
4. 巴叶济德一世（1389—1401年）

素莱曼（要求王位者）（1403—1410年）

5. 穆罕默德一世（1403年）（单独的统治者，1413年）

穆萨（要求王位者）（1410—1413年）

5. 穆罕默德一世
|
6. 穆拉德二世（1421年）
|
7. 穆罕默德二世（1451年）

③ 参阅本书第704、705页。

北非洲

十六世纪时，北非其余的阿拉伯国家，被吸引到逐渐上升的土耳其新月的轨道上来。在这些国家当中，有阿尔及利亚（大体上是罗马人的努米底亚，Numidia）。征服埃及次年，即1518年，希腊血统的奥斯曼海盗赫伊尔丁·伯尔伯罗萨和他的弟弟，侵入这个国家，打退了西班牙的侵略，把这个国家献给“崇高的阙下”①。“崇高的阙下”赏赐给赫伊尔丁总督（beylerbey）的称号，作为报酬②。赫伊尔丁建立了一个军事贵族政体，以一支土耳其禁卫军团作为这个政体的中坚。赫伊尔丁也为土耳其素丹建立了一支由熟练水兵组成的装备完好的舰队，那些水兵是从叛教的基督教徒中招募来的，有意大利人，也有希腊人，他们随时准备在整个地中海贯彻土耳其帝国的侵略政策。这支舰队，把奥斯曼这个可怕的名字向西一直传到西班牙海岸，正如土耳其禁卫军把这种恐怖向东一直传到底格里斯河两岸一样。于是，一个危险的邻国，就在突尼西亚（Tunisia，大体上是罗马人的亚非利加）以西建立起来了。1534年，突尼西亚国内发生王位继承之争，赫伊尔丁乘此机会，暂时占领了突尼西尼，但是，过了四十年，这个国家才被划入土耳其的版图，成为一个省。征服突尼西亚的陆军，是由息南帕夏③指挥的，他是一位显赫的将军，原籍阿尔巴尼亚，1568年，曾以埃及长官的身份，指挥攻打南阿拉比亚的战役，将也门纳入了奥斯曼帝国的版图④。在息南之前，一位伟大的土耳其海军大将皮利·赖伊斯（原来可能是一个基督教徒）曾在阿拉伯半岛的南岸和东岸采
711 取军事行动，占领了阿登（亚丁，1547年）和马斯喀特（1551年），一直远征到波斯湾口。他的一张地图，最近被发现了，即所谓的“哥伦布地图”，上面画着大西洋和美洲大陆⑤。自1705年起，突尼西亚的长官历来都称为贝

---

① 这是帝制时代土耳其政府的称号。——译者

② *Bey* 是一个土耳其的名词，来源于东突厥语的 *beg*，这是一个称号，现在还通用，特别是在埃及。（beylerbey 是“诸贝之贝”的意思。*bey* 原作 *beg*，新疆用的伯克，就是 *beg* 的对音，现在，新疆不再用这个称号，埃及革命后，也不再用 *beg* 的称号了）——译者

③ 帕夏（*pasha*）是一个土耳其官衔，是由波斯语 *pā* 和 *sha* 合成的，*pā* 是脚，*sha* 是王，意思是国王的股肱之臣。——译者

④ 参阅 Joseph von Hammer，*Geschichte des osmanischen Reiches*，vol. iii（Pest，1828），p. 551；参阅 Quṭb-al-Dīn al-Makki，*al-Barq al-Yamāni fi al-Fatḥ āl-'Uthmāni*，tr. Silvestre de Sacy in *Notices et extraits des manuscrits* de la *Bibliothèque Nationale*，vol. iv（Paris，1791—1796），pp. 468 以下；关于也门，可以参看Ḥusayn A. al-'Arshi，*Bulūgh al-Marām fi Sharḥ Misk al-Khitām*，ed. A. M. al-Kirmili（Cairo，1939），pp. 60—80。

⑤ Paul Kahle in *The Geographical Review*，vol. xxiii（1933），pp. 621—638；参阅 Ḥājji Khalfah，vol. ii，pp. 22—23；参阅 Pīri Re'īs，*Baḥrīyah*，ed. Paul Kahle，2 vols.（Berlin，1926）。1538年，土耳其人曾占领过亚丁。

(*bey*)，过了一个世纪，才改称为岱（*dey*）①。早在结束西班牙人在突尼西亚的统治和本地的各朝代之前，息南帕夏和另外的两个土耳其将军，就已经从的黎波里赶走了马耳他岛的圣约翰的骑士们，并于1551年占领了的黎波里。原来腓尼基人在迦太基的三个殖民地和邻近的领土，在罗马人的统治下，曾一度构成的黎波里塔尼亚省（Tripolitania），这是Tripoli（阿拉伯语的Ṭarābulus al-Gharb，西方的太拉布鲁斯）这个希腊名称的由来。在突尼西亚，柏柏尔人的成分是最弱的。除多山的摩洛哥（阿拉伯语的*al-Maghrib al-Aqṣā*，大体上是罗马人的毛里塔尼亚［Manretania］）外，半数以上人口是柏柏尔人后裔的几个柏柏尔人②的国家，就这样倒入了奥斯曼人的怀抱之中。一般地说，柏柏尔人人口的比例，不仅是自东至西地，而且也是自北至南地逐渐增加。

的黎波里、突尼西亚、阿尔及尔，现在都已变成省会，这三个省，名义上是土耳其的属国，但实际上是半独立的，在一个长时期内，都由土著的统治者管辖，有许多统治者，曾将政权传给他们的后人。这三个政府，都由军事寡头政治的统治者加以控制。这三个政府，每年向土耳其政府称臣纳贡，表示承认土耳其的宗主权，尽管那种贡税更多地具有礼物性质。奥斯曼帝国代理人的横征暴敛所激起的暴动，偶尔震动了这些国家。自1711年到1835年，的黎波里塔尼亚由盖赖曼利家族治理。自十七世纪以后，由于奥斯曼帝国舰队的衰落，就放松了帝国对非洲三省的控制，给统治者以更多的权力，去行使地方自治，无论统治者是帕夏，或贝，或岱，他们的权力都比埃及和叙利亚的统治者的权力还要大些。

海盗国家

柏柏尔人的几个省，变成了海盗的国家。海盗行径，主要是针对基督教徒的，首先采取了圣战（*jihād*）的性质。当海盗就像当兵一样，变成了一种 712
职业，这种职业，对于政府和人民都是有利的。对于俘虏和战利品，都征收定额的捐税；俘虏不是留着待赎，就是卖做奴隶。大约三百年的时间，这种收入是国库岁入的主要来源。海盗船只，常常作为一些单位，编入奥斯曼舰队。从穆斯林的西班牙流落在外的亡命徒③，纷纷参加了地中海海盗的行列，他们的劫掠，变成了海上的灾难④。海盗的活动，在十七世纪前半期，达到了

---

① *Dey*是土耳其名词，意思是舅父。

② 柏柏尔人这个术语，是希腊人用来称呼居住在希腊文化范围以外的一切人民的。罗马人把埃及以西的地区叫做柏柏尔人的地方。

③ 参阅本书第556页。

④ 参阅Stanley Lane-Poole，*The Story of the Barbary Corsairs*（New York，1891）。

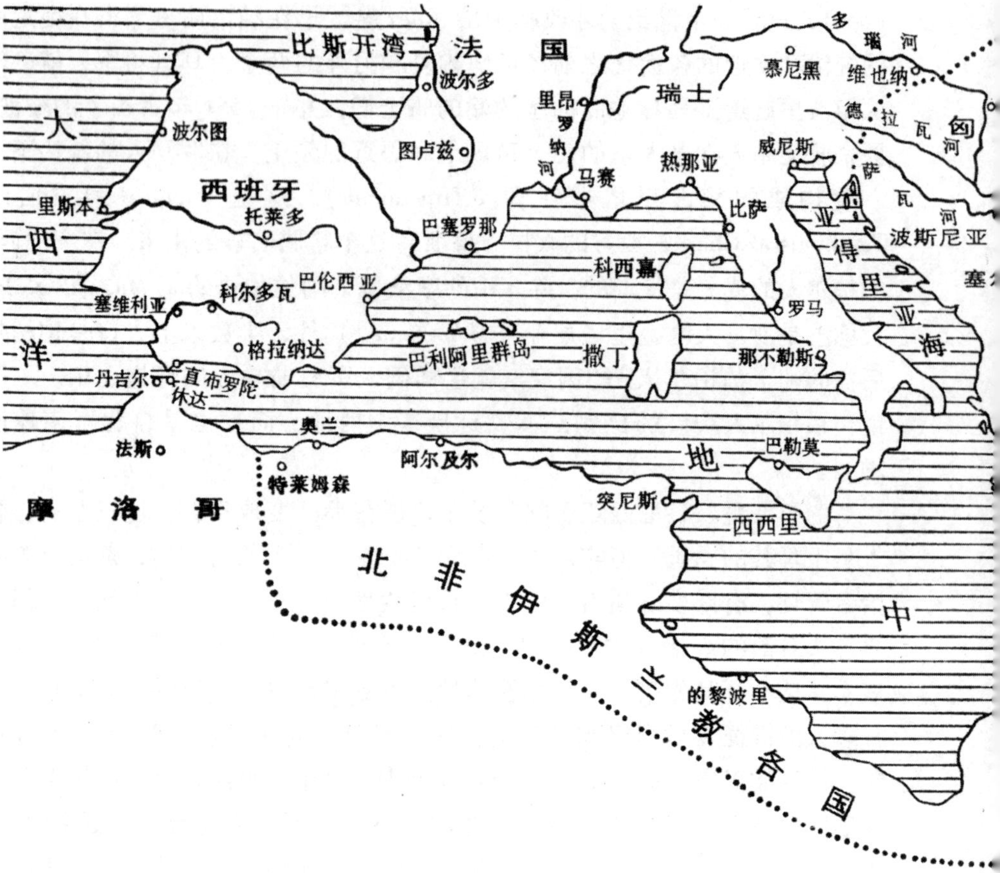

极盛时期（约1550年）的
奥 斯 曼 帝 国

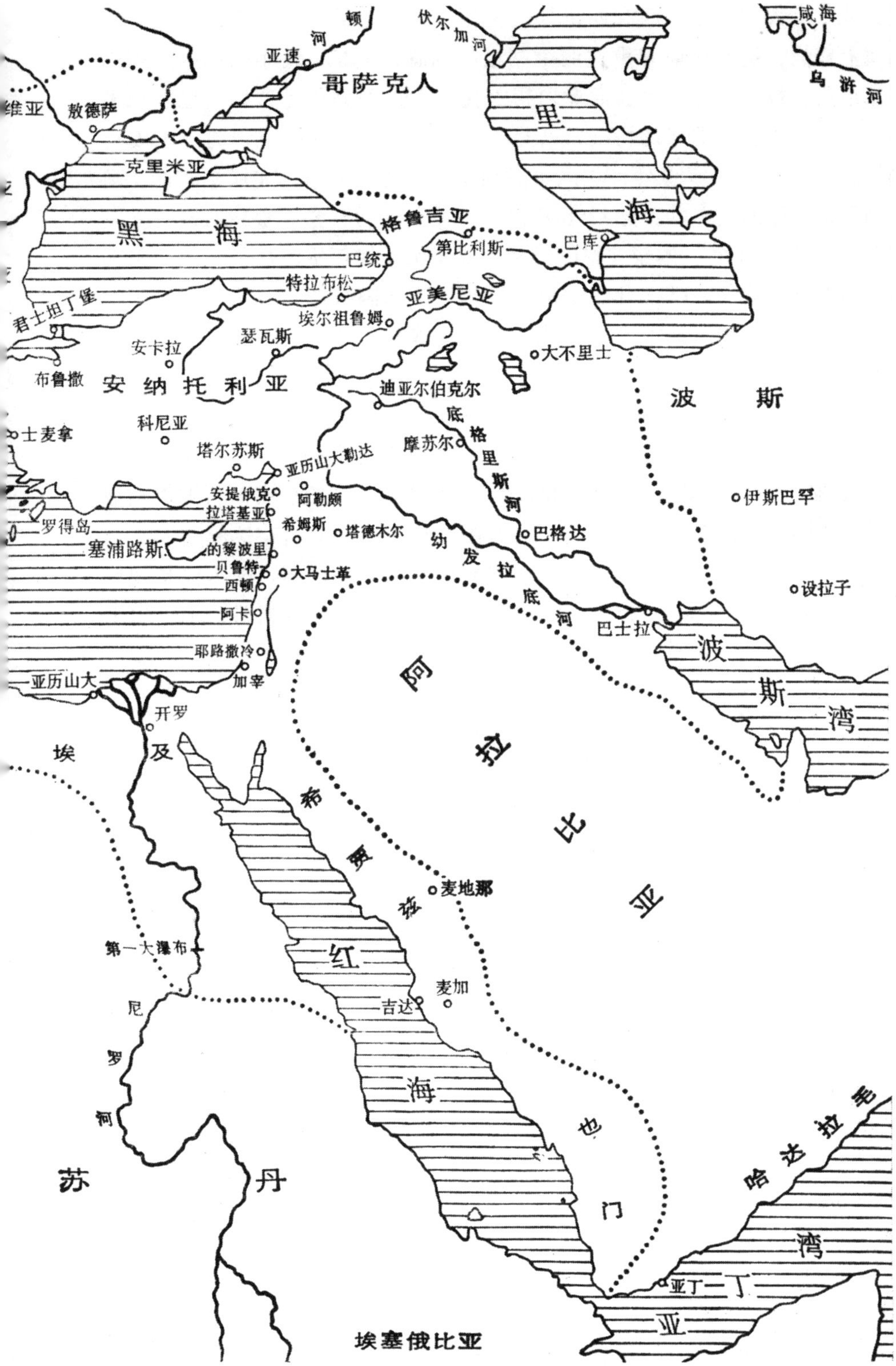

伏尔加河
咸海
乌浒河
顿河
亚速
哥萨克人
里海
维亚
敖德萨
克里米亚
黑海
格鲁吉亚
第比利斯
巴库
巴统
特拉布松
亚美尼亚
君士坦丁堡
埃尔祖鲁姆
安卡拉
瑟瓦斯
大不里士
布鲁撒
安纳托利亚
迪亚尔伯克尔
底格里斯河
波斯
士麦拿
科尼亚
摩苏尔
塔尔苏斯
亚历山大勒达
安提俄克
阿勒颇
伊斯巴罕
拉塔基亚
罗得岛
希姆斯
塔德木尔
巴格达
塞浦路斯
的黎波里
贝鲁特
大马士革
幼发拉底河
西顿
设拉子
阿卡
巴士拉
波斯湾
耶路撒冷
加宰
亚历山大
开罗
埃及
阿拉比亚
希贾兹
麦地那
第一大瀑布
红海
麦加
吉达
尼罗河
也门
哈达拉毛
苏丹
亚丁
亚丁湾
埃塞俄比亚

极点，危及意大利、法兰西和西班牙的海岸。在十七世纪后半期，英国和法国在海上作战，迫使海盗尊重这两个国家的国旗，但是，较小的国家，仍然要每年纳贡，替自己的侨民和商业取得豁免，而这种豁免无论如何也是靠不住的。荷兰、丹麦和瑞典的情况，就是这样的。甚至连美国也曾为寻求安全而每年纳贡，并且在 1783 年，卷入了对阿尔及利亚的战争。在那个时候，阿尔及利亚是海盗的大本营。自 1796 年以后，美国向的黎波里缴纳八万三千美元的年贡，到 1801 年，的黎波里的岱坚持要美国增加年贡的数量，因此引起一场持续四年的战争。1815 年，美洲又开出一支充满敌意的舰队，访问了的黎波里。由于跟柏柏尔国家进行海战，这对美国舰队的发展是起了一些刺激作用的。

君士坦丁堡真壮观

北非大部分地区的征服，是在素莱曼一世在位的时代（1520—1566 年）完成的，他是叙利亚和埃及的征服者的儿子。在他的统治之下，奥斯曼帝国达到了极盛时代①。在素莱曼在位的时代，大半个匈牙利被征服了，维也纳被
713 围攻了，罗得岛被占领了。奥斯曼人的版图，从多瑙河上的布达佩斯连绵到底格里斯河上的巴格达，从克里米亚连绵到尼罗河第一瀑布。这不仅是现代最强大的穆斯林国家，而且是最持久的穆斯林国家。历代的素丹，不下三十

① 7. 穆罕默德二世（1451 年）
|
8. 巴叶济德二世（1481 年）
|
9. 赛里木一世（1512 年）
|
10. 素莱曼一世（1520 年）
|
11. 赛里木二世（1566 年）
|
12. 穆拉德三世（1574 年）

六位，都是奥斯曼男性的直系亲属，自1300年传位到1922年①。

素莱曼在他的人民中间，是以“立法者”（*al-Qānūni*）这个荣誉称号闻名的，因为以他的名字命名的那部法典，曾受到后代高度的尊重②。他曾委托阿勒颇人易卜拉欣·哈莱比（1549年卒）编纂一部法典，名叫《群河总汇》（*Multaqa al-*

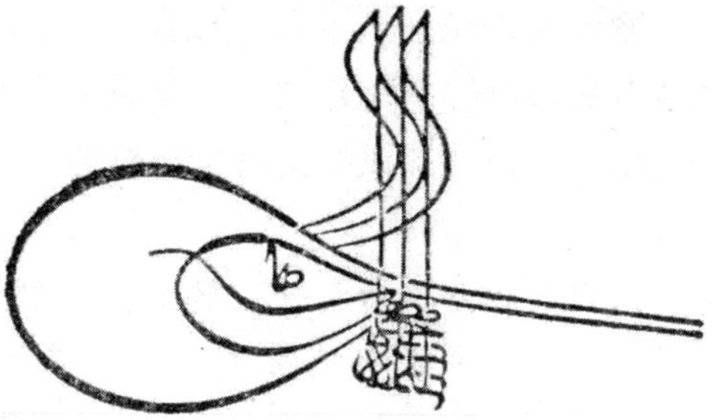

庄严的素莱曼的花押 714

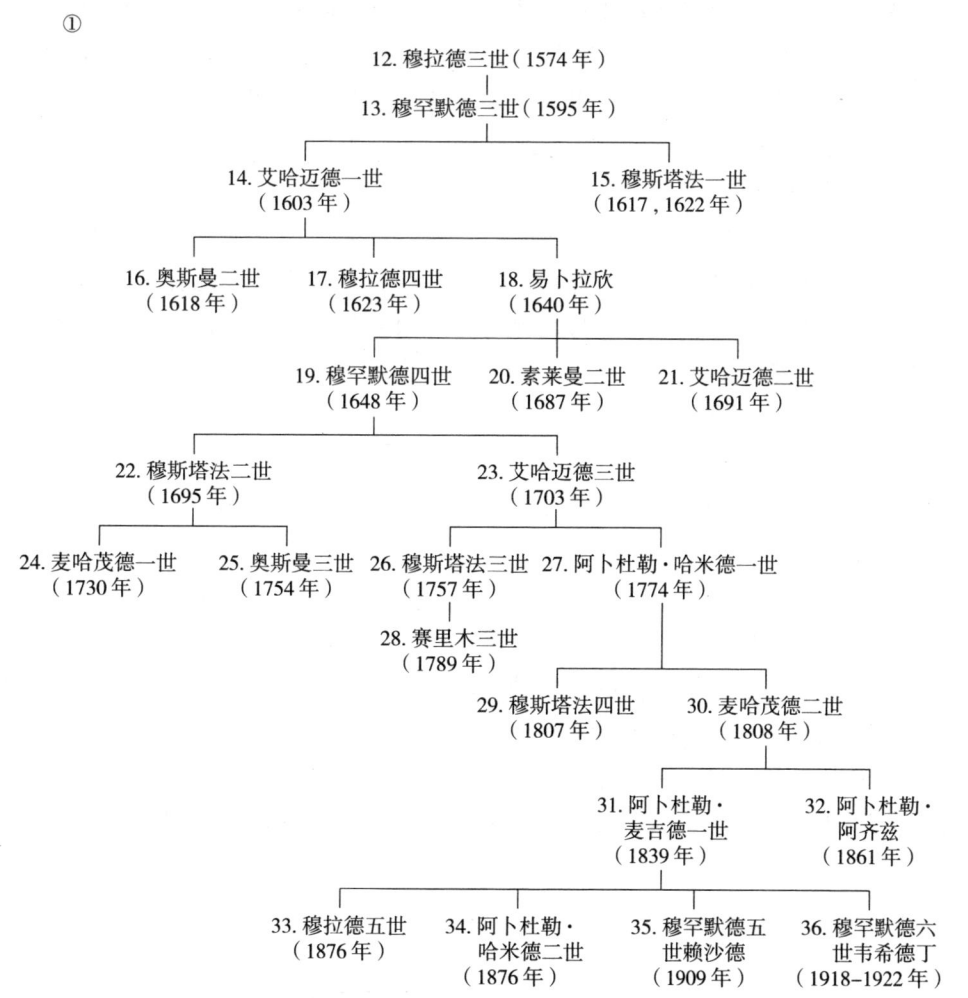

---

①

- 12. 穆拉德三世（1574年）
  - 13. 穆罕默德三世（1595年）
    - 14. 艾哈迈德一世（1603年）
      - 16. 奥斯曼二世（1618年）
      - 17. 穆拉德四世（1623年）
      - 18. 易卜拉欣（1640年）
        - 19. 穆罕默德四世（1648年）
          - 22. 穆斯塔法二世（1695年）
            - 24. 麦哈茂德一世（1730年）
            - 25. 奥斯曼三世（1754年）
          - 23. 艾哈迈德三世（1703年）
            - 26. 穆斯塔法三世（1757年）
              - 28. 赛里木三世（1789年）
            - 27. 阿卜杜勒·哈米德一世（1774年）
              - 29. 穆斯塔法四世（1807年）
              - 30. 麦哈茂德二世（1808年）
                - 31. 阿卜杜勒·麦吉德一世（1839年）
                  - 33. 穆拉德五世（1876年）
                  - 34. 阿卜杜勒·哈米德二世（1876年）
                  - 35. 穆罕默德五世赖沙德（1909年）
                  - 36. 穆罕默德六世韦希德丁（1918–1922年）
                - 32. 阿卜杜勒·阿齐兹（1861年）
        - 20. 素莱曼二世（1687年）
        - 21. 艾哈迈德二世（1691年）
    - 15. 穆斯塔法一世（1617，1622年）

② M. Cavid Baysun, “Ebüssu‘ûd Efendi,” *Islam Ansiklopedisi*.

Abḥur）。在十九世纪的改革之前，这部书一直是奥斯曼法律的标准著作①。但是，对欧洲人来说，素莱曼是以庄严者闻名的，而他确是庄严的。他的宫廷是欧亚两洲最辉煌的宫廷之一。下面是他曾经写给法兰西国王法兰西斯一世的一封信，所使用的风格是值得注意的：

> 我是素丹们的素丹，君主们的君主，是把王冠分配给地面上的国王的人，是上帝在大地上的影子，是白海和黑海、鲁米利亚、安纳托利亚②、卡拉马尼亚、罗马国、左勒卡德里亚、迪亚巴克尔、库尔迪斯坦、阿塞拜疆、波斯、大马士革、阿勒颇、开罗、麦加、麦地那、耶路撒冷、整个阿拉比亚、也门和其他许多地方的素丹和君主，这些地方是我的高贵的先辈和我的光荣的祖先（愿上帝照亮他们的陵墓）用他们胳膊的力量所征服的，也是"我陛下"用自己炽热的宝剑和胜利的大刀所制服的，我是素丹素莱曼汗，是素丹赛里木汗的儿子，是素丹巴叶济德的孙子，我写信给你法兰西斯，法兰西国的国王。③

素莱曼曾用清真寺、学校、医院、大厦、陵庙、桥梁、水管桥、商队旅馆、公共澡堂等建筑物，去装备和美化首都和其他城市，据说有三百三十五座建筑，是他的总建筑师息南所建成的。息南原来是安纳托利亚的一个基督
715 教青年，可能是应募到君士坦丁堡来的，后来成为土耳其最卓越的、精力最旺盛的建筑师。他的杰作，是富丽堂皇的素莱曼清真寺（为了纪念他的恩人素莱曼），以此来使圣索菲亚教堂黯淡无光。它的庄严的圆顶，比查士丁尼大教堂的还要高 16 英尺左右。它的凹壁（*miḥrāb*）和后墙，都是用波斯式的瓷砖加以装饰的。当灰光灯照耀着博斯普鲁斯海峡上的这座都城的时候，曾一度迷人的麦地那、大马士革、巴格达、开罗——从前强大帝国的首都和灿烂的文化名城——都已被用做各地区长官和来自君士坦丁堡的驻军的住所了。从前在历史上，在君士坦丁堡这座城市的城墙下面，曾经四次出现过气势汹汹的来自大马士革和巴格达的阿拉伯军队④。

奥斯曼文化

土耳其文化，完全是由各种不同成分构成的惊人的混合物。远在突厥人迁移到西亚之前，他们就与波斯人接触，从波斯人那里采用了艺术的主题、

① 参阅 Hitti，*History of Syria*，p. 664。

② 小亚细亚。——译者

③ Roger B. Merriman，*Suleiman the Magnificent*（Cambridge，1944），p. 130.

④ 参阅本书第 299—300 页。

纯文学的典范以及颂扬国王的那些政治观念。他们爱战争，喜征服，好客而且有同化力的倾向，这些可以说是游牧生活的纪念物①。拜占廷人曾供给他们军事的和政府的各种制度，那主要是由小亚细亚的塞尔柱克人间接传授的。但最重要的是，阿拉伯人是土耳其人的教师，与希腊人是罗马人的教师具有同样的意义。从阿拉伯人那里，土耳其人获得了科学和宗教——包括社会经济原理和宗教法律——以及书写用的字母体系，这种字母一直用到 1928 年。土耳其人（突厥人）还居住在中亚细亚的时候，他们只有少量的书面文学，因此，他们曾采用过叙利亚书法，那是由叙利亚的基督教徒传授给他们的②。由于采用伊斯兰教和阿拉伯字母，就有成千上万宗教的、科学的、法律的和文学的术语，是借自阿拉伯语和波斯语的。尽管最近民族主义者想方设法企图肃清外来语，那些术语仍然有许多埋置在土耳其语里面。奥斯曼人在三个方面曾做出比较重大的、创造性的贡献：治国才能、建筑学、诗歌。

帝国的建立

716

奥斯曼帝国，像以前罗马人的帝国和阿拔斯人的帝国一样，在特征上和组织上，本来是军事的和朝代的帝国。它的主要目标，与其说是人民的福利，不如说是以素丹兼哈里发为化身的国家的福利。人民当中包括阿拉伯人、叙利亚人、伊拉克人、埃及人、柏柏尔人、库尔德人、亚美尼亚人、斯拉夫人、希腊人、阿尔巴尼亚人等民族集团，他们各有不同的语言文字、宗教信仰、风俗习惯，奥斯曼人用宝剑把他们结合了起来。统治阶级，喜欢自称“欧斯曼利”（'Uthmānli）、“奥斯曼利”（Osmanli）、“奥托曼”（Ottoman），土耳其农民与统治阶级不同，他们也算做被统治的人民。土耳其人在自己广阔的领土上，过去是，现在仍然是一个占优势的少数集团，他们没有企图在阿拉伯人的地区殖民。但是，他们与非穆斯林的妇女结婚，以便他们的血统得以保持新鲜，同时对任何一个臣民，只要他信仰伊斯兰教，说土耳其话，并参加土耳其宫廷，他们就承认他有充分的公民权。当时实行定期征募儿童的制度，在继续实行这个制度的年代里，他们能够迫使受过训练的青年去服兵役和参加行政事务，并且把非穆斯林家庭出身的优秀的男性青年加以同化。被征服人民中的最有才能的人物，有些被吸收并集中到首都来，加以伊斯兰化和土耳其化，然后利用他们去促进帝国的繁荣和进步。塞加西亚人、希腊人、阿尔巴尼亚人、斯拉夫人、意大利人，甚至亚美尼亚人，都有被提升到帝国最高职位的，还有一品当朝为宰相的。

---

① Albert H. Lybyer, *The Goverment of the Ottoman Empire in the Time of Suleiman the Magnificent* (Cambridge, 1913), p. 18.

② 参阅 Hitti, *History of Syria*, pp. 518—519。

先天的弱点

这个国家，与其说本来是为人民的福利而组织的，不如说是为战争的便利而组织的，它幅员广大，交通不便，民族复杂，在穆斯林和基督教徒之间——甚至在土耳其穆斯林和阿拉伯穆斯林之间，在基督教的这个教派和那个教派之间——存在着裂痕，具有这些缺点的一个国家，衰退的种子早已埋置在它的基本组织里了。它曾经面临民族主义获得胜利的世界，因而它的处境变得很坏。伊斯兰教国家，为了解决少数民族问题，而精心结构了宗教团体内部的自治制度①。根据这个制度，各宗教团体享有大量的自治权。这个国家向来贯彻这个古典的制度。同时国家的最高权力，集中在一个人——素丹兼哈里发——的手中（至少在理论上是这样的），王位继承的系统，又不明
717 确……所有这些，都增加了帝国组织先天的弱点。奇怪的不是帝国的分崩离析，而是分崩离析竟没有更早地发生。

素莱曼死后不久，这个帝国就开始走下坡路，这是一条漫长而曲折的道路。1683 年进攻维也纳失败，可以认为是下坡路开端的标志；土耳其在欧洲的扩张，再没有取得更多的进展。此后，土耳其人的问题，变成了如何保持既得领土的问题，而不是获得更多领土的问题；武装力量的任务不再是进攻，而是防守了。除国内堕落腐化的势力之外，在十八世纪又来了外国的势力。当时，法兰西、英格兰、奥地利甚至俄罗斯，已开始要求“势力范围”，而且开始用贪婪的眼光，注视着欧洲“病夫”的财产。但是，由于列强竞争，互相猜忌，缺乏一致行动，病人才得以苟延残喘。

北非地区的丧失

北非的阿拉伯人地区，是奥斯曼帝国最初丧失的领土。那些地区，接近南欧，远离伊斯兰国家在西亚的中心和心脏，那里伊斯兰教的传统比较薄弱，柏柏尔人和欧洲人的血统，在人口中又占着较高的比例，因此，那些地区从一开头就是自便的。

阿尔及利亚，是从这个帝国被分割出去的第一个阿拉伯地区。1830 年，法兰西的军队在阿尔及利亚海岸登陆，外表上是报复海盗的活动，是为遭受阿尔及利亚统治者侯赛因岱侮辱的法国领事报仇。十八年之后，法国宣布这个国家及其沿海一带为法国领土的一部分。1942 年 11 月，美军在那里登陆，赖法尔援引 1848 年法令，提出抗议，坚持整个地区都是法兰西自然的延长②。像其他省份一样，阿尔及利亚也派代表参加法国议会。法国军队和阿尔及利亚民族主义者经过八年的流血战争，于 1962 年缔结了和平条约，阿尔及利亚遂获得独立。

---

① 这种制度叫做 millet system。参阅本书第 727 页。

② *The New York Times*，1942 年 11 月 21 日。

法兰西帝国向东发展，结果于1881年占领了突尼西亚，在那里奉行同样的政策，其范围几乎是一样广大的。正如在阿尔及利亚一样，法语代替了阿拉伯语，成为当地人的文学语言。突尼西亚，名义上虽然是一个保护国，但 718
是，实际上简直是法兰西的一个属国。一个法国总督，坐在本国贝的旁边，管理一切公务。但是，由于接近埃及，穆斯林的民族传统保持得比较牢固。在这两个地区，都有成千上万的法兰西移民定居下来。突尼西亚的情况是错综复杂的，因为那里有数量和规模都很大的意大利殖民地。在法兰西的制度下，阿尔及利亚和突尼西亚都享受了较高程度的安全和公共卫生，得到更便利的交通设施，这是毫无疑义的[①]。突尼西亚在1955年获得内部自治，1956年获得完全独立。突尼西亚和阿尔及利亚，现在都是共和国了（前者即如今的突尼斯共和国）。

的黎波里塔尼亚，大部分是干燥的沙漠，沿海一带有几个绿洲，曾是柏柏尔人国家里最后的土耳其前哨。作为1911—1912年土耳其－意大利战争的结果，的黎波里塔尼亚从奥斯曼人的手中被夺去，改成一个殖民地，于1934年与昔兰尼加合并成意大利的利比亚。第二次世界大战期间，英国、法国和利比亚当地的军队共同行动，把有德国人帮助的意大利的军队赶出了利比亚。1951年，利比亚宣告成为一个独立的主权王国。

1901年，法兰西开始征服摩洛哥。在这里，曾经建立过两个强大的阿拉伯－柏柏尔帝国，但并不是奥斯曼帝国的一部分[②]。法兰西的地带是在1907年到1912年期间完全取得的。同时，西班牙也在忙于夺取自己的份额，即与西班牙海岸正对面的那个地区。1956年法国和西班牙都放弃了自己的保护国，满足了摩洛哥素丹（现为国王）的要求。撒哈拉沙漠以北的“白非洲”（以南的通称为黑非洲），在1830年后的八十二年间，全部落入南欧三个拉丁国家的手里，而经过第二次世界大战后，这里完全获得了解放。在第二次世界大战之前，虽然有些民族主义的骚扰，整个地区却并没有受到多大的影响。

---

① 这些都是为了更好地剥削、压迫、镇压殖民地人民的。——译者

② 参阅本书第711页。

719 第五十一章　埃及和阿拉伯人的新月

埃及在地理上是非洲的一部分，在历史上和文化上，历来是西亚的一部分。埃及同较大的叙利亚和伊拉克，构成了一个阿拉伯人的集团，一方面，与北非集团不同；另一方面，也与阿拉比亚集团（半岛集团）不同。

麦木鲁克人仍占统治地位

素丹赛里木任命了一位奥斯曼的帕夏为埃及总督，并留下一支占领军，包括五千多名土耳其禁卫军。此外，他对于埃及的行政并没有作过什么根本的变革。他所选择的总督，是叛逆哈伊尔贝——阿勒颇的土耳其长官，这个人曾背叛自己的麦木鲁克主子[①]。赛里木在开罗游览几天，就返回首都去了，他带回一个皮影戏[②]，供太子素莱曼娱乐[③]。埃及被划分为十二旗（sanjaq）[④]，仍归旧有的麦木鲁克管辖。每一个麦木鲁克贝的周围，都有一个小组，由奴隶战士组成，他们执行他的命令，维持他的权力。奴隶主要是从高加索输入的，麦木鲁克人就凭着他们使自己的家族保持生气。正如在以前的统治时代一样，麦木鲁克人征收赋税，招募兵员，但是，他们缴纳年贡，表示承认奥斯曼人的宗主权。

过了不久，从君士坦丁堡派来的奥斯曼帕夏，就不再对于地方政务实行真正的控制了。他不会说埃及的土语，不了解地方的情况，这是根本的困难。这种帕夏在职的时期，无论如何是短暂的。在土耳其直接统治埃及的二百八十年间，就更换过一百多个帕夏[⑤]。驻防军本来就有变成蛮横无理、不好驾驭
720 的倾向，班底的频繁更换，就越加削弱了对于驻防军的控制。自十七世纪开始，兵变已成了司空见惯的事情。诸帕夏和诸贝之间的倾轧，已变成这个地区政治史上循环演出的节目；当诸贝之间的互相猜忌和争权夺利达到不可开

---

① 参阅本书第 703 页。

② 参阅本书第 690 页。

③ Ibn-Iyās，vol. v，p. 188.

④ 土耳其语的 *sanjāq*（阿拉伯语 *sanjaq*）是阿拉伯语 *liwā'*（旗）的译名。

⑤ 参看 Zambaur 里的名册，第 166—168 页。

交的程度的时候，帕夏就坐收渔人之利。当君士坦丁堡的中央政权走下坡路的时候，它所任命的总督的威信，在整个帝国里每况愈下了。

在双重的控制之下，本国人民日益陷入艰难和贫穷的深渊。农民遭受帕夏和麦木鲁克残酷的剥削，处境十分悲惨，简直又回到了过去的年代。营私舞弊，贪赃枉法，极为盛行。动乱、饥荒、鼠疫等，使人民陷入水深火热之中。在1619年的一次鼠疫中，据说死亡三十三万多人；在1643年的另一次鼠疫中，有二百三十个乡村变成一片荒凉①。据同时代的编年史家易司哈基②的记载，1619年鼠疫猖獗，开罗的商店大半关门，只有卖尸布的商店，白天黑夜都开门营业。在罗马的统治之下，埃及的人口曾达到过八百多万，在十八世纪末，下降到这个数字的三分之一。

阿里贝僭称素丹

1769年，阿里贝获得了充足的力量，赶走了奥斯曼人的帕夏，宣布脱离"崇高的阙下"而独立。麦木鲁克人的势力，这时已高涨到了极点。阿里贝相传是高加索一个牧师的儿子，曾被土匪绑架去卖作奴隶。1769年，土耳其素丹对俄罗斯作战，命令阿里贝在埃及集结军队，他就利用这批军队去为自己征服阿拉比亚和叙利亚。他的副总督女婿艾卜勒·宰海卜③于1770年7月，胜利地进入麦加城④。麦加的舍利夫（*sharīf*）由一位争夺权力者取代，他于是把"埃及素丹兼两海（地中海和红海）的统治者"这个浮夸的头衔赠给阿里贝。舍利夫的职位（麦加的政府），常常是由先知的后裔充任的⑤。阿里贝不仅僭称素丹，而且享有素丹的大权，包括货币的铸造和在公共祈祷中为他祝福。1771年，艾卜勒·宰海卜统率三万多人的军队，进攻叙利亚，占领了以大马士革为首的几座城市⑥。因胜利而得意忘形，他背叛自己的主子，同土耳其政府举行秘密谈判，

阿里贝的货币

银币（叫做叶基尔米列克，值20帕拉），回历1183年（公元1769年）在米斯尔（开罗）铸造

721

① 参阅 Jurji Zaydān, *Ta'rīkh Miṣr al-Ḥadīth*, 3rd ed. (Cairo, 1925), vol. ii, pp. 31, 39—40。

② *Akhbār al-Uwal fi Man Taṣarrafafi Miṣr min al-Duwal* (Cairo, 1296), p. 258.

③ 这个称号的意思是"黄金之父"，因为他赏钱的时候，只给金币，不给银币。

④ Al-Jabarti, *'Ajā'ib al-Āthār fi al-Tarājim W-al-Akhbār* (Cairo, 1322), vol. i, pp. 422, 353.

⑤ 参阅本书第440页注。

⑥ Jabarti, vol. i, p. 367.

掉转军队去进攻埃及。阿里贝于1772年4月，逃到阿卡（阿克）去依附他的巴勒斯坦同盟者和老叛友扎希尔·欧麦尔[①]。在那里，他接受了军需品和阿尔巴尼亚援军三千名，那是停泊在阿卡港的俄国军舰供给他的，于是就统率着这支援军，返回埃及，去收回他已丧失的王位。他在战场上负伤，不久死去（1773年），或者是因伤而死，或者是被人毒杀的。他从前的奴隶艾卜勒·宰海卜，从此挂上了两个头衔：一个是地方首长（*shaykh al-balad*），是主要的麦木鲁克的头衔；另一个是帕夏，是“崇高的阙下”授予他的爵号。仅次于地方首长的最高的麦木鲁克人的官职，是朝觐长官（*amīr al-ḥajj*），这是主持一年一度的朝觐天房事务的官员。阿里贝的崛起，尽管是暂时的，但却揭露了奥斯曼帝国地位的脆弱性；艾卜勒·宰海卜的就职，就是承认麦木鲁克有变成奥斯曼总督的权利。

拿破仑·波拿巴

主要的几位麦木鲁克，为争夺埃及政权而兵连祸结，一直到拿破仑出现时才告结束。1798年7月，拿破仑·波拿巴这个奇怪的、强大的侵略者，好像从天而降，突然在亚历山大港登了陆。登陆后，他发表了阿拉伯语的布告，说明他公然自认的目的，首先是惩罚麦木鲁克们，指责他们不像他和他的法
722 兰西同胞那样是善良的穆斯林；其次是把埃及的政权归还“崇高的阙下”[②]。他的真实的意图，是要切断大不列颠帝国与东方的联系，而给它以致命的打击，从而达到取得世界霸权的目的。但是法兰西舰队毁于阿布基尔湾（1798年8月1日）；不幸的远征，又在阿卡遭受挫折（1799年）[③]；法兰西海军再败于亚历山大港（1801年3月21日）：这些事件挫败了拿破仑在东方的野心，并且迫使法军从埃及撤退。埃及在世界事务中历来只起一个配角的作用，只当做土耳其贡品的源泉和作战基地，以维持奥斯曼帝国对叙利亚和阿拉比亚的统治权，而现在，埃及突然被卷入国际政治的旋涡，成了进入印度和远东其余地区的入口[④]。拿破仑的远征，把欧洲人的眼睛转移到有点被忘记的通向印度的陆路，从而引起了一连串的反应，把近东变成了欧洲玩弄种种阴谋手段的风暴的中心。

---

① 参阅本书第731—732页。

② 布告的抄本，见哲伯尔帖的《近代埃及史》第3册，第4—5页；这个布告，依照穆斯林的方法，开始说：“以大仁大慈的真主的名义”；布告的概要，见 al-Sharqāwi，*Tuhfat al-Nāẓirīn fi man Waliya Miṣr min al-Wulāt w-al-Salāṭīn*（Cairo，1286），p. 55。英语的译文，见 *Copies of the Original Letters from the Army of General Bonaparte in Egypt*，*Intercepted by the Fleet under the Command of Admiral Lord Nelson*，IIth ed，vol. i（London，1798），pp. 235—237。

③ 参阅本书第733页。

④ 关于文化的效果，可以参阅本书第745页。

现代埃及的建立者穆罕默德·阿里

现代埃及的建立者穆罕默德·阿里

在有功于驱逐拿破仑出埃及的那支土耳其军队里，有一名青年军官，出生于马其顿，名叫穆罕默德·阿里。1805年，“崇高的阙下”任命他为帕夏，而他自称尼罗河谷的新主人，只在名义上从属于“崇高的阙下”。十九世纪前半期的埃及历史，实际上是这个人的历史。阿里王朝统治埃及，直至1952年，穆罕默德·阿里被称为埃及之父——至少是现代埃及之父——是当之无愧的。他所表现和发挥的首创力、活动力和想象力，是同时代任何穆斯林都比不上的。无论在和平时期还是战争时期，他总是占优势的。他没收了全国地主所占有的土地，而变成了独占的地主；又创造了对于主要农产品的垄断制，而变成
了唯一的生产者和承包人。这是阿拉伯世界关于国有化的第一次尝试。他 723
为实行自己的经济政策而开凿河渠，奖励科学的农业，栽培从印度和苏丹引入的棉花（1821—1822年）。他自己是文盲，但是，他奖励学术，创立教育部和教育委员会，在国内创办了第一所工科学校（1816年）和第一所医科学校[①]。他主要从法国聘请了许多教授和医生。他邀请了几批外国专家——军事专家和教育专家——来训练本国的人民，并派遣几批留学生到欧洲
去学习军事和教育。据文献的记载，在1813年和1849年（他去世的这一 724
年）[②] 之间，曾有三百一十一个埃及学生，被派往意大利、法兰西、英格兰、奥地利等国留学，由国家开支的经费共计二十七万三千三百六十埃镑[③]。在巴黎有一所埃及留学生会馆。指定学习的科目，是陆军、海军、工程、医学、药学、艺术和工艺。从此以后，法语在埃及学校的课程中占有优越的地位；埃及的法国学校，即使在现在，也比其他任何外国学校更受

---

① 这所学校创办于1827年，现在属于开罗大学；参阅 Roderic D. Matthews and Matta Akrawi, *Education in Arab Countries of the Near East*（Washington, 1949）, p. 80。

② 曾在阿西尤特创办一所大学，以纪念他的逝世一百周年。

③ Umar Ṭūsūn, *al-Ba‘athāt al-‘Ilmīyah*（Alexandria, 1934）, p. 414.

学生们的欢迎①。

法国陆军上校西维，改信伊斯兰教后改名素莱曼帕夏，曾改组埃及军队，使之现代化，并且参加了侵略叙利亚的战争。开罗有一条大街，用他的名字命名，以作纪念，他的子孙曾与阿里家族通婚。另一个法国人，一个造船工程师，建立了埃及的海军。第一次军事冒险，是1811年对瓦哈比派的阿拉比亚作战，这次战争，到1818年才告结束。第一支陆军，约一万人，由总督的十六岁的儿子都孙统率。在这支军队出发时，总督曾在开罗的城堡里举行欢送会，他邀请了许多体面的客人，其中当然有麦木鲁克人。喝过咖啡之后，麦木鲁克人由一条狭窄的走廊，向着大门陆续出来，他们当场被突然袭击，遭到屠杀。四百七十个麦木鲁克人当中，只有很少几个逃脱。小山上的屠杀，是在全国肃清麦木鲁克人的一个信号。他们的财产，都被没收了。历时几乎六百年之久的埃及麦木鲁克人问题，就此永远解决了。

麦哈茂德二世的金币

（值一个半西凯〔si-kkah，即古代威尼斯的金币 Seg quin〕）

他在位的第二十五年（回历1247年，即公元1831—1832年）铸造于米斯尔（开罗）

麦哈茂德二世的铜币

（值5个帕拉）

他在位的第三十一年（回历1253年，即公元1837年）铸造于米斯尔（开罗）

经过第二阶段一系列的战役，1820年，埃及的旗帜被带到了东部苏丹（努伯，al-Nūbah）。穆罕默德·阿里的继任者继续了这项征服工作，而且遗留下一个问题，埃及人和英国人为了这个问题彼此一直闹得不可开交。在第三次冒险中，埃及的陆军和海军，与“崇高的阙下”的武装力量合作，共同镇压希腊人为争取独立而进行的斗争。麦哈茂德二世（1808—1839年在位），
725 庆祝了他的大胆的改革和对禁卫军团的剿灭，而成为统治的素丹。土耳其-埃及联合舰队，于1827年10月20日，在纳瓦里诺岛被英、法、俄联合舰队所摧毁。七百八十二只兵船，只剩下二十九只漂在海上。“崇高的阙下”曾应许埃及总督，以叙利亚和摩里亚②的政权为报酬来答谢他的支持，当这个诺言

① Matthews and Akrawi, p. 116.

② 摩里亚是希腊南部的一个岛。——译者（摩里亚即伯罗奔尼撒半岛。——编者）

未能践行的时候，穆罕默德·阿里任命他的儿子和“装甲的胳膊”易卜拉欣，于1831年前去征服叙利亚。易卜拉欣曾统率1816年到1818年战胜瓦哈比派的战役，也曾指挥过对希腊人的失败的战役。这实在是穆罕默德·阿里在位时代最后的和最重大的军事冒险事业。在占领叙利亚十年之后，当快要对整个奥斯曼帝国作最后一击的时候，穆罕默德·阿里在欧洲列国的命令之下，把他的军队撤回埃及本土[①]。那些国家，为了自己的利益而决定让奥斯曼帝国保持原样。它们认为，一个年轻而且强盛的国家的兴起，一定会危害它们在东方的势力和交通线。1841年2月13日，奥斯曼帝国素丹下诏，规定埃及帕夏的职位由穆罕默德·阿里的家族世袭[②]，并以苏丹的统治权授予他[③]。一个 726
埃及-亚细亚帝国的梦想，从此宣告了可耻的结束。

叙利亚

1516年，赛里木[④]征服了叙利亚，对于那个地区的行政和人口，都没有造成重大的内部变化。行政区划采用了一个新名称，叫做省（*walāyah*）。大马士革省扩大了，增加了耶路撒冷、萨法德和加宰（加沙），受加萨里管辖；这个叛逆的省长，像哈伊尔贝一样，曾在达比格的决定性的战役中叛卖了他

省的行政

---

① 参阅本书第733—737页。

② 埃及王室世系表：

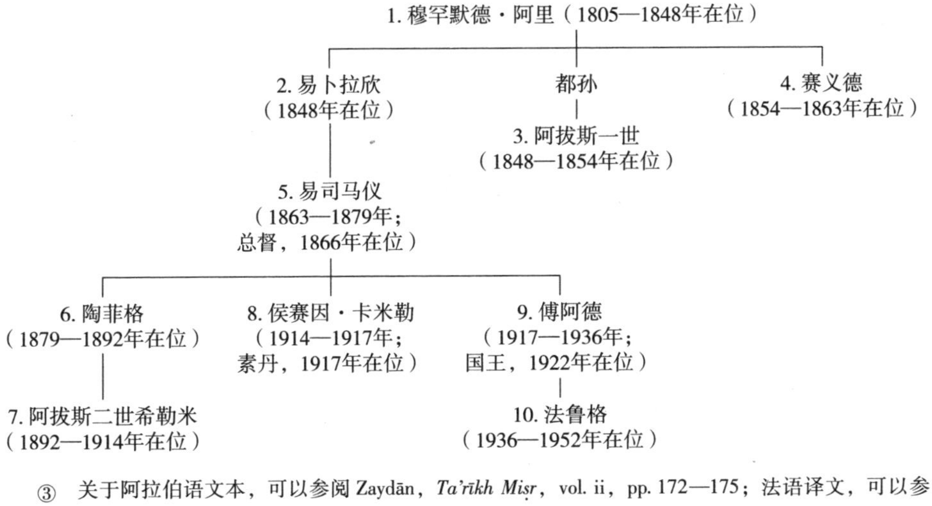
1. 穆罕默德·阿里（1805—1848年在位）
2. 易卜拉欣（1848年在位）
都孙
4. 赛义德（1854—1863年在位）
3. 阿拔斯一世（1848—1854年在位）
5. 易司马仪（1863—1879年；总督，1866年在位）
6. 陶菲格（1879—1892年在位）
8. 侯赛因·卡米勒（1914—1917年；素丹，1917年在位）
9. 傅阿德（1917—1936年；国王，1922年在位）
7. 阿拔斯二世希勒米（1892—1914年在位）
10. 法鲁格（1936—1952年在位）

③ 关于阿拉伯语文本，可以参阅Zaydān，*Ta'rīkh Miṣr*，vol. ii，pp. 172—175；法语译文，可以参阅Edouard Driault，*l'Égypte et l'Europe：la crise orientale de* 1839—1841，vol. iv（Rome，1933），pp. 275—282。

④ 参阅本书第703页。

的麦木鲁克主子奥里①。加萨里就这样变成了叙利亚实际的总督②。他并不以此为满足。1520 年，赛里木一世去世，加萨里以“最贵之王”为号，自称独立的君主，用自己的名义铸造货币，并且劝诱他的难兄难弟、阿勒颇的哈伊尔贝也照这样做。但是，素莱曼迅速行动。他的禁卫军破坏了叙利亚首都及其郊区的大部分地区，而且叫老百姓也遭受惩罚，这使人回想起帖木儿的日子③，一提到禁卫军，人们就联想起恐怖来，而这种恐怖一直留在叙利亚人的脑海里。

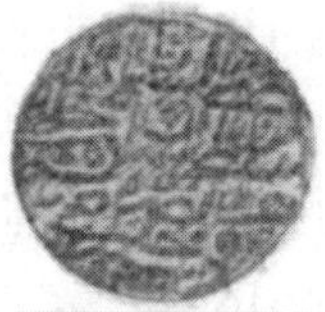

素莱曼一世的金币（叫做艾勒顿〔altun〕）回历 926 年（公元 1520 年）在哈莱卜（阿勒颇）铸造

土耳其的帕夏，现在一个跟一个地迅速更换，在起头的一百八十年内（1517—1697），大马士革省的帕夏
727 更换了一百三十三人④，比埃及的情况还要糟糕⑤。在三年之内，阿勒颇看到了九个面孔不同的省长（*wāli*）。这些官吏中的大多数人，实际上是用金钱买到自己的官职的，他们把做官看成是发财致富和取得荣誉的手段。“崇高的阙下”甚至对于钦差大臣，也往往管束不严。老百姓是赖亚（rayah）⑥，即被人放牧的羊群，是供人剪毛和挤奶的。作为赖亚，他们被分成若干教派（millets）⑦，这就把叙利亚人变成了一些沉默寡言的小民族。甚至在叙利亚居留的欧洲人，也被当做教派来对待，服从本教教长的法律，还享受治外法权所授予的其他特权。威尼斯人是首先获得治外法权的。1521 年，素莱曼同他们签订了一项条约，共计三十章。过了十四年，法国人接受了他们的治外法权，英国人于 1580 年接受了同样的特权。素丹中有三位大胆的改良家：赛里木三世（1789—1807 年在位）、麦哈茂德二世（1808—1839 年在位）、阿卜杜勒·麦吉德一世（1839—1861 年在位）⑧，他们曾为改良老百姓的状况而进行过并非有力的尝试，而实际效果等于零。改良条例（*tanzīmāt*）的目的，是消除赖亚为之而痛苦的无资格状况，取消赋税承包制，保障全国人民的生命、财产

① 参阅本书第 703 页；ibn-Iyās，vol. v，pp. 156，157；Sa'd-al-Din，*Tāj al Tawārākh*，vol. ii（Constantinople，1280），pp. 364—365。

② 奥斯曼政权复活了古老的地名叙利亚（*Sūriyah*），阿拉伯语的地名沙牧（*al Sha'm*）从此废而不用了。参阅本书第 57—58 页。

③ Ibn-Iyās，vol. v，pp. 363，371，376—378，418—419.

④ Lammens，vol. ii，p. 62.

⑤ 参阅本书第 719 页。

⑥ 阿拉伯语 *ra'āyah*（牧人看守的畜群）的讹误。——译者

⑦ 阿拉伯语 *millah*（宗教，民族）的讹误。——译者

⑧ 加上“一世”二字，以区别于哈里发阿卜杜勒·麦吉德（1922—1924 年在位）。

和尊严（全国人民，不分宗教和种族，在法律上一律平等，这是已经公布了的），对于这些条例，并没有做过有效的补充。青年土耳其党1908年的改良，也同样是无效的。

经济的衰落 728

叙利亚经济的不断衰落，并不能完全归咎于奥斯曼人的瞎搞。1498年发现从欧洲绕好望角而至印度的海道之后，国际商业的道路就从阿拉伯东方转变方向，葡萄牙人便代替了阿拉比亚人和叙利亚人作为经纪人的地位。阿拉伯人的国家，在商业上就成了旁道。1492年发现了新世界，世界事务的重心，向西转移，地中海被遗弃了，到这时地中海是名副其实的中间海了。过了三百五十多年，地中海才恢复了它作为国际商业大道的地位——因为穆罕默德·阿里的一位继任者易司马仪在1869年开凿了苏伊士运河①。在十八世纪人口稀少的巴勒斯坦，向哈只们征收的费用，构成了收入的主要项目。阿勒颇和幼发拉底河之间的平原地区，原来很肥沃，而且获得充分的灌溉，但是，到十八世纪中叶，已变成沙漠了②。十八世纪末，叙利亚的人口，大约下降到一百五十万人，其中约有二十万人居住在巴勒斯坦③。在十九世纪初期，耶路撒冷的人口，约计一万二千人；在十九世纪中期，大马士革的人口是十五万，贝鲁特的是一万五千，阿勒颇的是七万七千④。

在奥斯曼人统治的第一个世纪里，叙利亚商人发展了陆路的商业，阿勒颇成了连接伊拉克，最后连接波斯和印度的商业道路的终点。阿勒颇逐渐有了几个欧洲侨民的居住区，其中最早的是威尼斯人的居住区。根据1535年素莱曼应许法兰西斯一世的条件，同时也根据1740年麦哈茂德一世和路易十五签订的条约，法国人居住区把所有访问奥斯曼帝国的基督教徒，都置于自己的保护之下⑤。法国人的住宅（工厂），不久就遍布于叙利亚其他城镇。英国商人跟着法国人也到了叙利亚。他们统统都企图满足西方人对于东方奢侈品和生产品的需要，这种需要是在十字军战役时期发展起来的。在穆斯林看来，所有的外国人都是低级民族，他们在早期必须穿本地服装，这样才能减少遭受人身侮辱或伤害的机会。紧跟在欧洲商人后面的，就是欧洲的传教士、教师、旅行家、冒险家等。基督教的传教活动，主要是耶稣会（Jesuit）、加普 729
新会（Capuchin）、拉扎尔会（Lazarist）的活动，结果是在十七世纪和十八世

① 参阅本书第750页。
② Christina P. Grant, *The Syrian Desert* (New York, 1938), p. 161, n. 1.
③ 参考 Alfred Bonné, *The Economic Development of the Near East* (New York, 1945), p. 10。
④ Bonné, p. 11.
⑤ F. Charles-Roux, *France et chrétiens d' orient* (Paris, [1939]), pp. 68—77.

黎巴嫩开明的君主法赫鲁丁

黎巴嫩的艾米尔法赫鲁丁·麦耳尼二世（1590—1635 年在位）

纪建立了希腊各教会，这些教会分两类：叙利亚教会（在仪式中使用叙利亚语）和希腊教会（在仪式中使用希腊语）。黎巴嫩的君主法赫鲁丁·麦耳尼二世（1590—1635 年在位）所建立的开明的、自由主义的政体，为西方文化的影响敞开了大门。

这位封建君主与他的祖父法赫鲁丁（1544 年卒）同名，当土耳其人和麦木鲁克人为争夺叙利亚的霸权，而在达比格爆发战争的时候，他祖父劝告自己的人民坐山观虎斗，等到胜负已决，再跳到胜利的一方去。当赛里木胜利地显现出来的时候，法赫鲁丁率领着他的伙伴们——黎巴嫩的首领们，出现在这位胜利者的面前，跪下吻地面，而且作了一篇十分热情洋溢的演说①，以至素丹批准他和他的同僚们及酋长们保持原有的封地，让他们继续享有在前政权下所享有的地方自治权，并向他们征收较轻的年贡。土耳其人在最初就体会到，黎巴嫩有德鲁兹教派和马龙教派的那些吃苦耐劳的山里人，是有资格享受与叙利亚不同的待遇的。大马士革的土耳其省长，很好地担任了“崇高的阙下”和黎巴嫩封建主之间的联络官，那些封建主对于内部事务是独立自主的，他们把封地传给自己的子孙，横征暴敛，不为素丹服兵役。

在法赫鲁丁二世的统治下，由原来的一个阿拉伯部族发展起来的麦耳尼家族的势力，达到了最高峰。在奥斯曼的黎巴嫩——即使不是整个叙利亚——的历史上，他是精力最充沛、最引人注意的形象。这个侏儒是这样的一个人物：如果“鸡蛋从他的腰包里掉出来，也是不会打破的”。他胸怀三个大志：一是建立一个更大的黎巴嫩，二是割断黎巴嫩与“崇高的阙下”的一切关系，三是使黎巴嫩走上进步的道路，而他几乎实现了他的梦想。他从“崇高的阙下”那里接受了贝鲁特和西顿两省，从他的北方邻人的手里抢夺了

① 引证这篇演说的有下列各书：Ḥaydar，561；Isṭifān al-Duwayhi，*Ta'rīkh al-Tā'ifah al-Mārūnīyah*，ed. Rashid K. al-Shartūni（Beirūt，1890），p. 152；Ṭannūs al-Shidyāq，*Ta'rīkh al-A'yān-fi Jabal Lubnān*（Beirūt，1859），p. 251；参看 Hitti，*History of Syria*，pp. 665—666。

的黎波里、巴勒贝克、贝卡[1]，从他的南方邻人那里接受了萨法德、太巴列和
拿撒勒的归顺。于是他开始展望海外。1608 年，他与托斯卡纳的美第奇大公
菲迪南德签订了一个条约，这个条约包括一个秘密的军事条款，明白地指出 730
是反对“崇高的阙下”的[2]。从大马士革开来的一支土耳其军队，成功地把
他驱逐出境，他不得不带着自己的眷属和随员们，在他的意大利同盟者的首
府佛罗伦萨寻找避难所。他在欧洲侨居五年（1613—1618 年）后，返回他的
世袭的领地，更加决心要使之扩大，而且实行现代化。1624 年，“崇高的阙
下”承认他是阿拉比斯坦（*‘Arubistān*）的领主，他的边界从阿勒颇到埃及的
边界。他从意大利聘请了许多建筑师、工程师和农业专家，并且在农民中奖
励改良的耕作方法[3]。把比嘎耳区沼泽地带的水排尽，这是他的计划之一。此
外，他还欢迎许多基督教传教士的到来，主要是法国天主教的传教士，他们
在贝鲁特、西顿、的黎波里、阿勒颇、大马士革，甚至在黎巴嫩的乡村里，
建立了许多中心。法赫鲁丁在奥斯曼当局面前承认伊斯兰教，在他的人民面 731
前承认德鲁兹教派，而他对于基督教又深感兴趣，以致有人说他曾受过洗
礼[4]。在他的小王国里，德鲁兹教派和基督教徒和睦共处。由于他对基督教表
示同情，再一次使“崇高的阙下”的猜疑的眼睛转向于他。从大马士革派出
的一支军队，再一次向他进军。在稍作抵抗之后，他逃避到查精附近的一个
山洞里去，1635 年 2 月被发现，被套上锁链押送到君士坦丁堡[5]。在那里，
他和陪伴着他的儿子们一同被处斩，他的尸体被扔在一座清真寺的前面，示
众三天。他所重视并为之而努力的事业，即求得一个独立的、更大的黎巴嫩，
由另外的一位封建君主伯什尔·什哈比（1788—1840 年）继承下来，但是，
直到 1943 年，这个事业才算完全实现了。1697 年继承麦耳尼家族的什哈比家
族，把他们的世系追溯到一个最高贵的阿拉伯部族——古莱氏部族。黎巴嫩
王室的缔造者，是麦耳尼家族最后的统治者的女婿。

叙利亚的阿兹木家族

叙利亚的本地官吏，在十八世纪以前，还没有发迹。这些官吏当中，首先发迹的是易司马仪帕夏·阿兹木，他是大马士革人，1724 年被任命为本省的省长。比易司马仪更卓越的，是他的儿子和继任者，他在哈马和大马士革

---

① 贝卡是黎巴嫩东部山脉和西部山脉之间狭长的平原。——译者

② 关于这个条约和其他条约可以参考 P. Paolo Carali（Qara’li），*Fakhr ad-Dīn II e la corte di Toscana*（Rome，1936—1938），vol. i，pp. 146 以下；vol. ii，pp. 159 以下；G. Mariti，*Istoria di Faccardino grand-emir dei Drusi*（Livorno，1787），pp. 74 以下。

③ Carali，vol. ii，pp. 640 以下.

④ Carali，vol. ii，pp. 640 以下.

⑤ Duwayhi，pp. 204—205；Shidyāq，pp. 330—335；Carali，vol. ii，pp. 340—356.

的公馆，现在仍然排列在那两座城市里可以游览的地方。阿兹木家的其他成员，曾被任命为西顿和的黎波里的官吏，但是，和黎巴嫩的那些封建主不同的是，他们虽遭受那些地区的虐待，仍效忠于“崇高的阙下”。易司马仪是死前下狱的，艾斯耳德是1757年，由君士坦丁堡下令，在澡堂里被暗杀了的①。

巴勒斯坦的独裁者

在整个十八世纪期间，奥斯曼帝国的权力、尊严、威信，迅速衰落，追求独立或获得独立的头领的数字却逐渐增加。像黎巴嫩和埃及一样，巴勒斯坦是这种人物活动的舞台，他们当中最出色的，是舍赫扎希尔·欧麦尔，他
732 是一个游牧人，父亲为萨法德区的酋长。年轻的扎希尔于1737年初登政治舞台的时候，就把太巴列算入他的酋长国②。其他城市有些顺从了他。1750年，这个强夺者就把他的公馆建立在阿克。在十字军战役中部分被毁的这座城市，变成了设防城市，而且发展成为一个重要的商业中心。这位新主人，用严刑峻法来统治这座城市。他扑灭了抢劫之风和违法乱纪的现象，奖励小麦的栽培，提倡发展丝织工业和棉纺工业，并且宽大地对待信奉基督教的人民。给他作传的人③说：“甚至连手持黄金的妇女，也能到处游历，不怕遭遇危害。”

扎希尔在自己独裁的位子上，感到平安无事了，便与埃及的阿里贝缔结了盟约。当时俄国正在卷入与土耳其苦战的旋涡，俄国的战船在东地中海里演习，他在取得俄国合作的情况下，于1772年占领了在黎巴嫩脚边的西顿④。三年之后，黎巴嫩的封建主什哈比，与大马士革省长同盟，并且率领从君士坦丁堡派来的一个分遣队，进攻扎希尔的首都。在围攻之际，扎希尔被一个受人收买的手下人暗杀了。在企图保卫西顿的那支叙利亚军队里，有一个小军官，名叫艾哈迈德·查萨尔，他继承了扎希尔的职位，而且扮演了戏剧性更强的角色。

后来改名艾哈迈德的这个男孩，原来是波斯尼亚的基督教徒，他犯了强奸罪，逃到君士坦丁堡，把自己卖给一个犹太教的奴隶贩子，被运到开罗，卖给了阿里贝。作为刽子手，他为主子立了大功，因而有了查萨尔（意为屠夫）的绰号。查萨尔从埃及逃到叙利亚，在西顿对扎希尔作战中立了功，被

① Muḥammad Kurd-‘Ali, *Khiṭaṭ al-Shā’m*, vol. ii (Damascus, 1925), pp. 289, 290—291; Ḥaydar al-Shihābi, *Ta’rīkh*, ed-Na‘ūm Mughabghab (Cairo, 1900), p. 769.

② Volney, *Voyage en Syrie et en Égypte*, 2nd ed. (Paris, 1787), vol. ii, p. 85; Shidyāq, p. 360; Ḥaydar, p. 801; Mikhā’il N. al-Ṣabbāgh (al-‘Akkāwi), *Ta’rīkh al-Shaykh Ẓāhir al-Umar al-Zaydāni* ed. Qusṭanṭīn al-Bārha (Ḥarīṣa), pp. 31—33.

③ Ṣabbāgh, p. 50.

④ Ṣabbāgh, p. 115; Shidyāq, p. 389.

任命为西顿的长官[1]。他逐渐扩张自己的权力，向北侵入黎巴嫩，向南侵入巴勒斯坦，在那里继承了扎希尔在阿克的职位。他建立了两支卫队，一支是由波斯尼亚人和阿尔巴尼亚人组成的骑兵军团，一支是由马格里布人组成的步兵军团。他想尽办法来加强这个城市的工事，并且在港口里组织了一支小型舰队。1780 年，“崇高的阙下”作为权宜之计，把大马士革省长的职位赏赐给他，使他真正成为叙利亚的总督和黎巴嫩的公断人。名义上他虽然承认 733
“崇高的阙下”的权力，但是他却肆无忌惮地把素丹赛里木三世的钦差大臣处死了。正是这位艾哈迈德帕夏，在史密斯爵士所指挥的舰队的协助下，成功地反抗并打退了拿破仑对阿克的猛攻[2]。查萨尔这个强夺者和独裁者，在对付敌人和嫌疑犯的时候，是残忍的。他始终保持着屠夫的声誉。据一位本国的编年史家的著录，查萨尔有妻妾三十七人，她们当中有几个有不贞洁的嫌疑，他曾命令太监们把她们投入熊熊的火葬堆[3]。在全国各地，他的姓名仍然是恐怖和残忍的同义词。1804 年，他的未因失败和挫折而受到损害的一生，在疾病中自然告终了，这真是一种稀罕的现象。

伯什尔·什哈比

在查萨尔的时代，黎巴嫩的统治者是艾米尔伯什尔二世（1788—1840年）。在拿破仑入侵的时候，他未能驰援阿克的统治者，因此，受到查萨尔的冷遇。伯什尔当时不得不乘一只英国船，退到塞浦路斯岛。他使比嘎耳隶属于黎巴嫩，因而卷入与大马士革和的黎波里的省长们的争论的旋涡，于是在1821 年逃到了埃及。在埃及期间，他与埃及总督穆罕默德·阿里交上了朋友。1831 年，易卜拉欣率领埃及军队入侵叙利亚[4]，他们发现伯什尔和他的部下是现成的同盟者。易卜拉欣在占领雅法和耶路撒冷之后，围攻阿克，黎巴嫩人便帮助他猛扑这座城市。大马士革投降的时候，德鲁兹人站在城墙的前面。打垮了驻防于希姆斯的土耳其军队，通往小亚细亚的道路就敞开了。陶鲁斯山隘有几处必须放宽，埃及的炮队才能通过。由于 1832 年科尼亚的胜利，通往君士坦丁堡的道路就畅通了。埃及的帐篷，搭在屈塔希亚，几乎在博斯普鲁斯的视野之内。此举惊动了俄国。法国向来是鼓励穆罕默德·阿里向外扩张的。法国和美国由于猜忌俄国，为了素丹的利益而被迫行动。埃及的野心，就这样终归失败了。

---

[1] Ḥaydar, pp. 811, 827.

[2] 参阅本书第 722 页。

[3] Mīkhā'īl Mushāqah, *Mashad al-'Ayān bi-Ḥawādith Sūrīya wa-Lubnán*, ed. Mulḥim K. 'Abduh and Andarāwus H. Shahhāshīri (Cairo, 1908), p. 54.

[4] 参阅本书第 725 页。

734 起初，易卜拉欣讨好叙利亚人民，特别是他们当中的基督教徒，为此而建立了安全和公道，推行了社会改良。后来，在大马士革那样的城市里，没有一个基督教徒，能骑着马或戴着白的、红的或绿的头巾，出现在大庭广众之中。没有一个基督教徒，能在政府机关里担任责任重大的官职。所有这些无资格的人，现在都被撤职了。但是，随后易卜拉欣遵照他父亲的指令，把原来的赋税提高两倍多，对于丝绸和其他土产，建立了国家垄断（这是依照埃及的先例的[①]）；更坏的是，还坚持解除人民的武装，并实行征兵制。征兵制在叙利亚人，特别是黎巴嫩人看来，是最侮辱人的制度。1834 年在巴勒斯坦开始的起义，蔓延到叙利亚全境。1840 年 6 月 8 日，黎巴嫩的起义者发表宣言，列举埋怨的各种原因，就把解除武装和征兵制度放在首要地位[②]。在那个时候，由于黎巴嫩封建地主与穆罕默德·阿里之间的友谊，黎巴嫩曾获得特殊的待遇。穆罕默德·阿里希望从黎巴嫩的森林里获得重建他的海军船只的木料，他的海军在纳瓦里诺岛[③]几乎全军覆没了。当年埃及人在盖尔那伊勒[④]开采煤矿，在麦特尼县的麦尔哲巴开采铁矿的痕迹，仍然是引人注目的。素丹麦哈茂德想要扑灭这些起义，竟于 1839 年又大胆派出一支军队到叙利亚去，结果在尼济普（在叙利亚北部）遭到惨败，使帝国再一次跪在它的封臣的脚下。但是，列强再次干涉，于 1840 年 11 月 22 日，强迫穆罕默德·阿里从叙利亚撤退。易卜拉欣于 12 月 29 日从大马士革动身，取道加宰回国。伯什尔由一只英国船送到马耳他岛[⑤]。具有国际意义的叙利亚－埃及插曲，结果是加强了英国在东方的利益，而牺牲了法国的利益。

国际公认的黎巴嫩民族自治

735 奥斯曼当局现在相信，要使黎巴嫩归他们直接控制，唯一的办法是在马龙派和德鲁兹派之间煽动斗争，在伯什尔统治之下，正如在法赫鲁丁的统治之下一样，在这两个教派当中，总的准线是遵循党派的路线，而不是宗派的路线；黎巴嫩间歇的国内战争，直到现在，都是封建性的战争，不是宗教性

---

① 参阅本书第 722 页。第一所现代化的丝织厂，是由一个法国人于 1841 年在黎巴嫩的白塔帖尔村（Batātir）创办的。

② Asad J. Rustum, *al-Uṣūl al-ʻArabīyah li-Ta'rīkh Sūrīyah fi ʻAhd Muḥammad ʻAli*, vol. ii（Beirūt, 1933）, pp. 101—103；同一著者, *The Royal Archives of Egypt and the Disturbances in Palestine* 1934（Beirūt, 1938）, pp. 47—51, Sulaymār abu-Izzal-Dīn, *Ibrāhim Bāsha fi Sūrīya*（Beirūt, 1929）, pp. 313 以下。

③ Asad J. Rustum, *The Royal Archives of Egypt and the Origins of the Egyptian Expedition to Syria*（Beirūt, 1936）, pp. 63—66. 参阅本书第 725 页。

④ 盖尔那伊勒又叫古尔纳伊勒，是黎巴嫩阿卜达县的一个村庄，出产煤炭。——译者

⑤ Shidyaq, p. 620；Mushāqah, pp. 132—134；al-Jamʻīyah al-Malakīyah al-Jughrāfiyah, *Dhitra al-Baṭal al-Fātiḥ Ibrāhīm Bāsha*（Cairo, 1948）, pp. 372 以下。

阿卜杜拉·麦吉德一世的银币（值十古鲁什〔ghurūsh〕，即皮阿斯特〔piastres〕）

回历 1255 年（公元 1839 年）在米斯尔（开罗）铸造

的战争。土耳其人对于古罗马的格言“分而治之”的应用，并非新手。为了控制各省，现在正是他们开始执行中央集权政策的时候。在基督教徒和德鲁兹派教徒中间的人民大众，特别是基督教徒中的群众，内心惶惶，对于封建贵族政治心怀不满。北方的黎巴嫩农民，受牧师们的怂恿，于 1858 年进行暴动，反对地方的封建主，还计划在农民中间平分他们的大量财产。伯什尔是黎巴嫩历史上最坚强的统治者，他曾保持高标准的社会治安和公道，修筑新道路，奖励吸收西方的文化教育影响，但是，他的同名者和继任者，却是另一种素质[①]。

在德鲁兹派教徒和马龙派教徒之间，因土耳其政府的挑拨离间而发生了许多内部的骚动，这些骚动，开始于 1841 年，以 1860 年的大屠杀为结束。1860 年这一年在这个国家的编年史上永远是不光彩的。阿卜杜勒·麦吉德一世，是当时的哈里发。在这次大屠杀里，大约有一万一千个基督教徒（大半是马龙派教徒），死于动乱，有一百五十个乡村，曾被焚毁。黎巴嫩的农民，仍然以这个动乱年（*sanat al-harakah*）为他们历史上地方事件的纪元[②]。这次屠杀，曾引起欧洲人的干涉和法国军队对黎巴嫩的占领。1861 年，这个山区接 736
到一个法令（三年后曾经修订），准许享受在一个信基督教的总督（*mutaṣarrif*）统治下的民族自治，总督每五年改任一次，由素丹任命，由各签字国批准。历任的总督，都是天主教徒。新的黎巴嫩山总督辖区，没有土耳其驻军，不向君士坦丁堡缴纳年贡，辖区的公民不服兵役。第一任总督达五德帕夏（1861—1868 年），出生在阿贝的一所小学校旁，那所学校创建于 1862 年，是作为德鲁兹教派的学校，由宗教基金维持的。

黎巴嫩在总督和民选的政务委员会的领导下繁荣起来，那是邻近的任何一省都比不上的；黎巴嫩被认为是土耳其各省实行民族自治的“最有用的范例”[③]。黎巴嫩的“治安、社会生活和政治生活的标准，都进步到奥斯曼帝国

---

① 依照埃及人的榜样，伯什尔一世和他的儿子们，抛弃了头巾，采用了马格里布的红呢帽（fez，*tarbūsh*），一种无帽檐的矮呢帽，带一条粗穗子，现在黎巴嫩和叙利亚老一辈的人，还有戴这种呢帽的。参阅 Haydar，pp. 1035—1036。

② 参阅 Hitti，*History of Syria*，pp. 694—695。

③ William Miller，*The Ottoman Empire*，1801—1927（Cambridge，1936），p. 306.

任何一省望尘莫及的程度”[①]。黎巴嫩人口的增加，找到了一个出口，即迁移到埃及、美洲和澳洲，在那些地方，黎巴嫩移民的子孙，仍然是兴旺的。黎巴嫩的民族自治，继续到第一次世界大战爆发后，才被土耳其人摧毁了。被吸引到自治的黎巴嫩来的西方教师、传教士、医生和商人，数量比近东任何地方都要多。黎巴嫩的人口，大半是基督教徒，因此，更能接受欧美的观念和习惯。比起伯什尔和法赫鲁丁的时代，黎巴嫩更加变成了窗口，阿拉伯人的四方院子，通过这个窗口，向西窥视外面的世界了。

伊拉克

奥斯曼人在1534年开始于幼发拉底河谷的景况，是与尼罗河谷的景况不相上下的。土耳其的帕夏、本国的封建地主、麦木鲁克人，争权夺利，同时人民群众遭受贪赃枉法、扰攘不宁的灾害。在这里也同在别处一样，在帝国的强盛时期逝去之后，到十六世纪末，省长的权力开始动摇起来。历史的话题集中到巴格达的各种人物和阴谋上面，巴格达是全国被分成的三个省当中
737 最重要的一个，其余的两个是巴士拉和毛绥勒（摩苏尔）。这个国家具有汉谟拉比和尼布甲尼撒统治下的古代声望，还具有哈伦和麦蒙统治下的中世纪的光华，而在奥斯曼人的统治下，黯然失色到了空前绝后的程度。

十叶派分子，在伊拉克人口中占优势；与君士坦丁堡总部之间的交通有困难；与十叶派的波斯很接近；城市和各部族之间有裂痕：所有这些都是伊拉克形势的明显的特点。现在，就像拜占廷时代那样，君士坦丁堡和波斯仍在争夺这个国家的霸权。十叶派认为，最神圣的陵庙都在伊拉克，如卡尔巴拉[②]的侯赛因陵庙、纳贾夫[③]的阿里陵庙、卡齐迈因[④]的第七位和第九位伊马木的陵庙，因此，伊拉克是十叶派的根据地，十叶派的皈依者都把逊尼派的哈里发和奥斯曼的素丹看做篡夺者。同时，他们把波斯人认作朋友和同盟者。十叶派的因缘，构成了伊拉克和波斯之间最坚强的纽带。在整个十六世纪期间，土耳其和波斯一直处于敌对的形势之下，这种敌对即使不是进攻性的，也是防守性的。1508年，沙易司马仪占领了巴格达，而且固守到赛里木胜利之后[⑤]。1623年11月，沙阿拔斯借助一个禁卫军叛逆的告密，又重新占领了巴格达。在十五年的期间，伊拉克一直是萨法王国的一个省。除赋税外，土耳其的兴趣主要在于利用这个国家为基地，去反对阿拉伯半岛的东岸，但是，

---

① *Syria and Palestine*（在外事局历史科指导下编成的手册）（伦敦，1920），第37页。

② 卡尔巴拉，卡巴拉。——译者

③ 纳贾夫，纳杰夫。——译者

④ 卡齐迈因在巴格达附近。——译者

⑤ 参阅本书第703页。

土耳其从未能固守东岸地区。土波战争，妨害了伊拉克的经济，妨碍了对于十叶派各陵庙的朝拜——那是国家收入的一个重要来源。十七世纪早期，英国东印度公司的建立，使伊拉克处在东方和西方之间陆路交通的一个战略地位上。十七世纪末，英国人在波斯湾战胜了葡萄牙和荷兰竞争者，夺得了海上贸易的霸权。在伊拉克的土地上发现石油，这件事加强了这个国家在战略上的重要性。1925 年，伊拉克石油公司取得了石油开采权，以七十五年为期。

贝杜因人，不守纪律，无法无天，到处劫掠，长期以来一直成为纷扰的
原因。土耳其首都和伊拉克省会之间的交通线，任凭由来自沙漠的流浪者和 738
山区的部族去支配。约在十八世纪中叶，幼发拉底河下游的几个贝杜因部族，结成联盟（*al-Muntafiq*），他们把循环性的头痛，不但带给了巴格达的帕夏们，而且带给了地方上的麦木鲁克和城市居民。

麦木鲁克的政府是自治的领地，不是总督的管区，他们大都是入口的塞加西亚的奴隶，他们当中的素莱曼阿哥（Sulaymun Aghā[1]，后来升级为帕夏）艾卜·莱伊拉是1747 年首先得势的。最后的麦木鲁克是达五德（1830 年卒），他是很开明的，曾在巴格达创办了几所学校。伊拉克曾被一个麦木鲁克的寡头政治掌握，达八十多年之久。在克里米亚战争（1853—1856 年）后，君士坦丁堡更坚决地努力维护其政权，并在巴格达派驻一支强大的军队。1869 年，它派出一位最进步而且最宽大的政治家米德哈特帕夏，来做伊拉克的总督。米德哈特企图遏止无法无天的现象，使游牧人定居下来，耕种田地。他还试着改良灌溉，并且采用土地注册制。这位土耳其官吏是这样的廉洁，据说他曾变卖了自己的怀表，用来作为返回君士坦丁堡的旅费[2]。他任职的短时期，就像一张黑色画片上唯一光明的小点一样，显得特别突出。他写下了土耳其的第一部宪法[3]，因而博得了更多的荣誉。那部宪法，在 1877 年由阿卜杜勒·哈米德废除了。

阿拉伯半岛自成一个集团，与北非集团和埃及、叙利亚、伊拉克集团， 阿拉比亚
是不相同的。作为伊斯兰教的摇篮，阿拉比亚的周围有一道神圣的光晕，在全世界穆斯林的心目中，保持着一个独特的地位。神圣的联想、地理上的孤立、不发达的交通等，使这个大半岛仍然具有中世纪的面貌。希贾兹和也门，与西方的观念和影响之间，存在着特别的绝缘体，所以这两个地区成为近东

---

① *agha* 是突厥语，意思是哥哥，后来奥斯曼土耳其人起初用做老爷的称号，后来用做上尉以上军官的头衔。

② Stephen H. Longrigg, *Four Centuries of Modern Iraq* (Oxford, 1925), p. 300.

③ 参阅 Hitti, *History of Syria*, p. 670。

最独立自足的部分。

也门虽然没有成为先知活动范围的主要地区，但是，它与希贾兹同样是独立自足的，如果不是更独立自足的话。也门的人民是宰德的追随者，他是
739 侯赛因的曾孙，约在 740 年反抗伍麦叶人的起义中被杀害了。宰德教派虽然是十叶派的支派，却不强调十叶派的教义，他们几乎是逊尼派。他们当中有一个名叫嘎西木的，曾于 1633 年成功地赶走了土耳其省长，而建立了伊马木国家。这个国家几经盛衰，继续到 1871 年。但是，从 1849 年开始，这个国家又变成了土耳其的一个省，直到 1904 年为止。这一年伊马木叶哈雅兴起了。他在 1905 年占领了萨那，后来定都于此。但是，在 1911 年之前，“崇高的阙下”并不承认这个国家的区域自治。直到第一次世界大战的最后一年，土耳其人实际上才从这个国家完全撤退了。1948 年 2 月，叶哈雅成为一次宫廷阴谋的牺牲者。不太久以前，有一个访问者，他是大马士革的穆斯林，还由伊马木的警卫员陪着，去访问马里卜水坝的遗址，但几乎遭到当地居民的攻击，唯一的原因是他仿佛是一个陌生的外国人①。美国籍的黎巴嫩作家艾敏·里哈尼，曾于二十世纪二十年代初访问也门，在他和也门的教义学家见面时，他们立刻拿出黑眼镜来戴上，以免被一个基督教徒的眼光玷污。

1960 年以前，半岛上有两个独立国家：沙特阿拉伯王国和也门王国，此外，就是亚丁殖民地、亚丁保护国、马斯喀特素丹国和阿曼、休战的各酋长国、卡塔尔和巴林自治酋长国，所有这些国家在不同程度上都是大不列颠的附庸，受它保护。另一个波斯湾的酋长国科威特，经英国人宣布，于 1914 年获得自治，1961 年成为独立的酋长国。这个盛产石油的国家，按人口计算，在全世界大概是收入最多的。阿曼和阿拉比亚的东南海岸，早期是葡萄牙的势力范围，晚期是英国的势力范围，它不像希贾兹、纳季德、也门那样曾受到土耳其的控制②。在将近一个半世纪的时期里，这个地区的素丹国，以马斯喀特为首府，名义上是独立国家，实际上与英国政府保持着密切的联系。1939 年签订的一个条约，又加强了这些联系。从卡塔尔半岛东南端，向东南延伸 360 英里，这一段波斯湾海岸，从前以海盗海岸著称，是属于休战的各
740 酋长国的。这些酋长，在一个时期内，曾经同东印度公司为敌，1820 年与英

① Nazīh M. al-‘Aẓm，*Rihlah fi Bilād al-‘Arab al-Sa‘īdah*（Cairo，1937），p. 20.

② Royal Institute of International Affairs，*The Middle East*（London，1950），pp. 110—113，参阅本书第 710—711 页。

国政府缔结了一个总条约，规定维持和平，放弃海盗行为和奴隶贸易。卡塔尔同英国政府的关系，和南面的酋长国同英国的关系是一样的，并且由1916年签订的条约加以校正。巴林的情形，实际上也是同样的。这个岛上有举世闻名但日渐衰落的采珠业，1932年又增加了更有利的石油工业。

1968年，英国政府宣布，计划在三年之内把所有的军队撤出波斯湾。接着，巴林、卡塔尔以及七个休战的国家的代表集会，开始商谈关于建立阿拉伯联合酋长国的问题。

亚丁（阿登）保护国，从亚丁殖民地向东延伸，包括拉赫杰、哈达拉毛、马哈拉和索科特拉岛。十八世纪中叶以前，这个地区一直由萨那的伊马木管辖。亚丁，这个海港要塞和首都，远在1839年，已加入英帝国的领土了。1967年，整个地区宣告独立，成立南也门共和国。

瓦哈比教派

十八世纪中叶，唯一神教徒（*Muwaḥḥidūn*）兴起以后，阿拉比亚的现代史才开始。这个运动是一个严格的复兴运动，创始者是纳季德的欧雅叶奈人穆罕默德·伊本·阿卜杜勒·瓦哈卜（1792年卒）。他曾游历希贾兹、伊拉克、叙利亚等地，返回故乡的时候，所得的观感是，同时代的人所奉行的伊斯兰教，已远远地背离了先知和《古兰经》所规定的正统派的实践和理论，因此他决心要清除一切异端，使伊斯兰教恢复其原始的严格性。他的灵感，显然是得自伊本·太伊米叶[①]所解释的伊本·罕百勒的著作。这位革新的学者，与穆罕默德·伊本·素欧德（1765年卒）缔结了盟约，并且把女儿许配给他，他当时是中阿拉比亚的一个小头领。这是宗教和宝剑相婚配的另一个例子，结果是这个教派和伊本·素欧德的政权在阿拉比亚中部和南部得到迅速传布。伊本·阿卜杜勒·瓦哈卜的追随者，被他们的反对者叫做瓦哈比教派。由于他们热切希望使伊斯兰教摆脱圣徒崇拜和其他异端（*bid‘ah*），他们于1801年劫掠了克尔贝拉，于1803年攻下了麦加，于1804年占领了麦地那，把受人尊敬的那些坟墓都摧毁了，并且使这些城市摆脱了含有多神教味道的 741
东西[②]。1805年，他们进攻叙利亚和伊拉克，并且把他们的领土从巴尔米拉扩张到阿曼，这是从先知的时代以来，这个半岛上最大的版图。据他们的解

---

① 伊本·太伊米叶（1263—1328年），生于大马士革附近的哈兰，罕百里派的著名学者，著作很多，是反对异端者的领袖。——译者

② ‘Uthmān ibn-Bishr，*‘Unwān al-Majd fi Ta’rīkh Najd*（Makkah，1349），vol. i，pp. 121—123；Musil，*Northern Negd*，pp. 261—267.

释，他们的成功，是真主不喜欢赛里木三世的异端的一个标志①。“崇高的阙下”张皇失措，请求穆罕默德·阿里指挥一系列的战役，1818年终于摧毁瓦哈比派的势力，并且把他们的首都迪里叶夷为平地②。但是，瓦哈比派的教义继续传布，从东方的苏门答腊到西方的尼日利亚，都能感觉到他们的影响。

伊本·素欧德

除1833年开始的一个短时期的恢复外，这个运动处在一种晦暗的状态中，后来由阿卜杜勒·阿齐兹·伊本·素欧德又恢复过来，他是瓦哈比国家和瓦哈比朝代现代的首领。起初，阿卜杜勒·阿齐兹是侨居在科威特的一个亡命者，他在二十世纪的最初二十五年中为自己开拓了一个王国；这个王国的牺牲品，是哈伊勒的伊本·赖世德家族和麦加的舍利夫侯赛因家族。这个王国从波斯湾连绵到红海。1916年，由于英国人的怂恿，侯赛因宣布自己是“阿拉伯人之王”，1924年又僭称“穆斯林们的哈里发”③。1921年，阿卜杜勒·阿齐兹结束了赖世德家族，1924年占领了麦加，1925年占领了麦地那，1932年创建了沙特阿拉伯王国，自己做了国王④。他宣布部族的劫掠为非法，限制运送朝觐者的收费，建立起高标准的治安，把广播、无线电报、电话、汽车等引入某些地区。他还企图使他的游牧人民易赫旺（*Ikhwān*，同胞）在农民居住区定居下来，但是，没有很大的成效⑤。1933年，阿美石油公司初次取得石油开采权，这个公司已成为政府和人民最大的财源，收入比朝觐圣地者所缴纳的费用大得多。这个公司仍然在不断地对于阿拉比亚的现代化做出贡献。

智力的活动 742

在奥斯曼人统治之下，在阿拉伯各国盛行的那种政治情况以及伴随的社会和经济情况之下，不能希望看到有什么高等的智力工作。但是，弊病却是根深蒂固的。在土耳其人来临之前好几个世纪，伊斯兰教创造的火花早已熄灭了⑥。十三世纪开始的经院神学的全胜，在精神领域中正统派和神秘派的占据优势，科学精神的衰退，不加批判地尊崇古人之风的盛行，以及墨守成规等，这一切都不利于学术研究和学术创作。束缚阿拉伯人智力的这些桎梏，

---

① 参阅本书第727页。

② 参阅本书第727页；ibn-Bishr，vol. i，pp. 155—207。

③ 关于他反抗土耳其人的起义，可以参阅 Amīn Saʻīd，*al-Thawrah al-ʻArabīyah al-Kubra*，vol. i（Cairo，193-?），pp. 120 以下。

④ 关于细节，可以参阅 H. St. J. B. Philby，*Arabia*（London，1930），pp. 160 以下。

⑤ K. S. Twitchell，*Sandi Arabia*（Princeton，1947），pp. 121 以下。

⑥ 参阅本书第683页。

直到十九世纪早期在西方的影响之下，才开始逐渐解除①。

这个时代的作家，大体上是注释家、编纂家、节本的作家。文学的形式主义和智力的严肃性，标志了他们的著作的特征。哈只·赫勒法（1658 年卒）的名字，在用阿拉伯语写作的土耳其人当中是卓绝的。土耳其人把他叫做年轻的书记（Kātib Chelebi）的这个君士坦丁堡人，一开始，是在巴格达和大马士革采取军事行动的军队里担任一名军事文牍。他所著的《书名释疑》（*Kashf al-ẓunūn ʻan al-Asāmi wa-al-Funūn*）是用阿拉伯语写成的最伟大的、最有价值的传记式和百科全书式的专论②。

埃及的文学活动，可以阿卜杜勒·瓦哈卜·舍耳拉尼（1565 年卒）为代表，他是一个神秘派学者，他的许多著作，不但含有苏非主义，而且含有《古兰经》学和语言学。舍耳拉尼曾与众天神和众先知谈话③，并且受到保守派教义学家的审问，他还遗留下大量的著作④，其中有几种虽然缺乏创见，但很普及。他在《大等级》（*al-Tabaqāt al-Kubra*）⑤ 里概述了最驰名的苏非派人的传记⑥。埃及是一位著名的辞典编辑者的学术活动的场所，这位学者名叫赛义德·穆尔台达·宰比迪，他于 1732 年出生于印度西北。宰比迪在领取政府年金的期间，在开罗写成大部头的辞典《新娘的花冠》（*Tāj al-ʻArūs*）⑦，这是 743
菲鲁兹阿巴迪的不朽的著作《辞洋》（*al-Qāmūs al-Muḥīṭ*）的注释⑧。他还给安萨里的《圣学复苏》作了一部巨大的注释。宰比迪死于 1791 年的那次鼠疫流行。我编写本章的时候，使用了许多埃及编年史家的著作，其中最重要的一位是阿卜杜勒·赖哈曼·伊本·哈桑·哲伯尔帖（1822 年卒），他的祖先是从阿比西尼亚的哲伯尔特迁移到开罗来的。哲伯尔帖在爱资哈尔主讲过天文学，曾被拿破仑任命为国务会议（*dīwān*）的成员，法国侵略者是希望借他的声望来统治埃及。这位史学家在自己的著作里批评过穆罕默德·阿里，因

---

① 参阅本书第 745 页以下。

② 古斯塔夫·弗鲁吉尔（Gustav Flügel）发行和翻译，共计七册（在莱比锡和伦敦出版，1835—1858 年）。

③ *Al-Anwār al-Qudsīyah fi Bayān Ādāb al-ʻUbūdīyah* 印在他所著的 *al-Ṭabaqāt al-Kubra* 的页缘上（开罗，1935 年版），第 1 卷第 2 页以下。

④ 参阅 Brockelmann, *Geschichte*, vol. ii, pp. 336—338。

⑤ 两册（开罗，1925）。

⑥ 苏非主义是奥斯曼统治时代埃及的主要特征，可以参阅 Tawfīq al-Ṭawīl, *al-Taṣawwuf fi Miṣr ibbān al-ʻAṣr al-ʻUthmāni*（Cairo, 1946）, pp. 6—51, 200—232。

⑦ 十册，回历 1307 年（1889 年）出版于开罗。

⑧ *Qāmūs* 本义是大洋，由于这部辞典叫做 *qāmūs*，所以现在都把字典叫做 *qāmūs*。

而据说，他在回家的途中，被穆罕默德·阿里暗杀了，但这种说法是没有事实根据的。他的著作《传记和传闻的奇观》（*'Ajā'ib al-Āthār fi al-Tarājim w-al-Akhbār*）①，一部分是编年史，一部分是死亡表②。

本章所援引的编年史，有三部是黎巴嫩人的著作，他们都是马龙派的。伊斯帖方·杜韦希③（1704 年卒），曾受教育于罗马僧侣学校，那所学校是教皇格列高里十三世在 1584 年为训练马龙派学生做牧师而创办的。杜韦希在他的教会里升到最高的教长职位。艾米尔哈伊达尔（1835 年卒）④ 是什哈卜贵族的成员，黎巴嫩的许多封建统治者都是出身于这个家族。唐努斯·什德雅格（1859 年卒）⑤ 出生于贝鲁特附近，曾在几位什哈比封建主时代任法官。但是，当代最卓越的马龙派学者（事实上是黎巴嫩学者），无疑是优素福·赛木安·赛木阿尼（1687—1768 年），他也是罗马僧侣学校培养出来的。东方学研究，特别是关于基督教教派的研究，所以能稍稍普及于西方，主要是由于这位黎巴嫩的博学者的努力。他在梵蒂冈图书馆工作的结果，是以大量的东方写本，去增补现在被认为是世界上最丰富的丛书之一的那部东方丛书。赛木阿尼的杰作《东方丛书》（*Bibliotheca Orientalis*）⑥ 体现了他对于这些写本的研究，这些写本是用叙利亚语、阿拉伯语、希伯来语、波斯语、土耳其语、埃塞俄比亚语、亚美尼亚语写成的，现在仍然是关于东方各教会的资料的主要源泉。

744 在叙利亚，有两位著作家可以被认为是这个时代的精神的代表：穆希比和纳布卢西。他们两位都是大马士革人，都是多产的作家。穆罕默德·穆希比（1699 年卒），曾在君士坦丁堡受教育，在麦加和麦地那当过副法官，在故乡当过教授。他的主要著作⑦，是一部名人传，包括在回历十一世纪（1591—1688 年）去世的一千二百九十位名人的传记。阿卜杜勒·加尼·纳布卢西（1731 年卒），由他的姓名就可以看出来，他原籍巴勒斯坦，是一位

① 这里所用的是回历 1322 年（1904 年）开罗版四卷本。

② 阿拉伯史学家只记载名人死亡的年月，不记载他们出生的年月，所以，只有死亡表，而没有生卒表，这大概是生年比较难以考证的缘故。——译者

③ *Ta'rīkh al-Ṭa'ifah al-Mārūnīyah*, ed. Rashīd K. al-Shārtūni（Beirūt, 1890）.

④ *Ta'rīkh*, ed. Na'ūm Mughabghab（Cairo, 1900）.

⑤ *Akhbār al-A'yān fi Jabal Lubnān*（Beirūt, 1859）.

⑥ 四册，1719—1728 年出版于罗马。

⑦ *Khulāṣat al-Atkar fi A'yān al-Qarn al-Ḥādi-'Ashar*, 4 vols.（Cairo, 1284）.

苏非家兼旅行家。他写了大量著作，但多半没有出版①。神秘主义是他最感兴趣的问题，可是他的旅行记，虽然强调神圣的陵庙以及与陵庙有关的各种传奇，仍然是他对于知识的主要贡献。

---

① 他最后出版的一种著作，是论圣训的，书名是：*Dhakhā'ir al-Mawārīth fī al-Dalālah 'ala Mawāḍi 'al-Ḥadīth*, 4 vols.（Cairo，1934）。

745 第五十二章　改变着的场面：西方的冲击

拿破仑对埃及的袭击，从多方面说来，都是划时代的。这件事标志着开始与过去断绝关系了。这个法国侵略者，把一些装备带到开罗，其中有一部阿拉伯语印刷机，那是从梵蒂冈掠夺来的。这部机器是尼罗河谷的第一部阿拉伯语印刷机。由这部印刷机发展成的著名的布拉格印刷局(Maṭba'at Būlāq)，直到现在还是政府的印刷机关。这个法国征服者，用这部机器来印制一种阿拉伯语的宣传品。他还创办了一种附有图书馆的文艺协会（*académie littéraire*）。直到那个时候，阿拉伯世界的人民大概还过着一种自给自足、因循守旧的生活，不求进步，也不关心外界的进步。他们对于改变，不感兴趣。与西方的突然接触，是对他们的当头棒喝，使他们从中世纪的酣睡中惊醒过来。这种接触，燃着了智力的火花，使穆斯林世界的一个角落燃烧起来。

文化的渗透：埃及

穆罕默德·阿里认识到这种初步的文化接触的可能性之后，便开始聘请法国和其他欧洲的教官来帮助训练军队。此外，他还派遣了好几批学生到欧洲去留学①。在这方面，他是效法了奥斯曼土耳其人的先例。以上两方面的出发点，都是军事的。但是，作为军事训练的先决条件的语言，一旦学会，就掌握了打开整个思想宝库的钥匙，在这个宝库里有西方的思想及其民族的、民主的、科学的、世俗的和其他爆发性的观念。现代埃及的缔造者，开始在本国的国土上创办了许多学校，不但有军事学校，还有医学、药学、工程学、农学等的专门学校。但是，不幸得很，穆罕默德·阿里所创办的众多的学校，只有很少的几所维持到他死的时候。他的孙子阿拔斯（1848—1854 年在位）
746 辞退了一切外国顾问，取消了一切外国学校和大多数具有欧洲特征的其他机关；阿拔斯的继任者赛义德（1854—1863 年在位），同样反对西方的道路。易司马仪（1863—1879 年在位）所创办的许多学校，也没有长期生存。易司马仪，曾聘请美国军官到他的军事学校任教；他又是在埃及创办女子学校的

① 参阅本书第 723—724 页。

第一人。据说，他曾宣称，埃及是欧洲的重要部分。由此可以看出，他对西方所持的同情态度。这些学校都缺乏适当的设备或有效的器具供应，既没有特殊的基金，又没有训练有素的师资的后备军，用阿拉伯语教学，却没有继续不断编写阿拉伯语教科书。但是，易司马仪所创办的一个机关，已获得永久的地位，这就是国立图书馆。初办的时候，这里只有从宫廷里和清真寺里搜集来的少量的图书，现在已有藏书五十万册。他所创办的王家地理学会，曾于 1950—1951 年间庆祝了自己的七十五周年纪念。

在易司马仪的时代，1865 年在阿西尤特创办了一所美国学院，现在仍然活动着。开罗的女子学院，于 1861 年创办时，是一所小学。七年前，美国联合长老传道会已在埃及开展工作了。

叙利亚和黎巴嫩

埃及占领叙利亚十年之久（1831—1840 年），在叙利亚的文化史上，是划时代的事件[①]。易卜拉欣彻底摧毁了大封建主（*muqāṭi'ji*）的势力，征收了正式的赋税，并且强迫承认非穆斯林在政府机关任职的权利[②]。与历代素丹的宣言不同[③]，他在 1839 年发表的关于一切教派在法律上一律平等的宣言，立即付诸施行和贯彻。大马士革和萨法德的穆斯林，反对本地顺民所获得的改善了的地位，易卜拉欣就毫不迟疑地使用武力去对付他们。在他发表这个宣言之前四年，英国领事骑着马进大马士革城的时候，必须由卫兵严密地护卫着；在发表这个宣言的次年，他就可以不带卫兵，随便到处游览了[④]。

这件事足以说明新的宽大政策的执行和治安情况，因而对于欧洲人的吸
引是前所未有的。1773 年被教皇停止的耶稣会的传教团，恢复了活动[⑤]，英 747
美的新教传教士，在黎巴嫩的土地上，建立了坚固的据点。1838 年，叙利亚新教教会建立起来了。美国考古学家爱德华·鲁宾逊，曾于同年，在巴勒斯坦进行了一次调查旅行，这是一连串事件的开端；这些事件的最后结果，是把这个地区无价的历史宝藏发掘、解释和公布出来了。三年前，美国传教会印刷厂，从马耳他岛迁到贝鲁特。耶稣会的天主教印刷厂，是 1853 年建立于这座城的另一边的。这两个印刷厂，直到现在仍然是西亚有名的阿拉伯语印刷厂。现代阿拉伯语的《圣经》译本，由这两家公司发行。在这之前，叙利亚已有了第一所阿拉伯语印刷厂，那是基督教徒 1702 年设立于阿勒颇的。穆

① 参阅本书第 725 页。
② 参阅本书第 734 页。
③ 参阅本书第 727 页。
④ *Syria and Palestine*, p. 27.
⑤ 参阅本书第 730—731 页。

斯林关于对待“皇皇天语”的保守主义，使这方面的印刷业迟迟不得开展.直到今天，《古兰经》还是手写或石印，不许排印。东方的第一部阿拉伯语印刷机（阿勒颇印刷机）的来源，仍然神秘莫测。它很可能是按照欧洲某一部印刷机仿制而成的。欧洲最早的阿拉伯语印刷机，出现于意大利的法诺，显然是在教皇的庇护之下的。这个印刷厂于1514年出版的一本祈祷书，留存下来了。黎巴嫩的一所修道院（在盖兹哈亚）里有一部叙利亚语印刷机，可能是留学罗马的一位马龙派学者从那里带回来的①。我们有几部《雅歌》，是这个印刷厂出版的，其中不但有叙利亚语的，还有用叙利亚字母拼写的阿拉伯语的②。不要忘记，迟至十七世纪末叶，黎巴嫩北部还有人会说叙利亚话③。

美国传教活动的主要成绩，是1866年终于创办了叙利亚的新教学院，即现在的贝鲁特美国大学。耶稣会的传教活动，发轫于十七世纪早期④，到1874年建成贝鲁特圣约瑟大学时达到了极点。这两所大学，在世界的这个地区，保持了教育上的领导地位。

748 贝鲁特美国女子学校（1830年创办）比美国大学办得更早，一直办到现在。拉扎尔会传教团远在1755年就在大马士革开始活动，大约二十年后，创办了一所男子小学，这是在那座城市里仍然存在的最古老的现代学校。这些学校比任何现代化的官立学校还要先进，而且被当做后来创办的官立学校和私立学校的楷模。直到现在，外国语的学习还是很受重视，连本地学校也不例外，法语或英语时常被用做高等学校和专门学校的教学语言。学校的教职员享受特权，包括靠治外法权取得的保护。

仿效西方的学校、印刷厂、报纸、杂志、文学会等，很快在本地纷纷出现了。1828年穆罕默德·阿里创办了《埃及大事》（*al-Waqā'i'al-Miṣrīyah*），这是埃及自己的第一份阿拉伯语报纸，仍然是政府的机关报。1858年赫立里·胡列在贝鲁特创办了《新闻果树园》（*Ḥadīqat al-Akhbār*），叙利亚也就有了自己的第一份报纸。十二年后，布特鲁斯·布斯塔尼（1819—1883年，一个本地学校的负责人，与美国传教士们合作），在贝鲁特创办了一种政治的、科学的、文学的双周刊《花园》（*al-Jinān*），他还办有其他好些种期刊。他给自己的新刊物所作的题词，是很有意思的：“爱国心是信仰的一个项目”——

① 参阅本书第743页。

② *Garshūni*；参阅 Hitti，*History of Syria*，p. 546. 参考 Louis Cheikho，“Ta'rīkh Fann al-Ṭaibā'ah fi Mashriq”，*al-Mashriq*，vol. iii（1900），pp. 251—257，355—362。

③ 参阅 d' Arvieux，*Mémoires*（Paris，1735），vol. ii，p. 407；参阅本书第361页。

④ 参阅本书第730页。

这是阿拉伯语里的一个新奇的观念。1876年布斯塔尼开始出版阿拉伯语的百科全书（*Dā'irat al-Ma'arif*），他自己完成了头六册①。这位基督教学者的著作，包括一部字典和几种关于教学和语法的教科书，这些著作为激发阿拉伯民族意识和发动阿拉伯民族运动铺平了道路。在阿拉伯各国中，黎巴嫩是文化最普及的国家，这主要是由于外国学校和私立学校的努力，公立学校的成绩是次要的②。甚至在今天，最高级的教育，还是在美国学校和法国学校里进行的。黎巴嫩和其他阿拉伯国家一样，所以肯于接受从西方来的这种文化迁移，主要原因在于，东西双方文化在某些重要的方面虽然不相同，但它们却是属于同一个主流。欧洲文明和近东文明，共同分享了一份犹太教和基督教 749
的以及希腊和罗马的公共遗产。从最早的时代起，双方就一直保持着社会的和商务的接触，虽然接近的程度常有变化。到十四世纪时，即早期的麦木鲁克时代，东方和西方的差别，事实上是人为的，而不是真实的。直到十六世纪，即奥斯曼帝国的开端，东方和西方才开始分道扬镳，西方利用了科学方法并辅之以实验，发展了技术知识并取得了控制大自然的重大的结果。与此同时，东方仍然忽视了这一切。十八世纪末，双方分歧已达到极端，于是这两种文化又重新会合了③。

在这种文化的异花受精的过程中，伊拉克没有做出什么重要的事情。远在十七世纪时，天主教传教团早已获得进入巴格达和巴士拉的许可，但是，这对于穆斯林的社会并未留下任何痕迹。除在君士坦丁堡受过训练的官吏、职员（他们具有特殊的派头）外，伊拉克人几乎不接受现代观念。但是这个国家对于商业的渗透却是敞开大门的。英国人在巩固了他们在波斯湾的地位之后，商业的渗透终于变成了政治渗透，伊拉克还是被拉进了世界事务的轨道。

政治的渗透

易卜拉欣对叙利亚的侵略，拿破仑对埃及的侵略，在某种意义上产生了同样的结果：他们结束了这两个国家古代的地方分权制，而开始了中央集权制。此外，他们还把这两个国家投入了外国帝国主义各种阴谋的斗鸡场。列强的领土扩张主义的趋势，在那里而不在别处发生了冲突。特别尖锐的是英法两国之间的竞争，各自都努力为自己争得在埃及和叙利亚事务中的占优势的影响，两国的借口都是保卫与印度和远东通商的最充分的利益。十九世纪

① 要想更多地认识他，可以参阅 Jurji Zaydān，*Tarājim Mashāhīr al-Sharq fi al-Qarn al-Tāsi'-'Ashar*（Cairo，1903），vol. ii，pp. 24—31。

② Matthews and Akrawi，p. 407.

③ Sarton，*Introduction*，vol. iii，pp. 21—22.

的许多战争都可以在近东找到一些根源。克里米亚战争（1853—1856 年）的原因之一是，法国和俄国提出了互相矛盾的要求，双方都主张自己有保护巴勒斯坦圣地的权利。

750 1869 年苏伊士运河的开凿，增加了这些国家战略上的重要性，加速了它们再度进入国际商业和国际事务圈子去的时间。这条运河很快就变成了国际交通生命线的一个主要部分，补偿了因发现绕好望角的航线而遭受的损失[1]。运河全长 100 英里，开凿费约二千万英镑，其中大半是在以法国为主的欧洲，用公开征求认股的方法筹得的。埃及总督的份额是十七万六千六百零二股，每股二十英镑，这些股票，于 1875 年被英国政府买去了。

英国占领埃及

运河是在易司马仪在位时代开凿的，他的奢侈导致了国家的破产，并且终于招致欧洲的干涉。易司马仪慷慨地提出要把埃及的年贡加一倍，因此“崇高的阙下”曾于 1866 年和 1873 年，赏赐他赫迪夫（khedive）[2] 的称号和长子继任权，让他的儿孙世袭这个职位，这几乎等于承认他的主权了。1879 年，英法对埃及建立了共管制，而赫迪夫被废黜。这个时期，军队和农民的生活困苦不堪，起而造反，他们获得一位军官的支持，他叫艾哈迈德·阿拉比，也是农民出身的[3]。当时军队的军官，大半是塞加西亚人；农民忍受重税、兵役和徭役制的痛苦，政府可以强迫任何壮丁去做少偿的或无偿的劳动，而所修建的公共工程往往又是效益可疑的。这次叛乱很快被镇压下去，1882 年 9 月 13 日英国人在特勒凯比尔大丘获得胜利，阿拉比被流放[4]。英国人由此获得占领埃及的机会，虽然埃及依然是在有名无实的土耳其的宗主权之下，而到第一次世界大战爆发后不久，英国便宣布埃及为保护国了。于是，赫迪夫阿拔斯·希勒米被废黜了，他的叔父侯赛因·卡米勒，以素丹的称号继承了他的职位[5]。1917 年，富阿德继承了他的哥哥侯赛因的职位。1922 年 2 月，
751 在保护关系结束的时候，他成为埃及国王，宣布埃及独立，并公布了宪法。英国方面的让步，是由于本地人的斗争才做出的。民族主义者的领袖赛耳德·宰格鲁勒是阿拉比的一个追随者，他像阿拉比一样，是农民的儿子，但比阿拉比更有才能，并且受过更高的教育。这位激烈的律师，是哲马鲁丁·阿

---

① 参阅本书第 727—728 页。

② 波斯语 *khadīw* 有地主或统治者的意思。这个敕书的阿拉伯文本，可以参阅 Zaydān，*Ta'rīkh Miṣr*，vol. ii，pp. 206—208。

③ 关于他的详情，可以参阅 Zaydān，*Tarājim*，vol. i，pp. 229—252。

④ 一个英国人曾为阿拉比辩护，可以参阅 Wilfrid S. Blunt，*Secret History of the English Occupation of Egypt*（New York，1922），pp. 323—363。

⑤ 参阅本书第 726 页世系表。

富汗尼的学生，在穆罕默德·阿布笃①的领导下，曾任《埃及大事》的编辑，他在1919年要求英国人准许他率领一个代表团（*wafd*），到巴黎和会去，到伦敦去，替埃及作辩护，但是，他遭到了拒绝，而且被送到马耳他岛去，这个行为立即把他变成了一位民族英雄。他和他的党的努力，终于获得成功——1936年英埃条约签订了，条约规定英国占领军撤退到运河地带，把保护外侨生命财产的责任让与埃及政府，并且相互帮助，对付敌人，包括港口、机场和交通工具等的使用。

1952年发生了不流血的军事政变，富阿德的儿子法鲁克国王被废黜，君主政体被推翻；1954年成立了共和国，领导人就是阿卜杜勒·奈绥尔（纳赛尔）上校②。他大胆地反对以色列、英国和法国侵略者，因而在1956年被公认是整个阿拉伯的英雄。他推行了社会主义类型的政治与经济的改革。

法国和英国的托管

在阿拉伯人的新月地区，政治干涉采取了托管的方式。在第一次世界大战后，英国在巴勒斯坦和伊拉克，法国在叙利亚和黎巴嫩，都建立了托管制。法国的兴趣是着重经济方面的考虑，这个关乎威望的政策，是用来抵消英国的影响的，也是回溯到十字军战役时代的“传统友谊”（*amitié traditionnell*）③，是庄严的素莱曼赠给法兰西斯一世的治外法权所承认的④。正是法国军队，于1860年得到列强的同意后，在黎巴嫩登了陆，作为防止更大规模的屠杀的安全措施⑤。

这些所谓甲级托管地的行政，缺乏国际联盟盟约所定的理想，即托管地人民的福利构成了“文明的神圣义务”，托管国的主要任务是为托管地的完全独立提供必需的忠告和帮助。特别令人焦急的是叙利亚人所感受到的困苦，752
他们责备法国官吏像在北非那样使用殖民主义的方法，把本国政府当成门面，对于高涨的民族精神缺乏认识，阻止阿拉伯语的使用，把本国的通货跟法郎联系起来，而使其跌价，挑拨离间各党派或教派的关系，使用各种镇压手段，包括监视、监禁、流放等⑥。为了行政的目的，而把这个国家分成若干个州，同时在第二次世界大战爆发的前夕，把伊斯肯德伦港割让给土耳其，这是引起人们抱怨的另外两件大事。维持治安，改良交通，扩大耕地面积，给予受

---

① 参阅本书第753—755页。

② 埃及成立共和国是在1953年。纳赛尔是第二任总统。——编者

③ 参阅本书第594页。

④ 参阅本书第728页。

⑤ 参阅本书第735—736页。

⑥ George Antonius, *Arab Awakening* (Philadelphia, 1939), pp. 372—376; Albert H. Hourani, *Syria and Lebanon* (Oxford, 1946), pp. 176—178.

教育的便利，树立现代政府的体制，以及使社会现代化等，这些都是能使托管地区得到好处的办法，但是，任何办法也都不能阻止高涨的不满浪潮。1925 年 7 月，德鲁兹山发生了造反事件，烽火很快就传遍了大马士革及其邻近的城镇。像这样的连锁反应，一直没有停止，到 1945 年，最后一批法军终于被迫从叙利亚领土撤退了。那是在黎巴嫩独立之后两年的事情，黎巴嫩与法国托管者始终保持友谊关系，后来获得解放，成立了共和国。

伊拉克在更早些的时候，就开始采取反对英国托管的行动了。1920 年在幼发拉底河下游各部族之间，以及在纳贾夫、卡尔巴拉等神圣城市里开始的造反活动[1]，导致英国以间接统治代替了直接统治。1921 年 8 月，侯赛因国王的次子费萨勒[2]被立为伊拉克立宪政体的国王。在 1920 年 3 月 8 日到 7 月
753 25 日期间，他曾占据过临时的叙利亚宝座。随后签订过几个条约，以 1927 年 12 月的条约为最重要。在这个条约里，英国承认伊拉克为独立国，并与伊拉克建立以二十五年为期的同盟关系。1930 年 6 月的条约明确写道：英国放弃托管的权利，承认伊拉克的完全主权[3]。这项成就的取得，应该归功于国王费萨勒一世的政治家才能，可是到了他的第二个继任者的时期，这个政权就不行了。1958 年发生了军事政变，费萨勒二世（1939—1958 年在位）和他的叔父（摄政王兼首相）一道被杀，一个社会主义共和国宣告成立。

一位埃及改革家

在这个时候，阿拉伯人提出了一种似是而非的议论，就是用右手抵抗欧洲的进攻，同时用左手接受和采用欧洲的观念和技术。从欧洲取得的各种新成就，都被利用来对欧洲人作战。从欧洲输入了无数的新观念，其中以民族主义和政治民主为最有力量，这是毫无疑义的。由于拥护民族主义，进而便要实现民族自决的原则，而这两者又导致了为摆脱外国统治而进行的斗争。西方的意识形态，强调世俗的和物质的价值，而且着重种族的畛域和地理的疆界，从西方传入的这种新的意识形态，同伊斯兰教最珍贵的各种传统是背

① Philip W. Ireland, *'Irāq: A Study in Political Development* (New York, 1938), pp. 266—276.

② 世系表：

希贾兹的侯赛因
- 外约旦的阿卜杜拉
- 1. 伊拉克的费萨勒一世（1933 年卒）
  - 2. 加齐（1939 年卒）
    - 3. 费萨勒二世（1935 年生，1939—1958 年在位）

③ Ireland, pp. 409—418；关于这个条约的阿拉伯文本，可以参阅 'Abd-al-Razzāq al-Ḥasani, *Ta'rikh al-'Irāq al-Siyāsi* (Baghdād, 1948), vol. ii, pp. 197—204。

道而驰的。还有，宗教上的普遍性的概念，政治上的神权政体和闭关自守的主权，也是与这种新的意识形态格格不入的。穆斯林们作为奋斗目标的理想，与其说是泛阿拉伯主义，不如说是泛伊斯兰主义。斗争是对外的，也是对内的。十九世纪晚期，埃及智力上的水土已变得适宜于新概念的生长了，这主要是由于开明的改革家穆罕默德·阿布笃（1849—1905 年）[1] 的著作和演说所造成的影响，他曾升任埃及的穆夫替（*mufti*）[2]，即最高的宗教职位。穆罕默德·阿布笃是哲马鲁丁·阿富汗尼（1839—1897 年）的大弟子，而阿富汗尼在着手推行伊斯兰教现代主义方面是第一个主要人物[3]。阿富汗尼出生于阿富汗，曾侨居印度、麦加、君士坦丁堡等地，后来迁居埃及，在那里与埃及的政治运动相提携，那个运动就是以阿拉比的起义而告结束的[4]。穆罕默德· 754
阿布笃以此次起义的共谋犯的罪名，被流放到叙利亚去。伊斯兰教的颓废情况，使他很担心。他非难毒害信仰的那些迷信和异端，在这方面，他追随了伊本·太伊米叶[5]。他所开的处方是：宗教在智力上和政治上的复兴，应同在一个最高首领下政治上的统一互相结合。这个人曾在爱资哈尔大学学习和任教，又同哲马鲁丁·阿富汗尼一道在巴黎发行过阿拉伯语刊物，他主张，伊斯兰教与科学基本上没有什么矛盾。他对于《古兰经》的某些正文，作了合理的注释，并且承认伊斯兰教的经院哲学是不够的[6]。哲马鲁丁鼓吹政治革命，穆罕默德·阿布笃却鼓吹宗教的觉醒，以引起宗教改革。自中世纪以来，伊斯兰教就被装在一个介壳里面，对于打破这个介壳，现代作家所做的贡献，任何人都比不上他们师徒

现代埃及的改革家穆罕默德·阿布笃

① 他的著作译本有《回教哲学》（商务印书馆 1934 年初版，1946 年三版）、《回教、基督教与学术文化》（上海回教书店 1936 年版）。——译者

② 穆夫替的职务，是对于伊斯兰教的教律提出解释，供法官作审判的依据。——译者

③ 关于伊斯兰教现代主义，可以参阅 H. A. R. Gibb，*Modern Trends in Islam*（Chicago，1945），pp. 39 以下。

④ 参阅本书第 750 页。关于阿富汗尼的详情，可以参阅 Charles C. Adams，*Islam and Modernism in Egypt*（London，1933），pp. 4 以下；Zaydān，Tarājim，vol. ii，pp. 54—60。

⑤ 参阅本书第 689 页。

⑥ 关于他的详情，可以参阅 Muḥammad Rashīd Riḍa，*Ta'rīkh al-Ustādh al-Imām al-Shaykh Muḥammad 'Abduh*，3 vols.（Cairo，回历 1324 年）；Adams，pp. 106—110。

二人。他们对于已经开始了的工作，谁都没有彻底完成，但是，他们的学生都是很有成绩的：如嘎西木·艾敏（1908 年卒），是首先猛烈攻击多妻、休
755 妻和戴面纱的①；穆罕默德·赖世德·里达（1935 年卒），出生于黎巴嫩北部的盖莱孟，1897 年到埃及，发行了穆罕默德·阿布笃的各种著作②，编写了他的传记，并且在《光塔》（*al-Manār*）月刊里继续了他的传统。在民主政治的基础上改造阿拉伯人社会，并且使伊斯兰教与现代世界相调和，这仍然是同时代的穆斯林所面临的最伟大的任务。

民族主义

谈论阿拉伯民族主义，首先要从一个广阔的基础出发，这就是，凡是讲阿拉伯话的人，都是一个民族。这个运动，开始是一个知识分子的运动，带头人大半是叙利亚的知识分子，特别是信奉基督教的黎巴嫩人，他们先在贝鲁特美国大学受教育，随后到埃及去工作③。十九世纪七十年代，运动初出现的时候，是恢复对于阿拉伯语古典文学和伊斯兰教历史研究的兴趣。对于穆斯林帝国过去的光荣和阿拉伯人辉煌灿烂的文化成就的有所意识，这暗示着一种未来的可能性。政治的觉醒，是随智力的觉醒而到来的。政治上的消极为政治上的积极所替代；几百年以来，变更就成为这一次迫切的要求了。这个运动到处煽动反抗西方帝国主义。

这个新生的泛阿拉伯运动，不久就碰到各式各样的地方性问题了。在埃及，主要的障碍是英国的占领。反对英国的统治，引起了埃及人的兴趣，埃及的民族主义，即时诞生，与阿拉伯民族主义分道扬镳，并且发展了地方性的特点。“埃及是埃及人的埃及”，变成了这个新秩序的口号。随着第一次世界大战后阿拉伯东方的更加分裂，阿拉伯民族主义遭到了进一步的分裂。叙利亚集中力量，反对法国托管者的征税。黎巴嫩，对法国托管者起初表示友好，在第二次世界大战中，也变得同样不满了。在巴勒斯坦，阿拉伯人反对英国托管政府及其附属物，即产生以色列的那种政治性的犹太复国主义，于是产生了地方性的民族感情。甚至连小小的外约旦，也发展了它作为一个国家的某些东西。它原来是英国人于 1921 年 2 月从南叙利亚分割出来，由艾米
756 尔阿卜杜拉统治的一个新国家。费萨勒在叙利亚的王位被取消，他的哥哥阿卜杜拉表示愤慨，所以英国人才创立这个小国，一来是抚慰他，二来也是把

---

① 他的著作 *Taḥrīr al-Mar'ah*（《妇女解放》），在回历 1316 年出版于开罗，由 O. Rescher 译成德文，1928 年出版于斯图加特。

② 他的主要著作是 *Tafsīr al-Qur'an al-Ḥakīm*（《智慧的古兰经注》），八册，在回历 1346 年出版于开罗。

③ Antonius，pp. 79—86.

他当做缓冲器，用以对付贝杜因人。这位艾米尔于 1946 年变成外约旦国王，1949 年变成哈希姆约旦王国（*al-Mamlakah al-Urdunīyah al-Hāshimīyah*）的首脑（应为 1950 年）。二十世纪二十年代产生的一种强烈的伊拉克民族主义，大体上是反抗英帝国主义的产物。

民族主义对外国帝国主义作斗争，民主主义则对本国封建主义作斗争。自由在国外有敌人，在国内也有敌人。在整个阿拉伯东方，封建主义连同政治上的混乱，向来是占优势的社会特征。封建制度的中心是族长，他们凭借继承和地产的积累而掌握权力。被任命的封臣，比世袭的封臣还要多些，这个特权阶级，在叙利亚和黎巴嫩叫做大封建主①，他们承包赋税，甚至有执行刑法的权力。这些封臣发财致富，他们的职位也变成了世袭的。由于这种背景情况，要建立一种民主政府并使它起到作用，的确不是一个容易的任务。寻找一种新的政治结构的工作，仍未结束。无论从政治方面、社会方面还是经济方面来说，整个阿拉伯东方都仍然处于过渡状态之中。

联合的趋势

如果说第一次世界大战把阿拉伯成分从奥斯曼帝国分割出来，使它们朝着完全国家或半国家的地位走去，那么，第二次世界大战，对于团结这些地区是有贡献的，尽管第二次世界大战与政治性的犹太复国主义是分不开的，不论在哪里，阿拉伯人都把这种民族主义看成是一种入侵的运动。1945 年 3 月在开罗签署的《阿拉伯国家联盟公约》，表达了共同的利害关系和高涨的休戚相关的心情。公约表示，在各会员国之间，一定要促进教育、贸易、交通等方面的合作关系。公约规定，任何会员国遭受侵略时进行协商，并且禁止用武力解决会员国之间的争端。联盟原来的会员国，包括埃及、叙利亚、黎巴嫩、伊拉克、外约旦（现在的约旦）、沙特阿拉伯以及也门，后来又加上新独立的摩洛哥、突尼斯、利比亚、苏丹、科威特和阿尔及利亚。1961 年，一 757
次不流血的军事政变，打断了把叙利亚和埃及联系起来并组成阿拉伯联合共和国的那条薄弱的、历时三年的链条。原来与联盟保持着松散关系的也门，不久就跟人学样，在 1962 年秋季搞了流行于近东的那些军事政变中的另一次政变，目的在于取消伊马木王国，而代之以具有社会主义倾向的共和国。这类军事政变在叙利亚发生得最多，在截至 1966 年 2 月的二十年间，共计就有十三次，有几次未获成功。这一地区的阿拉伯国家当中，黎巴嫩要算是最稳定的。

---

① 参阅本书第 746 页。

讲阿拉伯话的各国人民，是第三种一神教的创造者，是另外两种一神教的受益者，是与西方分享希腊－罗马文化传统的人民，是在整个中世纪时期高举开明火炬的人物，是对欧洲文艺复兴做出慷慨贡献的人们，他们在现代世界觉醒的、前进的各独立民族中间已经有了自己的位置。他们有着丰富的文化遗产，有着无比的石油资源，他们对于人类的物质和精神进步，一定会做出重大的贡献。

新版后记

我曾经应约在《北大的大师们》（中国经济出版社2005年版）一书中撰写介绍父亲的章节，在谈及父亲的译著《阿拉伯通史》时，在参考李振中教授《马坚传》（宁夏人民出版社2000年版）一书相关内容的基础上，我是这样写的：

> 20世纪50年代，国内有关阿拉伯历史的中文图书资料实属凤毛麟角，少得可怜。1957年，商务印书馆委托马坚先生翻译一部阿拉伯历史著作，具体翻译哪一本书，由他自己来定。先生经过比较，最后选定美籍黎巴嫩学者菲利浦·希提博士的英文专著《阿拉伯通史》。《阿拉伯通史》是他的主要著作之一，该书史料丰富，脉络清楚，文笔生动，而且摒弃了一般阿拉伯史书中常见的那种冗长烦琐的家族谱系考证。特别值得一提的是，希提在他的书中用了很大的篇幅介绍中世纪阿拉伯人在科学文化方面所取得的成就，以及它对西方科学文化发展的影响，这是其他阿拉伯史书所不及的。希提摆脱了西方史学界“欧洲中心论”的羁绊，肯定了阿拉伯人在历史上对西方文化发展所起到过的重大影响。该书还详细介绍了蒙古人西征的过程和影响，这对于研究中国历史有很好的参考价值。希提先后接受过阿拉伯文化和西方文化的教育，并且长期交替生活在这两种社会文化环境之中，对阿拉伯人和西方人在思想感情、思维方式和生活习惯等方面的差异十分熟悉。作者尊重事实，有科学态度，其思想观点、学术立论比较客观公允，由此可见，马坚先生选择这部阿拉伯历史专著的确是经过一番深思熟虑的。
>
> 希提的这部英文版《阿拉伯通史》，纵贯上下数千年，横跨阿拉伯万里江山，个中包含了阿拉伯人的多少盛衰兴亡事。如何用中文将其准确无误地翻译、表达出来，实属不易。马坚先生翻译这部长达75万字的鸿篇巨著，用精雕细刻来概括，一点也不过分。面对如此浩大的翻译工程，他一如既往，一丝不苟。哪怕是一个人名、一个地名也不轻易放过，都

一定要经过反复推敲后才确定中文译名。看一看先生留下来的那一本本不同语种的地名译名手册、人名译名手册，可以感受到作为一个学者的严谨作风。

为了帮助中国人解读错综复杂的阿拉伯兴衰变迁史，马坚先生在翻译过程中添加了很多按语和注释。考虑到从事专门研究人员的特殊需要，他又不厌其烦地做了大量中文索引，光是这部分就有120页之多，相当于全书八分之一的篇幅。

与马坚先生先前的众多译著相比，这部《阿拉伯通史》的中译本可谓命运多舛。虽然先生从1957年就着手翻译此书，但由于教学和辅导青年教师的工作繁忙，主持编写《阿汉词典》又耗费了大量时间和精力……这一切造成《阿拉伯通史》的翻译工作时断时续、进展缓慢，直到1965年才得以脱稿。译稿交给商务印书馆之时，已然是“文革”爆发的前夜，赶不及出版了。进入70年代后……商务印书馆的一位编辑很偶然地发现了被丢弃在办公室废纸堆里的《阿拉伯通史》全部译稿。这真是峰回路转，重见天日的译稿又有了希望。此时，马坚先生……还有机会看到希提的《阿拉伯通史》第10版英文原著。他依照这个最新的1970年版本，对译稿作了相应的修改。

……

好事多磨，那个年代形势多变，《阿拉伯通史》的出版步履维艰，又是几经波折，直至“文革”结束之后的1979年12月，这部中文版的《阿拉伯通史》才得以陈列在王府井新华书店的橱窗里，而此时马坚先生已经去世一年多了。

通过上面这些文字，读者可以了解到这个译本的来龙去脉。

希提还写有一本《阿拉伯简史》（*The Arabs：a Short History*），它其实就是这部《阿拉伯通史》的缩写本，该书英文原版于1943年问世。20世纪70年代，中国和众多西方大国先后建立了外交关系，甚至与美国的关系也出现了戏剧性突破。也许是出于对外交往的需要，高层发出指示，要加强对外国问题的了解和研究。于是开始有组织地大量翻译国外政治、历史等方面的著作、文章，然后将其中的大部分作为所谓的“内部读物”出版。父亲承担了希提的《阿拉伯简史》（1956年英文版）的翻译任务。中文译本由商务印书馆1973年1月出版，书中的扉页上赫然印有“马坚译”的字样。

细心的读者会发现，这部简史中译本的正文中有几处译者加括号作了进一步的说明，这是父亲依据《阿拉伯通史》1964年英文版的相关段落补充的内容。此外，父亲还加了很多“译者注”。凡此种种，处处可看出他认真、严谨的治学态度和学者风范。其后，父亲还承担了几十万字的阿拉伯文专著《阿拉伯半岛》一书的主要翻译任务。蹉跎岁月中又能发挥些许作用，这对于父亲来说，不啻一剂舒筋活络的良药。

20世纪80年代以来，国内学者编写的一些阿拉伯历史方面的专著（包括阿拉伯通史类和阿拉伯国别史著作）先后问世，在一定程度上填补了这方面的空白，这当然有助于推动国内阿拉伯历史的学术研究。但毋庸讳言，无论是在资料的广泛占有方面，还是在研究水准上，它们与希提的这部《阿拉伯通史》仍然有着明显差距，有的甚至有东拼西凑、“炒冷饭”之嫌。这其中既有学术功力上的问题，也有客观条件差（诸如图书资料、研究经费匮乏和缺少国际学术交流等）的因素，不过，很值得深思的是，这些年浮躁、好高骛远、急功近利等不良学术风气的滋生蔓延，不能不说也是一个重要的原因。这不只是我个人的看法，我接触过的不少学界同人对此亦有同感。

我以为，直至今天，“拿来主义”仍然是一条必不可少的路径，在经济发展上是如此，在学术研究上也是如此。你要想超越别人，首先你得了解、熟悉和掌握别人已有的东西。所以，我要特别感谢钟振奋女士，在图书出版业卷入市场经济大潮的今天，她能以积极的态度接过商务印书馆的接力棒，力挺《阿拉伯通史》的再版工作，的确表现出一种难能可贵的学术眼光。

这个“后记”原本应该由父亲来写，作为希提这部巨著的译者，饱尝个中甘苦的父亲一定会有很多话要讲。一个曾经为之投入大量心血的学者，却不能在有生之年看到自己辛勤劳动的成果，我真为父亲感到遗憾，感到痛苦，感到悲哀！

1978年春，视力微弱、步履蹒跚的父亲抱病出席了第五届全国人大一次会议，聆听了邓小平在全国教育大会上的重要讲话，参加了周扬复出后在中国社会科学院主持的一个学术座谈会。在自己生命最后的数十天里，父亲在中国社会科学院世界宗教研究所委派的一个助手的协助下，整理《古兰经》译稿，准备出版。我在1981年帮助母亲草拟《古兰经》中译本的“后记”时曾经写下这样一段话：“等到子实（父亲字子实——笔者注）1978年春天重新整理幸存的《古兰经》手稿时，他的身体已经相当衰弱了，只能躺在床上，对《古兰经》译稿作最后一次修改。就这样一直工作到他去世的前一天。令人万分痛惜的是，百花齐放的春天刚刚来临，国家正需要他充分发挥作用的时候，他没等到《古兰经》译本正式出版，就猝然离去了。”

希提和家父在同一年驾鹤西去，不同的是，其时希提已然92岁高龄，而父亲才72岁，二者相差二十年。

父亲翻译《阿拉伯通史》的工作，基本上是在北大燕东园25号完成的。从1952年到1976年，父亲在这里居住了24年。

阿拉伯人面对盛衰荣辱的历史沉浮，固然需要认真加以反思，而我们中国人在批评别人不能正视历史的同时，是不是也应实事求是地好好总结一下自己的历史教训呢（尤其是离我们并不遥远的那段历史）？大家都“以史为鉴”吧！

马志学

2007年9月9日于北大畅春园陋室

索引

下列的页码是指原书的页码。页码中的黑体字是指主要的参考地方。

Aaron，亚伦：亚伦的妹妹，125；443
'abā'，上衣，斗篷，24，229，334
Abāḍite，参阅 Ibāḍite
Abāqa，阿八哈，678
'Abayh，阿贝，736
'Abbād，son of qāḍi of Seville，阿巴德，538
'Abbād，banu-，贝努·阿巴德人，537，**538**
'Abbād，ibn-，al-Ṣāḥib，伊本·阿巴德，404
'Abbādid，阿巴德朝：版图，540；时代，550；首都，598
'Abbādids，阿巴德人，**538**，541，558，598
Abbār，ibn-al-，伊本·阿巴尔，566
'Abbās Ⅰ，阿拔斯一世，726 注，745
'Abbās Ⅱ，阿拔斯二世，726 注，750
'Abbās，banu-al-，阿拔斯族，405
'Abbās，abu-al-，'Abbāsid Caliph，阿拔斯王朝哈里发，艾卜勒·阿拔斯：**284—285**，288，332，在中国史籍中，344
'Abbās，al-，son of al-Ma'mūn，麦蒙的儿子阿拔斯，318
'Abbās，al-，uncle of Muḥammad，穆罕默德的叔父阿拔斯，111，184 注，189，282，283，284，289，291，297
'Abbās，abu-al-，'Abdullāh ibn-al-'Abbās，艾卜勒·阿拔斯·阿卜杜勒·伊本·阿拔斯，236
'Abbās，ibn-al-，'Ali，参阅 al-Majūsi
'Abbās，Shāh，沙阿拔斯，737
'Abbāsah，al-，sister of Hārūn，哈伦的妹妹阿巴赛，296
'Abbāsi，al-，title of al-Ya'qūbi，叶耳孤比的称号阿拔斯人，385 注
'Abbāsid，阿拔斯王朝的：时期，182，194，198 以下；政体，208，294，317，322，328；220，223，224，236，269，278，289，297，322，329，332，333，340，343 以下；部队，283；代理人，284；政府，286；势力，300；宗族，304；首都，305；时代，308；纪元，316；光荣，318；间谍，325；各省区，**330**；诗人，405；宫廷，406；诗歌，407；遗迹，417；艺术，419；宗教裁判所，435；王朝，467；阿齐兹的对手，620；雇佣军队，620；政府，625；埃及的行政管理，627；王室，677；变童制度，695
'Abbāsid-'Alid alliance，阿拔斯人 - 阿里派的联盟，289
'Abbāsid caliph，阿拔斯王朝哈里发，285，288，291，299，326，327，328，339，343，344，348，355，424，451，466，480，605，646
'Abbāsid caliphate，阿拔斯哈里发帝国：184，328，450，633；在埃及，489，705
'Abbāsid caliphs，阿拔斯王朝的哈里发们：184 注，290，407，473；在埃及，676
'Abbāsids，阿拔斯王朝：6，181，196，200，222，225，228，232，240，243，245，255，**282—290**，304，316，317，318，319，327，330，332，337，348，349，353，354，394，413，414，415，424，426，427，439，455，462，466，474，480，505，519，617，619，621
Abbreviatio Avicenne de animalibus，伊本·西那所注释的亚里士多德的《动物学》，588，611
'abd，黑奴，235 注
'Abd，ibn-al-，参阅 Tarafah
'Abd-Allāh，参阅 'Abdullāh
'Abd-al-'Azīz，son of Marwān Ⅰ，麦尔旺一世的儿子阿卜杜勒·阿齐兹，279，282
'Abd-al-'Azīz，sultan，素丹阿卜杜勒·阿齐兹，713 注
'Abd-al-'Azīz ibn-Mūsa ibn-Nuṣayr，阿卜杜勒·阿齐兹，496，503
'Abd-al-Ḥakam，ibn-，伊本·阿卜杜勒·哈克木，165，388
'Abd-al-Ḥamīd Ⅰ，阿卜杜勒·哈米德一世，713 注
'Abd-al-Ḥamid Ⅱ，阿卜杜勒·哈米德二世，186，713 注，738
'Abd-al-Ḥamīd al-Kātib，阿卜杜勒·哈米德书记，250
'Abd-al-Karīm，阿卜杜勒·凯里木，718
'Abd-al-Laṭīf，al-Baghdādi，巴格达人阿卜杜勒·莱兑弗，166，662，686
'Abd-al-Majīd Ⅰ，阿卜杜勒·麦吉德一世，713 注，727，735
'Abd-al-Majīd Ⅱ，阿卜杜勒·麦吉德二世，139，184
'Abd-al-Malik ibn-Marwān，Umayyad，阿卜杜勒·麦立克·伊本·麦尔旺：13，195，**205—7**，212，217，220，221，222，226，227，228，229，232，233，

238，243，252，253，264，265，267，278，279，282，322，354；邮政，322
ʻAbd-al-Malik al-Muẓaffar，参阅 Muẓaffar，al-
ʻAbd-Manāf，阿卜杜勒・麦那弗，111，184 注，189
ʻAbd-al-Mu'min ibn-ʻAli，阿卜杜勒・慕敏・伊本・阿里，546，548，549，577
ʻAbd-al-Mu'min al-Dimyāṭi，阿卜杜勒・慕敏・迪木雅帖，685
ʻAbd-al-Muṭṭalib，阿卜杜勒・穆台列卜，111，184 注，189，283，291
ʻAbd-al-Nāṣir，阿卜杜勒・奈绥尔，751
ʻAbd-al-Qādir，参阅 Jilāni，al-
ʻAbd-Rabbih，ibn-，伊本・阿卜德・赖比，**557—558**，559
ʻAbd-al-Raḥmān Ⅰ，Umayyad of Cordova，阿卜杜勒・赖哈曼一世，286，291，450，501，504，**505—509**，512，514 注，519，594
ʻAbd-al-Raḥmān Ⅱ，阿卜杜勒・赖哈曼二世，**513—516**，521 注，598
ʻAbd-al-Raḥmān Ⅲ，Umayyad of Cordova，阿卜杜勒・赖哈曼三世，469，481 注，508，509，514 注，**520—525**，526，**529—530**，531，533，534 注，543，557，563，565，595，619；他的秘书，564
ʻAbd-al-Raḥmān Ⅳ，阿卜杜勒・赖哈曼四世，534 注
ʻAbd-al-Raḥmān Ⅴ，阿卜杜勒・赖哈曼五世，534 注，535，558
ʻAbd-al-Raḥmān ibn-ʻAbdullāh al-Ghāfiqi，参阅 Ghāfiqi，al-
ʻAbd-al-Raḥmān ibn-al-Ashʻath，阿卜杜勒・赖哈曼，208—209
ʻAbd-al-Raḥmān ibn-ʻAwf，参阅 ʻAwf，ibn-
ʻAbd-al-Raḥmān al-Awsaṭ，参阅 ʻAbd-al-Raḥmān Ⅱ
ʻAbd-al-Raḥmān al-Dākhil，参阅 ʻAbd-al-Raḥmān Ⅰ
ʻAbd-al-Raḥmān ibn-Marwān al-Jillīqi，参阅 Jillīqi，al-
ʻAbd-al-Raḥmān ibn-Muʻāwiyah，参阅 Abd-al-Raḥmān Ⅰ
ʻAbd-al-Raḥmān ibn-Muljam，参阅 Muljam，ibn-
ʻAbd-al-Raḥmān Shanjūl，参阅 Shanjūl
ʻAbd-Shams，阿卜杜勒・舍木斯，111，184 注，189
ʻAbd-alʻUzza，阿卜杜勒・欧扎，99
ʻAbd-al-Wahhāb，ibn，伊本・阿卜杜勒・瓦哈卜，740—741
ʻAbd-al-Wāḥid al-Rashīd，Muwaḥḥid，阿卜杜勒・瓦希德・赖世德，587
ʻAbduh，Muḥammad，穆罕默德・阿布笃，751，**753—755**
ʻAbdullāh，Umayyad of Cordova，阿卜杜拉，514 注，**517**，519，520
ʻAbdullāh，brother of ʻUthmān，奥斯曼的乳弟阿卜杜拉，176
ʻAbdullāh，father of Muḥammad，穆罕默德的父亲阿卜杜拉，101，111，184 注，189，283，289，291
ʻAbdullāh，king，国王阿卜杜拉，752 注，756
ʻAbdullāh，son of al-ʻAbbās，阿拔斯的儿子阿卜杜拉，289
ʻAbdullāh，son of ʻAbd-al-Raḥmān Ⅱ，赖哈曼二世的儿子阿卜杜拉，516
ʻAbdullāh，son of ʻAli，阿里的儿子阿卜杜拉，285，290
ʻAbdullāh，son of al-Ḥasan，哈桑的儿子阿卜杜拉，291
ʻAbdullāh，son of Maymūn al-Qaddāḥ，梅蒙・盖达哈的儿子阿卜杜拉，**443—444**
ʻAbdullāh ibn-al-ʻAbdās，参阅 ʻAbbās，abu-al-
ʻAbdullāh ibn-ʻĀmir，阿卜杜拉・伊本・阿米尔，157
ʻAbdullāh ibn-ʻAmr ibn-al-ʻAs，阿慕尔・伊本・阿绥的儿子阿卜杜拉，354
ʻAbdullāh ibn-Maymūn，参阅 Maymūn，ibn-
ʻAbdullāh ibn-Qāsim，阿卜杜拉・伊本・嘎西木，530
ʻAbdullāh ibn-Saʻd ibn-abi-Sarḥ，参阅 Sarḥ，ibn-abi-
ʻAbdullāh ibn-ʻUmar ibn-al-Khaṭṭāb，阿卜杜拉・伊本・欧麦尔，236，394
ʻAbdullāh ibn-Wahb al-Rāsibi，参阅 Rāsibi，al-
ʻAbdullāh ibn-al-Zubayr，阿卜杜拉・伊本・左拜尔，**191—193**，207
ʻAbdūn，ibn-，伊本・阿卜敦，621
Abdus，参阅 Adydos，在达达尼尔海峡
ʻAbdūs，ibn-，伊本・阿卜都斯，560
Abencerrage，参阅 Sarrāj，banu-
Abi-kariba Asʻad，艾比・克里伯・艾斯耳德，60
ʻAbīd（ʻUbayd）ibn-Sharyah，阿比德・伊本・赛尔叶，227，244
ʻAblah，阿卜莱，96
ablaq，条纹石工装饰法，691
Ablaq，al-，艾卜莱格，107
Ablastha，艾卜拉斯塔；200 注
Aboukir，参阅 Abūqīr Bay
Abrahah，艾卜赖海：54，62，64；铭文，105
Abraham，亚伯拉罕（易卜拉欣）：后裔，61，62，92，100，125，161，264，443，亚伯拉罕的服从，129
Abs，阿卜斯人，90
Abulustayn，艾卜鲁斯太因，200
Abūqīr Bay，艾布基尔湾，722
Abūṣīr，艾卜绥尔，689 注，还可参阅 Būṣīr
Abydos，in Egypt，艾比杜斯，在埃及，33
Abydos，on the Dardanelles，艾比杜斯，在达达尼

尔海峡，204，212
Abyssinia，阿比西尼亚：19，48，57，60，62，66，100，106；向阿比尼西亚移民，114；迁往阿比西尼亚的移民，121
Abyssinian，阿比西尼亚的：100；语言，52；王国，56；商船，59；统治，60，65，66；国王，60；藩王，64；陆军，64；驻军，66；干涉，66；黑人，106；中心，107；雇佣军，117，259；宦官，456
Abyssinians，阿比西尼人，10，59，62，105；阿比西尼亚人的统治，64
académie Littéraire，文艺协会，745
Achaemenid dynasty，阿开民王朝，157 注
Achila，阿契拉，499
Achilles，阿基利，90
Acrab，蝎子，572
Acre，参阅 ʻAkka
Acropolis，the，阿克罗波列斯（雅典的卫城），550
ʻĀd，阿德，30，124
ʻĀd，ibn-，Luqmān，鲁格曼，54，124
adab，举止有礼，纯文学，335，400，402
Adam，阿丹，19，28，92，100，125，443；阿丹的创造，87，352
ʻAdan，阿登，61，62，697，710，740。参阅 Aden，亚丁
Adelard of Bath，巴斯人阿德拉，375，378，571，573，588，600，662
Aden，亚丁：711，740；殖民地，14，739，740；保护地，14，739，740。参阅 ʻAdan，阿登
Adham，ibn-，Ibrāhīm，易卜拉欣·伊本·艾德杭，434
adhān，艾赞（宣礼），118，259 注
Adhanah，阿达纳，200
Ādharbayjān，阿塞拜疆，154，176，225，330
ʻAdhrā'，阿德拉，150 注
Adhruḥ，艾兹鲁哈，119，181
ʻAdi，ibn-，Yaḥya，叶哈雅·伊本·阿迪，315
ʻĀdid，al-，Fāṭmid，阿迪德，623，645
ʻĀḍil，al-，Ⅰ，Ayyūbid，阿迪勒一世·赛福丁，651—653，655
ʻĀdil，al-，Ⅱ，Ayyūbid，阿迪勒二世，655
ʻĀdilīyah，al-，school，阿迪勒学校，653
ʻĀdites，阿德人，30
ʻAdnān，阿德南，32
ʻAdnāni，阿德南人，280
Adrianople，亚德里亚那堡，709
Adriatic，亚德里亚，483，604
ʻAḍud-al-Dawlah，Buwayhid，阿杜德·道莱，366 注，367，390，413，**471—472**
Adumu，艾杜木，38
Adwār al-Mansūb，al-，《成比例的旋律》，599
Adwiyah al-Mufradah，al-，《本草》，575
Aegean，爱琴海：海面，202；岛屿，460
Aegean Sea，爱琴海，451
Aelana，艾莱拿，58
Aelius Gallus，迦拉斯，21，**46—48**，51，56，68
Aeschylus，艾奇鲁斯，44
Afḍal，al-，Ayyūbid，艾弗德勒，652，655
ʻAffān，阿凡，189
ʻAffān，ibn-，参阅 ʻUthmān
Afghāni，al-Jamāl-al-Dīn，哲马鲁丁·阿富汗尼，751，**753**
Afghanistan，阿富汗，208，330，376，464，465，699
Aflaḥ，ibn-，Jābir，艾弗莱哈，571，572
Aflāṭūn，柏拉图，316。还可参阅 Plato
Africa，亚非利加：13，30，32，36，154，260，305，330，344，383，437，452，497，498，502，515，519，521，530，540，541，542，546，554，556，570，574，578，583，605，609，617，618，619，625，689；北非，22，136，175，214，215，224，398；非洲地理，387；东非，398
Africa Minor，小非洲，451
African，非洲的：海岸，34，62；统治，66；叛乱，502；沿海，521，532；事务，526；国王，545；征服者，545；尖塔的式样，594；西西里的非洲军队，603；西西里居民中的非洲人成分，606；法帖梅王朝的非土领土，618；法帖梅王朝的非洲省区，621，711；诺曼人所蹂躏的非洲大陆，622
Africans，非洲人，555
Afshīn，al-，艾福兴，339
Agade，参阅 Akkadu
Agapius of Manbij，曼比只人阿革比阿斯，202
Agar，阿甲，43
Agarenes，阿甲人，43
Agha Khān，阿哥汗，448
Aghāni，*al-*，《乐府诗集》，**92**，94，95，103，107，201，227，274，276，303，308，337，**404**，420，425，435，458，531，558
Aghlab，ibn-al-，Ibrāhīm，易卜拉欣·伊本·艾格莱卜，**451**
Aghlabid，艾格莱卜的：非洲统治者，519，617；国家，602；将军，604；王朝，605，617；欧柏杜拉·麦海迪的所在地，618；西西里的主权的结束，622
Aghlabids，艾格莱卜王朝，267，**451—452**，602，605，617，618
Aghmāṭ，艾格马特，541，546

Agur，son of Jakeh，雅基的儿子亚古珥，43
Ahab，艾海卜，37，286 注
Ahasuerus，亚哈绥鲁，125
Aḥīrām inscription，艾希拉木铭文，70
ahl al-ba'īr，驼民，22
Ahl al-Bayt，先知的家属，172，249
Ahl al-Dhimmah，盟约之民，顺民，170 注，**233**。还可参阅 Dhimmis
ahl al-kalām，演说家，辩证学家，370
ahl al-kitāb，信奉经典的人，122 注，143，170 注，233
ahl al-naṣṣ，合法主义派，179
ahl al-qalam，文墨人，295
Aḥmad Ⅰ，艾哈迈德一世，713 注
Aḥmad Ⅱ，艾哈迈德二世，713 注
Aḥmad Ⅲ，艾哈迈德三世，713 注
Aḥmad，title of the Prophet，艾哈迈德，111
Aḥmad ibn-al-Nāṣir，Mamlūk，艾哈迈德·伊本·纳绥尔，673
Aḥmadīyah，伯德威派，437
Aḥmar，banu-al-，艾哈麦尔人，549
Aḥmar，ibn-al-，伊本·艾哈麦尔（红人之子），参阅 Naṣr，ibn-，Muḥammad ibn-Yūsuf
Aḥnaf，al-，艾哈奈弗，250
Aḥqāf，al-，艾哈嘎夫沙漠（沙丘地区），15
Ahrūn，艾海伦，255
Aḥsā'，al-，哈萨，445
Aḥsan al-Taqāsīm，《全国各地区最好的分类》，386
Ahwāz，al-，艾海瓦兹（阿瓦士）：325，330，443，468，470；甘蔗，351
aḥzāb，*al-*，同盟军，117
'Ā'ishah，wife of the Prophet，阿以涉，先知的妻子，120，172，**179—180**，184 注，193，238，394
'Ā'ishah bint-Ṭalḥah，阿以涉，238
Aja'，艾扎峰，15
'Aja'ib al-Āthār fi al-Tarājim w-al-Akhbār，《传记和传闻的奇观》，743
Ajnādayn，艾扎那代因，150
Ajwibah'an al-As'ilah al-Siqilīyah al-，《对西西里人的答复》，587
Akhbār al-Ṭiwāl，*al-*，《长篇记述》，389
akhis，艾赫，479
akhlāq，道德，400，401
Akhlāq，*al-*，《品性书》，401
Akhṭal，al-，艾赫泰勒，196，220，246，**252**
Ākil al-Murār，阿克勒·木拉尔，85
'Akka，阿卡（阿克），193，453，622，635，640，**650—651**，654，655，**658**，665，669，679，681，721，732
Akkadian language，阿卡德语，52
Akkadians，阿卡底人，9，36
Akkadu，阿卡德，9
'Akkans，阿卡居民，650
akkār，农夫，20
Aksūm，阿克苏姆：57，66；国王，60
Aksūmite，艾克苏姆的：铭文，60；总督，62
'Alā'，abu-al-，参阅 Ma'arri，al-
'Ala'-al-Dīn'Ali，Mamlūk，阿拉义丁·阿里，673，677
'Alā'-al-Dīn Muḥammad，阿拉义丁·穆罕默德，482
'Ala'ibn-Mughīth，al-，阿拉义·伊本·穆基斯，507
Alamundarus，阿拉孟达洛斯，79。还可参阅 Mundhir，al-，Ⅲ and ibn-al-Ḥārith，al-
Alamūt，阿拉木图，**446—448**，486
A'laq al-Nafīsah*，*al-，《珍品集》，385
'Alawite，阿里派，340
'Alawites，阿里派，449
Albania，阿尔巴尼亚，449
Albanians，阿尔巴尼亚人，716，721
Albategnius，参阅 Battāni，al-
Albertus Magnus，大亚勒伯图，585
Alboacen，参阅 'Ali abu-al-Ḥasan
Albumasar，艾勒布麦塞尔，参阅 Ma'shar，abu-
Albuquerque，Alfonso d'，阿尔封索·阿布奎基，697
Alburz，阿勒布兹，446
Alcázar，卡扎尔（堡宫），595
Alcoran of Mahomet，《穆罕默德的古兰经》，126 注
aleph，艾利夫，71
Aleppine，阿勒颇的：404；代表国，480；印刷厂，747
Aleppo，阿勒颇，88，153，231，265 注，301，359，360，371，387，402，404，423，439，447，457，458，459，460，476，480，487，633，635，638，643，644，645，652，659，661，674，678，681，686，687，701，703，704，726，727，728
Alessandro de Paganini，亚力桑德洛，126 注
Alexander，亚历山大，46，49，58，68，124 注，142，153，159，161，663
Alexandretta，伊斯肯德伦，752
Alexandria，亚历山大港：59，76，**160—168**，174，255，262，309，314，343，363，513，529，531，548，569，580，602，618，620，653，661，681，705，721；主教区，161，356；条约，164；图书馆，166；营地，169；得自亚历山大港的收入，321；

战役，722
Alexandrian，亚历山大港：战役，68；图书馆，166
Alexandrian Museum，亚历山大港博物馆，310
Alexandrians，亚历山大港人，166
Alexius Comnenus，亚历修·科穆宁皇帝，636，637
Alf Laylah wa-Laylah，《一千零一夜》，**404**，690
Alfonsine tables，阿尔封索历表，570，600
Alfonso Ⅲ，of Leon，雷翁王阿尔封索三世，518
Alfonso Ⅵ，of Leon and Castile，阿尔封索六世，537，538，539，540，543，544
Alfonso Ⅶ，阿尔封索七世，540
Alfonso Ⅷ，阿尔封索八世，542，549
Alfonso Ⅹ，阿尔封索十世，559，570，571，600
Alfonso of Seville，塞维利亚的阿尔封索，676
Alfonso the Wise，参阅 Alfonso Ⅹ
Alfraganus，阿弗拉加诺斯，参阅 Farghāni，al-
Algaby，艾勒介比，605
Algarve，阿尔加维，518，528
Algeciras，阿耳赫西拉斯，**502**
Algedi，小山羊，572
Algeria，阿尔及利亚，6，213，247，316，361，437，541，548，710，**717**，718，756
Algiers，阿尔及尔，540，559，711
Alhambra，艾勒哈卜拉宫（红宫），529，**550**，553，554，595
Alhandega，阿尔杭得加，524
Alhazen，参阅 Haytham，ibn-al-
ʻAli，abu-，艾卜·阿里河，参阅 Qādīsha River
ʻAli abu-al-Ḥasan，Naṣrid，阿里·艾卜勒·哈桑，553
ʻAli al-Hādi，阿里·哈迪，442
ʻAli al-Qāli，abu-，参阅 Qāli，al-
ʻAli al-Riḍa，阿里·里达，439，441，442
ʻAli Bey，阿里贝，**720—721**，732
ʻAli ibn-abi-Ṭālib，阿里·伊本·艾比·塔列卜：111，139，140，175，177，178，**179—182**，184 注，189，190，194，222，237，241，**247—250**，255，282，283，289，290，291，394，399，401，409，437，439，440，442，443，448，449，471，472，481，513，521；穆罕默德的堂弟，113；阿里的配偶，120；阿里的妻子，139；追随者，177；之死，183；后裔，197；阿里清真寺，260
ʻAli ibn-Ḥammūd，参阅 Ḥammūd，ibn-
ʻAli ibn-ʻĪsa，阿里·伊本·伊萨，**469**
ʻAli，ibn-，ʻĪsa，伊萨·伊本·阿里，369
ʻAli，ibn-，Muḥammad，Zanj leader，阿里，伊本·穆罕默德，**467**
ʻAli，ibn-，Sind，辛德·伊本·阿里，375
ʻAli ibn-Yūnus，参阅 Yūnus，ibn-
ʻAli，Ikhshīdid，阿里，547 注
ʻAli-Ilāhis，阿里·伊拉希派，249 注，**449**
ʻAli，Murābiṭ，阿里，542，545 注，546，561
ʻAlid，阿里派的：事业，181，283；学说，**249**，318，467；叛乱，450；阴谋，676
ʻAlid，pro-，亲阿里派，289
ʻAlids，阿里派，189，**191**，207，243，282，**289—291**，502，680
Alilat，艾里拉特，99
Allah，真主；21，**100—101**，114，117，120，121，128，131，140，179，182，185，215，248，317，393，408，439，467，692，704；真主的客人，27；真主的女儿，**98**；真主的预言者（nabi of Allah），113；为真主服务，114；真主的民族，120；真主的言词，123，129，181；真主的独一，124；真主的援助，160；真主的名义，127，150，170；真主的意志，129，138；真主的宝剑，148；真主的条件，150；真主的一份，172 注；看见真主，173；真主的言语，176；真主的使者（rasūl），185；真主之家，192；真主的命令，396；真主的酬劳，650
Allāhu akbar，真主是最伟大的，163
Almagest，《天文大集》，311，**314—315**，373，375，588，612
Almaqah，艾勒麦盖，51，54，60
Almería，阿尔梅里亚港，521，528，578，592
Almohades，一神论者，546 注
Almoravides，参阅 Murābiṭs
Alp Arslān，Saljūq，艾勒卜·艾尔斯兰，410，**475—476**，633，635
Alp Arslān al-Akhras，艾勒卜·艾尔斯兰·艾赫赖斯，635 注
Alpetragius，参阅 Biṭrūji，al-
Alpharabius，参阅 Fārābi，al-
Alpine passes，阿尔卑斯山道，589
Alps，the，阿尔卑斯山，605，613
Alptigīn，艾勒卜特勤，**463—464**
Alpujarras，草原，554 注
ʻAlqami，ibn-al-，伊本·阿勒盖木，487
Altair，飞鸟，572
Alvaro，阿尔瓦罗，516
ʻām āl-fīl，象年，64
Amalek，亚玛力，52
Amāli，al，《讲演集》，531
Amalric of Jerusalem，耶路撒冷王阿马利克，624，645
Amanus，参阅 Lukkām，al-
ʻAmārah，silversmiths，珐琅银匠，**358**

Amat-ʻUzzay-an，艾麦得・欧宰彦，99
ʻAmawās，参阅 ʻAmwās
America，美洲，8，347，465，705，**711**，**736**
American，美国的：观念，**736**；官员，746；企业，747；传教士，**747**；教育机关，748
American College for Girls，美国女子大学，746，747—748
American University of Beirūt，贝鲁特美国大学，**747**，**755**
Āmid，阿米德，325
ʻAmid，ibn-al-，伊卜奴勒・阿米德，250
ʻāmil，省长（阿米勒），县长，224，**330**
āmils，收税官，462
Amīn，al-，ʻAbbāsid caliph，艾敏：297，303，304，317，318，332，337，**340—342**，406，409，414，417，419，425，461；艾敏的母亲，333
Amīn，al-，title of the Prophet，艾敏（忠实人），111
Āminah，阿米娜，111，189
amīr，艾米尔（长官）：诗人们的长官，93，163，173，224，317，328，330，451，464，471；朝觐的长官，721
Āmir，al-，Fāṭimid，阿米尔，623，646
amir ākhūr，御马长，692
Amir al-Juyūsh，总司令，622
ʻĀmir，ibn-abi-，Muḥammad，穆罕默德・伊本・艾卜・阿米尔，532
amīr al-mu'minīn：信士们的长官，178，185，523，546，548；见中国记载，344
amīr al-Muslimīn，穆斯林的长官，542，548
amīr al-Qatūlaqīn，天主教徒的司令官，542
amīr al-umarā'，总司令，大元帅，首相，319，**469—471**，609
amīr silāḥ，武侍卫，692
ʻĀmirid，阿米尔族的，532；独裁官，534
ʻĀmirids，阿米尔族，535
amīrs，艾米尔（省长），462
ʻAmm，阿木，60
ʻāmmah muṭlaqah，甲级法官，326
ʻAmmār，banu-，贝尼阿马尔部族，633
ʻAmmār，ibn-，伊本・阿马尔，539，560
ʻAmmār ibn-ʻAli al-Mawṣili，参阅 Mawṣili，al-
Ammianus Marcellinus，阿米阿努斯・马塞里努斯，44
ʻAmmūriyah，参阅 Amorium
Amorites，阿摩尔人，9，10，11
Amorium，阿摩利阿姆，301，310，**312**
ʻAmr ibn-ʻAdi ibn-Lakhm，阿慕尔，82
ʻAmr ibn-ʻĀmir，参阅 Muzayqiyā'
ʻAmr ibn-al-ʻĀṣ，阿慕尔・伊本・阿绥，118，142，148，**159—168**，181，182，189，196，208，232，260，261
ʻAmr ibn-Hind，阿慕尔・伊本・杏德，83
ʻAmr ibn-Ḥujr，阿慕尔・伊本・胡志尔，85
ʻAmr ibn-Kulthūm，阿慕尔・伊本・库勒苏木，83，93
ʻAmr ibn-Luḥayy，阿慕尔・伊本・鲁哈义，100
ʻAmrūs ibn-Yūsuf，阿木鲁斯・伊本・优素福，513
Āmu Darya，阿姆河，209 注，379 注，488
ʻAmūd al-Sawāri，桅杆，163 注
Amurru，西方国度，36，74
ʻAmwās，阿穆瓦斯，154，169
Anas ibn-Mālik，艾奈斯・伊本・马立克，**207**，236，394
Anas ibn-，Mālik，参阅 Mālik
Anatolia，安纳托利亚，449，478，697，714
Anaxagoras，安那萨哥拉斯，430
ʻAnazah，阿奈宰，406
Anbār，al-，安巴尔城，85，290，325，349
Anbāṭ，al-，奈伯特人，67
Ancyra，参阅 Ankara
Andalus，al-，安达卢斯，214，498，503，514，515，534，557，560。还可参阅 Andalusia
Andalusia，安达卢西亚，398，502，506，545，548，550，554，562，564，565，578，580，598，612。还可参阅 Andalus，al-
Andalusian，安达卢西亚的：21，260，281，361，404，661；教律上的主张，542；犹太文化，543；诗人，562；史学家，565；占星学家，570；音乐，598；人民音乐的来源，599
Andus，安杜斯，204 注
Anglo-Egyptian treaty，英埃条约，751
Anglo-French-Russian fleet，英法俄舰队，725
Āni，阿尼，475
Anjou，安朱，612
Ankara，安卡拉：76，85，310，312，701；大国民议会，184
Annales royales，《王室年鉴》，298
anṣāb，神石，102
Ansāb al-Ashrāf，《贵族谱系》，388
Anṣār，辅士，116，140，193
ʻAntar，参阅 ʻAntarah
ʻAntarah，安泰来，90，**96**，676，690
Antarctic，南极，3
Anṭarṭūs，安塔尔突斯，638，657，658
Anti-Lebanon，前黎巴嫩山，361
Anti-Taurus，前陶鲁斯山，199
Antichrist，反基督分子，433；居鲁士被认为是反基

督分子，165
Antigonus，安提哥那，68，70
Antioch，安提俄克，44，76，83，153，202，255，309，314，355，369，423，460，476，609，**638**，640，641，643，645，648，656，657，662，663，668
Antiochus，安太俄卡斯，161
Antipatris，安提帕特里斯城，参阅 Fuṭrus，abu-
Antony，安东尼，180
Anūsharwān，艾努舍尔旺，308，309
Anwāṭ，dhāt-，咱秃·安瓦特（挂物树），98
'*anwatan*，强制投降，171
Aphrodite，阿芙洛狄忒，79
Apocryphal Gospels，伪福音书，126
Apollonius of Perga，别迦的阿波罗尼阿斯，314
'Aqabah，al-，亚喀巴，14，37，41，58，119，640
aqālīm al-maghrib，西方省份，330 注
aqālīm al-mashriq，东方省份，330 注
'*aql*，宇宙精神，443
Aqmar，al-，Mosque，艾格麦尔清真寺，630
'*aqrab*，蝎子，572
Aqṣa，al-，Mosque，艾格萨清真寺，**265**，648，665。还可参阅 Masjid al-Aqṣa，al-
Aquinas，Thomas，托马斯·阿奎那，432，612
Aquitaine，阿揆坦，499
'Arab，阿拉伯，41
Arab，阿拉伯：马，21，22，42，82，209，210，212，213，215，219，222，226，229，237，289，323，328 以下，416，484，497，499，500，501，502 以下，602，676；性格，27；著作家，81，427，577；代表团，46；想象力，65；故事讲述者，65，74；国王，66；女王，76；历史，79，318；部族，79，568；殖民，82；酋长，84，473；世界，106，159，604，683，686；史学家，142，208，295；征服，142；入侵，144，195；帝国，145；雇佣军，152；酋长国，156；征服，166，453；征服者，170；货币制度，172 注；武器，173；文明，174，199，515，556；政府，195；国王，198；攻击，200，203；进军，200；船只，201；编年史，202；船队，202，605；舰队，203；铸币，206；阿拉伯词的意义，240；医药，254，364，578；艺术，260，661；社会，**280**，755；商人，305；传统，343；地理学家，349，350，387；天文表，375；动物学家，382；诗，405；在雅典殖民，451；诗歌，459；编年史家，469；历代哈里发，478；骑士，479；殖民者，502；口才，515；贵族阶级，525；海上霸权，529；货币，529；妇女，560；图书馆，564；地理学研究，570；天文学，570；天文学家，572；科学影响，573；思想，580；学术，589，607，613；西班牙的征服，597；歌曲，599；西班牙彩饰画中的音乐家，599；音乐，600；海盗，602；设在西西里的营地，603；西西里的阿拉伯酋长，604；瑞士地名的渊源，605；西西里的文化，606；农夫，607；好客，647；古迹，661；圣骨匣，668；哈里发帝国，671，702，705；科学，687；国土，691，710，716，728，748；国家，710，742，748，756；军队，715；世界，722；民族主义，755
Arab，non-，非阿拉伯的：170，172 注，217，332；哈里发帝国，184，671；统治者，197
Arab-Berber，阿拉伯 - 柏柏尔人的，214，501，718
Arab-Byzantine，阿拉伯 - 拜占廷：关系，199；边界，204
Arab chroniclers，阿拉伯编年史家，78，79，80，140，144，156，499，503，509
Arab Crescent，阿拉伯人的新月，719，751
Arab East，阿拉伯东方，158，631，728，755
Arab Moslems，阿拉伯穆斯林，196，203，218，243，444
Arab Museum，Cairo，开罗阿拉伯博物馆，70，264 注，423，631，681
Arab-Norman，阿拉伯 - 诺曼的：艺术，607；文化，607
Arab Orient，阿拉伯东方，307 注
Arab Spain，阿拉伯西班牙，509，567，580
'Arābi，Aḥmad，阿拉比，750，753
'Arabi ibn-，Muḥyi-al-Dīn，穆哈义丁·伊本 - 阿拉比，436，**585—588**
Arabia，阿拉比亚：3，**6—14**，**17—18**，**21**，23，33，34，36，37，42，43 以下，89，97，101，107，119，120，123，127，138，140，141，142，156，168，175，197，207，215，236，250，273，275，305，338，339，340，357 注，398，489，605，622，646，667，671，697；**738** 以下；阿拉比亚的女王，38；西南部阿拉比亚，39，105；阿拉比亚的国王，41；北部阿拉比亚，41；古代阿拉比亚，42；阿拉比亚的部族，48；矿产，48；环绕阿拉比亚的航行，49；沿海，50；西北部阿拉比亚，22，54；入侵，68，739；国王，68；异教的阿拉比亚，106；历史，120，193；国土，142；来自阿拉比亚的新兵，163；阿拉比亚的儿子们，173；东部阿拉比亚，224；在阿拉比亚的狩猎，228；邮政驿站，323
Arabia Deserta，荒凉的阿拉比亚，44
Arabia Felix，幸福的阿拉比亚，44
Arabia Petraea，岩石的阿拉比亚，44，68，74
Arabia Provincia，阿拉比亚省，74

Arabian，阿拉比亚的：8，24，25，28，30，32，44，90，154，183，228，231，232，233，240，301，327，328，332，333，334，370，402，544，680；半岛，10，13，143，710，737；诗人，17；绿洲，19，39；花卉，19；树木，20；纯种马，21；生活，22，141；骆驼，22；民族，32；人民，36，45；殖民者，56；血液，57，279；血统，59，65；部族，62，78，143，156；异教徒，64；英雄时代，90；诗人，94；历法，94；讽刺家，94；异教的，96；著作家，97；女神，100；性格，102；掌握，106；故事，124；武器，143，152；土地，155；沙漠，155 注；部队，159；扩张，159；港口，165；驻军，166；原始社会，167；征服者，169；军队，174；贡献，174；土壤，192；医生，254；建筑，**256—269**；艺术，259；音乐理论，275；社会生活，**280**；资历原则，282；贵族阶级，287；国王，293；民族主义，307

Arabian American Oil Company，阿美石油公司，17，741

Arabian Gulf，阿拉比亚湾，34

Arabian'Irāq，阿拉比亚人的伊拉克，330 注

Arabian Moslems，阿拉比亚穆斯林，143，169，218，231，232，283，287

Arabian，non-，Moslems，非阿拉比亚穆斯林，283

Arabian Nights，《天方夜谭》，7，300，333，337，340，**404—405**，425，591，663，676，690，691

Arabian，pan-，pilgrimage，全阿拉比亚朝拜，113

Arabian Sea，阿拉伯海，15

Arabianism，阿拉比亚民族主义，145，287

Arabianization of Islam，伊斯兰教的阿拉比亚化，118

Arabians，阿拉比亚人：4，6，8，10，12，25，26，28，30，32，37，**40—45**，48，49，58，59，61，64，70，76，78，80，84，88，90，93，97，143，145，153，163，164，169，173，174，228，231，236，240，250，259，271，283，307，310，316，332，391，485，496，509，544；异教的，66；阿拉比亚人的公共注册簿，95；城居的，102；安全，176；早期的国王，244；宗教，249；哲人，250；医生，254

Arabians，non-，非阿拉比亚人，169，240

Arabic，阿拉伯语：4，9，12，79，84，88，90，126，158，167，195，227，354，357，362，365，367，369，371，372，373，375 以下，400，427，463，498，663，667，668，687，689；诗人，19；传奇，60；民谣，60；传说，62，79，92，183；书法字体，70；人名地名，70；口语，70；古典的阿拉伯语，71；语言，78，174，253，**361**，390；诗歌，94，103，156，244，407；诗人，99，405；散文，127；正字法，131，219，227；口语，134；年代纪，141，198，252，505；史料，143，338，343，575；编年史，152 注，156，194，195 注，200；文化，209，559；语法，**241—243**，253，408；作诗法，242；历史编纂法，**243**，565；语言学，**243**，565；史学，244；传奇，251，300；歌唱家，251；音乐，**274**，**426—428**，数学科学，308；阿拉伯语世界，315，341，379，613；书籍，340，387，423，555，588，613；最古老的纸质手稿，347；炼金术，364；关于眼疾的论文，364，369，686；东方，368；道德哲学，401；诗歌，406，407；关于教育的语文，409；手稿，420，555，565，574，612；西班牙的诗歌，560，561，562；辞典编辑法，562；地理学，563，565；天文学，565；星体名称的渊源，572；翻译过来的术语，573，579；植物学资料，576；译本，577，585；医学，579；科学，589；西班牙语中的阿拉伯语术语，593；欧洲各大学的阿拉伯语研究，612；现代阿拉伯语，747；报纸，748；印刷厂，745，747

Arabic coinage，阿拉伯钱币，217，529，542

Arabic inscriptions，阿拉伯语铭文，70，271，591，607，669，692

Arabic language，阿拉伯语，13，22，30，40，70，122，199，203，214，217，**241**，246，250，252，255，275，294，306，307，310，311，312，313，316，403，429，512，543，551，557，559，571，572，583，585，590，598，601，607，611，612，647，695，715

Arabic literature，阿拉伯语文学，20，92，173，176，207，243，265，269，302，**402—405**，409，433，438，559，569，578，687

Arabic numerals，阿拉伯数字，**308—309**，**573—574**，607

Arabic-speaking，说阿拉伯语的：人民，4，6，9，43，127，199，557，592，757；国家，27；世界，93，96，436；犹太人，354；宗教，452

Arabic-writing philosophers，用阿拉伯语写作的哲学家，583，585

Arabic proto-，原始阿拉伯语：71；铭文，82，88

Arabic pseude-，inscriptions，伪阿拉伯语铭文，592

Arabicization，阿拉伯语化，516

Arabicized Christians，阿拉伯语化的基督教徒，516，543，558—559

Arabicized Copts，阿拉伯语化的科卜特人，625

Arabism，阿拉伯主义，172

Arabissus，阿拉比苏斯，200 注

Arabistān，阿拉比斯坦，157，730
Arabists，阿拉伯学家，52
Arabs，阿拉伯人：3，4，8，21，41，71，90，106 以下，210，212 以下，329，363 以下，402 以下，484，493，502 以下；不信神的阿拉伯人，84；语言，91；政治天才，181；作为商人，343；使用药物，364；地理学家，**385**；阿拉伯人的文献，404；作为教师，715
Arabs，non-，非阿拉伯人，332，381 注，394，402，410，484
ʻArabshāh，ibn-，伊本・阿拉伯沙，699，701
Araby，阿拉比亚，6
Aradus，阿尔瓦德（阿拉达斯），167
ʻArafah，阿赖法，133，134
ʻArafāt，mountain，阿赖法特山，133 注
Aragon，阿拉贡，496，518，521，543，549，551，556，599
Aral Sea，咸海，215
Aram，阿赖木，37
Aramaean，阿拉马人的：国王，37；血统，104；势力，106；中心，107；农民，155；史料，241
Aramaeans，阿拉马人，9，10，11，20，175，232
Aramaic，阿拉马语的：9，13，40，84，100，117 注；字，70；铭文，70，76；语言，78，246，353，357；361；观念，106；词，107；渊源，132；文明，174，306，309，310
Aramaic-speaking Jews，说阿拉马语的犹太人，104
Aramaicism，阿拉马语语汇，195
Arbela，艾尔比勒，687
Arbūnah，艾尔卜奈，499
Archidona，阿尔奇多那，494，506，518，520
Archimedes，阿基米德，314，376
Arctic，北极，3
Ardabīl，艾尔德比勒，330
Ardashīr，艾尔德什尔，82
Aretas Ⅲ，参阅 Ḥārīthah Ⅲ
Arghūn，阿鲁浑，687
Ariam，阿里乌斯派教徒，61，498
ʻāribah，道地的阿拉伯人，32
ʻarīf，阿里夫（什长），328
arīn，艾林（世界中心），384，**570—571**
ʻArīsh，al-，阿里什，670
Aristotelian，亚里士多德的：315，368，370，381，383；著作，427；宇宙体系，571，572；哲学家，581；伊本・麦蒙的哲学，585
Aristotelian，pseudo-，work，伪亚里士多德著作，663
Aristotelianism，亚里士多德的学说，316，371，584，585
Aristotle，亚里士多德，306，310，311，312，313，315，316，363，369，370，371，382，387，401，571，572，580，581，583，588，611，612，663
Aristotle，pseudo-，伪亚里士多德，610
Aristoxenus，阿利斯托克塞那，427
arithmāṭīqi，算术，311 注
Ark of the Covenant，约柜，136 注
arkān，五大纲领，130
Armenia，亚美尼亚：154，176，212，224，292，299，330，346，385，475，557，633，678，703；拜占廷的，157
Armenian，亚美尼亚的：雇佣军，152；君士坦丁堡的亚美尼亚人，186；332，671；穆斯坦绥尔的大臣，622；两位大臣的血统，630；西里西亚的亚美尼亚居民，637；安提俄克的出卖者，638
Armenians，亚美尼亚人，341，678，679，680，716
Armenoid type，亚美尼亚型，30
Arnaud，Th.S.，阿诺，51，55
Arnold，castle of，阿诺德要塞，648 注
Arnold，T.W.，阿诺德，420
ʻArqah，阿尔盖，638
ʻarrādah，弩炮，226
Arras，阿拉斯，668
Arsacid Parthian dynasty，安息王朝，81
Arsūf，艾尔苏夫，640，641，656
aruzz，al-，稻子，528 注
Arwād，阿尔瓦德，167，679
Arwād，isle of，阿尔瓦德岛，202
Aryans，雅利安人，158
Aryāṭ，艾尔雅兑，62
Arzachel，参阅 Zarqāli，al-
ʻĀṣ，abu-al-，艾卜勒・阿绥，189，193 注
ʻĀṣ，ibn-al-，参阅 ʻAmr
ʻaṣabīyah，宗派主义，27，280
Asad，tribe，艾塞德部族，141
Asad ibn-al-Furāt，参阅 Furāt，ibn-al-
Asʻad Kāmil，Tubbaʻ，图伯儿・艾斯尔德・卡米勒，61
ʻAsākir，ibn-，伊本・阿萨基尔，198，392
Aʻsam，al-，参阅 Ḥubaysh ibn-al-Ḥasan
asās，基础，443
asāwir，手镯，334
Asbitārīyah，圣约翰骑士团，644 注
Ascalon，阿什克伦，参阅 ʻAsqalān
aṣḥāb al-naṣṣ，合法主义者，140
Ashʻari，al-，abu-al-Ḥasan ʻAli，艾卜勒・哈桑・阿里・艾什里：410，432；他的体系，**430—431**

Ash'ari，al-，abu-Mūsa，艾卜·穆萨·艾什耳里，181，260，430
Ash'arīyah，艾什耳里派，431
Ash'ath，ibn-al-，参阅 'Abd-al-Raḥmān ibn-al-Ash'ath
Ash'ath ibn-Qays，al-，艾史阿斯，86
'Ashr Maqālāt，al-，《眼科十论》，364
Ashraf Jān-balāṭ，al-，Mamlūk，艾什赖弗·占伯拉特，694 注
Ashraf Khalīl，al-，艾什赖弗·赫列勒，658，672，673，675，**679**
Ashraf Mūsa，al-，Ayyūbid，艾什赖弗·穆萨，610，655
Ashraf Sha'ban，al-，Mamlūk，艾什赖弗·舍耳班，673，682
Ashtar，al-，参阅 Mālik al-Ashtar
'Ashtart，阿什台尔，61
'āshūrā'，初十日，133，191
Ashurbanipal，阿舒尔班尼博，39
'Āṣi，al-，阿绥河，参阅 Orontes River
Asia，亚洲：156，200，344，378，381，391，405，451，465，529，530，583；西亚，215；中亚西亚，215
Asia Minor，小亚细亚，20，33，75，76，199，205，224，299，300，386，437，459，475，476，478，479，575，633，635，636，637，701，702，733
Asians，亚洲人，48
Asiatic，亚洲的：33；建筑，419；国王，545；亚历修·科穆宁的领地，636；奥斯曼王国的一部分，702
'Āṣim，umm-，媪姆·阿绥木，503
'Asīr，阿西尔，18，19
'Askar Mukram，阿斯凯尔·穆克赖木，170 注
'Askari，al-，参阅 Ḥasan，al-，
Aslam，ibn-，Shujā'，舒佳尔·伊本·艾斯拉木，392 注
aslamā，他俩服从了，129
Asmā'，mother of ibn-al-Zubayr，左拜尔的母亲艾斯马，193
asmā' al-ḥusna，al-，美名，128
Aṣnām，al-，《偶像录》，96，388 注
'Asqalān，阿斯盖兰，635，639，641，**645**，653，665
Asrār，al-，《秘典》，366
Asrār al-Ḥikmah al-Mashriqīyah，《照明哲学的秘密》，587
Assassin，阿萨辛：阿萨辛运动，**446—448**；478
Assassins，阿萨辛派，373，**446—448**，449，485，486，633，646，657，675
Assemani，参阅 Sim'āni，al-
Assurbanipal，亚述巴尼帕（亚述末代国王）
Assyria，亚述，39，330，664 注
Assyrian，亚述的：征服者，21，665 注；征服，22；时期，**36**；帝国，**37**；国王，38；宗主权，38；年代纪，**39**，42；省区，39；控制，39；风格，40；记载，50，660；战役，67；建筑，260，262
Assyrians，亚述人：9，10，**38—39**，347，420；他们所知道的星球，415 注
Assyro-Babylonian，亚述-巴比伦语的：9，52；语言，13；记录，21，39；时代，174
Assyro-Babylonians，亚述-巴比伦人，175
Asturias，阿斯图里亚斯，496
asṭurlāb，星盘，311 注，375
Asṭurlābi，al-，'Ali ibn-'Īsa，阿里·伊本·伊萨·阿斯突尔拉比，375
Aswad，al-，prophet，艾斯瓦德，142
aswadān，al-，二黑（水源和枣椰），19
Aswān，参阅 Uswān
Asyūṭ，阿西尤特，688 注，746
'Aṭā'，ibn-，Wāṣil，瓦绥勒·伊本·阿塔，**245**
atābeg al-'askar，总司令，672
Atābeg dynasty，艾塔伯克王朝，480 注
atābegs，艾塔伯克（太傅），480 注
'Atāhiyah，abu-al-，艾卜·阿塔希叶，304，**406**
Āthār al-Bāqiyah，al-，《古代遗迹》，377
Athena，雅典娜，57
Athenian emblem，雅典的标志，57
Athenodorus，特拉之赐，76
Athens，雅典，451
athīr，以太，311 注
Athīr，ibn-al-，'Izz-al-Dīn，伊本·艾西尔，390，**391—392**，303，410，477，483，618，652，688
athl，柽柳，19
Athlīth，castle of，阿斯里斯要塞，658
'Athtar 阿斯台尔，51，61
'Ātikah，daughter of Mu'āwiyah，阿帖凯，228
'Ātikah，granddaughter of Mu'āwiyah，阿帖凯，229
Atlantic Ocean，大西洋，3，14，206，213，214，383，493，524，529，548，619，620，711
aṭlas，五色丝缎，668
Atlas，Moroccan，阿特拉斯山，546
Atsiz，艾特西兹，635
'Attāb，Umayyad prince，阿塔卜，345
'attābi，阿塔比，345
Attic，雅典的，217
Augustalis Theodorus，奥古斯塔里斯·西奥多拉斯，161
Augustinian scholastics，奥古斯丁派经院哲学家，

587
Augustus Cæsar，恺撒，46，164
Aurelian，奥里力安，76
Australia，澳大利亚，736
Austria，奥地利，479，717
Austrian，奥地利的：7；酋长，551
Avempace，参阅 Bājjah，ibn-
Aven Sīna，参阅 Sīna，ibn-
Avencebrol，阿维塞卜伦，参阅 Gabīrōl，ben-
Avenzoar，参阅 Zuhr，ibn-，abu-Marwān
Averroës，阿维罗伊，316。还可参阅 Rushd，ibn-
Averroism，阿维罗主义，583，588
Avicebron，参阅 Gabīrōl，ben-
Avicenna，阿维森纳，316。还可参阅 Sīna，ibn-
Avignon，阿维尼翁，501
'awāṣim，al-，关隘，200
'Awf，奥弗，101
'Awf，ibn-，'Abd-al-Raḥmān，阿卜杜勒·伊本·奥弗，178
'Awfi，al-，Muḥammad，穆罕默德·奥菲，669
'Awjā' River，奥查河，285
'Awjā'，ibn-abi-al-，伊本·艾比·奥查，394
Awlās，奥拉斯，200
Aws，changed first name of abu-Tammām，奥斯，407
Aws，tribe，奥斯部族，89，99，104，116
'awsaj，鼠李树，149
'Awwām，ibn-al-，伊本·阿瓦木，575
Awzā'i，al-，奥扎仪派，398，400
Axum，艾克苏木，57。还可参阅 Aksūm
Aybak，founder of Mamlūk dynasty，艾伊贝克，655，**672**，673，674
Aylah，艾伊莱：艾伊莱的基督教酋长，119；通过艾伊莱，148；647
'Ayn，al-，《词典》，242
'Ayn Jālūt，阿因·扎卢特，487，655，674，675
'Ayn Shams，阿因·舍木斯城，161
'Ayn al-Tamr，阿因·太木尔，149，213，269，388
Ayyām al-'Arad，阿拉比亚人的日子，26，87，**88**，89
Ayyūb，艾优卜，43
Ayyūb，father of Ṣalāḥ-al-Din，艾优卜，645，655
Ayyūb al-Anṣāri，abu-，艾卜·艾优卜·安撒里，201
Ayyūbid，艾优卜人的：素丹 135；素丹，610；时期，625；王朝，625；653，656，660，**661**，672，674，685，687，691；建筑学派，697；时代，701
Ayyūbids，艾优卜人，628，630，637，654，659，**661**，672，674
Azd，al-，艾兹德人，82 注，284，380 注
Azd-Muḍar feud，艾兹德 - 穆达尔的争执，283
Azdite party，艾兹德派，280
Azhar，al-，Mosque，爱资哈尔清真寺，127，335 注，530，567，**619**，628，630，743，754
Azhār al-Afkar，《关于宝石的思想之花》，383
'Azīz，al-，Ayyūbid，阿齐兹，584，652，655
'Aziz，al-，Fāṭimid，阿齐兹，**619—620**，623，625，627，628，629
'Azīz，al-，Yūsuf，Mamlūk，阿齐兹，694 注
'Aẓm，al-As'ad，艾斯尔德·阿兹木，731
'Aẓm，al-，Ismā'il，易司马仪·阿兹木，731
'Aẓms，阿兹木家族，**731—732**
Azraq，al-，艾兹赖格官，269
Azraqis，艾兹赖格派，208

bā'，（阿拉伯语字母之一），219
Baal Shamin，伯阿勒·舍民，78
Baalbek，参阅 Ba'labakk
bāb al-dhahab，金门宫，293，416
Bāb al-Futūḥ，弗突哈门，630
Bāb al-Mandab，曼德海峡，13，32，34，50
Bāb al-Naṣr，奈斯尔门，630
Bāb al-Saghīr，〔al-〕，巴布·萨希尔，198 注
Bāb al-Zāwiyah，宰威莱门，630
Bābak，参阅 Bābik
Bābalyūn，巴比伦，161。还可参阅埃及的 Babylon
Bābik，巴比克，323
Babylon，巴比伦城，28，37，39，81，241，293，305
Babylon，in Egypt，埃及的巴比伦堡，161—165
Babylonia，巴比伦，32，**36**，38，39，307，321，357
Babylonian，巴比伦的：女神，61；歌唱家，81；时代，156；350，357，358，417
Babylonians，巴比伦人：6，11，**38**，96，479；巴比伦人所知道的行星，415 注
Bacon，Roger，罗杰·培根，366，370，587，588，629，665
Badajoz，巴达霍斯，518，540
badal al-'askari，al-，豁免兵役税，320
Badawi，al-，Ahmad，艾哈迈德·伯德威，**437**
Badī'al-Zamān，参阅 Hamadhāni，al-
Bādiyah，al-，旷野（巴底叶），15，44，195，253
Bādiyahs，al-，巴底叶，195
Bādiyat，旷野：叙利亚旷野，15；伊拉克旷野，15
Badr，伯德尔：之战，104；**116—117**；胜利，132；之战，155，242；战场，183
Badr，craftsman，伯德尔，591

Badr，freedman，伯德尔，505，507
Badr al-Jamāli，伯德尔·哲马利，622，630
Baedeker，培得刻，605
Baghdād，巴格达：29，66，85，86，90，112，156 注，158，184，185，191，240，289，296，297，298，299，**301—306** 以下，401，405，406，407，408，411，412，414，415，416，417，424，425，426，432，434，436，437，438，440 以下，514，524，526，529，530，531，534，542，557，570，578，580，583，592，598，599，610，617，618，620，622，626，627，633，641 注，644，672，676，677，691，699，705，713，737，749；咖啡馆，65；文化发展，245；建立，292—293；邮政总部，323；穿过巴格达的道路，323，325；第一所造纸厂，347；运河交叉点，349；哈里发帝国，357；医院，365，366；在旭烈兀统治下，488；在伊儿汗统治下，488；省长，737；驻防军，738；帕夏们，738；各学校，738
Baghdādi，al-，al-Khaṭīb，参阅 Khaṭīb，al-
Baghdādis，巴格达人，318
Bahā'-al-Dawlah，Buwayhid，伯哈义·道莱，**472—473**
Bahā'-al-Din ibn-Shaddād，白哈艾丁·伊本·舍达德，411，652
Baḥdal，banu-，白海达勒族，195
Bāhili，al-，巴希里，578
Baḥīra，贝希拉，111
Baḥr al-Khazar，里海，292
baḥr al-ẓulumāt，黑暗的海洋，529
Bahrain Petroleum Company，巴林石油公司，740
Bahrām Gōr，伯海拉木，82，83
Baḥrayn，al-，巴林：37，141，157，173，224，237，330，739，740；珍珠，348
Baḥri Mamlūks，伯海里系麦木鲁克人，**672—674**，677，678，682，694
bā'idah，绝种的阿拉伯人，30
Bājjah，ibn-，伊本·巴哲，576，**581**，599，600
Bakhtīshū'，ibn-，Jibrīl，吉卜列里·伊本·伯赫帖舒，363，364
Bakhtīshū'ibn-Jūrjis，ibn-Bakhtīshū'，伯赫帖舒·伊本·朱尔吉斯·伊本·伯赫帖舒，**309**
Bakr，tribe，伯克尔部族，233
Bakr，伯克尔：伯克尔族妇女，89；伯克尔族方面，89
Bakr，banu-，伯克尔族，26，89
Bakr ibn-al-Nāṣir，abu-，Mamlūk，艾卜伯克，673
Bakr al-Ṣiddīq，abu-，艾卜·伯克尔：113，120，123，139，**140—145**，148，175，177，178，183，184 注，193，238，394；哈里发帝国，140
Bakr ibn-Wā'il，subtribe of，伯克尔·伊本·瓦伊勒部族的支族，148
Bakri，al-，geographer，白克里，**568—569**
Baktāshi order，白克塔什派，203，**437**，449
Baktra，参阅 Balkh
Baku，巴库，292
Ba'l，不用雨水灌溉；伯耳勒，20，97
Balaam，巴兰，94
Ba'labakk，巴勒贝克，150，221，315，643，645，659，678，701，729
Balādhuri，al-，白拉左里，17，144，150，153，173，194，199，209，217，**388**，402，411 注
Bal'ami，伯勒阿米，463
Balansi，al-，巴伦西，570
Balarm，白莱尔木，参阅 Palermo
balāṭ al-shuhadā'，殉道者的铺道，501
Balbīs，比勒贝斯，161
Baldwin Ⅰ，包德温一世，637，639，**640—641**，665
Baldwin Ⅱ，包德温二世，640
Baldwin Ⅲ，包德温三世，645
Balearic Isles，巴利阿里群岛，548，618
Balj ibn-Bishr，参阅 Qushayri，al-
Balkh，巴里黑，209，294，330，378，434，462，465，474，482，483
Balkhi，al-，abu-Zayd，艾卜·宰德·巴勒希，**385**
Balqā'，al-，巴勒卡，78，147，269 注
Baluchistan，俾路支，157，210，330
bannā'，al-，建筑者，597 注
Bāqir，al-，参阅 Muḥammad
bāqiyah，现存的阿拉伯人，30
Barada River，巴拉达河，231
Barakah，Mamlūk，白赖凯，673，677
Barāqish，伯拉基什，54
Barbar，柏柏尔人，214 注
Barbary，柏柏尔人地区，21，213 注；沿海，521；各省区，**711**；各国家，**712**
Barbate River，巴尔柏特河，494
Barcelona，巴塞罗那，507，527
Bardawīl，伯尔德威勒，670
Barhebraeus，参阅 'Ibri，ibn-al-
Bari，巴里，604，605
barīd，al-，邮政局，195，322 注，323
Barkiyāruq，Saljuq，巴尔基雅鲁格，480
Barlaam，白尔拉木，246
barmak，伯尔麦克（佛教大和尚），294
Barmak，ibn-，Khālid，哈立德·伊本·伯尔麦克，**294**，295，296

Barmak, ibn-, Yaḥya, 叶哈雅・伊本・伯尔麦克, **295—296**, 315, 323, 348, 687
Barmaki, al-, Ja'far, 哲耳法尔, 304
Barmakid, 伯尔麦克人的, 295, 323, 414
Barmakids, 伯尔麦克家族, **294—296**, 304, 319, 364, 417
Barqah, 伯尔克, 168, 170 注
barqūq al-, 杏子, 528 注
Barqūq, Mamlūk, 贝尔孤格, 567, 664, 677, 682, 685, 687, 688, 691, 692, 694, 695, 701
Barsbāy, Mamlūk, 白尔斯贝, 694, 695, **697—699**, 702
Baruch, 《巴录书》, 43
Barz al-Qummi, ibn-, Muḥammad, 穆罕默德・伊本・白尔兹, 318
barzakh, 间隔, 106 注
Basāsīri, al-, 白萨西里, **474—475**, 622
Basel, 巴塞尔, 577
Basharāt, al-, 贝沙拉特, 554
bāshiq, 鹞, 340
Bashīr al-Shihābi Ⅱ, 伯什尔・什哈比二世, 731, 733 以下, 735, 736
Bashkuwāl, ibn-, 伊本・白什库瓦勒, 566
Bashshār ibn-Burd, 白沙尔・伊本・布尔德, 405, 406
Basil Ⅰ, Byzantine, 巴齐尔一世, 605
Basil Ⅱ, Byzantine, 巴齐尔二世, 460
Basques, 巴斯克人, 507, 521, 531
Baṣrah, al-, 巴士拉: 123, 157, 158, 165, 170, 179, 194, 196, 197, 208, 209, 224, 226, **241—242**, 245, 254, 255, 260, 280, 290, 292, 325, 330, 343, 344, 345, 350, 358, 361, 372, 395, 403, 413, 430, 439, 444, 445, 468, 622, 628, 737, 749; 长官, 177; 大都会, 355; 文学家, 402
Baṣrah Mosque, 巴士拉清真寺, 262
Baṣrans, 巴士拉人, 208
Baṣri, al-, al-Ḥasan, 哈桑・巴士里, **242**, 245, 249
Baṣrite scholars, 巴士拉的学者, **242**
Baṣrites, 巴士拉学派, 243
Bassora, 巴士拉, 241 注。还可参阅 Baṣrah, al-
Basūs, al-, 白苏斯, 89
Basūs War, 白苏斯战争, 26, **92—93**
Bath-Zabbay, 巴斯・萨贝, 76
bāṭin, 巴颓尼(内在的), 443
bāṭini, 秘教徒, 586
Bāṭini sect, 内学派, **444**
Bāṭinite, 内学派的, 431, 446
Bāṭinites, 内学派, 443
Baṭn al-Sirr, 白特尼・西尔, 149
Baṭrīq, ibn-al-, abn-Yaḥya, 叶哈雅・伊本・伯特里格, 311
Batrūn, al-, 贝特伦, 657
Baṭṭāl, al-, 'Abdullāh, 阿卜杜拉・白塔勒, 203
Battāni, al-, astronomer, 白塔尼, 天文学家, 314, 358, **376**, 571, 572
Baṭṭūṭah, ibn-, 伊本・白图泰 104, 177 注, 338, 411, 479, 483, **569**
Bavvān, gap of, 包旺山峡, 350
Bawwāb, ibn-al-, 伊本・伯瓦卜, 424
Bay of Biscay, 比斯开湾, 215
bay'ah, 誓言(拜伊耳), 140, 184, 185
Bayāsi, al-, abu-Zakarīyā'Yaḥya, 艾卜・宰凯里雅・白雅西, 427
Bāyazīd Ⅰ, 巴叶济德一世, 677, 701, 702, 709 注
Bāyazīd Ⅱ, 巴叶济德二世, 702, 712 注
Bāyazīd al-Bisṭāmi, 巴叶济德・比斯塔米, 435
Baybars Ⅱ, Mamlūk, 拜伯尔斯, 622, 673, 682
Baybars al-Bunduqdāri, al-Malik al-Ẓāhir, 拜伯尔斯・扎什奈基尔, 135, 448, 487, 489, 652, **655—656**, 657, 658, 664, 673, **674—677**, 690, 695
Baybars al-Jashnakīr, 参阅 Baybars Ⅱ
Bayḍā', al-, 白货(白银), 156
Bayreuth, 拜罗伊特, 667
Bayrūni, al-, 比鲁尼, 376 注。还可参阅 Bīrūni, al-
Baysān, 贝桑, 640, 648 注
bayt, 房屋, 诗节, 612
Bayt al-Ḥikmah, 智慧馆, 310, 373, 410
Bayt Jibrīn, 拜特・吉卜林, 150 注
bayt al-māl, 国库, 319, 627
Bayt al-Maqdis, 耶路撒冷, 386
bayṭār, 兽医, 685
Bayṭār, ibn-al-, 伊本・贝塔尔, **575—576**, 581, 686
bāz, 鹰, 340
Becker, 白克尔, 144
Becket, Thomas, 贝克特, 652 注
Bedouin, 贝杜因人的: 饭单, 19; 20, 22, **23—28**, 80, 88, 92, 98, 134, 176, 195, 220, 229, 254, 269 注, 406, 539; 袭击, 21, 57; 社会, 25, 26; 酋长, 33, 155; 族长, 79; 部族, 88, 738; 战争, 89; 生活, 89, 253; 好客, 95; 英雄主义, 96; 宗教, 96, 97; 秤星教, 97; 雇佣军, 117; 妇女, 134 注; 成群的, 144; 盟友, 155; 酋长, 175; 时代, 685; 分遣队 704
Bedouins, 贝杜因人, 15, **22—23**, 29, 39, 41, 42, 43, 44, 83, 87, 95, 102, 119, 144, 148, 156,

195，327，458，696，737，738
Beirūt，贝鲁特：咖啡馆，65；265 注，400，424，640，641，653，657，**658**，665；贝鲁特省，729；印刷厂，747
Bel，拜勒，76
Belfort，培尔福，648 注
Belshazzar，伯沙撒，39
Belvoir，参阅 Kawkab
Bengal，孟加拉人，570
Bengalese，origin of sugar-cane，甘蔗起源地孟加拉，351
Bengali，孟加拉，126
Bengesla，参阅 Jazlah，ibn-
Benjamin of Tudela，图德拉的卞雅悯，357，668
Berber，柏柏尔人的：4，213，214，275，291，502，512，514，517，518，537，540，542，548，549，561，689，711；部族，168；各部族，452，568；军人，469；在西班牙的叛乱，507；王朝，537，546；反叛，595；海盗船，602；西西里的部队，605；法帖梅人的卫队，620；大队，622；血统，717
Berbers，柏柏尔人，136，144，159，**168**，213，214，219，233，240，341，356，360，361，451，485，**493**，502，507，508，509，534，545，566，568，595，617，675，711，716
Berlin，柏林，269
beth，拜伊特，71
Bethel，伯特利（神殿），26
Bethlehem，伯利恒，640，670
Bīʽah，教会，107 注
Bible，圣经：125，233，501，747；阿拉伯语译本，354：阿拉伯语校订本，516，543
Bibliotheca Orientalis，《东方丛书》，**743**
bidʻah，新花样，438，740
Bidpai，fables of，比得巴寓言，308
bila kayf，无方式，431
Bilād al-Rūm，鲁木国，199
Bilāl，比拉勒，106，259
Bilbays，比勒贝斯，32，161
Bilbīs，比勒贝斯，161。还可参阅 Bilbays
Bilqīs，毕勒基斯，42
bīmāristān，比马利斯坦医院，365，454
Bīmāristān al-ʻAḍudi，al-，阿杜德医院，**472**
Biqāʻ，al-，比喀耳，11 注，729，730
Bīr al-Kāhinah，女巫泉，213
birdhawn，驮马，322 注
Bīrūn，比隆，376 注
Bīrūni，al-，mathematician，艾卜·赖哈尼·穆罕默德·比鲁尼，**376—377**，383，402，465，589
Biskra，比斯克拉，213
Bismarck，俾斯麦，509
Biṭrūji，al-，比特鲁吉，387，**572**，581，588
Black Sea，trade，黑海贸易，344
Black Stone，玄石，26，**100**，118，192，445，626
Blunt，Anne，布朗特夫人，7
Blunt，Wilfrid S.，布伦特，15
Boabdil，参阅 Muḥammad Ⅺ
Boccaccio，薄伽丘，663
Bohemond Ⅰ，普希蒙德一世，636，638，640
Bohemond Ⅲ，普希蒙德三世，645
Bologna，波洛尼亚，118
Bombay，孟买，448
Book，the，天经，127，144
Book of Allah，天经，397
Bordeaux，波尔多，500
Bosnians，波斯尼亚人，732
Bosporus，博斯普鲁斯，200，202，212，299，463，705，710，715
Bostra，参阅 Buṣra
Boulogne，布洛涅，637
Brethren of Sincerity，精诚同志社：书信，401；427。还可参阅 Ikhwān al-Ṣafāʼ
Bridge，Battle of the，桥头之战，155
British，英国的：军官，6；帝国，206，722；军队，675，737，749；海军作战，712；利益，734；船只，734；势力，739；政府，740；领事，746；传教士，747；占领埃及，750；军队，751；托管，751，755；统治，755；帝国主义，756
British India，英属印度，249 注
British Isles，不列颠群岛，588
British Museum，不列颠博物馆，347，369，423
Brusa，布鲁撒，701，709
Buʻāth，布阿斯战争，89
Budapest，布达佩斯，489，712
Būdāsaf，普达赛夫，246
Budd，如来佛，210
Budd，al-，如来佛，246
Buddha，如来佛，210，212，246，292，405，434
Buddhism，佛教，145，420，433
Buddhist，佛教的：209，260；寺院，294；和尚，435
Buddhistic view of life，佛教人生观，435
Bughyat al-Multamis，《安达卢西亚学者志》，566
Buḥayrah，al-，湖，494 注
Buḥturi，al-，布哈突里，407
Bukhāra，布哈拉：194，209，330，334，346，350，

367，452，462，463，474，482，483；通过布哈拉的大路，323
Bukhāri，al-，Muḥammad ibn-Ismā'īl，布哈拉人穆罕默德·伊本·易司马仪·布哈里，131，**395**，412
Būlāq，布拉格，619，745
Buldān，al-，of ibn-al-Faqīh，《地志》，385
Buldān，al-，of al-Ya'qūbi，《地方志》，385
Bulgars，保加尔人，203，212，384，569
Bulghār，保加尔城，570
bunduq，榛子，653 注
Bunduqīyah，彭基叶（阿拉伯人对威尼斯的称呼），653 注
būq，号角，276，601
Būrān，布兰，302，333
Burāq，al-，卜拉格，**114**，114 注，352，420
Buraydah，布赖达，18
Burckhardt，布克哈特，7，102
burdah，卜尔德（先知的斗篷），186
Burdah，al-，《先知的斗篷》，690
Burgundiam princedoms，勃艮第公爵的公国，643
burhān，证据，106
Būrid dynasty，布尔王朝，641 注
burj，碉楼，672
Burji，布尔吉系（麦木鲁克人）：**672—674**，677；王朝，682；时期，691；素丹，694；时代，699
Burjis，布尔吉系，**672—674**，677，692，694，697
Bursa，参阅 Brusa
Burton，Richard F.，伯顿，7，119，405
Būṣīr，卜绥尔，285。还可参阅 Abūṣīr
Būṣīr al-Malag，参阅 Būṣīr
Buṣīri，al-，Sharaf-al-Dīn Muḥammad，舍赖弗丁·穆罕默德·蒲绥尔，689
Busiris，参阅 Būṣīr
Busr ibn-abi-Arṭāh，布斯尔，200
Buṣra，布斯拉，78，147，149，150
Bustān，al-，布斯坦，200 注
Bustāni，al-Buṭrus，布斯塔尼，748
Buthaynah，卜赛奈，251
Buṭlān，ibn-，伊本·卜特兰，369
Buwayb，al-，布韦卜，155
Buwayh，ibn-，Aḥmad，艾哈麦德·伊本·布韦希，**470—471**
Buwayhid，布韦希：250 注，329，366 注，367，376，390，404，410，413，417，**471—473**；政权，466；首都，471；王室，474；权力，475
Buwayhids，布韦希王朝，319，333，355，464，465，**471—473**
buyūt al-qiyān，妓院，237
Būzjān，布兹占，315 注
Būzjāni al-Ḥāsib，al-，参阅 Wafā'，abu-al-
Byblos，卑布罗斯，70。还可参阅 Jubayl
Byngesla，参阅 Jazlah，ibn-
Byzantine，拜占廷的：皇帝，62，426，524，577，604，678；帝国，78，662，702；利益，79；领土，80，619；方面，80；建筑者，82；大城市，107；编年史家，112；威势，142；首都，147；部队，147，152；军队，149，161，164；驻军，150；各省区，154，168；海军，160，164，167，602；行政机构，166；海军基地，167；统治，170；省政府，171；军器，173；船坞，193；时期，195；领地，199；船只，201；部队，201，212，213，217，224，226，229，237，269，275，294，298，299，300，306，310，329，330，400，460；出使觐见皇帝，243；艺术，246；船只，256；起源，264，691；画家，420；省区，475；城，476；特使，531；僧侣，577；工匠，595；西西里的长官，602；对西西里的干涉，606；开罗大门的方案，630；史料，685
Byzantine Sicily，拜占廷的西西里，451，602
Byzantine-Syrian art，拜占廷 - 叙利亚艺术，419
Byzantines，拜占廷人：80，83，84，142，143，148，152，166，167，193，**201—203**，213，214，226，291，**229**，329，355，427，457，460，493，513，633，715；宗教，84
Byzantinius Saracenatus，东方的拜占廷（金币），669
Byzantium，拜占廷：62，66，76，80，106，201，298，299，301，362，458，459，460，479，599，705，710；在亚洲的近郊，201

Cadiz，加的斯城，540，613
Cæsaraugusta，参阅 Saragossa
Cæsarea，恺撒里亚：148，**153**，640，641，**665—666**，667；阿拉人的恺撒里亚，163 注
Cæsarea Augusta，参阅 Saragossa
Cæsarion，恺撒庙，163
Caetani，凯塔尼，144
Cairene，开罗的，654
Cairo，开罗：7，90，139，161，165，184，185，264 注，311，335 注，341，343，383，388，398，405，414，424，453，471，474，475，489，530，532，566，567，575，578，584，599，620，622，**624—626**，630，631，652，654，656，661，665，671，675，677，678，681，685，686，688，689，690，692，699，701，704，705，715；咖啡馆，65；第一座医院，365；建立，619；商店，720
Calabria，卡拉布里亚，604，605，619

Calatayud，卡拉塔尤德，592
Calicut，卡利卡特，697
Caliphal Palace，哈里发宫，295
Callinicus，卡林尼卡斯，202
Cambyses，冈比西斯，39，161
Canaanites，迦南人，9，11，40
Canaries，加那利群岛，384
Canon，参阅 Qānūn，al-
Cantar de mio Cid，《我的首领颂》，545
Cantigas de Santa María，《圣马利亚赞美诗集》，600
Canton，广州，344
Cape of Good Hope，好望角，33，696，705，**727—728**，750
Cape Town，开普敦，131
Cappadocia，卡巴多西亚，212
Capuchin，加普新会，729
Carchemish，卡柴密石，37
Carisbrooke vicar of，卡里斯布鲁克教区的牧师，126 注
Carmathians，盖尔麦兑派，158
Carmona，卡莫纳，496
Carrhae，参阅 Ḥarrān
Carthage，迦太基，168，213，214，451，452，493，525，579，595
Carthaginian civilization，迦太基文明，551
Caspian Sea，里海：20，292，344，390，470；海岸，446
Castile，kingdom of，卡斯提尔王国，521，533，537，539，540，542，549，551，556，559，599，600，678
Castilian，卡斯提尔的：540，544，550，553，554；人民诗句，562；学生，563；宫廷，567；土语，589
Castilians，卡斯提尔人，534，549，555
Catabanei，盖特班人，44
Catalan，加泰罗尼亚人，663
Catalonia，加泰罗尼亚，533
Categories，《范畴篇》，313
Cathedral of Gerona，吉罗内城大教堂，591
Cathedral of St.John，圣约翰大教堂，221，261，262
Cathedral of St.Paul，圣保罗大教堂，604
Cathedral of St.Peter，圣彼得大教堂，604
Catholic，天主教的，749
Catholicism，天主教，498
Catholics，天主教徒，498，542，736
Caucasus，高加索，210，720
Cedrei，基德雷，42
Central Africa，中非，134，235
Central Arabia，中部阿拉比亚：17，30，65，72，**84—85**，90，224，330，740；部族，141
Central Asia，中亚：208 注，210，281，305，316，328，329，346，359，398，438，463，475，485，529，633，668，702，715；中亚的伊斯兰教，209，210
Central Asian，中亚的：可汗国，209；住地，654；游牧生活，715
Central Europe，中欧，589，605
Central Park，New York，纽约中央公园，164
Cervantes，塞万提斯，559
Ceuta，休达，494，505，521，535，546，569，587，609
Ceylon，锡兰，570，678
Chalcedon，卡尔西顿城，76，201
Chalcis，哈尔基斯，153
Chaldaean，迦勒底人的，260
Chaldaeans，迦勒底人，4，9，10，**39**
Chāldīrān，迦勒迪兰，703
Chanson de Roland，《罗兰之歌》，508，562
Chaplin，Charlie，卓别林，691
Charibael，克里伯勒，56
Charlemagne，查理曼，298，315，339，507，636
Charles Ⅰ，of Anjou，昂儒的查理一世，366，613，676
Charles Martel，夏尔·马泰尔，215，500
Chatramotitae，哈达拉毛人，44
Chaucer，乔叟，379 注，601，631，663
Cheikho，舍胡，107
Cherkes，参阅 Circassian
China，中国：3，44，75，206，210，212，215，260，292，305，**343—344**，351，356，375，378，383，393，483，501，570，578，668 注，702；来自中国的丝绸，49；通往中国的大路连接点，323；丝绸贸易，343；中国的纸，347；来自中国的杏，350 注；来自中国的火药，667
Chinese，中国人的：90，136，210，305，664，669；语言，126；古迹，344；纸币的起源，347 注；除中国记载外第一次关于茶的记载，377 注；中国人的指纹，383；纸张，414；起源，414；宫廷，420；养蚕，528；瓷器，592，631；指南针，669
Chinese Turkestan，中国突厥斯坦：210，212，235；穿过其境的丝绸之路，343
Chingīz Khān，成吉思汗：414，**482—493**，486，654，697；他的儿子，699
Chosroes，波斯国王，45，271
Chosroes Ⅱ，科斯洛二世，264，265

Chosroism，科斯洛埃斯式，294
Christ，基督：11，20，22，60，68，73，79，87，104，147，153，222，295 注，401；崇拜者，81；基督的侍女，83；基督的门徒，106 注；神性，246
Christendom，基督教徒：拯救者，147，204；基督教大教堂，147；267，393，432，586，610，633
Christian，基督教的：传道士，6，612，730；信仰，11；部族，25；代表团，61；力量，62，66；居民，81；家庭，81；臣民，82，654；96，108，141，142，153，196，212，213，214，220，221 以下，360，361，365，369，371，385，388，395，407，434，503，509，510，512，515，516 以下，607，641，643，645，646，651，670，678，680；教条，102；医生，105；殖民地，106；术语，107；僧侣，111；彩饰画或镶木细工，126；学者，126 注；教堂，143，264，417，542，665；部队，150；中古时代作家，178；权力，186；学问，245；圣徒，246；部族，251；医生，254；教士，255；教堂，258，259 注，420，438，620；建筑，260，597；圣坛，261；信仰，309；修道院，338；艺术家，420；书法方面的代表，424；经院哲学，432；僧侣，433；观念，434；影响，437，474 注；惯例，438；节日，449；名字，449；学说，479；科尔多瓦的热心家，516；莱昂诸王，520；贵人，524；王国，529，532；赞美诗，562；数学家，574；医学传统，579；经院学派，580，583；牧师，583；信章图案，592；铃铎，594；西班牙居民，599；拥有穆斯林官吏的王国，607；穿着穆斯林服装的巴勒摩的妇女，609；在西西里的统治，613；书籍，614；领土，643；锣，648，宗教，656；囚犯，661；遗物，668；圣地，697；教派，743
Christian Abyssinians，信仰基督教的阿比西尼亚人，62，65
Christian Arabians，信仰基督教的阿拉比亚人，66
Christian Armenia，基督教的亚美尼亚，479
Christian Armenians，信仰基督教的亚美尼亚人，637
Christian Byzantines，信仰基督教的拜占廷人，66
Christian Church，poets of，基督教会的诗人，246
Christian Copt，信仰基督教的科卜特，120
Christian Europe，基督教的欧洲，**347**，370，371，378，382，635
Christian European music，基督教的欧洲音乐，600
Christian Europeans，信仰基督教的欧洲人，118
Christian Greek influence，基督教的希腊的影响，245
Christian Greeks，信仰基督教的希腊人，202
Christian-Islamic，culture of Sicily，西西里岛的基督教 - 伊斯兰教文化，606
Christian Spain，基督教的西班牙，600
Christian Syrians，信仰基督教的叙利亚人，191，309
Christianity，基督教：3，4，60，78，82，84，107，118，122，128，145，232，252，420，432，433，439，452，460，488，503，523，550，551，556，558，662，663，676；为基督教辩护，246，354
Christians，基督教徒：土著基督教徒，62，119，130；保护者，62；84，114，133，143，156，170 注，174，203，214，233，310，338，**353—357**，359，420，441，480，501，509，510，513，516，519，521，524，530，533，534，538，542，549，551，555，556，576，585，602，605，620，637，638，659，663，676，696，703 注；手册，246；作为商人，343；秘密的教徒，511；在阿齐兹统治下，620
Christians，non-，非基督教徒，607
Christians of St.John，圣约翰的基督教徒，233，357
Christians of St.Thomas，圣托马斯的基督教徒，356
Christmas，圣诞节：449；礼物，562
Christology，基督学，515
Chrysopolis，克利索波列，204，299
Chrysorrhoas，参阅 John of Damascus
Chrysostom，金舌，245
Church of the Holy Sepulchre，圣陵教堂：264，298，636，639，665；被破坏，620—621，635；重建，621
Church of St.John，圣约翰教堂，665
Church of Mary，圣玛利教堂，265
Cid，the，熙德，540，**544—545**
Cilicia，西里西亚，291，637，641
Cilician，西里西亚的，212，648
Cilician Gates，西里西亚城门，200
Circassian，塞加西亚的：军人，620；奴隶，672；682，738；奴隶贩卖者，695
Circassian Burjis，塞加西亚的布尔吉人，694
Circassians，塞加西亚人，716
Citadel of Aleppo，阿勒颇城堡，660
Citadel of Cairo，开罗城堡，652，661，665，672，681，724
Clain River，克勒恩河，500
Cleopatra，克利奥帕特拉，163—164，672
Clermont，克勒芒，636
Cluny，克律尼：克律尼镇的修道院院长，126 注；589
Coele-Syria，科艾勒 - 叙利亚，11，68
Coleridge，科尔里奇，487 注
Cologne，科隆，589
Columbus，Christopher，哥伦布，555 注，570，711

Companion of the Prophet，圣门弟子，161，207，238
Companions，圣门弟子：140，152，155，179，242，243，388，392，393，401；关于圣门弟子的故事，244
Conrad Ⅲ，German，康拉德三世，644
Conrad of Montferrat，蒙斐拉人康拉德，**646**
Constans Ⅱ，Byzantine，君士坦斯二世，164，166，167，199，200
Constantine，city of，君士坦丁城，204
Constantine Ⅳ，Byzantine，拜占廷君士坦丁四世，201
Constantine Ⅴ，君士坦丁五世，299
Constantine Ⅵ，君士坦丁六世，299
Constantine Ⅶ，Porphyrogenitus，君士坦丁七世，302，329，577
Constantine Ⅷ，君士坦丁八世，621
Constantine the African，非洲人君士坦丁，579
Constantinople，君士坦丁堡：62，66，79，80，85，139，153，160，163—164，167，184，196，212，243，265，293，299，300，301，310，356 注，424，476，489，499，524，525，526，529，570，595，621，636，637，676，677，691，693，705，709，714，715，719，737，749；对君士坦丁堡的进攻，**201—204**
Constantius，Byzantine，君士坦丁，61
Continens，《医学集成》的拉丁名称，366
Copernicus，哥白尼，572
Coptic，科卜特人的：崇拜形式，165；教会，165，654；书籍，255；353；语法，561；书籍装订，631
Copts，科卜特人；165，234，240，260，346，356，625，692；少数民族，360
Córdoba la Vieja，草原的科尔多瓦，595
Cordova，科尔多瓦：**387**，**398** 注，450，451，471，494，502，503，506，508，509，512，514，515，516，517，519，520，**524—528**，532，533，535，536，537，538，539，541，543，549，551，557，558，559，560，561，563，565，566，569，570，571，574，582，584，590，592，593，594，595，597，598，599，627；热心者，516；主教，516
Cordovan，科尔多瓦的：教士，516；521；科学家，526；寡头政治，560；弟子，571；穆斯林，597；哈里发，620
Cordovans，科尔多瓦人，534，536
Corsica，科西嘉岛，451，602，618
Council of Vienne，维也纳会议，663
Court of Lions，群狮厅，597
Covadonga，battle of，科法敦加之战，551
Crac de Montréal，蒙特利尔城，641 注
Crac des Moabites，莫阿卜特城，641 注
Crete，克里特岛，202，451，513
Crimea，克里米亚，713
Crimean War，克里米亚战争，738，749
Cross，the，十字架，147
Crown，palace，皇冕宫，417
Crusade，十字军东征，476，610，644，648，654，655，663，678
Crusader，十字军，488，644，656
Crusaders，十字军，202，265，351，423，448，480，488，548，549，569，624，637，639，648，650，652，653，655，657，662，663，665，667，668，669，671，675，676，678，699
Crusades，十字军东征，21，229 注，300，339，340，346，392，438，448，480，614，621，631，**635—638**，659，662，663，664，665，667，669，686，691
Crusading，十字军的：城堡，648 注；领袖，655；时代，728；岁月，751
Ctesiphon，泰西封，66，75，156，**157—158**，174，293，305，597。还可参阅 Madā'in，al-
Cush，古实，56
Cypriotes，塞浦路斯人，699
Cyprus，塞浦路斯：**167—168**，459，648，658，**697—699**，733；入侵，194
Cyrenaica，昔兰尼加，718
Cyrus of Egypt，居鲁士，**161—165**
Cyzicus，西齐卡斯半岛，202

ḍabb，al-，鳄蜥，20
dabbābah，破城槌，226
Ḍabbi al-，参阅 Mufaḍḍal，al-
Ḍabbi，al-，Spanish Arab scholar，丹比，566
Dābiq，达比格，286，626，631，726，729
Dabīq，达比格，346
Dahbal al-Jumaḥi，abu-，艾卜・宰海伯勒，228
Ḍaḥḥāk ibn-Muzāḥim，al-，达哈克・伊本・穆咱希木，254
Ḍaḥḥāk ibn-Qays al-Fihri，al-，达哈克，192
Dāḥis，达希斯，90
Dahnā'，al-，达海那沙漠（红沙地区），15
dahr，al-，时间，99
dā'i，传道士，宣传员，443，617
da'i al-du'āh，总传道士，446
ḍa'īf，虚弱的，395
Dā'irat al-Ma'ārif，阿拉伯语的百科全书，748
dakhīl，被保护人，27

Dalālat al-Ḥā'irīn，《迷途指南》，585
Dalīm，德里木部族，541 注
Damascene，大马士革的：军队，191；229，650，653；金属制造，692；被带到撒马尔罕的学者，701
Damascene Ayyūbids，大马士革的艾优卜朝，655
Damascenes，大马士革人，610
Damascenus，Joannes，参阅 John of Damascus
Damascus 大马士革：37，42，43，68，75，78，80，90，106 注，123，**148—154**，173，174 以下，202，206，213，215，217，220，221，225，227，229 以下，329，335，351，371，375，392，393，405，407，408 以下，501，502，503，505，528，529，531，550，567，575，578，586，597，610，619，620，626，635，640，641，643，644，645，651，652 以下，680，685，686，687，688，689，691，692，693，701，704，715，727；被占领，79；投降，195；邮政，218；财政管理者，246；税收，321 注；通往巴格达的道路，325；镶木细工，346，347；果树园，350；省区，726，732；省长，729；军队，731；宫殿，731；省长们，733；基督教徒，734；穆斯林，746
Damascus Mosque，大马士革清真寺，180，262。还可参阅 Umayyad Mosque
Damietta，参阅 Dimyāṭ
Damīri，al-，德米里，382
ḍammah，合口符，219
Danes，丹人，521 注
Daniel，the Prophet，但以理先知，154
Dānishmands，达尼什曼德人，640 注
Dāniyal al-khuza'i，ibn-，伊布・丹雅勒・胡扎仪，690
Dante，但丁，114，128，459，586，613
Danube，the，多瑙河，489，702
dār al-ḥarb，战争地区，138
Dār al-Hijrah，迁士之家，444
Dār al-Ḥikmah，智慧馆，628
Dār al-'Ilm，科学馆，628
dār al-imārah，地方长官公署，260
dār al-Islām，伊斯兰教地区，137—138，185，475
dār al-khilāfah，哈里发官，295
dār al-mamlakah，王国官邸，471
Dār al-Rūm，罗马人住区，355，356 注
dār al-shajarah，异树官，303，417
dār al-ṣina'ah，船坞，193
dār al-ṣulḥ，立约降顺区，170
dārah，草原，15
Dar'ah，达里安，152 注
Dārāni，al-，abu-Sulaymān，艾卜・素莱曼・达拉尼，434
Dārayya，达赖亚，434
Darazi，al-，戴赖齐，621
Darb al-Ḥadath，德尔卜勒・哈德斯，200
Dardanelles，the，达达尼尔海峡，212
ḍārib，器乐家，426
Dārimi，al-，Miskīn，米斯肯・达里米，251
Darius，大流士，40
darwīsh，叫化子，438 注
Dāthin，达辛，148
David，大卫，106，125，357
Dāwīyah，圣殿骑士团，644 注
dawlah，道莱（新纪元），286，452
Daws dhu-Tha'labān，道斯，62
Dāwūd，达五德，106
Dāwūd，brother of Ṭughril，达五德，474 注
Dāwūd，abu-，艾卜・达五德，395，396
Dāwūd，ibn-，abu-Zakarīyā' Yaḥya，艾卜・宰克里亚・叶哈雅・伊本・达五德，参阅 Ḥayyūj
Dāwūd，达五德（最后的麦木鲁克），738
Dāwūd Pasha，达五德帕夏，736
Dāwūdis，达五德派，448 注
Day of Bu'āth，布阿斯战争，89
Day of Dāḥis and al-Ghabrā'，达希斯和加卜拉战役，90
Daybul，al-，德浦勒，210
Daydān，德丹，42，54，72
Daylami，德莱木，252
Daylamite highlanders，德莱木族的高地人，470，474，475
Dayr al-Rūm，罗马人修道院，355
Dayr al-Zūr，代尔祖尔，340
Days of the Arabians，阿拉比亚人的日子，**93**
Days of al-Fijār，犯罪的战役，89
Dayṣān，戴桑，618
De anima，《灵魂书》，427
De animalibus，《动物书》，611
De aspectibus，《光景》，370
De coelo et mundo，《天地》，588
De numero indico，《印度数字》，573
De regimine solitarii，《独居者养生法》，581
De revolutionibus orbium coelestium，《天体的运行》，572
De seientiis，《科学纲领》，428
De spiritibus et corporibus，《精神与肉体》，366
De voce，《声音书》，427
Dead Sea，死海，143，147—148，269，283，641
Decameron，《十日谈》，663

Dedan，底但，42，54
Dedanite inscriptions，底但人的铭文，71
Delhi，德里，701
Delta，the，尼罗河三角洲，163，415，618，696
Deluge，the，洪水泛滥，100
Deneb，尾巴，572
Denmark，丹麦，6，712
Detroit，底特律，23
Dhahab，abu-al-，艾卜勒·宰海卜，**720—721**
Dhahabi，al-，戴海比，390
dhakhā'ir Nabawīyah，先知的财富，186 注
dhanab，尾巴，572
dhikr，迪克尔，433
Dhimmah，顺民，168
Dhimmis，顺民，170，**352—353**，484。还可参阅 *Ahl al-Dhimmah*
Dhubyān，左卜彦：部族，90；族长，90
Dhubyānites，左卜彦人，90
Dhufar（左法尔），参阅 Ẓafār
dhurah，小米，19
di'āmah, al-，鹰架，597 注
dībāj，锦缎，345
Dijlah，底吉莱河，155，349。还可参阅 Tigris
Dilmun，迪勒孟，参阅 Baḥrayn，al-
Dimashq，底迈什革，149，154
Dimyāt，迪木雅特，346，631，653，654，655
dimyāṭi，迪木雅帖，346
Dīn, al-，《宗教论》，128，365
Dīn w-al-Dawlah, al-，《论宗教与国家》，354
dīnār，第纳尔，171 注
Dīnawar，迪奈维尔，389
Dīnawari，al-，abu-Ḥanīfah，艾卜·哈尼法·艾哈麦德·迪奈维里，**389**
Diocletian，代俄克利喜安，163 注
Diodorus Siculus，狄奥多拉斯，46，47—48，68，70
Dionysus-Bacchus，狄奥尼索斯·巴克斯，73
Dioscorides，代俄斯科里提斯，313，575，577
Dīr，al-，迪尔，384
dirham，第尔汗，172 注
Dir'īyah，al-，迪里叶，741
Divine Comedy，《神曲》，114，128，459
dīwān，anthology，诗集，文集，81，107
dīwān，bureau，底瓦尼制度：底瓦尼制度的创立，172；217
dīwān（council），国务会议，743
dīwān，divan，底旺（一种沙发），335
dīwān，公共注册簿，95
dīwān al-darīd，邮政局，322 注，**322—325**
Dīwān al-Ḥamāsah，《坚贞诗集》，94，144，407
dīwān al-kharāj，财政部（或税务局），294，319
dīwān al-naẓar fi al-maẓālim，平反院，321
dīwān al-shurṭah，警察局，322
dīwān al-tawqī'，枢密院，321
dīwān al-zimām，会计检查处，321
dīwāns，诗集，94
ḍiyāfah，款待，25
diyah，罚金，26
Diyār Bakr，迪亚尔伯克尔，325，677
Diyār Muḍar，穆达尔族的住所，280
Diyār Rabī'ah，赖比耳族的住所，280
Djemāl Pasha，哲马勒帕夏，161
Dnieper，第聂伯河，384
Dome of the Rock，磐石上的圆顶寺，206，**220—221**，**264—265**，416，648，665
Dominicans，多明我派，585
Don Quixote，《堂吉诃德》，559
Dongola，栋古拉，168
Dorylæum，多利莱阿木，203，636
Douai，de，杜亚，670
Doughty，Charles **M.**，道蒂，7
Dozy，杜齐，510，531
Dreux，de，德·德勒，670
Druze，德鲁兹教：81；670
Druzes，德鲁兹派，249，448，449，**621**，633，680，690，729，731，733，735
Druzism，德鲁兹教，446
du'ā'，杜阿，131 注
Du'ali，al-，abu-al-Aswad，艾卜勒·艾斯瓦德·杜艾里，**241—242**
duff，方形手鼓，273
duhāt，四位天才的政治家，161，196
Dujayl，杜介勒河，349
Dulaf，abu-，艾卜·杜来福清真寺，417
Dūmat al-Jandal，都麦特·占德勒，38，149
dumyah，形象，图画，107 注
Duns Scotus，邓斯·斯科特，585，587
Duqāq，Saljūq，杜嘎格，635，641
Durayd，ibn-，伊本·杜赖伊德，92，402，403
Durrah al-Yatīmah, al-，《单珠集》，401
Dūshara，杜舍拉，72
Dussand，R.，杜骚，448
Dutch，荷兰的，737
Duwād，ibn-abi-，伊本·艾比·杜瓦德，429
Duwayhi，杜韦希，670
Duwayhi，al-，Isṭifan，伊斯帖方·杜韦希，743

Dynasty，王朝：第十二，32，34；第一，33；第三，33；第十八，34；第五，34

East，东方：6，58，75，76，294，298，307，315；地理，387
East Africa，东非，58，235，467
East India Company，东印度公司，737，739
East Indies，东印度群岛，398
East Syrian，东叙利亚的：教派，83；84
East Syrian Church，东叙利亚教会，81
Easter，复活节，150，449
Eastern，东方的，728
Eastern Arabia，东部阿拉比亚，740
Eastern Empire，东罗马帝国，147，152
Eastern Islam，东方穆斯林，704
Ebro River，埃布罗河，524
Ecbatana，埃克巴塔那，157，330
Ecija，埃西哈，494，496，520
Eden，garden of，伊甸园，349
Edessa，埃德萨，79，148，174，196，309，**311**，635。还可参阅 Ruhā'，al-
Edessene architects，以得撒建筑者，630
Edirne，参阅 Adrianople
Edom，以东，52
Edomites，以东人，67
Egilona，艾吉罗娜，503
Egypt，埃及：6，20，22，**32—34**，38，50，**58—60**，65，76，112，127，135，142，143，148，154，158，**160—169**，171，176，177，189，192，193，196，206，213，224，225，232，234，240 以下，305，307，316，326，330，346，353，354，356，360，391，392 注，395，400，404，412，417，422，426 以下，505，529，548，569，578，584，607，610，618，619，620，621，623，625，**627—629**，631，633，637，641，645，646，652 以下，690，691，692，693，**696**，703，704，718，**719** 以下，756，757；历代国王，38，39，40，46；战略地位，160；征服，160，161 注，165，388；土地，174；土地税，321；造纸厂，347；水道，349，350；帕夏管区，724，迁居埃及，736；进攻，749；贡税，750
Egyptian，埃及的：远征，6，记录，21；第十二王朝，32；早期的年代纪，33；帝国，34；海岸，46；字母表，52；沙漠，58；象形文字，71；语言，71；商队，136；产物，165；莎草纸，166，414；船只，203；玻璃，346；380，382，388，436，452，453，455，622，653，668，674，675，676，686，689；学校，401；尖塔的式样，613；船队，167，200，619，639，640；哈里发帝国，620；哈里发，626；订书派，631；异端，635；耶路撒冷的驻军，639；大臣，639；科学院，661；军队，679，701，724；医药，685；港口，697；对塞浦路斯的出征，697；素丹，702；艾米尔，703；学生，724；总督，725；炮兵，733；军队，733；编年史家，743；事务，749；政府，751
Egyptian Aramaic，埃及的阿拉马语，76
Egyptian-Asiatic，埃及 - 亚洲的，726
Egyptian Ayyūbids，埃及艾优卜朝，635，655
Egyptian-Fertile Crescent，埃及肥沃的新月，738
Egyptian Mamlūks，埃及麦木鲁克朝，637
Egyptians，埃及人：11，12，34，174，232，240，631，639，678，692，716；古代的埃及人，36
El Ultimo Suspiro del Moro，摩尔人最后的太息，555
Elam，伊莱木，157
Elamites，伊莱木人，347
Elath，以拉他，41
Elements，《几何原本》，311，314，588
Eleutheropolis，伊吕太罗波里斯，150 注
Elias，以勒雅斯，125
Elijah，以利亚，125
Elvira，埃尔维拉，494，502，505，519，520
Emesa，厄麦萨，参阅 Ḥimṣ
Emigrants，迁士，**116**，117，140，172，179
Emmaus，以马忤斯，169 注
Empedoclean，pseudo-，伪恩伯多克利，521，586
Empedocles，恩伯多克利，580
England，英格兰，9，27，527，589，648，665，717，749
English，英国的：15，564，690；马，21；海军军官，51；翻译为英语，364，368，405，459；科学，588；吟游诗人，652；纹章，664；商人，728；舰队，733
English Arabists，英国的阿拉伯学家，588
English Channel，英吉利海峡，589
Epiphania，埃辟法尼亚，150。还可参阅 Ḥamāh
Eratosthenes，埃拉托色尼，45
'Ereb，阿拉伯人，41
Esarhaddon，伊撒哈顿，38，39
Esau，以扫，40，67
Escurial，埃斯科利亚尔图书馆，564，565
Esdraelon，埃斯德赖仑，154
Eski-Shahr，埃斯基谢希尔，203，637
Eski-Shām，埃斯基·沙牧，150
Esther，以斯帖，405
Ethiopia，埃塞俄比亚，42，49，55
Ethiopians，埃塞俄比亚人，41
Ethiopic，埃塞俄比亚语的，9，13，72，308；语言，

30，52，561；起源，160 注
Euclid，欧几里得，310，311，314，370，427，428，588，629，683
Eudes，duke，厄德公爵，499，500
Eugene of Palermo，巴勒摩人尤金，612
Eulogius，攸罗吉阿斯，516—517
Euphratean civilization，幼发拉底河文明，11
Euphrates，幼发拉底河：14，54，68，75，81，84，85，155，180，199，200，219，224，233，280，290 注，292，300，350，375，460，505，677，728；运河，349；河谷，736；下游，738
Europe，欧洲，3，4，6，8，21，44，51，58，154，186，203，214，215，235，305 以下，405，422，451，465，478，493，498，499，515，524，526，527，529，530，531 以下，579，**580—583**，588，589，591，592，599，**600—602**，605，607，610，612，613，635，637，644，648，652，653，663，664，668，669，681，691，745，753
European，欧洲的：7，12，19，51，214，229，267 注，271，308，316，346，363，379，387，392，497，526，528，678；著作家，45；语言，94，572，600；传奇，118 注；骑士，183；权力，186，676，725；国家，206；大学，410，612；行会，445；文学，562；数学，574；思想，584；纺织者，593；各王室，613；传教的兴趣，663；香客，668；船队，697；血统，717；阴谋，722；商人，728；殖民地，728；传教士，728；观念，736，753；军官，745；文化，749；干涉，750；文艺复兴，757
European Christans，欧洲基督教徒，128
Europeans，欧洲人，6，48，55，220，229 注，580，635，667，746，753
Ezekiel，以西结书，42
Ezion-geber，从甸迦别，41
Ezra，ban-，Abraham，亚伯拉罕·本·埃斯拉，588—589

Fadak，斐得克绿洲，17
Faḍālah ibn-ʻUbayd，法达莱，201
faddān，亩，107 注
Faḍl，al-，法德勒，296
Faḍl al-Khayl，《马的优越性》，685
Faḍl ibn-Yaḥya，al-，Barmakid，法德勒·伊本·叶哈雅，414
Faḍlān，ibn-，Aḥmad ibn-Ḥammād，艾哈迈德·伊本·法德兰，384
fahd，豹子（印度猎豹），20，228
Faḥl，斐哈勒，150
Fā'iz，al-，Fāṭimid，法伊兹，623
Fakhr-al-Dīn Ⅰ，法赫鲁丁一世，729
Fakhr-al-Dīn Ⅱ，法赫鲁丁二世，**729** 以下，736
falāsifah，哲学家，370
fallāḥīn，农业居民，696
fals，法勒斯，529
falsafah，哲学，311 注，369
fālūdhaj，法鲁宰（蜜凉糕），335
fanā'，自我毁灭，435
Fanna Khusraw，方纳·胡斯罗。参阅 ʻAḍud-al-Dawlah
Fano，法诺，747
Faqār，dhu-al-，脊柱剑，183
faqīh，宗教学者，教义学家，225，326，409，512，514，564，628
Faqīh，ibn-al-，伊本·法基，264，265，330，360，**385**
faqīhs，宗教学者，412，512，542
Far East，远东：305，383；地理，387；贸易，749
Far Eastern waters，远东海面，669
Fārāb，法拉卜，371 注，402
Fārābi，al-，法拉比，370，**371—372**，392，428，436，458，582，588，599，600
Faraḍi，ibn-al-，伊本·法赖迪，**565—566**
Faraj，Mamlūk，法赖吉，参阅 Nāṣir Faraj，al-
Faraj，abu-al-，great-grandson of ibn-Qurrah，艾卜勒·法赖吉，314
Faraj al-Iṣfahāni，abu-al-，参阅 Iṣfahāni，al-
Faraj ben-Sālim，法赖吉·本·萨林，366，579，613
Faramā'，al-，斐尔马仪，161
Faranjīyah，法兰吉叶，670
Fararius，参阅 Faraj ben-Sālim
Farazdaq，al-，法赖兹得格，220，237，**252**
farḍ，法尔德（绝对的义务），400
Farghānah，拔汗那（费尔干纳）：209，235，328，330，375，452，456；水银、沥青和柏油，349
Farghāni，al-，abu-al-ʻAbbās Aḥmad，艾卜·阿拔斯·艾哈迈德·拔汗尼，**375**，387，588，589
Fārid，ibn-al-，伊本·法立德，436，654
fāris，骑士，690
Fāris，province，法里斯：157，170 注，208，325，330，342，345，350，359 注，412，445 注，471，672 注，699；甘蔗，351
Fārisi，al-，abu-ʻAli，艾卜·阿里·法尔西，472
Farmer，Henry G.，法默，273，427
farqad，牛犊，572
Fārūq，法鲁格王，726 注，751
Fās，法斯，450，513，546，555，567，581，599

Fasa，法萨，345
Faṣl fi al-Milal, al-，《关于教派和异端的批判》，558
Fata，青年，183
fata al-'Arab，阿拉伯英雄，201，481
fatḥah，开口符，219
fātiḥah，法谛海章，131
Fātiḥat al-'Ulūm，《学问的开端》，432
Fātik，ibn-，伊本·法帖克，589 注
Fāṭimah，daughter of Muḥammad，法帖梅，120，139，179，184 注，189，237 注，248，283，290，291，440 注，521，618
Fāṭimad，mother of Maḥammad Ⅺ，法帖梅，553
Fāṭimid，法帖梅人的：开罗王朝，158，444，532，**625**；哈里发帝国，184，605，617，652；历代哈里发，184 注，521，620，627；311，452，469，474，635；哈里发，354，606，646；传教士，446；突尼斯的王朝，520；西班牙的派别，521；海军，521；版图，605，625；船队，605；起源，618；后裔，618；陆军到达大西洋，619；帝国，619，620；君主，620；政权，621，622；版图缩小，621；在叙利亚领地的丧失，621，非洲省区，621；在西西里的主权被承认，622；嘎义木的对手，622；宫廷，623；最后一位哈里发逊位，624；时期，625，631；埃及的行政机构，627；艺术，630；建筑师，630；建筑物的豪华，630；青铜，631；织物，631；宝藏，631
Fāṭimid Egypt，法帖梅时代的埃及，625，627，630
Fāṭimids，法帖梅人，165，386 注，446，451，452，457，460，473，480，485，520，605，619，**625—628**，631，633，635，675
fatrah，短期的间断，112
fatwa，法特瓦（宗教上的主张），544
Fawāris Aḥmad，abu-al-，Ikhshīdid，艾卜勒·法瓦列斯·艾哈迈德，457
fay'，斐物（战利品），170，172
Faymiyūn，菲米雍，61
Fayṣal Ⅰ，费萨勒一世，293，440 注，**752—753**
Fayṣal Ⅱ，费萨勒二世，752 注，753
Fayyūm，法尤姆，285 注
Fayyūmi，al-，Sa'īd，赛义德·法优密，354
Fazāri，al-，Ibrāhīm，易卜拉欣·法萨里，375，378
Fazāri，al-，Muḥammad ibn-Ibrāhīm，穆罕默德·伊本·易卜拉欣·法萨里，307，373
Ferdinand Ⅰ，of Leon and Castile，菲迪南德一世，539
Ferdinand Ⅲ，菲迪南德三世，509
Ferdinand，of Aragon，阿拉贡的菲迪南德，551，553，554，555
Ferdinand of Tuscany，托斯卡纳的菲迪南德，729
Ferrara，斐拉拉，613
Fertile Crescent，肥沃的新月地区，**11—13**，24，28，33，58，78，114—115，174—175，309，360
Fez，参阅 Fās
fi al-Nafs，《灵魂书》，427
Fibonacci，参阅 Leonardo
Fidā'，abu-al-，艾卜勒·菲达，78，384，390，646，653，657，668，680 注，687，**688**
fidā'i，义侠（斐达仪），447
fidā'is，义侠，446，647
Fiḥl，斐哈勒，150
Fihri，al-，参阅 Ḥabīb ibn-Maslamah
Fihri，al-，Yūsuf ibn-'Abd-al-Raḥmān，优素福·伊本·阿卜杜勒·赖哈曼·菲海里，504，**505—507**
Fihrist, al-，《书目》，244 注，246，255，306，310，315，352，354，358，366，388，**414**，425，468
Filāḥah, al-，《农业》，575
Filāḥah al-Nabaṭīyah, al-，《奈伯特人的农业》，352
Filasṭīn，斐勒斯丁，154，169
Finike，斐尼克，200
Finland，芬兰，305
fiqh，费格海（教律），132，242，393，396
Firās al-Ḥamdāni，abu-，艾卜·菲拉斯·海木达尼，458
firdaws，天堂，106 注
Firdaws al-Ḥikmah，《智慧的乐园》，365
Firdawsi，费尔道西，463，465
firind，刀，106 注
Firnās，ibn-，伊本·菲尔纳斯，598
firsik，桃子，528 注
First Maccabees，《默克比书》上，43
Fīrūzābād，菲鲁兹阿巴德，351
Fīrūzābādi，al-，菲鲁兹阿巴迪，742
fityān，菲特彦（武士），481
Fityān fraternities，菲特彦兄弟会，183
Flora，芙罗拉，516—517
Florence，佛罗伦萨，379
Florinda，弗洛林达，494 注
Flügel，佛鲁介尔，356 注
Fons vitae，《生命录》，581
France，法国：281，345，451，**499**，524，527，562，564，589，593，619，636，648，650，654，665，678，717，749，750，757；海岸，712；帝国，717，教授，723，利益，751
Francis Ⅰ，法兰西斯一世，714，723，751
Franciscan，school，圣方济派，581

Franco of Cologne，科隆的弗兰科，600
Franconian notation，弗兰科记谱法，600
Frank，法兰克，229 注
Frankish，法兰克的：著作家，298；国王，301；481，500，507，653，654，675，683；陆军，647；事业，648；殖民地，652；艺术，665；世系，670
Frankish Syria，法兰克人的叙利亚，656
Frankish Syria-Palestine，法兰克人的叙利亚 - 巴勒斯坦，648
Franks，法兰克人，90，480，488，500，525，636，638，**643—654**，659，662，663，667，668，669，678，679，686，699
Frederick Ⅱ，弗雷德里克二世，574，587，588，608，**609—612**，654，663
Frederick Barbarossa，红胡子弗雷德里克，648，650
Freemasonry，共济会，443，445
French，法国的：军官，6，745；犹太人，7；366，689；法译本《天方夜谭》，405；委任统治地，449，751，752，755；文学，508，528；铸币，529；骑士，644；陆军，654；海军作战，712；军队，722，751；语言，724；学校，724；投降，727；殖民地，728；商人，728；保护，728；居留地，728；教育机关，748；官吏，752
French Crusaders，法兰西的十字军，549
Friday，星期五的：聚礼，131；说教，249，267 注；祈祷，288，461，469
Fu'ād，king，富阿德国王，725，750
fulān，某某，644 注
funduq，旅馆，653 注
Fuqaym，tribe，弗盖木部族，64
Furāt，ibn-al-，Asad，艾赛德 · 伊本 · 佛拉特，**602—603**
fursān，骑兵，327
Furūsīyah w-al-Manāṣib al-Ḥarbīyah，al-，《马术和战术》，665
Furūsīyah Wa-Shiyāt al-Khayl，al-，《骑术和马色》，369
Fusṭāṭ，al-，弗斯塔德，165，169，260，261，262，375，391，413，423，453，456，**619**，626，627，631
Fuṣūl fi al-Ṭibb，al-，《医学要旨》，585
Fuṣūṣ al-Ḥikam，《智慧的珠宝》，586
Fuṭrus，abu-，艾卜 · 弗特鲁斯城，285
Futūḥ al-Buldān，《各地的征服》，388
Futūḥ Miṣr Wa-Akhbāruha，《埃及的征服及其消息》，388
Futūḥ Yūsuf ibn-ʿAbdullāh，abu-al-，艾卜勒 · 佛图哈 · 优素福 · 伊本 · 阿卜杜拉，606
Futūḥāt al-Makkīyah，al-，《麦加的启示》，586
futūwah，豪侠（弗土韦），183，479，481

Gabīrōl，ben-，本 · 盖比鲁勒，**580—581**，589
Gabriel，迦伯利，100，129，248，352，449
Gaby，介比，605
Galen，格林，306，311，313，363，368，369，427，578，588
Galenism，格林学派，584
Galicia，加利西亚，496，533，538，539
Galician，加利西安，518
Galicians，加利西亚人，525
Galilee，喀列里，154
Galland，加朗，405
Gallienus，emperor，罗马皇帝迦里那斯，75
Gallus，参阅 Aelius Gallus
Garcia，king of Galicia，加西亚，538
Garonne，the，加龙河，500
Garrett Collection in Princeton University，普林斯顿大学加列特藏书馆，367 注，372 注，376 注
Gaul，高卢，214，500，501
Gaulanitis，高兰尼提斯，78
Gaza，参阅 Ghazzah
Gebal，朱拜勒，70
Geber，参阅 Ḥayyān，ibn-，Jābir
Geber filius Afflæ，参阅 Aflaḥ，ibn-
Generalife，精奈赖列夫花园，529
Genesis，创世记，40，280
Genghis Khān，参阅 Chingīz Khān
Genoa，热那亚，605，619，636，669，678
Genoese，热那亚的：船队，641；653，667
Gentiles，非犹太民族，585
Geography，of Ptolemy，托勒米的《地理学》，384
Geography，of Strabo，斯特累波的《地理学》，46
George of Antioch，安提俄克人佐治，609
Georgia，佐治亚：154；沥青和石油精，348
Georgian，格鲁吉亚语，246
Georgians，格鲁吉亚人，678，679
Gerard of Cremona，克利摩拿人热拉尔，366，368，371，376，379，571，572，577，**578—579**，588，629
Gerbert，参阅 Silvester Ⅱ
German，日耳曼的：语言，366，689；国王，590；骑士，644
Germanic，日耳曼的，498，499
Germanicia，参阅 Marʿash
Germans，日耳曼人：525；国王，590
Germanus，Julius，格尔曼努斯，119

Germany，德国，305，524，527，564，589，648，665，667
Gesenius，格泽纽斯，51
Ghabghab，加卜加卜山洞，97
Ghabrā'，al-，加卜拉，90
ghaḍa，大戟，19
Ghadīr al-Khumm，盖迪尔·胡木，471
Ghāfiqi，al-，physician，加菲基，574
Ghāfiqi，al-，'Abd-al-Raḥmān ibn- 'Abdullāh，阿卜杜勒·赖哈曼·伊本·阿卜杜拉·加菲基，**500—501**
Ghālib，al-，加里卜（胜利者）。参阅 Naṣr ibn-，Muḥammad ibn-Yūsuf
ghanīmah，战利品，172
Ghār Ḥirā'，希拉山山洞，112
gharīb，外国人，739
Gharīb al-Ḥadīth，《奇异的圣训》，347
Gharīd，al，'Abd-al-Malik，盖立德，**275**
Gharnāṭah，参阅 Granada
Ghassān，加萨尼：28，65；王室，80；公主，83；宫廷，95
Ghassān，banu-，加萨尼部族，**65**，78，81，233
Ghassāni，al-，Ḥassān ibn-al-Nu'mān，加萨尼人哈萨尼·伊本·努耳曼，213
Ghassānid，加萨尼的：王国，**78**；战士，79；族长，81；起源，81；途径，107；亲王，147；首都，150；国王，201；256，267，273，300 注
Ghassānids，加萨尼人，32，**78—80**，**84—88**，150
Ghassānland，加萨尼地方，80，84，106，119
Ghaṭafān，盖特方，27，90，141
Ghawri，al-，奥里，726。还可参阅 Qānṣawh
ghaybah，暂时隐蔽，441
Ghaylān al-Dimashqi，盖伊兰，430
ghayr，其他，70
Ghayṭasah，参阅 Witiza
ghazal，情诗（加采勒），250，406
Ghazāli，al-，Jān-Birdi，加萨里，726
Ghāzān Maḥmūd，合赞汗·麦哈茂德，488，**679—680**
ghāzi，*al-*，迦齐，464
Ghāzi，加齐（国王），752 注
Ghaznah，加兹尼，212，376，**464—465**，471，481 注，482
Ghaznawid，加兹尼朝的：464—465，474；亲王，473
Ghaznawids，加兹尼王朝，**463—465**
ghazw，劫掠，21，25，95
Ghazwān，ibn-，'Utbath，欧特伯·伊本·盖兹旺，260
Ghazwat Badr，伯德尔战役，117
Ghazzah，加宰，50，54，104，148，398，656，681，726，734
Ghazzāli，al-，安萨里，370，373，401，411，412，428，**431—432**，436，478，542，583，587，743
ghilmān，娈童，341，485，695
ghinā'，歌唱，演奏，427
ghinā'al-mutqan，*al-*，艺术的，优雅的，274
Ghīṭishah，参阅 Witiza
Ghulāh，极端派，183，449
Ghumdān，雾木丹堡宫；**57**，66
Ghūri，al-，奥里，694 注。还可参阅 Ghawri，al-
Ghūrids，古里人，465
Ghūṭah，al-，of Damascus，大马士革的果园，231，350，550
Ghuzz，乌古思：乌古思（九姓回鹘），473；部族，478
Gibbon，吉本，45，501
Gibraltar，直布罗陀，489，493，524
Gihon，基训河，209 注
Gilead，基利，50
Gindibu'，金底卜，37
Giralda，风信塔，548，595
Glaser，Eduard，格勒泽尔：8，18，51，55，64；发现，50
Gnostic，诺斯替教的，357 注
Gnosticism，诺斯替教，249，433
Gobi Desert，戈壁沙漠，14
God，上帝：11，25，113，125；基督教的上帝，105；真主，114，128，130；取悦真主，124；真主的话，127；真主的观念，128；真主的神性，245；真主的审判，247；真主的化身，248；290，292，300，318，319；真主的天谴，253；真主的特权，269；真主的哈里发，317
Godfrey of Bouillon，哥德夫利，639，640
Golden Gate，金门，293，416
Golden Horde，金帐汗国，676，678
Golden Horn，黄金角，203，212
Golden Odes，参阅 Mu'allaqāt，al-
Goliath's spring，参阅 'Ayn Jālūt
Gorze，戈尔日，589
Gospel，四福音书，676
Gospel of Luke，路加福音书，543
Gospels，Arabic translation of，四福音书的阿拉伯语译本，543
Gothic，哥特的：217，235，497，498，518；花饰窗格，595；建筑，597

Goths，哥特人，497，498，509，518，595
Granada，格拉纳达，361，494，504，509，537，540，543，**549—556**，558，559，561，563，567，569，576，581，582，592，595，598
Granadan domain，格拉纳达的版图，553
Granadans，格拉纳达人，544
Grand Seraglio，土耳其皇宫，186 注
Great Britain，大不列颠，739
Great Khān，the，大汗，487
Great Powers，列强，749
Great Ṣarāh，the，大赛拉河，349
Great Saljūqs，大塞尔柱克人，465，**473—480**
Great War，参阅 World War
Greater Zāb，大萨卜河，285
Greco-Roman，希腊 - 罗马：4，49，260，396；著作，50；时代，174；传统，749，757
Greco-Syrians，希腊 - 叙利亚人，194
Greece，希腊，9，20，21，307，309，363，451，562，599，606
Greek，希腊的：7，46，59，90，125，154，203，217，222，226，240，307，309，310，311，312，313，314 以下，612，665 注，685，686，694；文学，44，49；记录，48，152 注；成分，76，80；史料，79，241，254，404，575；歌唱家，81，273；神话，130；船队，167；海军，200；希腊火，202，203；记载，202；语言，217，245，306，583，585，589，607；宦官，229，342；逻辑，242；思想，245，431，影响，435；工匠，265；名字，271；少女，342；医学，369；哲学，**369—372**，382，580；哲学家，371，561；伦理学，401；著作，401，427；半人半马的怪物，420；学派，427；辩证法，432；思想学派，433 注；植物学资料，576；学术，580；干涉，591；音乐理论，598；流行音乐的源泉，599；音乐论文，600；书籍，613
Greek Church，希腊教会，153，246，636
Greeks，希腊人，6，11，44，48，144，157 注，174，200，209，307，310，315，341，380，387，459，513，580，637，716，724，725
Green Dome，绿圆顶宫，293，416
Gregorian calendar，格里历，377
Gregory XIII，格列高里十三世，743
Guadalquivir，瓜达尔基维尔河，503，506，509，524，539
Guadelete，瓜德莱特，494 注
Guadilbeca，瓜迪勒贝卡，494 注
Gudea，居底亚，36
Guinea，几内亚，437
Gujarāt，古吉拉特，448 注
Gulf of al-ʻAqabah，亚喀巴湾，41
Gumishtigīn，古密什特勤，640
Guy de Lusignan，律星云 · 德该，647，650

Ḥabābah，海巴伯，227，275，278
Ḥabash al-Ḥāsib，海伯什，379
Ḥabashah，哈伯舍，60
Ḥabīb，banu-，哈比卜部族，**460**
Habīb，ibn-Maslamah al-Fihri，哈比卜 · 伊本 · 麦斯莱麦，158，213
Ḥabīb ibn-abi-，Yazīd，叶齐德 · 伊本 · 艾比 · 哈比卜，254
Ḥabībah，wife of abu-Bakr，哈比伯，175
Hadad-ezer，哈大底谢，37
ḥādi，唱歌人，92
Hādi，al-，Mūsa，ʻAbbāsid，穆萨 · 哈迪，295，297，299，317，322，326，337，359，430
Ḥadīqat al-Akhbār，《新闻果树园》，748
ḥadīth，圣训（哈迪斯）：203；兴起，242；在史学中，243，271，274，276，**393—395**
Ḥaḍramawt，哈达拉毛，18，30，32，36，42，44，48，50，52，55，60，85，86，119，142，740
Hadrian，哈德良，75
Hadriana Palmyra，哈德良的巴尔米拉，75
Ḥaḍūr al-Shaykh，哈杜尔山，18
Ḥāfiẓ，al-，Fāṭimid，哈菲兹，623
Ḥāfiẓ，Persian poet，哈菲兹，436
Ḥāfiẓīyah，哈菲兹叶联队，627
Ḥafṣah，daughter of ʻUmar，欧麦尔的女儿哈福赛，123，184 注
Ḥafṣūn，ibn-，ʻUmar，欧麦尔 · 伊本 · 哈弗逊，**518—519**，520，521，618
Hagar，夏甲，43，97，133 注
Haifa，参阅 Ḥayfa
Ḥā'il，哈伊勒，741
Ḥā'iṭ，al-，哈伊兑，17
ḥājah，al-，宝石，591 注
Hajam，海哲，40
Ḥajar al-ʻAsqalāni，ibn-，伊本 · 哈哲尔 · 阿斯盖拉尼，689
ḥājib，侍从，侍从长，318，527，532
Ḥājib al-Manṣūr，al-，得胜的侍从长（哈只卜 · 曼苏尔），509，526，**532—534**，595
ḥajj，朝觐（哈只），100，133
Ḥajjāj，banu-，贝尼 · 哈查智人，518
Ḥajjāj ibn-Yūsuf，al-，哈查只 · 伊本 · 优素福，135，193，**207—208**，209，210，212，213，217，218，219，249，252，255，267，281，332

Ḥajjāj ibn-Yūsuf ibn-Maṭar, al-，哈查只·伊本·优索福·伊本·麦台尔，**314—315**，373
Ḥājji Khalfah，哈只·赫勒法，575，742
ḥakam，调停人，181
Ḥakam, al-, father of Marwān Ⅰ，艾勒·哈克木，189，193 注
Ḥakam, al-, Ⅰ, Umayyad of Cordova，哈克木一世，512，513，514 注，594
Ḥakam, al-, Ⅱ，哈克木二世，404，451，526，**530—531**，532，534 注，543，557，563，576，591，593
Ḥakam, ibn-abi-, abu-al-Majd，艾卜勒·麦只德·伊本·艾比勒·哈克木，427
ḥakīm，哲人，250，255，364
Ḥākim, al-, ʽAbbāsid caliph of Egypt，哈基木，677
Ḥākim, al-, Fāṭimid，哈基木，165，311，354，460，618，**620—621**，623，628，629，630，635
Ḥalab，哈莱卜，231，457。还可参阅 Aleppo
ḥalāl，哈拉勒，138
Halévy, Joseph，阿莱维：8，51，55：发现，50，55
Ḥalīmah，哈丽梅：之役，79；之战，81
Hall of Justice，审判厅，597
Hall of the Tree，异树宫，303，417
Hallāh，安拉，101
Ḥallāj al-，哈拉只，**435—436**
Halle，哈雷，51
ḥalqah，圆圈，小组，340，412
Haly Abbas，参阅 Majūsi, al-
Ḥamād, al-，哈马德，15
Hamadhān，哈马丹：通过哈马丹的大路，323，330，367，474
Hamadhāni, al-, Badīʽal-Zamān，白迪耳·宰曼·哈马丹尼，403
Ḥamāh，哈马，37，150，386，487，643，653，659，675，680 注，668，686，688，701，731
Haman, favourite of Ahasuerus，亚哈绥鲁的宠臣哈曼，125
ḥamāsah，热诚，25
Ḥamāsah，《坚贞诗集》，407
Ḥamawi, al-，参阅 Yāqūt
Hamdān，哈木丹，119
Ḥamdān ibn-Ḥamdūn，哈木丹·伊本·哈木敦，457
Ḥamdān Qarmaṭ，哈木丹·盖尔麦兑，**444—445**
Hamdāni, al-，哈木丹尼，18，48，50，54，57，**386**
Ḥamdānid，哈木丹尼：301；宫廷，402；王朝，456，**457—460**
Ḥamdānids，哈木丹尼王朝，**457—460**
Ḥamdīs, ibn-, ʽAbd-al-Jabbār，阿卜杜勒·哲巴尔·伊本·哈木迪斯，607
Hamites，含族：10，13；埃及的含族，143
Hamitic，含族的，12，13，214，485
Ḥammād, ibn-, historian，伊本·哈马德，628
Ḥammād, ibn-, Aḥmad，参阅 Faḍlān, ibn-
Ḥammād al-Rāwiyah，传诗人哈马德，94，**252**
Ḥammah, al-，哈马，553
ḥammām，公共澡堂，338
Ḥammūd, ibn-, ʽAli，阿里·伊本·哈木德，335，536 注
Ḥammūdid，哈木德人：政权，535，537；觊觎王位者，535
Hammurabi，汉谟拉比，28，737
Ḥamrā', al-，红宫，参阅 Alhambra
Ḥamzah al-Iṣfahāni，参阅 Iṣfahāni, al-
Ḥamzah ibn-ʽAbd-al-Muṭṭalib，哈木宰，189
Ḥanafite，哈奈斐：337，397 注；人口，398
Ḥanbal, ibn-, Aḥmad，艾哈迈德·伊本·罕百勒，236 注，399，412，430，689，740
Ḥanbalite rite，罕百里派，**399**
Ḥanbalites，罕百里派，398
Hāni', ibn-, Muḥammad，穆罕默德·伊本·哈尼伊，**560—561**
Ḥanīf，哈尼夫派，108，113，125 注
Ḥanīfah, abu-，艾卜·哈尼法，243，**247**，**397**，398，399
Ḥanīfah, banu-，哈尼法部族，141
Hannibal，汉尼拔，142
ḥārah，市区，231
ḥaram，禁地，违禁的，99，100，118
ḥarām，哈拉木（受禁止的行为），138，274，400
Ḥaram, al-, of al-Madīnah，麦地那的圣地，221
Ḥaram, al-, of Makkah，麦加的圣地，192，221
Ḥaram al-Sharīf, al-，尊贵的圣地，221
ḥaramayn, al-，两大圣地，186
ḥaras，禁卫军，326
Harāt，赫拉特，330，482
Ḥarb al-Basūs，白苏斯战役，89
Ḥarb ibn-Umayyah，哈尔卜，189，193 注
ḥarbah，镖枪，173
ḥarbīyah，步兵，327
Ḥārim，哈里木，487
Ḥarīri, al-，哈利利，**403**，420
Ḥārith, al-，哈里斯，81，85
Ḥārith, al-, Ⅱ, Ghassānid，哈里斯二世，79，83
Ḥārith, al-, Ⅲ, Nabataean，参阅 Ḥārithath, Ⅲ

Ḥārith, al- A'raj, al-, 参阅 Ḥārith, al-, Ⅱ
Ḥārith ibn-'Abd-al-Muṭṭalib, al-, 哈里斯, 189
Ḥārith, ibn-'Amr, al-, 哈里斯·伊本·阿慕尔, 85
Ḥārith ibn-Ḥillizah, al-, 哈里斯·伊本·希里宰, 83
Ḥārith ibn-Kaladah, al-, 哈里斯·伊本·凯莱达, 254
Ḥārithah, ibn-, 参阅 Zayd
Ḥārithath Ⅰ, 哈里萨斯一世, 68
Ḥārithath Ⅲ, 哈里萨斯三世, 68
Ḥārithath Ⅳ, 哈里萨斯四世, 68
Ḥarrah, al-, 哈赖（熔岩）, 17, 191
Ḥarrahs, 熔岩地区, 17
Ḥarrān, 哈兰, 88, 233, 255, 284, 285, 309, 314, 353, 376, 644, 689
Ḥarrānian; 哈兰的: 314; 天文学家, 358
Hārūn, son of Khumārawayh, 哈伦, 455 注
Hārūn al-Rashīd, 哈伦·赖世德: 29, 182 注, 204, 232, 296, **297—300**, 302 以下, 321, 322, 326, 328, 334, 337, 339, 340, 341, 342, 347, 348, 353, 354, 359, 360, 364, 365, 404, 405, 406, 409, 414, 415, 416, 425, 426, 451, 458, 466, 479 注, 514, 515, 652, 676; 间谍系统, 325; 母亲, 332, 333; 在中国记载中, 344; 鲁比的, 348
Hārūn, ibn-, Yazīd, 叶齐德·伊本·哈伦, 395
Ḥasa, al-, 哈撒, 19, 22
ḥasan, 良好的, 394
Ḥasan, al-, 参阅 Baṣri, al-
Ḥasan, al-, Mamlūk, 哈桑, 661, 673, 691
Ḥasan, al-, son of 'Ali, 哈桑, 179, 184 注, 189, **190**, 197, 236, 289, 290, 291, 440, 442, 450
Ḥasan, al-, son of al-Ḥasan, 哈桑, 291
Ḥasan 'Ali, abu-al-, Ḥamdānid, 艾卜勒·哈桑·阿里, 457 注
Ḥasan al-'Askari, al-, 哈桑·阿斯凯里, 442, 448
Ḥasanah, ibn-, 参阅 Shuraḥbīl
Ḥasdāy ben-Sharpūṭ, 参阅 Shaprūṭ, ben-
Hāshim, 哈希姆, 111, 184 注, 189, 283 注, 289; 王室, 282
Hāshimite, 哈希姆, 283, 341; 部族, 304
Hāshimite Kingdom of Jordan, 哈希姆约旦王国, 6, 756
Hāshimīyah, al-, 哈希米叶城, 289, 292
ḥashīsh, 大麻剂, 446 注, 447
ḥashshāshūn, 大麻烟嗜好者, 446 注
ḥāsib, 数学家, 315 注, 571
Ḥāsib, al-, 'Uṭārid ibn-Muḥammad, 伍塔里德, 383
Ḥassān ibn-al-Nu'mān, 参阅 Ghassāni, al-
Ḥassān ibn-Thābit, 哈萨尼·伊本·萨比特, 81
Ḥassan ibn-Tubba', 哈萨尼, 85
Ḥātim al-Ṭā'i, 哈帖木, 95
Hatshepsut, 赫熙卜苏, 34
Ḥaṭṭīn, 赫淀, 参阅 Ḥiṭṭīn
ḥawārīyūn, 基督的门徒, 106 注
Hawāzin, 海瓦精, 89
Ḥāwi, al-, 《医学集成》, 366, 367, 579
Ḥawqal, ibn-, 伊本·郝盖勒, 330, **385**, 413, 606, 607
Ḥawrān, 豪兰, 17, 19, 65, 70, 71, 78, 81
Hay'ah, al-, 《天文学书》, 572, 588
Ḥayawān, al-, 《动物书》, 382
Ḥaydar al-Shihābi, 哈伊达尔, 743
Ḥaydarābād, 海得拉巴, 210
Ḥayfa, 海法, 640, 655
Haytham, ibn-al-, abu-'Ali, al-Ḥasan, 伊本·海赛木, 370, **628**, 629
ḥayy, 区域, 26
Ḥayy ibn-Yaqẓān, 《哈义·伊本·叶格赞》, 582
Ḥayyān, ibn-, Jābir, 查比尔·伊本·哈彦, 255, 358, 364, 366, **380—381**, 434, 579
Ḥayyān, abu-, Muḥammad ibn-Yūsuf, 穆罕默德·伊本·优素福·艾卜·哈彦, 561
Ḥayyān, ibn-, abu-Marwān, 艾卜·麦尔旺·伊本·哈彦, 565
Ḥayyūj Judah ben-David, 哈优只·犹大·本·大卫, 557
Ḥazāel, 哈萨艾勒, 38
Hazār Afsāna,《海咱尔·艾弗萨纳》(《一千个故事》), 404
Ḥazm, ibn-, 'Ali, 阿里·伊本·哈兹木, 398 注, 535, **558**, 559, 586, 688, 690
Ḥazm ibn-Jahwar, abu-al-, 参阅 Jahwar, ibn-
Ḥaẓm, al-, 哈兹木, 55
Hebrew, 希伯来人的: 8, 9, 12, 30, 40, 41, 67, 90, 125, 126, 308, 367, 368, 369, 376, 581, 585; 王国, 40; 圣经中的诗歌, 43; 语法, 43, 557; 记录, 50; 宗教, 61; 词, 107 注; 先知, 113, 580; 历史, 145; 史料, 404; 译本, 583
Hebrews, 希伯来人, 8, 9, 10, 11, **40**, 68, 175
Heliopolis, 希利俄波利斯, 161 注
Hellenic, 希腊的: 4, 306, 307; 观念, 106
Hellenism, 希腊文化, 106, 307, 309, 310
Hellenistic, 希腊的: 工匠, 57; 时期, 72; 文明, 146; 文化, 153; 310; 观念, 434, 影响, 435
Hellespont, 黑雷斯蓬特, 199
Helsinki, 赫尔辛基, 305 注
Henry of Champagne, 香槟人亨利, 647

Heraclea，赫拉克利亚，44，300
Heraclean，赫拉克利的，203
Heraclius，希拉克略，80，143，147，148，152，153，161，163，165，200，203；死，164
Herat，参阅 Harāt
Hermann the Dalmatian，达尔美喜阿人赫尔曼，588，589
Hermeneutica，《赫尔门特卡》，312
Herod，希罗德，68
Herodotus，希罗多德，6，27，34，38，40，44，46，99
Hezekiah，希西家，41
ḥibr al-ummah，信士们的哲人，236
hijā'，讽刺诗，94
Ḥijāz，al-，希贾兹：6，14，17，18—20，30，36，42，44，58，64，66，68，71，86，**87—108**，136，140，141，144，148，158，160，179，191，192，207，217，224，236，237，241，251，256，262，273，274，276，278，330，395，456，498，641，646，647，661，677，738，739，740；圣地，64；叛变，193；学派，243
Ḥijāz，al-，Railway，希贾兹铁路，74
Ḥijāzis，希贾兹人，32，273
Ḥijjah，dhu-al-，十二月（回历），94，102，133，134
Ḥijr，al-，希志尔，68，71，72，99，256
Hijrah，the，希志来：20，32，88，92，99，105，114，116，134，192，201，390；定希志来为……，176
Ḥikmat al-Ishrāq，《照明的智慧》，586
Hilāl，banu-，贝尼希拉勒，622
Ḥillizah，ibn-，参阅 Ḥārith，al-
ḥilm，容忍，197
ḥima，保留牧场，98，99
Himalaya，喜马拉雅山，292
Ḥimṣ，希姆斯：75，76，148，150，152，153，154，169，173，231，244，261，265 注，284，412，457，502，557，643，653，659，678，679，701，733；省，196；收入，321；阿拉伯人，在塞维利亚，506；团队，538
Ḥimyar，希木叶尔：60；不出名的部族，62；皇家世系，65
Ḥimyari，al-，Nashwān ibn-Sa'īd，希木叶里，50
Ḥimyarite，希木叶尔：8；217，446；语言，30；首都，36；语言，52；王国，**55**，61；王朝，56，62；时期，56，57，58；驿站，58；商业活动，59；历代国王，60；最后一个国王，61；君主，62，64
Ḥimyarite-Sabaean dialect，希木叶尔 - 赛伯伊方言，88
Ḥimyarites，希木叶尔人：44，**55**，56，57，国家，61
Hind umm-'Amr，杏德，83
hindi，欣迪（剑），173
Hindi numerals，印度数码，308，378，**573—574**
Hindu：印度的，印度教的：260，365，367，377，378，379；王公，246；起源，438；庙宇，464；世界圆顶的观念，570；数字，574
ḥinnā'，指甲花，335
Hippalus，希帕拉斯，59
Hippocrates，希波克拉底，311，313，588
Hippodrome，希波德鲁木，204
Ḥirā'，希拉山，112，133
Ḥīrah，al-，希拉城：28，32，66，70，79，80，81，**82—84**，90，106，148，149，155，156，157，196，241，273，276，278，292，312，538；地区，65；主教，83；历代国王，84；屈服，84；主人，85；宫廷，95
ḥīrahs，堡宫，82
Hiram，希兰，41
Hiraqlah，赫拉克利亚，300
Ḥīri，al-，Ḥunayn，希拉人侯奈因，276，278
Ḥisāb al-Jabr，《积分和方程计算法》，379
ḥisāb al-jummal，词句计算法，379
Hishām，ibn-，伊本 · 希沙木，61，98，100，112，133，388
Hishām，Umayyad，希沙木，206，210，220，**222**，224，227，228，234，278，279，286，430，502，505，508
Hishām Ⅰ，Umayyad of Cordova，希沙木一世，512，514 注，558
Hishām Ⅱ，Umayyad of Cordova，希沙木二世，531，534，535，538，544，557，591
Hishām Ⅲ，Umayyad of Cordova，希沙木三世，534 注，536，558
Ḥiṣn al-Akrād，希斯尼 · 艾克拉德，638，657，665
Hispano-Arab：西班牙 - 阿拉伯：作家，568，地理学家，569；占星学家，571；医生，578，582；神秘的，585；易德里西的父母，609
Hispano-Arabs，西班牙阿拉伯人，509
Hispano-Moresque，school，西班牙摩尔学派，591
Historia plantarum，《历史新技》，49
History，历史，271
Ḥiṭṭīn，希田，481，**647**，648
Hittite，喜特人的：30；记录，660
Hittite-Hurrians，喜特 - 胡列安人，8
Hittiteland，喜特人的地方 479

Hittites，喜特人，6，20，479
Ḥizām，ibn-akhi-，Ya'qūb，叶耳孤卜，369
HLH，安拉，101
Hodeida，参阅 Ḥudaydah，al-
Holland，荷兰，592，712
Hollow-Syria，参阅 Coele-Syria
Hollywood，好莱坞，28
Holy Cities，圣城，118，237，704
Holy City，圣城：294；维护，619
Holy Family，圣家族，161
Holy Grail，圣盘，663
Holy Land，圣地，643，669
Holy Places，圣地，135
Holy Roman Empire，神圣罗马帝国，184，609
Holy Spirit，圣灵，105
Homer，荷马，311
Homeric poems，荷马的诗，562
Homeritae，希木叶尔人，44 注，55
Horites，何利人，67
Hospitalers，慈善院骑士团，644，646，653，656，657。还可参阅 Knights of St.John
Hubal，胡伯勒，100
ḥubāra，鸨，20
Ḥubaysh ibn-al-Ḥasan，胡伯史・伊本・哈桑，312
Huber，Charles，于贝尔，15，40
Hūd，banu-，胡德人，**537—538**，540，544
ḥudā'，商队的歌曲，92，273
Ḥudaybiyah，al-，侯德比叶，118
Ḥudaydah，al-，荷台达，18
hudhud，载胜，20
Hūdid，参阅 Hūd，banu
ḥuffāẓ，参阅背诵全部古兰经的人，123
Hufūf，al-，胡富夫，7
ḥujjah，宣传领袖，443
ḥujjat al-Islām，伊斯兰教权威，412
Ḥujr Ākil al-Murār，参阅 Ākil al-Murār
Ḥujr of Kindah（胡志尔），参阅 Ākil al-Murār
ḥukamā'，哲学家，370
Hūlāgu，旭烈兀，377，378，411，417，447，**486—488**，653，671，674，678，697
Hūlāguid Īl-Khāns，旭烈兀所建的伊儿汗国，656
Hūlāguids，旭烈兀人，488
Ḥullah al-Siyarā'，al-，《传记总集》，566
Ḥumaymah，al-，侯迈麦村，283
Ḥunayn，ibn-，参阅 Isḥāq
Ḥunayn ibn-Isḥāq，参阅 Isḥāq，ibn-
Hungary，匈牙利，712
Huns，匈奴人，210
Hurayrah，abu-，艾卜・胡赖莱，394，396
Hurgronje，Snouck，哈尔格龙，7
Ḥurr ibn-'Abd-al-Raḥmān，al-，参阅 Thaqafi，al-
Hurris，何利人，67
ḥurūf al-ghubār，尘土字母，573—574
Ḥusayn，al-，son of 'Ali，侯赛因，179，183，184 注，**190—191**，236，237，275，282，289，291，440，441，442，449，471，618
Ḥusayn，dey，侯赛因岱，717
Ḥusayn，Sharīf of Makkah，麦加的舍利夫侯赛因，741，752
Ḥuṣayn ibn-Numayr al-Sakūni，al-，萨库尼，192
Ḥusayn Kāmil，侯赛因・卡米勒，726 注，750
Ḥusayni，al-，secretary of al- Nāṣir，侯赛尼，680 注
Ḥusn al-Muḥāḍarah，《埃及史》，688
Ḥūwārīn，侯瓦林城，80
Ḥuwayṭāt，Bedouins，侯韦塔特的贝杜因人，70
Hyksos，希克索斯人，**20**

'ibād，伊巴德，81
Ibāḍ，ibn-，伊本・艾巴德，247
'ibādāt，仪巴达特（宗教义务），128，130，138，396
'Ibādi，伊巴底人，312
Ibādid，伊巴迪德人，37
Ibāḍite，伊巴底叶派，247
'Ibar wa-Dīwān al-Mubtada'，al-，《阿拉伯人、波斯人、柏柏尔人历史的殷鉴和原委》，568
Iberian Peninsula，伊比利亚半岛，214，493，532
Ibrāhīm，参阅 Adham，ibn-
Ibrāhim，参阅 Mawṣili，al-
Ibrāhīm，great-grandson of al-Ḥasan，易卜拉欣，**290—291**
Ibrāhīm，son of Muḥammad，易卜拉欣，120
Ibrāhīm Ⅱ，Aghlabid，易卜拉欣，452，604
Ibrāhīm，grandson of Thābit ibn-Qurrah，易卜拉欣，314
Ibrāhīm，Murābiṭ，易卜拉欣，545 注
Ibrāhīm，sultān，易卜拉欣素丹，713 注
Ibrāhīm，Umayyad，易卜拉欣，279，284
Ibrāhīm al-Ḥalabi，伊卜拉欣・哈莱比，713
Ibrahīm ibn-'Abdullāh，参阅 Burckhardt
Ibrāhīm ibn-al-Mahdi，易卜拉欣・伊本・麦海迪，**303—304**，318，426
Ibrāhīm Pasha，易卜拉欣・帕夏，725，726 注，**733—734**，746，749
'Ibri，ibn-al-，abu-al-Faraj，伊本・伊卜里，313，566，**683**

ibrīz，纯金，311 注
Ice Age，the，冰河时代，14
Icelandic，冰岛语，308
Iconium，艾科尼阿木，437，476，478
'Īd al-Aḍḥa，宰牲节（古尔邦节），133
Īḍāḥ, al-，《语法解释》，472
'Idhāri，ibn-，伊本·伊达里，523，618
Idrīs ibn-'Abdullāh，易德里斯·伊本·阿卜杜拉，**450**
Idrīs Ⅱ，易德里斯二世，513
Idrīsi，al-，geographer，易德里西，387，529，542，568，569，**609**
Idrīsids，易德里斯王朝，**450—451**，618
Idumaea，以东，74 注
Idumaeans，以东人，67
Ifranji，法兰克人，229
Ifrīqiyah，易弗里基叶，168，213，224，235，**451—452**，496，617
Ihdin，伊丁，670
iḥlāl，俗衣，134
iḥrām，戒衣，134
Iḥṣa' āl-'Ulūm，《科学纲领》，428
iḥsān，伊哈桑（善行），128，138
Iḥya' 'Ulūn al-Dīn，《圣学复苏》，411，432，473
i'jāz，绝妙性，129
ijāzah，营业执照，证明书，364，409
ijmā'，佥议（伊只马耳），397，398，399
ijtihād，以智提哈德，399
Ikhbār al-'Ulamā'，《哲学家兼医师列传》，687
ikhshīd，伊赫什德，456
Ikhshīd，al-，Muḥammad，参阅 Ṭughj，ibn-
Ikhshīdid，伊赫什德朝的：王朝，455，**456—457**；统治者，619；时期，625
Ikhshīdids，伊赫什德王朝，452，619，627
Ikhwān，同胞，741
Ikhwān al-Ṣafā'，精诚同志社，**372—373**，386，445，459，472，571。还可参阅 Brethren of Sincerity
Iklīl, al-，《花冠》，54，386
iksīr, al-，金丹，311 注，381 注
Īl-Khān，伊儿汗，378，488
Īl-Khānate，伊儿汗国，679
Īl-Khānid observatory，伊儿汗天文台，683
Īl-Khāns，伊儿汗国，488，676，**678**
Īlāhah，al-，女神，99
'ilāj nafsāni，精神治疗，686
Īlāq，参阅 Īlek
Ilasarus，易莱撒拉斯，56
Ilbīrah，参阅 Elvira
Īlek Khāns，伊莱格汗，463，474
Ili-shariḥa，易里舍利哈，57
Ili-shariḥa Yaḥḍub，易里舍利哈·叶哈杜卜，56
Iliad，the，伊利亚特，93，311
Īliyā'，伊里亚，189
'ilm，科学，认识，393
'ilm al-adab，人文学，410
'ilm al-akhlāq，道德哲学，401
'ilm al-awā'il，古学，244
Ilmuqah，易勒木盖，参阅 Almaqah
Ilyās，伊勒雅斯，125
'Imād-al-Dawlah，as an honorific title，伊麻德·道莱，471
'Imād-al-Dīn，伊马杜丁，参阅 Zangi
imām，伊马木，121，131，132，185，542，571
imām al-bī'ah al-Masīḥīyah，基督教教会的伊马木，542
imāmah，哈里发职位，139
īmān，伊马尼（宗教信仰），128，129
imārah 'āmmah，中级省长，331
Imperator，大将，75
Imprimerie Catholique，天主教印刷厂，747
'Imrān，仪姆兰，125
Imru'-al-Qays Ⅰ，Lakhmid，莱赫米王朝的伊木鲁勒·盖伊斯：70，82；铭文，88
Imru'-al-Qays，poet，伊木鲁勒·盖伊斯，85，**93**，94，96，107，251
Īnāl，Mamlūk，伊那勒，677，694，695，696
inbiq, al-，蒸馏器，579 注
India，印度：6，8，32，33，44，48，58，59，72，73，173，212，224，281，298，305，**307—308**，356，359，362，377，383，384，386，395，398，438，448，462，464，465，574，667，672注，677，689，690，696，697，728；路线，49，722，727；棉花，723；边境，157；对印度的海上贸易，343，749
Indian，印度的：212，260，292，307，308，339，373，375，379，384；手工业者，265；起源，404，428，459；影响，417；观念，430；圣人，435；边境，461；阿拉伯数字的起源，573；海面，697
Indian Buddhism，印度佛教，212
Indian Ocean，印度洋，60，654
Indians，印度人，228，308
Indo-China，Arabic figures in，阿拉伯数字在印度支那，378 注
Indo-European，印欧的：游牧人，20；文明，339；382
Indo-Iranian，印度-伊朗的：传说，422；影响，

435
Indonesia，印度尼西亚，344
Indo-Persian，印度-波斯的：史料，241；306，308，391，559
Indus valley，印度河流域，210，330，377
Indus River，印度河，206，215，281，292
Injīl al-Ṭufūlīyah，《幼年福音》，126
Inquisition，宗教裁判，555
insān al-kāmil, al-，全人，587
inshā'，尺牍，250
inshād，诗歌吟唱，273
Ioasaph，参阅 Josaphat
īqā'，节奏，274，370，428，600
Īqa', al-，《节奏书》，427
'iqāl，细绳，头带，24，229
'Iqd al-Farīd, al-，《希世璎珞》，298，308，340，425，**558**
Iqrīṭish，克里特岛，202
Iqtiṣād fi al-I'tiqād al-，《信仰的节制》，432
Iram，伊赖木，74 注
Iran，伊朗，157 注，209，249 注，358；征服，176；伊朗的儿子们，485
Iranian，伊朗的：成分，76；主人，156；时代，174；文明，174，208 注，308，353，359，361，389，465，466；农民，284；专制制度，294；称号，456；王朝，463；在伊本·突伦清真寺中的影响，630；法帖梅艺术中的模范，631；法帖梅陶器中的图案，631；部族，702
Iranian Persians，伊朗的波斯人，485
Iranianism，伊朗民族主义，283，287
Iranians，伊朗人，209，463
'Irāq，al-，伊拉克：6，9，32，57，61，65，82，86，123，127，135，140，142，143，149，**155—157**，165，168 注，169，179，180，189，192，206，207，208，217，218，223，224，232 以下，306，316，321，340，345，353，355 以下，404，412，414，440 注，445，464，465，471，473，478，557，565，569，578，630，633，644，671；对伊拉克的袭击，148，728；**736—738**；740；圣训学派，**243**；阿里派学说，249；歌唱家，276；作物，350；水道，350；学派，397；对伊拉克的进攻，741；英国在伊拉克，751；独立，753；主权，753
'Iraq al-'Ajami，al-，波斯的伊拉克，330
'Irāq al-'Arabi，al-，阿拉伯的伊拉克，330 注，488，531
'Irāq Petroleum Company，伊拉克石油公司，737
'Irāqi，伊拉克人：127，220，293，414，444，662；学校，181；压迫者，286；民族主义，756
'Irāqis，伊拉克人，155，180，190，207，286，716，749
'Irāqs，the two，两个伊拉克，704
Irbil，阿尔比勒，687
'irḍ，荣誉，95
Irene，Byzantine empress，爱利尼皇后，204，299，**300**
irjā'，中止，247
Irshād li-Maṣāliḥ al-Anfās al-，《身心利益的指南》，686
'Īsa，伊萨，106，125，289，443
'Īsa，ibn-，'Ali，oculist，阿里·伊本·伊萨，**368—369**，629
'Īsa，ibn-，'Ali，vizir，阿里·伊本·伊萨，123，364
'Īsa ibn-Nasṭūr，伊萨·伊本·奈斯突尔，620
Isaac，以撒，264
Isaac，Cordovan monk，以撒，516
Isaak Velasquez，参阅 Velasquez
Isabella of Castile，伊莎贝拉，551，553，555
Isabelle of Brienne，布利恩人伊莎贝尔，610
Isagoge，《逻辑学入门》，315
Isaiah，以赛亚，67
Isaurian，艾骚利阿，300 注
Iṣbahān，伊斯巴罕：290 注，330，389，464，470，474，476，477 注；锑，348
Iṣbahāni，abu-al-Faraj，艾卜勒·费赖吉·伊斯巴哈尼，92，94，**404**，458，531
Isbatārīyah，圣约翰骑士团，644 注
Iṣfahān，参阅 Iṣbahān
Iṣfahāni，al-，abu-al-Faraj，参阅 Iṣbahāni，al-
Iṣfahāni，al-，Ḥamzah，哈木宰·伊斯法哈尼，55，64，78，**389—390**，402，425 注
Iṣfahāni，al-，'Imād-al-Dīn al-Kātib，仪马德丁，652
Isḥāq，Murābiṭ，易司哈格，545 注，546
Isḥāq ibn-Ḥunayn，易司哈格·伊本·侯奈因，**312—313**，401
Isḥāq，ibn-，Ḥunayn，侯奈因·伊本·易司哈格，306，**312—314**，363，364，369，373，401，427
Isḥāq al-Mawṣili，参阅 Mawṣili，al-
Isḥāq，ibn-，Muḥammad，伊本·易司哈格，112，388，390
Isḥāqi，al-，易斯哈基，720
Ishbīliyah，参阅 Seville
Ishmael，以实玛利（易司马仪）：24，32，43，92，97，100，125，280，443
Ishmaelite，line，以实玛利世系，100

Ishmaelites，易司马仪派，43，50
ishrāqi，照明派，586
Ishtar，伊什台尔，61
Ishtiqāq，al-，《语源学》，92
Iskandar dhu-al-Qarnayn，亚历山大大帝，124
Iskandarīyah，al-，伊斯康德里亚，163
Iṣlāḥ al-Akhlāq，《性格的改良》，581 注
Islam，伊斯兰教：3，4，8，17，18，26，29，61，64，66，80，83，98，101，117，118，121，**128—129**，209，210，214 以下，255，258，262 以下，328，334，348 以下，410，411，412 以下，488，489，493 以下；摇篮，98；诞生，100；建立，106；信仰，126 注；基础，127；130；基石，133；基本要素，138；最近的捍卫者，147；族长时代，177；最早的教派，182；朝香，182；最后的哈里发帝国，184；内战，192；内部的宗教运动，242，245；祷告，243；宿命论，245；哲学，245，246；教派，246；法学学派，247；圣地，261；教义学家，269；歌唱家，**275**；奴隶制度，235；在中国，344；同基督教比较，354；第一所医院，364；极端的异端，373；第一张天堂地图，384；传统，753
Islamic，伊斯兰教的：征服，25，38；国家，28；教义学，105；政府，114，132，145；信士大众，119；立法，124；帝国，150；206，286，291；铸币，217；年代纪，228，法律，235；文明，256；著作，264；政府，294；361 以下，588；教义学，359，370，438；地理学，387；画家，420；西西里艺术中的伊斯兰教的特色，593；在西班牙法律中的影响，600；书籍装订，631；文化，662
Islamic art，伊斯兰的艺术，261，423，454
Islamic literature，伊斯兰文学，8，64，96
Islamic Spain，伊斯兰西班牙，509
Islamic，pan-，congresses，全伊斯兰大会，139
Islamic，pre-，伊斯兰以前的：诗人，25，81，107，274；时代，26，132；妇女，28；时期，67；文明，72；宗教观念，87；演说，92；诗歌，94，252，405；生活，95；偶像崇拜，96；铭文，105，崇拜物，118；217，228，236，250，271，316；传奇，387；音乐，425 注
Islamic，pre-，Arabia，伊斯兰以前的阿拉比亚，133，134，386
Islamic，pre-，Arabians，伊斯兰以前的阿拉比亚人，92，106
Islamic，pre-，Arabic inscriptions，伊斯兰以前的阿拉伯语铭文，88，101
Islamism，pan-，泛伊斯兰教运动，186
Islamized Iranians，伊斯兰化的伊朗人，159
'iṣmah，免罪性，不谬性，248，440
Ismā'īl，'Alid imām，易司马仪，**442—443**，448，618
Ismā'īl，brother of Naṣr ibn-Aḥmad，易司马仪，462
Ismā'īl，khedive，易司马仪总督，726 注，728，746
Ismā'īl，Mamlūk，易司马仪，673
Ismā'īl，Shāh，founder of Ṣafawid dynasty，易司马仪，703，737
Ismā'īl，son of Nūr-al-Dīn，易司马仪 646
Isma'īli，易司马仪派：367；宣传家，478；传教士，625
Ismā'īlism，易司马仪派教义，448
Ismā'īlite，易司马仪派的：372，446，448，449；教派，617；学说，621
Ismā'īlites，易司马仪派，249，**442—443**，448，485
Ismā'īlīyah，易司马仪派，**442—443**
isnād，线索，389，390，394，395，412
Ispahān，伊斯法哈尼，330。还可参阅 Iṣbahān
Isrā'，al-，夜间旅行，114
Isrā' ila Maqām al-Asra，al-，《夜行到上界》，586
Israel，以色列：国王，42；国家，62，755
Israeli，以色列的，751
Israelites，以色列人，104，441
Iṣṭakhr，伊斯泰赫尔，157，385
Iṣṭakhri，al-，伊斯泰赫里，18，330，345，**385**
istiḥsān，嘉纳，397
istiṣlāḥ，公共利益，397 注
Italian，意大利的：379，402，690；早期传说，404；沿海，605；诗歌，611；纺织工人，613；工场，613；舰只，640；城市，667；城市共和国，669
Italian Renaissance，意大利文艺复兴，611
Italians，意大利人，716
Italy，意大利：9，345，347，451，524，564，574，592，593，**604—605**，611，612，613，629，636，653，665；海岸，712；建筑师，730
It'amara，叶特仪·艾默拉，38。还可参阅 Yatha'-amar
ithmid，锑，579 注
Ithna 'Asharīyah，十二伊马木派，441
I'timād al-Rumaykīyah，伊耳帖马德·鲁美基叶，539，541
Itqān，al-，《古兰经学》，106 注，688
'iṭr，香精，351
Īwān Kisra，穹窿大广（波斯皇宫），156，261
'Iyāḍ ibn-Ghanm，伊雅德·伊本·安木，157
Iyās，ibn-，伊本·伊雅斯，681
Iyās ibn-Qabīṣah，伊雅斯，84

Jabal al-Akhḍar，al-，绿山，15
Jabal al-Durūz，德鲁兹山，752

Jabal al-Shaykh，al-，白头山，215
Jabal Lubnān，黎巴嫩山，736
Jabal Ṭāriq，塔立格山，参阅 Gibraltar
Jabalah，town，哲白莱，648
Jabalah，ibn-al-Ayham，哲白莱·伊本·艾伊海木，80，81，201，300 注
Jabarti，al-，哲白尔帖，743
jabbār，最有势的，107 注
jābi，al-，税务员，605
Jābir，参阅 Ḥayyām，ibn-
Jābiyah，al-，查比叶，78，154，165，169
jabr，哲卜尔，245
Jabrites，哲卜里叶派，245
Jacob Baradaeus，参阅 Ya'qūb al-Barda'i
Jacobite，雅各派：79，315，355—356，420，422；系统，153；医生，311 注
Jacobite Christian，雅各派基督教徒，195
Jacobites，雅各派，196，424
Ja'd，al-，ibn-Dirham，哲耳德·伊本·第尔汗，430
Jadhīmah al-Abrash，哲狄默，82
jadhr aṣamm，聋根，573
jadi，al-，小山羊，572
Jadīs，哲迪斯人，30
Jaen，哈恩，502，505，520，528，529
Ja'far，Barmakid，哲耳法尔，295，304，414
Ja'far，abu-，（艾卜·哲耳法尔）；参阅 Manṣūr，al-，'Abbāsid
Ja'far，参阅 Ṣādiq，al-
Ja'far ibn-abi-Ṭālib，哲耳法尔，121
Ja'fari，al-，palace，哲耳法尔的公馆，295，304
Jaffa，雅法，285，640，656，733
Jafnah，son of Amr，穆宰伊基雅的儿子哲弗奈，78
Jafnid，哲弗奈王朝：历史，78；年代纪，79；王朝，80；国王，83
Jaghbūb，贾加布卜，437
jahannam，地狱，106 注
Jāhilīyah，蒙昧：时代，**87—88**，91；时代，88；贝杜因人，96；人民，121；时代，133，160；240，252，274
Jāḥiẓ，al-，查希兹，339，354，**382**，402，430，435
Jahshiyāri，al-，哲海什雅里，404
Jahwar，banu-，哲海韦尔人，538
Jahwar，ibn-，abu-al-Ḥazm，艾卜勒·哈兹木·伊本·哲海韦尔，536，560
Jahwarids，哲海韦尔人，**537—538**，560
Jā'īz，查伊兹（准许的行为），400
Jakeh，雅基，43
Jalāl-al-Dīn abu-al-Fatḥ，参阅 Malikshāh
Jalāl-al-Dīn al-Suyūṭi，参阅 Suyūṭi，al-
Jalāli Calendar，查拉里历，**477**
Jalūlā'，哲鲁拉，157
jamā'ah，清真大寺，267
James of Aragon，阿拉贡的雅姆，676
Jāmi'，of ibn-Rushd，《梗概》，583
Jāmi'，of al-Tirmidhi，《圣训集》，395
Jāmi'，ibn-，伊本·查米耳，303，425
Jāmi'fi al-Adwiyah，al-，《医方汇编》，575
Jāmi'ah al-Islāmīyaḥ，al-，泛伊斯兰教运动，186
Jamīl al-'Udhri，欧兹赖部族的哲密勒，251
Jamīlah，哲密莱，275
Jamrat al-'Aqabah，哲木赖特·阿格伯，133
Jinān，al-，《花园》，748
Janda，詹达，494
Janissaries，土耳其禁卫军，437，467，703，710，719，726
Janissary，禁卫军：被剿灭，724；叛变，737
Jannāb，占那卜，445 注
Jannābatayn，占纳伯太因，150 注
Jannābi，al-，abu-Sa'īd al-Ḥasan，艾卜·赛义德·哈桑·占那比，**445**
jannat al-'arīf，检查官的乐园，529
Janus，king of Cyprus，贾纳斯，699
Jaqmaq，Mamlūk，哲格麦格，692，694，695，696
Jarājimah，al-，哲拉吉麦人，204，205，212
Jarbā'，al-，哲尔巴，119
jarīb，袋，150
jarīd，竞技，掷标枪，21，339，664
Jarīr，poet，哲利尔，220，**252**
Jarmuth，耶末，152 注
Jarrāḥ，ibn-al-，参阅 'Ubaydah，abu
Jaṣṣāṣ ibn-al-，伊本·哲萨斯，344
Jassās ibn-Murrah，哲萨斯，90
jāthalīq，景教教长，355
Jathrippa，叶斯里卜，104
Játiva，哈提瓦，参阅 Shāṭibah
Java，爪哇，437
Javanese，爪哇人，126
Jawād，al-，参阅 Muḥammad
Jawāmi' al-Ḥikāyāt，《故事总汇》，669
jawāri，姑娘，341
Jawf，al-，焦夫，52，54，149
Jawhar al-Rūmi，参阅 Jawhar al-Ṣiqilli
Jawhar al-Ṣiqilli，昭海尔·绥基利，457，**619**
Jawhari，al-，昭海里，402
Jawlān，昭兰，78

Jawzi，ibn-al-，伊本・召齐，392 注，688
jayb，衣袋，573
Jayḥūn，质浑河，209 注
Jaysh，son of Khumārawayh，查伊什，455 注
Jaxartes provinces，药杀河各省区，209
Jaxartes River，药杀河，323，330
Jazā'ir，al-，710。还可参阅 Algeria
Jazīrah，al-，哲齐赖（河洲），224，330
Jazīrat al-'Arab，阿拉伯岛，8
Jazīrat ibn-'Umar，伊本・欧默尔岛，391 注
Jazīrat Ṭarīf，泰利夫岛，493
Jazlah，ibn-，伊本・哲兹莱，**369**，570
Jazzār，al-，查萨尔，**732—733**
Jazzīn，查精，731
Jedda，参阅 Juddah
Jehoshaphat，约沙法，41
Jehovah，耶和华，40
Jehu，耶胡，286 注
Jem，吉木，702
Jeremiah，耶利米，41
Jericho，杰里科，169，639
Jerusalem，耶路撒冷：8；毁灭，61；进攻，68；攻占，80；114，118，147，153，160，174，189，206，220，221，246，259，264，267，386，416，443，452，460，476，480，497，508，609，620，624，627，635，636，639，640，641，643，644，645，646，648，651，653，654，661，665，726；陷落，154；大主教，154；被占领，733
Jesu Haly，参阅 'Isa，ibn-，'Ali，oculist
Jesuit，耶稣会的：7；活动，729
Jesuits，耶稣会会员，746
Jesus，耶稣：106，125，164，289，309 注，443；儿童，126
Jew，犹太人，7，42，62，153，375，395，537，618，621，627
Jewess，犹太女人，103，169
Jewish，犹太的：8，213 注，240，264，310，365，366，391，393，680；信仰，60；君主，62；倾向，66；居民，104；医生，105；侨民区，107；诗人，107；部族，117；部族，119；非经典作品，125；会堂礼拜，132；绿洲，147；改字者，244；医生，255，524，662；经院哲学，432；城市，542；天文学家，571；医学传统，579；世界，583；社会，584；教义学，585；思想，585；医生，686；起源，690
Jewish Arabians，信仰犹太教的阿拉比亚人，66
Jewish-Christian tradition，犹太 - 基督教传说，389
Jewish-Moslem traditions，犹太 - 穆斯林传说，244
Jewish，non-，tribes，非犹太部族，104
Jews，犹太人：8，18，19，40，41，61，62，104，114，116，117，130，133，143，170 注，174，**233**，234，310，338，**353—357**，498，510，542，543，550，584，585，588，610，612，620，621，644，668，676，696；土著，119；作为商人，343；巴格达的犹太人，357 注
Jibāl al-，吉巴勒，323，330，385
Jibrīl，吉卜利勒，107 注，3，13，129
Jibrīl ibn-Bakhtīshū'ibn-Jūrjis，吉卜列里・伊本・伯赫帖舒・伊本・朱尔吉斯，309，312
jighrāfīyah，地理学，311 注
jihād，志哈德（圣战），124，136，138，186，712
Jīlāni，al-，'Abd-al-Qādir，阿卜杜勒 - 嘎迪尔・支拉尼（或支里），436
Jīli，al-，参阅 Jīlāni，al-
Jilliq，吉里格，78
Jillīqi，al-，'Abd-al-Raḥmān ibn-Marwān，阿卜杜勒・赖哈曼・伊本・麦尔旺・吉利基，518
Jimāl，umm-al-，温木・只马勒，88，101
jinn，精尼（精灵），426
Jinni，ibn-，伊本・金尼，402
jiwār，睦邻，253
Jīzah，al-，吉萨，435
jizyah，人丁税：119，171，320；在西班牙基督教徒的身上，510
Joannes Hispalensis，参阅 John of Seville
Joannitius，参阅 Isḥāq，ibn-，Ḥunayn
Job，约伯，42—43，125
John，bishop of Seville，塞维利亚的主教约翰，516
John，envoy of Otto，约翰，590
John，King，约翰王，549 注
John，monk of St.Sāba，圣萨巴修道院僧人约翰，246
John Ⅷ，pope，约翰八世，604
John the Baptist，施洗的约翰，125
John of Damascus，大马士革的约翰，150，195，196，**245**，246
John of Garland，加尔兰德的约翰，600
John of Nikiu，尼丘人约翰，164
John of Seville，塞维利亚的约翰，376，378，589
Joktan，约坍，32，280
Jonah，约拿，125，435 注
Jordan，约旦：区，154，169，173；税，321 注；在阿契多那的约旦区，506
Jordan River，约旦河，72，147，150，160，269，640，641，648 注，656
Josaphat，约萨法特，246

Joscelin Ⅱ，佐塞林二世，644，645
Joseph，约瑟，125
Josephus，约瑟福斯，68
Jubayl，朱拜勒，70，635，641
Jubayr，ibn-，伊本·祝拜尔，260，408，411，412，**569**，607，608—609，660，661
jubbah，斗篷，334
Jubbā'i，al-，祝巴仪，430
Judaea，朱迪亚，307
Judaeo-Christian，犹太 - 基督教：势力，248；教派，357；传统，749
Judaeo-Egyptian oculist，犹太 - 埃及眼科医生，686
Judah，犹大，41
Judaic，犹太的，400
Judaism，犹太教，3，4，60，107，118，122，128，145，232，561，584，589
Judaized Aramaeans，犹太教化的阿拉马人，61
Judari W-al-Ḥaṣbah，al-，《天花和麻疹》，366
Juddah，吉达，18，256，292，741
jūkān，马球，339
julāb，蔷薇水，579
Julian，count of Ceuta，朱利安，494，499
Julius Cæsar，朱理阿斯·恺撒，68，164，166
Jumaḥi，al-，祝麦希，107
jūmaṭrīya，《几何学》，311 注
Jumay'（Jamī'），ibn-，伊本·祝迈耳，686
Junayd，al-，祝奈德，436，**438**
jund，常备军，154，231，327
Jundaysābūr，军迪·沙普尔，309 注，373
Jundi-Shāpūr，军迪 - 沙普尔，309。还可参阅 Junday-sābūr
Jundub，均杜卜，37
Jupiter，朱庇特，265，415
Jūr，朱尔，351
Jurājimah，al-，哲拉吉麦人，参阅 Jarājimah，al-
Jurhum，banu-，祝尔胡木人，100
Jurjān，竹尔占，330，462，474
Jūrjīs ibn-Bakhtīshū'，朱尔吉斯·伊本·伯赫帖舒，**309**
Justin I，查士丁一世，62
Justinian I，查士丁尼一世，79，85，265
Justinian Ⅱ，查士丁尼二世，205，212
Justinian Code，the，查士丁尼法典，400
Juwayni，al-，朱威尼，488
Juyūshīyah，主攸什叶联队，627

Ka'b al-Aḥbar，凯耳卜勒·艾哈巴尔，244
Ka'bah，al-，克而白：17，52，72，80，93，**100—102**，105，114，118，128，130，134，182，192，238，256，273，307，383，445，508，702；克而白崇拜，64；绕克而白而行，104，133；克而白的保护者，104，113；克而白周围的地区；118；建立者，125 注
kabīrah，大罪，245
kabsh，破城槌，226
Kābul，喀布尔的：突厥族国王，208；河谷，464
Kabyls，部落，361
kaddān，铺路者，597 注
Kāfi fi al-Ḥisāb，al-，《算术全书》，379
Kāfi fi al-Kuḥl，al-，《眼药水全书》，686
Kāfūr al-Ikhshīdi，卡夫尔·伊赫什迪，**456—457**，458，661，627
Kāghad，纸，414
Kahf，al-，凯海夫，448，657
kaḥḥāl，眼科医生，369
kāhin，卜士，100
kāhinah，女巫，213
Kaiser Friedrich Museum，恺撒·腓特烈博物馆，269
kalām，言语，教义学，129，370，431
Kalb，banu-，凯勒卜族，192 注，195，280
Kalbi，al-，al-Ḥasan ibn-'Ali，哈桑·伊本·阿里，606
Kalbi，al-，Hishām，希沙木·凯勒比，96，99，**387**，390
Kalbite，凯勒卜族的：敌人，192；281；王朝，606
Kalbites，凯勒卜族，192，281，606
Kaleb Ela Aṣbeḥa，克里卜·伊拉·艾斯比哈，62
Kalīlah wa-Dimnah，《凯利莱和迪木奈》（比得巴寓言），**308**，372，420，559，612，663
kalimah，言语，587
kalimah，al-，清真言，408
kāmil，al-，完人，253
Kāmil，abu-，艾卜·卡米勒，392
Kāmil，al-，Ayyūbid，卡米勒，575，610，651，**653**，**654**，655
Kāmil Sha'bān，al-，Mamlūk，卡米勒·舍耳班，673
Kāmil al-Ṣinā'ah，《医学全书》，367
Kāmil al-Ṣinā'atayn，《二艺全书：兽医学和养马学》，685
Kāmil fi al-Ta'rīkh，al-，《历史大全》，391
kanīsah，教会，107 注
Kant，康德，585
karādīs，步兵大队，284
Karaji，al-，abu-Bakr Muḥammad，艾卜·伯克尔·穆罕默德·凯赖支，379

Karak，al-，卡拉克，641 注，647，648，652，656，674
Karam，凯赖木，670
karāmāt，奇迹，438
Karbalā'，卡尔巴拉，183，**190—191**，440，737，740，752
Karbūqa，of al-Mawṣil，克尔卜嘎，638
Karib As'ad Kāmil，abu-，艾卜·克里卜·艾斯耳德·卡米勒，60
Kariba-il，of inscriptions，铭文中提及的克列巴·易勒，38
Kariba-il Watar，克里伯·伊勒·瓦塔尔，53，54，56
Kariba-il，of Saba'，赛伯伊的克里伯·伊勒，38，52
Karkar，参阅 Qarqar
Karkh，克尔赫，379 注，641 注
Karmān，克尔曼：208，224，330，462，470；矿产，348
Karmāni，al-，克尔马尼，571
Kāshān，加珊，346
Kashf al-Ẓunūn'an al-Asāmi w-al-Funūn，《书名释疑》，742
Kāshghar，喀什噶尔，210，212，476
Kashmīr，克什米尔，292
kasrad，齐齿符，219
Kassites，克塞人，20
Kāth，卡斯，330
Kātib，al-，参阅 Ḥāsib，al-，'Uṭārrid
Kawākib al-Thābitah，al-，《恒星集》，376
Kawkab，考克卜，648
Kazan，喀山，570
Kāẓimayn，al-，卡齐迈因，191，737
Kedar，基达，42
Kepler，凯卜勒，629
KFR，不信真主，105
Khadījah，赫底澈，108，112，113，120
Khaḍrā' al-，绿宫，215，267
Khafājah，ibn-，abu-Isḥāq，艾卜·易司哈格·伊本·赫法哲，560
Khā'ir Bey，哈伊尔贝，703，719，726
Khāl，dhāt-al-，痣妞，341
Khalaṣah，dhu-al-，左勒·赫莱赛，96
Khaldūn，ibn-，伊本·赫勒敦，185，254，320，337，348，391，404，549，**567—568**，575，618，687，701
Khālid，Umayyad prince，哈立德，**255**
Khālid ibn-'Abdullāh，参阅 al-Qasri
Khālid ibn-Barmak，参阅 Barmak，ibn-
Khālid，ibn-，Mūsa，穆萨·伊本·哈立德，312
Khālid ibn-al-Walīd，哈立德·伊本·韦立德：84，118，141，**147—155**，160，213，388；出征，142
Khālid ibn-Yazīd ibn-Mu'āwiyah，哈立德·伊本·叶齐德·伊本·穆阿威叶，380
khalīfah，哈里发，139，178，328
Khalīfah al-Nāṣir，al-，保卫安拉的宗教的哈里发，523
khalīfat Allāh，安拉的哈里发，317
khalīfat Rasūl Allāh，安拉的使者的继承者，178
Khalīj al-Ḥākimi，al-，哈基米运河，165
Khalīj Amīr al-Mu'minīn，信士长官的运河，165
Khalīl ibn-Aḥmad，al-，赫立里·伊本·艾哈迈德，**242**
khalkhāl，脚镯，334
Khallikān，ibn-，伊本·赫里康，241，250，306，372，392，411，468，477，558，575，618，**687**
khalq，受造之物，429
khamīs，赫米斯（五肢军），173
khamlah，羽沙，668
khamr，酒，19，121，337
khamrīyāt，赞美酒的诗歌，337，406
khānaqāh，修道院，660 注
khandaq，战壕，117 注
Khāns，汗，465
Khansā'，al-，抗萨，274
kharāj，土地税，170，171，320；在西班牙，510
Kharāj，al-，of Qudāmah，《土地税》，385
Kharāj，al-，of abu-Yūsuf，《赋税论》，397
Kharibah，哈里卜，54
Khārijite，哈列哲派的：182，232，262，284，502；支派，247；学说，468
Khārijites，哈列哲派：136，182，207，208，**246—247**，284，402，440
kharrūb，稻子豆，665
khāṣṣah，乙级（法官），乙级（省长），326，331
khaṭīb，赫兑卜（讲道者），249
Khaṭīb al-Baghdādi，al-，赫兑卜，305，338，413
Khaṭīb，ibn-al-，Lisān-al-Dīn，列萨努丁·伊本·赫帖卜，550，559，563，**567**，576
Khaṭṭ，al-，赫特，173
Khaṭṭāb，ibn-al-，参阅 'Umar
Khawābi，al-，赫瓦比，657
Khawarnaq，al-，赫维尔奈格，82
Khawlāni，al-，al- Samḥ ibn-Mālik，赛木哈·伊本·马立克·豪拉尼，499，500，503
khayāl al-ẓill，影子，690

Khaybar，海巴尔，117，169
khayr，丰收，134 注
Khayr-al-Dīn Barbarossa，赫伊尔丁・伯尔伯罗萨，710
khayzurān，竹子，334
Khayzurān，al-，赫祖兰，304，332，333
Khayzurān，ibn-，Walīd，韦立德・伊本・赫祖兰，530
Khazar，al-，可萨，210
Khāzin，al-，abu-Ja'far，哈精，376
Khazraj，al-，赫兹赖只族：89，99，104，116；部族，116，549
khazz，纺绸，346
khilāfah，哈里发，185
khilāfat al-nubū'ah，先知的继承，197
khiṣyān，阉人（宦官），341
Khīwa，基发，379 注。还可参阅 Khwārizm
khizānah，al-，碗柜，597 注
khizānat al-kutub，图书馆，413
Khojas，火者，448
Khudhāy-nāmah，《列王纪》，389
Khulqīyāt，《道德学》（《伦理学》），313
Khumārawayh，Ṭūlūnid，胡马赖韦，**454—455**
Khurāsān，呼罗珊：蒙面先知，86；省，157；征服，194；209，210，218，224，241，280，283，284，285，289，290，318，330，346，350，378，379，385，412，414，426，431，445，461，462，463，464，465，466，474，486，633，635；土地税，321；大路，323，325；矿产，348
Khurāsāni，呼罗珊的：军队，285；290，328
Khurāsāni，al-，参阅 Muslim，abu-
Khurāsānian，呼罗珊的：部队，283；卫队，293
Khurāsānians，呼罗珊人，286
Khurdādhbih，ibn-，伊本・胡尔达兹比，320，321，323，**384**，427
Khūri，al-，Khalīl，胡列，748
Khurrami，胡拉米教派，323
Khushqadam，Mamlūk，胡什盖德木，694，696
Khusraw Parwīz，胡斯罗・伯尔威兹，80
khuṭbah，说教（虎吐白），131，185，186，198，288，470，480，508
khūwah，呼卫，25
Khuzā'ah，banu-，胡扎儿人，100
Khūzistān，胡泽斯坦，157，170 注，309 注，325，330，345，470
Khwārizm，花拉子模，209，210 注，330，350，376 注，379 注，386，414，474，481，482，569
Khwārizm Shāh，花拉子模的沙，674
Khwārizm Shāhs，花拉子模诸沙，**481**，486
Khwārizm Turks，花拉子模的突厥人，654
Khwārizmi，al-，mathematician，花拉子密，307，375，**379—380**，384，392 注，571，573，588，589，600
Khwārizmi，al-，abu-Bakr，花拉子模人艾卜・伯克尔，333
kibrīt al-aḥmar，al-，点金石，381 注
Kidri，吉得里，38，42
Killis，ibn-，Ya'qūb，叶儿孤卜・伊本・基列斯，**627**
kīmiyā'，炼金术，380 注
Kinānah，克那奈人，89
Kindah，肯德人，28，65，83，119；王朝，**85**，208；部族，86；兴起，86；各部族，93
Kindi，al-，'Abd-al-Masīḥ，肯迪，354
Kindi，al-，Muḥammad ibn-Yūsuf，穆罕默德・伊本・优素福・肯迪，627
Kindi，al-，Ya'qūb ibn-Isḥāq，叶耳孤卜・伊本・易司哈格・艾勒・肯迪，86，**370—371**，428，589，600
Kindite kings，肯德王朝国王，84
Kindites，肯德人，86
Kirghiz，吉尔吉斯，473
Kisra Anūsharwān，克斯拉・艾努舍尔旺，66。还可参阅 Chosroes
Kisrawān，卡斯赖旺，680
Kitāb，书名按紧下面的词查阅
Kitāb，al-，《书》，**242**
Kitāmah tribe，基塔麦部族，617，618
Kitbugha，Mamlūk，怯的不花，673
Kitbugha，Mongolian，怯的不花，656，**674**
Klysma，克鲁斯马，165 注
Knights of St.John，圣约翰骑士团，657，699，711。还可参阅 Hospitalers
Konieh，科尼亚，437，476，733。还可参阅 Qūniyah
Koran，古兰经：22，26，30，37，41，61，64，87，103，105，106，119，**123—127**，128，129，130，132，143，171，178，221，225，227，233，236，247，253，279，342，356，357，358，359，370，390，393，395，396，397，399，400，403，408，410，412，423，430，431，433，435 注，438，443，445，454，455，501，562，688，689，695，740，747；语言，88；读者，141，253；认识，172；副本，177；各种副本，181；决定，181；研究，**241—242**；真主的全能，245；一神教，271；插画，424；创造，429；拉丁语译本，588，589
Korans，古兰经：金泥写本的，629；681，692
Korea，朝鲜，344 注

Kremer，von，封·克赖麦，328，398
Kubla Khān，参阅 Qūbīlāy
Kūchūk Kaynarji，库楚克·开纳尔吉，705
Kūfah，al-，库法：70，81，123，140，149，157，158，165，170，180，182，190，196，197，207，208，209，217，224，225，226，234，**241**以下，330，338，345，362，370，380，387，394，397，444，458；长官，177；财库，190
Kūfan，库法的：传说者，**243**；394
Kūfans，库法人，208，**243**
Kūfi，库法字体的：70。还可参阅 Kufic
Kufic，库法字体的：70，220，264，451，454，660，691；书法字体，123；铭文，在巴勒摩，609；铭文，在伊本·鲁齐格的清真寺，630
kūfīyah，披巾，头巾（库斐叶），24，229，345
Kufra，oasis，库弗腊绿洲，437
kuḥaylān，纯种马，21
kuhhān，占卜者，92
Kūhin，al-ʿAṭṭār，al-，库欣·阿塔尔，685
kuḥl，al-，皓礬，334，348 注，579 注
Kulayb ibn-Rabīʿah，库莱卜·伊本·赖比阿，90，228
Kullīyāt，al-，《医学通则》，577，578，**582**
Kulthūm，ibn-，参阅 ʿAmr ibn-Kulthūm
Kurdish，库尔德的：扎菲尔的大臣，623；父母，645
Kurdistān，库尔迪斯坦，699
Kurds，库尔迪人，716
kurdūs，库尔都斯大队，226，328
Kutahiah，屈塔希亚，733
Kūtāhiyah，参阅 Kutahiah
Kutāmah，参阅 Kitāmah
kuttāb，小学校，秘书，254，408，527
Kuwayt，al-，科威特 14，739，740，741，757

La Fontaine，拉封丹，559
la ilāha illa-L-Lāh，“除安拉外，绝无应受崇拜的”，128，130，408
Labīd，莱比德，81
Lādhiqīyah，al-，拉塔基亚，648
Lagash，patesi of，拉迦石地方的教王，36
Lahab，abu-，艾卜·莱海卜，189
Laḥaj，拉赫杰，740
Lahore，拉合尔，464，465
Laja，al-，拉查，88
Lājīn，Mamlūk，拉斤，673
Lake Urmiyah，乌尔米雅湖，377，703
Lake Van，凡湖，475
Lakhm，banu-，莱赫木部族，65
Lakhmid，莱赫米：国王，70；对手，79；敌人，80；**81—84**；213 注，241；途径，107
Lakhmids，莱赫米人，32，79，**80—84**，85，87，88，273，538
Lāmīyat al-ʿAjam，《波斯人的勒韵长诗》，381 注
Lammens，拉蒙斯，181
Lamtūnah，tribe，莱木突奈族，541
Lane，Edward W.，莱恩，405
Languedoc，朗多克语，339 注
Laodicea，参阅 Lādhiqīyah，al-
Larissa，拉里萨，152
Larnaca，拉纳卡，699
Las Navas de Toloso，拉斯·那瓦斯·德·托罗萨，549
Lāt，al-，拉特，61，76，98，**99**
Latakia，参阅 Lādhiqīyah，al-
Latin，拉丁语：4，7，13，214 注，311 注，314，316，366，367，368 以下；拉丁语圣经的拉丁文，9；记录，48；古兰经的拉丁语译本；127；文学，402；由阿拉伯语译成的语本，428，432，572，573，576，579，583，588，589，600，611；语言，543，559，585，589，612，613，629，644 注；天文表，571；在鲁哈的拉丁居民区，637；在巴基斯坦的拉丁属地，639；耶路撒冷的拉丁国家，639；住区，641；国家，643，644；领袖，647；王国，648；编年史，648 注，652；编年史家，650
Latin Averroism，拉丁语阿维罗学派，588
Latin Church，拉丁教会，246
Latin Fathers，拉丁神父，515
Latin Occident，拉丁西方，387，396
Latin Orient，拉丁东方，658
Latins in Jerusalem，耶路撒冷的拉丁人，639，640，641 注，644，650，651，669
Laval，拉法，717
Lawātah，莱瓦特，168
Lawrence，T.E.，劳伦斯，7，20
Layla，Of banu-ʿUdhrah，莱伊拉，251
laylak，淡紫色，668
laylat al-qadr，高贵的夜间，112
laymūn，柠檬，351 注，665
Lazarist，拉扎尔会，729，748
lāzaward，青金石，天青石，348 注，664
League of Arab States，阿拉伯联盟，756
League of Nations，国际联盟，751
Lebanese，黎巴嫩人：封建主，729；封地，729；被虐待，734；农民，735；编年史家，743；起义，743；土地，747；海岸，751；基督教徒，755

Lebanon，黎巴嫩：6，7，19，81，102，147，**205**，212，231，233，249 注，281，448，562，633，638，639，670，680，757；强大，729，731；奥斯曼，729；自治，734，736；战争，735；自治的，736；政务委员会，736；被占领，736；地方长官，743
Lechieni，莱勒尼人，72
Leclerc，L.，莱克莱尔，314
Legitimists，合法主义者，140
Lemuel，利慕伊勒，43
Leningrad，列宁格勒，420
Leo the Armenian，亚美尼亚人利奥，310
Leo the Isaurian，利奥三世，203，300 注
Leo the Wise，英明的利奥六世，329
Leon，莱昂，496，518，520，521，523，524，527，533，537，539，542，551，556，559，600
Leonardo Fibonacci，列奥那多，379，574，662
Leonardo da Vinci，列奥那多·达·芬奇，629
Leontes River，雷翁提斯河，648 注
Lesseps，de，德·雷塞布，344
Lesser Armenia，小亚美尼亚，291
Lessing，莱辛，652 注
Levant，东方诸国，669
Liber Almansoris，《曼苏尔全集》，366
Liber regius，《医学全书》，367
Liber ysagogarum Alchorismi，数学论文，600
Liberia，利比里亚，134
Libia Italiana，意大利的利比亚，718
libn，土坯，260
Libya，利比亚，6，757
Libyan Desert，利比亚沙漠，330
Libyans，利比亚人，168
Liége，列日，589
Liḥyān，列哈彦，101
Liḥyānite，列哈彦人的：铭文，71，100；书写字体，71，72；文化，72
Liḥyānites，列哈彦人，54，72
Limassol，利马索尔，699
Lisān-al-Dīn ibn-al-Khaṭīb，参阅 Khaṭīb，ibn-al-
Lisbon，里斯本，521 注，529
Līsharḥ ibn-Yaḥṣub，里舍尔哈，57
Līṭāni，al-，参阅 Leontes River
līwān，柱廊，661
Logos，罗各斯，127，587
Lombards，伦巴底人，525，604
London，伦敦，164，448，458 注，501，526
Lord's Prayer，主祷文，131，396
Lorraine，洛林，589，590，636，639
Lot，罗得，125
Lotharingia，参阅 Lorraine
Lotharingian，洛林的：城市，589；和尚，590
Louis Ⅶ，Of France，路易七世，644
Louis Ⅸ，路易九世，**654—655**，672，676
Louis XV，路易十五，728
Louvre，卢浮宫，40，423
Lower Egypt，下埃及，224，398
Lower Mesopotamia，下美索不达米亚，330
lubān，鲁邦（乳香），36
Lucena，卢塞那，542，553
Ludd，al-，卢德，169
Ludhrīq，参阅 Roderick
Ludovico di Varthema，吕多维科，118
Luḥayy，ibn-，参阅 'Amr
Lukkām，al-，卢卡木，204，212
Lull，Raymond，雷蒙·拉尔，587，**663**
Luqmān，鲁格曼，401
Luqmān ibn-'Ād，参阅 Ād，ibn-
Lusignan，律星云，699
Luzūmīyāt，《鲁租米雅特》，459
Lycian coast，列西亚海岸，167，200
Lydda，参阅 Ludd，al-
Lydians，吕底亚人，20

mā warā' al-nahr，外药杀河地区，210
Mā'-al-Samā'，马义·赛马（天水），83
Mā'-al-Samā'，ibn-，参阅 Mundhir，al-，Ⅲ
Ma'add，麦阿德人，502 注
Ma'addite，麦阿德人，281
Ma'addites，麦阿德人，280
Ma'āfir tribe，麦阿菲尔部族，532
Ma'āli Sharīf，abu-al-，Ḥamdānid，艾卜勒·麦阿里·舍利夫，457 注
Ma'ān，马安：36，41，54，55，181；现今的马安，52
Ma'ān Miṣrīyah，马安地方，54
Ma'ān Muṣrān，马安·莫斯兰，52，54
Ma'ārif，al-，《知识书》，389
Ma'arrat al-Nu'mān，麦阿赖特·努耳曼，458，638
Ma'arri，al-，abu-al-'Alā'，艾卜勒·阿拉伊·麦阿里，373，406，412，**458—459**，472，638
Ma'bad，麦耳伯德，275，278
mab'ūth，贤人，222
Macedonia，马其顿，722
Macoraba，麦科赖伯，103
Madā'in，al-，麦达因，66，75，156 注，157，261，349。还可参阅 Ctesiphon

Madā'in Ṣāliḥ，麦达因·撒利哈，68，72，256
māddat al-Muslimīn，穆斯林的后备兵，170
madhhab，法律学派，397
madīḥ，颂词体，407
Madīnah，al-，麦地那；7，17，18，20，89，99，102，**104**，106，107，114，116，117，119，120，133，140，141，147，148，159，160，164，173，175，177，178，179，180，181，185，186，189，190，193，201，**236—239**，241 以下，397，441，450，452，456，471注，476，549，566，704，715，740；光辉的，134；学派，398
Madīnah-Ghazzah route，麦地那 - 加宰路线，143
Madīnah Mosque，the，麦地那清真寺，**259**，261，262
Madīnah al-Zāhirah，al-，咱希赖城，532，535
Madīnat al-Salam，和平城，292
Madīnat Sālim，参阅 Medinaceli
Madīnat al-Zahrā'，宰海拉城，595
Madīnese，麦地那的：32，116，117，202，275，394，396；诗人，81；各章，113，124，125 注，130，132；时期，116，118，119，121注，131；穆斯林，116；辅士，140；教义学，152；联系，155；哈里发，168
madrasah，宗教大学（迈德赖赛），410，412，659，660，661
Madrid，马德里，564
Magan，麦干，36，52
Magellan，麦哲伦，555 注
maghāzi，武功记，244
Maghāzi，al-，《武功记》，388
maghnaṭīs，磁石，311 注
Maghrib，al-，马格里布，213 注，351，391 注，398，450，503，542，567，568，646，688
Maghrib al-Aqṣa，al-，711。参阅 Morocco
Maghribi，马格里布式，260
Maghribis，马格里布人，732
Magi，贤人，43
Magian，祆教徒，291，367，379 注，435
Magna Moralia，《伦理学》，313
Maḥāsin，ibn-abi-al-，Khalīfah，哈里发·伊本·艾比·麦哈西尼，686
Mahdi，the，麦海迪，248，**441—443**，617
Mahdi，al-'Abbāsid，麦海迪，86，204，293，**295**，297，299，302，306，311，317，321，322，326，332，333，349，354，359，360，405，417，424，430
Mahdi，al-，参阅 Tūmart，ibn-
Mahdi，al-，Umayyad of Cordova，参阅 Muḥammad Ⅱ
Mahdi，al-，Muḥammad，参阅 Muḥammad al-Muntaẓar
Mahdīyah，al-，麦海迪叶，609，618
Maḥmil，麦哈米勒，135，136 注，676
Maḥmūd，麦哈茂德，713 注
Maḥmūd Ⅱ，麦哈茂德二世，713 注，724，727
Maḥmūd of Ghaznah，麦哈茂德，212，376，**464—465**
Maḥmūd，Ghāzān，参阅 Ghāzān Maḥmūd
Maḥmūd ibn-Malikshāh，麦哈茂德·伊本·麦里克沙，578
Mahrah，麦海赖，19，36，740
mā'idah，筵席，106 注，497
Maimonides，参阅 Maymūn，ibn-，Mūsa
Ma'īn，麦因，41，42，52，55
Mājah，ibn-，伊本·马哲，395
majālis al-adab，文学集会，413
Mājid，ibn-，Aḥmad，艾哈迈德·伊本·马志德，689
Majisṭi，al-，《麦哲斯帖》（《天文大集》），参阅 Almagest
majlis，集会，412
majlis al-shirāb，酒席，338
majnūn，麦志嫩（疯人），98，251
Majnūn Layla，麦志嫩·莱伊拉，251
Majrīṭi，al-，麦斯莱麦·麦只里帖，375，**571**，588，589
Majūs，祆教徒，233，358
Majūs，term applied to Danes，拜火教徒，521 注
Majūsi，al-，'Ali ibn-al-'Abbās，阿里·伊本·阿拔斯·麦朱西，365，**367**，368，579，663
Makhzūm，麦赫助木族，560
Makkah，麦加：**7**，17，18，27，50，52，58，96，99，101，102，**103—104**，105，106，111，112，114，116，118，119，130，133，136，139，144，185，186，189，192，193，220，**236—239**，241，251，259 以下，424，440 注，445，452，456，471 注，476，507，529，566，569，570，587，591，617，620，677，681，702，704；异教的麦加，64；征服，100，118；名字，103；城门，105；高贵的麦加，134；陷落，140；攻击，147；攻占，176；圣寺，192；朝香路线，325
Makkan，麦加的：歌唱家，81；98，228，235，275；贵族阶级，102；各章，113，124，126，133；家族，114；时期，116；商队，116；启示，131；联系，155；派，179；圣地，258
Makkans，麦加人：99，104，116，117，118；伊斯兰教以前的麦加人，101
makrūh，可嫌的，麦克鲁哈（受谴责的行为），

274，400
Makuraba，麦库赖伯，103
Malabar，马拉巴尔，356
Malaga，马拉加：496，528，529，535，537，553，554，575，580，592；大学，563
malak，天神，106 注
Malāsjird，曼齐卡特，475
Malaṭyah，马拉提亚，199，291
Malay，马来的：大主教，305；语言，308，351；起源，665
Malayan，马来亚的，4
malaysia，马来西亚，131
Malāzkird，曼齐卡特，475
Malchus Ⅰ，马勒库斯一世，68
Malchus Ⅱ，马勒库斯二世，68
Maldive Islands，马尔代夫群岛，570
malik，麦列克（国王），28，79，85，197，471，621，750
Malik，ibn-，参阅 Anas
Malik al-ʿĀdil，al-，麦列克·阿迪勒（正义王），参阅 Sallār，ibn-al-
Malik al-Afḍal，al-，麦列克·艾弗德勒，622—623，628，639
Malik al-Ashraf，al-，麦列克·艾什赖夫，726。参阅 Ghazāli，al-
Mālik al-Ashtar，马立克·艾什台尔，180
Malik al-Manṣūr，al-，参阅 Qalāwūn
malik al-mulūk，诸王之王，472 注
Mālik ibn-Anas，马立克·伊本·艾奈斯，**397—398**，399，514
Mālik ibn-Fahm al-Azdi，艾兹德部族的马立克，82
Māliki，参阅 Mālikite
Maliki, al-，《皇家医学》，367，579
Mālikite，马立克派的：397 注，398；教义，514；学派，542；法官，567
Malikshāh，Jalāl-al-Dīn，查拉勒丁·马里克沙，**377**，410，447，**475—477**，478，480，638，644
Māliku，参阅 Malchus Ⅰ
Malk Saba，赛巴王，55
Malta，马耳他岛，451，605，606，618，711，734，747，751
Maʿlūla，麦耳鲁拉，361
Malwīyah，弯曲的东西，417 注，418
mamālīk，白奴（单数）（麦马里克），235 注，341
Mamlakah al-Urdunniyah al-Hāshimīyah, al-，哈希姆约旦王国，756
mamlūk，白奴（多数），235 注，655
Mamlūk，麦木鲁克，时期，404，424，625，660，696；489，655，656，**671—694**；军队，489，704；毁灭，659；统治者，664，艾米尔，695；建筑物，697；王国，699，702；苏丹，702，703；力量，705，710，720；寡头政治，728；年代，749
Mamlūks，麦木鲁克王朝：220，286 注，487，630，637，644，653，655，661，664，**671—705**；721，724；在土耳其人统治之下；719 以下；大屠杀，724；政府，738；地方的，738
Ma'mūn，al-，ʿAbbāsid，麦蒙，220，234，245，264，295，297，299，301，304，305，**310—318**，320，321，322，326，327，328 以下，364，409，410，414，417，424，425，426，429，430，439，452，458，461，472，513，737；间谍系统，325；母亲，332；妻子，333
Ma'mūni observatory，麦蒙的天文台，376
Maʿn，麦耳尼，729
Manāh，麦那，98，99
Manār, al-，《光塔》，755
Manāẓir, al-，《光学书》，629
Manchu，满洲，356
Mandaeans，曼德人，233，357
Mandaic，曼德语，357
Mani，摩尼，359
Manichaean，摩尼教会的；406；影响，420
Manichaean-Zoroastrian influence on Sufism，摩尼教和袄教对苏非派的影响，586
Manichaeans，摩尼教徒；353，359，443 注；隐蔽的摩尼教徒，359
Manichaeism，摩尼教，359
Manises，马尼塞斯，592
Manium，麦纽木，36
manīyah，命运，99
manjanīq，军用射石机，226
Manjanīqi，al-，ibn-Ṣābir，伊本·撒比尔，327
Maʿns，麦耳尼家族，731
Manṣūr，al-ʿAbbāsid，曼苏尔：158，265，**289—295**，296，297，307，309，310，311，317，321，327，334，337，338，343，349，378，385 注，416，419，466，507；间谍系统，325；母亲，332
Manṣūr，al-，Fāṭimid，曼苏尔，445，606，623
Manṣūr I，Sāmānid，曼苏尔一世，463
Manṣūr ʿAbd-al-ʿAzīz，al-，Mamlūk，曼苏尔，694 注
Manṣūr ʿAli，al-，曼苏尔·阿里，674
Manṣūr bi-Allāh，al-，曼苏尔·比拉，参阅 Ḥājib al-Manṣūr，al-
Manṣūr，ibn-，参阅 Nūḥ Ⅱ，Sāmānid
Manṣūr ibn-Sarjūn，曼苏尔·伊本·塞尔仲，195

Manṣūr ʻUthmān, al-, Mamlūk，曼苏尔·奥斯曼，694 注
Manṣūr, al-, abu-Yūsuf Yaʻqūb，艾卜·优素福·叶耳孤卜·曼苏尔，548，549，578，582，599
Manṣūr, ibn-abi-, Yaḥya，叶哈雅·伊本·艾比·曼苏尔，375
Manṣūri, al-，《曼苏尔集》，366，462，579
Manṣūrīyah, al-，曼苏尔科学院，685
Manuel, Armenian，亚美尼亚人马努埃尔，166
Manzikart，曼齐卡特，475
Māʻōn，马安，54
maqāmah，麦嘎麻，403，559
Maqāmat，《麦嘎麻特》，403，420
Maqdisi, al-, geographer，麦格迪西，48，204，264，265，346，356，**385—386**，412，415
Maqna，麦格纳，119
Maqqari, al-，麦盖里，531，550，555，560，562，567 注，578
Maqrīzi, al-，麦格里齐，618，626，631，687，**688—689**
Maqs，麦格斯，619
maqṣūrah，麦格苏赖，198，261，262
Maqūlāt，《范畴篇》，313
Marāghah，马腊格：330，488，683；天文台，378
Marʻash，马拉什，200，203，459，640
Marathi，马拉帖语，126
Marc the Greek，马尔克，**665**
Marcian of Heraclea，赫拉克利亚人马相，44
Marco Polo，马可·波罗，344，447，487 注
Mardaites，马尔代帖人，204—205
Mare Tenebaram，黑暗的海洋，529
Mariaba，麦里阿巴，46
Mariama，麦里阿麻，46，56
Ma'rib，马里卜：46，50，51，54，**55**，58，64，104，739；大坝，56，**64—65**，78，105
Māridīni, al-，参阅 Māsawayh
maʻrifah，苏非派对真主的认识，434
Marīn, banu-，贝努·马林人，549
Māristān al-Manṣūri, al-，曼苏尔医院，678
Māriyah，玛丽亚，83
Marīyah, al-，参阅 Almeria
marj，草原，550
Marjʻ Adhrā，阿德拉埃草原村，192 注
Marj ibn-Āmir，伊本·阿米尔草原，154
Marj Dābiq，达比格草原，703
Marj Rāhiṭ，拉希特草原，150，192，281
Marj al-Ṣuffar，素斐尔草原，150，680
Marjaba，麦尔哲巴，734
Mark Antony，安东尼，74
markab，轿子，136 注
Maronite，马龙派：起源，154 注；社会，205，311；学生，743；学者，747
Maronite Christians，马龙派基督教徒，639
Maronites，马龙派，196，205，633，680，729，734
Marqab, al-，麦尔盖卜，657，665
Marracci，马拉西，126 注
Marrākesh，参阅 Marrākush
Marrākush，马拉库什城，541，546，**548—549**，569，578，582
Marrākushi al-，马拉库什，548，**565**
Mars，火星，415
Marseille，马赛，565，571，589，669
Marshūshi, ibn-al-, ʻAli，阿里·伊本·麦尔舒什，695
Martel，参阅 Charles
Maʻrūf al-Karkhi，克尔赫人麦耳鲁夫，434
Marv，参阅 Marw
Marw，木鹿（马里）：158，209，210，224，284，285，318，330，414，461，474，476；大路，323
Marwah，麦尔瓦，133
Marwān, abu-，参阅 Ḥayyān, ibn-
Marwān I，参阅 Marwān ibn-al-Ḥakam
Marwān Ⅱ, Umayyad，麦尔旺二世，226，279，284，285，404，504
Marwān ibn-al-Ḥakam，麦尔旺·伊本·哈凯木，177，189，192，193 注，206，231，255，261 注，279，281，282
Marwānid，麦尔旺朝，193 注，206，279，281，282
Marwānids，麦尔旺朝，237，255
Mary, friend of Flora，马利，517
Mary, mother of Jesus，马利亚，125
Mary, wife of Muḥammad，马利，120
Mas'ai，麦斯埃，37
Masā'il, al-，《问题书》，427
Masālik al-Mamālik，《省道志》，385
Masālik w-al-Mamālik, al-, of al-Bakri，《列国道路志》，569
Masālik w-al-Mamālik, al-, of ibn-Ḥawqal，《省道和省区》，386
Masālik w-al-Mamālik, al-, of ibn-Khurdādhbih，《省道记》，323，385
Māsarjawayh，马赛尔哲韦，255
Masarrah, ibn-，伊本·麦萨赖，521，580，586
Māsawayh al-Māridīni，小马素伊，311 注
Māsawayh, ibn-, Yūḥanna，约哈纳·伊本·马赛维，311，312，**363**，369

Māshā'allāh，马沙阿拉，589
Ma'shar，abu-，艾卜·麦耳舍尔，378，387，570，589
Mashārif al-sha'm，下临叙利亚的高地，147 注
mashhad，马什海德（麦什特）（陵庙），472
Mashhad'Ali，阿里陵墓，182—183
Mashrafīyah swords，麦什赖斐叶宝剑，147
masjid，清真寺，256
Masjid al-Aqṣa，al-，艾格萨清真寺，221，265。还可参阅 Aqṣa Mosque，al-
Maslamah，ibn-，参阅 Ḥabīb
Maslamah ibn-'Abd-al-Malik，麦斯莱麦，203，204，212，299
Maṣmūdah，tribe，麦斯木达部族，514，546
Masqaṭ，马斯喀特：14，18，711；首府，739；素丹国，739
Massa，kings of，玛撒的国王，43
Massignon，马西尼翁，445
Maṣṣīṣah，al-，麦绥塞，220，291
Master Jacob，雅科卜先生，379
Mas'ūd，sultan of Ghaznah，麦斯欧德，376
Mas'ūd，ibn-，'Abdullāh，阿卜杜勒·伊本·麦斯欧德，**243**，391 注
Mas'ūdi，al-，historian，麦斯欧迪，54，78，244，273，285，304，311，340，348，384，386，390，**391—392**，435，530，609
Maṣyād，麦斯雅德，447 注，448，646，657
Maṣyāf，参阅 Maṣyād
Matāwilah，麦塔韦莱，249 注
Materia madica，《药物学》，577
Matīn，al-，《坚实集》，565
matn，本文，394，412
Matn，al-，麦特尼县，734
maṭraḥ，小垫子，335
Matta，马太，449
Matthew，马太福音，126
Mauretania，毛里塔尼亚，6，555 注，711
Mausoleum of Barqūq，白尔孤格陵庙，697
Mawā'iẓ w-al-I'tibār，al-，《埃及志》，689
Mawāli，平民，172 注，173，218，232
Māwardi，al-，马韦尔迪，185，319，322，326，331，401
Māwīyah，玛丽亚，83
mawla，同族兄弟，27，86，172 注，219
Mawlas，毛拉，448
Mawlawi，毛莱威派，372
Mawlawites，毛莱威派，437
Mawṣil，al-，摩苏尔（毛绥勒）：157，305，330，387，391 注，412，413，457，480 注，592，610，614，620，635，636，638，644，691，737；大路，325，大都会，355
Mawṣili，al-，'Ammār ibn-'Ali，阿马尔·伊本·阿里·毛绥里，629
Mawṣili，al-，Ibrāhīm，摩苏尔人易卜拉欣，303，**424—425**
Mawṣili，al-，Isḥāq，摩苏尔人易司哈格，515，598，**426**
maydān，梅丹，204
Maymūn，ibn-，'Abdullāh，阿卜杜拉·伊本·麦蒙，617
Maymūn，ibn-，Mūsa，穆萨·伊本·麦蒙，576，**584—585**，662，685
Maymūn al-Qaddāḥ，梅蒙·盖达哈，443
maysir，赌博，21
Maysūn，梅苏，281
maytah，死物，121
Mazdakian，马资达克教的，291
Mazdakites，马资达克教徒，359
Mazdean Persians，信奉马资达克教的波斯人，66，84
Māzini，al-，abu-Ḥāmid Muḥammad，艾卜·哈密德·穆罕默德·马齐尼，569
Mecca，参阅 Makkah
Media，米迪亚，323，330，346，385
Medina，参阅 Madīnah，al-
Medina Sidonia，麦地那·西多尼亚，496，502
Medinaceli，梅迪纳塞利（麦地那萨里木），533
Mediterranean，地中海：4，44，67，351，451，521，554注，571，609，620，638，641，644，665，667，728；种族，30，37；港口，42，72；出口，50；文明，175；沿海，200，640；影响，253；贸易，344；国度，485；岛，699；东部领域，705
Melitene，参阅 Malaṭyah
Melkite，麦勒克派的：教会，165；亚历山大大主教，620；耶路撒冷大主教区，620；君士坦丁堡大主教，676
Melukh，麦鲁赫，52
Melukhkha，麦鲁哈，36，52
Memphis，孟菲斯，58，453
Mercury，水星，415，572
Mérida，梅里达，496，514，518
Merovingian，梅罗文加，499，500
Mesopotamia，美索不达米亚：10，18，20，32，36，50，60，100，143，145，154，260，284，292，309，457，473，486，644，646，652，653，655，699，703；征服，74。还可参阅 'Irāq，al-

Mesopotamian desert，美索不达米亚旷野，15
Messenger of Allah，安拉的使者，397
Messiah，弥赛亚，105，116，183，286，289，467
Messianic，弥赛亚的，248
Messina，墨西拿，604，606
Mesuë，马素伊，311 注
Mesuë Major，大马素伊，参阅 Māsawayh，ibn-
Mesuë the Younger，参阅 Māsawayh al-Māridīni
Mezquita，La，拉·麦兹克塔，509
Michael Ⅱ，米迦勒二世，299
Michael Palæologus，米迦勒·培利俄罗加斯，676
Michael Scot，参阅 Scot
Middle Ages，中古时代：4，43，142，346，366，402，423，428，453，657，662，663，宗教传说，246，293；基督教的中古时代，378
Middle Egypt，中部埃及，50
Middle Persian，参阅 Pahlawi
mi'dhanah，米宰奈（尖塔），261
Midḥat Pasha，米德哈特帕夏，738
Midian，米甸，14，40，48，52
Midianites，米甸人，22，39
midrash，《米德拉什》，125
miḥnah，米哈奈（一种宗教裁判所），399，**429—430**
miḥrāb，凹壁（米海拉卜），106 注，259，260，**261**，262，267，417，715
Mihrān，米海兰，155
Mīkā'īl，father of Ṭughril，米卡伊勒，474 注
Milan，米兰，366
millet，内部自治，716
millets，教派，727
mīnā'，珐琅，358
Mina，valley of，米那山谷，133
Minaea，米奈，58
Minaean，米奈人的：殖民地，36，54，72；铭文，43，55；王国，52，54，55；首都，55；历代国王，54；文明，72；石神殿，98；铭文，100
Minaeans，米奈人，41，44，55，56，60，71
Minaei 米奈人，44
Minaeo-Sabaean，米奈 - 赛伯伊的：语言，52；王国，54；文化，56
minbar，讲台，106 注，258
Minhāj al-Dukkān，《官药手册和贵人宝鉴》，685
mi'rāj，登霄，**114**，352
Miramar，米拉马尔，663
Miramolin，信士们的长官，178
Mir'āt al-Zamān，《时代宝鉴》，392
miṣḥaf，圣经，106 注
Misjaḥ，ibn-，Sa'īd，赛仪德·伊本·米斯查哈，275，278
Miskawayh，米斯凯韦，390，**391**，401，472
Miskīn，参阅 Dārimi，al-
Miṣr al-'Atīqah，旧开罗，165
mithqāl，米斯喀勒，348
miṭlāq，休妻大家，190
mi'zafah，米耳则法（一种瑟），276
mizhar，皮面琵琶，273
mizmār，双簧管，273，276
MKRB，教王，54
Moab，莫阿卜，100，143，269 注
Mocha，穆哈，49
Mohammedan art，穆罕默德艺术，259
Mongol，蒙古人：356，378，414，486，488，677，680，691；进攻，484；成群的，671；力量，676
Mongolia，蒙古利亚，482 注，486，702
Mongolian，蒙古的：210，697；领袖，656
Mongoloid peoples，蒙古利亚种人，209
Mongoloid Turks，蒙古利亚种突厥人，204
Mongols，蒙古人，297，358，448，475，**482—483**，**487—489**，656，664，672，675，677，678，679，683，697
Monophysite，一性派的：一神教会，61；主教，79；315；教会，107，153；教会，143
Monophysite Christianity，一性派基督教，61，78
Monophysite Syrian church，叙利亚的一性派教会，79
Monophysites，一性派，106，165
Monophysitism，一性派，79
Monothelite，一意教徒，153
Mons Pelegrinus，香客山，641
Mons Regalis，（邵伯克城，蒙特利尔），641 注
Mont Royal，（邵伯克城，蒙特利尔），641 注
Montet，蒙泰，70
Montpellier，蒙彼利埃，577，589
Montréal，蒙特利尔，641 注
Moorish，摩尔人的：260，338；问题，556；拱，597；舞蹈家，599
Moors，摩尔人：安达卢西亚的摩尔人，361；516，544，555 注，556，598
Mopsuestia，参阅 Maṣṣīṣah，al-
Morea，摩里亚，725
Moriah hill，摩利亚山，264
Moriscos，摩利斯科人，**555**
Moroccan，摩洛哥的：127，565；雇佣军，532；海盗，556
Moroccan Atlas，摩洛哥的阿特拉斯山，546

Moroccan Berber dyasties，摩洛哥的柏柏尔人王朝，537
Moroccan Murābiṭs，摩洛哥的穆拉比兑人，637
Morocco，city，参阅 Marrākush
Morocco，摩洛哥：6，127，316，344，757；纸张，347，437，440注，450，502，513，521，527，540，541，544，545，546，548，549，564，618，711；舍利夫王朝，617 注；征服，718
Moros，摩洛族，555 注
Moscow，莫斯科，701
Moses，摩西：28，40，125，443，584；河谷，67
Moslem，穆斯林：3，4，43，94，120，125 注，126 以下，209，212 以下，264，265 以下，326，337 以下，361，367，392，401，406 以下，510 以下，672，678，690，695，705，713；文学，20，50，463；征服，22，143，359，388；侵入，22，57，498；领导权，57；陆军，84，170，174，204；诗人，92；税收制度，97；历法，102；信士大众，106，170，172，182，248，259，480；世界，114，130，133，138，179，286，308，583，671，745；纪元，116，145，176；出境移民，121；教义学家，128，274；教义学，128，368；国土，129，133，334，338，363，386，408，460，591，612；将军，141；军事冒险，148；船队，167，604，640；政府，167，470，581，620；宗教，169，337；法律，170，326，398；长官，170，453；部队，171；新改宗者，174；帝国，175，189；传说，175，**243—244**；哈里发，186，196；社会，195，419；王朝，196，465，568；征服，206，463；建筑师，256；艺术，259，**271**，423；建筑，260，597，681，691，697；尖塔，**262**，法学家，274；歌唱家，**275**；商人，305；天文学家，315，571；神秘主义，316，433；商人，343，344，384；文明，362，404，429；社会，326，399，716；医院，365；工程，378；道德哲学，401；宗教绘画，420；手织机，422；装金工人，424；哲学家，428；文化生活，431；思想家，432，580；禁欲主义，434；行会，445；教派，449；海盗，451；衰落，509；地理学家，569；医生，576，685；在西班牙的统治，578；医学传统，579；传记学家，581；宗教生活，586；金属工人，591；陶器，591；风格，595；音乐家，599；西西里的征服，602；战斗口号，604；对意大利的威胁，605；西西里的人口，606；西西里的工艺，613；式样，613；意大利南部的文化，613；西西里的文化，614；历史学家，618；骑士，664；纹章，664；船只，697
Moslem，non-，非穆斯林，320，326，341，400，716
Moslem Aristotelianism，穆斯林的亚里士多德学派，584，585
Moslem Asia，穆斯林亚洲，635
Moslem Asia Minor，穆斯林小亚细亚，636
Moslem Arab-，genealogical relationship of，穆斯林阿拉伯人的家系学关系，244
Moslem Arabian caliphate，穆斯林阿拉比亚人的哈里发国家，175
Moslem Arabians，穆斯林阿拉比亚人，174，273
Moslem Arabs，穆斯林阿拉伯人，256，716
Moslem Orient，穆斯林东方，333
Moslem Persia，穆斯林波斯，703
Moslem Sicily，穆斯林西西里，606
Moslem Spain，穆斯林西班牙，503，506，523，525，529，540，542，549，550，557，562，581，602，611，667，712
Moslem Syria，穆斯林叙利亚，644，646
Moslems，穆斯林们：114，116，118 以下，209，212，219 以下，246，259 注，261 以下，347，354，355 以下，402，422 以下，484，488，494 以下，643，644，650 以下；在亚洲，186；在非洲，186；基督教徒和穆斯林的争论，246；名义上的穆斯林，247；作为商人，343；在中国，344；隐蔽的穆斯林，566
Moslems，non-，非穆斯林，118，138，225，232，283，320，499，621，696
Mosque of ‘Amr，阿慕尔清真寺，262，413，417
Mosque of Barqūq，白尔孤格清真寺，697
Mosque of Cordova，科尔多瓦清真寺，508，594
Mosque of al-Ghawri，奥里清真寺，697
Mosque of al-Ḥākim，哈基木清真寺，630
Mosque of al-Ḥasan，哈桑清真寺，681
Mosque of Makkah，麦加清真寺，264
Mosque of al-Nāṣir，纳绥尔清真寺，665，692
Mosque of Qā’it-bāy，喀伊特贝清真寺，692，697
Mosque of al-Qayrawān，盖赖旺清真寺，452
Mosque of ‘Umar，欧默尔清真寺，220，264
Mosul，摩苏尔，330，737。还可参阅 Mawṣil，al-
Mt.Babastro，波巴斯特罗山，519，520
Mt.Etna，埃特纳火山，604
Mt.Hermon，赫尔蒙山，215
Mt.Ḥirā’，希拉山，133
Mt.Lebanon，黎巴嫩山：14；铁，348；信仰基督教的多数，360
Mt.Qāsiyūn，嘎西雍山，375，436
Mt.Shammar，沙马尔山，15，17
Mt.Vesuvius，维苏威火山，604
Mozarab revolutions，穆扎赖卜人的革命，517
Mozarabs，穆扎赖人，515，543，544，559，597

Mshatta，冬宫，269 注。还可参阅 Mushatta，al-
mu'addib，家庭教师，253，409
Mu'ādh ibn-Jabal，穆阿兹，397
Mu'ālajah al-Buqrāṭīyah, al-，《波格拉兑治疗法》，578
Mu'āllaqāt，al-，悬诗，81，83，**93—94**，252
mu'allim，教师，409
mu'allim al-thāni, al-，第二教师，367 注，371
mu'āmalāt，民法，396
Mu'āwiyah，son of Hishām，穆阿威叶，222
Mu'āwiyah Ⅱ，穆阿威叶二世，**192**，193，245，281
Mu'āwiyah ibn-abi-Sufyān，穆阿威叶：148，153，154，161，167，168，177，180，182，183，**189—198**，200，205，206，212，213，215 以下，244，247，253，255 以下，354，394；叙利亚长官，180；坟墓，198 注；死，202；妻子，234；治下的邮政，322
Mu'ayyad，al-，Umayyad of Cordova，参阅 Hishām Ⅱ
Mu'ayyad Aḥmad，al-，Mamlūk，穆艾叶德·艾哈迈德，694 注
Mu'ayyad，al-，Shaykh，Mamlūk，穆艾叶德·舍赫，677，694，695，696
mubāḥ，木巴哈（准许的行为），400
mubāriz，卫士，545 注
Muḍar，tribe，穆达尔部族，280，502 注
Muḍar ibn-Ma'add，穆达尔·伊本·麦阿德，273
Muḍari，穆达尔族，281
Muḍarite，穆达尔人，281，328
Muḍarites，穆达尔人，502，503，504
mudarris，讲师，410
mudawwarah, al-，团城，292
Mudejars，穆迪扎尔人：**551**，556；陶器，592；工人，593，595，597
mudhahhib，装金工人，424
Mudkhil ila 'Ilm Hay'at al- Aflāk, al-，《天文学入门》，375—376
Mudkhil ila Ṣinā'at al-Mūsīqi, al-，《音乐入门》，372 注
Mufaḍḍal al-Ḍabbi，al-，穆法德勒·丹比，94
Mufaḍḍalīyāt, al-，《穆法德勒诗选》，94
Mughīrah ibn-Shu'bah，al-，穆基赖·伊本·舒耳白，196，197
Mughīth al-Rūmi，穆基斯·鲁米，494
Mughni fi al-Adwiyah, al-，《药物学集成》，575
mughtasilah，洗澡派，358
muhājirūn，迁士，116，140
Muhalhil，al-，穆海勒希勒，90，93
Muhallab ibn-abi-Ṣufrah，al-，穆海莱卜，208
Muḥammad，穆罕默德：3，20，24，86，89，99，100，103，105，**111—122**，124，127—134 以下，215，233，240，248，256，258 以下，337，338，352 以下，401，408 以下；桂冠诗人，81；死，123，178；秘书，123；继子，147；继承者，177；表兄，179；伊斯兰教的先知，182；继承，185；追随者，186；宗教，204；被崇拜为神，643。还可参阅 Prophet，the
Muḥammad，conqueror of India，印度的征服者穆罕默德，281
Muḥammad，father of 'Abd-al-Raḥmān Ⅲ，穆罕默德，520
Muḥammad，son of abu-Bakr，艾卜·伯克尔的儿子穆罕默德，177
Muḥammad，son of Marwān I，麦尔旺一世的儿子穆罕默德，279
Muḥammad Ⅰ，奥斯曼王朝的穆罕默德一世，702，709 注
Muḥammad Ⅱ，奥斯曼王朝的穆罕默德二世，709，712 注
Muḥammad Ⅲ，奥斯曼王朝的穆罕默德三世，712 注，713 注
Muḥammad Ⅳ，奥斯曼王朝的穆罕默德四世，713 注
Muḥammad Ⅴ，奥斯曼王朝的穆罕默德五世，713 注
Muḥammad Ⅵ，奥斯曼王朝的穆罕默德六世，713 注
Muḥammad Ⅰ，科尔多瓦伍麦叶王朝的穆罕默德一世，514 注，516，517，518，519，521 注，563
Muḥammad Ⅱ，科尔多瓦伍麦叶王朝的穆罕默德二世，534
Muḥammad Ⅲ，科尔多瓦伍麦叶王朝的穆罕默德三世，534 注，535，560
Muḥammad Ⅴ，奈斯尔王朝的穆罕默德五世，567，595，
Muḥammad Ⅵ，奥斯曼王朝的穆罕默德六世，184
Muḥammad Ⅷ，奈斯尔王朝的穆罕默德八世，553，679
Muḥammad Ⅺ，奈斯尔王朝的穆罕默德十一世，**535—535**
Muḥammad Ⅻ，奈斯尔王朝的穆罕默德十二世，**553—554**
Muḥammad abu-'Abdullāh，Naṣrid，参阅 Muḥammad Ⅺ
Muḥammad ibn-'Abdullāh，参阅 Nafs al-Zakīyah，al-
Muḥammad al-Bāqir，穆罕默德·巴基尔，442
Muḥammad 'Ali，穆罕默德·阿里：286 注，**722** 以下，725，733，741，745，继任者，724；家族，726

Muḥammad al-Jawād，穆罕默德·哲瓦德，**441**，442
Muḥammad al-Muntaẓar，穆罕默德·孟特宰尔，**441**，442
Muḥammad al-Tāmm，穆罕默德·塔木，443
Muḥammad ibn-abi-ʻĀmir，参阅 Āmir，ibn-abi-
Muḥammad ibn-al-Muẓaffar，Mamlūk，穆罕默德·伊本·穆扎法尔，673
Muḥammad Rashād，Ottoman，穆罕默德·赖沙德，138
Muḥammad ibn-Sulaymān，穆罕默德·伊本·素莱曼，304
Muḥammad ibn-Tūmart，参阅 Tūmart，ibn-
Muḥammad ibn-Yūsuf ibn-Naṣr，参阅 Naṣr ibn-
Muḥammadanism，穆罕默德教，145
Muḥammadans in Chinese records，见于中国记载的穆罕默德教徒，344
muḥaqqaq，木哈盖格体，424
Muḥarram，穆哈兰月（一月）：94，102，133，183；头十天，190；初十，191
Muḥibbi，al-，穆希比，744
muḥrim，受戒者，133，134
Muḥriz，ibn-，穆海列兹，**275**
Muhtadi al-，ʻAbbāsid，穆海台迪：322，337；母亲，332；466
muḥtasib，检查官，322，527，627
muʻīd，助教，410
Muʻizz，al-，Fāṭimid，穆仪兹，561，619，623，625，627
Muʻizz-al-Dawlah，Buwayhid，穆仪兹·道莱，417，**470—471**
Muʻizzīyah，al-，穆仪齐叶公馆，417
Mujāhid，ibn-，伊本·木查希德，123
Muʻjam al-Buldān，《地理学辞典》，384，**386—387**
Muʻjam al-Udabā'，《文学家辞典》，386
Mujarrabāt，《经验疗法》，686
Mujawir，邻居，27
mujtahids，穆智台希丁（教律学权威）400，441
mukarrib，教皇，38，52，54
Mukha，穆哈，49，56
mukhannathūn，莫汉那仙（男扮女装者），274
Mukhāriq，穆哈里格，425
Mukhtārah，al-，穆赫塔赖，468
Mukhtaṣar Ta'rīkh al-Bashar，《世界史撮要》，688
Mukrān，莫克兰，157，210，330
Muktafi，al- ʻAbbāsid，穆克台菲：321，348，355，417，470 注，473；母亲，332
Mulaththamūn, al-，戴面幕者（穆勒台赛蒙），541
Mulawwaḥ，ibn-al-，Qays，参阅 Majnūn Layla
Muljam，ibn-，ʻAbd-al-Raḥmān，阿卜杜勒·赖哈曼·伊本·穆勒介木，182
mulk，王朝，184，197，288
Müller，米勒，54
Multān，木尔坦，210，464
Multaqa al-Abḥur，《群河总汇》，714
Mulūk wa-Akhbār al-Māḍīn, al-，《帝国记和古史记》，**244**
mulūk al-ṭawā'if，各党派的国家，537
Munabbih，ibn-，Wahb，瓦海卜·伊本·穆奈比，50，244
Mundhir，al-，Umayyad of Cordova，孟迪尔，514 注，517，519
Mundhir，al-，I，Lakhmid，孟迪尔一世，82—83
Mundhir，al-，Ⅲ，Lakhmid，孟迪尔三世，79，**83**，85，90
Mundhir，al-，Ⅳ，Lakhmid，孟迪尔四世，84
Mundhir al-Bayṭār，ibn-al-，孟迪尔·贝塔尔，685
Mundhir ibn-al-Ḥārith，al-，Ghassānid，孟迪尔·伊本·哈里斯，**79—80**，256
Mundhir ibn-Saʻīd，参阅 Saʻīd，ibn-
Mu'nis al-Muẓaffar，穆尼斯·穆赞法尔，**469—470**
Munqidh，banu-，贝尼孟基兹部族，633
Muntakhab fi 'Ilāj al-'Ayn, al-，《眼科医方撮要》，629
Muntaṣir，al-，ʻAbbāsid，孟台绥尔：328，426，466；母亲，332
muntaẓar，被期待的，441
Muntaẓar，al-，参阅 Muḥammad
Munyat al-Ruṣāfah，鲁萨法园，508
Muqaddamah, al-，《历史绪论》，254，404，**568**
Muqaddasi，al-，参阅 Maqdisi，al-
Muqaffaʻ，ibn-al-，伊本·穆盖法耳，308，359，**389**，390，401
Muqannaʻ，al-，穆盖奈耳，86
muqarnaṣ，壁龛，630
muqāṭiʻji，封建主，746，756
Muqaṭṭam，al-，穆盖塔木山，398，621，628，630
Muqawqis，al-，摩高基斯，161
Muqlah，ibn-，ʻAbbāsid vizir，伊本·木格莱，123，424，468，629
Muqniʻ fi al-Ḥisāb, al-，《印度算法释疑》，379
Muqtabis fi Ta'rīkh Rijāl al-Andalus, al-，《安达卢西亚人物志》，565
Muqtadi，al-，ʻAbbāsid，穆格台迪，**476—477**，479 注
Muqtadir，al-，ʻAbbāsid，穆格台迪尔，302，319，329，338，341，342，344，348，364，384，

417，419，**468—469**，470，473，605；母亲，332
Muqtafi，al-，ʻAbbāsid，穆格台菲，479 注，**480**
Murābiṭ，穆拉比兑人的：力量，537，543；帝国，541，548；君主，542；第纳尔，542；西班牙的王朝，**545—546**
Murābiṭs，穆拉比兑人，537，540，**541—543**，548，558
Murād Ⅰ，穆拉德一世，709 注
Murād Ⅱ，穆拉德二世，709 注
Murād Ⅲ，穆拉德三世，712 注，713 注
Murād Ⅳ，穆拉德四世，713 注
Murād Ⅴ，穆拉德五世，713 注
Murcia，木尔西亚，281，518，566，585
murīd，门徒，433
Murji'ite sect，穆尔只埃派，**247**，393
Mursiyah，参阅 Murcia
Murtaḍa，al-，ʻAbbāsid，参阅 Muʻtazz，ibn-al-
murtaziqah，领粮饷者，327
murū'ah，人格，仁德，25，95，253，335
Murūj al-Dhahab，《黄金草原和珠玑宝藏》，391
Musā，穆萨（要求王位者），709 注
Mūsa al-Ashʻari，abu-，参阅 Ashʻari，al-
Mūsa al-Hādi，参阅 Hādi，al-
Mūsa al-Kāẓim，穆萨・卡最木，**441—442**，703
Mūsa ibn-Nuṣayr，穆萨・伊本・努赛尔，207，213—215，235，493，**496—498**，499
Mūsa ibn-Shākir，sons of，穆萨・伊本・沙基尔的儿子们，312，313，375，376
Muṣʻab ibn-al-Zubayr，穆斯阿卜・伊本・左拜尔，192
Musāfir，ibn-，参阅 Qayṣar
Musajjaḥ，ibn-，参阅 Misjaḥ，ibn-
muṣawwirūn，木撒韦伦（造形者），271
Musaylimah，穆赛里麦，141
Muscat，18，739。还可参阅 Masqaṭ
Museo Cristiano，天主教博物馆，609
Muses，the，文艺女神们，250，276，407
Mushatta，al-，冬宫（穆沙塔），269
Musil，Alois，穆西尔，7，22，269
mūsīqi，音乐，311 注，427
Mūsīqi al-Kabīr，al-，《音乐大全》，372，427，428
Muslim，ibn-，参阅 Qutaybah
Muslim ibn-al-Ḥajjāj，穆斯林，395，396
Muslim al-Khurāsāni，abu-，艾卜・穆斯林，284，**290—291**，323 注，340
Muslim ibnʻUqbah，穆斯林・伊本・欧格白，**191—192**，193
musnad，al-，木斯奈德字母，52
Musnad，《穆斯奈德圣训集》，236 注，399
Muṣrān，莫斯兰，52，54
Mustaḍī'，al-，ʻAbbāsid，穆斯台兑耳：母亲，332，479 注，**480**，481，646
Muṣṭafa Ⅰ，穆斯塔法一世，713 注
Muṣṭafa Ⅱ，穆斯塔法二世，713 注
Muṣṭafa Ⅲ，穆斯塔法三世，713 注
Muṣṭafa Ⅳ，穆斯塔法四世，713 注
mustaḥabb，穆斯台哈卜（可嘉的行为），400
Mustaʻīn，al-，ʻAbbāsid，穆斯台因：328，**466—467**，677；母亲，332，345
Mustaʻīn，al-，Mamlūk，穆斯台因，694 注
Mustaʻīn，al-，Naṣrid，穆斯台因，553
Mustakfi，al-，ʻAbbāsid，穆斯台克菲，**469—470**，471，473
Mustakfi，al-，Umayyad of Cordova，参阅 Muḥammad Ⅲ
Mustaʻli，al-Fāṭimid，穆斯台阿利，623
Mustanjid，al-，ʻAbbāsid，穆斯覃吉德，341，479 注
Mustanṣir，al-，ʻAbbāsid，穆斯坦绥尔，411，483，486 注
Mustanṣir，al-，ʻAbbāsid caliph of Egypt，穆斯坦绥尔，489，**676—677**
Mustanṣir，al-，Fāṭimid，穆斯坦绥尔，474，481 注，**621**，622，623，625，626，629
Mustanṣir，al-，Umayyad in Spain，穆斯坦绥尔，530
Mustanṣirīyah，al-，穆斯坦绥尔大学，411
mustaʻribah，归化的阿拉伯人，32
Mustarshid，al-，ʻAbbāsid，穆斯台尔什德，479 注
Mustaʻṣim，al-，ʻAbbāsid，穆斯台耳绥木，341，345，486，671
mustatir，隐蔽的，441
Mustaẓhir，al-，ʻAbbāsid，穆斯台兹希尔，479 注，**480**
Mustaẓhir，al-，参阅 ʻAbd-al-Raḥmān Ⅴ
Muʻtadd，al-，Umayyad of Cordova，参阅 Hishām Ⅲ
Muʻtaḍid，al-，ʻAbbādid，穆耳台迪德，**538**，560
Muʻtaḍid，al-，ʻAbbāsid，穆耳台迪德，297，314，319，355，356，369，417，454，468，470注，473，**538**，560
mutʻah，临时婚姻制，449
Muʻtah，摩耳台（莫阿卜），143，147
mutakallim，演说家，辩证学家，370，431
Mutamassik，al-，穆台麦西克，参阅 Muḥammad Ⅷ
Muʻtamid，al-，ʻAbbādi，穆耳台米德，**538—541**，559，560，598，607
Muʻtamid，al-，ʻAbbāsid，穆耳台米德，323，369，426，453，462，466，**468**
Mutanabbi'，al-，穆台奈比，412，456，**458**，459，

472
mutaṣarrif，总督，736
Mu'taṣim，al-，'Abbāsid，穆耳台绥木，297，300，301 以下，323，328，333 以下，417，420，**466**
mutaṭawwi'ah，志愿军，327
Mutawakkil，al-，'Abbāsid，穆耳瓦基勒，232，297，313，314，317，325，327，329 以 下，417，420，426，430，440，**466—467**，621，680
Mutawakkil，al-，'Abbāsid caliph in Egypt，穆台瓦基勒，**489**，677，703，705
Mu'tazilah，al-，穆尔太齐赖，245，**429**
Mu'tazilite，穆尔太齐赖派，310，373，382，399，430
Mu'tazilites，穆尔太齐赖派，242，245，391，**430**
Mu'tazz，al-，'Abbāsid，穆耳台兹，348，426，**466—467**
Mu'tazz，ibn-al-，'Abbāsid，伊本·穆耳台兹，337，468
Muthanna ibn-Ḥārithah，al-，穆桑纳·伊本·哈列赛，148，155
Muṭī'，al-，'Abbāsid，穆帖仪，358，471，473
Muttaqi，al-，'Abbāsid，穆台基，355，**469—470**，473
Muwaffaq，al-，穆瓦法格，468
Muwaḥḥid，穆瓦希德朝：长官，595；时期，599
Muwaḥḥids，穆瓦希德人，545，**546—549**，558，565，577，578，581，584
Muwaḥḥidūn，唯一神教徒，740。还可参阅 Wahhābis
Muwallads，穆瓦莱敦，511，517
Muwalladūn，穆瓦莱敦，510
Muwaqqar，穆瓦盖尔宫，269
muwashshah，双韵体，**561**，562，578
Muwaṭṭa'，al-，《圣训易读》，398，514
Muza，莫萨，49。还可参阅 Mukha
Muẓaffar，al-，'Abd-al-Malik，阿卜杜勒·麦里克·穆扎法尔，534
Muẓaffar Aḥmad，al-，Mamlūk，穆扎法尔·艾哈迈德，694 注
Muẓaffar Ḥājji，al-，Mamlūk，穆扎法尔·哈只，673
Muzayqiyā'，穆宰伊基雅，65，78
Muzdalifah，al-，木兹德里法，133
Muzhir，al-，《华枝集》，557，688

Nabaitai，奈白太人，67
Nabataean，奈伯特人的：王国，43，44；**67—74**；文明，76；神灵，99；铭文，99；书写字体，357；农业，358；农民，444
Nabataeans，奈伯特人，11，19，32，39，43，44，46，54，**67**，**74**，84，87
Nabaṭi，al-，Ḥassān，奈伯特人哈萨尼，223
nabbādh，酿酒者，535
nabi，预言者，113
nabīdh，葡萄醴，枣醴，19，337
Nābighah al-Dhubyāni，al-，纳比盖，81，84
Nabonidus，奈布尼达，39
Nabopolassar，奈卜博拉撒，37
Nābulus，纳布卢斯，640
Nābulusi，al-，纳布卢西，744
nadhīr，警告者，113
Nadīm，al-，奈迪木，306，354，356，**414**
Naḍīr，banu-，奈迭尔人，104，117
Naḍr ibn-al-Ḥārith ibn-Kaladah，al-，奈德尔·伊本·哈立斯·伊本·凯莱达，**273**
naffāṭūn，石油精投掷队，327
Nāfi'，ibn-，参阅 'Uqbah
Nāfi'，ibn-al-Azraq，纳菲耳·伊本·艾兹赖格，208
nāfilah，分外之事，131
nafīr，al-，喇叭，601
Nafīs，ibn-al，伊本·奈菲斯，685
nafs，宇宙灵魂，443
Nafs al-Zakīyah，al-，纯洁的灵魂，290，291
nafsāni，精神疗法，686
nagham，调式，428
Nagham，al-，《曲调书》，427
Naghzālah（al-Naghrīlah），ibn-，Ismā'īl，易司马仪·伊本·奈格扎莱，537
Nahr'Īsa，伊萨河，349
Nahr Kūtha，苦撒河，349
Nahr al-Malik，王河，349
Nahr Ṣarṣar，萨萨河，349
Nahr al-Ṣilah，绥莱萨，349
Nahr Yazīd，叶齐德河，231
Nahrawān，奈海赖旺，182
nā'ib，副长官，225，326
nā'ib al-salṭanah，摄政，674
Nā'ilah，纳伊莱，180，195
Najaf，al-，纳贾夫，182，183，440，737，752
Najāshi，奈查史，62，271
Najd，纳季德，7，12，14，15，**17**，18，20，30，87，102，144，224，251，622，739
Najdis，纳季德人，30，32
Najrān，纳季兰：46，51，52，61，84，98，107；基督教徒，61，62，169
Nakhlah，奈赫莱，93，97，98，99
Namārah，al-，奈麻赖，70，88

namir，猎豹，20
Naples，那不勒斯，604，605
Napoleon，拿破仑，142，161，675，**721—722**，745，**749**
Napoleon Ⅲ，拿破仑三世，7
Naqab al-Ḥajar，奈盖卜·哈哲尔，51
Nāqid, ibn-al-, abu-al-Faḍā'il，艾卜勒·法达伊勒·伊本·纳基德，686
nāqiṣ，裁减者，226
naqqārah，铜鼓，664 注
nāqūs，木梆，259 注
Naqyūs，奈格优斯，163
Narām-Sin，奈拉木仙，36
nāranj，橙子，351 注
Narbonne，纳尔榜，499，501，589
nard，双陆，339
Nasa，奈撒，379 注
nasab，世系，28
Nasafi，al-，奈赛斐，185
Nasā'i，al-，奈萨仪，395
Nasawi，al-，Aḥmad，艾哈迈德·奈赛威，379
nasīb，情诗式开场白，250
Naṣībīn，奈绥宾：174，290，460；大都会，355
nāsikh and mansūkh，废除的启示和被废除的启示，99
Nāṣir，al-，'Abbāsid，纳绥尔，318，328，479，**481—483**，486 注
Nāṣir，al-，Umayyad in Spain，参阅 'Abd-al-Raḥmān Ⅲ
Nāṣir，ibn-'Abbās，纳绥尔，623
Nāṣir Faraj，al-，Mamlūk，纳绥尔·法赖吉，567，677，688，694 注，695，696，701
Nāṣir-i-Khusraw，纳绥尔·胡斯罗，478，625，626，631
Nāṣir，Muḥammad，al-，Muwaḥḥid，穆罕默德·纳绥尔，549
Nāṣir-al-Din al-Ṭūsi，突斯人奈绥尔丁，378，**683**
Nāṣir ibn-Qalāwūn，al-，Mamlūk，纳绥尔·伊本·盖拉温，673，**679—682**，685，688，691，697
Nāṣirīyah，al-，纳绥尔学校，681
naskhi，奈斯赫字体，70，660
Naṣoreans of St.John，圣约翰的严格遵守者，357
Nasr，奈斯尔，101
Naṣr，eunuch of 'Abd-al-Raḥmān Ⅱ，514，516
Naṣr ibn-Aḥmad，奈斯尔·伊本·艾哈麦德，**462**
Naṣr ibn-Hārūn，奈斯尔·伊本·哈伦，355 注，472
Naṣr，ibn-，Muḥammad ibn-Yūsuf，穆罕默德·伊本·优素福·伊本·奈斯尔，**549—550**，596，597
Naṣr，ibn-Sayyār，奈斯尔·伊本·赛雅尔，210
Naṣrid，Granadan，奈斯尔：古迹，529；王朝，**549—555**；苏丹，567；宫，595
Naṣrid，Lakhmid，dynasty，奈斯尔王朝，即莱赫米王朝，82
Naṣrids，Granadan，奈斯尔人，549，550
naṣṣ，天命，185
Nasser，参阅 'Abd-al-Nāṣir
Nathan der Weise，《智者纳旦》，652 注
National Library of Cairo，开罗国家图书馆，681，692
nāṭiq，立法的先知，443
nāṭūr，看守人，望楼，107 注，262
Natural History，《自然史》，47
nā'ūrah，戽水车，667
Navarino，纳瓦里诺岛，725，734
Navarre，那发尔，521，523，524，527，534，539，549
Nawāji，al-，奈瓦支，337
nawbakht，诺伯赫特（幸运），307 注
Nawfal，ibn-，参阅 Waraqah
nāy，呐义（竖笛），273
Naysābūr，内沙布尔：210，330，376，377，395，403，412，461，474，477 注；大路，323；甸子，348
Nazarenes，基督教徒，357 注
Nazareth，拿撒勒，487，656，729
naẓīr，天底，573
Naẓẓām，al-，奈萨木，430
Near East，近东，12，74，143，226，235，307，659，736，749
Near Eastern，近东的，749
Nearchus，尼查斯，49
Nebuchadnezzar，尼布甲尼萨，357 注，737
Negrana，奈格拉那，46
Negus，尼加斯，62，114，121，271
Nehemiah，尼希米，41
Neo-Babylonians，新巴比伦人，39，379
Neo-Ismā'īlites，新易司马仪派，446
Neo-Moslems，新穆斯林，219，232，241，289，484，510，512
Neo-Platonic，新柏拉图派：306，315，368，370；史料，401；伊本·麦蒙的哲学；585，伊本·麦萨赖学派，586
Neo-Platonism，新柏拉图派学说，316，433，439，443，580，584
Neo-Platonists，新柏拉图派，311
Neo-Pythagorean，新毕达哥拉斯的：数学，370，

史料，401
Nestorian，聂斯脱利教会（景教）：81，84，260，309，314，420；影响，106；教会，107；教会，143；画家，422；医生，427；影响，474 注
Nestorian Christian，聂斯脱利派基督教的，310，312，656
Nestorians，景教徒，106，**355—356**，364，420，424
New Testament，新约：阿拉伯语，127；396
New World，新世界，12，335，728
New York，纽约，164
Nezib，参阅 Nizzīb
Nicæa，尼西亚，475，637
Nicephorus I，奈塞福拉斯，300
Nicephorus Phocas，奈塞福拉斯·福卡斯，329，**459—460**
Nicholas，Byzantine monk，尼古拉斯，577
Nicomachean Ethics，《尼科麻秋斯的伦理学》，401
Nicomachus，尼科麻秋斯（亚里士多德的儿子），427
Niebuhr，Carsten，尼布尔，6，51
Nigeria，尼日利亚，134，741
Nihāwand，尼哈旺德，157
Nihāyat al-Arab，《文苑观止》，425，689
Nikiu，尼丘，163，166
Nile River，尼罗河：4，10，14，32，58，165，215，453，489，624，626，652，654，672，681，683，696，704；河谷，159，160，166，627，705，722，736；溢出，628；瀑布，713
Nile-Red Sea canal，尼罗河 - 红海运河，59
Nilometer，尼罗河水位计，375，417，453
Nineveh，尼尼微，38，39，157，293
Niqfūr，尼格福尔，300 注
Nīqiyah，尼西亚，475。还可参阅 Nicæa
nīr，牛轭，107 注
Nīrūn，al-，尼龙，210
Nirvana，涅槃，435
Nīshāpūr，内沙布尔，210。还可参阅 Naysābūr
Nisibis，参阅 Naṣībīn
Niẓām-al-Mulk，尼采木·木勒克，410，447，**477—478**，660
Niẓāmīyah，尼采米亚大学，**410—411**，412，431，432，478，530，659
Nizāri，尼萨尔人，32
Nizārites，尼萨尔人，280
Nizzīb，尼济卜，734
Noah，诺亚，9，125，443
Nordic，北欧的，526
Norman，诺曼人的：西西里国王，322，569；西西里的时期，593；西西里的征服，606，607；易德里西的保护人，609；西西里的国王，613，643；城堡，661
Norman England，诺曼的英格兰，590
Normandy，诺曼底，665，667
Normans，诺曼人：法国的，521 注；西西里的，606，607，622，636
North Africa，北非：143，159，160，170 注，193，194，206，259，260，262，265，289，291，451，460，469，473，493，503，505，550，561，568，574，575，602，605，617，619，662，672，**710**，717，752；征服，388
North African，北非的：沿海，214，233；尖塔的式样，613；集团，738
North Africans，北非人，214，360
North Arabia，北部阿拉比亚：15，38，39，42，43，55，61，65，93，101，107，134；居民，87
North Arabian，北部阿拉比亚的：部族，27，28，280；部族神灵，40；国家，67；人民，88
North Arabians，北部阿拉比亚人，30，32，43，76，85，88，280，328，502，606
North Arabic，北部阿拉伯语的：语言，52，105；语言，70；书写字体，82
North Lebanon，北黎巴嫩，747
North-Eastern Africa，东北非，360
Northern Africa，北非，22，316，359，398
Northern Arabs，北部阿拉伯人，273
Northmen（Norsemen），北方人，521 注
Nūbah，al-，努伯，168
Nūbah，al-，努伯，724。参阅 Sudan
Nubātah，ibn-，伊本·努巴台，**458**
Nubia，努比亚：34，261，363，646，675；基督教王国，168
Nubian，努比亚的：356，435；王国，360
Nufūd，al-，内夫得沙漠，15，20，23，37，40
Nuḥ，诺亚，125。还可参阅 Noah
Nūḥ Ⅱ，Sāmānid，努哈二世，**462**
Nujūm al-Zāhirah，al-，《埃及历代国王本纪》，688
Nuʻmān，al-，I，Lakhmid，努尔曼一世，82
Nuʻmān，al-，Ⅲ，Lakhmid，努尔曼三世，84
Nuʻmān ibn-al-Mundhir，al-，Ghassānid，努尔曼，80
Numayr，ibn-，参阅 Ḥuṣayn ibn-Numayr，al-
Numidia，努米底亚，525，710
Numidians，努米底亚人，509
Nūn，banu-dhu-al-，左农人，518，537，566

Nūn al-Miṣri，dhu-al-，左农，**435**
Nūr-al-Dīn ibn-Zangi，努尔丁・伊本・赞吉，480，643，**645—646**，652，659
Nūr-al-Dīn ʿAli，Mamlūk，努尔丁・阿里，673
Nūr al- ʿUyūn，《众目之光和眼科要略》，686
Nūri hospital，努尔医院，659，661，678
Nūrid，努尔的：建筑的模范，691；时代，701
Nūrids，努尔朝，**659—660**
Nūrīyah，al-，努里叶，660
Nuṣayr，ibn-，参阅 Mūsa
Nuṣayr，ibn-，Muḥammad，穆罕默德・伊本・努赛尔，**448**
Nuṣayris，努赛尔派，249，**448—449**
Nuṣayrīyah，al-，努赛尔人，633
Nuwās，abu-，艾卜・努瓦斯，303，337，341，**406**，438
Nuwās，dhu-，左・努瓦斯，61，62，107
Nuwayri，al-，Aḥmad，艾哈迈德・努韦理，334，689
Nuzhat al-Mushtāq，《云游者的娱乐》，609

ʿObīdath，俄比德斯，68
Obodas Ⅲ，参阅 ʿObīdath
Occident，西方，659，667
Occidental，西方的，309，392，551，648
Odaynath，伍得奈斯，75
Odenathus 伍得奈斯，75
Odyssey，the，《奥德赛》，93
Oghuz，乌古思，473
Ohsson，d'，德・奥森，186
Olban，乌尔班，494 注
Old Cairo，旧开罗，165，260，264 注
Old Damascus，旧大马士革，150
Old English，古英语，43
Old French，古法语，564
Old man of the Mountain，the，山地老人，339，646
Old Testament，旧约：9，10，26，32，39，40，42，43，113，128，138，145，161 注，235，313；人物，125；日子，134
Omanitae，阿曼人，44
On，Ōn，安城，参阅 Heliopolis
Ophir，俄斐，41
Oppas，奥帕斯，494，499
Optica，《光学书》，612
Optics，《光学》，370
Order of Preachers，传道教团，588
Ordoño Ⅱ，of Leon，莱昂国王奥多诺二世，523
Ordoño the Wicked，邪恶的奥多诺，530
Organon，《机关》，315
Orient，东方，75，231，293，302，659，663，667，676，690
Oriental，东方的：传奇，304；309，310，420；民间传说，404；研究，588，663，743；丝，592；工人，593；音乐，598；工匠，613；纺织品，613；手工艺者，614；房屋，644；传奇，648；传说，663；产品，668
Oriental Christians，东方基督教徒，128
Oriental Greek Church，东方希腊教会，246
Orontes River，俄兰迪斯河，448，638
Orthodox dynasty，正统王朝，288
Osler，Dr.，俄斯勒博士，368
Osmanli，奥斯曼利，716
Ostia，奥斯蒂亚，604
Otto the Great，奥托大帝，590
Ottoman，奥斯曼：哈里发帝国，139，317，463；素丹，186 注；时期，233，331，398，399，654，677，693；征服，656，703；帖木儿所击溃的军队，701；问题，702；胜利，704；首都，705；时代，749
Ottoman Turkey，奥斯曼土耳其，710
Ottoman Turks，奥斯曼土耳其人，184，199，475，**478—479**，489，671，**702**，745
Ottomans，奥斯曼人，320，697，715
Ovid，奥维特，250
Oxford，牛津，501，526，577，612
Oxus River，乌浒水，157，175，194，209，210 注，330，379 注，463，476
Ozēnē，参阅 Ujjayinī

Pahlawi，帕莱威语，155 注，217，246，308，309 注，373，389
Pakistan，巴基斯坦，136，212
Palace of Eternity，永恒宫，416
Palatine Chapel，巴拉泰恩教堂，613
Palermo，巴勒莫，387，**603—607**，609，612，613
Palestine，巴勒斯坦：6，9，11，22，40，43，61，104，148，150，154，160，169，220，233，281，284，285，316，330，357，398，400，412，456，460，502，505，506，621，**635**，**639**，**645—646**，656，661，670，674，747，749；税，321 注；人口，728；独裁者，731
Palestinians，巴勒斯坦人：现代的，114 注；669
Palgrave，帕格赖弗，7
Palm Sunday，棕树主日，342
Palmer，translation of Koran，帕尔默的古兰经译本，126 注

Palmyra，巴尔米拉，29，59，60，**74—78**，80，84，97，227，256，375，741
Palmyrena，巴尔米里纳，38，42，78，195
Palmyrene，巴尔米拉的：首领，75；文明，76；语言，78；书法字体，357
Palmyrenes，巴尔米拉人，32，**75—76**，84，87，88
Pampeluna，潘普洛纳，523
Pan-Arab，泛阿拉伯，755
Pan-Islam，泛伊斯兰，753
Panchatantra，《五卷书》，308
Panjāb，旁遮普，32，212，224，464
Paradise，天堂，103，106，113，126，144，155，293，318，352，452
Paris，巴黎，448，501，526，600，724，754
Pārs，波斯，157
Pārsa，波斯，157 注
Parsis，巴尔西斯，359
Parthenon，巴特农神殿，21
Parthia，安息（帕提亚），44，72，74
Parthian，安息的：帝国，58；征服，74；国家，75；成分，76
Parthians，安息人，75
Pascal，巴斯喀，432
Paterna，帕特纳，528
Paul，保罗，43，68，150
Paul of Aegina，爱琴海的保罗，311
Pauperes Commilitones Christi，基督教的贫苦骑士团，644 注
Pax Islamica，伊斯兰教的友谊，121
Payne，John，佩恩，405
Peace Conference，和会，751
Peking，北京，487 注
Pelayo，培拉约，551
Pella，培拉，150。还可参阅 Fiḥl
Pelusium，培琉喜阿姆，161
Pentapolis，彭塔波里斯，168
Pentateuch，摩西王经，125
Pepin of Heristal，赫列斯塔尔的培平，500
Perfectus，卑尔菲克塔斯，516
Pergamum，柏加芒，212
Periplus，《红海周航记》，49，50，55，56，58
Persepolis，柏塞波利斯，157，385
Persia，波斯：14，40，43，60，62，66，84，85，114，142，143，145，157，174，190，197，206 以下，241，249，254 以下，**308—309**，318，328，340，344，345，346 以下，422，423，441，447，448 以下，482，487，578，633，647，656，667，676，678，690，691，699，703，728；祆教的波斯，66，106；艺术，106；书籍，126；征服，**158**，崇拜偶像的波斯，204；邮政驿站，323；蒙古王国，488；伊儿汗国在波斯的统治，488
Persian，波斯的：记录，21；帝国，39，61，142；君主，66；省，66；边境地带，80；教士，83；国王，84；长官，84；省份，86；文化影响，106；观念，106；边界，106，148；城市，107；126，224，233，237，238，240，244，250，252，269 以下，**308—309**，311，312，315，317，327，328，330，332 以下，376，405，410，414，435 以下，514，586，689；文明，146；首都，156；高原，157，446；对埃及的入侵，161；版图，170；统治，171；制度，172；传奇，251；医药，254；对十叶派的影响，248；工匠，265；邮政系统，323；海上交通，343；医学权威，365；历法，377，477；行吟诗人，406；建筑，419；二元论，430；诗人，**436—437**；文学，463；语法，561；苏非派集团，387；毯子，592；音乐的起源，599；埃及的波斯文化，625；在埃及的施政，627；战争，635；学者，683；语言，715
Persian Arabia，波属阿拉比亚，81，106
Persian Gulf，波斯湾，7，14，17，22，37，49，157，208，383，445，669，711，737，739—741，749
Persian 'Irāq，波斯的伊拉克，330 注，481
Persian Moslems，波斯的穆斯林，283，444
Persian，non-，非波斯的，210 注
Persian，pro-，亲波斯的，66
Persians，波斯人：136，147，148，155，157 注，**158**，174，219，228，232，240，287，359 注，401，402，422，463，470，488，568，715
Persis，波斯，157 注
Peshāwar，白沙瓦，464
Peter，apostle，彼得，247，443
Peter I，king of Aragon，彼得一世，543
Peter the Cruel，残忍的彼得，595
Peter the Venerable，可敬的彼得，126 注，588，589
Petra，皮特拉：7，29，44，50，55，59，60，**67—74**，97，98，181，256；废墟，72；继承者，75
Petrie，皮特里，33
Pharaohs，法老：8，33，160；大臣，125
Pharaonic，法老的：运河，165；时代，174；346；日子，453，691
Pharaonic Egypt，法老时代的埃及，422
Pharos，the，灯塔，164，262
Phemion，菲米雍，61
Pherkad，牛犊，572
Phidias，菲迪阿，20

Philby，菲尔比，7
Philip Ⅱ，of Spain，菲利普二世，545，556，564
Philip Ⅲ，of Spain，菲利普三世，556，565
Philip the Arab，阿拉伯人菲利普，29
Philip Augustus，菲利普・奥古斯都，648
Philip of Tripoli，菲利普，663
Philippines，菲律宾，555 注
Philo，菲洛，372，580
Philosophy，哲学，271
Phoenicia，腓尼基，307
Phoenician，腓尼基的：13；字母表，52；铭文，70；沿海，71；玻璃，346；城镇，423
Phoenician-Carthaginian colonies，腓尼基人的迦太基殖民地，711
Phoenicians，腓尼基人，6，9，10，11，44，49，71，175，214
Phoenix，菲尼克斯，167，200
Physics，《物理学》，313
Pickthall，translation of Koran，比克塔尔的《古兰经》译本，127 注
Pirate Coast，海盗海岸，739
Pirate states，海盗的国家，711
Pīri Re'īs，皮利・赖伊斯，710
Pisa，比萨，379，574，613，631，636，669
Pisan，比萨人，663
Pisans，比萨人，640，653
Pison，比逊河，209 注
Planisphaerium，《明白的天球》，589
Plato，柏拉图，311，313，316，370，371，401，580
Plato of Tivoli，提佛利人柏拉图，571
Platonic philosophy，柏拉图的哲学，580
Platonism，柏拉图的学说，316，371
Pleiades，palace of，昂宿宫，417
Pliny，普林尼，45，47，48，55，56，59，72，132，383，391
Pococke，Edward，小波科克，582
Poetics，《诗学》，315
Poetry，诗歌，271
Poitiers，普瓦蒂埃，215，**500—501**，591
Politics，《政治学》，371
Poor Knights of Christ，基督教的贫苦骑士团，644 注
Porphyry，玻尔菲利，315
Portugal，葡萄牙，518，549，562，592，599，601
Portuguese，葡萄牙的：728，737；航海家，696；船只，697；影响，739
Pripet，普里皮亚特河，384
Problemata，《问题书》，427
Prophet，the，先知：18，19，32，99，104，**112—114**，117，120，139，143，177，178，179，183，215，225，233，236，238，242，243，248 注，249，254，258，259，271 以下，394，397，398，399，401，420，433，439，471，474，475，481，501，516，521，535，586，688，689；移居，89；宣礼员，106；堂弟，108，140；领导，116；部落，140；岳父，140；权威，141；死亡，142，154，155；先知的清真寺，165，167，179；家庭，172；书记员，176；病，178；父亲，179；继承者，180；斗篷，186，622；先知城，192；旗手，201；故事，244。还可参阅 Maḥammad
Prophetic，先知的：财宝，186 注；传说，338，352，364；393，396
Protestant，新教的：赞美诗集，246；叛变，432；传教士，747
Protestant Church of Syria，叙利亚新教教会，747
Provencal，普罗旺斯：诗人，562；歌唱家，600；对意大利社会的影响，611；643
Provence，普罗旺斯，589
Proverbs，Book of，《箴言》，43
Prussia，普鲁士，479
Psalms，赞美诗，747
Ptolemaic，托勒密的：势力范围，68；图书馆，166；系统，415 注，571；时代，453，691
Ptolemies，托勒密人，32，59
Ptolemy，geographer，托勒密，44，48，103，104，311，314，363，373，376，384，387，571，572，581，588，589，609，612，629，683
Ptolemy Ⅱ，托勒密二世，59
Punic，迦太基语：214，文明，551
Punt，朋特，34
Pyrenees，比利牛斯山脉，206，**499**，500，507，521，524，589
Pythagoras，毕达哥拉斯，427
Pythagorean，毕达哥拉斯的：372，442；音乐理论，598

qabā'il，部族，361
qabīlah，部族，26
Qābūs，abu-，艾卜・嘎布斯，参阅 Nu'mān，al-，Ⅲ，Lakhmid
Qa'dah，dhu-al-，十一月，94，102
qadar，盖德尔，245
Qadarite，唯能力论的（盖得里叶派）；学派，246；学说，284；393，430
Qadarites，盖德里叶派，**245**

qaddāḥ，眼科医生，443
qāḍi，喀底（法官），173，225，317，326，527
Qāḍi al-Fāḍil，al-，法迪勒，652
qāḍi al-quḍāh，总法官，326，527
Qādir，al-，'Abbāsid，嘎迪尔，440，464，473，618
Qādirite，嘎迪里叶派，436
Qādīsha River，嘎底舍河，641，678
Qādisīyah，al-，（希拉城附近的）嘎底西叶，155，157
Qādisīyah，al-，（萨马腊附近的）嘎底西叶，349
Qadmūs，al-，盖德木斯，448，657
qafaṣ，鸟笼，701
Qāhir，al-，'Abbāsid，嘎希尔，358，**469—470**，473
Qāhirah，al-，嘎希赖，参阅 Cairo
Qaḥṭān，盖哈丹，32，280
Qaḥṭāni，盖哈丹人，93
qā'id，卡以德，328
qā'im al-Zamān，时间的主人，441
Qā'im，al-，'Abbāsid，嘎义木，473，**474—475**，479 注，481 注，622
Qā'im，al-，Fāṭimid，嘎义木，619，623
Qā'it-bāy，Mamlūk，嘎伊特贝，691，694，695，702，703
qalānis，波斯式高领，294
Qalamūn，al-，盖莱孟，755
qalansuwah，波斯式高帽子，黑毡帽，334
Qal'at Ayyūb，参阅 Calatayud
Qal'at al-Jabal，哲伯勒城堡，652 注
Qal'at ibn-Salāmah，伊本・赛拉麦城堡，567
Qal'at Ṭarābulus，太拉布普斯城堡，641 注
Qalāwūn，Mamlūk，盖拉温，**657—658**，672，673，675，**677—679**，682，685，686，691
Qāli，al-，abu-'Ali，艾卜・阿里・嘎里，531，557
Qalīs，al-，盖里斯，62
Qalqashandi，al-，盖勒盖山迪，627，689
Qāmūs，al-，《辞洋》，742—743
qanāh，芦苇，351 注
qandah，糖稀，351 注
Qandahār，坎大哈，292
Qānṣawh al-Ghawri，干骚・奥里，691，694，697，**703—704**
Qānṣawh，al-Ẓāhir，扎希尔・干骚，694 注
qānūn，竖琴，601
Qānūn，al-，《医典》，《规范书》，367，427，579
Qānūn al-Mas'ūdi，al-，《麦斯欧德天文学星占学原理》，377
Qaragöz，盖拉孤兹（黑眼睛），691
Qaramānli，盖赖曼利：家族，711；岱，712
Qarāqorum，哈剌和林城，487 注
qarāṭīs，纸草纸，415
Qarmaṭ，参阅 Ḥamdān
Qarmaṭian sect，盖尔麦兑教派，**444—445**
Qarmaṭians，盖尔麦兑派，158，249，**445**，449，485，619
Qarnāw，盖尔诺，55，56
Qarnāyil，盖尔那伊勒，734
Qarqar，盖尔格尔，37
Qarṭājannah，迦太基，168。还可参阅 Carthage
Qaryatayn，al-，盖尔叶台因，227
qaṣabah，长笛，273，276
qāshāni，喀沙尼（磁砖）：346；瓦，423
Qashmīr，参阅 Kashmīr
Qasi，banu-，贝尼・盖西人，518
qaṣīdah，长诗，90，93
qaṣīdahs，长诗，250，252
Qāsim，al-，Ḥammūdid，嘎西木，536 注
Qāsim，of al-Yaman，也门的嘎西木，739
Qāsim al-'Irāqi，abu-al-，艾卜勒・嘎西木，381
Qāsim Amīn，嘎西木・艾敏，754
Qāsim Unūjūr，abu-al-，艾卜勒・嘎西木・伍努朱尔，457 注
qaṣr，堡垒，官殿，107 注
Qaṣr al-Ablaq，al-，花宫，680
Qaṣr al-'Abbāsi，al-，阿拔斯宫博物馆，411
Qaṣr al-Khuld，永恒宫，293，416
Qasri，al-，Khālid ibn-'Abdullāh，哈立德・伊本・阿卜杜拉・盖斯里，223，234
Qasṭal，盖斯塔勒宫，269
qaṭa，al-，沙鸡，20，340
Qatabān，盖特班，42，52，55
Qatabānian inscriptions，盖特班铭文，55
Qatabānians，盖特班人，60
Qatabānites，盖特班人，44
Qaṭā'i'，al-，盖塔伊耳，453
Qaṭar，卡塔尔半岛，14，17，739，740
Qaṭari ibn-al-Fujā'ah，盖特里・伊本・伏查艾，208
Qaṭr-al-Nada，盖特尔・奈达，**454—455**
qawm，氏族，26
qawwālūn，能言者（民间诗人），562
qaynah，女歌手，426
Qayrawān，al-，盖赖旺城（凯鲁万），170 注，**213**，224，261，291，361，451，502 以下，566，578，602，605，618，619
Qayrawān Mosque，盖赖旺清真寺，267
Qays，盖斯人，192 注，**280—281**

Qays，ibn-，伊本·盖斯，250
Qayṣar，小宫，271
Qayṣar ibn-Musāfir，盖伊撒尔·伊本·穆萨菲尔，668
Qaysārīyah，恺撒里叶，参阅 Cæsarea
Qaysi，party，盖斯党，192 注
Qaysites，盖斯派，**280—281**，284
Qazḥayya，盖兹哈亚，747
Qazwīn，加兹温，395，446
Qazwīni，al-，盖兹威尼，97，382，562
Qedar，基达，38，42
Qedem，东方，43
qiblah，朝向，**118**，259，262，417
Qifṭi，al-，基弗兑，313，315，368，558，566，584，**687**
Qilij Arslān，基利只·艾尔斯兰，**476**，637
qindīl，灯，107 注
Qinnasrīn，肯奈斯林，79，153，154，173，286，321 注，378 注，502，505
Qipchāq，钦察加汗国，676，677，701
qirmizi，淡红色，668
Qiṣṣat al-Zīr，《冶游郎的故事》，90
qissīs，僧侣，107 注
qītār，六弦琴，427
qītarah，吉他，601
qiyāmah，al-，复生章，130
qiyān，歌妓，237
qiyās，比论（格雅斯），397
Qizil-bāsh，基齐勒·巴什派，**449**
Quadripartitum，《四部集》，311
Qubādh，库巴德，85
qubbah，al-，卧室，597 注，660，678 注
Qubbah al-Khaḍrā'，al-，绿圆顶宫，267，293，416
Qubbat al-Ṣakhrah，岩石上的圆顶寺，220
Qūbīlāy，忽必烈，487 注
Qubrus，塞浦路斯，167，194
Quḍā'i，al-，ibn-Salāmah，伊本·赛拉麦·古达仪，627
Qudāmah，古达麦，320，321，385
Qudayd，古戴德，99
Queen of Sheba，赛巴女王，42
quftān，短上衣，334，626
Qūhistān，古希斯坦，315 注，330
Qūjūq，Mamlūk，古祝格，673
Qulays，al-，参阅 Qalīs，al-
Qulbān Qarāqir，古勒班·盖拉基尔，149
Qulzum，al-，古勒助木，165
Qūmis，古米斯，330
Qunduhār，al-，参阅 Qandahār
Qūniyah，科尼亚，437，476，637，733。还可参阅 Konieh
Qur'ān，古兰经，127。还可参阅 Koran
Qurāqir，古拉基尔，149
Quraysh，古莱氏人：32，84，89，99，100，101，104，**111**，113，116，118，128，133，184 注，189，247，283，398，399，507，560；异教的，106；分支，113；贵族阶级，140
Qurayshite，古莱氏人的，112，160，250，425，177
Qurayẓah，banu-，古赖宰人，104，117
Qurhub，ibn-，Aḥmad，艾哈麦德，605
qurrā'，古兰经的诵读者，253
Qurrah，abu-，艾卜·古赖，347
Qurrah，ibn-，参阅 Thābit
Qurṭubah，哥尔多巴（科尔多瓦），184。还可参阅 Cordova
Qurūn Ḥamāh，古鲁尼·哈马，646
Quṣayr，al-，库赛尔，32
Quṣayr 'Amrah，阿木赖的小宫，269，**271**，420，597
Quṣayy，古赛伊，111
Qushayri，al-，Sufi，古舍里，434
Qushayri，al-，Balj ibn-Bishr，伯勒只·伊本·比什里·古舍里，502
Qusṭā ibn-Lūqa，顾斯塔·伊本·路加，315
Qustanṭīn，君士坦丁二世，164。还可参阅 Constans Ⅱ
Quṭāmi，al-，顾托密，25
Qutaybah，ibn-，historian，伊本·古太白，78，**389**，402
Qutaybah ibn-Muslim，古太白·伊本·穆斯林，**209—210**，212，235，281，298，332
Quṭb-al-Dīn，圣教的北极，参阅 Sab'īn，ibn-
Quṭbs，固特卜，435
Qūṭīyah，ibn-al-，伊本·孤帖叶，518，531，565
Quṭlumish，ibn-，Sulaymān，苏莱曼·伊本·顾特鲁米什，**475**，476，637
quṭn，al-，棉花，528 注
Quṭuz，Mamlūk，古突兹，487，655，673，**674**
Quzaḥ，古宰哈，134
Quzmān，ibn-，abu-Bakr，艾卜·伯克尔·伊本·顾兹曼，561

Rab'al-Khāli，al-，鲁卜哈利（无人烟地区）沙漠，7，14，15，17
rabāb，提琴，三弦琴，426
rabaḍ al-，赖巴特，512
Rabbīl Ⅱ，赖比勒二世，68

Rabī'ah，赖比耳族，93，280，502 注
Rābi'ah al-'Adawīyah，赖比耳·阿德威叶，439
Rabī'ah ibn-，参阅 Kulayb
Rabī'ah，ibn-abi-，'Umar，欧麦尔·伊本·艾比·赖比耳，235，**250—251**，275
Rachel，拉结，40
Rāḍi，al-，'Abbāsid，拉迪，424，456，**469—470**，473
Rāfi'ibn-'Umayr，拉斐耳·伊本·欧迈尔，149
rahbānīyah，僧侣制，433
Raḥīm，al-，al-Malik，麦立克·赖希木，**473**
rahj al-ghār，洞灰，579 注
Raḥmah，al-，《仁慈书》，380
Raḥmāh，al-，至仁主，105
Rajab，七月，102
raj'ah，早日归来，443
rajaz，赖斋子韵律，92
Ramaḍān，赖麦丹月（回历九月），112，116，118，**132—134**，295，516
Ramiro Ⅱ，of Leon，拉米罗二世，524
rāmiyah，弓箭手，327
Ramlah，al-，赖木莱（腊姆拉），150 注，169，220，639
Rammāḥ，al-，Ḥasan，哈桑·赖马哈，665
Raphael，拉斐尔，604
Raqīm，al-，赖基木，67
raqīq，al-，艺术的，优雅的，274
Raqqādah，赖盖达，618
Raqqah，al-，赖盖（腊卡），180，220，292，300，325，340，376，417
Ra's al-Shamrah tablets，赖斯·舍木赖字砖，70
Rasā'il Ikhwān al-Ṣafā'，《精诚同志社论文集》，373
raṣd，观测，373
Rashīd，al-，参阅 Hārūn
Rashīd，ibn-，伊本·赖世德，741
Rashīd-al-Dīn，historian，赖世德丁，488
Rāshid-al-Dīn Sinān，赖世德丁·息南，373，448，**646—647**
Rashīd Riḍa，Muḥammad，赖世德·里达，755
rāshidūn，al-，正统派，140，**183**。还可参阅 Orthodox dynasty
Rāsibi，al-，'Abdullāh ibn-Wahb，阿卜杜拉·伊本·瓦海卜·拉西比，182
rasūl，天使，113，129，185
Rāwand，拉旺德镇，290 注
Rāwandi，al-，拉旺迪，373
Rāwandīyah，拉旺德教派，290
Rawḍah，al-，罗德洲，161，163，453，472
ra'y，意见（赖艾伊），397
rayahs，赖亚，727
Raydān，赖伊丹，55，60
rayḥān，罗勒，350
Rayḥāni，al-，赖哈尼，423
Raymond Ⅰ，archbishop，雷蒙一世，588，589
Raymond Ⅱ，雷蒙二世，646
Raymond Ⅲ，雷蒙三世，645
Raymond Lull，参阅 Lull
Raymond of Marseille，马赛人雷蒙，571，589
Raymond of Saint-Gilles，参阅 Raymond of Toulouse
Raymond of Toulouse，图卢兹的雷蒙，637，638，639，641
Raynah，al-，赖伊奈，670
Rayy，al-，赖伊（腊季）：大路，323；325，330，365，376，377，413，446，462，**464**，**474**，**477** 注
Rāzi，al-，拉齐，**365—367**，368，380，428，462，578，579，585，612，686
Recared，列卡德，498
Red Sea，红海，14，18，32，34，46，50，58，60，62，65，100，103，105，134，165，620，654，697，740，741
Refutatio Alcorani，《驳斥古兰经》，126 注
Reginald of Châtillon，夏蒂荣人雷吉纳尔，647
Reginald of Sidon，西顿的累吉那德，648 注
Regio，勒佐，517，520
Renaissance，文艺复兴，307，613
Renaud，勒瑙德，670
Republic，《共和国》，313，371
Resurrection，耶稣复活，130
Rhazes，拉齐斯，参阅 Rāzi，al-
Rhetoric，《修辞学》，315
RHM，of inscriptions，至慈主，105
Rhodes，罗德岛，167，202，699，712
ribāṭ，修道院（里巴兑），438，541
Ribāṭ al-Fatḥ，里巴特·菲特哈，548
Ribera，里伯拉，544，599，600
Richard Ⅰ Cœur de Lion，狮心理查，648，**650—651**，654，699
Riḍa，al-，'Ali，阿里·里达，318。还可参阅 'Ali
Riddah，变节：140，142；战争，147；老战士，148
Riḍwān ibn-Tutush，列德旺·伊本·突突什，447，**635**，638
Rifā'i，al-，Aḥmad，艾哈麦德·里发仪，**437**
Rifā'ite order，里发仪叶派，437
Rif'at，Ibrāhīm，列佛阿特，134
Rihani，Ameen，里哈尼，7，739

Riḥlah，*of ibn-Jubayr*，《游记》，569
Risālah fi Ārā'，《优越城居民意见书》，371
Risālat Fuṣūs al-Ḥikam，《哲理宝石》，371
Risālat al-Ghufrān，《饶恕集》，459
Risālat al-Siyāsah，《政治论文》，409
rizmah，一捆，564
Robert of Chester，彻斯忒人罗伯特，573，588
Robinson，Edward，爱德华·鲁滨逊，747
Robinson Crusoe，《鲁滨逊漂流记》，582
Roderick，罗德里克：271，494，503；寡妇，503
Rodwell，translation of Koran，罗德韦尔的古兰经译本，126 注
Rodrigo Díaz de Bivar，罗德里哥·迪阿斯·德·比发尔，参阅 Cid，the
Rödiger，Emil，勒迪格尔，51
Roger I，罗吉尔一世，606，**607**，608
Roger Ⅱ，罗吉尔二世，322，569，**607—609**，612；船队，609
Roger Bacon，参阅 Bacon
Roland，罗兰，507
Roman，罗马的：4，45，47，214，220，222，260，269，300，391，400，497，503，594，667，669，691；帝国，58，61，74，76，142；公民，59；船舶，60，65；统治，65；远征，68；政府，75；驻军，76；省份，154；金钱，217；法律，242；文化，518；数字的起源，574
Roman Africa，罗马非洲，214 注
Roman-Byzantine，罗马 - 拜占廷的，328，400
Roman Catholic Church，罗马天主教会，247
Roman Catholic West，罗马天主教西方，438
Roman Empire，罗马帝国，484
Romance，罗曼斯语：语言，13，127；方言，543；语言，551；方言，555
Romans，罗马人：6，39，**44**，**46**，**48**，68，72，75，104，143，158，174，204，212，214，299，301，310，325，355，396，475，497，518，663，770；领土，199，202
Romanus Diogenes，罗马纽斯·戴奥哲尼斯，475
Rome，罗马：4，29，46，59，68，76，214，215，451，467，534，542，563，595，599，604，606，636，702，743；帝国，74；附庸，75
Ross，Alexander，亚历山大·罗斯，126 注
Round City，the，团城，292，302，304
Rubā'īyat，《四行诗集》（《鲁拜集》），377 注，459 注
Rūdis，罗得斯岛，202
Ruhā'，al-，鲁哈（埃德萨）：148，635，636，637，640，641，643，**644—645**。还可参阅 Edessa
Rujār，《赠给罗吉尔的书》，609
Rukn-al-Dawlah，Buwayhid，鲁克尼·道莱，250 注，376
Rūm，al-，鲁木，633，637
Rūm，king of the，罗马人的国王，201
Rūm Saljūqs，罗马地方塞尔柱克人，475，478
Rūmi，al-，Persian poet，鲁密，436，437
rummān，石榴，528 注
Ruqayyah，daughter of Muḥammad，鲁盖叶，184 注
Ruqqād valley，鲁卡德河谷，152
Ruṣāfah，al-，palace，鲁萨法宫，293，416
Ruṣāfah，al-，town，鲁萨法，220，256，286
Rushd，ibn-，伊本·鲁世德，428，576，577，578，581，**582—584**，585，588，599，612
Russia，俄国，138，305，383，384，387，479，569，717，720，749
Russian，俄罗斯的：4；帝国，206；兵舰，721
Russo-Turkish treaty，俄土条约，705
Rustah，ibn-，伊本·鲁斯泰，84，385
Rustam，鲁斯特木，144，155
Ruṭbīl，参阅 Zunbīl
Rutter，Eldon，拉特，7，119
Ruwalah，鲁韦莱：部族，22，136 注；贝杜因人，97
Ruzzīk，ibn-，al-Ṣāliḥ，撒列哈·伊本·鲁齐格，630
Ryckmans，G.，勒克曼斯，54

Saadia Gaon，参阅 Fayyūmi，al-
Sab'Biyār，七井，149
Saba，赛巴，54
Saba'，赛巴伊：38，42，52，54，55；67；国王，60，357 注
saba，*al-*，东风，17
Saba'，ibn-，'Abdullāh，阿卜杜拉·伊本·赛伯伊，248
Sabaean，赛伯伊的：语言，30；首领，38；前哨，42；大都会，46；首都，50；殖民地，50；铭文，51，100，105；王国，**52**，**54**，55
Sabaeans，赛伯伊人，37，39，41，42，44，**49—66**
Sabaei，赛伯伊人，44，48
Sabaeo-Ḥimyarite，赛伯伊 - 希木叶尔的：社会，57；时期，85；领导，105
Ṣabbāḥ，ibn-al-，al-Ḥasan，哈桑·伊本·萨巴哈，**446**
Ṣabbāḥ al-Yaḥṣubi，abu-al-，艾卜·萨巴哈，506，507
Sabbath，安息日，118

Ṣābi'，浸水者，357 注
Ṣābi'，al-，abu-Isḥāq ibn-Hilāl，艾卜·易司哈格·伊本·希赖勒·萨比，358
Ṣābi'ah，萨比教徒，309，357 注
Ṣābian，萨比教徒，376，380 注，434
Ṣābians，萨比教徒，170 注，**233**，309，314，353，**357—358**
Ṣābians，pseudo-，伪萨比教徒，314 注
sabīl，公共饮用喷泉，265，681
Sab'īn，ibn-，伊本·赛卜耳因，574，587，599，610
Sab'īyah，七伊马木派，**442—443**
Sabota，赛波台，55
sabr，耐劳，坚忍，24，253
Sabtah，参阅 Ceuta
Sābūr，province，沙普尔，351
Sābūr ibn-Ardashīr，萨卜尔·伊本·艾尔德什尔，472
Sachalitae，海岸的居民，44 注
Sa'd，ibn-，secretary of al-Wāqidi，伊本·赛耳德，388，390
Sa'd al-Musta'īn，Naṣrid，赛耳德·穆斯台仪尼，553
Sa'd-al-Dawlah abu-al-Ma'āli，Ḥamdānid，赛耳德·道莱·艾卜勒·麦阿里，457 注，460
Sa'd ibn-abi Waqqāṣ，赛尔德·伊本·艾比·瓦嘎斯，155—157，159，168 注，178，190，344
ṣadaqah，赛德格（布施），107 注，132
Sadd Ma'rib，马里卜坝，**54**
Sa'di，Persian poet，萨迪，436
Ṣādiq，al-，Ja'far，哲耳法尔·萨迪格，255，380，**441—442**
Sadīr，al-，赛迪尔堡宫，82
Ṣafa，al-，赛法：宗教，71；粗刻，71；铭文，101；丘陵，133
Ṣafad，萨法德：648，653，656；区域，731；穆斯林，746
Ṣafaitic script，赛法铭文，72
Ṣafawid，萨法威王朝：422，703；王国，737
Ṣafawids，萨法威王朝，441，702
Saffāḥ，al-，赛法哈，**288—290**，297，317
Ṣaffār，al-，Ya'qūb ibn-al-Layth，叶耳孤白·伊本·莱伊斯·萨法尔，**461—462**，465
Ṣaffārid，dynasty，萨法尔王朝，**461—462**，465
Ṣaffārids，萨法尔王朝，**461—462**
Ṣafi-al-Din，Shaykh，舍赫·萨菲艾丁，703
Ṣafīḥah，萨非哈，572
Ṣāghāni，al-，Aḥmad，艾哈迈德·萨安尼，376
ṣaḥābah，al-，圣门弟子团，140
Sahara，撒哈拉沙漠，14，281，541，718
Saharan hordes，撒哈拉的游牧民群，540
ṣāḥib，总督，224
Ṣāḥib，al-，参阅 ibn-'Abbād
ṣāḥib al-barīd，驿传长，322，323，325
ṣāḥib al-kharāj，税务长，225
ṣāḥib al-maẓālim，听讼法官，527
ṣāḥib al-shurṭah，警察局长，322，527
ṣāḥib al-Zanj，僧祇奴的朋友，467
ṣaḥīḥ，真实的，394
Ṣaḥīḥ，al-，of Muslim，《圣训实录》，395
Sāḥil，al-，海岸线，44
Sahl，ibn-，al-Ḥasan，哈桑·伊本·赛海勒，302
Sahl，ibn-，Ibrāhīm，易卜拉欣·赛海勒，561
ṣaḥn，正方形中心院落，661
Sahure，萨胡尔，34
Ṣā'id al-Andalusi，赛义德，526，**566**
Ṣā'id，ibn-，'Abdūn，阿卜顿·伊本·赛义德，355
Sa'id，ibn-，Mundhir，孟迪尔·伊本·赛仪德，531
Sa'īd，khedive，赛仪德总督，726 注，746
Sa'īd-al-Dawlah，Ḥamdānid 赛仪德·道莱，**457**
Sa'īd al-Ḥasan，abu-，参阅 Jannābi，al-
Sa'īd ibn-Ḥusayn，赛仪德·伊本·侯赛因，617。还可参阅 'Ubaydullah al-Mahdi
ṣā'ifah，夏季进攻，203
St.Augustine，圣奥古斯丁，214，432 注，452
St.Cyprian，圣西普利安，214
St.Francis of Assisi，阿西西的圣法兰西斯，654
Saint-Gilles，圣计尔，670
St.Jago de Compostela，圣地亚哥·德·孔波斯特拉教堂，533
St.John，the Baptist，施洗的圣约翰，265
St.John the Damascene，参阅 John of Damascus
St.Louis，圣路易，339。还可参阅 Louis Ⅸ
St.Mark，圣马克，163
St.Martin，圣马丁，500
St.Paul，圣保罗，637。还可参阅 Pau
St.Sāba monastery，圣萨巴修道院，246
St.Sergius，圣塞基阿斯，256
St.Simeon Stylites，圣西缅派的柱上人，82
St.Sophia，圣索非亚，147，204
saj'，有韵的散文，92
Sajāḥ，赛查哈，141
Ṣakhr，萨赫尔，274
Saladin，参阅 Ṣalāḥ-al-Dīn
ṣalāh，礼拜，131，132
Ṣalāḥ-al-Dīn，萨拉哈丁（萨拉丁），265，411，

412，427，439，480，481，548，584，610，622，624，625，629，636，644，**645—653**，655，656，659，660，661，664，676，686，688，699，704
Ṣalāḥ-al-Dīn ibn-Yūsuf，oculist，撒拉哈丁・伊本・优素福，686
Ṣalāḥīyah，al-，撒拉希叶学校，661
Salām，ibn-，Aḥmad ibn-ʻAbdullāh，艾哈迈德・伊本・阿卜杜拉，354
Salāmish，Mamlūk，赛拉米什，673，677
Salamyah，赛莱木叶，**444**，445，617
Sale，translation of Koran，塞尔的古兰经译本，126注
Salerno，萨勒诺，577，579
Salḥ，赛勒哈，60
Ṣalībi，撒列比，670
Salīḥ，撒里哈人，78
Ṣāliḥ Ḥājji，al-，Mamlūk，撒里哈・哈只，673，678，682
Ṣāliḥ Ismāʻīl，al-，of Damascus，撒列哈・易司马仪，655
Ṣāliḥ Manṣūr，abu-，Sāmānid，撒列哈・曼苏尔，462
Ṣāliḥ Muḥammad，al-，Mamlūk，撒列哈・穆罕默德，694注
Ṣāliḥ Najm-al-Dīn，al-，Ayyūbid，麦列克・撒列哈・奈只木丁・艾优卜，575，**654—655**，671，672，673，675，677
Ṣāliḥ ibn-al-Nāṣir，al-，Mamlūk，撒列哈・伊本・纳绥尔，673
Ṣāliḥ ibn-Ruzzīk，al-，参阅 Ruzzīk，ibn-
Sālim，ben-，参阅 Faraj
Salīm I，Ottoman，赛里木一世，奥斯曼，186注，489，671，677，693，**703—705**，712注，719，**726**，729，737
Salīm Ⅱ，赛里木二世，712注
Salīm Ⅲ，赛里木三世，713注，733，741
Saljūq，塞尔柱克人，**473—474**
Saljūq，塞尔柱克：王朝，330，377，410，412，431，**473—480**；时期，424；统治者，465；亲王，481；帝国，625；叙利亚城镇的统治者，633；游牧民群，633；孤尼叶的素丹，637；鲁木的王朝，637；安提俄克的艾米尔，638；被奥斯曼人吞并的王国，702
Saljūq Turkomans，塞尔柱克土库曼人，621
Saljūq Turks，塞尔柱克突厥人，199，633
Saljūqs，塞尔柱克人：329，341，488，635，636；波斯人统治的伊拉克的塞尔柱克人，481；波斯的塞尔柱克人，481；伊拉克和呼罗珊的塞尔柱克人，481；中亚的塞尔柱克人，633；叙利亚的塞尔柱克人，633；小亚西亚的塞尔柱克人，715
Sallām，ibn-，abu-，ʻUbayd al-Qāsim，艾卜・伍拜德・喀西木・伊本・赛拉木，347
Sallāmah，赛蜡梅，227，275，278，338
Sallār，ibn-al-，ʻAbbās，伊本・赛拉尔・阿拔斯，623
Ṣalm of Hajam，海哲的赛勒木，40
Salmān the Persian，波斯人赛勒曼，106，117
Ṣalt，ibn-abi-al-，参阅 Umayyah
Salūq，赛鲁基，228
salūqi，灵猩（赛鲁基狗），20，228
Samāʻ，al-，音乐和歌曲，428
Sāmān，萨曼，**462**
Sāmāni，al-，Manṣūr ibn-Isḥāq，曼苏尔王，366
Sāmānid，萨曼：367，385，465；统治者，452
Sāmānids，萨曼王朝，350，**462—463**，464，470，474
Samaria，撒马利亚，37
Samarqand，撒马尔罕：60，209，330，344，350，376，395，414，462，481，483，701，702；大路，323；丝路，343；纸，347
Sāmarra，萨马腊，262，328，347，417，419，420，423，441，454，**466—468**，483
Samāwah，al-，萨马瓦，15
Samaw'al，al-，赛毛艾勒，107
samḥ，赛木哈（一种树），19
Samḥ ibn-Mālik al-Khawlāni，al-，参阅 Khawlāni，al-
sāmit，沉默的先知，443
Ṣāmit，ibn-al-，参阅 ʻUbādah
Samosata，素麦撒特，200
Ṣamṣām-al-Dawlah，Buwayhid，萨木萨木・道莱，**473**
Samsi，赛木西，37
samt，al-，天底，573
samūm，季节风，17
San Esteban，圣埃斯特班，523
Sanʻā'，萨那，18，50，**54—57**，60—62，64，244，348，386，617，739
sana，al-，番泻叶，19
ṣanam，偶像，100
sanat al-ḥarakah，动乱年，735
sanat al-wufūd，代表团之年，119
Sancho the Fat，of Leon，胖子桑绰，524
Sancho the Great，of Navarre，那发尔的大王桑绰，523，524，534
Sanchuelo，小桑绰，534

Ṣanhājah，散哈哲部族，541
Ṣanjīl，参阅 Raymond of Toulouse
Sanskrit，梵语，306，308，339，376
Santa Rufina，圣鲁菲纳，503
Santa Sophia，圣索非亚，715
Santiago de Compostela，参阅 St.Jago
Sanūsi，塞奴西运动：136，协会，**437**；暴动，718
Sanūsi，al-，赛奴西，437
Saphadin，萨法丁，参阅 ʿĀdil，al-，Ayyūbid
Saphar，赛法尔，56
Ṣaqālibah，萨嘎里伯（奴隶），235。还可参阅 Slavs
sāqiyah, al-，运河，528 注
ṣaqlabīyah，斯拉夫人，332
Sarābiṭ al-Khādim，赛拉比特·哈底木，70
Saracen，萨拉森，43，246，652 注，668
Saraceni，萨拉森尼，44
Saracenic art，萨拉森艺术，259
Saracens，萨拉森人，44，112，329，344，605
Saragossa，萨拉戈萨，496，499，507，518，537，540，544，581
Ṣarāh，赛拉河，349
Sarāh，al-，赛拉峰，14
Sarah，granddaughter of Witiza，萨赖，518
Saraqūsah，塞拉孤撒，参阅 Syracuse
sarāwīl，宽大裤子，334
Sardinia，撒丁岛，451，602，618
Sardis，撒底斯，212
Sargon I，萨尔恭一世，36
Sargon Ⅱ，萨尔恭二世，30，**37—39**，52，55
Sarḥ，ibn-abi-，ʿAbdullāh ibn-Saʿd，阿卜杜拉·伊本·赛耳德，**166—168**，200
sarīr al-mulk，王座，198
Sarjūn，ibn-，Manṣūr，曼苏尔·伊本·塞尔仲，**195**，246
Sarjūn ibn-Manṣūr，塞尔仲·伊本·曼苏尔，195 注
Sarrāj，banu-，贝努·萨拉只，554
Sarton，G.，萨尔顿，392
Sarūj，撒鲁支，61
Sāsānid，萨珊王朝的：工匠技术，57；宫廷，66；王朝，81；157 注，419；宗主国，83；权力，142；陆军，155；影响，173；260，271，292，293，294，308，309 注，373；历代国王，470；法帖梅艺术的模范，631
Sāsānids，萨珊人，75，142
Saturn，土星，415
Saul，扫罗，125
Savoie，萨瓦衣，670
Sawād，al-，萨瓦德，155 注，321，**330**，349，350
Ṣawāri，dhāt-al-，船桅之役，200
Ṣawāri，dhu-al-，船桅之役，167，200
Ṣawāya，萨瓦亚，670
ṣawlajān，球棍，339
ṣawm，斋戒，133
Ṣawt, al-，《声音书》，427
Saxony，撒克逊，527
saʿy，奔走七趟，133
Sayf ibn-dhi-Yazan，赛义夫，65，66
Sayf-al-Dawlah al-Ḥamdāni，哈木丹人赛弗·道莱，371，404，456，**457—458**，459，460
Sayf-al-Dīn，赛福丁，652 注。还可参阅 ʿĀdil，al-，Ayyūbid
Ṣayf，ibn-，Aktham，艾克赛木·伊本·赛伊非，250
Sayḥūn，赛浑河，209 注
Sayyār，ibn-，Naṣr，奈斯尔·伊本·赛雅尔，284
sayyid，殉道者的主人（赛义德），190，**440** 注，464
Sayyid Ghāzi al-Baṭṭāl，参阅 Baṭṭāl，al-，ʿAbdullāh
Scandinavia，斯堪的那维亚，305
Scandinavian pirates，斯堪的那维亚的海盗，521 注
Scenitae，帐篷的居民，44
Scot，Michael，迈克尔·斯科特，578，588，611
Scott，Walter，华尔特·斯科特，652 注
Scotus，Duns，参阅 Duns Scotus
Scripturaries，经典的人民，130，168，233，353，358
Scriptures，圣经，387
Scutari，斯库塔利，204，299
Sea of Darkness，黑暗海洋（大西洋），383
Sea of Marmora，马尔马拉海，202，212，**636**
Sealand，海地，37
Sebastopolis，塞巴斯脱博，212
Secretum secretorum，《神秘玄旨》，**663**
Seir，land of，西珥山地区，67
Selaʿ，西拉，67
Seleucia，塞琉西亚，156 注
Seleucia-Ctesiphon，塞琉西亚·泰西封，66
Seleucid，塞琉西亚人，68
Semite，闪族，8，9，12，33，416
Semites，闪族：9，10，12，13，20，90，100，128，158，214；巴勒斯坦的闪族人，143；叙利亚的闪族人，143
Semitic，闪族的：种族，3；生活，4；集团，8；语言，8，12，30，361；宗教，8，26；特征，8；大家庭，8；移民，10，11，145；运动，12；闪族型，13；人民，13；文明，13，174，339，551；历史，36；

世界，42；著作，50；形式，52；天才，57；书法字体，71；信仰，97；居民，105，153，157；格言，126；制度，134；麦哈米勒的起源，136 注；甘蔗的起源，351 注；379，382
Semitic Arabians，闪族阿拉比亚人，308
Semitic Arabs，闪族阿拉伯人，214，235
Semitic 'Irāqis，闪族伊拉克人，155
Semitic Islam，闪族的伊斯兰教，212
Semitic，non-，people，非闪族人民，10，199
Semito-Hamitic，闪含族的：12；故乡，13
Senegal，塞内加尔，134，540，541
Sennacherib，西拿基列，**38—39**，41，52
Senusert I，西纽塞尔特一世，34
Sephar，西发，56
Septimania，塞普提美尼亚，499
Septimius，塞弗拉斯，75
Septuagint，希腊语圣经译本，313，354
Serapion，ibn-，伊本・塞拉皮翁，349 注
Serapis，temple of，西拉比斯的庙宇，163
Sergius，塞基阿斯，148，153
Servetus，塞维塔斯，685
Sesostris，塞索斯特列斯，34，59
Sève，赛微（法国上校），724
Seven Golden Odes，七篇悬诗，94
Seven Mu'allaqāt，七篇悬诗，93
Seven Pillars of Wisdom，《智慧奇迹七种》，7
Seveners，七伊马木派，**442—443**
Sevillan，塞维利亚的：诗人，541；改宗者，561
Seville，塞维利亚，494，502，503，506，516，**518**，520，521 注，529，535，**537—538**，541，548，550，551，557，558，559，560，563，567，570，571，577，582，585，591，595，598，599
Sha'bi，al-，'Āmir ibn-Sharāḥīl，阿密尔・伊本・舍拉希勒・舍耳比，243
Shabshīr，舍卜什尔，163
Shabwah，舍卜瓦，55
Shādhili，al-，'Ali，阿里・沙兹里，**437**
Shādhilite brotherhood，沙兹里叶派，**437**
Shāfi'i，al-，Muḥammad ibn-Idris，沙斐仪教长，222，**398—399**，412
Shāfi'i rite，沙斐仪派，410，659
Shāfi'ite school，沙斐仪派，398
Shāhābād，沙赫巴德，309 注
shahādah，信仰的表白，130，316
shāhanshāh，沙汗沙，472
Shāh-nāmah，《帝国纪》，465
Shāh-Rukh，沙鲁赫，702
shahīd，殉道者，190
Shahrastāni，al-，沙拉斯塔尼，139
Shahrazād，舍海尔萨德，292，404
shā'ir，沙仪尔（诗人），94
Shajar-al-Durr，舍哲尔・杜尔，135，655，**671—672**，673
Shalmaneser Ⅲ，沙缦以色三世，37
Sha'm，al-，沙牧，44。还可参阅 Syria
Shammar Yar'ash，舍麦尔・叶尔阿什，60
Shammāsīyah，al-，舍马西叶门，**373**，417
Shams，舍木斯（太阳），51，55
Shanjūl，'Abd-al-Raḥmān，阿卜杜勒・赖哈曼・山朱勒，534
Shāpūr，in Persia，沙普尔（在波斯），351
Shāpūr I，沙普尔一世，75，309 注
Shaqīf，al-，舍基夫，665
Shaqīf Arnūn，舍基夫・艾尔农，648，656
Shara，dhu-，左・舍拉，72，98—99
sharāb，果子露，335 注，579
Sharaf-al-Dawlah，Buwayhid，舍赖弗・道莱，376，**472—473**
Sharaḥbi-Ⅱ Ya'fur，舍赖哈比・伊勒・雅耳夫，54
Sha'rāni，al-，舍耳拉尼，742
sharḥ，注释，583
Sharh Tashrīḥ al-Qānūn，《医典解剖学注》，685
sharī'ah，舍里耳，396，400
sharīf，舍利夫（贵人），**440** 注
Sharīfate，政府，720
Shaprūṭ，ben-，Ḥasdāy，哈斯德・本・舍卜鲁特，524，543，577
sharqīyūn，东方人，43
Shāsh，al-，赭时，210，330
Shāṭibah，沙兑卜，564，569
Shāwar，沙韦尔，645
Shawbak，al-，邵伯克城，641，648，652
Shaybān，Ṭūlūnid，舍伊班，**455**
Shaybān，banu-，舍伊班族，149，155
shaykh，舍赫，28，433
shaykh al-akbar，al-，大长老，586
shaykh al-balad，地方首长，721
shaykh al-jabal，山老人，448
shaykh al-ra'īs，al-，领导长老，367
shayṭān，魔鬼，94，106 注
Shayzar，舍伊萨尔，152，448，633
Sheba，示巴，52
sheikh，参阅 *shaykh*
Shem，闪，9
Shī'ah，十叶派：183，185，190，**247—249**，255，282，283，290，318，380注，393 注，399，**439—349**；圣徒，

183；世界，183；节日，471；陵庙，737
Shi'b Bawwān，包旺山峡，350
Shidyāq，al-，Ṭannūs，什德雅格·唐努斯，743
Shifa', al-，《治疗论》，368，428
Shihābi amīrs，什哈比诸公，743
Shihābs，什哈比人，731
Shiḥr，al-，席赫尔，36，44
Shī'i，al-，abu-，'Abdullāh al-Ḥusayn，艾卜·阿卜杜拉·侯赛尼，**617—619**
Shī'ism，十叶派教义，191，197，249，422，**439—449**，703，737
Shī'ite，十叶派的：158；圣训，182，471；哈里发帝国，184，617；教会，191；影响，198；232，296，372，377，385，389，**440—449**，451，457，464，470，473，488，502，701；部队，283；倾向，422；王朝，450；在西班牙的叛乱，507；贵族，618；学说，628；异端，660；陵庙，737；教义，739
Shī'ite Islam，十叶派，646
Shī'ite Persia，十叶派波斯，737
Shī'ite，ultra-，sects，十叶派的各极端派，248，249注，**499**，625
Shī'ites，十叶派，191，208，243，**247—248**，282，286，399，400，401，402，438，**440—449**，471注，485
Shilb，锡瓦维什（参阅 Silves），562
Shīrāz，设拉子，170注，325，330，346，351，376，413，470，471，472
shirk，什克尔（多神崇拜），105；130
Shīrkūh，施尔科，645
shiṭranj，象棋，339，600注
Shujā' Buwayh，abu-，艾卜·舒扎耳，**470**
Shūra，al-，舒拉，178
Shuraḥbīl ibn-Ḥasanah，叔尔哈比勒·伊本·哈赛奈，148
Shustar，舒斯塔尔（舒什特尔），330注
Shu'ūbīyah，al-，多民族主义，**402**
Siamese twins，暹罗连体双生儿，377
Sian Fu，西安府，356
Sībawayh，西伯韦，**242**
Sibṭ ibn-al-Jawzi，伊本·召齐的外孙，**392**
Sicilian，西西里的：船队，521；问题，587；古迹，609
Sicilian Arabophiles，西西里的阿拉伯化，608
Sicilian Arabs，西西里的阿拉伯人，607
Sicilian Moslems，西西里的穆斯林，605
Sicily，西西里：80，167，281，307，322，330，363，387，451，460，551，564，569，587，588，593，**602—609**，611，612，613，614，618，622，635，636，650，662，667，676，678
Siddhānta，《西德罕塔》，307，373
Ṣiddīq，al-，虔信者（逊底格），175。还可参阅 Bakr，abu-
Sidon，西顿：346，641，655，658；西顿省，729
Sierra de Alhama，阿尔哈玛山，553
Sierra Leone，塞拉里昂，131
Sierra Morena，莫雷纳山脉，524，539
Sierra Nevada，内华达山，544注
ṣifāt，德性，129
Ṣifat Jazīrat al-'Arab，《阿拉伯半岛志》，386
Ṣiffīn，绥芬，180，192，235
ṣifr，零号，378注，573注
siḥr ḥalāl，合法的妖书，90
Ṣihyawn，绥雍，648
Sijilmāsah，西吉勒马赛，617
Sijistān，锡吉斯坦，208，224，330，350，366，385，386，413，461，462，465
sijjīl，小圆石，64，106注
sikbāj，西克巴只（炖肉），337
Ṣilah, al-，《安达卢西亚学者列传续编》，566
Silves，锡瓦维什，参阅 Shilb
Silvester Ⅱ，西尔韦斯特二世，574
Sim'āni，al-，Yūsuf Sim'ān，优素福·赛木安·赛木阿尼，743
Simoom，季节风，17
Simplicia，《医方汇编》，576
simsim，芝麻，665注
Sīn，西尼（月亮），60
Sīna，ibn-，伊本·西那，316，365，**367—368**，370，371，372，409，428，462，579，582，**584—585**，588，600，611
Sinai，西奈：29，33，40，44，52，670；半岛，37，39
Sinaitic，西奈：半岛，10，11，32，36，39，40，70；铭文，40；字母，52；字母表，70，71；书法，71
Sinān，息南（建筑师），714
Sinān，参阅 Rashīd-al-Dīn
Sinān，ibn-，Ibrāhīm，伊本·息南，392
Sinān ibn-Thābit ibn-Qurrah，息南·伊本·撒比特·伊本·古赖，314，358，**364—365**
Sinān Pasha，息南帕夏，710，711
Sinbādh，参阅 Sunbād
Sind，信德，210，212，224，289，464
Sindbād the Sailor，水手辛巴达，305，384
Sindhind，《西德罕塔》（《信德杏德》），307，

373，378
Sindhu，印度河，210
ṣinf，行会，445
ṣinj，铙钹，601
Sinjār，辛贾尔，375，664 注
Sinjil，辛只勒，670
Siqilliyah，Ṣiqillīyah，西西里（西基利叶），167。还可参阅 Sicily
Sīr Darya，锡尔河，209 注
Sīrāf，西拉夫，343，345，383
sīrah，先知传，65，244，690
Sirāj al-Mulūk，《帝王明灯》，308
Sīrat bani-Hilāl，《希拉勒人传记》，622 注
Sīrat Rasūl Allāh，《天使传》，388
sirdāb，洞穴，441 注
sirr，内心深处，435
Sirr al-Asrār，《秘学玄旨》，610，663
Ṣirwāḥ，西尔瓦哈，54
Sīstān，锡斯坦，330
Sitt al-Mulūk，西特・木鲁木，621
Sīwās，西瓦斯，640 注
Siyar Mulūk al-'Ajam，《波斯列王纪》，389
Siyāsah，《政治》（《共和国》），313
Siyāsah（Siyāsat）al-Madanīyah, al-，《政治经济学》，371
Siyāsat-nāmah，《政治论》，477
Siyāṭ，谢雅图，303，**424**，**425**
Slav，斯拉夫人，332
Slavonic，斯拉夫的：奴隶，346；部族，525；卫士，532
Slavs，斯拉夫人，235 注，341，525，534，716
Smyrna，士麦那（印兹密尔），701
Snefru，斯奈弗鲁，33
Socotra，参阅 Suquṭra
Socrates，苏格拉底，401
Sogdiana，粟特，330，332，350。还可参阅 Ṣughd, al-
Solomon，所罗门：41—43，74，106，125；庙，264；桌，497
Solomon's Stables，所罗门的马房，665
Somaliland，索马里兰，6，34
Sophronius，索弗拉那斯，154
South Arabia，南部阿拉比亚：6，17，19，34，36，42，46，48，**52—54**，60，61，66，71，72，74，93，108，192，224，244，280，335 注，446；宗教，60；进军，710
South Arabian，南方阿拉比亚的：33，99，227，244，380 注；统治者，38；文学，50；书法，51，72；古老，52；君主，55；部族，56，76，280；居民区，56；贸易商，59；繁荣，60；改宗者，62；起源，65，83；贸易，65；社会，65；王国，66—67；铭文，85；殖民者，88；崇拜，97；文明，105；神灵，105；商人，132；艺术，256
South Arabians，南方阿拉比亚人：6，8，**30—32**，**46—48**，50，59，66，72，87，243，273，280，328，502
South Arabic，南方阿拉比语：13；铭文，38，43，51，64，65，100，105；语言，52；字母表，71；书法字体，72
South Europe，南欧，717
South Kensington Museum，南肯辛顿博物馆，693
Southern Italy，意大利南部，604，613，637
Southern Yaman，南也门，740，757
Soviet Russia，苏维埃俄国，138
Spain，西班牙：21，142，154，193，202，206，214，215，235，262，265，271，281，284，286，289，291，298，301，307，316，344，345，351，361，363，375，378，385，386，436，450 以下，469，473，493 以下，**499—504** 以下，**540—580** 以下，589—600，602—607 以下，662，665，688，690，691；纸，347；征服，388；基督教化，551；海岸，710，712
Spaniards，西班牙人：510，534，555；伊斯兰化的西班牙人，518
Spanish，西班牙的：235，260，351 注，387，517，519，528，538，544 以下，550，551，553，556 以下，571；征服，502；船队，521；产品，529；名字，543；语言，543，597，600；骑士，544；海盗，565；科学，565；天文学，572；大科学家，578；和尚，589；船舶，592；尖塔，594；建筑式样，597；音乐艺术，598；彩饰画，599；法学，600；西西里岛穆斯林居民中的西班牙成分，606；统治，711
Spanish Arab family，西班牙阿拉伯世家，567，568
Spanish Arab physicians，西班牙阿拉伯医生，576
Spanish Arab workmen，西班牙阿拉伯工人，593
Spanish Arabic，西班牙阿拉伯语：诗歌，560，561；学术，590
Spanish Arabs，西班牙阿拉伯人，566
Spanish Islam，西班牙伊斯兰教，558
Spanish Jews，西班牙的犹太人，543
Spanish Moslem，西班牙穆斯林：382，509，513，562，597；统治，517；改宗者，557；学派，592；词汇，593
Spanish Umayyads，西班牙的伍麦叶王朝，222
Spinoza，斯宾诺莎，585
Sprenger，斯普林吉，22

Squieres Tale，《情郎的故事》，663
Stagirite，the，斯特吉拉人，371
Stephen of Antioch，斯蒂芬，663
Strabo，斯特累波，21，**45—46**，48，56，58
Strassburg，斯特拉斯堡，15，369
ṣu'ābat al-jarab，疥虫，578
Ṣubḥ，mother of Hishām Ⅱ，素卜哈，531
Ṣubḥ al-A'sha，《夜盲者的曙光》，689
subḥah，念珠，438
Sublime Porte，崇高的阙下，710，711，720，721，722，724，725，729，730，731，733，741
Subuktigīn，素卜克特勤，**464**
ṣudā'，剧烈的头痛，579
Sudan，苏丹，168，723，724，757
Sudanese，苏丹的：宦官，342；地理，387；大队，622
Sūdānīyah，苏达尼叶联队，627
Suevi，斯威维，498
Suez，苏伊士，165 注
Suez Canal，苏伊士运河，33，728，750，751
Suez，Isthmus of，苏伊士地峡，344
ṣuf，羊毛，粗毛布衣，432 注，433
ṣuffah，鞍鞊，345
Ṣufi，苏非派：371，401，**431—439**，447，654；兄弟会，247，428，433，437；学说，440
Ṣūfi，al-，'Abd-al-Raḥmān，阿卜杜勒·赖哈曼·苏非，376，420
Sufis，苏非派，242，335 注，**432—439**
Sufism，苏非主义，316，371，**431—439**，449，585，586，742
ṣufūf，横队战，284
Sufyān，abu-，艾卜·素福彦，113，116，117，140，189，193 注，196
Sufyāni，素福彦人，286，485
Sufyānid，branch of Umayyad dynasty，伍麦叶王朝的素福彦支，193 注
Sufyānids，素福彦人，189
Ṣughd，al-，粟特，209，210 注，235，330
Suhrāb，参阅 Serapion，ibn-
Suhrawardi，al-，素胡尔韦尔迪，439，586
Sukaynah，daughter of al-Ḥusayn，赛义达·素凯奈，**237—239**，251，**275—276**
sukkar，蔗糖，351 注，667
Sulami，al-，Mu'ammar ibn-Abbād，穆阿麦尔·伊本·阿巴德，430
Sulaym，banu-，贝尼素莱木，622
Sulaymān，素莱曼，106
Sulaymān，素莱曼（要求王位者），709 注
Sulaymān，Umayyad，素莱曼，**203**，215，220，221，228，252，279，281，282，286，299，497，503
Sulaymān，Umayyad of Cordova，素莱曼，534 注
Sulaymān Ⅱ，素莱曼二世，713 注
Sulaymān Agha，素莱曼阿哥，738
Sulaymān al-Tājir，素莱曼，343，**383**
Sulaymān Pasha，素莱曼帕夏，参阅 Sève（西微）
Sulaymān the Magnificent，庄严的素莱曼，265，489，705，**712**，713，714，717，719，726，727，728
ṣulḥan，立约投降，**171**
ṣulṭān，苏丹，464，474
Sulṭān Shāh，Saljūq，素丹·沙，635 注
Sumatra，苏门答腊，741
Sumaysāṭ，素麦撒特，200
Sumerian，苏美尔人的：11，479，664 注；语言，12
Sumerians，苏美尔人，10，36
Sumero-Akkadian characters，苏美尔 - 阿卡德人的文字，71
Sumero-Babylonian inscriptions，苏美尔 - 巴比伦铭文，52
sumūt，al-，地平经度，573
Sunan，《圣训集》，395
Sunbād the Magian，祆教徒孙巴德，291
Sunḥ，al-，松哈，175
sunnah，逊奈（先知的言行，默认），393
Sunni，逊尼派的（正统的），122 注，502，618
Sunnis，逊尼派，242
Sunnite，逊尼派的：理论，185；学派，185；282，400，431，439—441，451，464—465，473—474，480
Sunnite Islam，逊尼派伊斯兰教，398，430，617，646，651
Sunnite Moslems，逊尼派穆斯林，625，635
Sunnites，逊尼派，191，208，247，248，401，438，449
ṣunūj，铙钹，276
sūq，集市，94，305
Sūq 'Ukāẓ，乌卡兹市，52
Suquṭra，索科特拉岛，740
Ṣūr，苏尔，194。还可参阅 Tyre
sūrah，启示章，107 注
ṣūrah，形象，图画，107 注
Ṣūrat al-Arḍ，《地形》，384
Surayj，ibn-，伊本，素赖只，273，**275**，276，278
Surra Man Ra'a，参阅 Sāmarra
Sūs，al-，苏斯，345，412
Susa，苏萨，423

Susiana，苏西亚那，157，345
sutayḥah, *al-*，平的房顶，597 注
Su'ūd, ibn-, 'Abd-al-'Azīz，伊本・素欧德，6，24 注，**741**
Su'ūd, ibn-, Muḥammad，素欧德，740，741
Su'ūdi Arabia，沙特阿拉伯王国，14，25，739，741，756
Suwa，素瓦，149
Suyūṭi, al-, Jalāl-al-Dīn，素优兑，106 注，557，618，687，**688**
Sweden，瑞典，305，712
Swiss place-names，瑞士地名，**605**
Switzerland，《瑞士》，605
Syllaeus，素莱阿斯，46
Synod of Chalcedon，加西顿的西诺德，153
Syracuse，锡拉库扎，602，603，604，606，607
Syria，叙利亚：6，9，11，18—20，22，32，37，44，50，57，58，61，65，68，70，75，**78—80**，81，82，86，101，106，116，120，123，127，135，142，143，**145—154** 以下，200，203，205，206 以下，249 注，258，260，262，265 以下，328，330，340，346 以下，406，412，423，432 以下，487，488，496，507，508，565 以下，**633—635** 以下，658，659，660 以下，696，697，701，702，704，740，756，757；赴叙利亚的旅行，111；混乱，192；邮政驿站，323；人民，485；麦木鲁克王朝的占领，487；进攻，724，749；被占领，725；土耳其的征服，**726** 以下；总督，732；人口，728；撤兵，734；被攻击，741；被占领，746；法国人在叙利亚，751
Syria-Palestine，叙利亚 - 巴勒斯坦；14，33，41，224；土地税，321；大理石和硫磺，349
Syriac，叙利亚语：史料，50；语言，61，644 注，747；文字，70，84，125，231，241，306，309 注，310，312，313，315，353，354，361，365 注，376，384，747；论文，255；字母表，356；译文，583；马龙派的语言，633；文学，683；叙利亚语的圣经，715；印刷厂，747
Syrian，叙利亚的：沙漠，15，41，74，80，154，195，253；传教士，61；成分，76，80；希拉教堂，84；战役，144；前线，148，152；大都会，150；教会，153；部队，154，208；农民，155；沿海，167；陆军，193，194，538；船坞，194；驻军，208；235，238，240，269，280，282 以下，300，306，346，373，378 注，393，400，502，505，653，660，665，678；大路，325；甘蔗，351；教堂，355，356；学校，401；城镇，415，633；修道院的影响，433；尖塔的式样，452；领地，460，645；首都，575，651，701；非洲尖塔的起源，594；建筑，661；港口，697，699；长官，703；经济，727；商人，728；人民，734；事务，749；土地，752
Syrian Arabs，叙利亚的阿拉伯人，79
Syrian Nestorians，叙利亚景教徒，310
Syrian Protestant College，叙利亚的新教学院，747
Syrian Saljūq dynasty，叙利亚塞尔柱克王朝，635
Syrianized Arabians，叙利亚化的阿拉比亚人，226
Syrianized Arabs，叙利亚化的阿拉伯人，106
Syrians，叙利亚人：153，174，180，194，210，226，240，284，286，309，496，502，505，506，550，669，716；基督教徒，715；被迫害，734；诉苦，752
Syro-Arab，叙利亚 - 阿拉伯的：族长职位，80；部族，143
Syro-Arabian desert，叙利亚 - 阿拉比亚沙漠，66
Syro-Arabs，叙利亚的阿拉伯人，192，194，201
Syro-Aramaean civilization，叙利亚 - 阿拉马文明，146
Syro-Byzantine，叙利亚 - 拜占廷的：影响，84；文化，88，260
Syro-Egyptian，叙利亚 - 埃及的：船队，167；阿拉伯艺术的叙利亚 - 埃及学派，260；王国，685，696；年代纪，695
Syro-Egyptian Ayyūbids，叙利亚 - 埃及艾优卜朝，637
Syro-Egyptians，叙利亚 - 埃及人，704
Syro-Mesopotamian，叙利亚 - 美索不达米亚的：沙漠，14，39，44；对麦木鲁克王朝建筑的影响，691
Syro-Persian culture，叙利亚 - 波斯文化，88
Syrtis Minor，小流沙，175

ṭab'，（一种印刷方法），564
Ṭabaqāt al-Kubra, *al-*，《大等级》，742
Ṭabaqāt al-Umam，《各民族分类》，566
Ṭabarayyah，泰伯里叶，169 注。还可参阅 Ṭabarīyah
Ṭabari, al-, Aḥmad，艾哈默德・泰伯里，578
Ṭabari, al-, 'Ali ibn-Sahl，阿里・泰伯里，354，**365**
Ṭabari, al-, Muḥammad ibn-Jarīr，穆罕默德・伊本・查列尔・泰伯里，61，62，98，201，209，210，354，379 注，388，**390—391**，392，463，467，629，688
Ṭabaristān，泰伯里斯坦，292，294，330，365，390，462，474
Ṭabarīyah，泰伯里叶，169。还可参阅 Tiberias
tābi'ūn, *al-*，再传弟子，388
Ṭabī'īyāt，《自然学》（《物理学》），313
ṭabl，鼓，276，601

Tableau général de l'empire othoman，《奥斯曼帝国全局》，186
ṭabṭāb，宽木板，339
Tabūk，塔布克，55，119，147
Tabūk-Ma'ān route，塔布克－马安路线，148
Tadbīr al-Mutawaḥḥid，《独居者养生法》，581
Tadhkirat al-Kaḥḥālīn，《眼科医生手册》，369，629
Tadmar of Amurru，西方的塔德木尔，74
Tadmor，塔德木尔，74
Tadmur，塔德木尔（巴尔米拉），74
Tafhīm li-Awā'il Ṣinā'at al-Tanjīm, al-，《占星学入门解答》，377
Tafsīr，《注释》，583
tāftah，波纹绸，346
tafwīḍ，特付威德（有无限权力的大臣），319
Taghlib，台格利卜人的，89，90，93，233，234，457
Taghlib，banu-，台格利卜人，25，26，27，89
Taghlib Christian Arabs，信奉基督教的台格利卜族阿拉伯人，196
Taghri-Birdi，ibn-，伊本·台格利·比尔迪，618，687，**688**，695，699，702
Tahāfut al-Falāsifah，《哲学家的矛盾》，432，583
Tahāfut al-Tahāfut，《矛盾的矛盾》，583
tahajjud，夜间志愿的礼拜，131
taḥannuth，忏悔，133
ṭahārah，法律上的清洁，131
Tahdhīb al-Akhlāq，《品性修养论》，401
Ṭāhir ibn-al-Ḥusayn，塔希尔·伊本·侯赛尼，**461**
Ṭāhir Sulaymān，abu-，艾卜·塔希尔·素莱曼，445
Ṭāhirds，塔希尔王朝，**461—462**
Ṭā'i'，al-'Abbāsid，塔伊耳，**358**，471—473
Ṭā'if，al-，塔伊夫，18，19，93，99，**102**，103，116，144，193，196，207，238，254
ṭa'ir, al-，飞鸟，572
tāj, al-，皇冕宫，417
Tāj al-'Arūs，《新娘的花冠》，743
Tajmī', al-，《集中书》，380
tajwīd，吟诵，273
Takash，台卡史，481
Takhtajis，太赫台只派，449
takīyah，修道院（台基叶），203，265，438
Takmilah, al-，《续编补遗》，566
Takrīt，塔克里特，315，356，645，699
talbiyah，应词，271
ṭalḥ，阿拉伯橡树，19
Ṭalḥah，泰勒哈·伊本·阿卜杜拉，141，177，178，**179**，238
Ṭālib，abu-，uncle of Muḥammad，艾卜·塔列卜，111，184 注，189，283，289，291
Ṭālib，ibn-abi，参阅 'Ali
Talisman，《护符》，652 注
Talkhīṣ，《摘要》，583
Tall al-Kabīr，al-，大丘，750
Talmud，特勒木德（犹太教法典），125，242，396
Talmudists，犹太法典学者，583
Tamar，in Idumaea，台马尔，在以东地方，74
Tamerlane，参阅 Tīmūr
Tamīm，banu-，台米木族，141，280
Tamīmi，al-，Muḥammad，穆罕默德·台密米，627
Tāmm，al-，参阅 Muḥammad
Tammām，abu-，艾卜·太马木，94，144，**406—407**，412
Tamna'，台木奈耳，55
tamr，水果，19
Tamud，特莫德，37
Tamudaei，特莫德人，30
Tanbīh w-al-Ishrāf, al-，《提醒和监督》，391
Tancred，唐克雷德，637，638，640
Tancred de Hauteville，高维尔人唐克雷德，606
tanfīdh，坦非兹（权力有限的大臣），319
Tangier，丹吉尔，104，214，535，546，569
Ṭanjah，丹哲。参阅 Tangier
Ṭanṭa，坦塔，437
Tanūkh，台努赫人，65，81，360，458
tanẓīmāt，改良条例，727
Taormnia，托尔米纳，604
taqīyah，敷衍，440，449
taqrīr，默认，393
taqwa，敬畏，97 注
Taqwīm al-Abdān，《养生表》，369，579
Taqwīm al-Ṣiḥḥah，《健康表》，369
Ṭarābulus，太拉布鲁斯。参阅 Tripoli
Ṭarābulus al-Gharb，西方的太拉布鲁斯，711。参阅 Tripoli，Africa
Ṭarafah ibn-al-'Abd，泰赖法，83
Ṭārant，参阅 Taranto
Taranto，塔兰托，605
ṭarbūsh，红毡帽，334 注
ṭarīd，不受法律保护的人，26
Ṭarīf，泰利夫，493，591
Tarifa，塔里法，493
ta'rīkh，历法，477
Ta'rīkh al-Jalāli, al-，哲拉里历，377

Ta'rikh al-Rusul，《历代先知和帝王史》，390
Ta'rīkh Iftitāḥ al-Andalus，《安达卢西亚征服史》，565
Ta'rīkh 'Ulamā' al-Andalus，《安达卢西亚学者列传》，566
Ṭāriq ibn-Ziyād，塔立格·伊本·齐雅德，214—215，**493—497**，532
ṭarīqah，苏非派团体互助会，433，436
Tarsus，塔尔苏斯，200，301，637，662
Tartar，鞑靼人，386，484，653，663，674，699
Tartars，鞑靼人，411，656，**674**
Ṭarṭūs，塔尔突斯，657。还可参阅 Anṭartūs
Ṭarūb，泰鲁卜，514，516
Tāshfīn，Murābiṭ，545 注
Tāshfīn，ibn-，Yūsuf，优素福·伊本·塔什芬，**540—543**，545 注，561
Tāshkand，塔什干，212，331。还可参阅 Shāsh，al-
Ṭasm，泰斯木人，30
Taṣrīf li-Man 'Ajaz，al-，《医学宝鉴》，576，579
Tatar，鞑靼人，483
Ṭaṭar，Mamlūk，塔塔尔，694 注
Taurus Mountains，陶鲁斯山，152，199，300，637，733
Tawaddud，台瓦杜德，342，352，415
ṭawāf，绕克而白环行七周，133
tawakkul，绝对信赖，439
Ṭawāriq，泰瓦里格，541
Tawfīq，khedive，陶菲格，726 注
tawḥīd，陶希德（真主的唯一），546
Tawḥīdi，al-，abu-Ḥayyān，陶希迪，373
Ṭawq al-Ḥamāmah，《斑鸠的颈圈》，558
Tawwaj，塔瓦只，345
Tayādhūq，台雅左格，220，255
Ṭayfal-Khayāl，《影子戏要略》，690
ṭaylasān，黑斗篷，334
Taymā'，太马：37，39，42，71，107；石刻，40
Taymīyah，ibn-，Taqi-al-Dīn，泰基艾丁·艾哈迈德·伊本·太伊米叶，689，740，754
Taysīr fi al-Mudāwāh，al-，《医疗调理便览》，577
Ṭayyi'，泰伊人，27，65，119，141，149
Teheran，参阅 Ṭihrān
Telkhunu，特勒胡奴，38
Tell Kebir，参阅 Tall al-Kabīr，al-
Tema，提玛，42
Têmâ，特玛，39
Temai，帖麦，37
Templar，圣殿骑士团：驻军，656；保卫者，658
Templars，圣殿骑士团，549，644，648，653，657，669，679，699
Temple of the Sun，太阳庙，76
Ten Commandments，the，摩西十诫，70
Tertullian，忒塔利安，214
Teutonic，条顿族的：迁徙，142；部族，635
Tha'ālibi，al-，赛阿里比，297，403
Thābit，ibn-，参阅 Zayd
Thābit，grandson of Thābit ibn-Qurrah，撒比特，**314**
Thābit ibn-Qurrah，撒比特·伊本·古赖，**314**，358，373，384，392 注
Thāduri，参阅 Theodore
Thādus，塔都斯，407
Tha'labān，dhu-，参阅 Daws
Thames Embankment，泰晤士河堤防，164
Thamūd，赛莫德人，30，37，72，124
Thamūdic，赛莫德人的：粗刻，71；书法字体，72
Thaqafi，al-，al-Ḥurr ibn-'Abd-al-Raḥmān，侯尔·伊本·阿卜杜勒·赖哈曼·赛盖菲，499
Thaqafi，al-，Muḥammad ibn-al-Qāsim，穆罕默德·伊本·卡西木，**209—210**，212
Thaqīf，赛基夫，220
Thāwafīl ibn-Tūma，萨瓦菲勒·伊本·徒麦，311
thawb，衬衫，24
Thebes，底比斯，32，58
Theodore，astrologer of Frederick Ⅱ，西奥多，610，611
Theodorus，西俄多拉斯，148，152
Theodosius，emperor，西奥多西皇帝，166
Theon，西温，370
Theophanis，西奥方斯，112，196，199，202 注，203，299 注，300 注
Theophilus，Byzantine，西奥菲拉斯，301
Theophilus Indus，西奥菲拉斯，61
Theophrastus，西奥夫拉斯塔，49
thiyāb al-munādamah，酒席装，338
Thomas Aquinas，参阅 Aquinas
Thomas，Bertram，托马斯，7，15，17
Thousand and One Nights，《一千零一夜》，292，305，342，**404—405**，415
thughūr，al-，要塞，200，291，299，533 注
Thu'lubān，道斯·左·特拉班，62
thurayya，al-，昂宿宫，417
Thutmose Ⅲ，屠特莫斯三世，34，164
Ṭibb al-Manṣūri，al-，《曼苏尔医书》，366
ṭibb rūḥāni，精神医疗，686
Tiberias，太巴列，497，584，640，647，653，729，732。还可参阅 Ṭabarīyah
Tiberius，提庇里阿斯，169 注

Tiberius Ⅱ，提庇里阿斯二世，80
Tibrīz，大不里士：330，703；印版印刷，347注；矿产，348
Tīfāshi，al-，Shihāb-al-Dīn，希哈卜丁·帖法希，383，685
Tiglath-Pileser I，提革拉比里色一世，74
Tiglath-Pileser Ⅲ，提革拉比里色三世，37，39
Tigris，底格里斯河：155，156，208，219，224，262，280，285，292，293，295，303，325，340，349，350，391注，419，425，434，466，477，489，645，652
Tigris-Euphrates valley，底格里斯-幼发拉底河流域：304，349
Tigro-Euphrates，底格里斯-幼发拉底河，9，11，81
Tihāmah，帖哈麦（底地），15，60，102，103，415
Ṭihrān，德黑兰，325，365
Tilimsān，特莱姆森，546，554
Timothy，patriarch，提摩太，354
Tīmūr，帖木儿，267，411，567，671，688，697，**699—702**，726
Timurbugha，Mamlūk，帖木儿不花，694
Tīmūrids，帖木儿王朝，702
Tinnīs，田尼斯，340注，346，631
Ṭiqṭaqa，ibn-al-，伊本·兑格台嘎，172
ṭirāz，袍，345
Tirmidhi，al-，帖尔密迪（德尔麦士），395
Titus，泰特斯，61，68
Tlemcen，参阅 Tilimsān
Tobolsk，托博尔斯克，131
Toledan，托莱多的：历表，571；建筑者，595
Toledo，托莱多：**494—497**，499，513，518，520，528，530，537，540，543，551，558，566，570，571，578，589，591，592，595，597，598，600，613，687；翻译中心，588
Torah，摩西五经，676
Tota of Navarre，托塔，524
Touaregs，泰瓦里格人，541
Toulouse，图卢兹，499，589
Tours，图尔，215，**500—501**
Trajan，图拉真，68，74，165
Transjordan，外约旦，6，36，67，72，78，269，755，756
Transjordanian，外约旦的，271
Transoxiana，河外地（河中府），206，210，224，346，348，349，350，371，375，462，465，466，473，476，483，578，699
Travels in Arabia Deserta，《阿拉比亚沙漠游记》，7
Treatise on the Astrolabe，《星盘考》，379注
Tripoli，Africa，的黎波里，548，622，711
Tripoli，Syria，的黎波里，415，480，633，641，643，648，657，678，729，733
Tripolis，的黎波里，168。还可参阅 Tripoli，Africa
Tripolitania，的黎波里塔尼亚，247，711，**718**
Trojan wars，特洛伊战争，635
Ts'ien-t'ang，刺桐城（中国），668注
Tubba'，图伯儿，60，61
Tubba'，ibn-，参阅 Ḥassān
Tubba's，图伯儿，85
Tudela，图德拉，518，561
Ṭufayl，ibn-，伊本·图斐利，571，**581—582**
Ṭughj，ibn-，Muḥammad，穆罕默德·伊本·突格只，**456—457**
Ṭughrā'i，al-，屠格拉义，381
Ṭughril，突格里勒，**473—475**，481
Ṭughtigīn，Atābeg，艾特伯克·突格特勤，641，645
Ṭukhāristān，吐火利斯坦，209，465
Ṭulayḥah，突莱以哈，141
Ṭūlūn，ibn-，Aḥmad，艾哈麦德·伊本·突伦，365，417，**452—455**，468，661，664
Ṭūlūn，ibn-，Mosque，伊本·突伦清真寺，630
Ṭūlūnid，突伦：王朝，**452—455**，456；时期，625
Ṭūlūnid，pre-，period，前突伦时期，625
Ṭūmān-bāy，Mamlūk，突曼贝，694注，704
Tūmart，ibn-，Muḥammad，穆罕默德·伊本·突麦尔特，**546**，548
ṭunbūr，琵琶，664注
Ṭunbūrīyah，al-，'Ubaydah，欧拜德，333
Tunis，突尼斯，567，710，711
Tunisia，突尼西亚，6，316，437，444，451，520，548，617，622，637，655，710，711，**717—718**，756，757
Tunisian，突尼斯的：海岸，618；王位，710
Ṭūr，al-，图尔城，33
Tūrān，突兰，209
Tūran-Shāh，Ayyūbid，突兰沙，646，655
Turanian hordes，突兰汗国，463
Turanian Turks，突兰的突厥人，485
Turanians，突兰人，463
Turk，突厥人，210注，275，371，402，452，672注
Turkestan，突厥斯坦，194，371注，449，463，465，473
Turkey，土耳其，114，170，184，186，437，449，

467，705，715，722
Turkish，土耳其的（突厥的）：4，123 注，126，136，208 注，212，235，251，299，308，331，332，339，346，392，453，455，456，461，463，465，466，467，470，474，475，479，671 以下，688 以下；语法，561；苏非集团，587；雇佣军，620；大队，622；部队，626；军官，629；对欧洲的入侵，637；军队，704，733；海军上将，710；新月，710；行省，710；将军，711；文化，**715**；语言，716；帕夏们，726，736；交通，737；利益，737；控制，737；省，737；宗主权，750
Turkish Baḥris，突厥的贝海列系，694
Turkish Cilicia，突厥人的西里西亚，449，459，460
Turkish-speaking people，说土耳其语的人，209
Turko-Egyptian fleet，土埃舰队，725
Turko-Persian wars，土波战争，737
Turkoman，土库曼，675，677
Turkomans，土库曼人，621
Turks，突厥人：136，144，202，209，305，328，341，438，463，466，479，555，641注，672，703，704，705，715，729，739；凯末尔派，139；塞尔柱克，**473—480**；土地，476，农民，716；穆斯林，716；到来，742
Ṭurṭūshi，al-，杜尔突什，308
Ṭūs，徒斯，323，431，441，446，477
Tustar，突斯塔尔，330，345
Ṭūsūn，son of Muḥammad ʻAli，都孙，724，726 注
Tuṭīli，al-，abu-ʻAbbās，艾卜勒·阿拔斯·图德里，561
tutiyā'，不纯锌华，579 注
Tutush，Saljūq，突突什，**476**，635，641
Ṭuwānah，al-，图瓦奈，参阅 Tyana
Ṭuways，突维斯（小孔雀），**274—275**
Twelver Shīʻah，十二伊马木派，441
Twelvers，十二伊马木派，**440—442**，449，703
Tyana，泰阿那，212，300
Tyre，提尔，194，346，423，641，648，657，658
Tzimisces，John，约翰·齐米塞斯，**459—460**

Uaite'，郁埃特，39
ʻUbādah ibn-al-Ṣāmit，欧拜德·伊本·萨米特，163
ʻUbayd al-Qāsim，abu-，参阅 Sallām，ibn-
ʻUbaydah ibn-al-Jarrāḥ，abu-，艾卜·欧拜德·伊本·哲拉哈，140，148，152，154
ʻUbaydīyah，al-，欧拜德的，618
ʻUbaydullāh al-Mahdi，欧贝杜拉·麦海迪，469，520，605，**617—618**，619，623，625
ʻUbaydullāh ibn-Ziyād，欧贝杜拉，190
Ubullah，al-，伍布莱，468
Ubullah Canal，伍布莱运河，350
ʻūd，al-，木面琵琶，273，601
Udhaynah，伍宰伊奈，75
ʻUdhrah，banu-，欧兹赖部族，251
Uḥud，伍侯德，117
Uighurian，维吾尔的，356
Ujjayinī，乌然尼，384。还可参阅 arīn
ʻUkāẓ，乌卡兹，**93—94**，102，104，116
Ukhayḍir，al-，伍赫伊迪尔宫，269
ʻUla，al-，乌拉，42，54，71，100；废墟，72
ʻUlayyah，sister of al-Rashīd，欧莱叶，302，333，334
ulfah，共产公妻，444
ʻUllayqah，al-，俄莱盖，448
ʻUmān，阿曼：14，15，18，19，41，119，141，142，208，224，247，289，330，445，448，739，741；珍珠采集业，22；单峰骆驼，22；素丹，36
ʻUmānites，阿曼人，44
'Umar Ⅱ，参阅 ʻUmar ibn-ʻAbd-al-ʻAzīz
ʻUmar al-Khayyām，欧麦尔·赫雅木，**377**，379，380，410，459，478
ʻUmar ibn-ʻAbd-al-ʻAzīz，欧麦尔·伊本·阿卜杜勒·阿齐兹，203，209，217，**219—222**，225，231，232，234，238，249，253，254，255，261，279，286，322，325，353，499，621，680
ʻUmar ibn-al-Khaṭṭāb，欧麦尔·伊本·赫塔卜，22，29，61，80，**114**，116，123，**139—140**，**145**，150，152，153，154，155，158，166 以下，232，234，237，241，243，253，260，262，264，353；政策，165，169，194；制度，172；性格，176
ʻUmar ibn-Ḥafṣūn，参阅 Ḥafṣūn，ibn-
ʻUmar ibn-Sa'd，欧麦尔·伊本·赛耳德，190
ʻUmari al-，欧麦里，665
ʻUmari Mosque，欧麦里清真寺，665
Umayyad，伍麦叶王朝的：哈里发，86，184 注，195；古莱氏人的伍麦叶支，113；总督，135；王朝，148，191，193；贵族阶级，179；哈里发帝国，184，617；科尔多瓦的哈里发帝国，184；亲王，195，253；桂冠诗人，196；继承者，198；部队，201；宝座，207；领域，208；217，220 以下，247，250，225，278，279，282，283，286，288，289，291，298，301，317，322，330，333，345，353，359，360，380，416，452，453，469，501，502，504，505 以下；立法，242；建筑师，269；王室，281，285，篡夺者，282；行吟诗人，405；建筑，419；政权，439；首都，526；西班牙的统一，514；艾米尔职位，548

Umayyad Mosque，伍麦叶清真寺，215，**220—221**，262，**265—267**，416，497，595，597，651，701
Umayyad period，伍麦叶时期的：25，94，182 注；宗教哲学运动，245；十叶派的形成，**247—249**，252；歌唱家，275，276，281
Umayyad，anti-，movement，反伍麦叶王朝运动，282
Umayyads，伍麦叶人：140，150，171，177，181，191，193，200，**207**，226，228，232，236，241，256，262，265，267，276，278，285 以下，424，450，451，457，473，493，502，506，531，536，542；官，215；名义上的穆斯林，247；诗歌写作，**250**，御医，254；邮政，322
Umayyah，伍麦叶，111，184 注，189，193 注，505，517
Umayyah，banu-，伍麦叶族，231，234，279，282，283，285，502
Umayyah ibn-abi-al-Ṣalt，伍麦叶，108
Umm al-Biyārah，媪姆・比雅赖，67
umm al-jāfiyah，al-，粗鲁的妈妈，579
umm al-raqīqah，al-，温柔的妈妈，579
ummah，温麦，173
umm-walad，妾，236
Ummat Allah，安拉的民族，120
ummi，温密，122 注
'umrah，欧木赖（小朝），133
Uniat，希腊各教会，729
United Arab Republic，阿拉伯联合共和国，757
United Presbyterian Mission，联合长老传道会，746
United States of America，美利坚合众国，3，9，712
Université Saint-Joseph，圣约瑟大学，747
University of Bologna，波伦亚大学，612
University of Cordova，科尔多瓦大学，530，557，563
University of Granada，格拉纳达大学，563
University of Louvain，卢芳大学，663
University of Naples，那不勒斯大学，612
University of Paris，巴黎大学，584，612，663
University of Salamanca，萨拉曼卡大学，663
University of Seville，塞维利亚大学，563
unzilat，启示 124
Upper Egypt，上埃及，164，166，224，622，687，688 注
'uqāb，猛禽，鹫旗，20，173
'Uqāb，al-，battle of，小丘之战，549
'Uqbah，ibn-，Mūsa，穆萨・伊本・欧格伯，388
'Uqbah ibn-Nāfi'，欧格白・伊本・纳菲耳，194，213，261，361，452，504
'uqūbāt，刑法，396
Ur，吾珥，293，305
Urban，乌尔班，494 注
Urban Ⅱ，pope，乌尔班二世，636
Urbi，巫尔比，21，39，41
Urdu，乌尔杜，126
Urdunn，al-，伍尔顿区，154
urghun，风琴，311 注，427
Ūrkhān，吴尔汗，709 注
Ursemitisch，内族母语，13
'Urwah，Well of，欧尔维井，97
Usāmah ibn-Munqidh，吴萨麦・伊本・孟基兹，448，548，623，643，662
Uṣaybi'ah，ibn-abi-，伊本・艾比・伍赛比耳，315，428，566，584，**686**
Usd al-Ghābah，《莽丛群狮》，392
'ushr，什一税，169
ustādār，宫廷总管，692
ustādh，长官，627
Ustādhsīs，吴斯塔兹西斯，291
uṣūl，五疏勒，396
Uswān，阿斯旺，164
'Utbah，参阅 Ghazwān，ibn-
'Utbi，al-，historian，伍特比，465
Uthāl，ibn-，伊本・伍萨勒，196，254，579 注
'Uthmān I，奥斯曼一世，702，709 注
'Uthmān Ⅱ，奥斯曼二世，713 注
'Uthmān Ⅲ，奥斯曼三世，713 注
'Uthmān，奥斯曼：家族，710；世系，713；宝剑，716
'Uthmān ibn-'Affān，奥斯曼・伊本・阿凡，114，**139**，140，160，166，167，168，173，176，178，179，189，192，193，194，200，206，243，247，248，274，280；哈里发帝国，123；他的古兰经副本，177 注；遇害，177，179；亲属，180；妻子，195
'Uthmānli，欧斯曼利，716
'Uyaynah，al-，欧雅叶奈，740
'Uyaynah，ibn-，Sufyān，素福彦・伊本・欧雅叶奈，395
'Uyūn al-Anbā，《医师列传》，686
'Uzza，al-，欧扎，79，97，95，99
Uzzay-an，欧宰彦夫人，99
Uzziah，乌西雅，41

Vacant Quarter，无人烟地区，18
Val de Junqueras，苇谷，523
Valencia，巴伦西亚，528，540，545，560，566，569，570，591，592，598

Valerian，emperor，瓦利利安，75
Vandals，瓦达尔人，498
Varthema，di，参阅 Ludovico di Varthema
Vasco da Gama，瓦斯科・达・伽马，689，696
Vatican，梵蒂冈：604，609；图书馆，743
Vega，plain，织女草原，550
Venetian，威尼斯的：船队，640；领事，699；殖民地，728
Venetians，威尼斯人：652，653，669；获得治外法权，727
Veneticum，参阅 Venice
Venice，威尼斯，126 注，301，366，577，604，613，614，636，653 注
Venus，维纳斯，金星，61，99，415，572
Victory，胜利，271
Vienna，维也纳：478；被围困；712；企图征服，717
Vienne River，维埃纳河，500
villancico，村歌体，562
Virgin of the Assumption，cathedral of，升天圣母大教堂，595
Visigothic，西哥特的：260，271，493，494，499，503，515，518，543，544；亲王，496—497
Visigothic，西哥特的：王国，493；阿里乌斯派，**515**
Visigoths，西哥特人，496，498，518
Volga，伏尔加河，344，384，569，570，676

Wadd，瓦德，60，98
Waḍḍāḥ al-Yaman，也门的瓦达哈，229
Wādi al-，'Arabah，阿拉贝瓦迪，148
Wādi al-Ḥammāmāt，哈麻麻特瓦迪，32，34，50，58
Wādi al-Kabīr，al-，参阅 Ghadalquivir
Wādi al-Qura，古拉瓦迪，498
Wādi al-Rummah，鲁麦瓦迪，18
Wādi al-Sirḥān，锡尔汉瓦迪，18，20，149
Wādi al-Ṣughd，粟特瓦迪，350
Wādi Bakkah，巴卡瓦迪，494 注
Wādi Maghārah，麦加赖瓦迪，33
Wādi Mūsa，穆萨瓦迪，67
Wafā'，abu-al-，astronomer，艾卜勒・外发，315，376
Wafayāt al-A'yān，《名人简历》，687
Wahb-Allāth，韦海卜・拉特，76
Wahb ibn-Munabbih，参阅 Munabbih，ibn-
waḥdat al-wujūd，存在的单一，586
Wahhābi Arabia，瓦哈比教派的阿拉比亚，724
Wahhābiland，瓦哈比教派的故乡，17
Wahhābis，瓦哈比派，399，438，689，725，**740—741**
Wahraz，韦海赖兹，66
Waḥshīyah，ibn-，伊本・瓦哈什叶，352，358，575
Wā'il，descendants of，瓦伊勒的子孙，89
Wailing Wall，the，哭墙，114
wajd，忘我，435
walāyah，效忠，440
wali，外理（真主的朋友），省长，438，527
Wali Allah，安拉的外理，182
Walīd，ibn-al-，参阅 Khālid
Walīd，al-，Ⅰ，韦立德一世，**206**，209，215，**217**，**221**，231，234，252，255，261，262，265，271，275，278，279，281，282，322，332，496，497，659
Walīd，al-，Ⅱ，韦立德二世，195，206，**227—228**，252，269，275，279，281；深闺制度，229
Walīd ibn-Khayzurān，参阅 Khayzurān，ibn-
Walīd ibn-'Uqbah，al-，韦立德・伊本・欧格伯，**176**
Wallādah，韦拉黛，535，**560**
Wallin，瓦林，7
Waqāt'i'al-Miṣrīyah，al-，《埃及大事》，748，751
waq'at al-ḥufrah，壕沟的屠杀，513 注
waqf，外格夫（公产），慈善基金，170，225，413，677
Wāqidi，al-，瓦基迪，104，388，390
Waqqāṣ，ibn-abi-，Sa'd，赛耳德・伊本・艾比・瓦嘎斯，260，261
War of Basūs，白苏斯战役，228
Waraqah ibn-Nawfal，韦赖盖，108，113
ward jūri，红玫瑰，351 注
Warrāq，al-，参阅 Nadīm，al-
Wāṣil，参阅 'Atā，ibn-
Wāsiṭ，瓦西兑，220，267，289，325，330，468，622
Wāthiq，al-，'Abbāsid，瓦西格，297，318，337，351，426，466；母亲，332
wazīr，大臣（维齐尔），317，318
Wellhausen，韦尔豪生，181
Wellsted，James R.，韦尔斯特德，51
West，西方：6，32，221，298，315，387，743，749，757；人民，59；拉丁西方，367；西方的医学科学，368；阿拉伯数字传入西方，379；冲突，742；接触，745；从西方取得的观念，753
West Africa，西非，361
West Goths，参阅 Visigoths

Western，西方的，4；观念，21，738；作家，45，298；商业中心，49；力量，58；统治，143；文化影响，729，735；教师，736；模范，748；帝国主义，755
Western Arabia，西部阿拉比亚，619
Western Aramaic，西方阿拉马语，76
Western Asia，西亚：9，20，74，143，175，254，259，331，415，468，475，528，621，625，668，671，672，690，715，717，719，747
Western Europe，西欧，428，590，601，635，648
Western Islam，西方穆斯林，508，566
Western Turks，西方突厥人，210 注
Western Umayyad dynasty，西方伍麦叶朝，503，532
Westerners，西方人，59，423
Westland，西方，36
White Mosque，the，白色清真寺，220
Willcox，William，威廉·威尔科克斯，350
William Ⅰ，of Sicily，威廉一世，612
William Ⅱ，威廉二世，123 注，608
William of Tyre，威廉，667
Witiza，威帖萨，494，499，518
wizāratayn，dhu-al-，文武大臣，560，567
World War，世界大战：第一次，6，7，136，220，350，478，718，736，739，751，755，756；第二次，718，752，755，756
wufūd，al-，代表团，141
wuqūf，停留，133

Xerxes，克谢尔克谢斯，21，44
Ximénez de Cisneros，西密尼斯·德·西斯内罗斯，555

Yada'-il，雅达儿·伊勒，54
Yāfa，参阅 Jaffa
Yāghi-Siyān，雅基 - 西彦，638
Yaḥṣubi，al-，参阅 Ṣabbaḥ，abu-al-
Yahweh，耶胡，40
Yaḥya，imām of al-Yaman，也门的伊马木，叶哈雅，739
Yaḥya，参阅 Māsawayh，ibn-
Yaḥya，Ḥammūdid，叶哈雅，536 注
Yaḥya，ibn-，'Īsa，伊萨·伊本·叶哈雅，312
Yaḥya ibn-Khālid al-Barmaki，参阅 Barmak，ibn-
Yaḥya ibn-Yaḥya，叶哈雅·伊本·叶哈雅，514
Yalbāy，Mamlūk，雅勒贝，694 注，695
Yamāmah，al-，叶麻麦，207，224，330，445
Yamam，al-，也门：6，13，14，18，**30**，34，36，42，44，46，48，50—52，56—57，59—62，65，66，72，78，88，104—106，119，135，141，142，144 以下，446，449，617，620，646，653，677，710，738，756，757；最后的几个图伯儿，85；犹太教，107；王国，739
Yamānah，叶麻那，60，141
Yamanāt，叶麦拿特，60
Yamani，也门的：281，284。还可参阅 Yamanite
Yamanite，也门的：起源，32，81，251，历代国王，42；文化，52；部族，78；途径，107；党，192 注；敌人，192；213 注，328，386，506，532；也门党，**280—281**，284；也门人在西班牙的叛乱，507
Yamanite Jew，也门犹太人，244，249
Yamanites，也门人：32，58，194，**280—281**，284，502，503，506，606
Yamīn-al-Dawlah，Ghaznawid，国家的右手，**464**
Yanbū' al-Ḥayāh，《生命泉》，581
Ya'qūb al-Barda'i，叶耳孤卜·白尔德仪（雅各·伯拉德伊斯），79
Ya'qūb ibn-Isḥāq，参阅 Kindi，al-
Ya'qūb ibn-Killis，参阅 Killis，ibn-
Ya'qūb of Sarūj，撒鲁支的叶耳孤卜，61
Ya'qūb Yūsuf，abu-，Ⅰ，Muwaḥḥid，艾卜·叶耳孤卜·优素福，581，582
Ya'qūbi，al-，叶耳孤比，338，**385**，389，414
Yāqūt，geographer，雅古特，17，54，57，64，83，97，293，356，384，385，**386—387**，388，392，413，414，415，434，564，575，668
Yāqūt al-Musta'ṣimi，雅古特·穆斯台耳绥米，424
Yāqūti style，雅古特体，424
Yarim，亚里姆，56
Yarmūk，雅穆克：80，**152**，156，201；战斗，154；胜利，155
Yasār，叶萨尔，388
Yatha'-amar，雅塔儿·艾麦尔，38，52，54。还可参阅 It'amara
Yatha'-amar Bayyin，雅塔儿·艾麦尔·贝寅，54
Yathīl，叶西勒，54
Yathrib，叶斯里卜，99，104，116。还可参阅 Madīnah，al-
Yathribites，叶斯里卜人，116
Yazdagird，era of，耶斯提泽德纪元，571
Yazdagird Ⅰ，Sāsānid，叶兹德吉尔德一世，82
Yazdagird Ⅲ，叶兹德吉尔德三世，157，158，332
Yazīd Ⅰ，Umayyad，叶齐德一世，154，183，190—192，193 注，195，196，201，228，231，246，251，253，269，278，281，282，299，481；部队，201
Yazīd Ⅱ，叶齐德二世，227，252，275，278，279，281，284

Yazid Ⅲ，叶齐德三世，226，245，279，281，332
Yazīd al-khumūr，酒徒叶齐德，227
Yazīd ibn-abi-Sufyān，叶齐德·伊本·艾比·素福彦，148，154
Yazīdis，叶齐德派，249 注
Young Turks，青年土耳其党人，727
YTHRB，of Sabaean inscriptions，叶斯里卜，104
Yūḥanna，约翰，449
Yūnus，优努斯，125
Yūnus，ibn-，'Ali，阿里·伊本·优努斯，628
Yūsuf，abu-，chief judge，艾卜·优素福，326，334，397
Yūsuf ibn-'Abd-al-Raḥmān al-Fihri，参阅 Fihri，al-
Yūsuf abu-al-Ḥajjāj，Naṣrid，优素福·艾卜勒·哈查只，563，567，596，597
Yūsuf ibn-Tāshfīn，参阅 Tāshfīn，ibn-

Zāb，battle of，萨卜河之战，285，290
Zabad，宰伯德，88
Zabbā'，al-，宰巴伊，76
Zabbay，宰贝，76
Zabda，宰达，76
Zabibi，宰比比，37
Zabīdi，al-，宰比迪，742，743
Zachariah，撒迦利亚，125
Ẓafār（'Umān），采法尔，36，41
Zafār（Yaman），采法尔，36，56
za'farān, al-，番红花，528 注
Ẓāfir，al-，Fāṭimid，扎菲尔，623
Zaghall，al-，宰加勒（英勇者），参阅 Muḥammad Ⅻ
Zaghlūl，Sa'd，赛尔德·库格鲁勒，751
zāhir，表面的，398 注，443
Ẓāhir，al-，'Abbāsid，扎希尔，483，486 注，676
Ẓāhir，al-，Ayyūbid，扎希尔，439，652，655
Ẓāhir，al-，Fāṭimid，扎希尔，621，623
Ẓāhir al-'Umar，扎希尔·欧麦尔，721，**731—732**
Ẓāhiri，al-，扎希里派，398
Ẓāhirite，外学派：431；学派，558，586
Ẓāhirīyah，library，扎希里叶图书馆，675
Zāḥlah，采哈莱城，7
Zahrā'，al-，宰海拉宫，**524—525**，530，532，560
Zahrā'，al-，concubine，宰海拉，525
Zahrāwi，al-，宰海拉威，**576—577**，579
zajal，民谣体，561，562
zakāh，宰卡（天课），济贫税，119，124，132
Zallāqah，al-，宰拉盖，540
Zamora，萨莫拉，533
zamr，双簧管，273
Zamzam，渗渗泉，26，97
Zanātah，tribe，宰那泰部族，546，549
Zangi，Atābeg，艾塔伯克·赞吉，480，636，**644—645**，664 注
Zangid，赞吉的：王朝，**644**，领土，645
Zanj，僧祇奴（黑奴）：445，453；叛乱，467—468
zanjabīl，姜，106 注，667
Zanzibar，桑给巴尔，247，391，448；语源，467 注
Zaranj，萨兰只，330
ẓarf，风雅的态度，337
ẓarīf，有教养的人，335
Zarnūji，al-，宰尔努儿，409
Zarqāli，al-，宰尔嘎里，387，**571—572**
zāwiyah，修道院（萨威叶），265，438
Zayd，'Alid imām，宰德，442，**449**，738
Zayd ibn-'Ali，宰德·伊本·阿里，398
Zayd ibn-Ḥārithah，宰德·伊本·哈列赛，147
Zayd ibn-Thābit，宰德·伊本·撒比特，123
Zaydān，Sharīf of Morocco，舍利夫·宰丹，564
Zaydis，宰德派，**449**，739
Zaydites，宰德派，249 注
Zaydūn，ibn-，abu-al-Walīd Aḥmad，伊本·宰敦，**559—560**
Zayn-al-'Ābidīn，'Ali，阿里·宰因·阿比丁，442
Zaynab，宰奈卜，76
zaytūni，缎子，668 注
Zenobia，齐诺比亚，29，**75**，672
Zi'baq al-Sharqi, al-，《东方录》，380
ziggurat，庙塔，262，417
zīj，历表：307，373，571；花拉子密历表，375
Zīj al-Īl-Khāni, al-，伊儿汗历，378
Zīj al-Ṣābi', al-，《萨比历表》，376 注
zindīq，精底格，359，431，435
zindīqism，精底格，402，406，431
zindīqs，精底格，430
Zionism，犹太复国主义，755，756
Zīr，冶游郎，90
Zīri，ibn-，伊本·齐里，537
Zīrid régime，齐里国，537
Ziryāb，齐尔雅卜，426，514，515，598
Ziyād ibn-Abīh，齐雅德·伊本·艾比，190，196，249，260，262
Ziyādat-Allāh Ⅰ，Aghlabid，齐雅德特·阿拉一世，261，**451—452**，602
Ziyādat-Allāh Ⅲ，齐雅德特·阿拉三世，**452**，617
Zoroaster，followers of，祆教徒，156
Zoroastrian，信奉祆教的，291，308，367，406；贵

族，462
Zoroastrianism，祆教，**358—359**
Zoroastrians，祆教徒：144，170 注，233，234，353，**358—359**；商人，343；今天在波斯，360
Zubaydah，wife of al-Rashīd，赖世德的妻子左拜德，302，333，342
Zubaydi，al-Muḥammad ibn-al-Ḥasan，穆罕默德·伊本·哈桑·左拜迪，557
Zubayr，ibn-al-，ʿAbdullāh，阿卜杜拉·伊本·左拜尔，**192—193**，212，213，220，264，273，281
Zubayr，ibn-al-，Muṣʿab，穆斯阿卜·伊本·左拜尔，239
Zubayr ibn-al-ʿAwwām，al-，左拜尔·伊本·阿瓦木：161，163，177，178，179，235，575；母亲，179；坟墓，180
zuhd，禁欲主义，434
zuhdīyāt，宗教诗歌，406
Zuhr，ibn-，abu-Bakr，艾卜·伯克尔·左胡尔，**578**，599
Zuhr，ibn-，abu-Marwān，艾卜·麦尔旺·左胡尔，**577—578**，585
Zuhri，al-，ibn-Shihāb，伊本·史哈卜·左海里，242
zulayjah，al-，彩色瓷砖，592 注
Zunbīl，尊比勒，208
Zuyūd，宰德教派，739。还可参阅 Zaydis